DER FISCHER WELTALMANACH 1981

Herausgegeben von
Prof. Dr. Gustav Fochler-Hauke

unter Mitarbeit von
Jan Ulrich Clauss
Winfried Magg
Dr. Günther Michler
Dr. Reinhard Paesler

FISCHER TASCHENBUCH VERLAG

Redaktionsschluß 1. September 1980

mit Nachtrag wichtiger Ereignisse bis Mitte September auf Sp. 929–932
und Ergebnissen der Bundestagswahl vom 5. 10. 80 auf Sp. 933 u. 934

Originalausgabe
des Fischer Taschenbuch Verlages
Oktober 1980
Umschlagentwurf: Rambow, Lienemeyer, van de Sand
Fischer Taschenbuch Verlag GmbH, Frankfurt am Main

Satz: Fotosatz Otto Gutfreund, Darmstadt
Druck und Bindung: Clausen & Bosse, Leck
Printed in Germany
980-ISBN-3-596-19081-9 - ISSN 0430-5973

Über dieses Buch

Der FISCHER WELTALMANACH, alljährlich überarbeitet und auf den neuesten Stand gebracht, liefert Zahlen, Daten, Fakten und Hintergrundinformationen zu Politik, Wirtschaft und kulturellem Geschehen. Das Wichtigste über alle souveränen Staaten der Erde, die bedeutendsten Ereignisse im Weltgeschehen der letzten zwölf Monate, die Zusammensetzung internationaler Bündnisse und Organisationen, die neueste Entwicklung der Weltwirtschaft und der Weltbevölkerung sowie Kurzbiographien wichtiger Politiker – diese Angaben sind die ideale Ergänzung zu jedem Lexikon.
Das Kapitel »Ausgewählte Kulturstatistik« bringt einen Überblick über die Medien und eine umfassende Aufstellung der Kultur- und Friedenspreise und ihrer jeweils neuesten Preisträger. Eine Liste der im vergangenen Jahr verstorbene Persönlichkeiten und der Jahrestage 1981 ergänzen dieses Nachschlagewerk ebenso wie das umfassende, von der Redaktion erarbeitete Register.
Sachlichkeit war das erklärte Ziel bei der Bearbeitung des vielfältigen Materials. Aus der umfangreichen Korrespondenz mit Behörden des In- und Auslandes, aus Zeitungen, Zeitschriften und Archiven wurden wieder weit über 100000 Zahlen, Daten und Fakten ausgewählt, die die Aktualität gewährleisten.

Der FISCHER WELTALMANACH ist das auflagenstärkste deutsche Taschenbuch.

Über Herausgeber und Verfasser

Clauss, *Jan Ulrich,* geb. 1950, Sozialwiss. Studium (Konstanzer Modell) bis 1973, Arbeitsaufenthalt beim Europa-Parlament bis 1974, Diplom-Verwaltungswissenschaftler (U. Konstanz) 1976, Promotion zum Dr. rer. pol. (Europa-Universität Florenz) Herbst 1980. Verwaltungswissenschaftliche Veröffentlichungen bis 1976, danach vorwiegend zur belgischen Gemeinschaftsproblematik sowie zu Minderheiten-Sprachgruppen (Dissertation 1980). – **Im WA '81 Verfasser von:** »Die wichtigsten Abkürzungen« – »Internat. Organisationen, Bündnisse u. Konferenzen« – »Jahrestage 1981« – »Weltbevölkerung – Religionen – Sprachen« – »Olympische Spiele«

Fochler-Hauke, Prof. Dr. *Gustav,* geb. 1906, Studium der Geographie, Meteorologie und Völkerkunde an der Universität München, Promotion, Habilitation, Lehre bis 1973. Forschungsexpeditionen besonders in Ostasien und Lateinamerika. Zahlreiche Buchveröffentlichungen, Übersetzungen in mehrere Sprachen. (Einzelheiten s. »Weltalmanach '79«, »Kürschners Deutscher Gelehrten-« und »Kürschners Deutscher Literatur-Kalender«, »Who is Who«.) – Herausgeber des »Fischer Weltalmanach« seit 1959 – **Im WA '81 Verfasser von:** »Kurzbiographien« – »Weltchronik«: »Chronol. Übersicht Herbst 1979–Herbst 1980« und »Ausgewählte Kapitel aus dem Weltgeschehen«

Magg, *Winfried,* geb. 1930, nach Abitur Verlagsausbildung, gleichzeitig mehrsemestriges Gaststudium an der Universität München, Redaktionstätigkeit. Bearbeitung von verkehrs- und kulturgeographischen Karten, von Weltatlanten und Globen. Redaktionskartograph. – **Im WA '81 Verfasser von:** »Kulturstatistik« (Fernseh-, Film-, Kunst-, Literatur-, Musikpreise) – »Verstorbene« – »Anhang«

Michler, Dr. *Günther,* geb. 1942, Studium der Chemie, Biologie und Geographie an der Universität München, Promotion. Studienreisen im tropischen Westafrika und in Vorderasien. Veröffentlichungen: hauptsächlich zu ökologischen und hydrogeographischen Fragestellungen. Herausgeber und Autor erfolgreicher Atlanten, z.T. mit länderkundlichen Texten, sowie von Pflanzen- und Tierbüchern. Akademischer Rat am Geographischen Institut der Universität München. – **Im WA '81 Verfasser von:** »Die souveränen Staaten und die von ihnen abhängigen Gebiete« (u.a. mit umfangreichen Daten zur Wirtschafts- u. Bevölkerungsstruktur u. ausführlichen Darstellungen von Deutschland, Österreich und der Schweiz)

Paesler, Dr. *Reinhard,* geb. 1942, Studium der Geographie, Geschichte, Anglistik und Amerikanistik in München und Manchester, Promotion. Akademischer Rat am Institut für Wirtschaftsgeographie an der Universität München, in wirtschafts- und sozialgeographischer Lehre und Forschung tätig. Veröffentlichungen aus den Bereichen Angewandte Geographie und Raumplanung, insbesondere zu den Themen Bevölkerungs- und Raumentwicklung, Urbanisierung, Sozialgeographie, Politische Geographie. – **Im WA '81 Verfasser von:** »Wirtschaft« (m. Einführung in aktuelle Weltwirtschaftsprobleme) – »Land- und Forstwirtschaft/Fischerei« – »Bergbau« – »Industrie« – »Verkehr« – »Fremdenverkehr« – »Welthandel«

Böhm, *Adolf,* geb. 1919, Studium an der Hochschule für Bildende Künste in München. Freischaffender Illustrator, Graphiker und Kartograph. Seit WA '71 kartolithographische Ausführung aller Figuren und Karten des »Weltalmanachs«

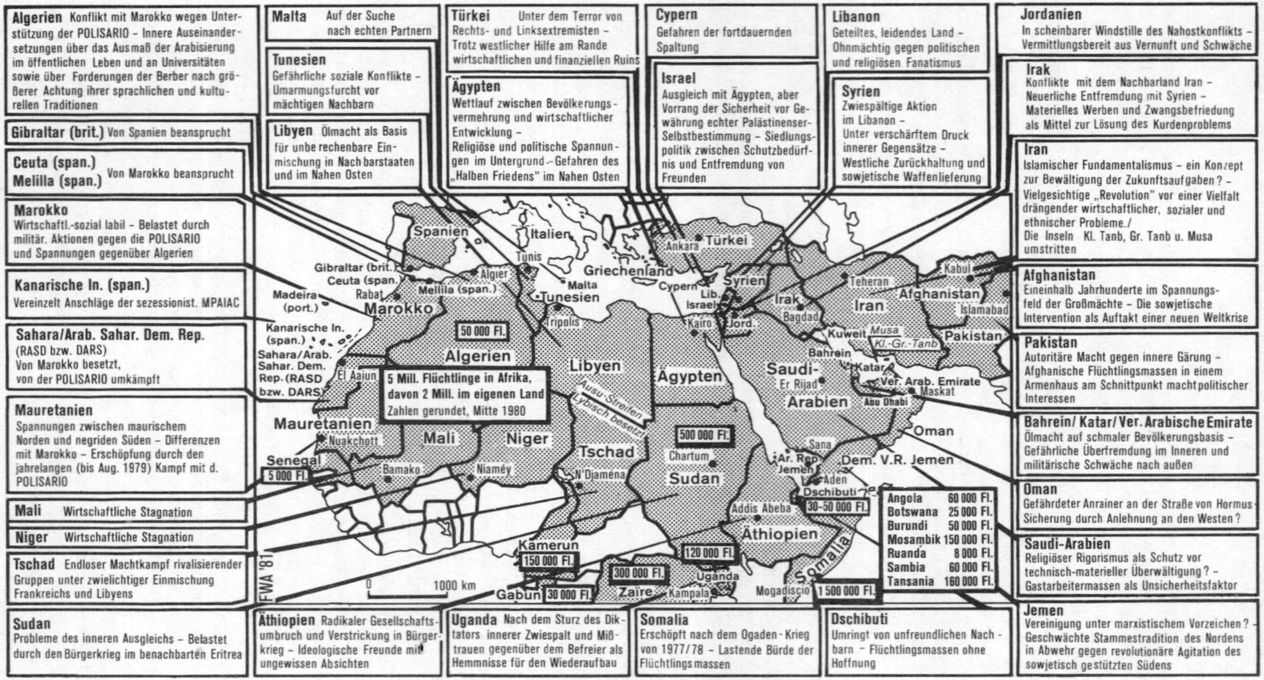

Der Krisengürtel zwischen Atlantik und Indus
(Stand Mitte 1980)

Vorwort

Mit der vorliegenden 22. Ausgabe erreicht der FISCHER WELTALMANACH eine Gesamtauflage von rund 2,3 Mill.; die Erfahrungen aus mehr als 20jähriger Tradition ließen es angebracht erscheinen, auch diesmal die Grundkonzeption beizubehalten und nur, u. a. auf Wunsch vieler seiner Benutzer, in einigen Abschnitten Umstellungen vorzunehmen, um den praktischen Bedürfnissen der Leser noch besser entgegenzukommen. Der bisher am Schluß stehende Länderteil der **»Weltchronik«** ist durch eine chronologische Übersicht, die vornehmlich politische Ereignisse berücksichtigt, ersetzt und an den Anfang gestellt worden. Ihr folgt eine Reihe von Darstellungen, in denen die **Hintergründe wichtiger Ereignisse aus dem politischen Weltgeschehen aufgezeigt** werden, darunter die mit **Afghanistan, El Salvador, Simbabwe** und **Südafrika** verbundenen **Problemkreise,** die Entstehung des Inselkleinstaates **Vanuatu,** der wachsende **Einfluß der »Bündnisfreien Staaten«,** die **Rolle Cubas in der Weltpolitik** und die vielfältige Problematik der **Entwicklungsländer,** in denen soziale Unruhen, Staatsstreiche, ethnische Konflikte, Dürren und Überschwemmungen die Ansätze zu positiver Entwicklung immer wieder beeinträchtigen. Eine besondere Karte (gegenüber dem Titelblatt) vermittelt einen raschen Überblick über im Vordergrund stehende innere und äußere **Schwierigkeiten in den Staaten des Krisengürtels zwischen Atlantik und Indus.** – Der **»Staatenteil«** berücksichtigt alle Veränderungen in Parlamenten und Regierungen und ermöglicht nach »UNO«- u. »Weltbank«-Angaben in einer **zusätzlichen Fülle von Daten** einen vielseitigen Einblick in die Wirtschafts- und Bevölkerungsstrukturen. – Weiter ausgebaut wurde auch der Abschnitt **»Internationale Organisationen, Bündnisse und Konferenzen«,** u. a. durch Ausführungen über wesentliche in der Berichtszeit aufgetretene Entwicklungen und Neugründungen. – Die in der früheren »Länderchronik« behandelte **aktuelle wirtschaftliche Situation** der einzelnen Staaten ist nun im Wirtschaftsabschnitt zusammengefaßt, wobei **Vergleiche zwischen Ländern und Staatengruppen** – wie EG u. RGW – gebracht werden. Die Agrar-, Bergbau- und Industrieproduktion sowie Verkehr und Welthandel stützen sich auf das neueste Zahlenmaterial. In den Einführungen zu diesen Kapiteln wird über die **weltwirtschaftlichen Entwicklungstendenzen** sowie besonders über die **Rohstoff- und Energieversorgung** und über die **Welternährungssituation** berichtet. – In das Kapitel **»Kurzbiographien«** konnten auch bereits die neuen Männer **der polnischen Führungsspitze** aufgenommen werden. – Die **»Kulturstatistik«** ist, obwohl schon bisher von großer Vielfalt, durch zahlreiche neue Angaben noch erweitert worden.

Als Herausgeber des 1959 ins Leben gerufenen FISCHER WELTALMANACHS und als Alleinverfasser in den ersten zwei Jahrzehnten ist es mir ein Bedürfnis, den seit dem 21. Jahrgang als Mitverfasser gewonnenen Herren J. U. Clauss, W. Magg, G. Michler und R. Paesler sowie dem Kartengestalter A. Böhm für die so anregende und unermüdliche Mitarbeit zu danken. Mein Dank gilt auch Verlagsleiter Ivo Frenzel, der schon bei den ersten Ausgaben Verständnis für die auftauchenden Probleme bewies, der langjährig bewährten Redakteurin des Almanachs, Anke Rasch, Verlagshersteller Alexander Gutfreund und Verlagssekretärin Gesine Simpfendörfer für die stets angenehme Zusammenarbeit. Frau H. Bürger, den Frauen der Autoren sowie meiner eigenen Frau gebührt aufrichtiger Dank für vielseitige technische Unterstützung.

München, September 1980 — Gustav Fochler-Hauke

Inhaltsverzeichnis

Die souveränen Staaten und die von ihnen abhängigen Gebiete (A–Z) – Fortsetzung

Verzeichnis der Karten und Figuren

FERIENTERMINE IN DEN LÄNDERN DER BUNDESREPUBLIK DEUTSCHLAND

(einschl. Berlin/West; Allgemeinbildende Schulen)

(Nach Angaben des Sekretariats der Ständigen Konferenz der Kultusminister der Länder in der Bundesrepublik Deutschland)

Schuljahr 1980/81

Land	*Weihnachtsferien 1980/81*		*Osterferien 1981*		*Pfingstferien 1981*		*Sommerferien 1981*		*Herbstferien 1981*	
	von	*bis*	*von*	*bis*	*von*	*bis*	*von*	*bis*	*von*	*bis*
Baden-Württemberg	22.12.80	10.1.81	13.4.	24.4.	6.6.	12.6.	9.7.	22.8.	26.10.	30.10.
Bayern	22.12.80	10.1.81	13.4.	25.4.	6.6.	20.6.	30.7.	14.9.	30.10.	2.11.
Berlin	22.12.80	6.1.81	4.4.	25.4.	6.6.	9.6.	2.7.	15.8.	24.10.	31.10.
Bremen	22.12.80	7.1.81	2.4.	22.4.	—	9.6.	2.7.	15.8.	15.10.	24.10.
			Frühjahrsferien**							
Hamburg	22.12.80	3.1.81	2.3.	21.3.	5.6.	9.6.	29.6.	8.8.	12.10.	24.10.
Hessen	22.12.80	10.1.81	6.4.	25.4.***	—	9.6.***	25.6.	5.8.	10.10.	20.10.
Niedersachsen	20.12.80	6.1.81	28.3.	21.4.	6.6.	9.6.	2.7.	12.8.	9.10.	17.10.
Nordrhein-Westfalen	22.12.80	7.1.81	4.4.	25.4.	6.6.	9.6.	23.7.	5.9.	17.10.	24.10.
Rheinland-Pfalz	22.12.80	6.1.81	6.4.	25.4.	6.6.	9.6.	19.6.	1.8.	12.10.	17.10.
Saarland	22.12.80	3.1.81*	6.4.	27.4.	—	—	19.6.	1.8.	26.10.	2.11.
Schleswig-Holstein	22.12.80	5.1.81	6.4.	22.4.	6.6.	—	25.6.	5.8.	5.10.	17.10.

Angegeben sind jeweils der erste und letzte Ferientag

* Fastnacht: 2.3. und 3.3.1981 im Saarland schulfrei

** Osterferien: 21.4.1981

*** 1.11.1980, 4.4.1981 und 6.6.1981 sind als erste Samstage im Monat schulfrei

KALENDER FÜR DAS JAHR 1981

	JANUAR	FEBRUAR	MÄRZ	APRIL
Mo	5 12 19 26	2 9 16 23	2 9 16 23 30	6 13 **20** 27
Di	**6** 13 20 27	3 10 17 24	3 10 17 24 31	7 14 21 28
Mi	7 14 21 28	4 11 18 25	4 11 18 25	1 8 15 22 29
Do	**1** 8 15 22 29	5 12 19 26	5 12 19 26	2 9 16 23 30
Fr	2 9 16 23 30	6 13 20 27	6 13 20 27	3 10 **17** 24
Sa	3 10 17 24 31	7 14 21 28	7 14 21 28	4 11 18 25
So	**4 11 18 25**	**1 8 15 22**	**1 8 15 22 29**	**5 12 19 26**

	MAI	JUNI	JULI	AUGUST
Mo	4 11 18 25	1 **8** 15 22 29	6 13 20 27	3 10 17 24 31
Di	5 12 19 26	2 9 16 23 30	7 14 21 28	4 11 18 25
Mi	6 13 20 27	3 10 **17** 24	1 8 15 22 29	5 12 19 26
Do	7 14 21 **28**	4 11 **18** 25	2 9 16 23 30	6 13 20 27
Fr	**1** 8 15 22 29	5 12 19 26	3 10 17 24 31	7 14 21 28
Sa	2 9 16 23 30	6 13 20 27	4 11 18 25	1 8 **15** 22 29
So	**3 10 17 24 31**	**7 14 21 28**	**5 12 19 26**	**2 9 16 23 30**

	SEPTEMBER	OKTOBER	NOVEMBER	DEZEMBER
Mo	7 14 21 28	5 12 19 26	2 9 16 23 30	7 14 21 28
Di	1 8 15 22 29	6 13 20 27	3 10 17 24	1 8 15 22 29
Mi	2 9 16 23 30	7 14 21 28	4 11 **18** 25	2 9 16 23 30
Do	3 10 17 24	1 8 15 22 29	5 12 19 26	3 10 17 24 31
Fr	4 11 18 25	2 9 16 23 30	6 13 20 27	4 11 18 **25**
Sa	5 12 19 26	3 10 17 24 31	7 14 21 28	5 12 19 **26**
So	**6 13 20 27**	**4 11 18 25**	**1 8 15 22 29**	**6 13 20 27**

Neujahrstag 1. Januar
Hl. 3 Könige 6. Januar
(nur in Bad.-W. u. Bayern)
Karfreitag 17. April
Ostern 19./20. April
Ges. Feiertag 1. Mai
Christi Himmelfahrt 28. Mai
Pfingsten 7./8. Juni
Ges. Feiertag 17. Juni
Fronleichnam 18. Juni
(nur in Bad.-W., Bayern, Hessen, Nordrh.-W., Rheinld.-Pf., Saarld.)
Mariä Himmelfahrt 15. August
(nur in Bayern, Saarld.)
Erntedankfest 4. Oktober
Reformationstag 31. Oktober
Gedenktag (kein Feiertag)
Allerheiligen 1. November
(nur in Bad.-W., Bayern, Nordrh.-W., Rheinld.-Pf., Saarld.)
Bußtag 18. November
(nicht in Bayern)
Totensonntag 22. November
Weihnachten 25./26. Dezember

KALENDER FÜR DAS JAHR 1982

	JANUAR	FEBRUAR	MÄRZ	APRIL
Mo	4 11 18 25	1 8 15 22	1 8 15 22 29	5 **12** 19 26
Di	5 12 19 26	2 9 16 23	2 9 16 23 30	6 13 20 27
Mi	**6** 13 20 27	3 10 17 24	3 10 17 24 31	7 14 21 28
Do	7 14 21 28	4 11 18 25	4 11 18 25	1 8 15 22 29
Fr	**1** 8 15 22 29	5 12 19 26	5 12 19 26	2 **9** 16 23 30
Sa	2 9 16 23 30	6 13 20 27	6 13 20 27	3 10 17 24
So	**3 10 17 24 31**	**7 14 21 28**	**7 14 21 28**	**4 11 18 25**

	MAI	JUNI	JULI	AUGUST
Mo	3 10 17 24 **31**	7 14 21 28	5 12 19 26	2 9 16 23 30
Di	4 11 18 25	1 8 15 22 29	6 13 20 27	3 10 17 24 31
Mi	5 12 19 26	2 9 16 23 30	7 14 21 28	4 11 18 25
Do	6 13 **20** 27	3 **10 17** 24	1 8 15 22 29	5 12 19 26
Fr	7 14 21 28	4 11 18 25	2 9 16 23 30	6 13 20 27
Sa	**1** 8 15 22 29	5 12 19 26	3 10 17 24 31	7 14 21 28
So	**2 9 16 23 30**	**6 13 20 27**	**4 11 18 25**	**1 8 15 22 29**

	SEPTEMBER	OKTOBER	NOVEMBER	DEZEMBER
Mo	6 13 20 27	4 11 18 25	**1** 8 15 22 29	6 13 20 27
Di	7 14 21 28	5 12 19 26	2 9 16 23 30	7 14 21 28
Mi	1 8 15 22 29	6 13 20 27	3 10 **17** 24	1 8 15 22 29
Do	2 9 16 23 30	7 14 21 28	4 11 18 25	2 9 16 23 30
Fr	3 10 17 24	1 8 15 22 29	5 12 19 26	3 10 17 24 31
Sa	4 11 18 25	2 9 16 23 30	6 13 20 27	4 11 18 **25**
So	**5 12 19 26**	**3 10 17 24 31**	**7 14 21 28**	**5 12 19 26**

Neujahrstag 1. Januar
Hl. 3 Könige 6. Januar
(nur in Bad.-W. u. Bayern)
Karfreitag 9. April
Ostern 11./12. April
Ges. Feiertag 1. Mai
Christi Himmelfahrt 20. Mai
Pfingsten 30./31. Mai
Fronleichnam 10. Juni
(nur in Bad.-W., Bayern, Hessen, Nordrh.-W., Rheinld.-Pf., Saarld.)
Ges. Feiertag 17. Juni
Mariä Himmelfahrt 15. August
(nur in Bayern u. Saarld.)
Erntedankfest 3. Oktober
Reformationstag 31. Oktober
Gedenktag (kein Feiertag)
Allerheiligen 1. November
(nur in Bad.-W., Bayern, Nordrh.-W., Rheinld.-Pf., Saarld.)
Bußtag 17. November
(nicht in Bayern)
Totensonntag 21. November
Weihnachten 25./26. Dezember

BEWEGLICHE FESTE 1983–1990

*Jahr *Schaltjahr*	*Aschermittwoch*	*Ostersonntag*	*Christi Himmelfahrt*	*Pfingstsonntag*	*Fronleichnam*	*Erster Advent*	*1. Weihnachtstag fällt auf*
1983	16. Febr.	3. April	12. Mai	22. Mai	2. Juni	27. Nov.	Sonntag
*1984	7. März	22. April	31. Mai	10. Juni	21. Juni	2. Dez.	Dienstag
1985	20. Febr.	7. April	16. Mai	26. Mai	6. Juni	1. Dez.	Mittwoch
1986	12. Febr.	30. März	8. Mai	18. Mai	29. Mai	30. Nov.	Donnerstag
1987	4. März	19. April	28. Mai	7. Juni	18. Juni	29. Nov.	Freitag
*1988	17. Febr.	3. April	12. Mai	22. Mai	2. Juni	27. Nov.	Sonntag
1989	8. Febr.	26. März	4. Mai	14. Mai	25. Mai	3. Dez.	Montag
1990	28. Febr.	15. April	24. Mai	3. Juni	14. Juni	2. Dez.	Dienstag

Jahrestage 1981

Die folgenden **Daten aus der Welt-, Kultur- und Zeitgeschichte** berücksichtigen vorrangig das **christliche Abendland** bzw. die **westliche Welt***. Die in Klammern gesetzten fettgedruckten Zahlen sind auf Spalte 31/32 einem Kalender zugeordnet.

* = geboren; † = gestorben.

Es geschah vor 500 Jahren: **1481**

Solothurn und Freiburg im Üchtlande schließen sich der **Schweizerischen Eidgenossenschaft** an.
König **Johann von Dänemark und Norwegen:** erfolgloser Kampf um die schwedische Krone (bis 1513).
In **Spanien** Erneuerung der **Inquisition** gegen Mauren und Juden. Kampf gegen Granada, das letzte maurische Königreich auf spanischem Boden.
Im **Osmanischen Reich** Krise nach dem Tode des türk. Sultans *Mehmed II.* Osmanen kapitulieren in Süditalien; unter seinem Nachfolger *Bajesid II.* (bis 1512) Konsolidierung des Osmanischen Reiches.
Bau des **Artushofes in Danzig** (später als Börse genutzt).
In Rom erteilt Papst *Sixtus IV.* Auftrag zur Ausgestaltung der **Sixtinischen Kapelle** (Baubeginn 1473).
*am 2.3. *Franz von Sickingen,* kaiserl. Feldhauptmann auf Seiten der Reformation († 1523) (**1**).
* am 7.3. *Baldassare Peruzzi,* italienischer Baumeister u. Maler der Renaissance (†1536) (**2**).

vor 450 Jahren: **1531**

Im **Schmalkaldischen Bund** schließen die protestant. Reichsstände ein Beistandsbündnis (bis 1547).
Kaiser *Karl V.* setzt die Wahl seines Bruders, Erzherzog *Ferdinand von Österreich,* zum römischen König und damit die **Nachfolge in der Kaiserwürde** durch.
Francisco Pizarro beginnt mit der Vernichtung des Inkareiches und der **Eroberung Perús** für Spanien.
Sturz der Republik in Florenz (bestand seit 1527). Wieder Hrzgt. Toskana unter *Medici* (bis 1547).
Im Gefecht bei Kappeln Sieg der sieben katholischen Orte der Schweiz gegen Zürich. **Zweiter Kappeler Friede** verhindert Ausweitung der Reformation auf die Schweiz und bestätigt die konfess. Spaltung.
In **Antwerpen,** europ. Handels- und Finanzzentrum bis 1576/85, **erste internationale Börse.**
Beatus Rhenanus, dt. Humanist (1485–1547), schreibt dt. Gesch. »Rerum Germanicum libri tres«.
† am 7.7. *Tilman Riemenschneider,* Bildhauer und Bildschnitzer in Würzburg (* 1460) (**3**).
† am 11.10. *Ulrich Zwingli,* Schweizer humanist. Reformator (*1484) bei Kappeln (Schweiz) (**4**).

vor 400 Jahren: **1581**

Utrechter Union: Unabhängigkeitserklärung der sieben nördl. niederld. Provinzen unter *Wilhelm von Oranien* gegenüber Spanien. (Von Spanien erst 1648 anerkannt.)
Finnland: Errichtung eines Großherzogtums (bis 1917) durch König *Johann III. von Schweden.*
England: Anti-Jesuiten-Gesetze durch Parlament. **Schottland:** *Jakob VI.* König.
* *Pieter Cornelizoon Hooft,* niederld. Dichter u. Geschichtsschreiber (genaues Datum unbekannt).
* *Bernardo Strozzi* (gen. *Cappuccino* od. *Prete genovese*), Barockmaler, in Genua (†1644) (g. D. u.).
* am 21.10. *Domenico Zampieri* (gen. *Domenichino*), ital. Maler u. Baumeister, in Bologna (†1641) (**5**).

vor 350 Jahren: **1631**

Im **Dreißigjährigen Krieg** Subsidienvertrag *Gustav Adolfs II. von Schweden* mit Frankreich. *Johann Tilly,* Feldherr der Katholischen Liga, erobert Magdeburg (Hochburg des Protestantismus). *Gustav Adolf*

* Vgl. dazu die neueste Diskussion, beispielsweise:
Peter Körfgen: »Schrieb Newton bei arabischen Wissenschaftlern ab? – Abendländische Erfinder und Denker plagiierten oft. Neue Aspekte der Geistesgeschichte Europas.« In: Frankfurter Rundschau vom 30. März 1980.

verbündet sich mit Kurfürst *Johann Georg von Sachsen,* besiegt *Tilly* in der **Schlacht von Breitenfeld** (bei Leipzig) und zieht bis Mainz. Sächsische Truppen erobern Prag.
Der abgesetzte *Wallenstein* wird erneut mit dem Oberbefehl über das kaiserl. Kriegsvolk betraut.
Im **Vertrag von Fontainebleau** schließen **Bayern und Frankreich** auf acht Jahre einen aus dem gemeinsamen Gegensatz zum Hause Habsburg resultierenden Defensiv- und Nichtangriffspakt.
Der Jesuit *Friedrich Spee von Langenfeld* (1591–1631/5) publiziert anonym seine Schrift **»Cautio criminalis«** gegen das Unwesen der Hexenprozesse in Deutschland.
Der ital. Architekt *Baldassare Longhena* (1598–1682) beginnt den Bau der Kirche **S. Maria della Salute in Venedig.**
* am 9.8. *John Dryden,* engl. Dichter der Restauration († 1700), in Aldwinkle (**6**).

vor 300 Jahren: **1681**

Kaiser *Leopold I.* (reg. 1658–1705) erreicht **Reform der Reichskriegsverfassung.**
Frankreich: Unter dem absolutistischen *Ludwig XIV.* Bündnis mit **Brandenburg.** Die freie Reichsstadt **Straßburg** im Zuge der Reunionspolitik **annektiert.** – Frz. **Seeordnung** regelt Handels- und Konsularwesen. – Franzosen **besiedeln Louisiana** am Mississippi.
England: *Karl II.* schenkt *William Penn* die Kolonie **Pennsylvania,** Zufluchtsort der **Quäker.**
Der **Vertrag von Bachtschisaraj** beendet **russ.-türkischen Krieg** und bestätigt bisherige Grenzen.
Portugal: Einrichtung von Tuchmanufakturen unter Schutzzöllen.
Denis Papin, franz. Physiker (1647–1712), erfindet **Überdruck-Kochtopf** (Vorl. d. Dampfmaschine).
Jean Mabillon, franz. Benediktiner (1632–1707) begr. mit **»De re diplomatica«** die wiss. Urkundenlehre.
Jacques-Bénigne Bossuet schreibt **»Discours sur l'histoire universelle«** (chr. Urkundenlehre).
* am 14.3. *Georg Philipp Telemann,* dt. Komponist († 1767), in Magdeburg (**7**).
† am 25.5. *Pedro Calderón (de la Barca),* span. Dramatiker (* 1600), in Madrid (**8**).
† am 8.12. *Gerard Terborch,* niederld. Maler (* 1617), in Deventer (**9**).

vor 250 Jahren: **1731**

Im **Wiener Vertrag zw. Österreich und England** Verzicht *Karls VI.* auf Ostindienhandel und Duldung span. Garnisonen in Parma und Toskana. **Spanien,** später die **Niederlde.,** treten Vertrag bei. England u. Niederlde. erkennen dafür **Pragmat. Sanktion** an, die die Unteilbarkeit habsburg. Erbländer bestimmt und die weibl. Erbfolge regelt (seit 1723 Staatsgesetz).
Der **Erzbischof v. Salzburg** versucht, die protestant. Reservate im Pinzgau u. Pongau zu **rekatholisieren.** Ein »Aufstand« der betr. Bauern wird niedergeschlagen; ein **Emigrationspatent** zwingt alle Lutheraner, das Land zu verlassen. Die meisten vertriebenen Salzburger wenden sich nach Ostpreußen.
Die **Reichshandwerksordnung** sucht Mißständen in Gewerbe u. Handwerk sowie Spannungen zw. Zünften u. industr. Produktion zu begegnen, indem sie die Zunftautonomie aufhebt und unter Staatsaufsicht stellt. Überterritoriale Zunft- u. Gesellenverbände sowie -streiks verboten; Handwerkszugang erleichtert, Löhne vereinheitlicht. Wg. Territorialkompetenz bei Durchführung der Ordnung keine große Wirkung. Nur Preußen nutzt Bestimmungen für seine merkantilist. Wirtschaftsförderung.
Die **englischen Fabrikarbeiter** erhalten **Auswanderungsverbot** nach amerikan. Kolonien.
Kanalbau (1062 km) **zw. Petersburg** (Ostsee) **und Wolga** (z. Kaspischen Meer), beendet 1799.
Alexis Claude Clairaut (1713–1765) beschäftigt sich erstmalig mit **mathemat. Kurven im Raum.**
Johann Adolf Hasse, verh. m. *Faustina Bordini,* kommt als **Operndirektor** und -dirigent nach **Dresden.** Dort als bedeutendster Vertreter **napolitanischen Stils** zum Weltruhm gelangt.
* am 28.3. *Ramón de la Cruz,* span. Bühnendichter († 1794/5), in Madrid (**10**).
† am 26.4. *Daniel Defoe,* engl. Dichter, Schriftsteller und Journalist (* 1659/60) – bekannt durch den **»Robinson Crusoe«** – in Moorfields (**11**).

vor 200 Jahren: **1781**

Österreich: *Joseph II.* hebt Leibeigenschaft, Zunftzwang und Folter auf, beginnt **Säkularisierung** von Klöstern, gewährt **Religionsfreiheit** und erteilt Einwanderungserlaubnis auch für Nichtkatholiken. – **Geheimbündnis mit Rußland.**
Entscheidung im amerikanischen Unabhängigkeitskrieg: Bei Yorktown **Sieg** *Washingtons* mit Hilfe franz. Truppen **über die Briten.**

Frankreich: Finanzminister *Jacques Necker* publiziert Staatshaushalt **(»Compte rendu«).** Nach seinem Sturz wird *Alexandre de Calonne* Nachfolger bis 1787.
USA: Gründung der **Amerikanischen Akademie** der Künste und Wissenschaften in Boston/Mass.
Henry Cavendish, engl. Chemiker (1731–1810), erkennt **Wasserstoffverbrennung** zu Wasser.
James Watt, schott. Ing. u. Physiker (1736–1810), entwickelt **Verbund-Dampfmaschine.**
Claude François Jouffroy d'Abbans, franz. Ing. (1751–1832); erstmal. **Dampfschiffversuche.**
Friedr. Wilh. Herschel (1816 *Sir William*), brit. Astronom dt. Herkunft (1738–1822), entdeckt mit selbstgebautem Spiegelfernrohr d. Planeten Uranus sowie **Uranus- u. zwei Saturnmonde.**
Immanuel Kant, dt. Philosoph der ration. Erkenntnistheorie, schreibt **»Kritik der reinen Vernunft«.**
Joh. Heinr. Pestalozzi, schweizer. Pädagoge, schreibt Erziehungsroman **»Lienhard und Gertrud«** (bis 1787).
Joseph Haydn begründet mit den **»Russischen Streichquartetten«** den Klassischen Stil i. d. Musik.
* am 26.1. (Ludwig Joachim, gen.) *Achim von Arnim,* dt. Dichter († 1831), in Berlin (**12**).
* am 30.1. *Adelbert von Chamisso,* dt.-franz. Dichter und Naturforscher († 1838), in Boncourt/Frkr. (**13**).
† am 15.2. *Gotthold Ephraim Lessing,* dt. Dichter und Philos. (* 1729) in Braunschweig (**14**).

vor 150 Jahren: **1831**

Belgien: Nach Staatsgründung (1830) auf **Londoner Konferenz** der Großmächte Neutralität und Unabhängigkeit festgelegt. *Leopold von Sachsen-Coburg* als erster **König gewählt** (reg. bis 1865). **Rückeroberung Belgiens** durch Niederlde. **scheitert** an milit. Interventionen Frankreichs u. Großbritanniens.
Polen: Aufstand gegen Zarenherrschaft (seit 1830) niedergeschlagen. Warschau erobert. **Einverleibung Kongreßpolens** durch Rußland. Verfassung aufgehoben. Starke Emigration nach Westeuropa.
Türkisch-ägyptischer Krieg (bis 1832): Vorstoß *Mohamed Alis* gegen Türkei. Syrien (türk.) an Ägypten.
USA: Gescheiterter **Skavenaufstand** in Virginia, Sklavenhaltersystem in Südstaaten verhärtet.
Frankreich: Fremdenlegionäre in Algerien. **Algerischer Krieg** bis 1834.
Schweiz: Verfassungsreform schafft Rechtsgleichheit, Presse-, Gewerbe- u. Religionsfreiheit.
Giuseppe Mazzini gründet im Exil **»Giovane Italia«,** später Modell radikaldemokr. Bewegungen.
Schwere **Choleraepidemie** in Europa (vgl. unten Opfer der Cholera).
John Ross, brit. Seefahrer, entdeckt **magnet. Südpol** bei Boothia Felix (Nördl. Eismeer).
Charles Darwin, engl. Nat.-Wissensch., erforscht auf **Weltreise** u.a. die Koralleninseln (bis 1836).
Michael Faraday, engl. Physiker u. Chemiker (1791–1867), entdeckt elektrische Spannung bei Magnetfeldänderung. Dadurch Ableitung des **Induktionsgesetzes** (Grundlage des **Dynamos**).
Justus von Liebig, Begründer der organ. Chemie (1803–1873), entwickelt **Apparat zur Elementaranalyse** organischer Verbindungen, entdeckt Betäubungsmittel **Chloroform.**
Vincenzo Bellini, ital. Opernkomponist (1801–1835), komponiert die Oper **»Norma«.**
* am 7.1. *Heinrich von Stephan,* dt. Gen.-Postmeister und Begr. des Weltpostvereins, in Stolp († 1897) (**15**).
* am 6.3. *Friedr. von Bodelschwingh,* dt. evang. Pastor und Innerer Missionar, bei Tecklenburg († 1910) (**16**).
* am 13.6. *James Clerk Maxwell,* engl. Physiker und Begründer der kinet. Gastheorie, in Edinburgh († 1879) (**17**).
† am 29.6. *Karl Frh. von und zum Stein,* dt. Liberaler und preuß. Staatsmann, in Westfalen (* 1757) (**18**).
† am 23.8. (an Cholera) *Neidhardt von Gneisenau,* dt.-nat. u. lib. preuß. Heerführer, in Schildau (* 1760) (**19**).
* am 8.9. *Wilhelm Raabe,* dt. Dichter und Erzähler des prophetischen Pessimismus, in Eschershausen († 1910) (**20**).
† am 14.11. (an Cholera) *Georg Wilh. Friedr. Hegel,* dt. Philosoph (dial. Idealism.), in Berlin (* 1770) (**21**).

vor 100 Jahren: **1881**

Dreikaiserbündnis Deutschland/Österreich-Ungarn/Rußland: Neutralität bei Angriff Vierter.
Rußland: Zar *Alexander II.* von russ. Organisation **»Volkswille«** ermordet. Unter *Alexander III.* **reaktionäre Innenpolitik** mit Geheimpolizei *(Ochrana),* Judenpogromen usw. zur Ablenkung von innenpol. Problemen. – **Auswanderungswelle** von Juden. – Wiederaufbau der **Schwarzmeerflotte.**
Rumänien: nach im Berliner Kongreß (1878) bestätigter Unabhängigkeit **Königreich** (bis 1947).
Italien besetzt Assab am Roten Meer. Beginn der **Kolonialexpansion** in Eritrea u. Somaliland.

Tunesien: Franz. Protektorat über Tunis (bis 1956) in Rivalität zu ital. Expansionsplänen.
Ägypten: nationaler **Militäraufstand** unter *Ahmed Arabi Pascha* (bis 1882).
Deutschland: Erste **Ortsfernsprechnetze.** – In Berlin erste **elektr. Eisenbahn** durch *von Siemens.*
Georg Meisenbach (1841–1912) erfindet **Bilddruck** mit Hilfe einer Rasterätzung **(Autotypie).**
Louis Pasteur, franz. Chemiker u. Bakteriologe (1822–1895), entwickelt **Tollwut-Schutzimpfung.**
Ferdinand Vicomte de Lesseps, franz. Diplomat (1805–1894), beginnt **Bau des Panamá-Kanals.**
Leopold von Ranke, dt. Historiker (1795–1886), schreibt **16bändige Weltgeschichte.**
† **am 9.2.** *Fjodor Michailowitsch Dostojewskij,* russ. Dichter **(»Schuld und Sühne«, »Der Idiot«)** (* 1821), in Petersburg (**22**).
* am 25.10. *Pablo Ruiz y Picasso,* katalan. Maler u. Bildhauer († 1973), in Málaga (**23**).
* am 28.11. *Stefan Zweig,* österr. Dichter, Dramaturg u. Biograph († 1942), in Wien (**24**).

vor 50 Jahren: **1931**

Angriff Japans auf China, Besetzung der Mandschurei. Bis 1934 **Räterepublik Kiangsi** unter *Mao.*
Spanien: Abdankung *Alfons' XIII.* nach **republikan. Wahlsieg.** Vorläufiges **Ende der Bourbonen-Dynastie** (seit 1700). Bis 1936 **Republik; Katalonien autonom** (bis 1934).
Großbritannien: Ende des Goldstandards: Silberwährung, Pfundabwertung. Innenpolitische **Krise:** Allparteienregierung unter *Macdonald* (bis 1935). – Volle Gleichberechtigung der **Dominions** Kanada, Austral., Neuseel., Südafr. Union, Freistaat Irland, Neufundland durch das **Westminster Statute** und im Rahmen des Commonwealth of Nations. – **Indien-Konferenz** mit *Gandhi* in London.
Irak: Unter *Mustafa Barsani* erster Kurdenaufstand.
Deutsch-österreichische Zollunion scheitert, vor allem am Einspruch Frankreichs. Vorübergehender **Bankenschluß** nach Zusammenbruch österr. u. dt. Kreditanstalten u. Banken. US-Präsident *Hoover* regt **Moratorium f. internat. Zahlungen** an (Disk. um Reparationsleistungen).
Deutschland: Harzburger Front durch NSDAP, DNVP, Stahlhelm, Wirtschaftsführer, Kronprinz *Wilhelm;* **Eiserne Front** durch SPD, Zentrumsteile (linker Flügel) u. Gewerkschaften gebildet. **NS-Studentenbund** erlangt Mehrheit in Studentenschaft (Abkehr vom parlamentarischen Aufbau).
Nobelpreise: *F. Bergius* und *C. Bosch* (D) in Chemie; *O. H. Warburg* (D) in Medizin; *E. A. Karlfeldt* (S) in Literatur; *N. M. Butler* und *J. Addams* (USA) Friedenspreise.
Erstmals **Deutsche Nationalbibliographie** des Börsenvereins für den deutschen Buchhandel.
Charlie Chaplin Regisseur, Drehbuchautor u. Darsteller in **»Lichter der Großstadt«** (US-Film).
† am 18.10. *Thomas Alva Edison,* US-amerikan. Erfinder (* 1847) von Mikrophon, Glühlampe, Dampf-Dynamo, Elektrizitätswerk, Sprechmaschine und Zementgußhaus (**25**).

vor 25 Jahren: **1956**
(weitgehend innerhalb des Jahres chronologisch geordnet)

am 1.1. **Sudan** (**26**), am 2.3. **Marokko** (**27**) und im April **Tunesien unabhängig** (TN: Verfssg. 1.6.1959).
am 2.1. in **Frankreich** Wahlsieg der **Republikan. Front** (KPF-Unterstützung). *Guy Mollet* Min.-Präs. (**28**).
am 9.3. in **Cypern** Erzbischof *Makarios III.* **(Enosis-Bewegung)** für die **Unabhängigkeit** der Insel. Durch brit. Regierung bis 1957 auf die Seschellen im Indischen Ozean verbannt. (**29**).
BR Deutschland: FDP kündigt seit 1949 bestehende **Koalition** mit der CDU/CSU im Bundestag.
ab 19.3. Aufstellung der **Bundeswehr** (**30**), am 21.7. Gesetz z. **Allg. Wehrpflicht** (**31**); *Franz Josef Strauß* Bundesverteidigungsminister bis 1962.
DDR: Nationale Volksarmee **(NVA)** und Beitritt zum **Warschauer Pakt** (Pendant zur NATO).
am 23.3.: **Pakistan** wird islamische **Republik,** verbleibt aber im Commonwealth of Nations (**32**).
April: **Österreich** tritt **Europarat** bei.
am 23.6.: **Ägypten** wird nach Plebiszit **Präsidialrepublik** mit neuer Verfassung. *Nasser* Präsident (**33**).
am 26.7. zur Baufinanzierung des Assuan-Staudammes **Verstaatlichung der Suezkanalgesellschaft** (**34**). *Nasser* lehnt auf **Londoner Suez-Konferenz** Internationalisierung des Kanals ab: **Suez-Krise.**
ab 29.10.: **Zweiter israelisch-arabischer Krieg** mit Beteiligung Großbrit., Frkr., Israels, Ägyptens (**35**): Angriff Israels auf Sinai-Halbinsel u. brit.-franz. Luftoffensive gegen Ägypten. Nach UN-Beschluß und auf Druck der USA u. UdSSR **Waffenstillstand.** Suezkanal von Ägypten blockiert, aber Einwilligung der Stationierung von UN-Truppen am Kanal gegeben.
Nehru, Nasser und *Tito* treffen sich auf der jugoslaw. Insel Brioni. Bekenntn. zur **Koexistenzpolitik.**
Amerikanisch-Iberisches Abkommen faßt Militärpakte zw. USA, Spanien u. Portugal zusammen.

Finnland: *Kekkonen* Staatspräsident (zuletzt wiedergewählt 1978, vgl. »Die souveränen Staaten«).
Jordanien: Staatskrise weg. Versuchs, dem Bagdad-Pakt (vgl. **CENTO** WA '79, 453; WA '80, 461) beizutreten.
Sowjetunion: XX. **Parteitag der KPdSU.** *Chruschtschows* Geheimrede am 30.6. (**36**) führt zur **Entstalinisierung. – Sowjet.-chines. Entfremdung** über Koexistenzpolitik. – Kominform aufgelöst.
ab 26.7. in **Cuba** unter *Fidel Castro* Partisanenbewegung gegen Batista-Regime (bis 1958) (**37**).
am 17.8. in der **BR Deutschland** nach Klage der Bundesreg. **Verbot der KPD** durch BVerfssgsGer. (**38**).
am 19.10. Beendigung d. Kriegszustandes zw. **UdSSR/Japan** und Aufnahme **diplomat. Beziehungen.** (**39**).
am 19.10. in **Polen:** von Posen ausgegangene Unruhen führen zu Wechsel an der Parteispitze. *Gomulka* Erster Sekretär d. Ver. Arb.-Partei; zunächst Liberalisierung **(Polnischer Oktober)** (**40**).
ab 23.10. **Ungarnaufstand:** *Nagy* Min.-Präs. – Rote Armee verläßt Budapest. Nach **Austritt aus Warschauer Pakt** ruft moskautreue Gruppe unt. *János Kádár* **UdSSR »zu Hilfe«.** (**41**) Aufstand schließlich von Sowjettruppen niedergeschlagen. *Nagy* u. Vtdgs.-Min. *Máleter* hingerichtet. Am 4.11. *Kádár* Ministerpräsident (**42**). Flüchtlingswelle in den Westen (Lt. *FAZ* '79 allein 100000 in BR Dtld.).
am 27.10. **Saarvertrag zw. Frankreich u. BR Deutschland** (Anschluß an BR Dtld. 1.1.1957) (**43**).
Frankreich verschärft **Algerienkrieg. – Autonomie** für franz. **Kolonien** in Schwarzafrika.
Indonesien: Union m. Niederlanden endgültig aufgehoben. Indonesien **souverän.**
Vertrag zur friedlichen Nutzung von Kernenergie von 82 Staaten unterzeichnet.
Nobelpreise: *W. Shockley*, *J. Bardeen* u. *W. H. Brattain* (USA) in Physik; *N. N. Semjonow* (UdSSR) u. *Sir C. Hinshelwood* (GB) in Chemie; *W. Forssmann* (D), *A. F. Cournand* u. *D. W. Richards* (USA) in Medizin; *J. R. Jiménez* (Span.) in Literatur; keine Friedenspreise.
Ernst Bloch, dt. marxist. Philosoph (1886–1977), verfaßt **»Das Prinzip Hoffnung«** (3 Bde., seit 1954).
† am 7.7. *Gottfried Benn*, dt. Lyriker u. Arzt (* 1886), in Berlin (**44**).
† am 14.8. *Bert(olt) Brecht*, dt. Schriftsteller (* 1898), in Berlin (Ost) (**45**).
† am 25.8. *Alfred Ch. Kinsey*, US-amerikan. Zoologe u. Sexualforscher (* 1894) (**46**).

Bibl. Hinweise: *I. Geiss*, **Geschichte griffbereit.** Weltgeschichte in Daten, Hamburg 1979. – *Hermann Kinder/W. Hilgemann*, **dtv-Atlas zur Weltgeschichte,** 2 Bde., 7. Aufl., München 1971. – *Golo Mann* (Hrsg.), **Propyläen Weltgeschichte.** Eine Universalgeschichte in X Bänden, Berlin usw. 1961. – *Walter Markov/Anderle/Werner/Wurche* (Hrsg.), Kleine Enzyklopädie **Weltgeschichte,** Leipzig 1971. – *Paul Robert/Alain Rey* (Hrsg.), Le Petit Robert 2, Dictionnaire universel des noms propres, Paris 1974. – *Werner Stein*, **Kulturfahrplan** – Die wichtigsten Daten der Kulturgeschichte von Anbeginn bis 1963 (Neuaufl.), Frankfurt/M. usw. 1968.

KALENDER DER JAHRESTAGE FÜR DAS JAHR 1981

Die den Kalenderdaten nachgestellten, in Klammern gesetzten Zahlen – z.B. (**46**) – dienen zur raschen Auffindung der Jahrestage in der vorhergehenden Aufstellung.

Januar	1. (**26**) – 2. (**28**) – 7. (**15**) – 26. (**12**) – 30. (**13**)
Februar	15. (**14**) – 19. (**22**)
März	2. (**1** u. **27**) – 6. (**16**) – 7. (**2**) – 9. (**29**) – 14. (**7**) – 19. (**30**) – 23. (**32**) – 28. (**10**)
April	26. (**11**)
Mai	25. (**8**)
Juni	13. (**17**) – 23. (**33**) – 29. (**18**) – 30. (**36**)
Juli	7. (**3** u. **44**) – 21. (**31**) – 26. (**34** u. **37**)
August	9. (**6**) – 14. (**45**) – 17. (**38**) – 23. (**19**) – 25. (**46**)
September	8. (**20**)
Oktober	11. (**4**) – 18. (**25**) – 19. (**39** u. **40**) – 21. (**5**) – 23. (**41**) – 25. (**23**) – 27. (**43**) – 29. (**35**)
November	4. (**42**) – 14. (**21**) – 28. (**24**)
Dezember	8. (**9**)

Die wichtigsten Abkürzungen

(Ohne die im Abschnitt »Die souveränen Staaten« erläuterten Spezialabkürzungen wie BIP, BSP usw.)

1. Internationale Organisationen

Die in **Fettdruck** aufgelisteten Organisationen bilden separat im Kapitel »Internationale Organisationen« einen **eigenen Artikel.** Normalerweise richtet sich die Auswahl nach der in diesem Kapitel gebrauchten Abkürzungsform und Abkürzungssprache, die **stets in der gebräuchlichsten Form** (also auch im fremdsprachigen Original) **und nur einmal pro Organisation** aufgeführt werden. Die erklärende Bezeichnung folgt auf Deutsch. Der Leser kann jedoch im Kapitel »Internationale Organisationen« die Originalbezeichnung finden. Einige Organisationen sind doppelt aufgeführt, wenn in der deutschsprachigen Presse mehrere Abkürzungen üblich sind (z. B. IMF **und** IWF für den Internationalen Währungsfonds der UNO). Der Pfeil→am Zeilenende verweist auf den Hauptabschnitt, in dem diese Organisation ausführlich behandelt wird.

AAFC	Luftwaffenkdo. Mitteleuropa →NATO
ADB	Asiatische Entwicklungsbank
AFCENT	Alliiertes Truppenhauptquartier für Europa →NATO
AfDB	Afrikanische Entwicklungsbank → OAU
AFESD	Arabischer Entw.-Fonds → Arab. Liga
AKP	Sonderabkommen der EWG mit Staatengruppen der Dritten Welt → EG
ALAB	Arab.-Lateinamerik. Entw.-Bank → SELA
ALADI	Lateinam. Integr.-System
ALALC	Lateinam. Freihandelszone → ALADI
ALF	Arab. Währungsfonds → Arab. Liga
AMF	Alliierte Mobile Kräfte der → NATO
ANZAM	Sicherheitsvereinbarung d. → ANZUS
ANZUS	Pazifikpakt zw. Austral., Neuseeland und den USA
ASEAN	Verband Südostasiat. Nationen
ASIN	System zum Inform.-Austausch→ SELA
BAD	(schweizerdt. Abk. v.) AfDB →OAU
BADEA	Arab. Entw.-Bank in Afrika → Arab. Liga
BCEAO	Zentralbank Westafrikanischer Staaten
BCIE	Zentralamerikanische Bank → MCCA
BDA	Afrikanische Entwicklungsbank → OAU
BDEAC	Zentralafrikan. Entw.-Bank → UDEAC
BDEAO	Westafrikan. Entw.-Bank → BCEAO
BEI	(frz. Abk. von) EIB → EG
BENELUX	Belg.-Niederld.-Luxemb. Zollunion
BID	(Span. Abk. von) IDB → OAS
BIS	Bank f. Int. Zahlungsausgleich → OECD
BLADEX	Lateinamerikanische Exportbank → SELA
CARICOM	Karibischer Gemeinsamer Markt
CARIFTA	Karib. Freihandelszone → CARICOM
CCC	Rat f. d. Zusammenarb. auf dem Gebiet des Zollwesens
CDB	Karibische Entw.-Bank → CARICOM
CE	(frz. Abk. von) → EG
CEA	(frz. Abk. von) EAG → EG
CEAO	Westafrikan. Wirtsch.-Gem.
CECA	(frz. Abk. von) EGKS → EG
CECLA	Sonderkoordinierungskomm. → OAS
CEDEAO	Westafrikan. Wirtsch.-Gemeinschaft
CEE	(frz. Abk. von) EWG → EG

CEMT	Eur. VerkehrsMin.Konf.
CEN	Eur. Komitee f. Normung
CENTAG	Zentrale Armeegruppe von AFCENT → NATO
CEPAL	Wirtsch.-Komm. f. Lateinamer. → UNO
CEPGL	Wirtschaftsgemeinschaft der Staaten an den Großen Seen
CEPT	Eur. Post- u. Fernmeldeministerkonf.
CERI	(Sonderforschungszentrum der) → OECD
CERN	Europäisches Kernforschungszentrum
CIES	Interamerik. Wirtsch.- u. Sozialrat → OAS
CINCHAN	Ärmelkanalausschuß der → NATO
COCOM	Ost-West-Handelsausschuß → NATO
COMECON	Rat f. Gegenseit. Wirtsch.-Hilfe
CONDECA	Zentralamerik. Vertdgs.-Rat → ODECA
COREPER	Ausschuß der Ständ. Vertreter → EG
CUSRPG	Regionale Planungsgrp. Kanada → NATO
DAC	Ausschuß f. Entwicklung → OECD
DPC	Ausschuß f. Vertdgs.-Planung → NATO
EAC	Ostafrikanische Gemeinschaft u. Gem. Markt
EAG	Europäische Atomgemeinschaft → EG
EAGFL	Eur. Ausgleichs- u. Garantiefonds für die Landwirtschaft → EG
ECA	Wirtsch.-Komm. f. Afrika der → UNO
ECE	Wirtsch.-Komm. f. Europa der → UNO
ECOSOC	Wirtsch.- u. Sozialrat der → UNO
ECOWAS	(engl. Abk. von) → CEDEAO
ECU	(engl. u. frz. Abk. von) EWE → EG
ECWA	Wirtsch.-Komm. f. Westasien → UNO
EEF	Europäischer Entwicklungsfonds → EG
EFTA	Europäische Freihandelszone
EG	Europäische Gemeinschaft(en)
EGHMR	Eur. Gerichtshof f. Menschenrechte → ER
EGKS	Eur. Gem. für Kohle und Stahl → EG
EG/MR	Eur. Gerichtshof f. Menschenrechte → ER
EIB	Europäische Investitionsbank → EG
ELDO	(Aufgegangen in der) → ESA
EMS	(engl. Abk. von) EWS → EG

ENEA	Europ. Nuklearenergieagentur → OECD
EP	Europäisches Parlament → EG
EPA	Europäisches Patentamt
EPZ	Eur. Politische Zusammenarbeit → EG
ER	Europarat
ESA	Europäische Weltraumorganisation
ESCAP	Wirtsch.-Komm. f. Asien der → UNO
ESF	Europäischer Sozialfonds → EG
ESOC	Eur. Operationsz. f. Raumfahrt → ESA
ESRIN	Eur. Forschgs.-Inst. f. Raumf. → ESA
ESRO	(Aufgegangen in der) → ESA
ESTEK	Eur. Raumf. u. Technol.-Zentr. → ESA
EUCOM	Hauptquartier der US-Gesamtstreitkräfte in Europa → NATO
EuGH	Europäischer Gerichtshof → EG
EURATOM	Europäische Atomgemeinschaft → EG
EUROGROUP	(Sonderorgan der) → NATO
EWE	Europäische Währungseinheit → EG
EWF	Europäischer Währungsfonds → EG
EWG	Europ. Wirtschaftsgemeinschaft → EG
EWS	Europäisches Währungssystem → EG
FAD	Afrikanischer Entwicklungsfonds → OAU
FAO	Landw.- u. Ernährungsorg. der → UNO
FECOM	Währungsbeistandsfonds der → EG
FED	(frz. Abk. von) EEF → EG
FEM	(frz. Abk. von) EWF → EG
FEOGA	(frz. Abk. von) EAGFL → EG
FES	(frz. Abk. von) ESF → EG
GATT	Allg. Zoll- u. Handelsabkommen → UNO
Gruppe 77	(Untergruppe der) → Blockfreien
IAEA	Int. Atomenergieorganisation → UNO
IBRD	Internationale Bank für Wiederaufbau und Entwicklung → UNO
ICAO	Internationale Zivilluftfahrtorganisation → UNO
IDA	Int. Entwicklungsgesellschaft → UNO
IDB	Interamerikan. Entw.-Bank → OAS
IEA	Internationale Energieagentur
IEPG	Europäische Programmgruppe der → NATO
IFAD	Int. Landw.-Entwicklungsfonds → UNO
IFC	Internat. Finanzgesellschaft → UNO
IKRK	Internat. Rotkreuzkomitee
ILO	Internat. Arbeitsorganisation → UNO
IMCO	Zwischenstaatliche Beratende Schiffahrtsorganisation → UNO
IMF	Internationaler Währungsfonds → UNO
IMS	(Organ des Militärausschusses) → NATO
INTELSAT	Internat. Satellitenorganisation
IOC	Internat. Olympisches Komitee → Sonderkapitel Olymp. Spiele
IPU	Interparlamentar. Union → Allg. Chronik
ISO	Int. Org. f. Standardisierung
ITU	Internationale Fernmeldeunion → UNO
IWF	Internationaler Währungsfonds → UNO
JET	(Thermonukleares Programm der) → EG
KSZE	Konferenz über Sicherheit und Zusammenarbeit in Europa → Allg. Chronik
LDCs	(Staatengruppe) → Blockfreie
MBFR	(frühere Abk. von) MUR-FAAMCE → Allg. Chronik
MC	Militärausschuß der → NATO
MCCA	Zentralamerikan. Gem. Markt
MEDSEA	(Sonderministerkonferenz des) → ASEAN
MRK	Menschenrechtskommission → ER
MSACs	(Staatengruppe) → Blockfreie
MUR-FAAMCE	(frz. Abk. v. MBFR) → Allg. Chronik
NAFTA	Neuseel.-Australisches Freihandels-Abkommen
NAMUCAR	Karibische Schiffahrts-Gesellschaft → CARICOM
NATO	Organisation des Nordatlantikvertrages
NDAC	Ausschuß f. Nukl. Verteidgg. → NATO
NPG	Nukleare Planungsgruppe → NATO
OAPEC	Arabische Erdölförderländer → Arab. Liga
OAS	Organisation Amerikanischer Staaten
OAU	Organisation f. Afrikanische Einheit
OCAM	Gemeins. Afrikan.-Mauretanische Org.
ODECA	Org. Zentralamerikan. Staaten
OECD	Org. f. Wirtschaftliche Zusammenarbeit und Entwicklung
OLADE	Lateinamerikan. Energieorgan. → OAS
OLAS	Lateinamerik. Org. → Blockfreie
OMVS	Org. f. d. Nutzung des Senegalflusses
OPEC	Organisation Erdölexportierender Länder
OSPAAL	Solidaritätsorganisation → Blockfreie
OTC	Org. f. Handelszusammenarbeit → UNO
PE	(frz. Abk. von) EP → EG
PLO	Palästin. Befreiungsfront → Arab. Liga
PTC	Programm f. techn. Kooperation → UNO
RCD	Regionale Entwicklungs-Kooperation
RGW	Rat f. ggs. Wirtschaftshilfe → COMECON
SACEUR	Oberster Alliierter Befehlshaber für Europa → NATO
SACLANT	Oberkommando Atlantik der → NATO
SAEMU	Südafrikan. Wirtsch.- u. Währungsunion
SALT	Gespräche USA/UdSSR zur strategischen Waffenbegrenzung → Allg. Chronik
SEAMEO	Erziehungsorganisation des → ASEAN
SELA	Lateinamerikan. Wirtschafts-System
SHAPE	Hauptquartier der Alliierten Gesamtstreitkräfte für Europa der → NATO
SME	(frz. Abk. von) EWS → EG
STABEX	Exporterlös-Stabilisierungsfonds → EG
STANA-FORCHAN	Ständige Ärmelkanalflotte der → NATO
SZR	Sonderziehungsrechte des IMF → UNO
TAB	Amt f. techn. Hilfeleistung der → UNO
TNC	Ausschuß f. Handelsvereinb. der → UNO
UDEAC	Zentralafrikan. Zoll- u. Wirtsch.-Gem.
UDEAO	Westafrikanische Zollunion
UIA	Arab. parlamentar. Union → Arab. Liga
UMOA	Westafrikanische Währungsunion
UNCTAD	Konf. f. Handel u. Entw. der → UNO
UNDP	Entwicklungsprogramm der → UNO
UNEP	Umweltsekretariat der → UNO
UNESCO	Erziehungs-, Wissenschafts- und Kulturorganisation der → UNO
UNFPA	Bevölkerungsfonds der → UNO

UNHCR	Hochkommissar f. Flüchtlinge	→ UNO
UNICEF	Weltkinderhilfswerk	→ UNO
UNIDO	Org. f. industrielle Entwicklung	→ UNO
UNITAR	Inst. f. Ausbildung u. Forschung	→ UNO
UNO	Vereinte Nationen	
UNRWA	Hilfswerk f. Palästinaflüchtlge.	→ UNO
UNSO	Statistisches Amt der	→ UNO
UNTAG	Namibia-Hilfstruppe der	→ UNO
UNTSO	Waffenstillstandsüberwachungskommission im Nahen Osten der	→ UNO
UPU	Weltpostverein der	→ UNO
WEP	Welternährungsprogramm der	→ UNO
WEU	Westeuropäische Union	
WFC	Welternährungsrat der	→ UNO
WFUNA	Weltföderation der UN-Vereinigungen	→ UNO
WHO	Weltgesundheitsorganisation	→ UNO
WIPO	Weltorg. f. geistiges Eigentum	→ UNO
WMO	Weltorg. f. Meteorologie	→ UNO
WSA	Wirtschafts- u. Sozialausschuß	→ EG

2. Staatenabkürzungen

gemäß internationalen Kraftfahrzeugkennzeichen.

Ausnahmen: Die **fettgedruckten** Abkürzungen weichen von den Kfz-Kennzeichen ab, sind aber im allgemeinen Schriftgebrauch üblicher – z. B. **VRC** (statt TJ) für die Volksrepublik China, **UdSSR** (statt SU) für die Sowjetunion – oder haben offiziellen Charakter bei internationalen Organisationen und im Völkerrecht – z. B. **UK** (statt GB) für das Vereinigte Königreich von Großbritannien und Nordirland. Hier nicht aufgeführte Staaten haben kein international anerkanntes Kfz-Kennzeichen und werden auch im Text stets ausgeschrieben.

A	Österreich
ADN	Demokr. Volksrep. Jemen
AFG	Afghanistan
AL	Albanien
AND	Andorra
AUS	Australien
B	Belgien
BDS	Barbados
BG	Bulgarien
BH	Belize (fr. Brit. Honduras)
BOL	Bolivien
BR	Brasilien
BR Dtld.	Bundesrep. Deutschland
BRN	Bahrein
BRU	Brunei (britisch)
BS	Bahamas
BUR	Birma
C	Cuba
CDN	Kanada
CH	Schweiz (Confœderatio Helvetica)
CI	Elfenbeinküste
CL	Sri Lanka (früher Ceylon)
CO	Kolumbien
CR	Costa Rica
CS	Tschechoslowakei
ČSSR	Tschechoslowakei
CY	Cypern
D	Deutschland (s. a. **BR Dtld.**)
DARS	Sahara
DDR	Deutsche Demokratische Republik
DK	Dänemark
DOM	Dominikanische Republik
DZ	Algerien
E	Spanien
EAK	Kenia
EAT	Tansania
EAU	Uganda
EC	Ecuador
ES	El Salvador
ET	Ägypten
ETH	Äthiopien
F	Frankreich
FIJI	Fidschi
FL	Liechtenstein
GB	Großbritannien (s. auch **UK**)
	GBA Alderney
	GBG Guernsey
	GBJ Jersey
	GBM Isle of Man
	GBZ Gibraltar
GCA	Guatemala
GH	Ghana
GR	Griechenland
GUY	Guyana
H	Ungarn
HK	Hongkong (britisch)
HV	Obervolta
I	Italien
IL	Israel
IND	Indien
IR	Iran
IRL	Irland (Republik)
IRQ	Irak
IS	Island
J	Japan
JA	Jamaika
JOR	Jordanien
K	Kambodscha
KT	Kuweit
L	Luxemburg
LAO	Laos
LAR	Libyen (Lib. Arab. Rep.)

LS Lesotho
M Malta
MA Marokko
MAL Malaysia
MC Monaco
MD Madagaskar
MEX Mexiko
MS Mauritius
MW Malawi
N Norwegen
NA Niederld. Antillen (zu NL)
NIC Nicaragua
NZ Neuseeland
P Portugal
PA Panama
PAK Pakistan
PE Peru
PL Polen
PY Paraguay
R Rumänien
RA Argentinien
RASD Saharaui-Republik
RB Botswana
RC Republik China (Taiwan)
RCA Republik Zentralafrika
RCB Kongo (Volksrepublik)
RCH Chile
RG Niger
RH Haïti
RI Indonesien
RIM Mauretanien
RL Libanon
RMM Mali
ROK Republik Korea
RP Philippinen
RPB Benin
RSA Rep. Südafrika (s.a. ZA)
RSM San Marino
RU Burundi
RWA Ruanda
S Schweden
S.-A. Saudi-Arabien
SCV Vatikanstadt
SD Swasiland
SF Finnland
SGP Singapur
SME Suriname
SN Senegal
SP Somalia
SU Sowjetunion (s. auch **UdSSR**)
SUDAN Sudan
SWA Namibia (fr. Südwestafr.)
SY Seschellen
SYR Syrien
TG Togo
THA Thailand
TJ Volksrep. China (s. a. **VRC**)
TN Tunesien
TR Türkei
TT Trinidad und Tobago
U Uruguay
UAE Arabische Emirate
UdSSR Sowjetunion (s. auch SU)
UK Großbritannien (s.a. GB)
USA Vereinigte Staaten v. Amerika
VN Vietnam
VRC Volksrep. China (s.a. TJ)
WAG Gambia
WAL Sierra Leone
WAN Nigerien
WD Dominica
WG Grenada
WL Saint Lucia
WS Samoa
WV Saint Vincent
YU Jugoslawien
YV Venezuela
ZA Südafrika (s.a. **RSA**)
ZR Zaïre

Weltchronik*

1. CHRONOLOGISCHER ÜBERBLICK ÜBER WICHTIGE EREIGNISSE
Herbst 1979 bis Herbst 1980

15. 9. **ÄTHIOPIEN** In Addis Abeba wird mit der **UdSSR** ein Abkommen über erweiterte **Zusammenarbeit** unterzeichnet. – **CUBA** schließt ein **Kooperationsabkommen mit Grenada,** das angeblich Land für eine Militärbasis zur Verfügung stellt.

16. 9. **BR DEUTSCHLAND/DDR** In der Nacht vom **15.** zum **16.9.** gelingt acht DDR-Bürgern die **Flucht mit einem Heißluftballon in die Bundesrepublik.** – **AFGHANISTAN** **Staatspräsident** *Nur Mohammed Taraki* **tritt** nach einem ungeklärten Machtkampf **zurück** († **9.10.** in einer Klinik in Kabul); sein Nachfolger *Chafisulla Amin,* Generalsekretär des ZK der »Dem. Volkspartei«/DVPA, verkündet eine Amnestie, betont die freundschaftliche Zusammenarbeit mit der **UdSSR** und verspricht eine »Gesellschaft in Überfluß und ohne Ausbeutung«. – **SCHWEDEN** Bei den **Reichstagswahlen** entfallen auf den Bürgerblock 175, auf die Linksparteien 174 Stimmen. (*Thorbjörn Fälldin* [Zentrum] bildet am 11.10. eine Koalitionsregierung mit Konservativen und Liberalen und betont als Hauptaufgaben: Sicherung der Energieversorgung, Steuerreformen, Entbürokratisierung und ein langfristiges Verteidigungsprogramm.)

17. 9. **DEM. VOLKSREP. JEMEN** Abkommen über **Wirtschaftskooperation mit der UdSSR.**

18. 9. **VEREINTE NATIONEN** Beginn der **34.** Tagung der **Vollversammlung.** – **ST. LUCIA** wird als **152. Mitglied** in die **UNO** aufgenommen. (Die **BR Deutschland** nimmt Anfang 1980 diplomatische Beziehungen mit St. Lucia auf.)

19. 9. **BR DEUTSCHLAND** *Karl Otto Pöhl* wird mit Wirkung vom **1.1.1980** als Nachfolger von *Otmar Emminger* **zum Präsidenten der Deutschen Bundesbank berufen.**

20./21. 9. **ZENTRALAFRIKANISCHE REPUBLIK** Kaiser **Bokassa I.** wird in Abwesenheit **gestürzt.** Sein »Berater«, Expräsident *David Dacko,* tritt an die Spitze des wieder zur Republik erklärten Staates. (In den folgenden Wochen werden zahlreiche Politiker und Gewerkschafter verhaftet.)

21. 9. **KAMBODSCHA** Die UNO-Vollversammlung bestätigt die Delegation des **»Demokrat. Kamputschea«**, d.h. der durch die vietnamesische Invasion gestürzten Regierung von *POL Pot.*

23. 9. **EUROP. WÄHRUNGSSYSTEM/EWS** Die **DM** wird ab 24.9. um 2% **auf-,** die **dän. Krone** um 3% **abgewertet.** – **DDR** Die SED nimmt (erstmals seit 1961) wieder Kontakt mit der albanischen KP (PPSH) auf. – **ITALIEN** *Bruno Visentini* wird Präsident der Republik. Partei.

24. 9. **AUSTRALIEN** Verkündung einer 200-sm-Wirtschaftszone. – **GHANA** Das **Militärregime** wird **durch** eine **Zivilregierung abgelöst.**

25. 9. **BR DEUTSCHLAND** Die Erklärung »Dem Leben dienen« der **Deutschen Bischofskonferenz** in Fulda befaßt sich mit Reformvorschlägen zum § 218 des Strafgesetzbuches. – **DDR** Die Synode des **»Bundes der Evangel. Kirche der DDR«** befürwortet in Dessau den baldigen Zusammenschluß der Landeskirchen.

26. 9. **BR DEUTSCHLAND** Im Zusammenhang mit Versäumnissen hinsichtlich der Beseitigung von Munitions- und Giftlagern in Hamburg (»Stoltzenberg-Skandal«) tritt, obwohl ohne persönliches Verschulden, Justizsenator *Frank Dahrendorf*/SPD zurück. – **AFGHANISTAN** Staatspräsident *Amin* behauptet vor Stammesältesten, »Reaktion und Imperialismus organisierten vom Ausland den Kampf gegen die Revolution«. (Gemeint ist **Pakistan,** in das in den folgenden Monaten Hunderttausende fliehen, während im Lande selbst Anhänger des Expräsidenten *Taraki* verhaftet werden und in verschiedenen Gegenden [Paktia, Badachschan, Kunar usw.] konservativ-islamische »Mudschahidin« gegen das neue Regime rebellieren.)

* Einzelheiten s. auch »Souveräne Staaten« (Sp. 165ff.), »Kurzbiographien« (Sp. 509ff.), »Wirtschaft« (Sp. 761ff.), »Internat. Organisationen« (Sp. 585) und »Ausgewählte Kapitel aus dem Weltgeschehen« (Sp. 103ff.). Tage mit weniger wichtigen Ereignissen sind unberücksichtigt geblieben, um Platz für Tage zu gewinnen, an denen sich wichtigere Ereignisse häuften. (In Klammern sind, wo zweckmäßig, Folgeentwicklungen angedeutet.)

27. 9. **VEREINTE NATIONEN** Bundesaußenminister *Hans-Dietrich Genscher* bezeichnet vor der Vollversammlung die **Entspannungspolitik** als **langfristig angelegtes Konzept der Bundesregierung.**

28. 9. **BR DEUTSCHLAND** Bund und Länder einigen sich auf ein gemeinsames Konzept für die **»Entsorgung« von Kernkraftwerken.** – **DDR** Mit **Österreich** wird ein **Programm für kulturelle und wissenschaftliche Zusammenarbeit** unterzeichnet. – Ein Hotelbrand fordert in Wien 27 Menschenleben. – **EUROPÄISCHES PARLAMENT** Das Parlament **bezeichnet** das neue **Strafrecht der DDR als** Bruch der Menschenrechte und **Verletzung der KSZE-Akte von Helsinki.** – **DÄNEMARK** **Ministerpräsident** *Anker Jörgensen* **erklärt** den **Rücktritt seiner Koalitionsregierung** und schreibt Neuwahlen aus, die für seine Partei erfolgreich verlaufen. (Er bildet am 26. 10. eine neue Minderheitsregierung.) – **SÃO TOME u. PRÍNCIPE** Ein **Putschversuch scheitert.**

29. 9./1. 10. **ÄQUATORIAL-GUINEA** Der **ehem. Staatspräsident,** *Macías Nguema,* wird nach Verurteilung wegen Mord, Völkermord und Veruntreuung am 29. 9. **hingerichtet.** – **ARGENTINIEN** Fehlschlag eines **Putschversuches.** – **IRLAND** **Papst Johannes Paul II. ruft während seines Besuches** (29. 9.–1. 10.) zur Beendigung des Terrors, **zu Frieden und Versöhnung auf.**

30. 9. **BR DEUTSCHLAND** Bei den **Kommunalwahlen in Nordrhein-Westfalen** erzielt die CDU (46,3%) leichte Gewinne, während die SPD (44,9%) und FDP (6,5%) Verluste erleiden. – **DOMINIKANISCHE REPUBLIK** Ende September scheitert ein **Putschversuch.**

30. 9./4. 10. **HIMALAJA** Ende September erreichen der Münchner *Hermann Warth* und der Schweizer *Peter Kaenel* den 8848 m hohen **Mt. Everest,** desgleichen am 1. 10. der Neu-Ulmer *Gerhard Schmatz* und weitere Expeditionsteilnehmer sowie am **2. 10.** auch als erste Westeuropäerin Frau *Hannelore Schmatz* und der (in Alaska lebende) Schweizer Bergführer *Raymond Genet,* die jedoch beim Abstieg am **3. 10.** vor Erschöpfung sterben, als 39. und 40. Opfer am höchsten Berg der Erde. (**Von 1949 bis Mitte Oktober 1979** sind **im Himalaja 180 Bergsteiger,** darunter 62 einheimische Träger, **ums Leben gekommen.**)

1. 10. **BULGARIEN** Kooperationsvertrag mit Vietnam (am 2. 10. auch mit Kambodscha, am 5. 10. mit Laos). – **NIGERIEN** Mit der Vereidigung des Staats- und Regierungschefs *Schehu Schagari* geht die fast 14jährige **Militärherrschaft zu Ende.** – **TSCHECHOSLOWAKEI** Ausbürgerung des Schriftstellers *Pável Kohout.*

2. 10. **BR DEUTSCHLAND** Der **Bundesvorstand des DGB billigt den Entwurf eines neuen Grundsatzprogramms,** das u. a. Investitionslenkung vorsieht; es stößt auf scharfe Kritik des Bundesverbandes der Deutschen Industrie/BDI. – **UNO** Vom **1.** bis **7. 10.** in den **USA** weilend, ruft **Papst Johannes Paul II.** am 2. 10. **vor der UNO-Vollversammlung** zum Frieden, zur Achtung der Menschenrechte und zur Überwindung der Kluft zwischen Arm und Reich auf.

3. 10. **BR DEUTSCHLAND** In Hamburg wird die **Gesamtschule als Regelschule** in das allgemeine Schulsystem eingegliedert. – Der in Berlin (West) tagende **»Club of Rome«** (3.–6. 10.) legt nach »Die Grenzen des Wachstums« [1972] und »Menschheit am Wendepunkt« [1974] seinen dritten Bericht: **»Das menschliche Dilemma – Zukunft und lernen«** vor und plant eine Stiftung »Forum humanum«.

5. 10. **DDR/UdSSR** In Berlin (Ost) wird ein **Spezialisierungs- und Kooperationsprogramm** für die Zeit bis 1990 unterzeichnet.

6. 10. **SOWJETUNION** Staats- und Parteichef *Leonid I. Breschnjew* **kündigt den Abzug von** 20000 in der **DDR** stehenden (der insgesamt etwa 400000) sowjet. **Soldaten** und 1000 **Panzern** (von rd. 6000) und eine Verringerung der in der westlichen UdSSR stationierten Raketen **an,** falls die NATO auf die Stationierung von neuen US-Raketen in Westeuropa verzichtet. Die Reaktion der NATO-Länder ist unterschiedlich. (5. 12. 79 Beginn u. 1980 Fortsetzung d. Abzugs.)

7. 10. **BR DEUTSCHLAND** Bei den **Bürgerschaftswahlen in Bremen** behauptet die SPD ihre absolute Mehrheit, während die CDU und FDP Verluste erleiden. Die **»Grünen«** (BGL) ziehen **erstmals in** ein **Landesparlament** ein. – **DDR** Die **Feiern aus Anlaß des 30. Gründungstages der Republik** erreichen ihren Höhepunkt. Aus Anlaß des Jubiläums wird eine **Amnestie** ausgesprochen; von den politischen Gefangenen werden u. a. in den folgenden Tagen der Regimekritiker *Rudolf Bahro* und der Wehrdienstverweigerer *Nico Hübner* aus der Haft in die Bundesrepublik entlassen (s. WA '79, Sp. 741). – **JAPAN** Bei den **Parlamentswahlen** erhöht die regierende LDP ihren Stimmenanteil um fast 3%; in der Mandatszahl bleibt sie jedoch hinter dem letzten Wahlergebnis zurück. (Ministerpräsident *Ohira* bildet am 8. 11. eine neue LDP-Regierung.) – **ÖSTERREICH** Bei den **Landtagswahlen in Oberösterreich** baut die **ÖVP,** bei jenen **in Kärnten** die **SPÖ** ihre **absolute Mehrheit** aus.

9. 10. **BR DEUTSCHLAND** Die Delegierten der **DAG** wählen in Mannheim *Hermann Brandt* erneut zum Vorsitzenden. – **DDR** Aufnahme der **diplomatischen Beziehungen zu Grenada.**

10. 10. AFGHANISTAN Das **»Verfassungs-Komitee«** gibt Grundsätze der geplanten neuen Verfassung bekannt: Schutz des kleinen Privatbesitzes und der islamischen Religion; die »Dem. Volkspartei« wird Einheitspartei und »Rückgrat« des Staates. – USA **An der New Yorker Börse werden** nach Ankündigung von Präsident *Carter,* eine scharfe Antiinflationspolitik zu betreiben, **aus Furcht vor** einer **Rezession 81,6 Mill. Aktienanteile verkauft,** mehr als je vorher an einem Tag.

11. 10. BOLIVIEN Fehlschlag einer Militärrebellion (in Trinidad, Dep. Beni). – SCHWEDEN Billigung einer bürgerlichen **Koalitionsregierung** unter dem Zentrumsführer *Thorbjörn Fälldin* durch den Reichstag. (Hauptpunkte der Regierungserklärung vom nächsten Tag: Sanierung der Wirtschaft und Inflationsbekämpfung.)

12. 10. BR DEUTSCHLAND/RUMÄNIEN Bundesaußenminister *Hans-Dietrich Genscher* und sein rumänischer Kollege *Andrei* unterzeichnen in Bukarest ein Investitionsförderungsabkommen. – GROSSBRITANNIEN Regierungschefin *Margaret Thatcher* bekräftigt auf dem Parteikongreß der Konservativen die Notwendigkeit einer Gewerkschaftsreform und die entschiedene Fortsetzung ihrer wirtschaftlichen Sanierungspolitik. – ISLAND Die schwierige Wirtschaftslage führt zum **Rücktritt der Koalitionsregierung** unter *Johánesson.* (Der Sozialdemokrat *Benedikt Gröndal* bildet am 15. 10. ein Minderheitskabinett als Übergangsregierung.) – VEREINTE NATIONEN *Fidel Castro,* seit 1960 erstmals wieder in den **USA,** spricht vor der UNO-Vollversammlung.

14. 10. BR DEUTSCHLAND **In Bonn demonstrieren rund 100 000 Mitglieder von Bürgerinitiativen**/BBU und anderen in- und ausländischen Gruppen **gegen die Nutzung der Kernenergie.** – ANGOLA/SAMBIA/ZAÏRE Abkommen über Sicherheit und wirtschaftliche Zusammenarbeit.

15. 10. CHINESISCHE VOLKSREPUBLIK Regierungs- und Parteichef *Hua Guofeng* **beginnt seine Europareise** (bis 6. 11.), die ihn nach **Frankreich,** in die **BR Deutschland,** nach **Großbritannien** und **Italien** führt und besonders der Stärkung der wirtschaftlichen Kooperation dienen soll. – EL SALVADOR Durch einen **Militärputsch** wird Staats- und Regierungschef General *Humberto Romero* gestürzt; die Macht übernimmt eine Junta aus Militärs und Zivilisten; sie verspricht Reformen. (Widerstandsaktionen des »Revol. Volksheers«/ERP und anderer Linksgruppen veranlassen am 16. 10. die Junta, die innere Befriedung und Wahlen in Aussicht stellt, das Parlament aufzulösen und den Kriegszustand zu erklären. Am 24. 10. wird eine Regierung gebildet und der Kriegszustand aufgehoben. In den folgenden Monaten dauern Unruhen und Geiselnahmen an.

16. 10. GRENADA Die Aufdeckung einer Verschwörung führt zu zahlreichen Verhaftungen. – MALTA Nach einem Attentatsversuch gegen Premierminister *Dom Mintoff* kommt es in **Valetta** zu **Verwüstungen** der Büros der oppositionellen »Nat. Party«. – TÜRKEI Nach einer Niederlage der »Rep. Volkspartei«/CHP bei den Teilwahlen (14. 10.) **tritt das Kabinett** von *Bülent Ecevit* **zurück.** (Der Vorsitzende der »Gerechtigkeitspartei«/AP, *Süleyman Demirel,* wird Nachfolger und stellt am 12. 11. die **neue Regierung aus AP**-Mitgliedern vor; sein am 21. 11. vorgelegtes Regierungsprogramm nennt die Bekämpfung des Terrors, die Sanierung der Wirtschaft und die Neubelebung des Islam als wichtigste Aufgaben. Das Parlament bestätigt das Kabinett am 25. 11. mit 229 gegen 208 Stimmen.)

17. 10. DDR Das ZK der SED beschließt die Schaffung von **»Parteiaktivs«,** die in den Hausgemeinschaften politisch-ideologisch wirken sollen.

18. 10. IRAK Die Regierung bietet **Bahrein** für den Fall eines iranischen Angriffs Hilfe an. – IRAN **Chomeini befiehlt einen vorläufigen Hinrichtungsstopp;** es werden **jedoch auch künftig Exekutionen** (u. a. am 8. 5. 1980 Erschießung der ehem. Erziehungsministerin *Parsa*) vorgenommen (Anfang 1979–Ende Mai 1980 offiz. über 800).

19. 10. ARGENTINIEN/BRASILIEN/PARAGUAY unterzeichnen einen Vertrag über die **Erschließung des La-Plata-Beckens.**

21. 10. BR DEUTSCHLAND Der **Regierungs- u. Parteichef der Chines. Volksrepublik,** *Hua Guofeng,* hält sich vom **21.–28. 10.** in der Bundesrepublik auf. Es werden **Rahmenabkommen über wirtschaftliche** und (bereits am 10. 10.) kulturelle **Zusammenarbeit** sowie über die Errichtung von Generalkonsulaten in Hamburg und Schanghai unterzeichnet. – ISRAEL **Außenminister** *Mosche Dajan [Dayan]* erklärt wegen Differenzen mit den Prinzipien der Außen- und Siedlungspolitik der Regierung *Begin* seinen **Rücktritt.** – ÖSTERREICH Bei den Landtagswahlen im österreichischen Bundesland **Vorarlberg** behauptet die ÖVP mit 57,6 % der Stimmen und 22 Mandaten ihre absolute Mehrheit. – SCHWEIZ Bei den **Nationalratswahlen** v. 20./21. 10. (z. T. Nachwahlen am 10. u. 11. 11.) erleiden die Sozialdemokraten/SPS und die Christl.-Dem. Volkspartei/CVP Verluste, während u. a. die Freisinnig-Dem. Partei und die Schweizer Volkspartei Gewinne erzielen. Bei den Ständeratswahlen ergeben sich besonders für die SPS Gewinne.

22. 10. PAKISTAN **Staatspräsident** General *Sia*

ul-Hack [Zia ul-Huq], der am 16.10. alle politischen Parteien verboten und die für 17.11. geplanten Wahlen auf unbestimmte Zeit verschoben hat, **proklamiert als Ziel die Errichtung einer islamischen Gesellschaftsordnung.**

23. 10. **DÄNEMARK Bei den Wahlen verzeichnen besonders die Konservativen und Sozialdemokraten Erfolge.** (Der amtierende Reg.-Chef *Anker Jörgensen* stellt am 26.10. seine neue **sozialdemokratische Minderheitsregierung** vor.) – **GROSSBRITANNIEN** Die Devisen- u. Kapitalverkehrskontrollen werden mit Wirkung ab 24.10. aufgehoben. – **TSCHECHOSLOWAKEI Im Prozeß gegen Unterzeichner der Menschenrechtsdeklaration der Bürgerrechtsbewegung »Charta 77«** werden einige Angeklagte – darunter der Schriftsteller *Václav Havel* – zu mehrjährigen **Haftstrafen** verurteilt.

25. 10. **SOWJETUNION/DEM. VOLKSREP. JEMEN** Abschluß eines **Vertrages über Freundschaft und Zusammenarbeit.** – **SPANIEN** Bei einer Wahlbeteiligung von 60 % billigen in den baskischen Provinzen 90,28 %, in Katalonien 89,97 % der Abstimmenden die **Autonomie-Statute.** – **REP. SÜDAFRIKA** Der Außenminister, *Roelof F. Botha,* **verneint** einen Bericht des US-Geheimdienstes, sein Land habe am **22.9.** eine **Atomexplosion** ausgelöst.

26. 10. **KAMBODSCHA, UNICEF** und **IKRK beginnen mit** der Aktion zur **Bekämpfung der Hungersnot** und ihrer Folgen. – **REP. KOREA** (Süd-K.) **Staatspräsident** *Park Tschung Hi [Chung Hee]* **erliegt einem Attentat** seitens des Geheimdienstchefs *Kim Dschä [Jae] Kyu.* Der bisherige Reg.-Chef *Tschoi [Choi] Kyu Hah* tritt interim. die Nachfolge an. – **UNO Die Vollversammlung wählt** mit Wirkung vom 1.1.1980 die **DDR in den Sicherheitsrat.**

27. 10. **SAINT VINCENT/GRENADINES** Die bisher an **Großbritannien** assoziierten Karibik-Inseln werden als konstit. Monarchie unter der britischen Krone unabhängig.

29. 10. **BR DEUTSCHLAND/BERLIN (WEST)** *Giscard d'Estaing* besucht als erster französischer Staatspräsident Berlin (West) und erklärt, Frankreich werde sich jeder Veränderung des Vier-Mächte-Abkommens widersetzen.

30. 10. **BR DEUTSCHLAND Der Deutsche Philologenverband** spricht sich **gegen die Einführung der Gesamtschule** als einzige Angebots- oder Regelschule aus.

31. 10. **BR DEUTSCHLAND/DDR** In Berlin (Ost) wird eine **ab 1.1.1980** geltende **Vereinbarung über** die Pauschalierung von **Straßenbenutzungsgebühren** unterzeichnet; die Bundesregierung zahlt an die DDR eine Pauschalsumme von jährlich 50 Mill. DM. – **EG/AKP-STAATEN** In Lomé wird zwischen der EG und den AKP-Staaten Afrikas, der Karibik und des Pazifik das sogen. **»Lomé II-Abkommen« unterzeichnet,** das am 1.3.1980 in Kraft tritt und u.a. für diese (Ende Febr. 1980 59) Entwicklungsländer bis 1985 eine Hilfe von 14 Mrd. DM vorsieht.

1. 11. **BOLIVIEN** Durch einen **Militärputsch** unter Führung von Oberst *Alberto Natusch Busch* – der sich selbst als Präsident proklamiert – wird Staatspräsident *Walter Guevara Arze* abgesetzt.

4. 11. **IRAN** Im Laufe einer Protestdemonstration **besetzt eine Gruppe islamischer Studenten die US-Botschaft in Teheran** und nimmt rund 100 Geiseln, von denen in den kommenden Wochen etwa die Hälfte (u.a. Frauen und schwarze US-Bürger) freigelassen, die übrigen US-Bürger jedoch weiter festgehalten werden. Die **Besetzer fordern die Auslieferung des** in den USA seit 22.10. in einer Klinik behandelten **Schah.** Ajatollah **Chomeini** – faktisch geistlich und politisch seit längerem zur entscheidenden Macht geworden – **billigt die Besetzung,** da die Botschaft ein Zentrum der US-Spionage und Subversion gewesen sei. – **TUNESIEN** Bei den von der Opposition boykottierten **Parlamentswahlen,** bei denen erstmals eine Wahl zwischen 2 Kandidaten möglich ist, fallen alle 121 Sitze auf die regierende Staatspartei (»Parti socialiste destourien«/PSD).

5. 11. **IRAN Ministerpräsident** *Basargan* **erklärt** seinen **Rücktritt,** da das Kabinett nicht mehr Herr der Lage sei. **Chomeini beauftragt den »Revolutionsrat« mit der Führung der Regierungsgeschäfte** (der am 16.11. eine neue Regierung einsetzt. US-Präsident *Carter* ordnet in der Folgezeit den Stopp der Erdöleinfuhr aus dem Iran an, der seinerseits die Ölausfuhr nach den USA untersagt. Die iranische Drohung, die in den USA deponierten Währungsreserven von umgerechnet etwa 12 Mrd. DM abzuziehen, wird von Carter mit der »Einfrierung« der iranischen Guthaben beantwortet. – Der Präsident des UNO-Sicherheitsrats erklärt nach einer Sitzung am 9.11., ohne sich in iranische Angelegenheiten einmischen zu wollen, sei doch eine sofortige Geiselfreigabe geboten.) – **ÖSTERREICH** Angelobung der neuen Minister und Staatssekretärinnen des umgebildeten Kabinetts durch den Staatspräsidenten. – **SPANIEN Die** seit dem spanischen Bürgerkrieg in Paris **im Exil befindliche »baskische Regierung«** unter *Jesús María de Leizola* **löst sich auf.**

7. 11. **EL SALVADOR** Die **Regierungs-Junta sagt** dem »Revolut. Volksblock«, der seit Tagen drei Minister und zahlreiche andere Geiseln festhält, **zu,** die Erhöhung der Verkehrstarife zurückzunehmen und **Reformmaßnahmen durchzuführen;** die Geiseln werden daraufhin freigelassen. – **SCHWEDEN Der**

Reichstag beschließt endgültig die **Erstgeburts-Thronfolge;** ab 1.1.1980 wird dadurch die am 14.7.1979 geborene Prinzessin *Victoria Ingrid Alice Desirée* Thronfolgerin.

8. 11. **KENIA** Bei den **Parlamentswahlen** fallen alle 158 Sitze auf die Kandidaten der Einheitspartei/KANU; mehrere Minister verlieren ihren Sitz. Der bestätigte Präsident *Daniel arap Moi* bildet ein »Kabinett der Einheit«, in dem alle wichtigen Stämme und politischen Strömungen vertreten sind. Ein Weißer, *Philip Leakey,* wird stellv. Umweltminister.

10. 11. **KANADA** Die **Explosion** von Tankwaggons mit hochgiftigen Chemikalien **macht** in den folgenden Tagen die vorübergehende **Evakuierung der Bevölkerung der Stadt Mississauga** (etwa 220000 Einw.) **erforderlich.** – **TSCHAD** Präsident *Gukuni Ueddi [Goukouni Oueddi]* bildet eine »Provis. **Übergangsregierung** der Einheit«, aus faktisch allen wichtigen politischen Gruppen (11 aus dem Norden, 10 aus dem Süden).

12. 11. **BR DEUTSCHLAND** Gegensätze mit dem Bundes- und Landesvorstand der FDP veranlassen den nordrheinwestfälischen FDP-Landesvorsitzenden und Wirtschaftsminister **Horst-Ludwig Riemer** zur **Bekanntgabe seines Rücktritts** von beiden Positionen. – **DDR/ÄTHIOPIEN** Abschluß eines Freundschafts- und Kooperationsabkommens.

13. 11. **GROSSBRITANNIEN** Erstmals wieder seit 30.11.1978 erscheint **»The Times«.**

14. 11. **BR DEUTSCHLAND** Der Justizminister v. Rheinland-Pfalz, *Otto Theisen*/CDU, übernimmt die Verantwortung staatsanwaltlicher Versäumnisse – u.a. Verzögerung des Ermittlungsverfahrens gegen einen ehem. SS-Führer – und tritt zurück. (Nachfolger wird *Carl Ludwig Wagner*.) – **NEUE HEBRIDEN** Die **Parlamentswahlen** auf der 1980 unabhängig werdenden Inselgruppe bringen der anglophonen, der Presbyt. Kirche nahestehenden »Vanaaku«-Partei 26 der 39 Sitze. – **UNO** Die **Vollversammlung billigt** eine von den ASEAN-Staaten eingebrachte **Resolution, die den** unverzüglichen **Abzug der vietnamesischen Truppen aus Kambodscha fordert.**

15. 11. **ÄGYPTEN/ISRAEL** Rund zwei Monate vor dem im Friedensvertrag vorgesehenen Termin werden von der israelischen Besatzungsmacht **Teile des Sinai-Gebirges mit dem St.-Katharinen-Kloster an Ägypten zurückgegeben.**

16./18. 11. **BOLIVIEN** Der Druck von Teilen der Streitkräfte sowie der Gewerkschaften erzwingt den Rücktritt von Oberst *Natusch Busch,* dessen zweiwöchiges Regime als Staatspräsident über 200 Menschenleben gefordert hat. Der Kongreß wählt am 18.11. als Nachfolgerin die bisherige Parlamentspräsidentin *Lidia Gueiler Tejada;* sie ist die **erste Frau an der Spitze des bolivianischen Staates.**

17. 11. **DDR/DEM. VOLKSREP. JEMEN/GUYANA** Abkommen über Wirtschaft und Kultur.

19. 11. **ISRAEL** *Jigal Hurwitz,* **Wirtschaftsminister des** von *Menachim Begin* umgebildeten **israelischen Kabinetts, legt ein Antiinflationsprogramm vor.**

20. 11. **BR DEUTSCHLAND/CHINES. VOLKSREPUBLIK** Bundesforschungsminister *Volker Hauff* unterzeichnet in Peking mehrere Abkommen über technische und wissenschaftliche Zusammenarbeit. – **VOLKSREP. BENIN** Bei den **Wahlen in die »Revolut. Versammlung«** werden 97,90% der Stimmen für die 336 »Volkskommissare« der Einheitsliste der »Rev. Volkspartei« abgegeben. Der bisherige Präsident *Mathieu Kérékou* wird erneut zum Staatsoberhaupt gewählt. – **SAUDI-ARABIEN** Fanatische Muslimen stürmen im saudischen **Mekka,** der Geburtsstadt des Propheten *Mohammed,* den **Hl. Bezirk der »Großen Moschee«** [»Beit Allah« bzw. »Al Haram«, mit der »Kaaba«, dem größten Heiligtum des Islam, jährliches Ziel von Millionen gläubiger Pilger]. (Am nächsten Tag gelingt es saudischen Truppen, deren Einsatz durch ein Gutachten [»Fetwa«] der geistlichen Rechtsgelehrten gebilligt worden ist, zwar, die meisten der Besetzer zu überwältigen und die Geiseln zu befreien, doch der letzte Widerstand kann erst am 4.12. gebrochen werden. Die Zahl der Todesopfer wird offiziell mit 161 [60 Soldaten, 75 Besetzer und 26 Pilger], die der gefangenen »Rebellen« mit 170 angegeben. Am 9.1.1980 werden 63 Moscheebesetzer nach Verurteilung wegen Angriffs auf ein Heiligtum in verschiedenen Städten öffentlich hingerichtet [41 Saudis, im übrigen Ägypter, Süd- und Nordjemeniten, Kuweitis usw., offenbar z.T. Gastarbeiter]. Offiziell wird nicht bekannt, ob es sich nur um religiös motivierte Aktionisten oder bzw. auch um eine Protestbewegung gegen die bestehenden sozialen und politischen Zustände gehandelt hat.)

21. 11. **BELIZE** Bei den Parlamentswahlen erringt die für die Unabhängigkeit eintretende »Vereinigte Volkspartei«/PUP die absolute Mehrheit.

22. 11. **ARABISCHE GIPFELKONFERENZ** In Tunis wird vereinbart, daß die PLO von ihren Stützpunkten im Libanon aus keine direkten Angriffe mehr gegen Israel unternehmen soll, um israelische Gegenschläge zu verhindern. – **BRASILIEN Der Kongreß billigt ein Gesetz zur Gründung neuer politischer Formationen.** Die bisherige »ARENA« wird zur »Sozialdem.

Partei«; anstelle der opposit. »MDB« werden mehrere Parteien gebildet, u.a. die »Brasil. Arbeiter-Partei«/PTP. – CHINES. VOLKSREP. Die Nachrichtenagentur »Xinhua« gibt bekannt, daß durch das **Erdbeben vom 28.7.1976** (s. WA '77 Sp. 704) im Bergbau- und Industriegebiet von Tangschan 242000 Menschen getötet und 164000 schwer verletzt worden sind. – SPANIEN Auf dem Kongreß des **»Internat. Bundes Freier Gewerkschaften«/IBFG** in Madrid wird der 30. Jahrestag der Gründung des IBFG (in London) gewürdigt. Der Bund, dem nur Gewerkschaften angehören, die totalitäre Regierungs- und Organisationsformen ablehnen, zählt 124 Mitgliederverbände mit 62 Mill. Arbeitnehmern. – SPANIEN/UdSSR Abkommen über wissenschaftlich-kulturelle Zusammenarbeit. – VEREINTE NATIONEN Die Vollversammlung fordert den Rückzug der marokkanischen Truppen aus der ehem. span. Westsahara (DARS) und Selbstbestimmung für die »Saharaúis«. (Die marokk. Truppen ziehen sich jedoch nur aus Mauretanien zurück.)

23. 11. BR DEUTSCHLAND Nordrhein-Westfalen beschließt mit Wirkung vom 1.1.1980 den Verzicht auf die Regelanfrage beim Verfassungsschutz bei Einstellungen in den öffentlichen Dienst (s. WA '80, Sp. 788).

25. 11. ÄGYPTEN/ISRAEL Gemäß dem Friedensvertrag wird das an der Küste des Roten Meeres gelegene Gebiet von At Tur mit dem **Erdölrevier von Alma an Ägypten zurückgegeben** (s. Karte Sp. 59).

26. 11. NEPAL Unterzeichnung eines **Grenzabkommens mit** der **Chines. Volksrepublik** in Katmandu.

27. 11. SOWJETUNION Staats- und Parteichef *Leonid I. Breschnjew* **kritisiert** vor dem Zentralkomitee der KPdSU **Mängel in der Wirtschaftsführung.** *N. A. Tichonow* wird Mitglied des Politbüros. (Der Militärhaushalt wird geringfügig gekürzt, der Gesamthaushalt [Einnahmen u. Ausgaben je rund 284,5 Mrd. Rubel] am 30.11. vom »Obersten Sowjet« angenommen.)

28. 11. TÜRKEI/VATIKAN Papst *Johannes Paul II.* trifft als erstes Oberhaupt der Röm.-Kathol. Kirche zu einem offiziellen Besuch **in der Türkei** ein. (Am 30.11. kündigt er gemeinsam mit dem ökumenischen Patriarchen *Demetrios I.* die Aufnahme konkreter theologischer Gespräche in einer **Kommission aus Orthodoxie und Katholizismus über die Wiederannäherung der seit 1054 getrennten Kirchen** an.) – ANTARKTIS Im Bereich des Vulkans Mt. Erebus stürzt – am 50. Jahrestag der erstmaligen Überfliegung des Südpols durch *Richard E. Byrd* – **ein neuseeländisches Flugzeug** vom Typ »DC-10« **ab;** die 257 Fluggäste (meist touristische Ausflügler) und Besatzungsmitglieder kommen ums Leben.

29. 11. USA/IRAN Die **US-Regierung klagt den Iran** im Zusammenhang mit der Geiselnahme wegen des Bruchs internationaler Konventionen **vor dem Internat. Gerichtshof in Den Haag an. Die iranische Regierung verklagt den Schah** vor dem Obersten Gerichtshof des Bundesstaates New York und fordert die Herausgabe des Vermögens. – Der US-Kongreß billigt den Haushalt 1979/80 in Höhe von 547,6 Mrd. $ (Verteidigungsausgaben 129,9 Mrd. $), bei einem Defizit von 29,8 Mrd. $.

30. 11. VEREINTE NATIONEN Die Vollversammlung verabschiedet mehrere Resolutionen zugunsten der Palästinenser; u.a. werden alle Verträge abgelehnt, die – wie das Abkommen von Camp David – die »Rechte des palästinensischen Volkes verletzen«.

1. 12. ÄTHIOPIEN/DVR JEMEN Unterzeichnung eines **Vertrags über** Freundschaft und Zusammenarbeit sowie **gegenseitige Verteidigung.** – ÖSTERREICH Der Grazer Bürgermeister *Alexander Götz* **tritt als Bundesobmann der FPÖ zurück.**

1./2. 12. (bzw. verlängert bis **3. 12.**) IRAN **Bei dem Referendum über die neue Verfassung,** das z.T. durch Unruhen gestört wird und an dem schätzungsweise zwei Drittel der Wahlberechtigten teilnehmen – u.a. wegen verschieden starker Boykottierung in den arabisch, aserbeidschanisch, bäludschisch, kurdisch und turkmenisch bewohnten Gebieten – **sprechen sich** (lt. Reuter) **15,68 Mill. für und 78516 gegen die Verfassung aus. (Verfassung:** 12 Kapitel mit 175 Grundsätzen – Gewähltes Parlament aus 270 Abgeordneten, das Gesetze verabschiedet, die jedoch Wort und Geist des Koran nicht widersprechen dürfen. – Staatspräsident und Regierungschef. Formale Gleichberechtigung aller ohne Unterschied von Herkunft und Religion. – Schiismus als Staatsreligion, aber Religionsfreiheit für bestimmte andere Religionen. – Keine positive Festlegung der politischen und sozialen Rechtsstellung der Frau. – Wichtigstes Kontroll- und Überwachungsorgan ein mehrheitlich aus religiösen Führern bestehender »Wächterrat« mit einem Gottesgelehrten [»Vali-e-Faghih«] an der Spitze.)

2. 12. PORTUGAL Bei den **Wahlen** für ein Übergangsparlament (bis zu den für Ende 1980 anberaumten verfassungsmäßigen Wahlen) gewinnt der liberal-konservative Mitte-Rechts-Block der **»Aliança Democrática«** unter *Sá Carneiro* 128 Sitze und damit die absolute Mehrheit. (Nach dem Rücktritt der Regierung von *M. L. Pintassilgo* [27.12.] beauftragt Staatspräsident *Eanes* den Vors. d. PSD, *Sá Carneiro,* mit der Regierungsbildung, dessen Koalitionskabinett wirtschaftliche Stabilisierungsmaßnahmen in den Vordergrund stellt und am 17.1. die Billigung des Parlamentes erhält.)

2./3. 12. ISLAND Bei den **Wahlen** bleibt die konservative »Unabhängigkeitspartei« mit 21 Mandaten (1978 20) stärkste Kraft. Die bürgerliche Fortschrittspartei erhöht ihren Stimmenanteil von 16,9% auf 24,9% und erzielt 17 (12) Mandate, die Sozialdemokraten erhalten 10 (14). (Nach langwierigen Verhandlungen und wechselnden Beauftragungen zur Regierungsbildung bildet der Vors. d. »Fortschrittspartei«, *Gunnar Thoroddsen,* am 8.2.1980 ein Koalitionskabinett.)

3./7. 12. BR DEUTSCHLAND **Bundesparteitag der SPD in Berlin.** Zustimmung zu begrenztem Ausbau der Kernenergie und zur NATO-Nachrüstung, die jedoch an ein Verhandlungsangebot an den RGW gekoppelt werden soll. Wiederwahl von *Willy Brandt* zum Vorsitzenden und *Helmut Schmidt* zum Stellvertreter sowie Wahl von *Hans-Jürgen Wischnewski* anstelle des nicht mehr kandidierenden bish. Stellvertreters *Hans Koschnick.*

4. 12. VEREINTE NATIONEN Der **Sicherheitsrat fordert die iranische Regierung auf, das in Teheran festgehaltene Personal der US-Botschaft sofort freizugeben und ausreisen zu lassen.**

5. 12. IRLAND Premierminister *Jack Lynch* tritt zurück. (Das Parlament wählt am 11.12. *Charles J. Haugghey* zum Nachfolger, der sich zu einer »friedlichen Wiedervereinigung des irischen Volkes« bekennt.) – SCHWEIZ Die Bundesversammlung wählt turnusgemäß *Georges-André Chevallaz*/FDP zum Bundespräsidenten für 1980 und *Kurt Furgler*/CVP zum Stellvertreter.

6. 12. IRAK Annahme eines Gesetzes zur **Direktwahl der Nationalversammlung** (250 Abgeordnete) und eines Legislativrates für die Kurden. – REP. KOREA (Süd-K.) Das zuständige Wahlkollegium wählt den bisherigen Reg.-Chef *Tschoi [Choi] Kyu Hah* zum Nachfolger des ermordeten Präsidenten. (Der neue Präsident ernennt am 10.12. den bish. stellv. Ministerpräsidenten *Schin Hyon Huak [Shin Hion Hwak]* zum Reg.-Chef.) – VEREINTE NATIONEN Die Vollversammlung proklamiert den **Mond zum »gemeinsamen Erbe der Menschheit«.**

8. 12. INDONESIEN 2045 seit dem kommunistischen Putschversuch von 1965 ohne Gerichtsurteil festgesetzte Häftlinge werden freigelassen.

10. 12. REP. CHINA (Taiwan) In Kaohsiung kommt es bei **Demonstrationen von Oppositionellen** zu blutigen Zusammenstößen, bei denen zahlreiche Demonstranten, Polizisten und Soldaten verletzt werden. (Am 18.4.1980 verurteilt ein Militärgericht acht Teilnehmer wegen »Aufruhr und Verschwörung« zu langjähriger Haft.)

12. 12. KOLUMBIEN Im Südwesten des Landes fordert ein schweres Erdbeben 680 Menschenleben und verursacht umfangreiche Schäden. – NATO Die **Konferenz** der Außen- und Verteidigungsminister **beschließt als Gegenmaßnahme gegen die sowjetischen Mittelstreckenraketen** (Typ »SS 20« usw.) **die Stationierung von neuen US-Mittelstreckenraketen** (»Pershing II«) **und Marschflugkörpern** (»Cruise Missiles«); **Belgien** und die **Niederlande** wollen über die Stationierung erst später entscheiden. (Der NATO-Beschluß ist mit einem **Angebot an den »Warschauer Pakt« zu Rüstungskontroll- und -Begrenzungs-Verhandlungen** verbunden, auf das sich der Ministerrat am 14.12. einigt.) – SIMBABWE/ RHODESIEN **Nach den Bestimmungen der** seit 10.9. tagenden **»Londoner Konferenz«,** dem Rücktritt von »Staatspräsident« *Gumede* und Premierminister *Musorewa [Muzorewa]* sowie der Auflösung des Parlamentes **trifft der von der britischen Regierung ernannte Gouverneur Christopher Soames in Salisbury ein und übernimmt für die Übergangszeit bis zur Unabhängigkeit die Regierungsgewalt, um Neuwahlen vorzubereiten.** Nach 14 Jahren einseitig erklärter und international nicht anerkannter »Unabhängigkeit« kehrt damit vorübergehend Rhodesien unter britische Oberhoheit zurück. (Nach langwierigen Verhandlungen seit September wird **am 21.12.** in London endgültig das **Rhodesien-Abkommen unterzeichnet und das Inkrafttreten des Waffenstillstandes auf den 28.12. festgesetzt.** Die rund 30000 rhodesischen Regierungssoldaten werden in über 40 Stützpunkten, die über 20000 Guerillas der »Patriotischen Front« von *Mugabe* und *Nkomo* in Sammelstätten konzentriert. Die Durchführung der Bestimmungen und der Wahlen wird durch 1309 Commonwealth-Soldaten aus Großbrit., Australien, Neuseeland, Kenia, Fidschi und internationale Beobachter vorgenommen.)

13./14. 12. KANADA Der konservative **Premierminister** *Joe Clark* **tritt** nach einer Niederlage bei der Abstimmung über den Haushalt am 13.12. **zurück.** (Das Parlament wird am 14.12. aufgelöst, Neuwahlen werden auf den 18.2.1980 festgesetzt.)

14. 12. DDR Die am 24.9. beschlossene **Amnestie** wird als **abgewickelt** gemeldet; 21928 Personen sollen aus der Haft entlassen worden sein.

15. 12. INTERNAT. GERICHTSHOF Unter Berufung auf die Wiener Konvention über die Immunität ausländischer Diplomaten **fordert** der Gerichtshof in Den Haag **den Iran auf, die Geiseln freizulassen;** er wiederholt diese Forderung am 24.5.1980. (Der Ex-

Schah begibt sich aus den USA nach Panamá, das Asyl gewährt, verläßt es jedoch am 23.3. und übersiedelt nach Ägypten.) – VATIKAN Die **Kongregation für die Glaubenslehre entzieht** dem an der Universität Tübingen lehrenden Schweizer Theologen *Hans Küng* die **kirchliche Lehrerlaubnis** (»Missio canonica«), da er manchen Hauptstücken des katholischen Glaubens einen anderen Sinn unterlege, als ihn die Kirche verstehe.

16. 12. ANDEN-PARLAMENT Bolivien, Ecuador, Kolumbien, Perú und Venezuela billigen eine **neue Charta,** in der die Demokratie, die Garantie der Freiheit und die Nichteinmischung in innere Angelegenheiten anderer Staaten bekräftigt werden.

17. 12. VEREINTE NATIONEN Die Vollversammlung billigt die von der BR Deutschland vor drei Jahren eingebrachte **Konvention über Geiselnahme** (Verurteilung im Land der Festnahme oder Auslieferung).

19. 12. JORDANIEN König *Hussein II.* ernennt nach dem Rücktritt von *Mudar Badran* den bisherigen Kabinettschef *Scharif [Sharif] Abdul Hamid Scharaf* zum neuen Ministerpräsidenten. – REP. KOREA (Süd-K.) Der ehem. **Geheimdienstchef,** *Kim Dschä [Jae] Kyu* wird wegen der – angeblich mit dem Ziel, die Gewaltherrschaft zu beenden – erfolgten Ermordung des früheren Staatspräsidenten *Park Tschung Hi* von einem Kriegsgericht **zum Tode verurteilt;** die gleiche Strafe verhängt das Gericht gegen 6 weitere Angeklagte. (Die Urteile werden am 24.5. an Kim D. K. u. 4 anderen vollstreckt.)

21. 12. BR DEUTSCHLAND/DDR Unterzeichnung eines Veterinärabkommens.

24. 12. BR DEUTSCHLAND **Rudi Dutschke, einst einer der führenden Vertreter der** »Außerparlamentarischen Opposition«/**APO,** am 11.4.1968 bei einem Attentat schwer verletzt, zuletzt als Gastdozent im dänischen Århus tätig – stirbt an den Folgen seiner Verletzung. – FRANZ.-GUAYANA Auf der Raumstation Kourou wird beim 3. Versuch die Europa-Rakete »Ariane« erfolgreich gestartet. Die ESA (s. Sp. 614f.) hält bis 1981 drei weitere Versuche für erforderlich.

27./28. 12. AFGHANISTAN Die sowjetische Nachrichtenagentur »TASS« verbreitet unter Berufung auf »Radio Kabul« eine Ansprache des ehem. stellv. Regierungschefs **Babrak Karmal,** der u. a. im Namen des ZK der »Demokrat. Volkspartei«/DVPA, des »Revolutionsrates« und der Regierung die Bevölkerung **informiert, daß die »Folterungen der blutigen Maschinerie von Chafisullah Amin«** (bisher. Regierungschef) und seiner Steigbügelhalter »dieser Agenten des US-Imperialismus... bis zum letzten blutigen Zahnrad **aufgelöst ... und die wahre Freiheit aller Völker Afghanistans verwirklicht« seien.** – Am 28.12. meldet »TASS«, **Amin** sei von einem Revolutionstribunal **wegen »Verbrechen gegen das afghanische Volk«** zum Tode verurteilt und **hingerichtet** worden. **Karmal** sei zum Gen.-Sekr. des ZK der – aus den zerstrittenen Linksparteien »Chalq« und »Partscham« bestehenden – »Dem. Volkspartei«/DVPA und **zum Präsidenten** des »Revolutionsrates« gewählt worden. Die aufgrund des Vertrages von 1978 ausgesprochene dringende Bitte um militärische und technische Hilfe sei von der Sowjetunion sofort erfüllt worden. [Einzelheiten s. Artikel »Afghanistan«, Sp. 111 ff.]

30. 12. GABUN Präsident *Omar Bongo,* einziger Kandidat, wird mit 99,85 % der Stimmen wiedergewählt. – SOMALIA **Bei den ersten Wahlen in die »Volksversammlung«** seit der Machtübernahme von Präsident *Siad Barre* werden ebenso wie bei den Regionalwahlen **alle Stimmen für die »Revol. Sozialist. Partei«**/PSRS abgegeben. – TOGO 99,9 % der Abstimmenden billigen die **neue Verfassung** und die **Wiederwahl von Staatspräsident Gnassingbe Eyadéma. (Eyadéma ruft** Mitte Januar 1980 **die »III. Republik« aus und hebt den** seit 13 Jahren bestehenden **Ausnahmezustand auf.)**

31. 12. ÄQUATORIAL-GUINEA Nach der Aufkündigung eines Vertrages mit der UdSSR **verläßt die sowjetische Fischereiflottille den Hafen von Luba.** – VEREINTE NATIONEN Der **Sicherheitsrat droht dem Iran mit Wirtschaftssanktionen,** falls die in Teheran festgehaltenen Geiseln nicht bis 7.1.1980 freigelassen werden. – AMNESTY INTERNATIONAL Der **Jahresbericht 1979 der Gefangenenhilfsorganisation meldet** für weite Teile der Welt **Andauern und** z.T. **Verstärkung** von **Terror und Folter.** – FREEDOM HOUSE (Washington) Nach angestellten Untersuchungen leben derzeit **41,7 % der Weltbevölkerung in Ländern, deren Regime die Menschenrechte verletzen.** – FLÜCHTLINGE Ihre Zahl wird weltweit vom zuständigen UNO-Hochkommissariat auf 3,5 bis 5 Millionen geschätzt. – NUKLEAR-TESTS Nach Angaben des Seismolog. Laboratoriums der schwed. Streitkräfte/FOA in Hagfors sind **im vergangenen Jahrzehnt** (bis Ende 1979) **421 unterirdische Versuche** vorgenommen worden (UdSSR 191, USA 154, Frankreich 55, Chines. Volksrep. 15, Großbritannien 5, Indien 1); im Jahre 1979 habe es 28 Versuche der UdSSR, 15 der USA, 9 Frankreichs, 1 britischen, dagegen keinen chinesischen Nukleartest gegeben. – WELTRAUMFAHRT 1979 wurden in der UdSSR 124 Satelliten mit 87 Raketen, in den USA 18 Nutzlasten mit 16 Raketen gestartet. – ALPEN In den deutschen Alpen fanden von 1970 bis Ende 1979 202 Menschen den Bergtod (davon 47 aus der BR Deutschland.)

1980

1. 1. **IRAN/VEREINTE NATIONEN** UNO-Generalsekretär *Kurt Waldheim* trifft zur Vermittlung in der Geiselaffäre in Teheran ein. (Er bricht seinen Besuch am 4.1. ab, ohne die Geiseln gesehen zu haben.)

2. 1. **BR DEUTSCHLAND** Bundesaußenminister *Genscher* verurteilt die sowjetische Intervention in Afghanistan und unterstreicht die Unteilbarkeit der Entspannungspolitik, sieht jedoch diese nicht grundsätzlich in Frage gestellt. – **GROSSBRITANNIEN** Seit 1926 kommt es erstmals zu einem umfassenden **Stahlarbeiterstreik,** der erst am 2.4. mit einem Lohnkompromiß endet.

3. 1./6. 1. **INDIEN** Bei den **Parlamentswahlen,** an denen sich nur rund 50 % der Wahlberechtigten beteiligen, **erreicht** die ehem. Premierministerin **Indira Gandhi einen triumphalen Sieg;** ihr abgespaltener Flügel der »Kongreß-Partei« – »Nation. Congress-I« – gewinnt von den 525 zur Wahl stehenden Sitzen im Unterhaus 351 Sitze, zu denen später noch weitere durch Übertritte aus anderen Parteien kommen. Die bisher regierende »Volkspartei« (Lok Dal) erleidet schwere Verluste. Die kommunistischen Parteien und der mit dem »Kongreß-I« kooperierende Teil des DMK gewinnen zusätzliche Sitze. (Staatspräsident *Reddy* beauftragt *Frau Gandhi* mit der Bildung der neuen – ihrer vierten – Regierung, die am 14.1. vereidigt wird. *Indira Gandhi* erklärt, sie werde ihr 1975 begonnenes **20-Punkte-Programm zur Gesundung der** in der Zwischenzeit völlig desorganisierten **Wirtschaft** fortsetzen. – Über 70 % der ländlichen Bevölkerung leben unterhalb der sogen. »Armutsgrenze«.)

4. 1. **MAURETANIEN** Auseinandersetzungen über die Lösung der schwierigen Wirtschaftssituation und ethnische Differenzen führen zur **Ablösung des Präsidenten** und Vorsitzenden des Militärrates/CMSN, Oberstltnt. *Luly;* der bisherige Regierungschef **Oberstltnt. Uld Haidalla** übernimmt zusätzlich beide Ämter und **vereinigt** damit **alle Macht in seiner Hand.**

7. 1. **VEREINTE NATIONEN** Nach wochenlangen Verhandlungen und 154 Abstimmungen über die Frage, ob **Cuba** oder **Kolumbien** Mitglied des Sicherheitsrates werden soll, wird mit großer Mehrheit **Mexiko** zum Mitglied des Rates gewählt.

8. 1. **BR DEUTSCHLAND** Das seit Anfang 1977 wegen eines Störfalles nicht im Betrieb befindliche **Kernkraftwerk Gundremmingen I** wird wegen zu hoher Reparaturkosten **endgültig stillgelegt.**

9. 1. **SYRIEN** Staatspräsident *Assad* beauftragt den Bürgermeister von Damaskus, *Abdel Rau'f el Kassem,* als Nachfolger von *el Halabi* – dem die Verbesserung der Wirtschafts- und Versorgungslage nicht gelungen ist – mit der **Bildung einer neuen Regierung.** (Diese tritt am 15.1. zusammen.)

10. 1. **BELGIEN** Eine **Kabinettskrise** wegen Differenzen über die geplante Staatsreform wird **durch einen Kompromiß gelöst.** Eine parlamentarische Kommission soll **bis Ende 1982** einen **Entwurf für die endgültige Staatsstruktur** ausarbeiten.

11. 1. **CUBA** Die schwierige Wirtschaftslage, aber auch politische Erwägungen veranlassen Staats- und Parteichef *Fidel Castro* zu einer weitgehenden **Umbildung des Kabinetts,** in dem er auch unmittelbar Einfluß auf das Innen-, Verteidigungs- und Kulturministerium übernimmt.

13. 1. **BR DEUTSCHLAND** Auf dem **Gründungskongreß der »Grünen«** in Karlsruhe gelingt es weder, ein Parteiprogramm zu verabschieden, noch einen Bundesvorstand zu wählen.

14. 1. **VEREINTE NATIONEN** Nach der am 7.1. erfolgten Ablehnung eines Beschlusses des Sicherheitsrates zum sofortigen **Abzug aller ausländischen Truppen aus Afghanistan** durch ein Veto der Sowjetunion wird **von der Vollversammlung** mit 104 gegen 18 Stimmen (RGW-Länder, Cuba, Angola, Vietnam usw.) und bei 18 Enthaltungen die Forderung nach einem sofortigen Zurückziehen **gebilligt.**

17. 1. **BR DEUTSCHLAND** Der Bundestag wählt zum zweitenmal *Karl-Wilhelm Berkhan* zum Wehrbeauftragten. – **ÄTHIOPIEN/DEM. VOLKSREP. JEMEN** Unterzeichnung eines Protokolls über militärische Zusammenarbeit. – **GROSSBRITANNIEN** Der britische Unterhaus-Abgeordnete *James Kilfedder* **gründet** als neue nordirische Partei die **»Ulster Progressive Unionist Party«.**

18. 1. **MADAGASKAR** Der »Revolutionsrat«/CSR macht für die schlechte Wirtschaftslage vor allem die »sozialistischen« Unternehmen verantwortlich, denen es an fähigen Kadern fehle.

19. 1. **ALGERIEN/FRANKREICH** In Paris wird ein Abkommen über die Gründung einer gemeinsamen **»Wirtschafts-Kommission«** geschlossen. – **CHINES. VOLKSREP./PAKISTAN** Der chinesische Außenminister *Huang Hua* sagt angesichts der Lage im benachbarten **Afghanistan** »volle wirtschaftliche und militärische Hilfe« für **Pakistan** zu.

21. 1. **GOLDPREIS** In Zürich und London erreicht der Preis für eine Unze Feingold 850 $, d.h. den bisherigen Höchststand (sodann variierend, z.B. am 8.7. nur 690 $.)

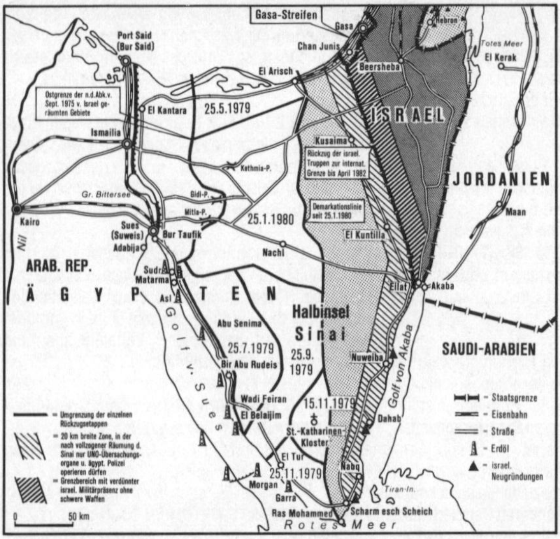

Stadien der Räumung der Sinai-Halbinsel durch Israel aufgrund des ägyptisch-israelischen Friedensvertrages vom 26. 3. 1979

22. 1. **SOWJETUNION** Der Bürgerrechtskämpfer und Friedensnobelpreisträger **Andrej Sacharow** wird in die für Ausländer gesperrte Industriestadt Gorkij **verbannt.** Die EG- und anderen westl. Länder sehen darin Verstoß gegen die KSZE-(Helsinki-)Schlußakte.

24. 1. **USA** Präsident **Carter erklärt den Persischen (Arabischen) Golf zu einem lebenswichtigen Interessengebiet der USA,** dessen Verteidigung mit allen Mitteln gewährleistet werden müßte.

25. 1. **ÄGYPTEN/ISRAEL** Die **israelische Armee beendet** vertragsgemäß ihren **Rückzug auf Sinai** bis zur Linie El Arisch–Ras Muhammad.

27. 1. **EL SALVADOR** Nach wochenlangen Massendemonstrationen und Zusammenstößen mit der »Nationalgarde«, die zahlreiche Menschenleben fordern, **erklärt Erzbischof Oscar Romero:** »Wir leben in einer **Periode der Volkserhebung,** und die Morallehre der Kirche rechtfertigt sie, wenn alle friedlichen Mittel ausgeschöpft sind.« (**Er wird** am 24.3. während einer Messe – vermutlich von Rechtsextremisten – **ermordet**.) – **TUNESIEN/LIBYEN/FRANKREICH** Nach Ausrufung eines Generalstreiks durch die Gewerkschaften und blutigen Unruhen in den Vortagen **versuchen Angehörige der »Revolut. Bewegung für die Befreiung Tunesiens«** am 27.1. **sich der Stadt Gafsa zu bemächtigen.** Frankreich stellt auf Ersuchen den tunesischen Streitkräften u.a. Transportflugzeuge und Kampfhubschrauber zur Verfügung. (Die Unruhen dieser Tage und die Niederschlagung der Rebellion fordern mehr als 50 Todesopfer und Hunderte von Verletzten. Die tunesischen Behörden nehmen zahlreiche Verhaftungen vor; die Gewerkschaft/UGTT wird umorganisiert. – Am 27.3.1980 werden 15 Mitglieder des Putschkommandos zum Tode verurteilt. – **Libyen** wird beschuldigt, die Rebellen unterstützt zu haben; die Beziehungen werden suspendiert, obwohl Libyen jede Mitwirkung bestreitet. – Wegen Frankreichs »kolonialistischer Einmischung« werden am 4.2. **in Libyen die Gebäude der französischen Botschaft** in Tripolis **und des Konsulats** in Benghasi von Demonstranten **verwüstet.**)

27./29. 1. **ISLAMISCHE KONFERENZ** Auf einer Sonderkonferenz der (1971 gegründeten) Organisation in Islamabad (Pakistan), auf der von den 42 Mitgliedern 36 Staaten und die PLO vertreten sind, wird die **sowjetische Intervention in Afghanistan verurteilt, der sofortige Rückzug der Truppen verlangt** und die Mitgliedschaft Afghanistans suspendiert.

30. 1. **BR DEUTSCHLAND** Der Bundesinnenminister **verbietet die rechtsextremistische »Wehrsportgruppe Hoffmann«/WSG.** (*K.-H. Hoffmann* und vier andere Mitglieder werden im März wegen Landfriedensbruch zu mehreren Monaten Gefängnis verurteilt.) – **FRANKREICH** Die **Aktionsgemeinschaft der führenden Linksgewerkschaften,** CGT (kommunist.) und CFDT (sozialist.), **endet** faktisch.

31. 1. **CUBA/SAHARAUISCH-ARAB. DEMOKRAT. REP.** Cuba nimmt als 35. Staat die diplomatischen Beziehungen mit der umkämpften ehem. spanischen Westsahara auf. (Ende Februar folgt der Iran als 36. Staat.) – **GUATEMALA** **Bauern besetzen** als Protest gegen die Politik der Regierung die **spanische Botschaft.** Die Polizei stürmt am nächsten Tag die Botschaft, wobei 37 Menschen ihr Leben verlieren. **Spanien** bricht wegen dieses Vorgehens die Beziehungen zu Guatemala ab.

1. 2. **DDR/FRANKREICH** In Berlin (Ost) wird ein **fünfjähriges Wirtschaftsabkommen** geschlossen. – **VIETNAM** Bei einer umfassenden **Regierungsumbildung** werden u. a. der Außenminister und der langjährige Verteidigungsminister *Vo Nguyen Giap* abgelöst. Gleichzeitig beginnt eine **»Säuberung« der Partei.**

2. 2. **ITALIEN** Die Kammer billigt ein **Antiterrorismus-Dekret.**

3. 2. **UNO-MENSCHENRECHTSKOMMISSION** In Genf beginnt eine neue Tagung der Kommission, deren Mitgliederzahl auf 43 erhöht wird. (Mitte Februar **verurteilt** sie mit großer Mehrheit **die »sowjetische Militäraggression in Afghanistan«.**

4. 2. **IRAN** *Abolhassan Bani-Sadr,* **der** am 25. 1. mit 75,7% der Stimmen gewählte **erste Präsident des Landes,** wird von Ajatollah *Chomeini,* der ihm am 19. 2. auch den Oberbefehl überträgt, vereidigt. – **Chomeini verurteilt die sowjetische Intervention in Afghanistan** und verspricht den »brüderlichen Afghanen« Hilfe. – **SUDAN** Das **Parlament wird aufgelöst,** Neuwahlen werden vorbereitet.

5. 2. **BR DEUTSCHLAND/FRANKREICH** In Paris **bekräftigen** Staatspräsident *Giscard d'Estaing* und Bundeskanzler *Helmut Schmidt* die **Treue zur NATO** und bezeichnen die **sowjetische Intervention in Afghanistan** als **unannehmbar.** – **EL SALVADOR** Die **Botschaftsbesetzungen** wiederholen sich; auch das Erziehungsministerium wird besetzt. Die Besetzer fordern die Freilassung von politischen Häftlingen, Boden- und Schulreformen und ziehen am 11. 2. freiwillig ab. Die »JUNTA« beschließt eine **Bodenreform** und kündigt staatliche Exportkontrollen und die Verstaatlichung der Banken an, um Voraussetzungen für eine gerechte Bodenverteilung und wirksame Korruptionsbekämpfung zu schaffen.) – **SOWJETUNION/KAMPUTSCHEA** Die UdSSR sagt umfassende **Soforthilfe für das Regime von HENG Samrin** zu. – **GENFER ABRÜSTUNGSKONFERENZ** Am Tag der Wiedereröffnung kritisiert der erstmals teilnehmende Pekinger Delegierte mit Schärfe die sowjetische Intervention in Afghanistan.

6. 2. **BR DEUTSCHLAND** Das **Bundesverfassungsgericht bestätigt die Vereinbarkeit der friedlichen Nutzung der Atomenergie mit dem Grundgesetz;** der Gesetzgeber ist für oder gegen eine Nutzung zuständig. – **KOREA** In Panmunjon an der Waffenstillstandslinie finden zwischen Regierungsvertretern von Nord und Süd Gespräche zur Vorbereitung für Kontakte auf hoher Ebene statt. – **GIBRALTAR** Bei den Parlamentswahlen gewinnt die Regierungspartei mit 8 Sitzen die absolute Mehrheit.

7. 2. **BR DEUTSCHLAND** In Kiel unterzeichnen *Ernst Albrecht* und *Gerhard Stoltenberg* einen **Staatsvertrag über den NDR,** der – ohne Hamburg – als Zweiländeranstalt von Niedersachsen/Schleswig Holstein betrieben werden soll. (Das Bundesverwaltungsgericht trifft jedoch am 28. 5. folgende Entscheidung: Der NDR muß bis mindestens Ende 1985 als Zweiländer-Anstalt zwischen Hamburg und Niedersachsen bestehenbleiben. Die Kündigung des Vertrages durch Schleswig-Holstein bedeute nur den Austritt des Landes, nicht jedoch die Auflösung der Anstalt.) – **SOMALIA** Bei der **Regierungsumbildung** behalten die Repräsentanten des Staatsstreichs von 1969, darunter Präsident *Siad Barre,* die Schlüsselpositionen.

9. 2. **UNO-ORGANISATION FÜR INDUSTRIELLE ENTWICKLUNG** Die 3. Generalkonferenz der UNIDO in Neu-Delhi (Indien) nimmt mit 82 gegen 22 Stimmen bei 2 Enthaltungen eine **Deklaration** und einen Plan **für die Schaffung eines Fonds** an, in den in den nächsten Jahren von den Industrieländern je 25 Mrd. $ eingezahlt werden sollen (und der hauptsächlich von den Entwicklungsländern zu verwalten ist). Zweck: Erhöhung des Anteils der E.-Länder auf 25% der Weltindustrieproduktion im Jahre 2000 (derzeit etwa 9%). Durch das Nein der westlichen Industrieländer gegen diese und andere einseitige Forderungen bleibt deren **Beschluß zunächst** praktisch **unwirksam.**

11. 2. **BR DEUTSCHLAND** Die Große Strafkammer beim Landgericht in Köln verurteilt **wegen Beihilfe zum Judenmord** durch die Deportation von über 70000 französischen Juden im sogen. **»Lischka-Prozeß«** die ehem. SS-Angehörigen *Kurt Lischka* zu 10, *Herbert Hagen* zu 12 und *Ernst Heinrichsohn* zu 6 Jahren **Gefängnis.**

12. 2. **USA/ILO** Die USA beschließen (mit Wirkung ab 18. 2.) die Rückkehr in die Internat. Arbeitsorganisation, aus der sie im Nov. 1977 wegen Differenzen über die Tätigkeit ausgeschieden waren. – **USA/OMAN** Die USA verhandeln über d. Recht, die von den Briten angelegten **Landepisten** der Insel **Masira** und den **Hafen von Maskat [Muskat]** ausbauen und bei Bedarf nutzen zu können. Als Gegenleistung wird Oman, das an der für die **Kontrolle der strategisch**

wichtigen Meeresstraße von Hormus – der Pforte zum Persischen (Arabischen) Golf – liegt, Militärhilfe erhalten. (Ein entspr. Vertrag wird am 5.6. unterzeichnet.) – Das **INTERNAT. OLYMPISCHE KOMITEE,** dem 142 nationale OK angehören, entscheidet mit den Stimmen der 73 anwesenden Komitees einmütig, daß **die XXII. Olymp. Sommerspiele,** wie am 23.10.1974 beschlossen, **in Moskau stattfinden sollen.** – (Siehe auch Sonderartikel Sp. 905 ff.) – **NORD-SÜD-KOMMISSION** Der Vors. *Willy Brandt* übergibt den Bericht off. an den UNO-Generalsekretär (s. Sp. 592.)

14. 2. RHODESIEN/SIMBABWE Bei den von der »Londoner Konferenz« festgesetzten **Wahlen für die Weißen** fallen **alle 20 Sitze an die »Rhodes. Front«** von *Ian Smith.* – **TSCHECHOSLOWAKEI/VIETNAM** Abschluß eines Freundschaftsvertrages sowie von Konsular- und Wirtschaftsabkommen. – **TÜRKEI** In der Hafenstadt **Izmir stürmen Polizei und Militär eine von** extremen **Linksgruppen besetzte Fabrikanlage.** Mehrere Menschen werden bei den tagelangen Auseinandersetzungen getötet, zahlreiche verletzt und über 1000 verhaftet. (Das Kriegsrecht wird auf Izmir und Hatay ausgedehnt.)

15. 2. UNO-MENSCHENRECHTSKOMMISSION Verurteilung d. sowjet. Intervention in Afghanistan, Forderung nach sofort. Truppenabzug.

15. 2./18. 2. POLEN Reg.-Chef *Piotr Jaroszewicz,* dem es nicht gelungen ist, die Wirtschaftskrise zu überwinden, **tritt zurück.** Auf einer Sondersitzung des »Sejm« wird am 18.2. ein enger Vertrauter von Gierek, *Edward Babiuch,* einstimmig zum **Nachfolger gewählt.**

17. 2. INDIEN Premierministerin *Gandhi* löst die Parlamente von 9 Bundesstaaten, in denen die Opposition die Mehrheit besitzt, auf.

18. 2. BR DEUTSCHLAND In Hamburg beginnt die **Tagung des Wirtschaftlichen Forums** der Konferenz über Sicherheit und Zusammenarbeit in Europa/**KSZE,** in deren Verlauf vor allem die Delegationsleiter der **USA** und **Großbritanniens** unter Hinweis auf die Verbannung des Bürgerrechtlers *Andrej Sacharow* der **Sowjetunion** Einschränkungen der Freiheit der Wissenschaft und Mißachtung der Menschenrechte vorwerfen; der sowjetische Chefdelegierte weist den Vorwurf zurück und spricht von Einmischung in innere Angelegenheiten. – **UNO/IRAN** Die vom UNO-Generalsekretär bestellte **Internat. Kommission** (je ein Vertreter aus Algerien, Frankreich, Sri Lanka, Syrien u. Venezuela), die »Verbrechen des Schah« und Mitverantwortung der USA untersuchen soll, wird am 18.2. auch vom Iran anerkannt und beginnt am 25.2. in Teheran mit ihrer Arbeit. – **KANADA** Der ehem. Premierminister *Pierre-Elliott Trudeau* erringt mit seiner Liberalen Partei rund 48% der Stimmen und 146 der 182 Sitze. (Er wird mit seiner Regierung am 3.3. vereidigt; von den 32 Kabinettsmitgliedern sind 11 Frankophone.)

19. 2. EG Die Außenminister einigen sich auf einen **Vorschlag, der der Sowjetunion bei einem Rückzug aus Afghanistan eine westliche Garantie für die afghanische Neutralität anbietet.** – **ITALIEN** Auf dem 14. Parteikongreß der Christl. Demokraten/**DC** sprechen sich rund 57% der Delegierten **gegen eine Aufnahme der Kommunisten/PCI in die Regierung** aus. (Zum Nachfolger von *Benigno Zaccagnini* als Parteisekretär wird *Flaminicio Piccoli,* zum neuen Präsidenten *Arnaldo Forlani* gewählt.) – **NAMIBIA** Der Befehlshaber des künftigen UNO-Kontingents, der indische Generalleutnant *Tschem [Chem] Prand,* trifft in Windhuk ein.

22. 2. AFGHANISTAN Nach schweren antisowjetischen **Demonstrationen, die blutig niedergeschlagen werden,** wird über Kabul das Kriegsrecht verhängt. – **ÄGÄIS** Die **Türkei** hebt die nach der Invasion in Cypern (1974) verhängte Sperre der Flugkorridore über der Ägäis auf; **Griechenland** beendet die Sperre am folgenden Tag. – **ISRAEL** Die Regierung kündigt wegen des immer schnelleren Verfalls des Pfundes eine **Währungsreform** an. (Ab 24.2. wird bei einem Verhältnis von 10:1 das **Pfund gegen** die »neue« Einheit **»Schekel«** [Münze zur Makkabäerzeit] eingetauscht.)

24. 2. SOWJETUNION Bei den Wahlen in den 15 Unions- und 20 Autonomen Republiken sowie für die über 50000 örtlichen Volksvertretungen stimmen über 99,9% der Wähler für die Einheitsliste.

25. 2. CUBA/NICARAGUA Abschluß eines wirtschaftl.-technisch-sozialpolitischen Kooperationsabkommens. – **EG/JUGOSLAWIEN** Paraphierung eines neuen Wirtschaftsabkommens, das zum Abbau des jugoslawischen Handelsdefizits gegenüber der EG beitragen soll. – **SURINAM** Unzufriedenheit mit der schwierigen Wirtschaftslage, die sich auf die etwa 800 Mann zählenden Streitkräfte auswirkt, führen zu einem von Unteroffizieren geführten **Militärputsch,** der mehrere Menschenleben fordert. Regierungschef *Henck A. E. Arron* wird abgesetzt. Die Macht übernimmt ein **»Nation. Militärrat«** aus 8 Soldaten, darunter Leutnant *Michel Van Rey* u. die Feldwebel *Horb, Neede* und *Sital.* (Dem Rat wird eine »Regierung« aus Technokraten unterstellt. Versprochen werden Wirtschafts- und Sozialreformen. Die für den 27.3.1980 vorgesehenen Wahlen werden verschoben. **Regierungschef** und Außenminister wird der 46jährige Arzt *Henk Tschin [Chin] A Sen,* Führer der besonders von den Kreolen getragenen »Partei d. Nationalist. Republik«/PNR.)

26. 2. **ÄGYPTEN/ISRAEL** Als weiterer Schritt zur Normalisierung werden die **Beziehungen** durch Austausch von Botschaftern **aufgenommen.**

27. 2. **KOLUMBIEN** Mitglieder der linken **Guerillas »M-19« besetzen die Botschaft der Dominikanischen Republik,** in der sich aus Anlaß des Nationalfeiertages 57 Personen, u. a. zahlreiche Botschafter, befinden. Die Besetzer fordern ein Lösegeld von 50 Mill. $, die Freilassung von 311 politischen Häftlingen und freie Ausreise. (Nach und nach werden die meisten Geiseln entlassen, die letzten 12 Diplomaten – nach dem Abflug der Geiselnehmer – am 29. 4. in Cuba. Einzelheiten über Lösegeld und Häftlingsentlassung werden nicht bekannt.)

27./29. 2. **RHODESIEN/SIMBABWE** Die **Wahlen** der schwarzen Bevölkerung ergeben eine **absolute Mehrheit für die »Simb. Nat.-Union«/ZANU-PF (»Patriot. Front«)** von *Robert Mugabe* (fast 63 % und 57 Sitze, hauptsächlich durch die Unterstützung der Mehrheitsbevölkerung, der Schona bzw. ganz allgemein bei der armen Landbevölkerung und den Jüngeren). Auf die »Patriotische Front«/PF (vorher »Simb. Afrikan. Volks-Union«/ZAPU) von *Joshua Nkomo* (Rückhalt bes. bei den Matabele) entfallen (etwa 24 %) 20, auf den »Ver. Afrikan. Nat.-Kongreß«/UANC des ehem. Ministerpräsidenten Bischof *Abel Musorewa* (8 %; u. a. gestützt auf Teile der städt. »Mittelschicht«) nur 3 Mandate. Die anderen Parteien bleiben ohne Sitz.

28. 2. **BR DEUTSCHLAND** Das **Bundesverfassungsgericht erklärt das neue Scheidungsrecht für mit dem Grundgesetz vereinbar;** erforderlich sei jedoch eine verfassungskonforme Ergänzungsregelung für finanzielle Härtefälle. – **CHINESISCHE VOLKSREP.** Auf der 5. Plenartagung des 11. ZK der KPCh wird ein dem Politbüro und dessen Ständ. Ausschuß unterstehendes **Sekretariat** gegründet, mit *Hu Yaobang* als Gen.-Sekr. u. mehreren Sekretären. – **FRANKREICH/SÜDPAZIFIK** Auf dem Mururoa-Atoll wird ein **unterirdischer Atomwaffenversuch** vorgenommen. – **SPANIEN** Beim **Referendum über** die künftige **Autonomie** von **Andalusien** wird in zwei Provinzen nicht die Mehrheit für das Statut erreicht.

29. 2. **THAILAND** Wirtschaftlich-soziale Schwierigkeiten, nicht zuletzt durch Auswirkungen des Bürgerkrieges im Nachbarland Kambodscha und den Flüchtlingszustrom verursacht, veranlassen **Ministerpräsident** General a. D. *Kriangsak Tschamanand [Chomanan]* zum **Rücktritt.** (Zum **Nachfolger** wird am 3. 3. einer seiner engen Vertrauten, Verteidigungsminister **General Prem Tisulanond,** vom Parlament gewählt und vom König bestätigt.)

1. 3. **ÄTHIOPIEN** Der Vors. des »Milit. Verwalt.-Rates«/DERG, *Mengistu Hailé Mariam,* kündigt die Einführung der Allgem. **Wehrpflicht** an. – **ÖSTERREICH** *Alois Mock* wird vom ÖVP-Parteitag in Salzburg mit 98 % der Stimmen als Bundesparteiobmann bestätigt. – **SCHWEIZ** Bei geringer Wahlbeteiligung wird die **Trennung von Kirche und Staat** mit 78,9 % der Stimmen **abgelehnt.** – **UNGARN** **Das ZK der KP** (»Ung. Soz. Arb.-P.«/MSZMP) spricht sich **positiv zur sowjetischen Intervention in Afghanistan** aus und verurteilt die Kritik der westlichen Länder als »Kriegshetze«. – **VEREINTE NATIONEN** Der **Sicherheitsrat verurteilt einstimmig die israelische Siedlungspolitik** in den besetzten Gebieten und **fordert den Rückzug** aus allen diesen, einschl. Jerusalems (US-**Präsident Carter erklärt am 3. 3., der US-Delegierte McHenry habe durch einen Übermittlungsfehler** aus dem State Department **irrtümlich mit Ja gestimmt.** Die **Haltung der USA zur Frage der besetzten Gebiete und Jerusalems habe sich nicht geändert.** Die israelische Regierung ist mit dieser Berichtigung nicht zufrieden; die Siedlungspolitik werde fortgesetzt.)

2. 3. **IRAN** Der »Revolutionsrat« beschließt in einem **Agrarreformgesetz** die Aufteilung staatlicher Ländereien u. des privaten Großgrundbesitzes, vornehmlich zugunsten von Kooperationen. – **PERÚ** In Ollantaytambo bei Cuzco gründen Indianer-Delegationen mehrerer südamerikanischer Staaten einen »Regionalrat der Indianischen Bewegung«.

3. 3. **FRANKREICH/GOLFSTAATEN** Präsident **Giscard d'Estaing anerkennt bei seinem Besuch in Kuweit erstmals** offiziell **das »Recht des palästinensischen Volkes auf Selbstbestimmung«.** – **VEREINTE NATIONEN** In New York beginnt die 9. Runde der **UNO-Seerechtskonferenz.**

4. 3. **AFGHANISTAN/PAKISTAN** In der pakistanischen Hauptstadt Islamabad gründet die im Januar gebildete **»Islamische Allianz für die Befreiung Afghanistans«** (s. Sp. 111 ff.) einen **»Revolutionsrat«.**

4./6. 3. **USA/BR DEUTSCHLAND** **Bundeskanzler Helmut Schmidt weilt zu offiziellen Besprechungen mit US-Präsident Carter** und führenden Regierungsmitgliedern **in Washington** und anschließend in New York. Im gemeinsamen Kommuniqué vom 6. 3. wird eine weitgehende **Übereinstimmung in den wichtigsten Fragen** festgestellt. (Der Kanzlerkandidat der Union, *Franz Josef Strauß,* hält sich anschließend in den USA auf und wird am 13. 3. von Präs. *Carter* empfangen.)

5./6. 3. **WELTSTRATEGIE FÜR DIE ERHALTUNG DER NATUR** Delegationen aus über 30 Ländern nehmen in Genf an einer u. a. von der »Internat. Union für die Erhaltung der Natur«/IUCN geförderten

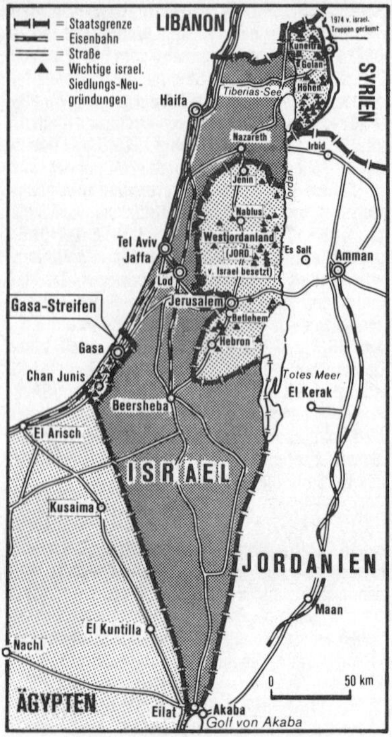

Israel und besetzte Nachbargebiete
(Westjordanland, Golan-Höhen, Gasa-Streifen)

Konferenz teil, auf der ein Plan zum Schutz der Natur und ihrer Ressourcen angenommen wird.

6. 3. **BR DEUTSCHLAND** Der Bundestag billigt ein Lärmschutzgesetz. – **ARGENTINIEN** Staatspräsident General a. D. *Jorge Rafael Videla* erklärt, die Junta werde im Rahmen des **»Plan Político«** einen »Dialog mit allen sozialen und politischen Kräften« führen. Die Parteien werden nicht erwähnt.

7. 3. **SYRIEN/LIBANON** In Aleppo kommt es zu schweren **Unruhen,** für die fanatische Anhänger der »Muslimbrüder« verantwortlich gemacht werden. (Wenige Tage später **räumen die syrischen Truppen das christliche Viertel** im Osten und Südosten **der Hauptstadt Beirut,** in das nun libanesische Einheiten einziehen; im Westteil der Stadt bleiben mit Einverständnis des Präsidenten *Sarkis* syrische Truppen.) – **ASEAN/EG** In Kuala Lumpur wird ein **Wirtschaftsabkommen** geschlossen. **Die Außenminister** der beiden Staatengruppen sprechen sich **für eine Neutralisierung von Afghanistan und Kambodscha** aus.

8. 3. **BR DEUTSCHLAND** Die vor 10 Jahren in Berlin (West) gegründete »Kommunist. Partei Deutschlands«/**KPD beschließt ihre Auflösung.**

9. 3. **BR DEUTSCHLAND** Der **Kongreß der** den »Freien Demokraten«/F.D.P. nahestehenden **»Deutschen Jungdemokraten« fordert** (vom F.D.P.-Vors. *Hans-Dietrich Genscher* scharf zurückgewiesen) die **Anerkennung einer eigenständigen DDR-Staatsbürgerschaft.** – **RUMÄNIEN** Bei den Parlaments- und Gemeindewahlen entfallen 99,67% der Stimmen auf die von der KP/PCR geführte Einheitsliste der »Sozialist. Einheitsfront«. – **SPANIEN** Bei den **Wahlen** zum Regionalparlament **des Baskenlandes** erringt die relativ »gemäßigte« Bask. Nationalist. Partei«/PNV – die sich mehrfach für den Anschluß des französ. Baskengebietes (»Euskadi-Nord«) angesprochen hat – 25 der 60 Sitze; an zweiter Stelle folgt »Herri Batasuna« (11 Sitze), die der ETA (militar) nahesteht. (Die PNV bildet im April eine Minderheitsregierung unter *Carlos Garaikoetxea.*)

10. 3. **ISRAEL** Nachfolger des vor vier Monaten ausgeschiedenen Außenministers *Mosche Dajan* wird *Jitschak Schamir [Yitzhak Shamir].*

11. 3. **CHILE** Staatspräsident General *Ugarte A. Pinochet* erklärt, eine **neue Verfassung** sei **in Vorbereitung;** sie werde ein »Leben in Frieden« ermöglichen, aber dem sowjetischen Marxismus den Weg versperren. – **PAPUA-NEUGUINEA** Nach dem im Zusammenhang mit der Niederlage bei einem Mißtrauensvotum erfolgten Rücktritt von *Michael Th. Somare*/Pangu übernimmt der ehem. Finanzminister und bisherige Oppositionsführer *Sir Julius Chan*/PPP das Amt des Premierministers. – **RHODESIEN/SIMBABWE** Der nach den Wahlen von Ende Februar vom britischen Gouverneur *Lord Soames* mit der Regierungsbildung beauftragte Führer der ZANU-PF, **Robert G. Mugabe, stellt sein Kabinett vor,** in dem er auch das Verteidigungsministerium übernimmt; *Joshua Nkomo* wird Innenminister. Von den **zwei weißen Ministern** übernimmt *Dennis Norman* das Landwirtschafts- und *David Smith* das Handels- und Industrieministerium. – **VEREINTE NATIONEN** Die in Genf tagende Menschenrechtskommission stellt die Beratung über die **Verbannung** des sowjetischen Bürgerrechtlers *Sacharow* auf das Jahr 1981 zurück.

14. 3. **IRAN** Im ersten Wahlgang der **Parlamentswahlen,** d.h. bei den Wahlen in die »Islamische Versammlung«, erringt die weitgehend von den Mullahs bestimmte **»Islam.-Republ. Partei«/IRP** die meisten Mandate.

15. 3. **USA** Präsident **Carter verkündet ein Stabilitätsprogramm,** das u.a. Etatkürzungen, eine Ölimportabgabe, Beschränkungen der Konsumkredite und erweiterte Lohn- und Preisrichtlinien vorsieht, um die Inflation zu bekämpfen.

16. 3. **BR DEUTSCHLAND** Bei den **Landtagswahlen in Baden-Württemberg** behauptet die **CDU** trotz Stimmenverlusten mit 53,4% ihre **absolute Mehrheit;** die SPD erleidet leichte Verluste, während die FDP Gewinne erzielt und die **Grünen erstmals in das Parlament** kommen.

17. 3. **IRAK** Der »Revolutionäre Führungsrat« erläßt Verfassungsgesetze zur Gründung einer »Nationalversammlung«, deren Abgeordnete nach allgemeinem Wahlrecht für 4 Jahre gewählt werden, sowie für eine **»Legislativversammlung der autonomen Region Kurdistan«.**

18. 3. **GROSSBRITANNIEN** Mit 315 zu 147 Stimmen erklärt sich das Unterhaus für einen Boykott der Olympischen Spiele in Moskau; der Beschluß ist jedoch für Sportler und das brit. NOK nicht verbindlich. – **IRAN** Revolutionsführer **Chomeini fordert die Regierung auf, Maßnahmen gegen das »Chaos im Lande«** zu ergreifen. Er veranlaßt eine **Teilamnestie** für Straffällige aus der Schah-Zeit, von der jedoch Gewaltverbrecher jeder Art ausgeschlossen bleiben. – **LIBYEN/MALTA** Bekanntgabe eines Verteidigungsabkommens. – **PAKISTAN** Staatspräsident *Sia ul-Hack [Zia ul-Huq]* bestätigt die **Aufdeckung eines Putschversuches.** (In den folgenden Wochen werden u.a. zahlreiche Offiziere verhaftet.)

19. 3. **BR DEUTSCHLAND** Die vier im Bundestag vertretenen **Parteien unterzeichnen ein Wahlkampfabkommen,** das zu Fairneß und Sparsamkeit verpflichtet. – **ITALIEN** Nach Aufkündigung der Tolerierung seiner DC-Regierung durch die Sozialisten erklärt **Ministerpräsident Francisco Cossiga** den **Rücktritt** des Kabinetts. (Am 4.4. stellt *Cossiga* seine neue Koalitionsregierung aus DC, PSI und PRI vor, der am 18.4. vom Senat und am 20.4. auch von der Kammer das Vertrauen ausgesprochen wird.) – **MOSAMBIK Staatspräsident Samora Machel macht Korruption und »Auslandsagenten« dafür verantwortlich, die Wirtschaft an den »Rand des Ruins«** getrieben zu haben. (Am 4.4. wird die Regierung umgebildet und der als prosowjetisch geltende Planungsminister *Marcellino dos Santos* abgelöst.) – **NICARAGUA/SOWJETUNION** Abschluß verschiedener Abkommen über **Kooperation** sowie eines Programms über die **Beziehungen der KPdSU mit der »Frente Sandinista«.** – **REP. SÜDAFRIKA** Premierminister *P. W. Botha* erläutert **Pläne für einen »Staatenrat«** unter Einschluß der ehem. »Homelands« Bophuthatswana, Transkei und Venda. (Am 20.3. werden die vor einem Jahr unterbrochenen Beziehungen zur **Transkei** wieder normalisiert.)

20. 3. **BR DEUTSCHLAND** Im **Bericht zur »Lage der Nation«** unterstreicht Bundeskanzler *Helmut Schmidt* die Ergebnisse der Deutschlandpolitik der Koalition und die Notwendigkeit der Fortsetzung der Entspannungspolitik. Der Kanzlerkandidat der CDU/CSU, *Franz Josef Strauß,* fordert eine »realistische« Entspannungspolitik. – **SPANIEN** Bei den **Regionalwahlen für** das autonome **Katalonien** wird die gemäßigt-nationalist. »Convergencia i Unió« (CiU) mit 43 von 135 Sitzen stärkste Partei.

21. 3. **BR DEUTSCHLAND** Im Zusammenhang mit unerlaubter Einleitung von Chemikalien in den Main nimmt der **hessische Minister für Landesentwicklung, Umwelt usw.,** *Willi Görlach,* die Verantwortung auf sich und **tritt zurück.**

22. 3. **BR DEUTSCHLAND** Die Jungsozialisten in der SPD und eine Delegation der FDJ der **DDR** beschließen in Bonn den Ausbau ihrer Beziehungen. – **TSCHAD** In der Hauptstadt N'Djaména brechen erneut Kämpfe zwischen den Anhängern des FAP (»Forces armées populaires«) des Reg.-Chef *Gukuni Ueddei [Queddei]* und der FAN (»Forces armées du Nord«) des Verteidigungsministers *Hissén Habré* aus. (Zusammen mit den Kämpfen vom 20.3. bei Bokoro usw. sollen weit über tausend

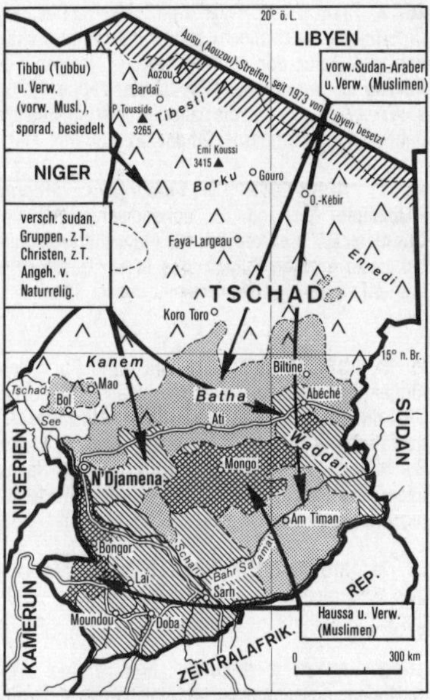

Zur Situation im Tschad
Sprachlich-ethnische Gliederung
(Schematisch)

Menschen ihr Leben verloren haben. Die Unruhen dauern an. Das französische Truppenkontingent von etwa 1100 Mann greift nicht ein und wird nach und nach abgezogen. Über 100000 Personen fliehen nach Kamerun.)

23. 3. BR DEUTSCHLAND Beim Bundesparteitag der **»Grünen«** kommt es zu Auseinandersetzungen zwischen den in erster Linie ökologische Zielsetzungen vertretenden Gruppen und linken Gruppierungen. – ÖSTERREICH Bei den **Gemeindewahlen** in Niederösterreich, in der Steiermark und in Tirol ergeben sich nur geringfügige Verschiebungen. – POLEN Bei den **Wahlen** in das Parlament (»Sejm«) entfallen auf die Einheitsliste der »Front der Nation. Einheit« 99,52% der Stimmen. – SCHWEDEN Mit 58,1% der Stimmen sprechen sich die Schweden **für einen begrenzten Ausbau der Kernenergie** aus (Erhöhung der Reaktoren von 6 auf 12).

24. 3. BR DEUTSCHLAND In Essen protestieren 14000 **Bauern gegen wirtschaftliche Benachteiligung.** – UNGARN Auf dem XII. Parteitag der MSZMP **rechtfertigt** Parteichef *János Kádár* den **sowjetischen Einmarsch in Afghanistan** und beschuldigt »reaktionäre« westliche Kreise einer »antikommunistisch-antisowjetischen Hetze«.

26. 3. ITALIEN/SCHWEIZ Das Schweizer Chemie-Unternehmen »Givaudan« zahlt zunächst **für Schäden und Opfer der** im Chemiewerk »Icmeso« in **Seveso** hervorgerufenen **Giftgaskatastrophe** (1976, s. WA '77 Sp. 744) an die italien. Regierung und die Behörden der Lombardei umger. 221,35 Mill. DM.

27. 3. NORWEGEN Die **Versorgungsplattform »Alexander Kielland« im** norwegischen **Ekofisk-Ölfeld der Nordsee kentert;** 123 Menschen verlieren bei dieser **größten Katastrophe in der Geschichte der »off shore-Ölgewinnung«** ihr Leben, 89 werden gerettet.

29. 3. USA/TÜRKEI In Ankara wird ein neues fünfjähriges **Abkommen** abgeschlossen, **das den USA die weitere Benutzung von 12 Stützpunkten gestattet.** – VIETNAM In Hanoi stirbt am 30. 3. das Staatsoberhaupt *Ton Duc Thang*. (Interims-Nachfolger wird am 1.4. der bisherige Stellvertreter *Nguyen Huu Tho*.)

30. 3. MOSAMBIK Die Staatschefs der fünf portugiesischsprachigen Länder Afrikas treffen zu Beratungen in Maputo zusammen.

31. 3. ÄGYPTEN **Nach Zusammenstößen** zwischen muslimischen und christlichen Gruppen in Alexandrien und Demonstrationen in Assiut **fordert das Parlament,** das am Vortag die Asylgewährung für den am 24.3. in Kairo eingetroffenen Schah gebilligt hat, **das Volk zu nationaler Einheit auf.**

1. 4. BR DEUTSCHLAND Nachfolger des Inspekteurs der Bundesmarine, Admiral *Günther Luther*, der das Amt des stellv. NATO-Oberbefehlshabers in Europa antritt, wird Vizeadmiral *Ansgar Bethge*.

2. 4. GROSSBRITANNIEN In einem Regierungs-»Weißbuch« wird die **Erhöhung der Verteidigungsausgaben** um 3,5% angekündigt, da sich das militärische Gleichgewicht in Europa zuungunsten der NATO verschoben habe. – In Bristol kommt es zu schweren **Zusammenstößen** zwischen Farbigen (meist aus der Karibik) und der Polizei. – EG/JUGOSLAWIEN In Belgrad wird ein erweitertes Handelsabkommen unterzeichnet, das am 1.7.1980 in Kraft tritt. – AFRIKANISCHE STAATEN In Lusaka einigen sich Angola, Botswana, Lesotho, Malawi, Mosambik, Sambia, Simbabwe, Swasiland und Tansania in einem **»Sieben-Punkte-Programm«** auf Kooperation zur **Verminderung der Abhängigkeit von der Rep. Südafrika.**

4. 4. BR DEUTSCHLAND In dem ehem. KZ Dachau tritt eine Gruppe von Zigeunern (»Sinti«) in den Hungerstreik (bis 11.4.), um auf mangelnde Entschädigung für Verfolgung unter dem NS-Regime und fortdauernde Diskriminierung aufmerksam zu machen. – CUBA/PERÚ Nachdem sich am 1.4. mehrere **Asyl suchende Cubaner** mit Gewalt Zutritt zur Botschaft von Perú erzwungen haben, erklärt am 4.4. die Regierung, daß alle Cubaner, die keine Gewalt anwenden, das Land verlassen können. Schon wenige Tage später sind über 10000 Personen auf das Gelände der peruanischen Botschaft geströmt. (Im Laufe der nächsten Monate verlassen, z.T. durch eine Luftbrücke, besonders aber durch von US-Exilcubanern improvisierten Masseneinsatz von Booten, rund 120000 Cubaner das Land. [S. Artikel »Cuba« Sp. 137ff.]) Die USA [über 100000], Kanada, lateinamerikanische und europäische Staaten nehmen die Asylsuchenden auf. – POLEN Der Vorsitzende des Ministerrates *Edward Babiuch* verkündet ein drastisches Sparprogramm zur Sanierung der Wirtschaft.

5. 4. BR DEUTSCHLAND Rund 5000 Frauen aus dem In- und Ausland nehmen im **Bereich von Gorleben** an Demonstrationen beim **»Internat. Frauentreffen gegen Kernenergie«** teil, das am 6.4. endet. – KAMERUN Präsident *Ahmadu Ahidscho* wird zum fünftenmal im Amt bestätigt. – SOWJETUNION/AFGHANISTAN Die Nachrichtenagentur »TASS« meldet die **Ratifizierung eines Abkommens über die zeitweilige Stationierung eines begrenzten sowjetischen Truppenkontingents auf dem Territorium Afghanistans.**

7. 4. **ALGERIEN** In *Tisi-Usu [Tizi-Ouzou]* besetzen Studenten berberischer Herkunft die Universität. (In den folgenden Wochen kommt es zu **Unruhen** in den Hauptwohngebieten **der Berber, die soziale und kulturelle Gleichberechtigung,** die Anerkennung des Kabylischen als zweite Amts- und Unterrichtssprache **fordern** und sich dagegen wenden, daß ab 1981 Arabisch einzige Unterrichts-, ab 1982 alleinige Verwaltungssprache und ab 1985 ausschließliche »Nationalsprache« werden soll.) – **IRAN/USA** Nach der Anordnung des Revolutionsführers *Chomeini,* daß die **US-Geiseln** bis zur Parlamentsentscheidung **in der Hand der »Studenten«** in der besetzten US-Botschaft **bleiben** müssen, **verkündet Präsident Carter den Abbruch der Beziehungen, einen umfassenden Ausfuhrstopp** – weitgehend auch für Lebensmittel – und die Beschlagnahme eingefrorener iranischer Vermögen. – **ISRAEL** Eine aus dem Libanon eingedrungene **Terrorgruppe** der extremistischen »Arab. Befreiungsfront« **bemächtigt sich des Kinderheims im Kibbuz Misgav Am.** Beim Entsatz durch israelische Soldaten werden alle fünf Terroristen, ein Kind, ein Zivilist und ein israelischer Soldat getötet und zahlreiche Personen verletzt.

9. 4. **BELGIEN** Ministerpräsident *Wilfried Martens*/CVP **tritt** wegen Nichterlangung der Zweidrittelmehrheit für eine Vorlage über die Regionalisierung **zurück.** (Er bildet ein neues Koalitionskabinett, dem am 23. 5. vom Parlament das Vertrauen ausgesprochen wird.) – **WELTRAUMFAHRT** Start des sowjetischen Raumschiffes »Sojus 35« mit *Leonid Popow* und *Waleri Rjumin* an Bord; am nächsten Tag Ankoppelung an den Orbitalkomplex »Saljut 6«/»Progress 8« (s. WA '80 Sp. 890).

11. 4. **CHINES. VOLKSREPUBLIK/SOWJETUNION** Der 1950 geschlossene Freundschaftsvertrag läuft aus. – **EL SALVADOR** Die Guerilla-Organisationen »Volksbefr. Farabundi Martí«/**FPL,** »Rev. Volks-Armee«/**ERP** und »Streitkr. d. Nat. Widerstandes«/**FARN** rufen auf einem von ihnen besetzten Gebiet in der Prov. Chalatenango ein **»Freies Territorium El Salvador«** aus. – **IRAN/IRAK** **Präsident Bani-Sadr beschuldigt** die Regierung des **Irak,** für die Feuergefechte an der Grenze, Ausweisung von schiitischen Iranern und Unruhen in der iranischen Ölprovinz Chusistan verantwortlich zu sein. (Vom Sender Teheran wird am 16. 4. die Gründung einer **»Islam. Revol. Armee zur Befreiung des Irak«** bekanntgegeben und zum »Heiligen Krieg« gegen den Nachbarstaat aufgerufen.) – **UdSSR/UNO** – Die Sowjetunion überreicht dem UNO-Generalsekretär einen »Abrüstungskatalog«. – **ARKTIS** Dem US-amerikanischen Ehepaar *Sidney* u. *Elena Comm* gelingt erstmals die **Überfliegung des Nordpols mit einem Ballon.**

12. 4. **LIBERIA** Bei einem **Militärputsch** in dem seit längerem von Unruhen betroffenen westafrikanischen Staat, in dem sich vor allem die binnenländische Bevölkerung gegenüber den staatstragenden »Americo-Liberianern« benachteiligt fühlt, werden der seit 1975 im Amt befindliche **Präsident William Tolbert** – seit Mitte 1979 auch Präsident der OAU – und u. a. mehrere Mitglieder des Kabinetts **erschossen.** Der Führer des »Volksbefreiungsrates der Armee«, »Stabsfeldwebel« *Samuel Doe,* bildet einen **»Volkserlösungsrat«** (»People's Redemption Council«/PRC) und verkündet den Kampf gegen Korruption und Arbeitslosigkeit.

15. 4. **BR DEUTSCHLAND** Das SPD-Präsidium stimmt einem Vorschlag von Bundeskanzler *Helmut Schmidt* zu, sich dafür einzusetzen, daß Ost und West zunächst auf die Stationierung weiterer Mittelstreckenraketen verzichten, um die Zeit für Abrüstungsverhandlungen zu nutzen. – **LIBYEN** Auf der **4. Tagung der »Arabischen Ablehnungsfront«** (12.–15. 4.) in Tripolis (s. WA '80 Sp. 717) beschließen die Staatschefs Algeriens, Libyens, der Dem. V. Rep. Jemen, Syriens und die PLO, einen Ölboykott gegen die USA zu verhängen, falls diese nicht ihre »pro-israelische« Nahostpolitik änderten; wegen Unterstützung der US-Politik im Nahen Osten werden die Beziehungen zum Oman, zu Somalia und zum Sudan abgebrochen. Außerdem werden gemeinsame Komitees für Politik, militärische Angelegenheiten und Informationen gebildet. Die »Arab.-Saharaúische Rep.«/RSA wird anerkannt.) – **OECD** Die 17 Mitglieder des Finanzhilfe-Konsortiums der Organisation beschließen **für die Türkei ein Kreditvolumen** in Höhe von 1,16 Mrd. $ (USA u. Bundesrep. Dtld. je 295 Mill., Italien 115 Mill., Frankreich u. Japan je 100 Mill. $ usw.).

17. 4. **BR DEUTSCHLAND/DDR** Im **Jahreswirtschaftsbericht** bezeichnet es Bundeswirtschaftsminister *Graf Lambsdorff* als möglich, **1980** ein reales **Wachstum des BSP** um 2,5% zu erreichen. Ein **Hauptrisiko** bleibe die **Inflation.** – Die **Opposition kritisiert** besonders **die Staatsverschuldung.** – *Günter Mittag,* Mitglied des Politbüros und **ranghöchster Wirtschaftspolitiker der DDR, erklärt** bei einem ausführlichen **Gespräch mit Bundeskanzler Helmut Schmidt** in Bonn, **die DDR wünsche einen systematischen Ausbau der Wirtschaftsbeziehungen** mit der Bundesrepublik.

18. 4. **SIMBABWE** Das bisherige Rhodesien wird offiziell als Simbabwe **unabhängig** (s. Sp. 121 ff.).

19. 4. **INDIEN** Durch ein Präsidialdekret werden die **größten Banken verstaatlicht;** der private Sektor hat dadurch nur noch etwa 9% Anteil am Bankgeschäft. (Der Entwurf des **Fünfjahrplanes** 1980/81–1984/85 sieht im JD eine reale Wachstumsrate von 5–5,5% vor.)

20. 4. <u>**BR DEUTSCHLAND**</u> Der stellv. CDU-Bundesvorsitzende und Spitzenkandidat seiner Partei für die Landtagswahlen in Nordrhein-Westfalen, **Heinrich Köppler, erliegt einem Herzanfall.** – <u>**ALBANIEN**</u> Bei den Wahlen zu den lokalen Volksräten stimmen über 99,99% der Stimmberechtigten für die Einheitsliste der »Demokratischen Front«. – <u>**HONDURAS**</u> Bei den **Wahlen zu einer »Verfassunggebenden Versammlung«** gewinnen die Liberalen/PL mit 51,8% der Stimmen 38 der 71 Sitze.

21. 4. <u>**INDIEN**</u> Nach schweren **Auseinandersetzungen** zwischen der hinduistischen Bevölkerung und aus Bangladesch geflohenen Muslimen besetzen Truppen das zeitweise lahmgelegte Ölrevier in Assam. (Die Unruhen dauern auch in den folgenden Wochen an und greifen u. a. auf Tripura und Manipur über.) – <u>**DEM. VOLKSREP. JEMEN**</u> Die offizielle Nachrichtenagentur teilt mit, daß der **Staatspräsident** und Vorsitzende der »Sozialist. Partei«, **Abdul Fattah Ismail** (s. Sp. 538 bei Kurzb.) aus Gesundheitsgründen **zurückgetreten** sei und Regierungschef *Ali Nasser Mohammed* beide Ämter zusätzlich übernommen habe. – <u>**LIECHTENSTEIN**</u> Der Landtag billigt eine Reform des Gesellschaftsrechtes zur Unterbindung unseriöser Aktionen von sogen. »Briefkastenfirmen«. – <u>**VIETNAM**</u> Die Regierung ruft zu einer **Säuberung der Kader** auf; ein großer Teil der Funktionäre sei »unfähig u. verantwortungslos«.

22. 4. <u>**EG/IRAN**</u> Die Außenminister der Gemeinschaft beschließen in Luxemburg die sofortige **Einstellung von Waffenlieferungen an den Iran** und den Stopp von neuen Lieferverträgen für Waren und Dienstleistungen sowie die **Reduzierung ihres Personals** bei den Botschaften in Teheran und Visumzwang für iranische Staatsbürger. Wirtschaftssanktionen werden in Aussicht genommen, falls bis 17. 5. die US-Geiseln in Teheran nicht frei sind. (Kanada und Japan beschließen ähnliche Maßnahmen.) – **Staatspräsident Bani-Sadr ruft zu einer »Islamischen Kulturrevolution« auf** und kündigt Wirtschaftsverhandlungen mit der UdSSR an. – <u>**EUROPÄISCHES PARLAMENT**</u> Mit 95 gegen 25 Stimmen spricht sich das **Parlament für die Abschaffung der Todesstrafe** aus, die derzeit in Belgien, Cypern, Frankreich, Griechenland, Irland, Liechtenstein und der Türkei noch nicht aufgehoben ist.

23. 4. <u>**BR DEUTSCHLAND**</u> Nach einer bereits von der Bundesregierung gebilligten Empfehlung stimmt auch der **Bundestag** mit 446 gegen 8 Stimmen (bei 9 Enthaltungen) einem **Beschluß** zu, **dem NOK zu empfehlen, weder eine Mannschaft noch einzelne Sportler zu den Olympischen Sommerspielen nach Moskau und Tallinn zu entsenden,** solange die sowjetische Besetzung von Afghanistan andauert. – <u>**TUNESIEN**</u> Staatspräsident *Burgiba [Bourgiba]* ernennt als Nachfolger des erkrankten *Hédi Nouira* den interimistisch amtierenden *Mohammed Msali [Mzali]* zum neuen Regierungschef.

25. 4. <u>**IRAN/USA**</u> Ein nächtliches **Kommandounternehmen** mit 8 Hubschraubern und 6 »Hercules C-130«-Transportmaschinen **zur Befreiung der US-Geiseln in Teheran** wird auf dem als Ausgangsbasis vorgesehenen Wüstenflugplatz bei Tabasch wegen Geräteschäden **abgebrochen;** einer der von einem US-Flugzeugträger gestarteten 8 Hubschrauber stößt mit einem der angeblich über Ägypten, saudisches Gebiet und Bahrein eingeflogenen 6 Transportflugzeuge zusammen, wobei 8 (nach persischen Angaben 9) der Freiwilligen getötet und 4 verwundet werden. – Präsident *Carter* nimmt die volle Verantwortung für den Einsatz auf sich. Die Teheraner US-Geiseln werden von den Botschaftsbesetzern auf mehrere Städte (u. a. Täbris, Ghom, Schiras) verteilt. – (Außenminister **Cyrus Vance,** der sich im Sicherheitsrat mehrfach gegen militärische Aktionen zur Geiselbefreiung ausgesprochen hat, **erklärt am 28. 4.** endgültig **seinen Rücktritt;** Präsident *Carter* ernennt am 29. 4. den demokratischen Senator *Edmund Sixton Muskie* zum neuen Leiter des »State Department« [Bestätigung durch den Senat am 8. 5.].)

27. 4. <u>**BR DEUTSCHLAND**</u> Bei den Landtagswahlen im Saarland erhöht die SPD ihren Stimmenanteil von 41,8% (1975) auf 45,4% und die Mandatszahl von 22 auf 24. CDU und FDP erleiden Verluste: CDU 44,0% (1975 49,1%) und 23 (25), F.D.P. 6,9% (7,4%) und 4 (3) Sitze. Die »Grünen« erreichen nur 2,9%. (Ministerpräsident *Werner Zeyer*/CDU bildet mit der F.D.P. die neue Regierung, wird jedoch vom Landtag erst in einem 2. Wahlgang am 23. 5. mit den Stimmen der Koalition gewählt.)

29. 4. <u>**KONFERENZ KOMMUNISTISCHER PARTEIEN EUROPAS**</u> Die am 28. 4. begonnene Konferenz, an der 22 Parteien (darunter der Schweiz und Belgiens als Beobachter) Europas vertreten sind (9 Parteien fehlen, u. a. die brit., italien., jugosl., rumän. u. spanische), fordert in einem **»Friedensappell«** im Schlußdokument die Fortsetzung der Entspannung und Schritte zur Abrüstung. – <u>**OAU**</u> Zum Abschluß des Gipfeltreffens (28./29. 4.) werden **Vorbereitungen zur Schaffung eines »Gemeinsamen Marktes«** der Mitglieder beschlossen, der bis zum Jahre 2000 in 2 Phasen wirksam werden soll.

30. 4. <u>**BR DEUTSCHLAND/DDR**</u> Unterzeichnung eines Abkommens über die **Verbesserung des Berlin-Verkehrs** (s. WA '80 Sp. 787); die Bundesrepublik beteiligt sich an den Kosten mit 507 Mill. DM. Der eigentliche Engpaß Herlinghausen-Wartha wird jedoch nicht beseitigt. – <u>**ÄGYPTEN**</u> Das Parlament billigt eine **Verfassungsänderung,** die eine neue Amtszeit von Präsident *Sadat* ermöglicht. – Nach dreijährigem Bau wird nördlich von Sues ein fast 3 km langer, unter dem Kanal verlaufender **Verkehrstunnel zur Sinai-Halbinsel eröffnet.** – GROSSBRITANNIEN/IRAN Arabische **Iraner** aus der »Gruppe der Märtyrer« **besetzen die Botschaft des Iran in London;** sie verlangen von der iranischen Regierung die Freilassung von 91 im Iran inhaftierten Arabern aus dem Ölrevier von **Chusistan** (»Arabistan«). Die iranische Regierung lehnt die Forderung ab. (Da die Besetzer zwei Geiseln erschießen, stürmt am 5. 5. eine Armeesondereinheit/SAS die Botschaft und befreit die Geiseln; vier Geiselnehmer verlieren ihr Leben, der Überlebende wird verhaftet.) – NIEDERLANDE *Königin Juliane* dankt nach 32jähriger Herrschaft zugunsten ihrer ältesten Tochter *Beatrix* (s. Kurzb. Sp. 540) ab. – UNO/NAHER OSTEN Eine von Tunesien eingebrachte **Resolution, die das Recht der Palästinenser auf einen eigenen Staat** und den Abzug der israelischen Truppen aus allen besetzten Gebieten **fordert, wird durch ein Veto der USA zu Fall gebracht.**

2. 5. NAHER OSTEN In der Stadt **Hebron** im israelisch besetzten Westjordanien verlieren durch einen palästinensischen Terrorüberfall 6 Thora-Schüler ihr Leben; 16 Personen werden verletzt. Die israelische Regierung veranlaßt in den folgenden Tagen Angriffe auf Palästinenserstützpunkte im Libanon und schiebt u. a. Bürgermeister und Kadi nach dem Libanon ab. – NEPÁL In einem Referendum über die Beibehaltung des 1963 eingeführten »Pantschajat« [»Panchayat«]-Systems (parteilos, auf Dorfälteste und regionale Selbstverwaltung gestützt) oder die Wiedereinführung von Parteien (seit 1961 verboten) sprechen sich 54,8% für das P.-System aus. (Der König bildet im Laufe des Mai die Regierung um und ernennt eine Reformkommission.) – SCHWEDEN Aufgrund gescheiterter Tarifverhandlungen kommt es zum **Streik von mehr als 100 000 und Aussperrung von über 750 000 Arbeitnehmern,** zum schwersten Arbeitskonflikt seit 1909. (Er wird am 11. 5. durch einen Kompromiß beigelegt.) – VATIKAN Papst *Johannes Paul II.* beginnt seine bis 12. 5. dauernde **Reise in Afrika,** in dem etwa 50 Mill. Katholiken leben; er besucht in den folgenden Tagen Zaïre, die VR Kongo, Kenia, Ghana, Obervolta und die Elfenbeinküste.

3. 5. BR DEUTSCHLAND Rund 5000 **Kernkraftgegner besetzen** die dritte **Tiefbohrstelle für** das geplante **Atommüll-Lager bei Gorleben;** einige Gruppen richten sich für eine Dauerbesetzung ein und rufen eine »Republik Freies Wendland« aus. (Unter dem Einsatz von mehreren tausend Polizisten wird ohne Gewaltanwendung am 4. 6. das Gebiet geräumt.)

4. 5. JUGOSLAWIEN Nach mehr als 100tägiger schwerer Erkrankung **stirbt** im Klinikum von Ljubljana (Laibach) **der jugoslawische Staatspräsident Marschall Josip Broz Tito.** Staatsmänner und Presse des In- und Auslandes würdigen *Tito* als einen der großen Staatsmänner des Jahrhunderts, als den Schöpfer des modernen Jugoslawiens und Mitbegründer der »Blockfreien Bewegung«. Staats- und Parteipräsidium betonen die Beibehaltung von Arbeiterselbstverwaltung und Blockfreiheit. (An der Beisetzung [8. 5.] nehmen Staats- und Regierungschefs aus rund 100 Ländern teil.) – NICARAGUA Die »Verfassunggebende Versammlung« tritt zu ihrer konstituierenden Sitzung zusammen; sie bildet bis zur Abhaltung von Wahlen **die Legislative.**

5. 5. GRIECHENLAND Ministerpräsident *Konstantin Karamanlis* wird im dritten Wahlgang als Nachfolger von *Konstantin Tsatsos* mit knapper Mehrheit für fünf Jahre **zum Staatspräsidenten gewählt** (Vereidigung am 15. 5.); er verspricht Festigung der Demokratie sowie Wahrung und Stärkung der nationalen Einheit. (Neuer Vorsitzender der Regierungspartei/ND und Ministerpräsident wird *Georgis Rallis,* dem mit seinem Kabinett am 27. 5. vom Parlament das Vertrauen ausgesprochen wird.) – SURINAM Die Regierung verlautet, ein **Putschversuch** sei in der Vorwoche **fehlgeschlagen;** der Anführer der 300 Söldner, der ehem. Sergeant *Fritz Ormkerk,* sei sofort erschossen worden.

6. 5. BR DEUTSCHLAND Aus Anlaß der Vereidigung von 1200 Bundeswehrrekruten im Bremer Weserstadion kommt es bei **Ausschreitungen** von mehreren tausend Demonstranten zu Zusammenstößen von K-Gruppen und anderen Linksextremisten mit der Polizei; mehr als 275 Polizisten erleiden – z. T. schwere – Verletzungen, über 50 Demonstranten werden verletzt.

9. 5. IRAN Auch beim 2. Wahlgang erreicht die streng religiöse **»Islamisch-Republikanische Partei«** die absolute Mehrheit (Einzelheiten s. »Souv. Staaten«. Sp. 165 ff.)

9./10. 5. FRANKO-AFRIKANISCHE KONFERENZ In Nizza (Nice) beraten Frankreich und Delegationen von 25 afrikanischen (frankophonen) Ländern über Verstärkung der Zusammenarbeit.

10. 5. UGANDA Der Generalstabschef der Armee, *David Oyite Ojtok,* der als Anhänger des Expräsidenten *Obote* gilt, wird von Präsident *Binaisa* seines Amtes enthoben; Teile der Armee wenden sich gegen die Regierung und erklären **Binaisa** als **abgesetzt.** – WELTRAUMFAHRT Start des Raumschiffes »Sojus 36« mit sowjet. Kommandanten *Waleri Kubassow* und dem ungar. Forschungskosmonauten *Bertalan Fárkás.*

11. 5. BR DEUTSCHLAND Bei den **Landtagswah-**

len in Nordrhein-Westfalen wird die **SPD** mit 48,4% (1975 45,1%) der Stimmen und 106 (91) Mandaten **stärkste Partei;** die **CDU** erhält 43,2% (47,1%) und 95 (95) Sitze. Die **F.D.P.** scheitert durch ein Minus von nur 1709 Stimmen an der 5-%-Klausel; sie erreicht nur 4,98% der Stimmen (1976 6,7% und 14 Mandate) und ist **nicht mehr im Landtag vertreten.** Nicht in den Landtag kommen auch die »Grünen« mit 3,0% und die DKP mit 0,3% der Stimmen. (Die neue Regierung des bisherigen Min.-Präsidenten *Johannes Rau*/SPD wird am 4.6. vom Landtag gebilligt. Der Landesvorsitzende der CDU, *Kurt Biedenkopf,* wird Oppositionsführer.)

12. 5. ÄGYPTEN Staatspräsident *Sadat* billigt den Rücktritt der Regierung von *Mustafa Chalil;* er übernimmt zusätzlich das Amt des Ministerpräsidenten in der am **15. 5.** vereidigten neuen Regierung und kündigt ein umfassendes innenpolitisches Reformprogramm sowie Erhöhung der Mindestlöhne an. – **IRAN** *Chomeini* verfügt die Bildung eines »Nation. Verteidigungsrates«. – **LIBYEN** Die Umwandlung der libyschen Botschaften in »Volksbüros« wird fortgesetzt; in mehreren Ländern werden die Botschaften von »Volkskomitees« übernommen.

15. 5. BR DEUTSCHLAND Das Nationale Olympische Komitee/**NOK** entspricht mit 59 gegen 40 Stimmen der Empfehlung der Bundesregierung, angesichts der sowjetischen Invasion in Afghanistan **keine bundesdeutsche Mannschaft zu den Olympischen Sommerspielen** nach Moskau/Tallinn **zu entsenden.** – **JUGOSLAWIEN** Das Staatspräsidium wählt turnusgemäß *Cvijetin Mijatović* für ein Jahr zum neuen Präsidenten.

15./16.5. ÖSTERREICH An den **Feiern zum 25jährigen Bestehen des »Staatsvertrages« über die Souveränität** Österreichs nehmen zahlreiche ausländische Staats- und Regierungschefs teil (u.a. *L. I. Breschnjew* und US-Vizepräs. *W. F. Mondale*).

16. 5. BR DEUTSCHLAND/DDR Der bisherige Erfurter Weihbischof *Joachim Meissner* tritt als Nachfolger des verstorbenen Kardinals *Bengsch* sein Amt als Bischof von Berlin (Sitz Berlin/Ost) an. (Nachfolger von *Bengsch* als Vorsitzender der Bischofskonferenz der DDR [m. Berlin/Ost] wird der Bischof von Dresden-Meißen, *Gerhard Schaffran.*) – **JAPAN** Die **Regierung** von *Masajoschi Ohira* wird durch einen Mißtrauensantrag der Opposition gestürzt. (Das Parlament wird aufgelöst, die Neuwahlen werden auf den 22. Juni festgesetzt.) – **MITTELMEER-VERTRAG** In Athen unterzeichnen 11 der 18 Anrainer des Mittelmeeres einen Vertrag über die Sauberhaltung des Meeresbeckens.

17./27. 5. REP. KOREA (Süd-K.) Nach mehr als eine Woche andauernden, hauptsächlich von Studenten getragenen Demonstrationen für Aufhebung des Kriegsrechts sowie eine Beschleunigung des Liberalisierungs- und Demokratisierungsprozesses in Ssóul und anderen Städten, die am **17. 5.** zu einer Verschärfung und Ausdehnung des Ausnahmezustandes geführt hatten, **tritt Ministerpräsident Schin [Shin] Hyon Hwack** zurück; Staatspräsident *Tschoi [Choi] Kyu Hah* ernennt am 21.5. d. ehem. Luftwaffengeneral und früheren Vizepremier **Park Tschung Hun** *[P. Chong Hoon]* zum **Chef einer neuen Regierung.** Zahlreiche Oppositionelle werden verhaftet. **Die bürgerkriegsähnlichen Unruhen gehen jedoch weiter** und führen vor allem ab 18./19.5. in der Stadt **Kwangdschu** [Gwangju] zur Ausschaltung der Behörden und Sicherheitsorgane durch Studenten und andere rebellierende Bevölkerungsgruppen; ab **26./27. 5.** befindet sich die Stadt wieder unter der Kontrolle des Militärs. Die Zahl der Todesopfer wird offiziell mit 170 (dav. 144 Zivilisten), die der Verletzten mit 330 (dav. 127 Ziv.) angegeben. 1740 Personen werden verhaftet, rund 1000 wieder freigelassen. Die Schäden werden auf 85 Mill. DM veranschlagt. Für den Aufbau schwer beschädigter Häuser werden Kredite bewilligt.

17./22. 5. ISLAMISCHE KONFERENZ Auf der in der pakistanischen Hauptstadt Islamabad tagenden Konferenz der Außenminister von 39 islamischen Staaten und der PLO zeigen sich z.T. **erhebliche Differenzen** über die Teheraner Geiselaffäre, die Situation im Golfgebiet und die sowjetische Intervention in Afghanistan (s. Sp. 111ff.). In einer Resolution wird **»tiefe Besorgnis«** über die anhaltende sowjetische Besetzung Afghanistans zum Ausdruck gebracht. **Verurteilt werden** die »jüngste amerikanische Aggression (Versuch zur Geiselbefreiung) gegen den Iran« – dessen Revoluion weiterhin Unterstützung zugesichert wird –, sowie die Begünstigung der »israelischen Aggression« im Nahen Osten durch die USA. **Der Beschluß des iraelischen Parlamentes** (erste Lesung) **über »Jerusalem als ungeteilte Hauptstadt« wird als »null und nichtig« erklärt.**

18. 5. ÖSTERREICH Bundespräsident *Rudolf Kirchschläger* wird mit 79,9% der Stimmen erneut für 6 Jahre in seinem Amt bestätigt. – **PERÚ** Die Präsidentschaftswahlen – die ersten nach dem Militärputsch von 1968 – gewinnt der Gründer und Führer der »Volksaktion« (»Acción Popular«/AP), Expräsident *Fernando Belaúnde Terry,* mit relativer Mehrheit. (*Belaúnde Terry* wird am 28.7.80 vereidigt.) – **EG** Die Außenministerkonferenz entscheidet in Neapel in Bekundung der Solidarität mit den USA in der »Geiselaffäre« die »unverzügliche« Verhängung von Wirtschaftssanktionen gegen den Iran, und zwar rückwirkend vom Tag der Geiselnahme an. (In Großbritannien sind rückwirkende Bestimmungen nicht möglich.)

18./19. 5. **USA** Erstmals seit 1857 kommt es zu einem **Ausbruch des** 2950 m hohen **Vulkans St. Helens** [Bundesstaat Washington]. (32 Menschen verlieren ihr Leben; der Schaden wird auf etwa 1,5 Mrd. geschätzt. In den folgenden Monaten weitere Eruptionen.)

18./21. 5. **CHINES. VOLKSREPUBLIK** Raketenversuche u. erstmals erfolgreicher Abschuß einer Interkontinentalrakete (in ein Zielgebiet im Südpazifik).

19. 5. **FRANKREICH/SOWJETUNION** Staatspräsident **Giscard d'Estaing und Leonid I. Breschnjew** treffen auf Schloß Wilanow bei Warschau **zu einem mehrstündigen Gespräch zusammen;** die Standpunkte bezüglich der »Afghanistankrise« bleiben offenbar unverändert entgegengesetzt.

19./20. 5. **BR DEUTSCHLAND** Das von der CSU bereits am 18.5. angenommene **Wahlprogramm der Union** wird auf dem Programmparteitag der CDU ebenfalls gebilligt; die Sicherung der Freiheit in der Bundesrepublik und des Friedens in ihr und in der Welt sowie die Meisterung der Wirtschafts-, Finanz- und Sozialfragen stehen im Vordergrund. (Der CDU-Vorsitzende *Helmut Kohl* soll Fraktionsvorsitzender bleiben. In der »Kernmannschaft« des Kanzlerkandidaten der Union, *Franz Josef Strauß,* die am 6. 6. genannt wird, ist für den Fall des Wahlgewinns der schleswig-holsteinische Regierungschef *Gerhard Stoltenberg* als Vizekanzler vorgesehen.)

20. 5. **KANADA** Bei dem vom Führer d. separatistischen »Parti Québécois«, *René Lévesque,* initiierten Referendum über den künftigen Status der Provinz Quebec (s. Karte WA '78, Sp. 753/54) sprechen sich 59,5 % der Abstimmenden gegen eine Loslösung vom kanadischen Staatsverband (»freie Assoziierung mit diesem im Sinne von ›Souveraineté-association‹«) aus, nicht zuletzt aus wirtschaftlichen Überlegungen.

22. 5. **BR DEUTSCHLAND** Der Bundestag billigt mit den Stimmen der Koalition das **»Steuerpaket 1981«.** Der Bundesrat erhebt jedoch Einspruch. (Der erzielte Kompromiß wird von Bundestag und Bundesrat am 4.7. endgültig gebilligt. Er sieht die Erhöhung des Weihnachtsfreibetrages, des Wohngeldes und eine Entlastung der mittleren Einkommen ab 1.1.1981, weitere Entlastungen ab 1.1.1982 vor.) – **ÄGYPTEN** In einem **Referendum** billigen 98,96 % der Abstimmenden eine Verfassungsänderung, die eine **Verlängerung der Amtszeit von Präsident Sadat auf Lebensdauer** ermöglicht; dadurch, durch die zusätzliche Übernahme der Ministerpräsidentschaft und von der Nationalversammlung verabschiedete Gesetze (»Gesetz zum Schutz der Moral« und u.a. ein Gesetz, das künftig die »Schari'a«, das islamische Recht, zu einer Hauptquelle der Gesetzgebung und Rechtsprechung macht) sowie Maßnahmen zu sozialen Verbesserungen soll das derzeitige System gegenüber der zunehmenden inneren Opposition gefestigt werden. – **FRANZÖS.-GUAYANA** Auf dem Versuchsgelände von Kourou **mißlingt der zweite Start** mit einer europäischen Trägerrakete vom Typ »Ariane«; die Rakete explodiert nach dem Abschuß.

25. 5. **ISRAEL** Verteidigungsminister **Ezer Weizman erklärt** wegen grundlegender Differenzen mit Ministerpräsident *Begin* **seinen Rücktritt.** (Begin übernimmt interimistisch selbst das Amt und überträgt es dann an *J. Schamir.*)

25./26. 5. **BR DEUTSCHLAND** Auf ihren Pfingsttreffen fordern die Sprecher der Landsmannschaften und des »Bundes der Heimatvertriebenen« erneut das Heimat- und Selbstbestimmungsrecht für diese; der Sprecher der »Sudetendt. Landsmannschaft«, *Walter Becher,* überreicht in Stuttgart den »Europäischen Karlspreis« an den bayerischen Arbeitsminister *Fritz Pirkl.* – **SOZIALISTISCHE INTERNATIONALE/SI** Als Abgesandte der SI, der 54 Parteien angehören, führen der österr. Bundeskanzler *Bruno Kreisky,* der ehem. schwed. Reg.-Chef *Olof Palme* und der span. Sozialistenführer *Felipe González* in einer »Mission des guten Willens« in Teheran mit maßgebenden Regierungs- und Revolutionsratsmitgliedern Gespräche über die internationale Situation seit der iranischen Revolution, die offenbar auch eine Lösung der »Geiselaffäre« dienen sollten. Sanktionen werden als hinderlich für die Freilassung der Geiseln angesehen.

26. 5. **NAHOSTKONFLIKT** Die 1978 in den Rahmenabkommen von »Camp David« (s. WA '80, Sp. 713 ff.) vorgesehene **Frist für die Lösung der Autonomiefrage für die Palästinenser verstreicht ohne Einigung;** Ägypten und Israel erklären jedoch ihren Willen zu weiteren Verhandlungen. – **WELTRAUMFAHRT** Start von **»Sojus 36«** mit dem sowjetischen Kommandanten *Waleri Kubassow* und dem ungarischen Kosmonauten *Bertalan Farkas* an Bord. (Ankoppelung an die Raumstation »Saljut 6« zwecks gemeinsamer Forschungen mit den Kosmonauten von »Sojus 35« am **27.5.** Rückkehr zur Erde am 3.6.1980. – Am **5. 6.** ein Raumschiff vom neuen Typ »Sojus T 2« [»Sojus T.« unbemannt am 16. 12. 1979 erstmals erprobt u. am 26.3.80 gelandet] mit *Juri Malyschow* und *Wladimir Axjonow* an Bord gestartet, das am **6.6.** an »Saljut 6« ankoppelt.)

26./27.5. **KONFERENZ ÜBER HUMANITÄRE HILFE FÜR KAMBODSCHA** In Abwesenheit der UdSSR und Vietnams beraten Delegierte von 62 Ländern über die Verstärkung der Hilfe für die von Hungersnot bedrohte Bevölkerung Kambodschas. UNO-Gen.-

Sekretär *Kurt Waldheim* beziffert die bis Jahresende notwendige Summe auf mindestens 181 Mill. $.

27. 5. **INDIEN/SOWJETUNION** In Moskau wird ein **Vertrag über sowjetische Waffenlieferungen** in Höhe von 1,63 Mrd. $ abgeschlossen.

27. 5./1. 6. **CUBA/DDR** Staats- und Parteichef *Erich Honecker* weilt zu einem Besuch in Cuba, mit dem am 1.6. ein **Vertrag über Freundschaft u. Zusammenarbeit** geschlossen wird. – **JAPAN/CHINES. VOLKSREPUBLIK** Staats- und Regierungschef **Hua Goufeng fordert** bei seinem Besuch in Japan, der einer Erweiterung der wirtschaftlichen Kooperation dient, die **USA auf, ihre Truppen aus der Rep. Korea** (Süd-K.) **abzuziehen.**

28. 5. **BR DEUTSCHLAND** Das Bundesverwaltungsgericht in Berlin (West) trifft im **Rechtsstreit um** die Zukunft des **NDR** folgende Entscheidung: Der NDR muß mindestens bis Ende 1985 als Zweiländeranstalt zwischen Niedersachsen und Hamburg bestehenbleiben. Die Kündigung des Vertrages durch Schleswig-Holstein von 1978 bedeute nur den Austritt des Landes, bewirke jedoch nicht die Auflösung der Anstalt. – **NEUE HEBRIDEN** Spannungen zwischen den katholisch-francophonen und den protestantisch-anglophonen Gruppen führen zu Unruhen auf den am 30.7. als **»Vanuatu«** unabhängig werdenden Neuen Hebriden, namentlich auf der sezessionistischen Insel **Espiritu Santo.** – **IRAN** Eröffnung des neuen Parlamentes.

30. 5. **BR DEUTSCHLAND/SOWJETUNION** Während des Besuchs des Ersten stellv. Vorsitzenden des Ministerrates, *Nikolai Tichonow,* wird in Bonn in Ausfüllung der Rahmenvereinbarungen von 1978 (s. WA '79, Sp. 736) ein **Wirtschaftsabkommen** für die Dauer von 25 Jahren präzisiert. – **MAROKKO** Durch ein Referendum wird die **Legislaturperiode** des Parlamentes von 4 auf 6 Jahre **verlängert.** – **EG** Die Außenminister einigen sich nach langen Debatten auf eine **Herabsetzung** des **britischen Beitrages** für 1980 und 1981 um 2,85 Mrd. Ecu; für die BR Deutschland bedeutet dies eine Mehrbelastung von insgesamt 2538 Mill. DM (Beiträge z. Haushalt: BR Dtld. 29,5%, Großbr. 21,25%, Frankr. 20,25% und Italien 12,7%.)

30. 5./2. 6. **FRANKREICH/VATIKAN** Papst *Johannes Paul II.,* der Frankreich einen ersten Papstbesuch seit 176 Jahren abstattet, kritisiert vor dem französischen Episkopat die »Progressisten« und »Integristen« (Anhänger von Erzbischof *Lefebvre*), deren mißbräuchliche Ansichten von der Mehrheit der französischen Katholiken nicht geteilt würden.

31. 5. **INDIEN** Die von blutigen Zwischenfällen begleiteten Parlamentswahlen in 9 Bundesstaaten bringen einen **Sieg des »Nat. Kongreß-Flügels«** von *Indira Gandhi,* der nun in 16 von 22 Bundesstaaten führt. Nur die AIADMK-Partei in Tamil Nadu und die »Akali-Dal-Partei« im Pandschab behaupten sich gut. – **REP. KOREA** Als »Beratendes Organ« des Staatspräsidenten *Tschoi [Choi] Kyu Hah* wird ein »Nationaler Sicherheitsrat« mit einem »Ständigen Leitenden Ausschuß« (19 Generäle unter den 31 Mitgliedern) gebildet, an dessen Spitze Generalltnt. *Tschön Du Hwang [Chon Doo H.]* steht und der durch »Koordination der zivilen und militärischen Behörden« **faktisch die Macht ausübt.**

HIMALAJA **Erfolge im Mai 1980:** Am 1.5. gelingt den deutschen Bergsteigern *G. Hader* u. *K. Staltmayr,* am 3.5. *W. Brög* u. *K.-H. Schrag* die Bezwingung des 8091 m hohen **»Annapurna I«.** – Die erste deutsche Expedition im chinesischen Himalaja unter Führung von *M. Abelein*/MdB u. *G. Sturm* erreicht in zwei Gruppen am 7.5. bzw. 12.5. den **»Schischa Pangma«** (8046 m). – Zwischen 13. u. 19.5. gelingt 14 Bergsteigern aus d. Schweiz, Österreich und d. BR Deutschland unter Führung von *H. von Känel* die Ersteigung des **»Dhaulagiri«** (8167 m), am 15.5. dem Deutschen *G. Ritter* mit 2 Scherpas die Bezwingung des 8598 m hohen **»Kangschöngdsenga«.** – Am 13.5. erreichen **Basken** d. Mount-Everest-Gipfel (8848 m).

1. 6. **BR DEUTSCHLAND** Auf dem Bundeskongreß der **»Jungsozialisten«** in Hannover wird, als Nachfolger von *Gerhard Schröder, Willi Piecyk* **Vorsitzender.** – **SCHWEIZ** Aus Protest gegen angeblich zu hohe Aufwendungen für die Oper **in Zürich** kommt es, wie in den folgenden Tagen, zu **Straßenschlachten** zwischen Demonstranten und Polizei; ein Polizeibeamter erliegt einem Herzschlag.

2. 6. **REP. CHINA (Taiwan)** In Taipeh werden 32 Teilnehmer einer Demonstration aus Anlaß des »Tags der Menschenrechte« wegen »Ausschreitungen« gegenüber der Polizei zu hohen Haftstrafen verurteilt. – **IRAN** In Teheran beginnt eine internationale **Konferenz** über **»amerikanische Interventionen« während des Schah-Regimes;** vertreten sind Delegationen von Organisationen und politischen Gruppierungen aus rund 50 Ländern. Gegen die Anweisung der US-Regierung nimmt u.a. auch der ehem. US-Justizminister *Clark* teil. (In der **Schlußresolution** vom 6.6. wird dem Iran zuerkannt, Schadenersatz für die von den USA während der Schah-Herrschaft Persien zugefügten Schäden zu fordern.) – **NAHER OSTEN** Durch vermutlich extremistische Israeli werden im israelisch besetzten Westjordanien – als Vergeltung gegen die Ermordung von Juden in Hebron – zwei arabische Bürgerrechtler durch Bombenanschläge schwer verletzt. Die Araber rufen für die folgenden Tage einen Generalstreik aus, der z.T. von den israelischen

Sicherheitskräften mit Gewalt unterbunden wird. Der UNO-Sicherheitsrat macht Israel moralisch für die Anschläge verantwortlich. – NAMIBIA Der in Algier tagende UNO-Rat für Namibia lehnt jede »interne« Lösung ab und fordert Sanktionen gegen die Rep. Südafrika. – Auf der »Namibia-Konferenz der Frontstaaten« – erstmals auch Teilnahme von Simbabwe – wird erneut die Position der SWAPO bestätigt.

3./6. 6. USA Kurzschlüsse in integrierten Schaltkreisen von Mikroprozessoren führen – wie schon einmal am 19.11.1979 – im **Raketenwarnsystem** am 3. und 6. Juni zu **Fehlalarm.**

4./8. 6. BR DEUTSCHLAND Eröffnung des **86. Deutschen Katholikentages** in Berlin (West), der unter dem Motto »Christi Liebe ist stärker« steht. – JORDANIEN/USA Notenaustausch über wirtschaftliche Zusammenarbeit, Sicherheit und Nutzung von jordanischen Land- und See-Einrichtungen für die USA wie auch für andere Staaten.

5./10. 6. ARGENTINIEN/CHINES. VOLKSREPUBLIK Bei einem offiz. Besuch d. argent. Staatspräsidenten *Jorge R. Videla* i. d. Volksrepublik wird ein Kooperationsabkommen unterzeichnet.

6./8. 6. BR DEUTSCHLAND Parteitag der **F.D.P.** in Freiburg. **Gesellschaftspolitische Fragen** stehen neben **Außen- und Sicherheitspolitik** und der Forderung nach einer europäischen Abrüstungskonferenz **im Vordergrund** des **Wahlprogramms.** Der Bundesvorsitzende *Hans-Dietrich Genscher* betont die Notwendigkeit der Fortsetzung der Entspannungspolitik und der **Fortführung der sozial-liberalen Koalition.**

8. 6. UNGARN Bei den Wahlen in die Nationalversammlung entfallen 99,2% der Stimmen auf die »Ung. Soz. Arbeiterpartei«/MSZMP.

8./9.6. ITALIEN Bei den Regional- und Gemeindewahlen verzeichnen die DC und die Sozialisten Stimmengewinne, während die Kommunisten Einbußen erleiden.

8./12. 6. BR DEUTSCHLAND Im Zusammenhang mit der Räumung eines »besetzten« Häuserkomplexes in der Freiburger Innenstadt kommt es zu Demonstrationen und **Zusammenstößen mit der Polizei;** auf beiden Seiten sind **zahlreiche Verletzte** zu verzeichnen.

8./13. 6. JEMEN Die Staatsoberhäupter von Nord- und Südjemen treffen sich in Sana zu Gesprächen über Möglichkeiten einer Wiedervereinigung.

9. 6. BR DEUTSCHLAND Eine Strafkammer des Münchner Landgerichtes verurteilt *Dieter Zlof* wegen »erpresserischen Menschenraubs und schwerer Körperverletzung in Mittäterschaft« bei der Entführung des Industriellensohnes *Richard Oetker* (14.12.1976, s. WA '78, Sp. 715ff.) zu 15 Jahren Gefängnis. – SCHWEIZ Wie schon vor mehr als einer Woche (»Opernhausdemonstration«) kommt es in Zürich erneut bei Demonstrationen und Tumulten zu Zusammenstößen mit der Polizei. – WELTRAUMFAHRT Das am **5.6.** gestartete und am folgenden Tage an die Weltraumstation »Saljut 6« angekoppelte Raumschiff **»Sojus T 2«** kehrt mit den Kosmonauten zur Bodenstation zurück.

10. 6. BR DEUTSCHLAND Das Bundesarbeitsgericht erklärt das **Recht der Arbeitgeber auf Aussperrung** bei Teilstreiks der Arbeitnehmer als zulässig, schränkt es jedoch durch Leitsätze über die Verhältnismäßigkeit ein. – INDIEN Der Chefminister des ostindischen Bundesstaates Tripura gibt bekannt, daß bei mehrtägigen Konflikten zwischen Einheimischen und Zuwanderern aus Bangladesch, Nepál und Westbengalen **über 300 Menschen getötet** und mehr als 500 verletzt worden sind. (In den folgenden Tagen sollen erneut mehrere hundert Menschen ihr Leben verloren haben.) – IRAN *Chomeini* verurteilt die inneren **Machtkämpfe,** die das »Land in das Nichts stürzen könnten«.

11. 6. LIBYEN Oberst *Gaddafi* fordert seine »Revolutionskomitees« im Ausland auf, nur die durch ein Revolutionstribunal verurteilten »Verräter zu liquidieren«. – URUGUAY Die Regierung kündigt für den **30.11.1980** ein **Referendum über eine neue Verfassung** an, deren Text noch nicht bekannt ist.

12. 6. USA Der Senat stimmt der Wiedereinführung der Registrierung der Wehrfähigen zu. (Sie kann am 21.7. beginnen, da Einsprüche am 19.7. durch das Oberste Bundesgericht zurückgewiesen worden sind. Die Wehrpflicht ist seit 1973 aufgehoben.) – CHINES. VOLKSREPUBLIK Die Freilassung des seit 1958 im Gefängnis befindlichen ehem. *Bischofs* von Guangzhou (Kanton), *Dominik Tang,* wird bestätigt. – REP. KOREA Staatspräsident *Tschoi [Choi] Kyu Hah* kündigt ein Referendum über eine *neue Verfassung* und Wahlen bis Mitte 1981 an.

12./13. 6. ITALIEN/EG Die Staats- und Regierungschefs der EG einigen sich in Venedig angesichts des zu erwartenden Beitritts von Portugal und Spanien zur EG auf »strukturelle Modifikationen«. (Die **Erklärung zum Nahostkonflikt** [»Selbstbestimmungsrecht für die Palästinenser«] wird von Israel scharf kritisiert, von der PLO als »ermutigend, aber ungenügend« beurteilt.)

13. 6. DDR/CHILE In Santiago wird die Errichtung von gegenseitigen Handelsvertretungen vereinbart. – NAMIBIA Die südafrikanische Generaladministration wird durch einen vom namibischen Parlament gewählten **»Ministerrat«** ersetzt, den die UNO jedoch als illegal erklärt (s. Sp. 129ff.).

15. 6. **MOSAMBIK** Der mosamb. Escudo wird durch die **neue Währungseinheit »Metical«** ersetzt, u. a. um durch Korruption angehäufte Gelder aufzuspüren und den Widerstandsbewegungen die finanzielle Basis zu entziehen. – **ÖSTERREICH** Bei einer **Volksabstimmung** in Vorarlberg sprechen sich 90,8% der Wahlberechtigten **für mehr Föderalismus** aus. – **LIBYEN/TSCHAD** Unterzeichnung eines Abkommens, das angeblich libysche Unterstützung für *Gukuni Ueddei* vorsieht (nach »Le Monde«).

15./19. 6. **ALGERIEN** Auf dem außerordentl. Kongreß der FLN wird der **Fünfjahresplan 1980–1985** beschlossen, der u. a. eine Verstärkung der Sozialpolitik vorsieht.

16. 6. **ÄTHIOPIEN** Eröffnung der ersten Sitzung der »Kommission zur Gründung einer **Arbeiterpartei von Äthiopien«/COPWE.**

17. 6. **BR DEUTSCHLAND** Bei einer **Debatte** im Bundestag **aus Anlaß des »Tags der deutschen Einheit«** betont Bundeskanzler *Helmut Schmidt* die Vordringlichkeit des Friedens; die deutsche Einheit sei nicht erzwingbar. Oppositionsführer *Helmut Kohl* wirft dem Bundeskanzler vor, die deutsche Frage nur als »Pflichtübung« zu betrachten. – **UNO** Der Sicherheitsrat **verlängert die Stationierung der UNO-Streitkräfte im Libanon/UNIFIL** (2491 Mann) für weitere 6 Monate.

17./18. 6. **REP. SÜDAFRIKA** Bei einem **Schulstreik der »Coloureds« im Kapland** kommt es zu Zusammenstößen mit der Polizei, die mindestens 29 Menschenleben fordern.

17./19. 6. **RGW** Auf der 34. Tagung des »Rates für gegenseitige Wirtschaftshilfe« werden in Prag u. a. enge Spezialisierung und Kooperation bei der Rechentechnik beschlossen, um im Jahrfünft 1981–1985 eine Verdoppelung der Produktion zu erreichen. – Die UdSSR erklärt, eine Erhöhung ihrer Öllieferungen an die Partner sei nicht möglich.

18. 6. **PERÚ** Der neugewählte Präsident *Belaúnde Terry* stellt seine Regierung vor, die am 28. 7. die Militärjunta ablösen soll.

19. 6. **BR DEUTSCHLAND** Der Bundestag verabschiedet den Nachtragshaushalt 1980; die Mehrausgaben von 1,84 Mrd. DM für Bundeswehr, Türkeihilfe usw. sollen durch Einsparungen in verschiedenen Ressorts gedeckt werden. – **GRENADA** Ein Attentat auf Premierminister *Maurice Bishop* schlägt fehl. – **INT. WÄHRUNGSFONDS** Der IWF sagt der **Türkei** für die nächsten drei Jahre **einen Beistandskredit** in Höhe von 1,25 Mrd. SZR (1,6 Mrd. $) zu.

20. 6. **IRAK** Bei den ersten **Parlamentswahlen** seit 1958 erringt die regierende sozialistische »Baath«-Partei die weitaus meisten Mandate. – **IRAN/UdSSR** Unterzeichnung eines **Protokolls über wirtschaftliche Zusammenarbeit.**

20./21. 6. **ISLAMISCHE KONFERENZ** Die im Zusammenhang mit der sowjetischen Intervention in **Afghanistan** eingesetzte Kommission berät auf dem Mt.-Pélerin (bei Vevey) über Schritte zur Lösung des Konfliktes.

22. 6. **JAPAN** Bei den **Parlamentswahlen gewinnt** die **LDP,** die Partei des verstorbenen Ministerpräsidenten *Masajoschi Ohira,* mit 284 Sitzen die absolute Mehrheit.

22./23. 6. **ITALIEN** Auf dem **»Wirtschaftsgipfel«** der 7 führenden westlichen Industrieländer (wichtigste EG-Staaten, Japan und USA) in Venedig wird vereinbart, die Produktion aller anderen Energieträger zu erhöhen, um in zehn Jahren den Ölverbrauch von derzeit (im Durchschnitt) 53% auf 40% zu vermindern. – Die Sowjetunion wird aufgefordert, ihre Truppen aus Afghanistan abzuziehen.

22./29. 6. **BR DEUTSCHLAND** In Augsburg finden anläßlich der 450. Wiederkehr des Glaubensdokumentes der Lutherischen Kirche **»Confessio Augustana«** feierliche Veranstaltungen statt, in deren Rahmen auch die »Evangel.-Luth. Kirche Deutschlands« tagt. – Die **ASEAN-STAATEN** befassen sich auf ihrer einwöchigen Tagung in Kuala Lumpur (Malaysia) mit der vietnamesischen Intervention in Kambodscha sowie der Situation an der kambodschanisch-thailändischen Grenze und kritisieren die sowjetische Unterstützung der Invasion Kambodschas.

23. 6. **SOWJETUNION** Das Plenum des ZK der KPdSU empfiehlt eine **»maximale Erhöhung der sowjetischen Verteidigungskraft«.** Der 26. Parteitag wird für den 23. 2. 1981 einberufen. – **KAMBODSCHA/THAILAND** In Kambodscha stationierte vietnamesische Truppen überqueren die thailändische Grenze, um die Rückführung kambodschanischer Flüchtlinge in ihr Land zu verhindern.

24. 6. **JAMAIKA** Regierungskreise geben die **Aufdeckung eines Putschplanes** bekannt; mehrere Oppositionelle und Militärs werden verhaftet.

25. 6. **BR DEUTSCHLAND** Der **»Sozialbericht 1980«** der Bundesregierung hebt hervor, daß es gelungen sei, das Angebot an Ausbildungsplätzen zu erhöhen und die Kostenentwicklung in der Krankenversicherung zu dämpfen. Die Sozialleistungsquote liege weiterhin bei 30%. – **LIBANON** Das Kommando der UNO-Friedenstruppe/UNIFIL bestätigt die Errichtung israelischer Stützpunkte im Süd-Libanon.

25./26. 6. BR DEUTSCHLAND Bei der Bundestagsdebatte über das **»Verteidigungsweißbuch 1979«** wirft der CDU-Wehrexperte *Manfred Wörner* der Regierungskoalition vor, sie schwäche den Verteidigungs- und Freiheitswillen der Bevölkerung. Bundesverteidigungsminister *Hans Apel* weist den Vorwurf zurück. – **NATO** Auf der Außenministerkonferenz in Ankara (Türkei) wird auf die Bedrohung der Weltlage durch die sowjetische Intervention in Afghanistan hingewiesen, die bei Aufrechterhaltung des Entspannungswillens eine feste Haltung des Bündnisses erfordere.

26. 6. FRANKREICH Staatspräsident *Giscard d'Estaing* erklärt, Frankreich werde ab 1992 mobile strategische Raketen besitzen; die Entwicklung einer Neutronenbombe sei in Aussicht genommen.

27. 6. ANGOLA/UNO Der UNO-Sicherheitsrat verurteilt die – gegen die SWAPO-Guerillas – gerichteten südafrikanischen Aktionen in Angola. – **KENIA** Mit den USA wird eine Vereinbarung unterzeichnet, die US-Wirtschaftshilfe und Erleichterungen für die Benutzung von Luft- und Seebasen in Kenia durch die USA vorsieht. – **NIEDERLANDE** Ein **Mißtrauensantrag** der Arbeiterpartei/PvdA gegen die Regierung wird zurückgewiesen. – **TANSANIA-UGANDA** Die Regierung von Tansania fordert von Uganda eine Entschädigung für die Stationierung tansanischer Soldaten zum Zwecke der »Aufrechterhaltung der Sicherheit« in Uganda.

28. 6. EUROP. PARLAMENT Das Parlament billigt den EG-Haushalt für 1980.

29. 6. BOLIVIEN Bei den **Parlamentswahlen** vom 29. 6., die lange umstritten bleiben, erringt die linke UDP von *Hernán Siles Zuazo [Suaso]* laut Überprüfung durch das Wahlgericht (13. 7.) 38,7% der Stimmen, gefolgt von dem gemäßigten MNR mit 20,1% und der konservativen ADN mit 16,9%. – **SPANIEN** Der ETA-Bombenterror, zuerst gegen die »Costa Blanca« gerichtet, greift erstmals auch auf die Fremdenverkehrsregion der »Costa del Sol« über. – **ISLAND** *Vigdis Finnbogadottir* wird **als erste Frau** zum **Staatsoberhaupt** gewählt. (Amtsantritt am 1.8.)

30. 6. LIBERIA Die Militärregierung weist die Aufforderung afrikanischer Staaten zur Wahrung der Menschenrechte zurück; diese würden überall sonst in Afrika ignoriert. – **EG** Die Mitglieder einigen sich grundsätzlich auf den derzeitigen luxemburgischen Außenminister *Gaston Thorn* als Nachfolger von *Roy Jenkins* als Präsident der EG-Kommission ab Jan. 1981 – **USA** Der Oberste Gerichtshof spricht den **Sioux-Indianern für unberechtigte Landnahme durch weiße Goldgräber und Siedler** vor mehr als 100 Jahren eine **Entschädigung** seitens der Regierung **in Höhe von 105 Mill.** $ zu.

30. 6./1. 7. BR DEUTSCHLAND/SOWJETUNION Bundeskanzler **Helmut Schmidt,** der mit großem Zeremoniell in Moskau empfangen wird, führt – z. T. gemeinsam mit Bundesaußenminister *Genscher* – umfassende **Gespräche mit** Partei- und Staatschef **L. I. Breschnjew** und anderen führenden Regierungs- und Parteimitgliedern, wobei er u. a. die ablehnende Haltung zur Afghanistan-Intervention zum Ausdruck bringt; er gewinnt den Eindruck, die UdSSR sei zu Raketenabrüstungsgesprächen bereit. »Der normale Prozeß im Vorfeld von Verhandlungen« sei »jetzt in Gang gesetzt«. Die »Prawda«-Kommentare der folgenden Tage zeigen allerdings eine unveränderte Haltung der bisherigen Positionen des Kreml in der Afghanistan- und Raketenfrage. – Am 1. 7. wird ein **Programm zu langfristiger wirtschaftlicher Zusammenarbeit unterzeichnet.**

30. 6./12. 7. BRASILIEN/VATIKAN *Papst Johannes Paul II.* besucht während seines Aufenthaltes in Brasilien zahlreiche Städte in wichtigen Landesteilen, führt Gespräche mit den führenden Politikern und Gewerkschaftern und eröffnet u. a. in Fortaleza den **10. Eucharistischen Nationalkongreß der Kathol. Kirche Brasiliens. Er fordert** die politischen Führer Brasiliens und ganz Lateinamerikas **dazu auf, »tiefgreifende und mutige« Reformen in Angriff zu nehmen, da diese sonst mit Gewalt durchgesetzt würden.** Jede Gesellschaft, die nicht »von innen zerstört« werden wolle, müsse eine gerechte Sozialordnung schaffen.

1./4. 7. ORGANISATION FÜR DIE EINHEIT AFRIKAS/OAU In Freetown (Sierra Leone) wird die **17. OAU-Gipfelkonferenz** abgehalten, **Simbabwe** bereits am ersten Tag zum (50.) Mitglied und *Siaka Stevens,* der Präsident von Sierra Leone, zum Vorsitzenden der Tagung und für ein Jahr **zum Präsidenten der OAU gewählt.** – Einheitlichkeit wird in der Forderung nach dem **Boykott der Rep. Südafrika** erzielt; die EG-Länder werden dabei wegen Aufrechterhaltung der diplomatischen und Wirtschaftsbeziehungen mit Südafrika kritisiert. – **Zwiespältig ist die Beurteilung der Bürgerkriegsaktion im Tschad** (s. WA '80, Sp. 856ff. m. Karte); empfohlen wird die erneute Entsendung einer »afrikan. Friedenstruppe«. Nachdem bereits 26 OAU-Mitglieder die »Arab.-Saharaúische Dem. Republik«/ **RASD (DARS)** (s. WA '80, Sp. 838) im Gebiet der von Marokko besetzten ehem. Span.-Westsahara anerkannt haben, kommt es trotz Differenzen und gegen den Widerstand von Marokko zur Aufnahme der

RASD als **neues Mitglied.** – Gefordert wird die »Rückgabe« der Insel **Diego Garcia** (m. US-Stützpunkt) an Mauritius.

3. 7. BR DEUTSCHLAND Der von der Koalition eingebrachte **Entwurf einer Neuregelung der Wehrdienstverweigerung erreicht** im Bundestag wegen 10 Neinstimmen von SPD-Abgeordneten **nicht die Mehrheit.** Es ist die **erste Niederlage für einen von der Koalition selbst eingebrachten Entwurf.**

5. 7. INDIEN Mitglieder der OECD, des IWF und internat. Banken sagen auf einer Konferenz in Paris Indien für das kommende Jahr Kredite in Höhe von 3,5 Mrd. $ zu. – MAURETANIEN Das regierende »Militärkomitee für Nation. Gesundung«/C.M.S.N. beschließt die **Abschaffung der Sklaverei;** die Regierung soll die entsprechenden Maßnahmen einleiten.

7./10. 7. LIBANON Die immer wieder aufflammenden verlustreichen Kämpfe zwischen den christlichen Milizen, besonders zwischen den Verbänden der »Phalange« (»Kataeb«) von *Dschemeijil* (s. Kurzbiogr.) und der »Tiger-[»Numur«]-Miliz« der »Nationallib. Partei« von *Schamun* (s. Kurzbiogr.) enden mit einer schweren Niederlage der letzteren. *Dschemeijil,* dessen Milizen sich im Aschrafijeh-Viertel in Beirut und in einem breiten Küstenstreifen mit Häfen endgültig behaupten (s. WA '80, Sp. 818ff. m. Karte), fordert eine Verschmelzung der Verbände und Parteien, auch der kleineren Milizen – wie etwa die »Zedernwächter« von *Abu Arz* –, um die Staatsreform im Sinne der libanesischen Christen durchzusetzen. (Ministerpräsident *Selim al Hoss* tritt am 16.7. zurück.)

7./11. 7. BR DEUTSCHLAND/FRANKREICH Staatspräsident **Giscard d'Estaing** weilt zu einem **ersten offiziellen Besuch in der Bundesrepublik** und besucht u.a. außer Bonn die Städte Würzburg und Lübeck und seine Geburtsstadt Koblenz. Er fordert dazu auf, gemeinsam alles zu tun, um den **Einfluß Europas in der Welt zu festigen.**

9. 7. CHILE Der Vorentwurf einer »Verfassung« sieht eine Übergangsperiode von mehreren Jahren vor, ehe allg. Wahlen stattfinden könnten. – GROSSBRITANNIEN Die Regierung annulliert die gesetzliche Handhabe, nach der es bisher möglich war, des Terrorismus verdächtigte Personen ohne Gerichtsverfahren zu verhaften und auf unbestimmte Zeit zu internieren. – IRAN Die Leitung der **deutschen** und auch einiger anderer **Pharma-Unternehmen** wird von Iranern übernommen; die Verfügung über die Konten wird entzogen (Offiz. Bestätigung am 13.7.). – EUROP. PARLAMENT Der EG-Haushalt für 1980 in Höhe von 17318 Mill. ERE (1 ERE = 2,50 DM)) wird mit der Unterzeichnung von Präsidentin *Simone Veil* in Kraft gesetzt. (Haushaltsvorentwurf 1981: 20035 Mill. ERE.)

10. 7. IRAN Die **Aufdeckung eines Putschversuches** führt unter Ermittlung des Revolutionsrichters *Chalchali* zur Verhaftung von über 600 Personen (Zivilisten und Militärs; in den nächsten Wochen werden über 60 Personen, darunter hohe Offiziere, hingerichtet). – URUGUAY Das seit 1973 bestehende **Verbot politischer Versammlungen** wird **aufgehoben.**

11. 7. BR DEUTSCHLAND Das Landgericht in Essen verurteilt **im bisher größten Wirtschaftsstrafverfahren der Bundesrepublik** fünf ehem. leitende Angestellte der 1974 zusammengebrochenen **Ölhandelsfirma Stumm** wegen Veruntreuung, Betrug, Bankrott usw. (»Luftgeschäfte« in Höhe von 532 Mill. DM) zu hohen Freiheitsstrafen. – IRAN Von den seit 251 Tagen festgehaltenen **53 US-Geiseln** wird wegen Erkrankung **Vizekonsul** *Richard Queech* **freigelassen.**

13. 7. BOTSWANA In der Nacht vom 13. zum 14.7. erliegt in Gaberone Sir *Seretse Khama* einem langen Leiden. (Zum Nachfolger als Staatsoberhaupt wird vom Parlament am 18.7. Dr. *Quett Masire*/BDP gewählt.)

14./18. 7. PORTUGAL Bundespräsident *Karl Carstens* besucht das Land als erstes deutsches Staatsoberhaupt; er hält eine Rede vor dem Parlament und wird von der Universität Coimbra mit der Würde eines Dr. jur. h.c. ausgezeichnet.

14./31. 7. DÄNEMARK In Kopenhagen tagt die **2. UNO-Weltfrauenkonferenz** unter dem Motto »Gleichheit, Entwicklung, Frieden«. Beraten werden u.a. die seit der 1. Konferenz (Mexiko 1975) erzielten Fortschritte und die noch zu lösenden Aufgaben. Delegierte von 52 Ländern unterzeichnen am **18.7.** die **UNO-Konvention gegen alle Formen der Diskriminierung der Frau.** (Stark politisiert zeigt sich das ebenfalls im Juli in Kopenhagen abgehaltene alternative »Frauenforum« nichtstaatlicher Organisationen.)

15. 7. GROSSBRITANNIEN Die »Labour Party« wendet sich gegen das Projekt der Regierung, das **atomare Abschreckungskontingent** (U-Boote mit Polaris-Raketen) durch neue U-Boote mit amerikanischen »Trident-1«-Raketen zu ersetzen. – REP. KOREA Nach offiz. Angaben sind in der ersten Monatshälfte **4992 Beamte wegen »Korruption und mangelnder Arbeitsleistung« entlassen** worden. (Mehrere Tausend weitere »Unzuverlässige« werden bis Ende Juli entlassen, 172 Zeitschriften verboten.) – USA Erneutes Aufflammen von Rassenunruhen in Miami, die auch in den folgenden Tagen andauern.

17./18. 7. BOLIVIEN Durch einen Militärputsch, der seinen Ausgang im Osten, in Trinidad, begonnen und sofort auf La Paz übergegriffen hat, **werden Staatspräsidentin Lidia Gueiler und die Regierung gestürzt;** es ist, je nach Kriterien, der 187., 191., 200. oder 211. seit Gewinnung der Unabhängigkeit. Das am **29. 6. 1980** gewählte **Parlament** wird **aufgelöst.** Die Wahlen, aus denen der linksgerichtete Expräsident *Siles Zuazo [Suaso]* (s. Sp. 570) mit relativer Mehrheit erfolgreich hervorgegangen war und am **6. 8.** durch den Kongreß hätte gewählt werden sollen, werden als ungültig erklärt. Die Befehlshaber der drei Teilstreitkräfte (Heer: *Luis García Meza Tejada;* Luftwaffe: *Walde Bernal;* Marine: Admiral *Ramiro Terrazas*) bilden eine **JUNTA;** an deren Spitze tritt am **18. 7.** als **Staatspräsident General García Meza Tejada.** (Die Gewerkschaften/COB rufen bald darauf den Generalstreik aus; der Widerstand verstärkt sich zunächst besonders unter den Bergarbeitern, wird jedoch durch hartes Eingreifen des Militärs, das zahlreiche Opfer fordert, in wenigen Tagen im wesentlichen gebrochen.) Das **Programm der JUNTA** sieht vor: »Bekämpfung von Korruption und Arbeitslosigkeit« sowie allmähliche Umwandlung des Landes in eine »moderne Industriegesellschaft«, die nicht mehr »unter Demokratismus, Kommunismus, Castrismus und Anarchismus« leiden werde. – Die finanzielle Situation ist äußerst prekär; die **Auslandsschulden** werden auf 3,2 Mrd. $ geschätzt.

17./22. 7. IRAN Der Anfang 1979 gegründete **»Revolutionsrat«** hält unter dem Vorsitz des ehem. Min.-Präs. *Mehdi Basargan* am 17. 7. seine letzte Sitzung und wird dann aufgelöst. Nach bereits erfolgter Ernennung von sechs Geistlichen durch *Chomeini* und von sechs Juristen durch das Parlament (»Madschlis«) wird der **»Verfassungsrat« (»Wächterrat«) gebildet,** der die vom Parlament verabschiedeten Gesetze und die Maßnahmen des Präsidenten auf ihre Übereinstimmung mit den »Vorschriften des Islam« zu überprüfen hat. Das auch als **»Beratende islamische Versammlung«** bezeichnete Parlament, in dem die religiös-integralistische **»Islam. Republ. Partei«/IRP** die Zweidrittelmehrheit besitzt, wählt am **21. 7.** den streng fundamentalistischen Führer der IRP, *Hojatoleslam Haschemi Rafsandschani [Rafsanjani]* zum Parlamentspräsidenten; am **22. 7.** wird der amtierende Staatspräsident **Bani-Sadr** durch den Vors. d. Oberst. Gerichtshofes, Ajatollah *Beheschti,* **als erster Präsident der »Islam. Republik Iran« vereidigt.**

18. 7. BR DEUTSCHLAND Der Bundesrat stimmt dem vom Bundestag gebilligten **Gesetz zur Beschleunigung des Asylverfahrens** zu; weitere Maßnahmen sind zur Lösung des drängenden Problems vorgesehen. – INDIEN Nach einem Fehlschlag des ersten Versuchs vor einem Jahr **gelingt es,** vom Startplatz auf der Insel Shriharikota im Raume von Madras aus **mit einer Rakete des Typs »SLV-3« einen Versuchssatelliten (»Rohini«) zu starten.** (Erster S.-Start mit eigenen Raketen: UdSSR 1957, USA 1958, Frankreich 1965, Japan und Chines. Volksrep. 1970). – JAMAIKA **Blutige Zusammenstöße** politischer Gegner fordern 17 (seit Anfang 1980 insgesamt über 350) Menschenleben. – JAPAN *Senko Susuki [Zenko Suzuki],* seit **15. 7.** Vors. der aus den Wahlen siegreich hervorgegangenen LDP, wird vom Parlament zum Reg.-Chef gewählt. – POLEN Die wegen Preiserhöhungen und teilweisen Versorgungsmängeln ausgebrochenen **Streiks** – bes. in Lublin u. Lodsch – verschärfen sich. (Die Regierung stellt Lohnerhöhungen in Aussicht, so daß es zunächst zu einer Beruhigung kommt.)

21. 7. DOMINICA Bei den **Wahlen** vom 21. 7. gewinnt die gemäßigt rechte »Dom. Freiheits-Partei«/**DFP** 17 der 21 Sitze. *Eugenia Charles* wird anstelle von *J. O. Seraphim* **Premierministerin;** sie betrachtet sich als Liberale u. will eine Politik der Blockfreiheit betreiben. – FRANKREICH In Paris fällt der ehem. syrische Reg.-Chef *Salah al Bitar,* einer der »historischen Führer der Baath-Partei«, einem Attentat zum Opfer. – WESTEUROP. UNION/WEU Der Rat hebt die bisher für die BR Deutschland bestehenden Beschränkungen im Kriegsschiffbau auf.

21./22. 7. HONDURAS Die Regierung tritt geschlossen zurück, um dem künftigen Präsidenten freie Hand für die Bildung eines neuen Kabinetts zu lassen. Die 71 Mitglieder der am 20. 4. 1980 gewählten **»Verfassunggebenden Versammlung«** werden am 22. 7. vom Chef der Militärjunta und Staatspräsident General *Policarpo Juan Paz García* vereidigt, der nun seinerseits zum interimist. Staatsoberhaupt gewählt wird und seinen Rücktritt für 1981 ankündigt, d. h., sobald die neue Verfassung ausgearbeitet ist und Wahlen durchgeführt worden sind.

22. 7. BR DEUTSCHLAND Offiziös wird bekannt, daß *Papst Johannes Paul II. ab 15. 11. 1980 der Bundesrepublik* einen Besuch abstatten wird.

22./29. 7. VEREINTE NATIONEN Auf der **Sondersitzung der UNO-Vollversammlung** in New York **zur Palästina-Frage** bringen 29 blockfreie, islamische sowie kommunistische Länder eine Resolution mit folgenden **Forderungen** ein: bedingungsloser israelischer Rückzug aus allen seit 1967 besetzten Gebieten, einschl. Ost-Jerusalems, bis 15. 11. 1980, sowie Gründung eines Palästinenser-Staates. (s. 29. 7.).

23. 7. SIMBABWE Das Parlament billigt die **Verlängerung des Ausnahmezustandes** für weitere sechs Monate. – WELTRAUMFAHRT An Bord des sowjetischen Raumschiffes **»Sojus 37«** (Kommandant *Viktor Gorbatko*) nimmt im Rahmen des Programms »Interkosmos« erstmals ein **Vietnamese** – *Pham Tuan* – **an einem Raumflug teil;** das Raumschiff koppelt am 24.7. an der Orbitalstation »Saljut 6« an und kehrt, nach Erfüllung des vorgesehenen Programms, am 1.8. wieder zur Erde zurück.

24. 7. TÜRKEI/OECD Das Türkei-Konsortium der OECD-Länder räumt der Türkei für die Rückzahlung von 2,3 Mrd. $ Schulden mehrere Freijahre ein.

25. 7. BR DEUTSCHLAND In der Nähe der Stadt Stuttgart wird *Juliane Plambeck* – eine der meistgesuchten mutmaßlichen Terroristinnen (verdächtigt der Mitwirkung an Attentaten und Entführungen im Jahre 1977, s. WA '78, Sp. 718 u. WA '79, Sp. 732) – mit ihrem Begleiter *Wolfgang Beer* bei einem Autounfall getötet. – ITALIEN Aus einem Ferienhaus südlich von Florenz werden zwei **Töchter und ein Neffe des Fernsehjournalisten Dieter Kronzucker entführt.**

PORTUGAL Die **Azoren** erhalten ein **Autonomie-Statut,** das vor allem erweiterte Verwaltungs-, Wirtschafts- und Finanzautonomie gewährt.

27. 7. ÄGYPTEN/IRAN Nach langer, schwerer Krankheit **stirbt in seinem Exil in Kairo** der mit kurzer Unterbrechung (1953) seit 1941 bis Anfang 1979 im Iran herrschende **Ex-Schah** *Mohammed Resa Pählewi [Reza Pahlavi]*. Der ägyptische Staatspräsident *Sadat* ordnet ein Staatsbegräbnis und Staatstrauer an. (Leben u. Werk s. WA '80, Sp. 937 u. Kurzbiogr.).

28. 7. PERÚ Nach zwölfjähriger Militärherrschaft werden Staatspräsident *Fernando Belaúnde Terry* – Wahlsieger v. 18./19.5.1980 u. Präs. v. 1963–1968 – und sein Kabinett vereidigt. – EG/RUMÄNIEN Mit der Unterzeichnung von zwei bilateralen Abkommen anerkennt faktisch Rumänien als erstes Ostblockland die Gemeinschaft.

29. 7. VEREINTE NATIONEN Mit 112 gegen 7 (u.a. USA, Israel, Kanada, Schweden) und bei 24 Enthaltungen (EG-Länder, bes. wegen Fehlens einer Existenzgarantie für Israel) billigt die UNO-Sondervollversammlung eine **Resolution, die den Abzug der israelischen Truppen aus den besetzten Gebieten bis 15.11.1980, das Recht der Palästinenser auf einen eigenen Staat** (einschl. Ostjerusalem) **und die Teilnahme der PLO** an allen damit verbundenen Verhandlungen fordert. – BR DEUTSCHLAND Im Zusammenhang mit dem möglichen Wegfall der *Montan-Mitbestimmung* bei einer Neugliederung des Mannesmann-Röhrenwerkes kommt es zu einem ersten **Warnstreik,** dem später weitere folgen. – ANGOLA In Luanda werden 16 Mitglieder der von *J. Savimbi* geführten Widerstandsbewegung (UNITA) zum Tode verurteilt. (Am 5. u. 21.8. werden weitere Todesurteile gefällt.)

30. 7. GROSSBRITANNIEN Ein von der Opposition eingebrachter **Mißtrauensantrag** wegen der Wirtschaftspolitik der Regierung **wird abgelehnt.** – ISRAEL/NAHER OSTEN Die **»Knesseth« billigt** mit 69 gegen 15 Stimmen und bei 3 Enthaltungen ein **Gesetz, das Jerusalem – einschl. der arabischen Altstadt** – zur **»ewigen Hauptstadt Israels erklärt«.** Das Gesetz erfährt nicht nur in den arabischen und sonstigen islamischen Ländern, sondern auch in vielen anderen Staaten scharfe Kritik, da es eine Lösung des Nahostkonflikts weiter erschwere. – VANUATU Das bisherige britisch-französische Kondominium »Neue Hebriden« wird als »Vanuatu« **unabhängig** (s. Sp. 151 ff).

31. 7. BR DEUTSCHLAND Der bereits wegen Polizistenmord in den Niederlanden zu 20 Jahren Haft verurteilte *Knut Folkerts* wird wegen Zusammenarbeit mit den Mördern des Generalbundesanwalts *Buback* (1977, s. WA '78, Sp. 718) und anderer terroristischer Aktivitäten vom Oberlandesgericht Stuttgart zu einer lebenslänglichen Freiheitsstrafe verurteilt. – DDR/UdSSR Der am 6.10.1979 von *L. Breschnjew* angekündigte **Rückzug von 20000 Mann u. 1000 Panzern der sowjet. Streitkräfte aus der DDR** wird von »TASS« **als vollzogen gemeldet.** – AFGHANISTAN Im Iran gründen Exilafghanen ein »Islam.-Nation. Revolutionskomitee«/INRCA. – CHINESISCHE VOLKSREPUBLIK Die Regierung der »Auton. Region **Tibet«** beschuldigt Ende Juli eine in den vorangegangenen Monaten in Tibet weilende **Abordnung des** in Indien im Exil lebenden **Dalai-Lama,** Unwahrheiten über die Lebensumstände und die Religionsausübung verbreitet zu haben. – HAITI Wegen »Verschwörung« werden vier Angeklagte zum Tode verurteilt.

1. 8. TUNESIEN Nach offiz. Verlautbarungen gibt es keine politischen Häftlinge mehr.

2. 8. ITALIEN Ein vermutlich von Rechtsextremisten verübter **Terroranschlag** auf den Bahnhof von Bologna **fordert 84 Menschenleben** und eine große Anzahl von Verletzten.

4. 8. CUBA/MEXIKO Der mehrtägige Besuch des mexikanischen Staatspräsidenten *José López Portillo* in Cuba wird mit einem gemeinsamen **Abschlußkommuniqué** beendet, in dem die **Aufgabe des US-Stützpunktes Guantánamo,** die **Beendigung des US-Handelsembargos** gegen Cuba **und der »Ausplünderung Lateinamerikas durch fremde Monopole« gefordert** werden. – UGANDA Allgemeine Wahlen werden für den 30.9.1980 angekündigt.

5. 8. <u>**BELGIEN**</u> Nach bereits erfolgter Zustimmung des Senats billigt auch die Kammer die Verfassungsänderung zur **Autonomie von Flandern und Wallonien;** eigene Parlamente und Regionalregierungen sind bis zum Herbst 1982 vorgesehen. Für Brüssel steht die Regelung noch aus. – <u>**BOLIVIEN**</u> Expräsident *Hernán Siles Zuazo [Suaso],* aus den Wahlen vom 29. 6. als Gewinner der relativen Mehrheit hervorgegangen, aber durch den Staatsstreich von *García Meza Tejada* seiner Chance, durch das Parlament zum Staatsoberhaupt berufen zu werden, beraubt, **proklamiert sich selbst zum Präsidenten,** ernennt *Jaime Paz Zamora* zum Vizepräsidenten **und bildet** eine **»Regierung der Nation. Einheit im Untergrund«.** – <u>**IRAN**</u> Nach Angaben von Teheraner Zeitungen sind **seit dem 12. 2. 1979 insgesamt 1250 Personen** von »Revolutionsgerichten« verurteilt und **hingerichtet** worden.

6. 8. <u>**LIBYEN**</u> Nach unbestätigten Meldungen soll in Tobruk ein Militärputsch gegen *Gaddafi* gescheitert sein.

8. 8. <u>**TÜRKEI**</u> In einem Massenprozeß **gegen Urheber und Täter der blutigen Unruhen** vom Dezember **in Kahramanmaraş** (s. WA '80, Sp. 859), die 111 Menschenleben gefordert haben, werden **36 Angeklagte zum Tode verurteilt,** 14 dieser Urteile in langjährige Haftstrafen umgewandelt. – <u>**CYPERN**</u> In Nicosia werden die seit Juni 1979 unterbrochenen Verhandlungen zwischen Vertretern der griechischen und türkischen Volksgruppe über eine Lösung des Konflikts unter UNO-Schirmherrschaft wieder aufgenommen.

11. 8. <u>**BR DEUTSCHLAND**</u> Die Versuche des Vorstandes der Mannesmann AG in Düsseldorf und der IG Metall, in der Frage der Neuordnung der Hütten- und Röhrenwerke des Konzerns und der Erhaltung der Montanmitbestimmung in der Konzernspitze eine Einigung zu erreichen, scheitern zunächst. (Weitere Verhandlungen folgen jedoch.) – <u>**IRAN**</u> Das Parlament wählt mit großer Mehrheit den bisher. Erziehungsminister *Mohammed Ali Radschai [Radjai]* zum Ministerpräsidenten. – <u>**KONFERENZ ZUR NICHTVERBREITUNG DER ATOMWAFFEN**</u> In Genf tritt für die Dauer von fünf Wochen die zweite Konferenz zur **Überprüfung der Einhaltung des Atomwaffensperrvertrages** zusammen.

12. 8. <u>**PERU**</u> Das neugewählte Parlament tritt erstmals zusammen; einer der Hauptberatungspunkte ist die **Überprüfung der Agrarpolitik,** da die Agrarreform von 1969 gescheitert sei.

13. 8. <u>**BR DEUTSCHLAND**</u> Aus Anlaß des 19. Jahrestages der Errichtung der **»Mauer« in Berlin** gibt die zentrale Erfassungsstelle der deutschen Länderjustizverwaltung bekannt, daß seither rund 25000 Fälle von Gewaltanwendung und Übergriffen von DDR-Organen registriert und 177 Menschen an der »Mauer« ums Leben gekommen seien. – <u>**USA**</u> Auf dem Kongreß der Demokratischen Partei wird *Jimmy Carter* **zum Präsidentschaftskandidaten** für die Wahlen im November 1980 **proklamiert,** mit *W. F. Mondale* als Kandidat für das Amt des Vizepräsidenten.

13./15. 8. <u>**EL SALVADOR**</u> Der für drei Tage von der »Demokrat. Revolutionsfront«/FDR ausgerufene **Generalstreik bricht** unter dem Einsatz der Sicherungskräfte faktisch schon am ersten Tag weitgehend **zusammen;** zahlreiche Menschen verlieren bei den Zusammenstößen ihr Leben.

13./16. 8. <u>**SURINAME**</u> Der in seiner Zusammensetzung mehrfach wechselnde, seit dem Putsch vom 25. 2. 1980 an der Macht befindliche Militärrat (Vors. Hauptfeldwebel *Daisy Bouterse,* geb. 1946) veranlaßt den seit 1975 im Amt befindlichen **Präsidenten Johan H. E. Ferrier zum Rücktritt. Nachfolger wird** – unter Beibehaltung seiner bisher. Position – Premierminister **Henck Tschin [Chin] A Sen** [Rechtsanwalt; Vereidigung am 16. 8.]. (Die Verfassung wird außer Kraft gesetzt, das Parlament aufgelöst. Rechts- und Linksextremismus, Korruption und Mißwirtschaft sollen beseitigt werden. Mehrere mit Cuba sympathisierende Unteroffiziere werden verhaftet.)

14./22. 8. <u>**WELTKIRCHENRAT**</u> Hauptthemen der Genfer Jahrestagung sind die Krisen im Nahen Osten, in Lateinamerika und in (Süd-)Korea (s. WA '80, Sp. 889).

16. 8. <u>**HONDURAS**</u> Interimspräsident General *Policarpo Paz García* bildet eine Koalitionsregierung aus PL und PN und einigen Militärs. – <u>**KAMBODSCHA**</u> *Kong Sileah,* der Führer der »Bewegung d. Nation. Befreiung f. K.« (MOULINAKA), der einzigen antikommunistischen Widerstandsgruppe, stirbt in seinem Feldlager an der Grenze zu Thailand. – <u>**REP. KOREA**</u> Die nach der blutigen Niederschlagung des Mai-Aufstandes in Kwangdschu gespannte Situation hält an; die **»Säuberungskampagne«** der letzten Wochen erfaßt mehr als 30000 Funktionäre staatlicher und gemeindlicher Behörden, die der »Korruption«, »Unfähigkeit« usw. beschuldigt und z. T. verhaftet werden. Weitere Journalisten werden entlassen. **Staatspräsident Tschoi Kyu Hah tritt am 16. 8. zurück,** um »einen friedlichen Machtwechsel« zu ermöglichen. Bis zur Neuwahl (am 27. 8.) amtiert Reg.-Chef *Park Tschung Hun* auch als Staatspräsident. (Die wirtschaftl. Lage verschlechtert sich seit Mitte 1979 und besonders seit dem 2. Vj. 1980. Die Schwerindustrie soll neu strukturiert werden.)

18. 8. <u>**ISLAMISCHE STAATEN**</u> Das **»Jerusalem-Komitee«** fordert auf seiner Tagung in Casablanca

(Marokko) die »Islamische Welt« dazu auf, wirtschaftlich und politisch alle Länder zu boykottieren, die die »Annexion Jerusalems« durch Israel billigen oder fördern. Eine Dringlichkeitskonferenz der Außenminister der islamischen Länder wird auf den 18.9.1980 festgesetzt. – SCHWEIZ Im Zusammenhang mit Hausbesetzungen und nicht genehmigten Demonstrationen kommt es in Basel – wie vorher schon in Bern und Zürich – zu Zusammenstößen mit der Polizei (die sich am 20.8. u. 23.8. sowie Anfg. Sept. in Zürich wiederholen).

19./20. 8. ISRAEL/LIBANON Ein israelischer »Präventivschlag« vernichtet palästin. Artilleriestellungen. Am folgenden Tage greifen israelische Kampfflugzeuge palästin. Stützpunkte im Südlibanon an.

20. 8. BR DEUTSCHLAND Unterzeichnung des neuen Staatsvertrages über den NDR durch Hamburg, Niedersachsen und Schleswig-Holstein. – BOLIVIEN Die Hochschulen werden bis auf weiteres geschlossen, um marxistische Organisationen auszuschalten und eine Neuorganisation unter »nationalistisch-christlichen Vorzeichen« durchzuführen. Die Gewerkschaften werden der Regierungskontrolle unterstellt. – ÖSTERREICH Bundeskanzler *B. Kreisky* erklärt, die von Chile bestellten Panzer würden aus »neutralitätsbestimmten« Erwägungen nicht geliefert. (Die Regierung faßt am 21.8. einen entsprechenden Beschluß.) – VANUATU Die **Polizei verhaftet** mit Hilfe papuanischer Soldaten auf Espíritu Santo über 50 **»Sezessionisten«.** – UNO Ein Ausschuß in der Wiener »UNO City« beginnt mit der Ausarbeitung des Programms für das **»Internationale Jahr des Behinderten 1981«.** – Der UNO-**Sicherheitsrat verurteilt** bei Stimmenthaltung der USA **die israelische Jerusalem-Annexionsgesetzgebung** und fordert alle UNO-Mitglieder auf, ihre Botschaften aus Jerusalem zu verlegen.

21. 8. ÖSTERREICH Auf einer Sondersitzung der Nationalversammlung über die Skandalvorgänge um das **»Allgemeine Krankenhaus«/AKH** in Wien werden mit den Stimmen der SPÖ-Mehrheit ein **Mißtrauensantrag** der ÖVP gegen Finanzminister *H. Androsch* und ein weiterer der FPÖ gegen die gesamte Bundesregierung **abgelehnt.** – SOMALIA/USA Nach Oman und Kenia räumt auch Somalia den USA, die einen Kredit von 45 Mill. $ gewähren, **Benutzungsrechte für Flugplätze und Hafenanlagen** (u.a. Berbera) ein. – USA Das »State Department« bezeichnet (wie in den folgenden Tagen auch Regierungen der EG-Länder) die **Störung russischsprachiger Sendungen** westlicher Rundfunkstationen **durch sowjet. Störsender** als eine **Verletzung der KSZE-Schlußakte** von Helsinki. – UNO Der **Entkolonialisierungs-Ausschuß fordert die USA zum Abzug aus Puerto Rico auf.**

22. 8. BR DEUTSCHLAND/DDR Bundeskanzler *Helmut Schmidt* **sagt** die für die kommende Woche vereinbarte **Reise in die DDR ab,** da »die Entwicklung in Europa« zum gegenwärtigen Zeitpunkt eine Begegnung mit dem DDR-Staats- und Parteichef *Erich Honecker* nicht geeignet erscheinen lasse. – CHINES. VOLKSREPUBLIK Im Zusammenhang mit einer Kampagne gegen den **»Persönlichkeitskult«** werden – wie vordem schon verschiedentlich Mao-Porträts in der Hauptstadt und an anderen Orten – auf dem »Platz des Himmlischen Friedens« in Peking die riesigen **Bilder von Marx, Engels, Lenin und Stalin entfernt.** – PAKISTAN Staatspräsident *Sia ul-Hack* gründet ein »Büro der islamischen Weisen« (»Ulemas«, d.h. islamische Geistliche, die theologische Gelehrsamkeit und Rechtsprechung vertreten) als eine Art Konsultativorgan und erläßt **Dekrete zur Gesellschaftsneuordnung nach islamischen Kriterien.** – ZENTRALAFRIKAN. REPUBLIK **Staatspräsident Dacko entläßt Vizepräsident Henri Maidou und Reg.-Chef B.-Ch. Ayandho.**

23. 8. DDR/SAMBIA Abschluß eines langfristigen Abkommens über wirtschaftl. u. technische Zusammenarbeit und eines Luftfahrtabkommens. – EL SALVADOR Neue Streiks, u.a. in der Elektrizitätswirtschaft, veranlassen die Junta, für das ganze Land den **Ausnahmezustand** zu verhängen. – SPANIEN Nach elftägiger Dauer und einer Hilfszusage der Regierung beenden die arbeitslosen **Landarbeiter** im andalusischen Marinaleda ihren **Hungerstreik.** (In **Andalusien** sind etwa **120000 Landarbeiter arbeitslos.**)

23./24. 8. ANGOLA Als Vergeltung für hingerichtete Widerstandskämpfer der UNITA läßt diese 15 in ihre Hände gefallene Regierungssoldaten exekutieren.

24. 8. NAHER OSTEN Die israelische Regierung stimmt dem **Bau eines Kanals vom Mittelmeer zum Toten Meer prinzipiell zu** (Verhinderung einer weiteren Austrocknung des Binnensees, Elektrizitätsgewinnung); da der Kanal durch den Gasa-Streifen führen soll, erheben die arabischen Länder scharfen Protest. – NICARAGUA Die in der »Junta« ausschlaggebende »Sandinist. Nation. Befreiungsfront«/FSLN, sieht allgem. Wahlen nicht vor 1985, nicht vor dem »Wiederaufbau«, als möglich an. – WELTRAUMFORSCHUNG Die vor drei Jahren gestartete Weltraumsonde **»Voyager I« sendet Bilder vom Saturn zur Erde.** (Allererste »Saturn-Aufnahmen« durch die US-Sonde »Pioneer 11« im Sept. 1979.)

25. 8. BR DEUTSCHLAND Im Zusammenhang mit einer **Wahlkundgebung der CDU/CSU** mit dem Kanzlerkandidaten *Franz Josef Strauß,* bei der mehr als 6000 Zuhörer anwesend sind, kommt es in **Hamburg zu Protestdemonstrationen,** zu der Jungdemokraten, Jungsozialisten, gewerkschaftliche Jugendgruppen und u. a. die DKP aufgerufen haben; bei den Zusammenstößen der etwa 15000 Demonstranten mit über 3300 Polizisten werden **102 Polizisten** und **5 Demonstranten,** von denen einer an den Folgen stirbt, verletzt sowie zahlreiche Autos zerstört. – **UNO** In New York beginnt eine mehrwöchige **Sonder-Vollversammlung über die Gestaltung der wirtschaftlichen Beziehungen zwischen Industrie- und Entwicklungsländern.** Vorgesehen ist u. a. auch ein Programm für die ärmsten Länder. **Simbabwe wird als 153. Mitglied in die UNO aufgenommen** (Am 27. 8. ergreift Bundesaußenminister *Hans-Dietrich Genscher* zu den Hauptaufgaben der Entwicklungspolitik das Wort.)

26. 8. **REP. SÜDAFRIKA** Premierminister *Pieter W. Botha* nimmt eine **Reg.-Umbildung** vor, die im Oktober 1980 in Kraft treten soll; er gibt das Verteidigungsministerium an *Magnus Malan* ab u. beruft mehrere Minister mit liberaler Tendenz. Der bisher. Innen- u. Justizminister *Alwyn Schlebusch* wird Vorsitzender des neuen **Präsidentschaftsrates** u. soll bei der Ausarbeitung der neuen Verfassung mitwirken.

27. 8. **REP. KOREA** Vom zuständigen Wahlgremium/NCU (s. »Souv. Staaten«) wird nach dem Ausscheiden aus dem Militärdienst der bisherige General **Tschön Du Hwan [Chon Doo Hwan] zum Staatspräsidenten gewählt.** Noch 1980 soll ein Referendum über eine neue Verfassung stattfinden, 1981 ein neues Parlament gewählt werden. – **ZAÏRE** Präsident *Mobutu* ernennt den bisher. Außenminister *Nguza Karl-I-Bond* zum Reg.Chef. u. *Inonga Lokonga* zum Außenminister.

27./28. 8. **LIBYEN/MALTA** Der **Konflikt um** die Rechte für **die Ölexploration** im angrenzenden Meeresgebiet spitzt sich zu, da Libyen droht, eine vor Malta liegende Bohrinsel zu sprengen; 50 Libyer werden aus Malta ausgewiesen. – **SOMALIA/ÄTHIOPIEN** Nach somalischen Angaben fallen äthiopische Truppen erneut in somalische Grenzgebiete ein.

28. 8. **CHILE** Der christl.-demokrat. Expräsident *Eduardo Frei* wendet sich in einer **erstmals von der Militärjunta genehmigten polit. Kundgebung** gegen das geplante Referendum über eine neue Verfassung, das er als »Betrug« bezeichnet. – **SCHWEIZ** In Bern kommt es bei einer Demonstration von Jugendlichen der *»Bewegung der Unzufriedenen«* zu Zusammenstößen mit der Polizei. – **KAMBODSCHA/THAILAND** Das Regime von *HENG Samrin* fordert die Einstellung der thailändischen Flüchtlingshilfe an der Grenze zu Kambodscha, da es sich bei dieser um »Einmischung in die kambodschanischen Angelegenheiten« handle.

29. 8. **NAHER OSTEN/USA** US-Präsident *Carter* entsendet Sonderbotschafter *Sol Linowitz* in den Nahen Osten, um Möglichkeiten für die Wiederaufnahme der festgefahrenen Verhandlungen über eine Autonomie für die Palästinenser zu erkunden. – Die **3. SEERECHTSKONFERENZ** (s. Sp. 591) endet nach Erreichung substantieller Fortschritte, vor allem in der Gründung des wichtigsten Organs, des wesentliche Rechte besitzenden **»Rates der internat. Meeresbodenbehörde«** (»Internat. Seabed Authority«); noch nicht endgültig entschieden ist seine Zusammensetzung, so daß eine weitere Konferenz notwendig erscheint. Binnenländer u. Staaten mit kurzen Küstenstrecken sind benachteiligt u. werden, soweit sie Industrieländer sind (wie die BR Dtld.), finanziell dennoch besonders herangezogen.

30. 8. **CHINESISCHE VOLKSREP.** Beginn des **VI. Nationalen Volkskongresses** in Peking; die Dauer wird auf mehrere Wochen geschätzt, **erwartet werden wichtige Veränderungen in der Regierung und in der KPCH** (s. »Nachtrag«).

1. 9. **REP. KOREA** Der noch nach der vom ermordeten Präsidenten *Park Tschung Hi [P. Chung Hee]* eingeführten »Juschin« [Yushin]-Verfassung gewählte **neue Staatspräsident** *Tschön Du Hwan [Chon Doo Hwan]* **tritt sein Amt an** und verspricht den Aufbau eines »demokratischen Wohlfahrtsstaates«. – **POLEN** **Wirtschaftliche Schwierigkeiten** führen seit Anfang 1980 zu wachsender **Unzufriedenheit** in der Arbeiterschaft und auch zu ersten Forderungen nach »freien Gewerkschaften«. Auch die Ablösung von *Piótr Jaroszewicz* als Reg.-Chef durch *Edward Babiuch* bringt keine spürbaren Verbesserungen. Die seit Anfang Juli wegen Versorgungsmängeln und **Erhöhungen der Preise für Lebensmittel,** besonders für Fleisch, aufkommenden Arbeitsniederlegungen in mehreren Städten, zunächst in Lublin und Warschau, wachsen sich **im August** zu regelrechten **Streiks** aus, die ab Mitte des Monats an Umfang zunehmen, **mit Schwerpunkten in den Ostseehäfen,** aber auch gegen Monatsende auf die Binnengebiete (Breslau, Posen usw.) übergreifen, in denen zahlreiche Betriebe wegen mangelnden Nachschubs von Rohstoffen aus den Ostseehäfen zu Produktionseinschränkungen greifen müssen. Die **»Lenin-Werft«** in Danzig wird unter dem 37 Jahre alten Elektromonteur *Lech Walesa,* der schon mehrfach als Organisator für Arbeiterinteressen hervorgetreten und nun zum Vorsitzenden der lokalen Streikleitung gewählt worden ist, zum Sitz des ins Leben gerufenen überbetrieblichen Streikkomitees, mit *Walesa* als Sprecher (16.8.). Die **Situation** beginnt, an den **»Posener Aufstand«,** der **1956** *Gomułka* an die Macht brachte, und an die **Arbeitererhebung von 1971** zu erinnern, die zu dessen Ablösung durch *Gierek* führte. – Das **»Komitee für gesellschaftliche Selbstverteidigung«/KOR**

(Vors. *Jacek Kuron,* der mit anderen Mitgliedern verhaftet wird) fordert Streikrecht, Meinungsfreiheit und Abschaffung von Privilegien für Funktionäre. Die **Forderungen des Streikkomitees** umfassen 21 Punkte und entsprechen im wesentlichen jenen von KOR, gehen jedoch noch mehr in Einzelheiten, verlangen die Freilassung politischer Häftlinge und vor allem die **Bildung unabhängiger freier Gewerkschaften.** – Staatspräsident *Jabłoński* und Ministerpräsident *Babiuch* nehmen zu den materiellen Forderungen Stellung, versprechen Verbesserungen und warnen vor Handlungen, die »gegen Partei und Volk« gerichtet seien. Parteichef **Gierek fordert am 18.8. zur Beendigung des Streiks auf** und stellt materielle Verbesserungen in Aussicht, die jedoch nur bei funktionierender Planung und größerer Arbeitseffektivität realisierbar seien; er verurteilt die Ausnutzung der Situation durch »antisozialistische« und »anarchistische« Elemente und **betont warnend, daß an der sozialistischen Ordnung Polens nicht gerüttelt werden dürfe.** Die eingesetzte Verhandlungskommission verhandelt mit dem Streikkomitee und gewinnt zusätzliches Gewicht dadurch, daß am 21.8. der stellv. Reg.-Chef *M. Jagielski* an ihre Spitze tritt. Ausdehnung und Folgen des Streiks verstärken sich jedoch. **Gierek** sieht sich **veranlaßt, die bisher größte Umbesetzung in Partei und Regierung vorzunehmen; Babiuch wird als Reg.-Chef durch J. Pinkowski** abgelöst, **St. Olszowski** wird Vollmitglied des Politbüros, **J. Czyrek** neuer Außenminister; an die Stelle des Gewerkschaftsvorsitzenden **Ján Szydlak** tritt **Romuald Jankowski.** – Der Streik dauert jedoch an; schätzungsweise sind 300–400 Betriebe und über 300000 Arbeitnehmer beteiligt. Die Krise spitzt sich zu. *Gierek* – der am 18.8. seinen geplanten Besuch in der Bundesrepublik absagt – setzt sich am 24.8. vor dem ZK eingehend mit allen Problemen auseinander und gesteht auch Fehler in Partei und Regierung ein; Kardinal **Wyszinski** unterstützt wichtige Forderungen der Arbeiter, mahnt aber zu Maßhaltung und zur Berücksichtigung der Gesamtinteressen des polnischen Volkes. Gegen Monatsende bahnt sich ein Kompromiß an. (Bei den genannten Namen s. unter »Kurzbiographien«, bzgl. Produktionsdaten im Kapitel »Wirtschaft« sowie bzgl. Daten zur allgem. Wirtschaftsstruktur unter »Souv. Staaten«/Polen. Fortsetzung der Ereignisse s. **»Nachtrag«**.) Die gesamte **Nettoverschuldung** Polens wird (von d. »Schweiz. Bankgesellschaft«) auf 19,6 Mrd. $, der jährliche Schuldendienst auf mehrere Mrd. $ geschätzt. Kredite von Hartwährungsländern sind dringend erforderlich. Ein bundesdeutsches Bankenkonsortium sagt im August 1980 einen Kredit von 1,2 Mrd. DM zu, bei einer Bundesbürgschaft von 400 Mill. DM. Das gesamte Bürgschaftsvolumen der BR Dtld. wird auf 10 Mrd. DM geschätzt.

2. AUSGEWÄHLTE KAPITEL AUS DEM WELTGESCHEHEN

Die »Blockfreien« (»Bündnisfreien«) Staaten

Wurzeln, Gemeinsamkeiten und Differenzen

Die Entwicklung der »Blockfreien Bewegung« umfaßt, ihre Vorläufer eingerechnet, bereits ein Vierteljahrhundert. Zeitweise viel beachtet, zeitweise wieder in den Hintergrund getreten, hat die **6. Gipfelkonferenz** der Staats- und Regierungschef der nichtpaktgebundenen Staaten (Havanna/Cuba, 3.–9.9.1979) aus verschiedenen Gründen diese auf keiner Gründungscharta fußende und organisatorisch über nur lockere Bande verfügende Ländergruppe wieder einmal in den Vordergrund gerückt, und zwar weil sie, in einer seit dem Umsturz im Iran besonders krisenreichen Zeit, erstmals in Lateinamerika und auch erstmals in einem kommunistischen Land stattgefunden hat. **Die nichtgebundene Staatengruppe** ist als »Organisation« **nur eine der inzwischen zahlreichen Interessenvertretungen der sog. »Dritten Welt«, aber die politisch doch am stärksten hervortretende,** von der wesentliche Impulse auf die ökonomisch orientierten Zusammenschlüsse der Entwicklungsländer ausgehen. Zwar waren bereits in den 20er Jahren Konferenzen zu verzeichnen, die sich mit Selbständigkeitsbestrebungen beherrschter Völker, mit dem **Kampf gegen »Kolonialismus« und »Imperialismus«** befaßten, aber erst nach dem II. Weltkrieg, nach der Mitte der 40er Jahre, konkretisierte sich dies in festeren Umrissen. An der u. a. von Premierminister *Nehru* und vom indonesischen Ministerpräsidenten *Sastroamidjojo* konzipierten »Ersten **Afro-Asiatischen Konferenz«** (»Bandung-K.«, 18.4.–24.4.1955 in Bandung, Indonesien) – in gewissem Sinne eine Vorläuferin der Tagungen der »Blockfreien Bewegung« –, zu der auch die Chinesische Volksrepublik eingeladen worden war, nahmen

Delegationen aus 23 asiatischen und 6 afrikanischen Staaten teil. Man einigte sich auf »Fünf Prinzipien« (»Pandsch Schila«) der Zusammenarbeit, die sich in den späteren Konferenzen und Organisationen regionaler und universaler Art niederschlugen (s. WA '80 Sp. 463): Achtung der gegenseitigen Unabhängigkeit; Enthaltung von Angriffsaktionen; Nichteinmischung in Angelegenheiten anderer Länder; gegenseitige Hilfe, friedliche Koexistenz. **Die damals aufgestellten Ziele und Probleme sind seither auf der Tagesordnung geblieben,** u. a.: Selbstbestimmung, Achtung der Menschenrechte, Abschaffung der »Apartheid«, Verwirklichung der Rechte der Palästinenser, Abrüstung, Verbot der Herstellung und Anwendung von Kernwaffen. – Die **1. Gipfelkonferenz der »Blockfreien«** (**»Non-aligned** countries« »Pays non alignés«) fand **in Belgrad** statt (1.–6. 9. 1961); auf ihr waren 25 Staaten vertreten, u. a. durch die Schrittmacher dieser Bewegung wie *Nasser* (Ägypten), *Nehru, Nkrumah* (Ghana), *Sukarno* (Indonesien), *Tito* (Jugoslawien) und *Bourguiba* (Tunesien). Die meisten dieser großen Repräsentanten sind unterdessen gestorben; von den noch lebenden damaligen Delegationsleitern sind nur noch *Bourguiba* und *Hassan II.* (Marokko) im Amt. Die 27 Punkte umfassende **Abschlußerklärung** enthält faktisch alle Ziele und Forderungen der »Bandung-Konferenz« sowie weitere, auf seinerzeit akute Krisen ausgerichtete Bestrebungen. Bei der Forderung nach Auflösung aller ausländischen Stützpunkte auf fremden Territorien wurde besonders die US-Basis Guantánamo auf Cuba hervorgehoben. Neu hinzu kam auch die friedliche Nutzung des Weltraumes. Die in den Punkten 21–25 aufgestellten Ziele, wie die Gründung von Organisationen zur Förderung der Wirtschaft und Lebenshaltung in den Entwicklungsländern sowie die Erhöhung der Mitgliederzahl des UNO-Sicherheitsrates und des Wirtschafts- und Sozialrates, sind unterdessen längst erreicht worden. Dazu trugen nicht zuletzt die immer drängender werdenden Ansprüche der im Rahmen der rasch fortschreitenden Entkolonialisierung in die Unabhängigkeit entlassenen Länder bei. Die auf **Außenministerkonferenzen** vorbereiteten Pläne schlugen sich in den **Gipfelkonferenzen von Kairo** (1964), **Lusaka** (1970), **Algier** (1973) und **Colombo** (1976) nieder, die mit jeweils größerer Mitgliederzahl tagten. Fortan »betrieb die Bewegung der Blockfreien [. . .] eine immer stärkere Politisierung der ökonomischen Anliegen der Dritte-Welt-Länder und verarbeitete die neu aufkommenden ökonomischen Ideen und Konzepte zu einem kompakten Forderungs- und Aktionsprogramm, das in seiner Kernsubstanz auf das **Postulat einer neuen Weltwirtschaftsordnung** gegenüber den (westlich-kapitalistischen) Industrieländern und auf das **Postulat einer kollektiven Eigenständigkeit (›Self-Reliance‹)** der Dritten Welt hinauslief« *(Volker Matthies).* – Die auf den **Welthandelskonferenzen** der UNCTAD erreichte vorläufige Einigung auf den von den Entwicklungsländern (besonders unter dem Einfluß der sog. »Gruppe 77«) geforderten **Rohstoff-Fonds** (s. u. a. WA '80 Sp. 766) **sowie die Programmatik des Ende 1979 vorgelegten Berichtes der** von der »Weltbank« unter Vorsitz von *Willy Brandt* ins Leben gerufenen **»Beratenden Kommission«** der »Konferenz über Internat. Wirtschaftliche Zusammenarbeit«/**KIWZ** und schließlich die vorauszusehenden Ergebnisse der **»Seerechtskonferenz«** (siehe WA '79 Sp. 820) sind Meilensteine von Erfolgen. Sie sind ein Beweis dafür, wieviel in relativ kurzer Zeit ein doch an sich sehr lockerer Mehrzweckverband zu erreichen vermag, obwohl er rein organisatorisch nur durch ein in der Zusammensetzung nach Ländern bzw. Kontinenten geographisch wechselndes **Koordinationsbüro** (auf der Ebene der Außenminister und der Botschafter bei der UNO in New York und Genf) zusammengehalten wird. – Zwar brachte die – natürlich auch aus eigenem Interesse – gewährte **Entwicklungshilfe** (s. Sp. 155 ff.) der westlichen Länder, so unzureichend sie auch blieb, bisher den bei weitem größten Teil der gesamten Hilfe auf, aber die »Blockfreien Staaten« erheben ihre Vorwürfe – wie etwa »Neokolonialismus«, »Neoimperialismus« – ganz überwiegend nur gegen den Westen. Die Sowjetunion, die den Großteil ihres mittelasiatischen Besitzes erst durch Eroberung im vorigen Jahrhundert erworben hat, gilt bei den Mitgliedern der »Blockfreien Bewegung« sozusagen nicht als »kolonial belastet«. Das offene und indirekte Eintreten für afrikanische und asiatische Befreiungsbewegungen sowie die Gewährung von Waffenhilfe hat in den vergangenen Jahrzehnten nicht zuletzt zum Ansehen der Sowjetunion bei den »Blockfreien« wesentlich beigetragen. – Da jedoch die **Entkolonialisierung** fast **erreicht** ist und sich nach und nach herausgestellt hat, daß die **Interessen der Mitglieder der »Blockfreien«** doch **sehr unterschiedlich** sind, ist die Solidarität der Gruppe nicht nur unterschwellig schwächer geworden, zumal auch die reich gewordenen Ölländer unter ihnen nur bedingt kooperativ sind. Politisch-ideologische, wirtschaftliche und soziale Gegensätze haben zu harten Auseinandersetzungen und sogar zu kriegerischen Konflikten innerhalb der »Blockfreien Bewegung« – z. T. mit dem Charakter von »Stellvertreterkriegen« – geführt. Einige der »Blockfreien« – es seien hier nur Afghanistan, Cuba und Vietnam genannt – haben sich faktisch militärisch mit der Sowjetunion verbündet bzw. Beistandsverträge mit dieser, aber auch, wie in Afrika, mit Frankreich geschlossen. – Die Vergabe der Durchführung der **6. Gipfelkonferenz** nach Cuba kam zustande, weil ein lateinamerikanischer Staat als Gastland an der Reihe war und die Abhaltung in Perú wegen der dortigen innenpolitischen Situation nicht in Frage kam. Bereits auf der vorbereitenden Außenministerkonferenz zeigte sich, daß die Cubaner den Versuch unternahmen, ihren prosowjetischen Kurs durchzusetzen. In

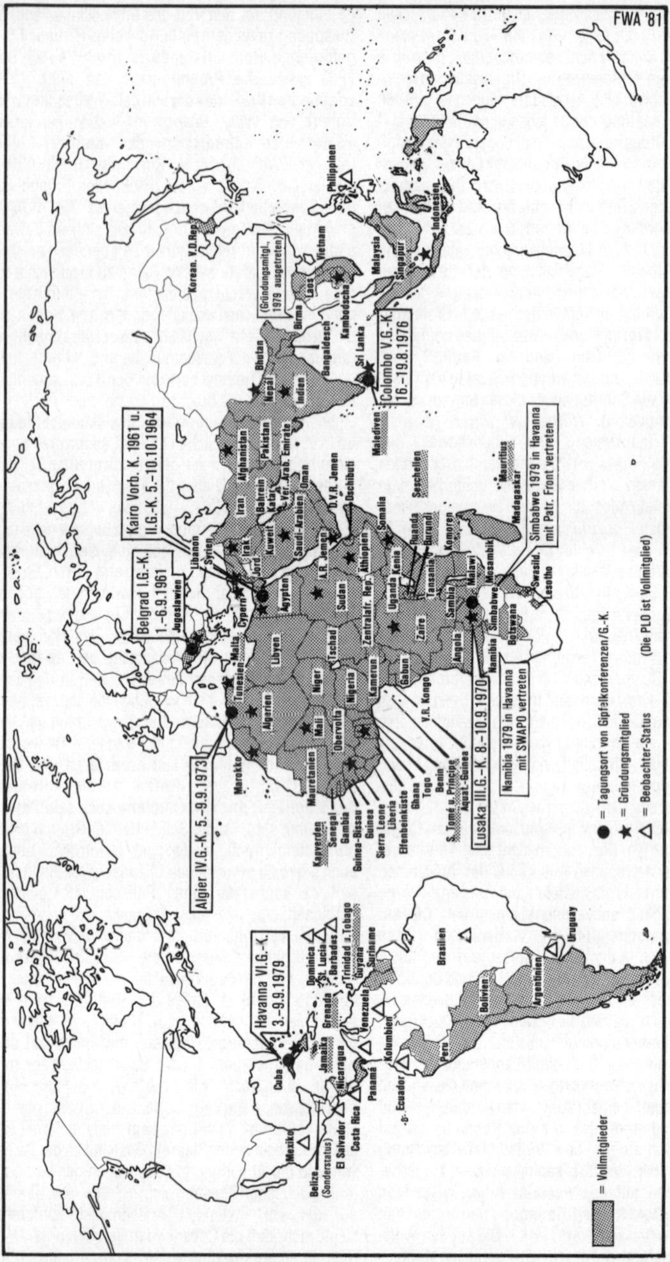

Die »Blockfreien« (»Bündnisfreien«) Staaten

der **Eröffnungsrede** der Gipfelkonferenz (3.9.1979) erklärte *Fidel Castro,* die Bestrebungen der »Yankee-Imperialisten und ihres neuen Verbündeten, der chinesischen Regierung«, die Konferenz zu verhindern bzw. den Entwurf der Schlußerklärung indirekt zu beeinflussen, seien fehlgeschlagen; er dankte der UdSSR für ihre Hilfe in schweren Zeiten und bekräftigte die Treue Cubas zum Sozialismus. Es war nicht zuletzt *Tito,* der davor warnte, die Festigung irgendeines der Militärblöcke zu stützen und der mit seiner Autorität entscheidend dazu beitrug, die **Grundsätze der Blockfreiheit in der Schlußerklärung** festzuschreiben. *Castro,* nun für 3 Jahre Sprecher der Bewegung, wird zweifellos – unterstützt u.a. von Afghanistan, Äthiopien, der DVR Jemen, Vietnam und z.T. auch von Angola und Mosambik – versuchen, weiterhin einen »antiimperialistisch-prosowjetischen« Kurs zu steuern. – War die **Havanna-Konferenz** in ihrem Verlauf **zumindest teilweise eine solche der Konfrontation** innerhalb der Bewegung, so war sie – auch durch die Anwesenheit von UNO-Generalsekretär *Waldheim* – **formal** ein allerdings mit Risiken behafteter Erfolg, wuchs doch die Zahl der nun zu den »Blockfreien« gehörenden Länder und Organisationen durch die Aufnahme Boliviens, Grenadas, des Iran, Nicaraguas, Pakistans und Surinams sowie der »Patriotischen Front« von Simbabwe auf 95, mit Belize – das einen Sonderstatus erhielt – auf 96, d.h. auf fast zwei Drittel der UNO-Mitglieder mit über der Hälfte der Weltbevölkerung. – Birma erklärte seinen Austritt. Die Mitglieder Saudi-Arabien und Tschad waren auf der Konferenz nicht vertreten, Kambodscha wegen Nichteinigung auf eine der beiden die Repräsentation beanspruchenden Gruppen nicht zugelassen. Mit Beobachterstatus anwesend waren außer mehreren Ländern auch verschiedene internationale Organisationen, als Gäste u.a. auch Finnland, Österreich, Portugal, Schweden, die Schweiz und Rumänien. – Zu den **politischen Hauptbeschlüssen und -forderungen der Konferenz** gehören: Anerkennung des Selbstbestimmungsrechtes der Palästinenser und der PLO als deren einzige legitime Vertreterin; Beendigung der israelischen Siedlungspolitik in den besetzten arabischen Gebieten, Rückgabe des »einen Teil Palästinas bildenden Jerusalem«; Beendigung der Aufrüstung Israels und Ägyptens; Verurteilung des Zionismus als Form des Rassismus; Sicherung der Einheit des Libanon; Ende der »Apartheid« in Südafrika und der Kooperation zwischen diesem und Israel; Freiheit für die letzten noch vorhandenen kolonialen Besitzungen; Rüstungsbegrenzung und Abrüstung auf allen Ebenen. Die **»Ökonomische Deklaration«** und das **»Aktionsprogramm für wirtschaftliche Zusammenarbeit«** wurden bei ihrer Verabschiedung als wesentlicher »Teil des Kampfes der Völker für ihre politische, wirtschaftliche, kulturelle und soziale Befreiung« bezeichnet. *Castro* gab am 12.10.1979 vor der UNO-Vollversammlung einen Bericht über die Konferenz, wobei er die westlichen Industriestaaten mit besonders scharfen Vorwürfen bedachte (u.a. »Europa-Archiv« 1979/24). – **Im einzelnen fand die Konferenz von Havanna eine sehr verschiedene Wertung.** In der Zeitschrift »Deutsche Außenpolitik« (**Berlin/Ost,** 1980 H. 1) heißt es z.B., daß es »imperialistische Kreise sowie die Pekinger Führer« nicht vermocht hätten, die Rolle Cubas in der Bewegung zu untergraben und den Konferenzort in Frage zu stellen. »Vor allem bewahrte die Bewegung der Nichtpaktgebundenen ihren antiimperialistischen Grundkurs, vereitelte alle Spaltungsversuche und festigte ihre Einheit« (R. Voigtländer/R. Wünsche). – Weitgehend zufrieden äußerte sich auch die führende jugoslawische Zeitung »Politika« **(Belgrad);** sie bedauerte u.a., daß die personelle Zusammensetzung des Koordinationsbüros bis zum nächsten Gipfeltreffen (Bagdad 1982) nicht gesichert werden konnte, erklärte jedoch das Abschlußdokument für besser als irgendein vorangegangenes, da in ihm die Grundsätze deutlicher denn je formuliert seien. – Im chinesischen KP-Organ »Renmin Ribao« (**Peking,** 14.9.1979) wurde zwar heftige Kritik an Cuba und der Konferenzführung geäußert, aber doch auch das Positive hervorgehoben: »Der Havanner Gipfel hat vielen blockfreien Ländern dazu verholfen, den wahren Charakter der sog. ›Blockfreien‹ Cuba und Vietnam besser zu erkennen und auch ihre eigene Stärke [...] besser zu sehen. [...] Man kann jetzt bereits vorhersagen, daß Cuba und Vietnam, angestiftet von der Sowjetunion und Vietnam, der blockfreien Bewegung auch in Zukunft alle möglichen Hindernisse in den Weg legen werden. Besonders die cubanischen Behörden werden ihre Macht (gemeint ist vor allem jene von *Castro* als Vorsitzendem der Bewegung) zu mißbrauchen versuchen, um die sowjetische Verschwörung zur Untergrabung der Grundprinzipien [...] der Bewegung voranzutreiben.« – Moskau sieht dagegen im Ergebnis von Havanna eine chinesische Niederlage. Im KP-Zentralorgan »Prawda« (v. Mitte Sept. 1979) wurden »Intrigen der Imperialisten und Pekinger Hegemonisten« gebrandmarkt, »TASS« wies den chinesischen Vorwurf zurück, die Konferenz sei ein Fiasko für sowjetische Versuche gewesen, die Blockfreien für sich zu gewinnen. – **Wie Castro als Vorsitzender der Bewegung bis 1983 die »Blockfreiheit« auffaßt, zeigte sich** bereits am 14.1.1980 **auf der Dringlichkeitssitzung der UNO-Vollversammlung;** die Resolution, die den sofortigen **Abzug der sowjetischen Truppen aus Afghanistan** forderte, wurde mit 104 Stimmen bejaht, von denen allein 56 von den Blockfreien stammten; **Cuba** selbst aber **stimmte mit Nein.** Schon bald nach der Konferenz von Havanna begann ein neuer Begriff seinen Einzug in die internationale Politik: die **»reale Blockfreiheit«,** erstmals von *Babrak Karmal* verwendet; sie sei mit sowjetischer Hilfe durch die Ausschaltung letzter »imperialistischer Einflüsse« erreicht worden. –

Seither ist im Zusammenhang mit den jüngsten Konflikten in Südostasien und Afrika von verschiedenen »blockfreien« Staaten die Auffassung vertreten worden, daß es ihr selbstverständliches Recht sei, den Spielraum der Blockfreiheit selbst zu bestimmen und ihn gegebenenfalls bis an die äußersten Grenzen auszunutzen. Bundesaußenminister *H.-D. Genscher* wies im Juli 1980 erneut auf die Bedeutung der Blockfreien, aber auch darauf hin, daß es notwendig sei, die ursprünglichen Grundsätze zu bewahren.

Bibliogr. Hinweise: Beijing-Rundschau, 1979/80, Peking; zahlr. Artikel. – *R. F. Behrendt:* Soziale Strategie für Entwicklungsländer, Frankfurt/M. 1965. – *G. Fochler-Hauke:* Das Politische Erdbild der Gegenwart, Berlin/West 1968. – *H. Haefs/M. v. Baratta/H. v. Siegler:* Politische, wirtschaftliche, militärische Zusammenschlüsse und Pakte der Welt, Bonn 1977. – *L. Mates:* The Nonaligned Countries between Colombo and Havana, in »Pacif. Community«, 1978 IX/3. – *V. Matthies:* Die Bewegung der Blockfreien, in Beih. 1979/37 zu »Das Parlament«, Bonn–Trier. – *P. Meyns:* Die Bewegung der blockfreien Länder nach der Gipfelkonferenz von Havana, in »Europa-Archiv« 1980/3. – *R. Robert:* Die Liga der Arabischen Staaten, in »Beih. 1980/23« zu »Das Parlament«. – *H. K. Rönnefarth* u. *H. Euler:* Konferenzen und Verträge, Vertrags-Ploetz II/Bd. A und B, Würzburg 1959/63. – *H. Sasse* (Hg.): Die asiatisch-afrikanischen Staaten auf der Bandung-Konferenz, Frankfurt/M. 1958. – *P. Willets:* The Non-Aligned Movement, London–New York 1978.

Afghanistan

Schnittpunkt fremder Machtinteressen

Afghanistan: ein von Gebirgen durchzogener, von Wüstenbecken durchsetzter **Hochlandstaat** ohne Zugang zum Meer, ist, trotz Blütezeiten einzelner Landstriche, im wechselnden Rahmen seiner Grenzen ein armes, im Schatten des historischen Geschehens liegendes Land und bis heute **einer der ärmsten Staaten** geblieben. Die langgestreckten Täler und die relativ niedrigen Pässe im Osten und Norden erleichterten seit alten Zeiten den Durchzug von Eroberern, von Handels- und Kulturströmen. Die Mongolenstürme verheerten ausgedehnte Landstriche. Vom 16. bis zum 18. Jhdt. war das Land überwiegend Bestandteil des persischen Sefewiden-Reiches. Nach dessen Zusammenbruch schuf der Afghane *Nadir* im 18. Jhdt. ein großes, sich bis zum indischen Pandschab erstreckendes Reich, das zwar bald wieder zerfiel, sich aber in seinem Kern, etwa im Bereich des heutigen Afghanistan, zu behaupten vermochte. – Das Einströmen und die Eingliederung verschiedener Völkerschaften unter den sich ablösenden Dynastien machten Afghanistan zu einem **Vielvölkerstaat.** Das eigentliche Staatsvolk – **die »Afghanen« im engeren Sinne** –, die eine ostiranische Sprache sprechenden, in mehrere Stämme gegliederten, wehrhaften, zäh ihre Traditionen verteidigenden **Paschtunen** (Pathanen), siedeln bis tief in das heutige Pakistan hinein. Die Zerschneidung ihres Siedlungsgebietes durch – von Nomaden und Halbnomaden immer wieder mißachtete – politische Grenzen ist in neuerer Zeit mehrfach Ursache schwerer Spannungen zwischen Afghanistan und Pakistan gewesen (**»Paschtunistan-Frage«**; s. WA '76 S. 344). – Wenn sich Afghanistan als Staat zwischen mächtigeren Nachbarn zu behaupten vermochte, dann ist dies vielleicht weniger seiner Naturbeschaffenheit als vielmehr der schon von Ghasnawiden und Ghoriden bewußt gewahrten staatlichen Sonderstellung zu verdanken. **Die Paschtunen** machten auch den in Persien unter den Sefewiden erfolgenden Übergang zur *Schi'a* in ihrer Mehrheit nicht mit; im Gegensatz zu den überwiegend schiitischen Persern **gehören** sie **der sunnitischen Richtung des Islam an.** – Eine ganz neue Situation entstand im **19. Jhdt.,** als das Land zu einem **Pufferstaat zwischen Britisch-Indien und dem** in Mittelasien immer weiter ausgreifenden **Zarenreich** wurde. Nach verlustreichen Kämpfen erzwang England die Übernahme der Kontrolle über die afghanischen Außenbeziehungen. Erst 1893 kam es im sog. **»Durand-Abkommen« zur Einigung über die Grenzziehung** zwischen der damaligen britisch-indischen Nordwestprovinz und Afghanistan. – Im **»Traktat von Kabul«** von 1905 wurde von London und Petersburg die »Integrität von Afghanistan« festgelegt, im Vertrag von 1907 erneut bestätigt; es sollte in gewissem Sinne »unabhängig und neutral«, aber »friedlichem« britischem Einfluß ausgesetzt sein, allerdings unter Anerkennung des Prinzips der »offenen Tür«. Die ohne Rücksicht auf das Siedlungsgebiet der Paschtunen festgelegte **Grenze von 1893** ist bis heute unverändert geblieben, wird jedoch seit der Entstehung von Pakistan (1947) von Afghanistan nicht mehr anerkannt und ist in jüngster Zeit mehrfach **Anlaß für afghanisch-pakistanische Konflikte** gewesen. – Im I. Weltkrieg verweigerte der seit 1901 herrschende Emir *Habib Ullah* die Teilnahme; 1919 wurde er ermordet. Sein Sohn Emir (ab 1926 König) **Aman Ullah erreichte** schließlich 1921 die **Anerkennung der vollen Souveränität durch Großbritannien und begann,** angeregt durch *Kemal Atatürks* Neuerungen in der Türkei, **sein** wirtschaftlich zurückgebliebenes, kulturell und sozial an erstarrte Traditionen gebundenes

Land den Erfordernissen der Zeit anzupassen. Die überstürzt in Angriff genommenen Reformen – u. a. Versuch, den Verschleierungszwang für die Frauen in der Öffentlichkeit aufzuheben, was erst ein Jahrzehnt später gelang – stießen jedoch auf den Widerstand der islamischen Geistlichkeit und führten Anfang **1929** zur **Rebellion und** zu seinem **Sturz.** Der Aufstand wurde von seinem Nachfolger *Nadir Schah* niedergeschlagen. Nach der Ermordung *Nadirs* (1933) folgte sein Sohn *Sahir [Záhir] Schah;* dieser verstand es – außenpolitisch Neutralität vertretend –, Afghanistan aus dem II. Weltkrieg herauszuhalten und 1946 eine **Grenzregelung mit der Sowjetunion** zu treffen. Nun begann **eine erneute Reformphase;** sie beruhte besonders auf der Initiative seines Schwagers General *Mohammed Daud* (Reg.-Chef von 1953–1963): vorsichtige Änderung der Wirtschaftsstruktur, Bau von modernen Straßen – u. a. mit sowjetischer Hilfe der Straße über den Salang-Paß des Hindukusch und damit erstmalig einer echten Straßenverbindung zwischen dem Hochland und dem nördlichen Vorland am Pjandsch –; Hebung der Volksbildung; Beibehaltung der Neutralität; Annahme von **Entwicklungshilfe aus Ost und West** (BR Deutschland, Frankreich, USA, UdSSR usw.). Nach der Ablösung von *Daud* wurde zwar versucht, diese Politik fortzusetzen, unterstützt durch eine gewisse Demokratisierung (Verfassung, Parlament, Wahlen, konstitutionelle Regierung), die Erfolge blieben jedoch unzureichend. Die **Unzufriedenheit** wuchs, auch unter den überwiegend in der Sowjetunion ausgebildeten Offizieren der neuen Armee. Dazu kam 1971/72 eine große Hungersnot, zu deren Milderung sich die Regierung als unfähig erwies. **Am 17.7.1975** erfolgte schließlich unter Führung von *Daud* nach einem relativ wenige Opfer fordernden **Staatsstreich** die **Ausrufung der Republik.** Der im Ausland befindliche König dankte ab. *Daud* wurde Staats- und Regierungschef und ging nun, jahrelang unter Kriegsrecht regierend, daran, die feudalen Strukturen endgültig aufzubrechen und ein umfassendes Reformprogramm durchzuführen, bei vorsichtiger Anlehnung an die Sowjetunion, aber unter Beibehaltung der Blockfreiheit. Trotz Verkündung einer »Reformverfassung« blieben die Grundstrukturen erhalten. Die auf das Gebiet von Kabul und einige andere Städte konzentrierten **Industriebetriebe** (meist Verarbeitung landwirtschaftlicher Produkte) arbeiteten aus Mangel an Fachkräften mit geringer Produktivität, zumal auch die Energieversorgung trotz des Baues einiger Wasserkraftwerke ein hemmender Engpaß blieb. Die z. T. mit sowjetischer Hilfe errichteten industriellen Staatsbetriebe arbeiteten mit Verlust, die Erschließung der Bodenschätze (Erdöl, Erdgas, Lieferungsverpflichtungen mit der UdSSR) machte nur geringe Fortschritte. Der Paschtunisten-Streit, mehrfach auflebend, führte zu zusätzlichem Kraftverschleiß und, gerade auch im Hinblick auf die Exportwege, zu einer noch stärkeren **Kooperation mit der UdSSR.** Die innere Krise begann sich zu verschärfen, zumal dem Regime von *Daud* breiterer Rückhalt in der Bevölkerung fehlte. Ein vor allem auf ausländische Kredite ausgerichteter, immer wieder verzögerter »Siebenjahresplan« lief faktisch gar nicht an. – **Am 27.4.1978** unternahmen dieselben Offiziersgruppen, die einst *Daud* zur Macht verholfen hatten, unterstützt von der 1965 gegründeten, illegalen marxistischen »Demokrat. Volkspartei«/**DVPA,** einen **Militärputsch.** Nach tagelangen, blutigen Kämpfen wurde die **»Demokrat. Republik Afghanistan«** ausgerufen. **Daud** sowie zahlreiche Verwandte und Mitarbeiter wurden **hingerichtet.** Die DVPA, die sich 1972 in einen »Chalk« (»Khalq« = »Volk«)- und in den »Partscham« (»Parcham« = »Fahne« bzw. »Banner«)-Flügel gespalten, aber 1977 wieder vereinigt hatte, übernahm die Regierung; ihr Führer **Mohammed Taraki trat,** aus dem Gefängnis befreit, **an die Spitze des Staates,** der Regierung des »Revolutionsrates« und des Politbüros. *Babrak Karmal,* erster Mann des »Partscham«-Flügels und einer der Mitbegründer der DVPA sowie Sekretär des ZK wurde Stellvertreter, *Hafisullah Amin* (»Chalk«) Außenminister, *Abd el Kadir,* einer der maßgebenden Putschisten, Verteidigungsminister; *Amin* und *Kadir* wurden jedoch schon wenige Monate später ausgeschaltet. *Taraki,* mit seinem Regime **von der Sowjetunion sofort anerkannt,** versuchte die DVPA in eine kommunistische Massenpartei umzuwandeln und verkündete durch **»Revolutionsgesetze«** umwälzende Maßnahmen: **Alphabetisierung** (bisher über 90% Analphabeten); Schulpflicht auch für Mädchen; **Enteignung** von 110000 Großbauern; **Verteilung von 0,68 Mill. ha Land an Kleinbauern** (Parzellierung in Betriebe von durchschnittlich 6ha); Schuldenerlaß für diese gegenüber Großgrundbesitzern und Geldverleihern; **Verbot zahlreicher islamischer Traditionen** (Brautgeld, Kinderehen usw.); Einführung einer neuen Flagge (rot mit Stern). Zahlreiche Gegner, angeblich darunter viele Mullahs, wurden verhaftet. – **Am 5.12.1978** wurde von *Taraki* in Moskau **mit der UdSSR ein Vertrag über Freundschaft und Zusammenarbeit abgeschlossen.** *Tarakis* **Reformmaßnahmen scheiterten,** da sie – wie jene von *Aman Ullah* – die bestehenden Wirtschafts- und Gesellschaftsstrukturen überstürzt aufbrechen wollten sowie die unterschiedlichen ethnischen Traditionen, die Familienclans und Stammesverbände und vor allem auch die islamischen Gesetze außer acht ließen, so daß sich der Widerstand zu verbreitern begann und sich am 12.3.1979 Aktionsgruppen einer »Nation. Afghan. Befreiungsfront« offen gegen die »kommunistische und antireligiöse« Regierung wandten. *Amin,* seit 27.3. Regierungschef, erklärte am 20.8. in einem Interview mit einer japanischen Zeitung, daß 1500 sowjetische Berater im Lande seien, »um die Revolution zu schützen«. Präsident **Taraki** wurde am 10.9. in Moskau von *Breschnjew* erneut enge Freundschaft und Kooperation zugesichert. Nach Kabul zurückgekehrt, sah er sich veranlaßt, einer Regierungsumbildung zuzustimmen. Am 16. 9. **entschloß** er **sich,** nach einer Diskussion im ZK der DVPA, aus »gesundheitlichen Gründen« **zurückzutreten.** Nachfolger in seinen Positionen wurde **Hafisullah Amin.** Am 9. 10. meldete »Radio Kabul«, *Taraki* sei in einer Klinik einem »schweren Leiden« erlegen. Bisher ist ungeklärt geblieben, ob *Taraki* am 16. 9. bei einer Schießerei im Regierungspalast verwundet oder getötet worden ist. **Amin ging nun mit außerordentlicher Härte gegen alle Regime-Gegner vor,** was zu einer wachsenden Verstärkung der Rebellion führte. – Zu dieser Zeit mehrten sich, besonders in den USA, Meldungen, die von sowjetischen Truppenkonzentrationen an der afghanischen Grenze berichteten. Sowjetische Einheiten sollen bereits am 1. 12. an einigen Stellen die Grenze überschritten, aber schon vorher den Flugstützpunkt Bagram nördlich von Kabul übernommen und sodann ab 12. 12. – nach anderen Angaben erst ab 24. 12. – Luftlandebataillone eingesetzt haben. Der Führer des an sich als relativ gemäßigt geltenden »Partscham«-Flügels der DVPA, **Babrak Karmal** – zeitweise Botschafter in Prag, nach Abberufung im Exil in Moskau –, ist gegen Ende Dezember (nach anderen Berichten bereits am 18. 12.) mit einer sowjetischen Militärmaschine nach Kabul geflogen worden, nach eigener Version aber bereits 15 Tage, nachdem »Taraki getötet wurde«, nach Afghanistan zurückgekehrt (s. »Der Spiegel« v. 31. 3. 1980). – **Am 27. 12. 1979 wurde durch einen** offenbar schon länger vorbereiteten **Militärputsch Amin gestürzt.** Sowjetische Truppen besetzten den Präsidentenpalast und andere wichtige Gebäude und Anlagen. Die sowjetische Nachrichtenagentur TASS verbreitete unter Berufung auf »Radio Kabul« eine Ansprache von **Babrak Karmal,** aus der hervorging, daß dieser **»alle Macht** übernommen habe«. Laut einer späteren Mitteilung wurde **Amin durch ein »Revolutionsgericht verurteilt und hingerichtet«.** *Karmal* wandte sich an alle religiösen und ethnischen Gruppen und verkündete, daß den **»Folterungen der blutigen Maschinerie von Chafisullah Amin und seiner Steigbügelhalter, diesen Agenten des US-Imperialismus«, ein Ende gesetzt worden und die wahre Freiheit für alle Völker des Landes angebrochen sei.** In den folgenden Tagen sollen rund 6000 politische Häftlinge freigelassen worden sein. – Die Regierung der UdSSR übermittelte am 28. 12. westlichen und anderen Ländern eine Erklärung, nach der die Intervention auf der Basis des Vertrages mit Afghanistan von 1978 und entsprechend Art. 51 der UNO-Charta erfolgt sei. – Die Intervention stieß jedoch nicht nur in den USA und in den anderen westlichen Ländern, sondern auch bei den »Blockfreien« **auf Kritik unterschiedlicher Schärfe.** Eine von Bangladesch, Jamaika, dem Niger, den Philippinen, Sambia und Tunesien eingebrachte **Resolution, die den sofortigen Abzug der »ausländischen« Truppen aus Afghanistan forderte, wurde im UNO-Sicherheitsrat durch ein Veto der UdSSR zu Fall gebracht.** Auf einer »Notstandstagung« **wurde von** der **UNO-Vollversammlung** nach mehrtägigen Debatten am 14. 1. 1980 mit 104 Stimmen – darunter 56 von »bündnisfreien« Staaten – und 18 Gegenstimmen – bei Abwesenheit oder Nichtbeteiligung von 12 Mitgliedern, darunter Rumänien – **der sofortige Rückzug der »ausländischen« Truppen aus Afghanistan beschlossen. Cuba,** dessen Staatschef *Fidel Castro* seit September 1979 Sprecher der »Blockfreien« ist, **stimmte** – wie die anderen sich an der

Zur Entwicklung in Afghanistan

Abstimmung beteiligenden RGW-Länder – **mit »Nein«.** – Die **EG-Außenminister** sprachen sich am 15.1., das **»Europäische Parlament«** am 16.1. **für** den **bedingungslosen Abzug** der sowjetischen Truppen aus. Die Außerordentliche **Konferenz der Außenminister islamischer Staaten** (27.–29.1.1980), an der 36 Delegationen teilnahmen, verlangte am 29.1.1980 den **sofortigen Rückzug der sowjetischen Verbände aus Afghanistan** und kritisierte die Präsenz sowjetischer »Kräfte« am »Horn von Afrika«. Unter Bezugnahme auf diesen Beschluß wurde auf einer erneuten **Tagung der »Islamischen Konferenz«** (39 Staaten und PLO vertreten) am 22.5. **das »unveräußerliche Recht des afghanischen Volkes auf Selbstbestimmung« bestätigt,** aber eine Verhandlungslösung unter Beteiligung der »Blockfreien« in Aussicht genommen und auf Anregung Pakistans und des Iran – in dessen Delegation Vertreter afghanischer Widerstandsgruppen aufgenommen worden waren – **eine Kommission für entsprechende Kontakte gegründet** (Mitglieder: *Schatti*/Tunesien, *Aga Schahi*/Pakistan, *Ghotbsadeh*/Iran; Beginn der ersten Tagung am 20.6. bei Vevey). Obwohl die Beschlüsse dem am 14.5. **vom afghanischen Karmal-Regime vorgelegten »Sieben-Punkte-Plan«** (u.a. bilaterale Normalisierungsabkommen mit dem Iran und Pakistan, Garantien der »Supermächte« für die afghanische Integrität) entgegenkommen, wurden sie von der Sowjetunion kritisiert. *Breschnjew,* der weder beim Besuch von Präsident *Giscard d'Estaing* in Warschau (19.5.) noch in den Besprechungen mit Bundeskanzler *Helmut Schmidt* in Moskau (30.6./1.7.) in der Afghanistan-Frage Entgegenkommen zeigte, erklärte am 27.5. u.a., die Verantwortung für die »ernsthafte Komplizierung« der internationalen Lage liege allein bei den USA. **Einhellig,** wenn auch im einzelnen in Nuancen unterschiedlich, war von Anfang an die **Ablehnung der Invasion seitens der EG-Länder** und der meisten anderen westlichen Staaten, einschließlich Japans. **Am ausgeprägtesten im Westen war die Verurteilung durch die USA,** die eine Beschränkung des Getreide- und Technologie-Exportes in die UdSSR verfügten, von ihren Verbündeten ähnliche Maßnahmen erwarteten und deren Kongreß Veranlassung sah, die Ratifizierung des »SALT-II-Vertrages« weiter hinauszuzögern. Schließlich wurde – am 4.1. von Präsident *Carter* angeregt – der **Boykott der »Olympischen Sommerspiele«** in Moskau zum Symbol einer moralischen Verurteilung des sowjetischen Einmarsches in ein anderes, noch dazu »blockfreies« Land. Zögernde **Vermittlungsversuche des cubanischen Außenministers Malierca,** im Rahmen der »Blockfreien« eine Alternative ohne »Gesichtsverlust« für die Sowjetunion zu erreichen, haben sich vielleicht in der von der »Islamischen Konferenz« gegründeten Initiative niedergeschlagen. – **Indien** blieb zurückhaltend; seine Verurteilung der Invasion war dennoch deutlich genug, wenn auch u.a. nicht ohne Reserve gegenüber dem Standpunkt der USA. **Peking bezeichnete die** sowjetische **Invasion als** charakteristisches **»Zeichen der Hegemoniebestrebungen« der UdSSR** und sicherte Pakistan Hilfe gegen eine eventuelle Bedrohung durch die bis zur afghanisch-pakistanischen Grenzregion vorgestoßenen sowjetischen Einheiten zu. **Pakistan,** ohnehin durch regionale Sezessionsbestrebungen, politische Instabilität und den bis August 1980 wahrscheinlich 0,8–1 Mill. Menschen umfassenden **Flüchtlingsstrom** aus den afghanischen Provinzen zusätzlich schwer belastet, sah sich vom Westen unzureichend unterstützt. *Karmal* versuchte, die beiden rivalisierenden Flügel der DVPA zur integralen »Vereinigten Volksdemokratischen Partei Afghanistans« zu verschmelzen, aber die Gegensätze schwelten weiter und führten bald zu beiderseitigen Gewalttaten. Der »Revolutionsrat« wurde unter Vorsitz von *Karmal* und bei Einbeziehung von Militärs neu gebildet, desgleichen die Regierung mit *Karmal* an der Spitze. **Aus Armee und Behörden** wurden **»unzuverlässige Elemente« ausgeschlossen** und die **Medien gleichgeschaltet.** Im April 1980 erließ der »Revolutionsrat« für die Zeit bis zur Bildung eines aus allgemeinen Wahlen hervorgehenden »Obersten Rates« (»Loja Jirga«) **»Grundsätze der Demokrat. Republik Afghanistans«** (Achtung der nationalen Traditionen und der demokrat. Freiheiten, Garantie der Menschenrechte, Respektierung der »heiligen Religion des Islam«). – Die neue **Flagge** zeigt wieder wie früher die Farben Schwarz-Rot-Grün, aber mit einem Wappen aus islamischen und Arbeits-Symbolen und einem roten Stern. – Alle diese Maßnahmen konnten jedoch den wachsenden Widerstand breiter Bevölkerungsgruppen nicht verhindern; er äußerte sich in Anschlägen und Protestdemonstrationen in Kabul und anderen Städten, gegen die rücksichtslos vorgegangen wurde. Die **sowjetischen Truppen** wuchsen nach und nach auf wahrscheinlich 100000 Mann an; der seit Ende Juni durchgeführte Rückzug von einigen Tausend Mann und angeblich über 100 Panzern wird von manchen Beobachtern nur als Austausch von Einheiten angesehen. Ein weiterer Abzug ist nach Berichten in »Prawda« und »Iswestija« erst nach einem Ende »ausländischer Aggressionsabsichten« möglich. – Die Sowjetsoldaten bekamen bald die Feindschaft der islamisch orientierten und z.T. stammesgebundenen Widerstandsgruppen zu spüren. Die afghanischen Streitkräfte erwiesen sich als zu schwach und unzuverlässig und gingen teilweise zu den »Freiheitskämpfern« über. Die sowjetischen Einheiten vermochten es zwar, mit Hilfe ihrer schweren Waffen und durch den Einsatz von Kampfflugzeugen und Hubschraubern, die wichtigen Straßen (Eisenbahnen sind nicht vorhanden), Pässe und Städte zu besetzen, aber es gelang bisher nicht, den Widerstand in den unwegsamen Gebirgsgebieten endgültig zu brechen. – **Widerstandsbewegungen** waren schon unter der reformerischen Regierung von *Daud* entstanden; nach dessen Sturz nahmen sie an Zahl und Stärke zu, besonders unter dem Gewaltregime von *Amin.* Ihre Motivation (Fremdenfeindlichkeit, religiöser Fanatismus) und ihre Aktionen erinnern z. T. an die der spanischen »Guerillas« während der napoleonischen Besetzung. Nach mehreren fehlgeschlagenen Versuchen schlossen sich am 21.3.1980 im pakistanischen Peschawar mehrere Gruppen zur **»Islamischen Allianz für die Freiheit Afghanistans«/IALA** zusammen, an deren Spitze der Religionsgelehrte *Maulana Abdur Rasul Saif [Sayaf]* trat. Im einzelnen sind diese Gruppen in ihrem Selbstverständnis sehr unterschiedlich; bisher hat das eine gemeinsame Ziel, die Wiedererlangung der Unabhängigkeit des Landes und die Bewahrung der islamischen Traditionen, noch nicht zu einer wirksamen Kooperation geführt, zumal in den gekammerten Gebirgsgebieten durch Mangel an Geräten und Fachleuten eine echte Koordinierung der Aktionen fast unmöglich erscheint. Als am disziplinierttesten und kampfkräftigsten wird die **»Islamische Partei«** (Hisb-i-Islami«) unter *Gulbuddin Hekmatyar* (s. Sp. 536) angesehen. Im Frühjahr hat die »Allianz« in Peschawar eine »Ratsversammlung« (»Loja Jirga«) aus Vertretern aller Stämme und Provinzen und dann, wie der Vors. des neuen **Revolut. Islamischen Rates«**, *Hassan Gayalani,* Ende Juni mitteilte, eine **»Gegenregierung«** gebildet. – Die Gesamtstärke der Gruppen wird auf einige Zehntausend geschätzt; die Aktionen werden nur vereinzelt durch erbeutete schwere Waffen unterstützt und im übrigen im Sinne von mehr oder weniger spektakulären Freischärlerüberfällen durchgeführt. Wie weit die Gruppen mit laizistischen bis marxistischen, aber sowjetfeindlichen Stadtguerilleros in Verbindung stehen, ist im einzelnen nicht bekannt. Eine der wichtigsten Stadtguerilla-Gruppen scheint die **»Front der Heiligen Befreiungskämpfer Afghanistans«** (»Dschabha-ji-Mobaresin-i-Modschahid-i-Asadi-i-Afghanistan«) zu sein. In einem von sowjetischer Vormacht befreiten Afghanistan würden die Differenzen zwischen den verschiedenen, z. T. kurzlebigen Gruppen zweifellos zu einem Ringen um entscheidenden Einfluß führen. – Die **Sowjetunion** hat schon vor dem Einmarsch ihrer Truppen in der afghanischen Armee und Wirtschaft eine wichtige Rolle gespielt und **Entwicklungshilfe** in Höhe von rund 1,5 Mrd. $ geleistet, mit dem Ziel, die afghanische Wirtschaft in Richtung einer ständig engeren Bindung an die sowjetische zu fördern. Die Nutzung der Bodenschätze stand und steht dabei im Vordergrund; trotz der Wirren wurde im Mai 1980 bei Jarkuduk im Norden eine neue Anlage für Naturgasgewinnung in Betrieb genommen. Die Versorgung der Städte ist zweifellos trotz der Rebellenaktionen und des Brachliegens von beachtlichen Anbauflächen zu gewährleisten. Die extreme Unterentwicklung des Landes, die Tatsache, daß ein großer Teil der Bevölkerung, sowohl der Oasen- und Trockenfeldbauern als auch der nomadischen Viehzüchter, in den geldwirtschaftlichen Kreislauf nur rudimentär eingeschaltet ist, erleichtert die Überbrückung von Guerillakriegs-Einflüssen auf das Wirtschaftsleben. Von *Taraki* und *Amin* verfügte radikale Wirtschaftsreformen wurden zumindest vorläufig gemildert, u. a. durch Einleitung einer sog. **»Neuen Phase«** (Entschärfung der Bodenenteignung sowie staatlicher Produktions- und Handelsmonopole). – Der am 12.5.1980 vom »Revolutionsrat« gebilligte **»Plan für die gesellschaftliche und wirtschaftliche Entwicklung«** sieht die Errichtung von Staatsfirmen und die Erhöhung der Zahl der Genossenschaften auf über 2500, den Bau von Traktorstationen, eine Steigerung des Bruttosozialprodukts um 6,5 %, der Industrieproduktion um 11,6 % und eine Erdgasförderung auf 10 Mrd. m^3 vor. Die Aufwendungen sollen zu 60 % durch **Auslandshilfe** (davon 65 % der UdSSR) gedeckt werden. Der im März 1980 zwischen Afghanistan und der UdSSR abgeschlossene **Vertrag über die »zeitweilige Stationierung«** sowjetischer Truppen gibt Moskau die Möglichkeit, zu bestimmen, wann es die Situation als gefestigt genug ansieht, um den Hauptteil der Verbände abzuziehen und dann nur noch »Berater« und Techniker in ausreichender Zahl zurückzulassen. Von westlichen Ländern und auch im Rahmen der UNO sowie der »Blockfreien« erörterte Pläne für eine **»Neutralisierung«** – realistisch von keiner dieser Gruppen zu garantieren – scheinen nach dem Urteil nicht weniger Beobachter auch dann, wenn Kabul und Moskau die bisher ablehnende Haltung ändern sollten, in ihrem Endeffekt allenfalls geeignet, die Position der Sowjetunion zu festigen. **Die sowjetische Regierung hat** – zumindest aus heutiger Sicht – **die Option** für die eine oder andere Lösung, nicht zuletzt mit dem Ziel, die Entspannungspolitik in Europa weiterzuführen, um den Rücken freizuhalten **für weiterreichende Pläne im Mittleren Osten.** Diese Ansicht unterstreicht immer wieder auch Peking. Die sowjetische Macht ist jedenfalls in breiter Front an die Grenze des unstabilen Pakistan herangerückt. Bis zum Persischen (Arabischen) Golf – dessen Anrainer mit ihrem Erdölreichtum für die westlichen Industrieländer lebenswichtig sind – beträgt die Entfernung in Luftlinie nur noch wenige Hundert Kilometer. Die UdSSR hat jedenfalls in einem strategisch und rohstoffmäßig entscheidenden weltpolitischen Dreieck wichtige Stellungen bezogen. Über die Auswirkungen dieser Tatsache auf die künftige Weltpolitik werden ständig neue Spekulationen angestellt. Allem Anschein nach sind sich die verantwortlichen sowjetischen Politiker, die oft von einer Bedrohung und Einkreisung der UdSSR sprechen, weitgehend sicher, daß in absehbarer Zeit weder die Welle der »Re-Islamisierung« Erschütterungen in den mittelasiatischen, weitgehend islamischen Unionsrepubliken hervorrufen wird, noch eine andere Macht ohne das Risiko eines Nuklearkrieges in der Lage ist, die erreichten Positionen zu gefährden. Die Außenminister der **NATO** haben auf ihrer Frühjahrstagung in Ankara am 26. 6. 1980 die »sehr ernsthaften Auswirkungen der sowjetischen Besetzung Afghanistans auf die allgemeine strategische Situation« hervorgehoben; die Sowjetunion habe ihren Willen gezeigt, jede Gelegenheit zu benutzen, um das Kräftegleichgewicht in der Welt zu ändern.

Bibl. Hinweise: *S. Balleau-Lajoinie:* Conditions des femmes en Afghanistan, Paris 1979. – *M. Barry:* L'Afghanistan crucifié, in »Le Monde« v. 23.–26. 5. 1980 – »Beijing-Rundschau«, Peking 1979/80, mehr. Aufsätze. – *L. Dupree:* Afghanistan, Princeton Univ. Press 1974. – *L. Fischer:* Afghanistan, Heidelberg 1968. – *E. Grötzbach:* Iran und Afghanistan, in »Länder, Völker, Kontinente«, hg. v. *G. Fochler-Hauke,* Bd. II, 2. A. Gütersloh 1977. – *U. Gunzert* (Bearb.): Afghanistan-Krise, Akt. IRO-Landkarte 30–362, München 1980. – *H. Hahn:* Ländliche Sozialstruktur und Entwicklungsmöglichkeiten in Afghanistan, in »Co. Geogr.«, Bd. XII, Bonn 1970. – *W. O. von Hentig:* Ins verschlossene Land, 1937. – *Ders.:* Afghanistan, in »Das Parlament« v. 17. 5. 1980. – *J. Humlum:* La Géographie de l'Afghanistan, Kopenhagen 1959. – *W. Kraus* (Hg.): Afghanistan, Tübingen/Basel 1972. – *H. Mensching/E. Wirth:* Nordafrika–Vorderasien, Frankfurt/M. 1973. – *R. S. Newell:* The Politics of Afghanistan, Cornell Univ. Press 1972. – Neue Zürcher Zeitung, mehrere Artikel 1979/80 gez. *Ug.* – *K. Natorp:* Ratlos über Afghanistan, in Frankf. Allg. Zeitung v. 20. 5. 1980. – *O. von Niedermayer/E. Dietz:* Afghanistan, Leipzig 1924. – *C. Rathjens:* Afghanistan, in »Westermann Lex. d. Geogr.«, Braunschweig 1968. – *Th. Ross:* Hat Afghanistan Hoffnung?, in »Süddt. Zeitung« v. 10. 5. 1980. – *E. Rhein/A. G. Ghaussy:* Die wirtschaftl. Entwicklung Afghanistans 1860–1965, Opladen 1966. – *Sri Prakash Sinha:* Afghanistan im Aufruhr, Freiburg i. Br. – Zürich 1980.

Von Rhodesien zu Simbabwe

Unabhängigkeit im dritten Anlauf

Die neuere Entwicklung begann mit den Forschungen von *David Livingstone,* der seit der Mitte des vorigen Jhdts. die Stromgebiete des **Sambesi** und Limpopo erkundete; seine Berichte veranlaßten die von *Cecil Rhodes* gegründete **»British South Africa Company«** mit Truppen und Siedlern seit 1889/90 in die Bereiche dieser Ströme vorzudringen, die 1895 ihren Namen zu Ehren von *Rhodes* erhielten. Das südlich des Sambesi gelegene Gebiet wurde (im Gegensatz zum nördlich davon befindlichen Nord-Rh., das heutige Sambia) später **Südrhodesien** genannt und blieb bis 1923 unter der Verwaltung der »Company«, besaß also schon früh eine weitgehende Unabhängigkeit von der britischen Regierung. Die weißen Siedler im Matabele- und Maschonaland, zunächst vorwiegend burischer, später überwiegend britischer Herkunft, forderten und erhielten – so gut wie ohne Berücksichtigung der Schwarzen – volle innere Selbstregierung unter der britischen Krone. **Seit 1931** war der **Premierminister** sogar **auf den Empire-Konferenzen vertreten.** Das Land hatte damals **nur rund 1,11 Mill. Einwohner, darunter lediglich 49 910 Weiße,** von denen ein Fünftel allein in der – 1980 in Harare umbenannten – Hauptstadt Salisbury (28 800 Einw.) lebte. Nach dem II. Weltkrieg wurde zeitweise die Ansiedlung britischer und anderer weißer Einwanderer von London aus noch besonders gefördert, glaubten doch offenbar manche Politiker auf lange Sicht an eine Zukunft unter britischer Verantwortung, zumal die gegen den Willen der schwarzen Führer 1953 zustande gekommene **»Federation of Rhodesia and Nyasaland«** zumindest im Ansatz auf die Aufrechterhaltung der weißen Vorherrschaft abzuzielen schien. Das Drängen der schwarzen Rhodesier auf eine Auflösung wurde aber schließlich so stark, daß diese 1963 von London vollzogen werden mußte.

»Rhodesia« – wie das bisherige Südrhodesien seit 1964 genannt wurde – besaß den Charakter eines dominionartigen Commonwealth-Mitgliedes. **Die Wahlen vom Mai 1965,** zu denen nur ein Bruchteil der Nichtweißen zugelassen war, brachten **einen vollen Sieg** des radikalen Flügels der **»Rhodesischen Front«/RF unter Ian Smith,** der die volle Unabhängigkeit forderte. Verhandlungen mit der britischen Regierung scheiterten, da diese darauf bestand, daß die Übernahme der Regierungsgewalt durch die Führer der schwarzen Rhodesier vorher gesichert sein müßte (»no independence before majority african rule«). **Am 11. 11. 1965 erklärte die Regierung Smith einseitig die Unabhängigkeit.** Die einseitige Proklamation wurde von der britischen Regierung, der UNO und OEA als illegal bezeichnet; weder dies noch die von Großbritannien und schließlich von der UNO verhängten Boykottmaßnahmen vermochten jedoch eine Sinnesänderung bei den bestimmenden Kräften der Weißen herbeizuführen. **Am 2. März 1970 wurde** sodann **die Trennung von der britischen Krone vollzogen und die »Republic of Rhodesia«** mit einem eigenen Staatsoberhaupt **ausgerufen.** Bei den Wahlen vom 10. 4. 1970 gewann die RF 50 von 66 Sitzen, und am 28. 5. wurde das erste republikanische Parlament eröffnet. Die britische Regierung erklärte auch alle diese Vorgänge als illegal.

Die Unabhängigkeitsbewegungen der schwarzen

Rhodesier, die Ende der 50er Jahre immer mehr hervortraten, nahmen in den 60er Jahren an Einfluß zu, so die 1962 von *Joshua Nkomo* (s. Sp. 556) gegründete »Afrikan. Volksunion von Simbabwe«/ **ZAPU,** die 1964 von dieser abgespaltene »Afrikan. Nationalunion von Simbabwe«/**ZANU** von *Ndabaningi Sithole* (s. Sp. 571) sowie der 1971 entstandene »Afrikanische Nationalrat«/**ANC** von Bischof *Abel Musorewa* (s. Sp. 555), trotz des Verbots, mehrfacher Verhaftung oder Exilierung ihrer Führer und häufiger Streitigkeiten zwischen diesen. Die Guerilla-Einheiten der ZANU und ZAPU, teilweise von den Nachbarländern Sambia und Mosambik aus operierend, setzten nun bald die Regierung *Smith* unter militärischen Druck. Aber die **Verhandlungen** der britischen Regierung mit der rhodesischen sowie beider mit den Führern der Befreiungsbewegungen, in die sich 1976 auch der US-Außenminister *Henry A. Kissinger* einschaltete, blieben dennoch ohne Erfolg. Die vor allem für die schwarze Bevölkerung verlustreichen **Aktionen der Guerillas und** die **Gegenschläge der rhodesischen Truppen** gegen die Guerilla-Basen in Mosambik und Sambia dauerten an. Die verschärften Sanktionen gegen Rhodesien brachten kein Einlenken der Smith-Regierung. *Musorewa* kehrte im Oktober 1976 nach Rhodesien zurück, wo er den »Vereinigten Afrikanischen Nationalrat«/ **UNAC** gründete und zunächst bei der schwarzen Bevölkerung auf großen Widerhall stieß. Der nach dem Ausbooten von *Sithole* abgewandelte marxistische Grundsätze bzw. einen »afrikanischen Sozialismus« vertretende, zum Führer der ZANU gewordene *Robert Mugabe* schloß sich 1977 mit *Nkomo* zur von der OEA als einzige »legale« Vertretung der schwarzen Rhodesier anerkannten **»Patriotischen Front«** zusammen. Die besonders von Mosambik aus operierende **Befreiungsarmee (ZANLA)** der ZANU und die »Revolut. Volksarmee«/**ZIPRA** der ZAPU, die ihre Basen in Sambia besaß, **wurden** nun **zu den entscheidenden Faktoren einer gewaltsamen Lösung,** politisch unterstützt von den sog. **»Frontstaaten«** (Angola, Botswana, Mosambik, Sambia und Tansania). Trotzdem gingen 1977 die Verhandlungen und Konferenzen über eine friedliche Lösung weiter, z.T. unter Einschaltung der UNO sowie vor allem der britischen und amerikanischen Regierungen (s. WA '78 Sp. 791 ff.), deren Plan jedoch von **Smith** abgelehnt wurde, während er **sich überraschend am 3. 3. 1978 mit Musorewa, Sithole und Chirau** (WA '80 Sp. 371) **auf eine interne Lösung einigte** (s. WA '79 Sp. 821 ff.): Bildung einer multilateralen Regierung, Abschaffung der Rassendiskriminierung. Im April 1979 fanden, **erstmals mit allgemeinem Wahlrecht für die schwarze Bevölkerung, Parlaments-Wahlen** statt, an der sich zwei Drittel der Wahlberechtigten beteiligten und die von Beobachtern teils als frei, teils als manipuliert bezeichnet wurden. Der »Vereinigte Afrikan. Nationalrat«/**UANC gewann die absolute Mehrheit;** alle 25 Sitze der in der Verfassung festgelegten Sperrminorität der Weißen gingen an die RF von *Smith*. Die **Verfassung** trat **am 1. 6. 1979 in Kraft.** Der gewählte **Staatspräsident Gumede ernannte Musorewa zum Regierungschef.** Der **UNO-Sicherheitsrat erklärte** aber **die Wahlen für »null und nichtig«.** – Die Anerkennung der Republik und ihrer Regierung blieb seitens der OEA und auch international versagt. Die Sanktionen wurden aufrechterhalten, die Kämpfe zwischen Guerillas und Regierungstruppen noch blutiger. Die **Commonwealth-Konferenz** in Lusaka vom August 1979 brachte schließlich doch eine Wendung; nach zähen Verhandlungen einigten sich die Vertreter der »Patriotischen Front« und die Regierung *Musorewa* auf eine **Verfassungskonferenz in London,** die am 10. 9. begann und trotz zahlreicher Differenzen weitgehende Zustimmung für den britischen Verfassungsentwurf brachte: Begrenzung der Zahl der Parlamentssitze für die Weißen auf 20 und damit Aufhebung der Sperrminorität sowie eine Übergangsregelung (s. u. a. »Archiv der Gegenwart« 1980 S. 23000 ff.). **Am 21. 12. 1979 wurde das Rhodesien-Abkommen** in London vom britischen Außenminister Lord *Carrington,* von *Musorewa,* seinem Stellvertreter *Mundawarara* sowie von *Mugabe* und *Nkomo* **unterzeichnet** und vom UNO-Sicherheitsrat gebilligt. *Musorewa,* in London ohne Unterstützung geblieben, fügte sich und trat zurück. **Der britische Gouverneur** Lord *Soames* begab sich nach Rhodesien und setzte eine Commonwealth-Gruppe von 1300 Mann zur Überwachung des Waffenstillstands ein, der am 28. 12. in Kraft gesetzt wurde. Die Sanktionen fanden ihr Ende. Die Wahlen der schwarzen Bevölkerung (27.–29. 2.) brachten überraschend mit 62,99% der Stimmen und 57 Sitzen der – nach der Trennung von *Sithole* 1976 gebildeten – **ZANU-PF** *von Mugabe* die **absolute Mehrheit,** vor allem durch die breite Zustimmung der Schona. Die im Februar 1980 von *Nkomo* in »Patriot. Front«/PF umbenannte **ZAPU** gewann, mit Rückhalt bei den Ndebele, 20 Sitze, der **UANC** von *Musorewa* lediglich 3 Mandate. Die überwachende Commonwealth-Beobachtergruppe erklärte die Wahlen als im allgemeinen fair. Nach Einholung der britischen Flagge am 17. 4. wurde am **18. 4. die Unabhängigkeit** wirksam. Staatspräsident wurde der Methodistenpfarrer *Canaan Banana.* **Mugabe, Chef der neuen Regierung** – mit *Nkomo* als Innenminister – nahm u.a. auch zwei Weiße (Landwirtschaft; Handel und Industrie) in das Kabinett auf. Ein vieljähriger Krieg zwischen Armee und Guerillas, der etwa 20000 Menschenleben forderte – etwa zur Hälfte Zivilisten, darunter mehrere Hundert Weiße –, ging damit zu Ende. Die ersten Maßnahmen, die *Mugabe* traf, waren die Freilassung der politischen Häftlinge, eine Amnestie für insgesamt rund 9000 Personen, d. h. für politische Gefangene und für wegen Straftaten zu nicht mehr als 18 Monaten Haft Verurteilte, ferner steuerliche Entlastungen zugunsten der ärmeren Bevölkerungsschichten. Obwohl *Mugabe* aus seinen sozialistischen Vorstellungen nie ein Hehl gemacht, die »Interne Lösung« und die Vorherrschaft der Weißen in Rhodesien und in der Rep. Südafrika heftig bekämpft hatte, rief er nun – bei aller heftigen Gegnerschaft zur »Apartheid-Politik« und der Entschlossenheit, die Befreiungsbewegungen zumindest politisch zu unterstützen – sofort **zur Versöhnung zwischen Schwarz und Weiß** in Simbabwe und zu Kooperation mit dem südlichen Nachbarn auf. Ohne Verzögerung wurde **die Rückführung** des Großteils **der Guerilleros in das zivile Leben** und die Eingliederung des Restes in die reguläre Armee begonnen; diese stand anfangs unter dem Kommando des weißen Generals *Peter Walls,* der jedoch schon Mitte Juli seinen Rücktritt erklärte, da er offenbar nicht genügend Rückhalt gewann. Der Versuch, zwischen den Stämmen der Schona und Matabele kooperative Beziehungen zu entwickeln und den durch das Wahlergebnis enttäuschten, nach *Mugabe* wichtigsten und ältesten Befreiungsführer, *Nkomo,* auf Dauer für positive Mitarbeit zu gewinnen, sowie auch die anderen politischen Gruppierungen und ihre Führer, wie *Musorewa,* die nicht in der Regierung vertreten sind, zur Konsolidierung des Staates heranzuziehen, zeigte bisher nur geringe Erfolge. Zahlreiche Anschläge und Streiks und in den folgenden Monaten Rebellionen unzufriedener Ex-Guerilla-Gruppen veranlaßten das Parlament, den seit 1966 bestehenden **Ausnahmezustand** am 23. 7. 1980 erneut um 6 Monate zu **verlängern. Die Erwartungen der Massen sind hoch,** die Unmöglichkeit, sie in kurzer Zeit zu erfüllen, hatte letztlich für *Musorewa* die Wahlniederlage gebracht. **Die Wiederherstellung zerstörter Infrastrukturen,** der Ausbau der Verkehrswege – vor allem in den ländlichen Gebieten –, des Schul- und Gesundheitswesens und die Arbeitsplatzbeschaffung benötigen viel Zeit und Geld. Alle diese Aufgaben können infolge des hohen **Bevölkerungszuwachses** (1970–1977 im JD 3,3 %) in absehbarer Zeit kaum gelöst werden. Zwar hat *Mugabe* eines der – trotz aller Mängel – relativ am besten entwickelten afrikanischen Länder übernom-

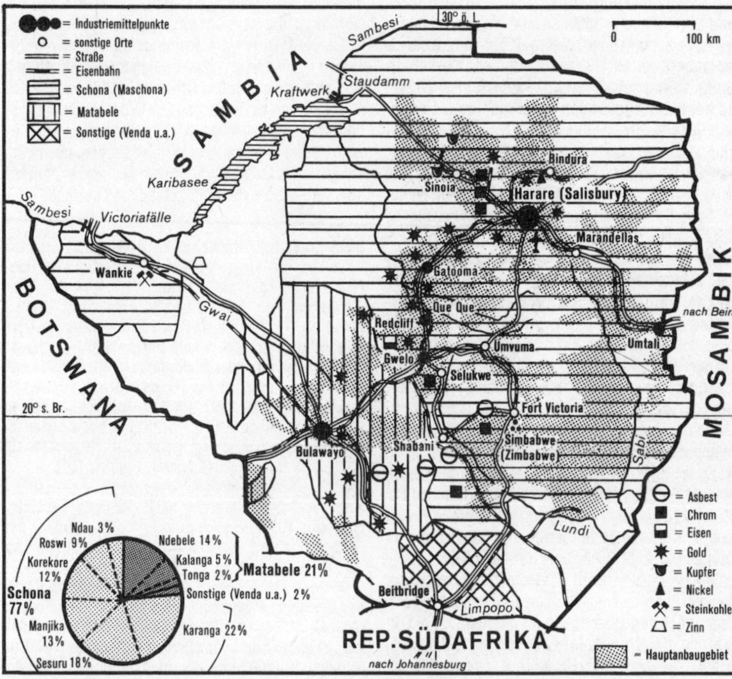

Simbabwe
Wirtschaft – Verkehr – Bevölkerung

men; aber das *BSP* je Einwohner hatte sich wegen des Bevölkerungswachstums und der Folgen des Krieges, der täglich umgerechnet etwa 2,5 Mill. DM kostete, schon in den letzten Jahren vermindert. Der **Haushalt** war defizitär geworden, die Leistungsbilanz passiv geblieben, trotz der im **Außenhandel** erzielten Überschüsse.
Allein die **Verschuldung** an die Rep. Südafrika beträgt über eine halbe Milliarde DM. Die **Inflation** belief sich 1979 auf etwa 12% und steigt seit Anfang 1980 weiter. – Die Wirren der letzten Jahre haben Zwang zu einer **Diversifizierung der Wirtschaft** ausgeübt, aber Tabak ist wertmäßig noch immer erstes Exportgut, doch nicht mehr so stark ausschlaggebend wie vorher. Die **Selbstversorgung mit allen wichtigen Nahrungsmitteln ist gesichert**; sie war dies sogar während des Bestehens von »Wehrdörfern« gegen Guerillaangriffe, in denen mehrere Hunderttausend Menschen zusammengefaßt waren und deren endgültige Auflösung ein Sonderproblem bildet. Die **Industrie** produziert einen beachtlichen Teil einfacher Konsumgüter. Der **Bergbau** (Gold, Platin, Kupfer, Nickel, Kohle) hat einen hohen Entwicklungsstand und gute Ausfuhrchancen; er befindet sich allerdings zu über drei Fünfteln in ausländischer Hand, und ähnlich verhält es sich bei der Industrie. *Mugabe* hat erkennen lassen, daß er zumindest für eine längere Zeit ein **Nebeneinander von kapitalistischen Wirtschaftsformen, Subsistenzwirtschaft und noch aufzubauenden Agrarkooperativen »sozialistischer« Art** als unvermeidlich ansieht. In naher Zukunft könnte dies ohne schwerwiegende Konsequenzen schon deshalb nicht geändert werden, weil z. B. die rund 30000 der über 230000 Weißen, die auf den über **5000** überwiegend mehrere Tausend ha umfassenden, keineswegs bisher immer krisensicheren **Farmen leben, mit den schätzungsweise 1 Mill. schwarzen Farmarbeitern und Angestellten nicht nur den größten Teil der Nahrungsmittelversorgung überhaupt** liefern, sondern auch etwa die Hälfte des Wertes aller Exporte erzeugen. – Außerhalb der Städte leben rund zwei Drittel der Gesamtbevölkerung bzw. über 4,5 Mill. schwarze Rhodesier. Trotz der seit 1977 bestehenden Möglichkeit für schwarze Rhodesier, auch in dem bis dahin allein den Weißen vorbehaltenen Gebiet Land zu kaufen, hatten bis Ende 1979 weniger als 100 davon Gebrauch gemacht, weil einfach die Mittel fehlten, selbst bei den rund 70000 über den Eigenbedarf hinaus produzierenden Betrieben der schwarzen Bauern, die im Durchschnitt eine Größe von 100 ha aufweisen. Die Kosten für eine wirklich befriedigende Landreform scheinen in naher Zukunft kaum aufbringbar zu sein. Noch ungleich größer aber sind die Beträge, die für die allgemeine **Arbeitsplatzbeschaffung** aufgebracht werden müssen. Derzeit ist nur ein Drittel der Erwerbstätigen im Lohnsektor tätig; die Zahl der Arbeitsuchenden wird auf mindestens 1 Mill., die der notwendigen Stellen für die jährlich in das erwerbsfähige Alter eintretenden Rhodesier auf wenigstens 70000 geschätzt. Der Haushaltplan für die Zeit v. 1. 7. 80 – 30. 6. 81 beläuft sich umgerechnet auf rd. 4 Mrd. DM (etwa 18% f. Bildung u. Gesundheit, 14–15% f. »Sicherheit«); das erwartete Defizit von etwa 1,2 Mrd. DM soll durch Anleihen im In- u. Ausland gedeckt werden. *Mugabe* wird auf die Dauer nur dann Erfolg haben, wenn es ihm gelingt, die radikalen Anhänger aller Richtungen auf einen gemäßigten Kurs zu bringen, die Unterstützung des kooperationswilligen Teiles der Weißen und deren Verbleiben im Lande zu sichern und umfassende **Entwicklungshilfe** zu erhalten; EG-Länder, die USA, der Ölexporteur Nigeria, die Weltbank und andere internationale Organisationen haben bereits Kredite und nichtrückzahlbare Zuschüsse gewährt oder zugesagt (die BR Dtld. im Juli 1980 50 Mill. DM). Simbabwe, dessen Aufnahme in die UNO v. »Sicherheitsrat« bereits am 30. 7. 1980 empfohlen und sodann von der Vollversammlung vollzogen wurde, hat zweifellos durch seinen Entwicklungsstand sowie durch sein Potential an Menschen und Ressourcen an sich relativ günstige Perspektiven. Wie weit die Durchführung der vom einstigen stellv. Gen.-Sekr. d. UNCTAD u. derzeit. Planungsminister *B. Tschidsero* [*Chidzero*] vorgeschlagenen Maßnahmen im Rahmen der **»Neuen Ordnung«** (1980 erschienen als »Zimbabwe. Towards New Order«), die weitgehende Staatskontrollen, Nationalisierungen und Sozialisierung in wichtigen Wirtschaftsbereichen vorsehen, die Entwicklung behindern oder fördern könnten, wird sehr unterschiedlich beurteilt.

Bibliographische Hinweise: *M. Akers:* Encyclopaedia Rhodesia, Salisbury 1973. – *D. K. Davies:* Race Relations in Rhodesia, London 1975. – *U. Gunzert:* Zimbabwe – ein schwieriger Neubeginn, AJL 1980/5 München. – *H. Haubrich:* Rhodesien oder Zimbabwe, in »Geogr. Rundschau«, Braunschweig 1977. – *H. Heidrich:* Vorläufig hat der Sozialismus in Rhodesien keine Chance, in »Südd. Ztg.« v. 10. 3. 1980. – *W. Holzer:* 26 × Afrika, München 1967. – *K. Kay:* Rhodesia – a human Geography, London 1970. – *K. Kayser:* Rhodesien, in Westermanns Lex. d. Geographie, III, Braunschweig 1970. – *N. Leistner:* Rhodesia, Pretoria 1976. – »Le Monde«, Paris; zahlreiche Artikel 1980. – *Cl. Lutterbeck/V. Krämer,* Interview mit R. Mugabe, in »stern«, Hamburg 1980. – *W. Manshard:* Afrika südlich der Sahara, Frankfurt/M. 1970. – *U. Meister:* Ein schwerer Anfang für Zimbabwe, in »Neue Zürcher Zeitung« v. 4. 3. 1980. – *W. Baatz:* Sieg des Volkes von Simbabwe, in »Deutsche Außenpolitik«, Berlin (Ost) 1980/6 – *N. Sithole:* African Nationalism, London 1975. – *L. Vambe:* From Rhodesia to Zimbabwe, London 1976. – »Wohin steuert Rhodesien«, in »Der Spiegel« 1980 Nr. 11, Hamburg. – World Bank Atlas 1979, Washington.

Die Republik Südafrika und ihre Nachbarn

Das Nachbarschaftsverhältnis der Republik Südafrika **hat** in weniger als zwei Jahrzehnten **grundsätzliche Veränderungen erfahren,** die es jeweils erforderlich machten, sich auf die neue Situation einzustellen. Zwischen 1964 und 1968 erhielten die benachbarten britischen Herrschaftsgebiete ihre Unabhängigkeit; 1975 wurden auch die großen portugiesischen Besitzungen Angola und Mosambik souverän. Wie Südafrika in der einen oder anderen Weise die Portugiesen im Kampf gegen die Befreiungsbewegungen in wechselnder Weise wirtschaftlich und logistisch **unterstützt** hatte, so galt dies in noch größerem Ausmaß für das **Rhodesien** der Weißen – das heutige Simbabwe (s. Sp. 121ff.). – Der überraschende Erfolg des Sozialisten *Robert Mugabe,* des entschiedensten Gegners einer »internen Lösung« in Rhodesien und der weißen Vorherrschaft in der Republik Südafrika, ergab für die Regierung in Pretoria eine völlig neue Situation. Es erwies sich, wahrscheinlich zur Überraschung auch der maßgebenden Südafrikaner, daß die **Erklärung,** die **Mugabe Anfang März 1980 in einem Interview** mit der Johannesburger »Sunday Times« gegeben hatte, nach Übernahme der Regierungsgewalt in Simbabwe im April ihre Wiederholung erfuhr: »Wir werden eine **Politik der guten Nachbarschaft** betreiben und wünschen, daß uns Südafrika seinerseits als guten Nachbarn betrachtet. Das bedeutet gegenseitige **Anerkennung des Rechts auf Koexistenz.**« – Südafrika wird sich zweifellos nicht allein auf diese angebotene Koexistenzpolitik verlassen können, gibt es doch unter den Anhängern von *Mugabe* Gegner einer solchen Politik und hat doch auch dieser nie Zweifel daran gelassen, daß er die südafrikanische Rassentrennungspolitik weiterhin ablehnt und das Bestreben nach einem integralen Südafrika mit schwarzer Mehrheitsregierung auch künftig zu fördern gewillt ist. Da die südafrikanische Regierung zwar eine Modifizierung der »Apartheid«-Politik eingeleitet hat, aber eine grundsätzliche Aufhebung der Rassentrennung nicht vorsieht, **kann die** auch von ihr bejahte **Koexistenz-Politik auf die Dauer nicht von Belastungen freibleiben.** Militärisch weiß sich Südafrika auf absehbare Zeit gegen Angriffe von außen gesichert. Die **Militärausgaben** wurden in den letzten fünf Jahren verdoppelt und machen nun rund ein Fünftel des Gesamtetats aus. Entscheidend wird jedoch nicht zuletzt die **innere Sicherheit** sein, die eng mit der Frage verbunden bleiben dürfte, ob Armee und Polizei nur der Aufrechterhaltung der weißen Vorherrschaft oder aber der Sicherheit eines Staates dienen sollen, zu dem sich auch die Nichtweißen bekennen können. Dieser Frage ist nicht auszuweichen. Die »Afrikaans« sprechenden, die Mehrheit der Weißen bildenden **Buren** haben eine »afrikanische« Tradition von Jahrhunderten. Auch die stärker verstädterten britischstämmigen Südafrikaner sind in ihrer Mehrheit seit Generationen ansässig; sie sind jedoch z. T. für eine Beendigung der Rassendiskriminierung eher zugänglich als die Buren. Noch ist aber ganz allgemein der Durchbruch zu einer Änderung der Grundprinzipien nicht erfolgt (s. WA '79 Sp. 833ff.). Trotz der **Tendenz,** die sog. »Kleine Apartheid«, d. h. die **Rassentrennung im Alltag, zunehmend aufzulockern,** gilt bisher die **»Große Apartheid«** (u. a. getrennte Erziehung, Paßgesetze, Beschränkung von Bodenkauf und Aufenthaltsrechten, »Immorality«- u. Mischehengesetze) **weiterhin** überwiegend als unerläßlich, um sich gegenüber der schwarzen Mehrheit zu behaupten. – Die **»Homeland«-Politik,** d. h., die Vorbereitung von »Autonomstaaten« zur Schaffung von »unabhängigen Staaten« für die verschiedenen Stammesgruppen der Schwarzen, wird weitergeführt; die zur jeweiligen Gruppe gehörenden Schwarzen (»Bantu« ist als Bezeichnung seit April 1978 verboten) werden mit der Entlassung in die »Unabhängigkeit« aus der Rep. Südafrika ausgebürgert und erhalten zwangsweise das Bürgerrecht des entsprechenden neuen »Staates«. Bislang sind **Bophuthatswana, Transkei und Venda »unabhängig«,** aber international nicht anerkannt worden; Basotho Qwaqwa, Ciskei, Gazankulu, Kwazulu, Lebowa und Kangwane (auch »Ka-Ngwane«, früher »Swasi«) sollen folgen, ohne Rücksicht auf die Proteste der Mehrheit der schwarzen Führer, der liberalen Teile *(»Verligte«)* der Weißen und der meisten Kirchen. Die Abrundung der z. T. stark zersplitterten »Autonomstaaten« wurde zwar in Aussicht genommen, ist aber bisher faktisch nur rudimentär erfolgt. Ein Teil der Stammesführer ist zumindest bedingt bzw. für eine bestimmte Frist mit der Aufteilung in »Staaten« einverstanden, sei es, um bevorrechtigte Positionen zu erhalten, sei es, weil in diesen Gebilden die »Apartheid« wegfällt oder weil in ihnen eine Vorstufe für eine »große Lösung« gesehen wird. Die »Autonomstaaten« können, auch wenn sie »unabhängige Staaten« werden, keine eigenständige Politik betreiben, keine ausreichenden Arbeitsmöglichkeiten bieten. Premierminister *Pieter Botha,* der sich der Problematik der Beziehungen bewußt ist, hat sich nach Gesprächen mit den Reg.-Chefs dafür ausgesprochen, daß Expertenausschüsse die **Grundsätze der künftigen Zusammenarbeit** ausarbeiten sollten, um diese zu intensivieren. Die umstrittene Frage der Staatsbürgerschaft könnte nach seiner Auffassung vielleicht in Form einer Konföderation gelöst werden. – Außerhalb der »Autonomstaaten« führt das Nichteinhalten der Aufenthaltsbestimmungen zu kaum aufzubringenden Geld- oder zu Haftstrafen und überfüllten Gefängnissen. Die Existenz von schwarzen **»Townships«** mit ihren unzulänglichen sozialen Einrichtungen bringt politische und soziale

Die Republik Südafrika und ihre Nachbarn

Gärung mit sich. Agitationen und gewaltsame Ausschreitungen führen zum Ansteigen der Kriminalität und in der Folge zu Kapitalstrafen. 1979 wurden z. B. 98 Schwarze und 33 »Farbige«, aber nur 2 Weiße hingerichtet. Allein die einem Aufstand gleichgekommenen, im Juni 1976 ausgebrochenen, mehrere Monate andauernden »Rassenunruhen« in Soweto bei Johannesburg – ausgelöst durch die geplante Aufzwingung des »Afrikaans«, die Sprache der Mehrheit der Weißen, im Unterricht – haben nach dem im Februar 1980 vorgelegten offiziellen Bericht 262, ihre Auswirkungen in anderen Landesteilen 367 Todesopfer gefordert. Die Tatsache, daß in den schwarzen »Townships« die Wohnverhältnisse bei aller Unzulänglichkeit besser sind als in den immer rascher wachsenden Slums der Großstädte anderer afrikanischer Staaten, ändert nichts an der unhaltbaren Situation. – Die **Rassentrennung im Erziehungswesen** hat seit April 1980 u. a. auch **bei den »Farbigen«** (»Coloureds« bzw. Mischlinge) zunächst in der Kapprovinz, dann auch in anderen Landesteilen Unruhen hervorgerufen, bei deren Unterdrückung 34 »Farbige« ihr Leben verloren und über 200 Personen – darunter auch Weiße – verletzt wurden. Der Premierminister bezeichnete die Unruhen als »Folge von marxistischen Umtrieben«. In Wirklichkeit aber verlangen die Schüler und Studenten die Abschaffung der Rassentrennung und gleichen Aufwand des Staates im Erziehungswesen für alle Gruppen (1979 für weiße Schüler je 1219, für indische 399, für »farbige« 260 und für schwarze 119 Rand).

Das **wirtschaftliche Wachstum** hat, namentlich im Bergbau, 1979/80 einen erneuten Aufschwung genommen, besonders durch die **Steigerung des Goldpreises** (Wert der Goldproduktion 1979 etwa 6 Mrd., der gesamten Bergbauproduktion fast 10 Mrd. Rand). Kohle bestreitet rund drei Viertel des gesamten Energiebedarfs. Neben der Kohleverflüssigungsanlage »Sasol I«, die seit 1955 besteht, ist nun auch »Sasol II« fertig geworden (erstmals erfolgten auf sie im Juni 1980 Anschläge, die z. T. beachtliche Schäden in Tanklagern verursachten). Pläne für zwei weitere Großanlagen sind bereits vorhanden. Der Bau von Kernkraftwerken wurde begonnen. Die gesamte Infrastruktur erfährt eine rasche Ausdehnung. Die Industrieerzeugung wuchs 1979 um 6%. Die **Überschüsse der Ausfuhr- und Leistungsbilanz** erreichten 1979 Rekorde. – Negativpunkte dieser Entwicklung sind zunehmende **Inflation** (1979 etwa 14%), die besonders die schwarze Bevölkerungsmehrheit trifft, und das Problem der **Arbeitslosigkeit bei den Nichtweißen** (Quote rund 9%). Gleichzeitig wird der Mangel an Facharbeitern immer spürbarer, da der Ausbildung von Schwarzen zu wenig Aufmerksamkeit geschenkt worden ist. – Die wirtschaftlichen Zwänge haben dazu geführt, daß trotz Widerstandes der weißen Gewerkschafter Anfang 1980 erstmals eine **schwarze Gewerkschaft** zugelassen und die Ausdehnung der gewerkschaftlichen Rechte auf alle nichtweißen Arbeitnehmer sowie der Abbau der Rassenschranken in den Betrieben begonnen worden ist, z. T. auch auf Druck ausländischer Firmen und Gewerkschaftsorganisationen. Waren die Schwarzen in den Ballungsgebieten des sog. »Weiß-Afrika« bisher gewissermaßen nur Gastarbeiter im eigenen Lande, so wurde nun mit der Praktizierung eines 99 Jahre dauernden »Erbpachtrechts« der Anfang zu einer gerechteren Entwicklung gemacht. Erstmals wurden auch 1980 – in Johannesburg – nichtweiße städtische Angestellte in ihren Bezügen jenen der weißen Kollegen angeglichen. – Noch ist die **Kaufkraft der Schwarzen** weit geringer als die der Weißen, aber sie ist doch im Steigen begriffen; der wachsende Konsum der Nichtweißen stellt längst einen wichtigen Faktor der wirtschaftlichen Entwicklung dar. Der Prozentsatz der Schwarzen, die lesen und schreiben können, liegt mit 58% höher als in irgendeinem anderen Land Schwarzafrikas. Die jüngst erzielten Verbesserungen für die nichtweiße Bevölkerung haben heftigen Widerstand seitens der starren Vertreter der Rassentrennung (»Verkrampte«) gefunden. Premierminister *Botha* versucht, einflußreiche schwarze Politiker für Lösungen in seinem Sinne zu gewinnen, aber die verschiedenen schwarzen Gruppierungen, die für **»Asania«** »Azania« – wie sie Südafrika nennen – eine multirassiale Lösung bei gleichem Stimmrecht für alle anstreben, gewinnen an Rückhalt. Das zeigt sich auch zunehmend in **Streiks** – deren Anführer z. T. in ihr »Homeland« abgeschoben werden – und in vom »Afrikan. Nationalkongreß«/**ANC** (kommunist. unterwandert) und anderen illegalen Bewegungen (u. a. »Panafrican Congress«/**PAC**) organisierten, zunächst noch kleinen Bürgerrechtsaktionen, die u. a. eine Freilassung des seit 1964 auf Robben Island internierten ehemaligen ANC-Führers *Nelson Mandela* fordern; sie werden von Männern wie Bischof *Tutu* und Zulu-Führer *Buthelesi* (s. Sp. 519) unterstützt. Dr. *Motlana*, Gründer des »Komitees der Zehn« in Soweto, verlangt von der Regierung wenigstens Signale für echte Fortschritte zur Aufhebung der Rassendiskriminierung. – Die von einer Kommission unter Leitung des Innenministers *Alwyn Schlebusch* ausgearbeiteten und 1980 vorgelegten – u. z. T. im Mai 1980 vom Parlament gebilligten – Vorschläge für eine **neue Verfassung** (gemeinsamer Präsident, ein Präsidialrat unt. Vorsitz d. Vizepräs., als Ersatz für den Senat, je ein Parlament und je eine Regierung für Weiße, »Coloureds« und Asiaten [Inder und Chinesen], ein Rat der Kabinette und ein Konsultativausschuß der Parlamente) lassen die schwarze Mehrheit beiseite; ein Weg zu einer echten »Konsoziation« ist darin nicht zu sehen. Der Premierminister erklärte jedoch erstmals, außer Weißen, Mischlingen und Asiaten müßten auch die Schwarzen in die Planung der künftigen Verfassung einbezogen werden. Möglicherweise soll ein »Rat der Schwarzen« gebildet werden, mit dem sich der Präsidentschaftsrat nach Wunsch beraten kann. – Die Chefminister der sechs bisher noch offiz. zur Rep. Südafrika zählenden »Autonomstaaten« haben in einer Sitzung am 19. 7. 1980 den neuen Verfassungsentwurf abgelehnt, da er die Schwarzen nur am Rande berücksichtige. Die Regierung verzichtet daraufhin zunächst auf die Schaffung eines »Rates« für die Schwarzen. Auch die »Coloureds« akzeptieren die für sie vorgeschlagene Lösung nicht. Offenbar im Bestreben, die Republik Südafrika aus ihrer politischen Isolierung herauszuführen, hatte Premierminister *Botha* 1979 in vagen Umrissen seinen **»Constellation«-Plan** vorgestellt. Dieser sieht in **Erweiterung der bisherigen »Südafrikanischen Währungs- und Wirtschaftsunion«/SAEMU** eine **Wirtschaftsgemeinschaft und politische Kooperation** mit den Nachbarn u. den an diese angrenzenden Staaten vor (»Coordinator« d. Plans seit Juli 1980 *G. de Kock*). – Die Verkehrseinrichtungen, die wirtschaftlichen Beziehungen und Abhängigkeiten stützen an sich einen solchen Plan. – Ungeachtet der gespannten politischen Verhältnisse zur Republik Südafrika treiben fast alle afrikanischen Länder **Handel mit** ihr. Das südafrikanische Eisenbahnnetz und die Hafenkapazitäten sind z. T. unentbehrlich für Ein- und Ausfuhr von **Namibia, Botswana, Simbabwe, Mosambik,** aber auch für entferntere Länder wie **Angola, Sambia** (Kupferexport über East London) und **Malawi.** Schließlich haben **südafrikanische Nahrungsmittellieferungen** (besonders Mais, daneben Weizen) sowie Verbrauchs- und Investitionsgüter **für eine ganze Anzahl schwarzafrikanischer Staaten Gewicht.** Ein interessantes Beispiel für Kooperation ist auch Mosambik, gewinnt es doch einen großen Teil seiner Deviseneinnahmen durch Stromlieferungen aus dem einst von der FRELIMO mit Zerstörung bedrohten Großkraftwerk Cabora Bassa (allein v. 1. 2. 1979 bis 31. 1. 1980 für 37 Mill. Rand). – Rund 300 000 aufgrund befristeter Kontrakte angeworbene schwarze Arbeiter aus Nachbarländern sind im südafrikanischen Bergbau tätig. Mit einigen dieser Länder bestehen Vereinbarungen, nach denen der größere Teil der Löhne den Herkunftsstaaten ausgezahlt werden muß (u. a. Lesotho, Malawi, Mosambik); auf diese Weise oder durch direkte Überweisung der Gastarbeiter an ihre Familien fließen jährlich den Nachbarländern bis zu 150 Mill. Rand an Devisen zu. Dennoch hat der »Constellation«-Plan in d. schwarzafrikanischen Staaten so gut wie nur negativen Widerhall gefunden. – Ungewißheit herrscht immer noch in bezug auf die **Zukunft von Namibia** (Südwestafrika; s. Sp. 397), dessen Unabhängigkeit kaum mehr bzw. kaum auf die Dauer nach den Plänen von Pretoria zu verwirklichen ist, die auf die aus den Wahlen vom November 1978 als stärkste Kraft hervorgegangene, einen gemäßigten Kurs steuernde **»Demokrat. Turnhallen Allianz«/ DTA** abgestellt sind (s. WA '80 Sp. 825 ff.). Anfang Juni 1980 hat die DTA in der Nationalversammlung die endgültige Aufhebung der Rassentrennung in allen öffentlichen Einrichtungen durchgesetzt. Um die Selbstbestimmungsrechte noch glaubhafter zu machen, durfte die Nationalversammlung am 13. 6. 1980 einen **»Ministerrat«** aus 12 Mitgliedern wählen, an dessen Spitze der als relativ liberal geltende DTA-Vorsitzende *Dirk Mudge* (s. Sp. 554) steht; diese seit 1. 7. amtierende »Regierung« ist angeblich für fast alle Angelegenheiten zuständig, jedoch nur bedingt für d. »South West African Territorial Force«. Der südafrikanische Generaladministrator *Gerrit Viljoen* bleibt für die »Außenpolitik« verantwortlich und kann im übrigen gegen Entscheidungen der DTA-Regierung sein Veto einlegen. Die in der sogen. »Kontaktgruppe« kooperierenden Staaten (Frankr., Großbrit., Kanada, BR Dtld.) haben am 11. 7. 1980 eine Anerkennung des »Ministerrates« abgelehnt. Wie zuletzt in Simbabwe (s. Sp. 121), so verlangt die UNO auch für Namibia neue Wahlen unter ihrer Aufsicht vor einer international anerkannten Unabhängigkeit. Die vor allem von den Ovambos

Namibia

getragene, in mehrere Flügel gespaltene, von der UNO geförderte, von der OEA als alleinige Vertreterin der schwarzen Bevölkerung angesehene **SWAPO (»South West Africa People's Organisation«)** vertritt zumindest bis jetzt einen radikalen, gegen jeden Einfluß Pretorias gerichteten Kurs und operiert mit von Angola aus unterstützten Guerillas, gegen die die südafrikanische Armee auch 1980 die Stützpunkte in Angola schwer treffende, vom UNO-Sicherheitsrat besonders scharf verurteilte Schläge richtete. SWAPO-Führer *Sam Nujoma* hat bei den Unabhängigkeitsfeiern von Simbabwe im Gegensatz zu *Mugabe* und erneut im Juli 1980 auf der OEA-Konferenz gegenüber Pretoria eine unversöhnliche Haltung eingenommen. – Namibia hat für Südafrika nicht zuletzt durch seine Bodenschätze besondere Bedeutung. Es ist, wie immer auch die vorgesehenen Wahlen unter UNO-Aufsicht ausgehen mögen, auf lange Zeit hinaus auf enge Kooperation mit diesem angewiesen. Die Frist, innerhalb derer nach dem sog. **»Waldheim-Plan«** (s. WA '80, Sp. 825 ff.) bis 15. 6. 1980 eine entmilitarisierte »Pufferzone« von je 50 km Breite an der angolanisch-namibischen Grenze eingerichtet werden sollte, ist ohne Ergebnis verstrichen, da die südafrikanische Regierung die Überwachung einer derartigen 1500 km langen Zone zur Verhinderung des Einsickerns von SWAPO-Guerillas aus Angola als unmöglich ansieht. Der **UNO-Namibia-Rat** unter Vorsitz des UNO-Beauftragten *Martti Ahtisaari* hat sich für Sanktionen ausgesprochen, falls es nicht bald zu einer Einigung komme. Verhandlungskontakte bestehen jedoch weiterhin. – Die Entwicklung in Simbabwe zeitigte in den Staaten dieser Region unmittelbar Auswirkungen, die dem südafrikanischen »Constellation«-Plan faktisch die Grundlagen entziehen sollen. Diese Ansicht vertrat auch der sambische Präsident *Kenneth Kaunda* in Lusaka, wo sich am 1. 4. 1980 die Staats- bzw. Regierungschefs von **Angola, Botswana, Lesotho,**

Malawi, Mosambik, Swasiland, Sambia, Simbabwe und Tansania auf ein **»Sieben-Punkte-Programm der Wirtschaftskooperation«** einigten, das im September 1980 auf einem neuen Gipfeltreffen im einzelnen konkretisiert werden soll. *Kaunda* stellte im Einvernehmen mit anderen anwesenden Spitzenpolitikern fest: die »Pläne für eine Konstellation südafrikanischer Staaten unter der Herrschaft des Apartheid-Regimes« sind endgültig gescheitert. In Kommentaren wurde zum Ausdruck gebracht, daß der »wirtschaftliche Würgegriff« Südafrikas schon gelockert sei; das gemeinsame Programm werde ihm in absehbarer Zeit ein Ende bereiten. Nun lassen zwar Erfahrungen mit den Plänen anderer afrikanischer Staaten nicht erwarten, daß in naher Zukunft wesentliche Erfolge erzielt werden könnten. Aber die Rep. Südafrika, die seit Jahren von der UNO wegen ihrer »Apartheidpolitik«, der Verletzung der Menschenrechte, verurteilt wird, dürfte in Zukunft gezwungen sein, mehr als bisher die politischen Tendenzen Schwarzafrikas in ihre Zukunftsüberlegungen einzubeziehen.

Bibl. Hinweise: *H. Adam/H. Giliomee:* Ethnic Power mobilized. Can South Africa change?, Yale Univ. Press, New Haven 1979. – *A. Ph. Altmeyer:* Das südliche Afrika, in »Länder, Völker, Kontinente«, hg. v. *G. Fochler-Hauke,* Bd. II, Gütersloh 1977. – *W. Bertelsmann:* Die deutsche Sprachgruppe Südwestafrika usw., Windhuk 1979. – *H. R. Bilger:* Südafrikas Weg in die Krise, Konstanz 1979. – *H. Bley/R. Tetzlaff* (Hg.): Afrika und Bonn, Reinbek 1979. – *L. H. Gann/P. Duignan:* Why South Africa will Survive, Croom Helm Publ., London 1980. – *H. Gruber:* Fünf Jahre Anti-Apartheid-Konvention, in »Deutsche Außenpolitik«, Berlin (Ost) 1979/1. – *Th. Hanf:* Neue politische Literatur zu Südafrika, in »Die Zeit« v. 25. 4. 1980. – *W. Manshard:* Afrika – südlich der Sahara, Fischer Länderkunde Bd. 5, Frankfurt/M. [6]1980. – *J. McDonald:* Der Lohn wird nach Hause überwiesen, in »Süddt. Zeitung« v. 29. 1. 1980. – *Ch. Mühlemann:* Wendepunkte im südlichen Afrika, Schriften der »NZZ«, Zürich 1979. – *No Sizwe* (Pseud.): One Azania, One Nation, London 1979. – *R. I. Rotberg:* Suffer the future. Policy choices in Southern Africa, Univ. of Chicago Press 1980. – *Th. Sommer:* Wieviel Zeit hat Südafrika?, in »Die Zeit« v. 6. 6. 1980. – *A. Starcke:* Survival – Interviews with South Africa's Power Elite, Kapstadt 1979. – Südafrikan. Panorama, hg. v. d. Südafrik. Botschaft. – *W. H. Thomas:* Economic Development in Namibia. Towards Acceptable Development Strategies for Independent Namibia (m. dt. Res. u. reichhalt. Bibl.), Mainz–München 1978. – *U. Wiemann:* Wachsender Druck der Schwarzafrikaner, in »Süddt. Zeitung« v. 21. 4. 1980. – *F. van Zyl Slabbert/D. Welsh:* South Africa's Political Options, London 1979.

Cuba und seine Rolle in der Weltpolitik

Cuba (Kuba), der größten Insel der Antillen, war seit ihrer Entdeckung durch Kolumbus im Oktober 1492 nur in wenigen Abschnitten der Geschichte eine stetige Entwicklung beschieden. Die indianische **Bevölkerung,** die sich von Anfang an der spanischen Eroberung widersetzte, wurde durch Zwangsarbeit, Repressalien nach Aufständen und eingeschleppte Krankheiten dezimiert. Die spanischstämmige weiße Bevölkerung wuchs zur zahlenmäßig stärksten Bevölkerungsgruppe heran, obwohl zeitweise wieder eine beachtliche Abwanderung in andere spanische Herrschaftsgebiete erfolgte. Die zur Arbeit auf den Pflanzungen unmittelbar aus Afrika geholte Negerbevölkerung, die sich später auch durch Zuwanderung aus benachbarten karibischen Inseln vermehrte, vermischte sich in wechselndem Umfang mit den Weißen. Die seit der Revolution von 1959 Ausgewanderten, deren Zahl bis auf 1 Million geschätzt wird, waren zum überwiegenden Teil Weiße. – Zwar erlebte Cuba unter der spanischen Herrschaft auch Zeiten positiver Entwicklung, aber der Widerstand der »Kreolen« lebte immer wieder auf, desgleichen die Erhebung von Negern gegen die Sklaverei, die endgültig erst 1886 ihr Ende fand. Zugeständnisse der Spanier blieben ohne Widerhall, zumal die **Befreiungsbewegungen** in Auswirkung der »Monroe-Doktrin« **Unterstützung von den USA** erhielten, die 1898 direkt eingriffen und die Abtretung der Insel an sie erzwangen. Die Verfassung von 1901 gewährte zwar Cuba Unabhängigkeit, diese war jedoch durch Sonderbestimmungen eingeschränkt, die den **USA** Einspruchsrechte und militärische **Interventionen** gestatteten, auf die Washington erst 1934 endgültig verzichtete. – Die umfassenden US-**Investitionen** führten zu einem Aufschwung, der jedoch weitgehend auf die Zuckerrohrwirtschaft beschränkt blieb. Die Gewinne kamen in erster Linie den US-Gesellschaften und der heimischen Oberschicht zustatten, während sich die soziale Situation der Massen verschlechterte, ganz besonders seit der Weltwirtschaftskrise Ende der 20er Jahre. – Aus den Wirren der 30er Jahre ging ein ehem. Sergeant, **Fulgencio Batista, als Machthaber** hervor, der sich als Präsident, als Oberbefehlshaber und dann wieder als Präsident, gestützt auf den Einfluß der US-Gesellschaften, bis zu seinem **Sturz durch Fidel Castro Ruz an der Wende von 1958/59** behauptete. **Zu dieser Zeit ergab sich folgendes Bild:** Cuba war zum größten Zuckerexporteur der Welt aufgestiegen, hatte im Fremdenverkehr mit den USA, in Verkehr, Bergbau sowie in Ansätzen auch in der Industrie Entwicklungsimpulse erfahren. Die einseitig auf den

Absatz in den USA ausgerichtete Zuckerrohrmonokultur aber hatte zu einer Vernachlässigung der Nahrungsmittelerzeugung geführt, so daß sich die seit der Jahrhundertwende vervierfachte Bevölkerung bei weitem nicht mehr aus dem eigenen Boden versorgen konnte. Die durch den Saisoncharakter der Zuckerwirtschaft bedingte **Arbeitslosigkeit** betraf weit über eine halbe Million Cubaner. **Volksbildung und Lebenshaltung der Massen blieben auf tiefer Stufe, die Verteilung des Volkseinkommens war von einer krassen Diskrepanz. – Die drückenden Verhältnisse verstärkten den Widerstand** der breiten Bevölkerung **gegen die von den USA tolerierte Diktatur,** gegen die sich unter dem Rechtsanwalt *Fidel Castro Ruz* schon am 25. Juli 1953 ein Anschlag richtete; nach dessen Scheitern rettete der Erzbischof von Santiago durch Fürsprache – in gewissem Sinne ein Einsatz wie jener von Bischöfen im heutigen Zentralamerika – *Castro* vor der Todesstrafe. Aus dem Zuchthaus floh *Castro* nach Mexiko, wo er die **»Bewegung vom 26. Juli«** gründete. 1956 gelang ihm die Landung im Osten Cubas und der Aufbau einer Guerilla-Bewegung, die das Batista-Regime nicht zuletzt mit Propaganda unterminierte, die auch in den Streitkräften Widerhall fand. Die Jahreswende 1958/59 brachte **Castro** und seinen Gefährten **den Sieg.** Die sofort eingeleiteten Maßnahmen zur **Bodenreform** stießen bei den landarmen und landlosen Massen auf Sympathie und sicherten der Revolution eine starke Basis, die sich durch umfassende **Maßnahmen zur Hebung der Volksbildung und des Gesundheitswesens** und durch **gerechtere Verteilung des Einkommens** verstärkte. Die 1960/61 erfolgte Schließung des US-Marktes für Cuba-Zucker, Mißernten, der Zwang zur Anlehnung an die Sowjetunion und andere RGW-Länder als neue Zuckerabnehmer führte zu einem neuen innen- und außenpolitischen Kurs. Aber die Enteignung des US-Eigentums (Wert etwa 2 Mrd. $) und die blutige Abrechnung mit den Anhängern und Sympathisanten der gestürzten Diktatur – vergleichbar mit den Vorgängen nach dem Umsturz im Iran seit Anfang 1979 – leiteten eine **grundsätzliche Wendung** ein: Die USA verhängten ein Embargo und brachen Anfang 1961 die Beziehungen ab. Angehörige des Kleinbürgertums und Mittelstandes flohen bzw. nutzten die Genehmigung zur Ausreise, die gewährt wurde, um sich lästiger Gegner zu entledigen. Fachpersonal von beachtlichem Ausmaß ging dadurch verloren, was in der Folgezeit die eingeleitete Industrialisierung, aber auch die angestrebte Diversifikation der Wirtschaft insgesamt erschwerte. Das Verharren in der Monokultur hat sich allerdings z. T. ebenso wie das Nichterreichen einer zufriedenstellenden Selbstversorgung mit Nahrungsmitteln aus der Einsicht ergeben, daß auf absehbare Zeit keine Produkte bergbaulicher, industrieller oder landwirtschaftlicher Herkunft in der Lage sind, in nennenswertem Umfang den Zucker als Exportgut zu ersetzen. Noch heute entfällt weit mehr als die Hälfte der landwirtschaftlichen Betriebsfläche auf die – etwa wie die sowjetischen Staatsgüter organisierten – »Granjas estatales«. **Der Zucker liefert noch immer rund vier Fünftel des Ausfuhrwertes,** gefolgt vom Tabak, der weitgehend in Kleinbetrieben gepflanzt wird. Die **wachsende Verstädterung** hat die Lebensmittelversorgung zunehmend erschwert. Das **Bruttosozialprodukt je Einwohner** gerechnet, hat zwischen 1960 und 1977 im Jahresdurchschnitt (nach Angaben der »Weltbank«) nicht zu-, sondern um 0,4% **abgenommen.** Die einstige **Abhängigkeit vom Export in die USA ist einer solchen von den RGW-Ländern** (rund 80% der Ausfuhr, 50% allein in die UdSSR) gewichen, das Gläubigerland USA durch die **Sowjetunion** ersetzt worden, die Cuba in den letzten Jahren täglich mit rund 3 Mill. $ und 1979 (nach Castros Angaben in der Nationalversammlung vom Februar 1980) sogar im Durchschnitt **je Tag mit etwa 10 Mill. $ unterstützt hat,** besonders durch höhere Zuckerpreise, Industriegüter und verbilligte Öllieferungen. Die **Gesamtverschuldung** an westliche Industrieländer wird auf etwa 3 Mrd. US-$ geschätzt, der Schuldendienst auf rund 50% der laufenden Deviseneinnahmen. – Wie die USA, so zahlen auch die RGW-Länder für den Zucker einen über dem Weltmarkt liegenden Preis (bis zu einer Erhöhung 1980). Im Zusammenhang mit gesteigerten **Leistungsanforderungen,** die zur Besorgnis der Regierung immer weniger befolgt werden, sind die **Löhne** – erstmals nach 15 Jahren – Anfang 1980 erhöht worden; die Verbesserung ist bei den Arbeitern relativ gering, bei Technikern und »dirigentes« größer, wobei die Spanne zwischen Minimal- und Maximallohn nun in dieser Gruppe 1 : 4 beträgt und auf 1 : 5 wachsen soll. – Der ursprüngliche Plan, 1980 10 Mill. t Zucker zu produzieren, mußte aufgegeben werden. Hurrikanschäden 1979 und Schädlingsbefall der Tabakkulturen haben die **Produktionsaussichten** für 1980/81 weiter **verringert,** so daß auf verschiedenen Sektoren Einsparungen, die besonders die Inlandsversorgung betreffen, vorgenommen werden müßten, um durch den Absatz auf dem freien Weltmarkt die chronische Devisenknappheit mildern zu können. Die **Ausmerzung des »Schwarzen Marktes«** ist bisher **nicht gelungen.** Die heftige Ablehnung marktwirtschaftlicher Grundsätze wurde durch die Gestattung eines gewissen privaten Marktes für überschüssige Agrarprodukte durchbrochen. – Die Revolution konnte sich anfangs nicht auf eine organisierte Massenbewegung stützen, sondern mußte zunächst vor allem auf dem Charisma von *Castro* aufbauen, der sich z. T. Erfahrungen kommunistischer Kader dienstbar machte. Die am 2. 12. 1962 erfolgte **Umwandlung in eine sozialistische Republik auf der Grundlage des Marxismus-Leninismus** und die Gründung einer Einheitspartei (»Partido Unido de la Revolución Socialista«) unter Ausschluß führender Altkommunisten waren Vorstufen für ein konkreteres sozialistisches Programm, das 1965 sodann zur Umwandlung in eine eigentliche kommunistische Partei (»Partido Comunista de Cuba«/PCC) führte. *Castro* versuchte jedoch einen **»eigenen kommunistischen Weg«** zu gehen, verbunden mit einer permanenten Revolution, mit einer Art Militarisierung des gesamten politischen und wirtschaftlichen Lebens, mit »totalitärer Demokratie« und einer Heroisierung des Lebens und der Arbeit in Einfachheit und Selbstlosigkeit **in Richtung eines »neuen cubanischen Menschen«.** Kontakte mit dem kommunistischen China, dessen Weg verwandter erschien als der sowjetische, wurden bald als von geringem Nutzen erkannt, da **Peking nicht in der Lage war, nennenswerte Hilfe zu leisten. Die wirtschaftliche Situation zwang zu immer stärkerer Anlehnung an die Sowjetunion** und hatte 1972 den **Beitritt zum RGW (COMECON)** zur Folge. Die neue Verfassung von 1977 bedeutete auch eine konstitutionelle Angleichung an die Verfassungen der RGW-Partner. Aber der besondere »lateinamerikanische« Charakter der Cubaner, die Abneigung gegen Zwang und die große emotionelle Triebkraft, die *Castro* auszuschöpfen verstand, ließen dem **»cubanischen Kommunismus«** zeitweise eine gewisse Eigenart. – Das offene Bekenntnis zum Kommunismus und die engen Bindungen an die Sowjetunion führten **1962** zum **Ausschluß Cubas aus der »Organisation Amerikanischer Staaten«,** deren Mitglieder – mit Ausnahme von Mexiko – ihre Beziehungen zu Havanna abbrachen. Die **Stationierung sowjetischer Einheiten,** die Lieferung weitreichender sowjetischer Raketen und der Bau von Abschußrampen führten zur **»Cuba-Krise«** von 1962, die sich zur Gefahr eines nuklearen Zusammenstoßes zwischen den USA und der UdSSR auszuweiten drohte und erst 1963 offiziell beigelegt wurde. Die Sowjetunion verpflichtete sich zum Abzug der Raketen, doch blieben sowjetische Militärexperten und Truppenkontingente auf der Insel. Auch die USA zogen sich nicht von der 1903 an sie verpachteten Marine-Basis in der Bucht von Guantánamo zurück; den jährlichen Pachtbetrag von 4000 $ nimmt Cuba nicht an, da es den Vertrag als ungültig ansieht. – Der **im Herbst 1979** aufgekommene **Streit um die Bedeutung einer sowjetischen »Kampfbrigade« auf Cuba** flaute ab. Die USA nahmen schließlich hin, daß sowjetische »Experten und Ausbilder«, die in nicht genau bekannter Zahl ohnehin seit langem auf der Insel anwesend sind, neuerdings verstärkt werden, der Hafen von Cienfuegos zur Wartungsstation für sowjetische Atomunterseeboote und Raketen ausgebaut sowie in Havanna eine Nachrichtenzentrale errichtet wird. – Die **Anfang der 60er Jahre** faktisch **begonnene US-Wirtschaftsblockade** und die von der OAS verfügten Sanktionen **gegen Cuba** hätten ohne die sowjetische Hilfe zu einem vollständigen Zusammenbruch geführt. Einige OAS-Mitglieder umgingen die Sanktionen; Kanada, Spanien und andere Staaten unterhielten weiterhin Wirtschaftsbeziehungen. 1975 wurden die Sanktionen auch von der OAS als nicht mehr für ihre Mitglieder verpflichtend erklärt.

Castro hat trotz aller wirtschaftlichen Krisen und Abhängigkeiten und ungeachtet seiner Verneinung eines »Exportes der cubanischen Revolution« **nie sein Ziel aufgegeben, den sozialen Umsturz in Lateinamerika zu fördern,** jahrelang schon allein deshalb nicht, weil er hoffte, dadurch den »politisch-wirtschaftlichen Blockade-Ring« um seine Insel sprengen zu können. War **die cubanische Revolution mit Castro** an sich schon **ein weltweites Symbol** für die Befreiung von ausländischer Bevormundung und für den Sturz traditioneller plutokratischer Machtexponenten geworden, so gewann die Sympathie für den in Cuba eingeleiteten revolutionären Prozeß bei weiten Teilen der Jugend und linken Intellektuellen gerade der westlichen Länder zeitweise einen ungewöhnlichen Aufschwung durch den aus Argentinien stammenden, mit *Castro* eng verbundenen Arzt **Ernesto-»Ché« Guevara,** der 1965 auf seine Positionen in Cuba verzichtet hatte, um in Bolivien die revolutionäre Bewegung zu entfachen. Auch nach dem Scheitern seines Planes und seiner Ermordung im Oktober 1967 blieb sein legendär gewordener Kampf lange lebendig. **Castro** selbst aber **verstand es** auf andere Weise, im näheren Umkreis Cubas, **in der Karibik, politische Fäden zu revolutionären Bewegungen zu spinnen, Waffen zu liefern, Guerilleros Möglichkeiten zur Kampfausbildung zu gewähren und auch Einfluß auf politische Gruppierungen und Regierungen zu gewinnen,** etwa in Jamaika und Guyana, und Putsche anzuregen wie 1979 in Grenada. Spuren seiner Agitation sind längst auch auf Puerto Rico, in Surinam und Martinique festgestellt worden, auch wenn dies zum Teil geleugnet wird. **Der Sturz des Diktators Somoza in Nicaragua** (s. WA '80, Sp. 755ff.) war in verschiedener Weise auch Cuba zu verdanken, das in ähnlicher Weise ebenfalls Verbindungen zu den Aufständen in El Salvador und Guatemala unterhält (s. Sp. 147). Wie weit der **militärische Einsatz Cubas in Afrika** auf eigene revolutionäre Zielsetzungen zurückgeht und wie weit Cuba von der Sowjetunion dazu veranlaßt wurde, hier militärische Stellvertreterdienste zu leisten, wird sich erst später feststellen lassen. Zwar besteht die cubanische Führungselite weitgehend aus weißen Cubanern, aber es kann als sicher gelten, daß der starke afrocubanische Bevölkerungsanteil auch eine der Antriebskräfte für eine Verbindung mit »Black-Power-Bewegungen« in der Karibik ist, vielleicht mit Anfangstendenzen im Sinne einer späteren Afro-karibischen Föderation, die schon *Alexander von Humboldt* als eine Zukunftsmöglichkeit angesehen hat. Auch der Einsatz cubanischer Verbände mag einen afrocubanischen Hintergrund haben, wenn er auch vordergründig als Ausdruck sowjetischer Ambitionen in Afrika angesehen wird. Das gilt zumindest für den Großeinsatz cubanischer Truppen

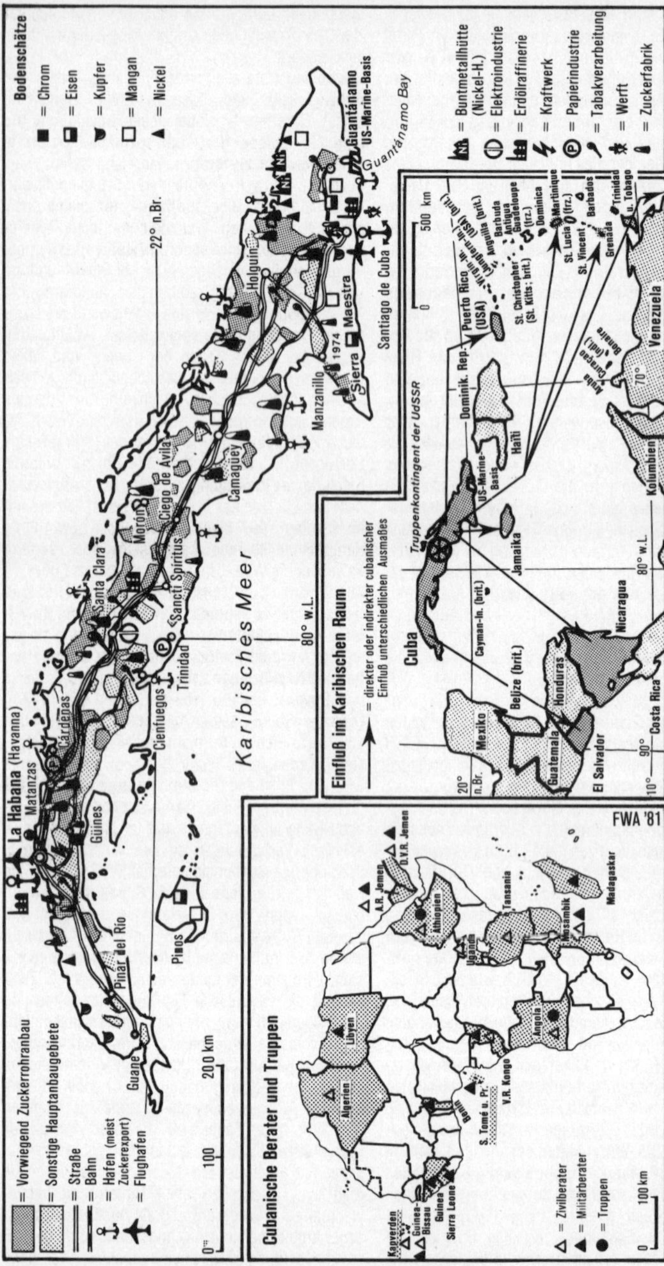

Cuba und seine Rolle in der Weltpolitik
(Situation Mitte 1980)

in Angola (über 30000), Äthiopien (mehr als 12000) und Mosambik, teilweise auch für kleinere Gruppen von »Militärberatern« in anderen afrikanischen Ländern. Bei der Entsendung von Lehrern, Ärzten, agrar- und industrietechnischen Beratern nach Afrika sowie bei der Ausbildung vieler Tausend afrikanischer und lateinamerikanischer Jugendlicher (nach »Afrika-Post« Anfang 1980 u. a. 3300 aus Angola, 2000 aus Äthiopien, 1300 aus Mosambik, 800 aus Guinea, 600 aus d. Volksrep. Kongo) ist sicherlich der revolutionäre Elan von Gewicht. Um die starke Beanspruchung der Streitkräfte im Ausland wettzumachen, wurde, wie *Castro* am 19. 6. 1980 bekanntgab, mit dem weiteren Ausbau der **»Volksmilizen«** begonnen. – Auch revolutionäre Rechtfertigung von Opfern vermag nicht über die Tatsache hinwegzuhelfen, daß 21 Jahre nach dem Sturz der Diktatur in vielen Sektoren **Mangel** herrscht, die **Rationierung** wichtiger Nahrungsmittel und Konsumgüter noch an der Tagesordnung ist. Die junge Generation nimmt die positiven Errungenschaften der Revolution als selbstverständlich hin, da sie den vorrevolutionären Zustand nur aus Erzählungen und Schriften kennt und offenbar zumindest teilweise beginnt, der ideologischen Überwachung und Gängelung überdrüssig zu werden. – **Seit** in den letzten Jahren immer mehr in den USA lebende **Exilcubaner die alte Heimat besuchen** konnten, sind die **Vergleichsmöglichkeiten der kraß unterschiedlichen Lebenshaltung** rasch **gewachsen;** sie nähren das Verlangen nach spürbaren Verbesserungen im Alltag. – Diese Tendenzen sind zweifellos mitentscheidend dafür gewesen, daß seit Anfang 1980 zunächst kleine Gruppen von Cubanern auf das Gelände der venezolanischen, besonders aber der peruanischen Botschaft flüchteten, um Asyl und Ausreisebewilligung zu erreichen; im April war ihre Zahl im Bereich der peruanischen Botschaft schon auf über 10000 angeschwollen, was *Castro,* wie schon zu Beginn seiner Machtübernahme, dazu veranlaßte, die Ausreiseerlaubnis für alle zuzusagen, die als Gegner seines Systems der Insel den Rücken kehren wollten. Seit 22. 4. wurde, da der Einsatz von Flugzeugen für das Ausfliegen nach Perú, Costa Rica, den USA usw. nicht ausreichend war, von in den USA ansässigen Exil-Cubanern mit Hunderten von Booten eine Art »Seebrücke« organisiert, um den **Flüchtlingsstrom nach Florida** zu bewältigen; zahlreiche Boote kenterten bei Stürmen, viele Flüchtlinge verloren ihr Leben. Bis zum Juli waren 114000 Cubaner in Florida eingetroffen, wo Notmaßnahmen getroffen werden mußten, um der Situation Herr zu werden. Für *Castro* muß es enttäuschend sein, daß unter den Flüchtlingen ein erheblicher Prozentsatz Jugendliche sind, daß sein Ziel, einen »neuen Menschen« im Rahmen des cubanischen Sozialismus heranzubilden, doch noch in weiter Ferne zu liegen scheint; öffentlich spricht er davon, daß es sich bei den Flüchtlingen großenteils um »Delinquenten« handle. Auch die Tatsache, daß – nach offiziellen Angaben – noch bis 1979 mehrere Tausend politische Häftlinge in den Gefängnissen saßen, für die sich dann überwiegend durch Amnestie die Tore öffneten, weist auf **Bruchstellen des Systems** hin. Dafür spricht auch, daß Castro sich Ende 1979 veranlaßt sah, **Maßnahmen gegen Schlendrian, Abwesenheit von der Arbeit, Disziplinlosigkeit und Vetternwirtschaft** und eine Änderung der Arbeitsgesetzgebung zu fordern. Der neue **»Wirtschaftsplan 1981–1986«** zeigt gewisse Ansätze zu einem gemischten Wirtschaftssystem im Sinne der Förderung von Kleinbetrieben neben Staatsunternehmen und Genossenschaften; die Realisierung wird schwierig sein. Vielleicht sicherte sich *Castro* Anfg. 1980 auch deshalb durch eine tiefgreifende **Regierungsumbildung** direkte Kontrolle in den maßgebenden Ministerien, mit seinem Bruder und Ersten Stellvertreter *Raúl Castro,* dem besonders enge Bindungen an die UdSSR nachgesagt werden, als Verteidigungsminister und engstem Mitarbeiter. – Zweifellos wird *Castro* immer noch von einem großen Teil der Bevölkerung verehrt – das zeigen stets erneut Massendemonstrationen für den »Líder máximo«, die keineswegs nur auf Zwang zur Teilnahme zurückzuführen sind; er hat es jedoch bisher nicht vermocht, die Wirtschaftsnöte der Insel zu bewältigen. Wohl aber ist es ihm u. a. gelungen, **in** – allerdings wenig effektiven – **Institutionen** (»Organisation der lateinamerikanischen Solidarität«/**OLAS,** »Organisation der Völker Afrikas, Asiens und Lateinamerikas«/**OSPAAL;** Sitze in Havanna; s. Sp. 593) **sowie** – mit mehr Gewicht – **im Rahmen der »Blockfreien Staaten« Cuba zu einer weltweit hör- und spürbaren Rolle zu verhelfen,** was viele Cubaner mit Stolz erfüllt. Seit der Tagung der »Blockfreien« im September 1979 in Havanna (s. Sp. 106), die *Castro* in dieser Bewegung für drei Jahre eine Führungsrolle brachte, ist allerdings sein Abhängigkeitsverhältnis auch durch das einseitige Eintreten für die Sowjetunion so deutlich sichtbar geworden, daß sein internationales Ansehen z. T. ins Zwielicht geriet. Der Besuch des mexikanischen Staatspräsidenten *López Portillo* in Havanna Anfang August 1980 hat *Castros* Position jedoch neuerdings gestärkt. Der mexikan. Staatspräsident, der Cubas Recht auf die Rückgabe von Guantánamo betonte und u. a. die Sichererung der cubanischen Ölversorgung zusagte, hofft offenbar, durch die Wiedereinbindung in die »Organisation Amerikanischer Staaten«/OAS und durch vermehrte Kooperation Castro für eine Verschärfung der Situation im karibischen Raum zu gewinnen, ein Versuch, der von anderen Politikern Lateinamerikas teils bejaht, teils mit großer Skepsis verfolgt wird.

Bibl. Hinweise: *E. Bailby:* Cuba, Paris 1979. – *H. Blume:* Die Westindischen Inseln, Braunschweig 1968. – *Ders.:* Westindien, in »Länder, Völker, Kontinente«, hg. v. *G. Fochler-Hauke,* Bd. II, Gütersloh 2. A. 1977.

– *K. Breyer:* Moskaus Faust in Afrika, Stuttgart 1979. – *Castro/* »Dies ist das Land der Plagen«, in »Der Spiegel« 1980 Nr. 16, Hamburg. – *A. Clement:* »Cubains avec et sans Cuba«, in »Le Monde« v. 29. 2. u. 1. 3. 1980, Paris. – *A. Dessau* (Leiter eines Aut.-Koll.): Lateinamerika im antiimperialistischen Kampf, Berlin/Ost 1978. – *H. Enjalbert:* Cuba, in »Géogr. Régionale«, Bd. 2, Encycl. de la Pléiade, Paris 1979. – *G. Fochler-Hauke:* Cuba, in »Geogr. Taschenbuch 1966/69«, Wiesbaden. – *M. Franzbach* (Hg.): Kuba, Darmstadt 1979. – *R. Held:* »Havanna wird brauner«, in »Frankf. Allg. Zeitung« v. 25. 8. 1979. – *A. Nuñez, Jiménez:* Geografía de Cuba, Havanna 1963. – *F. Pisani:* Cuba à l'heure du »socialisme réel«, in »Le Monde« v. 20.–22. 5. 1980, Paris.

Zur Situation in El Salvador

Streiflichter eines »Verlängerten Volkskrieges«

El Salvador, 1524/25 von *Pedro de Alvarado* für Spanien erobert und unter Bezugnahme auf die Entscheidungsschlacht gegen die Indianer am Vorabend des Erlösertages benannt, war schon zur Zeit der »Conquista« als »tierra de guerra« – als »kriegerisches Land« – bekannt. Seine neuere Entwicklung hat diese Bezeichnung wieder in Erinnerung gerufen. Überwiegend ein **Hügel- und Gebirgsland mit fruchtbaren vulkanischen Böden** und wechselfeuchtem Tropenklima, ist dieser am dichtesten besiedelte mittelamerikanische Staat trotz gewisser Fortschritte in der Industrialisierung nach der Erwerbstätigkeit seiner ganz überwiegend aus »Ladinos« (Nachkommen von Indianern und Weißen) und einer kreolischen Oberschicht bestehenden Bevölkerung **weitgehend ein Agrarland geblieben.** Rund drei Fünftel der Landfläche werden großenteils noch in Form der Subsistenzwirtschaft agrarisch genutzt. Der alte Gegensatz zwischen den – einst »14«, längst aber auf einige hundert angewachsenen – **Großgrundbesitzerfamilien** einerseits und der Masse der **Zwerg-, Klein- und Mittelbauern** – von denen etwa 40% weniger als 1 ha bewirtschaften – sowie den **Tagelöhnern** auf den »Haciendas« und »Fincas« andererseits hat sich ständig verschärft. Rund ein Drittel der Betriebe werden von **Pächtern** (»Arrendatarios«) gegen hohe Ertragsanteile an die Besitzer bewirtschaftet. Während die Großbetriebe, nicht zuletzt infolge niedriger Löhne, den Anbau zu modernisieren vermochten, blieb die Masse der Bauern davon ausgeschlossen, so daß sie weit geringere Erträge erwirtschaften. Über die Hälfte der **Kaffeekulturen** befindet sich in der Hand einer kleinen Zahl von Großbetrieben. Mit der allmählichen Zurückdrängung der auf den Export ausgerichteten Kaffeemonokultur durch die Zunahme des Baumwoll- und Zukkerrohranbaus wurde zwar die Ausfuhr diversifiziert, aber die **Agrarsozialstruktur** nur wenig verändert. Das starke Bevölkerungswachstum und die teilweise Vernachlässigung des Anbaus von Nahrungsfrüchten (Mais, Bohnen, Hirse, Reis) zwangen zu erhöhter Einfuhr landwirtschaftlicher Produkte, besonders auch von Fleisch. – Die Schaffung des »Zentralamerikan. Gemeinsamen Marktes«/**MCC,** durch Initiative von El Salvador gefördert, gab für die Industrialisierung (Fabriken für die Verarbeitung landwirtsch. Erzeugnisse, Baustoffe und Textilien) wichtige Impulse und führte auch zur Bildung eines noch schmalen, aber doch an Zahl und Einfluß wachsenden Mittelstandes in den größeren Städten, besonders in der Hauptstadt San Salvador. Investitionen der USA förderten die Entwicklung, aber zugleich auch die politische Einflußnahme mit in vieler Hinsicht negativen Auswirkungen. Innere Wirren und zahlreiche **Putsche** brachten häufig Rückschläge und abwechselnd »Konservative« und »Liberale« an die Regierung, die sich des Militärs als Stütze bedienten, wobei jedoch weniger Programme als Machtinteressen im Vordergrund standen wie in anderen lateinamerikanischen Staaten auch. Unter dem Einfluß der revolutionären Entwicklungen in Mexiko kam es nach und nach zu politischer Bewußtwerdung der sozialen Gegensätze auch in den unterprivilegierten Schichten und 1932 sogar zu einem als »kommunistisch« angesehenen Aufstand, der jedoch vom Militär unter General *Maximiliano Hernández Martínez* – der sodann bis 1944 diktatorisch regierte – blutig niedergeschlagen wurde. Erst in den 50er Jahren zeigten sich Ansätze in der Sozialversicherungsgesetzgebung, Anfang der 60er Jahre kurzfristig erste Versuche einer Sozial- und Agrarreform. – **Arbeitslosigkeit und Landnot** führten in neuerer Zeit zu einer wachsenden illegalen Ansiedlung von Salvadoreños auf brachliegenden Ländereien der Grenzgebiete von Honduras, die z. T. ohnehin zwischen beiden Staaten umstritten sind. Aus Honduras vertriebene Salvadoreños verstärkten die sozialen und politischen Spannungen; **Bauernunruhen** nahmen 1978 zu, **spektakuläre Botschafts- und Kirchenbesetzungen** mehrten sich, und die Geiselnahmen wurden 1979/80 häufiger. Rechtsextremistische **paramilitärische Organisationen,** die zunächst in der im November 1978 verbotenen »Nationalist. Demokrat. Organisation«/**ORDEN** kooperierten, machten Jagd auf alle als

El Salvador und die Nachbarländer

kommunistisch verdächtigte Gruppen und Personen. – Unter den Rechtsextremisten treten vor allem die »Geheime Antikommunist. Armee«/**ESA** und die »Armee zur Rettung El Salvadors«/**ESS** durch **Terror** hervor. Als Koordinator der rechten Untergrundorganisationen wird der ehem. Geheimdienstchef *Roberte D'Aubuisson* angesehen, der Mitte 1980 nach einem Putschversuch vorübergehend verhaftet war. – Von den linken Gruppierungen sind der »Revolut. Volksblock«/**BPR** mit seinen am besten organisierten Guerillas, den »Volksbefreiungskräften Farabundo Martí«/**FPL,** ferner die Kräfte des »Nation. Widerstandes«/**FARN,** die »Volksligen des 28. Februar«/**LP-28,** die marxistische »Revolut. Volksarmee«/**ERP** sowie die »Vereinigte Aktionsfront des Volkes«/**FAPU** und die Guerilleros der Kommunist. Partei/**PCS** zu nennen. Die linken Gruppen, die im Febr. 1980 eine »Coordinadora Revolucionara de Masas«/**CRM** bildeten u. Fühlung mit den Oppositionellen der »Salvadoranischen Demokrat. Front«/**FDS** aufnahmen, haben dann mit dieser einige Monate später als politisches Sammelbecken die »Demokrat. Revolut. Front«/**FDR** (Vors. *Enrique Alvárez Córdova*) geschaffen. Sie erreichten einen gewissen Einbruch in die Mittelschichten und können z. T. mit Unterstützung durch die »Sozialist. Internationale«/**SI** rechnen, sind jedoch untereinander stark zerstritten. **Staatspräsident** General *Humberto Romero* hatte zwar bereits im Herbst 1979, offenbar unter dem Einfluß der USA, versprochen, im Frühjahr 1980 Wahlen abzuhalten und Reformen in Angriff zu nehmen; er war jedoch nicht in der Lage oder nicht willens, effektive Schritte zu unternehmen, so daß er **am 15. 10. 1979,** unter Führung der jüngsten Obersten der Armee, *Jaime Abdul Gutiérrez* – seit Mai 1980 auch Oberkommandierender der »Nationalgarde« – und *Adolfo Arnaldo Majano,* **durch einen Militärputsch gestürzt und durch eine Militärjunta ersetzt** wurde. *Romero* ging nach Guatemala ins Exil. Regierung und Parlament wurden aufgelöst; die Verfassungsrechte wurden mit Ausrufung des Kriegszustandes aufgehoben. Die Junta nahm auch einige Zivilisten – u. a. im März 1980 den ehem. Präsidentschaftskandidaten *José Napoléon Duarte,* von dem Kontakte mit christl.-demokrat. Parteien in Europa bekannt sind – auf. Die KP wurde legalisiert. – Mehrere linke Guerilla-Organisationen stellten zunächst den Kampf ein, aber der **BRP** unter Führung von *Oscar Bonilla* setzte – ebenso wie u. a. die **FAPU,** beides Vertreter des »verlängerten Volkskrieges« zur Erlangung der Macht – mit der **FPL** die Aktionen fort, da die Militärtyrannei weiter andauere. Die Situation blieb kritisch: Guerilla-Aktionen, Besetzung von Ministerien und Kirchen, Entführungen, Geiselnahmen, Bombenanschläge. Die von der Junta und ihrer Regierung verkündete und seit März 1980 offiziell in Angriff genommene **Bodenreform** sowie die teilweise Verstaatlichung der Banken und Exportkontrollen griffen nicht durch, trotz Wirtschaftshilfe der USA. Die **Spirale der Gewalt** ging dennoch von beiden Seiten weiter. **Erzbischof Romero,** von der Rechten abgelehnt, aber auch von Teilen der Linken kritisiert, erklärte am 27. 1. 1980 in einer Predigt: »Wir leben in einer **Periode der Volkserhebung,** und **die Morallehre der Kirche rechtfertigt sie,** wenn alle friedlichen Mittel ausgeschöpft sind«; er forderte aber auch immer wieder zur Beendigung der Gewaltakte auf, zuletzt am 23. März, als er die Soldaten der »Nationalgarde« dazu aufrief, sich Befehlen zu widersetzen, die »gegen das Gesetz Gottes sind«. Am 24. 3. wurde **Romero** während einer Messe in der Hauptstadt – vermutlich von Rechtsextremisten – **tödlich verletzt.** An den Beisetzungsfeierlichkeiten für den ermordeten Vorkämpfer der Menschenrechte nahmen Hunderttausende teil. – Trotz Streitigkeiten in Junta und Regierung und Wechsels in deren Zusammensetzung waren bis Mitte 1980 nach offiziellen Angaben 270 der etwa 350 Betriebe von mehr als 500 ha gegen Entschädigung enteignet, 250 000 ha Land an 33 000 Familien vor allem regierungsfreundlicher Bauernverbände verteilt worden; die linken Organisationen angehörenden Bauern gingen weitgehend leer aus. Die weiteren Phasen der Agrarreform kamen bisher nur teilweise zum Zuge, da die organisatorischen und finanziellen Voraussetzungen dafür fehlten. Junta und Regierung blieben unter dem andauernden Druck der Rechtsextremisten – die am 2. Mai einen Putsch versuchten – und der **linken Widerstandsgruppen,** die offenbar **cubanische** und **sandinistische Unterstützung** aus Nicaragua (s. WA '80 Sp. 755 ff) **erhalten.** Wilde Landbesetzungen, Streiks – darunter im Juni der von der **»Coordinadora Revolucionaria de Masas«** ausgerufene mehrtägige Generalstreik in der Hauptstadt –, Besetzungen und Anschläge begannen das Wirtschaftsleben ständig mehr zu lähmen. Guerillas der FPL/ERP/FARN usw. gelang es zeitweise, in der Provinz Chalatenango ein **»Freies Territorium von El Salvador«** zu bilden. Die trotz aller »Zusammenschlüsse« in sich gespaltene linke Opposition widersetzte sich weiterhin allen Maßnahmen von Junta u.

Regierung, obwohl diese im Juli 1980 »freie Wahlen in absehbarer Zeit« in Aussicht stellten. Die linken Widerstandsorganisationen sind aus jüngsten historischen Erfahrungen heraus der Auffassung, daß die derzeitigen Inhaber der Macht nicht fähig sind, Oligarchie und Militärherrschaft für dauernd zu zerschlagen und eine tiefgreifende Veränderung der Verhältnisse durchzuführen. Die ganze Macht müsse deshalb an die revolutionären Kräfte fallen. – Der mörderische Bürgerkrieg hat nach Schätzungen der – von Jesuiten geleiteten – Universität von San Salvador 1979 über 600, im 1. Hj. 1980 allein 3313 (n. and. Ang. v. Beginn bis Aug. 1980 rd. 6000) Menschenleben gefordert. – Die Situation in El Salvador wird zusätzlich dadurch kompliziert, daß auch in den Nachbarstaaten, besonders im von Militär regierten Guatemala, die Labilität zunimmt. Ein revolutionärer Sieg würde zweifellos in ganz Zentralamerika tiefgreifende Auswirkungen zeitigen.

Bibl. Hinweise: **Adler, G.**: Revolutionäres Lateinamerika, Paderborn 1971. – *D. Browning:* El Salvador, Oxford 1971. – *A. Dessau* (Hg.): Lateinamerika im antiimperialistischen Kampf, Berlin/Ost 1978. – *H-G. Gierloff-Emden:* El Salvador, in Gr. III. Länderkunde, Gütersloh 1963. – *K. Helbig:* Mexiko und Zentralamerika, in »Länder, Völker, Kontinente«, hg. v. G. Fochler-Hauke, Bd. II, n. A. Gütersloh 1977. – *G. Sandner* u. *A. Steger:* Lateinamerika, in »Fischer Länderkunde« Bd. 7, Frankfurt/M. 1973. – *A. White:* El Salvador, New York 1973. – Lateinamerika-Ploetz, Freiburg–Würzburg 1978. – Beiträge 1979/80 in »Süddeutsch. Zeitung« von F. Kassebeer, C. Widmann usw., in »Frankf. Allg. Zeitung« u. a. von K. Ellrodt, W. Haubrich u. R. Held, in der »Neuen Zürcher Zeitung« von O. I., P. T. u. L. Gb. sowie in »Le Monde« von J.-P. Clerc. Außerdem »Spiegel Report über den ›Unruheherd Mittelamerika‹« 1980/19.

Vanuatu – ein neuer pazifischer Inselstaat?

Die letzte Phase der Entkolonialisierung steht im Zeichen der Bildung von Klein- und Kleinststaaten. Nun haben die **Neuen Hebriden** (New Hebrides/Nouvelles-Hébrides) (gemeinsam von Frankreich und Großbritannien verwaltet) am 30. 7. 1980 unter dem Namen **»Republik Vanuatu«** (»Das Land, das sich aus dem Meer erhebt«) die Unabhängigkeit erhalten. – Die Inselgruppe hat ein wechselvolles Schicksal erlebt, seit sie 1606 vom spanischen Seefahrer *Pedro de Quiros* entdeckt, 1768 vom französischen Weltumsegler *Louis Antoine de Bougainville* erneut aufgesucht und 1774 von *James Cook* genauer erforscht und benannt wurde. Die neuere Entwicklung setzte mit einem britisch-französischen Abkommen von 1906 und einem 1911 in London unterzeichneten Protokoll ein, Abmachungen, nach denen die Gruppe gemeinsamer Verwaltung unterstellt wurde. – Mit 14763 km² sind die Neuen Hebriden etwa halb so groß wie Albanien, während sie mit (1980) schätzungsweise 112000 Einwohnern etwa halb so viele Einwohner aufweisen wie Island; sie sind unterschiedlich auf die insgesamt über 70 Inseln verteilt. Die aus vulkanischen Gesteinen (mehrere aktive Vulkane) und Kalken aufgebauten größeren Inseln haben tropisches Klima mit reichlichen Niederschlägen (im JD 2200–über 3000 mm) und sind besonders auf den Luvseiten noch weitgehend mit Regenwald bedeckt; auf den Leeseiten dehnt sich offenes Grasland, das z. T. durch Viehzucht genutzt wird. Größte und mit am besten erschlossene Insel ist Espíritu Santo (3845 km², über 16000 Einw.; Hauptort Luganville); der Mt. Tabwenasana erhebt sich hier bis 1811 m. Diese Insel ist in fruchtbaren Talungen gut angebaut, besitzt ausgedehnte Kokosnußpflanzungen, einen gut ausgebauten Hafen und einen Flugplatz. Relativ gut entwickelt ist auch Tanna (15000 Einw.). Die Hauptstadt Vila (etwa 3500, m. Umgebung 18000 Einw.) liegt auf Efate (»Vaté). – Die einst beachtliche Ausfuhr von Sandelholz ist wegen Raubbau stark zurückgegangen. Heute sind neben Kopra vor allem Kakao und Kaffee wichtige Exportprodukte. Dazu kommen Fische und (der Erschöpfung nahe) Manganerze auf Efate. Ein 1978 angelaufener, hauptsächlich von den Kondominiumsstaaten finanzierter **Entwicklungsplan** ist der Förderung von industriellen Kleinbetrieben (Baustoffe, Getränke, Fleischverwertung, Gefrierfischherstellung, Bootsbau) gewidmet. Die Exportgüter kommen hauptsächlich von den Farmen der frankophonen »Colons« und britischen Siedlern; die Masse der Bevölkerung betreibt bei Feldwechselbau und Fischfang Subsistenzwirtschaft und nimmt am Außenhandel nicht teil. Der moderne Fischfang wird z. T. von Taiwan-Chinesen betrieben. Das statistisch erfaßte Bruttosozialprodukt wird von einer kleinen Bevölkerungsschicht erarbeitet; es wächst langsamer als die Bevölkerung. Die wirtschaftliche Grundlage für die Existenz eines unabhängigen Staates ist sehr bescheiden, finanzielle Hilfe von den früheren Kolonialmächten ist unentbehrlich, nicht zuletzt auch für den Unterhalt der Flug- und Schiffsverbindungen zu den weit entfernten Nachbarstaaten Australien, Neuseeland und Indonesien. Die weite Streuung der Inseln über einen Radius von mehr als 700 km erschwert Verwaltung und Interkommunikation. – Die ursprüngliche **Bevölkerung** gehört ganz überwiegend zu den Melanesiern und ist sprachlich sehr zersplittert; die kleine Misch-

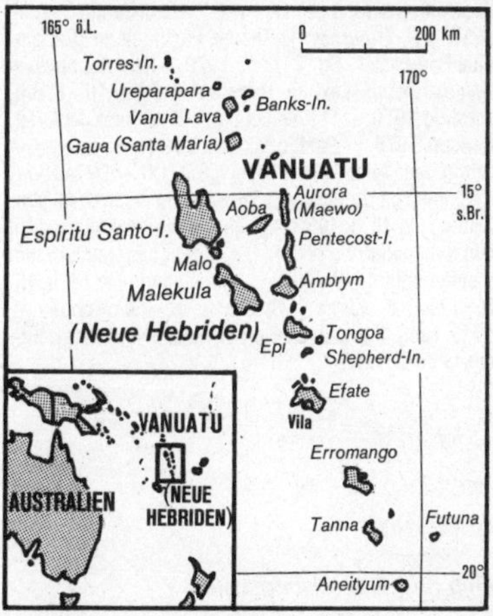

Vanuatu
Ein neuer Inselstaat im Pazifik

lingsschicht ist in Wirtschaft und Verwaltung am stärksten vertreten. Die Bewohner der Banks- und Torres-Inseln sind Polynesier. Vietnamesen und Chinesen wurden zur Arbeit auf den Pflanzungen geholt. Die insgesamt etwa 1000 Angelsachsen (rund 300 Briten, im übrigen meist Australier) bilden eine jüngere Schicht und sind meist in der Verwaltung, im Bildungswesen und im Handel tätig. Die ungefähr 3200 z.T. mit Melanesiern vermischten Bewohner französischer Herkunft, die »Colons«, sind teilweise bereits seit Generationen ansässig. Die Bevölkerung ist noch überwiegend Naturreligionen verhaftet, im übrigen katholisch (weniger als 20000) und protestantisch. – Eine wichtige Rolle spielt neben den einheimischen Sprachen, dem Französischen und Englischen das sog. »Bislama-Pidgin«. Das an sich in jüngster Zeit in den größeren Siedlungen relativ gut ausgebaute **Bildungswesen** hat zur Entstehung von frankophonen und anglophonen Gruppen geführt, was sich u.a. auch in der Politik auswirkt. Die Franzosen haben seit einiger Zeit eine verstärkte Kulturpolitik getrieben. Auf einigen Inseln, besonders auf Tanna, hat sich, wie auf anderen melanesischen Inseln namentlich seit der Anwesenheit der Amerikaner im II. Weltkrieg, der sog. **»Cargo-Kult«** (hier im Pidgin-Englisch **»John-Frum«** aus »John from America«) entwickelt, im Zusammenhang mit damaligem materiellen Überfluß, von dem auch etwas für die Inselbewohner abfiel. Er beruht auf der Erwartung neuer »Schiffsladungen von Gütern«, deren Besitz bisher in erster Linie den »Fremden« vorbehalten blieb; verbunden mit rituellen und magischen Verhaltensweisen bewirkt er deshalb diesen gegenüber eine ablehnende Haltung. – Als Vorbereitung für die Unabhängigkeit wurden im November 1979 unter UNO-Aufsicht **Wahlen** durchgeführt, bei denen 26 von 39 Parlamentssitzen an die **»Vanuaaku(»Unser Land«)-Partei«/VAP** des bisherigen Chef- und seit Erlangung der Unabhängigkeit Premierministers *Walter Lini* fielen (s., wie bei den anderen genannten Politikern, unter »Kurzbiographien«). Pläne der VAP, nach Erlangung der Souveränität alles **Eigentum an Grund und Boden** entschädigungslos **an die melarus. Stämme u. Clans zu übertragen** und die Pflanzungen dann gegebenenfalls an die weißen Siedler zu verpachten, haben besonders die »Colons« aufgeschreckt, die sich französischer Unterstützung erfreuen. – Der offenbar gewaltsame Tod eines Oppositionellen hat 1980 zu einer Verschärfung der Spannungen geführt, die der Führer der Opposition, *Jimmy Stevens,* für seine Zwecke ausnutzte. Er hatte die – angeblich die melanesischen Traditionen verteidigende – »Na-Griamel«-Bewegung initiiert, diese dann auf Espíritu Santo zur **»Vemarana-Partei«** ausgebaut und Zweigstellen auf anderen Inseln gegründet; sie erzielte allerdings bei den Wahlen nicht den erhofften Erfolg. Offenbar von den »Colons« unterstützt, rief er Ende Mai 1980 auf Espíritu Santo eine **unabhängige »Vemarana-Föderation«** aus. Als auch auf Tanna und einigen anderen Inseln »Unruhen« ausbrachen, sah sich die britische Regierung veranlaßt, ein Kontingent von Marinesoldaten nach dem Kondominium zu entsenden. Auf Anforderung der französischen Verwaltung entsandte auch Frankreich ein Kontingent von Gendarmen aus Neukaledonien, zog es aber kurz darauf wieder zurück. Am 24.7. wurden dann im gegenseitigen Einvernehmen je eine Hundertschaft britischer und französischer Truppen stationiert, die unterdessen nach einer Vereinbarung mit Papua-Neuguinea durch Papuaner ersetzt worden sind. Auch Australien entsendet befristet eine kleine Einheit. Im Zusammenhang mit diesen Ereignissen zeigten sich Interessengegensätze zwischen der französischen Regierung und der britischen, die die territoriale Integrität der Inselgruppe und die baldige Souveränität sichern will. In bezug auf die französische Haltung tauchten Vermutungen auf, Frankreich wolle eine ähnliche Entwicklung befürworten wie vor der Unabhängigkeit der Komoren, wo sich die Bevölkerung der Insel **Mayotte** 1974 für den Verbleib bei Frankreich ausgesprochen hatte (s. WA '76, S. 379 u. '78, Sp. 733) und die seit 1976 den Status eines französischen Übersee-Territoriums besitzt. – Eine zwielichtige Rolle spielt die US-amerikanische »Phönix-Stiftung«, die – wie schon einmal auf den Bahamas und dem kurzlebigen, zu Tonga gehörenden Korallenriff »Minerva« (s. WA '74, Sp. 402) – den Plan verfolgen soll, auf Espíritu Santo eine Art Steuerparadies und Touristenzentrum zu schaffen. – Ungeachtet der Spannungen gingen die Vorbereitungen zur Schaffung der **»Republik Vanuatu«** weiter;

ein Wahlkollegium wählte den bisherigen Innenminister *George Kalkoa* zum künftigen Präsidenten der Republik, für deren territoriale Integrität sich auch Australien ausgesprochen hat; das gilt auch für die übrigen Mitglieder des »Südsee-Forums« (s. Sp. 630), das einstimmig für die Aufnahme eines unabhängig gewordenen »Vanuatu« als 14. Mitglied votiert hat. Nachdem am 30. 7. 1980 die Souveränität proklamiert worden war, gab Premierminister *Lini* seiner Überzeugung Ausdruck, daß ohne fremde Einmischung eine zufriedenstellende »melanesische Lösung« für den Bestand eines regionalisierten integralen Inselstaates gewonnen werden wird. Von den bisher. Kondominiumsmächten wird Wirtschaftshilfe erwartet; Großbritannien sagte bereits 25 Mill. £ zu.

Bibl. Hinweise: J. M. Bennet: Vila und Santo, London 1957. – *A. Guilcher:* Le Monde Pacifique, in »Géographie Régionale«, Bd. 2, Paris 1979. – New Hebrides, in »Westermanns Lex. d. Geographie«, Bd. III, Braunschweig 1970. – The Statesman's Year Book 1978/79, London 1978. – Pacific Islands Yearbook, Sydney. – World Bank Atlas 1979, Washington D.C. – *E. Haubold* »Träume von Utopia in der Südsee«, in »Frankf. Allgem. Zeitung« v. 13. 6. 1980. – Suche nach einem Ausweg auf den Neuen Hebriden« u. R. B.: »Vom Kondominium zum Pandämonium«, in »Neue Zürich. Zeitung« v. 14. u. 18. 6. 1980. – »Jimmy Stevens« in »Le Monde« v. 18. 6. 1980, Paris: *J. C. Guillebaud,* »Nouvelles Hébrides«, 6. 8. 1980.

Entwicklungsländer

Daten zu Entwicklungsproblemen und Entwicklungshilfe

Die von der »Weltbank«/IBRD ins Leben gerufene **»Beratende Kommission der«** »Konferenz über Internationale Wirtschaftliche Zusammenarbeit«/ **KWIZ,** die sog. **»Nord-Süd-Kommission«** (Vors. *Willy Brandt*) hat dem UNO-Generalsekretär ihren umfangreichen **Bericht** vorgelegt: **»Das Überleben sichern.** Gemeinsame Interessen der Industrie- und Entwicklungsländer« (dt. Köln 1980). Das vorgeschlagene **Sofortprogramm** für die nächsten fünf Jahre fordert einen raschen und umfangreichen Transfer finanzieller Mittel in die Entwicklungsländer, eine internationale Energiestrategie, einen weltumspannenden Nahrungsmittelplan und zielbewußte **Inangriffnahme von Reformen des Weltwirtschaftssystems.** Längerfristig wird eine Reform des Währungssystems und der Entwicklungsfinanzierung und nicht zuletzt eine wachsende **Mitwirkung der Entwicklungsländer am weltwirtschaftlichen Entscheidungsprozeß** verlangt. – In den westlichen Industrieländern werden überwiegend die Grundprinzipien der Vorschläge bejaht; Kritiker befürchten Anstöße für die Schaffung eines globalen Sozial- und Wohlfahrtsstaats mit Tendenzen zu mehr Verteilung als produziert werden kann und Nachteile für die Marktwirtschaft. Bedauert wird, daß es nicht möglich war, die Ostblockländer für eine Teilnahme an der Kommission zu gewinnen. – Die 70er Jahre brachten in der Entwicklungspolitik Fehlschläge, die **Ziele der zweiten »Entwicklungsdekade« wurden nicht erreicht,** weder das Ansteigen der öffentlichen Entwicklungshilfe der OECD-Länder auf 0,7% des BSP im Jahresdurchschnitt noch das geplante Wachstum des Bruttoinlandsprodukts/BIP der Entwicklungsländer um jährlich 6% (erreicht 5,2%). »Zudem verschleiert der statistische Durchschnitt die Tatsache, daß die Länder nicht in gleichem Maße wuchsen: Tatsache ist, daß das Einkommen dort am wenigsten stieg, wo ein Wachstum am notwendigsten wäre, nämlich in den Ländern mit der größten Bevölkerung. Die öffentliche Entwicklungshilfe erreichte nicht einmal die Hälfte des Ziels« (M. C. Gruder, in »Finanzierung und Entwicklung«/FuE Dez. 1979).

Anteil an Bevölkerung, Produktion und Ausfuhr in % (IBRD-B)

	Bevölkerung		*BIP in Preisen von 1975*		*Ausfuhr von Waren u. Dienstleistungen in Preisen von 1975*	
	1976	*1990*	*1976*	*1990*	*1976*	*1990*
Entwicklungsländer	52,2	56,8	15,3	20,2	22,6	23,2
Industrieländer (westl.)	16,2	13,6	64,6	62,5	63,9	65,8
Staatshandelsländer (kommunist. Staaten, bei BIP nur osteurop.)	31,3	29,2	19,0	15,9	7,8	7,0
Ölexport. Länder m. Zahlungsbilanzüberschuß	0,3	0,4	1,4	1,4	5,7	4,0

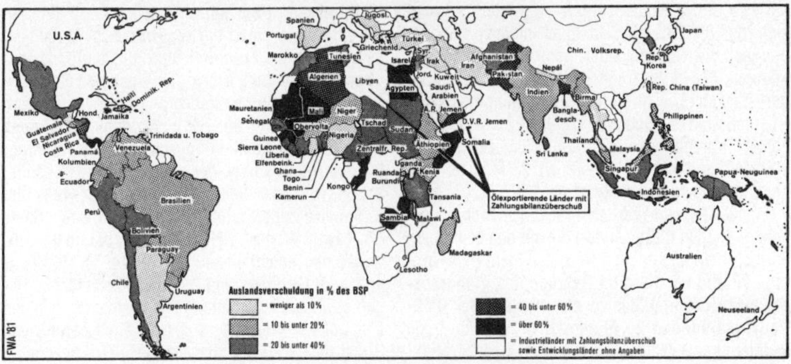

Auslandsverschuldung der Entwicklungsländer 1977
(Ausgezahlte und ausstehende öffentliche Auslandsverschuldung; mit Jugoslawien, aber ohne RGW-Mitglieder und andere kommunistische Länder.
Angaben nach »Weltentwicklungsbericht 1979« der Weltbank/IBRD. Nicht alle Länder erfaßt).

Die öffentl. Entwicklungshilfe der OECD-Länder (westl. Industrieländer) belief sich **1979** auf **22267 Mill. $** bzw. 0,34% des BSP (zum Vergleich: **OPEC-Länder** 4,7 Mrd. $ bzw. 1,28% d. BSP, **RGW-Länder** 0,7 Mrd. $ bzw. 0,04% d. BSP). Anteil d. geleist. öff. Hilfe in % u. a.: Schweden 0,94, Norwegen u. Niederlande 0,93, Frankr. 0,59, Großbrit. 0,52, BR Dtld. 0,44, Japan 0,26, Schweiz 0,21, Österr. 0,19, USA – m. 4,57 Mrd. $ absolut größt. Geber – 0,19. – Der **Schuldendienst der Entwicklungsländer** (1977 vorlf., 1985 u. 1990 voraussichtl.) in % des BSP/in % der Ausfuhr von Gütern und Dienstleistungen: 1977 3,1/11,8 – 1985 4,6/18,1 – 1990 4,7/18,8. – Nach OECD-Angaben erreichte Ende 1979 die **Gesamtverschuldung** der Entwicklungsländer 391 Mrd. $. 1978 entfielen 32% des Schuldendienstes auf Brasilien, Mexiko u. Spanien, weitere 24% auf Iran, Argentinien, Algerien, Rep. Korea, Saudi-Arabien, Indonesien und Jugoslawien.

Im Vorwort des »IBRD-B« schreibt Weltbankpräsident *Robert S. McNamara u. a.*: **»Im Verlauf der beiden kommenden Jahrzehnte** werden diese [Entw.-]Länder **vor beispiellosen Herausforderungen** stehen: Sie müssen für ein Arbeitskräfteangebot, das in den Jahren 1975–2000 wahrscheinlich um mehr als 500 Millionen Menschen zunehmen wird, produktive Beschäftigungsmöglichkeiten schaffen; im gleichen Zeitraum müssen ihre Städte für zusätzliche Einwohner von fast einer Milliarde Arbeitsplätze, Wohnraum, Verkehrseinrichtungen, Wasserversorgung, Kanalisation und Gesundheitsdienste bereitstellen; schließlich stehen mehr und mehr Entwicklungsländer vor der Notwendigkeit, neue wirtschaftspolitische Initiativen zu ergreifen, um die Industrialisierung zu steuern [...].« – Die **Weltbank/IBRD**, der die Sowjetunion und die anderen RGW-Länder nicht angehören, hat (einschl. der Tochterorganisation IDA) 1979 Kredite in Höhe von 10 Mrd. $ vergeben, davon 25% für Landwirtschaft und ländliche Entwicklung, 19% für Verkehrswesen und u. a. 24% für Elektroenergie und Wasserversorgung (Einzelheiten »Jahresbericht 1979 der Weltbank«, Washington). – Die **BR Deutschland** hat nach Angaben des BM für wirtschaftl. Zusammenarbeit **1979 an öffentl. Entwicklungshilfe 6,14 Mrd. DM geleistet**, was **0,44% des BSP** (1978 0,37%) entspricht. Die privaten E.-Kredite beliefen sich (vorlf. Zahl) auf 6,30 Mrd. DM (1978 9,45 Mrd. DM), hauptsächlich für die sog. »Schwellenländer«. Insgesamt machten die Leistungen der Bundesrepublik einschl. sonstiger Kredite, Hilfen usw., 13,24 (1978 15,18) Mrd. DM aus. (Die privaten Spenden betrugen 713,70 Mill. DM, darunter von 80 kathol. Einrichtungen 302 Mill. DM und von 52 evangelischen 286,2 Mill. DM.) – Bis Ende 1979 hat die Bundesrepublik mit 17 Ländern Abkommen über die **Umwandlung von Darlehen in Zuschüsse im Wert von 3,0** (mit Zinsen 3,5) **Mrd. DM** geschlossen. – Die **technische Zusammenarbeit** mit den Entwicklungsländern hat sich zunehmend auf die am meisten benachteiligten Länder konzentriert. Die »Gesellschaft für Technische Zusammenarbeit«/**GTZ** hat bis Ende 1979 insges. Projekte für 2,6 Mrd. DM in 92 Entwicklungsländern abgewickelt. – Rund 3% der bundesdeutschen Arbeitnehmer sind durch den Export von Halb- und Fertigwaren in außereurop. Entwicklungsländer beschäftigt. Etwa 1% der bilateral gegebenen Gelder sind liefergebunden; rund 60% der Leistungen fließen durch Lieferung von Waren wieder in die Bundesrepublik zurück. – Der sog. **Nord-Süd-Dialog** hat sich in den letzten Jahren intensiviert; es zeigt sich, daß die Industriestaaten an Initiative verlieren und die Entwicklungsländer, namentlich seitens der **»Gruppe 77«** (auf 119 angewachsen), ihre Forderungen – fast stets nur an die westlichen Industriestaaten – verschärfen (s. auch: M. Timmler: »Zur wirtschaftlichen Strategie der Entwicklungsländer«, in Beih. 1979/44 zu »Das Parlament« u. O. Matzke: »Die gemeinsame Agrarpolitik«, ebda. 1980/5). Um dank ihrer Zahl bessere Verhandlungspositionen zu gewinnen, haben diese Länder, die mit den bisherigen Fortschritten unzufrieden sind, den Plan, den **»Dialog« künftig verstärkt im Rahmen des Plenarausschusses** (»Committee of the Whole«) **der UNO-Vollversammlung** zu führen, und zwar über alle Problemkreise (Rohstoffe, Energie, Handel, Industrialisierung, Kapital und u. a. eine Art »Welthandelssteuer« zugunsten der Entwicklungsländer, die auf der UNCTAD-Konferenz in Manila in die Diskussion geworfen wurde). Auch auf der **»Weltkonferenz des Entwicklungsprogramms der Vereinten Nationen«/UNDP** vom Juli 1980 (in Tunis) wurden mangelnde Fortschritte im Nord-Süd-Dialog beklagt. – Bei der **III. Generalkonferenz der** »UNO-Organisation für industrielle Entwicklung«/**UNIDO** (Januar/Februar 1980 in Neu-Delhi) kam es zu einer offenen Konfrontation; die Entwicklungsländer legten als **»Delhi-Deklaration und Aktionsplan«** faktisch die Forderungen vor, die auf der Konferenz der »Blockfreien« (s. Sp. 103ff.) in Havanna aufgestellt worden waren (s. u.a. G. Kück u. P. Stier über die »III. Generalkonferenz der UNIDO«, in »Deutsche Außenpolitik« 1980/6, Berlin/Ost) und sich fast nur an die 22 westlichen Industrieländer richteten, an die Staaten, die ohnehin den ausschlaggebenden Teil der Entwicklungshilfe leisten und die sich außerstande sahen, zuzustimmen. Mit den Stimmen der Entwicklungsländer und der kommunistischen Staaten wurde der Forderungskatalog angenommen. Er bleibt jedoch durch die Ablehnung der westlichen Industrieländer praktisch ohne Wert. Keine Einigung erzielt wurde auch auf der **Konferenz über einen Technologietransfer-Kodex** in Genf; sie wurde im Mai 1980 vertagt. – Die im Rahmen der UNCTAD stattfindende **Konferenz zur Stabilisierung der Rohstoffpreise** in Genf führte dagegen Ende Juni zur **Paraphierung eines Vertragswerkes** (»Agreement establishing the Common Fund for Commodities«) **über die Gründung eines gemeinsamen Rohstoff-Fonds,** der 18 Rohstoffabkommen vorsieht (Einzelheiten s. WA '80, Sp. 766); erforderlich sind noch Durchführungsbestimmungen und die Ratifizierung. Die durch die »Gruppe 77« repräsentierten E.-Länder sollen 10% der Beiträge leisten, aber 47% der Stimmen erhalten, entsprechend die Volksrep. China 5% bzw. 3%, die Ostblockländer 17% und 8%, die westlichen Industrieländer 68% und 42%. 350 Mill. $ sollen für Qualitäts- und Produktivitätsverbesserungen sowie für Verarbeitung und Vermarktung in den E.-Ländern, 400 Mill. $ für die Finanzierung von Rohstofflagern eingesetzt werden. – Eine besondere Initiative entfalteten jüngst die Entwicklungsländer – namentlich durch die sog. **»Gruppe 24«** – zur Reform des Internationalen Währungssystems, mit dem Ziel einer Art Weltzentralbank, in der die Kontrolle im Gegensatz zum **Internat. Währungsfonds/IMF** über die Vergabe an Krediten weiter gefaßt werden soll, um die Kreditvergabebestimmungen zu entschärfen bzw. sie so weit wie möglich den Staaten zu entziehen, die nicht nur die Mittel, sondern auch die Güter produzieren, deren die E.-Länder bedürfen. – Für Binnenländer und Staaten mit geringer Küstenausdehnung ergäben sich künftig schwere Nachteile, wenn die von den Entwicklungsländern und einigen anderen, an Küsten reichen Staaten vorgelegten Entwürfe einer **UNO-Seerechtskonvention** von der am 28. 7. 1980 begonnenen **3. Seerechtskonferenz** angenommen werden sollten: Nationalisierung des küstennahen Drittels des Weltmeeres und die Bürokratisierung der verbleibenden Tiefsee durch eine neue UNO-Wirtschaftsbehörde. Die BR Deutschland würde z.B. wichtige Zugangsrechte zu Fischerei, Meerestechnik und -forschung verlieren bzw. hohen finanziellen Forderungen der küstenreichen Anrainerstaaten nachkommen müssen. – Manche Experten sehen die **Gefahr,** daß die E.-Länder durch Überziehung von Forderungen gerade die Staaten schwächen, die die Hauptträger von Entwicklungshilfe und fortschrittlicher Entwicklungspolitik sind.

Die souveränen Staaten
und die von ihnen abhängigen Gebiete

NAME DES STAATES *(übl. deutsche Bezeichnung)*
(offiz. dt. Bezeichnung; offiz. Bez. in d. Landessprache (n) – [ET] = Internat. Kfz.-Kennzeichen [z.B. Ägypten], auch im Postverkehr gültig)

Fläche ( ): in Klammern die Rangstelle dieses Staates innerhalb d. 1980 unabhängigen 169 Staaten

Bevölkerung ( ): B = Berechnung, F = Fortschreibung, S = Schätzung, Z = Zählung;
bei Städten: m.V. = mit Vororten, A = Agglomeration

U: Datum der Unabhängigkeit

Abkürzungen bei Staaten unter 1 Mill. Einw.:

L: Anteil d. Erwerbspersonen in d. Landwirtschaft
E: Energieverbrauch pro Kopf u. Jahr in kg SKE (1 Steinkohleneinheit = 7000 kcal)
M: Militärausgaben-Anteil in % des BSP 1978

Abkürzungen bei Staaten über 1 Mill. Einw.:

·· = keine Daten greifbar * = Daten erhebl. älter (bis zu 10 Jahre)

BEVÖLKERUNG

Städt. B.	**Städtische Bevölkerung**	*z. B. Ägypten*
	Anteil d. Stadtbev. an der Gesamtbev. 1975 in % /	44%
	Zunahme d. städt. Bev. 1970–75 in % /	2,7%
	Anteil d. Bev. in d. größten Stadt an d. Gesamtbev. 1975 in % /	39%
	Anteil d. Bev. in Städten über 500000 E. an d. Gesamtbev. 1975 in %	54%
G	**Volksgesundheit**	
	Lebenserwartung bei d. Geburt 1977 in Jahren /	54 Jahre
	Säuglingssterblichkeit 1977 in % d. Lebendgeburten /	10,1%
	Kindersterblichkeit (1–4 Jahre) 1977 in % der Lebendgeburten /	18%
	Anzahl d. Einwohner je Arzt 1977 /	1190 E.
	Tägl. Nahrungsangebot in kcal pro Kopf, in % des Bedarfs	113%
S	**Schulbildung**	
	Anteil d. Erwachsenen über 14 Jahre ohne Lese- u. Schreibkenntn. (Analphabeten) 1975 in % /	56%
	Anteil d. Grundschüler 1976 in % der Grundschulaltersgruppe (6–11 Jahre) /	72%
	Ausgaben für das Erziehungswesen in % des BSP	5,4%

BEISPIEL *Ägypten* **Städt. B.:** 44 / 2,7 / 39 / 54 – **G:** 54 / 10,1 / 18 / 1190 / 113 – **S:** 56 / 72 / 5,4

WIRTSCHAFT

BSP	**Bruttosozialprodukt**	
	BSP zu Marktpreisen in US-$ 1977 u. 1978 /	12950 Mill. $ / 15520 Mill. $
	BSP je Einw. zu Marktpreisen in US-$ 1978, [ ] = Rangstelle innerhalb der Ende Sept. 1980 unabhängigen Staaten /	400 $ [114]
	Reale Zuwachsrate d. BSP im Jahresdurchschnitt 1970–77 je E. in %	5,2%
WS	**Wirtschaftsstruktur**	
	Anteil d. Landwirtsch. am Bruttoinlandsprodukt / BIP 1977 in % /	28%
	Wachstum der Landwirtschaft im Jahresdurchschnitt 1970–77 in % /	3,1%
	Anteil d. Industrie am BIP 1977 in % /	30%
	Wachstum der Industrie im Jahresdurchschn. 1970–77 in %	5,2%

Zum Heraustrennen
Zum Heraustrennen
Zum Heraustrennen
Zum Heraustrennen

WIRTSCHAFT *(Fortsetzung)*

V	**Verbrauch**	
	Anteil d. öffentl. Verbrauchs am BIP 1977 in % /	22%
	Anteil d. privaten Verbrauchs am BIP 1977 in % /	63%
	Anteil d. Bruttoinlandsinvestit. am BIP 1977 in % /	24%
	Anteil d. Bruttoinlandsersparnis am BIP 1977 in % /	15%
	Anteil d. Ausfuhr von Gütern u. Dienstl. 1977 in % d. BIP /	20%
	Anteil d. Außenbeitrags 1977 in % d. BIP	−9%
A	**Arbeitsmarkt**	
	Anteil d. Bev. im arbeitsfähigen Alter (15–64 J.) an d. Gesamtbev. 1977 in % /	56%
	Anteil d. Erwerbspersonen in d. Landwirtsch. 1977 in % /	51%
	Anteil d. Erwerbspers. in d. Industrie 1977 in %	26%
E	**Energiewirtschaft**	
	Energieverbrauch pro Kopf u. Jahr in kg SKE (1 Steinkohleneinheit = 7000 kcal) /	473 kg
	Energieverbrauch pro 1 US-$ erwirtschafteten BIP 1976, Wert in kg SKE /	1,8 kg
	Verbrauch von elektr. Energie 1978 je Einw. in kWh	341 kWh
M	**Militärausgaben** Anteil in % des BSP 1978	25,1%

BEISPIEL *Ägypten* **BSP** 1977: 12950 Mill. $, 1978: 15520 Mill. $ / 400$ [114] / 5,2 – **WS:** 28 / 3,1 / 30 / 5,2 – **V:** 22 / 63 / 24 / 15 / 20 / – 9 – **A:** 56 / 51 / 26 – **E:** 473 / 1,8 / 341 – **M:** 25,1

AUSSENHANDEL

Einf./Ausf.	**Einfuhr/Ausfuhr** 1978 in Mill. US-$	E 3837 Mill. $, A 1840 Mill. $
W	**Währung des Landes** und ihr Kurswert in US-$ bzw. DMark, März 1980	siehe Text
I	**Inflation,** Durchschnitt der Rate 1970–77 in %	7%
AS	**Außenhandelsstruktur**	
	Anteil d. Ausfuhr von Brennstoffen, Mineralien u. Metallen an der gesamt. Warenausfuhr 1976 in % /	25%
	Anteil d. Ausfuhr von Maschinenbau- u. elektrotechn. Erzeugn. sowie Fahrz. an d. gesamt. Warenausfuhr 1976 in % /	1%
	Anteil d. Einfuhr v. Brennstoffen an d. gesamt. Wareneinfuhr 1976 in % /	6%
	Anteil d. Einfuhr von Nahrungsmitteln an der gesamt. Wareneinfuhr 1976 in % /	28%
	Anteil d. Einfuhr von Maschinenbau- u. elektrotechn. Erzeugn. sowie Fahrz. an d. gesamt. Wareneinfuhr 1976 in %	30%
T	**Terms of Trade** (1970 = 100), Verhältnis Ausfuhr- zu Einfuhrpreisen 1977	93%
H	**Handelspartner**	
	Anteil d. Warenausfuhr in (westliche) Industrieländer 1977 in % /	62%
	Anteil d. Warenausf. in Entwicklungsländer 1977 in % /	11%
	Anteil d. Warenausf. in Staatshandelsländer 1977 in %	25%
Z	**Zahlungsverkehr u. Schuldendienst**	
	Zahlungsbilanzsaldo (vor Zinszahlungen auf öffentl. Auslandsverschuld.) 1977 in Mill. US-$ /	−529 Mill. $
	Anteil d. Schuldendienstes am BSP 1977 in % /	8,8%
	Anteil d. Schuldendienstes an d. Ausfuhr von Waren u. Dienstl. 1977 in % /	23%
	Höhe d. Auslandsverschuldung in % des BSP 1977	69%
D	**Devisenreserven:** Bruttowährungsreserven 1977 in Äquivalenten von durchschnittl. Monatsimporten	1,1 Monate
K	**Kapitalverkehr**	
	Anteil d. geleisteten Entwicklungshilfe in % d. BSP (nur v. Ländern d. OECD u. d. OPEC), Jahresdurchschn. 1960–77 /	–
	Nettozufluß an Auslandskapital 1977 in Mill. US-$ (öffentl. u. öffentl. garantierte mittel- u. langfristige Kredite) /	2278 Mill. $
	Private Nettodirektinvestitionen 1977 in Mill. US-$	98 Mill. $

BEISPIEL *Ägypten* 1979 **Einf.** (S) 3837 Mill. $, **Ausf.** (S) 1840 Mill. $ – **W:** 1 Ägypt. Pfund (£E) = 100 Piasters (PT); 1 US-$ = 70,00 PT, 1 £E = 2,7741 DM – **I:** 7,0 – **AS:** 25 / 1 / 6 / 28 / 30 – **T:** 93 – **H:** 62 / 11 / 25 – **Z:** –529 / 8,8 / 23 / 69 – **D:** 1,1 – **K:** – / 2278 / 98

Die souveränen Staaten
und die von ihnen abhängigen Gebiete

NAME DES STAATES *(übl. deutsche Bezeichnung)*
(offiz. dt. Bezeichnung; offiz. Bez. in d. Landessprache (n) – [ET] = Internat. Kfz.-Kennzeichen [z.B. Ägypten], auch im Postverkehr gültig)

Fläche ( ): in Klammern die Rangstelle dieses Staates innerhalb d. 1980 unabhängigen 169 Staaten

Bevölkerung ( ): B = Berechnung, F = Fortschreibung, S = Schätzung, Z = Zählung;
bei Städten: m.V. = mit Vororten, A = Agglomeration

U: Datum der Unabhängigkeit

Abkürzungen bei Staaten unter 1 Mill. Einw.:

L: Anteil d. Erwerbspersonen in d. Landwirtschaft
E: Energieverbrauch pro Kopf u. Jahr in kg SKE (1 Steinkohleneinheit = 7000 kcal)
M: Militärausgaben-Anteil in % des BSP 1978

Abkürzungen bei Staaten über 1 Mill. Einw.:

·· = keine Daten greifbar * = Daten erhebl. älter (bis zu 10 Jahre)

BEVÖLKERUNG

Städt. B.	**Städtische Bevölkerung**	*z.B. Ägypten*
	Anteil d. Stadtbev. an der Gesamtbev. 1975 in % /	44%
	Zunahme d. städt. Bev. 1970–75 in % /	2,7%
	Anteil d. Bev. in d. größten Stadt an d. Gesamtbev. 1975 in % /	39%
	Anteil d. Bev. in Städten über 500000 E. an d. Gesamtbev. 1975 in %	54%
G	**Volksgesundheit**	
	Lebenserwartung bei d. Geburt 1977 in Jahren /	54 Jahre
	Säuglingssterblichkeit 1977 in % d. Lebendgeburten /	10,1%
	Kindersterblichkeit (1–4 Jahre) 1977 in % der Lebendgeburten /	18%
	Anzahl d. Einwohner je Arzt 1977 /	1190 E.
	Tägl. Nahrungsangebot in kcal pro Kopf, in % des Bedarfs	113%
S	**Schulbildung**	
	Anteil d. Erwachsenen über 14 Jahre ohne Lese- u. Schreibkenntn. (Analphabeten) 1975 in % /	56%
	Anteil d. Grundschüler 1976 in % der Grundschulaltersgruppe (6–11 Jahre) /	72%
	Ausgaben für das Erziehungswesen in % des BSP	5,4%

BEISPIEL *Ägypten* **Städt. B.**: 44 / 2,7 / 39 / 54 – **G:** 54 / 10,1 / 18 / 1190 / 113 – **S:** 56 / 72 / 5,4

WIRTSCHAFT

BSP	**Bruttosozialprodukt**	
	BSP zu Marktpreisen in US-$ 1977 u. 1978 /	12950 Mill. $/15520 Mill. $
	BSP je Einw. zu Marktpreisen in US-$ 1978, [ ] = Rangstelle innerhalb der Ende Sept. 1980 unabhängigen Staaten /	400$ [114]
	Reale Zuwachsrate d. BSP im Jahresdurchschnitt 1970–77 je E. in %	5,2%
WS	**Wirtschaftsstruktur**	
	Anteil d. Landwirtsch. am Bruttoinlandsprodukt / BIP 1977 in % /	28%
	Wachstum der Landwirtschaft im Jahresdurchschnitt 1970–77 in % /	3,1%
	Anteil d. Industrie am BIP 1977 in % /	30%
	Wachstum der Industrie im Jahresdurchschn. 1970–77 in %	5,2%

WIRTSCHAFT *(Fortsetzung)*

V	**Verbrauch**	
	Anteil d. öffentl. Verbrauchs am BIP 1977 in % /	22%
	Anteil d. privaten Verbrauchs am BIP 1977 in % /	63%
	Anteil d. Bruttoinlandsinvestit. am BIP 1977 in % /	24%
	Anteil d. Bruttoinlandsersparnis am BIP 1977 in % /	15%
	Anteil d. Ausfuhr von Gütern u. Dienstl. 1977 in % d. BIP /	20%
	Anteil d. Außenbeitrags 1977 in % d. BIP	−9%
A	**Arbeitsmarkt**	
	Anteil d. Bev. im arbeitsfähigen Alter (15–64 J.) an d. Gesamtbev. 1977 in % /	56%
	Anteil d. Erwerbspersonen in d. Landwirtsch. 1977 in % /	51%
	Anteil d. Erwerbspers. in d. Industrie 1977 in %	26%
E	**Energiewirtschaft**	
	Energieverbrauch pro Kopf u. Jahr in kg SKE (1 Steinkohleneinheit = 7000 kcal) /	473 kg
	Energieverbrauch pro 1 US-$ erwirtschafteten BIP 1976, Wert in kg SKE /	1,8 kg
	Verbrauch von elektr. Energie 1978 je Einw. in kWh	341 kWh
M	**Militärausgaben** Anteil in % des BSP 1978	25,1%

BEISPIEL *Ägypten* **BSP** 1977: 12950 Mill. $, 1978: 15520 Mill. $ / 400$ [114] / 5,2 – **WS:** 28 / 3,1 / 30 / 5,2 – **V:** 22 / 63 / 24 / 15 / 20 / – 9 – **A:** 56 / 51 / 26 – **E:** 473 / 1,8 / 341 – **M:** 25,1

AUSSENHANDEL

Einf./Ausf.	**Einfuhr/Ausfuhr** 1978 in Mill. US-$	E 3837 Mill. $, A 1840 Mill. $
W	**Währung des Landes** und ihr Kurswert in US-$ bzw. DMark, März 1980	siehe Text
I	**Inflation,** Durchschnitt der Rate 1970–77 in %	7%
AS	**Außenhandelsstruktur**	
	Anteil d. Ausfuhr von Brennstoffen, Mineralien u. Metallen an der gesamt. Warenausfuhr 1976 in % /	25%
	Anteil d. Ausfuhr von Maschinenbau- u. elektrotechn. Erzeugn. sowie Fahrz. an d. gesamt. Warenausfuhr 1976 in % /	1%
	Anteil d. Einfuhr v. Brennstoffen an d. gesamt. Wareneinfuhr 1976 in % /	6%
	Anteil d. Einfuhr von Nahrungsmitteln an der gesamt. Wareneinfuhr 1976 in % /	28%
	Anteil d. Einfuhr von Maschinenbau- u. elektrotechn. Erzeugn. sowie Fahrz. an d. gesamt. Wareneinfuhr 1976 in %	30%
T	**Terms of Trade** (1970 = 100), Verhältnis Ausfuhr- zu Einfuhrpreisen 1977	93%
H	**Handelspartner**	
	Anteil d. Warenausfuhr in (westliche) Industrieländer 1977 in % /	62%
	Anteil d. Warenausf. in Entwicklungsländer 1977 in % /	11%
	Anteil d. Warenausf. in Staatshandelsländer 1977 in %	25%
Z	**Zahlungsverkehr u. Schuldendienst**	
	Zahlungsbilanzsaldo (vor Zinszahlungen auf öffentl. Auslandsverschuld.) 1977 in Mill. US-$ /	−529 Mill. $
	Anteil d. Schuldendienstes am BSP 1977 in % /	8,8%
	Anteil d. Schuldendienstes an d. Ausfuhr von Waren u. Dienstl. 1977 in % /	23%
	Höhe d. Auslandsverschuldung in % des BSP 1977	69%
D	**Devisenreserven:** Bruttowährungsreserven 1977 in Äquivalenten von durchschnittl. Monatsimporten	1,1 Monate
K	**Kapitalverkehr**	
	Anteil d. geleisteten Entwicklungshilfe in % d. BSP (nur v. Ländern d. OECD u. d. OPEC), Jahresdurchschn. 1960–77 /	–
	Nettozufluß an Auslandskapital 1977 in Mill. US-$ (öffentl. u. öffentl. garantierte mittel- u. langfristige Kredite) /	2278 Mill. $
	Private Nettodirektinvestitionen 1977 in Mill. US-$	98 Mill. $

BEISPIEL *Ägypten* 1979 **Einf.** (S) 3837 Mill. $, **Ausf.** (S) 1840 Mill. $ – **W:** 1 Ägypt. Pfund (£E) = 100 Piasters (PT); 1 US-$ = 70,00 PT, 1 £E = 2,7741 DM – **I:** 7,0 – **AS:** 25 / 1 / 6 / 28 / 30 – **T:** 93 – **H:** 62 / 11 / 25 – **Z:** −529 / 8,8 / 23 / 69 – **D:** 1,1 – **K:** – / 2278 / 98

ERLÄUTERUNG

Insgesamt wird es Ende Sept. 1980 bei getrennter Rechnung der politisch geteilten Länder China, Deutschland u. Korea, aber ohne Namibia u. Sahara, **169 Staaten** geben. Diese Zahl ist maßgebend für die Rangstellen bei Fläche u. Bevölkerung; bei den Rangstellen des Bruttosozialprodukts/BSP je Einw. sind 4 kleine Staaten nicht berücksichtigt (Andorra, San Marino, Tuvalu, Vatikanstadt).
Für die **Flächen- u. Einwohnerangaben** sowie die zahlreichen anderen Strukturdaten der Staaten wurden vor allem Angaben der UNO, der Weltbank sowie Publikationen (Statist. Jahrbücher etc.) der jeweiligen Staaten herangezogen (siehe Literaturverzeichnis, Sp. 935). Differenzen beim BSP/Einw. können sich dadurch ergeben, daß UNO u. Weltbank ihren Berechnungen häufig differierende Einwohnerzahlen zugrunde legen.
BSP-Zahlen je Einwohner sind grundsätzlich nur bedingt vergleichbar (Problematik d. Umrechnung in US-$, Kaufkraftunterschiede, unzureichende Erfassung der Selbstversorgerwirtschaft in Entwicklungsländern), haben also nur beschränkten Aussagewert für den Wohlstand eines Landes und sagen nichts über dessen Verteilung im Lande aus.
zu S: In Ländern mit umfassendem Grundschulsystem kann der Anteil d. Grundschüler den Wert 100% überschreiten, da es auch Grundschüler übe rund unter der willkürlich festgelegten Grundschulaltersgruppe gibt.
zu W: Notiert ist der Kurs für den Ankauf der jeweiligen Währung. Mittelkurse bzw. z.T. errechnete Vergleichskurse nach Dt. Bundesbank, z. T. nach Weltbank oder UNO, aber ohne Gewähr (Stand meist Mitte 1979). 1 SZR-Einheit (Sonderziehungsrecht beim Weltwährungsfonds/IMF) = 1,29474 US-$ (April 1980).
zu Z: Angaben über Schuldendienst u. Auslandsverschuldung vornehmlich für Entwicklungsländer; Daten für hochentwickelte Staaten mit komplexem Zahlungsverkehr nicht verfügbar.
Erläuterungen d. Abkürzungen bei **Mitgliedschaft** s. »Politische Organisationen...«, Sp. 585 ff. u. Sp. 33 ff. Die meisten Länder gehören auch UNCTAD u. UNIDO, die Mehrzahl d. Entwicklungsländer der Gruppe der »Bündnisfreien Staaten« an.

ABU DHABI s. Arabische Emirate

ADELIELAND s. Antarktis

AFGHANISTAN *(West-Asien)*
(Demokratische Republik Afghanistan, Jamhouriati Democratici Afghánistán, Da Afghánistán dimúkrátík Dschomhúriyát – [AFG])

Fläche (38): 647 497 km² – **Einwohner** (34): 20 500 000 (S 1979, lt. UNO: 15 490 000) = 31,7 je km² – **Städt. B.**: 13 / 5,5 / 22 / 22 – **G:** 42 / 18,3 / 27 / 28 290 / 83 – **S:** 88 / 18 / 1,3 – **Jährl. Bevölkerungswachstum:** (1970–1977) 2,5%

Bevölkerung: über 60% Paschtu sprechende Afghanen (bes. Gilsai u. Durrani), die das eigentl. Staatsvolk sind. 25–30% Tadschiken, 5% Usbeken, gegen 3% mongolische Hesoreh; Nuristanis (»Kafiren«), Bäludschen, Turkmenen, Kirgisen und Kasachen sowie Perser im engeren Sinne. 8–12% Afghanen sind Nomaden (»Koochis«) oder Halbnomaden – **Staatssprache:** Paschtu (Pushtu) und Dari (Farsi bzw. Persisch) – **Religion:** Vorrechte d. Islam der sunn. Hanafi-Lehre; über 90% Sunniten, der Rest Schiiten (u. a. Hesoreh), 800 Juden

Nationalflagge: schwarz-rot-grün (waagerecht), mit Staatsemblem am Flaggstock – **Nationalfeiertag:** 27. 4. – **U:** erneut 1747; Republik seit 17. 7. 1973

Staats- u. Regierungsform: »Demokrat. Republik« seit d. Militärputsch vom 27. April 1978. – Verfassung suspendiert, neue geplant; Parlament aufgelöst – Wahl eines »Obersten Rates« (»Loja Jirgah«) vorgesehen, z. Z. »Revolutionsrat« höchstes Gremium – **Verwaltungsgliederung** in 28 Provinzen u. in Bezirke – **Staatsoberhaupt** u. **Regierungschef:** Babrak Karmal, Präs. d. Rev.-Rates u. Gen.-Sekr. d. ZK d. »Demokr. Volkspartei Afghanistans« seit d. Staatsstreich v. Dez. 1979 – **Außenminister:** Schah [Shah] Mohammad Dost – **Parteien:** prokommun. »Demokrat. Volkspartei« m. »Chalk« (»Khalq« = »Volk«)- u. »Parcham« (»Banner«)-Flügel. Widerstandskämpfer (s. Sp. 111 ff.) – **Dipl. B.:** BR Dtld. u. DDR

Städte (S 1975): Kabul (Hptst.) 318 094, A 749 000, Kandahár (Qandakar) 209 000, Herát 157 000; 1973: Baghlan 110 874, Kundus 108 000, Tagab 106 777, Charekar 100 443, Gala-i-Nau 73 000, Taluqan 69 000, Faisabad 65 000, Maimana 57 000, Maidan 50 000, Mesar-i-Scherif [Mazár-i-Sharif] 45 000

Wirtschaft: BSP 1977: 3 150 Mill. $, 1978: 3 530 Mill. $ / 240 $ [133] / 2,7 – **WS:** 49 / – 5 / 19 / 0,6 – **V:** .. / 89 inkl. öff. V. / 13 / 11 / 13 / – 2 – **A:** 53 / 80 / 8 – **E:** 41 / 0,4 / 41

Außenhandel: 1978 **Einf.** 681 Mill. $, **Ausf.** 322 Mill. $ – **W:** 1 Afghani (Af) = 100 Puls; 1 US-$ = 43,00 Afs, 1 Af = 0,0452 DM – **I:** 4,1 – **AS:** < 1* / 3* / 7* / 14* / 14* / – **T:** 135 – **H:** 34 / 23 / 43 – **Z:** < 1 / 1,2 / 8 / 35 – **D:** 7,8 – **K:** – / 125 / ..

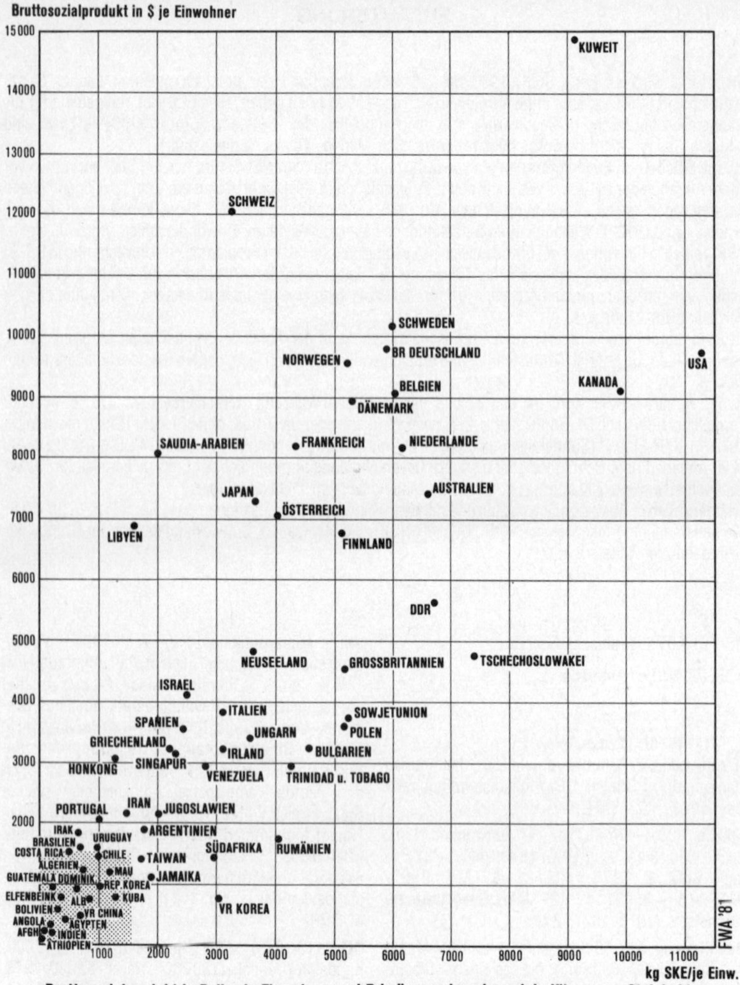

Bruttosozialprodukt in Dollar je Einwohner und Primärenergieverbrauch in Kilogramm Steinkohleneinheiten (SKE) je Einwohner in den 125 Staaten der Erde mit über 1 Million Einwohner (Stand 1978)

Die unten aufgelisteten Staaten fallen ebenfalls in das gerasterte Quadrat links unten im Diagramm und haben in der Regel ein Bruttosozialprodukt unter 500 $ je Einwohner und einen Primärenergieverbrauch unter 500 kg SKE je Einwohner

Fläche und Bevölkerung von 124 Staaten der Erde, siehe Diagramm in WA '80, S. 31/32

Bangladesh	Honduras	Kolumbien	Mali	Obervolta	Sierra Leone	Tschad
Benin	Indien	Kongo, Volksrep.	Marokko	Panamá	Simbabwe	Tunesien
Bhutan	Indonesien	Laos	Mauretanien	Papua-Neuguinea	Somalia	Türkei
Birma	Jemen, Arab. Rep.	Lesotho	Mongolei	Paraguay	Sri Lanka	Uganda
Burundi	Jemen, Volksrep.	Libanon	Mosambik	Perú	Sudan	Vietnam
El Salvador	Jordanien	Liberia	Nepál	Philippinen	Syrien	Zaïre
Ghana	Kambodscha	Madagaskar	Nikaragua	Rwanda	Tansania	Zentralafrik. Rep.
Guinea	Kamerun	Malawi	Niger	Sambia	Thailand	
Haiti	Kenia	Malaysia	Nigeria	Senegal	Togo	

Wichtige Ausfuhrgüter: Früchte 20–40%, Erdgas 10–15%, Karakulfelle 5%, Baumwolle bis 15%, Wolle, Teppiche 10%, Ölsaaten, Häute – **Wichtigste Außenhandelspartner:** Sowjetunion (bis 50%), Indien, Japan, Pakistan

Mitgliedschaft: UNO, ADB, ECWA, FAO, IAEA, ICAO, IBRD, IFC, ILO, IMF, UNESCO, UPU, UTU, WHO, WMO, Colomboplan

ÄGYPTEN *(Nordost-Afrika)*
(Arabische Republik Ä.; El Dschumhurija Misr El Arabija bzw. Al Jumhuriya Misr Al Arabiya, Egypt – [ET]

Fläche (28): 1001449 km² (59202 km² in Asien) – **Einwohner** (20): 40980000 (S 1979; 38,2 Mill. Z 1976) = 40,9 je km²; auf den 35580 km² Kulturland liegt die Bev.-Dichte bei über 1000 je km² – **Städt. B.:** 44 / 2,7 / 39 / 54 – **G:** 54 / 10,1 / 18 / 1190 / 113 – **S:** 56 / 72 / 5,4 – **Jährl. Bevölkerungswachstum:** (1970–1977) 2,2%

Bevölkerung: arabisierte Hamiten; 50000–80000 arab. Beduinen; im S Nubier; kleinere Minderheiten von Berbern u. Negern, Griechen (über 40000) u. 6000 Italienern – **Staatssprache:** Arabisch – **Religion:** rund 91% Muslimen, haupts. Sunniten (El-Azhar-Moschee u. -Universität als bedeutende geistliche Mittelpunkte des Islam, der Staatsreligion ist); 6% koptische Christen, griechisch-orthodoxe u. katholische (rund 50000) sowie protestantische (etwa 15000) Minderheiten u. 400 Juden

Nationalflagge: rot-weiß-schwarz (waagerecht) – **Nationalfeiertag:** 23.7. u. 6.10. – **U:** 28.2.1922, Rep. seit 18.6.1953

Staats- und Regierungsform: Präsidiale Republik – Neue Verfassung von 1971 – Volksversammlung – Allgem. Wahlrecht – **Verwaltungsgliederung** in 25 Provinzen u. Gouvernorate; seit 1977 8 Wirtschaftsregionen – Wehrpflicht – **Staatsoberhaupt:** Präsident Mohammed Anwar as Sadat, wiedergewählt Sept. 1976, seit Mai 1980 auch Regierungschef – **Außenminister** sowie stellv. Min.-Präs.: General Kamal Hassan Ali – **Nationaler Verteidigungsrat** – **Parteien:** Bei den Wahlen am 7. Juni 1979 erhielt die »National-Demokratische Partei«/NDP Sadats 340 der 392 Sitze (330 direkt gewählt, davon erstmals 28 weibliche, u. 10 vom Präsidenten bestimmte Abgeordnete); die »Sozialistische Arbeiterpartei« von Ibrahim Schukry mit 30 Abgeordneten unterstützt als »konstruktive Opposition« vorbehaltlos die Regierungspolitik; die milde oppositionelle »Sozial-liberale Partei« von Mustapha Kamel Murad erhielt 3 Sitze; außerdem Unabhängige; die oppositionelle »National-fortschrittliche unionistische Sammlungsbewegung« Mohieddins erhielt keinen Sitz – **Dipl. B.:** BR Deutschland u. DDR

Städte (S 1975): Kairo (El Qahira, Hptst.) 6824000, lt. UNO 5921000 Einw. (m. V. 9–10 Mill.), Alexandrien (Alexandria, El Iskandariya) 2320415 (S 1976), Gise (Giza) 893100, Suez (Es Suweis) 381000, Schubra el Khema 373500, Port Said (Bor Said) 349000, Mahalla el Kubra 296800, Tanta 284000, Assuan (Aswân) 258600, El Mansûra 237800, Assiut (Asyût) 202700, Damanhûr 179700, Ismailia 195000, Faijum (Faiyum) 172300 und Sagasig (Zagazig) 200800

Wirtschaft: BSP 1977: 12950 Mill. $, 1978: 15520 Mill. $/400$ [114]/5,2 – **WS:** 28/3,1/30/5,2 – **V:** 22/63/24/15/20/ – 9 – **A:** 56/51/26 – **E:** 473/1,8/341 – **M:** 25,1

Außenhandel: 1979 **Einf.** (S) 3837 Mill. $, **Ausf.** (S) 1840 Mill. $ – **W:** 1 Ägypt. Pfund (£E) = 100 Piasters (PT); 1 US-$ = 70,00 PT, 1 £E = 2,7741 DM – **I:** 7,0 – **AS:** 25/1/6/28/30 – **T:** 93 – **H:** 62/11/25 – **Z:** – 529/8,8 / 23 / 69 – **D:** 1,1 – **K:** – / 2278 / 98

Wichtige Ausfuhrgüter: Baumwolle (¼), Baumwollgarne, Textilien zus. 50–60%; Erdöl; Halbfertigwaren; außerdem Mineralöle, Reis (3%), Ölsamen, Gemüse, Phosphate – **Wichtigste Außenhandelspartner:** USA, BR Deutschland, Sowjetunion, Italien, Frankreich, Großbritannien

Mitgliedschaft: UNO, OAU, CCD, ECA, FAO, GATT, IAEA, IBRD, ICAO, IFC, ILO, IMCO, IMF, OAPEC (seit April 1979 ausgeschlossen), ITU, UIA, UNESCO, UPU, WHO, WMO; Arabische Liga (suspendiert). Gemeinsamer Arab. Markt – Union (Föderation) Arabischer Republiken (s. diese) – »Org. d. Nil-Staaten«; gemeins. Kongreß u. Verteidigungspakt m. d. Sudan; Zollpräf.-Abkommen m. d. EG

GASA (Gaza): Fläche 378 km² – Einw. etwa 450000, größtenteils Palästinenserflüchtlinge; im Rafi-Sektor israelische Neusiedlungen. – Bis Juni 1967 von Ägypten besetztes und verwaltetes Gebiet mit einem Generalgouverneur. 1962 von Nasser zu einem »Untrennbaren Teil« eines künftigen »Staates Palästina« erklärt; seit Juni 1967 ebenso wie Sinai-Halbinsel (58824 km² u. rd. 130000 E.) von israelischen Truppen besetzt. Nach Abschluß d. Friedensvertrages mit Israel am 26.3.1979 wurden Gaza und – in Teilschritten – bisher rd. ⅔ der Sinai-Halbinsel zurückgegeben.

ÅLAND-INSELN s. Finnland

ALASKA s. Vereinigte Staaten von Amerika

ALBANIEN *(Südost-Europa)*
(Sozialist. Volksrep. A.; Republika Popullóre Socialiste e Shqipërisë – [AL])

Fläche (124): 28748 km² – **Einwohner** (108): 2670000 (S 1979; 1626315 Z 1960) = 92,9 je km² – **Städt. B.:** 35/3,4/26/0 – **G:** 70/8,6/2/2800*/105 – **S:** 20 / 94* / .. – **Jährl. Bevölkerungswachstum:** (1970–1977) 2,9%

Bevölkerung: 99% Albaner (die Tosken im S u. die Gegen im N); slawische, griechische und walachische Minderheiten – **Staatssprache:** Albanisch (Grundlage toskischer Dialekt) – **Religion:** Vor 1945 über 50% Muslimen (meist Sunniten; dazu Bektaschiten), Christen (160000 Orthodoxe, 124000 Katholiken), 300 Juden; 1967 Erklärung zum »atheist. Staat«.

Nationalflagge: rot mit schwarzem Doppeladler und gelbem Stern darüber – **Nationalfeiertag:** 11.1. – **U:** 28.11.1912; Volksrep. seit 11.1.1946

Staats- und Regierungsform: Sozialist. Volksrep. seit d. neuen Verfassung v. Dezember 1976 – Parlament aus 1 Kammer (»Volksversammlung«) mit 270 Abg. – Wahl der Abgeordneten für vier Jahre von allen über 18 J. alten Bürgern – Allgemeine Wehrpflicht – Innere Gliederung in 26 Bezirke (rrethët) – **Staatsoberhaupt:** als Vorsitzender der Volksversammlung Ali Manaj, seit Dez. 1976; Vors. d. Präsidiums d. Volksvers. Haxhi Lleshi – **Regierungschef:** Vors. d. Ministerrates Gen. Ltn. Mehmet Shehu [Schehu], faktisch Enver Hodscha [Hoxha] – **Außenminister:** Nesti Nase – **Parteien:** Kommun. »Alban. Arbeiterpartei« (»Partia e Punës e Shqipërisë«; PPSH); Erster Sekr. d. Zentralkom. Enver Hodscha; für die Kandidaten der von der KP gesteuerten »Demokratischen Front« stimmten bei der Parlamentswahl von 1978 100% der Wähler; Anfang 1975 87000 Vollmitglieder der Partei – **Dipl. B.:** DDR

Städte (S 1976): Tirana (Tiranë, Hptst.) 192300 Einw., Shkodër 62500, Durrës 61000, Vlorë 58400, Korçë 49200, Elbasan 45500

Wirtschaft: BSP 1977 (S): 1670 Mill. $, 1978 (S): 1920 Mill. $/737 $ [85]/(S) 4,1 – **A:** 56/63/24 – **E:** 867 / 1,6 / 847

Außenhandel: 1976 **Einf.** 250 Mill. $, **Ausf.** 200 Mill. $ – **W:** 1 Lek = 100 Qindarka; (offiz. Kurs) 1 US-$ = 3,30 Leke, 1 Lek = 0,5885 DM; (im Reiseverkehr) 1 US-$ = 7,00 Leke, 1 Lek = 0,2774 DM

Wichtige Ausfuhrgüter: Bergbauprodukte (über 50%), Tabak, Felle, Wolle, Früchte (Oliven, Apfelsinen, Trauben) – **Wichtigste Außenhandelspartner:** Chines. Volksrepublik (bis zum Bruch mit 70% an 1. Stelle), Tschechoslowakei, Polen, DDR, übrige RGW-Länder, Italien

Mitgliedschaft: UNO, ECE, RGW (Mitarbeit suspendiert); FAO, IAEA, ITU, UNESCO, UPU, WHO, WMO (aus d. »Warschauer Pakt« im Sept. 1968 ausgetreten)

ALDABRA-INSELN s. Seschellen

ALGERIEN *(Nord-Afrika)*
(Dem. Volksrep. Algerien; République Algérienne Démocratique et Populaire; El Dschamhurija el Dschasarija el demokratija escha'abija bzw. El Djemhouria El Djazaïria El Demokratia Echaabia – [DZ])

Fläche (10): 2381741 km² – **Einwohner** (36): 19130000 (S 1979; 18240000 Z 1977 prov.; 11821679 Z 1966) = 8,0 je km² (Süd-A. weniger als 1) – **Städt. B.:** 54/6,8/14/14 – **G:** 56/8,6/16/5590/88 – **S:** 65/89/7,6 – **Jährl. Bevölkerungswachstum:** (1970–1977) 3,2%

Bevölkerung: Arabisch sprechende Mischbevölkerung sowie unvermischte Berber (u. a. Kabylen), im Süden Negereinfluß; über 60000 Europäer (Franzosen, Spanier usw.), über 2,3 Mill. als Gastarbeiter im Ausland – **Staatssprache:** Arabisch; Französisch als Handels- u. Bildungssprache, z. T. auch im offiziellen Verkehr wichtig. Berberdialekte (18–25%). – **Religion:** 97% Muslimen, Islam Staatsreligion; etwa 1000 Juden (1970), katholische (etwa 58000) und kleine protestantische Gruppen

Nationalflagge: grün-weiß (senkrecht) mit rotem Halbmond und Stern in der Mitte – **Nationalfeiertag:** 1.11. – **U:** 5.7.1962

Staats- und Regierungsform: Nach der im Juni 1976 durch eine Volksabstimmung gebilligten und am 19.11.1976 durch eine solche als neue Verfassung kodifizierten »Nationalen Charta« eine »demokratische Volksrepublik« mit dem Islam als Staatsreligion u. einem Einparteiensystem. Wahl d. Präsidenten u. d. Nationalversammlung durch das Volk nach allg. Wahlrecht, Auflösung d. »Nat. Revolutionsrates« im Jan. 1979 – »Nationaldienst« – Verwaltungsgliederung in 15 Dep. – **Staatspräsident:** Schadli Bendjedid [Chadli Ben Jedid], seit Febr. 1979 – **Regierungschef:** Oberst Mohammed Ben Ahmed Abdelghani, seit März 1979 – **Außenminister:** Mohammed Seddik Benyahia – **Parteien:** »Nationale Befreiungsfront«/FLN als Einheitspartei. Letzte Wahlen vom 25.2.1977 nach der FLN-Einheitsliste (alle 261 Sitze) – **Dipl. B.:** BR Dtld. u. DDR

Städte (F 1974): El Djaza'ir (Algier bzw. Alger, Hptst., m. V. 1975) 1503720 Einw., Ouahran (Oran) 485139 (m. V.), Constantine 350183, Annaba (Bône) 313174, Blida 158947, Sétif 157065, Sidi-Bel-Abbès 151148, Skikda (Philippeville) 127968, Tlemcen 115054, El Asnam (Orléansville) 114327, Mostaganem 101780

Wirtschaft: BSP 1977: 19570 Mill. $, 1978: 22290 Mill. $/1260 $ [64]/2,1 – **WS:** 8/0,2/57/5,9 – **V:** 17/45/49/38/33/ – 11/**A:** 49/35/18 – **E:** 729/0,8/254 – **M:** 2,0

Außenhandel: 1978 **Einf.** 8531 Mill. $, **Ausf.** 5866 Mill. $ – **W:** 1 Alg. Dinar (DA) = 100 Centimes; 1 US-$ = 3,952 DA, 1 DA = 0,4914 DM – **I:** 13,7 – **AS:** 96/ <1/2/18/47 – **T:** 315 – **H:** 95/4/1 – **Z:** – 1935/5,3/16 / 43 – **D:** 2,6 – **K:** 0,24 / 2081 / 173

Wichtige Ausfuhrgüter: Erdöl (Einn. 1979 9,8 Mrd. $) u. Erdgas (über 90%), Eisenerz, Phosphate, Wein, Getreide, Früchte, Frühgemüse, Halfagras, Kork, Häute – **Wichtigste Außenhandelspartner:** Frankreich, BR Deutschland, Italien und andere EG-Mitglieder, USA, UdSSR, Marokko

Mitgliedschaft: UNO, OAU, Arabische Liga, CCD, ECA, FAO, GATT (assoz.), IAEA, IBRD, ICAO, ILO, IMF, ITU, OAPEC u. OPEC, UPU, UNESCO, WHO, WMO – Allg. Zollpräf.-Abk. m. d. EG, Regionalabkommen mit Nachbarstaaten, u. a. permanentes Konsultativabkommen d. Maghrebstaaten

AMINDIVEN (Gruppe von Lakshadweep) s. Indien

AMIRANTEN s. Seschellen

ANDAMANEN s. Indien

ANDORRA *(Südwest-Europa)*
(Fürstentum Andorra, Principat d'Andorra, Principauté d'Andorre; Valls d'Andorra; franz.: Les Vallées d'Andorre – [AND])

Fläche (157): 453 km^2 – **Einwohner** (163): 31 000 (S 1979; 26558 Z 1975) = 68,4 je km^2

Bevölkerung: 1975 7926 Andorraner (wahlberechtigt), im übrigen meist spanische (ca. 17000), französische (ca. 2000) u. portugiesische Staatsangehörige usw. – **Geburten- und Sterbeziffer:** jährl. Wachstumsrate (1970–1977) 3,0 % – **Sprache:** Katalanisch; Spanisch u. Französisch als Bildungs- u. Verkehrssprachen – **Religion:** röm.-kath., jüdische Minderheit

Nationalflagge: blau-gelb (mit Wappen)-rot (senkrecht) – **U:** 1278

Staats- und Regierungsform: Freistaat unter Souveränität des Bischofs von Urgel (Spanien) und des französischen Staatspräsidenten, vertreten durch je einen »Viguier« (Landvogt) – Allgemeine Wahlberechtigung seit 1970 – »Parlament« aus 1 Kammer (»Generalrat«), mit 28 »Konsuln«, für 4 Jahre gewählt u. alle 2 Jahre zur Hälfte erneuert. »Regierungschef« der erste »Sindic« (»Syndic Procureur Général«, »Sindic Procurador General«): E. Sangrà Font, »gemäßigt progressistische« Minderheitspartei (»Moderat«) – Subsindic: Enric Paris, »Democrácia i Progrès« – **Parteien:** Bei den Wahlen v. Dez. 1977 fielen von den 12 gewählten Sitzen 11 an die gemäß. linke Koalition (»Agrupament Democratic Andorra«/A.D.A.) von »Moderat« u. »Democrácia i Progrès«, die nun wie die Konservativen 12 Sitze hat – neugegr. »Partit democrata andorra« (P.D.A.) – 1978 ein neues Referendum über Verwaltungsmodernisierung geplant (bis Mitte 1980 noch nicht stattgefunden) – »Volksmiliz« – Vertretung der auswärtigen Interessen durch Frankreich

Städte: Andorra la Vella (Andorre-la-Vielle, Hptst.) 10932 Einw., Les Escaldes 7372, Sant Julià 3244

Fremdenverkehr, Verpachtung einer Rundfunkstation, Stromausfuhr nach, Postunion mit Spanien. Französ. u. span. Währung, eigene geplant.

ANGOLA *Südwest-Afrika)*
(Volksrepublik A.; República Popular de A.)

Fläche (21): (m. d. Exklave Cabinda m. 7270 km^2 u. 80857 Einw., Z 1970) 1246700 km^2 (nach UNO-Ang.) – **Einwohner** (72): 6900000 (S 1979; Z 1970 5673046) = 5,5 je km^2 – **Städt. B.:** 18 / 5,7 / 62 / 62 – **G:** 41 / 2,4 / 34 / 14000* / 86 – **S:** 95* / 21* / 2,3 – **Jährl. Bevölkerungswachstum:** (1970–1977) 2,2 %

Bevölkerung: hauptsächlich Bantu, in rund 120 verschiedene Stämme und etwa 10 Gruppen gegliedert, u. a. Muschikongo im N, Imbangala bes. im O, Ambo, Njanjeka im S und SW, hier auch Mbundu und Kimbundu. Im SW Watwa (nicht zu den Bantu gehörend) sowie im äußersten S Khoisaniden (Buschmanngruppen). Vor der Abwanderung 400000 meist portugiesische Weiße, 1978 ca. 40000; rd. 100000 Mischlinge – **Staatssprache:** Portugiesisch, z. T. auch als Umgangssprache. Im übrigen vorwiegend Bantu-Sprachen – **Religion:** etwa 40 % röm. Katholiken, rund 10 % Protestanten; Anhänger von Naturreligionen

Nationalflagge: rot-schwarz (waagerecht) m. fünfzackigem gelben Stern, Zahnradbogen u. »Machete« in d. Mitte – **Nationalfeiertag:** 11. 11. – **U:** 11. 11. 1975

Staats- und Regierungsform: Soz. Volksrepublik – Verfassung vom Nov. 1975 auf marxist. Grundlage – »Revolutionsrat« als legislatives Organ; Ablösung nach Wahlen durch eine »Volksversammlung« aus 206 Mitgliedern – Allgemeines Wahlrecht – Allg. Wehrpflicht – Gliederung in 15 Distrikte – **Staatsoberhaupt u. Regierungschef:** José Eduardo dos Santos, seit 21. 9. 1979 – **Außenminister:** Paulo Texeira Jorge – **Parteien:** Seit dem Verbot von FNLA u. UNITA nur noch d. sozialist. MPLA (bzw. »Movimento Popular de Libertação de Angola« – »Partei der Arbeit«) zugelassen – **Dipl. B.:** BR Dtld. u. DDR

Städte (1970): Luanda (Hptst.) 475328 (S 1974: 600000), Huambo (fr. Nova Lisboa) 61885, Lobito 59528, Benguela 40996, Cabinda 21124, Moçâmedes 12076, Uige 11972

Wirtschaft: BSP 1977 (S): 1840 Mill. $, 1978 (S): 2000 Mill. $ / 300 $ [126] / – 3,4 – **WS:** 49 / – 11,5 / 23 / – 3,7 – **V:** 26 / 56 / 7 / 19 / 40 / 12 – **A:** 53 / 61 / 16 – **E:** 166 / 0,5 / 190 – **M:** 4,5

Außenhandel: 1977 **Einf.** 20640 Mill. Kz, **Ausf.** 27420 Mill. Kz – **W:** 1 Kwanza (Kz) = 100 Lwei; 1 US-$ = 29,622 Kz, 1 Kz = 0,0656 DM – **I:** 22,1 – **T:** 179 – **H:** 47 / 53 / 0

Wichtige Ausfuhrgüter: Erdöl aus der Exklave Cabinda (⅕), Kaffee (⅙), Diamanten, Erze, Sisal, Fische u. Fischprodukte, Holz – **Wichtigste Außenhandelspartner:** Portugal u. EG- sowie RGW-Länder, USA

Mitgliedschaft: UNO, OAU, FAO, IAEA, ILO, ITU, UNESCO, UPU, WHO, Freundschaftsvertrag m. d. UdSSR und u. a. mit Guinea-Bissau; Verteidig.-Abk.

m. Mosambik, Sambia u. Tansania; AKP (Antrag vorliegend), Sicherheitsabkommen mit Zaïre u. Sambia

ANTARKTIS *(Südpolargebiet, Antarktika = der eigentliche Kontinent)*

Fläche: 13,2 Mill. km^2 (nach neuen Radarmessungen wahrsch. nur 13 Mill. km^2), mit Schelfeismassen 14,1 Mill. km^2

Hoheitsansprüche: Argentinien (Antártida Argentina, 25°–74° w. L.) – Australien *(Australian Antarctic Territory*, 45°–160° ö. L., außer Adélieland) – Chile *(Territorio antártico chileno,* 53°–90° w. L.) – Frankreich *(Terre Adélie,* 136°–142° ö. L.) – Großbritannien (»Brit. Antarctic Territory« m. Grahamland, Süd-Orkney- u. Süd-Shetland-Inseln, 20°–80° w. L.) – Neuseeland *(Ross Dependency,* 160° ö. L.–150° w. L.) – Norwegen *(Atlanten- oder Bouvet-Sektor* 20° w. L.–45° ö. L.) – Die einzelnen Sektoren überschneiden sich teilweise. Auf den Sektor zwischen 90° w. L. und 150° w. L. wurde bisher kein Anspruch erhoben. Die USA und die Sowjetunion erkennen keine Hoheitsansprüche in der Antarktis an. Der von Argentinien, Australien, Belgien, Chile, Frankreich, Großbritannien, Japan, Neuseeland, Norwegen, der Republik Südafrika, der Sowjetunion und den USA am 1. 12. 1958 geschlossene Vertrag über die friedliche Nutzung der Antarktis trat am 23. 6. 1961 in Kraft (1976 Geheimkonferenz über den Abbau von Bodenschätzen). Polen wurde 1977 13. Vollmitglied und wie die BR Deutschland (1978) in das nicht zum ob. Abkommen gehörende »Internat. Komitee für Antarktisforschung«/SCAR aufgenommen. Die ČSSR, Dänemark, Niederlande, Rumänien, DDR und die Bundesrepublik Deutschland (seit 1978) sind »einfache« Mitglieder ohne Stimmrecht (Voraussetzung hierfür sind Beitrittserklärung und Bau einer Forschungsstation, mit dem von der BR Deutschland nach Voruntersuchungen 1980 im Jahr 1981 begonnen werden soll). Für die Vollmitgliedschaft mit Stimmberechtigung ist Voraussetzung, daß die Forschungsstation handfeste wissenschaftliche Ergebnisse erbracht hat. – Eisfrei 600 000 km^2 – Tiefste gemessene Temperaturen –80,6 °C am 22. 7. 1965 bzw. –91,5 °C (Station »Wostok«) – Forschungsstationen der USA, UdSSR, Argentiniens, Chiles usw. – Mittl. Tagestemperatur am Südpol 1976 –50 °C, Eisdicke am Südpol 2800 m

ANGUILLA u. ANTIGUA s. Großbritannien II

ANTILLEN s. Niederländ. Antillen

ÄQUATORIAL-GUINEA s. Guinea

ARABIEN s. Saudi-Arabien

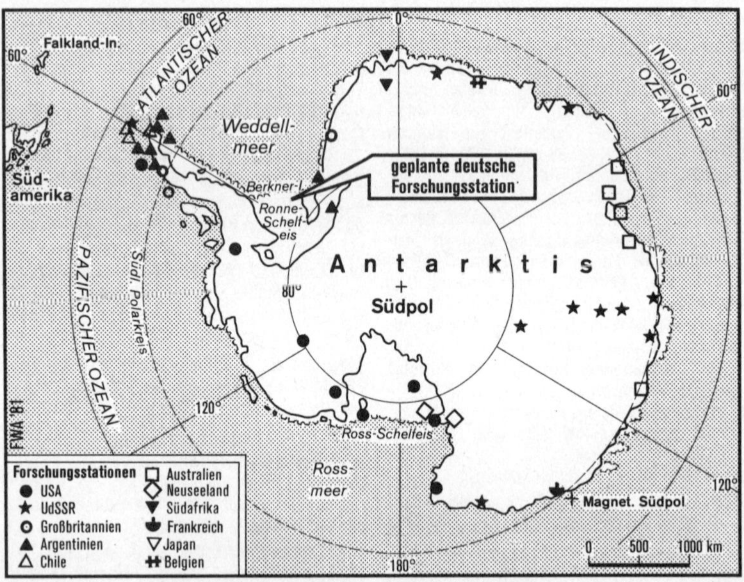

Forschungsstationen in der Antarktis (Stand 1980)

ARABISCHE EMIRATE *(Vorderasien)*
(Vereinigte A. E.; Al-Imārāt al-'Arabīya al-Muttahida; United Arab Emirates – [UAE])

Fläche (106): 83600 km² (nach UNO-Ang.) – **Einwohner** (128): 877340 (Z 1978, üb. 60% Ausländer; 179126 Z 1968) = 10,5 je km² – **S:** 30 – **Jährl. Bevölkerungswachstum:** (1970–1977) 3,1%

Mitglieder der Föderation: Abu Dhabi mit 75000 km² u. 235662 Einw. (mit den etwa 13000 Einw. der Oase von Buraimi) – Adschman [Ajman] mit 250 km² u. 21566 Einw. – Dubai mit 3750 km² u. 206861 Einw. – Fudscheira [Fujairah] mit 1150 km² u. 26498 Einw. – Ras el Cheima [Ras al Khaima] mit 1625 km² u. 57298 Einw. – Schardschah [Sharjah] mit 2500 km² u. 88188 Einw. – Umm el Kaiwein [Umm el Qiwain] mit 780 km² u. 16879 Einw. (alle n. Z. v. 1975 prov.)

Bevölkerung: über 70% Araber; persische, indische und pakistanische Gruppen, bis 10% Nomaden – **Staatssprache:** Arabisch; Englisch wichtig als Verkehrssprache – **Religion:** 97% Muslimen (haupts. Sunniten), 1,3% Christen

Nationalflagge: vertikaler roter Streifen am Flaggstock; dazu von oben nach unten horizontale grün-weiß-schwarze Streifen – **U:** 2. 12. 1971

Staats- und Regierungsform: Föderation (Ittihad) von 7 autonomen Emiraten – Föderative Nationalversammlung (40 gewählte Mitgl., ausschl. beratende Funktion) – Oberster Rat der Herrscher, mit Vetorecht von Abu Dhabi u. Dubai – Allg. Wahlrecht – Endgültige Verfassung in Vorbereitung – Keine Wehrpflicht – **Staatsoberhaupt:** Scheich Said [Zaid] Bin Sultan an Nahjan (Nahayyan; Oberhaupt v. Abu Dhabi), erneut seit 1976 – Vizepräs. u. **Regierungschef:** Raschid Bin Said [Zaid] al Maktum (Herrscher von Dubai), Ernennung durch »Obersten Rat« der 7 Emirate – **Außenminister:** Sayed Achmed Chalifa [Khalifa] as Suweidi Sajid [Sayed] – Berufsarmee – Noch keine eigentlichen Parteien – **Dipl. B.:** BR Deutschland (Botschaftssitz Abu Dhabi)

Städte: Abu Dhabi 55000 (Hptst.) m. Umg. 130000, Dubai 70000 (m. Umgeb. etwa 100000) Einw.

Wirtschaft: BSP 1977: 11100 Mill. $, 1978: 11440 Mill. $/14230 $ [3] / – 3,6 – **L:** 10 – **E:** 13500 – **M:** 4–5

Außenhandel: 1978 **Einf.** 5368 Mill. $, **Ausf.** 13170 Mill. $ – **W:** 1 U.A.E. Dirham (DH) = 100 Fils; 1 US-$ = 3,7247 DH, 1 DH = 0,5214 DM

Wichtige Ausfuhrgüter: Erdöl (üb. 90%, davon Abu Dhabi ⅘); in geringem Umfang Datteln, Vieh, Fische, Perlen – **Wichtigste Handelspartner:** Japan, Großbritannien, USA, Frankreich, BR Deutschland

Mitgliedschaft: UNO, Arabische Liga, ECWA, FAO, IAEA, IBRD, ICAO, IFC, ILO, IMF, ITU, OAPEC, OPEC, UNESCO, UPU, WHO; Freundschaftsvertrag mit Großbritannien

ARGENTINIEN *(Süd-Amerika)*
(Argentinische Republik; República Argentina – [RA])

Fläche (8): 2776889 km²; A. beansprucht die Malwinen, die Süd-Antillen und einen Antarktissektor mit zusammen rund 1231100 km² – **Einwohner** (29): 26730000 (S 1979; 23362204 Z 1970) = 9,6 je km² (s. auch Antarktis) – **Städt. B.:** 81 / 1,9 / 46 / 60 – **G:** 71 / 5,9 / 3 / 530 / 129 – **S:** 7 / 108 / 2,7 – **Jährl. Bevölkerungswachstum:** (1970–1977) 1,3%

Bevölkerung: über 95% Weiße vorwiegend spanischer und italienischer Abstammung; Mestizen, 20000–30000 Indianer; über 200000 Deutschstämmige – **Staatssprache:** Spanisch, auch »Castellano« genannt – **Religion:** 88,6% röm.-kath.; protestantische (1,5%) u. islamische Minderheiten, Juden (500000) – fast 10% Ausländer (haupts. Italiener u. Spanier)

Nationalflagge: hellblau-weiß (mit aufgehender Sonne)-hellblau (waagerecht) – **Nationalfeiertag:** 25. 5. – **U:** 9. 7. 1816

Staats- und Regierungsform: Präsidiale Republik – Parlament (»Congreso«) aus 2 Kammern: Senat (»Cámara de Senadores«) und Abgeordnetenhaus (»Cámara de Diputados«), deren Mitglieder für 9 bzw. 4 Jahre gewählt werden – Wahlberechtigt alle großjährigen Staatsbürger – seit Dez. 1978 Militärjunta »oberstes Organ« – Wehrpflicht – 23 Provinzen (mit je eigenem Parlament und Regierung); Bundesdistrikt (Distrito Federal) Buenos Aires – **Staatsoberhaupt u. Regierungschef:** Präsident Generalleutnant a. D. Jorge Rafael Videla, nach dem Staatsstreich vom März 1976 von der Militärjunta (u. a. zuständig f. Friedens-, Bündnis- u. Grenzabkommen) ernannt, der außer dem Oberkommandierenden des Heeres, General Leopold F. Galtieri, auch die Oberkommandierenden der Marine, Admiral Lambruschini, und der Luftwaffe, Brig.-Gen. Omar Domingo Rubens Graffigna, angehören. – **Außenminister:** Brigadier Carlos W. Pastor – **Parteien:** Nach den Wahlen vom 11. 3. 1973 setzte sich das Abgeordnetenhaus wie folgt zusammen: »Frente Justicialiste de Liberación«/»Frejuli« 143 (davon u. a. 117 an »Partido Justicialista«, peronistisch; übrige: an »Bewegung für Integr. u. Entw.«/MID usw.), 51 an die »Radikale Bürgerunion d. Volkes« (»Unión Cívica Radical del Pueblo«/UCRP; Vors. Ricardo Balbín); sonstige Parteien: »Partido Peronista Auténtuco«/PPA, »Tercera Posición«, »Nueva Fuerza«, »Frente de la Izquierda Popular«, KP (etwa 70000 Mitgl. nach Moskau orientiert); seit dem Putsch Parlament und Parteien suspendiert, linksextremistische Parteien verboten. (Seit 1977 eine »Montonero-Exilpartei«.) – **Dipl. B.:** BR Dtld. und DDR

Städte (F 1978 m. V.): Buenos Aires (Hptst., C. F.) 2982000 Einw. (Groß B. 1975 8435840); 1975 A: Córdoba 810008, Rosario 806942, La Plata

506287, Mendoza 470896, S. M. de Tucumán 366392, Mar del Plata 302282, Santa Fé 244579, San Júan 217514, Bahía Blanca 182158, Salta 176216, Resistencia 142848, Corrientes 136924, Paraná 127836, Santiago del Estero 105209

Wirtschaft: BSP 1977: 48710 Mill. $, 1978: 50250 Mill. $/1910$[52]/1,8–**WS:**13/2,7/45/2,8–**V:**9*/71*/19/23/13/4–**A:**63/14/29–**E:**1804/1,0/1297 – **M:** 2,2

Außenhandel: 1978 **Einf.** 3834 Mill. $, **Ausf.** 6400 Mill. $–**W:** 1 Argent. Peso (argent$) = 100 Centavos; (am 27. 3. 80) 1 US-$ = 1740,00 argent$, 1 argent$ = 0,0011 DM–**I:**107,3–**AS:**1/10/18/5/26–**T:**87–**H:** 46/45/8–**Z:**1594/2,0/15/10–**D:**7,2–**K:**–/475/54

Wichtige Ausfuhrgüter: Getreide (40%) u. Leinsaaten, Fleisch u. Vieh, Wolle, Häute, chem. Produkte, Textilien, Maschinen – **Wichtigste Außenhandelspartner:** USA, Brasilien, Italien, BR Deutschland u. and. EG-Länder, Chile, UdSSR, Venezuela

Mitgliedschaft: UNO, OAS, ALADI, BLADEX, CCD, CECLA, ECLA, FAO, GATT, IAEA, IBRD, ICAO, IDB, IFC, ILO, IMCO, IMF, ITU, UNESCO, UPU, WHO, WMO; seit 1967 Komitee »La-Plata-Becken« m. Bolivien, Brasilien, Paraguay u. Uruguay. Allg. Zollpräf.-Abk. mit EG; SELA-Differenzen mit Chile wegen drei Inseln im Beagle-Kanal

ARKTIS *(Nordpolargebiet)*

Fläche: im mathematischen Sinne rund 21180000 km², im geographischen Sinne etwa 28000000 km². Von der Landfläche (9,9 Mill. km²) entfallen über 5 Mill. km² auf Kanada, mehr als 2,2 Mill. km² auf die Sowjetunion, 2,1 Mill. km² auf Grönland, der Rest auf die USA (Alaska) und das norwegische Svalbard

ARUBA, am 25. 3. 1977 sprachen sich in einer Probeabstimmung 57% der Stimmberechtigten für die Unabhängigkeit aus (s. Niederlande)

ASANIA (Azania) s. Südafrika

ASCENSION s. Großbritannien II

ÄTHIOPIEN *(Nordost-Afrika)*

(Yatyiopya Manguist, Ethiopia – [ETH])

Fläche (23): 1221900 km² – **Einwohner** (26): 30420000 (S 1979) = 24,9 je km² – **Städt. B.**: 12/7,0/35/35–**G:**39/12,6*/37/84850/82–**S:**90/23/2,3 – **Jährl. Bevölkerungswachstum:** (1970–1977) 2,6%

Bevölkerung: rd. ⅓ Amharen u. Tigre, über ⅖ Galla, außerdem Dankali, Somali, Niloten; rd. 12000 Italiener – **Staatssprache:** Amhara, 2. Amtsspr. Galla; Engl., Italienisch als Bildungs- u. Handelssprache, insg. 50 Sprachen – **Religion:** 60% äthiopische Christen (bes. Amharen u. Tigre), 40% Muslimen (Somali, Dankali, Teile d. Galla), 28000 Juden (u. a. etwa 20000 Falascha im Gebiet des Tana-Sees) u. Anhänger von Naturreligionen (im SW); rund 200000 Katholiken

Nationalflagge: grün-gelb (mit Wappen)-rot (waagerecht) – **Nationalfeiertag:** 12. 9. – Blüte des Reiches von Aksum im 4. Jh. v. Chr.; neue Einigung 1853; Republik seit März 1975

Staats- und Regierungsform (Bis zum Staatsstreich v. Sept. 1974 fakt. absolute Monarchie mit einem kaum Einfluß besitzenden Zweikammerparlament u. allgemeinem Wahlrecht; keine offiz. Parteien) – »Provis. Militär. Verwaltungsrat«/DERG (engl. Abk.: PMAC) – Faktisch Wehrpflicht – 14 Provinzen (Taklay-Gizat) – **Vorsitzender** des DERG, von dessen ZK u. Ständ. Komitee, des Ministerrates u. Oberbefehlshaber der Streitkräfte: Oberstleutnant Menghistu Hailé Mariam – **Ministerpräsident:** Generalleutn. Fisgeha Desta – **Außenminister:** Oberst Dr. Feleke Gedle-Giorgis – **Parteien:** Am 16. 6. 1980 Kongreß d. »Kommission zur Gründung einer Arbeiterpartei v. Äthiopien«/(COPWE) – Aufstände (Eritrea, Ogaden usw.) s. »Weltchronik I« – **Dipl. B.:** BR Dtld. u. DDR

Städte (S 1977): Addis Abeba (Hptst.) 1327200 Einw., Asmara (Asmera) 364020, Diredaua (Dire Dawa) 72860; 1971 (S): Dessie 54910, Harar 53560, Dschimma (Jimma) 52420, Gondar 43040, Massaua über 30000

Wirtschaft: BSP 1977: 3280 Mill. $, 1978: 3640 Mill. $/117$[159]/0,2–**WS:**52/0,7/15/1,1–**V:**14/77/10/9/13/–1–**A:**53/81/7–**E:**27/0,3/23–**M:**3,1

Außenhandel: 1978 **Einf.** 522 Mill. $, **Ausf.** 310 Mill. $ –**W:** 1 Birr (Br) = 100 Cents; 1 US-$ = 2,07 Br, 1 Br = 0,9381 DM–**I:**3,3–**AS:**0/1/15/6/34–**T:**177–**H:**72/20/4–**Z:** –70/0,9/6/14,4–**D:**4,6–**K:**–/34/6

Wichtige Ausfuhrgüter: Kaffee (25–75% des Ausfuhrwertes), Viehzuchtprodukte, Ölsaaten, Hülsenfrüchte (6–15%), Gold – **Wichtigste Außenhandelspartner:** USA, Japan, Italien, BR Deutschland u. and. EG-Länder, Saudi-Arabien, Iran, UdSSR

Mitgliedschaft: UNO, ECA, FAO, OAU, AKP, IAEA, IBRD, ICAO, IDA, IFC, ILO, ITU, IMF, UNESCO, UPU, WHO, WMO; Ost-Südostafrik. Präf.-Handelszone; »Organ. d. Nil-Staaten«; Koop. m. d. RGW

ATHOS s. Griechenland

ATLANTEN-SEKTOR s. Antarktis

AUCKLAND-INSELN s. Neuseeland

AUSTRALIEN *(Ozeanien)*

(Australischer Bund; The Commonwealth of Australia – [AUS])

Fläche (6): 7686420 km² (mit Tasmanien u. vorgelagerten Inseln) – **Einwohner** (46): 14420000 (F 1979; 12755638 Z 1971) = 1,9 je km² – **Städt. B.:** 87/2,0/

25/68 – **G:** 72/1,4/1/860*/124 – **S:** 0/92/6,3 – **Jährl. Bevölkerungswachstum:** (1970–1977) 8,4%

Bevölkerung: zu rd. 95% britischer Abstammung; 1971 106288 Autochthone (zu den Australiden gehörend) und Mischlinge, über 10000 Asiaten, etwa 250000 Deutschstämmige – **Staatssprache:** Englisch – **Religion:** überwiegend Protestanten (31% Anglikaner, Presbyterianer, Methodisten), 27% Katholiken; 62208 Juden

Nationalflagge: blau, mit »Union Jack« (links oben), großem Stern und Kreuz des Südens als Sternbild – **Nationalfeiertag:** 26.1. – **U:** 1.1.1901 bzw. vollst. 1931

Staats- und Regierungsform: Parlamentarisch-demokratische Monarchie u. unabhängiges Mitglied des »Commonwealth of Nations« – Parlament aus 2 Kammern (»House of Representatives« u. »Senate«) – Wahlberechtigt alle erwachs. Bürger – Keine Wehrpflicht – Bundesstaaten mit Parlament u. Exekutivrat sowie einem Gouverneur – Sechs Bundesstaaten (Einw. 1977): Queensland 1728000 km², 2160000 Einw. (Hptst. Brisbane) – New South Wales 801507 km², 4931600 Einw. (Sydney) – Victoria 227620 km², 3763000 Einw. (Melbourne) – South Australia 984371 km², 1268000 Einw. (Adelaide) – Western Australia 2527567 km², 1183500 Einw. (Perth) – Tasmania 67897 km², n. and. Ang. 68640 km², 409300 (and. Ang. 415800) Einw. (Hobart); außerdem Northern Territory 1347525 km², 100000 Einw. (Darwin) – Aust. Capital Territory/A.C.T. 2432 km², 197622 Einw. – **Staatsoberhaupt:** Königin Elizabeth II., seit 1952; vertreten durch einen Generalgouverneur, Sir Zelman Cowen, seit 1977 – **Regierungschef:** Premierminister Malcolm Fraser, Lib., Koal. m. Nat. Country P. – **Äußeres:** Andrew Sharp Peacock, Lib. – **Parteien:** Sitzverteilung seit d. Wahlen v. 10.12.1977 (1974) im Repräsentantenhaus (127 Sitze): »Liberal Party« 67 (68), »Australian Labor (Labour) Party« 38 (36), »Nat. Country Party« 19 (23); die austr. KP hat etwa 3000 Mitgl. u. ist legal – **Dipl. B.:** BR Dtld. und DDR

Städte (B 1976 m. V.): Canberra (Hptst.) 215461 Einw., Sydney 3021299, Melbourne 2603578, Brisbane 957710, Adelaide 900379, Perth 805489, Newcastle 362980, Greater Wollongong 211122, Hobart 162059, Geelong 131643

Wirtschaft: BSP 1977: 102570 Mill. $, 1978: 113830 Mill. $/7920 $ [18]/1,6 – **WS:** 5/1,7/32/3,9 – **V:** 16/59/28/25/16/–3 – **A:** 64/6/35 – **E:** 6657/0,9/6035 – **M:** 2,7

Außenhandel: 1978 **Einf.** 13885 Mill. $, **Ausf.** 14127 Mill. $ – **W:** 1 Austr. Dollar ($A) = 100 Cents; 1 $A = 1,0855 US-$, 1 $A = 2,1079 DM – **I:** 12,8 – **AS:** 32/5/10/5/38 – **T:** 88 – **H:** 66/25/7 – **Z:** 2512/../../.. – **D:** 1,6 – **K:** 0,45/../905

Wichtige Ausfuhrgüter: Wolle (10–15% d. Ausfuhrwertes), Getreide (Weizen), Fleisch und Molkereiprodukte (je 10–15%), Zucker, Früchte, Häute, Felle, Bergbauprodukte (Eisenerze, Edelmetalle, Blei, Zink, Uranerze, ca. 30%), Maschinen u. Fahrzeuge rd. 20% – **Wichtigste Außenhandelspartner:** Japan, USA, Großbritannien, BR Deutschland u. and. EG-Länder, Neuseeland, Kanada, Chines. VR, Hongkong, Indien

Mitgliedschaft: Commonwealth, UNO, ADB, ANZUS, ASPAC, CCD, Colombo-Plan, ESCAP, FAO, GATT, IAEO, IBRD, ICAO, IEA, IFC, ILO, IMCO, IMF, ITU, OECD, UNESCO, UPU, WHO, WMO – Verteidigungsbündnis mit Großbritannien, Malaysia, Singapur; Südseeforum

Außenbesitzungen: 1. *Christmas Island* (Weihnachtsinsel) im Indischen Ozean, 135 km² und 3260 (S 1976) Einw., überw. Chinesen; Hauptort: Flying Fish Cove – 2. *Kokos-Inseln* bzw. *Keeling-Inseln* (Terr. of Cocos Islands), 14,2 km² u. 600 Einw. (1978); Hauptort: Bantam. – 3. *Norfolk-Inseln,* mit 2 Eilanden 36,2 km² u. 1850 Einw. (S 1976); Hauptort: Kingston 800 Einw. – 4. *Coral Sea Island Territory* (v. Norfolk aus verwaltet); Met. Station auf Willis Island – Verschiedene austral. Inseln; *Ashmore-I.* (1,89 km²) u. *Cartier-I.* in der Timor-See (zum North. Terr. gehörend) – *Heard-* und *McDonald-Inseln* in der Antarktis, 258 km², unbewohnt – *Macquarie-I.,* Dependence von Tasmanien, 176 km², nur Wetterstation – Lord Howe Island u. Ball's Pyramid, zus. 13 km² u. 240 Einw. (S 1975; geh. zu New South Wales) – Australien erhebt Hoheitsanspruch auf einen Sektor in der Antarktis (s. Antarktis)

AZOREN s. Portugal

BAHAMAS *(Mittel-Amerika; Karibik)*

(Bund der Bahamas; The Commonwealth of the Bahamas – [BS])

Fläche (137): 13935 km² – **Einwohner** (149): 220000 (F 1979; 175192 Z 1970) = 15,8 je km² – **Städt. Bev.:** 60% – **S:** 6 – **Jährl. Bevölkerungswachstum:** (1970–1977) 3,6%

Bevölkerung: 85% Neger und Mulatten; im übrigen Mestizen u. Weiße – **Staatssprache:** Englisch – **Religion:** Protestanten; ⅕ Katholiken; jüd. Minderheit; Reste afrik. Naturreligionen

Nationalflagge: blau-gelb-blau (waagerecht), am Mast ein schwarzes Dreieck – **Nationalfeiertag:** 10.7. – **U:** 10.7.1973

Staats- und Regierungsform: Parlamentarisch-demokratische Struktur – Parlament aus 2 Kammern: Senat (»Senate«) und Abgeordnetenhaus (»House of Assembly«) – Allgemeines Wahlrecht – Keine Wehrpflicht – **Staatsoberhaupt:** Königin Elizabeth II., seit

1973 vertreten durch einen Generalgouverneur: Sir Gerald C. Cash – **Regierungschef:** Premierminister Lyndon Oscar Pindling, PLP – **Außenminister:** Darrell Rolle – **Parteien:** Bei den Wahlen vom 19.7.1977 erhielt die »Progressive Liberal Party«/PLP 30, d. opposition. »Bah. Dem. Party« 5 u. d. »Free Nat. Movement« 3 Sitze – **Dipl. B.:** BR Dtld. (Botschafter in Kingston [Jamaika] gleichzeitig in Nassau akkreditiert)

Städte (1976): Nassau (Hptst., A) 125500 Einw.

Wirtschaft: BSP 1977: 520 Mill. $, 1978: 570 Mill. $/ 2620 $ [43] / – 7,2 – **L:** 9 – **E:** 7286

Außenhandel: 1977 **Einf.** 3053 Mill. $, **Ausf.** 1989 Mill. $ – **W:** 1 Bahama Dollar (B$) = 100 Cents; 1 US-$ = 1,00 B$, 1 B$ = 1,9419 DM

Wichtige Ausfuhrgüter: Krustentiere, Fische, Gemüse, Holz, Zement, Rum, Salz, Mineralölprod.; bedeutender Fremdenverkehr – **Wichtige Außenhandelspartner:** USA (über 60%), Großbritannien, Kanada

Mitgliedschaft: UNO, Commonwealth, FAO, IBRD, ICAO, ILO, IMCO, IMF, ITU, UPU, WHO, WMO, AKP

BAHREIN *(Vorder-Asien)*
(Staat Bahrein, sprich »Bachreïn«; Mashyaka al Bahrein; Dawlat al-Bahrein – [BRN])

Fläche (154): 622 km² (n. and. Ang. 598 km²) – **Einwohner** (145): 275549 (B 1978, 216078 Z 1971), mit Ausländern (S) 345000 = 443 je km² – **Städt. Bev.:** 78% – **S:** 88 – **Jährl. Bevölkerungswachstum:** (1970–1977) 3,1%

Bevölkerung: 88% Araber; Inder, 5% Pakistaner, 4% Perser, ca. 3000 Briten u. US-Amerikaner – **Staatssprache:** Arabisch, Bildungssprache Englisch – **Religion:** 91% Muslimen, Sunniten u. Schiiten je zur Hälfte, 6000 Christen

Nationalflagge: rot, mit weiß gezacktem Rand am Flaggstock – **Nationalfeiertag:** 16.12. – **U:** 14.8.1971

Staats- und Regierungsform: Scheichtum – Kein Frauenstimmrecht – Gegenw. keine parlam. Einricht. oder polit. Parteien – Die Chalifa-Familie stellt 7 von 16 Ministern – **Staatsoberhaupt:** Scheich Isa bin Sulman el Chalifa [Khalifa], seit 1961 – **Regierungschef:** Scheich Chalifa bin Sulman el Chalifa, seit d. Auflösung d. Parlaments Ende Aug. 1975 auch m. d. gesetzgebenden Funktionen beauftragt – **Außenminister:** Scheich Mohammed bin Mubarak el Chalifa – **Dipl. B.:** Der Botschafter der BR Dtld. in Kuweit ist auch für B. zuständig

Städte (S 1979): Manama (Hptst.) 150000 Einw., Al Muharraq 60000

Wirtschaft: BSP 1977: 1390 Mill. $, 1978: 1510 Mill. $ / 4100 $ [30] / (1973–77) 0,2 – **L:** 5 – **E:** 11998

Außenhandel: 1978 **Einf.** 2046 Mill. $, **Ausf.** 1893 Mill. $ – **W:** 1 Bahrein-Dinar (BD) = 1000 Fils; 1 US-$ = 0,37525 BD, 1 BD = 5,1750 DM

Wichtigste Ausfuhrgüter: Erdöl 79%, Aluminiumprod. 19% – **Wichtigste Außenhandelspartner:** Großbritannien, USA, Japan, Saudi-Arabien

Mitgliedschaft: UNO, Arabische Liga, FAO u. GATT (assoz.); IBRD, ICAO, IFC, IMF, OAPEC, UIA, UNESCO, UPU, WHO, ECWA, UIA

BANGLADESCH *(Süd-Asien)*
(Volksrepublik B.; People's Republic of Bangladesh)

Fläche (86): 143998 km² – **Einwohner** (8): 85650000 (S 1979; 71316517 Z 1974) = 594,8 je km² – **Städt. B.:** 9 / 6,3 / 28 / 43 – **G:** 47 / 13,2 / 23 / 11350 / 92 – **S:** 78 / 83 / 1,8 – **Jährl. Bevölkerungswachstum:** (1970–1976) 2,4%

Bevölkerung: Bengalen; außerdem 1–1,5 Mill. Bihari usw., 0,5 Mill. Angehörige von Stämmen mit tibeto-birmanischen Sprachen – **Staatssprache:** Bengali; außerdem andere indoarische und tibeto-birman. Sprachen – **Religion:** rd. 80% Muslimen, etwa 18,5% Hindus; buddhist. u. christl. Minderheiten (über 130000 röm. Katholiken)

Nationalflagge: grüne Fläche mit rotem Kreis – **Nationalfeiertag:** 16.12.; Tag d. Rev. u. Nat. Solidarität: 7.11. – **U:** 26.3.1971 (endgültig 22.12.1971)

Staats- und Regierungsform: Volksrepublik; Verfassung v. 1973, neue geplant – Gliederung in 19 Distrikte – Keine Wehrpflicht – **Staatsoberhaupt:** Präsident sowie Min. f. Verteidigung Sia [Zia] ur-Rahman Bir Uttam, seit 1977 – **Regierungschef:** Schach Asisur [Shah Azizur] Rahman – **Außenminister:** Prof. Mohammed Schamsul [Shamsul] Huq – **Parteien:** die dem Präs. nahest. »Nationalistische Partei Bangladesch«/BNP (»Jatyatabadi Ganotantrik Dal«/JAGODAL) 207, die »Nat. Awami-Partei«/NAP 39, die »Moslem-Liga«, die KPB (CPB), die »Demokr. Liga«/DL u. die linksextrem. »Nat. Soz. Partei«/NSP – **Dipl. B.:** BR Dtld. u. DDR

Städte (Z 1974): Dacca (Hptst.) 1310792, m. V. 1730253 Einw., Tschittagong (Chittagong) 889760, Khulna 437304, Narayanganj 186769, Mymensingh 182153

Wirtschaft: BSP 1977: 6520 Mill. $, 1978: 7630 Mill. $/91 $ [162] / – 0,2 – **WS:** 55/1,0/13/4,2 – **V:** 6*/86*/ 6/ – 1/6/ – 7 – **A:** 51/78/7 – **E:** 33/0,3/24 – **M:** 1,3

Außenhandel: 1978 **Einf.** 1294 Mill. $, **Ausf.** 576 Mill. $ – **W:** 1 Taka (Tk.) = 100 Poisha; 1 US-$ = 16,0216 Tk., 1 Tk. = 0,1212 DM – **I:** 17,4 – **AS:** 0/0/ 13/42/14 – **T:** 68 – **H:** 45/42/13 – **Z:** – 265/1,2/12/ 42 – **D:** 2,2 – **K:** – / 286 / . .

Wichtige Ausfuhrgüter: Jute und Juteprodukte (60–80%); Tee, Häute u. Felle, Fische – **Wichtigste Außenhandelspartner:** Indien, USA, EG-Länder, Japan

Mitgliedschaft: UNO, ESCAP, FAO, GATT, IAEA, IBRD, ICAO, IFC, ILO, ITU, UNESCO, UPU, WHO, WMO

BARBADOS *(Mittel-Amerika; Karibik)* [BDS]

Fläche (158): 431 km² – **Einwohner** (146): 250000 (S 1978, 237701 Z 1970) = 580 je km² – **Städt. Bev.:** 5% i. e. S. – **S:** 3 – **Jährl. Bevölkerungswachstum:** (1970–1976) 0,7%

Bevölkerung: Neger und Mulatten (über 90%), kleine weiße Minderheit (über 10000) – **Staatssprache:** Englisch; außerdem z. T. Französisch; Umgangssprache »Bajan« – **Religion:** rund 70% Anglikaner, außerdem Methodisten u. Mährische Brüder, kathol. Minderheit, etwa 100 Juden

Nationalflagge: blau-gelb (mit schwarzem Dreizack)-blau (senkrecht) – **Nationalfeiertag:** 1. 12. – **U:** 30. 11. 1966

Staats- und Regierungsform: Parlamentarisch-demokratische Monarchie – Parlament aus zwei Kammern (»Senate, House of Assembly«) – Wahlberechtigt alle erwachsenen Bürger – Keine allg. Wehrpflicht – **Staatsoberhaupt:** Königin Elizabeth II., vertr. durch einen Generalgouverneur: Sir Deighton Ward – **Regierungschef,** Finanzen u. Planung: J. M. G. M. Adams, BLP – **Außenminister:** Henry Forde – **Parteien:** Wahlen v. Sept. 1976: »Democratic Labour Party«/DLP 7 Sitze, »B. Labour Party«/BLP 17 Sitze – **Dipl. B.:** BR Dtld., zuständ. Vertretung in Port of Spain (Trinidad u. T.)

Städte (S 1972): Bridgetown (Hptst.) 18789 bzw. 94000 mit Umgebung

Wirtschaft: BSP 1977: 440 Mill. $, 1978: 490 Mill. $/ 1940 $ [51] / 2,6 – **L:** 18 – **E:** 974

Außenhandel: 1978 **Einf.** 312 Mill. $, **Ausf.** 130 Mill. $ – **W:** 1 Barbados-Dollar (BDS$) = 100 Cents; 1 US-$ = 1,9937 BDS$, 1 BDS$ = 0,9740 DM

Wichtige Ausfuhrgüter: Zucker bis 50%, Melasse, Krustentiere, Rum – **Wichtigste Außenhandelspartner:** Großbritannien und karibische Gebiete, USA, Kanada

Mitgliedschaft: UNO, Commonwealth, OAS, CARICOM, CECLA, FAO, GATT, IBRD, ICAO, IDB, ILO, IMCO, IMF, ITU, SELA, UNESCO, UPU, WHO, WMO, AKP

BARBUDA, Teil der Leeward-Inseln, s. Großbritannien II

BELGIEN *(West-Europa)*
(Königreich Belgien; franz.: Royaume de Belgique, niederl.: Koninkrijk België – [B])

Fläche (122): 30513 km² – **Einwohner** (58): 9870000 (B 1979; de jure 9650944 Z XII/1970) = 323,5 je km² – **Städt. B.:** 71/0,5/15/25 – **G:** 72/1,4/1/500/141 – **S:** 1/106/6,5 – **Jährl. Bevölkerungswachstum:** (1970–1977) 0,4%

Bevölkerung (1971): 58,8% Niederländisch sprechende Flamen, 40,6% Französisch sprechende Wallonen; Zweisprachige und 0,6% Deutschsprachige (65000 im offiz. deutschspr. Gebiet), insg. 110000 Deutschspr. in Ostbelgien. Am 31. 12. 1977 850917 Ausländer – **Staatssprachen:** Französisch, Niederländisch und als Amtssprache regional Deutsch – **Religion:** ca. 90% röm.-kath., rd. 50000 Protestanten u. 41000 Juden

Nationalflagge: schwarz-gelb-rot (senkrecht) – **Nationalfeiertag:** 21. 7. – **U:** 1831

Staats- und Regierungsform: parlamentarisch-demokratische Monarchie – Parlament aus 2 Kammern: Senat (»Sénat« bzw. »Senaat«) u. Abgeordnetenhaus (»Chambre des Représentants« bzw. »Kamer van Volksvertegenwoordigers«); Senatoren und Abgeordnete werden für vier Jahre gewählt – Wahlpflicht für alle über 18 Jahre alten Männer u. Frauen – Wehrpflicht – 9 Provinzen – Nach d. sog. »Egmont«-Verfass.-Revision sollen die Regionen Flandern, Wallonien u. Brüssel mit entsprechenden Regionalparlamenten in Mechelen, Namur u. Brüssel weitgeh. Autonomie erhalten u. in Unterregionen eingeteilt werden. Die niederländisch-, französisch- und deutschsprachigen »Kulturgemeinschaften« sollen besond. kult. Bedürfnisse besitzen. Nach grundsätzlicher Annahme des Plans zur Umstrukt. d. Staates durch beide Kammern im August 1980 in d. Regionen Flandern u. Wallonien sind noch Gesetzgebungsakte für Brüssel erforderlich – **Staatsoberhaupt:** König Baudouin (Boudewijn, Balduin), seit 1951 – **Regierungschef:** Ministerpräsident Wilfried Martens, CVP, Chef einer Koal.-Reg. aus CVP/PSC, PSB/PSP, PRLW/PVV – **Außenminister:** Charles Ferdinand Nothomb – **Parteien** (Wahl 17. 12. 1978): Christlich-soziale Partei (»Parti Social Chrétien«/PSC) 25 u. »Christelijke Volkspartij«/CVP 57 (zus. 1977 80) von 212 Sitzen im Abgeordnetenhaus; Sozialisten (»Parti Socialiste Belge«/PSB) 32 u. »Belgische Socialistische Partij«/BSP 26 zus. 1977 62) Sitze; außerd. Liberale (»Parti de la Liberté et du Progrès«/PLP oder »Parti des Réformes et de la Liberté de Wallonie«/ PRLW bzw. »Partij voor Vrijheid en Vooruitgang«/ PVV) zus. 37 (33) Sitze, Kommunisten/PCB/BKP 4 (2) Sitze, die »Flämische Volksunion« (»Volksunie«/VU) 14 (20) Sitze, Autonomistische Bewegung der Wallonen (»Rassemblement Wallon«/RW) 4 (5) Sitze, Front der Francophonen/FDF 11 (10), »Recht op arbeid en demokratie«/RAD 1 (0) u. »Vlaams Blok«/ VLB 1 (0) Sitze. – Partei der Deutschsprach. Belgier/ PDB – KP etwa 10000 Mitglieder – **Dipl. B.:** BR Dtld. u. DDR

Städte (B 1. 1. 1978): Brüssel (Brussel, Bruxelles) m. V. 1,028 Mill. Einw. (Hptst., o. V. 150005), Antwerpen (Anvers) 201806, m. V. über 660000,

Lüttich (Liège, Luik) 227974, m. V. ü. 440000, Gent (Gand) 241171, Charleroi 227115, Brügge (Brugge, Bruges) 118333, Schaerbeek 110558, Namur 100296, Anderlecht 98300, Mons (Bergen) 97445, Löwen (Leuven, Louvain) 87125, Deurne 80021 u. Ostende (Oostende) 71319

Wirtschaft: BSP 1977: 81550 Mill. $, 1978: 89520 Mill. $/9070$[13]/3,5–**WS:**2/–0,5/38/4,0–**V:**17/62/22/21/48/–1–**A:**64/4/43–**E:**6049/0,9/4792 – **M:** 3,1

Außenhandel: m. Lux. 1978 **Einf.** 48612 Mill. $, **Ausf.** 44962 Mill. $ – **W:** 1 Belg. Franc (bfr) = 100 Centimes; 1 US-$ = 31,0950 bfrs, 1 bfr = 0,0625 DM –**I:** 8,6–**AS:** 10/25/14/13/26–**T:** 93–**H:** 83/13/2–**Z:** –373 / .. / .. / .. – **D:** 1,6 – **K:** 0,54 / .. / 727

Wichtige Ausfuhrgüter: Eisen- und Stahlwaren, Maschinen (zus. über ein Drittel d. Ausfuhrwertes), Textilien, Fahrzeuge, chem.-pharm. Produkte, Buntmetalle – **Wichtigste Außenhandelspartner:** EG (über 70%), und zwar an erster Stelle BR Deutschland, sodann Niederlande u. and. EG-Länder; USA, Zaïre, Schweden, Schweiz, Kanada

Mitgliedschaft: UNO, NATO, Benelux, WEU, Europarat, EG (EWG, EGKS, Euratom), OECD, ECE, EWS, FAO, GATT, IAEA, IBRD, ICAO, IDB, IFC, ILO, IMCO, IMF, ITU, UNESCO, UPU, WHO, WMO, ADB, CCD

BELIZE s. Großbritannien (Abhängige Gebiete)

BENELUX: Wirtschaftsunion Belgien–Luxemburg–Niederlande s. Sp. 612

BENIN *(West-Afrika)*
(Volksrepublik Benin, vor 1975 »Dahomey«; République Populaire du Benin – [RPB])

Fläche (94): 112622 km² – **Einwohner** (98): 3470000 (S 1979; 2106000 Stichpr.-Z. 1961) = 30,8 je km²–**Städt. B.:** 23/10,4/57/0–**G:** 46/20,6*/27 / 34380 / 87 – **S:** 89 / 53 / 5,0 – **Jährl. Bevölkerungswachstum:** (1970–1977) 2,7%

Bevölkerung: insg. 60 Stämme, hauptsächlich Sudan-Gruppen (über 50%), u. a. Ewe, Adja u. Fon, außerdem Joruba (13%), Bargu, Fulbe; 3000 Europäer, meist Franzosen – **Staatssprache** u. z. T. Umgangssprache der gebildeten Schicht: Französisch; sonst u. a. Kwa (Ewe), Fon, Gu, Joruba, Dendi – **Religion:** katholische (15%) und islamische (10–15%) Minderheiten; Anhänger von Naturreligionen rd. 70%

Nationalflagge: grüne Fläche mit einem fünfzackigen roten Stern links oben – **Nationalfeiertag:** 30. 11. – **U:** 1. 8. 1960 (als Dahomey)

Staats- und Regierungsform: Neue Verfassung (Loi Fondamentale) v. 9. Sept. 1977, m. Marx.-Leninismus als Staatsdoktrin; Revolut. Versamml. (360 Volkskommissare) im Nov. 1979 gewählt, die den Präsid. bestimmt – Verwaltungsgliederung in 6 Provinzen – Wehrpflicht – **Staatsoberhaupt:** Präs. Oberst Mathieu Kérékou (Kereku), seit 1972 – **Außenminister:** Simon Ifede Ouguma – **Parteien:** Seit 1975 marxistische Rev. Volkspartei von Benin als Einheitspartei (»Parti de la Révolution Populaire de Benin«/PRPB)

Städte (1975): Porto Novo (Hptst.) 104000 Einw., Cotonou 178000, m. V. 360000, Abomey (Abome) 40000, Parakou 35000, Ouidah (Uida) 25000

Wirtschaft: BSP 1977: 670 Mill. $, 1978: 770 Mill. $/232$[134]/0,5–**WS:** 38/../15/..–**V:** 12/83/17/5/27/–12–**A:** 52/47/15–**E:** 49/0,3/21 — **M:** 1,4

Außenhandel: 1977 **Einf.** 246 Mill. $, **Ausf.** 31 Mill. $–**W:** 1 CFA-Franc (F C.F.A.) = 100 Centimes; 1 US-$ = 4,473 FF, 1 FF = 50 CFA-Francs, 1 CFA-Franc = 0,0087 DM–**I:** 8,5–**AS:** 0*/<1*/8/17/30–**T:** 89–**H:** 56/44/0–**Z:** –94/1,5/6/21–**D:** 0,8–**K:** –/30/7*

Wichtige Ausfuhrgüter: Palmkerne, Palmöl 15%, Baumwolle über 20%, Erdnüsse, Kaffee, Rizinus – **Wichtigste Außenhandelspartner:** Frankreich u. and. EG-Länder, VR China, Nigerien

Mitgliedschaft: UNO, OAE, CEDEAO (ECOWAS), ECA, FAO, GAMO (OCAM), GATT, IBRD, ICAO, ILO, IMF, ITU, UDEAO, UNESCO, UPU, WHO, WMO, »Conseil de l'Entente« (fakt. nicht mitarbeitend); AKP, Niger-Kommission

BERMUDA-INSELN s. Großbritannien II (Unabhängigkeit vorgesehen)

BHUTAN *(Süd-Asien)*
(Königreich Bhutan; tibet.: Druk-Yul, »Drachenreich«)

Fläche (114): 47000 km² – **Einwohner** (125): 1232000 (S 1977; 1034774 Z 1966) = 26,2 je km²–**Städt. B.:** 3/4,5/1–2/0–**G:** 41/../28/4264/94–**S:** 80 / 12 / .. – **Jährl. Bevölkerungswachstum:** (1970–1977) 2,2%

Bevölkerung: tibet. Lhopa, nepales. Leptscha (Rong) u. Bhotia (Bhutija) – **Sprache:** das tibet. Dsongha (Dzongkha, im W gebräuchl.) ist Amtssprache; Bumthangkha (Zentrum), Sarchopkha (O) u. Nepali (S) – **Religion:** über 75% Buddhisten (lamaistischer Buddhismus der alten roten Sekte [Drukpa-Gruppe der Karyud-Schule]), Buddhismus ist Staatsreligion; etwa 20% Hindus

Nationalflagge: orange-rot (je dreiecksförmig) mit weißem Wappentier – **Nationalfeiertag:** 17. 12. – **U:** Altes Fürstentum

Staats- und Regierungsform: konstitut., erbl. Monarchie, Vertr. d. ausländ. Angelegenheiten und Verteidigung durch Indien, das an den Gebirgsstaat Subsidien zahlt – Verwaltungsgliederung in 9 Provinzen mit je einem Fürsten oder Penlop an der Spitze/Einkammerparlament (»Tsongduk«, »Tshogdu«) als

Ständeparlament – **Staatsoberhaupt:** König (»Druk-Gyalpo«) Jigme Singhye Wangtschuk [Wangchuk] seit 1972, gekrönt 1974 – **Ministerrat** u. Kgl. Beraterstab – **Außenminister:** Lyonpo Dawa Tsering – **Parteien:** keine eigentlichen Parteien – **Dipl. B.:** weder BR Dtld. noch DDR

Städte: Hauptstadt u. Hauptresidenz Thimbu (Thimphu), etwa 15000 Einw., außerdem Paro, Punakha u. Phunchholing

Wirtschaft: BSP 1977 (S): 110 Mill. $, 1978 (S): 120 Mill. $ / 100 $ [161] / (S) –0,3 – **A:** 55 / 93 / 2

Außenhandel: völlig unbedeutend, zu 99% mit Indien – **W:** 1 Ngultrum (NU) = 100 Chetrum; 100 NU = 12,31 US-$, 1 NU = 0,2390 DM; im Verkehr auch ind. Rupie

Mitgliedschaft: UNO, ESCAP, UPU, Colombo-Plan, Außenvertretung durch Indien; eig. Vertr. in Indien, Bangladesch u. Vietnam

BIRMA *(Südost-Asien)*
(Sozialist. Republik der Birmanischen Union; Pyi-Daung-Su-Se-She-Lit; [Socialist] Thammada Myanma Nainggan-Daw – [BUR])

Fläche (37) 676552 km² – **Einwohner** (25): 32910000 (S 1979; 28885867 Z 1973) = 48,6 je km² – **Städt. B.:** 25 / 3,8 / 23 / 23 – **G:** 52 / 19–30 / 15 / 5410 / 103 – **S:** 33 / 80 / 1,7 – **Jährl. Bevölkerungswachstum:** (1970–1977) 2,2%

Bevölkerung: fast ¾ Birmanen; Schan (6%), Karen (ca. 7%), Katschin (1%), Tschin (2%) und verschiedene Restvölker. Inder 1% (bes. in Rangun) und Chinesen 1–2% (bes. im NO) – **Staatssprache:** Birmanisch; Sprachen der anderen Gruppen; Englisch wichtig als intern. Handelssprache – **Religion:** 85% südl. Buddhisten, islamische (2–3%), hinduistische (fast 2%) u. christl. (u.a. über 300000 Kath.) Minderheiten (2%); 200 Juden

Nationalflagge: rotes Rechteck mit blauem Rechteck oben links, in dem sich ein Zahnrad (weiß) m. Sternen (Symbole f. autonome Staaten u. Bezirke) befindet – **Nationalfeiertag:** 4.1. – **U:** 4.1.1948

Staats- und Regierungsform: Republik m. staatssozialist. Tendenz – Neue Verfassung von 1974 – Einkammerparlament (»Volksversammlung« bzw. »Pyithu Hluttaw«) – Bed. Wehrpflicht – Von den Minderheitsgebieten sind u. a. jene der Karen (Hptst. Loikaw), Katschin, Kaya u. Schan (Hptst. Taunggyi) u. das Gebiet der Tschin hervorzuheben – **Staatspräsident:** (U) Ne Win (bis 1940 Name: Shu Maung), Generalstitel abgelegt; seit 1962, erneut gewählt 1978, auch Vorsitzender des Staatsrates (28 Mitgl.; Generalsekretär: General San Yu) – **Ministerpräsident:** U Maung Maung Kha – **Außenminister:** U Lay Maung – **Parteien:** Seit 1974 Einheitspartei »Birmanische Sozialistische Programm-Partei« (Vors. d. ZK: Ne Win, Generalsekretär: General San Yu), die bei den Wahlen v. Jan. 1978 wieder die Mehrheit erhielt. Im Untergrund KP (unter Thakin Ba Thein Tin) u. »Nat. Verein. Befreiungsfront«/NULF, Freischärlertätigkeit

Städte (1973): Rangun (Rangoon, Hptst.) m. V. 3662312 Einw. (n. and. Ang. 1979 2,3 Mill.); 1976 (S): Mandalay 425000, Bassein 350000, Pegu 260000, Moulmein 260000, Akyab (Sittwe) 143500

Wirtschaft: BSP 1977: 4330 Mill. $, 1978: 4900 Mill. $ / 150 $ [152] / 1,3 – **WS:** 47 / 3,0 / 11 / 3,7 – **V:** . . /91 inkl. öff. V. / 13 / 9 / 7 / – 4 – **A:** 55 / 55 / 19 – **E:** 49 / 0,4 / 36 – **M:** 3,4

Außenhandel: 1978 **Einf.** 309 Mill. $, **Ausf.** 243 Mill. $ – **W:** 1 Kyat (K) = 100 Pyas; 1 US-$ = 6,7758 K, 1 K = 0,2866 DM – **I:** 15,0 – **AS:** 13 / 0 / 4* / 14* / 17* – **T:** 83 – **H:** 28 / 69 / 1 – **Z:** –93 / 0,8 / 13 / 13 – **D:** 3,8 – **K:** – / 137 / . .

Wichtige Ausfuhrgüter: Reis (bis 40% des Ausfuhrwertes), Holz (über 20%), Ölsaaten, Baumwolle, Bergbauprodukte – **Wichtigste Außenhandelspartner:** Japan, Indien, Großbritannien, USA, BR Deutschland, Chines. Volksrep., Singapur, Indonesien, Sri Lanka, RGW-Länder

Mitgliedschaft: UNO, ESCAP, FAO, GATT, IAEA, IBRD, ICAO, IFC, ILO, IMCO, IMF, ITU, UNESCO, UPU, WHO, WMO, Colombo-Plan

BOLIVIEN *(Süd-Amerika)*
(Republik Bolivien; República de Bolivia – [BOL])

Fläche (26): 1098581 km² – **Einwohner** (82): 5430000 (S 1979; 4687718 Z 1976) = 4,9 je km² – **Städt. B.:** 30 / 4,2 / 45 / 45 – **G:** 52 / 15,8 / 22 / 2120 / 77 – **S:** 37 / 80 / 4,7 – **Jährl. Bevölkerungswachstum:** (1970–1977) 2,7%

Bevölkerung: über 50% Indianer, 28–30% Mestizen, etwa 15–20% Weiße – **Staatssprache:** Spanisch, Ketschua (etwa 40%) und Aimará (über 30%) Amtssprachen, letztere Umgangssprachen großer Teile der Hochlandindianer; im Tiefland Guaraní – **Religion:** röm.-kath. 93%; Katholizismus anerkannte Staatsreligion, rund 45000 Protestanten u. 2000 Juden

Nationalflagge: rot-gelb-grün (waagerecht) – **Nationalfeiertag:** 6.8. – **U:** 1825

Staats- u. Regierungsform: Präsid. Republik – Parlament (»Cámara de Diputados« u. »Senado«) – Allg. Wahlrecht – Neue Verfassung geplant – Wehrpflicht – 9 Departamentos und 96 Provinzen – **Staatsoberhaupt u. Regierungschef:** General Luis García Meza Tejada, seit Juli 1980, außerd. Mitgl. d. Militärjunta: Luftwaffenchef Walde Bernal u. Admiral Ramiro Terrazas – **Außenminister:** General Javier Cerruto Calderón de la Barca – **Parteien:** Bei d. Wahlen im Juni 1980 stellten sich 13 Präsidentschaftsbewerber (davon 5 ehem. Präsidenten) u. 71

Parteien zur Wahl; es erhielten Hernán Siles Zuazo von der Demokrat. Volkseinheit (UDP) 38,5 %, Hugo Banzer v. d. Demokratisch-Nationalist. Aktion (ADN) 16,9% u. Victor Paz Estenssoro v. d. Revolutionär-Nationalist. Bewegung (MNR) 20,5 % der Stimmen; außerdem Luis Ossio v. d. Christdemokraten u. Marcelo Quiroga v. d. Sozialisten. »Untergrundregierung« d. mehrheitl. gewählten Hernán Siles Zuazo.

Städte (1976): La Paz (fakt. Hptst.) 654713 Einw., verfassungsmäßige Hptst. Sucre 106590, Santa Cruz de la Sierra 255568, Cochabamba 204414, Oruru 124091, Potosi 77233, Tarija 38500

Wirtschaft: BSP 1977: 2460 Mill. $, 1978: 2690 Mill. $/509 $ [100]/2,9–**WS:** 17/4,7/29/6,1–**V:** 11/72/20/17/20/–3–**A:** 54/51/23–**E:** 318/0,7/196–**M:** 2,2

Außenhandel: 1978 **Einf.** 769 Mill. $, **Ausf.** 725 Mill. $ –**W:** 1 Peso Boliviano ($b) = 100 Centavos; 1 US-$ = 24,51 $b, 1 $b = 0,0792 DM–**I:** 24,3–**T:** 127–**H:** 60/35/5–**Z:** –120/4,3/21/39–**D:** 3,1–**K:** –/352/9

Wichtige Ausfuhrgüter: Zinn (bis über 50% des Gesamtausfuhrwertes), Erdöl, Zink, Wolfram, Antimon, Blei, Kupfer, Silber, Wismut – **Wichtigste Außenhandelspartner:** USA, Argentinien, Brasilien, Japan, Großbritannien, BR Deutschland

Mitgliedschaft: UNO, OAS, ALADI, BLANDEX, CECLA, ECLA, FAO, IAEA, IDB, IBRD, IFC, ICAO, ILO, IMF, ITU, SELA, UNESCO, UPU, WHO, WMO; »Andengruppe«, »Amazonas-Vertrag«

BONAIRE s. Niederlande

BOPHUTHATSWANA *(Süd-Afrika)*
(auch Bophuta Tswana)

Fläche (118): rund 40430 km² (aus 6 isolierten Teilen bestehend) – **Einwohner** (124): 1245000 (S 1978; ohne d. 1,3 Mill. Tswana in d. Rep. Südafrika) = 30,8 je km² – **Städt. Bev.:** 12% – **S:** 25 – **Jährl. Bevölkerungswachstum:** (1970–1978) 3%

Bevölkerung: Bantu, 99,6% Tswana (Batswana) der Sotho-Gruppe; weiße Minderheit – **Staatssprache:** Tswana; daneben Englisch u. Afrikaans – **Religion:** überw. Protestanten

Nationalflagge: blau mit Querstreifen in Orange u. Leopard-Emblem in weißem Kreis links oben – **Nationalfeiertag:** 6.12. – **U:** 6.12.1977, jedoch international nicht anerkannt u. faktisch weiterhin v. d. Rep. Südafrika abhängig

Staats- und Regierungsform: Republik – Parlament, 99 Abgeordnete zur Hälfte gewählt, im übrigen von den Regionalbehörden (bzw. Stammesgruppen) bestimmt, 3 vom Präsidenten ernannt – Verwaltungsgliederung in 12 Regionalbehörden (mit zus. 76 Stammes- u. 6 Gemeindebehörden) – Kleine Nationalgarde – **Staatsoberhaupt:** Präsident und **Regierungschef:** Lucas Lawrence Manyane Mangope, BDP – **Parteien:** Bei den Wahlen v. 1977 entfielen 43 der 48 direkt gewählten Sitze auf die »Bophuth. Democratic Party«/BDP von Mangope; außerdem 3 Sitze auf die opposit. »Bophuth. National Party«/BNP unter H. T. Maseloane. 47 der 48 v. d. Stämmen bzw. Reg.-Behörden ernannten Abgeordneten gelten als Regierungsanhänger

Städte: Mmabatho (Hptst.) 1000 Einw., Ga-Rankuwa (1973; größte Stadt) 64200; ferner u. a. Babelegi, Montshiwa, Selosesha, Temba, Mabopane

Wirtschaft: BSP 1975: 120945 Mill. Rand / 335 $ [120] nach and. Angaben 301 Rand = 429 $ / 27 – **L:** über 30 – **W:** derzeit noch der Rand (s. Südafrika)

Wichtige Ausfuhrgüter: Viehzucht- und Bergbau (u. a. Platin)-Produkte, überwiegend nach d. Rep. Südafrika

Mitgliedschaft: SAEMU

BOTSWANA *(Süd-Afrika)*
(Republik Botsuana; Republic of Botswana – [RB])

Fläche (41): 600372 km² – **Einwohner** (131): 790000 (S 1979; de jure 608656 Z 1971) = 1,3 je km² – **Städt. Bev.:** ca. 12% – **S:** 65–75 – **Jährl. Bevölkerungswachstum:** (1970–1977) 3,0%

Bevölkerung: Bantu, bes. Sotho-Tswana (u. a. Bamangwato, Bakwena); 3500 Weiße, 3000 Inder u. »Coloureds«; 20000 Buschmänner; z. T. noch intakte Stammesverfass. – **Staatssprache:** Se Tswana u. andere Bantu-Spr.; Englisch z. T. als Amts-, Bildungs- u. Handelssprache – **Religion:** Anhänger von Naturreligionen; etwa 10% Protestanten, über 25000 röm. Katholiken

Nationalflagge: hellblau-weiß-schwarz-weiß-hellblau (waagerecht; weiße Streifen schmal) – **Nationalfeiertag:** 30. 9. – **U:** 30. 9. 1966

Staats- und Regierungsform: Unabhängige Präsid. Republik im »Commonwealth« – Einkammerparlament; dazu beratend ein »House of Chiefs« – Allg. Wahlrecht – Gliederung in 16 Distrikte – Keine Wehrpflicht – **Staatsoberhaupt** und Regierungschef: Dr. Quett Masire, BDP, seit Aug. 1980 – **Außenminister:** Archibald Mogwe – **Parteien:** »B. Democratic Party«/BDP, gemäßigt, für multirassiale Entwicklung eintretend; seit den Wahlen von 1979 29 von 32 Sitzen, außerdem »B. People's Party«/BPP, nationalsozialistisch-panafrikanisch, 1 Sitz, »B. National Front«/BNF 2 Sitze, »B. Independence Party«/BIP 0 Sitze – **Dipl. B.:** BR Dtld. (Sitz in Lusaka, Sambia; Vertreter in Gaborone) u. DDR

Städte (S 1976): Gaborone (Hptst.) 36900 Einw., Serowe m. V. 43186, Kanye m. V. 39200, Molepole m. V. 31986, Francistown 25000, Mochudi m. V. 21382, Selebi-Pikwe 21000, Mahalapy 14657

Wirtschaft: BSP 1977: 390 Mill. $, 1978: 460 Mill. $/620 $ [90] / 16,1 – **L:** 69

Außenhandel: 1975 **Einf.** 159,3 Mill. Pula, **Ausf.** 109,1 Mill. Pula – **W:** 1 Pula (P) = 100 Thebe (t); 1 P = 1,2695 US-$ bzw. 2,4652 DM

Wichtige Ausfuhrgüter: Fleisch, Vieh u. Viehzuchtprodukte (zus. 50–60%), Asbest, Gold, Diamanten (⅕) u. Mangan – **Wichtigste Außenhandelspartner:** Rep. Südafrika, Großbritannien

Mitgliedschaft: Commonwealth, UNO; Zollunion m. d. Rep. Südafrika, ECOWAS, FAO, GATT (assoz.), IBRD, IFC, IMF, ITU, OAU, UPU, WHO, WMO, SAEMU, AKP; Ost-Südostafrik. Präf.-Handelszone

BOUGAINVILLE s. Papua-Neuguinea

BRASILIEN *(Süd-Amerika)*
(Föderative Rep. Brasilien; República Federativa do Brasil – [BR])

Fläche (5): 8511965 km² – **Einwohner** (6): 118650000 (F 1979; 92341556 [ohne Waldindianer] Z 1970) = 13,9 je km² – **Städt. B.:** 61/4,5/16/50 – **G:** 62/9,4/9/1650/105 – **S:** 24/90/2,3 – **Jährl. Bevölkerungswachstum:** (1970–1977) 2,8%

Bevölkerung: etwa 60% Weiße meist portugies., italien. u. span. Abstammung, rd. 2 Mill. Deutschstämmige; über 26% Mulatten, Caboclos (aus Verb. zw. Weißen u. Indianern), 10–12% Neger und Cafusos (Mischl. von Indianern u. Negern), Japaner (über 1 Mill.), weniger als 2% Indianer – **Staatssprache:** Portugiesisch mit brasil. Eigenarten – **Religion:** rund 90% röm.-kath.; 5–6% Protestanten, Orthodoxe, Buddhisten u. 160000 Juden; Naturreligionen d. Indianer; afrobrasilian. Kulte (»Umbanda« usw.)

Nationalflagge: grün mit gelber Raute, darin eine blaue Himmelskugel mit weißen Sternen (die einzelnen Staaten) und Motto »Ordnung und Fortschritt« – **Nationalfeiertag:** 7.9. – **U:** 7.9.1822

Staats- und Regierungsform: Präsidiale Bundesrepublik, seit der Verfassung v. 17.10.1969 mit großen Vollmachten des Präsidenten – Parlament aus 2 Kammern (»Câmara dos Deputados« m. 420, »Senado Fed.« m. 66 Mitgl.) – Wahlpflicht für alle 18–65 Jahre alten Bürger (abgesehen von einfachen Soldaten u. Analphabeten) – »Rat für nationale Sicherheit« – Wehrpflicht – Gliederung in (seit 1977 durch Teilung von Mato Grosso) 22 Bundesstaaten, m. eig. Parlament u. indir. gewähltem Gouverneur. Vier Territorien, ein Bundesdistrikt – **Staatsoberhaupt u. Regierungschef:** General João Baptista de Oliveira Figueiredo, seit 15.3.1979, für 6 Jahre gewählt – **Außenminister:** Ramiro Elízio Saraiva Guerreiro – **Parteien:** Ab 1. März 1980 gibt es 5 Parteien: »PDS« (Partido Democrático Social), »PMDB« (Partido de Mobilização Democrática Brasileira), »PTB« (Partido Trabalhista Brasileiro), »PP« (Partido Popular). Diese Parteien sind jedoch erst im Aufbau begriffen. Es wird erwartet, daß die »PDS« (Nachfolgerin der früheren Regierungspartei »ARENA«, die seit der Wahl v. 1978 i. d. Dep.-Kammer u. im Senat zus. 246 d. 486 Sitze innehat), sowohl in d. Dep.-Kammer als auch im Senat die Stimmenmehrheit erhält. Die bedeutendste Opposition wird die »PMDB« (Nachfolgerin d. früh. »MDP«, gegenw. 196 Sitze) sein. – **Dipl. B.:** BR Dtld. u. DDR

Städte (B 1977, bezogen auf »municipios«): Brasília (Hptst.) als Bundesdistrikt 5814 km² und 763250 Einw., São Paulo 7198600, Rio de Janeiro 4857500, Belo Horizonte 1557500, Recife 1249800, Salvador (Bahia) 1237393, Fortaleza 1109839, Pôrto Alegre 1043964, Nova Iguaçú 931954, Belém 771665, Curitiba 765716, Goiânia 518469, Santo André 515232, Campinas 472663, Santos 395721 und u.a. Manaus 388811 (A 600000); A (1970): S. Paulo 8062130, Rio de Janeiro 7094211, Recife 1699079, Belo Horizonte 1613305, Pôrto Alegre 1531168, Salvador 1095127

Wirtschaft: BSP 1977: 163880 Mill. $, 1978: 187190 Mill. $/1570 $ [56]/6,7 – **WS:** 12/5,8/37/10,7 – **V:** 12*/67*/22/12/8/–10 – **A:** 55/42/20 – **E:** 731/0,6/958 – **M:** 1,2

Außenhandel: 1979 **Einf.** 17900 Mill. $, **Ausf.** 15200 Mill. $ – **W:** 1 Cruzeiro (Cr$) = 100 Centavos; (Freimarktkurs d. Handelsbanken am 27.3.80) 1 US-$ = 46,76 Cr$, 1 Cr$ = 0,04092 DM – **I:** 28,7 – **AS:** 13/10/32/8/29 – **T:** 118 – **H:** 61/30/8 – **Z:** –3787/1,5/18/12 – **D:** 4,7 – **K:** –/3181/1719

Wichtige Ausfuhrgüter: Kaffee (im Mittel bis 20%), Zucker, Sojabohnen, Sojakuchen etc., Baumwolle, Eisenerz, Fleisch, Kakao, Holz, Eisen und Stahl; Industriewaren insg. rd. 40% – **Wichtigste Außenhandelspartner:** USA, BR Deutschland u. and. EG-Länder (zus. rd. ein Viertel des Gesamtumfangs), Japan, EFTA, Argentinien, Kanada, Antillen, Venezuela, Sowjetunion, Naher Osten

Mitgliedschaft: UNO, OAS, ALADI, BLANDEX, CECLA, ECLA, FAO, GATT, IAEA, ICAO, IDB, IBRD, IFC, ILO, IMCO, IMF, ITU, SELA, UNESCO, UPU, WHO, WMO; »Amazonas-Vertrag«

BRIT. TERRIT. IM INDISCHEN OZEAN
s. Großbritannien II

BRITISCHE SALOMONEN-INSELN (ehem.)
s. Hauptartikel Salomonen

BRITISCH-HONDURAS (jetzt Belize)
s. Großbritannien II

BRUNEI s. Großbritannien II

BULGARIEN *(Südost-Europa)*
(Volksrepublik Bulgarien; Narodna Republika Bălgarija – [BG])

Fläche (97): 110912 km² – **Einwohner** (61): 8825000 (F 1979; 8227866 Z 1965) = 79,6 je km² – **Städt. B.**: 59/2,8/19/19 – **G:** 72/2,4/1/450/138 – **S:** 8 / 97 / 5,8 – **Jährl. Bevölkerungswachstum:** (1970–1977) 0,54%

Bevölkerung: rund 92% Bulgaren, 4–5% Türken, 2,5% Zigeuner – **Staatssprache:** Bulgarisch – **Religion:** Die ca. 40% sich zu einer Religion Bekennenden sind zu etwa 96% orthodoxe Christen; 80000 Muslimen, 55000 Katholiken u. 20000 Protestanten. 700 Juden

Nationalflagge: weiß (mit Wappen links oben)-grün-rot (waagerecht) – **Nationalfeiertag:** 9.9. – **U:** 3.3.1878, Volksrepublik seit 8.9.1946

Staats- und Regierungsform: Volksrepublik – Parlament aus 1 Kammer (»Sobranje«) – Wahlpflicht für alle über 18 J. alten Bürger – Wehrpflicht – Verwaltungsgliederung in 27 Bezirke – Nach der neuen Verfassung v. 1971 ist die Volksversammlung/VV höchstes, der Staatsrat (von der VV gewählt) das ständig wirkende Organ der Staatsmacht; er vertritt das Land international – **Staatsoberhaupt:** Vors. d. Staatsrates Todor Schiwkoff, BKP, erneut seit 1976 – **Regierungschef:** Vors. d. Ministerrates der Volksrepublik Stanko Todoroff, BKP – **Außenminister:** Petar Mladenoff – **Parteien:** Bulg. Kommunistische Partei (»Bălgarska Komunistitscheska Partija«) mit ihrem aus 22 Mitgliedern bestehenden Politbüro (1. Sekr. d. Zentr.-Kom.: Todor Schiwkoff); sie zählt (1976) 788211 Mitgl. u. hält Schlüsselstellungen in der »Vaterländischen Front« (»Otetschestwen Front«; bei den Wahlen v. 1976 99,9% der Stimmen), zu der auch d. »Bulg. Bauernbund« (»Bălgarski Semdelski Naroden Sojus«/BSNS) gehört – Sitzverteilung in d. VV: 272 BKP, 100 BSNS, 28 Parteilose – **Dipl. B.:** BR Dtld. und DDR

Städte (F 31.12.78, Einw. in 1000): Sofia (Hptst.) 1031,6, Plovdiv 332,9, Varna 278,8, Ruse 168,7, Burgas 163,6, Stara Zagora 130,8, Pleven 118,4, Sliven 94,8, Tolbuhin 92,7

Wirtschaft: BSP 1977 (S): 25000 Mill. $, 1978 (S): 28450 Mill. $/3200 $ [40]/(S) 5,7 – **A:** 67/41/38 – **E:** 4710 / 2,0 / 3743 – **M:** 2,8

Außenhandel: 1978 **Einf.** 7651 Mill. $, **Ausf.** 7478 Mill. $ – **W:** 1 Lew (Lw) = 100 Stótinki (St); 1 US-$ = 0,848 Lw, 1 Lw = 2,29 DM – **H:** 13* / 3* / 84*

Wichtige Ausfuhrgüter: Maschinen u. Ausrüstungen (über 40%), Bergbauprodukte; außerdem Tabak, Obst, Gemüse, Wein, Rosenöl – **Wichtigste Außenhandelspartner:** Sowjetunion u. die and. RGW-Länder, mit denen rund vier Fünftel d. Handelsaustausches getätigt werden; wichtige nichtkommunistische Partner sind BR Deutschland, Italien, Frankreich, Österreich sowie Japan

Mitgliedschaft: UNO, ECE, Warschauer Vertrag, RGW, FAO, IAEA, ICAO, IFC, ILO, IMCO, ITU, UNESCO, UPU, WHO, WMO

BURUNDI *(Ost-Afrika)*
(Sozial. Republik Burundi; Republika y' Uburundi; République du Burundi – [RU])

Fläche (127): 27834 km² – **Einwohner** (91): 4380000 (S 1979; 3350000 Z 1970/71) = 157,4 je km² – **Städt. B.**: 2/1,7/100/0 – **G:** 45/15/28/45430/99 – **S:** 90/22/2,2 – **Jährl. Bevölkerungswachstum:** (1970–1971) 2,16%

Bevölkerung: über 80% Bantu (bes. Hutu), 14% hamitische Watussi (Tutsi), weniger als 1% Twa; über 3000 Europäer, meist Belgier, etwa 1500 Asiaten (überw. Inder) – **Staatssprache:** Amtssprachen KiRundi (Banrya) und sonst. einheimische Sprachen und Französisch; Kisuaheli z. T. als Verkehrssprache – **Religion:** über 60% Katholiken, protestantische (3%) und muslimische (1%) Minderheiten; Anhänger von Naturreligionen

Nationalflagge: rote (oben und unten) und grüne (links und rechts) Felder mit weißem Diagonalkreuz und weißem Kreis mit 3 roten Sternen – **Nationalfeiertag:** 1.7. – **U:** 1.7.1962, Rep. seit 1966

Staats- und Regierungsform: Präsidialrepublik – »Oberster Revolutionsrat« – Keine allgemeine Wehrpflicht – Verwaltungsgliederung in 8 Provinzen – **Staatsoberhaupt und Regierungschef:** seit Staatsstreich v. Nov. 1976 Oberst Jean-Baptiste Bagasa [Bagaza], gleichzeitig Vors. d. »Obersten Revolutionsrates« – **Außenminister:** Edward Nzambimana – **Parteien:** »Parti de l'Unité et du Progrès National de Burundi«/UPROMA einzig zugelassene Partei – **Dipl. B.:** BR Dtld. und DDR

Städte (1976): Bujumbura (Usumbura, Hptst.) 157100 Einw., Muyinga 18500, Kitega (Gitega) 10000 (ehem. Residenz)

Wirtschaft: BSP 1977: 550 Mill. $, 1978: 610 Mill. $/140 $ [154]/0,6 – **WS:** 64/1,0/14/4,3 – **V:** 13/80/11/9/13/ – 2 – **A:** 54/85/5 – **E:** 12/0,1/8 – **M:** 2,4

Außenhandel: 1978 **Einf.** 98 Mill. $, **Ausf.** 67 Mill. $ – **W:** 1 Burundi-Franc (F. Bu.) = 100 Centimes; 1 US-$ = 89,55 F. Bu., 1 F. Bu. = 0,0217 DM – **I:** 9,9 – **AS:** . . /0/9/19/28 – **H:** 94/2/4 – **Z:** 9/0,5/3/7 – **D:** 13,1 – **K:** – / 13 /

Wichtige Ausfuhrgüter: haupts. Kaffee (bis 90%), Baumwolle, Ölfrüchte, Häute, Mineralien – **Wichtigste Außenhandelspartner:** Benelux, USA, BR Deutschland, Frankreich, UdSSR, Großbritannien

Mitgliedschaft: UNO, OAU, CCD, CEPLG, AKP, ECA, FAO, GATT, IBRD, ICAO, IDA, ILO, IMF, ITU, UNESCO, UPU, WHO, WMO, OCAM (assoz.), Kagera River Basin Org. m. Tans. u. Rwanda

CABINDA s. Angola

CANTON u. ENDERBURY-INSELN
s. Großbritannien II und Vereinigte Staaten von Amerika (Überseebesitzungen)

CEYLON s. Sri Lanka

CHILE *(Süd-Amerika)*
(Republik Chile; República de Chile – [RCH])

Fläche (35): 756945 km²; Ch. beansprucht darüber hinaus den zwischen 53° u. 90° w. L. gelegenen Antarktis-Sektor (1250000 km², Stützpunkte mit rund 200 Mann) als sein Hoheitsgebiet – **Einwohner** (54): 11100000 (F 1979; 8884768 Z 1970) = 14,6 je km² – **Städt. B.:** 79/2,5/43/43 – **G:** 67/6,1/5/2200/117 – **S:** 12/117/3,7 – **Jährl. Bevölkerungswachstum:** (1970–1977) 1,7%

Bevölkerung: 60–70% Mestizen, ¼–⅓ Weiße (vorw. altspan. Abstammung, über 100000 Deutschstämmige); 2–3% Indianer (Araukaner); kleine Gruppen von Feuerländern u. a. – **Staatssprache:** Spanisch – **Religion:** 89% röm.-kath.; Protestanten (etwa 6%) u. etwa 30000 Juden

Nationalflagge: blau (links oben)-weiß (daneben)-rot (unten) mit weißem Stern im blauen Feld – **Nationalfeiertag:** 18. 9. – **U:** 1818

Staats- und Regierungsform: Bis 1973 Präsid. Republik, Parlament aus 2 Kammern, wahlberechtigt alle Bürger über 18 Jahre; Parlament seit dem Staatsstreich vom September 1973 aufgelöst, oberstes Organ eine Militärjunta (General Pinochet, Admiral José Merino, General Fernando Matthei, General César Mendoza). Alle Parteien suspendiert, seit März 1977 verboten – Wehrpflicht – Gliederung in 13 Regionen bzw. 25 Prov. – **Staatspräsid.** u. Regierungschef: General Augusto Pinochet Ugarte, Reg. aus Militärs u. zivilen Fachministern – Neue Verfassung in Ausarbeitung – **Außenminister:** René Rojas Galdamez – **Dipl. B.:** BR Dtld. (DDR Bez. am 21. 9. 1973 abgebrochen)

Städte (B 1976): Santiago de Chile (Hptst.; 1979) 4 Mill. (A als Gran-S. 4,5 Mill.) Einw., Valparaíso 248440 (A 610810), Viña del Mar 250670, Talcahuano 197287, Concepción 172510 (A 512910), Antofagasta 159980, Temuco 150560, Talca 124260, Arica 121740, Rancagua 117550, Chillán 108500

Wirtschaft: BSP 1977: 13160 Mill. $, 1978: 15180 Mill. $/1410 $ [60]/ – 1,8 – **WS:** 10/2,2/29/ – 1,5 – **V:** 12/80/9/8/17/ – 1 – **A:** 61/21/27 – **E:** 987/1,2/940 – **M:** 3,4

Außenhandel: 1978 **Einf.** 2595 Mill. $, **Ausf.** 2481 Mill. $ – **W:** 1 Chilen. Peso (chil$) = 100 Centavos; 1 US-$ = 38,771 chil$, 1 chil$ = 0,0494 DM – **I:** 267,8 – **AS:** 83/1/20/6/ca. 30 – **T:** 50 – **H:** 65/33/1 – **Z:** – 290 / 5,9 / 32 / 25 – **D:** 1,8 – **K:** – / – 81 / – 8

Wichtige Ausfuhrgüter: Bergbauprodukte u. Metalle (insges. 70–80% d. Ausfuhrwertes, davon Kupfer bis über 80%, Eisenerze, Salpeter, Kohle, Jod); außerdem chem. Produkte, Wolle, Felle, Holz, Obst, Wein – **Wichtigste Außenhandelspartner:** USA, Argentinien, Japan, BR Deutschland, Iran, Brasilien

Mitgliedschaft: UNO, OAS, ALADI, BLADEX, CCD, CECLA, FAO, GATT, IAEA, IBRD, ICAO, IFC, ILO, IMF, IMCO, SELA, ITU, UNESCO, UPU, WHO, WMO

Zu Chile gehören folgende pazifische Inseln: 1. *Oster-Insel* (Isla de Pascua, Rapanui), 162,5 km² u. 1400 Einw.; Hauptort Mataveri. – 2. *Juan-Fernández-Inseln,* 185 km² u. etwa 300 Einw. (Robinson Crusoe/Más a Tierra, A. Selkirk/Más Afuera, Santa Clara) – 3. *Islas Desaventuradas* (San Félix, San Ambrosio, Gonzales), 3,32 km² – 4. *Sala y Gómez,* 0,12 km², unbewohnt – Mit Argentinien umstritten drei Inseln (Lennox, Nueva, Picton) im Beagle-Kanal

CHINA *(Ost-Asien)*

a) Chinesische Volksrepublik, auch Volksrep. China (Zhonghua Renmin Gongheguo bzw. Tschung-Hua Jen-Min Kung-Ho Kuo – [TJ u. VRC])

Fläche (3): 9560779 (n. UNO-Ang. 9596961, m. Taiwan, das von d. Volksrep. als integraler Teil angesehen wird) km² – **Einwohner** (1): 945020000 (UNO-S 1979; n. offiz. Verlautb. 1980 970920000) = 98,8 je km² (Z 1953: 590194715 [einschl. d. Bevölk. v. Taiwan u. 8,4 Mill. Auslandschinesen bzw. »Hua-tschiao«]. In der westl. Hälfte d. Landes leben nur 5% d. Bevölkerung. Nach »News from China« [New York, 20. 4. 1976] leben derzeit außerhalb d. Volksrep. u. Taiwans rund 22 Mill. Chinesen, davon 94% in Asien [Hongkong, Singapur, Thailand, Malaysia, Indonesien, Birma, Philippinen], 4,2% in Amerika [überwiegend in d. USA u. Kanada], fast 200000 in Europa, 75000 in Australien u. Ozeanien sowie 68000 in Afrika) – **Städt. B.:** 23/3,1/6/43 – **G:** 64 / 5,5 / 8000 / 99 – **S:** 5 – **Jährl. Bevölkerungswachstum:** (1979) 1,2%

Bevölkerung: etwa 94% Chinesen, außerdem Turkvölker, Thai-Gruppen, Mongolen, Tibeter, Mandschu – **Staatssprache:** Chinesisch (Kao-yü; als einfache Umgangssprache: Pu Tung-hua); in den autonomen Gebieten auch Sprachen der anderen Gruppen als Amtssprachen zugelassen. Englisch wichtig als intern. Handelssprache – Ab 1. 1. 1979 Verwendung der chinesischen phonetischen Lautumschrift (Hanyu Pinyin), in Klammer die bisher im Weltalmanach u. in den meisten deutschen Atlanten verwendete Schreibweise; Aussprache siehe WA '80, Spalte 427 – **Religion:** Konfuzianische Lehre, nördlicher (Mahajana-)Buddhismus, Taoismus. Keinerlei verläßl. Ang. über Zahl der Anhänger verschiedener Religionen u. Kulte; grobe Schätzungen: 30–50 Mill. Muslimen, 2,5 Mill. Katholiken, 800000 Protestanten, etwa 30 Juden

Nationalflagge: rot mit einem großen goldenen Stern und vier kleinen Sternen – **Nationalfeiertag:** 1. 10. – **U:** Fast 4000 Jahre staatl. Überlieferung. Gründung der Volksrepublik am 1. 10. 1949

Staats- und Regierungsform: Neue Verfassung v. 5. 3. 1977: »Sozialist. Staat der Diktatur des Proletariats«. Die Kommun. Partei Chinas ist der führende Kern. Der Nationale Volkskongreß ist das oberste staatliche Machtorgan, entscheidet über die Fragen von Krieg und Frieden; es untersteht nicht mehr der »Leitung durch die Partei«. Wahl der Abgeordneten auf 5 Jahre. Der »Ständige Ausschuß« d. Nat. Volkskongr. hat gegenüber der vorherigen Verfassung wesentlich an Gewicht gewonnen; kontrolliert die Aktivitäten des Staatsrates, des Obersten Gerichts und der sonstigen Obersten Behörden – Allgemeines Wahlrecht – Wehrpflicht – Verwaltungsgliederung in 21 (m. Taiwan 22 n. Pek. Auff.) Provinzen (Ch'ü), 3 unmittelb. Städte (Peking, Schanghai, Tientsin), 5 auton. Gebiete (Tibet, Innenmongolei, Xinjiang Uygur [Sinkiang-Uigur], Ningxia Hui [Ningsia-Hui], Guangxi Zhuang [Kuangsi-Dschuang], 29 auton. Bezirke (»Chou«) und 65 auton. Kreise (»Hsien«) – **Staatsoberhaupt:** In der Verfassung nicht vorgesehen; faktisch der Vorsitzende d. »Ständigen Ausschusses« des »Nationalen Volkskongresses«: Ye Jianying [Yä Djiänying, Je Tschien-jing, Yeh Chien Ying], seit 1978; außerdem u. a. stellvertr. Vorsitzende Frau Sung Tjingling [Sung Tsching-ling] und Frau Deng Ying-tschao [Teng Jing-tschao] – **Regierungschef:** Vors. d. v. »Nat. Volkskongreß« auf Vorschlag d. ZK d. KPCh ernannten »Staatsrates« Zhao Ziyang [Dschao Dsi-Jang], seit 7. 9. 1980; 18 Stellvertreter, darunter als Erster Stellv. Yang Dezhi, ferner Hu Yaobang, Li Xiannian, Chen Yun, Xu Xiangqian u. Wan Li. Deng Xiaoping [Teng Hsiao-ping] ist im Aug. 1980 als 1. Stellvertr. (= Stellvertr. Regierungschef) zurückgetreten, bleibt aber stellv. Vorsitz. d. ZK der KPCh u. d. Militärkommission und führt d. Vorsitz in d. Organisation d. nationalen »Einheitsfront« (s. unten) – **Außenminister:** Huang Hua, mehrere Stellvertreter – **Partei:** KPCh m. ZK (201 Vollmitgl.) – Vors. d. ZK: Hua Guofeng; Stellv.: Li Xiannian, Deng Xiaoping, Chen Yun [Tschen Jun], Hu Yao bang [Hu Jao-bang], Wang Dongxing [Wan Tung-hsing] (auch Generalsekr. d. ZK), Zhao Ziyang, Yang Dezhi, die auch Mitgl. d. Ständ. Kom. sind. Hua Guofeng ist auch Vors. d. Militärkommission beim ZK d. KPCh – Zahl d. Parteimitglieder 1978 (S) 35–40 Mill. – Als Sammelbecken bzw. »Einheitsfront« gilt die »Polit. Konsultativkonferenz des chinesischen Volkes«, der außer der entscheidenden KP weitere 8 »Parteien« angehören, und zwar (nach d. Nachr.-Agent. »Neues China«): »Revolutionskomitee der Kuomintang«, »Demokratische Liga«, »Demokrat. Gesellschaft f. d. Nation. Aufbau«, »Gesellschaft zur Förderung der Demokratie«, »Demokrat. Arbeiter- u. Bauernpartei«, »Tschih Kung Tang« (»Partei der gemeinsamen Interessen«), die »Tschiusan«-Gesellschaft (»3. September«) u. die »Demokrat. Liga Taiwan«. (Veränderungen s. »Nachtrag«.) – **Dipl. B.:** BR Dtld. und DDR

Städte (S 1977, z. T. nach Witthauer): Beijing [Peking] (Hptst.) 8 000 000 Einw., Shanghai [Schanghai] 10 820 000 (n. and. Ang. 12 000 000), Tianjin [Tientsin] 4 280 000; (S) 1976: Chongqing [Chungking bzw. Tschungking] 6 000 000, Guangzhou [Kanton] 5 000 000, Shenyang [Schenjang, früh. Mukden] 4 400 000, Lüda (früh. Port Arthur-Dairen) 4 000 000, Wuhan 3 500 000, Nanjing [Nanking] 3 000 000, Harbin 2 100 000; (S) 1970: Xi'an [Sian] 1 600 000, Lanzhou [Lantschou] 1 450 000, Taiyuan [Taijuan] 1 350 000, Qingdao 1 300 000, Chengdu [Tscheng-tu] 1 250 000, Changchun [Tschangtschun] 1 200 000, Jinan [Tsinan] u. Kunming je über 1 100 000, Fushun [Fuschun] 1 080 000, Zhengzhou [Tschengtschu] u. Anshan [Anschan] je 1 050 000 und u. a. Lhasa 120 000

Wirtschaft: BSP 1977 (S): 372 800 Mill. $, 1978 (S): 424 620 Mill. $/465 $ [107] / (S) 4,5 – **A:** 61/63/24 – **E:** 706 / 2,0 / 248 – **M:** 10

Außenhandel: 1979 **Einf.** 21 200 Mill. Yuan, **Ausf.** 24 100 Mill. Yuan – **W:** 1 Renminbi Yuan (RMB.Y) = 10 Jiao = 100 Fen; 1 US-$ = 1,5766 RMB.Y, 1 RMB.Y = 1,2317 DM

Wichtige Ausfuhrgüter: dem Werte nach (»Pek. Rundschau« 1978/I) zu 37% landwirtschaftl. Erzeugnisse (Tee, Seide, Sojabohnen, Eier, Häute, Felle, Borsten, Federn, Tungöl, Lacke), zu 63% Bergbau- u. Ind.-Prod., Erze (bes. Wolfram), Erdöl, Textilien, Maschinen – **Wichtigste Außenhandelspartner:** Japan, Hongkong, USA, BR Deutschland (dt. Export 1979 2,7 Mrd. DM) u. sonst. westl. Industrieländer (alle zus. mit Hongkong über 60%). Sowjetunion u. übrige RGW-Länder (zus. über 15%). Entwicklungsländer (15–20%).

Mitgliedschaft: UNO, ESCAP, FAO, IAEA, IBRD, ICAO, IDA, IFC, ILO (vorlfg. keine Mitarbeit), IMCO, IMF, ITU, UNESCO, UPU, WHO, WMO usw., seit 1975 Botschafter bei d. EG u. Handelsabkommen mit der EG.

Die nordöstlich von Taiwan gelegenen *Tiaoyütai-Inseln* (jap. Sengaku, 6,3 km^2) werden von Peking und Taiwan als chinesisch angesehen, jedoch von Japan faktisch kontrolliert. Die *Paracel-Inseln* (chines. Xisha [Hsi-scha], 5,9 km^2) sind von der Chines. Volksrep. besetzt, desgleichen zeitweise einige der in erdölhöffigem Gebiet gelegenen *Spratley-Inseln* (chines. Nansha [Nanscha], 0,7 km^2; philippin. Kalagan), von denen aber Itu-Abu von Taiwan, Rurok, Binago und Pugad von Vietnam und andere (u. a. Panata) von den Philippinen okkupiert sind (s. a. bei Rep. China)

b) Republik China (Taiwan, Formosa, Nationalchina) bzw. »Ta Tschung Hua Min-Kuo« [Ta Chung-Hwa Min-Kuo], beansprucht, wie die Volksrepublik, ganz China zu repräsentieren – [RC])

Fläche (120): 36 182 km^2 (ohne die unten genannten

Inseln 35966 km²) – **Einwohner** (39): 17350000 (F 1979; 13512173 Z 1966) = 479,5 je km² – **Städt. B.**: 51/4,4/12/25 – **G**: 72/2,5/1/1590/119/– **S**: 18/67* / .. – **Jährl. Bevölkerungswachstum**: (1974) 1,8%

Bevölkerung: Chinesen, u.a. etwa 20% Flüchtlinge v. Festland; außerdem rd. 200000 malaio-polynesische Gaoschan – **Staatssprache**: Chinesisch; Umgangssprache z.T. Fukien-(Amoy)-Dialekte (»Min-nan-hua«) – **Religion**: Konfuzianismus, nördl. (Mahajana-)Buddhismus; über 300000 Protestanten, 300000 Katholiken, 40000 Muslimen

Nationalflagge: rot, in der blauen Gösch links oben weiße Sonne – **Nationalfeiertag**: 10.10. (Tag des Aufstandes von Wutschang 1911) – **U**: Fortführung der Tradition der am 1.1.1912 in Peking nach dem Sturz der Mandschu-Herrschaft proklamierten Republik (Beginn der gesamtchin. Staatsgeschichte s. Volksrep. China). Mitte 1979 war die Rep. China noch von 21 Staaten diplomatisch anerkannt; sie unterhielt nach offiz. Angaben zu 140 Ländern wirtschaftliche und politische Kontakte

Staats- und Regierungsform: Republik – Nationalversammlung, gewählt 1947, ursprünglich 2961, 1978 m. Nachwahl 1248 Mitglieder; Gesetzgebender Yuan – Außerd. Parlamente f. d. Provinz Taiwan u. den Stadtstaat Taipeh – Allgemeines Wahlrecht – Wehrpflicht – Verwaltungsgliederung in einen »Stadtstaat«, 4 Stadtkreise u. 16 (Landkreise) »Hsien« – **Staatsoberhaupt**: Präsident Tschiang Tsching-kuo (Chiang Ching-kuo), KMT, seit 1978; Vizepräs.: Schieh (Shie) Tung-min, KMT – **Regierungschef** bzw. Präsident des Vollzugs-Yuan: Sun Juan (Yuan)-suan – **Außenminister**: Tschu Fu-sung – **Parteien**: entscheidend die nationale Kuomintang/KMT; ihr Vorsitzender ist Tschiang Tsching-kuo. Außerdem die »Jungchina-Partei« (»Young China Party«) unter Gen.-Sekretär Wang Shih-tseng und die »Demokratische Sozialistische Partei« (»China Democratic Socialist Party«) unter Sun Ya-fu; verboten wurden die KP und deren Ersatzorganisationen – **Dipl. B.**: weder BR Dtld. noch DDR

Städte (1978): Taipeh (nach der Hanyu-Pinyin-Lautumschrift Taibei), als prov. Hptst. v. China betr., seit 1967 »Stadtstaat«, 2161271 Einw., Kaohsiung 1062999, Taitschung [Taichung] 578935, Tainan 557075, Kilung [Keelung] 342300, (1974): Schantschung [Shanchung] 269168, Tschiaji [Chiayi] 250012, Hsintschu [Hsinchu] 184114, Pingtung 172997

Wirtschaft: **BSP** 1977: 19800 Mill. $, 1978: 23930 Mill. $, nacheig. Ang. 1979: 37000 Mill. $; 1400 $ [61] /5,5 – **WS**: 12/1,5/46/12,2 – **V**: 17/52/27/31/54/4 – **A**: 63 / 34 / 27 / – **E**: 1797 / 1,8 / 1758 – **M**: 7,5

Außenhandel: 1979 **Einf.** 14700 Mill. $, **Ausf.** 16100 Mill. $ – **W**: 1 Neuer Taiwan-Dollar (NT$) = 100 Cents; 1 US-$ = 36,01 NT$, 1 NT$ = 0,0539 DM – **I**: 11,0 – **AS**: 2/21/17/11/31 – **T**: 80 – **H**: 70/26/0 – **Z**: 1162/ 2,4 / 4,3 / 13,4 – **D**: 1,8 – **K**: .. / 330 / 42

Wichtige Ausfuhrgüter: Textilien, chem. Produkte, elektrotechn. u. elektron. Erzeugnisse sowie andere Industriewaren (Industrieprod. 1977 87,5%), Holz, Zucker, Bananen, Reis, Ananas, Tee, Salz, Metalle – **Wichtigste Außenhandelspartner**: USA, Japan, Hongkong, BR Deutschland, Großbritannien, Australien

Mitgliedschaft: 1971/72 wurde die Rep. China (Taiwan) aus der UNO und allen ihren Sonderorganisationen zugunsten der Chines. Volksrep. ausgeschlossen, am 2. Dez. 1979 kündigten die USA ihren Verteidigungspakt mit Taiwan

Zu Taiwan gehören die *Pescadores-Inseln* (chin.: Penghu) in der Formosa-Straße 127 km², 116354 Einw. (1963); Hauptort Makung (15000 Einw.); besetzt sind ferner eine der Spratley (Nanscha)-Inseln (0,7 km²) u. die Pratas (Tungscha)-Inseln (1,5 km²). Von nationalchines. Truppen sind schließlich auch mehrere Inselgruppen vor dem Festland des kommunistischen China besetzt, darunter die zur Provinz Fukien zählenden Landkreise (»hsien«) *Jinmen (Kinmen-, Quemoy-)* (175,4 km² u. 60099 Einw. 1974) und *Matsu-Inseln* (Lienkian, 27 km² u. 15029 Einw. 1974) mit einem eigenen Gouverneur. *Tung-Yin-Insel* (2,6 km² u. 800 Einw.) [s. auch Volksrep. China]

CHRISTMAS ISLAND s. Australien und Großbritannien II

CISKEI s. Südafrika (»Unabhängigkeit« vorgesehen)

CLIPPERTON-INSEL s. Frankreich (Französ. Republik 2)

COCOS-INSELN s. Australien

COMORES s. Hauptartikel »Komoren«

CONGO s. Kongo

COOK-INSELN s. Neuseeland

COSTA RICA *(Mittel-Amerika)*

(Republik Costa Rica; República de Costa Rica; Kostarika – [CR])

Fläche (112): 50700 km² – **Einwohner** (113): 2190000 (F 1979; de jure Z 1973 1871780) = 43,2 je km² – **Städt. B.**: 41 / 3,3 / 65 / 65 – **G**: 70 / 3,8 / 3/ 1550 / 113 – **S**: 12 / 111 / 6,9 – **Jährl. Bevölkerungswachstum**: (1970–1978) 2,9%

Nationalflagge: blau-weiß-rot-weiß-blau (waagerecht) – **Nationalfeiertag**: 15.9. – **U**: 15.9.1821 bzw. 1838 (Lösung v. d. Zentralamerikanischen Konföderation)

Staats- und Regierungsform: Präsidiale Republik –

Gesetzgebende Versammlung mit 1 Kammer (»Congreso Constitucional«), deren Mitglieder für 4 Jahre gewählt werden – Wahlpflicht für alle Bürger üb. 18 Jahre – Keine Wehrpflicht – Verwaltungsgliederung in 7 Provinzen – **Staatsoberhaupt** u. Regierungschef: Rodrigo Carazo Odio, PUN, seit den Wahlen von 1978, jetzt UNIDAD – **Außenminister:** Rafael Angel Calderón Fournier – **Parteien:** Die Wahlen v. 1978 brachten d. »Partido Unidad« 27, d. »Partido Liberaciôn Nacional« 25, d. »Pueblo Unido« (Kommunisten u. Linke) 5, »Partido Unificación Nacional«/PUN 0 Sitze. – **Dipl. B.:** BR Dtld.

Städte (1978): San José (Hptst.) 239838, A 766963 Einw., Limón 46332, Alajuela 36763, Puntarenas 30623, Heredia 25652, Cartago 24339

Wirtschaft: BSP 1977: 2870 Mill. $, 1978: 3250 Mill. $/1540$ [57]/3,2–**WS:** 21/../25/..–**V:** 16/65/23/19/33/–4–**A:** 56/30/29–**E:** 488/0,5/853–**M:** 0,6 (f. Sicherh.-Kräfte)

Außenhandel: 1978 **Einf.** 1182 Mill. $, **Ausf.** 822 Mill. $ – **W:** 1 Costa-Rica-Colón (₡) = 100 Céntimos (c); 1 US-$ = 8,54 ₡, 1 ₡ = 0,2274 DM – **I:** 15,6 – **AS:** 1/3/9/8/29 – **T:** 114 – **H:** 68/29/3 – **Z:** – 189/3,1/9/27 – **D:** 1,9 – **K:** – / 186 / 63

Wichtigste Ausfuhrgüter: Kaffee 32% u. Bananen 18%, Kakao, Fleisch, Zucker, Holz, Vieh – **Wichtigste Außenhandelspartner:** USA, BR Deutschland, Japan, Nicaragua, El Salvador, Guatemala, Großbritannien, Niederlande

Mitgliedschaft: UNO, OAS, BCIE, BLADEX, CECLA, ECLA, FAO, IAEA, IBD, IBRD, ICAO, IFC, ILO, IMF, ITU, MCC, NACAMUR, ODEAC, SELA, UNESCO, UPU, WHO, WMO, Zentralamerikanischer Verteidigungsrat

CROZET-INSELN s. Frankreich (Franz. Republik 3)

CUBA *(Mittel-Amerika; Karibik)*
(Kuba; República de Cuba – [C])

Fläche (93): 114524 km² – **Einwohner** (59): 9850000 (S 1979; 8569121 Z IX/1970) = 86 je km² – **Städt. B.:** 63/2,5/32/32 – **G:** 72/2,3/1/1100/117 – **S:** 4 / 122 / 9,9 – **Jährl. Bevölkerungswachstum:** (1976) 1,4%

Bevölkerung: rund 70% Weiße, meist altspanischer Abstammung – 15–17% Mulatten, mehr als 12% Neger, 0,5% Chinesen – **Staatssprache:** Spanisch – **Religion:** rund 90% röm.-kath., kl. protestant. Gruppen, 1500 Juden

Nationalflagge: blau-weiß-blau-weiß-blaue Streifen (waagerecht) mit weißem Stern auf rotem Dreieck – **Nationalfeiertag:** 1.1., 26.7. und 10.10. – **U:** 1.1.1898

Staats- und Regierungsform: »Sozialistische« Republik – Neue Verfassung v. 1976 auf d. Grundlage d. Marxismus-Leninismus – Nationalversammlung – Staatsrat (»Consejo de Estado«) – Ministerrat (»Consejo de Ministros«) – Verwaltungsgliederung seit 1976 in 14 Provinzen u. 169 Stadtgebiete – **Staatsoberhaupt** u. Regierungschef: Vorsitzender d. »Staatsrates« u. d. »Ministerrates« sowie Oberbefehlshaber: Dr. Fidel Castro Ruz, führt außerd. 9 Ministerien; Erster Vizepräs.: Raúl Castro Ruz – **Außenminister:** Carlos Rafael Rodriguez Rodriguez – **Parteien:** »Partido Communista de Cuba«/PCC; Generalsekretär d. PCC: Fidel Castro; etwa 336000 Mitgl. d. PCC – **Dipl. B.:** BR Dtld und DDR

Städte (1975): La Habana [Havanna] (Hptst.) 1008500, als A 1978: 1981300 Einw., Santiago de Cuba 315801, Camagüey 221826, Holguín 151938, Guantánamo 148833, Santa Clara 146651

Wirtschaft: BSP 1977 (S): 7220 Mill. $, 1978 (S): 7860 Mill. $/810$ [83]/(S) – 1,2 – **A:** 57/26/31 – **E:** 1225 / 1,5 / 767 – **M:** 3,8

Außenhandel: 1978 **Einf.** 4687 Mill. $, **Ausf.** 4456 Mill. $ – **W:** 1 Cuban. Peso (cub$) = 100 Centavos (¢); 1 US-$ = 0,7111 cub$, 1 cub$ = 2,7308 DM – **AS:** 2*/<1*/../../.. – **T:** 71 – **H:** 72* / 9* / 19*

Wichtige Ausfuhrgüter: Zucker (70–85% d. Ausfuhrwertes), außerdem Tabak, Alkohol, Früchte, Gemüse, Mineralien, vor allem Nickelerze (6%), Edelhölzer – **Wichtigste Außenhandelspartner:** Sowjetunion (40–50%) u. and. RGW-Länder, Japan, Kanada, BR Deutschland u. and. EG-Länder, Spanien, Chines. Volksrep.

Mitgliedschaft: UNO, ECLA, FAO, GATT, IAEA, ICAO, ITU, ILO, IMCO, RGW (Comecon), UNESCO, UPU, WHO, WMO; SELA

Auf Cuba befindet sich als Pachtgebiet der **US-Marinestützpunkt Guantánamo,** 111,9 km²

CURAÇAO s. Niederlande

CYPERN *(Europa/Kleinasien)*
(Rep. Zypern; engl.: Rep. of Cyprus; griech.: Kypriaki Dimokratía; türk.: Kibris Cumhuriyeti – [CY])

Fläche (142): 9251 km² – **Einwohner** (133): 620000 (S 1979, 631778 Z 1973) = 67 je km² – **Städt. Bev.:** 43% – **S:** 20% – **Jährl. Bevölkerungswachstum:** (1970–1977) 0,8%

Bevölkerung (1973): 78,9% Griechen, 18,4% Türken; Armenier u.a.; seither Veränderungen u.a. durch Zuzug von Türken – **Staatssprache:** Griechisch u. Türkisch. Englisch wichtig als Bildungs- u. Verkehrssprache – **Religion:** orthodoxe Christen (Griechen), Muslimen (Türken), über 90000 Katholiken, ca. 50 Juden

Nationalflagge: weißes Feld mit Insel (gold) u. darunter grüne Ölbaumzweige – **Nationalfeiertag:** 1.10. – **U:** 16.8.1960

Staats- und Regierungsform: n. d. Verf. Präsidiale

Republik (Parlament, 70% d. Abgeordneten verfassungsmäßig Griechen, 30% Türken; griech. u. türk. Selbstverwaltungsorgane) – **Staatsoberhaupt** und Regierungschef: Dr. Spyros Kyprianou, endgült. bestätigt Febr. 1978; vom türkischspr. Teil u. v. d. Türkei nicht anerkannt – **Außenminister:** Nicos Rolandis – **Parteien:** Bei der Parlamentswahl vom Sept. 1976 im griech.-cypr. Gebiet fielen auf die gemeins. Liste d. Makarios unterstütz. Parteien (m. d. sep. kand. »Unabh.« T. Papadopoulos) alle 35 Sitze (Dem. Front 21, kommun. AKEL 9, sozialist. EDEK 4; 1 Unabh.). Die »Dem. Sammlung« v. G. Klerides gewann 25,6% d. Stimmen, aber weg. d. Mehrheitswahlrechts keinen Sitz (15 Sitze sind für die türkischspr. Cyprioten vorbehalten) – **Neue Entwicklung:** Nach dem Putsch v. 1974 Besetzung des Nordens durch türkische Truppen; Griechen aus diesem Gebiet größtenteils vertrieben oder geflohen. Am 13. 2. 1975 **einseitige Proklamation eines »Föderativen Türkisch-cypriotischen Staates«** durch die neu gebildete »Gesetzgebende Versammlung« dieses Nordgebietes der Insel (3500 km² = 38,5% des Gesamtstaates; etwa 120000 türkischspr. Cyprioten, dazu 20000–30000 anatolische Neueinwanderer, über 20000 türk. Soldaten und griech. Restgruppe). Am 8. 6. 1975 sprachen sich 99,4% der türkischspr. Cyprioten für eine neue Verfassung aus, die einen Sonderstatus für diese Volksgruppe u. eine autonome Regierung vorsieht, Ablehnung durch die griechischspr. Cyprioten. Bei den Wahlen v. 20. 6. 1976 wurde Denktasch zum Präsidenten dieses Türk. Bundesstaates (»Kibris Türk Federe Devleti«) gewählt. An den Wahlen in das »Parlament« beteiligten sich die »Partei d. Nat. Union« (rechts; Vors. Denktasch) u. die »Türk. Rep. Partei« (gem. links, Vors. Berberoglu). Am 22. 12. 1978 Gründung der »Partei der Türkischen Union« unter Ismail Tezer (für Aufteilung der Insel). »Regierungschef« u. Außenminister: Mustafa Cagatay – **Griech.-cypriot. Teil** rund 5750 km² mit 520000 griechischspr. Cyprioten; dazu eine türk. Restgruppe – Die Verhandlungen über eine endgültige Lösung d. Staatsordnung gehen weiter (s. »Weltchronik I«) – **Dipl. B.:** BR Dtld. und DDR

Städte (S 1975): Nikosia [Nicosia, Levkosia] (Hptst., derzeit geteilt) 147100, Limassol 80600, Famagusta 39400, Lárnaca 19500, Páfos 9100, Kyrenia [türk. Girne] 3900 (seit 1974 starke Veränderung d. Bevölkerung)

Wirtschaft: BSP 1977: 1180 Mill. $, 1978: 1370 Mill. $ / 2120 $ [48] / 0,3 – **L:** 35 – **E:** 1500 – **M:** 2,3

Außenhandel: 1979 (griech.-cypr. Gebiet) **Einf.** 1001 Mill. $, **Ausf.** 456 Mill. $ – **W:** 1 Cypern-£ (C£) = 1000 Mils (m); 1 C£ = 2,6970 US-$ bzw. 5,2373 DM (im türk. bes. Geb.: türk. Pfund)

Wichtige Ausfuhrgüter: Kartoffeln bis 20%, Obst u. Wein, Kupfer- u. Eisenkies u. -Konzentrate, Asbest – **Wichtigste Außenhandelspartner:** Großbritannien, BR Deutschland u. and. EG-Länder, Griechenland, USA, Sowjetunion

Mitgliedschaft: Commonwealth, UNO, ECE, FAO, GATT, IAEA, IBRD, ICAO, ILO, IMCO, IMF, ITU, OECD, UNESCO, UPU, WHO, WMO, Europarat; allg. Abk. m. d. EG; CCD – Britische Stützpunkte Dhekelia u. Akrotiri (zus. 259 km²)

DÄNEMARK *(Nord-Europa)*
(Königreich D.; Kongeriget Danmark – [DK])

Fläche (115): 43069 km² – **Einwohner** (85): 5120000 (F 1979; de jure 4937579 Z 1970) = 118,9 je km² – **Städt. B.:** 82/1,1/33/33 – **G:** 74/0,9/1/510/127 – **S:** 1/103/8,2 – **Geburten- u. Sterbeziffern** je 1000 Einw. 1977: 12,2 / 9,9 – **Geb.-Ü.:** 2,3

Bevölkerung: 96,5% Dänen; etwa 1,7% Deutsche (in Nordschleswig), 0,4% Schweden – **Staatssprache:** Dänisch; Deutsch teilw. Schulsprache in Nordschleswig – **Religion:** Evang.-luth. (98%); Kath. (27000) und Juden (6500)

Nationalflagge: weißes Kreuz auf rotem Feld – **Nationalfeiertag:** 16. 4. und 5. 6. – **U:** Rund 1200jährige staatliche Tradition

Staats- u. Regierungsform: Parlamentarisch-demokratische Monarchie – Parlament mit 1 Kammer (»Folketing«); Wahl der Abgeordneten für 4 Jahre – Wehrpflicht – Allg. Wahlrecht ab 18 Jahren – Gliederung in 14 Verwaltungseinheiten (Amtskommuner), Frederiksberg u. Kopenhagen – **Staatsoberhaupt:** Margrethe II., Königin seit 1972; bei Sitzungen Vorsitzende des Staatsrats (Statsrådet) – **Regierungschef:** Anker Jörgensen, Chef einer Soz.-Dem. Minderh.-Reg. aus Soz.-D. u. Lib. – **Außenminister:** Kjeld Olesen – **Parteien:** Bei den vorgez. Wahlen v. 23. Okt. 1979 erhielten die Sozialdemokrat. Partei (»Det socialdemokratiske parti«) 68 (1977: 65), die »Liberale Venstre« (Liberale Partei) 22 (21), die konserv. Volkspartei (»Det konservative Folkeparti«) 22 (15), die sozial-liberale »Radikale Venstre« 10 (6), die Sozialistische Volkspartei 11 (7), die Fortschrittspartei v. Mogens Glistrup 20 (26), Zentrumsdemokraten 6 (11), Christl. Volkspartei 5 (6), Linkssozialisten 6 (5), Rechtsstaatspartei 5 (6) u. Kommunistische Partei (»Danmarks kommunistiske parti«; 1976 über 7500 Mitgl.) 0 (7) der insg. 175 Mandate. Die Schleswigsche Partei (»Det sleswigske parti«) kandidierte nicht, doch hat die deutsche Bevölkerung einen Sitz bei den Zentrumsdemokraten. Im Parlament auch je 2 Vertreter von Grönland u. den Färöer-In. [FR] – **Dipl. B.:** BR Dtld. und DDR

Städte (B 1977): Kopenhagen-Stadt [København] (Hptst.) 529154 (m. V. 1978 1236281) Einw., Århus 245866, Odense 167616, Ålborg 154563, Esbjerg 79354, Randers 63662, Helsingør 56439, Herning 55313, Kolding 54617, Horsens 54018, Roskilde 49397, Vejle 49013

Wirtschaft: BSP 1977: 46520 Mill. $, 1978: 50410 Mill. $/9920$[8]/2,3–**WS:**14*/0,2*/39*/5,5*–**V:** 24/56/23/20/29/–3/–**A:**65/8/37–**E:**5320/0,7/4487 – **M:** 2,4

Außenhandel: 1979 **Einf.** 18450 Mill. $, **Ausf.** 14506 Mill. $ – **W:** 1 Dänische Krone (dkr) = 100 Øre; 100 US-$ = 602,25 dkr, 1 dkr = 0,3224 DM–**I:**9,8–**AS:**5/28/16/11/28–**T:**92–**H:**81/14/3–**Z:** – 1681–**D:** 1,2 – **K:** 0,70 / .. / 93

Wichtige Ausfuhrgüter: etwa ein Viertel landwirtschaftl. Erzeugnisse (Vieh, Fleisch, Speck, Molkereiprodukte, Eier, Honig); Industriegüter (70%), u. a. Maschinen u. Fahrzeuge, Textilien, Arzneimittel; Fische – **Wichtigste Außenhandelspartner:** BR Deutschland, Schweden, Großbritannien, USA, Benelux, Norwegen, Italien, Frankreich, Schweiz

Mitgliedschaft: UNO, NATO, Nordischer Rat, Europarat, ADB, CCD, ECE, EG, EWS, FAO, GATT, IAEA, IBRD, ICAO, IFC, ILO, IMC, IMF, ITU, OECD, UNESCO, UPU, WHO, WMO

Außenbesitzungen: *Färöer-Inseln* [Schaf-Inseln; dän. Færøerne, färisch; Føroyar], autonomes Land unt. d. dän. Krone (21 Inseln) – Fläche: 1398,85 km^2 – Einwohner (1977): 41575 (Protestanten) = 29,7 je km^2 – Hptst. Thorshavn 11586 Einw. – Offiz. Sprache: Dänisch, »Färoisch« (Füringisch) – Jährl. Bev.-Wachstum: 1970–77: 0,9% – 32% städt. Bevölk. – Leb.-Erw. 74 Jahre – Parlament (Lagting) aus 32 Mitgl. (Sozialdemokr., Samband-Partei, Folkeflok, Republikaner usw.), Koalitionsregierung – BSP 1978: 350 Mill. $, je E. 8080 $; jährl. Zunahme (1970–77) 3,9% – Ausfuhr 1977 für 863 Mill. dkr (Fische, Gemüse, Heringsmehl u. Öl), Einfuhr f. 910 Mill. dkr. – *Grönland* [Grønland, Kalaallit Nunaat] Fläche: 2175600 km^2, nur rd. 341700 km^2 eisfrei – Einw. (1978): 49148 (46531 Z 1970) – Jährl. Bev.-Wachst. (1970–77) 2,7% – über 8000 Europäer, sonst »Grönländer« u. Eskimos – Hptst. Godthåb 9885 Einw. (1978), Angmagssalik 2552, Holsteinborg 3975, Egedesminde 3666, Jakobshavn 3983 u. Julianehåb 3153 – G. ist seit 1963 gleichberecht. Teil Dänemarks; wie die Färöer mit 2 Vertr. im dän. »Folketing« – Sprachen: Dänisch u. Eskimoisch – Seit 1. Mai 1979 Selbstverwaltung: Premier Pastor Jonathan Motzfeldt (Vors. d. Siumut-Partei) – BSP (1978) 340 Mill. $, je E. 6760 $; jährl. Zunahme (1970–77) 6,3% – Unterst. durch d. dän. Staat 1978 1334 Mill. dkr – Ausfuhr v. 36000 t Kryolith (1976), Graphit u. Zink – Dän.-US-Verteidigungsabkommen

DEUTSCHLAND *(Mittel-Europa)*

Bundesrepublik Deutschland – [D]

Fläche (70): (ohne Berlin) 248139,46 km^2 (nach Stat. Jahrb. d. BR Dtld.: mit Berlin (West) 248625 km^2) – **Einwohner** (12): 61439000 (Wohnbev. m. Berlin/W., F 1979; Z 27.5.1970: 58528300 ohne Berlin/W., m. Berlin/W. 60650000, darunter 6,42% Ausländer – Nächste Zählung 1981) = 246,7 je km^2 – **Städt. B.:**83/0,8/18/45–**G:**72/1,7/1/500/129–**S:** 1/133*/4,4 – **Geburten- u. Sterbeziffern** je 1000 Einw. 1978 m. Berlin (West): 9,3/11,7 – **Sterbe-Ü.:** 2,4 (1979 s. Text Dtschld.)

Wirtschaft: BSP 1977: 529380 Mill. $, 1978: 587700 Mill. $/9600$[10]/2,2–**WS:**3/1,4/49/2,1–**V:**20/56/22/24/26/2–**A:**65/5/48–**E:**5922/0,8/5851–**M:** 3,4

Außenhandel: 1979 (ohne Handel mit der DDR) **Einf.** 157747 Mill. $, **Ausf.** 171540 Mill. $–**W:** 1 Deutsche Mark (DM) = 100 Deutsche Pfennig (Pf); 1 US-$ = 1,9379 DM, 1 SZR = (gültig ab 18.10.76) 3,15665 DM–**I:**5,9–**AS:**6/48/18/16/18–**T:**101–**H:**70/21/6–**Z:**3799/../../..–**D:**3,7–**K:**0,33/../–1327

Bevölkerung: Deutsche, über 30000 Dänen in Schleswig, 35000–40000 Zigeuner; am 30.9.1979 4,144 Mill. Ausländer (in 1000 u. a.: Türken 1268, Jugoslawen 621, Italiener 594, Griechen 297, Spanier 182, Österreicher 119, Portugiesen 110, Niederländer 106, Amerikaner 74, Engländer 67, Franzosen 65, Polen 51, Marokkaner 32, Schweizer 28, Tschechoslowaken 24, Inder 21, Iraner 21, Tunesier 21, Pakistani 20, Ungarn 19), darunter am 30.9.1977 1,869 Mill. ausländische Arbeitnehmer – **Staatssprache:** Deutsch; in Schleswig teilw. Dänisch Schulsprache – **Religion** (BR mit Berlin/West) 1970: 29,74 Mill. bzw. 49% Protestanten, 27,07 Mill. bzw. 44,6% römische Katholiken, kleine jüdische Minderheit (1979 etwa 28000), 6,4% »Sonstige«; 1977 rund 1 Mill. Mohammedaner, meist Türken

Nationalflagge: schwarz-rot-gold (waagerecht) – Beginn der deutschen Staatsgeschichte unter Karl d. Gr. bzw. 843 mit dem Vertrag von Verdun; Gründung des Deutschen Reiches am 18.1.1871, der Bundesrepublik Deutschland am 24.5.1949

Staats- u. Regierungsform: demokratisch-parlamentarischer Bundesstaat – Parlament (»Bundestag«), außerdem »Bundesrat« als Ländervertretung, dessen Zustimmung für bestimmte Gesetze erforderlich ist – Wahlberechtigt alle über 18 Jahre alten Bürger – Wehrpflicht – Gliederung in 10, mit Berlin/West (eig. Status) 11 Bundesländer

Staatsoberhaupt: Bundespräsident Prof. Dr. Dr. h. c. Karl Carstens, seit 1.7.1979

Regierungschef: Bundeskanzler Diplomvolkswirt Dr. h. c. Helmut Schmidt

Hauptstadt: Bonn 285788 Einw.

Mitgliedschaft der Bundesrepublik in wichtigen Organisationen, Bündnissen und Zusammenschlüssen: UNO (seit 18.9.73), außerdem u.a.: ADB, CCD², CD, EG (EWG, EGKS, Euratom), ECE, Europarat, EWS, FAO, GATT, IAEA, IBRD, ICAO, IDA, IDB, IFC, ILO, IMCO, IMF (IWF), ITU, NATO, OECD, UNCTAD, UNESCO, UNIDO, UPU, WEU, WHO, WMO

DIE GROSSSTÄDTE DER BUNDESREPUBLIK UND IHRE BÜRGERMEISTER

»Großstädte« nach der Begriffsbestimmung der Internationalen Statistikerkonferenz 1887, d. h. alle Städte über 100000 Einwohner – Stand: Bevölkerung (Z 27.5.1970), Fortschreibung/F meist Frühjahr 1980 z.T. Ende 1979

Stadt	**Einwohner** (Z 1970)	**F 1980**	**Oberbürgermeister** (1.9.1980)
1000 Berlin (West)	(2122346)	1902250	Der Regierende Bürgermeister: Dietrich Stobbe, SPD (Bgm. Wolfgang Lüder, F.D.P.)
2000 Hamburg	(1793823)	1651990	Erster Bürgermeister: Hans-Ulrich Klose, SPD Präsident des Senats (Zweiter Bgm.: Helga Elstner, SPD)
8000 München	(1293590)	1299325	Erich Kiesl, CSU (Zweiter Bgm.: Dr. Winfried Zehetmeier, CSU; Dritter Bgm.: Helmut Gittel, Sozial. Rathausblock)
5000 Köln	(849500)	979242	John van Nes Ziegler, SPD (Bgm.: Heribert Blens, CDU, 2. Bgm.: Jan Brügelmann, F.D.P. Oberstadtdirektor: Kurt Rossa, SPD)
4300 Essen	(712523/715237*)	657610	Horst Katzor, SPD (Oberstadtdirektor: Dr. Ernst Finkemeyer, SPD)
6000 Frankfurt a. M.	(669635)	631832	Dr. Walter Wallmann, CDU
4600 Dortmund	(639634)	608750	Günter Samtlebe, SPD (Oberstadtdirektor: Hans-Diether Imhoff, SPD)
4000 Düsseldorf	(663586)	595000	Josef Kürten, CDU (Oberstadtdirektor: Gerd Högener)
7000 Stuttgart	(633158)	581632	Manfred Rommel, CDU
4100 Duisburg	(454839)	577332	Josef Krings (Oberstadtdirektor: Herbert Krämer)
2800 Bremen	(593182)	556128	Hans Koschnick, Präs. d. Sen. u. Bgm., SPD
3000 Hannover	(523900)	543694	Herbert Schmalstieg, SPD (Oberstadtdirektor: Dr. Hinrich Lehmann-Grube)
8500 Nürnberg	(473555)	483812	Dr. Andreas Urschlechter, SPD
4630 Bochum	(356086)	425902	Heinz Eikelbeck, SPD (Oberstadtdirektor: Herbert Jahofer, SPD)
5600 Wuppertal	(418454)	402068	Gottfried Gurland, SPD (Oberstadtdirektor: Dr. Rolf Krumsiek, SPD)
4800 Bielefeld	(168937)	312550	Klaus Schwickert, SPD (Oberstadtdirektor: Dr. Eberhard Munzert)
4650 Gelsenkirchen	(348292)	308856	Werner Kuhlmann, SPD (Oberstadtdirektor: Prof. Dr. Heinrich Meya)
6800 Mannheim	(332163)	307377	Wilhelm Varnholt, SPD

* Einwohner 1970, jedoch nach heutigem Gebietsstand mit Berücksichtigung von zwischenzeitlichen Eingemeindungen

Stadt	**Einwohner** (Z 1970)	**F 1980**	**Oberbürgermeister** (1.9.1980)
5300 Bonn	(274518)	285788	Dr. Hans Daniels, CDU (Oberstadtdirektor: Dr. Karl-Heinz van Kaldenkerken, CDU)
6200 Wiesbaden	(250122)	273102	Georg-Berndt Oschatz, CDU
7500 Karlsruhe	(259265)	270674	Otto Dullenkopf, CDU
4400 Münster/Westf.	(198371)	267478	Dr. Werner Pierchalla, CDU (Oberstadtdirektor: Dr. Hermann Fechtrup)
3300 Braunschweig	(223700/275700*)	261000	Gerhard Glogowski, SPD (Oberstadtdirektor: Dr. Joachim Körner)
4050 Mönchengladbach	(151090)	260513	Ob.Studiendir. Theodor Bolzenius, CDU (Oberstadtdirektor: Helmut Freuen)
2300 Kiel	(271719)	250750	Stadtpräsident: Rolf Johanning, SPD (Oberbürgermeister: Günther Bantzer, SPD; ab 1.11.80 Heinz Luckhardt, SPD)
8900 Augsburg	(211566/253700*)	246643	Hans Breuer, SPD
5100 Aachen	(173475)	242830	Kurt Malangré, CDU
4200 Oberhausen	(246736)	232549	Luise Albertz, SPD (Oberstadtdirektor: Raimund Schwarz, SPD)
4150 Krefeld	(222250)	230343	Hansheinz Hauser, MdB, CDU (Oberstadtdirektor: Dr. Hermann Steffens, CDU)
2400 Lübeck	(239339)	221596	Stadtpräsident: Sophus Pohl-Laukamp, CDU (Bgm.: Dr. Robert Knüppel, CDU)
5800 Hagen i. W.	(200909/231840*)	221474	Rudolf Loskand, SPD (Oberstadtdirektor: Dr. Klaus Müller, SPD)
3500 Kassel	(214156)	195710	Hans Eichel, SPD
6600 Saarbrücken	(127989)	194452	Oskar Lafontaine, SPD
4690 Herne i. W.	(105566)	188233	Manfred Urbanski, SPD (Oberstadtdirektor: Dr. Raddatz, SPD)
6500 Mainz	(172195)	186839	Jockel Fuchs, SPD
4700 Hamm	(31.12.73: 83700)	181705	Werner Figgen, SPD (Oberstadtdirektor: Dr. Walter Fiehe)
4330 Mülheim	(190609)	180861	Dieter aus dem Siepen, SPD (Oberstadtdirektor: Heinz Hager, SPD)
7800 Freiburg i. Br.	(162222)	174540	Dr. Eugen Keidel, SPD
5650 Solingen	(176420)	169856	Georg Schlößer, CDU (Oberstadtdirektor: Dr. Friedhelm Schmitz-Herscheidt)
6700 Ludwigshafen/Rh.	(179286)	167790	Dr. Werner Ludwig, SPD
5090 Leverkusen	(107546)	166278	Wolfgang Obladen, CDU (Oberstadtdirektor: Bruno Krupp, SPD)
4500 Osnabrück	(143905)	155811	Ernst Weber, SPD (Oberstadtdirektor: Dr. Raimund Wimmer, CDU)
4040 Neuss	(114613)	149484	Herbert Karrenberg, CDU (Oberstadtdirektor: Franz Josef Schmitt, CDU)
2850 Bremerhaven	(140455)	137138	Werner Lenz, SPD
2900 Oldenburg i. O.	(130852)	135994	Hans Fleischer, SPD (Oberstadtdirektor: Heiko Wandscher, SPD)
6100 Darmstadt	(141224)	134380	H.-W. Sabais, SPD
8400 Regensburg	(129590)	131778	Friedrich Viehbacher, CSU
3180 Wolfsburg	(88655)	131714	Rolf Nolting, CDU (Oberstadtdirektor: Werner Hasselbring, SPD)
5630 Remscheid	(136419)	131541	Willi Hartkopf, SPD (Oberstadtdirektor: Dr. Hans Günter Krug)
6900 Heidelberg	(121023)	128773	Reinhold Zundel, SPD
3400 Göttingen	(108991)	127623	Artur Levi, SPD (Oberstadtdirektor: Rolf Vieten, F.D.P.)

* Einwohner 1970, jedoch nach heutigem Gebietsstand mit Berücksichtigung von zwischenzeitlichen Eingemeindungen

Stadt	Einwohner (Z 1970)	f 1980	Oberbürgermeister (1.9.1980)
8700 Würzburg	(117147)	127464	Dr. Klaus Zeitler, SPD
4350 Recklinghausen	(125237)	119272	Erich Wolfram, MdB, SPD (Oberstadtdirektor: Lorenz Amely, SPD)
4250 Bottrop	(106657)	117941	Ernst Wilczok, SPD (Oberstadtdirektor: Bernd Schürmann)
5400 Koblenz	(119434)	116902	Willi Hörter, CDU
5900 Siegen	(1973: 56500)	116760	Hans Reinhardt, SPD (Stadtdirektor: Hans Mohn)
3320 Salzgitter	(118201)	116601	Willi Blume, SPD (Oberstadtdirektor: Dr. jur. Hendrik Gröttrup, SPD)
4790 Paderborn	(66829)	115729	Herbert Schwiete, CDU (Stadtdirektor: Wilhelm Ferlings, CDU)
6050 Offenbach a.M.	(117306)	113813	Dr. Walter Suehrmann (CDU)
7100 Heilbronn a.N.	(102692)	113132	Dr. Hans Hoffmann, SPD
5810 Witten	(97379/112791*)	107706	Klaus Lohmann, SPD (Oberstadtdirektor: Dr. Emil Dreidoppel)
7530 Pforzheim	(90338)	107072	Dr. Willi Weigelt, SPD
6750 Kaiserslautern	(102553)	104912	Theo Vondano, CDU
4130 Moers	(100525)	103266	Wilhelm Brunswick, SPD (Stadtdirektor: Heinz Oppers, SPD)
3200 Hildesheim	(94800)	102562	Heiko Klinge, CDU (Oberstadtdirektor: Dr. E. v. Vietinghoff)
8520 Erlangen	(84110)	100760	Dr. Dietmar Hahlweg, SPD

* Einwohner 1970, jedoch nach heutigem Gebietsstand mit Berücksichtigung von zwischenzeitlichen Eingemeindungen

Die **Agglomerationen** bzw. **Ballungsräume** (Kernstädte mit den verwaltungsmäßig selbständigen Nachbarorten) zeigen die wirkliche Bevölkerungskonzentration. Die sog. »Ruhrstadt« z.B. hat (je nach Abgrenzung) 3,5–4 Mill. bzw. das Ballungsgebiet »Rhein-Ruhr« 10,9 Mill. Einw. Von den übrigen Ballungsräumen seien u.a. genannt: Hamburg über 2,5 Mill., die Rhein-Main-Region um Frankfurt 2,6 Mill., die Region München 2,3 Mill., die Region Stuttgart 2,4 Mill. und die Region Hannover weit über 1 Mill. – Durch die Gebietsreform hat sich in der Bundesrepublik die Zahl der Gemeinden von 1968 bis Ende 1977 von mehr als 24000 auf rund 8700 verringert. – Der **Anteil der Ausländer an der Bevölkerung der Großstädte** war 1977 in Frankfurt/M. und Offenbach am größten; es folgten München und Stuttgart (je 16–17%). – Bei der **Verschuldung ausgewählter Großstädte** je Einw. (ohne Verschuldung der Eigenbetriebe) lag (nach »Deutsche Bundesbank«, Monatsberichte 1976/4) Offenbach an erster Stelle, gefolgt von Koblenz, Hannover, Ludwigshafen, Düsseldorf und Frankfurt/M. (Bonn an 21., Stuttgart an 36., München an 51. Stelle). Die Kreditmarktschulden aller Großstädte beliefen sich Ende 1977 je Einw. auf durchschnittlich 1780 DM (Hannover 2789 DM, Düsseldorf 2632 DM und u.a. Frankfurt/M. 2503 DM). – Seit 1979 ist Kiels Oberbürgermeister *Günther Bantzer* (SPD) als Nachfolger von *Manfred Rommel* Präsident des »Deutschen Städtetages«; Vizepräsident ist *Manfred Rommel.*

(Bibl. Hinweis: Statistisches Jahrbuch Deutscher Gemeinden, Köln 1978)

DER BUNDESPRÄSIDENT

Prof. Dr. Dr. h. c. Karl Carstens (Amtsantritt 1.7.1979; Neuwahl 1984)
Adenauerallee 135 – Haus des Bundespräsidenten – 5300 Bonn 1 – F 2001 – FS 886393[1]

Gemäß Artikel 54 des Grundgesetzes am 23.5.1979 von der Bundesversammlung zum neuen Präsidenten der Bundesrepublik Deutschland gewählt. Die Amtsdauer beträgt 5 Jahre. Anschließende Wiederwahl ist nur einmal zulässig (Art. 54 Abs. 2 GG) – (Die Bundesversammlung besteht aus den Mitgliedern des Bundestages und einer gleichen Zahl von Mitgliedern, die von den Volksvertretungen der Länder nach dem Grundsatz der Verhältniswahl gewählt werden; sie wird vom Präsidenten des Bundestages einberufen).

[1] F = Fernsprecher (Telefon), FS = Fernschreiber (Telex), z.T. ohne Vorwahlnummer

Der Bundespräsident vertritt den Bund völkerrechtlich. Er schließt im Namen des Bundes die Verträge mit auswärtigen Staaten, er beglaubigt und empfängt deren Botschafter. Er fertigt die nach den Vorschriften des Grundgesetzes zustande gekommenen Gesetze aus und verkündet sie. Er ernennt und entläßt den Bundeskanzler, auf dessen Vorschlag die Bundesminister, ferner die Bundesverfassungsrichter, die Bundesrichter und – soweit er von seiner Delegationsbefugnis keinen Gebrauch macht – Bundesbeamte und Offiziere. Der Bundespräsident übt für den Bund das Begnadigungsrecht aus und verleiht u.a. den Verdienstorden der Bundesrepublik Deutschland.

Bundespräsidialamt: Kaiser-Friedrich-Straße 16–18, 5300 Bonn 1, F 2001, FS 886393
Chef des Bundespräsidialamtes: Staatssekretär Hans Neusel

BUNDESTAG UND BUNDESRAT (bei allen FS-Nummern ist vorher eine 0 zu wählen)

Stand am 1.9.1980 nach der Neuwahl vom 3.10.1976 (Angaben z.T. n. VwPD, Blischke/Schlimbach sowie nach Veröffentlichungen des Statist. Bundesamtes)

DER DEUTSCHE BUNDESTAG

Görresstraße 15, 5300 Bonn 1, Bundeshaus, F 161, FS 886808
Der Deutsche Bundestag ist die Volksvertretung der Bundesrepublik Deutschland. Mitgliederzahl 518, darunter 22 beschränkt stimmberechtigte Abgeordnete des Landes Berlin. Die Abgeordneten werden auf Grund allgemeiner, unmittelbarer, gleicher und geheimer Wahl für die Dauer einer Wahlperiode (4 Jahre) berufen. Die Berliner Abgeordneten für den Bundestag werden von den Mitgliedern des Berliner Abgeordnetenhauses nach den Regeln der Verhältniswahl gewählt: 1976 (1972) CDU 11 (9) – SPD 10 (12) – F.D.P. 1 (1).

8. Wahlperiode 1976–1980

Die 8. Wahl zum Deutschen Bundestag fand am 3.10.1976 statt.

a) *Wahlberechtigte* 1976 (1972) 42058015 (41446302) – *Wahlbeteiligung* 1976 (1972) 90,7% (91,1%) – *Gültige Stimmen* 1976 (1972) 99,1% (99,2%)

Sitzverteilung im Deutschen Bundestag 1979 (1972), ohne die 22 Berliner Abgeordneten, insgesamt: 496 (496) – SPD 214 (230) – CDU 189 (177) – CSU 53 (48) – F.D.P. 39 (41) –fraktionslos 1 (–)(CDU/CSU-Fraktion: 1976 242, 1972 225) – Das Durchschnittsalter der Abgeordneten – Stand 1980 – liegt bei 50,31 Jahren (CDU/CSU 50,44; SPD 50,35; F.D.P. 49,30). 6,8% der Abgeordneten sind Regierungsmitglieder, 32,8% Beamte, 7,1% Angestellte des öffentlichen Dienstes, 1% ev. Theologen, 13,5% Angestellte von politischen und gesellschaftl. Organisationen, 11,4% Angestellte in der Wirtschaft, 12,4% Selbständige, 11,2% Angehörige freier Berufe, 2,3% Arbeiter, 1,5% Hausfrauen. Insgesamt 327 Abgeordnete (einschließlich Berliner Abg.) sind Mitglieder von Arbeitnehmerorganisationen, davon 236 im DGB (22 CDU/CSU, 209 SPD, 5 F.D.P.), 8 in der DAG, 2 GdP, 17 GGB, 49 GBB, 15 DJV. Dem 8. Deutschen Bundestag gehören 40 Frauen an.

b) Das *Präsidium* des Deutschen Bundestages in der 8. Wahlperiode (1976–1980)

Präsident: Richard Stücklen, CDU/CSU, ab 31.5.1979
Vizepräs.: Annemarie Renger, SPD
Vizepräs.: Georg Leber, SPD, ab 12.9.1979
Vizepräs.: Dr. Richard v. Weizsäcker, CDU/CSU
Vizepräs.: Richard Würbs, F.D.P., ab 28.11.1979

c) Der *Ältestenrat* des Deutschen Bundestages in der 8. Wahlperiode (1976–1980)

Bestehend aus dem Präsidium, 23 Abgeordneten und 1 Vertreter des Bundeskabinetts
Alterspräsident des Deutschen Bundestages: Dr. Johann Baptist Gradl, CDU

d) Die *Fraktionsvorsitzenden* des Bundestages in der 8. Wahlperiode (1976–1980)

CDU/CSU Vors.: Ministerpräsident a.D. Dr. Helmut Kohl – *Landesgruppe CSU* Vors.: Dr. Friedrich Zimmermann
SPD Vors.: Bundesminister a.D. Herbert Wehner
F.D.P. Vors.: Bundesminister a.D. Wolfgang Mischnick

e) *Ständige Ausschüsse* des Bundestages in der 8. Wahlperiode (Mitgliederzahl)

Ausschuß für Wahlprüfung, Immunität und Geschäftsordnung (13)
Petitionsausschuß (27)
Auswärtiger Ausschuß (33)
Innenausschuß (27)
Sportausschuß (17)
Rechtsausschuß (27)
Finanzausschuß (31)
Haushaltsausschuß (33; zu ihm gehört als Unterausschuß ein Rechnungsprüfungsausschuß aus 11 Mitgl. des H.-Ausschusses)
Ausschuß für Wirtschaft (31)
Ausschuß für Ernährung, Landwirtschaft und Forsten (27)
Ausschuß für Arbeit und Sozialordnung (33)
Verteidigungsausschuß (27)
Ausschuß für Jugend, Familie und Gesundheit (27)
Ausschuß für Verkehr und für das Post- u. Fernmeldewesen (31)
Ausschuß für Raumordnung, Bauwesen und Städtebau (27)
Ausschuß für innerdeutsche Beziehungen (23)
Ausschuß für Forschung und Technologie (17)
Ausschuß für Bildung und Wissenschaft (27)
Ausschuß für wirtschaftliche Zusammenarbeit (23)

f) Der *Wehrbeauftragte* des Deutschen Bundestages:

Karl-Wilhelm Berkhan, StaSekr. a. D.
Basteistr. 70, 5300 Bonn 2, F 824-1, FS 885613

g) *Direktor beim Deutschen Bundestag:*

Dr. Helmut Schellknecht

Vermittlungsausschuß – gem. Art. 77 GG – als gemeinsamer Ausschuß von Bundestag und Bundesrat

Von seiten des Bundestages stellen SPD und CDU/CSU je 5 Mitglieder, die F.D.P. ein Mitglied; der Bundesrat entsendet 6 Mitglieder der CDU/CSU und 5 der SPD. Auf Koalition und Opposition entfallen somit je 11 Mitglieder (Stand: 1.9.1980)
Vorsitzende, im vierteljährlichen Wechsel ein Bundestagsabgeordneter und ein Mitglied des Bundesrates. (In der 7. Wahlperiode wurde der V. bei 670 Gesetzen 102mal angerufen)

Bibliographie: H. Trossmann, Parlamentsrecht des Deutschen Bundestages, Bonn 1977 – Fr. Schäfer, Der Bundestag, 3. Aufl., Bonn 1977 – G. Loewenberg, Parlamentarismus im politischen System der Bundesrepublik Deutschland, Tübingen 1969 – K. Sontheimer/H. Röhring (Hg.): Handbuch des Politischen Systems der Bundesrepublik Deutschland, München 1977.

DER BUNDESRAT

Bundeshaus, Görresstraße 15, 5300 Bonn 1, F 0228/161, FS 886841/842

Durch den Bundesrat wirken die Länder bei der Gesetzgebung u. Verwaltung des Bundes mit. Der Bundesrat besteht aus Mitgliedern der Länderregierungen, die von den Ländern bestellt und abberufen werden. Die Länder haben je nach Einwohnerzahl 5, 4 oder 3 Stimmen; Länder mit mehr als 2 Millionen Einwohnern haben 4, Länder mit mehr als 6 Millionen Einwohnern 5 Stimmen. Zur Zeit beträgt die *Gesamtzahl der Mitglieder* des Bundesrates 45, die sich auf die einzelnen Länder wie folgt verteilen:

Baden-Württemberg	5	Niedersachsen	5
Bayern	5	Nordrhein-Westfalen	5
Berlin (beratend)	4	Rheinland-Pfalz	4
Bremen	3	Saarland	3
Hamburg	3	Schleswig-Holstein	4
Hessen	4		

(Stimmen im Bundesrat – ohne Berlin – nach Stand v. 1.9.1980: CDU/CSU 23, CDU/F.D.P. 3, SPD 6, SPD/F.D.P. 9)

Ausschüsse

Die dem Bundesrat zugehenden Vorlagen werden durch den Präsidenten oder in dessen Auftrag durch den Direktor des Bundesrates unmittelbar an die zuständigen Ausschüsse überwiesen.

Agrarausschuß
Ausschuß für Arbeit und Sozialpolitik
Ausschuß für Auswärtige Angelegenheiten
Ausschuß für Fragen der Europäischen Gemeinschaften
Finanzausschuß
Ausschuß für Innerdeutsche Beziehungen
Ausschuß für Innere Angelegenheiten
Ausschuß für Jugend, Familie und Gesundheit
Ausschuß für Kulturfragen
Rechtsausschuß
Ausschuß für Städtebau und Wohnungswesen
Ausschuß für Verkehr und Post
Ausschuß für Verteidigung
Wirtschaftsausschuß

Präsidium des Bundesrates (Präsident – drei Vizepräsidenten)
Direktor des Bundesrates: Dr. Gebhard Ziller

Der Bundesrat wählt seinen Präsidenten jeweils auf ein Jahr. Nach einer Vereinbarung der Regierungschefs der Länder wechselt das Amt unter ihnen in der Reihenfolge der Einwohnerzahl der Länder – (Vermittlungsausschuß s. Bundestag).

DIE BUNDESREGIERUNG

Adenauerallee 141, 5300 Bonn 1

Die Bundesregierung besteht aus dem Bundeskanzler und aus den Bundesministern. Der Bundeskanzler bestimmt nach Art. 65 GG die Richtlinien der Politik und trägt dafür die Verantwortung. Innerhalb dieser Richtlinien leitet jeder Bundesminister seinen Geschäftsbereich selbständig und unter eigener Verantwortung.

DIE OBERSTEN BUNDESBEHÖRDEN (1.9.1980):

Bundeskanzler

Der Bundeskanzler wird auf Vorschlag des Bundespräsidenten vom Bundestag ohne Aussprache gewählt. Der Bundeskanzler bestimmt die Richtlinien der Politik und trägt dafür die Verantwortung. Er leitet die Geschäfte der Bundesregierung nach einer von ihr beschlossenen und vom Bundespräsidenten genehmigten Geschäftsordnung. Auf Vorschlag des Bundeskanzlers werden die Bundesminister vom Bundespräsidenten ernannt und entlassen. Der Bundeskanzler ernennt einen Bundesminister zu seinem Stellvertreter.

Raum für Eintragung von Änderungen nach der Wahl vom 5.10.1980

Bundeskanzler:

Dr. h. c. Helmut Schmidt, MdB, SPD,
seit 16.5.1974, erneut seit 15.12.1976

Der Stellvertreter des Bundeskanzlers:
Bundesminister des Auswärtigen
Dr. h.c. Hans-Dietrich Genscher, MdB, F.D.P.

Bundeskanzleramt

Adenauerallee 141, 5300 Bonn 1, F 0228/56-1, FS 886750
Chef des Bundeskanzleramtes: Staatssekretär Dr. Manfred Schüler

Parlamentarischer Staatssekretär: Staatsminister Gunter Huonker, MdB, SPD

Bevollmächtigter der Bundesregierung in Berlin: Staatssekretär Dietrich Spangenberg
Bundesallee 216–218, 1000 Berlin 15, F 21261, FS 183781

Der Leiter der Ständigen Vertretung der Bundesrepublik Deutschland bei der DDR:

Günter Gaus, Staatssekretär
Hannoversche Straße 30, DDR-104 Berlin, F 28252-61

Presse- und Informationsamt der Bundesregierung

Welckerstr. 11, 5300 Bonn 1, F 0228/2081, FS 886741/43
Chef des Presse- und Informationsamtes: Staatssekretär Klaus Bölling, SPD
Stellvertretender Sprecher der Bundesregierung: Dr. Armin Grünewald
Stellv. Leiter des Presse- u. Informationsamtes: MinDir. Dr. Gerhard Liebrecht, F.D.P.

Auswärtiges Amt

Adenauerallee 99–103, 5300 Bonn 1, F 0228/171, FS 886591
Der Bundesminister des Auswärtigen u. Vizekanzler: Dr. h. c. Hans-Dietrich Genscher, MdB, F.D.P.
Staatsminister: Dr. Hildegard Hamm-Brücher, MdB, F.D.P. und Klaus von Dohnanyi, MdB, SPD
Staatssekr.: Günther van Well u. Dr. Hans Werner Lautenschlager
Chef des Protokolls:
Botschafter Franz-Joachim Schöller

Bundesminister des Innern

Graurheindorfer Str. 198, Postfach, 5300 Bonn 1, F 0228/681-1, FS 886664 u. 886896
Der Bundesminister des Innern:
Gerhart Rudolf Baum, MdB, F.D.P.
Parlament. Staatssekretär: Andreas von Schoeler, MdB, F.D.P.
Staatssekretäre: Dr. Günter Hartkopf u. Dr. Siegfried Fröhlich

Raum für Eintragung von Änderungen nach der Wahl vom 5.10.1980

Bundesminister der Justiz

Heinemannstr. 6, Postfach 200650, 5300 Bonn 2, F 0228/58-1, FS 8869679
Der Bundesminister der Justiz:
Dr. Hans-Jochen Vogel, MdB, SPD
Parlamentarischer Staatssekretär: Dr. Hans de With, MdB, SPD
Staatssekretär: Dr. Günther Erkel

Bundesminister der Finanzen

Graurheindorfer Str. 108, 5300 Bonn 1, F 0228/682-1, FS 886645
Der Bundesminister der Finanzen:
Diplomvolkswirt Hans Matthöfer, MdB, SPD
Parlament. Staatssekretäre: Karl Haehser, MdB, SPD und Dr. Rolf Böhme, MdB, SPD
Staatssekretäre: Manfred Lahnstein u. Dr. Günter Obert

Bundesminister für Wirtschaft

Villemombler-Str. 74–78, 5300 Bonn-Duisdorf, F 0228/615-1, FS 886747
Der Bundesminister für Wirtschaft:
Dr. Otto Graf Lambsdorff, F.D.P.
Parlament. Staatssekretär: Martin Grüner, MdB, F.D.P.
Staatssekretäre: Dr. Dieter von Würzen u. Dr. Otto Schlecht

Bundesminister für Ernährung, Landwirtschaft und Forsten

Rochusstr. 1, 5300 Bonn-Duisdorf, F 0228/529-1, FS 886844
Der Bundesminister für Ernährung, Landwirtschaft und Forsten:
Oberlandwirtschaftsrat a. D. Josef Ertl, MdB, F.D.P.
Parlament. Staatssekretär: Georg Gallus, MdB, F.D.P.
Staatssekretär: Hans Jürgen Rohr

Bundesminister für Arbeit und Sozialordnung

Rochusstr. 1, 5300 Bonn-Duisdorf, F 0228/527-1, FS 886641
Der Bundesminister für Arbeit und Sozialordnung:
Dr. Herbert Ehrenberg, MdB, SPD
Parlamentar. Staatssekretär: Hermann Buschfort, MdB, SPD
Staatssekretäre: Dr. Reinhard Strehlke und Anke Fuchs

Bundesminister der Verteidigung

Postfach 1328, 5300 Bonn 1, F 0228/12-1, FS 886575/576
Der Bundesminister der Verteidigung:
Dr. Hans Eberhard Apel, MdB, SPD
Parlament. Staatssekretär: Dr. Andreas von Bülow, MdB, SPD

Raum für Eintragung von Änderungen nach der Wahl vom 5.10.1980

Staatssekretäre: Dr. Joachim Hiehle, Dr. Karl Schnell (Generalinspekteur der Bundeswehr: General Jürgen Brandt – Inspekteur des Heeres: Gn.Lt. Johannes Poeppel – Inspekteur der Luftwaffe: Gn.Lt. Friedrich Obleser – Inspekteur der Marine: Vizeadmiral Ansgar Bethge – Inspekteur des Sanitäts- u. Gesundheitswesens: Generaloberstabsarzt Dr. Hubertus Grunhofer)

Militärseelsorge

Evangelischer Militärbischof Dr. Sigo Lehming
Bahnhofstr. 29–31, 2080 Pinneberg
F 04101/208444

Evangelisches Kirchenamt f. d. Bundeswehr

Leiter: MilGen. Dek. Reinhard Gramm
Godesberger Allee 107a, 5300 Bonn 2,
F 0228/373043

Katholischer Militärbischof Dr. Elmar Maria Kredel, Erzbischof von Bamberg,
Domstraße 7d, 8600 Bamberg, F 0951/502205

Katholisches Militärbischofsamt
Adenauerallee 115, 5300 Bonn 1, F 213521 und 213555, 631871

Bundesminister für Verkehr und für das Post- und Fernmeldewesen

Kennedyallee 72, 5300 Bonn 2,
F 0228/3001, FS 885700
Der Bundesminister für Verkehr und für das Post- und Fernmeldewesen:
Kurt Gscheidle, SPD
Parlament. Staatssekr.: Erhard Mahne, MdB, SPD und Lothar Wrede, MdB, SPD
Staatssekretäre: Heinz Ruhnau und Dipl.-Ing. Dietrich Elias

Bundesminister für Forschung und Technologie

Heinemannstr. 2, Postfach 200706, 5300 Bonn 2,
F 0228/591, FS 885674
Der Bundesminister für Forschung u. Technologie:
Dr. Volker Hauff, MdB, SPD
Parlament. Staatssekretär: Erwin Stahl, MdB, SPD
Staatssekretär: Hans-Hilger Haunschild

Bundesminister für Raumordnung, Bauwesen und Städtebau

Deichmanns Aue, 5300 Bonn 2,
F 0228/337-1, FS 885462
Der Bundesminister für Raumordnung, Bauwesen und Städtebau:
Dr. Dieter Haack, MdB, SPD
Parlament. Staatssekretär: Dr. Dietrich Sperling, MdB, SPD
Staatssekretär: Dr. Albert Schmid

Raum für Eintragung von Änderungen nach der Wahl vom 5.10.1980

Bundesminister für Innerdeutsche Beziehungen

Godesberger Allee 140, 5300 Bonn 2,
F 0228/3061, FS 885673
Der Bundesminister für Innerdeutsche Beziehungen:
Egon Franke, MdB, SPD
Parlament. Staatssekretär: Dr. Heinz Kreutzmann, MdB, SPD
Staatssekretär: Dietrich Spangenberg

Bundesminister für Jugend, Familie und Gesundheit

Kennedyallee 105–107, 5300 Bonn 2,
F 0228/338-1, FS 885517 u. 885437
Der Bundesminister für Jugend, Familie und Gesundheit:
Frau Antje Huber, MdB, SPD
Parlament. Staatssekretär: Karl Fred Zander, MdB, SPD
Staatssekretär: Prof. Dr. Hans-Georg Wolters

Bundesminister für Bildung und Wissenschaft

Heinemannstr. 2, Postfach 200108,
5300 Bonn 2, F 0228/571, FS 885666
Der Bundesminister für Bildung und Wissenschaft:
Dr. Jürgen Schmude, MdB, SPD
Parlament. Staatssekretär: Björn Engholm, MdB, SPD
Staatssekretär: Dr. Hermann Granzow

Bundesminister für wirtschaftliche Zusammenarbeit

Karl-Marx-Str. 4–6, 5300 Bonn 1, F 0228/5351,
FS 8869452
Der Bundesminister für wirtschaftliche Zusammenarbeit:
Rainer Offergeld, MdB, SPD
Parlament. Staatssekretär: Alwin Brück, MdB, SPD
Staatssekretär: Dr. Carl-Werner Sanne

Kabinettausschüsse

Adenauerallee 139–141, 5300 Bonn 1, F 56-1,
FS 886750

Bundessicherheitsrat
Kabinettausschuß für Europapolitik
Kabinettausschuß für innerdeutsche Beziehungen
Kabinettausschuß für mittelfristige Finanzplanung
Kabinettausschuß für Wirtschaft
Kabinettausschuß zur Prüfung von weiteren Energieeinsparmaßnahmen
Kabinettausschuß für Agrar- und Ernährungspolitik
Kabinettausschuß für Soziales und Gesundheit
Kabinettausschuß für Vermögensbildung
Kabinettausschuß für Bildung, Wissenschaft, Forschung und Technologie
Kabinettausschuß für Umweltfragen
Kabinettausschuß für Raumordnung und Städtebau
Kabinettausschuß für die Reform der Struktur von Bundesregierung u. Bundesverwaltung
Kabinettausschuß für die friedliche Nutzung der Kernenergie

(*Bibliographie:* A. Ch. Storbeck: Die Regierungen des Bundes und der Länder seit 1945 Erg. Bd. 1969 bis 1973. Bearb. v. Jürgen Jekewitz, München 1974)

Bundesrechnungshof

Berliner Str. 51 (Postfach 2409),
6000 Frankfurt/Main 1, F 21761, FS 412981
Präsident: Karl Wittrock
Vizepräsident: Josef Selbach

Raum für Eintragung von Änderungen nach der Wahl vom 5.10.1980

OBERSTE ORGANE DER RECHTSPRECHUNG

Bundesverfassungsgericht

Schloßbezirk 3, 7500 Karlsruhe 1, Postfach 1771, F 1491, FS 7826749
Das Bundesverfassungsgericht ist ein allen übrigen Verfassungsorganen gegenüber selbständiger und unabhängiger Gerichtshof des Bundes
Präsident: Prof. Dr. h. c. Ernst Benda – Vizepräsident: Prof. Dr. Wolfgang Zeidler
Direktor beim Bundesverfassungsgericht: Dr. Karl-Georg Zierlein

Bundesgerichtshof

Herrenstr. 45a, 7500 Karlsruhe 1, F 1591, FS 7825828
Präsident: Prof. Dr. Gerd Pfeiffer – Vizepräs.: Walter Stimpel
Sitz des 5. Strafsenats: Witzlebenstr. 4–5, 1000 Berlin 19, F 32021, FS 185505

Bundesanwaltschaft beim Bundesgerichtshof
Herrenstr. 45a, 7500 Karlsruhe 1, F 1591, FS 7825828
Generalbundesanwalt: Prof. Dr. Kurt Rebmann
Dienststelle Berlin, Witzlebenstr. 4–5, 1000 Berlin 19, F 32021
Leiter der Dienststelle Berlin: Bundesanwalt Norbert Oberle

Bundesverwaltungsgericht

Hardenbergstr. 31, 1000 Berlin 12, F 3197-1
Präsident: Prof. Dr. Horst Sendler – Vizepräsident: Johannes Oppenheimer

Wehrdienstsenate des Bundesverwaltungsgerichts
Schwere Reiterstr. 37, 8000 München 40, F 301081-83

Oberbundesanwalt beim Bundesverwaltungsgericht
Rudolf Frauenknecht
Hardenbergstr. 31, 1000 Berlin 12, F 3197-1

Bundesfinanzhof

Postfach 860240, Ismaninger Str. 109, 8000 München 86, F 92311, FS über 523534
Präsident: Prof. Dr. Heinrich List – Vizepräsident: Günther Knopp

Bundesarbeitsgericht

Graf-Bernadotte-Platz 5, 3500 Kassel-Wilhelmshöhe, F 3061
Präsident: Prof. Dr. Gerhard Müller (bis 31.12.1980) – Vizepräs.: Prof. Dr. Stumpf (bis 31.10.1980)

Bundessozialgericht

Graf-Bernadotte-Platz 5 (Postfach 410220), 3500 Kassel 1, F 3071
Präsident: Prof. Dr. Georg Wannagat – Vizepräsident: Kurt Brackmann

SONSTIGE BUNDESBEHÖRDEN (Auswahl)

Umweltbundesamt

Bismarckplatz 1, 1000 Berlin 33, F 8903-1, FS 183756
Präsident: Dr. Heinrich Freiherr von Lersner – Vizepräsident: Dr. Dietrich Hartmann

Bundespatentgericht (II. Instanz ist der Bundesgerichtshof)

Zweibrückenstr. 12, 8000 München 2, F 2195-1, FS 523534
Präsident: Dr. Ernst Karl Pakuscher – Vizepräs.: Dr. rer. nat. Karl-Heinz Leise

Deutsches Patentamt

Zweibrückenstr. 12, 8000 München 2, F 2195-1
Präsident: Dr. Erich Häusser – Vizepräsident: Dipl.-Ing. K. H. Köhne

Bundesamt für Verfassungsschutz

Barthelstraße 75, 5000 Köln, F 4713
Präsident: Dr. Richard Meier

Statistisches Bundesamt

G.-Stresemann-Ring 11, 6200 Wiesbaden 1, F 751, FS 4186511
Präsident: Franz Kroppenstedt

Bundeskartellamt

Mehringdamm 129, 1000 Berlin 61, F 6901-1, FS 184321
Präsident: Professor Wolfgang Kartte – Vizepräsident: Dr. Ernst Niederleithinger

Deutsche Bundesbank

Wilhelm-Epstein-Str. 14 (Postfach 2633, 6000 Frankfurt 1), 6000 Frankfurt 50
F 158-1, FS 41227 (Inland), 414431 (Ausland), TA Notenbank Ffm.
Präsident: Karl Otto Pöhl – Vizepräs.: Dr. Helmut Schlesinger

Deutsche Bundesbahn

Friedrich-Ebert-Anlage 43–45, 6000 Frankfurt a. M., F 2651, FS 411124 db d
Erster Präsident u. Vorstandsvorsitzender der DB: Dr. Wolfgang Vaerst
Präsidenten: Franz Eichinger – Peter Koch – Hans-Hermann Reschke

VERTRETUNGEN DER LÄNDER BEIM BUND (Stand 1.9.1980)

Baden-Württemberg Der Bevollmächtigte des Landes Baden-Württemberg beim Bund
Schlegelstr. 2, 5300 Bonn 1, F 503-1,, FS 886874
Annemarie Griesinger, Min. f. Bundesangelegenheiten

Bayern Der Staatsminister für Bundesangelegenheiten und Bevollmächtigte des Freistaates Bayern beim Bund
Schlegelstr. 1, 5300 Bonn 1, F 2021, FS 886771
Peter M. Schmidhuber, StaMin.

Berlin Der Senator für Bundesangelegenheiten, Bevollmächtigter des Landes Berlin beim Bund
Joachimstr. 7, 5300 Bonn 1, F 212091, FS 886895
Prof. Gerhard Heimann, Senator

Bremen Der Senator für Bundesangelegenheiten der Freien Hansestadt Bremen
Schaumburg-Lippe-Str. 7/9, Postfach 120167, 5300 Bonn 1, F 224091, FS 886883
Dr.-Ing. Günther Czichon

Hamburg Der Bevollmächtigte der Freien und Hansestadt Hamburg beim Bund
Kurt-Schumacher-Str. 12, 5300 Bonn 12, F 213061, FS 886809
Günter Apel, Senator

Hessen Der Hessische Minister für Bundesangelegenheiten
Aloys-Schulte-Str. 14, 5300 Bonn 1, F 217015/217030, FS 886836 helbn
Wiesbaden-Biebrich, Schloß (Westflügel), 6200 Wiesbaden, F 32982
StaMin. Dr. Vera Rüdiger, Min.

Niedersachsen Der Niedersächsische Minister für Bundesangelegenheiten
Dahlmannstr. 18, 5300 Bonn 1, F 214071, FS 886413
Postanschrift: Postfach 120360
Wilfried Hasselmann, Min.

Nordrhein-Westfalen Der Minister für Bundesangelegenheiten des Landes Nordrhein-Westfalen
Dahlmannstr. 2, 5300 Bonn 1, F 100-1, FS 886850
Dieter Haak, Min.

Rheinland-Pfalz Der Bevollmächtigte des Landes Rheinland-Pfalz beim Bund
Schedestr. 1–3, 5300 Bonn 1, F 225031-7, FS 886801
Hanns-Eberhard Schleyer, StaSekr.

Saarland Der Bevollmächtigte des Saarlandes beim Bund
Kurt-Schumacher-Str. 9, Postfach 120307, 5300 Bonn 1, F 217047, FS 886553
Prof. Dr. Franz Becker (MdWGb), Min.
Vertreter und Leiter der Dienststelle: MinDirig. Hans-Jürgen Allert

Schleswig-Holstein Der Minister für Bundesangelegenheiten des Landes Schleswig-Holstein
Kurt-Schumacher-Str. 17/18, 5300 Bonn 1, F 213051, FS 8869382 lvshd
Dr. Henning Schwarz, Min., Stellv. des Ministerpräsidenten

DER LEITER DER STÄNDIGEN VERTRETUNG DER BUNDESREPUBLIK DEUTSCHLAND BEI DER DEUTSCHEN DEMOKRATISCHEN REPUBLIK

Günter Gaus, StaSekr.
Hannoversche Straße 30, DDR-104 Berlin, F 2825261

DIE BUNDESLÄNDER MIT IHREN PARLAMENTEN UND REGIERUNGEN (Stand 1.9.1980)

Landeshauptstädte sind die angegebenen Regierungssitze. – Die Länderparlamente werden alle 4 (im Saarland u. Nordrhein-Westf. alle 5) Jahre neu gewählt, die Wahljahre differieren in den Bundesländern (Stand: jeweils die letzte Landtagswahl). Einwohnerzahl Stand 31.12.79 u. Fortschreibung 1980 [davon m = männlich / w = weiblich].

Baden-Württemberg

(Fläche: 35751,7 km², Einw. 9190052 [4420305 m/4769747 w] = 257,1 je km²)

1. Der Landtag von Baden-Württemberg
Präsident: Dr. Lothar Gaa, CDU
Mitglieder: 124 (davon 4 Überhangmandate)
Verteilung d. Sitze: CDU 68 – SPD 40 – F.D.P./DVP 10 – Grüne 6
Letzte Landtagswahl 16.3.1980,
nächste Wahl Frühjahr 1984

Haus des Landtags
Konrad-Adenauer-Str. 3,
7000 Stuttgart
F 20631, FS 722341

2. Die Regierung des Landes Baden-Württemberg
Ministerpräsident
Lothar Späth, CDU
Staatssekretär: Roland Gerstner

Richard-Wagner-Str. 15, St.-1
F 21531, FS 723711

Innenminister
Prof. Roman Herzog, CDU
Staatssekretär: Robert Ruder

Dorotheenstr. 6, St.-1
F 20721, FS 722305

Minister für Kultus und Sport
Gerhard Mayer-Vorfelder, CDU
Staatssekretär: Dr. Theo Balle

Schloßplatz (Neues Schloß)
St.-1
F 21931, FS 723931

Minister für Wissenschaft und Kunst
Prof. Dr. Helmut Engler, CDU
Staatssekretär: Norbert Schneider

Mittnachtbau, St.-1
F 21931, FS 723931

Justizminister
Dr. Heinz Eyrich, CDU
Staatssekretär: Eugen Volz

Schillerplatz 4, St.-1
F 21931, FS 723931

Finanzminister
Dr. Guntram Palm, CDU
Staatssekretär: Heinz Heckmann

Schloßplatz (Neues Schloß), St.-1
F 21931, FS 723931

Minister für Wirtschaft, Mittelstand und Verkehr
Dr. Rudolf Eberle, CDU
Staatssekretär: Ernst Ludwig

Theodor-Heuss-Str. 4, St.-1
F 20201, FS 723931

Minister für Ernährung, Landwirtschaft und Umwelt sowie Stellv. d. Min.-Präsidenten Gerhard Weiser, CDU Staatssekretär: Ventur Schöttle	Marienstr. 41, St.-1 F 66761, FS 721608
Minister für Arbeit, Gesundheit und Sozialordnung Dietmar Schlee, CDU Staatssekretär: Kurt Härzschel	Rotebühlpl. 30, St.-1 F 66731, FS 722548
Minister für Bundesangelegenheiten Annemarie Griesinger, CDU (außerdem weitere Staatssekretäre)	Schlegelstr. 2, 5300 Bonn 1 F 503-1, FS 886874

Bayern
(Fläche: 70546,92 km^2, Einw. in 1000: 10871 [5192,6 m/5678,4 w] = 154,1 je km^2)

1. Bayerischer Landtag Präsident: Dr. Franz Heubl, CSU Mitglieder: 204 Verteilung der Sitze: CSU 129 – SPD 65 – F.D.P. 10 Letzte Landtagswahl 15.10.1978, **nächste Wahl 1982**	Maximilianeum, 8000 München 85, F 4126-1, FS 529015 byld
2. Der Bayerische Senat Präsident: Hippolyt Frhr. Poschinger v. Frauenau Mitglieder: 60	Maximilianeum, M. 85 F 4126-288
3. Die Bayerische Staatsregierung Ministerpräsident Dr. h. c. Franz Josef Strauß, CSU	Prinzregentenstr. 7, M. 22 F 21651, FS 523809, 524345
Staatsminister der Justiz Stellv. d. Ministerpräsidenten Dr. Karl Hillermeier, CSU	Justizpalast, M. 35 F 55971, FS 523674
Staatsminister der Finanzen Max Streibl, CSU	Odeonsplatz 4, M. 22 F 23061, FS 523509
Staatsminister des Innern Gerold Tandler, CSU	Odeonsplatz 3, M. 22 F 21921, FS 524540
Staatsminister für Unterricht und Kultus Prof. Dr. Hans Maier, CSU	Salvatorplatz 2, M. 2 F 21861, FS 529789
Staatsminister für Wirtschaft und Verkehr Anton Jaumann, CSU	Prinzregentenstr. 28, M. 22 F 21621, FS 523759 Postanschr.: Postfach, M. 22
Staatsminister für Ernährung, Landwirtschaft und Forsten Dr. Hans Eisenmann, CSU	Ludwigstr. 2, M. 22 F 21821, FS 523830
Staatsminister für Arbeit und Sozialordnung Dr. Fritz Pirkl, CSU	Winzererstr. 9, M. 40 F 12531, FS 523654
Staatsminister für Landesentwicklung u. Umweltfragen Alfred Dick, CSU	Rosenkavalierplatz 2, M. 81 F 92141, FS 524295
Staatsminister für Bundesangelegenheiten und Bevollmächtigter des Freistaates Bayern beim Bund Peter Schmidhuber, CSU	Schlegelstr. 1, 5300 Bonn F 2021, FS 886771 u. Prinzregentenstr. 7, München 22, F 21651, FS 523809

(Mitglieder der Regierung sind auch die Staatssekretäre)

Berlin (West) (Fläche: 480 km², Einw.: 1902250 [851979 m/1050271 w] = 3963 je km²)

1. Abgeordnetenhaus von Berlin Präsident: Peter Lorenz, CDU Mitglieder: 135 Verteilung der Sitze: CDU 63 – SPD 61 – F.D.P. 11 Letzte Wahl am 18.3.79, **nächste Wahl 1983**	Rathaus, 1000 Berlin 62 F 7831, FS 183798
2. Senat von Berlin Regierender Bürgermeister Dietrich Stobbe, SPD	John-F.-Kennedy-Platz (Rathaus), B. 62 F 7831, FS 183798
Bürgermeister Wolfgang Lüder, F.D.P.	John-F.-Kennedy-Platz, B. 62 F 7831, FS 183798
Senator für Justiz Gerhard Moritz Meyer, F.D.P.	Salzburger Str. 21–25, B. 62 F 7831, FS 183798
Senator für Bundesangelegenheiten Prof. Gerhard Heimann	John-F.-Kennedy-Platz, B. 62 F 7833202/3993, FS 183798
Senator für Inneres Peter Ulrich, SPD	Fehrbelliner Platz 2, B. 31 F 8671, FS 183798
Senator für Wissenschaft und Forschung Dr. Peter Glotz, SPD	Bredtschneiderstr. 5–8, B. 19 F 30321, FS 183798
Senator für Schulwesen Walter Rasch, F.D.P.	Bredtschneiderstr. 5–8, B. 19 F 30321, FS 183798
Senator für Arbeit und Soziales Dipl.-Volkswirt Olaf Sund, SPD	An d. Urania 4–10, B. 30 F 21221, FS 183798
Senator für Bau- und Wohnungswesen Harry Ristock, SPD	Württembergische Str. 6–10, B. 31 F 8671, FS 183798
Senator für Wirtschaft Wolfgang Lüder, F.D.P.	Martin-Luther-Str. 105, B. 62 F 7831, FS 183798
Senator für Finanzen Dr. Klaus Riebschläger, SPD	Nürnberger Str. 53–55, B. 30 F 240111, FS 183798
Senator für Familie, Jugend und Sport Ilse Reichel, SPD	Am Karlsbad 8–10, B. 30 F 26041, FS 183798
Senator für Gesundheit und Umweltschutz Erich Pätzold, SPD	An d. Urania 12, B. 30 F 21221, FS 183798
Senator für kulturelle Angelegenheiten Dr. Dieter Sauberzweig, SPD	Europa-Center, B. 30 F 2123-1

Freie Hansestadt Bremen (Fläche: 403,77 km², Einw. in 1000: 695,1 [326,5 m/368,7 w] = 1721,5 je km²)

1. Bremische Bürgerschaft (Landtag) Haus der Bürgerschaft Präsident: Dr. Dieter Klink, SPD Mitglieder: 100 Verteilung der Sitze: SPD 52 – CDU 33 – F.D.P. 11 – BGL 4 Letzte Bürgerschaftswahl am 7.10.1979, **nächste Wahl Herbst 1983**	2800 Bremen 1 F 3614991, FS 244804
2. Senat der Freien Hansestadt Bremen Präsident des Senats Bürgermeister Hans Koschnick, SPD	Rathaus, B. F 3611, FS 244804

Stellvertreter: Bürgermeister Moritz Thape, SPD	Rathaus, B. F 3611, FS 244804
Senator für Inneres Helmut Fröhlich, SPD	Contrescarpe 22/24, B. F 3621, 938340 FS 244804, 244593
Senator für Finanzen Bürgermeister Moritz Thape, SPD	Haus des Reichs Contrescarpe, B. F 3611, FS 244593
Senator für Wissenschaft und Kunst Horst Werner Franke, SPD	Katharinenstr. 12–14, B. F 3611, FS 244804
Senator für Bildung Horst von Hassel, SPD	Rembertiring 8–12, B. F 3611, FS 244593
Senator für Soziales, Jugend und Sport Dr. Henning Scherf	Bahnhofplatz 29, B. F 3611, FS 244804
Senator für Bauwesen Bernd Meyer, SPD	Börsenhof A, Am Dom 5a, B. F 3611, FS 244804, 244593
Senator für Wirtschaft und Außenhandel Karl Willms, SPD	Bahnhofplatz 29, B. F 3611, FS 244804
Senator für Häfen, Schiffahrt und Verkehr Oswald Brinkmann, SPD	Kirchenstr. 4/5a, B. F 3611, FS 244804
Senator für Arbeit Karl Willms, SPD	Contrescarpe 73, B. F 3611, FS 244804
Senator für Gesundheit und Umweltschutz Herbert Brückner, SPD	Bahnhofplatz 29, B. F 3611, FS 244804, 244593
Senator für Rechtspflege und Strafvollzug Wolfgang Kahrs, SPD	Richtweg 16–22, B. F 3611, FS 244804, 244593
Senator für Bundesangelegenheiten Dr.-Ing. Günther Czichon	Schaumburg-Lippe-Str. 7–9 5300 Bonn 1 F 224091, FS 886883

Freie und Hansestadt Hamburg
(Fläche: 754,68 km², Einw. 1651990 [768638 m/883352 w] = 2189 Einw. je km²)

1. Bürgerschaft der Freien und Hansestadt Hamburg Präsident: Peter Schulz, SPD Mitglieder: 120 Verteilung der Sitze: SPD 69 – CDU 51 Letzte Bürgerschaftswahl am 4.6.1978, **nächste Wahl 1982**	Rathaus (Postfach 100902) 2000 Hamburg 1 F 3681-1, FS 212121
2. Der Senat der Freien und Hansestadt Hamburg Präsident des Senats:	Rathaus, H. 1 F 3681-1, FS 212121
Erster Bürgermeister Hans-Ulrich Klose, SPD Senatskanzlei, Staatsarchiv, Senatsamt. f. d. Verwaltungsdienst	Rathaus, H. 1 F 3681-2011/12, FS 212121
Zweiter Bürgermeister: Helga Elstner, SPD	Rathaus, H. 1 F 3681-2241/42, FS 212121
Justizbehörde Senatorin Eva Leithäuser, SPD	Drehbahn 36, H. 36 F 34109-600/601, FS 212121
Behörde f. Schule, Jugend u. Berufsbildung Prof. Dr. Joist Grolle, SPD	Hamburger Str. 31, H. 76 F 291881-3001/02, FS 212121

Behörde für Wissenschaft und Forschung Senator Prof. Dr. Hansjörg Sinn, parteilos	Hamburger Str. 45, H. 76 F 29188-2700/01
Kulturbehörde Senator Prof. Dr. Wolfgang Tarnowski, SPD	(Anschrift wie Beh. f. Wissenschaft)
Arbeits- und Sozialbehörde Senator Jan Ehlers, SPD	Hamburger Str. 47, H. 76 F 29188–3001/02, FS 212121
Behörde für Wirtschaft, Verkehr und Landwirtschaft Senator Jürgen Steinert, SPD	Alter Steinweg 4, H. 11 F 34912-621/622, FS 211100
Finanzbehörde Senator Dr. Wilhelm Nölling, SPD	Gänsemarkt 36, H. 36 F 3598–411/412, FS 212121
Baubehörde Senator Volker Lange, SPD	Stadthausbrücke 8, H. 36 F 34913–3002/3003
Gesundheitsbehörde Senatorin Helga Elstner, SPD	Tesdorpfstr. 8, H. 13 F 44195-330/331, FS 212121
Behörde für Inneres Senator Werner Staak, SPD	Johanniswall 4, H. 1 F 24825-800/500, FS 214578
Behörde f. Bezirksangelegenheiten, Naturschutz und Umweltgestaltung Senator Wolfgang Curilla, SPD	(Anschrift wie Beh. f. Inneres)
Der Bevollmächtigte der Freien und Hansestadt Hamburg beim Bund Senator Günter Apel, SPD	Rathaus, H. 1 F 3681-2026/2027, FS 212121

Hessen (Fläche: 21112,47 km²; Einw. in 1000: 5576,1 [2679,2 m/2896,9 w] = 264,1 je km²)

1. Hessischer Landtag Präsident: Dr. Hans Wagner, CDU Mitglieder: 110 Verteilung der Sitze: CDU 53 – SPD 50 – F.D.P. 7 Letzte Landtagswahl am 8.10.1978, **nächste Wahl 1982**	Schloßplatz 1, 6200 Wiesbaden F 3501, FS 4186222
2. Die Hessische Landesregierung	
Hessischer Ministerpräsident Holger Börner, SPD	Bierstadter Str. 2, W. F 321, FS 4186693
Hess. Minister des Innern Ekkehard Gries, F.D.P.	Friedrich-Ebert-Allee 12, W. F 3531, FS 4186814
Hess. Minister der Finanzen Heribert Reitz, SPD	Friedrich-Ebert-Allee 8, W. F 321, FS 4186814
Hess. Minister der Justiz Dr. Herbert Günther, SPD	Luisenstr. 13, W. F 321, FS 4186814
Hess. Kultusminister Hans Krollmann, SPD	Luisenplatz 10, W. F 3681, FS 4186814
Hess. Minister f. Wirtschaft u. Technik Heinz Herbert Karry, F.D.P.	Kaiser-Friedrich-Ring 75, W. F 8151, FS 4186817
Hess. Sozialminister Armin Clauss, SPD	Adolfsallee 53, W. F 8171, FS 4186817
Hess. Minister f. Landesentwicklung, Umwelt, Landwirtschaft u. Forsten Karl Schneider, SPD	Hölderlinstr. 1–3, W. F 8171, FS 4186679
Hess. Minister f. Bundesangelegenheiten Dr. Vera Rüdiger, SPD	Schloß, Wiesbaden-Biebrich F 321

Niedersachsen (Fläche: 47430 km², Einw. in 1000: 7234 [3464,9m/3,769w] = 152,5 je km²)

1. Der Niedersächsische Landtag
Präsident: Heinz Müller, CDU
Mitglieder: 155
Verteilung der Sitze: CDU 83 – SPD 72
Letzte Landtagswahl am 4.6.1978, **nächste Wahl 1982**
Hinrich-Wilhelm-Kopf-Pl. 1,
3000 Hannover
F 1930-1

2. Die Niedersächsische Landesregierung
Der Niedersächsische Ministerpräsident
Dr. Ernst Albrecht, CDU
Stellv.: Wilfried Hasselmann
Staatskanzlei, Planckstr. 2, H.
F 1901, FS 922765

Der Niedersächsische Minister des Innern
Dr. Egbert Möcklinghoff, CDU
Lavesallee 6, H.
F 1901, FS 922795

Der Niedersächsische Minister der Finanzen
Walther Leisler Kiep, CDU
Schiffgraben 10, H.
F 1901, FS 922800

Der Niedersächsische Sozialminister
Hermann Schnipkoweit, CDU
Hinrich-Wilhelm-Kopf-Platz 2, H.
F 1901, FS 922475

Der Niedersächsische Kultusminister
Dr. Werner Remmers, CDU
Schiffgraben 12, H.
F 1901, FS 922800

Der Niedersächsische Minister f. Wissenschaft u. Kunst
Prof. Dr. Eduard Pestel, CDU
Prinzenstr. 14, H.
F 1901, FS 922800

Der Niedersächsische Minister f. Wirtschaft u. Verkehr
Birgit Breuel, CDU
Friedrichswall 1, H.
F 1901, FS 923530

Der Niedersächsische Minister f. Ernährung, Landwirtschaft und Forsten
Gerhard Glup, CDU
Calenberger Str. 2, H.
F 1901, FS 922709

Der Niedersächsische Minister der Justiz
Prof. Dr. Hans-Dieter Schwind, CDU
Am Waterlooplatz 1, H.
F 1901, FS 923765

Der Niedersächsische Minister f. Bundesangelegenheiten
Wilfried Hasselmann, CDU
Calenberger Str. 2, H.
F 1901, FS 922709

Nordrhein-Westfalen
(Fläche: 34069,29 km², Einw. in 1000: 17017,1 [8122,6m/8894,4w] = 499,5 je km²)

1. Der Landtag Nordrhein-Westfalen
Präsident: John van Nes Ziegler, SPD
Mitglieder: 201
Verteilung der Sitze: SPD 106 – CDU 95
Letzte Landtagswahl am 11.5.1980,
nächste Wahl Frühjahr 1985
Ständehausstraße 1, Postfach 1143
4000 Düsseldorf 1
F 8841

2. Die Landesregierung Nordrhein-Westfalen
Ministerpräsident
Johannes Rau, SPD
Staatskanzlei,
Mannesmann-Ufer 1a, D.
F 8371, FS 8581894

Minister für Wirtschaft, Mittelstand und Verkehr
Prof. Dr. Reimut Jochimsen, SPD
Haroldstr. 4, D.
F 83021, FS 8582728

Innenminister
Dr. Herbert Schnoor
Haroldstr. 5, D.
F 8711, FS 8582749

Finanzminister und stellv. Ministerpräsident
Dr. Diether Posser, SPD
Jägerhofstr. 6, D.
F 44921, FS 8584739

Justizminister
Inge Donnepp, SPD
Martin-Luther-Platz 40, D.
F 87921, FS 8581930

Kultusminister Jürgen Girgensohn, SPD	Völklinger Str. 49, D. F 30351, FS 8582957
Minister für Wissenschaft und Forschung Hans Schwier, SPD	Völklinger Str. 49, D. F 30321, FS 8581993
Minister für Arbeit, Gesundheit und Soziales Prof. Dr. Friedhelm Farthmann, SPD	Horionplatz 1, D. F 8351, FS 8582192
Minister für Ernährung, Landwirtschaft und Forsten Hans Otto Bäumer, SPD	Roßstraße 135, D. F 45631, FS 8584965
Minister für Landes- und Stadtentwicklung Dr. Christoph Zöpel	Elisabethstr. 5, D. F 370363
Minister für Bundesangelegenheiten Dieter Haak, SPD	Dahlmannstr. 2, 5300 Bonn 1 F 216068, FS 886850

Rheinland-Pfalz (Fläche: 19839,02 km², Einw. in 1000: 3633,2 [1734,2 m/1899 w] = 183,1 je km²)

1. Der Landtag Rheinland-Pfalz Präsident: Albrecht Martin, CDU Mitglieder: 100 Verteilung der Sitze: CDU 51 – SPD 43 – F.D.P. 6 Letzte Landtagswahl am 18.3.1979, **nächste Wahl 1983**	Deutschhausplatz 12, 6500 Mainz F 1081
2. Die Landesregierung Rheinland-Pfalz Ministerpräsident Dr. Bernhard Vogel, CDU	Staatskanzlei Peter-Altmeier-Allee 1 F 161, FS 4187852
Minister des Innern und für Sport Staatsminister Kurt Böckmann, CDU	Schillerplatz 3–5, M. F 161, FS 4187852
Minister der Justiz Staatsminister Carl-Ludwig Wagner, CDU	Ernst-Ludwig-Str. 3, M. F 1411, FS 4187852
Minister der Finanzen Staatsminister Dipl.-Kfm. Johann Wilhelm Gaddum, CDU	Kaiser-Friedrich-Str. 1, M. F 161, FS 4187852
Kultusminister Staatsminister Dr. Hanna-Renate Laurien, CDU	Mittlere Bleiche 61 F 161, FS 4187656
Minister für Wirtschaft und Verkehr Staatsminister Heinrich Holkenbrink, CDU	Bauhofstr. 4, M. F 161, FS 4187852
Minister für Landwirtschaft, Weinbau u. Forsten und stellv. Ministerpräsident Staatsminister Otto Meyer, CDU	Große Bleiche 55, M. F 161, FS 4187852
Minister für Soziales, Gesundheit und Umweltschutz Staatsminister Dr. Georg Gölter, CDU	Bauhofstr. 4, M. F 161, FS 4187852
Der Bevollmächtigte des Landes Rheinland-Pfalz beim Bund Hanns-Eberhard Schleyer	Schedestr. 1–3, 5300 Bonn 1 F 211074/76, FS 886801

Saarland (Fläche: 2569,66 km², Einw. in 1000: 1068,6 [505,9 m/562,7 w] = 415,9 je km²)

1. Der Landtag des Saarlandes Präsident: Albrecht Herold, SPD Mitglieder: 50 Verteilung der Sitze: SPD 24 – CDU 23 – F.D.P. 4 Letzte Landtagswahl am 27.4.1980, **nächste Wahl Frühjahr 1985**	Hindenburgstr. 7, Postfach 1188 6600 Saarbrücken 1 F 5002-1, FS 4421120

2. Die Regierung des Saarlandes Ministerpräsident Werner Zeyer, CDU	Am Ludwigsplatz 14, Postfach 1010, S. 1 F 5947, FS 4421371
Minister des Innern Dr. Rainer Wicklmayr, CDU	Hindenburgstr. 21, S. 1 F 501-1, FS 4421399
Minister der Finanzen Prof. Dr. Gerhard Zeitel, CDU	Am Stadtgraben 6–8, S. 3 F 3000-1
Minister f. Rechtspflege u. Bundesangelegenheiten Prof. Dr. Franz Becker, CDU	Zähringerstr. 12, S. 1 F 505-1
Minister für Kultus, Bildung und Sport Prof. Dr. Wolfgang Knies, parteilos	Saaruferstr. 32, S. 1 F 503-1, FS 4421484
Minister f. Arbeit, Gesundheit u. Sozialordnung Dr. Rosemarie Scheurlen, F.D.P.	Hindenburgstr. 21, S. 1 F 501-1, FS 4421394
Minister f. Wirtschaft, Verkehr u. Landwirtschaft Werner Klumpp, F.D.P.	Hardenbergstr. 8, S. 1 F 501-1, FS 4421411
Minister f. Umwelt, Raumordnung u. Bauwesen Günther Schacht, CDU	Hardenbergstr. 8, S. 1 F 501-1, FS 4421411

Schleswig-Holstein (Fläche: 15695,7 km², Einw.: 2599904 [1250985 m/1348919 w] = 165,6 je km²)

1. Schleswig-Holsteinischer Landtag Präsident: Dr. Helmut Lemke, CDU Mitglieder: 73 Verteilung der Sitze: CDU 37 – SPD 31 – F.D.P. 4 – SSW 1 Letzte Landtagswahl am 29.4.1979, **nächste Wahl im Frühjahr 1983**	Landeshaus Düsternbrooker Weg 70 2300 Kiel F 5961, FS 292633
2. Die Landesregierung Schleswig-Holstein Ministerpräsident Dr. Gerhard Stoltenberg, CDU	Landeshaus Düsternbrooker Weg 70/90, K. F 5961, FS 299871
Innenminister Dr. Uwe Barschel, CDU	Düsternbrooker Weg 70/90, K. F 5961, FS 299871
Finanzminister Rudolf Titzck, CDU	Düsternbrooker Weg 64/68, K. F 5961, FS 299871
Minister für Ernährung, Landwirtschaft und Forsten Günter Flessner, CDU	Düsternbrooker Weg 104/108, K. F 5961, FS 299871
Minister für Wirtschaft und Verkehr Dr. Jürgen Westphal, CDU	Düsternbrooker Weg 94/100, K. F 5961, FS 299871
Kultusminister Dr. Peter Bendixen, CDU	Düsternbrooker Weg 64/68, K. F 5961, FS 299823
Justizminister Karl Eduard Claussen, CDU	Lorentzendamm 35, K. F 51371-75, FS 299871
Sozialminister Prof. Dr. Walter Braun, CDU	Brunswiker Str. 16/22, K. F 5961, FS 299871
Stellvertr. Ministerpräsident u. Minister für Bundesangelegen- heiten Dr. Henning Schwarz, CDU	Landeshaus Düsternbrooker Weg 70/90, K. F 5962301 u. Kurt-Schumacher-Str. 17–19 5300 Bonn, F 213051

Ständige Konferenz der Kultusminister der Länder in der Bundesrepublik Deutschland
(Jährl. wechselnd ein Kultus- bzw. Wissenschaftsminister/-senator aus einem Land)
Präsident für 1980: Senator Dr. Peter Glotz (Berlin)

Nassestr. 8, Postfach 2240
5300 Bonn 1
F 501-1, FS 886587

Vergleich der Bundesländer[1] nach ihrer Wirtschaftskraft

Land	*Anteile am Bundesgebiet in %* *Fläche*	*Einwohner*	*Bruttoinlandsprodukt*[2] *1979*	*je Einwohner 1979 in DM*
Hamburg	0,3	2,69	4,8	39874
Bremen	0,2	1,13	1,5	30743
Berlin (West)	0,2	3,10	3,6	26019
Baden-Württemberg	14,4	14,95	15,8	24038
Hessen	8,5	9,07	9,4	23514
Nordrhein-Westfalen	13,7	27,69	27,5	22530
Bayern	28,3	17,69	17,0	21826
Rheinland-Pfalz	8,0	5,91	5,3	20332
Saarland	1,0	1,74	1,5	19959
Niedersachsen	19,1	11,77	10,1	19469
Schleswig-Holstein	6,3	4,23	3,4	18379
Bundesgebiet (einschl. Berlin/West)	100,0	100,0	100,0	22679

[1] Vom Bayer. Statist. Landesamt [2] vorläufiges Ergebnis

Der *Finanzausgleich unter den Bundesländern* belief sich 1978 auf 2259,9 Mill.; Anteil an diesen Ausgleichszahlungen in %: Baden-Württemberg 48,0 – Hamburg 25,7 – Hessen 20,9 – Nordrhein-Westfalen 5,4. Von diesen Ausgleichszuweisungen erhielten in %: Niedersachsen 39,1 – Rheinland-Pfalz 15,7 – Schleswig-Holstein 15,6 – Bayern 13,2 – Saarland 9,5 – Bremen 6,9.

POLITISCHE PARTEIEN

(Nicht im Bundestag vertretene Parteien erreichten weder drei Direktmandate noch 5% der Zweitstimmen)

I. Im Bundestag der 8. Wahlperiode vertretene Parteien:

Personen, F u. FS, Stand 1. 9. 1980 (Angaben ohne Ministerämter usw.)

Sozialdemokratische Partei Deutschlands (SPD)

Vors.: Dr. h. c. Willy Brandt, MdB
Stellv. Vors.: Hans-Jürgen Wischnewski, MdB
Dr. h. c. Helmut Schmidt, MdB
Schatzmeister: Prof. Dr. Friedrich Halstenberg
BGF: Egon Bahr, MdB
(Mitgliederzahl: 31. 12. 1979 rd. 982000, davon 22,65% Frauen; u. a. 28,01% Arbeiter, 24,66% Angestellte, 9,19% Rentner, 10,02% Beamte, 4,39% Selbständige, 6,84% Schüler/Studenten, 1,59% Lehrlinge etc.)

Erich-Ollenhauer-Haus,
Ollenhauerstr. 1, Postfach 2280
5300 Bonn 1
F 5321, FS 886306

Christlich-Demokratische Union Deutschlands (CDU)

Ehrenvors.: Dr. h. c. Kurt Georg Kiesinger
Vors.: Dr. Helmut Kohl, MdB
Stellv. Vors.: Dr. Ernst Albrecht, MdL, Prof. Dr. Kurt H. Biedenkopf, MdB, Dr. Alfred Dregger, MdB, Hans Katzer, MdB,

Friedrich-Ebert-Allee 73–75,
Konrad-Adenauer-Haus,
5300 Bonn 1
F 5441, FS 886804

Dr. Hanna-Renate Laurien, MdL, Dr. Gerh. Stoltenberg, MdL
Generalsekretär: Dr. Heiner Geißler
Bundesschatzmeister: Walther Leisler Kiep, MdL
BGF: Ulf Fink
(Mitgliederzahl: Ende 1979 682781, davon 20,83% Frauen; u.a. 28% Angestellte, 25% Selbständige, 11% Arbeiter, 6% Studenten, Schüler u. Lehrlinge, 5% Rentner; 61% sind Katholiken u. 33,2% Protestanten)

Christlich-Soziale Union in Bayern (CSU)
Vors.: Dr. h. c. Franz Josef Strauß, MdL
Stellv. Vors.: Dr. Franz Heubl, MdL, Präsident des Bayer. Landtages;
Dr. Werner Dollinger, MdB, Bundesminister a.D.;
Dr. Mathilde Berghofer-Weichner, MdL;
Dr. Friedrich Zimmermann, MdB (Vors. der CSU-Landesgruppe im Deutschen Bundestag)
Generalsekretär: Dr. Edmund Stoiber, MdL
(Mitgliederzahl: 28.3.1980 170084 [13% Frauen], dazu etwa 43260 Mitgl. von Arbeitsgemeinschaften)

Nymphenburger Str. 64
8000 München 2
F 12431, FS 522278

Freie Demokratische Partei (F.D.P.)
Ehrenvors.: Walter Scheel
Vors.: Dr. h. c. Hans-Dietrich Genscher, MdB
Stellvertreter: Wolfgang Mischnick, MdB, Liselotte Funcke, Uwe Ronneburger, MdL
Schatzmeister: Heinz Herbert Karry, MdL
Generalsekretär: Günter Verheugen
BGF: Dr. Fritz Fliszar
(Mitgliederzahl: 1980 über 83000; rd. 23% Frauen)

Baunscheidtstr. 15
Thomas-Dehler-Haus
5300 Bonn 1
F 5471, FS 886580

II. Politische Jugendgruppen der im Bundestag der 8. Wahlperiode vertretenen Parteien

Jungsozialisten in der SPD
Vors.: Willi Piecyk
BGF: Rudolf Hartung
(Mitgliederzahl: 350000)

Ollenhauerstr. 1, 5300 Bonn 1
F 532363-66, FS 886306

Junge Union Deutschlands
BVors.: Matthias Wissmann, MdB
BGF: Klaus Döhl

Annaberger Str. 283,
5300 Bonn-Bad Godesberg

Junge Union Bayern
Lds.-Vors.: Alfred Sauter, Rechtsanwalt

Nymphenburger Str. 64–66,
8000 München 19
F 12431

Deutsche Jungdemokraten – Liberaler Jugendverband e.V.
BVors.: Rechtsref. Christoph Strässer
BGF: Marianne Hochgeschurz

Reuterstr. 44
5300 Bonn 1
F 210952

III. Sonstige Parteien und politische Gruppierungen

(Parteien, die auf Anfragen nicht geantwortet haben, wurden nicht aufgenommen)

Aktionsgemeinschaft Unabhängiger Deutscher/AUD
BVors.: August Haußleiter

Josephspl. 4 (Postfach 200103 b. Postamt München 2)
8000 München 40
F 374040

Gen.Sekr. Max Winkler (Mitgliederzahl: 7000)	Tumblingerstr. 20 8000 München 2
Aktionsgemeinschaft Vierte Partei (AVP) Vors.: Günter Leyk (1978 davon abgespalten: »Vierte Partei Deutschland«/VPD) (Mitgliederzahl rund 3000)	Friedrichstr. 29 8000 München 40 F 346437
Bayerische Staatspartei (BSP) Vors.: Arthur Kreuzer (Mitgliederzahl 3000)	Marschallstr. 4, 8400 Regensburg F 54675
Bayernpartei (BP) Landesvors.: Dipl.-Hdl. Maximilian G. Zierl (Stud.-Dir.) (Mitgliederzahl etwa 3200)	Untere Weidenstr. 14 8000 München 90 F 6518051
Bund Deutscher Solidaristen (BDS) Vors.: Lothar Penz Zentralsekretariat: Werner Schlett (Mitgliederzahl: 594)	Postfach 602346 2000 Hamburg 60 Postfach 769 8750 Aschaffenburg
Bund Freies Deutschland e.V. (BFD) Vors.: Prof. Dr.-Ing. Max Pfender (Überparteiliche Sammlungsbewegung, ca. 60000 Sympathisanten in Berlin u. in der Bundesrepublik)	Kurfürstendamm 62, 1000 Berlin 15 F 8833069
Bürgerpartei Kommissarischer geschäftsführender Bundesvorsitzender: Bolko Hoffmann (Mitgliederzahl: 5000)	Reuterstr. 187 5300 Bonn F 225755
Christliche Bayerische Volkspartei (Bayerische Patriotenbewegung)/CBV Vors.: Ludwig Volkholz (Mitgliederzahl: rund 4000)	8493 Feßmannsdorf 36 (Post Kötzting) F 1266
Christliche Wählerunion (CWU)	8520 Erlangen
Demokratische Frauenbewegung Deutschlands (DFD) Vors.: Sigrid Bude-Pflaumbaum	Hauptstr. 19 6725 Römerberg 2 üb. Speyer F 71354
Deutsche Arbeitspartei (DAP) Vors.: Otto Siemon	Lange Str. 40, 2840 Diepholz F 2051
Deutsche Fortschrittsbewegung (DFB) Vors.: Horst Hans-Joachim Schütz	1000 Berlin (West)
Deutsche Friedensunion (DFU) Direktorium: Arno Behrisch, Simon Peter Gerlach, Michael Höhn, Lorenz Knorr, Ingrid Kurz, Josef Weber, Hilde Westphal (Schatzmeister) (Mitgliederzahl: rund 12400)	Venloer Str. 383, Postfach 300360, 5000 Köln 30 F 544500, 545627, FS 8881956
Deutsche Kommunistische Partei (DKP) Vors.: Herbert Mies Stellv. Vors.: Hermann Gautier (Mitgliederzahl: über 45000)	Prinz-Georg-Str. 79, 4000 Düsseldorf F 481001, FS 8584387
Deutsche Mittelstandspartei (DMP) Vors.: Walter Mody (Mitgliederzahl: ca. 100)	Hauptstraße 25, 2241 Hollingstedt
Deutsche Partei (DP) BVors.: F. Thielen	Postfach 210107, 2800 Bremen 21 F 640235

Deutsche Volkspartei (DV) BVors.: Justus B. Bühlow	Rauenthaler Str. 3 6200 Wiesbaden F 45720
Deutsche Volksunion (DVU) d. verfassungstreuen Rechten u. Mitte (Mitgliederzahl: ca. 13000)	Postfach 45, 8033 Planegg
Deutsche Zentrumspartei (Zentrum) Vors.: Gerhard Woitzik	Straberger Weg 12 4047 Dormagen-Nievenheim
Europ. Föderalist. Partei – Sektion Deutschland BVors.: Dr. habil. Lutz Roemheld BGF: Friedrich Wilhelm Merck (Mitgliederzahl: über 1000)	Hopfensack 6 2000 Hamburg 11 F 338504 Sitz: Bonn
Freie Union in Niedersachsen Vors.: Bgm. Rothardt (Mitgliederzahl etwa 500)	3040 Soltau
Freiheitliche Deutsche Arbeiterpartei (FAP) Vors.: Martin Pape (ca. 120 Mitglieder)	Allgäustr. 22 7000 Stuttgart-Plieningen F 452276
Freisoziale Union (Demokratische Mitte/FSU) Vors.: Dr. Kurt Kessler Gen.Sekr.: Ferdinand Böttger (n. eig. Ang. 5721 Mitglieder)	Feldstr. 46, 2000 Hamburg 6 F 4399717
Grüne Aktion Zukunft (GAZ) Vors.: Dr. Herbert Gruhl Bundesgeschäftsstelle aller Grünen-Gruppierungen (Mitgliederzahl: 1900)	Friedrich-Ebert-Allee 120 5300 Bonn 1 F 235818
Grüne Liste Umweltschutz (GLU) Vors.: Jörg A. Könemann (Mitgliederzahl: ca. 800)	Hochstr. 14, 4370 Marl F 17546
Kommunistische Partei Deutschlands/Marxisten Leninisten (KPD/ML) Vors.: Ernst Aust	Wellinghofener Str. 103 4600 Dortmund-Hörde F 433691
Kommunistischer Bund Westdeutschland (KBW) Sekretariat des ZK Hans-Gerhard Schmierer (Sekr.) Stellv. Sekretär: Jürgen Klocke (etwa 2500 Mitglieder)	Mainzer Landstr. 147 6000 Frankfurt/M. F 730232
Nationaldemokratische Partei Deutschlands (NPD) Bundesvors.: RA Martin Mußgnug (Mitgliederzahl 10000)	Rötestr. 4, Postfach 2881, 7000 Stuttgart 1 F 622103
Niederdeutsche Union (NDU) Landesverband Niedersachsen (»Niedersächs. Landespartei«/NLP) Vors.: Helmut Schmidt-Harries (Mitgliederzahl: ca. 150)	Trift 19, 3100 Celle F 7316
Partei Freier Bürger (PFB) BVors.: Johannes Behrensdorf Stellv.: Kurt Zielski Bundesgeschäftsstelle	Kreuzstr. 21 2800 Bremen 1 F 451297 Heinrichstr. 17, 2800 Bremen 1 F 326562
Republikanische Partei (RP) BVors.: Günther Leyk (Mitgliederzahl ca. 800)	Friedrichstr. 29 8000 München 40 F 346437

Soziale Demokratische Union (SDU) Vors.: Dr. Hans-Günther Weber Stellv.: Rudolf Hambach, Kurt Kauffmann, General a. D., Dr. Siegbert Schneider (Seit Juni 1979 überparteiliche Wählergemeinschaft [sozial-konservativ]; ca. 600 Mitglieder)	Margaretenhöhe 9 Postfach 2304 3300 Braunschweig
Sozialistische Einheitspartei West-Berlins (SEW) Vors.: Horst Schmitt Stellv.: Dietmar Ahrens u. Inge Kopp	Wilmersdorfer Str. 165, Aufg. II 1000 Berlin 10 F 3413026
Südschleswigscher Wählerverband (SSW) LVors.: Gerhard Wehlitz (ca. 5000 Mitglieder)	Norderstr. 74/I 2390 Flensburg F 17421
Unabhängige Arbeiterpartei/Deutsche Sozialisten (UAP) 1. Vors.: Erhard Kliese ZB/GF: Ernst Pajonk	Bergmühle 5, Postfach 103813 4300 Essen 11 Haus-Berge-Str. 101 4300 Essen 11, F 667158
m. »Blauer-Adler-Jugend« Dir.-Vors.: Ulrich Villmow (Mitgliederzahl ca. 2700)	Munscheidstr. 35, 4320 Hattingen/R., F 80278
Unabhängige Deutsche Frauenpartei (UDF) 1. Vors.: Else Muth-Lehmann	Griesstraße 18 8100 Garmisch-Partenkirchen F 4834
Wählergruppe der vertriebenen Ostdeutschen und Spätaussiedler Vors.: Alois Bude	Hauptstraße 19 6725 Römerberg 2 üb. Speyer F 71354

Zur Bundestagswahl vom 5. 10. 1980 zugelassene Parteien: außer den im 8. Bundestag vertretenen Parteien SPD, CDU, CSU, F.D.P. und »Grüne« folgende: DKP, Volksfront (V), Christliche Bayerische Volkspartei / Bayerische Patriotenbewegung, NPD, Aktion Soziale Gemeinschaft (ASG), Volkssozialistische Bewegung Deutschlands / Partei der Arbeit (VSBD / PdA), Mündige Bürger, Deutsche Union (DU), Christliche Partei (CP), Bürgerpartei, Unabhängige Arbeiter-Partei / Deutsche Sozialisten (UAP), Deutsche Freiheitspartei (DFP), Europäische Arbeiterpartei (EAP), Kommunistischer Bund Westdeutschland (KBW) und Deutsche Volkspartei (DVP).

Die bei den Bundestagswahlen zugelassenen Parteien erhalten eine **Wahlkampfkostenpauschale** von 3,50 DM je Wähler. 1978 beliefen sich (nach »Bundesanzeiger«) die **Gesamteinnahmen d. Parteien** in Mill. DM u. a. wie folgt (davon Mitgl.-Beiträge, Staatsmittel, Spenden u. Sonstige [u. a. Kredite] in %): SPD 127,2 (55,6 – 21,4 – 6,8 – 16,2), CDU 122,4 (47,8 – 20,2 – 17,8 – 14,2), CSU 42,9 (21,2 – 19,0 – 33,9 – 25,9), F.D.P. 20,8 (28,3 – 17,7 – 31,6 – 22,4), DKP 13,7 (30,1 – 0,2 – 41,4 – 28,3); 1976: DFU 2,31, KPD 0,83 Mill. DM.

Bibl. Hinweise: Flechtheim, O. K.: Die Parteien der Bundesrepublik Deutschland, Hamburg 1975 – Rowold, M.: Im Schatten der Macht. Zur Oppositionsrolle der nichtetablierten Parteien in der Bundesrepublik, Düsseldorf 1974. – Jüttner, A. u. H.-J. Liese: Taschenbuch der europäischen Parteien und Wahlen, München 1977. – H. u. U. Kaack (Hg.): Parteien-Jahrbuch 1973/74. Dokum. u. Analyse d. Parteiensystems der Bundesrep. Deutschland, Meisenheim am Glan, 1977. – Kaase, M. (Hg.): Wahlsoziologie heute, Opladen 1977. – W. Kaltefleiter: Vorspiel zum Wechsel. Eine Analyse der Bundestagswahl 1976, Berlin 1977. – Murphy, D., Rubart, F., Müller, F. u. Raschke, J.: Protest. Grüne, Bunte und Steuerrebellen. Ursachen und Perspektiven, Reinbek 1979. – Paterson, W. u. Schmitz, K. (Hg.): Sozialdemokratische Parteien in Europa. Bonn 1979. – Seifert, K.-H.: Die politischen Parteien im Recht der Bundesrepublik Deutschland, Köln–Bonn 1975.

BUNDESHAUSHALT

Übersicht über die Veränderungen zwischen dem Ausgaben-Ist-Ergebnis 1979 und dem Haushaltssoll 1980

(Nach »Bundesministerium der Finanzen«)

Einzelplan	*Ausgaben*				
	Ist 1978 – in Mill.	*Ist 1979** DM –*	*Verän-derung in vH*	*Soll 1980 Mill. DM*	*Verän-derung in vH*
01 Bundespräsidialamt	14,5	14,3	– 1,4	14,7	+ 2,8
02 Bundestag	295,4	310,1	+ 5,0	342,3	+ 10,4
03 Bundesrat	8,8	8,9	+ 1,1	9,1	+ 2,2
04 Bundeskanzleramt	350,9	383,4	+ 9,3	397,8	+ 3,7
05 Auswärtiges Amt	1596,6	1664,0	+ 4,2	1833,6	+ 10,2
06 Inneres	3078,6	3414,4	+ 10,9	3649,6	+ 6,9
07 Justiz	315,0	324,5	+ 3,0	331,9	+ 2,3
08 Finanzen	3007,9	3439,6	+ 14,3	3005,8	– 12,6
09 Wirtschaft	4297,1	5112,6	+ 19,0	5678,5	+ 11,1
10 Ernährung	6178,9	6393,2	+ 3,5	6595,0	+ 3,1
11 Arbeit	43031,4	44781,9	+ 4,1	48242,3	+ 7,7
12 Verkehr	24647,8	26347,6	+ 6,9	25894,2	– 1,7
13 Post- und Fernmeldewesen	5,2	5,0	– 3,9	16,5	+ 330,0
14 Verteidigung	34960,1	36663,6	+ 4,9	38461,6	+ 4,9
15 Jugend, Familie und Gesundheit	16123,0	18290,6	+ 13,4	18931,9	+ 3,5
19 Bundesverfassungsgericht	10,3	10,8	+ 4,8	11,9	+ 10,2
20 Bundesrechnungshof	31,5	33,2	+ 5,4	34,4	+ 3,6
23 Wirtschaftliche Zusammenarbeit	3989,7	4937,9	+ 23,8	5231,7	+ 5,9
25 Raumordnung, Bauwesen u. Städtebau	4067,6	4273,6	+ 5,1	4382,4	+ 2,5
27 Innerdeutsche Beziehungen	446,6	467,5	+ 4,7	481,0	+ 2,9
30 Forschung und Technologie	4948,2	5568,2	+ 12,5	6001,0	+ 7,8
31 Bildung und Wissenschaft	4111,0	4151,2	+ 1,0	4124,2	– 0,7
32 Bundesschuld	11433,5	13387,9	+ 17,1	16026,6	+ 19,7
33 Versorgung	8070,3	8719,4	+ 8,0	9106,2	+ 4,4
35 Verteidigungslasten	1085,2	1131,7	+ 4,3	1249,4	+ 10,4
36 Zivile Verteidigung	655,4	730,7	+ 11,5	739,9	+ 1,2
60 Allgemeine Finanzverwaltung	11943,6	12723,9	+ 6,5	13686,4	+ 7,6
Bundeshaushalt insgesamt	188703,7*	203289,6*	+ 7,7	214480,0*	+ 5,5

** Differenz durch Rundung ** einschl. der zwei Nachtragshaushalte*

Der **Bundeshaushalt** 1980 ist mit 214,48 Mrd. DM etwa doppelt so hoch wie jener von 1972 (109,2 Mrd. DM). – Von den öffentlichen Gesamtausgaben von **645,3 Mrd. DM** flossen 1979 300,5 Mrd. DM (46,6%) als *»staatliche Transferleistungen«* an den Bürger zurück, davon 218,6 Mrd. an Privathaushalte (= 9200 DM pro Haushalt). Die *Transferquote* stieg damit von 16,5% des BSP in 1970 auf 21,5% in 1979. Von den verbleib. 344,8 Mrd. DM an öffentl. Ausgaben entfallen 276,6 Mrd. (42,3%) auf den *konsumtiven Staatsverbrauch* (Sach- u. Personalaufwendungen), 52,2 Mrd. (3% des BSP, 1970 noch 4,3%) auf *Bruttoinvestitionen* u. 24,2 Mrd. auf *Zinsen*. Faßt man alle Sozialausgaben von 1979 zusammen, ergibt sich ein *Sozialbudget* von 402 (1980: 449 prov.) Mrd. DM, pro Kopf 6930 DM (1984 wahrsch. 9530 DM). Den *größten Posten* bildete 1979 die Alters- u. Hinterbliebenenversorgung mit fast 40% (163,3 Mrd., 1984 wahrsch. 229 Mrd.), gefolgt von den Leistungen zur Erhaltung u. Wiederherst. d. Gesundheit mit 33% (142,4 Mrd., 1984: 193 Mrd.), außerdem in Mrd. DM: für Familien 60,1 (Kindergeld, Mutterschaft, St.-Ermäßigung durch Splitting), für Beschäftigung 22,4, Sparförderung 16,4, Entschädigung für Folgen polit. Ereignisse 8,6, Wohnen 9,3 u. allg. Lebenshilfen (Sozial- u. Jugendhilfe z.B.) 2,3.

1979 gingen bei Bund, Ländern und Gemeinden/Gemeindeverbänden insg. **342,6** Mrd. DM (+7,7% gegenüber 1978) **an Steuern** sowie 264 Mill. DM an Lastenausgleichsabgaben (–70,2%, auslaufende Beträge) ein. Knapp *90% des Gesamtaufkommens* entfielen auf die 8 größten Einzelsteuern. Die volkswirtschaftliche **Steuerquote,** d.h. die Relation zwischen Steueraufkommen u. Sozialprodukt, betrug 1979 (1978) **24,57%** (24,80%). Mit 97,1 Mrd. DM repräsentierte die Lohnsteuer mehr als die Hälfte (51,1%) der überwiegend **einkommen- u. ertragsabhängigen Steuereinnahmen** von insg. **189,8 Mrd. DM** u. 28,3% des Gesamtsteueraufkommens. Vor allem durch die steuerlichen Entlastungsmaßnahmen zum 1. Jan. 1979 blieb ihre prozentuale Steigerung von 5,5% hinter dem Zuwachs der Bruttolohn- u. Gehaltssumme zurück. Die von den Finanzämtern an Arbeitnehmer gezahlten Zulagen u. Prämien minderten das Lohnsteueraufkommen um 5,11 Mrd. DM (5,12 Mrd. DM), u.a. Arbeitnehmer-Sparzulage 3,10 Mrd., Arbeitnehmerzulagen nach dem Berlinförderungsgesetz 1,90 Mrd. sowie Bergmannsprämien 0,11 Mrd. DM. Die Erstattungen im Rahmen des Lohnsteuerjahresausgleichs betrugen 6,05 Mrd. DM (–2,3%). Weitere einkommensabhängige Steuereinnahmen in Mrd. DM: Einkommenst. 37,6 (+0,3%), Körperschaftst. 22,9 (+15,6), Kapitalertragst. 3,8 (+13,2), Gewerbest. einschl. Lohnsummenst. 28,4 (+3,9%). Von der Kraftfahrzeugst. abgesehen, sind die Einnahmen aus **umsatzbezogenen Verkehrssteuern** von 90,0 Mrd. DM mit 14,6% absolut wie relativ am stärksten gestiegen, davon entfielen in Mrd. DM auf Umsatzst. 51,0 (+9,4%), Einfuhrumsatzst. 33,2 (+24,7%), Versicherungst. 1,6 (+11,2%), Rennwett- u. Lotteriest. 1,2 (+8,2%), Grunderwerbst. einschl. Zuschlag 2,1 (+14,9%) sowie Zölle u. Verbrauchst. 43,6 (+3,9%), die sich zusammensetzen aus Mineralölst. 21,1 (+3,3%), Tabakst. 10,7 (+2,3, korreliert etwa mit dem Anstieg des Zigarettenkonsums), Branntweinst. 4,0 (+2,4%), Kaffeest. 1,46 (+11,2), Bierst. 1,25 (–0,5%), Schaumweinst. 0,5, Zuckerst. 0,14, Wechselst. 0,29, Leuchtmittelst. 0,136, Börsenumsatzst. 0,117, Totalisatorst. 0,088, Teest. 0,056, Salzst. 0,044, Spielkartenst. 0,008, Zündwarenst. 0,004 u. Essigsäurest. 0,003. Auf Zündwaren-, Essigsäure- und Spielkartenst. soll künftig verzichtet werden. Von den *25 kleinsten Steuern* erntete der Fiskus 1979 insgesamt nur 11 Mrd. DM. Von den 4,1 Mrd. DM an **Zöllen** (+11,8%) gingen 4,0 (+11,9%) an die Europäische Gemeinschaft, nur etwa 100 Mill. DM waren nationale Einnahmen. Zu den **vermögensbezogenen Steuereinnahmen** von insg. 11,2 Mrd. DM (+2,3%) zählen Vermögenst. 4,48 (–0,9%), Erbschaftsst. 1,007 (+7,5%) u. Grundsteuer A mit 0,412 (–0,3%) bzw. B mit 5,29 (+4,5%) Mrd. DM. Unter den Sammelposten Übrige Steuern (8 Mrd. DM) fällt u.a. die Kfz-St. mit 7,6 Mrd. DM (+20,6%).

Betrugen die *gesamten Steuereinnahmen* von Bund, Ländern u. Gemeinden 1959 noch 59,0 Mrd. DM (davon Lohnst. 5,9 Mrd. DM), so stiegen sie 1964 auf 99,4 (16,1), 1969 auf 145,3 (27,1), 1974 auf 239,6 (72,0) und 1979 auf 342,6 (97,1) Mrd. DM. 1952 hatten die Verbrauchst. 21,2% des Steueraufkommens ausgemacht, 1979 nur noch 14,3%. Alle EG-Länder wenden inzwischen das *einheitliche Mehrwertsteuersystem* an, doch mit unterschiedlichen Steuersätzen (Normalsteuersatz in %: BR Deutschland 13, Luxemburg 10, Italien 14, Großbritannien 15, Belgien 16, Frankreich 17,6, Niederlande 18, Irland 20, Dänemark 20,5). Mit dem 6. Gesetz z. Änd. d. Ges. ü. d. Finanzausgleich zwischen Bund u. Ländern wird die Ende 1978 ausgelaufene Verteilung der Umsatzst. (Bund 67,5, Länder 32,5%) sowie der Ergänzungszuweisungen von 1,5% des USt.-Aufkommens an die finanzschwachen Länder für 1979 u. 1980 fortgeschrieben. Dem Bund flossen 1979 167,4 Mrd. DM (+7,9%) an Steuereinnahmen zu, den Ländern (ohne kommunaler Bereich der Stadtstaaten) 120,0 Mrd. (+8,6%) u. den Gemeinden/Gemeindeverbänden (einschl. kommun. Bereich d. Stadtstaaten) 45,2 Mrd. (+3,5%), davon fast 84% aus den Gewerbesteuern. In dieser Darstellung der Steuerverteilung auf die Gebietskörperschaften sind die vom Bund an die finanzschwachen Länder geleisteten Ergänzungszuweisungen (1,5% des Umsatzst.-Aufkommens, 1979: 1263 Mill. DM) sowie die Abführung von 25% des Vermögensteueraufkommens der Länder an den Lastenausgleichsfonds u. die teilweise Überlassung von Steuererträgen seitens der Länder an die Gemeinden im Rahmen des kommun. Finanzausgleichs nicht enthalten (s. »Wirtschaft u. Statistik«, 1980/5). Die vom Bund an die Europäischen Gemeinschaften (EG) abgeführten Steuern/Zölle beliefen sich 1979 auf 10,1 Mrd. DM (+ 14,8%), davon 4,0 Mrd. DM Zölle. Damit bestreitet die BR Deutschland mit 2,96% ihrer gesamten Steuereinnahmen rund **29% des EG-Haushaltes.** Zusammengefaßt entfielen demnach auf den Bund 48,8, die Länder 35,0, die Gemeinden 13,2 und die EG-Anteile 2,96% des gesamten Steueraufkommens.

Die **Steigerung der Bundesausgaben 1980** um 5,5% ist die niedrigste seit 1976, die **Neuverschuldung mit 24,2 Mrd. DM** niedriger als 1979 mit 25,1 Mrd. Der Schuldenstand d. Bundes am Kreditmarkt betrug Ende 1979 202,6 Mrd. DM (1978: 177,5 Mrd. DM), d. Länder 115,9 (102,1), d. Gemeinden 91,1 (86,7), d. Lastenausgleichsfonds 2,9 u. d. ERP-Sondervermögens 2,1 Mrd. DM, *d. öffentl. Haushalte insg. 414,5* (370,8) Mrd. DM, entsprechend 29,7% des BSP 1979 (1960 erst 17,5% d. BSP). Die *Neuverschuldung d. öffentl. Haushalte 1979* (1978) *in Höhe v. 43,8* (42,3) *Mrd. DM* betrug somit *3,14* (3,3)% des BSP. Die Schulden der Gebietskörperschaften untereinander beliefen sich Ende 1979 auf 30,7 Mrd. DM. Damit verschuldete sich die öffentl. Hand in den letzten 5 Jahren (Schuldenstand 1974 noch 192,4 Mrd. DM) mehr als in 25 Jahren zuvor. 1973 mußte der Bund erst 2,7% seines Haushaltsvolumens (rd. 3 Mrd. DM) für den *Zinsendienst* aufbringen, 1979 bereits 11,3 Mrd. (= 5,6% d. Haushalts) u. 1983 wahrscheinlich 22 Mrd. DM. 1983 könnte dann die voraussichtl. Zinsbelastung über die geplante Nettokreditaufnahme von 22 Mrd. DM hinausgehen. Im internat. Vergleich sieht die deutsche **Staatsverschuldung** jedoch keineswegs so dramatisch aus: So beträgt die Staatsverschuldung in d. USA 52, in Italien 65, Großbrit. 61 u. Japan 33% des BSP. Zwar konnte sich der deutsche Staat 1923 von 380 Mrd. u. 1948 von 400 Mrd. DM Schulden befreien, doch stammen auch in den USA nur 15, Großbrit. 20 u. Italien 1% der Staatsschulden aus der Zeit vor 1948.

Die *Neuverschuldung der dt. Bundesländer* hat von 2 Mrd. (1970) auf 13,8 Mrd. DM (1979) zugenommen, der gesamte Schuldenberg stieg von 38,5 auf 115,9 Mrd. DM (rd. 1900 DM Länderschulden je Bundesbürger). In der Pro-Kopf-Verschuldung stehen die drei Stadtstaaten Bremen mit 7208 DM, Berlin mit 6146 DM u. Hamburg mit 5230 DM an der Spitze, gefolgt v. Schleswig-Holst. mit 3008, Niedersachsen 2349, Hessen 2341, Bad.-Württ. 1696, Nordrh.-Westf. 1588 u. Bayern mit 1249 DM pro Kopf. Im Durchschnitt mußten 1979 die Bundesländer 3,8% (1970: 0,5%) der Gesamtausgaben für den Schuldendienst ausgeben, davon Schl.-Holst. u. Bremen 7,8%, Nordrh.-Westf. u. Berlin 2,6% u. Bayern 2,2%. Die *Verschuldung der Gemeinden* mit 91 Mrd. DM 1979 gegenüber 66,3 Mrd. 1974 nimmt sich vergleichsweise fast bescheiden aus. Unter den dt. Großstädten trugen am 1.1.1979 die Bürger Hannovers mit 3404 u. Düsseldorfs mit 3038 DM pro Kopf die höchste, München mit 945 die niedrigste Schuldenlast.

Die **Staatsquote,** d.h. die Einnahmen d. öffentl. Haushalte einschl. Sozialversicherung am BSP, betrug 1951 noch 30%, 1969 35,2% u. wird 1980 39,4% erreichen (zum Vergleich: Schweden 53,2, Niederl. 49,9, Norwegen 45,2, Dänemark 41,0, Frankr. 40,8, Österr. 40,6, Großbrit. 34,2, Italien 32,2, Schweiz 30,3, USA 30,2%). Zu ihrem Anstieg von 35,2% 1969 auf 39,4% 1980 tragen vor allem die von 10,4 auf 13,9% gestiegenen Sozialversicherungsbeiträge bei, während die reine Steuerquote nur von 24,8 auf 25,6% zunimmt.

Der Bund hat zwischen 1970 und 1979 insgesamt 88 Mrd. DM an Sparförderung ausgegeben und im selben Zeitraum 153 Mrd. DM an Krediten aufgenommen.

Der Anteil der *direkten Steuern* stieg von 1970–78 von 53,3 auf knapp 60%, parallel dazu sank der Anteil der *indirekten Steuern* von 43,4 auf 38,7%. Bei einer jährl. Inflationsrate von 5% sind bei unverändertem Steuerrecht für 1980–83 *inflationsbedingte heimliche Steuererhöhungen* von 52,4 Mrd. DM zu erwarten (lt. Bund d. Steuerzahler). Die 34000 Beamten der Zollverwaltung sorgten dafür, daß 1979 81,8 Mrd. DM eingenommen wurden, darunter 73 Mrd. an Verbrauchssteuern wie Mineralölst. usw., 4,074 Mrd. an **Zöllen,** von denen 3,981 an die EG gingen, außerdem 1,029 an Abschöpfungs- u. Ausgleichsbeträgen. Zur Sicherung des Steueraufkommens überprüfte die Zollverwaltung u.a. 135 Mineralölhersteller, 163 Tabakbetriebe, 1447 gewerbl. Brauereien u. über 25000 Schnapsbrennereien. Außerdem wurden 1979 rd. 120000 Schmuggelfälle aufgedeckt. Die Beamten beschlagnahmten 4365 (1978: 3263) kg Cannabis, 21,7 (2,4) kg Cannabiskonzentrate, 92 (114) kg Heroin, 16 (3,3) kg Kokain u. 547 (556) Schußwaffen. Erheblich zugenommen hat die Zahl der aufgegriffenen zur Fahndung ausgeschriebenen Personen mit 24703 (Vorjahr 20805).

Der **Personalaufwand der öffentl. Haushalte** betrug 1979 in Mrd. DM: Bund 30,2, Länder 80,5, Gemeinden 39,3, Bahn 18,3 u. Post 19,5, zusammen einschl. Rentenversich. u.a. 210 Mrd. DM. Damit gibt der Bund jede 6. u. Bund, Länder u. Gemeinden zusammen jede 3. Mark für Personal aus. Das Gesamtausgabenvolumen des Tarifabschlusses im öffentl. Dienst Anfang 1980 machte *13 Mrd. DM Mehrbelastung* aus.

Mitte 1980 unterhielt das Auswärtige Amt (AA) **133 Botschaften,** 8 Ständige Vertretungen bei internationalen Organisationen u. 66 Generalkonsulate u. Konsulate. Insgesamt sind in der Zentrale in Bonn u. bei den Vertretungen im Ausland rd. 6500 Mitarbeiter tätig, davon rd. 1200 im höheren u. gehobenen Dienst. – Die **internat. Verpflichtungen** kosten der BR Deutschland beträchtl. Beträge, wenngleich Vorteile u. Belastungen aus der Beteiligung an internat. Organisationen auf rein zahlenmäßiger Basis z. T. nur schwer abschätzbar sind. Die *öffentl. Entwicklungshilfe* belief sich auf knapp über 6 Mrd. DM (0,44% d. BSP). Aus den Kreditmechanismen des *Europäischen Währungssystems/EWS* wird für den Extremfall eine Finanzierungslast von 38,5 Mrd. DM errechnet. Die deutsche Quote am *Internationalen Währungsfonds* beträgt 5,13% zuzügl. Sondervereinbarungen über rd. 8 Mrd. DM. Die Beiträge an mehr als **200 weitere internat. Organisationen** beliefen sich 1979 auf **knapp 3 Mrd. DM.** Aus *Devisenausgleichsabkommen* sind 1980 90 Mill. DM (USA) u. 45 Mill. DM (Großbrit.) fällig. Hinzu kommen Aufträge d. öffentl. Hand an amerik. u. brit. Produzenten. Infolge der anhaltenden Überschußproduktion steigen die Kosten zur Durchführung der EG-Marktordnungen auch im Bundesgebiet weiter an (1980: rd. 7,29 Mrd. DM, +1,47 Mrd. gegenüber 1978). **EG-Marktordnungsausgaben** 1979 im Bundesgebiet in Mill. DM: Milch 3490, Getreide 666, Zucker 478, Rindfleisch 400, Sonst. 276, währungsbedingter Grenzausgleich 510. Aus dem europ. Fonds für regionale Entwicklung (ERF) erhielten in %: BR Dtschld. 6, Großbrit. 27, Italien 39,4, Frankr. 16,9, Irland 6,5, Luxemb. 0,1, Belgien 1,4, Niederl. 1,6% d. Gesamtetats v. 2463,6 Mill. ERE (Europ. Rechnungseinheit = ca. 2,50 DM). Die Bundesbürger trugen auch die Hauptlast des Finanztransfers der Gemeinschaft: pro Bundesbürger 58,22 DM, Großbrit. 37,96 u. Frankr. 3,67 DM pro Kopf; begünstigt wurden die Luxemburger mit 1514,08, Irländer mit 426,85, Dänen mit 186,71, Belgier mit 100,46, Niederländer mit 51,96 u. Italiener mit 23,64 DM.

Die **Dt. Bundespost** konnte 1979 einen Gewinn von 19,4% ihrer Gesamtleistungen erzielen (Umsatz 33,8 Mrd. DM, davon im Fernmeldedienst 70, Postdienst 26, Postscheck- u. Sparkasse 4%). Bei einem gesamten Anlagevermögen von 94,4 Mrd. DM betrugen die Investitionen 1979 7,4 Mrd. DM (1980: Rekordinvestit. v. 10 Mrd. DM vorgesehen). Die jahresdurchschn. 456400 (1978: 446447) Mitarbeiter beanspruchten 50,8% aller Aufwendungen (= 39000 DM pro Mitarb.). – Der Umsatz der **Dt. Bundesbahn** belief sich 1979 auf 17,65 Mrd. DM (davon Güterverkehr 44,7%, Personen-, Gepäck- u. Expreßgutverkehr 25,8%, Ausgleichszahlungen d. Bundes für gemeinwirtsch. Leistungen 19,7% = 3,48 Mrd. DM). Die Mitarbeiterzahl wurde von 356232 auf 345680 abgebaut (1958: 526205). Der Personalaufwand betrug 79,7% der Ausgaben v. 18,8 Mrd. DM, pro Mitarbeiter 42800 DM. Die DB konnte 1979 ihre Erlöse im Güterverkehr um 1,0 Mrd. u. im Personenverkehr um 350 Mill. DM steigern, den betriebswirtsch. Verlust um 1,1 Mrd. auf 3,5 Mrd. und ihre Verschuldung um 0,5 Mrd. auf 29,8 Mrd. DM verringern. Von 1980–84 sind Investitionen von 25 Mrd. DM vorgesehen. Die Bundesbahn hat bislang 15000 schienengleiche Bahnübergänge stillgelegt u. seit 1950 für die Beseitigung von Bahnübergängen rd. 1,6 Mrd. DM ausgegeben. Damit verbleiben im Streckennetz noch 25000 höhengleiche Bahnübergänge.

Lt. Veröffentl. d. Präsidenten d. Dt. Bundestages trugen sich **940 Verbände** mit insg. 27000 Vertretern in die öffentl. Liste der Verbände ein u. sind somit als Vertretung bei Bundesregierung und Bundestag offiziell registriert. Mehr als die Hälfte der Verbände vertritt wirtschaftliche Interessen von Unternehmen u. rd. ⅕ von Arbeitnehmern oder einzelner Berufsgruppen. Auf Bildung u. Kultur entfallen 9, Gesundh., Sozialarbeit u. karitative Zwecke 8, Politik 4 u. sonstige 4%. Die **größten Organisationen** sind (Mitgl.-zahl in Mill.): Deutscher Sportbund 14,2, Verb. d. Angestellten-Krankenkassen 9,0, Bundesverb. d. Volksbanken 8,3, Dt. Gewerkschaftsbund 7,5, Dt. Frauenrat 7,0, Allgem. Dt. Automobilclub/ADAC 5,3, Verb. Gewerbetreibender 4,9, Dt. Raiffeisenverband 4,9, DRK 4,3, Dt. Naturschutzring 2,5, Bund d. Vertriebenen 2,4, Bund d. Konsumgenoss. 1,3, Verb. d. Kriegsopfer, Behind., Sozialrentner 1,2, Arbeitsgemeinsch. christl. Arbeitnehmerorganisationen 1,2 u. Dt. Bauernverband 1,0.

Das **Bruttosozialprodukt/BSP** der Bundesrepublik wuchs nominal (d.h. in jeweiligen Preisen) 1979 (nach »Monatsberichte d. Dt. Bundesbank« 1980/6 u.a.) mit **8,3%** etwas stärker als 1978 mit 7,5% (1977: +6,4%) und erreichte **1395 Mrd. DM** (pro Kopf 22742 DM, pro Erwerbstätigen 52793 DM), real (d.h. in konstanten Preisen von 1970) um 4,4% (1978: +3,5%) auf 877,5 Mrd. DM (34350 DM je Erwerbstätigen). Zum Vergleich: Das BSP ganz Afrikas wird auf 230 Mrd. $ (= ca. 414 Mrd. DM) geschätzt, 2,7% des Welt-BSP, welches zudem überwiegend aus Erdölländern (50 Mrd. $) u. Südafrika (über 40 Mrd. $) stammt. – Das **Bruttoinlandsprodukt/BIP**, das sich vom BSP um den Saldo der Erwerbs- u. Vermögenseinkommen zwischen Inländern u. der übrigen Welt unterscheidet, stieg nominal um 8,4% auf 1391,1, real um 4,4% auf 875,2 Mrd. DM, was auf erhöhte Produktivität, aber auch auf den Anstieg der Erwerbstätigen um +1,3% (1978: +0,7%) zurückzuführen ist. Die gesamtwirtschaftliche **Produktivität** – gemessen an der Entwicklung des BIP in konstanten Preisen je durchschnittl. Erwerbstätigen – stieg 1979 mit **+3,1%** (1978: +2,5%) etwas weniger als das reale BIP. Die geleistete **Arbeitszeit** je Erwerbstätigen war 1979 um 0,6% geringer als 1978, die Produktivität (= BIP je geleistete Arbeitsstunde) erhöhte sich jedoch um 3,7%. Den weitaus größten Anteil am BIP zu jeweiligen Preisen hatte auch 1979 (1978) das *Warenproduzierende Gewerbe* mit 48,3% (48,2%), es folgen *Dienstleistungen* mit 21,8 (21,6), *Handel u. Verkehr* mit 15,4 (15,3), *Staat u. Private Haushalte* (einschl. Organisationen ohne Erwerbscharakter) mit 13,1 (13,2)% und an letzter Stelle *Landwirtschaft u. Fischerei* mit 2,46 (2,69)%. Die **Verwendung des BSP** in jeweiligen Preisen ist 1979 durch eine noch *stärkere Zunahme der Anlageinvestitionen* um 15,4% (1978: 11,0%) auf 319,0 Mrd. DM (davon Ausrüstungen 124,3 u. Bauten 194,7 Mrd. DM) gekennzeichnet, das sind 22,9% des BSP. Damit betrugen die Investitionen in der Bundesrepublik 1975 31% der EG-Gesamtinvestitionen, 1979 bereits 35% u. 1980 prov. 36% (Frankr. 1979 24,9, Großbrit. 14,1 u. Italien 12,8%). Auf den privaten Verbrauch entfielen 757,9 Mrd. DM (= 54,3% des BSP), auf den Staatsverbrauch 276,6 (19,8%), auf Vorratsinvestitionen 29,0 (2,1%), den Außenbeitrag (= Differenz zwischen Aus- u. Einfuhr von Waren u. Dienstleistungen) + 12,5 (0,9%) Mrd. DM. *Besonders bemerkenswert* sind die um 26,1% (1978: + 9,3%) kräftig gestiegenen *Vorratsinvestitionen* (Lageraufstockung). 766,7 Mrd. (+ 7,3%) DM des BSP entfallen auf Einkommen aus unselbständiger Arbeit (= 55,0%), 314,8 Mrd. DM (+ 9,3%) auf Einkommen aus Unternehmertätigkeit u. Vermögen (= 22,6%, davon Einkommen d. Privaten 325,5, des Staates – 10,7 Mrd. DM). Daraus errechnet sich ein **Volkseinkommen** (= Nettosozialprodukt zu Faktorkosten) von **1081,5 Mrd. DM** (+ 7,5%). Addiert man hierzu die indirekten Steuern abzügl. Subventionen von 155,1 Mrd. DM (+ 7,9%), erhält man das **Nettosozialprodukt zu Marktpreisen von 1236,6 Mrd. DM,** nach Addition der Abschreibungen von 158,4 Mrd. DM (+ 9,4%) das BSP. Mit 29,1% (1978 ebenfalls 29,1%) hatten die Unternehmen 1979 wieder einen ähnlich hohen Anteil am Volkseinkommen wie zu Beginn der 70er Jahre, was maßgeblich zur *Dynamik der Inlandnachfrage* (bes. Anlageinvestitionen) beigetragen hat.

Die **Preisentwicklung des BSP** (+ 3,7%) entsprach 1979 etwa derjenigen im Vorjahr (+ 3,9%), doch haben sich die Preise der Güter der letzten inländ. Verwendung mit + 4,6% (1978: + 3,1%) deutlich stärker verteuert, ebenso die Güter des Privaten Verbrauchs mit + 4,1% gegenüber + 2,6% 1978, was sich aus der *Verschlechterung der Terms of Trade* gegenüber 1978 um 3,5% ergibt. So nahmen 1979 die Einfuhrpreise um jahresdurchschn. 8,2%, die Ausfuhrpreise nur um 4,5% zu, während sich 1978 die Terms of Trade durch Verbilligung der Einfuhrpreise um 2,3% und schwach gestiegene Ausfuhrpreise (+ 1,0%) um 3,3% verbessert hatten und den inländ. Preisauftrieb von knapp 4% auf 3 bzw. 2,6% (Privater Verbrauch) reduzieren konnten. Lagen die **Terms of Trade** Anfang 1979 noch bei 99,0 (Ausf.-Preise 142,5, Einf.-Pr. 143,9, 1970 = 100), so sanken sie bis Dez. 1979 auf 87,6 (150,9/172,2). Es verteuerten sich u. a. in %: Erdöl + 67, Mineralölerzeugn. + 91, NE-Metalle + 23, Edelmetalle + 138, organ. Grundstoffe + 32, Felle u. Leder + 19, Holz + 11, Getreide + 19 u. Rohkaffee + 26. Von Ende 1978 bis Ende 1979 gab es folgende Veränderungen bei den **wichtigsten Preisindizes** in %: Grundstoffe + 11,5, Einfuhr + 21,7, Ausfuhr + 6,8, Erzeugerpreise v. landwirtsch. Prod. + 5,6, Einkauf landwirtsch. Betriebsmittel + 5,5, Erzeugerpreise industr. Prod. + 7,0, Großhandelsverkaufspreise + 9,7, Einzelhandelspreise + 5,0, Lebenshaltungskosten + 5,4.

Von der **Inflationsrate** waren importiert: 1969 0,4% (Infl.-Rate 3,5%), 1971 0,2% (6,6%), 1974 3,9% (9,3%), 1977 0,3% (3,3%), 1978 – 0,5% (2,6%) u. 1979 1,8% (4,6%). Die Differenz, die sog. hausgemachte Inflation, war 1979 mit 2,8% vergleichsweise niedrig.

Der **deutsche Außenhandel** erzielte 1979 mit Ausfuhren im Werte von 314,6 Mrd. DM (gegenüber 1978 nominal + 10%, real + 7%) und Einfuhren von 292,2 Mrd. DM (nominal + 20%, real + 9%) einen *Ausfuhrüberschuß von 22,4* (1978: 41,2) *Mrd. DM.* (Einzelheiten s. Kap. »Welthandel«). Etwa 63% der Ausfuhren im Verarb. Gewerbe werden von 4 Branchen bestritten: Maschinenbau 19,9, Fahrzeugbau 17,6, Chemie 14,9 u. Elektrotechnik 10,9%. Die durchschnittl. Exportquote im Verarb. Gewerbe expandierte zwischen 1960 u. 1977 v. 13,8 auf 22,5%. Der Anteil der Fertigwarenimporte an der Gesamteinfuhr stieg von rd. 20% in den 50er Jahren auf rd. 50% in 1979. – 1979 schloß die **Leistungsbilanz** erstmals seit 14 Jahren mit einem Defizit (– 10,1 Mrd. DM, 1978 noch + 17,5 Mrd. DM). Dieses *hohe Defizit* resultiert nicht aus einer Exportschwäche, sondern aus *überproportional gestiegenen Importen* (wobei der Importanstieg etwa zur Hälfte preisbedingt war). Im Dienstleistungsverkehr wuchs der *traditionelle Passivsaldo* von 8,1 auf 12,4 Mrd. DM (davon Reiseverkehrssaldo – 22,3, Transport + 6,3, Lizenzen – 1,6 Mrd. DM), der Negativsaldo bei den Übertragungen von 17,6 auf 20,8 Mrd. DM. Unter Berücksichtigung des Saldos im langfristigen (+ 10,4 Mrd. DM) u. kurzfristigen (– 1,1 Mrd.) Kapitalverkehr sowie der Ausgleichsposten zur Auslandsposition d. Bundesbank (– 2,3 Mrd.) u. and. kleiner Posten erhält man die Veränderung d. Nettoauslandsaktiva d. Bundesbank 1979 *(Devisenbilanzsaldo) von – 7,3 Mrd. DM.* – Die Bilanz der Übertragungen (unentgeltl. Leistungen) setzt sich für 1979 zusammen aus (in Mrd. DM): Überweisungen ausländ. Arbeitskräfte 6,4, private Unterstützungszahlungen, Renten usw. 1,7, Wiedergutmachung 1,7, internat. Organisationen 5,4 (davon EG 3,9), Renten u. Pensionen (öffentl.) 3,2 u. sonstige 2,4. – Das Defizit in der deutschen **Lizenzbilanz** lag 1979 bei 1,05 Mrd. DM (lt. Bundesbank 1,55 Mrd.), d. h. Ausgaben für Lizenzen von rd. 2 Mrd. (davon

44% v. d. elektrotechn. Ind.) standen rd. 1 Mrd. an Lizenzeinnahmen gegenüber (zum Vergleich: Einnahmeüberschuß der USA bei Lizenzen u. Patenten über 10 Mrd. DM). – Die **Währungsreserven** der Dt. Bundesbank sanken von Dez. 1978 bis Dez. 1979 von 95,9 auf 88,9 Mrd. DM (= 3,7 Monatsimporte, darunter Gold v. 17,0 auf 13,7, Devisen u. Sorten – zu fast 100% in $ – von 74,6 auf 51,8 Mrd. DM, da 28,5 Mrd. an den Europ. Fonds f. währungspol. Zusammenarbeit abgetreten wurden). Damit verfügt die Bundesrepublik zwar noch über die *höchsten Währungsreserven der Welt,* doch sind diese *keineswegs sofort greifbar,* falls die Zahlungsbilanzdefizite – 1980 werden 20–25 Mrd. Defizit erwartet – weiterhin so anwachsen. Zum Stichtag 23. 3. 1980 betrug der Währungskassenbestand der Bundesbank 94,2 Mrd. DM, wovon allerdings Verbindlichkeiten gegenüber Ausländern von 4,4 Mrd. u. die Bereinigung der Bewertung des beim EFWZ hinterlegten Goldes (11,9 Mrd.) abzuziehen sind, was einen Nettowährungsreservebetrag von 77,9 Mrd. DM ergibt. Davon sind 42,1 Mrd. DM an Guthaben bei ausländ. Banken u. Geldmarktanlagen im Ausland relativ liquide Währungsreserven (u. a. amerik. Schatzwechsel), während der Rest weit schwerer zu mobilisieren ist. Der mit 13,7 t (Dez. 1979) ausgewiesene *Goldbestand* der Bundesbank (94 Mill. Unzen) entspricht bei 300 $ Marktpreis je Unze (Dollarkurs 1,90) 50 Mrd. DM, bei 700 $ je Unze 125 Mrd. DM Gegenwert. Bei einem *Bargeldumlauf von 86,4 Mrd. DM* (davon Scheidemünzen 7 Mrd.) könnte die Bundesbank somit sämtliches Bargeld mit Gold zurückkaufen! – 1979 konnte die **Geldmengenausweitung** mit +6,3% zum ersten Mal seit Beginn der expliziten Geldmengensteuerung innerhalb der angekündigten Grenzen gehalten werden. Von 1975–78 hatte die Geldmenge um 47% zugenommen, während das Produktionspotential nur um 15% zunahm. Die *DM* stellt gegenwärtig von den *weltweiten Währungsreserven* etwa 10% (Dollar 80, Yen u. Schweizer Franken je 4–5 u. brit. Pfund 2%). Die Bundesbank hat 1979 mit 2,9 Mrd. DM einen geringeren *Aufwertungsverlust* hinnehmen müssen als 1976–78 (je ca. 7 Mrd. DM).

Der **Nettotransfer für Kapitalanlagen im Ausland** betrug 1979 7,8 Mrd. DM, wovon allein auf die USA 3,7 Mrd. entfielen. Die *Nettokapitalleistungen für Investitionen* beliefen sich von 1952–1979 auf insg. 66 Mrd. DM, davon in Mill. DM: USA 12283, Frankreich 6354, Belgien 6247, Schweiz 5290, Brasilien 4996, Kanada 4397, Niederlande 4148, übr. Amerika 3613, übr. Europa 3787, Spanien 3403, Afrika 3227, übr. Welt 3196, Großbrit. 2443, übr. EG 2618; nach ausgewählten Branchen: chem. Ind. 10481, Kreditinst. u. Versich. 7325, Elektrotechnik 6786, Eisen u. Stahl 5643, Maschinenbau 5027, Automobilind. 4230, Erdöl- und Erdgasgewinnung 3158, Grundst. u. Wohnungen 1928, Nahrungs- u. Genußmittel 1373. Die *ausländ. Direktinvestitionen* in der BR Deutschland: USA 20140, Schweiz 8595, Niederl. 6660, Großbrit. 5855, Frankreich 3245, Belgien/Lux. 3228, Iran 1369, Japan 1300, Schweden 1193, Italien 603, Kanada 580, Panama 369, Österreich 280, Dänemark 254 u. Kuweit 208, insges. Ende 1979 55242 Mill. DM. Nicht nur mit einzelnen Staaten (z. B. USA oder Niederlande), auch in einzelnen Branchen ist die Bilanz der Investitionen *recht unausgeglichen:* Z. B. stehen den 6,0 Mrd. DM Auslandsbeteiligung in der deutschen Mineralölindustrie keine vergleichbaren Beteiligungen im Ausland gegenüber. Ein beträchtliches Übergewicht ausländischer Beteiligungen gibt es auch in der Eisen-, Stahl-, Maschinen-, Fahrzeug-, Elektro- und Nahrungsmittelindustrie. Dagegen sind die beiderseitigen Engagements in der chem. Industrie (6,5 : 6,2 Mrd. DM) und im Handel (8,8 : 9,1) einigermaßen ausgeglichen. Die Anzahl der unmittelbar oder mittelbar unter ausländ. Kapitaleinfluß stehenden Unternehmen hat sich 1977 um gut 400 auf 7455 erhöht (Addierte Bilanzsummen 325 Mrd., Jahresumsatz 382 Mrd. DM). Im Produzierenden Gewerbe u. im Handel entfielen auf Unternehmen mit Auslandsbeteiligung 15% der Bilanzsumme u. 16% der Jahresumsätze. – Nach dem 2. Weltkrieg begann der Aufbau des deutschen Auslandsvermögens praktisch wieder bei Null. Heute beträgt der *gesamte Vermögensanspruch* gegenüber anderen Ländern *443 Mrd. DM,* davon in Mrd. DM: Forderungen aus Krediten 251, Währungsreserven 98, Beteiligungen 49, Grundbesitz 8, Wertpapiere 31 u. sonst. 6; *nach Regionen:* westliche Industrieländer 249, Entwicklungsländer 85, Internationale Organisationen 50, Ostblockländer 23, Ölstaaten 20, sonst. 16.

Relativ optimistisch blickten die **»Fünf Weisen«** des Sachverständigenrates in die *konjunkturelle Zukunft des Jahres 1980.* Sie **prognostizierten** ein **reales Wachstum v. 2,5–3%** (1979: +4,5%), Anstieg d. Lohn- u. Gehaltssumme d. Arbeitnehmer +6% (+7,5%), Anstieg d. Preise +4,5% (+4,5%), Arbeitslose im Jahresdurchschnitt 820000 (870000), Nettoverdienste je Beschäft. +5% (+6%), Nettogewinne u. Vermögenserträge +7% (+10,5%), Leistungsbilanzdefizit 22–25 Mrd. DM. Doch der konjunkturelle Höhepunkt des letzten Aufschwungs scheint bereits im Herbst 1979 erreicht und im 1. Quartal 1980 durch Sondereinflüsse wie ölpreisschockbedingte Lageraufstockungen nur noch übersteigert worden zu sein. Seit April 1980 fällt das »Konjunkturbarometer«, die Erwartungen der Unternehmer sind deutlich nach unten gerichtet, und die jüngste Studie des IFO-Instituts hat das 1980 zu erwartende Wachstum mit höchstens 2% beziffert. Die **Prognose der Bundesregierung** für 1981 lautet (in %): reales Wachstum +2,1, Zunahme d. priv. Verbrauchs +6,5, Zunahme d. Staatsverbrauchs +6, Anlageinvestit. +7,5, Inlandsnachfrage +6,5, Bruttolohn- u. Gehaltssumme +6, Unter-

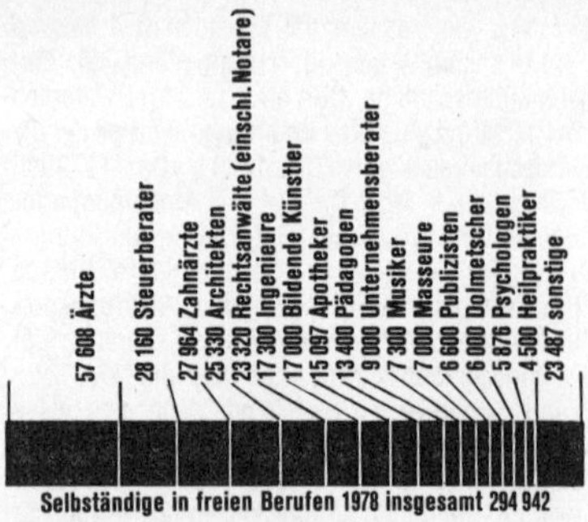

In der BR Deutschland waren Ende 1978 insg. 294942 Selbständige in freien Berufen tätig
(Quelle: Statist. Bundesamt)

nehmens- u. Vermögenseink. +6, Aufstockung d. Beschäft. (lt. IFO) +0,2.
Im Durchschnitt des Jahres 1979 lag die **Erwerbsbevölkerung** mit **26,424 Mill. Personen** um 201000 oder 0,8% über der von 1978, womit sich der 1978 beobachtbare Anstieg (+0,65%) der Erwerbspersonenzahl weiter fortsetzte. Die *tatsächliche Erwerbstätigenzahl* – ohne die 876000 Arbeitslosen – belief sich auf 25,548 Mill. (318000 mehr als 1978, Zunahme 1,3%). Nur in Land- u. Forstwirtschaft, Tierhaltung u. Fischerei lag die Erwerbstätigenzahl mit 1,54 Mill. um 64000 oder 4,0% (1978: –2,8%) unter der des Vorjahres. Handel u. Verkehr beschäftigten 4,55 Mill. (+1,2%), das »Produzierende Gewerbe« 11,48 Mill. (+1,1%), davon Baugewerbe 1,688 Mill. (+3,5%), die »sonstigen Wirtschaftsbereiche«/Dienstleistungen 7,97 Mill. (+2,7%) u. die Gebietskörperschaften einschl. Sozialversicherung 2,624 Mill. (+1,6%). Von den 25,548 Mill. Erwerbstätigen (16,024 Mill. Männer, 9,524 Mill. Frauen) zählten 2,437 Mill. (gegenüber 1978 +1,1%) zu den Selbständigen, 1,133 Mill. zu den Mithelfenden Familienangehörigen (–6,7%), 10,780 Mill. (+0,7%) zu den Arbeitern, 8,927 Mill. (+3,1%) zu den Angestellten und 2,271 Mill. (+1,1%) zu den Beamten. Der **Anteil von Frauen** beträgt in %: Selbständige 20,6, Mithelf. Familienangeh. 88,9, Arbeiter 29,0, Angestellte 50,7 u. Beamte 15,8. Im Jahresdurchschnitt waren somit 3,570 Mill. (–1,5%) Personen als Selbständige u. Mithelfende Familienangehörige, 21,978 Mill. (+1,7%) als abhängige Arbeitnehmer (davon 19,34 Mill. = +4,1% als sozialversicherungspflichtig beschäftigte Arbeitnehmer) tätig.
Von den **21978000 abhängigen Erwerbstätigen** waren jeweils beschäftigt in 1000: in Land- u. Forstwirtsch., Tierhalt. u. Fischerei 255, Produz. Gewerbe insg. 10773 (davon Verarb. Gew. ohne Baugew. 8793, Baugew. 1511, Energiewirtsch. u. Wasserversorg. mit Bergbau 469), Handel 2403, Verkehr u. Nachrichtenübermittl. 1395, sonst. Wirtschaftsbereiche (Dienstleistungen) 7152 (davon Kreditinstit. u. Versich. 705, Organisationen ohne Erwerbscharakter u. Private Haush. 411, Gebietskörpersch. u. Sozialversich. 2624). Im Handwerk waren 3914000 Arbeitnehmer beschäftigt, von denen 1465000 dem Verarbeit. Gew. u. 747000 dem Ausbaugewerbe zuzuordnen sind. Im »Produz. Gewerbe« (+1,1%) waren im März 1980 u. a. beschäftigt in 1000: Kohlebergbau 205, Gewinnung u. Verarb. v. Steinen u. Erden 191, eisenschaff. Ind. 286, Maschinenbau 1020, Straßenfahrzeugbau 805, Elektrotechnik 977, Herst. v. Eisen-, Blech- u. a. Metallwaren 316, chem. Ind. 567, Textilgew. 308, Bekleidungsgew. 252, Nahrung- u. Genußmittelgew. 486. – Der *relativ größte Anstieg der Beschäftigtenzahl* wurde im Baugewerbe mit +3,5% beobachtet. Mit 1,688 Mill. im Jahresdurchschnitt wurde hier der Beschäftigungsstand von 1975 (1,674 Mill.) übertroffen. Überdurchschnittlich stark erhöhte sich auch die durchschn. Zahl der Erwerbstätigen in den »Sonstigen Wirtschaftsbereichen/Dienstleistungen« mit +2,7% (=207000). Besonders im Gesundheits- u. Veterinärwesen, Gaststätten- u. Beherbergungsgewerbe sowie in Wissensch., Bild. u. Erziehung nahm die Zahl der Beschäftigten um 151000 (= 3,8%) zu, bei den Kreditinst. u. Versicherungen um 22000 (= 3,0%). Bei Gebietskörperschaften u. Sozialversicherung erhöhte sich die Erwerbstätigenzahl um 41000 (= 1,6%) und damit weniger stark als im gewerblichen Dienstleistungsbereich (+2,7%). Während die Zahl der abhängigen Erwerbstätigen im Landwirtschaftsbereich um 7000 zunahm, sank die Gesamterwerbstätigenzahl um 4,0% auf 1,544 Mill. u. damit ausschließlich zu Lasten der Selbständigen und Mithelf. Familienangehörigen, wobei letztere fast ausschließlich Frauen sind u. ¾ der gesamten Mithelfenden Familienangehörigen ausmachen. Dagegen erhöhte sich außerhalb der Landwirtschaft in allen Wirtschaftsbereichen *die Zahl der Selbständigen,* darunter im »Prod. Gewerbe« um 1,8%. Der **Anteil ausländischer Arbeitnehmer** – ihr Anteil betrug 1979 insg. 9,4% – ist in einzelnen Wirtschaftsbereichen recht unterschiedlich (Ausländerquote in %): Land- u. Forstwirtschaft 7,5, Fischerei u. Fischzucht 23,8, Bergbau 13,2, Baugew. 12,1, Straßenfahrzeugbau 17,3, Gießerei 26,3, Eisen- u. Stahlerzeug. 14,6, Schiffahrt 13,6, Verarbeit. Gew. insg. 13,3, Verkehr u. Nachrichtenübermittl. 7,3, Handel 4,1, Baugew. 12,1, Dienstleist. 8,4. Den Hauptteil ausländ. Arbeitskräfte stellen die Türken mit 540471 (= 28,0%), gefolgt von den Jugoslawen mit 367301 (19%), Italienern mit 300442 (15,5%), Griechen mit 140139 (7,2%), Spaniern mit 89992 (4,7%) und Portugiesen mit 59145 (3,1%) Personen (Anteil aus den EG-Ländern 22,5% bzw. 434416

Arbeitskräfte). Zwischen 1970, dem Jahr mit dem höchsten Beschäftigungsstand, und dem Jahr 1979 schieden per Saldo etwa 1,22 Mill. Personen aus dem Verarbeitenden Gewerbe aus, u. a. im Verbrauchsgüter prod. Gewerbe 420000 (= 27%), im Grundstoff- u. Produktionsgütergewerbe 381000 (17%) und im Investitionsgüter prod. Gewerbe 348000 (9%), die vornehmlich im Dienstleistungssektor weitere Beschäftigung fanden. – *Knapp 1,4 Mill. Frauen* gehen einer *Teilzeitbeschäftigung* nach, d. h. jede 6. der rd. 7,4 Mill. weiblichen Arbeitnehmer (ohne Beamtinnen). Immer noch wird ein beträchtlicher Teil der Berufe fast ausschließlich entweder von Männern oder von Frauen ausgeübt, z. B. Männeranteil in %: Maurer 99,4, Rohrinstallateur 99,3, Kfz-Instandsetzer 99,2, Maler u. Lackierer 99,0, Maschinenschlosser 98,8, Bauschlosser 98,8, Tischler 98,8, Bergmann 98,4, Dreher 98,3, Kfz-Führer 97,9, dagegen Frauenanteil bei Sprechstundenhelferin 98,8, Näherin 98,3, Raumreinigerin 98,0, Hauswirtsch. Betreuerin 97,9, Stenographin/Stenotypistin 97,1, Oberbekleidungsnäherin 96,6, Wäscherin/Plätterin 88,2, Krankenpflegerin 87,8 u. Verkäuferin 81,9.

Rd. 8% (550000) aller Arbeitnehmer leisten *regelmäßig Nachtarbeit,* 300000 Menschen arbeiten bereits an *Bildschirmgeräten* u. rd. 7,7 Mill. der Erwerbstätigen arbeiten nicht in ihrer Wohngemeinde, sondern müssen als *Pendler* den Arbeitsplatz aufsuchen (davon haben 40% eine Anfahrtszeit von über 30 Minuten).

Mit 4,393 Mill. Beschäftigten (davon 590948 Teilzeitbesch.) war der **Beschäftigungsstand im öffentl. Dienst** 1979 um 2,5% (+106130) höher als im Vorjahr. Die *Bundesbehörden* beschäftigten am 30. Juni 1979 314543 Vollbeschäftigte (+1,0%), die Dt. Bundespost 434440 (+2,7%) u. die Dt. Bundesbahn 351419 (–4,3% bzw. –16000). Damit sind bei der Dt. Bundesbahn seit 1974 rd. 80000 Arbeitsplätze weggefallen. Die *Landesbehörden* hatten 1,51 Mill. Vollbeschäftigte (+2,7%), die *Gemeinden* 83800 (+4,0%), davon 20000 durch Arbeitsbeschaffungsmaßnahmen, u. die rechtl. unselbständ. Wirtschaftsunternehmen des Bundes 3593, der Länder 57515 u. d. Gemeinden 67171. Im Dienstverhältnis eines *Vollzeitbeamten* (einschl. Richter) standen 1,69 Mill. (+1,2%), eines *Angestellten* 1,11 Mill. (+3,3%) u. eines *Arbeiters* 804000 (+2,2%). Nach wie vor liegt das Schwergewicht von Personalverstärkungen in den Aufgabenbereichen Schulen (+12000), öffentl. Sicherh. u. Ordn. (+8000), Rechtsschutz u. Hochschulen (+4000) sowie polit. Führung u. zentrale Verwalt. (+5000). Im *mittelb. öffentl. Dienst* waren bei der Bundesanstalt f. Arbeit 50958 (+2,0%) u. den Sozialversicherungsträgern 148065 (+1,0%) Personen beschäftigt. Die Zahl d. Teilzeitbeschäftigten ist 1979 um 31518 auf 569407 gestiegen.

Von allen Selbständigen arbeiten die *Bauern mit 62 Wochenstunden* (tatsächl. geleist. Arbeitsstd.) am längsten, es folgen die Selbständigen in Handel u. Verkehr mit 52,6, die sonst. Dienstleist. u. das Produz. Gewerbe mit 52,2 bzw. bzw. 51,1 Stunden. In der Industrie betrugen die durchschnittl. bezahlten Arbeitswochenstunden 41,7 (Männer 42,4, Frauen 39,9). 1978 betrug die jährl. Arbeitszeit in der dt. Industrie 1812 Std., in Belgien 1810, Japan 2083, USA 1907, Großbrit. 1892, Italien 1876, Niederl. 1872, Frankr. 1864 u. Schweden 1816 Std. Der durchschnittliche Arbeitnehmer befand sich 1979 nur noch *165 Tage an seinem Arbeitsplatz* (= 45% des Jahres). Er war abwesend an 52 Sonntagen, 52 Samstagen, 11 Feiertagen, 27 Urlaubstagen, 13 Krankheitstagen, 10 Tagen mit Kurzarbeit, Streik oder Teilzeitarbeit. Nach Angaben d. Instituts der Dt. Wirtschaft (IW) geht fast jede 10. Arbeitsstunde in der Bundesrepublik durch Krankheit, Unfall oder sonstiges Fehlen verloren, in Schweden 15,8%, in Japan 2% der Arbeitsstunden. Nach Ang. des Statist. Bundesamtes waren 1979 **77326 Arbeitnehmer** an **Streiks** beteiligt oder von Aussperrungen betroffen (1978: 487050). Die Zahl der verlorenen Arbeitstage lag 1979 mit 483000 ebenfalls niedriger als im Jahr 1978, das mit 4,281 Mill. nach 1971 mit 4,484 Mill. die höchste Zahl an verlorenen Arbeitstagen in der Geschichte der Bundesrepublik aufzuweisen hatte. Auf Auseinandersetzungen in der Wirtschaftsgruppe Eisen- u. Stahlerzeugung entfielen 1979 98% aller Ausfalltage und 96% der an Arbeitskämpfen beteiligten Arbeitnehmer. Zum Vergleich: durch Streiks/Aussperrung verlorene Arbeitstage im Jahre 1900: 3189/523, 1920: 15444/1311, 1930: 3600/334.

Wesentlich günstiger als in den Vorjahren gestaltete sich 1979 die Lage auf dem **Arbeitsmarkt.** Nach Ang. d. »Bundesanstalt f. Arbeit« in Nürnberg sank die

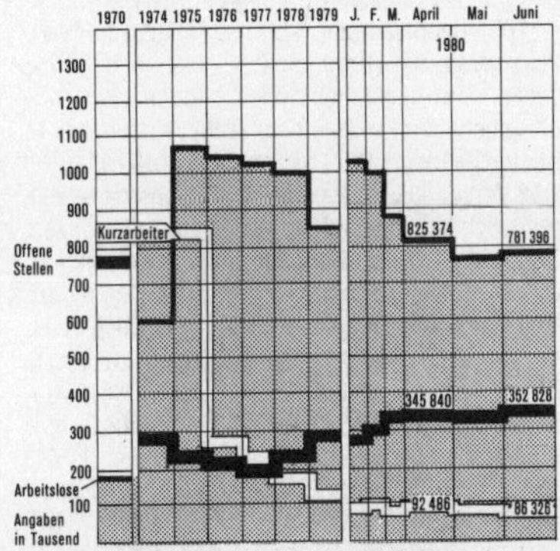

Entwicklung des Arbeitsmarktes
(Nach Angaben der Bundesanstalt f. Arbeit)

Arbeitslosenzahl Ende September 1979 auf **736809** und belief sich im Jahresdurchschnitt auf **876000,** 11,8% weniger als 1978 (992948). Die *Jahresarbeitslosenquote* der abhängigen Erwerbstätigen betrug damit 1979 *3,8 %* (1978: 4,5%). Die Zahl der männl. Arbeitslosen ging von 488832 in 1978 auf 416943 in 1979, die der weiblichen von 504116 auf 459194 zurück. Erstmals seit 1973 ist damit die *Zahl arbeitsloser Frauen* im Jahresdurchschnitt merklich von 5,8% (504100) auf 5,2% (459200) gesunken. Die Zahl arbeitsloser Jugendlicher unter 20 Jahren lag Ende 1979 bei 69644 (= 3,1%, d.h. unter der allgemeinen Arbeitslosenrate von 3,8%) und damit um 20,1% niedriger als 1978. Dagegen gab es bei den *Problemgruppen keine Besserung.* Durch nachträgliche Anerkennungen erhöhte sich die Zahl der arbeitsl. Schwerbehinderten um 6665 (11,7%) auf 64985, bei den über 59 Jahre alten Arbeitslosen wurde ein Anstieg um 773 auf 62645 festgestellt u. die Zahl der Arbeitslosen mit gesundh. Einschränk. belief sich Ende Sept. 1979 auf 286959. Die *Zahl ausländ. Arbeitsloser* lag im Jahresdurchschnitt mit 93499 um 10025 oder 9,7% niedriger als 1978, im Mai 1980 allerdings mit 103900 wieder um 20% über der von Mai 1979 (u.a. wegen des anhaltenden Zustroms von Asylsuchenden). 38% (280008) aller Arbeitslosen bezogen Ende Sept. 1979 Arbeitslosengeld (– 18,1% gegenüber dem Vorjahr), 13,3% Arbeitslosenhilfe, 25,7% hatten Leistungen beantragt, bei 9,7% war der Leistungsbezug ausgelaufen, 10,2% hatten von vornherein keine Ansprüche u. 807 Personen unterlagen der Sperrfrist. Von den insg. 433394 arbeitsl. Arbeitern (= 58,8% der Arbeitslosen) waren 93857 Facharbeiter, von den insg. 303296 (= 41,2%) arbeitsl. Angestellten hatten 193102 eine gehobene Tätigkeit inne. Von den Ende Sept. 1979 arbeitslosen *24051 Personen mit Hochschulabschluß* (1978: 22420), darunter 10157 Frauen, waren 6777 Lehrer, 2541 Ingenieure, 1395 Naturwissenschaftler, 1051 Rechtsberater, 1000 Soziologen u. Politologen sowie 974 Psychologen. Unter den 12460 Arbeitsl. mit Fachhochschulausbildung waren die sozialpflegerischen Berufe mit 2962, Architekten u. Bauingenieure mit 937, Wirtsch.- u. Sozialwiss. mit 1058 Personen vertreten. Nach Wirtschaftsgruppen ergibt sich folgende Aufgliederung der Arbeitslosen: Verarbeit. Gewerbe: 211528, davon chem. Indust. 10443 (offene Stellen: 3557), Kunststoffverarb. 7559 (3956), Metallerz. 11089 (2101), Gießerei u. Stahlerz. 9755 (7428), Stahl- u. Leichtmetallbau 7560 (8185), Maschinenbau 17558 (13686), Straßenfahrzeugbau 14331 (10540), Elektrotechnik 29347 (12755), Herst. v. EBM-Waren 11703 (6383), Baugewerbe 34991 (47320), Handel 111636 (42905), Kredit- u. Versich.-Gew. 13013 (6291), Hotel- u. Gaststättengewerbe 28356 (21257), Heime u. Krankenhäuser 34473 (13936), Wissensch. u. Bild. 17636 (4193), öffentl. Verw. 24991 (8830) u. sonstige 182532 (9622). Von den 736690 Arbeitslosen Ende Sept. 1979 hatten 584803 zuvor eine abhängige Beschäftigung (487277 eine Vollzeit- u. 75817 eine Teilzeitbeschäft.), 11950 standen in einem betriebl. oder sonstigen Ausbildungsverhältnis, 9759 hatten an Arbeitsbeschaffungsmaßnahmen teilgenommen, 90126 ihre Berufstätigkeit längere Zeit unterbrochen u. 52268 waren noch keiner berufl. Tägigkeit nachgegangen (z.B. vorher in Schulausbild.). Von den Ende Sept. 1979 320178 offenen Stellen waren 207579 ohne Altersbegrenzung angeboten, 174133 jedoch ausschl. für berufl. Qualifizierte u. lediglich 10957 auch für Schwerbehinderte u. Erwerbsgeminderte. – Ende Mai *1980* war bei einer bundesdeutschen *Arbeitslosenquote* von *3,3 %* die Arbeitslosigkeit in den einzelnen Landesarbeitsamtsbezirken wie folgt verteilt: Schl.-Holst./Hamb. 3,2%, Nieders./Bremen 4,0%, Nordrh.-Westf. 4,2%, Hessen 2,5%, Rh.-Pfalz/Saarl. 3,7%, Baden-Württ. 2,0%, Nordbayern 3,2%, Südbayern 2,5% u. Berlin (West) 4,1%. – Die *Zahl der Kurzarbeiter* erreichte Ende 1979 mit 37000 den niedrigsten Stand seit der Rezession 1974/75, schnellte jedoch Ende Mai 1980 wieder auf 91867. – Bei der Bundesanst. f. Arbeit wurden 1979 insg. 3,85 Mill. Arbeitslose registriert, davon waren 2,84 Mill. Neuzugänge. Gleichzeitig wurden 2,11 Mill. Arbeitssuchende d. die Arbeitsämter vermittelt, obwohl diesen nur 1,98 Mill. offene Stellen – 75000 weniger als im Vorjahr– gemeldet wurden. Im Dez. 1979 suchten von den 866783 Arbeitslosen 156864 eine Teilzeitarbeit (davon Frauen 154512), denen nur 18995 offene Stellen gegenüberstanden. Immer noch sind 52,4% der Arbeitslosen Ungelernte u. von den über 1 Jahr Arbeitslosen konnten 61,5% keine abgeschl. Berufsausbild. vorweisen. Die 52% Frauen unter den Arbeitslosen können eben nicht in Gießereien vermittelt werden, in denen dringend Arbeitskräfte gesucht werden, ebenso nicht die 1911000 Warenkaufleute (die größte Gruppe unter den Arbeitslosen). Auf die 2,11 Mill. Vermittlungen 1979 haben Betriebe nur 70000 Arbeitsunwillige gemeldet.

Die Bundesanst. f. Arbeit hat bis 31. Okt. 1979 für die Förderung der ganzjährig. Beschäft. in der Bauwirtsch. rd. 2,2 Mrd. DM ausgegeben, davon 1,3 Mrd. als Schlechtwettergeld u. rd. 504 Mill. als Wintergeld f. Arbeitnehmer sowie für Schutzvorkehrungen gegen Witterungseinfl. 102,2 Mill. an Arbeitgeber. Das Haushaltsdefizit der Bundesanst. von 2,2 Mrd. DM (Ausgaben 19,7, Einnahmen 17,5 Mrd. DM) konnte aus Rücklagen der Bundesanst. gedeckt werden.

In der BR Dtschld. gibt es *1205 konzessionierte Verleihbetriebe f. Arbeitskräfte* mit 30318 Leiharbeitnehmern (davon ¼ Frauen) = 0,1–0,2% der Erwerbstät., der illegale Zeitarbeitsmarkt mag aber um ein Vielfaches größer sein. So haben die Arbeitsämter von 1976–79 wegen nicht gestatteter Beschäftigung u. unerlaubter Überlass. ausländ. Arbeitnehmer insg. 31371 Geldstrafen festgesetzt. Nach Mitteilung des Zentralverbandes des Deutschen Handwerks (ZDH) wurden wegen **Schwarzarbeit** (unversteuerter Schwarzarb.-Umsatz 1978 schätzungsweise 35 Mrd. DM) Bußgelder über insg. 3510496 DM verhängt.

1970 stellten die Fördergebiete noch fast 60% aller Arbeitslosen in der Bundesrep., 1979 nur noch 40%. In Arbeitsamtsbezirken von Fördergeb. (z. B. Zonenrand) wie in Passau, Deggendorf, Schwandorf, Leer u. Emden waren die Arbeitslosenquoten 1970 5–10mal so hoch wie im Bundesdurchschn., 1979 nur mehr doppelt so hoch.

Die Schaffung von neuen Arbeitsplätzen in der Industrie kostet durchschn. 160000 DM, in der Mineralölverarb. 1,5 Mill. DM, Zellstoff- u. Papierverarb. 600000, Textilind. 250000, NE-Metallind. 360000 u. Schuhind. 30000 DM. In der BR Dtschld. arbeiten – mehr oder weniger regelmäßig – mehr als *300000 Kinder gegen Lohn,* u.a. mehr als 100000 Kinder in der Landwirtschaft, 50000 in Heimarbeit, auf Wochenmärkten, Tankstellen oder Supermärkten ca. 30000, in Gaststätten, Wäschereien u. ä. 10000 u. in der gewerbl. Prod. rd. 20000.

Die Zahl der **Auszubildenden** in den *452 staatlich anerkannten* Ausbildungsberufen erreichte Anfang 1980 mit *1644600 Jugendlichen* (davon 621600 Mädchen) ihren höchsten Stand seit 20 Jahren. Die Zahl der Ausbildungsbetriebe in Industrie u. Handel stieg um 11,9% auf 141636 u. im Handwerk um 17,5% auf 224445. Die *Ausbildungsquote* für das gesamte Beschäftigungssystem stieg von 5,4% in 1976 auf 6,2% in 1978. 80% der weibl. u. 60% der männl. Auszub. lernen die 20 am stärksten besetzten Ausbildungsberufe (Kfz.-Mechaniker 9,3%, Verkäuferin 12,0%, Friseuse 11,5% usw.). 1979 wurden *640256 (+6,8%) Ausbildungsverträge* abgeschlossen, 38,5% mehr als 1975! 92,1% (1978: 91,2%) aller Lehrlinge bestanden 1979 ihre Prüfungen. Leider verlassen immer noch ⅔ aller jugendl. Ausländer die Hauptschule ohne Abschluß, u. nur 30000 der insg. 120000 jugendl. Ausländer befinden sich in einer Berufsausbildung. Die jährl. Aufwend. d. Unternehmen für Aus- u. Weiterbildung haben mittlerweile 20 Mrd. DM erreicht. Während vor 10 Jahren 55,5% aller Erwerbstätigen eine berufl. Ausbildung nachweisen konnten, waren es 1978 62,5% (Frauen 38 auf 52%, Männer 65 auf 69%). 1982 wird der Zugang von 15–20jährigen zum Arbeitsmarkt mit 6,25 Mill. seinen Höhepunkt erreicht haben u. bis 1990 auf 4 Mill. fallen. – Die Entwicklung der qualifikationsspezifischen Einkommensrelationen zeigt, daß sich ein höherer Ausbildungsgrad sehr wohl noch bezahlt macht. Beschäftigte mit Hochschulabschluß verdienen etwa das 2,6fache, mit Fachhochschulabschluß das 2,4fache der Beschäftigten ohne Ausbildungsabschluß. Eine abgeschlossene Berufsausbildung erbringt einen um 40% höheren Durchschnittsverdienst gegenüber Beschäftigten ohne Ausbildungsabschluß.

In der Bundesrepublik sind rd. 39% aller Arbeitnehmer gewerkschaftlich organisiert (in %: USA 25, Italien 33, England 43, Frankreich 23). Der **Deutsche Gewerkschaftsbund/DGB** zählte am 31.12.1979 **7832870 (Vorjahr: 7751523) Mitglieder,** davon weiblich 1540832 (19,7%). Der Anteil der Arbeiter betrug 68,6% (69,3%), der Angestellten 20,6 (20,0), der Beamten 10,8 (10,7) u. der Jugendlichen 17,5%. 9 der 17 DGB-Gewerkschaften konnten 1979 einen Mitgliederhöchststand erzielen: IG Bau, Steine, Erden 525591 (Zunahme 1979 +1,5%, Anteil am Gesamtmitgliederstand 6,7%), IG Chemie, Papier, Keramik 657920 (+1,1, 8,4), Gew. Erziehung u. Wissenschaft 173880 (+9,5, 2,2), Gew. Handel, Banken u. Versich. 334036 (+6,3, 4,3), Gew. Kunst 44113 (+4,8, 0,6), Gew. Öff. Dienste, Transp. u. Verkehr 1118747 (+1,8, 14,3), Gew. d. Polizei 161616 (+6,0, 2,1), Dt. Postgewerksch. 436407 (+1,8, 5,6) u. die mit Abstand *mitgliederstärkste IG Metall* 2684509 (+0,1, 34,3). Mitgliederzuwächse, wenngleich nicht den absoluten Mitgliederhöchststand konnten erzielen IG Bergbau u. Energie mit 363865 Mitgliedern (4,6% Anteil), Gew. Gartenbau, Land- u. Forstwirtsch. mit 42179 (0,5), Gew. Leder mit 55266 (0,7), Gew. Nahrung, Genuß, Gaststätten mit 252854 (3,2) u. Gew. Textil-Bekleid.

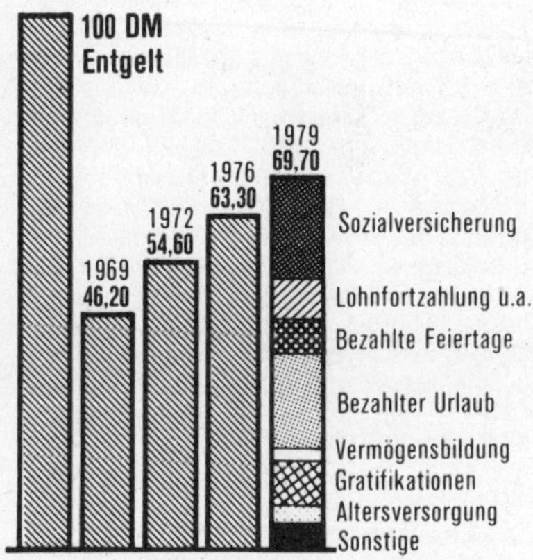

Zusätzliche Personalkosten auf je 100 DM Entgelt für tatsächlich geleistete Arbeit in Industrie und Handwerk
(Nach »Süddeutsche Zeitung« v. 4.3.1980, modifiz.)

mit 293851 (3,7) Mitgliedern. Nettoverluste an ihrer Mitgliederzahl mußten hinnehmen: IG Druck u. Papier von knapp 146000 Ende 1978 auf 139069 Mitglieder (= 1,8% d. DGB-Mitglieder), Gew. d. Eisenbahner Dtschlds. von rd. 414000 auf 407934 (5,2%) u. Gew. Holz u. Kunststoff von 145000 auf 141033 (1,8%). Von den nicht zum DGB zählenden Gewerkschaften hatten Anfang 1980 die »Deutsche Angestelltengewerkschaft«/DAG 488000, der »Christl. Gewerkschaftsbund Deutschlands«/CGB 267000 u. der »Deutsche Beamtenbund«/DBB 824000 Mitglieder. Der DGB hat in den letzten 10 Jahren nach eig. Angaben auf Arbeits- u. Sozialgerichten fast 4 Mrd. DM erstritten. (Bibl. Hinweis: Manfred Wilke: Die Funktionäre. Apparat u. Demokratie im Deutschen Gewerkschaftsbund. München 1980, 256 S.)

Lt. Statist. Bundesamt betrug der durchschnittl. **Bruttostundenverdienst** der Industriearbeiter f. alle Leistungsgruppen (ohne einmalige Zahlungen) im Jan. 1980 bei Arbeitern 13,46 DM u. Arbeiterinnen 9,79 DM (+ 5,1 bzw. 4,7% gegenüber Vorjahr), entsprechend einem durchschn. Wochenverdienst von 561 bzw. 392 DM. Der durchschn. *Bruttomonatsverdienst der Angestellten* aller Leist.-Gruppen (ohne leitende Kräfte) betrug im Jan. 1980 3264 DM (Männer) und 2106 DM (Frauen), 6,5 bzw. 6,1% mehr als zum Vorjahreszeitpunkt. Die durchschn. Jahresbruttoverdienste der Arbeiter u. Angestellten (in der Rentenversicherung d. Arb. u. Angest.) stieg von DM 5043 in 1957 auf 28027 in 1979. Die monatl. Bruttolohn- u. Gehaltssumme stieg von 1960–79 von 512 auf 2269 DM (+343%), die Nettobezüge wegen der sich ständig erhöhenden Abzüge jedoch nur um 279% von 432 auf 1635 DM. Deflationiert um die Preissteigerung (ca. 100% in diesem Zeitraum) ergibt sich sogar nur ein reales Plus von rd. 90% mehr frei verfügbarem Einkommen. Die Nettolöhne je Arbeitnehmer stiegen von 1965–70 um 38%, die Renten um 46%, von 1970–75 um 52%, die Renten um 60%, von 1975–80 (geschätzt) um 31%, die Renten um 40%. Fast 40% des Durchschn.-Einkommens (1979: 28580 DM) wurden 1979 von Steuern (Lohnsteuer 4450 DM, Verbrauchs-St. 2800 DM) u. Sozialabgaben (3860 DM) verschlungen, es verblieben nur 17470 DM. Allerdings betrugen die gesetzlichen, tarifvertragl. oder sonst. Zusatzleist. 1979 auf 100 DM Lohn- oder Gehaltssumme durchschnittl. DM 69,70, nach Sparten in DM: Elektrizitätswirtsch. 80,50, Schiffbau 71,50, Chemie 68,40, Fahrzeugbau 67,20, Lederind. 50,15 u. Schuhgewerbe 49,90. 99% (= 16,6 Mill.) Arbeitnehmer in 575 Tarifbereichen erhalten dank tarifl. Bestimmungen Sonderzuwendungen, u. a. 92,5% zusätzl. Urlaubsgeld (30–60% eines Monatseinkommens), 74,4% tarifl. Sonderzahlungen (50–110% d. Monatseink.), außerdem haben Anspruch auf 40-Std.-Woche 93%, mind. 4 Wochen Urlaub 94%, vermögenswirks. Leist. 94%, Urlaubsgeld 93%, Verdienstsicherung im Alter 64%, Kündigungsschutz im Alter 54%, Gratifikationen 77%, Rationalisierungsschutz 48% u. betriebl. Altersversorg. 23%. – Die in der Industrie 1979 verdienten *Bruttostundenlöhne* zeigten nach Sparten u. Regionen beträchtl. Unterschiede: *absolute Spitzenlöhne* quer durch alle Bundesländer zahlt die *Mineralölverarbeitung* (Hessen 19,15 DM), gefolgt von Druckereien (Hamburg 18,13 DM), Straßenfahrzeugbau (Bad.-Württ. 15,91 DM), Ind. d. Steine u. Erden (Hamburg 16,11 DM), Hoch- u. Tiefbau (Berlin 17,06 DM) u. d. chem. Ind. (Rh.-Pfalz 15,88 DM). Am Ende der Verdienstskala rangieren allgemein die Löhne in der Schuhindustrie (Rh.-Pfalz 11,07 DM), Bekleid.-Ind. (Saarland 11,09 DM), Textilind. (Bayern 11,30 DM) u. Holzind. (Bayern 11,35 DM). Die Bruttostundenlöhne in der Gesamtindustrie (mit jeweiliger Branchenstruktur) staffeln sich wie folgt (in DM): Hamburg 15,57, Berlin-West 14,36, N-Westf. 14,14, B.-Württ. 14,14, Schl.-Holstein 14,09, Bremen 14,02, Hessen 13,95, Saarland 13,78, Rh.-Pfalz 13,63, Niedersachsen 13,92, Bayern 13,14. – Die **Tarifabschlüsse 1979** erbrachten eine durchschn. Steigerung der Löhne u. Gehälter um 4,5%, u. für jeden 3. Arbeitnehmer wurde ein einheitl. 6-Wochen-Urlaub vereinbart. – Während sich in der Gesamtindustrie 1967 die Arbeiterlöhne noch auf rd. 75% der Angestelltengehälter beliefen, waren es 1978 nur noch 72%. 48% aller weibl. Arbeiter waren 1978 der Leistungsgruppe III zugeordnet u. erhielten nur rd. 80% des Effektivlohnes von Männern dieser Leistungsgruppe, in der Leistungsgruppe I waren jedoch nur 5,5% der Frauen (aber 56% d. Männer), deren Effektivlohn ca. 70% der dieser Leistungsgruppe zugeordneten Männer beträgt.

Mit *21,14 DM industr. Lohnaufwand je Arbeitsstunde* (1970: 9,42 DM) nahm die Bundesrepublik innerhalb ihrer wesentl. Konkurrenten eine Spitzenposition ein: USA 16,95 DM (15,80 DM), Italien 15,25 (7,65), Frankreich 15,05 (6,45), Japan 11,77 (3,94) u. Großbrit. 10,20 (6,22) DM.

1979 erhöhte sich das *verfügbare Einkommen der Privathaushalte um 8%* (1978: 6%) auf 840 Mrd. DM, die Nettolohn- u. Gehaltssumme um 7,5 u. die Vermögenseinkommen um 12% (1978: +4%), die Geldleistungen der Rentenversicherung, die mehr als die Hälfte d. gesamt. sozialen Leistungen an die privaten Haushalte ausmachen, um rd. 4,5%, die Geldleistungen aus der Arbeitslosenversicherung u. der Arbeitslosenhilfe um 3%, die Geldleistungen aus der gesetzl. Krankenversicherung um 12,5%. Der **Privatkonsum** wuchs 1979 um 7%, d.h. um 1% weniger als das verfügbare Einkommen, die Ersparnis um 15,5% u. die **Sparquote** (Ersparnisanteil am verfügb. Einkommen d. Privathaushalte) um 0,9% auf 13,5%. Der Anstieg des privaten Verbrauchs je Einw. (Preisanstieg abgerechnet) betrug in der Bundesrepublik von 1975–79 18% (Japan 19, Frankr. 18, Österr. 17, USA 15, Niederl. 15, Dänem. 8,

Italien 8, Großbrit. 8, Schweden 7 u. Schweiz 5%). Von den rd. 25 Mill. Erwerbstätigen verdienten 1979 rd. ¼ weniger als 1 000 DM u. knapp 7% 3000 DM und mehr netto monatlich. 50% aller erwerbstätigen Frauen u. 11% der Männer hatten ein Nettoeinkommen von weniger als 1 000 DM, ebenso 40% aller Rentnerhaushalte. Das monatl. verfügbare Einkommen betrug 1978 pro Durchschnittshaushalt 2785 DM (Rentnerhaush. 1675, Arbeiterhaush. 2600, Angest.-Haush. 3020 u. Beamtenhaush. 3240 DM). – Das *Vermögen aller privaten Haushalte* zusammen betrug 1979 in Mrd. DM (Schätzung): Betriebsvermögen 1 200, landwirtsch. Vermögen 400, Geldvermögen 1 300, Haus- u. Grundbesitz 1 400 u. Renten- u. Pensionsansprüche 1 400. Vom *jährl. Bruttoeinkommen aus Geldvermögen u. Wohnungsvermietung* (einschl. d. Wertes d. Eigennutzung) in Höhe von 73 Mrd. DM (1979) entfielen auf Selbständige 34%, Angestellte u. Beamte 27%, Arbeiter 14% u. Rentner 25%.

Die **Lebenshaltungskosten** sind 1979 mit **4,1%** (ohne Ölverteuerung nur 2,9%) stärker **gestiegen** als 1978 mit + 2,6%, u. a. in %: Heizung u. Strom 20,8, Auto, Verkehr u. Post 4,7, Urlaub, Versich. 4,7, Kleid. u. Schuhe 4,4, Körperpfl. u. Gesundh. 4,3, Miete 3,2, Möbel u. Hausrat 3,2, Bild. u. Unterh. 2,6, Nahrungs- u. Genußm. 1,7. In der Bundesrepublik kosten 100 l Superbenzin etwa 4% des durchschnittl. Monatsbruttoeinkommens, in Bulgarien 64%, Ungarn, Rumän., ČSSR u. Polen über 30%, DDR u. SU rd. 15%. Ein 4-Personen-Arbeitnehmerhaushalt mit mittl. Einkommen von insg. 2330 DM verbrauchte 1979 für Nahrungsmittel 555, Auto u. a. 379, Miete 362, Möbel u. Hausrat 217, Kleid. 207, Bild. u. Unterhalt. 194, Heizung, Strom, Gas 149, Reisen, Schmuck u. a. 100, Genußmittel 95 u. Körperpfl. u. Gesundh. 72 DM. Trotz gestiegener Preise mußte ein Facharbeiter 1979 gegenüber 1970 für die meisten Dinge des alltägl. Bedarfs weniger arbeiten (in Std. u. Min.): Radiogerät 20,19 (1970: 49,49), Waschmaschine 87,01 (158,12), 10 Eier 0,10 (0,22), 1 l Bier 0,09 (0,15), ½ kg Butter 0,27 (0,43), ½ kg Kaffee 1,03 (1,36), 1 kg Schmorbraten 1,55 (1,29), Miete (3 Zimmer Neubau) 40,08 (51,20), 10 l Normalbenzin 1,00 (1,00), 100 l Heizöl 6,08 (3,03). – Von je 100 Haushalten besaßen 1978: Kühlschrank 96, Fernseher 93, Staubsauger 84, Waschmaschine 81, Radio 76, Fotoapp. 75, Telefon 70, Pkw 62, Gefriergerät 56, elektr. Nähmasch. 46, Plattenspieler 44, elektr. Grill 29, Diaproj. 24, Tonbandgerät 19, Geschirrspüler 15, Heimbügler 14. Die Bundesbürger genießen insg. den höchsten Lebensstandard in der EG (18% über dem EG-Durchschnitt, Dänemark + 16%, Frankr. + 12, Belgien + 8, Niederl. + 3, Großbrit. – 9, Italien – 23, Irland – 39%).

Die Zahl d. 1-Personen-Haushalte stieg von 19% 1950 auf 29% (= 7,1 Mill.) 1979, die 2-Personen-Haushalte von 25 auf 28%, die Anteile d. 3-Pers.-Haush. sanken von 23 auf 18, 4-Pers.-Haush. von 16 auf 15 u. 5- u. mehr Personen-Haushalte von 16 auf 10%. 1950 standen 16,6 Mill. Haushalten 10,3 Mill. Wohnungen gegenüber, 1961 19,4 zu 16,4 Mill. u. 1979 24,3 Mill. Haush. u. 23,7 Mill. Wohnungen. – 1978 gab es über 10,6 Mill. Gebäude mit Wohnraum und ständig bewohnte Unterkünfte (+ 11% gegenüber 1972), wovon rd. 1% leerstanden: 9,783 Mill. nichtlandwirtsch. Wohngebäude, 15000 Wohnheime, 473000 landwirtsch. Wohngebäude, 315000 Nichtwohngebäude u. 51 000 ständig bewohnte Unterkünfte. 23% der nichtlandwirtsch. Wohngebäude stammen aus der Zeit vor 1918, 17% aus der Periode 1919–48, 33% aus 1949–64, 14% aus 1965–71 u. 13% aus 1972–78. 60% der Wohngebäude wurden zentralbeheizt, 4,6% davon mit Kohle, 72,5% mit Heizöl, 18,3% mit Gas u. 3,1% mit Strom. Über ⅓ aller nichtlandwirtsch. Wohngebäude wurde von 1973–78 modernisiert. – Ein Reihenhausbesitzer mußte 1979 bei Ölheizung für sein 120-m²-Heim einschl. Installations-, Wartungs- u. Instandhaltungskosten 28 DM pro Quadratmeter ausgeben, bei Gas 22,20, bei Elektrospeicheröfen 19,70 u. bei Fernwärme 18,10 DM. – Im letzten Jahrzehnt sind in der Bundesrepublik 5 Mill. Wohnungen gebaut worden (davon rd. 360000 im Jahr 1979), die **Wohnungsdichte** stieg von 341 auf 410 pro 1 000 Einw., die durchschnittl. Größe neuer Wohnungen von 84 auf 107 m². Bei Durchschnittsmieten zwischen 5,5–6 DM pro m² im sozialen Wohnungsbau muß lt. »Neuer Heimat« die Kostenmiete von 15–16 DM um 10 DM heruntersubventioniert werden. 1962 lag der durchschnittl. Preis für 1 m² Bauland noch bei 14,83 DM, 1979 bei 63,38 DM, in dt. Großstädten bei 150,28 DM.

1979 wurden im Bundesgebiet etwa 55000 **Betriebe** (einschl. Handwerk u. freiberufl. Praxen sogar 120000) **neu gegründet,** aber nur 25000–30000 geschlossen. Im Sept. 1978 gab es fast 50000 Betriebe mit mehr als 20 Beschäftigten: 26119 mit 20–49, 10274 mit 50–99, 6247 mit 100–199, 4461 mit 200–499, 1 448 mit 500–999, 1 077 mit 1 000 u. mehr Beschäftigten. Zu den Großbetrieben (2% aller Betriebe) mit über 1 000 Beschäft. gehören somit ⅖ aller Arbeitnehmer des Produz. Gewerbes. – Die Zahl der GmbHs ist 1979 gegenüber 1978 um 15% auf 225209, deren Stammkapital von 85,1 auf 92,4 Mrd. DM gestiegen. Die Zahl der Aktiengesellschaften sank um 2 auf 2 139, deren Grundkapital erhöhte sich um 2,5% auf 88,6 Mrd. DM. Die Nettokapitalrenditen der dt. Unternehmen erreichen nicht einmal die Hälfte der führenden US-Unternehmen, die Nettoumsatzrenditen sogar nur ⅓ der US-Werte. Auch die Ausstattung mit Eigenkapital ist mit 30,9%, bezogen auf die Bilanzsumme, vergleichsweise gering (USA 51,8%, Großbrit. 48%, Frankreich 26,5%, Japan 16,8%).

Die *Umsätze von Industriebetrieben* mit mehr als 20 Beschäftigten stiegen 1979 um 10,6% auf 1 105,5

Mrd. DM (davon Auslandsumsatz 24,02%), die Beschäftigtenzahl um 0,3% auf 7608000 (davon Inhaber und Angestellte 2216000, Arbeiter 5392000), die *Zahl geleisteter Arbeitsstunden erreichte 9252 Mill.* Beschäftigte in 1000, Umsatz in Mill. DM u. Exportanteil in % in ausgewählten Wirtschaftsgruppen: Kohlenbergbau 205,1/22360,8/21,04, Steine, Erden 192,5/28370/8,2, Eisenschaff. Ind. 288,3/45619,2/33,9, NE-Metallerz. u. -halbzeuge 76,2/20774,4/25,3, Maschinen 1012,6/111448,8/42,35, Fahrzeugbau 787,3/124638/38,1, Schiffsbau 57,6/4486,8/38,3, Elektrotech. 969,6/103832/28,0, Chem. Ind. 559,7/126270/35,0, Textilgew. 310,6/32278,8/19,0, Bekleid.-Gew. 256,7/19959,6/11,9. – Die Umsätze im gesamten Bergbau beliefen sich auf 27,4 Mrd. DM (+18,7%) bei 19,8% Exportanteil, im Verarbeit. Gew. 1078,1 (+ 10,4) bei 21,1, Investitionsgüterind. 409,7 (+ 6,9) bei 34, Verbrauchsgüterind. 161,8 (+8,7) bei 14,2 u. Nahrungs- u. Genußmittelind. 133,3 (+4,1) bei 6,7% Exportanteil.

Die *Erzeugerpreise* stiegen in %: Bergbau 1,9, Verarb. Gew. 5,3, Investitionsgüterind. 3,0, Verbrauchsgüterind. 4,7 u. Nahrungs- u. Genußm.-Ind. 0,6. – Vergleicht man die *Nettoproduktion von 1979* mit der von 1970, so beträgt sie im gesamten Produz. Gew. 122,8%, Elektrizitäts- u. Gasversorg. 191,0, Bergbau 85,9, Grundst.- u. Investitionsgütergew. 125,5, Verbrauchsgüterind. 119,7, Nahrungs- u. Genußmittelgew. 126,0 u. im Baugewerbe 109,1%. – Die Kapazitäten der verarbeitenden Industrie waren im März 1980 zu 85,9% ausgelastet (gemessen an der betriebsüblichen Vollausnutzung), in der Verbrauchsgüterind. zu 88,1, Investitionsgüterind. zu 87,1, Grundstoff- u. Produktionsgüterind. zu 82,8%.

Von den 1979 rd. **500000 Handwerksunternehmen** arbeiten mehr als 100000 mit gut 1,2 Mill. Beschäft. (Gesamthandwerk 4,2 Mill.) zu ca. 50% als Partner der Industrie im Zuliefer- u. Dienstleistungsbereich u. erwirtschaften damit rd. 20% des *Gesamtumsatzes d. Handwerks in Höhe von rd. 350 Mrd. DM.* – Nach Schätzungen des Dt. Inst. f. Wirtschaftsforschung (DIW) belief sich das *Bauvolumen 1979* auf rd. 233 Mrd. DM oder in Preisen von 1970 auf 142 Mrd. DM (+6%), davon waren in %: Wohnungsbau 49, gewerbl. Bau 24, öffentl. Hochbau 10, Straßenbau 8, sonst. Tiefbau 9. Am 30. Juni 1979 gab es 60666 (+2%) Betriebe im Bauhauptgewerbe mit 1,26 Mill. Beschäft. (+3,5%), davon 144200 (+6,9%) ausländ. Arbeitnehmer.

Die dt. **Landwirtschaft** hat im Wirtschaftsjahr 1978/79 für den Verkauf ihrer Produkte Einnahmen von 52,5 Mrd. DM (+3,5%) erzielt (in Mrd. DM: Milch 13,5, Schweine 10,1, Rinder 9,0, Getreide 5,8). In den rd. 400000 Vollerwerbsbetrieben hat sich das Reineinkommen je Familienarbeitskraft um nominal 2,9% auf durchschnittl. 24780 DM erhöht.

Bei nur geringer Personalausweitung um 1% auf 1,1 Mill. Beschäftigte (einschl. Mithelf. Familienangeh.) erreichten die Umsätze der **Großhandelsunternehmen** 1979 596 Mrd. DM ohne Mehrwertst. (+10,9% nominal, +3,5% real), wobei die höchste Zunahme mit nominal 25% in der Wirtschaftsgruppe Kohle u. Mineralölerzeugnisse erzielt wurde. Die **Einzelhandelsunternehmen** setzten einschl. Mehrwertsteuer (die am 1. Juli 1979 von 12 auf 13 bzw. 6 auf 6,5% angehoben wurde) 365 Mrd. DM um (+6,3%) und blieben damit hinter der nominalen BSP-Zunahme von 8,3% zurück. Warenhausunternehmen erzielten nominal +4,4, Versandhandel +5,3, Konsumgenossensch. +6,0, Facheinzelhandel mit 1–4 Verkaufsstellen +6,2 u. mit mehr Verkaufsst. +6,9%. – Die Unternehmenszahl im dt. Einzelhandel unterlag von 1974–79 beträchtlichen Veränderungen (in %): Kraftfahrzeuge +40, Musik-, Spielwaren u. Kunstgew. +32, Elektro +18, Hausrat +17, Apotheken +16, Pflanzen u. Blumen +14, Nahrungsmittel −17, Drogerien −17, Brennstoffe −12, Tabakwaren −11, Schuhe −8. Nahm die Zahl der Betriebe von 1964–74 jährlich um rd. 9000 ab, so erhöhte sie sich wieder seit 1976 von 344800 auf 350000. – Die wertmäßige Veränderung der Absatzentwicklung der Einzelhandelsfachgeschäfte betrug 1979 in %: Möbel +2, Tapeten u. Bodenbeläge +1, Beleucht. u. Elektroart. 0, Glas, Porz. u. Keramik +7, Eisenwaren u. Hausrat +8, Fotobedarf +9, Sortimentbuchh. +9, Musikfachgesch. +5, Papier u. Bürobed. +7, Büromasch. u. -möbel +10, Zweiradhandel +11, Textilien +2, Schuhe +6, Leder u. Galanteriewaren +3.

Der Aufwand für **Werbung** überschritt mit 10,8 Mrd. DM 1979 erstmals die 10-Milliarden-Grenze: Werbungsausgaben (in Mrd. DM) in Tages- u. Wochenzeitungen 5,2, Zeitschriften 2,0, Fernsehen u. Hörfunk 1,4, Direktwerb. 1,3, sonstige 0,9.

Nach »Bundesmin. d. Finanzen« war der Bund Anfang 1979 an *90 Unternehmen des privaten u. öffentl. Rechts beteiligt* u. hielt 5,1 Mrd. von den 9,1 Mrd. DM Nennkapital dieser Unternehmen. Das industr. Bundesvermögen ist im wesentl. in 6 Konzernen zusammengefaßt: Salzgitter AG, Verein. Industrieunternehmungen AG (VIVAG), Saarbergwerke AG, Industrieverwalt. GmbH (IVG), VEBA AG u. Volkswagenwerk AG. Die Produktionsanteile der Bundeskonzerne an der inländ. Gesamterzeugung betrugen in %: Rohöl 9,5, Koks 11,0, Steinkohle 11,1, Roheisen 11,1, Schiffbau 19,7, Stromerz. 20,0, Pkw 29,7, Eisenerz 45,6 u. Hüttenaluminium 49,9.

Der vom Stat. Bundesamt berechnete **Index der Aktienkurse** (29.12.1972 = 100) fiel von 111,3 Ende 1978 auf 98,8% Ende 1979, die Schwankungsbreite reichte von 116,0–97,8. Insg. wurden 1979 458 Aktiengesellschaften mit einem Grundkapital von 44,5 Mrd. DM und einem Durchschnittskurs von DM 356,24 je 100-DM-Aktie an den Börsen notiert. Die *Dividende je Aktie* betrug im Schnitt mit

Steuergutschrift 19,38 u. ohne 12,40 DM, die *Rendite* demnach 5,44 bzw. 3,48 DM. Der gesamte Kurswert aller börsennotierten Aktien ging von 151,89 Mrd. auf 137,48 Mrd. DM zurück. – Von ihrem verfügbaren Einkommen von 884,6 Mrd. DM haben die Bundesbürger 1979 insg. 126,7 (1978: 113,4) Mrd. gespart (= Sparquote von 14,3%). Hinzu kamen noch 7,2 (8,2) Mrd. an Prämien, Sparzulagen u.a. aus Steuergeldern. Von diesen 133,9 (121,6) gesparten Mrd. wurden 32,9 Mrd. für den Erwerb von Wohnungseigentum aufgewendet, 13,8 (29,8) als Spareinlagen angelegt, 14,5 für Inhaberschuldverschreibungen, 27,8 (9,4) für festverzinsl. Wertpapiere, 22,8 für Versicherungen, 7,8 für Bausparverträge, 2,3 zur Nachentrichtung von Rentenversicherungsbeiträgen verwendet. Insg. verfügten die privaten Haushalte über ein Geldvermögen von 1365 Mrd. DM, davon 450 Mrd. in liquider Form. Aus diesem gesamten Geldvermögen erzielten sie bei einer Durchschnittsrendite von 5% 52 Mrd. DM an Kapitalerträgen (= 6% des gesamten verfügbaren Einkommens). – 1979 entfielen schätzungsweise 1,5% der privaten Geldvermögensbildung auf Gold, von dem insg. etwa 1000t (Marktwert um 28 Mrd. DM = rd. 2% des gesamten privaten Geldvermögens) in den Privathaushalten lagern. Die Nettogoldeinfuhren (173t) erreichten 1979 den Wert von fast 3 Mrd. DM (1/10 des Weltangebots). – Der *Kaufkraftverlust* des Geldes durch Preissteigerungen betrug von 1970–79 in %: BR Dtschld. u. Schweiz 38, Österreich 45, USA 49, Belgien u. Niederl. 50, Schweden 56, Frankr. 57, Japan 58, Dänemark 59, Italien 69, Großbrit. 69. – Das alte 5-DM-Stück (62% Silber) hat heute einen Wert von 14 DM, das neue 5-DM-Stück 19,2 Pf. Materialwert, 1 Pfennig hat 1,4 Pf. Materialwert. – Über *1 Billion DM an Krediten* hatten Banken zum Jahresende 1979 an inländ. Privatpersonen u. Unternehmen vergeben. Das Volumen des bargeldlosen Zahlungsverkehrs erreichte 1979 rd. 10 Billionen DM, das 7fache des BSP. Von den 47 Mill. Girokonten gehören 10 Mill. den Unternehmen, der Rest Privathaushalten, so daß im statist. Durchschnitt 1,5 Konten auf jeden Haushalt treffen. – Die dt. **Versicherungswirtschaft** erhielt 1979 67,4 Mrd. DM an Beitragszahlungen, davon für Lebensversich. 25,9, Kfz 14,9, Krankenversich. 8,9, Sachversich. 8,4, Haftpflicht 7,3, Unfall, Rechtsschutz u.a. 2,2 Mrd. DM. Die 65,3 Mill. Lebensversicherungen mit durchschnittl. Versicherungssumme von 28532 DM ergaben einen Versicherungssummenbestand von 707 Mrd. DM. 1979 wurden 3 (1978: 2,9) Mill. neue Bausparverträge über eine Bausparsumme von 102 (94,2) Mrd. DM abgeschlossen, womit sich der Bestand auf 21 (19,9) Mill. Verträge mit einer Vertragssumme von 685 (621,1) Mrd. DM erhöht hat.

Lt. Bundeskartellamt beliefen sich die *Unternehmenszusammenschlüsse* 1979 auf 602. – Nach Mitt. d. Statist. Bundesamtes wurden 1979 *8319 Konkursanträge und Vergleichsverfahren* (–4,6% gegenüber 1978) eröffnet, darunter 5483 Insolvenzen von Unternehmen (–7,8%). Der Gesamtbetrag der geltend gemachten Forderungen verringerte sich von 4,51 Mrd. DM 1978 um 3,8% auf 4,34 Mrd. DM 1979. Von diesem Betrag entfielen 3,4 Mrd. DM auf 665 (–14,2%) sogenannte Millionenkonkurse. Im Jahresdurchschnitt kamen 1979 71,3% aller Unternehmen (+5,3%) ihren Zahlungsverpflichtungen vereinbarungsgemäß nach.

Die **Bevölkerung** der Bundesrepublik betrug am 31.12.1979 61439000, 117000 mehr als am 1. Jan. 1979 (Abnahme 1978: 31000). Damit ist die Bevölkerung 1979 zum erstenmal seit 6 Jahren wieder gestiegen, jedoch nur auf Grund der starken Zuwanderung von Ausländern. Die *deutsche Bevölkerung* hat sich auch 1979 um 129700 (1978: –14900) = 0,2% *auf 57186000 verringert.* Die Zahl der in der Bundesrepublik u. in West-Berlin lebenden **Ausländer** betrug am 31.12.1979 4253000 (+248000 gegenüber Vorjahr). Der *Zuwanderungsüberschuß* hat sich 1979 mit 246000 gegenüber 1978 mit 115000 mehr als verdoppelt. 1979 sind 66000 (1978: 65000) Deutsche u. 180000 (51000) Ausländer (mehrheitlich Türken) mehr zu- als fortgezogen. Etwa 15000 Deutsche wanderten nach Übersee aus. 1979 wurden insg. 581988 (5520 mehr als 1978) Lebendgeborene (u.

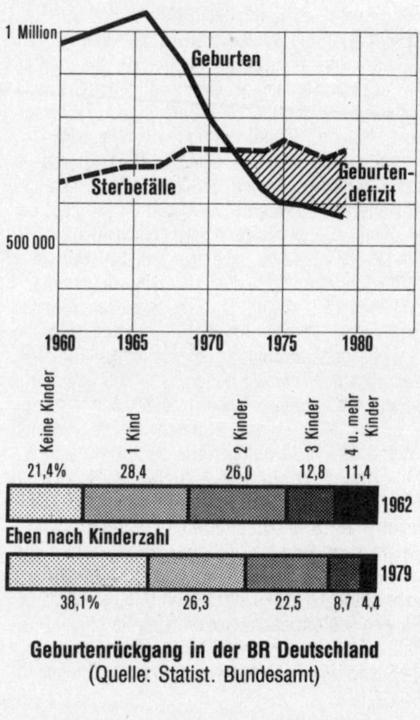

Geburtenrückgang in der BR Deutschland
(Quelle: Statist. Bundesamt)

3324 Totgeborene) registriert, davon 75564 ausländische u. 41508 nichtehelich Geborene. Die Zahl der Gestorbenen betrug 1979 711732 (davon ausländ. 8088, im ersten Lebensjahr 7860, in den ersten 7 Lebenstagen 4032). Der Gestorbenenüberschuß ging damit geringfügig auf 129744 (1978: 146748) zurück, während der ausländ. Bevölkerungsanteil weiterhin einen Geburtenüberschuß von 67464 (1978: 66948) aufwies. Auf je 1000 Einwohner entfielen 1979 5,6 Eheschließungen (insg. 344820, 1952 noch 530000), 9,5 Lebendgeborene, 11,6 Gestorbene u. ein Sterbeüberschuß von 2,1. Von 1000 Lebendgeborenen waren 71,3 nichtehelich geboren, starben im ersten Lebensjahr 13,5 (Säuglingssterblichkeit), in den ersten 7 Lebenstagen 6,9. 574937 (= 99%) aller Neugeborenen kamen in Krankenhäusern zur Welt. – Die **Kindersterblichkeit** betrug 1977 (1965) in der Bundesrepublik 15,5 (23,9) pro Tausend, in Frankreich 11,4 (21,9), Niederlande 9,5 (14,4), Italien 17,7 (36,0) u. Großbritannien 14,1 (26,7) u. war regional gesehen im Saarland mit 20,3 am höchsten u. in Baden-Württ. mit 12,1 am geringsten.

Von den Ende Sept. 1979 erfaßten **4144000 Ausländern** (+4% gegenüber Vorjahr) in der BR Dtschld. waren 1268000 (= 31%) Türken, 621000 (15%) Jugoslawen, 297000 (7%) Griechen u. 182000 (4%) Spanier sowie 594000 (14%) Italiener. Von je 1000 Einw. waren Ausländer in Schleswig-Holst. 30 (1978: 29), Hamburg 78 (74), Nieders. 36 (35), Bremen 62 (60), Nordrh.-W. 75 (72), Hessen 84 (80), Rheinl.-Pfalz 41 (39), Bad.-Württ. 93 (90), Bayern 60 (58), Saarland 38 (37), Berlin-W. 101 (95), im Bundesdurchschnitt 67 (65). Die größten Ausländeranteile von dt. Großstädten hatten Frankfurt mit 21%, Stuttgart u. München mit 17, Düsseldorf, Köln u. Mannheim mit 13, Wiesbaden u. Nürnberg mit 11%. – Die für 1981 angesetzte *Volkszählung* (Kosten 483 Mill. DM) findet aus Kostengründen vorerst nicht statt. – Die Zahl der gemeldeten **Schwangerschaftsabbrüche** ist 1979 um 12,6% auf 82788 gestiegen (rd. 140 Abbrüche/1000 Geburten). 51% der betroffenen Frauen waren zwischen 18 u. 29 Jahre, 32% zwischen 30 u. 39 Jahre alt. 70% der Abbrüche erfolgten aufgrund einer besonderen Notlage (soziale Indikation), 22% aus allgemein medizinischen, 3% aus psychiatrischen, 4% aus eugenischen u. 0,2% aus ethischen bzw. kriminologischen Gründen. – 1962 wurden noch 3,02 Mill. **Arbeitsunfälle** gezählt (Kosten 2,2 Mrd. DM), 1978 nur noch 2,06 Mill., die jedoch 9,8 Mrd. DM Kosten verursachten. Die tödl. Unfälle nahmen von 5400 auf 2800 ab. Die volkswirtschaftl. *Kosten von Berufsunfällen u. -krankheiten* werden von der Bundesregierung auf 30 Mrd. DM pro Jahr geschätzt. 1979 starben an Unfällen im häusl. Bereich 9224 (ohne Freizeitunfälle) Personen (Verkehrsunfälle s. Kap. Verkehr). Die Besatzungen der 14 Seenotrettungskreuzer u. 22 Seenotrettungsboote haben 1979 445 Menschen vor dem Tode bewahrt (seit der Gründung 1865 insg. 37700) u. bei den etwa 1600 Einsätzen 805 Personen aus kritischen Situationen befreit und 213 Schiffe oder Boote vor dem Totalverlust bewahrt. – 65% der Bundesbürger haben *gesundheitl. Beschwerden,* davon sind 1,8 Mill. gichtleidend, 2,2 Mill. erkannte Diabetiker in ärztl. Behandl., 16,5 Mill. Bluthochdruckkranke, 6,3 Mill. Leber-, Nieren- u. Gallenkranke, 8,5 Mill. Übergewichtige, 9,8 Mill. mit chronischer Verstopfung u. 6–12 Mill. Fettstoffwechselgestörte. Über 50% aller Todesfälle werden durch ernährungsabhängige Krankheiten verursacht.

Rd. 55,7 Mrd. DM haben die Bundesbürger 1979 für *Alkohol u. Tabakwaren* ausgegeben, davon 37,2 Mrd. allein für Alkohol (= 606,65 DM pro Bürger). 145,6 l Bier, 11,2 Flaschen Branntwein u. 25,2 l Wein trank der »statistische Durchschnittsmensch«. Von den rd. *1,2–1,5 Mill. Alkoholikern* waren etwa 150000 zwischen 14 u. 25 Jahre alt u. etwa ¼ Frauen. Statistisch verdoppelte sich in den letzten 20 Jahren der Alkoholkonsum, u. die Zahl d. Alkoholiker stieg auf das 4fache. Zur Zeit stehen etwa 10000 Behandlungsplätze für Alkoholiker u. weitere 1800 für Drogenabhängige zur Verfügung. Der Staat verdiente an der Sucht über 5,6 Mrd. DM an Steuern, die Volkswirtschaft erlitt jedoch einen Schaden von 15–30 Mrd. DM. – Die **Todesfälle durch Drogenmißbrauch** stiegen von 430 1978 auf 593 1979, die Zahl der Rauschgiftdelikte auf 50600. Harte Drogen nehmen etwa 80000 Menschen, für die nur 1800 Langzeittherapieplätze bereitstehen. – Von den *Ausgaben der gesetzl. Krankenversicherung* von Juli 1978–Juli 1979 in Höhe von 74,3 Mrd. DM entfielen in Mrd. DM auf Krankenhaus 22,4, Arznei u. Hilfsmittel 13,8, Ärzte 13,8, Zahnärzte u. Zahnersatz 11,2, Krankengeld 5,7, Mutterschaftshilfe 1,8, Sterbegeld 1,2, sonst. 3,0. Die *Leistungsausgaben je Mitglied* sind 1979 um 7% gestiegen, u. a. in % für ambul. ärztl. Behandl. 5,8, ambul. zahnärztl. Beh. 4, Zahnersatz 10,7, Arzneien 5,3, Heil- u. Hilfsm. 12,1, station. Beh. 5,1, Krankengeld 10,5, Mutterschaftsgeld 11,9. Der *durchschnittl. Beitragssatz* in der gesetzl. Krankenversicherung lag zum 1. 1. 1980 bei 11,36% (11,27% vor Jahresfrist), u. a. Bundesknappschaft 12,6, Ortskrankenkassen 11,69, Betriebskrankenkassen 11,21 u. Angestelltenkrankenkassen 11,22%.

In der Bundesrepublik werden rd. *120000 Arzneimittel* (davon Grundstock 60000) angeboten, doch die Nachfrage der Ärzte (1 Mrd. Rezepte pro Jahr!) konzentriert sich auf 2000 Medikamente (94% des Apothekenumsatzes). Die *Zahl der Apotheken* (Umsatz 15,6 Mrd. DM) hat sich 1979 um 2,9% auf 15366 erhöht (= rd. 4000 Einw. je Apotheke). In den *2120 Akutkrankenhäusern* (davon 873 öffentl., 386 private, Rest freie, gemeinnützige Trägerschaft) mit 484776 Betten u. *1208 Sonderkrankenhäusern* mit 230103 Betten wurden 1979 insg. 11,2

Mill. Personen von 67215 Krankenhausärzten (Krankenhauspersonal insg. 722003), davon 31385 Fachärzten, behandelt. Bei *219,3 Mill. Pflegetagen* ergab sich eine durchschnittl. *Bettenauslastung* von 84,1% (1978: 82,9%) u. Verweildauer von 20,3 Tagen. Für je 10000 Einw. standen bundesweit 116,6 Krankenhausbetten zur Verfügung, in Berlin 182,5, in Niedersachsen 103,1. Von je 10000 Erwerbstätigen wurden 156,7 Männer, aber 486,0 Frauen stationär behandelt. Von den 130330 (472 Einw. je Arzt) Ärzten waren 1978 45,4% in freier Praxis, 45,5% in Krankenhäusern (hauptamtlich) u. 10,8% in Verwaltung u. Forschung tätig. – Gemäß einer Repräsentativumfrage der Univ. Münster sind 49% der Bundesbürger zu *Organspenden nach ihrem Tod* bereit, 48% dagegen.

Wurden 1961 noch 772500 erwerbstätige Hochschulabsolventen registriert, waren es 1976 bereits 1283000 (= 5% aller Erwerbstätigen), davon arbeiteten im Dienstleistungssektor 87% u. in techn. Berufen 9,2%. Ohne Beurlaubte u. Gasthörer wurden im Wintersemester 1979/80 an den Hochschulen des Bundesgebietes insg. **978000 Studierende** gezählt, davon 924000 (= 94,5%) Deutsche u. 54000 (= 5,5%) Ausländer. An den Universitäten waren eingeschrieben 67,5% (davon Ausländer 6,1%), Fachhochschulen 18,4%, Gesamthochschulen 6,8%, Pädagog. Hochschulen 5,3%, Kunsthochschulen 1,7% u. Theolog. Hochschulen 0,2%. Die Gesamtzahl der Studierenden ist seit dem Wintersemester 1974/75 – 1979/80 um 24% gestiegen (in %: Univ. +26,7, Gesamthochsch. +69,7, Theol. H. +53,6, Fachhochsch. +34,9, Kunsthochsch. +12, Pädag. H. –⅓!). Der Anteil der Studentinnen erreichte 1979/80 36% (Pädag. Hochsch. 67,5%, Kunsthochsch. 45,2%, Univ. 36%). Im Sommersemester 1980 haben von den 39000 Bewerbern für die Numerus-clausus-Fächer 12000 von der Zentralstelle f. d. Vergabe v. Studienplätzen (ZVS) einen Studienplatz erhalten. Im Wintersemester 1980/81 wollen insg. 145000 Studienbewerber ein Studium aufnehmen, u.a. 37000 Bewerber für Medizin, von denen nur 9000 einen Studienplatz erhalten können. Die 247 Hochschulen im Bundesgebiet gaben 1978 insg. rd. 15,5 Mrd. DM aus (+6,8%), die Lehr- u. Forschungsausgaben (ohne klin. Krankenversorg.) stiegen um 5% auf 11,5 Mrd. DM. – Die beiden *Hochschulen der Bundeswehr* in Hamburg u. München (derzeit 4700 Studenten) erforderten bislang 961,2 Mill. DM an Bau- u. 297 Mill. DM an Ausstattungsinvestitionen, der jährl. Betrieb kostet 154 Mill. DM. – 14% aller Studierenden an Universitäten u. 27% der Fachhochschulstudenten stammen aus Arbeiterfamilien. Der Anteil der Studierenden, deren Väter die Volksschule besucht haben, betrug 1979 41%. Im Sommersemester 1979 erreichte die Quote der nach dem Bundesausbildungsförderungsgesetz (BAföG) geförderten Studierenden nur noch 33% (1973: 39%). Nur 5% aller Studierenden erhalten von ihren Eltern über 700 DM monatlich, jeder vierte weniger als 200 DM u. 27% keinerlei häusl. Unterstützung. Über 39% arbeiten neben ihrem Studium. Nur 2,8% aller Studierenden haben im Ausland studiert, nur 16% wechseln die Hochschule ein- oder mehrmals (1959 noch 39%). – Die Zahl der **Schüler** ist 1979/80 im Vergleich zum Vorjahr um 3% auf rd. 9,5 Mill. zurückgegangen, in den Grund- u. Hauptschulen sogar um 6,4%. Dagegen hält der Zuwachs an den Realschulen (+1,1%), Gymnasien (+3,7%) u. Gesamtschulen (+5,2%) noch an. Anzahl der Schüler je Klasse 1978 (1970): Grundschule 27 (30), Sekundar I 21 (23), Sekundar II 14 (16). Von den derzeit 26000 Schulen sind nur 800 Ganztagsschulen, 1985 sollen es 15% sein. 20% der Sonderschulabgänger sind als Analphabeten einzustufen, von denen es i. d. Bundesrepublik 600000–1 Mill. geben dürfte. Gut ⅖ der Deutschen sprechen Englisch (1961: 22%), 13% Französisch; 43% sprechen mindestens eine Fremdsprache.

Nach dem Luftfahrzeugbau ist die pharmazeutische Ind. mit 14,2% vom Umsatz die forschungsintensivste Branche, gefolgt von der Elektronik mit 6,7, chem. Ind. mit 4,8, Maschinenbau mit 3,1, Feinmechanik u. Optik mit 4,5 u. Straßenfahrzeugbau mit 2,9%. Die Ausgaben d. Bundesministeriums f. Forschung u. Technologie beliefen sich 1979 auf 9,1 Mrd. DM, u.a. (in Mrd. DM) für Energie- u. Rohstoffversorgung 2,1, äußere Sicherheit 1,7, Grundlagenforschung 1,5, Verkehr 0,7, Elektronik-Innovation 0,6, Weltraum 0,6, Umwelt 0,5, Information 0,5. – Die gewerbl. Wirtschaft hat für 3268 Forschungsvorhaben in 1016 Unternehmen vom Bundesforschungsministerium 1,998 Mrd. DM erhalten. Bis Ende 1979 hat die 1959 gegründete Stiftung Volkswagenwerk rd. 2 Mrd. DM für die Wissenschaftsförderung bewilligt (1978: 159,2 Mill.). Der Stifterverband d. Dt. Wissenschaft hat 1979 Fördermittel über 53,4 Mill. DM bereitgestellt. – Über 56% (1978: 51,8%) der insg. 55184 (–5,7%) Patentanmeldungen beim Patentamt in München stammten 1979 von deutschen Erfindern.

Die Ausgaben für den **Umweltschutz** belaufen sich von 1977–81 auf insg. 83,2 Mrd. DM (davon Industrie Investitionen 13,3 u. laufend. Ausgaben 33,5 Mrd. DM, Städte u. Gemeinden 21,8 bzw. 14,6 Mrd. DM) u. beanspruchen jährl. rd. 1,4% des BSP. Im Durchschnitt wendete die Industrie 1971–80 5–6% ihrer Gesamtinvestitionen für den Umweltschutz auf, davon ¾ im Sektor Grundstoffe u. Produktionsgüter (z.B. Zellstoff- u. Papierind. 16,3% d. Gesamtinvestitionen, Stahlind. 13,8, NE-Metallind. 13,4 u. Steine, Erden 12,1%).

1979 haben 51500 (1978: 33136) **Asylsuchende** Asylantrag gestellt, 1980 wird mit über 100000 gerechnet (Jan. 1980 9191, Vorjahr 2000), davon waren 1979 in %: Türken 35, Asiaten 35, Afrikaner 6, Osteuropäer 8, Vord. Orient 9, übrige 7. In der Regel

haben nur 7% der Asylanträge Aussicht auf Erfolg, häufig wird das Asylverfahren ausgenutzt, den Anwerbestopp für Gastarbeiter zu unterlaufen. – Seit 1950 kamen über 1 Mill. **Aussiedler** in die Bundesrepublik, u.a. 596000 (= 59,6%) aus dem polnischen, 76000 aus dem sowjetischen u. 328000 aus anderen, vor allem südosteurop. Bereichen. Lt. Bundesminist. f. innerdt. Bez. sind seit 1964 rd. *13000 polit. Häftlinge der DDR* durch »besondere Bemühungen« vorzeitig von den DDR-Behörden entlassen u. in die Bundesrepublik geschickt worden. Im selben Zeitraum wurde die Ausreise von über 30000 DDR-Bürgern innerhalb der Familienzusammenführung erreicht.
Lt. Verfassungsschutzbericht gab es Ende 1979 (1978) 69 (62) **rechtsextremistische Organisationen** mit 17300 (17600) Mitgliedern (ohne Mehrfachmitgliedsch.), darunter 2 Parteien, 10 Jugendorganisationen u. 4 Studentengruppen, außerdem 45 rechtsextremist. Verlage u. Vertriebsdienste (Wochenauflage ihrer Schriften: 174300). Im öffentl. Dienst waren 389 (427) Rechtsextremisten tätig, davon 48 Lehrer. Trotz allgemeinen Rückgangs rechtsextremist. Betätigung sind die Gewaltanwendungen der 23 neonazistischen Gruppen (1400 Aktivisten) sprunghaft auf 117 gestiegen (1978: keine), die höchste Zahl seit Kriegsende (darunter 2 Sprengstoffanschläge). 1979 erfolgten 207 (88) rechtskräftige Verurteilungen wegen rechtsextremist. Straftaten. **Linksextremistische Organisationen** hatten Ende 1979 insg. 67700 (1978 72000) Mitglieder (ohne Mehrfachmitgliedsch.), u.a. orthodox-kommunist. Kernorganisationen 47000, dogmatische »Neue Linke« 5300 u. Trotzkist. Organis. 800. Davon waren 2454 im öffentl. Dienst (u.a. 991 Lehrer). Wie schon 1978 wurde auch 1979 von **Terroristen** in der Bundesrepublik kein Mordanschlag verübt, die Terrorakte gingen von 52 auf 41 zurück. Die *Anwerbungsversuche von Nachrichtendiensten* (sie gehen zu ⅔ v. der DDR aus) sind 1979 beträchtlich angestiegen. 30 Personen wurden 1979 wegen Landesverrats verurteilt. Rd. 5000 Spione arbeiten in westdt. Industrieunternehmen für die DDR (geschätzter Aufwand 5 Mill. DM, Ersparnis an Entwicklungskosten für die DDR etwa 300 Mill. DM). – Die Zahl der Mitglieder von 134 *ausländ. Extremistenorganisationen* in der Bundesrepublik lag mit 114200 Ende 1979 erstmals deutlich über 100000 (davon orthodox-kommunist. Vereinig. 65000, Rechtsextremisten 34600). Es wurden 25 vollendete oder versuchte Terror- bzw. Gewaltakte gezählt. Am 1. Jan. 1980 waren bei Gerichten u. Staatsanwaltschaften noch **NS-Verfahren** gegen 2450 Personen anhängig. Seit Kriegsende richteten sich somit Ermittlungsverfahren gegen 86498 (davon 1979 696) Personen, von denen 6446 (+6) rechtskräftig verurteilt wurden.
Die Gesamtzahl der erfaßten **Straftaten** ist 1979 um 4,5% (1978 2,8%) auf 3533802 gestiegen, bei Ausschluß der Straftaten nach dem Ausländergesetz jedoch nur um 2,1% und ohne Rauschgiftdelikte (50600) um 1,75%. Von den 87889 Fällen (+5,4%) von Gewaltkriminalität waren 1068 Morde u. Mordversuche mit 810 Mordopfern, 148 Körperverletzungen mit tödl. Ausgang (bei 1536 Delikten), 6576 Vergewaltigungen, 496 Raubüberfälle auf Kreditinstitute u. 1457 Überfälle auf ungesicherte Zahlstellen (z.B. Geschäfte). In 5470 Fällen (+0,3%) wurden Schußwaffen verwendet. Außerdem ereigneten sich 1175096 Fälle von schwerem und 1120598 Fälle von leichtem Diebstahl (u.a. 252996 Ladendiebstähle), 237104 Fälle von Betrug u. 3384 von Erpressung. 64,5% aller Straftaten wurden von Erwachsenen (männl. 50,7, weibl. 13,8%) verübt, 13,2% (11,3/1,9) von Heranwachsenden, 15,3% von Jugendlichen u. 7,1% von Kindern. – 1978 liefen insg. 3562 Verfahren wegen Wirtschaftskriminalität, deren erfaßter Gesamtschaden 2,5 Mrd. DM betrug. 32,5% waren Steuer- u. Zollvergehen, 32,7% der Fälle entfielen auf den Bausektor. – Die Gesamtaufklärungsquote für alle Straftaten lag 1979 bei 44,7% (44,6%), bei Diebstählen allerdings nur 29,4%, jedoch bei Mord 91,5%, Totschlag 98,1%, d.h. bei schweren Delikten grundsätzlich über 90%. Das seit 1972 in Berlin installierte Zentralregister enthält gegenwärtig Listen über rd. 4,5 Mill. Personen. Täglich werden ca. 28000 Anfragen (davon 70% polizeil. Führungszeugnisse) beantwortet.
1979 benutzten 18577000 (1978: 18560000) Deutsche und Ausländer die *Transitwege* von und nach Berlin (West). In die DDR und durch die DDR in Drittländer reisten 1979 insg. 3617000 Westdeutsche u. Ausländer. Der Rückgang um rd. 87000 Reisen gegenüber 1978 beruht weitgehend auf einer Abnahme der Tagesbesuche im grenznahen Verkehr (1978: 479000, 1979: 415000). Die *Tagesaufenthalte* Westdeutscher in Berlin (Ost) erreichten mit rd. 1,4 Mill. Besuchen etwa die gleiche Höhe wie 1978. Der Reiseverkehr von Berlin (West) nach Berlin (Ost) und in die DDR ging von 3,26 Mill. (1978) auf 3,1 Mill. (1979) zurück. Im *Reiseverkehr aus der DDR* gab es 1979 1369000 (1978: 1384000) Besuchsreisen von im Rentenalter stehenden Personen. Die Besuche in dringenden Familienangelegenheiten gingen von 48659 (1978) auf 41474 (1979) zurück.

BERLIN (WEST)

Fläche: 480 km² – **Einwohner:** 1902250 (F 31.12.1979; nach verwaltungsinterner Schätzung liegt die wirkliche Bevölkerungszahl um rund 102000 höher) = 3963 je km²

Geburten- u. Sterbeziffern 1978: 17000 Lebendgeborene, 36000 Gestorbene – **Sterbe-Ü.**: 19000 – **Religion** (Z 1971): Überwiegend Protestanten

(70,2%, 1978 rd. 63%), außerdem Katholiken (14,5%), kleine jüdische Minderheit (rund 5700) und Konfessionslose – **Politischer Status:** Nach der Verfassung vom 1.9.1950 ein deutsches Land und zugleich eine Stadt, volle Zugehörigkeit zur Bundesrepublik von den Besatzungsmächten suspendiert. »Abgeordnetenhaus« (Vors.: Peter Lorenz, CDU; Mandate 1979: CDU 63, SPD 61, F.D.P. 11), das den Regierenden Bürgermeister wählt, der ihm seinerseits Senatoren für die Regierungsaufgaben zur Wahl vorschlägt. Selbstverwaltung in den 12 Stadtbezirken – **Regierung:** Vom Senat ausgeübt, seit 1975 von SPD u. F.D.P. gebildet – **Regierender Bürgermeister:** Dietrich Stobbe, SPD; Bürgermeister Wolfgang Lüder, F.D.P. – Außer den genannten Parteien beteiligten sich an den Wahlen vom 18.3.1979 die aus der KP hervorgegangene »Sozialistische Einheitspartei West-Berlins«/SEW (Vors. Horst Schmitt; 1,1% d. Stimmen), der KBW (0,1%) u. die AL (Alternative Liste – Für Demokratie u. Umweltschutz; 3,7%), alle blieben ohne Mandat.

Das Berlin-Abkommen v. 3.9.1971 (in Kraft seit 3.6.1972) hält u.a. fest, daß Berlin (West) kein konstit. Teil der Bundesrepublik ist, anerkennt jedoch die engen Bindungen an diese. Nach der Auffassung der drei Westmächte, u.a. am 14.4.1975 erneut dem UNO-Generalsekretär übermittelt, gilt, im Gegensatz zur Auffassung der UdSSR und DDR, der Viermächtestatus nicht nur für West-Berlin, sondern für Gesamtberlin. – Durch das Viermächteabkommen über Berlin (s. WA '73), das Transitabkommen zwischen der Bundesrepublik Deutschland und der DDR sowie die Vereinbarungen des Senats von Berlin (West) mit der DDR haben sich u.a. neue Voraussetzungen für eine störungsfreie Entwicklung der Wirtschaft ergeben. Die von der DDR immer wieder geforderte Anerkennung der »Sektorengrenze« als »Staatsgrenze der DDR zu West-Berlin« sowie der Spree zwischen Kreuzberg und Friedrichshain als »Grenzgewässer der DDR« wird von den drei Westmächten in Übereinstimmung mit dem Senat von Berlin/West abgelehnt. Auch 1977/78 bekräftigten die Außenminister der drei Westmächte den »Viermächtestatus« für das gesamte Berlin und bekannten sich zur strikten Einhaltung des »Viermächteabkommens« vom 3.9.1971. Von der DDR wird weiterhin die Auffassung vertreten, Ost-Berlin stehe nicht unter dem »Viermächtestatus«. Die UdSSR wiederholte ihren Standpunkt auch in den letzten Jahren im gleichen Sinne.

Die Berliner Wirtschaft vermochte 1979 mit dem übrigen Bundesgebiet gut Schritt zu halten. Das **Bruttoinlandsprodukt/BIP** stieg nominal um 7,66% auf **49,589 Mrd. DM** u. real (in Preisen v. 1970) um 4,01% auf 31,284 Mrd. DM (Bundesgebiet insg. 8,4% bzw. 4,4%). Von der gesamten *Bruttowertschöpfung* von 48940 Mill. DM erbrachten die Unternehmen 39868, der Staat 8279 u. priv. Haushalte 1194 Mill. DM. Das Warenprod. Gewerbe erwirtschaftete (unbereinigt) 24914 (davon Energiewirtsch. 1446, Verarb. Gew. 20905, Baugew. 2563), Handel u. Verkehr 7192 (Handel allein 4806), Dienstleist. insg. 9657 u. Landwirtschaft 107 Mill. DM. *Verwendung des Bruttosozialprodukts 1979* (50204 Mill. DM): Privater Verbrauch 56,36%, Staatsverbrauch 26,01%, Anlageinvestit. 15,24% (gegenüber 1978 +7,4%), davon 46% Ausrüstungs- u. 54% Bauinvestitionen. Das *Bruttoinlandsprodukt je Erwerbstätigen* belief sich 1979 (1978) auf *59380 DM* (55590 DM) u. stieg damit nominal um 6,8% u. real um 3,2%. Die Nettoproduktion war 1979 im Vergleich zu 1970 um 31,1%, die Auftragseingänge waren um 5,92% höher, obgleich seit 1970 die Zahl der in der Industrie Beschäftigten von 275000 auf 186000 (1978) zurückgegangen ist (−32,3%). Die Gesamtzahl d. **Erwerbstätigen** erhöhte sich v. 4. Quartal 1978 – 4. Quartal 1979 von 837600 auf 844000 (davon 77500 Selbständige u. Mithelf. Fam.-Angeh. u. 766500 Arbeitnehmer). Die Zahl d. **Arbeitslosen** belief sich am 1. Okt. 1979 auf 27022 u. am 31.12.1979 auf 32914 (= Arbeitslosenquote v. 4,1%, Bundesgebiet 3,8%), die Zahl d. *Kurzarbeiter* betrug zum Jahresende 1979 1296 u. die der offenen Stellen 8462. – Die **Warenbezüge** West-Berlins erreichten 1979 insg. ein Volumen von 25667 Mill. DM, davon aus dem übrig. Bundesgeb. 20409, der DDR 1432 u. dem Ausland 3826 Mill. DM. Die **Warenlieferungen** beliefen sich auf insg. 28686 Mill. DM, davon in das übrige Bundesgeb. 23206, in die DDR 363 u. ins Ausland 5117 Mill. DM. Zieht man den Verbrauchssteueranteil von (geschätzt) 4587 Mill. DM ab, errechnen sich Lieferungen von 24099 Mill., das sind *93,9% der Bezüge.* Der Dienstleistungsverkehr war mit 2903 Mill. DM traditionsgemäß passiv. – Während von 1972–80 die Investitionen im Jahresdurchschnitt real mit 2,7% erheblich schwächer zugenommen haben als im Bundesgebiet (4,7%), stiegen die *Ausrüstungsinvestitionen der Unternehmen* 1979 real um 6,5% u. sollen 1980 voraussichtl. (lt. DIW) um rd. 20% auf 1,6 Mrd. DM zunehmen – eine erfreuliche Perspektive für die zukünftige Wirtschaftskraft der mit schweren Standortnachteilen belasteten Stadt. – Die *Finanzhilfe des Bundes* für das Land Berlin betrug vom 1.4.1951 bis Ende 1979 108,99 Mrd. DM (Bundeshilfe 80,49 Mrd., Steuermindereinnahmen 11,0 u. sonst. Leistungen 6,64 Mrd. DM). Die vom Bund direkt getragenen Lasten beliefen sich auf 61,06 Mrd. DM, die an den Bund abgeführten Steuern auf 50,20 Mrd. DM.

Rd. *28000 Bundesbedienstete* (ohne Post) arbeiten in Berlin, u.a. 12000 Bedienstete der Bundesversich.-Anstalt f. Angestellte (BfA). – Die *Fläche West-Berlins* ist zu 39,2% bebaut, zu 12,1% durch Wege, Straßen u. Plätze u. zu 4,7% durch Bahnen u. Flugplätze genutzt, 6,5% sind Wasser- u. 15,7%

Waldfläche u. 7,5% werden noch landwirtschaftlich genutzt. – Ende Dez. 1979 war die **Bevölkerung** West-Berlins mit 1902250 um 7456 Personen (1978: –17120) geringer als 1978; einem Sterbeüberschuß von 17749 (17259 Lebendgeborene, 35008 Gestorbene) steht ein Wanderungsgewinn von 10293 gegenüber. Wurden 1971 noch 25000 Kinder eingeschult, waren es 1980 nur noch 13000. 1979 war bereits jeder 5. Erstkläßler ein ausländ. Kind. Die Einwohner *verteilten sich* (Dez. 1979) wie folgt auf die 12 Stadtbezirke: Tiergarten 73381, Wedding 136357, Kreuzberg 129760, Charlottenburg 155955, Spandau 197530, Wilmersdorf 131506, Zehlendorf 85036, Schöneberg 141524, Steglitz 170278, Tempelhof 164861, Neukölln 280593, Reinickendorf 235469. Auf 1000 Männer kommen 1233 Frauen. Auch der *Altersaufbau d. Bevölk.* ist ungünstig: 5,2% sind unter 6 Jahre alt, 9,9% 6–15, 6,4% 15–20, 36,1% 20–45, 19,8% 45–65 und 22,7% über 65 Jahre alt (zum Vergleich: im Bundesgebiet sind nur rd. 15% d. Bev. über 65). – Wurden 1961 in West-Berlin 466000 Besucher mit knapp 1,4 Mill. Übernachtungen gezählt, waren es 1979 **1,28 Mill. Besucher** mit 3,37 Mill. Übernachtungen. Damit ist Berlin vor München und Hamburg das beliebteste deutsche Reiseziel.

BERLIN (OST)

Fläche: 403 km² – **Einwohner:** 1122733 (B Mitte 1978) = 2786 je km² – **Geburten- u. Sterbeziffer** je 1000 Einw. 1977: 13,7/13,8 – **Sterbe-Ü.**: 0,1 – **Religion:** Überwiegend Protestanten (rund 72%), dazu Katholiken (11%), über 300 Juden; Konfessionslose – Berlin (Ost) ist Hauptstadt der DDR und nach deren Auffassung ihr integraler Bestandteil, auf den der »Viermächtestatus« keine Anwendung finde. Die Sowjetunion teilt diese Auffassung, wenngleich bislang westalliierte Soldaten in Uniform unkontrolliert Zugang nach Berlin (Ost) haben. Die bisher (ähnlich den West-Berliner Abgeordneten) nicht direkt gewählten 66 Vertreter Ost-Berlins in der Volkskammer sollen nunmehr direkt gewählt werden, wogegen die drei Westalliierten Protest eingelegt haben. Ausländer u. Staatenlose benötigen seit 1.1.1977 zum Besuch ein gebührenpflichtiges Visum. Wie aus den Gemeindewahlen am 20.5.1979 hervorging, wurde in Ost-Berlin ein 9. Stadtbezirk unter teilweiser Einbeziehung von DDR-Gebiet gebildet. Sowohl die Veränderung der Verwaltungsgliederung als auch die Einbeziehung von DDR-Territorium stellen nach Auffassung der 3 Westmächte einen Verstoß gegen den »Viermächtestatus« von ganz Berlin dar. Oberbürgermeister: Dipl.-Ökonom Erhard Krack, SED, seit 1974 (seit Jan. 1979 Studium in der SU, amtierend d. 1. Stellv. Oberbürgerm. Hannelore Mensch)

Wichtige Ausfuhrgüter: Erzeugnisse der eisen- und metallschaffenden sowie -verarbeitenden Industrie, elektrotechnische Artikel. Über 30% der Erwerbstätigen sind in Industrie und Baugewerbe tätig – Ost-Berlin, das (1977) 6,7% der DDR-Bevölkerung aufweist, beherbergt 7,4% der Erwerbstätigen, liefert 5,6% der industriellen Bruttoproduktion, 9,4% der Bauleistung und 6,9% der Leistungen des Handwerks.

Deutsche Demokratische Republik – [DDR]

Fläche (99): 108181 km² (ohne Ost-Berlin 107778 km²) – **Einwohner** (41): 16740000 (F 1979, ohne Ost-Berlin 16737200; Z 1971 m. Ost-Berlin 16706831) = 154,7 je km² (einschl. Ost-Berlin: 46,7% männl., 53,3% weibl. Geschlechts) – **Städt. B.**:75/0,1/9/17–**G:**73/1,3/1/520/133–**S:**0–1/94 / 5,6 – Geburten- u. Sterbeziffer je 1000 Einw. 1978 m. Berlin (Ost): 13,9 / 13,9 – Weder Geburten- noch Sterbeüberschuß

Bevölkerung: Deutsche; kleine sorbische Minderheit (Wenden: 40000–60000, S) in der Lausitz u. im Spreewald mit gewissen Autonomierechten – **Religion:** Schätzung der Kirchen für 1980 7,6 Mill. Angehörige der evangel. Landeskirchen, 1,2 Mill. röm. Katholiken, 100000 Angehörige von Freikirchen. Etwa 700 Juden, über die Hälfte in Ost-Berlin

Nationalfeiertag: 7.10. – **Nationalflagge:** schwarzrot(mit Wappen: Ährenkranz, Hammer u. Zirkel)-gold (waagerecht) – **U:** Gründung der DDR am 7.10.1949

Regierungsform: »Sozialistischer Staat« n. d. Verfassung v. 1968, in der nach den Änderungen vom 7.10.1974 die Wiedervereinigungsabsicht nicht mehr genannt ist. – Parlament aus 1 Kammer (»Volkskammer«; Präs. Horst Sindermann, SED); Verteilung der 500 Sitze nach einem festen Schlüssel: SED 127 Sitze, die von ihr gelenkten Massen-Organis. 165 (FDGB 68, DFD 35, FDJ 40, Kulturbund 22), CDU, DBD, LDPD und NDPD je 52 Sitze; die 66 (neuerdings direkt) gewählten Ost-Berliner Vertreter haben volles Stimmrecht – Wahlrecht und wählbar alle Bürger ab 18 Jahren – Legislaturperiode 5 Jahre – Wahlen v. 17.10.1976: für die Kandidaten der »Nationalen Front der DDR« (Präs.: Prof. Dr. Erich Correns): 99,86% der Stimmen – Der **»Staatsrat«**, ein Organ der »Volkskammer«, vertritt die DDR völkerrechtlich. Der **»Ministerrat«** ist als Organ der

»Volkskammer« (Parlament) die Regierung der DDR; sein Vorsitzender wird von der stärksten Fraktion (SED) der »Volkskammer« vorgeschlagen und, wie die Mitglieder des Ministerrats, von der »Volkskammer« gewählt. Der Vors. des Ministerrats leitet auch dessen Präsidium – Allgem. Wehrpflicht (»Nat. Volksarmee«/NVA) – »Wehrunterricht« i. d. Klassen 9 u. 10 der Polytechn. Oberschule, »Sozialist. Wehrerziehung« in allen Bereichen des Bildungssystems – Verwaltungsgl. in die Bezirke Berlin, Cottbus, Dresden, Erfurt, Frankfurt, Gera, Halle, Karl-Marx-Stadt (Chemnitz), Leipzig, Magdeburg, Neubrandenburg, Potsdam, Rostock, Schwerin, Suhl; rd. 220 Land- u. Stadtkreise

Staatsrat (für 5 Jahre von der Volkskammer gewählt) mit 24 Mitgliedern u. einem Sekretär, Vors.: Erich Honecker, Stellv.: F. Ebert, Dr. M. Gerlach (LDPD), E. Goldenbaum (DBD), G. Götting (CDU), Dr. H. Homann (NDPD), Horst Sindermann, Willi Stoph, soweit nicht anders angegeben, alle SED – Sekretär: Heinz Eichler – Leiter d. Kanzlei d. Vors. d. Staatsrates: Staatssekretär Frank Joachim Herrman, SED – Vors. des Nat. Verteidigungsrates: Erich Honecker (SED) – **Ministerrat** (Stand 1.9.1980) Präsidium: Vors.: Willi Stoph, SED; 1. Stellvertreter: Alfred Neumann und Werner Krolikowski, beide SED – Weitere Stellvertreter: Dipl.-Wirtsch. M. Flegel, NDPD – Dipl.-Wirtsch. W. Halbritter, SED – Dipl.-Jurist Hans-Joachim Heusinger, LDPD – Dipl.-Ing. Günther Kleiber, SED – Dipl.-Landw. H. Kuhrig, SED – Dipl.-Wirtsch. W. Rauchfuß, SED – Dr. Hans Reichelt, DBD – Dipl.-Ges.-W. G. Schürer, SED – R. Schulze, CDU – Dipl.-Wirtsch. H. Sölle, SED – Dr. G. Weiss, SED, Ständ. Vertr. d. DDR beim RGW – Dr. H. Weiz, SED – Leiter d. Büros d. Ministerrats: Kurt Kleinert, SED – Minister: Ing. Otto Arndt, SED, Minister f. Verkehrswesen – Gerhard Beil, SED, Staatssekretär im Min. f. Außenhandel – Dr. Manfred Bochmann, SED, Minister für Geologie – Prof. Hans-Joachim Böhme, SED, Minister für Hoch- und Fachschulwesen – Dipl.-Ges.-W. Gerhard Briksa, SED, Minister für Handel und Versorgung – Werner Buschmann, SED, Minister f. Leichtindustrie – Generaloberst Friedrich Dickel, SED, Minister des Innern und zugleich Chef der Deutschen Volkspolizei – Dipl.-Ges.-W. Oskar Fischer, SED, Minister für Auswärtige Angelegenheiten (Stellv. u.a. Dr. M. Kohl) – Dipl.-Wirtsch. Manfred Flegel, NDPD, Vors. d. Staatl. Vertragsgerichts b. Ministerrat – Dr. rer. oec. Rudi Georgi, SED, Minister f. Verarbeitungsmaschinen und Werkzeugbau – Dipl.-Ges.-W. Werner Greiner-Petter, SED, Minister f. Glas- u. Keramikindustrie – Dipl.-Wirtsch. Walter Halbritter, SED, Minister u. Leiter des Amtes für Preise – Dipl.-Jurist Hans-Joachim Heusinger, LDPD, Minister der Justiz – Dipl.-Ges.-W. Hans Joachim Hoffmann, SED, Minister f. Kultur – Armeegeneral Heinz Hoffmann, SED, Minister f. Nationale Verteidigung – Dr. h.c. Margot Honecker-Feist, SED, Minister f. Volksbildung – Bauing. Wolfgang Junker, SED, Minister f. Bauwesen – Dipl.-Wirtsch. Horst Kaminsky, SED, Präs. d. Staatsbank – Dipl.-Ing. Günther Kleiber, SED, Min. f. Allg. Maschinen-, Landmaschinen- u. Fahrzeugbau – Dipl.-Wirtsch. Heinz Klopfer, SED, Staatssekr. in d. Staatl. Plankommission – Dipl.-Ökonom Erhard Krack, SED, Oberbürgermeister v. Ost-Berlin – Dipl.-Landwirt Heinz Kuhrig, SED, Minister für Land-, Forst- u. Nahrungsgüterwirtschaft – Prof. Dr. sc. med. Ludwig Mecklinger, Minister für Gesundheitswesen – Generaloberst Erich Mielke, SED, Minister für Staatssicherheit – Ing. Wolfgang Mitzinger, SED, Minister f. Kohle u. Energie – Dipl.-Wirtsch. Wolfgang Rauchfuß, SED, Minister f. Materialwirtschaft – Dr. Hans Reichelt, DBD, Minister f. Umweltschutz und Wasserwirtschaft – Werner Schmieder, SED, Minister der Finanzen – Rudolph Schulze, CDU, Minister für Post- und Fernmeldewesen – Dipl.-Ges.-W. Gerhard Schürer, SED, Vors. d. Staatlichen Plankommission – Dipl.-Ing. Dr. Kurt Singhuber, SED, Minister f. Erzbergbau, Metallurgie und Kali – Dipl.-Wirtsch. Horst Sölle, SED, Minister für Außenhandel – Ing. Ottfried Steger, SED, Minister für Elektronik u. Elektrotechnik – Dr. Albert Stief, SED, Minister u. Vors. des Komitees d. Arbeiter- u. Bauerninspektion – Dr. Udo-Dieter Wange, SED, Minister für Bezirksgeleitete Industrie und Lebensmittelindustrie – Dr. rer. oec. Herbert Weiz, SED, Minister für Wissenschaft u. Technik – Dipl.-Chem. Günther Wyschofsky, SED, Minister f. Chemische Industrie – Schiffbauing. Gerhard Zimmermann, SED, Minister f. Schwermaschinen- u. Anlagenbau – Dr. Wolfgang Gress, SED, Staats-Sekr. d. Staatl. Planungskommission, Mitglied d. Ministerrates – Dipl.-Ges.-W. Wolfgang Beyreuther, Staatssekr. f. Arbeit u. Löhne, Mitgl. d. Ministerrates, stellv. Vors. d. FDGB (die Staatssekretäre f. Berufsbildung, Kirchenfragen, Körperkultur u. Sport sind nicht Mitglieder des Ministerrates) – Weitere wichtige Ämter: Leiter d. Sekr. d. Ministerrats: Dr. Kurt Kleinert, SED – Leiter d. Presseamtes beim Vors. d. Ministerrates: Kurt Blecha, SED – *Oberstes Gericht:* Präsident: Dr. Heinrich Toeplitz, CDU – *Generalstaatsanwalt:* Dr. Josef Streit, SED – Vors. d. Bundesvorstandes des FDGB: Dipl.-Ges.-W. Harry Tisch – *Leiter der Ständigen Vertretung der DDR in der BR Deutschland:* Ewald Moldt/SED.

Parteien: Seit dem Zusammenschluß von KPD und Ostdeutscher sowie Ostberliner SPD – am 21.6.1946 – zur »Sozialistischen Einheitspartei Deutschlands«/**SED** hat diese in allen Fragen entscheidenden Einfluß. Seit dem IX. Parteitag (Mai 1976) bezeichnet sich die SED als eine »Abteilung der internationalen kommunistischen Bewegung«; in ihrem neuen Statut ist kein Hinweis auf eine einheitliche deutsche Nation vorhanden, sondern klar **festgelegt, daß sich in der DDR durch die Arbeiterklasse die »sozialistische deutsche Nation« entwickle.**

Mitgliederstruktur im Febr. 1980: 2130923 Mitglieder und Kandidaten (etwa 50000), und zwar 56,9% Arbeiter, 4,7% Genossenschaftsbauern, 21,7% Angehörige der Intelligenz, 17% Angestellte. Von den Mitgliedern und Kandidaten sind 32,8% Frauen, 23,1% Jugendliche; 653560 = 30,6% verfügen über eine abgeschlossene Hoch- bzw. Fachschulausbildung – **Generalsekretär** (Titel seit 1976) **des ZK der SED:** Erich Honecker; Sekretäre d. ZK (das seit dem IX. Parteitag 142 Mitglieder u. 52 Kandidaten umfaßt): Hermann Axen (Intern. Verbindungen), Horst Dohlus (Vors. d. FDJ, Kaderchef der SED), Gerhard Grüneberg (Landwirtschaft), Kurt Hager (Kultur u. Wissenschaft), Joachim Herrmann (ZK-Sekr. f. Agit. u. Prop.), Werner Jarowinski (Handel u. Versorgung), Dr. Günter Mittag (Wirtschaft), Ingeburg Lange (Frauen), Albert Norden (Westpropaganda), Paul Verner (Sicherheit). Dem Politbüro d. Zentralkomitees/ZK der SED gehören (Mitte 1980) an: Hermann Axen, Horst Dohlus, Werner Felfe, Gerhard Grüneberg, Professor Kurt Hager (Sekretär für Kultur und Wissenschaft), Joachim Herrmann, Heinz Hoffmann, Erich Honecker, Werner Krolikowski, Erich Mielke, Dr. rer. oec. Günter Mittag, Erich Mückenberger (Vors. d. Zentr. Parteikontrollkommission), Konrad Naumann, Alfred Neumann, Albert Norden, Horst Sindermann, Willi Stoph, Paul Verner (Sicherheitsfragen) und Harry Tisch (Vors. d. FDGB); Mitglieder ohne Stimmrecht sind Egon Krenz u. Werner Walde. – Kandidaten des Politbüros: Horst Dohlus, Dr. rer. oec. Werner Jarowinski, Günther Kleiber, Egon Krenz, Ingeburg Lange, Margarete Müller, Gerhard Schürer, Werner Walde – Außer d. SED sind zugelassen: die »Christlich-Demokratische Union«/**CDU** (1977 115000 Mitgl.; Vors. Philologe Gerhard Götting), die »Liberal-Demokrat. Partei Deutschlands«/**LDPD** (1977 75000 Mitgl.; Vors. Dr. Manfred Gerlach), die »National-Demokrat. Partei Deutschlands«/**NDPD** (1977 85000 Mitgl.; Vors. Prof. Dr. Heinrich Homann) und die »Demokratische Bauernpartei Deutschlands«/**DBD** (1977 95000 Mitgl.; Vors. Ernst Goldenbaum)

Städte (B Mitte 1978 [1020 usw. = Postleitzahl, z. B. 1020 = Berlin 2, 1030 = Berlin 3]): Berlin (Ost-, Hptst.) 1122733 Einw. [1020] – Leipzig 564489 [7000], Dresden 513171 [8010], Karl-Marx-Stadt (ehem. Chemnitz) 312192 [9000], Magdeburg 282623 [3000], Halle/Saale 231446 [4011], Rostock 222857 [2500], Erfurt 207631 [5000], Potsdam 125403 [1500], Zwickau 123207 [9500], Gera 120309 [6500], Schwerin 114383 [2700], Cottbus 107049 [7500], Jena 101397 [6900], Dessau 101000 [4500]

Mitgliedschaft: UNO, Rat für gegenseitige Wirtschaftshilfe/RGW (Comecon), Warschauer Vertrag, ECE, IAEA, ILO, IMCO, ITU, UNCTAD, UNESCO, UPU, WHO, WMO, Verwaltungsrat des UNO-Sekretariats für Umweltschutz

Wirtschaft: BSP 1977 (S): 85400 Mill. $, 1978 (S): 97490 Mill. $/5660 $ [24]/4,9 – **WS:** 10,1/1,25/60/5,8 – **A:** 62/10/51 – **E:** 6789/1,6/5753 – **M:** 4,5

Außenhandel: 1978 **Einf.** 14572 Mill. $, **Ausf.** 13267 Mill. $ – **W:** 1 Mark der DDR (M) = 100 Pfennig (Pf); (nicht gültig im innerdeutschen Handel:) 1 US-$ = 1,88 M; (Berliner Durchschnittskurs für März 1980:) 1 M = 0,2212 DM; (Berliner Freiverkehrskurs am 31.3.1980:) 1 M = 0,2100 DM – **H:** 20* / 4* / 76*

Wichtigste Ausfuhrgüter: Maschinen, Ausrüstungen u. Transportmittel (1978) 55,0%, Brennstoffe, mineralische Rohstoffe u. Metalle 10,1%, andere Rohstoffe u. Halbfabrikate 7,8%, Industrielle Konsumgüter 15,0%, Chemische Erzeugnisse usw. 12,1%

Die **Deviseneinnahmen** der DDR aus bundesdt. Haushaltsmitteln u. von privater Hand werden vom Dt. Inst. f. Wirtschaftsforschung (DIW) 1979 auf 1,5 Mrd. DM geschätzt; hinzu kommen noch die traditionellen Paketsendungen aus dem Westen u. die Geld- u. Sachgeschenke im Rahmen des Besuchsverkehrs (Schätzung: 1,6 Mrd. DM brutto). Für die im Grundlagenvertrag u. den Folgeverträgen vereinbarten Verkehrsinvestitionen erhält die DDR von 1976–1984 insg. 2,2 Mrd. DM (u.a. 262 Mill. für Autobahnerneuerung Berlin–Marienborn, 1,2 Mrd. f. d. geplant. Bau d. Transitautobahn Berlin–Hamburg u. 507 Mill. f. Verbess. im Berlin-Verkehr). Die Transitpauschale kostet den Bundeshaushalt seit 1976 jährl. 400 Mill. DM. Weiter beteiligte sich der Bund 1979 mit 566 Mill. DM an Investitionen für den Berlinverkehr u. wandte 24,7 Mill. DM für die Erstattung von Visa- u. Einreisegenehmigungen auf. Hinzu kamen 1979 andere öffentl. Zahlungen (u. a. v. Bundespost u. Bundesbahn) über 83,9 Mill. DM, außerdem 80 Mill. DM von Reisenden für nichterstattete Visa- u. Straßenbenutzungsgebühren u. 130–260 Mill. DM (Schätzung) Deviseneinnahmen aus dem Mindestumtausch. Während 1978 die Steigerung des **»Produzierten Nationaleinkommens«** um 3,8% noch beträchtlich hinter dem Plansoll von 5,2% zurückgeblieben war, konnte die DDR 1979 mit einem Zuwachs von 4,0% auf 167,6 Mrd. M eine der höchsten gesamtwirtschaftl. Wachstumsraten im Ostblock erzielen u. verfehlte das Planziel von + 4,3% nur geringfügig, obwohl die volkswirtschaftl. Schäden durch den strengen Winter Anfang 1979 auf 10 Mrd. M geschätzt werden. **Steigerungsraten** im einzelnen (z. T. sind Absolutwerte in Mark noch nicht bekannt): industr. Warenproduktion (1978 insg. nominal 274 Mrd. M) + 4,8% (Plansoll 5,5%), Arbeitsproduktivität in d. zentralgeleiteten Ind. + 4,4% (?), Investitionen + 4,0% (+ 7,7%), Einzelhandelsumsatz 3,2% (4,0%), davon Nahrungs- u. Genußmittel + 2,7% u. Industriewaren + 3,7%, Nettogeldeinnahmen d. Bevölkerung + 2,8% (4,0%) bzw. d. Arbeiter u. Angestellten + 3,5%, Außenhandelsumsatz nominal in Valuta-Mark +12% (9,8%). Erstmals seit 1976 waren damit die Nettogeldeinnahmen d. Bevölk. höher als der Einzelhandelsumsatz. Um fast die Hälfte untererfüllt blieb das Plansoll bei den Investitionen, für 1980 ist gar nur noch ein Nullwachstum der Investitionen vorgesehen. Beträchtlich – wenngleich z.T. preisbedingt – ist die Zunahme d. **Außenhandelsumsatzes** auf insg. **109 Mrd. M** (davon 70% mit RGW-Ländern, über 30% allein mit der Sowjetunion), nachdem 1978 nur eine Steigerung um 5,6% (Plansoll: 11%) erzielt werden konnte. 60% der Einfuhr entfielen auf Rohstoffe, 53% der Ausfuhr auf Investitionsgüter. Für Importe im Werte von umgerechnet 34 Mrd. DM mußten die volkseigenen Betriebe Waren für 57 Mrd. M ausführen. Außerdem waren Zinsen u. Tilgungen von 5 Mrd. DM zu zahlen (1978: 2,8 Mrd.). Die gesamte **Auslandsschuld** belief sich Ende 1979 auf rd. 33 Mrd. M (davon im Westen rd. 5 Mrd. $). 1938 kamen noch rd. 65% aller Exporte des Dt. Reiches aus dem Gebiet der heutigen DDR. 1980 wird die DDR Waren im Werte von ca. 57 Mrd. Valuta-Mark ausführen (= 34 Mrd. DM), die BR Deutschland für rd. 350 Mrd. DM, so daß die DDR am gesamtdeutschen Export gegenwärtig nur noch zu 9% beteiligt ist. Beide Volkswirtschaften haben – bezogen auf das inländ. Sozialprodukt – eine **Exportquote** von rd. 23%. Da die DDR-Außenhandels-Mark auf dem Weltmarkt nur durchschnittl. 0,60 DM wert ist, exportiert die DDR je Einw. Waren im Werte von 2028 DM, die Bundesrepublik für 5710 DM je Einw.

Gemäß einer Studie des DIW wird die DDR 1980 die geplante gesamtwirtschaftliche Zuwachsrate von +4,7% erreichen können. Bemerkenswert ist die Zunahme des **Staatshaushaltes** um 10,5% (s. Tabelle), nachdem 1975–1979 die Zuwächse des Nationaleinkommens mit 4,2% u. der Staatsfinanzen mit 5,3% nahezu ausgeglichen waren. Die erreichten Zuwachsraten für das 1. Halbjahr 1980

Importabhängigkeit der DDR von der UdSSR 1978
(Quelle: Dt. Inst. f. Wirtschaftsforschung)

lauten: Bauwirtschaft 100,4% Planerfüllung, Außenhandel mit Sowjetunion +14%, Export in Entwicklungsländer +38%, Einzelhandelsumsatz +5,7% (insg. 47 Mrd. M), Nettogeldeinnahmen d. Bevölk. +3%, Investitionen insg. 21 Mrd. M!

Von 1975–1980 wurde der **Staatshaushalt** von 114,7 Mrd. M auf 155,4 Mrd. M ausgeweitet. Er wird vornehmlich durch die Gewinnabführungen der Betriebe (1980: 111,4 Mrd. M), im übrigen durch Abführungen der Banken, staatl. Kultureinrichtungen u. d. Sozialversicherung (insg. 44 Mrd. M) finanziert. Die Lohnsteuer spielt mit knapp 7 Mrd. M eine untergeordnete Rolle. Aus der produktgebundenen Abgabe auf Verbrauchsgüter vereinnahmte 1979 der Staat 35 Mrd. M (wodurch sich z.B. ein 130-l-Kühlschrank auf 1100 M u. ein Schwarz-Weiß-

Staatshaushalt 1980	*in Mill. Mark*
Einnahmen	155404,5
davon	
Volkseigene Wirtschaft (ohne Land-, Forst- u. Nahrungsgüterwirtschaft)	111401,9
Volkseigene u. genossenschaftl. Land-, Forst- u. Nahrungsgüterwirtschaft	5109,0
Steuern u. Abgaben	13925,7
Gesundheits- u. Sozialwesen	6450,3
Sozialversicherung u. and. Versorgungsleistungen des Staates	15420,3
Ausgaben	155339,5
davon	
Volkseigene Wirtschaft (ohne Land-, Forst- u. Nahrungsgüterwirtschaft)	36482,8
Volkseigene u. genossenschaftl. Land-, Forst- u. Nahrungsgüterwirtschaft	11035,0
Wohnungsbau u. Wohnungswirtschaft	7052,4
Preisstützung für Verbraucherpreise, Tarife u. Dienstleistungen für die Bevölkerung	16391,5
Volksbildung	7025,2
Hoch- u. Fachschulwesen	2053,0
Gesundheits- u. Sozialwesen	9539,9
Sozialversicherung u. andere Versorgungsleistungen d. Staates	29401,8
Sport	367,8
Erholungswesen u. Feriendienst	388,4
Staatsapparat u. wirtschaftsleitende Organe	3746,3
Nationale Verteidigung	9403,0
Öffentl. Sicherheit, Rechtspflege u. Sicherung d. Staatsgrenze	3683,0

Quelle: Neues Deutschland, Berlin (Ost) v. 21.12.1979

Fernseh-Tischgerät auf 1630 M verteuert), doppelt soviel wie die Subventionszahlungen des Staates für Verbraucherpreise in Höhe von 15,7 Mrd. M (+11%), u.a. 7,7 Mrd. für Lebensmittel, 4,4 Mrd. für Industriewaren, 2,6 Mrd. für Fahrpreissubventionen. Außerdem erforderten in Mrd. M die Stützung von Roh- u. Grundstoffpreisen 5,2 (+15,5%), das Wohnungswesen 6,7 (+8%), nationale Verteidigung 8,7 (+4,8%), öffentl. Sicherheit, Rechtspflege u. Sicherung d. Staatsgrenze 3,5 (+6,1%).

Trotz der wirtschaftl. Spitzenposition der DDR im RGW-Raum wird der Abstand zur Entwicklung in der BR Deutschland immer größer. Werden je Erwerbstätigenarbeitsstunde in der Bundesrepublik Waren u. Dienstl. im Werte v. 32,60 DM erzeugt, sind es in der DDR nur 16 M. Setzt man den Stand in der Bundesrepublik jeweils gleich 100, so erreichten 1960, 1970, 1980 u. (Prognose) 1990 in der DDR: Ersparnis 82, 31, 20, 15; Arbeitnehmerrealeinkommen 78, 59, 43, 30; Sozialaufwand 100, 65, 33, 25. Je 1000 DM/M Produktionswert setzt die Bundesrepublik für 628 DM Material ein, die DDR für 680 M. Der Primärenergieverbrauch je Einw. ist mit 6,1 t SKE in der BR Dtschld. um 16% geringer als in der DDR (7,1 t). Da ihre Wirtschaftsleistung aber um 30% niedriger liegt, verbraucht die sozialistische Planwirtschaft der DDR ca. 50% mehr Energie je 1000 Mark BSP als die Bundesrepublik. Außerdem ist die DDR-Investitionsmark nur 0,50 DM wert, da in der DDR für jede vergleichbare Produktionskapazität doppelt soviel investiert werden muß wie in der BR Dtschld. Die Erträge in der **DDR-Landwirtschaft** liegen um 20–25% unter denen der Bundesrepublik (Kartoffeln DDR 187 dz, BR Dtschld. 295 dz, Getreide 38,5/44,8 dz, Milcherzeugung 3714 l/4521 l). 11% aller Beschäftigten der DDR sind in der Landwirtschaft tätig, 12,0 Vollarbeitskräfte je 100 ha (dagegen nur 9 in der BR Dtschld. trotz der vielen Kleinbetriebe).

Mit 53,9% hat die DDR die **höchste Erwerbsquote** der Welt (BR Deutschland 42,4%). In den 129 Kombinaten sind rd. 91% aller Industriebeschäftigten der DDR tätig. – Die **Gesamtzahl der Beschäftigten** belief sich am 30.9.1978 einschl. Lehrlinge auf 8,6212 Mill. (davon 50,1% weiblich), ohne Lehrlinge 8,1881 Mill., davon Arbeiter und Angestellte 89,3%, LPG-Mitglieder 6,6% sowie private Einzelbauern u. Gärtner 0,1 u. private Handwerker 1,3%. – Der *Freie Deutsche Gewerkschaftsbund/FDGB* zählte 1978 8557500 Mitglieder. – Das durchschnittliche monatl. **Arbeitseinkommen** der Arbeiter u. Angestellten erreichte 1978 (nach »Stat. Taschenbuch d. DDR« 1979) 977 (947) M; 21,6% aller Haushalte hatten ein Nettoeinkommen von über 1800 M. An den Ausgaben des durchschnittl. Haushaltsnettoeinkommens waren 1978 in % beteiligt: Nahrungsmittel 35,8% – Textilien u. Bekleidung 11,0 – Schuhe 2,4 – Mieten, Heizung, Strom, Gas, Wasser 4,3 – Verkehr 1,3 und u.a. Bildung u. Erholung 3,4.

Die **Bevölkerungsentwicklung** war 1978 günstiger als im Vorjahr, sank doch der *Sterbeüberschuß* von 38250 in 1976 u. 2087 in 1977 auf nur noch 127 im Jahre 1978, so daß es in der DDR – im Gegensatz zur BR Deutschland – in den kommenden Jahren zum ersten Mal wieder seit 1968 zu einem positiven Bevölkerungssaldo kommen könnte. Seit 1976 ist die Zahl der Lebendgeborenen beständig von 195000 auf 232151 (1978) bzw. 235166 (1979) gestiegen (absoluter Tiefstand 1973 mit 180000).

(*Bibl. Hinweis:* Wolfgang Behr, Bundesrepublik Deutschland – Deutsche Demokratische Republik. Systemvergleich Politik – Wirtschaft – Gesellschaft. Stuttgart 1979)

DIEGO GARCIA s. Großbritannien II (Brit. Terr. im Ind. Ozean)

DJIBOUTI s. Dschibuti

DOMINICA *(Mittel-Amerika; Karibik)*
(Commonwealth of Dominica, Dominique – [WD])

Fläche (152): 751 km² – **Bevölkerung** (159): 82000 (S 1979; 70513 Z 1970) = 109,2 je km² – **Städt. Bev.**: 25% – **S:** 35% – **Jährl. Bevölkerungswachstum:** (1977) 1,5%

Bevölkerung: über ⅔ Neger, im übrigen Mulatten und Kreolen; etwa 500 Kariben in Reservat; kleine weiße Minderheit – **Staatssprache:** Englisch; Umgangssprache ein kreolisches Französisch (Patois) – **Religion:** Protestanten ca. 60% und Katholiken

Nationalflagge: gelb-weiß-schwarzes Kreuz auf grünem Tuch, im roten Mittelkreis grüner Papagei u. 10 grüne Sterne – **Nationalfeiertag:** 3.11. – **U:** 3.11.1978

Staats- u. Regierungsform: Republik – Einkammerparlament – Allg. Wahlrecht – 25 Land- u. 2 Stadtkreise – Keine allg. Wehrpflicht – **Staatsoberhaupt:** Aurelius Marie, seit 28.2.1980 – **Regierungschef:** Mary Eugenia Charles, DFP – **Parteien:** 1980 errang die konserv. »Dominica Freedom Party«/DFP 17, die »Dominica Labour Party« d. früh. Premier J. O. Seraphine 2 d. 21 Sitze (2 Unabhängige) – **Dipl.-B.:** BR Dtld.

Städte: (1976) Roseau (Hptst.) 18141, m.V. 20000 Einw.

Wirtschaft: BSP 1977 (S): 30 Mill. $, 1978 (S): 30 Mill. $ / 440 $ [110] / –4,1 – **L:** 50 – **E:** 207

Außenhandel: 1975 **Einf.** 45,03 Mill. EC$, **Ausf.** 24,64 Mill. EC$ – **W:** 1 Ostkarib. Dollar (EC$) = 100 Cents; 1 US-$ = 2,6882 EC$, 1 EC$ = 0,7224 DM

Wichtige Ausfuhrgüter: Kakao, Kopra, Bananen, Kokosnüsse, Fruchtsäfte, Gemüse – **Wichtigste Außenhandelspartner:** Großbritannien, USA, karib. Nachbarn

Mitgliedschaft: Caricom; UNO, UNESCO, OAS, AKP, »Commonwealth«

DOMINIKANISCHE REPUBLIK *(Mittel-Amerika; Karibik)*
(República Dominicana – [DOM])

Fläche (113): 48734 km² – **Einwohner** (83): 5280000 (S 1979; 4006405 Z 1970) = 108,3 je km² – **Städt. B.:** 46/5,4/58/58 – **G:** 60/4,4/10/1870/98 – **S:** 33/110/1,8 – **Jährl. Bevölkerungswachstum:** (1970–1977) 2,9%

Bevölkerung: Fast zwei Drittel Mulatten und andere Mischlinge, etwa 12% Neger, ein Achtel (nach and. Schätzungen über 20%) Weiße meist altspanischer Abstammung – **Staatssprache:** Spanisch, im Westen als Umgangssprache auch Kreolen-Französisch – **Religion:** röm. Katholiken; Protestanten (1–2%) u. 200 Juden

Nationalflagge: rot-blau gewürfelt mit Wappen in weißem Kreuz – **Nationalfeiertag:** 27. 2. – **U:** 1844

Staats- u. Regierungsform: Präsidiale Republik – Parlament (»Congreso Nacional«) aus 2 Kammern (»Cámera de Diputados« 74 u. »Senado« 27 Mitgl.), für vier Jahre gewählt – Wahlberechtigt alle über 18 J. alten Bürger – Wehrpflicht – Verwaltungsgliederung in 26 Provinzen u. in den Hauptstadtdistrikt Santo Domingo – **Staatsoberhaupt:** Silvesttre Antonio Guzmán, PRD, seit Aug. 1978 – **Außenminister:** Konteradmiral Ramón Emilio Jiménez Reyes Hiso – **Parteien:** »Partido Reformista«/PR (Senat 16 u. Abg.-Kammer 42); »Partido Revolucionario Dominicano«, PRD (11 u. 49), außerdem MPD, PRSC, PLD, MCN, PQD – **Dipl. B.:** BR Dtld.

Städte (1975): Nat.-Distr. (einschl. Santo Domingo, Hptst.) 922528, Santo Domingo (de Guzmán) als A 1977 über 1 Mill., Santiago de los Caballeros 209179, San Pedro de Macorís 61994, San Francisco de Macorís 58174, Barahona 51109

Wirtschaft: BSP 1977: 4190 Mill. $, 1978: 4680 Mill. $/913 $ [75]/4,6 – **WS:** 20/3,5/21/13,7 – **V:** 5/73/25/22/22/–3 – **A:** 50/58/16 – **E:** 683/0,9/539 – **M:** 1,3

Außenhandel: 1978 **Einf.** 860 Mill. $, **Ausf.** 676 Mill. $ – **W:** 1 Dominik. Peso (dom$) = 100 Centavos (cts); 1 US-$ = 0,9975 dom$, 1 dom$ = 1,9468 DM – **I:** 8,6 – **AS:** 6*/0*/../../.. – **T:** 79 – **H:** 91/9/0 – **Z:** –242/1,5/7/15 – **D:** 1,8 – **K:** –/100/46

Wichtige Ausfuhrgüter: Zucker (40–50% des Außenhandelswertes), Eisen- u. Nickelerze (bis ⅕), Kaffee, Tabak, Kakao, Bauxit – **Wichtigste Außenhandelspartner:** USA, Japan, BR Deutschland und andere EG-Länder

Mitgliedschaft: UNO, BLADEX, ECLA, OAS, CECLA, FAO, GATT, IAEA, IBRD, ICAO, IDB, EFC, ILO, IMF, IMCO, ITU, SELA, UNESCO, UPU, WHO, WMO

DSCHAMMU (Jammu) s. Indien

DSCHIBUTI *(Nordost-Afrika)*
(Republik D.; République de Djibouti)

Fläche (130): 22000 km² – **Einwohner** (148): 230000 (S 1979; nach and. Ang. 300000 Einw.) = 10,5 je km² – **Städt. Bev.:** 60% – **S:** 60–80% – **Jährl. Bevölkerungswachstum:** (1970–1977) 2,2%

Bevölkerung: Von 125000 Einw. (1974) waren 58240 Issa (Dir od. Nord-Somali), 42270 Afar, 8285 Araber u. 10255 Europäer (vorwiegend Franzosen)

Staatssprache: Französisch; Arabisch; kuschitische Sprachen der Afar und Issa – **Religion:** 94% Muslimen; ca. 12000 Christen (vorw. Kath.)

Nationalflagge: blau-grün (waagerecht), weißes Dreieck mit rotem Stern – **Nationalfeiertag:** 27. 6. – **U:** 1977

Staats- u. Regierungsform: Präsidiale Republik – Nationalversammlung (60 Abgeordnete) – Einkammerparlament – Allg. Wahlrecht – Wehrpflicht noch unbestimmt – Gliederung in mehrere Verwaltungsdistrikte – **Staatsoberhaupt** u. für die Reg. hauptverantwortlich: Hassan Gouled Aptidon (Issa), seit 1977 – **Regierungschef:** Barakat Gourad Hamadou, Afar – **Außenminister:** Moumin Bandon (Bahdon) Farah, Issa – Der Regierung gehören je 6 Afar und Issa, 1 Araber und 1 Somali als Minister an – **Parteien:** Seit März 1979 Einheitspartei »Rassemblement populaire pour le Progrès«/RPP, stellt alle Abgeordneten – **Dipl. B.:** BR Dtld. (der Botschafter der BR Dtld. in Sana/Arab. Rep. Jemen ist zugleich in Dsch. akkreditiert)

Städte (1977): Dschibuti [Djibouti] (Hptst.) 62000, m. Umgeb. etwa 100000 Einw.; Dikkil, Tadschura [Tadjoura], Ali Sabieh

Wirtschaft: BSP 1977 (S): 130 Mill. $, 1978 (S): 140 Mill. $ / 450 $ [109] / –0,3% – **E:** 727

Außenhandel: 1972 **Einf.** 10733 Mill. FD, **Ausf.** 1627 Mill. FD – **W:** 1 Dschibuti-Franc (FD) = 100 Centimes (c); 1 US-$ = 176,84 FD, 1 FD = 0,0110 DM

Wichtige Ausfuhrgüter: Häute, Felle und andere Viehzuchtprodukte; Kaffee; wicht. Transithafen f. äthiop. Ausfuhrgüter – **Wichtigste Handelspartner:** Frankreich, Äthiopien, Italien, Japan, Arab. Rep. Jemen, Dem. Volksrep. Jemen

Mitgliedschaft: UNO u. einige UNO-Sonderorganisationen sowie OAU; Arab. Liga. Vereinbarungsgemäß Stationierung eines französischen Truppenkontingents, AKP, Einricht. eines gemeins. Konsultativrates mit Äthiopien beschlossen

ECUADOR *(Süd-Amerika)*
(Republik Ecuador, auch Ekuador; República del Ecuador – [EC])

Fläche (65): 283561 km² (mit Galápagos-In. = Archipiélago Colón, 7812 km², 1974 4058 Einw.) – **Einw.** (68): 8080000 (S 1979; 6521710 ohne Urwald-Ind. Z 1974) = 28,5 je km² (E. erhebt

Anspruch auf eine Fläche von 174565 km², die lt. dem Vertrag von Rio de Janeiro von 1942 an Perú abgegeben werden mußte) – **Städt. B.:** 42 / 4,1 / 30 / 52 – **G:** 60 / 6,6 / 10 / 1 570 / 93 – **S:** 26 / 102 / 4,5 – **Jährl. Bevölkerungswachstum:** (1970–1977) ca. 3,4%

Bevölkerung: Über 25% (n. and. Ang. 40%) Mestizen, 30–40% Indianer (fast ¼ Ketschua-Sprechende), etwa 10–15% Weiße, etwa 5% Neger u. Mulatten – **Staatssprache:** Spanisch, als Umgangssprache u. a. auch Ketschua – **Religion:** rund 90% röm. Katholiken; 20000 Protestanten u. 1000 Juden; Naturreligionen der östl. Tieflandindianer

Nationalflagge: ein breiter gelber, ein blauer und ein roter Streifen (waagerecht) – **Nationalfeiertag:** 10. 8. – **U:** 1822 bzw. nach Loslösung von Großkolumbien 10. 8. 1830

Staats- u. Regierungsform: Präsidiale Republik n. d. Verfassung v. 1978 – Einkammerparlament (»Cámera de Representantes«); die Mitglieder werden für 5 Jahre gewählt – Wahlberechtigt alle über 18 J. alten Bürger – Wehrpflicht – Verwaltungsgliederung in 20 Provinzen – **Staatsoberhaupt:** Jaimé Roldós Aguilera, CFP, gewann am 29. 4. 1979 Stichwahl (63% d. Stimmen) gegen d. Kons. Durán (27%), Amtsantritt am 10. Aug. 1979 nach 7jähriger Militärregierung – **Außenminister:** Alfonso Barrera Valverde – **Parteien:** »Partido Conservador«, »P. Liberal Radical«, »P. Democrático Cristiano«, »P. Social Cristiano«, »Concentración de Fuerzas Populares«/CFP (gemäß. links) mit 29 d. 69 Mandate, »Izquierda Democrática« 15, »P. Velasquista«; außerdem: »Movimiento Nacionalista Revolucionario«, »P. Socialista«, »P. Unión Popular Democrática«, »P. Comunista«, »P. Comunista-ML«, »Frente Radical Alfarista« – **Dipl. B.:** BR Dtld. u. DDR

Städte (S 1978): Quito (Hptst.) 742900 Einw., Guayaquil 1022000, Cuenca 104470; (S 1974:) Ambato 77062, Machala 68379, Esmeraldas 60132, Riobamba 59404, Portoviejo

Wirtschaft: BSP 1977: 6000 Mill. $, 1978: 6890 Mill. $/912 $ [76] / 6,1 – **WS:** 20 / 5,4 / 36 / 13,2 – **V:** 10 / 64 / 29 / 26 / 26 / – 3 – **A:** 51 / 47 / 24 – **E:** 455 / 0,7 / 312 – **M:** 1,9

Außenhandel: 1979 **Einf.** 1630,2 Mill. $, **Ausf.** 1493,8 Mill. $ – **W:** 1 Sucre (s/.) = 100 Centavos (Ctvs); (offiz. Kurs) 1 US-$ = 24,80 s/., 1 s/. = 0,0783 DM; (Freimarktkurs am 27. 3. 80) 1 US-$ = 27,90 s/., 1 s/. = 0,0686 DM – **I:** 15,2 – **AS:** 59 / <1 / 1 / 8 / 46 – **T:** 158 – **H:** 54 / 42 / 4 – **Z:** – 322 / 1,9 / 8 / 19,2 / – **D:** 4,0 – **K:** .. / 522 / 34

Wichtige Ausfuhrgüter: Erdöl (40–50%, 10 Mill. t, Einn. 1,8 Mrd. $), Kakao, Bananen, Kaffee, Zucker, Fischprodukte, Balsaholz, Reis – **Wichtigste Außenhandelspartner:** USA, Japan, BR Deutschland u. and. EG-Länder, Venezuela, Kolumbien

Mitgliedschaft: UNO, OAS, ALADI, CECLA, ECLA, FAO, IAEA, IBRD, ICAO, IDB, ILO, IMCO, IMF, ITU, OPEC, SELA, UNESCO, UPU, WHO, WMO; »Amazonas-Vertrag«, »Anden-Gruppe«

ELFENBEINKÜSTE *(West-Afrika)*
(Republik Elfenbeinküste; République de Côte-d'Ivoire – [CI])

Fläche (61): 322463 km² – **Einwohner** (69): 7920000 (S 1979; 7028000 f. 1976 n. »Weltbank«) = 24,6 je km² – **Städt. B.:** 33 / 9,3 / 32 / 32 – **G:** 46 / 13,8 / 27 / 15220 / 115 – **S:** 80 / 87 / 6,9 – **Jährl. Bevölkerungswachstum:** (1970–1977) 2,6%

Bevölkerung: Vornehml. Sudangruppen (insg. 60 ethn. Gruppen); Baule 23%, Bete 18%, Senufo 15%, Malinke 11%, Agni-Aschanti ca. 14 u. Kru ca. 10%, außerdem Mande, Dan Gouro, Koua u. Fulbe; 45000 Europäer, meist Franzosen, rd. 100000 Libanesen u. Syrer – **Staatssprache:** Französisch, sudanes. Sprachen (an der Küste: Kwa) – **Religion:** christliche (12%, zu etwa 70% Katholiken) und muslimische (23%) Gruppen; Anhänger von Naturreligionen

Nationalflagge: orange-weiß-grün (senkrecht) – **Nationalfeiertag:** 7. 12. – **U:** 1960

Staats- u. Regierungsform: Präsidiale Republik – Parlament aus 1 Kammer – Wahlrecht für alle Erwachsenen – Keine allg. Wehrpflicht – Verwaltungsgliederung in 26 Departements – **Staatsoberhaupt u. Regierungschef:** Félix Hophouët-Boigny, PDCI, wiedergewählt 1975 – **Außenminister:** Siméon Aké – **Parteien:** »Parti Démocratique de la Cote-d'Ivoire«/PDCI, allein im Parlament vertreten – Einheitsparteisystem – **Dipl. B.:** BR Dtld.

Städte (S 1977 m. V.): Abidschan (Abidjan, Hptst.) 1380000 Einw., Buake [Bouaké] 200000, Man u. Daloa je 100000, Grand-Bassam u. Korhogo je 30000

Wirtschaft: BSP 1977: 5710 Mill. $, 1978: 6580 Mill. $/840 $ [81] / 1,1 – **WS:** 25 / 3,5 / 20 / 7,9 – **V:** 14 / 60 / 25 / 26 / 39 / 1 – **A:** 52 / 82 / 4 – **E:** 380 / 0,4 / 236 – **M:** 0,4

Außenhandel: 1979 **Einf.** 2488 Mill. $, **Ausf.** 2516 Mill. $ – **W:** 1 CFA-Franc (F C.F.A.) = 100 Centímes; 1 US-$ = 4,473 FF, 1 FF = 50 CFA-Francs, 1 CFA-Franc = 0,0087 DM – **I:** 12,3 – **AS:** 4 / 2 / 13 / 14 / 33 – **T:** 118 – **H:** 81 / 17 / 2 – **Z:** – 295 / 5,1 / 12 / 35 – **D:** 0,9 – **K:** .. / 733 / 53

Wichtige Ausfuhrgüter: Kaffee (bis 40%) und Holz (13%), Kakao (bis 15%), Erze, Bananen, Ananas – **Wichtigste Handelspartner:** Frankreich u. and. EG-Länder (bes. BR Deutschland), USA, Algerien, Nigerien, Spanien, Japan

Mitgliedschaft: UNO, OAU, Conseil de l'Entente, BCIE, CCD, CDEAO, CFA, ECA, ECOWAS, FAO, GAMO (OCAM), GATT, IAEA, IBRD, ICAO, IFC, ILO, IMCO, ITU, UDEAO, UNESCO, UPU, WHO, WMO; AKP

ELLICE-INSELN, jetzt TUVALU
s. diesen Hauptartikel

EL SALVADOR *(Mittel-Amerika)*
(Rep. El Salvador; República de El Salvador) – [ES])

Fläche (131): 21041 km² – **Einwohner** (92): 4350000 (S 1978; 3554648 Z 1971) = 195,8 je km² – **Städt. B.:** 40/3,1/23/0 – **G:** 63/5,5/8/3460/84– **S:** 38 / 77 / 3,7 – **Jährl. Bevölkerungswachstum:** (1970–1976) ca. 3,0%

Bevölkerung: etwa 70% Mestizen (Ladinos), 10–15% Indianer, 10% Weiße meist altspan. Abstammung – **Staatssprache:** Spanisch, örtlich indianische Mundarten (Nahua, Maya) – **Religion:** röm.-katholisch (85%), protestant. Minderheit (etwa 75000), 300 Juden

Nationalflagge: blau-weiß-blau (waagerecht) – **Nationalfeiertag:** 15. 9. – **U:** 1821 (Trennung von Spanien) bzw. nach Auflösung der Zentralamerik. Föderation 1841 endgültig selbständ. Republik

Staats- u. Regierungsform: Präsidiale Republik – Parlament aus einer Kammer (»Asamblea Nacional Legislativa«), deren 52 Mitgl. für 2 Jahre gewählt werden – Seit Anf. 1980 5köpfige Militärjunta m. Mitgl. v. mehr. Parteien – Beschränkte Wehrpfl. – **Staatschef:** Oberst Jaime Abdul Gutierrez u. Adolfo Arnoldo Majano – **Regierungschef:** Pablo Alverge, Vors. im Ministerrat – **Außenminister:** José Napoleon Duarte – **Parteien:** Wichtigste Gruppierungen (Wahl 1976) »Partido de Conciliación Nacional«/PCN (31 Sitze), Regierungspartei bis 1979; Opp.: »Partido Democr. Cristiano«/PDC (15), »Unión Nacional«, »Frente Democrático«, »Partido Popular Salvadoreño«, »Partido Acción Renovadora«/PAR. KP zugelassen. Bürgerkrieg s. »Weltchronik 2« – **Dipl. B.:** BR Dtld.

Städte (S 1977): San Salvador (Hptst.) 884179, Santa Ana 112830, San Miguel 72874, Nueva San Salvador (Santa Tecla) 43979, Zacatecoluca 20200

Wirtschaft: BSP 1977: 2510 Mill. $, 1978: 2810 Mill. $/600 $ [91]/2,1 – **WS:** 30/2,8/21/6,7 – **V:** 11/68/22/21/40/–1 – **A:** 51/47/15 – **E:** 260/0,6/321 – **M:** 1,7

Außenhandel: 1978 **Einf.** 1025 Mill. $, **Ausf.** 629 Mill. $ – **W:** 1 El-Salvador-Colón (¢) = 100 Centavos; 1 US-$ = 2,4975 ¢, 1 ¢ = 0,7775 DM – **I:** 9,3 – **AS:** 0*/ <1*/6*/17*/26* – **T:** 151 – **H:** 79/21/0 – **Z:** 20/2,4/6/10 – **D:** 2,5 – **K:** –/6/22

Wichtige Ausfuhrgüter: Kaffee (bis 40% d. Ausfuhrwertes), Baumwolle, Gold, Zucker, chem. Produkte – **Wichtigste Außenhandelspartner:** USA (30%), Guatemala, Japan, BR Deutschland u. and. EG-Länder, MCC-Länder, Venezuela

Mitgliedschaft: UNO, OAS, ODECA, Zentralamerikanischer Verteidigungsrat, CECLA, ECLA, FAO, IAEA, IBRD, ICAO, IDB, IFC, ILO, IMF, ITU, MCCA, SELA, UNESCO, UPU, WHO, WMO

ENIWETOK s. Vereinigte Staaten von Amerika (Überseebesitzungen)

FALKLAND-INSELN s. Argentinien und Großbritannien

FÄRÖER-INSELN s. Dänemark

FERNANDO DE NORONHA s. Brasilien

FIDSCHI *(Ozeanien)*
(Dominion of Fiji; Viti – [FIJI])

Fläche (133): 18272 km² (größte Insel *Viti Levu* 10429 km²; insg. 322 Inseln, davon 106 bewohnt) – **Einwohner** (134): 610000 (S 1979; 476727 Z 1966) = 33,4 je km² – **Städt. Bev.:** bis 40% – **S:** bis 30% – **Jährl. Bevölkerungswachstum:** (1970–1977) 2,1%

Bevölkerung: 50,0% Inder, 44,3% Fidschi, 10477 mit Europ. Vermischte, 4453 Europ., 7499 Rotumas, 5612 Chinesen – **Staatssprache:** Englisch u. Fidschi (Bauan); Umgangssprache z.T. Hindi – **Religion:** insg. knapp 50% Christen (Method. u. and. Protestanten, ca. 47000 Kath.), 40% Inder, 7,5% Muslimen, Minderh. v. Sikh u. Konfuzianern

Nationalflagge: blaues Feld m. »Union Flag« links oben u. Wappen in der Mitte rechts – **Nationalfeiertag:** 10. 10. – **U:** 1970

Staats- u. Regierungsform: Parlamentarisch-dem. Monarchie – 14 Prov. m. Regionalparlamenten – Zweikammerparlament. Senat aus 22 Mitgl., darunter 7 vom Premierminister, 8 vom »Rat der Häuptlinge«, 6 vom Oppositionsführer ernannt; 1 Vertreter des »Rates von Rotuma« – Abgeordnetenhaus – Keine allg. Wehrpflicht – **Staatsoberhaupt:** Königin Elizabeth II., seit 1970, vertreten durch einen Generalgouverneur: Ratu Sir George Cakobau, Urenkel des letzten Königs – **Regierungschef:** Premierminister u. Außenminister: Ratu Sir Kamisese K. T. Mara, All. P. – **Parteien:** »Alliance Party«/All. P., mit 36 v. 52 Sitzen n. d. Wahl v. Sept. 1977; außerdem »Nat. Federation Party« d. Inder unter Jai Ram Reddy (15), 1 Unabh. – **Dipl. B.:** BR Dtld. und DDR

Städte (1977): Suva (auf Viti Levu) 63628 (A 117827), Lautoka City 22672, Nadi 6938

Wirtschaft: BSP 1977: 780 Mill. $, 1978: 860 Mill. $/1440 $ [59] / 3,7 – **L:** 44 – **E:** 487 – **M:** 0,3

Außenhandel: 1979 **Einf.** 470 Mill. $, **Ausf.** 249 Mill. $ – **W:** 1 Fidschi-Dollar ($F) = 100 Cents; 1 $F = 1,1717 US-$ bzw. 2,2753 DM

Wichtige Ausfuhrgüter: Zucker (über 50%), Kokosöl, Kopra, Gold, Ingwer, Bananen, Manganerz – **Wichtigste Außenhandelspartner:** Australien, Großbritannien, Neuseeland, Japan, Singapur

Mitgliedschaft: UNO, Commonwealth of Nations, FAO, GATT (assoz.), IBRD, ICAO, IMF, ITU, UPU, WHO, Südseeforum, AKP

FINNLAND *(Nord-Europa)*
(Rep. Finnland; finn.: Suomen Tasavalta, schwed.: Republiken Finland – [SF])

Fläche (56): 337009 km² (einschl. 31557 km² Wasserfläche) – **Einwohner** (88): 4750000 (F 1978; de jure 4598334 Z 1970; etwa 5% der Staatsbürger leben im Ausland) = 14,1 je km² – **Städt. B.**: 57/2,8/27/27 – **G**: 72/1,2/1/670/118 – **S**: 0/103/7,1 – **Geburten- u. Sterbeziffer** je 1000 Einw. 1977: 13,9/9,4 – **Geb.-Ü.**: 4,5

Bevölkerung: 93,2% Finnen, 6,6% Schweden, 3843 Lappen (1962) – **Staatssprache:** Finnisch u. Schwedisch – **Religion:** Lutheraner 91,5%; orthodoxe Minderheiten (1,3%), über 3000 Katholiken, 1300 Juden, etwa 1000 Muslimen

Nationalflagge: blaues Kreuz a. weißem Feld – **Nationalfeiertag:** 6.12. – **U:** 1917

Staats- u. Regierungsform: Parlamentarisch-dem. Republik – Parlament mit einer Kammer (»Eduskunta«, Riksdag), Mitglieder für vier Jahre gewählt – Allgemeines Wahlrecht – Vertraglich festgesetzte Höchstgrenze der Wehrmacht – Verwaltungsgliederung in 12 Provinzen (darunter die weitgehend auton. Åland-In. – finn.: Ahvenanmaa – m. eig. Landtag u. schwed. Amtssprache; 1481 km² und 22300 Einw., 1975) – **Staatsoberhaupt:** Präs. Dr. Urho Kaleva Kekkonen, wiedergew. 1978 – **Regierungschef:** Dr. Mauno Koivisto, Soz.-dem. Partei, Chef einer Koalitionsreg. aus Zentrum, Schwed. Volkspartei, Sozialdemokraten und Kommunisten – **Außenminister:** Paavo Väyrynen, Zentr. – **Parteien** (Reichstagssitze nach den Wahlen von 1979): »Zentrumspartei« (»Agrarunion«, 36 u. 17,4% d. Stimmen), »Finnische Volksdem. Union« (Suomen Kansan Demokraattinen liitto), durch die Kommunisten bestimmt (35 und 17,9%), »Sozialdemokrat. Partei« (Suomen Sosialidemokraattinen puolue, 52 u. 23,9%), »Nationale Sammlungspartei« (Kansallinen Kokoomus, 47 u. 21,6%), »Schwedische Volkspartei« (Svenska folkpartitet i Finland, 10 u. 4,6%), »Finnische Landpartei« (7 u. 4,6%), »Liberale Volkspartei« (Kansanpuolue, 4 u. 3,7%); Christl. Verband (9 u. 4,8%), Konst. Volkspartei (0 u. 1,2%) usw. – **Dipl. B.**: BR Dtld. und DDR

Städte (F 1980): Helsinki [schwed. Helsingfors] (Hptst.) 483057 Einw., A 880140, Tampere [Tammerfors] 165453, m. V. 239330, Turku [Åbo] 164081, m. V. 236419, (F 1978) Espoo [Esbo] 126804, Vantaa [Vanda] 125588, Lahti 94998, Oulu [Uleåborg] 93344, Pori [Björneborg] 79980, Kuopio 73399, Jyväskylä 62351, Kotka 61736, Vaasa [Vasa] 53831, Lappeenranta [Villmanstrand] 53430, Joensuu 43466, Hämeenlinna [Tavastehus] 41097

Wirtschaft: BSP 1977: 29300 Mill. $, 1978: 32380 Mill. $/6820 $ [23]/2,8 – **WS**: 10/–2,0/39/3,6 – **V**: 20/51/27/29/31/2 – **A**: 68/14/38 – **E**: 5177/0,9/7113 – **M**: 1,4
Außenhandel: 1979 **Einf.** 11354 Mill. $, **Ausf.** 11175 Mill. $ – **W**: 1 Finnmark (Fmk) = 100 Penniä (p); 1 US-$ = 3,877 Fmk, 1 Fmk = 0,5009 DM – **I**: 13,2 – **AS**: 5/25/22/8/33 – **T**: 102 – **H**: 67/10/22 – **Z**: –151 – **D**: 0,7 – **K**: 0,19/../–24

Wichtige Ausfuhrgüter: Papier, Holz und Zellulose (bis über 60% der Gesamtausfuhr), Maschinen, Metallwaren und Schiffe (bis 35%), Textilien – **Wichtigste Außenhandelspartner:** Sowjetunion, Schweden, BR Deutschland, Großbritannien, USA, Niederlande, Frankreich, Dänemark; OECD u. EFTA zus. 60%

Mitgliedschaft: UNO, Nordischer Rat, EFTA, OECD, ADB, CCD, ECE, FAO, GATT, IAEA, IBRD, ICAO, IDB, IFC, ILO, IMCO, IMF, ITU, UNESCO, UPU, WHO, WMO, Freihandelsabk. mit EG, Zollpräf. m. SU, Protokoll ü. Zusammenarb. m. RGW (Comecon)

FÖDERATION ARABISCHER STAATEN s. Union Arab. Staaten

FORMOSA s. China: Rep. China (Taiwan)

FRANKREICH *(West-Europa)*
(Französische Republik; République Française – [F])

Fläche (44): 547026 km² (m. Korsika: 8682 km² u. 289842 Einw. 1975, aber ohne Übersee-Departements) – **Einwohner** (15): 53480000 (F 1979; 52544400 Z II/1975) = 97,8 je km² – **Städt. B.**: 75/1,7/23/34 – **G**: 73/1,1/1/680/135 – **S**: 1/108/5,8 – **Geburten- u. Sterbeziffer:** je 1000 Einw. 1977: 14,0/10,1 – **Geb.-Ü.**: 3,9

Bevölkerung: Franzosen; u.a. 1,2 Mill. (nach and. Ang. über 2 Mill.) mit bretonischer Sprache (Keltisch) 1,2 Mill. alemannischsprachige Elsässer u. Lothringer mit moselfränkischem Dialekt, 200000 Italienischsprechende (einschl. Korsisch), 0,3 Mill. Katalonen, 0,2 Mill. Flamen, 0,2–0,1 Mill. Basken – Am 1.6.1979 über 4 Mill., d.h. 7,7% Ausländer, u.a. (n. »Le Monde« 1979) 830000 Algerier, 880000 Portugiesen, 528000 Italiener, 486000 Spanier, 376000 Marokkaner, 176150 Tunesier, 80500 Türken, 80000 Polen, 77000 Jugoslawen, 65000 Belgier und 50000 Vietnamesen, 30% in d. Region Paris – **Staatssprache:** Französisch (als Wahlfächer in Schulen zugelassen: Baskisch, Bretonisch, Katalanisch, Korsisch, Okzitanisch usw.), Sprachen d. Minderheiten im Amtsgebrauch nicht zugelassen – **Religion:** rd. 90% röm.-kath., doch stark verbreiteter Laizismus; rd. 900000 Protestanten (u.a. 600000 Calvinisten), seit Zuzug aus Nordafrika über 750000 (n. and. Ang. 550000) Juden, rd. 180000 Angehörige der Armenischen Kirche, über 500000 Muslimen

Nationalflagge: (Trikolore) blau-weiß-rot (senkrecht) – **Nationalfeiertag:** 14.7. – **U:** Wurzel der eigentlichen französischen Staatsgeschichte ist der Vertrag v. Verdun (843); Republik endgült. seit 1871

Staats- u. Regierungsform: Demokratische Republik (Verfassung von 1958, seit 1962 m. starker Stellung des Präsidenten, der für 7 Jahre direkt gewählt wird u. den Regierungschef ernennt) – Parlament aus 2 Kammern (»Sénat« u. »Assemblée nationale«), für neun bzw. fünf Jahre gewählt – Verfassungsrat – Beratendes Organ: Wirtschafts- u. Sozialrat – Wahlrecht ab 18 Jahren – 95 Départements u. 21 Regionen – Wehrpflicht – **Staatsoberhaupt:** Präsident u. Vors. d. Ministerrats Valéry Giscard d'Estaing, seit Mai 1974 – **Regierungschef:** Prof. Dr. Raymond Barre, parteilos, unterstützt U.D.F., Min.-Präs. eines Kabinetts aus U.D.F./P.R., U.D.F./C.D.S., R.P.R. und Parteilosen – **Außenminister:** Prof. Dr. Jean François-Poncet, parteilos – **Parteien:** Bei den Wahlen v. März 1978 erhielten die Regierungsparteien im 2. Wahlgang 50,71 % der Stimmen (insg. 291 Sitze der Nationalversammlung), und zwar das gaullistische »Rassemblement pour la république«/R.P.R. 26,11 % u. 148 Sitze, die »Union pour la démocratie française«/U.D.F. 23,18 % u. 137 Sitze (u.a. »Parti Républicain« [die eigentl. »Giscardianer«]P.R. 69 Sitze, das »Centre des démocrates sociaux«/C.D.S. 35 Sitze, die sog. »Präsid. Mehrheit« [»Majorité présidentielle«] 16 Sitze, »Parti Radical Socialiste« 9 Sitze, d. »Centre national des indépendants et paysans«/C.N.I.P. 7 Sitze, M.D.S.F. 1 Sitz), Sonstige 6 Sitze. Auf die Linkskoalition entfielen 49,26 % der Stimmen und 200 Sitze, davon auf die Sozialisten (»Parti Socialiste«/P.S.) 28,31 % und 103 Sitze, auf die Kommunisten (»Parti Communiste Français«/P.C.F.) 18,62 % und 86 Sitze, auf die gemäßigten Linksradikalen (»Mouv. Radicaux de Gauche«/M.R.G) 10 Sitze. Außerdem Extreme Linke 2,33 % u. 1 Sitz. Die französische KP zählt 702854 (1978), das R.P.R. über 500000, d. »P.S.« (Sozialisten) 186000 Mitglieder. Die Regierungsparteien haben seit d. Teilwahl v. Sept. 1977 auch im Senat die Mehrheit, die Sozialisten 62, die Kommunisten 23 Sitze – **Dipl. B.:** BR Dtld. und DDR

Städte (Z 1975, z.T. prov.; zuerst Conurbation/dann engere Stadt): Paris 9878524/2317227 (Ballungsraum rund 1160 km² und etwa 10 Mill. Einwohner), Lyon 1210892/456674, Lille 1087912/175477, Marseille 1004536/907854, Bordeaux 652589/266662, Toulouse 495203/373670, Nice (Nizza) 438100/344181, Nantes 437576/344451, Straßburg (Strasbourg) 397160/252959, Rouen 389462/120471, Grenoble 389076/166733, St.-Etienne 334596/219722, Lens 325696/–, Nancy 278617/123428, Rennes 273293/197399, Le Havre 263978/219073, Cannes 255089/70527, Tours 235059/140617, Clermont-Ferrand 224700/156800, Valenciennes 223752/46626, Mülhausen (Mulhouse) 218524/116685, Montpellier 204593/191034, Orléans 204536/106226, Douai 203497/49187, Dijon 203139/151614, Reims 197021/178381 u. z.B. Ajaccio (Korsika) 50726

Wirtschaft: BSP 1977: 397670 Mill. $, 1978: 439970 Mill. $/8270 $[16]/3,1 – **WS:** 5/– 0,4/37/4,2 – **V:** 16/61/24/23/20/–1 – **A:** 63/10/41 – **E:** 4380/0,7/4216 – **M:** 3,9

Außenhandel: 1979 **Einf.** 106994 Mill. $, **Ausf.** 98059 Mill. $ – **W:** 1 Französ. Franc (FF) = 100 Centimes (c); 1 US-$ = 4,473 FF, 1 FF = 0,4341 DM – **I:** 9,3 – **AS:** 6/38/22/12/23 – **T:** 93 – **H:** 63/31/4 – **Z:** – 3296 – **D:** 1,4 – **K:** 0,60 / .. / 570

Wichtige Ausfuhrgüter: Maschinen u. Fahrzeuge (bis 30%), Eisen und Stahl (bis 10%), Chem. Produkte (bis 12%), Textilien, Getreide, Obst, Gemüse, Wein, Parfümerien – **Wichtige Außenhandelspartner:** BR Deutschland, Benelux, Italien, USA, Großbritannien, Schweiz, Spanien, Schweden, Algerien, UdSSR, Japan (EG über 50%)

Mitgliedschaft: UNO, NATO, WEU, Europarat, CCD, ECA, ECE, EG, EWS, FAO, GATT, IAEA, IBRD, ICAO, IFC, ILO, IMCO, IMF, ITU, OECD, UNESCO, UPU, WHO. 1966 vollständiger Rückzug aus den integrierten NATO-Streitkräften u. -Stäben

ÜBERSEEGEBIETE

1. Gebiete, die als Teil des Mutterlandes gelten (Départements d'Outre-Mer; Frz.-Guayana hat in d. Franz. Nationalversammlung u. im Senat je 1 Vertreter, die anderen Dep. sind je mit 3 Abgeordneten u. 2 Senatoren vertreten).

Französisch-Guayana (Übersee-Dep.; Guyane Française), 91000 km² (gegliedert in 2 Arrondissements) u. 62000 (S 1979; 55924 Z 1975) Einw. (stark gemischt: Mulatten, Asiaten, Buschneger; weiße Minderheiten) – Jährliche Bev.-Wachstum (1970–1977) 3,4% – Hauptstadt Cayenne 35000 Einw. (1977), Kourou 25000 Einw., Raketenstartplatz d. CSG – Hauptsächl. röm. Katholiken – BSP (S) 1978: 150 Mill. $, je E. 2340 $; Jahreszuwachs (S) 1,2% – Ausfuhr von Krabben, Holz, Rum, Essenzen – 1979 Einf. 251 Mill. $, Ausf. 17 Mill. $ – Parteigruppierungen: »Mayouri« und GONG (rad. links)

Guadeloupe (Übersee-Dep.) m. Dependenzen, 1779 km² und 375000 (S 1978) Einw. (92% Mulatten u. Neger) – Jährl. Bev.-Wachstum (1970–76): 1,6% – Hauptstadt Basse-Terre 15800 Einw., Pointe-à-Pitre 23889 (zu G. gehört ein Teil d. Insel St.-Martin m. 52 km² u. über 5000 Einw.) – BSP (S) 1978: 910 Mill. $, je E. 2850 $; Jahreszuwachs (S) 2,9% – Ausf. v. Zucker, Bananen, Rum – 1977 Einf. 378 Mill. $, Ausf. 79 Mill. $

Martinique (Übersee-Dep.) 1102 km² und 375000 (S 1979; 324832 Z 1975; haupts. röm.-kath.) Einw., Hauptstadt Fort-de-France 98807 (S 1974) Einw. – BSP (S) 1978: 1270 Mill. $, je E. 3950 $; Jahreszuwachs (S) 5,7% – Ausf. v. Bananen, Zucker, Rum – 1979 Einf. 676 Mill. $, Ausf. 133 Mill. $

Réunion (Übersee-Dep.) 2510 km² und 500000 (S 1979; 476675 Z 1975) haupts. röm.-kath. Einw. (etwa 30% europ., sonst meist afrikan. Herkunft), Hauptstadt St.-Denis 98000 (S 1975) Einw.; 1974; St.-Paul 50000, St.-Pierre 45000, St.-Louis 30000, Le Tampon 35000 – BSP (S) 1978: 1550 Mill. $, je E. 3060 $; Jahreszuwachs (S) – 1,0% (Abnahme) – Ausf. haupts. Zucker, Essenzen, Rum – 1979 Einf. 779 Mill. $, Ausf. 140 Mill. $

Saint-Pierre und **Miquelon,** 242 km² und 6260 (Z 1978) Einw., Hauptstadt St. Pierre, 5000 Einw. Je 1 Vertr. in Sen. u. Nat.-Vers. v. Frankreich. Seit 1976 Status als ein Übersee-Dep.

2. Übersee-Territorien mit beschränkter Selbstverwaltung (Territoires d'Outre-Mer):

Französisch-Polynesien (Polynésie Française) mit Gesellschaftsinseln (Tahiti und andere Ins. des »Archipel de la Societé« bzw. »Gesellschafts-Ins.«), Marquesas-Inseln, Tuámotu-Gruppe, Gambier-, Tubuai- oder Austral-, Rapa-Inseln u. a.; 3941 km² und etwa (S 1977) 137382 Einw.; 39% städt. Bev.; jährl. Bev.-Wachstum (1970–1977) 3,4% – Hauptstadt Papéete 62700 (1977) Einw. – BSP (S) 1978: 780 Mill. $, je E. 5270 $; Jahreszuwachs (S) 1,8%. – Bei den Wahlen v. Mai 1977 entfielen 55,74% der Stimmen u. 14 Sitze auf »Front Uni pour l'autonomie interne«/F.U.A. von Francis Sanford und u. a. 34,46% (10 Sitze) an »Fahoeraa Huiraatira«/R.P.R. v. Gaston Flosse – Je 1 Vertr. in d. Franz. Nationalversammlung u. im Senat – 1978 Einf. 403 Mill. $ – Ausf. 37 Mill. $ – W: 1 CFP-Franc (FC.F.P.) = 100 Centimes (c); 1 FF = 18,1818 CFP-Francs, 1 CFP-Franc = 0,055 FF bzw. 0,0239 DM

Mayotte 374 km² u. (1978) 51800 Einw. – Hptst.: Dzaoudzi, etwa 8000 Einw. – Ausf. v. Zucker, Vanille u. Parfumpflanzen – Die sehr gemischte, vorwieg. christl. Bevölkerung (Mahorais) hat sich am 8. 2. 1076 in einer Abstimmung gegen den Anschluß an die Islam. Rep. Komoren ausgesprochen (79,59% bevorzugen (n. d. Referendum v. 11. 4. 1976] den Status eines Übersee-Departements). Neues Statut v. 14. 12. 1976: Verwaltung durch einen Vertreter d. französ. Regierung; Generalsekretär. Ein Rat aus 13 gewählten Mitgliedern; die UNO anerkennt den Anspruch d. Komoren auf M.

Neukaledonien (Nouvelle-Calédonie) m. Dependenzen, 19103 km² und (S 1979) 140000 meist christl. Einw. (u. a. über 60000 Melanesier, etwa 52000 meist franz. Europäer, über 10000 Polynesier, 4000 Vietnamesen usw.) – Jährl. Bev.-Wachstum (1977): 2,8% – Hauptstadt Nouméa 74335 Einw. (m. V.) – Verwaltung durch Gouverneur mit Generalrat. Wichtigste Parteien: »Union calédonienne«, »Union multiraciale«. Innere Autonomie in Vorbereitung. Je 1 Vertreter in Senat und Nat.-Vers. – BSP (S) 1978: 700 Mill. $, je E. 4650 $; Jahreszuwachs (S) – 5,9% (Abnahme) – Ausf.: Nickel, Kaffee, Kopra – 1979: Einf. 361 Mill. $ – Ausf. 377 Mill. $ – W: 1 CFP-Franc (FC.F.P.) = 100 Centimes (c); 1 FF = 18,1818 CFP-Francs, 1 CFP-Franc = 0,055 FF bzw. 0,0239 DM

Wallis und **Futuna,** 255 km² und 9900 (S 1976) Einw.; Hauptort Mata Utu auf Ueva in der Wallis-Gruppe; 11000 Wallisianer u. Futunianer leben auswärts (Neukaled. u. Vanuatu)

Französisch sind ferner: **Clipperton** (Isle de la Pasión) 1,6 km² (unbewohnt; verwaltungsmäßig unt. d. Gouverm. von Franz.-Polynesien), **Crozet-Inseln** 476 km², **Kerguelen** 6332 km² (wiss. Stationen in Port-aux-Français), **St. Paul** 7 km² und **Amsterdam** (Neuamsterdam) 66 km² sowie die seit 1892 besetzten **»Iles (Terres) Australes«** (Bassas da India, Europe, Glorieux-A., Juan de Nova, Tromelin) über 160 km², stark gemischte Bevölkerung, unterstehen dem Gouverneur v. Réunion in separater Verwaltung, werden jedoch von Madagaskar beansprucht.

3. Von Frankreich beanspruchtes Hoheitsgebiet in der Antarktis:

Adélieland (Terre Adélie) zwischen 136° und 142° ö. L. (zusammen mit den subantarktischen Inseln Crozet, Kerguelen, St. Paul und Amsterdam) bezeichnet als »Terres Australes et Antarctiques Françaises« mit etwa 395500 km²

Neue Hebriden, ehem. französisch-britisches Kondominium, s. Vanuatu

(Frankreich besitzt in den meisten der 23 zur »Francophonie« zählenden und überwiegend zur Franc-Zone gehörenden afrikanischen Ländern nicht weniger Einfluß als in der einst institutionalisierten »Communauté«)

FRANZÖSISCH-GUAYANA s. Frankreich (Französische Republik 1)

FRANZÖSISCH-POLYNESIEN s. Frankreich (Französische Republik 2)

FREUNDSCHAFTS-INSELN s. Tonga

FUTUNA (m. Alofi) s. Frankreich (Französische Republik 2)

GABUN *(Äquatorial-Afrika)*
(Gabunische Republik; République Gabonaise)
Fläche (68): 267667 km² – **Einwohner** (136):

540000 (UNO-S 1979; nach and. Ang. mit ausländ. Arbeitern usw. bis 1,2 Mill.; Zählung 1960/61 448564) = 2 je km² – **Städt. Bev.**: 32% – **S:** über 70% – **Jährl. Bevölkerungswachstum:** (1970–1977) 0,9%

Bevölkerung: Bantu-Gruppen (Fang 25%, Batéké, Omyene u. a.), Pygmäen (Zwergvölker); 12000 Europäer, meist Franzosen – **Amtssprache:** Französisch; Umgangssprachen Bantu-Sprachen (bes. Fang u. Batéké) – **Religion:** 60–70% Katholiken, rd. 10% Protestanten, kl. muslim. Minderh.; Anhänger v. Naturreligionen

Nationalflagge: grün-gelb-blauviolett (waagerecht) – **Nationalfeiertag:** 12.3. (Tag d. Einheitspartei), 17.8. – **U:** 1960

Staats- u. Regierungsform: Präsidiale Republik u. Parlament aus einer Kammer – Wahlrecht für alle Erwachsenen – Keine allgem. Wehrpflicht – Verwaltungsgliederung in 9 Regionen – **Staatsoberhaupt:** Reg.-Chef, Verteid.-Min. usw.: El Hadsch Omar Albert-Bernard Bongo, erneut seit Dez. 1979 mit 99,85% d. Stimmen, ihm direkt verantwortl. als »Premierminister« Léon Mebiame – **Außenminister:** Martin Bongo – **Parteien:** Bei den Wahlen von 1979 entfielen alle 89 Sitze auf die »Parti Démocratique Gabonais«/PDG; es waren keine Gegenkandidaten aufgestellt – **Dipl. B.:** BR Dtld. und DDR

Städte (S 1978): Libreville (Hptst.) 250000, Port-Gentil 85000, Lambaréné 24000

Wirtschaft: BSP 1977: 1700 Mill. $, 1978: 1930 Mill. $ / 3580 $ [34] / 6,5 – **L:** 70 – **E:** 1279 – **M:** 0,8

Außenhandel: 1978 **Einf.** (ohne UDEAC-Handel) 589 Mill. $, **Ausf.** 1307 Mill. $ – **W:** 1 CFA-Franc (FC.F.A.) = 100 Centimes (c); 1 FF = 50 CFA-Francs, 1 CFA-Franc = 0,02 FF bzw. 0,0087 DM

Wichtige Ausfuhrgüter: Erdöl (über 80%), Holz, Mangan- und Uranerz – **Wichtigste Außenhandelspartner:** Frankreich, BR Deutschland, Großbritannien u. a. EG-Länder, USA

Mitgliedschaft: UNO, OAU, Französische Gemeinschaft, Mitglied der »Union Douanière et Économique de l'Afrique Centrale«/UDEAC; AKP; CCD, CFA, ECA, FAO, GATT, IAEA, IBRD, ICAO, IDA, ILO, IMF, ITU, OPEC, UNESCO, UPU, WHO, WMO, einige Spez. Organ. v. GAMO (OCAM)

GALÁPAGOS-INSELN s. Ecuador

GAMBIA *(West-Afrika)*

(Republik Gambia; Republic of the Gambia; The Gambia – [WAG])

Fläche (138): 11295 km² (einschl. 948 km² Binnengewässer) – **Einwohner** (135): 580000 (S 1979; 493497 Z 1973) = 51,4 je km² – **Städt. Bev.**: 16% – **S:** 85% – **Jährl. Bevölkerungswachstum:** (1970–1977) 2,6%

Bevölkerung: ⅖ Mandingo, ⅕ Wolof, ⅕ Fulbe; etwa 600 Europäer – **Staatssprache:** Englisch, Mandingo 40%, Wolof u. Ful je 20% usw.; seit 1977 Einführung des Arabischen (neben d. Englischen) im Bildungsbereich – **Religion:** bis 90% Muslimen, 35000 Protestanten, über 10000 röm. Katholiken

Nationalflagge: rot-blau-grün (waagerecht), getrennt durch weiße Streifen – **Nationalfeiertag:** 18.2. – **U:** 1965

Staats- u. Regierungsform: Parlament aus einer Kammer – Allgemeines Wahlrecht ab 21 Jahren – Keine Wehrpflicht – Verwaltungsgliederung in die Hauptstadt u. 6 Divisionen – **Staatsoberhaupt und Regierungschef:** Al Hadschi Sir Dawda Kairaba Jawara (Dawda Karaiba Jawra), PPP, wiedergewählt 1977; Vizepräs. und Lokale Regierung: Assane Musa (Moussa) Camara – **Außenminister:** Lamine K. Jabang – **Parteien:** »Progressive People's Party«/PPP, seit den Wahlen von 1977 27 von 33 Sitzen (+ 4 Häuptlinge); außerdem »United Party«/UP u. »Nat. Convention Party« – **Dipl. B.:** BR Dtld. u. DDR

Städte (S 1977): Banjul (fr. Bathurst; Hptst.) 43890, m. V. über 80000 Einw., Brikama 4400, Salikene 4000

Wirtschaft: BSP 1977: 120 Mill. $, 1978: 130 Mill. $/ 228 $ [136] / 5,3 – **L:** 84 – **E:** 84

Außenhandel: 1979 **Einf.** 141 Mill. $, **Ausf.** 58 Mill. $ – **W:** 1 Dalasi (D) = 100 Bututs (b); 1 $ = 1,848 D, 1 D = 1,0542 DM

Wichtige Ausfuhrgüter: Erdnüsse und -öl (80–90%), Uran, Palmkerne, Fischprodukte, Häute, Felle, Wachs – **Außenhandelspartner:** Großbritannien u. a. EG-Länder, USA, Japan, Chines. Volksrep.

Mitgliedschaft: UNO, OAU, Commonwealth, Assoziierungsabkommen mit Senegal; ECOWAS (CEDEAO), FAO, GATT, IBRD, ILO, IMF, UNESCO, WHO; Mano-Fluß-Union (m. Liberia u. Sierra Leone); AKP, AGC (Afrik. Erdnuß-Rat)

GAMBIER-INSELN s. Frankreich (Französische Republik 2 bei Französ.-Polynesien)

GAZA (Gasa) s. Ägypten

GAZANKULU s. Südafrika

GESELLSCHAFTS-INSELN s. Frankreich (Französische Republik 2)

GHANA *(West-Afrika)*

(Republik Ghana; Republic of Ghana – [GH])

Fläche (73): 238537 km² – **Einwohner** (53): 11320000 (S 1979; 8559313 Z 1970) = 47,5 je km² – **Städt. B.**: 32/5,1/33/33 – **G:** 48/15,5/23/10200/101 – **S:** 70/44/4,2 – **Jährl. Bevölkerungswachstum:** (1970–1977) 3,0%

Bevölkerung: fast ausschl. Sudanneger: Aschanti u. Fanti der Akan-Gruppe (Süd-Gh.) 44%, Ewé (im SO),

Gonya (Mittel-Gh.), Dagomba u. Mamprusi der Volta-Familie (N-Gh.); außerdem u. a. Fulbe u. Haussa sowie 6000 Europäer – **Staatssprache:** Englisch; Twi, Fanti, Ga, Ewé u. Dagbani; Ful u. a. westafr. Sprachen – **Religion:** über 40% Christen (10 bis 12% Katholiken, Protestanten), im N Muslimen (insges. 12–15%); Naturreligionen

Nationalflagge: rot-gelb (mit schwarzem Stern)-grün (waagerecht) – **Nationalfeiertag:** 6.3. – **U:** 1957

Staats- und Regierungsform: Republik – Neue Verfassung v. Jan. 1979; Revolutionsrat seit Militärputsch v. 4.6.1979; Bildung v. Parteien seit Jan. 1979 erlaubt – Allgem. Wahlrecht – Keine allg. Wehrpflicht – Verwaltungsgliederung in 9 Regionen – **Staatsoberhaupt:** Hilla Limann, PNP, seit Sept. 1979 – **Außenminister:** Dr. Isaac Chinebuah – **Parteien:** Bei den Wahlen am 18.6.1979 errang die »Nationale Volkspartei«/PNP 71 der 140 Sitze des Einkammerparlaments, die »Volksfrontpartei«/PFP 42, die »Vereinigte Nat. Konvention«/UNC 13, »Aktionskongreßpartei« 10, »Sozialdemokrat. Front« 3; 1 Unabhängiger – **Dipl. B.:** BR Dtld. und DDR

Städte (S 1975): Akkra (Accra, Hptst.) 716600 Einw. (Greater A. m. Sekondi u. Takoradi gegenw. über 900000), Kumasi 342982, Sekondi-Takoradi 161071; (Z 1970): Asamankese 101144, Tamale 98919, Bolgatanga 93182, Cape Coast 71594, Koforidua 69804, Sunyani 61772, Ho 46348 (alle m. Umgebung)

Wirtschaft: BSP 1977: 3940 Mill. $, 1978: 4250 Mill. $/390 $ [115] / – 2,0 – **WS:** 39/ – 0,7/22/0,8 – **V:** 13/82/6/5/8/ – 1 – **A:** 50/54/19 – **E:** 157/0,3/385 – **M:** 1,5

Außenhandel: 1977 **Einf.** 1143 Mill. $, **Ausf.** 965 Mill. $ – **W:** 1 Cedi (₵) = 100 Pesewas (p); 1 US-$ = 2,75 ₵, 1 ₵ = 0,7061 DM – **I:** 30,9 – **AS:** 11/<1/5*/19*/26* – **T:** 93 – **H:** 76/12/12 – **Z:** – 26/0,3/4/6 – **D:** 1,7 – **K:** – / 87 / 17

Wichtige Ausfuhrgüter: Kakao (bis über 50%); Bauxit, Aluminium, Holz, Gold, Diamanten, Manganerze, Ölfrüchte – **Wichtigste Außenhandelspartner:** Großbritannien, USA, BR Deutschland u. a. EG-Länder, Japan, Kanada, Nigerien, Sowjetunion

Mitgliedschaft: UNO, OAU, Commonwealth, Zollunion mit Obervolta, ECA, CCD, ECOWAS, (CEDEAO), GATT, IAEA, IBRD, ICAO, IDA, ILO, IMCO, IMF, ITU, UNESCO, UPU, WHO, WMO, AKP; Koop.-Abk. mit Zaïre

GIBRALTAR s. Großbritannien II

GILBERT-INSELN s. Kiribati

GOA s. Indien

GOUGH s. Großbritannien II

GRAHAM-LAND (jetzt »Antarktische Halbinsel«) s. Antarktis

GRENADA *(Mittel-Amerika; Karibik)*
(State of Grenada – [WG])

Fläche (161): 344 km^2 – **Einwohner** (157): 100000 (S 1979; Z 1970 93850 prov.) = 290,7 je km^2 – **Städt. Bev.:** 65% – **S:** 10% – **Jährl. Bevölkerungswachstum:** (1970–1977) 0,6%

Bevölkerung: 52% Afroamerikaner (Neger), 5% indischer, 42% gemischter (Mulatten), 1% sonst. Abstammung – **Staatssprache:** Englisch, Umgangssprachen auch kreol. Englisch und kreol. Französisch – **Religion:** Protestanten und Katholiken

Nationalflagge: rot (m. gold. Sternen) umrandete Fläche aus je zwei gelben u. grünen Dreiecken (im linken eine Muskatnuß), die in einem roten Kreis m. gold. Stern zusammentreffen – **Nationalfeiertag:** 3.2. – **U:** 1974

Staats- u. Regierungsform: Parlamentarische Monarchie – Parlament (Senat aus 15 ernannten Senatoren – Repräsentantenhaus) – Allg. Wahlrecht – Keine allg. Wehrpflicht – **Staatsoberhaupt:** Königin Elizabeth II., vertreten durch einen Generalgouverneur: Sir Paul Scoon – **Regierungschef, Außenminister usw.:** Maurice Bishop, NJM – **Parteien:** »United Labour Party«/GULP 9 der 15 Sitze; Opposit. Parteien: »New Jewel Movement«/NJM 3, »National Party/United People Party«/GNP/UPP 3 Sitze – Seit Putsch v. 13.3.1979 sozialistische Revolutionsregierung d. »Jewel«-Bewegung (»Joint Endeavour for Welfare, Education and Liberation«) – **Dipl. B.:** BR Dtld. (Reg.-Botschaft Port of Spain, Trin. u. T.)

Städte (S 1978): Saint George's 26894 Einw.

Wirtschaft: BSP 1977 (S): 50 Mill. $, 1978 (S): 60 Mill. $ / 530 $ [98] / – 3,2 – **L:** 40 – **E:** 211

Außenhandel: 1978 **Einf.** 24 Mill. $, **Ausf.** 6 Mill. $ – **W:** 1 Ostkarib. Dollar (EC$) = 100 Cents; 1 US-$ = 2,6882 EC$, 1 EC$ = 0,7224 DM

Wichtige Ausfuhrgüter: Kakao (bis 30%), Bananen (ein Fünftel), Muskatnüsse (ein Drittel der Weltproduktion), Fische, Rum, Zucker – **Wichtigste Außenhandelspartner:** Großbritannien, USA, Kanada, BR Dtld.

Mitgliedschaft: UNO, OAS, Commonwealth, CARICOM, FAO, IBRD, IFC, ILO, IMF, UNESCO, WHO, AKP

GRIECHENLAND *(Südost-Europa)*
(Hellenische Republik; Helleniki Demokratia – [GR])

Fläche (88): 131944 km^2 – **Einwohner** (60): 9440000 (F 1979, 8768641 Z 1971) = 71,5 je km^2 – **Städt. B.:** 57/2,4/57/69 – **G:** 73/2,3/1/470/132 – **S:** 19* / 105 / 1,8 – **Geburten- u. Sterbeziffer** je 1000 Einw. 1977: 14,1 / 8,2 – **Geb.-Ü.:** 5,9

Bevölkerung: 98,5% Griechen, Türken 0,9%, Bulgaren 0,3%, Armenier 0,2% – **Staatssprache:** Griechisch (Neugriechisch) – **Religion:** Angehörige d. griech.-orthodoxen Kirche, muslimische (über 1%), protestantische, katholische (35000) u. jüdische (6500) Minderheiten

Nationalflagge: neun abwechselnd blau-weiße Streifen u. ein weißes Kreuz im blauen Obereck (Marine) – **Nationalfeiertag:** 25.3. – **U:** 1821 bzw. endgültig 1830

Staats- u. Regierungsform: Parlament.-dem. Republik nach der Verfassung von 1975 mit starker Stellung des Präsidenten – Wehrpflicht – Parlament – Allg. Wahlrecht ab 20 Jahren – Verwaltungsgliederung in 10 Regionen und in Verwaltungsbezirke (Nomói) – **Staatsoberhaupt:** Dr. Konstantin Karamanlis, ND, seit Mai 1980 – **Regierungschef:** Georgios Rallis, ND – **Außenminister:** Konstantin Mitsotakis – **Parteien:** stärkste Gruppe seit den Wahlen von 1977 (1974) ist mit 176 von 300 Sitzen die »Nea-Dimokratia«/ND (»Neue Demokratie«), gefolgt von der »Panhellenischen sozialist. Bewegung«/PASOK unter Andreas Papandreou mit 93 (12), der »Union d. Demokrat. Zentrum«/EDIK mit 5 (60), »Kommunist. Partei Griechenlands«/KKE unter Charilaos Florakis mit 11, das »Nationale Lager«/EP unter Stefan Stefanopoulos mit 3, der »Allianz d. Progressiven u. Linken Kräfte«/Symmachia SPAD (u. a. KKE-Inland, EDA, »Initiative«) mit 2 Sitzen und 16 Unabhängigen, Neugründung der »Partei des demokr. Sozialismus« unter Jean Pezmatzoglou – **Dipl. B.:** BR Dtld. und DDR

Städte (Z 1971): Athen (Athinai, Hptst.) 867023, Groß-A. 2540241 Einw. (mit Piräus), Saloniki (Thessaloniki) 345799 m. V. 557360, Patras (Patrai) 120847, Iraklion (Herakleion) 84710, Larissa (Larisa) 72762, Wolos (Volos) 88096, Kawalla (Kavalla) 46887, Serres (Serrä) 41091, Chania 40564, Joánnina (Yoánnina) 40130, Kalamata (Kalamai) 40402

Wirtschaft: BSP 1977: 27200 Mill. $, 1978: 30530 Mill. $/3270$[38]/4,0 – **WS:** 17/2,2/31/5,1 – **V:** 16/68/26/16/16/ – 10 – **A:** 64/40/27 – **E:** 2250/0,9/2034 – **M:** 6,9

Außenhandel: 1979 **Einf.** 9640 Mill. $, **Ausf.** 3855 Mill. $ – **W:** 1 Drachme (Dr.) = 100 Lepta; 1 US-$ = 41,475 Dr., 1 Dr. = 0,0468 DM – **I:** 13,6 – **AS:** 15/5/20/8/41 – **T:** 86 – **H:** 57/21/11 – **Z:** – 1108/2,0/10/10 – **D:** 1,8 – **K:** – / 179 / 24

Wichtige Ausfuhrgüter: Industrieprodukte bis 50%, chem. Erzeugnisse, Erze u. Metalle, landwirtschaftl. Erzeugnisse (Tabak, Korinthen, Sultaninen, Baumwolle, Wein, Olivenöl, Zitrusfrüchte), Textilien. – **Wichtigste Außenhandelspartner:** BR Deutschland, Italien, Frankreich, Benelux, USA, Großbritannien, Sowjetunion, Jugoslawien, Japan, Libyen

Mitgliedschaft: UNO, NATO, OECD, CCD, ECE, FAO, GATT, IAEA, IBRD, ICAO, IFC, ILO, IMCO, IMF, ITU, UNESCO, UPU, WHO, WMO, EG (assoz.), Europarat; *aus der militär. Integration der NATO* (nicht aus d. polit.) *am 14.8.1974 ausgeschieden* – EG (Vollmitglied ab 1.1.1981)

Mönchsrepublik Athos (Hágion Oros)
336 km² mit 20 Klöstern und mit voller innerer Selbstverwaltung; 1732 (Z 1971) Einw. – Hauptort Kariaí 301 Einw.

GRÖNLAND s. Dänemark

GROSSBRITANNIEN *(West-Europa)*
(Vereinigtes Königreich Großbritannien und Nordirland; United Kingdom of Great Britain and Northern Ireland – [GB])

Fläche (72): 244046 km² (mit 3096 km² Binnengewässern) – **Einwohner** (14): 55840000 (F 1978, 55506131 Z 1971) = 228,8 je km² – **England** 130367 km², F 1978, 46,349 Mill. Einw., **Wales** 20763 km² u. 2,768 Mill. Einw., **Schottland** (Scotland) 78773 km² u. 5,179 Mill. Einw., **Nordirland** (Ulster) 14121 km² u. 1,539 Mill. Einw. (künftige Regierungsform noch nicht feststehend; derzeit v. d. brit. Regierung direkt verwaltet) – **Städt. B.:** 90/0,5/21/56 – **G:** 73/1,4/1/670/133 – **S:** 1/105/6,2 – **Geburten- u. Sterbeziffer** je 1000 Einw. 1977: 11,8/11,7 – **Geb.-Ü.:** 0,1

Bevölkerung: Briten (Engländer, Schotten, Waliser); schätzungsw. 2,6 Mill. Ausländer, darunter 1,8–2,0 (Zahlen umstritten; nur England) Mill. farbige Einwand. aus d. Commonwealth (dav. ⅓ in London), nach and. Ang. 3,9 Mill. Farbige in Großbrit. – **Staatssprache:** Englisch; Reste keltischer Sprachen (Schottland, Wales, Man »Manxisch«, Cornwall »Kornisch«); es sprachen z. B. 1971 in Wales 32725 Personen nur Welsh (»Kymrisch«), 509700 Welsh u. Englisch, 1971 in Schottland 88415 Gälisch u. Englisch und 338 nur Gälisch – **Religion:** vorwieg. Protestanten; anglikan. Staatskirche in England 55% d. Bev., presbyterian. Staatskirche in Schottland, Freikirchen, Römische Katholiken in England und Wales (1977) 4190550, in Schottland (1977) 813200, in Nordirland (1971) 477919 (üb. 30%); außerdem in Ulster 1971 405719 Presbyterianer, 334318 Angehörige d. »Church of Ireland«, 71235 Methodisten u. 230439 Sonstige; rd. 1 Mill. Muslimen. 450000 Juden (n. »Jew Stat. Bureau«)

Nationalflagge: (»Union Jack«); weißgerandetes rotes Georgskreuz auf schrägem Andreaskreuz auf blau, über rotem, schrägem Patrickskreuz – **Nationalfeiertag:** im Juni, Tag jährlich wechselnd – **U:** Beginn der engeren Staatsgeschichte im 8. Jhdt.

Staats- u. Regierungsform: parlamentarisch-demokratische Monarchie – Keine Verfassung, nur Verfassungsgesetze – Parlament aus 2 Kammern (»House of Commons«, d. h. das »Unterhaus«, 635 Mitglieder für fünf Jahre gewählt, und »House of Lords«, »Oberhaus«); außerdem Geheimer Staatsrat (»Privy Council«) ohne verfassungsrechtliche Entscheidungsgewalt – Wahlberechtigt alle 18 Jahre alten Bürger mit Ausnahme der Peers – Wehrpflicht aufgehoben – Verwaltungsgliederung: 8 Grafschaften (Counties) u. 6 Metropolitan Counties (= Ballungsräume) in England, 8 Grafschaften in Wales, 26 Distrikte in Nordirland u. 12 Regionen in Schottland. **Nordirland** hatte seit 1975 eine Verfassunggebende Versammlung (»Ulster Unionist Council«) mit 78 Sitzen; nach der Wahl v. Mai 1975 Sitzverteilung: »Ulst. Un. Party« 19, »Dem. Un. Party« 12, »Vang. Un. Progr. Party« 14, »Soc. Dem. and Lab. Party« 17, Unabhängige 2 (im März 1976 wegen Nichterfüllung ihrer Aufgabe, eine Regierung unter Beteiligung der Katholiken zu bilden, suspendiert) – **Staatsoberhaupt:** Königin Elizabeth II., seit 1952, gekrönt 1953 – **Regierungschef:** Premierminister (Prime Minister) Margaret Thatcher; Konserv. Partei – **Außenminister** (Secretary of State for Foreign and Commonwealth Affairs): Lord Carrington, Konserv. Partei – **Parteien:** Nach d. Wahl im Mai 1979 erhielt die »Labour Party« 36,9% (Okt. 1974 39,3%) der Stimmen und 268 (319) Mandate, die »Conservative and Unionist Party« 43,9% und 339 (276), die »Liberal Party« 13,8% (18,3%) und 11 (13) Sitze; übrige 17 Sitze u. a. 2 schott. (»Scottish Nat. Party«/SNP) u. 2 walis. Nationalisten, 10 Angehörige der nordir. »Ulster Unionist Party«, 1 Vertreter der nordir. kathol. »Social and Democratic Labour Party«/SDLP, 1 Unabhängiger u. d. Speaker – Führer der Konservativen: Margaret Thatcher, der Arbeiterpartei: James Callaghan, der Liberalen: David Steel, der Kommunisten (1978 20599 Mitgl.): Gen.-Sekr. Gordon McLennan. Außerdem »Socialist Workers Party« (linksradikal), »National Front« (neofaschistisch) usw. – **Dipl. B.:** BR Dtld. und DDR

Städte (F 1978): London (Hptst., Registr. 1974 2088701 Einw.), Groß-L. 6918000, Birmingham 1041000, Glasgow 809700, Leeds 728500, Bradford 563100, Sheffield 547900, Liverpool 528000, Manchester 480300, Edinburgh 450500, Bristol 411500, Belfast 354000 (A über 550000), Coventry 340100; (1974): Newcastle-upon-Tyne 295800, Leicester 289400, Cardiff 281500, Kingston-upon-Hull 276600, Plymouth 259100, Stoke-on-Trent 256200, Central Lancashire 243721, Southampton 213000, Portsmouth 198500 – In England u. Wales lebten 1973 77,7%, in Schottland 70,0% u. in Nordirland 55,3% d. Bevölk. in städt. Siedlungen. Im April 1976 gab es folgende »Metropolitan Counties«, die fast zwei Fünftel d. Gesamtbevölk. umfaßten: London 7,2 Mill. (ges. Ballungsraum über 11 Mill.), Greater Manchester 1,68 Mill., W. Midlands (um Birmingham) 2,74 Mill., W. Yorkshire (um Leeds) 2,07 Mill., Merseyside (um Liverpool) 1,58 Mill., Tyne and Wear (um Newcastle-upon-Tyne) 1,18 Mill., in Wales: S. E. Wales (um Cardiff) 1,83 Mill., in Schottland: Conurbation Central Clydeside (um Glasgow) 1,73 Mill. Einw. – Die farbige Bevölkerung von Gr.-London dürfte 8–10% der Einwohner ausmachen

Wirtschaft: BSP 1977: 254100 Mill. $, 1978: 281090 Mill. $/5030 $ [25]/1,6 – **WS:** 3/0,1/37/0,5 – **V:** 21/59/19/20/31/1 – **A:** 63/2/43 – **E:** 5268/1,3/5175 – **M:** 4,9

Außenhandel: 1979 **Einf.** 102969 Mill. $, **Ausf.** 91030 Mill. $ – **W:** 1 Pfund Sterling (£) = 100 New Pence (p); 1 £ = 2,1785 US-$ bzw. 4,2304 DM – **I:** 14,1 – **AS:** 9/40/18/17/21 – **T:** 85 – **H:** 65/27/3 – **Z:** 596 – **D:** 3,1 – **K:** 0,41 / .. / – 989

Wichtige Ausfuhrgüter: Maschinen, Metallwaren u. Fahrzeuge (zusammen bis 40%), chemische Produkte, elektronische Erzeugnisse, Genußmittel, Textilien u. sonstige Industrieartikel aller Art – **Wichtigste Außenhandelspartner:** Commonwealth-Mitglieder (vor allem Kanada, Australien, Neuseeland, Indien), USA, BR Deutschland, Niederlande, Belgien/Lux., Schweden, Südafrika, UdSSR (EG etwa ein Drittel, EFTA rund ein Achtel)

Mitgliedschaft: UNO, NATO, CENTO, WEU, Europarat, EG, OECD, Colombo-Plan, ADB, CCD, ECE, ECLA, EWS (Sonderregelung), FAO, GATT, IAEA, IBRD, ICAO, IDA, IFC, ILO, IMCO, IMF, ITU, UNESCO, UPU, WHO, WMO, IDB – Verschiedene bilaterale Verteidigungsabkommen

I. UNMITTELBAR MIT DER KRONE VERBUNDENE GEBIETE

Kanal-Inseln (Channel Islands, Normannische Inseln) 195 km² u. 130000 (S 1978; 123063 Z 1971) Einw. – Sie bestehen aus 2 Bailiwicks: Guernsey [GBG] (54256 S 1976) mit Alderney [GBA] (1785 Einw.), den Sark (604), beide S 1975, und and. Eilanden sowie [GBJ] Jersey (74382 Z 1977); Staatsgewalt bei den Ständeparlamenten (»States«). Hauptorte und Sitze je eines »Lieut.-Governor« sind St. Helier (28135 Einw.) auf Jersey und St. Peter Port (16303 Einw.) auf Guernsey. Offizielle Sprachen sind Französisch auf Jersey und Englisch – die hauptsächlich gebrauchte Umgangssprache – auf Guernsey; in ländl. Gebieten z. T. ein normannischer Dialekt – Einw. (S) 1975: 128000 – BSP (S) 1978: 550 Mill. $, je E. 4170 $; Jahreszuwachs – 0,2% (Abnahme) – Ausf. Gemüse, Obst, Blumen

Man [GBM] (Isle of Man), 588 km² u. (S 1978) 65000 Einw. – Gesetzgeb. Rat, Versammlung (»House of Keys«) – Kleine neben Englisch auch »Manx« sprechende Gruppe – BSP (S) 1978: 210 Mill. $, je E. 3360 $; Jahreszuwachs – 1,8% (Abnahme) – Ausf. Viehzucht- u. Fischprodukte, Blei- u. Eisenerz

Die Insel Man und die Kanal-Inseln sind nicht Mitglieder des Vereinigten Königreiches, sondern mit der Krone unmittelbar verbunden und haben eigene Parlamente

II. ABHÄNGIGE GEBIETE MIT VERSCHIEDENEM GRAD VON SELBSTVERWALTUNG

Die autonomen u. assoziierten Staaten haben innere Selbstverwaltung; London ist für Verteidigung u. Außenpolitik, z.T. auch für Verfassungsfragen zuständig

Assoziierte Staaten Westindiens (»The West Indies Associated States«); sie besitzen diesen Charakter seit 1967 und haben innere Autonomie. Großbritannien behielt die Verantwortung für Außenpolitik und Verteidigung; jedes Mitglied kann durch Beschluß des Gesetzgebenden Rates (mit Zweidrittelmehrheit) und Volksabstimmung die Assoziierung beenden. Die Assoziierung besteht für jede der Inseln u. Inselgruppen, die bei den Leeward- und Windward-Inseln genannt sind – **Staatsoberhaupt** ist Königin Elizabeth II., die durch einen Gouverneur, Administrator usw. in den einzelnen der »West Indies Associated States« vertreten ist – Ab 1.8.1973 bildeten die Assoz. Staaten, Barbados, Guyana, Jamaica sowie Trinidad u. Tobago – bisher Mitglieder d. »Karibischen Freihandelszone« (CARIFTA) – d. »Karibischen Gemeinsamen Markt« (Caribbean Common Market/Caricom od. CCM), d. später auch Anguilla, Antigua, Belize, Dominica, Grenada, Montserrat, St. Lucia, St. Kitts-Nevis u. St. Vincent beitraten – W: 1 Ostkarib. Dollar (EC$) = 100 Cents; 1 US-$ = 2,6882 EC$; 1 EC$ = 0,7224 DM

(Westindien; Karibik):

Zu den Assoz. Staaten gehören (Einw. meist 1975/76): a) LEEWARD-INSELN: **Anguilla** (88 km² u. 6500 Einw.; Hauptort Valley), Ronald Webster gewann 7 der 8 Sitze in der gesetzg. Körpersch. mit seiner »Beweg. z. Einheit«, kämpft für Unabh. ohne St. Kitts u. Nevis, **Antigua** (m. Barbuda u. Redonda, zus. 442 km² u. 75000 [S 1979] Einw.; Hauptst. St. John's 25000 Einw.); Premier: Vere C. Bird, Unabhängigkeit geplant und die Gruppe **St. Christopher (St. Kitts), Nevis u. Sombrero** (zus. 262 km² u. 60000 Einw., größte Stadt Basseterre 15897 Einw.). Diese Inseln haben Gesetzgebende Versammlung und Vollzugsräte; sie sind hauptsächlich von Negern und Mulatten bewohnt (meist Protestanten, dazu Katholiken). Premier Kennedy Simmonds »People's Action Movement« (PAM) gewann i. d. Wahlen v. 18.2.1980 23 Sitze (zus. m. Abgeordn. d. »Nevis Reformation Party«), außerdem 4 Sitze d. »Labour Party« des früheren Premiers Lee Moore. Hauptausfuhrwaren: Zucker, Kakao, Gewürze, Früchte. BSP (S) 1978: Antigua/St. Christopher usw. 70/30 Mill. $, je E. 950/660 $; Jahreszuwachs – 3,7% (Abnahme)/1,6%. Die L. haben gemeinsam mit den Windward-Inseln ein Oberstes Gericht – Sprache: Englisch; z.T. eine französische Mundart – b) WINDWARD-INSELN: **St. Lucia** u. **St. Vincent,** siehe jeweilige Hauptartikel

Dominica s. Hauptartikel

(Westindien; Karibik):

Montserrat 106 km² u. 12160 (1977) Einw. (Hauptort Plymouth 3000 Einw.); M. hat noch nicht Ass.-Status, sondern ist Kronkolonie. Exekutivrat mit J. A. Osborne a. d. Spitze, Gouverneur: G. W. Jones – **Belize** [BH] (früher Brit.-Honduras) 22963 km² und 151607 (S 1978, 119934 Z 1970) Einw.; Afrikaner (etwa 70%); Indianer, Mischlinge (u.a. sogenannte »Schwarze Kariben« und Mulatten) und Weiße (u.a. etwa 4000 deutschstämmige Mennoniten) – Hptst. Belmopan, seit 1970 (1978 S 4000 Einw.), frühere Hptst. Belize City 49749 (Z 1978) Einw. – BSP (S) 1978: 110 Mill. $, je E. 840 $; Jahreszuwachs 4,7% – Innere Autonomie – Gouverneur: James Hennessy – Parlament aus 2 Kammern (»Senate« u. »House of Representatives«) – Allgemeines Wahlrecht – Premierminister: George C. Price, PUP – Parteien: Bei d. Wahlen v. Nov. 1979 erringt die für d. Unabhängigkeit eintret. »People's United Party«/PUP die absol. Mehrheit – **Guatemala erhebt Anspruch** auf dieses Gebiet; die **UNO**-Vollversammlung sprach sich 1975 **für** das Recht von B. auf Selbstbestimmung und **Unabhängigkeit** aus. – Sprachen: Amtssprache Englisch, Umgangssprache z.T. Spanisch – Religion: haupts. röm. Katholiken, daneben Protestanten – Ausfuhr von Zucker, Holz u. Zitrusfrüchten – Seit 1974 Mitglied d. CARICOM (CCM), AKP – **W:** 1 Belize-Dollar (Bz$) = 100 Cents (c); 1 US-$ = 1,9825 Bz$, 1 Bz$ = 0,9795 DM

(Nord-Atlantik):

Bermuda-Inseln (Bermudas: rd. 300 Inseln u. Eilande, über 20 bewohnt) 53,3 km² u. 65000 Einw. (S 1979), ein Drittel Weiße, sonst Farbige – Hptst.: Hamilton 3000 Einw. – BSP (S) 1978: 500 Mill. $, je E. 9260 $; Jahreszuwachs 2,4% – Kolonie mit innerer Autonomie n. d. Verfassung von 1968 – »Legislative Council« u. »House of Assembly« (Wahl 1976: »United Bermuda Party«/UBP, haupts. v. Weißen getragen, 25, »Progr. Labour Party« 15 Sitze) – Sprache: Englisch – Religion: Protestanten, 8800 röm. Katholiken – Gouverneur: Sir Peter Ramsbotham – Premierminister einer gemischtrass. Regierung: David Gibbons, UBP – Ausfuhr: chem. Erzeugnisse, Essenzen – W: 1 Bermuda-Dollar (BD$) = 100 Cents; 1 US-$ = 0,9960 BD$, 1 BD$ = 1,9497 DM – Unabhängigkeit in Vorbereitung

Britische Salomonen s. Hauptartikel Salomonen

Britisches Territorium im Indischen Ozean

(»British Indian Ocean Territory«), 1965 geschaffen; nach der (1976) Angliederung einiger Inseln an die Seschellen (s. diesen Hauptartikel) nur noch aus dem Tschagos (Chagos)-Archipel bestehend (über 60 km² u. knapp 2000 Einw.). Wichtigste Insel ist Diego Garcia; auf ihr wird ein Stützpunkt der USA ausgebaut

Canton und Enderbury s. Gilbert-Inseln

(Westindien; Karibik):

Cayman-Inseln 259 km² u. 14000 Einw. (S 1978), meist Mulatten u. Neger, etwa 1600 Weiße, Hptst. George Town (auf Gr.-Cayman) 4106 Einw. – Gesetzgebender Rat und Vollzugsrat – Sprache: Englisch – Religion: haupts. Protestanten – Gouverneur: Thomas Russel – Ausfuhr: Schildkröten, Muscheln – W: 1 Cayman-Dollar (CI$) = 100 Cents; 1 US-$ = 0,82 CI$, 1 CI$ = 2,3682 DM

(Süd-Atlantik):

Falkland-Inseln: Malwinen (Falkland Islands and Dependencies) ohne Dependenzen 12173 km² u. 1805 Einw. (1977), Hptst. Port Stanley über 1000 Einw. – Gesetzgebender Rat und Vollzugsrat – Dependenzen sind die Inselgruppen Süd-Georgien (South Georgia 3753 km², hier Walfangstationen; 1974 22 Einw.) und die Süd-Sandwich-Inseln (337 km²). – Die Falkland-Inseln (Islas Malvinas) sind eine britische Kronkolonie und werden, wie die Dependenzen, von Argentinien, die eigentliche britische Antarktis (s. Artikel Antarktis) von demselben Land und von Chile als Hoheitsgebiet beansprucht – Gouverneur: J. R. W. Parker – Ausfuhr: Wolle, Walfangprodukte – W: 1 Falkl. I. Pfund (Fl£) = 100 New Pence (p); 1 £ = 1,00 Fl£, 1 Fl£ = 4,2140 DM

(Süd-Europa; Iberische Halbinsel):

Gibraltar [GBZ] 6 km² u. 29278 Einw. (Z 1970, ohne Militär); F 1977 30000, darunter zwei Drittel Einheimische meist spanischer, maltesischer und portugiesischer Herkunft – Sprache: Englisch u. Spanisch – Religion: röm. Katholiken, Protestanten – Gesetzgebender Rat, Vollzugsrat – Stand 1980: Die »Gerechtigkeitspartei« (»Labour Party«, auch »Association for the Advancement of Civil Rights«) v. Sir Hassan hat 8 d. 15 Sitze, die oppos. »Democratic Party for British Gibraltar«/(DPBG) 6 u. die antispan. »Sozialist. Arbeiterpartei« 1 Sitz – Gouverneur: Sir William Jackson – Chefminister: Sir Joshua Hassan, LP – Spanien erhebt Anspruch auf diese britische Besitzung, die nach der neuen Verfassung ein brit. »Dominion« ist – Transithandel, Bunkerstation – 1976 Einf. 38 Mill. $, Ausf. 3 Mill. $ – W: 1 Gibraltar-Pfund (Gib£) = 100 New Pence (p); 1 Gib£ = 2,184 US-$ bzw. 4,2411 DM – BSP (S) 1978: 110 Mill. $, je E. 3660 $; Jahreszuwachs 4,6 %

Gilbert-Inseln, jetzt **Kiribati,** s. diesen Hauptartikel

Canton und Enderbury werden nach Vereinbarungen (1939) zwischen Großbritannien u. den USA für 50 Jahre gemeinsam kontrolliert; Canton war zeitweise wichtiger Stützpunkt für den transpazifischen Luftverkehr

(Ost-Asien):

Hongkong (Hong Kong – [HK]) 1045 km² (m. Wasserflächen 2916 km²; New Territories 959 km²) und 4725000 Einw. (B 1979, Z 1971 3948179), rd. 98 % Chinesen; etwa 35000 Weiße, meist Briten; 59 % d. Einw. in H. geboren; Hptst. Victoria, 501700 (Z 1976), m. V. etwa 1000000 Einw., Kaulun [Kowloon] etwa 1500000, New-K. 700000 Einw. usw. – Städt. B.: 90/2,1/100/100 – G: 72/1,4/1/1350/110 – S: 10 / 121 / 3,0 – Jährl. Bevölkerungswachstum: (1977) 1,2 % – Gesetzgebender Rat (12 offiz. Mitglieder u. bis 15 inoffiz., überwiegend Chinesen, dazu Briten) und Vollzugsrat – Gouverneur: Sir Murray MacLehose – Sprache: Englisch, Chinesisch – Religion: Buddhisten, Konfuzianer, christl. Minderheit (u. a. 260000 röm. Katholiken), 200 Juden – Wirtschaft: BSP 1977: 11890 Mill. $, 1978: 14050 Mill. $/ 3040 $ [40b] /5,8 – WS: 2/ – 0,2/31/6,8 – V: 7/73/ 25/20/98/ – 5 – A: 65/2/57 – E: 1313/0,7/1974 – M: 0,5 – Außenhandel: 1979 Einf. 17137 Mill. $, Ausf. 14822 Mill. $ – W: 1 Hongkong-Dollar (HK$) = 100 Cents (c); (am 29. 3. 80) 1 US-$ = 5,045 HK$, 1 HK$ = 0,3825 DM – I: 8,0 – AS: 1 / 15 / 6 / 18 / 18 – T: 104 – H: 70/26/1 – Z: 317 / . . / . . / . . – K: – / 206 / . . – Ausfuhr: Textilien, Möbel, chem. u. pharm. Produkte, elektr. Apparate (nach den USA, BR Deutschland, Großbrit., Japan; Japan führt bei d. Einfuhr vor d. Chin. Volksrep.) – Die sog. »New Territories« wurden von China 1898 für 99 Jahre gepachtet, aber Peking betrachtet das ganze Gebiet als unter seiner Hoheit stehend

Jungfern-Inseln s. Virgin Islands

(Ozeanien):

Pitcairn (4,6 km²) einschl. d. unbewohnten Insel-Dependenzen Ducie, Henderson u. Oeno 38 km² u. 68 Einw. (1978) – Erstmals besiedelt v. d. Meuterern der Bounty 1790 – Gouverneur: Harold Smedley – *Unabhängigkeit* zugesichert, Termin noch nicht festgelegt

(Süd-Atlantik):

Sankt Helena 121,7 km² u. 5200 Einw. (1978), Hauptort Jamestown 1600 Einw. – Gesetzgebender Rat und Vollzugsrat – Zum Amtsbereich des Gouverneurs (G. C. Guy) v. Sankt Helena gehören Ascension, 88 km² u. 1151 Einw. (S 1973), Hauptort Georgetown; Tristan da Cunha (104 km²) mit Gough, Inaccessible u. Nightingale-Gruppe, 209 km² u. 290 Einw. (1973) – Sprache: Englisch – Religion: haupts.

Protestanten – Ausfuhr: Flachs – W: brit. £ u. eigene Banknoten

Süd-Georgien u. Süd-Sandwich-Inseln s. Falkland-Inseln

Tuvalu, s. Hauptartikel

(Westindien; Karibik):

Turks- und Caicos-Inseln 430 km² u. 7200, n. and. Ang. 6200 Einw. (1977), meist Neger u. Mulatten – Sprache: Englisch – Religion: Protestanten – Verwaltungssitz: Grand Turk 2300 Einw. – Staatsrat – Gouverneur: J. C. Strong – Ausfuhr: Salz, Schwämme, Sisal – W: US-$

(Westindien; Karibik):

Virgin Islands (The Brit. Virgin Islands; u. a. Anegada, Jost van Dyke, Tortola [8866 Einw.], Virgin Gorda) zus. 153 km² u. 12000 Einw. (S 1977), meist Neger und Mulatten – Sprache: Englisch – Religion: haupts. Protestanten – Gesetzgebender Rat u. Vollzugsrat – Gouverneur: J. A. Davidson – Hptst. Road Town (auf Tortola) 3500 Einw. – Ausfuhr: Vieh, Fische, Gemüse, Früchte – W: US-$

Rhodesien s. Simbabwe

III. HOHEITSANSPRÜCHE IN DER ANTARKTIS

s. Antarktis-Artikel

Neue Hebriden s. Vanuatu

(Süd-Asien):

IV. BRUNEI [BRU] 5765 km² u. 190000 Einw. (S 1979; Z 1971 136256; u. a. 54% Malaien, 60% Muslimen, 26% Chinesen usw.), Hptst. Bandar Seri Begawan 75000 Einw. – BSP (S) 1978: 1820 Mill. $, je E. 10640 $; Jahreszuwachs 7,7% – Bis 1971 britisches Schutzgebiet; seither voll selbstbestimmend, jedoch mit Wahrnehmung der äußeren Beziehungen durch Großbritannien, das auch eine konsultative Verteidigungsverantwortung hat – Herrscher: Sultan Hassan al-Bolkiah Muizzaddin Waddaulah – General Advisor: P.O.K.S.B.D.L. Utama Hadschi Ibrahim – Gesetzgebender Rat, Ministerrat unter dem Vorsitz des Sultans; ein Minister (»Mentri Besar«) ist dem Sultan für die Vollzugsautorität verantwortlich – Verteidigungsrat – Flagge: weiß-schwarzer Querstreifen auf gelber Fläche – Amtssprache Malaiisch; Englisch, Chinesisch, Iban – Wichtige Ausfuhrgüter: Erdöl u. Erdgas bis 70% – 1978 Einf. 276 Mill. $, Ausf. 1775 Mill. $ – W: 1 Brunei-Dollar (BR$) = 100 Cents; 1 US-$ = 2,2565 BR$, 1 BR$ = 0,8606 DM – **Volle Unabhängigkeit für 1983 vereinbart**

COMMONWEALTH OF NATIONS

(Gemeinwesen der Nationen)

Unabhängige Mitglieder (Stand 1.9.1980)
Großbritannien u. Nordirland – Australien – Bahamas – Bangladesch (Rep.) – Barbados – Botsuana (Rep.) – Cypern (Rep.) – Dominica (Rep.) – Fidschi – Gambia (Rep.) – Ghana (Rep.) – Grenada – Guyana (Rep.) – Indien (Bundesrepublik) – Jamaika – Kanada – Kenia (Rep.) – Kiribati (Rep.) – Lesotho – Malawi (Rep.) – Malaysia – Malta (Rep.) – Mauritius – Nauru (Rep.) – Neuseeland – Nigerien (Rep.) – Papua-Neuguinea – Sambia (Rep.) – Samoa i Sisifo – Seschellen (Rep.) – Sierra Leone (Rep.) – Simbabwe – Singapur (Rep.) – Solomon Islands – Sri Lanka (Rep.) – St. Lucia – St. Vincent – Swasiland (Königreich) – Tansania (Rep.) – Tonga – Trinidad und Tobago (Rep.) – Tuvalu – Uganda (Rep.)
Das britische Verbindungsorgan zu den Mitgliedern ist seit 1968 das Ministerium für Auswärtige und Commonwealth-Angelegenheiten (Foreign and Commonwealth Office) in London; es pflegt auch die Beziehungen zur Irischen Republik, die dem Commonwealth nicht angehört, aber von Großbritannien nicht als fremder Staat angesehen wird. – Gemeinsames Sekretariat (Gen.Sekr.: Shirdath Ramphal, Guyana) mit Sitz in London – 1971 wurde ein Commonwealthfonds für technische Zusammenarbeit geschaffen. Seit 1976 besitzt das C. Beobachterstatus bei der UNO. Seit 1978 Konsultationsgruppen f. Energie, interregion. Handel usw. (Vgl. dazu Abschnitt über »Internationale Organisationen«.)

GUADALCANAL s. Salomonen

GUADELOUPE s. Frankreich (Französische Republik 1)

GUAM s. Vereinigte Staaten von Amerika (Überseebesitzungen)

GUATEMALA *(Mittel-Amerika)*

(Republik G.; República de Guatemala – [GCA]

Fläche (98): 108889 km² – **Einwohner** (74): 6620000 (S 1978; Z 1973 5160221 de jure) = 60,8 je km² – **Städt. B.:** 37/3,6/38/38 – **G:** 57/7,7/15/2500/91 – **S:** 54/45*/1,7 – **Jährl. Bevölkerungswachstum:** (1970–1977) 2,9%

Bevölkerung: über 45% Indianer (meist Maya-Quiché), über 40% Mestizen (Ladinos); außerdem Neger, Mulatten, Sambos u. Weiße (bes. in den Städten) – **Staatssprache:** Spanisch, 18 Maya-Quiché-Dialekte – **Religion:** 90% röm.-katholisch; Protestanten (über 100000), 1900 Juden

Nationalflagge: blau-weiß(mit Wappen)-blau-(senkrecht) – **Nationalfeiertag:** 15.9. – **U:** 1821

Staats- u. Regierungsform: Präsidiale Republik – Parlament (»Congreso Nacional«) mit 1 Kammer;

Wahl der Mitglieder für vier Jahre – Allgem. Wahlrecht – Wehrpflicht – Verwaltungsglied. in 22 Departamentos – **Staatsoberhaupt u. Regierungschef:** General Romeo Lucas García, seit 1978 – **Außenminister:** Ing. Rafael Eduardo Castillo Valdés – **Parteien:** In d. Kammer haben d. gemäßigte Linkspartei »Partido Revolucionario«/PR 14, »Partido Institucional Democrático«/PID (rechtskonservativ) 17, »Movimiento Nacional de Liberación«/MNL (rechts) 20, die »Democracia Cristiana Guatemalteca« 7 und u. a. die »Central Aranista Organizada« 3 Sitze (Wahl v. 1978). Seit 1977 Organ. einer Indianer-Partei – **Dipl. B.:** BR Dtld.

Städte (Z 1973 z. T. A): C. de Guatemala (Hptst.) 1227800 (S 1978) Einw., Quezaltenango 65733, Chiquimula 46374, Cobán 43538, Mazatenango 38319, Puerto Barrios 38950, Retalhuleu 37250, Escuintla 37180, Zacapa 35769, Huehuetenango 31945, Antigua 26631

Wirtschaft: BSP 1977: 5350 Mill. $, 1978: 6040 Mill. $/910 $[77]/3,3–**WS:**../5,7/../7,3–**V:**6/76/20/18 / 24 / –2 – **A:** 53 / 57 / 19 – **E:** 257 / 0,4 / 197 – **M:** 1,1

Außenhandel: 1978 **Einf.** 1286 Mill. $, **Ausf.** 1089 Mill. $–**W:** 1 Quetzal (Q) = 100 Centavos (c); 1 US-$ = 1,00 Q, 1 Q = 1,9419 DM – **I:** 10,4 – **AS:** 2*/0*/10*/12*/26* – **T:** 142 – **H:** 75/25/0 – **Z:** –50/0,3/1,3/4,6 – **D:** 5,3 – **K:** – / 41 / 95

Wichtige Ausfuhrgüter: Kaffee (bis 40 % d. Ausfuhrwertes), Baumwolle (10–15 %), Bananen, Zucker, ätherische Öle – **Wichtigste Außenhandelspartner:** USA, El Salvador u. and. mittelamerikan. Länder, BR Deutschland, Japan, Venezuela

Mitgliedschaft: UNO, OAS, BCIE, CECLA, ECLA, IAEA, IBRD, ICAO, IDA, IDB, IFC, ILO, IMF, ITU, MCA, SELA, UNESCO, UPU, WHO, WMO, Zentralamerikanischer Verteidigungsrat – G. erhebt Anspruch auf Belize (s. Großbritannien II)

GUAYANA s. Guyana, ferner Frankreich (Französ. Republik 1) und Hauptartikel Surinam

GUINEA *(West-Afrika)*
(Revolutionäre Volksrepublik Guinea; Rép. Révolut. Populaire de Guinée)

Fläche (71): 245857 km² – **Einwohner** (87): 4890000 (S 1979) = 19,9 je km² – **Städt. B.:** 16/6,2/77/77/–**G:**44/21,6/30/15500/84–**S:**93*/30*/5,9 – **Jährl. Bevölkerungswachstum:** (1970–1977) 2,5 %

Bevölkerung: vorwieg. Sudan-Gruppen, besonders Mandingo (15 % Malinke, 5 % Sussu, Kissi); über ¼ Fulbe, etwa 8000 Franzosen – **Amtssprache:** Französisch, außerdem Mandingo-Sprachen (Malinke), Ful u. a. – **Religion:** 62 % Muslimen, Anhänger von Naturreligionen; christliche Minderheiten (1–2 %; über 40000 Katholiken)

Nationalflagge: rot-gelb-grün (senkrecht) – **Nationalfeiertag:** 2. 10. – **U:** 1958

Staats- und Regierungsform: Präsidiale »soziale« Republik – Parlament aus 1 Kammer – Allgem. Wahlrecht – Allgem. Wehrpflicht – Verwaltungsgliederung in 29 Regionen – **Staatsoberhaupt:** Ahmed Sékou Touré, »Oberster Diener des Volkes«, wiedergewählt 1978, Generalsekretär d. PDG – **Regierungschef:** Dr. Louis Lansana Beavogui – **Außenminister:** Abdoulaye Touré – **Parteien:** »Demokratische Partei Guineas« (»Parti Démocratique de Guinée«/PDG) Einheitspartei – **Dipl. B.:** BR Dtld. und DDR

Städte (S 1972): Conakry (Hptst.) 525621 Einw., A (1977) 600000, Kankan 100000, Kindia 80000 – **Wirtschaft: BSP** 1977: 1000 Mill. $, 1978 1070 Mill. $ /208 $[141]/2,5–**WS:**../3,2/../10,2–**V:**14*/79*/5*/7*/23*/2* – **A:** 54/83/10 – **E:** 93/0,4/105 – **M:** 4,6*

Außenhandel: 1973 **Einf.** 100 Mill. $, **Ausf.** 70 Mill. $– **W:** 1 Syli (SY) = 100 Cauris; 1 US-$ = 19,488 SY, 1 SY = 0,0996 DM – **I:** 4,9 – **H:** 63*/19*/18* – **Z:** –15/14,3 / 44 / 67 – **K:** – / –75 / 10*

Wichtige Ausfuhrgüter: Aluminiumoxid u. Bauxit (bis über 70 %), Bananen, Kaffee, Eisenerz, Diamanten – **Wichtigste Außenhandelspartner:** Frankreich und andere EG-Länder, Sowjetunion u. andere RGW-Länder, USA, Japan

Mitgliedschaft: UNO, OAU, ECA, ECOWAS (CEDEAO), FAO, IBRD, ICAO, ILO, IMF, ITU, UNESCO, UPU, WHO, WMO, AKP, O.M.V.G.

GUINEA/Republik Äquatorial-Guinea
(West-Afrika)
(República de Guinea Ecuatorial)

Fläche (126): 28051 km², davon Bioko (zeitw. Macías Nguema Biyogo; fr. Fernando Póo) 2017 km², Pagalu (fr. Annobón) 17 km², Festlandgebiet (Mbin, Río Muni) mit Elobey-Inseln 26017 km² – **Einwohner** (141): 360000 (S 1979; davon ¾ auf dem Festland) = 12,8 je km² – **Städt. Bev.:** 20 % – **S:** 80 % – **Jährl. Bevölkerungswachstum:** (1970–1977), 1,8 %

Bevölkerung: überw. Bantu (u. a. Fang oder Pamúes 75 %, Benga; auf Bioko auch etwa 20000 Bube bzw. »Bubis« u. 3000 »Fernandinos« [Mischlinge]); kleine span. Minderheit – **Staatssprache:** Spanisch, Bubi; Fang; kreol. Portugiesisch auf Pagalu – **Religion:** ⅘ röm.-kath.; protestant. Minderheit, Anhänger von Naturreligionen

Nationalflagge: grün-weiß-rot (waagerecht) mit blauem Dreieck am Flaggstock – **Nationalfeiertag:** 12. 10. (seit 1976), offiz. Datum der Unabhängigkeit – **U:** 1968

Staats- u. Regierungsform: Präsid. Republik – Parlament – Nach der Verfassung v. 4. 8. 1973 ein Einheitsstaat – Nationalversammlung – **Staatsoberhaupt u. Regierungschef:** Führer d. Militärrates

Oberstltnt. Teodoro Obiang Nguema Mbasogo, seit Staatsstreich v. Aug. 1979 – **Außenminister:** Oberltnt. Florencio Maye Ela – **Parteien:** »Partido Único Nacional de Trabajadores«/PUNT; seit Aug. 1979 polit. Struktur noch ungeklärt; Exilorg. A.N.R.D. – **Dipl. B.:** BR Dtld. (wahrgen. durch Botschaft d. BR Dtld. in Jaunde, Kamerun)

Städte (S): Malabo (fr. Santa Isabel, Hptst.) auf Bioko 50000 Einw., Bata 45000

Wirtschaft: BSP 1976 (S): 100 Mill. $, 1977: 110 Mill. $ / 336 $ [119] / (1962–1976) 0,2 – **L:** 95 – **E:** 94

Außenhandel: 1973 **Einf.** 36 Mill. $, **Ausf.** 32 Mill. $ – **W:** 1 Ekuele (EK) = 100 Céntimos; 1 US-$ = 71,750 EK, 1 EK = 0,0271 DM

Wichtigste Ausfuhrgüter: Kakao (über 50%), Kaffee, Holz – **Wichtigste Außenhandelspartner:** Spanien, EG

Mitgliedschaft: UNO, OAU, ECOWAS (CEDEAO), AKP, GATT (assoz.), IBRD, ICAO, IFC, IMCO, IMF, ITU, UPU, WHO, WMO

GUINEA-BISSAU *(West-Afrika)*
(Republik Guinea-Bissau; Republica da Guiné-Bissau)

Fläche (121): 36125 km² – **Einwohner** (132): 777214 (Z 1979) = 21,5 je km² – **Städt. Bev.:** ca. 20% – **S:** 80–90% – **Jährl. Bevölkerungswachstum:** (1970–1977) 1,6%

Bevölkerung: Neger und Mulatten; etwa ein Drittel Balantas, außerdem Manjacos, Mandingo, Papeis; dazu Fulbe, weiße Minderheit sowie Mischlinge – **Staatssprache:** Portugiesisch; sudanesische Umgangssprachen u. ein kreol. Portugiesisch (Crioulo) – **Religion:** ca. 35% Muslimen, im übrigen Anhänger von Naturreligionen; 8% Katholiken

Nationalflagge: gelb-grün (waagerecht)-senkrechter roter Streifen am Mast mit schwarzem Stern – **Nationalfeiertag:** 24. 9.; 1973 einseitige Ausrufung der Unabhängigkeit, Gewährung der **Unabhängigkeit** von Portugal im Sept. 1974

Staats- u. Regierungsform: Republik – Allg. Volksversammlung aus 150 Mitgliedern – »Revolutionäre Volksstreitkräfte«/FARP – **Staatsoberhaupt:** Luiz de Almeida Cabral, Vorsitzender des 15köpfigen »Staatsrates«, seit 1973, gewählt 1977 – **Regierungschef:** »Oberster Kommissar« bzw. Vorsitzender der »Staatskommissare« (Minister) João Bernardo (Nino) Vieira – **Außenminister:** Staatskommissar Victor Saúde Maria – **Parteien:** »Partei f. d. Unabhängigkeit v. Guinea-Bissau u. d. Kapverdischen Inseln« (»Partido Africano da Independência da Guiné e de Cabo-Verde«/PAIGC), erhielt 1976 84% d. Stimmen; Gen.-Sekr. Aristides Pereira (s. Kapverden), Stellv. Luiz de Almeida Cabral – **Dipl. B.:** BR Dtld. u. DDR

Städte (Z 1979): Bissau (Hptst.) 109486 Einw., Bissarã 39913, Canchungo Boé 36766

Wirtschaft: BSP 1977 (S): 130 Mill. $, 1978 (S): 160 Mill. $ / 200 $ [143] / –7,7 – **L:** 86 – **E:** 58

Außenhandel: 1975 **Einf.** 38 Mill. $, **Ausf.** 12 Mill. $ – **W:** 1 Guinea-Peso (PG) = 100 Centavos (CTS); 1 US-$ = 34,431 PG, 1 PG = 0,0564 DM

Ausfuhrgüter: Erdnüsse, Kokosnüsse, Palmöl (zus. bis 80%), Fische, Holz – **Außenhandelspartner:** Portugal, Spanien, Großbritannien, Japan

Mitgliedschaft: UNO, OAU, FAO, IBRD, IFC, IMF, ITU, UNESCO, AKP, ECOWAS (CEDEAO), Föderation mit d. Kapverden, zunächst Koord. in d. Außenpolitik

GUYANA *(Süd-Amerika)*
(Kooperative Republik Guyana;
Cooperative Republic of Guyana – [GUY])

Fläche (77): 214969 km² – **Einwohner** (130): 860000 (S 1979; 701885 Z 1970) = 4,0 je km² – **Städt. Bev.:** 40% – **S:** 17–20% – **Jährl. Bevölkerungswachstum:** (1970–1976) 1,8%

Bevölkerung: 48–52% Inder, 32% Neger, 3–5% Indianer, 2% Weiße, 0,7% Chinesen, im übrigen Mischlinge – **Staatssprache:** Englisch; 9 Stammesdialekte, Patois, Hindi – **Religion:** 57% Christen (Protestanten, 110000 röm. Katholiken), 15% Hindus, 9% Muslimen

Nationalflagge: grünes Feld mit schwarzgerändertem roten Dreieck auf weißgerändertem gelben Dreieck – **Nationalfeiertag:** 23. 2. – **U:** 1966

Staats- und Regierungsform: Unabhängige Kooperative Republik. Neue Verf. in Vorb., gepl. Präs.-Syst. – Parlament aus 1 Kammer – Verwaltungsgliederung in 9 Distrikte usw. – **Staatsoberhaupt:** Arthur Chung (Tschung, chines. Herkunft), wiedergewählt 1976 – **Regierungschef,** Premier- u. Verteidigungsminister usw.: L. Forbes S. Burnham (afrikan. Herkunft), PNC – **Außen- u. Justizminister:** R. E. Jackson – **Parteien:** Größte Partei ist (Wahlen von 1973) der »People's National Congress«/PNC (37 Sitze); er vertritt namentlich die Bevölkerung afrik. Herkunft. Es folgen: die linksradikale »People's Progressive Party«/PPC (14 Sitze); sie stützt sich auf die Inder u. andere Asiaten; »Liberation Party« (2 Sitze, bes. v. Weißen gewählt) – **Dipl. B.:** BR Dtld. und DDR

Städte (S 1975): Georgetown (Hptst.) 182000 Einw.; (S 1970): Linden 29000, New Amsterdam 23000

Wirtschaft: BSP 1977: 430 Mill. $, 1978: 460 Mill. $ / 550 $ [96] / 0,4 – **L:** 24–30 – **E:** 1072 – **M:** 1,9

Außenhandel: 1978 **Einf.** 279 Mill. $, **Ausf.** 289 Mill. $ – **W:** 1 Guyana-Dollar (G$) = 100 Cents; 1 US-$ = 2,5452 G$, 1 G$ = 0,7630 DM

Wichtige Ausfuhrgüter: Zucker (bis 50%), Bauxit u. Aluminiumoxid (bis 70% des Ausfuhrwertes), Reis, Rum, Manganerze, Diamanten – **Wichtige Außen-**

handelspartner: USA, Großbritannien, Trinidad u. Tobago, Kanada, Jamaika, Niederlande, BR Deutschland, Sowjetunion

Mitgliedschaft: UNO, Commonwealth, FAO, GATT, IAEA, IBRD, ICAO, IFC, ILO, IMF, ITU, UNESCO, UPU, WHO, WMO, CARICOM, AKP; »Amazonas-Vertrag«; Abk. mit RGW beantragt – Teile von G. werden von Venezuela beansprucht

HABOMAI s. Japan

HAGION OROS s. Griechenland: Mönchsrepublik Athos

HAITI *(Mittel-Amerika)*
(Republik Haïti; République d'Haïti – [RH])

Fläche (128): 27750 km² – **Einwohner** (86): 4920000 (S 1979; 4329991, nur de jure B., Z 1971) = 177,3 je km² – **Städt. B.**: 22 / 3,9 / 54 / 54 – **G**: 51 / 16,0 / 23 / 11170 / 90 – **S**: 77 / 46* / 0,9 – **Jährl. Bevölkerungswachstum:** (1970–1977) 1,7

Bevölkerung: über 60% Neger; außerdem Mulatten (30%) und einige tausend Weiße – **Staatssprache:** Französisch; Umgangssprache ein kreolisches Französisch – **Religion:** zu rund 70% röm.-katholisch; rd. 10% Protestanten, Vudu- (Voodoo-)Kulte, 150 Juden

Nationalflagge: schwarz-karmesinrot (senkrecht) mit Wappen in der Mitte – **Nationalfeiertag:** 1. 1. – **U:** 1804

Staats- u. Regierungsform: Präsidiale Republik – Parlament aus 1 Kammer (»Chambre des Députés«); Verfassung von 1964 m. starker Stellung d. Präs. – Wahlberechtigt alle über 21 Jahre alten Bürger – Keine Wehrpflicht – Verwaltungsgliederung in 9 Départements – **Staatsoberhaupt u. Regierungschef:** Präsident Jean-Claude Duvalier, seit 1971, auf Lebenszeit – **Außenminister:** Georges Salomon – **Parteien:** »Parti Unité National« (»Einheitspartei der Revolut. Regierungsaktion«); KP verboten; faktisch autoritäres System, seit 1978 unter dem Motto »Jeanclaudismus« – **Dipl. B.**: BR Dtld.

Städte (S 1977): Port-au-Prince 703100 Einw.; (S 1971): Le-Cap-Haïtien 47216, Gonaïves 29261

Wirtschaft: BSP 1977: 1090 Mill. $, 1978: 1240 Mill. $/257 $ [130] / 2,1 – **WS**: 41/2,4/15/8,7 – **V**: 8/83/18/9 / 21 / – 9 – **A**: 56 / 70 / 8 – **E**: 28 / 0,1 / 57 – **M**: 1,1

Außenhandel: 1978 **Einf.** 212 Mill. $, 1977 **Ausf.** 155 Mill. $ – **W**: 1 Gourde (Gde.) = 100 Centimes (cts.); 1 US-$ = 5 Gde., 1 Gde. = 0,3884 DM – **I**: 13,3 – **AS**: 2/2/9/31/17 – **H**: 98*/<1*/2* – **Z**: – 51/1,1/7/11 – **D**: 1,4 – **K**: – / 49 / 8

Wichtige Ausfuhrgüter: in erster Linie milde Kaffeesorten (bis 30% d. Ausfuhrwertes), Bauxit u. Zukker, Sisal – **Wichtigste Außenhandelspartner:** USA, Japan, Kanada, BR Deutschland u. and. EG-Länder, Niederl. Antillen

Mitgliedschaft: UNO, OAS, BLADEX, CCD, CECLA, ECLA, FAO, GATT, IAEA, IBRD, ICAO, IDA, IDB, IFC, ILO, IMCO, IMF, ITU, SELA, UNESCO, UPU, WHO, WMO

HAUTE-VOLTA s. Obervolta

HAWAII-INSELN s. Vereinigte Staaten von Amerika

HEARD-INSELN s. Australien

HONDURAS *(Mittel-Amerika)*
(Republik Honduras; República de Honduras)

Fläche (95): 112088 km² – **Einwohner** (96): 3560000 (S 1979; 2653857 Z 1974) = 31,8 je km² – **Städt. B.**: 32/5,3/33/0 – **G**: 57/13,0*/14/3300/90 – **S**: 43 / 89 / 4,0 – **Jährl. Bevölkerungswachstum:** (1970–1976) 3,8%

Bevölkerung: ca. 80% Mestizen, rd. 10% Indianer, außerdem Neger, Mulatten, Sambos u. Weiße (über 1%) meist altspan. Abst. – **Staatssprache:** Spanisch; in den Küstenorten Englisch als Verkehrssprache; indianische Dialekte – **Religion:** etwa 86% röm.-kath., rund 36000 Protestanten, 200 Juden

Nationalflagge: blau-weiß (mit fünf blauen Sternen)-blau (waagerecht) – **Nationalfeiertag:** 15. 9. – **U:** 1821 bzw. nach Auflösung der »Zentralamerikanischen Föderation« 1838

Staats- u. Regierungsform: Präsidiale Republik – Parlament aus 1 Kammer (»Congreso Nacional«) – Allgemeines Wahlrecht – Wehrpflicht – Verwaltungsgliederung in 18 Departamentos – **Staatsoberhaupt u. Regierungschef:** General Policarpo Juán Paz García, Vors. d. Militär-Junta seit d. Staatsstreich v. 7. 8. 1978, als interim. Präs. gewählt im Aug. 1980 – **Außenminister:** Oberst Elvir Sierra – **Parteien:** Bei d. Wahlen zu einer Verfassunggeb. Versamml. am 20. 4. 1980 errangen die Liberalen (»Partido Liberal«/PL) 35 u. die Nationalpartei (»Partido Nacional«/PN) 33, die Reformpartei (»Partido Inovación y Unidad«/PINU) 3 Sitze – **Dipl. B.**: BR Dtld.

Städte (S 1977): Tegucigalpa (Hptst.) 316800 Einw.; (S 1974): San Pedro Sula 133730, A 153000, La Ceiba 44057, Puerto Cortés 29981, El Progreso 25000, Tela 25000

Wirtschaft: BSP 1977: 1410 Mill. $, 1978: 1650 Mill. $/479 $ [103] / 0,0 – **WS**: 32/0,8/27/6,0 – **V**: 14/68/24/18/38/ – 6 – **A**: 50/63/15 – **E**: 264/0,7/222 – **M**: 1,6

Außenhandel: 1978 **Einf.** 693 Mill. $, **Ausf.** 596 Mill. $ – **W**: 1 Lempira (L) = 100 Centavos (cts.); 1 US-$ = 2,00 L, 1 L = 0,9710 DM – **I**: 6,5 – **AS**: 9/0/11/10/29 – **T**: 91 – **H**: 83/17/<1 – **Z**: – 113/2,9/7/31 – **D**: 3,0 – **K**: – / 100 / 9

Wichtige Ausfuhrgüter: Bananen (30–40 % d. Ausfuhrwertes), Kaffee (12–16 %), Holz, Baumwolle, Bergbauprodukte, Silber, Blei, Zink – **Wichtigste Außenhandelspartner:** USA über 60 %, Japan, BR Deutschland, Großbritannien

Mitgliedschaft: UNO, OAS, OCAS, ODECA, BCIE, CECLA, ECLA, FAO, IAEA, IBRD, ICAO, IDA, IDB, IFC, ILO, IMCO, ITU, MCC, UNESCO, UPU, WHO, WMO

HONGKONG s. Großbritannien II

INDIEN *(Süd-Asien)*

(Republik Indien; Bharat, B. Juktarashtra; Ind. Bundesrepublik – [IND])

Fläche (7): 3 287 590 km^2 (3 148 595 km^2 ohne die v. Indien besetzten Teile von Kaschmir; Jammu und Kashmir nach offiz. Angaben 138 995 km^2 – einschl. des v. China okkupierten Teiles von Ladakh mit etwa 40 000 km^2 – und 4 616 632 Einw., Z 1971) – **Einwohner** (2): 650 980 000 (S 1979; 548 159 652 Z 1971 m. Sikkim u. Anteil an J. und Kaschmir) = 198 je km^2; u. a. als Ausländer rd. 60 000 Tibeter, über 10 000 Chinesen sowie europäische und sonstige Gruppen – **Städt. B.:** 21 / 3,1 / 6 / 35 – **G:** 51 / 12,2 / 18 / 3140 / 89 – **S:** 64 / 79 / 3,2 – **Jährl. Bevölkerungswachstum:** (1970–1977) 2,2 %

Bevölkerung: überwiegend Bevölkerungsgruppen mit indoarischen (72 %, vor allem Hindi, Bengali, Bihari, Marathi, Pandschabi, Gudscherati, Radschastani, Orija, Assami, Urdu, Kaschmiri, etwa 2000 sprechen Sanskrit), daneben mit Drawida-Sprachen (25 %, bes. Tamil, Telugu, Malajalam, Kannada), 3 % mongol. Herkunft (z. B. 350 000 Nagas). 4–5 Mill. Inder leben im Ausland – **Staatssprache:** Hindi, in Devanagari-Schrift, aber mit internationalen Zahlenzeichen, neben Hindi als offizielle Sprache Englisch bis 1965, seither »assoziierte« Sprache. In den Bundesstaaten Gleichberechtigung der Regionalsprachen – **Religion:** (Z 1971) 82,7 % Hindus, 11,2 % Muslimen; außerdem größere Gruppen von Christen (2,6 %, davon mehr als die Hälfte Katholiken), Sikh (1,9 %) u. Dschainas (0,47 %), 0,7 % Buddhisten (durch wachsenden Übertritt von Kastenlosen wahrscheinlich mehr), etwa 200 000 Parsen und 12 000 Juden

Nationalflagge: tiefes Safrangelb-weiß (mit Emblem: Ashokas Rad in Blau)-grün (waagerecht) – **Nationalfeiertag:** 26. 1. – **U:** 15. 8. 1947

Staats- u. Regierungsform: Demokrat.-parlament. Republik m. bundesstaatl. Gliederung; unabhängiges Mitglied des »Commonwealth of Nations« – Parlament aus 2 Kammern (»Lok Sabha« bzw. »Haus des Volkes«, »Radja Sabha« bzw. »Haus der Staaten«); die 542 (davon 78 für »scheduled castes« u. 38 für »scheduled tribes« bestimmt) Mitglieder des Lok Sabha werden direkt für fünf Jahre gewählt; hinzu kommen 2 v. Präs. nominierte Abg. d. anglo-ind. Gemeinschaft; das »Haus der Staaten« umfaßt 244 Mitglieder, davon 12 v. Staatspräs. ernannt. – Wahlberechtigt alle 21 u. mehr Jahre alten Bürger – Keine allgemeine Wehrpflicht – Indien ist in 21 bzw. mit dem von ihm bes. Teil v. Kaschmir in 22 Staaten (mit eigenen Parlamenten u. Regierungen) u. in mehrere, der zentralen Verwaltung unterstehende Territorien (Andamanen u. Nikobaren, Chandigarh, Dadra u. Nagar Haveli, Delhi, Gôa m. Daman u. Diu, Lakshadweep [= Lakkadiven m. Minicoy u. Amindiven], Mizoram, Pondicherry, Arunachal Pradesh [fr. Nordostgrenzgebiet) gegliedert – Bundesstaaten: Andhra Pradesh – Assam – Bihar – Gujarat – Haryana – Himachal Pradesh – Jammu u. Kaschmir – Karnataka (fr. Mysore) – Kerala – Madhya Pradesh – Maharashtra – Manipur – Meghalaya – Nagaland – Orissa – Punjab – Rajasthan – Sikkim – Tamil Nadu (früher Madras) – Tripura – Uttar Pradesh – West Bengal. Einige der Staaten haben 2 Kammern – **Staatsoberhaupt:** Präs. Neelam Sanjiva (Nilam Sandschiwa) Reddy, seit 1977 – **Regierungschef:** Indira Gandhi, Kongreß-I, seit 14. 1. 1980 – **Außenminister:** P. V Narasimha Rao – **Parteien:** Wahlen v. 3. u. 6. Jan. 1980 (Wahlen v. 1977 bzw. nach Spalt. d. Kongreß-Partei 1978): Kongreß-I-Partei unter Indira Gandhi 354 (72) Sitze, Kongreß-U (der nach Spaltung der »Kongreß-Partei« [»Indian National Congress«] nicht zu I. Gandhi übergeschwenkte Teil) 13 (75), »Dschanta« [Janata]-Partei d. ehem. Verteidig.-Min. Dschagdschivan [Jagjivan] Ram 31 (202), Lok Dal (»Volkspartei«) d. ehem. Min.-Präs. Tscharan [Charan] Singh 41 (76), CPI-M (Kommun. Partei, unabh. Marxisten) 37 (22), CPI (Komm. Partei, pro Moskau) 11 (7) sowie regionalist. u. sonst. Parteien insg. 43 Sitze, u. a. DMK (All India Anna Dravida Munnetra Kazhagam in Tamilnadu) 16 (1), Gesamtindische DMK (Dravida Munnetra Kazhagam) 2 (18), Alkali Dal im Punjab [Pundschab] 1 (8). – Bei Regionalwahlen im 1975 annekt. Sikkim erhielt die

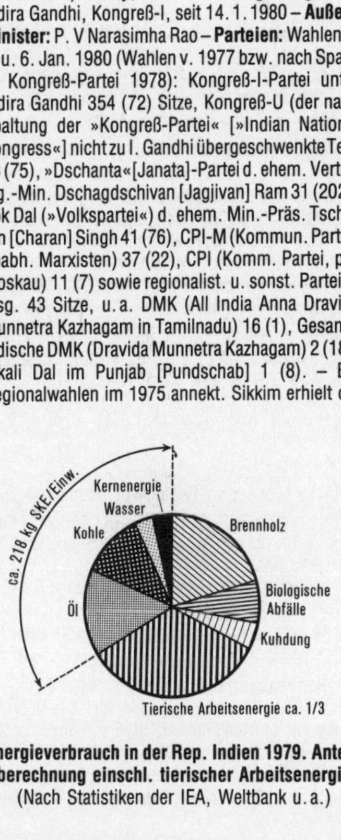

Energieverbrauch in der Rep. Indien 1979. Anteilberechnung einschl. tierischer Arbeitsenergie
(Nach Statistiken der IEA, Weltbank u. a.)

königstreue P. u. Nar Bakadur 16 u. der früh. Reg.-Chef Lhendup Dorij (tritt für völlige Integration in die Indische Union ein) nur noch 3 von insg. 31 Sitzen. – **Dipl. B.:** BR Dtld. u. DDR

Städte (Z 1971): Neu-Delhi (Hptst.) 301801, als A Delhi 3647023 Einw., Kalkutta [Calcutta] als engere Stadt 3148746 (ohne Howrah, das 737877 Einw. zählt), als Mun. Corporation 8297000 (S 1977), Bombay 7605000 (S 1977), Madras 2469449 (A 3169930), Haiderabad [Hyderabad] 1607396 (A 1796339), Ahmadabad 1585544, Bangalore 1540741 (A 1653759), Kanpur 1154388 (A 1275242), Nagpur 866076 (A 930459), Puna [Poona] 856105 (A 1135034), Lakhnau [Lucknow] 749239 (A 813982), Agra 591917 (A 634622), Varanasi [Benares] 583856 (A 606721) – Insgesamt 1971 142 Städte m. mehr als 100000 Einw.; in 2921 Städten lebten 1971 109 Mill. Inder, davon über die Hälfte in d. Großstädten

Wirtschaft: BSP 1977: 100180 Mill. $, 1978: 112660 Mill. $ / 175 $ [147] / 1,1% – **W:** 37 / 4,1 / 25 / 2,6 – **V:** 7* / 79* / 21 / 22 / 8 / 1 – **A:** 55 / 73 / 11 – **E:** 218 / 1,6 / 168 – **M:** 3,4

Außenhandel: 1979 **Einf.** 8048 Mill. $, **Ausf.** 6224 Mill. $ – **W:** 1 Indische Rupie (iR) = 100 Paise (P.); 100 iR = 12,25 US-$, 1 iR = 0,2379 DM – **I:** 8,9 – **AS:** 12/6/26/28/19 – **T:** 83 – **H:** 55/23/12 – **Z:** 1874/0,8/11 / 15 – **D:** 9,0 – **K:** – / 628 / – 8

Wichtige Ausfuhrgüter: Nahrungs- u. Genußmittel (zwei Drittel d. Ausfuhrwertes), u. a. Baumwollwaren und Jute (einschl. Säcke je bis 10%), Tee bis 8%, Pflanzenöle, Gewürze, Obst, Gemüse, Tabak, Eisenerz, Leder – **Wichtigste Außenhandelspartner:** USA, Japan, Sowjetunion, Großbritannien, BR Deutschland, Benelux u. andere EG-Länder, Iran, Kanada, Australien, Tschechoslowakei, Polen (n. Ländergruppen 1976 u. a. EG 23%, RGW 17%, USA 13%)

Mitgliedschaft: UNO, Commonwealth, Colombo-Plan, ADB, ESCAP, FAO, GATT, IAEA, IBRD, ICAO, IDA, IFC, ILO, IMCO, IMF, ITU, UNESCO, UPU, WHO, WMO, CCD, AKP

INDONESIEN *(Südost-Asien)*

(Republik Indonesien; Republic of Indonesia – [RI])

Fläche (14): 1919270 km² (mit Ost-Timor) – **Einwohner** (5): 148470000 (S 1979, mit Irian Jaya [üb. 1000000 Einw.] u. Ost-T. [592603, Nov. 1979]; 119291290 Z 1971, m. Irian Jaya) = 77,4 je km² – **Städt. B.:** 18/3,3/23/45 – **G:** 48/12,5/19/16430/98 – **S:** 38 / 82 / 1,4 – **Jährl. Bevölkerungswachstum:** (1970–1977) 2,6%

Bevölkerung: ganz überwiegend malaiische Indonesier; stärkste Gruppe die Javaner mit 80–90 Mill., gefolgt v. d. Sundanesen; größte Fremdgruppe: Chinesen (1979) mit 3,8 Mill. (davon 1,6 indon. u. 1,5 Mill. chines. Staatsbürgerschaft, Rest staatenlos); Java mit 7% d. Fläche beherbergt 65% der Bev. – **Staatssprache:** Bahasa Indonesia; außerdem indonesische Regionalsprachen. Handelssprache Englisch – **Religion:** bis 90% Muslimen; 1,5–3% Hindus (Bali), 0,4% Buddhisten u. Konfuz. (meist Chinesen), 3–4% Protestanten u. Angehörige pfingstlicher Kirchen (0,8%), röm. Katholiken 2%, 100 Juden und rund 1% Anhänger von Naturreligionen

Nationalflagge: rot-weiß (waagerecht) – **Nationalfeiertag:** 17. 8. – **U:** 1945 bzw. endgültig 1949

Staats- und Regierungsform: Zentralistische Republik – Einkammerparlament; »Beratender Volkskongreß« (»Majelis Permusyawaratan Rakyat«/MPR) mit 920 Mitgliedern (je zur Hälfte direkt gewählt bzw. v. Provinzen u. »funktionellen Gruppen« entsandt) – Keine allgemeine Wehrpflicht – Verwaltungsgliederung einschl. Ost-Timor in 27 Provinzen u. Hptst. – **Staatsoberhaupt:** Präsident u. Regierungschef (General a. D.) Suharto [Soeharto], erneut gewählt im März 1978; Vizepräsident: Hadschi [Haji] Adam Malik – **Außenminister:** Prof. Dr. Mochtar Kusumaatmadja – **Parteien:** »Funktionale Gruppen« (Golongan Karya), auf die bei den Wahlen v. Mai 1977 62,1% der Stimmen und 232 der 460 Parlamentssitze entfielen. Außerdem die muslimische »Vereinigte Entwicklungspartei«/PPP (29,2% u. 99 Sitze), die nationalist.-christliche »Demokratische Partei«/PDI (8,7% u. 29 Sitze). 100 Mandate werden jeweils vom Präsidenten vergeben. Die »Indones. Kommunist. Partei« (»Partai Komunis Indonesia«/PKI) wurde 1966 mit ihren Unterorganisationen verboten – **Dipl. B.:** BR Dtld. u. DDR

Städte (Z 1971): Jakarta Raya (fr. Batavia, Hptst.) 4576009 (S 1977: 6178500) Einw., Surabaya 1556255, Bandung 1201730, Semarang 646590, Medan 635562, Palembang 582961, Makasar (Ujung Padang) 434766, Malang 422428, Bandjarmasin 420510, Surakarta 414285, Yogyakarta 342267

Wirtschaft: BSP 1977: 42680 Mill. $, 1978: 48820 Mill. $/360 $ [117]/5,7 – **WS:** 31/4,2/34/12,9 – **V:** 10/68/21/22/22/1 – **A:** 56/60/12 – **E:** 218/0,9/32 – **M:** 3,0

Außenhandel: 1979 **Einf.** 6700 Mill. $, **Ausf.** 11600 Mill. $ – **W:** 1 Rupiah (Rp.) = 100 Sen (S); 1 US-$ = 627,50 Rp., 1 Rp. = 0,00309 DM – **I:** 22,0 – **AS:** 74/1/8/15/41 – **T:** 253 – **H:** 77/22/1 – **Z:** 423/2,9/12/26 – **D:** 2,7 – **K:** – / 1163 / 235

Wichtige Ausfuhrgüter: Erdöl und -produkte (bis über 70%), Kautschuk (7–10%), Kaffee, Palmöl, Zinn, Tabak, Tee, Kopra, Gewürze – **Wichtigste Außenhandelspartner:** Japan, USA, BR Deutschland, Singapur, Niederlande, Australien, Großbritannien, Birma, Indien

Mitgliedschaft: UNO, Colombo-Plan, ASEAN, CCD, ESCAP, FAO, GATT, IAEA, IBRD, ICAO, IFC, ILO, IMCO, OPEC, IMF, ITU, UNESCO, UPU, WHO, WMO

IRAK *(Vorder-Asien)*
(Demokratische Volksrepublik Irak; Al Dschumhurīja al Iraqija ad Dimukratija asch-Sha'abija bzw. Al Jumhurya al'Iraqia ad Dimuqratiya ash-Sh'abiya – [IRQ])

Fläche: (51): 438446 (off. Ang., einschl. 3522 km^2 neutr. Zone mit Saudi-Arabien) km^2 – **Einwohner** (52): 12770000 (S 1979; 8047415 Z 1965) = 29,1 je km^2 – **Städt. B.:** 66 / 5,6 / 53 / 62 – **G:** 55 / 3,3 / 17 / 2530 / 101 – **S:** 82* / 99 / 4,3 – **Jährl. Bevölkerungswachstum:** (1970–1977) 3,4%

Bevölkerung: etwa 75% arabischsprachige Iraker, 15% Kurden, fast 2% Türken, außerdem Perser und andere kleine Volkssplitter – **Staatssprache:** Arabisch; Umgangssprachen der anderen Volksgruppen, vor allem Kurdisch – **Religion:** schiitische (über 50%) und sunnitische Muslimen (insg. 95%); ca. 3% Christen verschiedener Konfessionen (über 200000 Katholiken), 55000 Jesiden, etwa 12000 Mandei (Sabians) u. 500 Juden

Nationalflagge: rot-weiß(drei grüne Sterne)-schwarz (waagerecht) – **Nationalfeiertag:** 14. 7. (Republ.-Tag) u. 17. 7. (Revolut.-Tag d. ASBP) – **U:** 1932; Republik seit 1958

Staats- u. Regierungsform: Republik m. starker Stellung des Präsidenten – »Nationale Front« v. 17. 7. 1973 unter Führung der »Arab. Sozialist. Baath-Partei« auf der Grundlage der Verfassung eines volksdem.-sozialist. Einheitsstaates – »Revolutionsrat« und beratender »Nationalrat« – Nationalversammlung aus 250 Mitgl. (einschl. d. Mitgl. d. Rev.-Rates) u. Legislativrat aus 50 Vertr. d. Kurdenprovinzen Arbil, Soleimaneh u. Dohouk [Sulaimaniya u. D'hok] – Verwaltungsgliederung in 18 Provinzen (Muhafadha) – **Staatsoberhaupt:** Präsident und Vorsitzender des »Revolutionären Führungsrates« sowie Regierungschef General Sadam Hussein, seit Juli 1979 – **Außenminister:** Sadun Hammadi – **Parteien:** Entscheidender Einfluß der nationalistisch-sozialistischen »Arab. Sozialist. Baath-Partei« (»Wiedergeburts«- oder auch »Sendungs«-Partei/ASBP; Gen.-Sekr. Sadam Hussein); KP und »Kurd. Dem. Partei«/ KDP – Autonomie f. d. kurdischen Gebiete in Aufbau – Bei d. Wahlen z. Nationalversamml. am 20. Juni 1980 errang die seit 1968 regierende Baath-Partei eine klare Mehrheit – **Dipl. B.:** BR Dtld. und DDR

Städte (S 1965): Bagdad (Hptst.) 410877, Siedlungskomplex 1977 3205600 Einw., Basra [Bassora] 313327 (A 1974: 854000), Karradah Sharqiyah m. V. 236666, Mosul [Mawsil] 264146 (A 1974: 857000), Kadhimain (m. V.) 183404, Kirkuk 183081, Adhamiya 152067, Nedschef [Najaf] 135622, Arbil 90320, Suleimanije 86822, Kerbela 83301, Diwanije u. Nasirije je über 60000

Wirtschaft: BSP 1977: 18490 Mill. $, 1978: 22720 Mill. $ / 1860 $ [53] / 7,1 – **WS:** 8 / – 1,5 / 69 / 12,2 – **V:** 18* / 48* / 20* / 34* / 42* / 14* – **A:** 51 / 43 / 25 – **E:** 727 / 0,5 / 564 – **M:** 13,9

Außenhandel: 1978 **Einf.** 4213 Mill. $, 1979 **Ausf.** 21449 Mill. $ – **W:** 1 Irak-Dinar (ID) = 1000 Fils; 1 ID = 3,394678 US-$ bzw. 6,5921 DM – **I:** 1,7* – **AS:** 99/ 0/<1/15/47 – **T:** 449 – **H:** 56/44/<1 – **Z:** 1209/0,6/ 1,1 / 4 – **D:** 8,9 – **K:** 0,28 / 385 / 24*

Wichtige Ausfuhrgüter: haupts. Erdöl (bis über 90% des Ausfuhrwertes); Datteln, Baumwolle und Viehzuchtprodukte, Zement – **Wichtigste Außenhandelspartner:** Italien, Frankreich, Großbritannien, Sowjetunion, Brasilien, Niederlande, Japan, BR Deutschland, Libanon, Saudi-Arabien, Chines. Volksrep.

Mitgliedschaft: UNO, Arabische Liga, Gemeinsamer Arabischer Markt, ECWA, FAO, IAEA, IBRD, ICAO, IDA, IFC, ILO, IMF, IMCO, ITU, OAPEC, OPEC, UNESCO, UPU, WHO, WMO, Beob.-Status bei RGW (Neutrale Zone s. diese)

IRAN *(Vorder-Asien)*
(Islamische Republik Iran; Dschumhuri-i-Islami; Persien – [IR])

Fläche (16): 1648000 km^2 – **Einwohner** (23): 36460000 (S 1978; 25785210 Z 1966) = 22,1 je km^2 – **Städt. B.:** 45 / 5,0 / 29 / 41 – **G:** 52 / 10,8 / 14 / 2570 / 98 – **S:** 50 /98 / 5,4 – **Jährl. Bevölkerungswachstum:** (1970–1976) 2,8%

Bevölkerung: zwei Drittel iranische Perser, etwa 20% turktatar. Aserbaidschaner (Aseri); bis 10% Kurden; Araber (2%), Armenier usw.; 3–4% weisen nomadische Lebensformen auf – **Staatssprache:** Persisch (Farsi); außerdem versch. iranische Umgangssprachen, besonders der Kurden, ferner der Bachtiaren, Luren, Bäludschen usw. sowie Umgangssprachen der nichtiranischen Völker, u. a. Aserbaidschanisch bzw. Aseri, Arabisch – **Religion:** Islamisch 95–98%, zu rund 90% Schiiten (Schia bzw. Ithna-Ashariyya als Staatsreligion), 5% Sunniten; zahlreiche Sekten. 240000 Christen (meist Ang. d. Armen. Kirche), etwa 21000 Anhänger der alten Zarathustra-Religion (Ghabrs), 50000 Juden, Anhänger der verbotenen Baha'i-Religionsgemeinschaft

Nationalflagge: grün-weiß-rot (waagerecht) – **Nationalfeiertag:** 11. 2. – **U:** über 2000 Jahre alte Staatsgeschichte

Staats- u. Regierungsform: Islamische Republik – Parlament (»Madschlis«) bzw. »Beratende Islam. Versammlung« – Allgem. Wahlrecht – Zwölfköpfiger Verfassungsrat (»Wächterrat«), darunter 6 Geistliche – Wehrpflicht – Verwaltungsgliederung in 14 Provinzen (»Ostan«) u. 9 Gouvernorate (»Farmandarikal«) – **Staatsoberhaupt:** Abolhassan Bani-Sadr [Banisadr] – **Ministerpräsident:** Mohammed Ali Radschai [Rajai], seit Aug. 1980 – **Außenminister:** Sadegh Ghotbsadeh [Qotbzadeh] – **Parteien:** Bei den Wahlen zur »Beratenden Islamischen Versammlung« v. 20. 6. 1980 erhielt die streng religiöse

»Islam. Republ. Partei«/IRP, deren Vors. Hojatoleslam Rafsandschani [Rafsanjani] Parlamentspräsident ist, eine Zweidrittelmehrheit – **Dipl. B.:** BR Dtld. und DDR

Städte (Z 1976/77): Teheran (Hptst.) 4498159 Einw., Isfahan [Esfahan] 671825, Meschhäd [Mashhad] 670180, Täbris [Tabriz] 598576, Schiras [Shiraz] 416408, Ahwas [Ahvez] 329006, Abadan 296081, Kermanschah [Kermanshah] 290861, Kum [Ghom] 246831, Rescht [Rasht] 187203, Razaeyeh 163991, Tajrisch (1966) 157486, Hamadan [Hamedan] 155846, Jesd [Yazd] 135978, Rai (1966) 102825

Wirtschaft: BSP 1976: 69170 Mill. $, 1977: 75100 Mill. $/2180$[46]/8,2–**WS:** 10/5,8/55/3,4–**V:** 21/38/30/41/19*/11–**A:** 51/41/32–**E:** 1490/0,8/525 – **M:** 11,3

Außenhandel: 1978 **Einf.** 16019 Mill. $, **Ausf.** 1979 19433 Mill. $ – **W:** 1 Rial (Rl.) = 100 Dinars (D.), 10 Rials = »Toman« (= alte persische Währungseinheit); 1 US-$ = 70,35 Rls., 1 Rl. = 0,0276 DM – **I:** 24,3–**AS:** 97/0/<1/11/45–**T:** 414–**H:** 74/26/0–**Z:** 5371/1,1/3,2/7,5 – **D:** 6,4 – **K:** 0,24/1719/802

Wichtige Ausfuhrgüter: Erdöl u. -Derivate sowie Erdgas (80–90% des Ausfuhrwertes), Teppiche, Baumwolle, Trockenfrüchte (Datteln, Rosinen), Häute, Felle, Wolle, Reis, Ölsaaten, Erze – **Wichtigste Außenhandelspartner:** Japan, BR Deutschland, Großbritannien u. and. EG-Länder (EG insg. 76%), USA, Indien, Sowjetunion

Mitgliedschaft: UNO, ADB, CCD, ECAFE, ECWA, FAO, OPEC, UNESCO, UPU, WHO, WMO. Zusammenarbeit mit Pakistan und Türkei (»Reg. Cooper. for Development«/RCD)

IRIAN JAYA s. Indonesien

IRLAND *(Nordwest-Europa)*

(Poblacht Na h'Éireann; Irish Republic; Éire – [IRL])

Fläche (109): 70283 km² (mit 1392 km² Binnengewässern) – **Einwohner** (100): 3360000 (S 1979; 2976248 Z 1971) = 47,8 je km² – **Städt. B.:** 55/2,3/49/49 – **G:** 73/1,5/1/830/141 – **S:** 2/109/6,2 – **Geburten- u. Sterbeziffer** je 1000 Einw. 1977: 21,6/10,5 – **Geb.-Ü.:** 11,1

Bevölkerung: fast ausschließlich Iren; in den USA leben über 6,5 Mill., in Kanada 1 Mill. Irischstämmige – **Staatssprache:** Irisch (zum gälischen Zweig der keltischen Sprachen gehörig) u. Englisch. Als tatsächl. Umgangssprache dürfte Irisch von rund 40000 Iren gesprochen, von über 700000 z.T. beherrscht werden – **Religion:** rd. 94% röm.-kath.; Protestanten, 4000 Juden

Nationalflagge: grün-weiß-orange (senkrecht) – **Nationalfeiertag:** 17.3. – **U:** 1921 bzw. 1937 (Verfassung v. 1937 durch Großbritannien 1945 anerkannt)

Staats- u. Regierungsform: Parlamentarisch-demokratische Republik – Parlament (»Oireachtas«) aus 2 Kammern (»Dáil Éireann« u. »Senat« bzw. »Seanad Éireann«); Wahl der Abgeordneten für fünf Jahre – Wahlberechtigt alle 18 u. mehr J. alten Bürger – Keine Wehrpflicht – Verwaltungsgliederung in 27 »Counties« und 4 »C. Boroughs« – **Staatspräsident:** (Uachtaran na h'Éireann): Dr. Padraig Ohlrighile (Patrick J. Hillery), seit 1976 – **Regierungschef:** Ministerpräs. (Taoiseach) Charles J. Haughey, Fianna Fáil, seit Dez. 1979 – **Außenminister:** Brian Lenihan – **Parteien:** Seit den Wahlen von 1977 besitzt die »Fianna Fáil« (»Soldaten des Schicksals«) 84 (1973: 69), die »Fine Gael« (»Familie der Iren«) 43 (54), die »Labour Party« 17 (19) Sitze; 4 (2) Unabhängige – **Dipl. B.:** BR Dtld.

Städte (Z 1971): Baile Atha Cliath (Dublin, Hptst.) 567866 (m. V. 679748) Einw., Corcaigh (Cork) 134430, Dun Laoghaire (Kingstown) 98379, Luimneach (Limerick) 63002, Port Láirge (Waterford) 33676, An Ghaillimh (Galway) 29375

Wirtschaft: BSP 1977: 9770 Mill. $, 1978: 11210 Mill. $/3470$[36]/2,1–**WS:** 22*/0,9*/26*/6,1*–**V:** 19/65/25/16/52/–9–**A:** 59/21/36–**E:** 3170/1,2/3096 – **M:** 1,6

Außenhandel: 1979 **Einf.** 9837 Mill. $, **Ausf.** 7180 Mill. $ – **W:** 1 Irisches Pfund (Ir£) = 100 New Pence (p); 1 Ir£ = 1,9370 US-$ bzw. 3,7615 DM – **I:** 14,7–**AS:** 3/14/13/13/25–**T:** 101–**H:** 88/9/1–**Z:** –261/3,6/16/.. – **D:** 6,0 – **K:** –/../173

Wichtige Ausfuhrgüter: Vieh, Fleisch, Molkereiprodukte u. sonst. Lebensmittel (zw. 30–40%), Maschinen, Textilien, Chemikalien – **Wichtigste Außenhandelspartner:** Großbritannien (bis 50% d. Gesamtwertes), BR Deutschland u. übrige EG-Länder, USA u. Kanada

Mitgliedschaft: UNO, Europarat, OECD, CCD, ECE, EG, EWS, FAO, GATT, IAEA, ICAO, IDA, IFC, ILO, IMCO, IMF, ITU, UNESCO, UPU, WHO, WMO

ISLAND *(Nord-Europa)*

(Republik Island; Lýðveldið Ísland – [IS])

Fläche (100): 102829 km² (m. 14500 km² Binnengewässer) – **Einwohner** (147): 230000 (F 1979; 204930 Z 1970) = 2,2 je km² – **Städt. Bev.:** 87% – **S:** 0% – **Geburten- u. Sterbeziffer** je 1000 Einw. 1977: 17,8/6,6 – **Geb.-Ü.:** 11,2

Bevölkerung: fast ausschließlich Isländer – **Staatssprache:** Isländisch (»islenska«) – **Religion:** rund 90% evang.-lutherisch, über 1000 Katholiken

Nationalflagge: blau mit weißgerändertem roten Kreuz – **Nationalfeiertag:** 17.6. – **U:** alte staatliche Geschichte; volle Unabhängigkeit von Dänemark 1944

Staats- u. Regierungsform: Parlamentarisch-demokratische Republik – Parlament (»Althing«) aus 2

Kammern (»Oberhaus« bzw. »Efri deild« u. »Unterhaus« bzw. »Nedri deild«) – Allg. Wahlrecht – Wahl alle 4 Jahre – Keine Streitkräfte – Verwaltungsgliederung in 23 »Sýslur« (etwa »Landkreise«) u. 22 kreisfreie Städte – **Staatsoberhaupt:** Präsident Frau Vigdis Finnbogadottir, seit Juni 1980 – **Regierungschef:** Prem.Min. einer Koalitionsreg. aus einem Teil d. Unabhängigk.-P., d. Fortschr.-P. u. d. Labour-Allianz: Dr. Gunnar Thoroddson, Unabhängigk.-P. – **Außenminister:** Ólafur Jóhannesson – **Parteien:** Bei d. vorgezog. Wahlen im Dez. 1979 erhielt d. Unabhängigkeits-P. (»Sjalfstoedflokkurin«) 21 (1978: 20) Sitze; sie vertritt liberale Wirtschaftspolitik u. Anwesenh. d. NATO-Truppen. 17 (12) Sitze entfielen auf d. Fortschritts-P. (»Framsoknarflokkurin«), 11 (14) auf d. »Labour-Alliance« (Kommunisten), 10 (14) auf die Sozialdemokr. P. (»Althyduflokkurin«) u. 1 auf einen Unabh. – **Dipl. B.:** BR Dtld. u. DDR

Städte (1976): Reykjavík (Hptst.) 84493, m. V. (Kópavogur usw.) 117761 Einw., Akureyrí 12299, Hafnarfjörđur 11739, Akranes 4629, Vestmannaeyjar 4568

Wirtschaft: BSP 1977: 1710 Mill. $, 1978: 1880 Mill. $ / 8320 $ [15] / 3,0 – **L:** 10 – **E:** 3170

Außenhandel: 1979 **Einf.** 838 Mill. $, **Ausf.** 791 Mill. $ – **W:** 1 Isländische Krone (ikr) = 100 Aurar (aur.); 1 US-$ = 428,60 ikr, 1 ikr = 0,00453 DM

Wichtige Ausfuhrgüter: Fische u. Fischereierzeugnisse (über 70%); Aluminium – **Wichtigste Außenhandelspartner:** USA, Großbritannien, BR Deutschland, Sowjetunion, skandinav. Länder

Mitgliedschaft: NATO, Nordischer Rat, Europarat, CCD, ECE, EFTA, FAO, GATT, IAEA, IBRD, ICAO, IDA, IFC, ILO, IMCO, IMF, ITU, OECD, UNESCO, UPU, WHO, WMO; Freihandelsabk. m. d. EG – US-Flugstützpunkt bei Keflavík

ISRAEL *(Vorder-Asien)*

(Staat Israel; Medinat Yisrael; State of Israel – [IL])

Fläche (132): 20770 km² (m. 445 km² Binnengewässern) – **Einwohner** (94): 3780000 (F 1979, m. Ost-Jerusalem, davon 574000 Nichtjuden; de jure 3124000 Z 1972 m. Ost-Jerusalem) = 182 je km² – **Städt. B.:** 87/3,3/37/37 – **G:** 72/2,3/1/410*/122 – **S:** 12/128/6,8 – **Geburten- u. Sterbeziffer** je 1000 Einw. 1977: 26,1 / 6,8 – **Geb.-Ü.:** 19,3 – **Jährl. Bevölkerungswachstum:** (1970–76) 3,0%

Bevölkerung: Ende 1978 n. offiz. Ang. 3135000 Juden und rund 595000 Araber; kleine sonst. Gruppen; insg. rd. 100000 deutschstämmige Juden – **Staatssprache:** Neu-Hebräisch (Iwrith, Ivrith); Jiddisch; Arabisch für arab. Minderheiten – **Religion:** 1978: Juden 84,27%, 12,14% Muslimen, 86100 Christen (meist Araber; zu 64% Katholiken d. versch. Riten, zu 30% Orthodoxe, im übrigen Protestanten), über 44900 Drusen – 1977 waren von den Juden 48% im Lande (»Sabras«) und u.a. 428000 in Marokko, 346000 in Polen, 162000 im Jemen sowie 75000 in den USA u. Australien geboren, insges. 25% in Nordafrika und 27% in Europa (einschl. UdSSR) und Amerika. 1976 gab es in der Welt insgesamt 14308345 Juden, davon 6,65 Mill. in Nord- u. Mittelamerika (n. »Inf. Please Almanac«); in Israel gab es 1969 1,194 Mill. »Sephardim« (aus Orient, Spanien u. Bulgarien stammend) u. 1,114 Mill. »Ashkenasim« (aus dem übrigen Europa u. Amerika stammend)

Nationalflagge: weiß mit zwei waagerechten blauen Streifen und blauem David-Stern in der Mitte – **Nationalfeiertag:** jährlich wechselnd; 1977 am 24.4., 1978 am 11.5., 1979 am 2.5., 1980 am 21.4. – **U:** 1948

Staats- u. Regierungsform: Parlamentarische Republik – Parlament (»Knesset«) mit 1 Kammer; Wahl der Abgeordneten für vier Jahre – Wahlberechtigt alle über 18 J. alten Bürger – Wehrpflicht für Männer und unverh. Frauen – Gliederung in 6 Distrikte (Mechosot) – **Staatsoberhaupt:** Präs. Prof. Jitschak [Yitzhak] Navon, seit 1978 – **Regierungschef:** Menachem Begin, »Likud«-Block (Cherut-L), Ministerpräsident einer Koalitionsregierung aus »Likud«, »DASH«, »Nationalrelig. Front«, toler. v. »Agudath Israel«; stellv. Min.Präs.: Prof. Ygael Yadin, »DASH« – **Außenminister:** Jitschak Schamir [Yitzhak Shamir] – **Parteien:** Bei d. Wahlen v. Mai 1977 erlitt d. »Israel. Arbeitspartei« (»Mifleget Ha'avoda Hajisraelit« aus Mapai, Mapam usw.) Verluste; sie erhielt 32 (vorh. 51) d. 120 Sitze; Gewinner waren d. Rechtsblock »Likud« m. zunächst 43, nach Abspaltung der »Radikal-Nationalen Partei« BANAI (»Bund d. Getreuen d. Landes Israel«) 41 (u.a. »Cherut« m. 21 Sitzen, Laam, Liberale) u. die neue »Demokrat. Bewegung für Wandel«/»DASH« von Yigael Yadin mit 15 Sitzen (von denen sich 1978 die Rubinstein-Amit-Gruppe [Chinoui; Wandel] mit 5 Abg. abspaltete u. in die Opposition ging). Die »Nationalreligiöse Front« (»Hapoel-hamisrachi«, »Misraki«) erhielt 12 Sitze; auf die orthodoxe »Agudath Israel« entfielen 4 Mandate, auf die »Poalai Agudath Yisrael« 1 Sitz, auf die »Schlomzion-Bewegung« von Ariel Scharon 2 Mandate. Außerdem: kommunist. arab. »Rakah« 5, »Shelli« (Soz.) 2 Sitze und u.a. »Flatto Sharon« u. »Bürgerrechtsbewegung« (Ratz) je 1 Sitz – **Dipl. B.:** BR Dtld.

Städte (F 1977): Jerusalem (Hptst. m. bes. arab. Altstadt) 370000 (S 1979 402000, davon 290000 Juden, 10000 Muslimen u. 12000 Christen) Einw., Tel Aviv/Jaffa [Tel Aviv-Yafo] 343000 (A 1,18 Mill.), Haifa 227800 (m. V. 360400), Bat Jam [B. Yam] 124100, Holon 121200, Ramat Gan 120900, Petach Tikwa [Petah Tiqwa] 120000, Beersheba [Beer Sheva] 101000, Nathania [Netanya] 89100, Bnei Brak [Bene Beraq] 85900, Rischon Lezijjon 79100, Herzelijja 52000, Givataim [Giv'atayim] 49600, Nazareth 38600

Wirtschaft: BSP 1977: 13570 Mill. $, 1978: 15300 Mill. $/4120$[29]/2,0–**WS:**7/6,6/40/5,3–**V:**37/56/23/7/36/–16–**A:**59/8/37–**E:**2541/0,7/2995 – **M:** 26,6

Außenhandel: 1979 **Einf.** 7398 Mill. $, **Ausf.** 4301 Mill. $–**W:** 1 Schekel (IS) = 100 New Agorot, 1 IS = 10 I£; 1 US-$ = 41,3260 I£, 1 I£ = 0,0470 DM – **I:**27,5–**AS:**2/11/17/14/22–**T:**79–**H:**75/25/<1– **Z:** – 250 / 6,5 / 16 / 47 – **D:** 2,3 – **K:** .. / – 378 / 76

Wichtige Ausfuhrgüter: Zitrusfrüchte (10%), Diamanten (bis 50%), Textilien u. Kleider (10%), Maschinen, Kupfer, Chemikalien, Zement–**Wichtigste Außenhandelspartner:** USA, BR Deutschland, Großbritannien, Niederlande, Frankreich, Belgien/ Lux., Schweiz, Italien, Japan

Mitgliedschaft: UNO, CCD, FAO, GATT, IAEA, IBRD, ICAO, IDA, IFC, ILO, IMCO, IMF, ITU, UNESCO (in europ. Regional-Abk.), UPU, WHO, WMO; Präf. m. d. EG – I. hält seit 1967 z. T. die Sinai-Halbinsel, den Gaza-Streifen, Westjordanien und Teile v. Syrien besetzt; n. d. Truppenentflechtungsabkommen v. Januar 1974 zog es sich um 15–30 km v. Ostufer des Suezkanals und später auch von einem Teil der Golan-Höhen, im Herbst 1976 von Randstreifen am Golf von Suez zurück. Die jordanische Altstadt von Jerusalem wurde mit der Neustadt vereinigt u. am 30. 7. 1980 v. d. »Knesseth« als »Ewige Hauptstadt« Israels erklärt, aber von der UNO als nichtig bezeichnet. – In d. bes. Gebieten (etwa 60000 km²) leben rund 1,1 Mill. muslim. Araber und über 30000 Christen – bisheriger Teilrückzug der Israelis nach dem ägyptisch-israelischen Friedensvertrag siehe »Weltchronik«.

ITALIEN *(Süd-Europa)*
(Italienische Republik; Repubblica Italiana – [I])

Fläche (63): 301252 km² – **Einwohner** (13): 56910000 (F 1979; de jure 54134846 Z 24. 10. 1971) = 188,9 je km² – **Städt. B.:** 67 / 1,5 / 9 / 52 – **G:** 73 / 1,8 / 1 / 490 / 140 – **S:** 2 / 105 / 5,1 – **Geburten- und Sterbeziffer** je 1000 Einw. 1977: 13,2 / 9,6 – **Geb.-Ü.:** 3,6

Bevölkerung: Italiener; u. a. rd. 5% Angeh. v. Minderheitensprachen: ca. 1,5 Mill. Sarden (davon 12000 Katalanen), 550000 Rätoromanen (Friauler u. 30000 Ladiner), 300000 Deutschsprachige (davon n. d. region. Zählung v. 1971 260351 Südtiroler – S 1979: 280000), mind. 200000 Franco-Provenzalen (Aostatal u. Piemonte), 100000 Slawen (dav. offiz. 53000 Slowenen in Triest), 90000 Albaner (bes. Kalabrien), 15000 Griechen (bes. Apulien). – Fast 30 Mill. Auslandsitaliener in Europa u. Übersee. – **Staatssprache:** Italienisch, daneben region. Amtssprachen Deutsch (Südtirol), Französ. (Aostatal), Ladinisch teilw. Schulspr. in Südtirol sowie Slowenisch in Triest u. Gorizia/Görz – **Religion:** fast ausschl. röm.-kath. (über 99%); protestantische (rd. 180000) u. orthodoxe Minderheiten, 35000 Juden

Nationalflagge: grün-weiß-rot (senkrecht) – **Nationalfeiertag:** am 1. Sonntag im Juni – **U:** alte staatliche Geschichte; nationale Einheit in neuerer Zeit seit 1870, Republik seit 1946

Staats- u. Regierungsform: Parlamentarisch-demokrat. Republik – Parlament (»Parlamento«) aus 2 Kammern (»Camera dei Deputati« u. »Senato della Repubblica«); Wahl der Deputierten für fünf Jahre – Wehrpflicht – Seit dem Regionalstatut v. 1970 wurde allen 20 Regionen größere Selbstverwaltung gegeben; vorher hatten nur die Regionen Friuli-Venezia Giulia, Trentino/Alto Adige (Trient/Südtirol), Valle d'Aosta, Sardinien und Sizilien ein Spez.-Statut. Die Regionen sind in Provinzen gegliedert – **Staatsoberhaupt:** Dr. Sandro Pertini, PSI, seit Juli 1978 – **Regierungschef:** Ministerpräsident Francesco Cossiga, DC, seit Aug. 1979, als Chef einer Koal. v. DC, PRI u. PSI – **Außenminister:** Emilio Colombo, DC – Die **Parlamentswahlen** vom 3./4. 6. 1979 im Vergleich zu den Wahlen von 1976 (in Klammern) für Abgeordnetenkammer/Senat (% bzw. Sitze): Christl.-Demokrat. Partei/DC 38,3/262 bzw. 38,3/138 (38,7/263 bzw. 38,9/135) – Kommunist. Partei/PCI 30,4/201 bzw. 31,5/109 (34,4/227 bzw. 33,8/116) – Sozialisten/PSI 9,8/8/62 bzw. 10,4/32 (9,6/57 bzw. 10,2/29) – Neofaschist. Sozialbewegung (Movimento Sociale)/MSI (die davon abgespalt. »Democrazia Nationale – Constituente di Destra« hat sich im Dez. 1979 aufgelöst) 5,3/30 bzw. 5,7/13 (6,1/34 bzw. 6,6/15) – Sozialdemokraten/PSDI 3,8/20 bzw. 4,2/9 (3,4/15 bzw, 3,1/6) – Radikale Partei/PR 3,4/18 bzw. 1,3/2 (1,1/4 bzw. 0,8/2) – Republikan. Partei/PRI 3,0/16 bzw. 3,4/6 (3,1/14 bzw. 2,7/6) – Liberale Partei/PLI 1,9/9 bzw. 2,2/2 (1,3/5 bzw. 1,4/2) – Prolet. Einheit/PDUP 1,4/6 bzw. 0,0 (0,1/1 bzw. 0) – Vereinigte Neue Linke 0,8/0 bzw. 0,1/0 – Wahlbündnisse auf lokaler Ebene 0,7/2 bzw. 0,6/1 – Südtiroler Volkspartei/SVP 0,6/4 bzw. 0,5/3 (0,5/3 bzw. 0,5/2) – Aostatal Partei – Wahlbündnis KPI/PSI im Senat 0,2/1. Prozentzahlen z. T. abgerundet. Zahl der Sitze im Abgeordnetenhaus 630, im Senat 322; weder DC mit den anderen Parteien der Mitte noch KPI zusammen mit PSI erreichen in den Kammern die absolute Mehrheit, diese auch nicht mit den noch weiter linksstehenden Parteien – Im Südtiroler Landtag ist die Südtiroler Volkspartei/SVP seit der Wahl vom November 1978 mit 21 Sitzen (von 34), die »Sozialdem. Partei Südtirols«/SPS mit 1, die »Soz. Fortschrittspartei«/SFP mit keinem Sitz vertreten; dazu 1 Ladiner und Italiener (u. a. 4 DC u. 3 Kommunisten); im Landtag der Region Trient-Südtirol entfallen von 69 Sitzen 21 auf die SVP, 1 auf die SPS, 0 auf die SFP, 5 auf die Trientiner-Tiroler Volkspartei, die übrigen auf ital. Parteien (u. a. DC 22, PCI 7, PSI 4). – Die PCI hatte Anfang 1978 1,72 Mill. Mitglieder – Seit Juli 1977 Programm-Vereinbarung von DC, PCI, PLI,

PRI, PSDI und PSI über wirtschaftl.-soziale Regierungsmaßnahmen; seit März 1978 Kooperation (ohne Liberale) dieser »Parteien des Verfassungsbogens« in der sog. »parlamentarisch-programmatischen Mehrheit« – **Dipl. B.:** BR Dtld. und DDR

Städte (F XII/1978): Rom (Roma, Hptst.) 2914640 Einw., Mailand [Milano] 1693351, Neapel [Napoli] 1225377, Turin [Torino] 1172482, Genua [Genova] 789057, Palermo 687578, Bologna 476471, Florenz [Firenze] 463826, Catania 400130, Bari 388336, Venedig [Venezia] 358266, Verona 270858, Messina 269414, Triest [Trieste] 262929, Tarent [Taranto] 246828, Padua [Padova] 242816, Cágliari 241720

Wirtschaft: BSP 1977: 199270 Mill. $, 1978: 218320 Mill. $/3840$[31]/2,0–**WS:** 8/1,8/43/2,6–**V:** 14/66/21/20/26/–1–**A:** 65/13/47–**E:** 3284/1,0/3071 – **M:** 2,5

Außenhandel: 1979 **Einf.** 77970 Mill. $, **Ausf.** 72242 Mill. $ – **W:** 1 Italienische Lira (Lit) = 100 Centesimi (Cent.); 1 US-$ = 898,25 Lit, 1 Lit = 0,0022 DM – **I:** 14,0–**AS:** 7/34/26/17/18–**T:** 78–**H:** 65/24/5–**Z:** 2285 / 24 / 107 / .. – **D:** 2,5 – **K:** 0,09 / .. / 585

Wichtige Ausfuhrgüter: Maschinen u. Fahrzeuge (etwa ein Drittel des Ausfuhrwertes); außerdem Textilien u. Bekleidung (15–20%), Chemikalien, landwirtschaftl. Erzeugnisse (u.a. Südfrüchte, Gemüse, Reis, Wein, Käse, Olivenöl) – **Wichtigste Außenhandelspartner:** BR Deutschland, Frankreich, USA, Benelux, Großbritannien, Schweiz, Sowjetunion, Österreich, Jugoslawien, Japan, Brasilien, Kanada, Saudi-Arabien, Libyen – (EG-Anteil an Ein- u. Ausfuhr je weit über 40%)

Mitgliedschaft: UNO, NATO, WEU, Europarat, ADB, CCD, ECE, EG, EWS, FAO, GATT, IAEA, IBRD, ICAO, ILO, IMCO, IMF, OECD, UNESCO, UPU, Weltbank, WHO, WMO

JAMAIKA *(Mittel-Amerika)*

(Jamaika – [JA] – von »Xaimca« = gut bewässert)

Fläche (140): 10991 km² – **Einwohner** (115): 2160000 (F 1979; 1848512 Z 1970) = 196,5 je km² – **Städt. B.:** 46/3,6/67/67–**G:** 70/2,2/3/3510/119 – **S:** 14 / 98 / 6,9 – **Jährl. Bevölkerungswachstum:** (1970–1977) 1,6%

Bevölkerung: etwa 77% Neger, rd. 19% Mulatten; Weiße (12500), indische (30000) und chinesische (10000) Minderheiten – **Staatssprache:** Englisch – **Religion:** ca. 75% Protestanten; etwa 8% Katholiken, 600 Juden

Nationalflagge: gold. Diagonalkreuz auf grünschwarz (dreiecksförmig) geteiltem Grund – **Nationalfeiertag:** 6. August – **U:** 1962

Staats- und Regierungsform: Parlamentarisch-demokrat. Monarchie – Parlament aus 2 Kammern – Allgem. Wahlrecht – Keine allgemeine Wehrpflicht – **Staatsoberhaupt:** Königin Elizabeth II., vertreten durch einen Generalgouverneur: Florizel Augustus Glasspole – **Regierungschef:** Premiermin. Michael Norman Manley, PNP – **Außenminister:** Percival J. Patterson – **Parteien:** Bei den Wahlen v. Dez. 1976 fielen an die »People's National Party«/PNP 48, an die »Jamaica Labour Party«/JLP von Edward Seaga 12 Sitze (n. and. Ang. 44 u. 16 Sitze) – **Dipl. B.:** BR. Dtld. u. DDR

Städte: Kingston (Hptst. 1974) 169800, m. V. (1975) 614000 Einw.; 1970: Montego Bay 50000, Spanish Town 41600

Wirtschaft: BSP 1977: 2230 Mill. $, 1978: 2350 Mill. $/1110$[67]/–2,0–**WS:** 9/1,2/37/–2,0–**V:** 22/66/11/12/32/1–**A:** 50/24/27–**E:** 1937/1,5/1008–**M:** 0,8

Außenhandel: 1978 **Einf.** 874 Mill. $, **Ausf.** 744 Mill. $ – **W:** 1 Jamaika-Dollar (J$) = 100 Cents (c); 1 US-$ = 1,778750 J$, 1 J$ = 1,0917 DM – **I:** 15,9–**AS:** 23/1/23/23/17–**T:** 87–**H:** 84/15/1–**Z:** –9/4,7/15/29–**D:** 0,5 – **K:** – / 8 / –7

Wichtige Ausfuhrgüter: Aluminiumoxid u. Bauxit (bis über 70%), Zucker, Bananen, Rum, Früchte, Gewürze – **Wichtigste Außenhandelspartner:** USA, Venezuela, Großbritannien, Kanada, Norwegen

Mitgliedschaft: Commonwealth, UNO, CCD, CARICOM, CECLA, ECLA, AKP, FAO, GATT, IAEA, IBRD, ICAO, IFC, ILO, IMF, ITU, NACAMUR, OAS, UNESCO, UPU, WHO, WMO; Koop. m. RGW geplant

JAPAN *(Ost-Asien)*

(Nihon-Koku; Nippon – [J])

Fläche (54): 372313 km² – **Einwohner** (7): 116120000 (F 1979; 111933800 Z 1.10.1975 prov.) = 311,9 je km² – **Städt. B.:** 75/2,4/21/41–**G:** 76/0,9/1/850/121–**S:** 1/101/5,3– **Geburten- u. Sterbeziffer** je 1000 Einw. 1977: 16,3 / 6,3 – **Geb.-Ü.:** 10,0

Bevölkerung: fast ausschließlich Japaner; 1976 647847 Koreaner, 47789 Chinesen, 15000 Ainu; außerdem über 21000 US-Bürger, sowie europ. u. südostas. Gruppen – **Staatssprache:** Japanisch; Englisch als Verkehrs- u. Bildungssprache wichtig – **Religion:** Buddhisten (mit vielen Sekten, darunter die »Soka Gakkai«) u. Schintoisten, bis 80% beiden Religionen zugehörend; 380000 Katholiken, über 740000 Protestanten, 25000 Orthodoxe; Anhänger der Kirche Christi in Japan (»Nippon Kirisuto Kyodan«), etwa 500 Juden

Nationalfagge: weiß mit roter Sonne – **Nationalfeiertag:** 29. 4. – **U:** in historischer Zeit stets unabhängig gewesen

Staats- u. Regierungsform: Parlamentarisch-demokrat. Monarchie – Parlament (»Kokkai«) aus 2 Kammern (»Haus der Räte« bzw. »Sangi-in« und »Abgeordnetenhaus« bzw. »Schugi-in«); Wahl der

Abgeordneten für vier Jahre – Allgemeines Wahlrecht – Keine allgemeine Wehrpflicht – Verwaltungsgliederung in 43 Präfekturen (»ken«), 2 Stadtbezirke (»fu«; Osaka und Kioto), sowie in die Hauptstadt »to«; Tokio) – **Staatsoberhaupt:** Kaiser (Nihon-Koku Tenno) Hirohito, seit 1926 – **Regierungschef:** Zenko Susuki [Suzuki], seit Juli 1980, LDP, Chef eines Einparteienkabinetts – **Außenminister:** Masayoschi Ito, LDP – **Parteien:** die Liberal-Demokratische Partei/LDP (Vors. Z. Susuki) erhielt bei den Wahlen vom Juni 1980 (Nov. 1979) 284 (248) Sitze im Abgeordnetenhaus (tritt f. Zusammenarbeit m. West u. Ost, freie Wirtsch. u. nation. Verteid. ein, in mehrere Flügel gegliedert). Zweitwichtigste Gruppe sind seit langem die Sozialisten/SPJ mit 107 (107) Mandaten (vertreten Neutralität u. Aufgabe d. US-Stützpunkte); die rechtsgerichtete »Liga f. saubere Politik« der »Soka Gakki« (Parteiname: »Komei-To«) erhielt 33 (57), die »Demokr. Sozialist. Partei«/DSP 32 (35), die Kommunisten (»Nihon Kyosan-to«) 29 (39), »Neuliberaler Club«/NLC 12 (4), Unabhängige 11 (4) und Sonstige 3 (2) Sitze. Die konserv. LDP verfügt m. Unterstützung von Unabhängigen auch im »Haus der Räte« über die Mehrheit – **Dipl. B.:** BR Dtld. und DDR

Städte (F 1977): Tokio (Tokyo, Hptst.) 8 592 425, m. V. 11 650 000, als Conurb. (Kei-hin): Tokio-Jokohama usw. annähernd 17 Mill. bis 27 Mill. Einw., Osaka 2 750 418, Conurb. 7 750 000, Jokohama [Yokohama] 2 658 545, Nagoja [Nagoya] 2 080 050, Kioto [Kyoto] 1 461 564, Kobe 1 363 992, Sapporo 1 276 547, Kitakiuschu (Con. v. Jawata, Kokura, Moji, Tobata, Wakamatsu) 1 063 981, Kawasaki 1 025 455, Fukuoka 1 021 623, Hiroschima [Hiroshima] 842 095, Sakai 757 671, Chiba 675 147, Sendai 609 000, Amagasaki 534 000, Okajama 524 000, Higaschiosaka 500 000, Kumamoto 483 000, Kagoschima 478 000, Hamamatsu 476 000, Schisuoka [Shizuoka] 451 000, Nagasaki 445 000, Himedschi [Himeji] 438 000, Niigata 427 000, Funabashi 427 000, Gifu 409 000

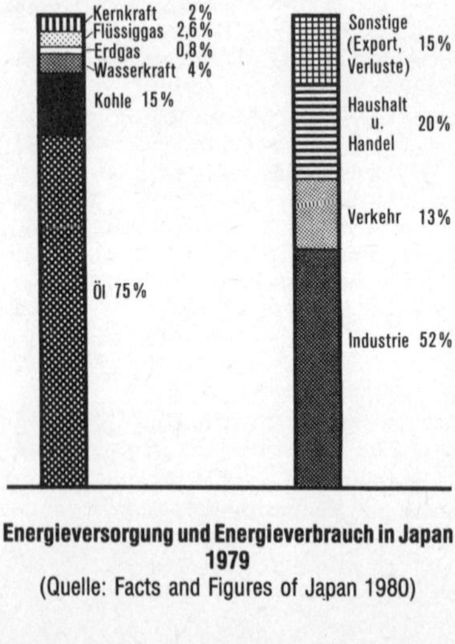

Energieversorgung und Energieverbrauch in Japan 1979
(Quelle: Facts and Figures of Japan 1980)

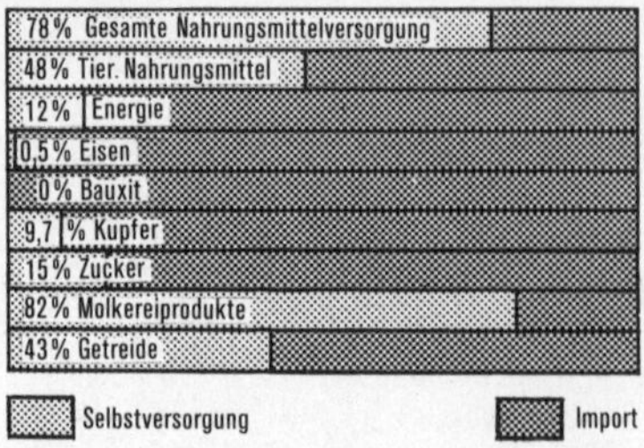

Selbstversorgungsgrad Japans bei ausgewählten Produkten
(Quelle: Facts and Figures of Japan 1980)

Wirtschaft: BSP 1977: 737 180 Mill. $, 1978: 836 160 Mill. $/7330 $ [19]/3,6 – **WS:** 5/3,0/41/5,7 – **V:** 11/57/32/32/14/<1 – **A:** 68/14/37 – **E:** 3679/0,8/4919 – **M:** 0,9

Außenhandel: 1979 **Einf.** 110 622 Mill. $, **Ausf.** 103 121 Mill. $ – **W:** 1 Yen (¥) = 100 Sen; 1 US-$ = 248,45 ¥, 1 ¥ = 0,00782 DM – **I:** 9,6 – **AS:** 1/53/44/17/6 – **T:** 76 – **H:** 45/43/6 – **Z:** 10911 – **D:** 3,3 – **K:** 0,24/../–1622

Wichtige Ausfuhrgüter: führend sind Maschinen (bis 25%), Eisen- und Stahlwaren (12–14%), Kraftfahrzeuge (20%), Schiffe (8–9%), Baumwollerzeugnisse; Kunstfaserfabrikate, opt. Produkte, Rohseide, Porzellan, Glas, Spielwaren, Fischereiprodukte – **Wichtigste Außenhandelspartner:** USA, Saudi-Arabien, Australien, Kanada, Indonesien, Iran, BR Dtld., Hongkong, Rep. China (Taiwan), Chines. Volksrep., Rep. (Süd-)Korea, Großbritannien, UdSSR, Thailand, Philippinen, Malaysia, Indien

Mitgliedschaft: UNO, ABD, ASPAC, CCD, ESCAP, FAO, GATT, IAEA, IBRD, ICAO, IDA, IFC, IMCO, IMF, ITU, OECD, UNESCO, UPU, WHO, WMO; Colombo-Plan

Von der Sowjetunion, an die nach dem Artikel III des Friedensvertrages mit Japan (in Kraft getreten am 24. 4. 1952) die *Kurilen* abgetreten werden mußten, erwartet Japan die Rückgabe von *Schikotan* (Shikotan) und *Habomai* (zus. 357 km²), ferner der beiden südlichsten Kurilen-I. (*Kunashiri* u. *Etorofu*, zus. 4639 km²), doch sind alle Verhandlungen bisher gescheitert. Mit China sind die *Sengaku* (Taoyütai)-Inseln umstritten.

JEMEN *(Vorder-Asien)*
(Arab. Rep. Jemen; Al Dschumhurija al'Arabija al Jamanija bzw. Jamhuriya Al Arabiya al Yamaniya)
Fläche (80): 195000 km² – **Einwohner** (79): 5790000 (S 1979; de jure 5306985 [ohne im Ausland befindl. 4,8 Mill.] Z 1975) = 29,7 je km² – **Städt. B.:** 8/7,3/28/0 – **G:** 47/15,2/31/18770/83 – **S:** 87 / 26 / 0,6 – **Jährl. Bevölkerungswachstum:** (1970–1977) 3,0%

Bevölkerung: südarabische Stämme, z.T. mit Negern vermischt – **Staatssprache:** Arabisch – **Religion:** 99% Muslimen: etwa 60% schiitische Saiditen, 40% sonstige Schiiten u. Sunniten, darunter die »Schaafii-Sekte«. Der Islam ist Staatsreligion. Etwa 2000 Juden

Nationalflagge der Republik: rot-weiß(mit grünem Stern)-schwarz (waagerecht) – **Nationalfeiertag:** 26. 9. – **U:** lang zurückreichende staatliche Geschichte; völlig unabhängig vom Osmanischen Reich seit dem I. Weltkrieg

Staats- u. Regierungsform: Nach d. prov. Verfassung v. Juni 1974 eine »Arabisch-islamische Republik und Teil der Arabischen Nation« – Einkammerparlament – Ausarbeitung einer neuen Verfassung (bisher kein Wahlrecht für Frauen) u. polit. Union mit d. Demokr. Volksrep. Jemen (trotz häufiger Grenzkonflikte) angekündigt – Verwaltungsgliederung in 10 Provinzen – Keine allg. Wehrpflicht – **Staatsoberhaupt:** Oberstltnt. Ali Abdullah Saleh (Sali), Vors. d. Präsidialrates, seit Juli 1978 – **Regierungschef:** Major Abdulasis Abdulghani – **Außenminister:** Hussein Abdallah al Amri – **Parteien:** nicht vorhanden – Vorbereitung eines evtl. Zusammenschlusses mit der Dem. Volksrep. Jemen stagnierend – **Dipl. B.:** BR Dtld. und DDR

Städte (1977): Sana (San'a, Hptst.) 160000, m. V. 448000 Einw., Tais (Tai'z) 320000, Hodeida 148000, Hadscha (Hajja) 40000, Ibb 35000, Rada 30000

Wirtschaft: BSP 1977 (S): 2540 Mill. $, 1978 (S): 2960 Mill. $/580 $[93]/(1970–75) 5,8 – **WS:** 35/6,8/14/9,8 – **V:** 12/88/2/0/5/ – 2 – **A:** 52/76/11 – **E:** 41/0,3 / 9 – **M:** 4,9

Außenhandel: 1978 **Einf.** 1283 Mill. $, **Ausf.** 7 Mill. $ – **W:** 1 Jemen-Rial (Y.Rl) = 100 Fils; 1 US-$ = 4,550 Y.Rls, 1 Y.Rl = 0,4268 DM – **I:** 16,0 – **AS:** 1/0/2/28/31 – **H:** 27/44/24 – **Z:** 303/../0,2/15 – **D:** 16,8 – **K:** –/34 / 2*

Wichtige Ausfuhrgüter: Kaffee u. Baumwolle (je bis 30%); Häute, Felle, Kat (Qath) – **Wichtigste Außenhandelspartner:** Japan, VR China, BR Deutschland, DVR Jemen, Saudi-Arabien

Mitgliedschaft: UNO, ECWA, FAO, IBRD, ICAO, ILO, IMF, ITU, UNESCO, UPU, WHO, Arabische Liga (s. auch Dem. Volksrep. Jemen). Gemeins. Arab. Markt

JEMEN *(Vorder-Asien)*
(Demokrat. Volksrep. Jemen; Dschamhurija Al Jemen Ad Dimukratija A-Schabija; Yamhuriya Al Yemen Ad Dimukratiya A-Schabiya – Gumhurija al-Jemen ad-dimuqratija asch-schaabija [ADN])
Fläche (57): 332968 km² (nach »Stat. Yearbook« d. UNO, einschl. Sokotra [3626 km² und 15000 Einw., Hptst. Hadibu 1500 Einw.] sowie Perim [13 km² und 380 Einw.] u. Kamaran-Inseln [57 km² u. 2200 Einw.]; einschl. strittiger Gebiete, ohne diese 287683 km²) – **Einwohner** (117): 1850000 (S 1978; 1590275 Z 1973 prov.) = 5,5 je km² – **Städt. B.:** 34/3,2/53/0 – **G:** 47/15,2/31/9210/84 – **S:** 73/78/3,9 – **Jährl. Bevölkerungswachstum:** (1970–1977) ca. 3%

Bevölkerung: hauptsächlich Südaraber; 16000 Inder, 10000 Somalis, ca. 10% Nomaden, Pakistaner, kleine Gruppen von Europäern, bes. Briten – **Staatssprache:** Arabisch – **Religion:** Muslimen (meist Sunniten)

Nationalflagge: rot-weiß-schwarz (waagerecht), hellblaues Dreieck am Mast mit fünfzackigem roten Stern – **Nationalfeiertag:** 14.10. – **U:** 1967

Staats- u. Regierungsform: Volksrepublik – Verfassung von 1978 – Gewählter »Oberster Volksrat« – 6 Gouvernorate – Wehrpflicht – **Staatsoberhaupt:** Vors. d. »Obersten Volksrates«, d. »Komm. f. Staatssicherheit« u. Regierungschef Ali Nasser (Nasir) Mohammed, seit 1980 – **Außenminister:** Salem Saleh Mohammed – **Parteien:** Staatspartei: »Jemenitische Sozialistische Partei«; gegr. Okt. 1978, »Parteipräsid.« d. früh. Reg.-Chef Ismail al Dschaufi [Jaufi] – 1972 mit d. Arab. Rep. Jemen ein Ende März 1979 zwar erneuerter, aber bisher wirkungsloser Grundsatzvertrag über Herbeiführung der Wiedervereinigung; faktisch lediglich in beiden Staaten ein grundsätzlicher Wunsch nach Wiedervereinigung vorhanden – **Dipl. B.:** BR Dtld. und DDR

Städte (1977): Aden (Hptst.; Zahlen z.T. nach UNO) 285400 Einw., Mukalla 50000, Scheich Othman [Shaikh Uthman] 35000, El Hawtha 15000, Al Scha'ab [Al Shaab] (war zeitweise Hptst.) 10000, Ahwar 5000

Wirtschaft: BSP 1977 (S): 600 Mill. $, 1978 (S): 740 Mill. $/420 $[113]/(1973–77; S) 11,2 – **WS:** 24/../7/.. – **A:** 52 / 62 / 20 – **E:** 324 / 1,6 / 100 – **M:** 17,1

Außenhandel: 1977 **Einf.** 544 Mill. $, **Ausf.** 221 Mill. $ – **W:** 1 Jemen-Dinar (YD) = 1000 Fils; 1 US-$ = 343 Fils, 1 YD = 5,6615 DM – **H:** 33/43/7 – **Z:** – 92/3,9/../50 – **D:** 2,3 – **K:** – / 59 / ..

Wichtige Ausfuhrgüter: Ölderivate, Baumwolle, Kaffee, Häute u. Felle, Salz, Fischereiprodukte – **Wichtigste Außenhandelspartner:** RGW-Staaten, Japan, Kuweit, Iran, Großbritannien, A.R. Jemen

Mitgliedschaft: UNO, ECWA, FAO, GATT (assoz.), IBRD, ICAO, IFC, ILO, IMF, ITU, UNESCO, UNICEF,

UPU, WHO, WMO, Arab. Liga, Gemeins. Arab. Markt, Beobachter-Status beim RGW

JORDANIEN *(Vorder-Asien)*
(Haschemitisches Königreich Jordanien; Al Mamlakah Al Urdunniyah Al Hashimiyah – [JOR])

Fläche (102): 97740 km² (m. 918 km² Binnengewässern u. West-J.), davon ca. 5900 km² von Israel besetzt – **Einwohner** (103): 3090000 (S 1979; 1706226 Z 1961; ohne West-J. 1977 2080000) = 31,6 je km² – **Städt. B.**: 53/4,5/36/36 – **G:** 56/2,2/16 /2250/90 – **S:** 41/84/3,5 – **Geburten- u. Sterbeziffer** je 1000 Einw. 1977: 41,0 / 3,7 – **Geb.-Ü.**: 37,3

Bevölkerung: jordanische Araber u. arab.-palästinens. Flüchtlinge (etwa 40%), einige Armenier, Kurden u. Tscherkessen – **Staatssprache:** Arabisch; als Bildungssprache Englisch – **Religion:** rd. 93% sunnit., daneben schiit. Muslimen, 4% Christen versch. Bekenntnisse (griech.-orth., armenisch, Melchiten)

Nationalflagge: schwarz-weiß-grün (waagerecht) mit weißem Stern im roten Dreieck am Flaggstock – **Nationalfeiertag:** 25. 5. – **U:** 1946

Staats- u. Regierungsform: Konstitutionelles Königreich – Parlament aus 2 Kammern (»Rat d. Notabeln«, vom König ernannt, »Abgeordnetenhaus«, für vier Jahre gewählt, 1974 aufgelöst) – Seit 1978 ein »Konsultativrat« aus 60 vom König ernannten Mitgliedern – Keine allgemeine Wehrpflicht – Verwaltungsgliederung in 1 Wüstenterritorium u. 8 Distrikte (Liwas), an deren Spitze ein Gouverneur (Mutassarif) steht – Stammesverbände mit Scheich – **Staatsoberhaupt:** König Hussein II. (Ibn Tallal), seit 1952 – Kronprinz: Prinz Hassan – **Regierungschef** u. Verteidig.-Min.: Moudar Badrane, seit 28. 8. 1980 – **Außenminister:** Marouan al Kassem – **Parteien:** Bei d. Wahlen von 1958 u. a. die »Nationale Union« u. d. sozialist. Baath-Partei. Außerdem »Arabische Befreiungsfront« (pro-ägyptisch). Kommunist. Tätigkeit seit 1959 unter Strafe gestellt. Wegen Parteienverbots hatten die Wahlen v. 1967 keinen echten polit. Charakter – Neuwahl vorgesehen – **Dipl. B.:** BR Dtld. und DDR

Städte (S 1977): Amman (Hptst.) 732587 (A 900000) Einw., Jerusalem [El Quds]-Altstadt 90000 (zugleich zweite Hauptstadt, seit Juni 1967 von Israel besetzt); (S 1976): Serka [Zarqa] 251430, Irbid 130880, 1971: Nablus 64000, Hebron 43000; Bethlehem [Betlemme] 25000 und Jenin 20000, beide seit 1967 israel. besetzt

Wirtschaft: BSP 1977: 1960 Mill. $, 1978: 2270 Mill. $/1050 $ [70]/(1972–77) 6,5 – **WS:** 12/5,0*/23/9,9* – **V:** 28*/90*/17*/../13*/.. – **A:** 50/28/39 – **E:** 527/ 1,0 / 219 – **M:** 16,5

Außenhandel: 1979 **Einf.** 1949 Mill. $, **Ausf.** 402 Mill. $ – **W:** 1 Jordan-Dinar (JD.) = 1000 Fils (FLS); 1 US-$ = 307,5 FLS, 1 JD. = 6,3151 DM – **I:** 9,6 – **AS:** 41/1/11/26/30 – **T:** 85 – **H:** 7/55/4 – **Z:** 30/1,7/ 3,2 / 29 – **D:** 4,9 – **K:** – / 189 / 11

Wichtige Ausfuhrgüter: Phosphate (40–50%), Viehzuchtprodukte, Früchte, Gemüse, Tabak – **Wichtigste Außenhandelspartner:** USA, BR Deutschland u. and. EG-Länder, Libanon, Syrien, Irak, Saudi-Arabien, Japan, Kuweit, RGW

Mitgliedschaft: UNO, Arab. Liga (susp.), Gemeinsamer Arabischer Markt, CCD, ECWA, FAO, IAEA, IBRD, ICAO, IDA, IFC, ILO, IMCO, IMF, ITU, UIA, UNESCO, UPU, WHO, WMO; Koop.-Abk. m. d. EG, Beob.-Status b. RGW, OECD-assoz.

JUAN-FERNANDEZ-INSELN s. Chile

JUGOSLAWIEN *(Südost-Europa)*
(Sozialist. Föd. Rep. Jugoslawien; Socijalistička Federativna Republika Jugoslavija – [YU])

Fläche (69): 255804 km² – **Einwohner** (32): 22262000 (F 1979; 20522972 Z 1971) = 87 je km² – **Städt. B.**: 38/3,0/11/18 – **G.**: 69/3,5/2/790/136 – **S:** 15 / 97 / 5,4 – **Geburten- u. Sterbeziffer** je 1000 Einw. 1977: 17,6 / 8,4 – **Geb.-Ü.**: 9,2

Bevölkerung: (Z 1971): 41,7% Serben, 23,5% Kroaten, 8,8% Slowenen, 8,3% muselmanischer Nationalität, 7% Mazedonier, etwa 4,4% Albaner, über 3% Madjaren, 2,7% Montenegriner; außerdem u. a. rumänische, slowakische, türkische und italienische Minderheiten; rund (1978) 8000 Deutsche; Zigeuner – **Staatssprache:** Serbisch, Kroatisch, Slowenisch, Mazedonisch; Amtsspr.: Magyarisch, Albanisch; Schulspr. auch Slowakisch, Rumänisch, Türkisch u. Italienisch – **Religion:** 41,5% serb.-orthodoxe Christen (u. a. Serbien, Montenegro, Bosn.-H.), 31,8% römische Katholiken (u. a. Slowenien, Kroatien, Bosn.-H.), 12,3% Muslimen (Bosn.-H., Mazedonien, Kosovo), 150000 Protestanten, 12,3% Konfessionslose, 7000 Juden

Nationalflagge (der Gesamtrep.): blau-weiß (mit goldgerändertem roten Stern)-rot (waagerecht) – **Nationalfeiertag:** 29. 11. – **U:** alte staatl. Geschichte Serbiens und Kroatiens; Unabhängigkeit Kroatiens v. Österr.-Ungarn 1918, Unabhängigkeit Serbiens v. Osmanischen Reich 1878, Verbindung beider mit Slowenien und and. Gebieten zu Jugoslawien 1918

Staats- u. Regierungsform: Volksrepublik auf bundesstaatlicher Grundlage – Für vier Jahre gewähltes Parlament (»Savezna Skupština«), seit der neuen Verfassung von 1974 aus zwei Kammern (Föd.-Rat m. 220 nach einem komplizierten System gewählten und »Rat der Republiken« mit 88 von den Republiken und autonomen Provinzen entsandten Mitgliedern) – Wahlberechtigt alle über 18 Jahre alten Bürger – Wehrpflicht – Politische Gliederung in die föderativen Sozialistischen Republiken Serbien (Srbija; mit den auton. Provinzen Vojvodina und Kosovo), Kroatien (Hrvatska), Slowenien (Slovenija), Bosnien (Bosna) und Hercegovina, Mazedonien (Makedonija) und Montenegro (Crna Gora), eigene Parlamente, Vollzugsräte, Flaggen – **Staatspräsidium:** Vors. (jährl. wechselnd) Cvijetin Mijatović – **Vorsitzender d. Bundesvollzugsrates** (Ministerpräs.): Vešelin Djuranović – **Außenminister:** Josip Vrhovec – **Parteien:** Einzig zugelassene Partei ist der »Bund der Kommunisten Jugoslawiens«, der auch die entscheidenden Positionen in der Volksfront »Sozialistischer Bund des werktätigen Volkes« besitzt; Präsidium aus 24 (Generalsekretär: Dr. Dušan Dragosavac), ZK aus 166 Mitgliedern, Koordinationsausschuß aus Staats- u. Parteipräsidium (= oberste polit. Leitung): Bacarić, Dolanc, Ljubičić, Minić u. Grličkov; der BdKJ zählte 1977 1,57 Mill. Mitglieder – Neben diesen Organisationen spielen die Gewerkschaften eine wichtige Rolle – **Dipl. B.:** BR Dtld. und DDR

Städte (F 1975): Belgrad [Beograd] (Hptst.) 870000 Einw. (A I/1977 1200000); (Z 1971): Zagreb 566084, Skopje 312980, Sarajewo [Sarajevo] 244045, Laibach [Ljubljana] 173853 (A 213298), Split 171875, Neusatz [Novi Sad] 141712, Rijeka 132933, Nisch [Niš] 132677, Marburg [Maribor] 97167, Osijek 93912, Banja Luka 89886, Subotica 88787, Titograd 54509

Wirtschaft: BSP 1977: 45600 Mill. $, 1978: 52340 Mill. $/2390 $ [45]/5,1 – **WS:** 16/5,5/45/9,2 – **V:** 19*/49*/33/26/18/–7 – **A:** 66/42/34 – **E:** 2016/1,3/2286 – **M:** 5,4

Außenhandel: 1979 **Einf.** 12862 Mill. $, **Ausf.** 6491 Mill. $ – **W:** 1 Jugoslawischer Dinar (Din) = 100 Para (p); 1 US-$ = 20,2797 Din, 1 Din = 0,0958 DM – **I:** 16,5 – **AS:** 10/28/15/10/34 – **T:** 94 – **H:** 37/22/38 – **Z:** –1432 / 1,3 / 7 / 6,3 – **D:** 2,3 – **K:** – / –30

Wichtige Ausfuhrgüter: Maschinen u. Fahrzeugausrüstungen (ein Viertel); Erze u. Metalle, Chemikalien, Vieh u. Fleisch, Schnittholz, Textilien, Früchte, Tabak, Wein – **Wichtigste Außenhandelspartner:** BR Deutschland, Italien, Sowjetunion, USA, Österreich, Tschechoslowakei, Frankreich, Polen, DDR, Großbritannien, Irak; Ostblock insg. 45%

Mitgliedschaft: UNO, RGW (assoz), CCD, FAO, IAEA, IBRD, ICAO, IDA, GATT, IDB, ILO, IMCO, ITU, OECD-Mitarbeit, UNESCO, UPU, WHO, WMO; Komitee für wirtschaftl. Zusammenarbeit mit der UdSSR, Abk. m. d. EG

JUNGFERN-INSELN s. Großbritannien II (Virgin Islands) und Vereinigte Staaten von Amerika

KAMBODSCHA *(Südost-Asien)*

(Demokratisches Kamputschea; seit März 1979 Volksrepublik »Ravax Samaki Songkruos Cheat Kampuchea« – [VRK bzw. K])

Fläche (82): 181035 km² (m. 3000 km² Binnengewässern) – **Einwohner** (62): 8720000 (S 1979; n. and. Ang. 5,1 Mill.) = 48,2 je km² – **Städt. B.:** 13/4,4/26/0 – **G:** 48/12,0*/19/16920/85 – **S:** 64*/64*/3,3 – **Jährl. Bevölkerungswachstum:** (1970–1977) 2,9%

Bevölkerung: ganz überwiegend Khmer (Kambodschaner); vietnames. u. chines. Minderheiten; Tscham, Lao, Moi (»Khmer-Loeu«) – **Staatssprache:** Khmer; Französisch als Bildungs- u. Handelssprache; Vietnamesisch – **Religion:** südlicher Buddhismus; schaafiitische Sunniten (etwa 50000) als islamische Minderheit (Tscham, Malaien); christliche Restgruppen; »zerstörerische Konfessionen« (offenbar christliche) sind künftig verboten

Nationalflagge: rotes Feld mit einem dreitürmigen gelben Tempel (Angkor) in der Mitte – **Nationalfeiertag:** 17.4. – **U:** alte staatliche Tradition; seit 1949 formell, seit 1953 endgültig von Frankreich unabhängig; Volksrepublik seit 1976

Staats- u. Regierungsform: Republik; Verfassung v. 4.12.1975; im März 1979 Machtübernahme durch vietnamtreue Kambodschaner u. Bildung eines Volksrevolutionsrates (Regierung) – Wehrpflicht – 17 Provinzen, aber Verwaltungsgliederung in Umorganisation – **Staatsoberhaupt u. Regierungschef:** HENG Samrin, Präs. d. »Volksrevolutionsrates« – **Außenminister:** HUN Sen – **Parteien:** KNUFNS (Kampuchean National United Front for National Salvation), Gen.-Sekr.: Yos Por – Gestürzte Reg. d. Roten Khmer: Min.-Präs. u. Führer d. Nat. Bew. z. Befreiung Kamputscheas: Khieu Samphan – Außenminister: Jeng Sary – Oberster Kommandeur u. Vors. d. Militärkommission: Pol Pot – **Dipl. B.:** DDR

Städte: Phnom Penh (Hptst.) 1971 etwa 400000, 1980 wahrscheinl. allenfalls einige Zehntausend Einw., Battambang, Kompong Chhnang u. Kompong Cham, Kompong Som

Wirtschaft: BSP 1974: 570 Mill. $/60–70 $ [164]/.. – **WS:** 41*/2,3*/17*/6,9* – **V:** 19*/69*/20*/12*/14*/–8* – **A:** 52/75/4 – **E:** 16/../17 – **M:** 5,6*

Außenhandel: 1972 **Einf.** 101 Mill. $, **Ausf.** 10 Mill. $ – **W:** 1 Riel = 100 Sen (keine Notierung) – **I:** 3,8* – **AS:** 0*/0*/../../.. – **T:** 102*

Wichtige Ausfuhrgüter: Reis, Kautschuk, Mais, Holz, Fische, Palmzucker, Sticklack, Baumwolle, Kapok, Pfeffer, Tabak, Viehzuchtprodukte – **Wichtigste Außenhandelspartner:** Chines. Volksrepublik, Frankreich, Vietnam

Mitgliedschaft: UNO, Colombo-Plan, ADB, ESCAP, FAO, GATT, IAEA, IBRD, IFC, ICAO, ILO, ITU, UNESCO, UPU, WHO, WMO

KAMERUN *(Zentral-Afrika)*

(Vereinigte Rep. Kamerun; République Unie du Cameroun; United Republic of Cameroon)

Fläche (47): 475442 km² (davon 5242 km² Binnengewässer) – **Einwohner:** (66): 8250000 (S 1979; 7663246 Z 1976 prov.) = 17,4 je km² – **Städt. B.:** 27/

8,0/21/0–**G:** 46/16,7*/27/13980/102–**S:** 81*/120 / 4,6 – **Jährl. Bevölkerungswachstum:** (1970–1977) 1,9%

Bevölkerung: Bantu-, Semibantu- u. Sudangruppen; Fulbe, Haussa; etwa 12000 Europäer, meist Franzosen – **Staatssprache:** Französisch u. Englisch als Amtssprachen; Bantu-, Semibantu- und sudanesische Sprachen, Ful z.T. als Verkehrssprache – **Religion:** über 20% Katholiken, etwa 15% Protestanten und 25–30% Muslimen; Anhänger von Naturreligionen u. Sekten

Nationalflagge: grün-rot(mit einem goldenen Stern)-gelb (senkrecht) – **Nationalfeiertag:** 20.5. – **U:** 1960/61

Staats- u. Regierungsform: Republik – Parlament aus 1 Kammer – Verwaltungsgliederung in 7 Provinzen – Begrenzte Wehrpflicht – **Staatsoberhaupt** u. Vorsitzender d. Kabinetts: Präsident Hadschi Ahmadou Ahidjo Babatoura/UNC, wiedergew. 1975 u. 1980 – **Regierungschef** (v. Präs. ernannt): Paul Biya – **Außenminister:** Dontsop – **Parteien:** Seit 1966 Einparteiensystem: »Union National Camerounaise«/UNC bzw. »Cameroon National Union«/CNU. Bei den Wahlen für die Bundesnationalversammlung erhielt 1978 die UNC 99,98% aller Stimmen – **Dipl. B.:** BR Dtld. und DDR

Städte (S 1977): Jaunde (Yaoundé, Hptst.) 300000 Einw., Duala (Douala, m. Bonaberi usw.) über 500000 (A 900000), Garoua, Maroua, Nkongsamba u. N'Gaoundéré je 100000 bis über 150000, Kumba u. Bamenda je 50000

Wirtschaft: BSP 1977: 3280 Mill. $, 1978: 3700 Mill. $/460 $ [108]/1,0–**WS:** 32/3,5/21/5,2–**V:** 14/67/22/19/31/–3–**A:** 54/74/6/–**E:** 98/0,3/200–**M:** 1,6

Außenhandel: 1979 **Einf.** 1276 Mill. $, **Ausf.** 1132 Mill. $ – **W:** 1 CFA-Franc (F C.F.A.) = 100 Centimes (c); 1 FF = 50 CFA-Francs, 1 CFA-Franc = 0,02 FF bzw. 0,0087 DM–**I:** 9,8–**AS:** 6/2/9/10/37–**T:** 126–**H:** 83/14/3–**Z:** –40/2,5/7/29–**D:** 0,5–**K:** –/198/–3

Wichtige Ausfuhrgüter: Kakao (rd. 20%), Kaffee (bis ¼), Aluminiumoxid, Holz, Baumwolle, Kautschuk, Bananen, Palmkerne und -öl – **Wichtigste Außenhandelspartner:** Frankreich, BR Dtld., USA, Niederlande u. andere EG-Länder, Sowjetunion

Mitgliedschaft: UNO, OAU, AKP; Mitglied d. Zentralafrikan. Zoll- und Wirtschaftsunion/UDEAC, CCD, ECAFE, FAO, GATT, IAEA, IBRD, ICAO, IDA, ILO, IMCO, IMF, ITU, UNESCO, UPU, WHO, WMO; »Union Monétaire Ouest-Africaine«

KANADA *(Nord-Amerika)*
(Canada – [CDN])

Fläche (2): 9976139 km² (m. 755165 km² Binnengewässern) – **Einwohner** (31): 23680000 (Wohn.-B. F 1979; 22598016 Z 1.6.1976 prov., de jure) = 2,4 je km² – **Städt. B.:** 78/1,9/17/62–**G:** 74/1,4/1/580/130–**S:** 2/106/8,0–**Geburten- u. Sterbeziffer** je 1000 Einw. 1977: 15,5 / 7,3 – **Geb.-Ü.:** 8,2

Bevölkerung: 1971 waren 18272780 Kanadier im Lande geboren. Der Anteil der im Ausland geborenen Bevölkerung betrug 1971 in Brit. Columbia 22,7%, in Ontario 22,2%, in Alberta 17,3%, in Manitoba 15,3% und u.a. in Saskatchewan 12% – 6245970 waren 1971 englischer, 1720390 schottischer, 1581730 irischer, 6180120 französischer, 1317200 deutscher, 730820 italienischer, 580660 ukrainischer, 425945 niederländischer und u.a. 316430 polnischer Abstammung; 309460 waren in den USA geboren. 1971 295010 (1974: 276436) Indianer u. 17550 Eskimos. 118815 Chinesen, 37260 Japaner, 34445 Neger. In Quebec leben über 4,5 Mill. und u.a. in Ontario 0,75 Mill. Frankokanadier – Z 1976 prov.: 45% brit. Abstammung und u.a. 29% Frankokanadier – **Staatssprache:** Englisch u. Franz. – Muttersprache 1979 (n. »World Almanac a.B. o.F.«) in Mill.: 14,123 Englisch, 5,887 Französ., 0,484 Italien., 0,477 Deutsch, 0,133 Indian. u. Eskimoisch, 0,133 Chines., 0,127 Portug. – **Religion:** 1971 9,97 Mill. Katholiken (Frankokanadier, viele Deutsche und Polen), 3,77 Mill. Angehörige d. »United Church«, 2,54 Mill. Anglikaner, 0,87 Mill. Presbyterianer, 0,71 Mill. Lutheraner, 0,66 Mill. Baptisten, 0,31 Mill. Griech.-Orthodoxe; 305000 (1973) Juden, 168150 Mennoniten; im übrigen Angehörige verschiedener, oben nicht genannter christlicher Konfessionen.

Nationalflagge: weißes Feld, links und rechts senkrechte rote Streifen, in der Mitte ein rotes Ahornblatt; die alte Flagge mit Wappen »Union Jack« usw. darf neben der neuen benutzt werden – **Nationalfeiertag:** 1.7. – **U:** autonomes Dominion seit 1867, volle Unabhängigkeit durch das Westminsterstatut von 1931

Staats- u. Regierungsform: Parlamentarische Monarchie mit bundesstaatlicher Verfassung – Parlament aus 2 Kammern (»House of Commons« und »Senate«); die Mitglieder des Unterhauses werden für fünf Jahre gewählt – Wahlberechtigt alle volljährigen Bürger – Keine allgemeine Wehrpflicht – Verwaltungsgliederung in 10 Provinzen. *Alberta* 661185 km² u. (1979) 1985200 Einw. (Hptst. Edmonton) – *Brit. Columbia* 948596 km² und 2555800 Einw. (Hptst. Victoria) – *Manitoba* 650086 u. 1029900 Einw. (Hptst. Winnipeg) – *Neu-Braunschweig* 73437 km² und 699200 Einw. (Hptst. Fredericton 44972 Einw.) – *Neufundland* 404517 km² u. 572900 Einw. (Hptst. Saint John's) – *Neu-Schottland* 55490 km² u. 845400 Einw. (Hptst. Halifax) – *Ontario* 1068582 km² u. 8479900 Einw. (Hptst. Toronto) – *Prinz-Eduard-Insel* 5657 km² und 122300 Einw. (Hptst. Charlottetown 17063 Einw.) – *Quebec* 1540680 km² u. 6289600

Einw. (Hptst. Quebec) – *Saskatchewan* 651900 km² u. 952500 Einw. (Hptst. Regina) – Zwei Territorien: *Nord-West-Territorium* 3379683 km² u. 43100 Einw. (Hptst. Yellowknife 8256 Einw.) – *Yukon* 536324 km² und 21800 Einw. (Hptst. Whitehorse 13311 Einw.). Alle Provinzen haben eigene Parlamente und Provinzregierungen – **Staatsoberhaupt:** Königin Elizabeth II., seit 1952; vertreten durch einen Generalgouverneur, der auf Vorschlag der kanadischen Regierung ernannt wird und in den Provinzen Vize-Gouverneure (Lieutenant-Governors) einsetzt u. seit 1978 auch alle Hoheitsakte eines Staatsoberhauptes vornimmt – Generalgouverneur: Edward Schreyer, seit Jan. 1979 – **Regierungschef:** Premiermin. Pierre Elliott Trudeau, Lib., seit 3. März 1980, 11 d. 32 Minister sind frankophon – **Außenminister:** Mark MacEachen – **Parteien:** Bei den Wahlen vom Febr. 1980 errang die »Konservative Partei« (Progressive Conservative Party) nur mehr 102 (1979: 136) der 282 Unterhaussitze; sie vertritt den Vorrang der Privatwirtschaft und betont die Bindungen zu Großbritannien. Die »Liberale Partei«, die sich innenpolitisch nicht stark, außenpolitisch jedoch mehr von den Konservativen unterscheidet, erhielt 147 (114) Sitze. Außerdem: »New Democratic Party« 32 (26) Sitze, »Rassembl. des Créditistes« 0 (6) – **Dipl. B.:** BR Deutschland und DDR

Städte (Z 1976 prov.; Metrop. Area = MA): Ottawa (Hptst.) 304462 Einw. (MA 693288), Montreal 1080546 (MA 2802485), Toronto 633318 (MA 2803101), Calgary 469917, Edmonton 461361 (MA 554228), Vancouver 410188 (MA 1166348), Winnipeg 560874 (MA 578217), Hamilton 312003 (MA 529371), London 240392 (MA 270383), Mississauga 220000, Windsor 196526 (MA 247582), Quebec 177082 (MA 542158), Regina 149593 (MA 151191), Saskatoon 133750), Kitchener 131870 (MA 272158), St. Catharines-Niagara 123351 (MA 301921), Halifax 117882 (MA 267991), Oshawa 107023 (MA 135196), Sudbury 97604 (MA 157030), St. John's 86576 (MA 143390).

Wirtschaft: BSP 1977: 194660 Mill. $, 1978: 216090 Mill. $/9170 $ [12]/3,4 – **WS:** 4/1,3/31/3,8 – **V:** 20/57/23/23/24/<1 – **A:** 66/6/30/– **E:** 9950/1,3/13118 – **M:** 2,0

Außenhandel: 1978 **Einf.** 43434 Mill. $, **Ausf.** 46065 Mill. $ – **W:** 1 Kanadischer Dollar (kan $) = 100 Cents (c); (Freimarktkurs) 1 US-$ = 1,1958 kan $, 1 kan $ = 1,6239 DM – **I:** 9,4 – **AS:** 27/31/11/8/48 – **T:** 106 – **H:** 89/9/2 – **Z:** –3930 – **D:** 1,0 – **K:** 0,49/../–222

Wichtige Ausfuhrgüter: Maschinen, Fahrzeuge und F.-Teile (bis über 25% d. Ausfuhrwertes), Papier, Holz, Zellstoff (10–15%), Getreide u. Getreideerzeugnisse (Weizen, stark wechselnd), Aluminium, Nickel, Uran, Asbest u. Kupfer, Erdöl, Edelmetalle, Eisenerze, Blei, Chemikalien, Fischereiprodukte – **Wichtigste Außenhandelspartner:** USA (rd. ⅔ d. Ausfuhr u. Importe), Japan, Großbritannien, BR Dtld., Frankreich und weitere EG-Länder, Venezuela, Australien, Schweden, Schweiz, Sowjetunion, Chines. Volksrep., Indien

Mitgliedschaft: UNO, NATO, ADB, BID, CCD, ECLA, FAO, GATT, IAEA, IBRD, ICAO, IDA, IDB, IFC, ILO, IMCO, IMF, ITU, OECD, UNESCO, UPU, WHO, WMO; assoziiert an den Colombo-Plan, Beobachter in der OAS, Rahmen-Koop.-Abk. m. d. EG

KANAL-INSELN s. Großbritannien I

KANARISCHE INSELN s. Spanien

KAP VERDE *(West-Afrika)*

(Republik Kap Verde; República de Cabo Verde)

Fläche (145): 4033 km² – **Einwohner** (144): 320000 (S 1979; 272571 Z 1970) = 79,3 je km² – **Städt. Bev.:** ca. 20% – **S:** 73% – **Jährl. Bevölkerungswachstum:** (1970–1977) 2,1%

Bevölkerung: Creolen (Mulatten) ca. 70%, Neger 28%, Weiße 1% – **Staatssprache:** Portugiesisch; Umgangssprache »Crioulo«, von afrikan. u. and. Sprachelementen durchsetztes Portug. – **Religion:** überw. röm. Katholiken, daneben Angehörige von Freikirchen und Anhänger von Naturreligionen

Nationalflagge: gelb-grün(waagerecht)-rot (senkrecht) am Mast m. Emblem aus fünfzackigem schwarzen Stern, gelber Muschel, umrahmt m. Maiskolben u. Blättern – **Nationalfeiertag:** 12.7. – **U:** 1975

Staats- u. Regierungsform: Republik – Nationalversammlung – Anschluß an Guinea-Bissau oder eine Föderation mit diesem wird z. T. v. d. PAIGC angestrebt – Keine allg. Wehrpflicht – **Staatsoberhaupt:** Aristides Maria Pereira, PAIGC – **Regierungschef:** Major Pedro Pires, PAIGC – **Außenminister:** Abílio Duarte – **Parteien:** »Partido Africano da Independência da Guiné e do Cabo Verde«/PAIGC, Gen.Sekr. Aristides Pereira; die PAIGC hält seit d. Wahl v. 30.6.1975 alle 56 Sitze in der Nationalversammlung – **Dipl. B.:** BR Dtld. und DDR

Städte (S 1978): Praia (Hptst., auf São Tiago) 31352 Einw., Mindelo (Wirtschaftszentrum) 38728, S. Filipe 10705

Wirtschaft: BSP 1977 (S): 50 Mill. $, 1978 (S): 50 Mill. $/160 $ [150]/–2,1 – **L:** 60 – **E:** 122 – **M:** 6

Außenhandel: 1973 **Einf.** 35 Mill. $, **Ausf.** 17 Mill. $ – **W:** 1 Kap-Verde-Escudo (KEsc) = 100 Centavos; 1 US-$ = 41,257 KEsc, 1 KEsc = 0,0471 DM

Wichtige Ausfuhrgüter: Fische u. Fischprodukte (über 50%); Salz, Bananen, Pflanzenöle, etwas Kaffee – **Wichtigste Außenhandelspartner:** Portugal, USA, Großbritannien, daneben west- u. zentralafrikanische Länder

Mitgliedschaft: UNO, OAU, FAO, IMCO, ITU, UNESCO, WHO, WMO; AKP

KAROLINEN s. Vereinigte Staaten von Amerika (Überseebesitzungen)

KASCHMIR s. Indien u. Pakistan

KATAR *(Vorder-Asien)*
(Staat Katar; Dawlat Qatar)

Fläche (139): 11000 km² – **Einwohner** (151): 210000 (davon über 50% Ausländer; S 1979) = 19,1 je km² – **S:** 80% – **Jährl. Bevölkerungswachstum:** (1970–1977) 3,1%

Bevölkerung: Araber 56%; persische (23%) u. pakistanische (7%) Gruppen, etwa 10000 Neger – **Religion:** sunnitische u. schiitische Muslimen – **Staatssprache:** Arabisch; außerdem u. a. Persisch; Englisch als Handels- u. Verkehrssprache

Nationalflagge: braunes Feld m. gezacktem weißen Streifen am Flaggenstock – **Nationalfeiertag:** 3. 9. – **U:** 1971

Staats- u. Regierungsform: Prov. Verfassung v. 1970 – Beratende Versammlung (kein Frauenwahlrecht) – Scheichtum – **Staatsoberhaupt:** Emir Chalifa (Khalifa) bin Hamad Al Thani, seit dem Staatsstreich von 1972; Kronprinz Scheich Hamad bin Chalifa Al Thani – **Außenminister:** Scheich Suhaim bin Hamad Al Thani – **Parteien:** nicht vorhanden – **Dipl. B.:** BR Dtld.

Städte: Doha (Hptst., S 1977) 130000 Einwohner, Waqra, Duchan (Doukhan), Umm Said (Oum-S.), Mina Kabus (Qaboos)

Wirtschaft: BSP 1977: 2440 Mill. $, 1978: 2840 Mill. $ / 12740 $ [4] / –2,4 – **E:** 25236

Außenhandel: 1979 **Einf.** 1425 Mill. $, **Ausf.** 3598 Mill. $ – **W:** 1 Katar-Riyal (QR) = 100 Dirhams; 1 US-$ = 3,6760 QR, 1 QR = 0,5283 DM

Wichtigste Ausfuhrgüter: fast ausschließlich Erdöl (1979: 25 Mill. t) – **Wichtigste Außenhandelspartner:** Großbritannien, BR Deutschland u. andere EG-Länder, Japan, USA, Australien

Mitgliedschaft: UNO, Arabische Liga, CCD, ECWA, FAO, GATT (assoz.), IAEA, IBRD, ICAO, IMF, ITU, OAPEC, OPEC, UNESCO, UPU, WHO, WMO; Freundschaftsabkommen mit Großbritannien

KENIA *(Ost-Afrika)*
(Republik Kenia; Dschamhuri ja Kenia bzw. Jamhuri ya Kenya; Republic of Kenya – [EAK])

Fläche (43): 582646 km² (mit 13396 km² Binnengewässern) – **Einwohner** (43): 15322000 (Z 1979; 10942705 Z 1969) = 26,3 je km² – **Städt. B.:** 12/7,0/53/53 – **G:** 53/12,6*/14/8840/91 – **S:** 60/105/5,7 – **Jährl. Bevölkerungswachstum:** (1970–1977) 3,6%

Bevölkerung: über 60% Bantu (u. a. 20% Kikuju, 13% Luhya, 11% Kamba), ferner ⅐ Niloten (u. a. 13% Luo) u. hamitische sowie nilohamitische (darunter 1,5% Massai) Gruppen, Minderheiten von Europäern u. Indischstämmigen (Zahlen umstritten), über 40000 Araber – **Staatssprache:** seit 1974 Suaheli; Umgangssprachen der Bantu, Inder, Niloten; Englisch wichtig als Verkehrs- u. Bildungssprache – **Religion:** etwa 37% Protestanten, rund 22% Katholiken, 4–6% Muslimen, Minderheiten von Hindus; 200 Juden. Anhänger von Naturreligionen

Nationalflagge: schwarz-rot-grün, durch schmale weiße Streifen getrennt (waagerecht), in der Mitte Schild mit gekreuzten Speeren – **Nationalfeiertag:** 12. 12. – **U:** 1963

Staats- u. Regierungsform: Präsidiale Republik – Parlament aus 1 Kammer – Gliederung in 7 Provinzen u. d. Extra Provincial District Nairobi – **Staatsoberhaupt und Regierungschef:** Daniel Arap Moi, seit 1978; gewählt 1979 – **Außenminister:** Dr. John Robert Ouka – **Parteien:** bei den Wahlen vom Nov. 1979 erhielt im Unterhaus die von Yomo Kenyatta geführte Einheitspartei »Kenya African National Union«/KANU, die sich vor allem auf Kikuju und Luo stützt, alle Sitze – **Dipl. B.:** BR Dtld.

Städte (S 1977): Nairobi (Hptst.) 835000 (Z Aug. 1979), Mombasa-Kilindi 371000, Kisumu 149000, Nakuru 66000, Eldoret 30000, Thika 20000

Wirtschaft: BSP 1977: 4300 Mill. $, 1978: 4830 Mill. $/318 $ [125]/0,9 – **WS:** 35/2,9/20/11,0 – **V:** 17/58/21/25/34/4 – **A:** 50/79/9 – **E:** 152/0,6/94 – **M:** 4,1

Außenhandel: 1978 **Einf.** 1709 Mill. $, **Ausf.** 1022 Mill. $ – **W:** 1 Kenia-Schilling (K.Sh.) = 100 Cents (cts); 1 US-$ = 7,6852 K.Sh., 1 K.Sh. = 0,2527 DM – **I:** 12,4 – **AS:** 18/<1/27/7/29 – **T:** 132 – **H:** 65/33/1 – **Z:** 88 / 1,8 / 5 / 20 – **D:** 3,9 – **K:** – / 136 / 54

Wichtige Ausfuhrgüter: Kaffee (bis ein Drittel d. Ausfuhrwertes), Tee (10–15%), Erdölprodukte, Sisal, Pyrethrumextrakt, Viehzuchtprodukte – **Wichtigste Außenhandelspartner:** Großbritannien, BR Deutschland, Japan, USA, Iran, Italien, Frankreich

Mitgliedschaft: Commonwealth, UNO, OAU, CCD, FAO, GATT, IAEA, IBRD, ICAO, IDA, IFC, ILO, IMCO, IMF, ITU, UNESCO, UPU, WHO, WMO – 1967–1977 mit Tansania u. Uganda in einem »Ostafrikanischen Gemeinsamen Markt«, seit 1977 faktisch außer Funktion; »Organis. d. Nil-Staaten«; Ost- u. Südostafr. Präf.-Handelszone; AKP

KIMOI-INSELN (Kinmen) s. Rep. China (Taiwan)

KIRIBATI *(Ozeanien)*
(Republik Kiribati; sprich »Kiribass«, vor Unabh. »Gilbert-Inseln«)

Fläche (151): 886 km² – **Einwohner** (162): 56000 (S 1979; 57816 Z 1973) = 63,2 je km² – **Städt. Bev.:** 30% – **Jährl. Bevölkerungswachstum:** (1970–1976) 3,2%

Bevölkerung: Mikronesier, einige Polynesier u. Europäer – **Staatssprache:** Gilbertese (Polynesisch) u.

Englisch – **Religion:** 29250 Katholiken, Protestanten

Nationalflagge: Rot mit gelbem Vogel u. Sonne in d. Mitte, darunter 6 gewellte Streifen (blau-weiß) – **Nationalfeiertag:** 12. 7. – **U:** 12. 7. 1979

Staats- u. Regierungsform: Republik – **Regierungschef:** Präsident (»Beretitenti«) Jeremia Tabai, seit Juni 1979. Parlament aus 35 Abgeordneten

Städte: Bairiki (Hptst.) auf Tarawa (17188 Einw.), über 10000 Einw.

Wirtschaft: BSP 1977 (S): 40 Mill. $, 1978 (S): 40 Mill. $ / 690 $ [87] / 6,0 – **E:** 335

Außenhandel: 1977 **Einf.** 9,2 Mill. $A, **Ausf.** 27,7 Mill. $A – **W:** 1 Austr. Dollar ($A) = 100 Cents; 1 $A = 1,0855 US-$ bzw. 2,1079 DM

Wichtige Ausfuhrgüter: Phosphat (von Ocean Island), Kopra – **Wichtigste Außenhandelspartner:** Australien, Großbritannien, Neuseeland

Mitgliedschaft: UNO, Commonwealth, AKP, Südseeforum

KOLUMBIEN *(Süd-Amerika)*
(Republik Kolumbien; República de Colombia – [CO])

Fläche (25): 1138914 km² – **Einwohner** (28): 26836000 (S 1980; 21070115 Z 1973) = 23,6 je km² – **Städt. B.:** 66/3,9/24/48 – **G:** 62/9,8/9/1820/94 – **S:** 19/106/1,9 – **Jährl. Bevölkerungswachstum:** (1970–1977) 2,9%

Bevölkerung: etwa 50% Mestizen; ⅕ Weiße, meist altspanischer Herkunft, teilweise als Oberschicht; 1977 (Z) 450000 Indianer, 6% Neger, 20% Mulatten – **Staatssprache:** Spanisch; teilweise Idiome (400000 Menschen), z. B. Chibcha – **Religion:** 90% röm.-kathol.; 100000 Protestanten, 12000 Juden

Nationalflagge: gelb(doppelt breit)-blau-rot (waagerecht) – **Nationalfeiertag:** 20. 7. – **U:** Loslösung von der spanischen Herrschaft am 7. 8. 1819

Staats- u. Regierungsform: Präsidiale Republik – Parlament aus 2 Kammern (Abgeordnetenhaus bzw. »Cámara de Representantes« u. Senat bzw. »Senado«, die Mitglieder des Repräsentantenhauses werden für zwei Jahre gewählt) – Wahlberechtigt alle über 18 Jahre alten Bürger – Wehrpflicht – Verwaltungsgliederung in 22 Departementos sowie in 5 Intendencias u. 5 Comisarías – **Staatsoberhaupt** und für die Regierung verantwortlich: Präsident Dr. Julio César Turbay Ayala, PL, seit 1978 – **Außenminister:** Dr. Diego Uribe Vargas, PL – **Parteien:** Bei den Wahlen im Febr. 1978 erhielten: »Partido Liberal«/PL 109 (Senat 62 von 112), »P. Conservador« 86 (49); Kommunisten/PC 4 (1). Procastrische Freischärler (FLN, FALN, FARC) – **Dipl. B.:** BR Dtld. und DDR

Städte (S 1978): Bogotá (Hptst.) 3840000 Einw., Medellín (A) 1400000, Cali 1230000, Barranquilla (A) 830000, Bucaramanga (A) 386000, Cartagena 370000, Cúcuta (A) 280000, Ibagué 245000, Manizales 215000, Palmira 163000, Pasto 162000, Neiva 140000, Buenaventura 138000, Santa Marta 120000 – Distr. Esp. de Bogotá 1754 km²

Wirtschaft: BSP 1977: 18760 Mill. $, 1978: 21790 Mill. $/870 $ [78]/3,8 – **WS:** 26/4,9/29/5,9 – **V:** 7/75/21/18/16/–3 – **A:** 59/31/23 – **E:** 685/1,2/599 – **M:** 0,9

Außenhandel: 1978 **Einf.** 2113 Mill. $, **Ausf.** 2858 Mill. $ – **W:** 1 Kolumbianischer Peso (kol$) = 100 Centavos (c); (Zertifikatkurs am 28. 3. 80) 1 US-$ = 45,60 kol$, 1 kol$ = 0,0423 DM – **I:** 21,4 – **AS:** 4/2/3/12/42 – **T:** 154 – **H:** 78/17/5 – **Z:** 562/1,6/9/13,5 – **D:** 7,0 – **K:** – / 194 / 42

Wichtige Ausfuhrgüter: Kaffee bis 70%, Ölderivate, Bananen, Baumwollfasern, Blumen, Smaragde, Zement – **Wichtigste Außenhandelspartner:** USA (bis ⅔), BR Deutschland, Japan, Großbritannien, Spanien, Niederlande

Mitgliedschaft: UNO, OAS, ALADI u. Andengruppe; Mitglied des »Amazonas-Vertrages«, CECLA, ECLA, FAO, IAEA, IBRD, ICAO, IDA, IDB, IFC, ILO, IMF, ITU, SELA, UNESCO, UPU, WHO, WMO

KOMOREN *(Ost-Afrika)*
(Islamische Bundesrepublik der Komoren; Republique fédérale et islamique des Comores)

Fläche (149): 1797 km² (ohne Mayotte [374 km²] s. Frankreich) – **Einwohner** (143): 330000 (ohne M. [40000 Einw.], S 1979; m. Mayotte Z 1966 243498) = 183,6 je km² – **Städt. Bev.:** 10% – **S:** 42% – **Jährl. Bevölkerungswachstum:** (1970–1977), 4,6%

Bevölkerung: sehr gemischt, bes. Araber, Madegassen, Bantu (Makua), indische und persische Minderheiten; einige Hundert Europäer, meist Franzosen – **Staatssprache:** Französisch; als Umgangssprache Arabisch, Bantu-Sprachen, Kisuaheli usw. – **Religion:** 95% Muslimen; katholische u. protestantische Minderheiten

Nationalflagge: grün mit weißem Mond u. Sternen – **Nationalfeiertag:** 6. 7. – **U:** 1975

Staats- u. Regierungsform: »Islamische Bundesrepublik« seit Okt. 1978 – **Staatsoberhaupt:** Ahmed Abdallah Abderemane – **Regierungschef:** Salem Ben Ali – **Außenminister** u. Minister für Kooperation und Außenhandel: Ali Mroudjae – **Parteien:** in Umstrukturierung – **Dipl. B.:** BR Dtld. (der Botschafter in Tananarive/Madagaskar ist zugleich in den K. akkreditiert), DDR

Städte: Moroni (auf Gr. Comore, Hptst.) 1979 etwa 25000 Einw.

Wirtschaft: BSP 1977: 70 Mill. $, 1978: 70 Mill. $/180 $ [146] / –5,2 – **L:** 87 – **E:** 59

Außenhandel: 1976 **Einf.** 3,04 Mrd. F C.F.A., **Ausf.** 1,5 Mrd. F C.F.A. – **W:** 1 CFA-Franc (F C.F.A.) = 100 Centimes (c); 1 FF = 50 CFA-Francs, 1 CFA-Franc = 0,02 FF bzw. 0,0087 DM

Wichtige Ausfuhrgüter: Vanille, Essenzen (u.a. Citronella, Ylang), Sisal, Kopra, Kakao – **Wichtigste Außenhandelspartner:** Frankreich und andere EG-Länder

Mitgliedschaft: UNO, OAU, FAO, IBRD, IDA, IMF, ITU, WHO; AKP, Ost- u. Südostafr. Präf.-Handelszone

KONGO *(Äquatorial-Afrika)*

(Volksrep. Kongo; République Populaire du Congo – [RCB])

Fläche (55): 342000 km² – **Einwohner** (121): 1500000 (S 1979; Z 1974 1300120) = 4,4 je km² – **Städt. B.:** 36/3,0/61/0 – **G:** 46/18,0*/27/7320/98 – **S:** 50 / 155 / 8,6 – **Jährl. Bevölkerungswachstum:** (1970–1977) 2,7%

Bevölkerung: Bantu-Gruppen (u.a. Vili-Kongo, Ba-Kongo, Bavili, Bateke, M'Boshi), im N auch Sudan-Gruppen, einige tausend meist franz. Europäer – **Staatssprache:** Französisch; Lingala, KiKongo usw. – **Religion:** Etwa 40% röm. Katholiken, 10–12% Protestanten, Anhänger von Naturreligionen; muslimische Minderheit

Nationalflagge: rote Fläche mit Hammer und Hacke, umrahmt von 2 grünen Palmzweigen, gekrönt von einem gelben Stern – **Nationalfeiertag:** 15.8. – **U:** 1960

Staats- u. Regierungsform: Volksrepublik – Nach Aufhebung der Verfassung durch d. »acte fondamental« im April 1977 »Comité Militaire«/CM d. PCT als Oberste Gewalt – Sozialist. Verfassung in Vorbereitung – Wehrpflicht – Verwaltungsgliederung in 9 Regionen – **Staatsoberhaupt:** Präs. u. Vors. d. CM d. PCT sowie Oberbefehlshaber Denis Sassou-Nguesso, seit Febr. 1979 – **Ministerpräsident:** Commandant Louis Sylvain Goma, 2. stellv. Vors. d. MC – **Außenminister:** Pierre Nze – **Parteien:** »Parti Congolais du Travail«/PCT, linkssozialistisch; 1979 mit 100% gewählt – **Dipl. B.:** BR Dtld. und DDR

Städte (S 1977): Brazzaville (Hptst.) über 300000 Einw., Pointe-Noire etwa 145000, Jacob 31000, Loubomo 30000

Wirtschaft: BSP 1977: 710 Mill. $, 1978: 780 Mill. $/ 540 $ [97] / 0,8 – **WS:** 11 / 0,2 / 34 / 12,7 – **V:** 35 / 70 / 21 / .. / 41 / .. – **A:** 54 / 36 / 26 – **E:** 142 / 0,3 / 103 – **M:** 6,2

Außenhandel: (ohne UDEAC-Handel) 1977 **Einf.** 201 Mill. $, **Ausf.** 173 Mill. $ – **W:** 1 CFA-Franc (FC.F.A.) = 100 Centimes (c); 1 FF = 50 CFA-Francs, 1 CFA-Franc = 0,02 FF bzw. 0,0087 DM – **I:** 10,3 – **AS:** 77/2/9/17/35 – **T:** 121 – **H:** 79/21/<1 – **Z:** – 182/4,6/10/64 – **D:** 0,3 – **K:** – / 62 / 2

Wichtige Ausfuhrgüter: Holz (25–30% d. Ausfuhrwertes), Erdöl, Diamanten (5–10%), Kakao, Palmöl u. -kerne, Tabak, Bananen – **Wichtigste Außenhandelspartner:** Frankreich, BR Deutschland und andere EG-Länder, USA

Mitgliedschaft: UNO, OAU; AKP, ECA, FAO, IBRD, ICAO, CFA, IDA, ILO, IMF, ITU, UDEAC (z.T. aus deren Einrichtungen ausgetreten), UNESCO, UPU, WHO, WMO

KOREA, REPUBLIK *(Ost-Asien)*

(Rep. Korea; Dähan-Minkuk; Han Kopk; Süd-Korea – [ROK])

Fläche (101): 98484 km² – **Einwohner** (21): 37600000 (S 1979; 34708542 Z 1975 prov.) = 381,8 je km² – **Städt. B.:** 49 / 5,4 / 41 / 75 – **G:** 63 / 6,2* / 5 / 1680 / 112 – **S:** 9 / 109 / 3,3 – **Jährl. Bevölkerungswachstum:** (1970–1977) 2,0%

Bevölkerung: fast ausschließl. Koreaner (im Ausland leben ca. 1,2 Mill. [Japan 0,65 Mill.] Koreaner) – **Staatssprache:** Koreanisch; Englisch als Handelsspr. wichtig – **Religion:** nach Reg.-Stat. 1976 üb. ⅔ Mitgl. einer Relig.-Gem., u.a. 12,1 Mill. Buddhisten; 4,7 Mill. Konfuzianer, 1,05 Mill. Katholiken u. 4,66 Mill. Protestanten

Nationalflagge: weißes Feld mit rotblauem Um-Yang-Zeichen (ein Symbol des Universums) und 3 Balken in jeder Ecke (Sinnbild von Gleichgewicht u. Gegensatz) – **Nationalfeiertag:** 1.3., 15.8. usw. – **U:** alte staatliche Tradition; Ende der japanischen Herrschaft (seit 1910) 1945

Staats- u. Regierungsform: Republik mit Verfassung v. 1972 und starker Stellung des Präsidenten. Eine »Nat. Wiedervereinigungskonferenz«/NUC als Träger der »Nat. Souveränität«; sie wählt den Präsidenten u. bestimmt faktisch durch den Präsidenten ein Drittel der Mitglieder der »Nationalversammlung«, des Parlamentes – Neue Verfassung in Vorbereitung – 9 Prov. u. 2 Stadtgeb. (Ssóul, Pusan) – Wehrpflicht – **Staatsoberhaupt:** Präsident (General a. D.) Tschön Du Hwan [Chun Doo Hwan], seit 1.9.1980 – **Regierungschef:** Ministerpräsident Park Tschung Hun [Pak Choong Hoon], faktisch führt seit Mai 1980 eine Offiziersjunta unter Generallt. Tschung Do Hwang, DRP – **Außenminister:** Lho Schin Joung – **Parteien:** Bei d. Wahlen v. Dez. 1978 errang die »Demokratisch-Republikanische Partei«/DRP 78, d. »Neue Demokratische Partei«/NDP (»Shinmin«) 68, die »Demokr. Wiedervereinigungspartei« (»Dem. Unif. Party«/DUP) 3 Sitze; 5 Unabhängige, 77 Abg. v. Präsidenten ernannt – **Dipl. B.:** BR Dtld.

Städte (Z 1977 prov.): Ssóul [Seoul] (Hptst.) 6879464 Einw. (S 1978: 8 Mill.), Pusan [Busan] 2450125, Tägu [Daegu] 1309131, Intschön [Incheon] 797143, Kwangdschu [Gwangju] 606468; (1975): Tädschön [Daejeon] 506703, Masan 371937, Tschöntschu [Chonchu, Jeonchu] 311432, Söngnam 272329, Ulsan 252639, Jösu [Yeosu], Kunsan [Gunsan], Wöndschu [Weonju], Dschedschu [Jeju] je über 150000

Wirtschaft: BSP 1977: 35150 Mill. $, 1978: 42460 Mill. $/1160 $ [66] / 7,6 – **WS:** 27/5,0/35/17,0 – **V:** 13

/62/26/25/40/ – 1–**A:** 60/45/33–**E:** 1 020/1,7/842 – **M:** 6,4

Außenhandel: 1979 **Einf.** 20 339 Mill. $, **Ausf.** 15 055 Mill. $ – **W:** 1 Won (₩) = 100 Chon; 1 US-$ = 583,20 ₩, 1 ₩ = 0,00333 DM – **I:** 17,4 – **AS:** 3/17/20/9/27 – **T:** 76 – **H:** 73/17/<1 – **Z:** 447/3,7/9/27 – **D:** 3,9 – **K:** – / 1501 / 73

Wichtige Ausfuhrgüter: Textilien rd. 30%, Maschinen u. a. Industrieprodukte 40%, Fische u. Fischprodukte, Holz, Häute u. Felle, Reis, Eisenerz, Wolfram, Graphit, Früchte – **Wichtigste Außenhandelspartner:** Japan, USA, BR Deutschland u. and. EG-Länder, Saudi-Arabien, Kanada

Mitgliedschaft: ADB, ASPAC, CCD, ESCAP, FAO, GATT, IAEA, ICAO, IBRD, IFC, IMCO, IMF, ITU, UNCTAD, UNESCO, UPU, WHO, WMO; Behandlung des Antrages z. Aufnahme in d. UNO vom Sicherheitsrat abgelehnt – Stationierung von US-Einheiten (Bodentruppen über 25 000 Mann)

KOREANISCHE VOLKSDEMOKRATISCHE REPUBLIK *(Ost-Asien)*
(Dem. Volksrep. K.; Tschosson Mintschu tschu-i-Jinmin [Choson Minchu-Chui Inmin] Konghwa-Guk; Nord-Korea)

Fläche (91): 120 538 km^2 – **Einwohner** (38): 17 490 000 (S 1979) = 145,1 je km^2 – **Städt. B.:** 55/4,5/12/19 – **G:** 63/11/5/3 000/113 – **S:** 15/113/. . – **Jährl. Bevölkerungswachstum:** (1970–1977) 2,6%

Bevölkerung: fast ausschließlich Koreaner – **Staatssprache:** Koreanisch; Russisch u. Chinesisch z. T. als Handelssprachen – **Religion:** Buddhismus; christliche Minderheiten

Nationalflagge: blau-weiß-rot (breit, mit rotem Stern in weißem Kreis)-weiß-blau (waagerecht; weiße Streifen schmal) – **Nationalfeiertag:** 9. 9. – **U:** wie Rep. Korea (Süd-Korea)

Staats- u. Regierungsform: Kommun. Volksrepublik – Oberste Volksversammlung – Wahlberechtigt alle erwachsenen Bürger – Wehrpflicht – Verwaltungsgliederung in 9 Provinzen (Do) u. 2 unmittelbare Städte (Si), d. h. Pjöngjang u. Käsöng – **Staatsoberhaupt:** Präsident Marschall u. Oberbefehlshaber Kim Il Sung [Kim Ir Sen], wiedergewählt 1977; Vizepräs. Pak Song Tschol [Chol] – **Regierungschef:** Li Dschong [Jong] Ok, Vors. des »Administrativen Rates« – **Außenminister:** u. stellv. Reg.-Chef: Ho Dam – **Parteien:** Entscheidend ist die komm. »Partei d. Arbeit Koreas«/PdAK (»Tschosson Nodongdang«, 1978 über 1,9 Mill. Mitglieder), die im Rahmen des sog. »Nationalen Blocks« auch die einflußlosen kleinen sonstigen Gruppen (z. B. »Demokr. Partei« [»Tschosson Mindschudang«] u. die religiöse »Tschonudang«) bestimmt; Gen.Sekr. d. ZK d. PdAK Kim Il Sung, d. Ständ. Ausschusses d. Oberst. Volksversammlung Hwang Dschang [Jang] Yop. Bei den Wahlen von 1977 stimmten 100% für die Liste d. »Nat. Blocks« – **Dipl. B.:** DDR

Städte (S): Pjöngjang [Pyongyang] (Hptst.) 1977 als A über 1,5 Mill. Einw., Wönsan und Tschöngdschin [Chongjin] je über 250 000, Hungnam [Heungnam], Hamhung u. Sinuidschu [Sineuiju] je über 200 000

Wirtschaft: BSP 1977 (S): 11 380 Mill. $, 1978 (S): 12 530 Mill. $/730 $ [86]/(S) 5,3 – **A:** 55/51/32 – **E:** 3072 / 4,9 / 1758

Außenhandel: 1973 **Einf.** 602 Mill. $, **Ausf.** 528 Mill. $ (n. and. Schätzungen 1977 je rund 1 000 Mill. $ Ein- u. Ausfuhr) – **W:** 1 Won = 100 Chon; 1 US-$ = 0,77 Won, 1 Won = 2,5219 DM

Wichtige Ausfuhrgüter: Eisenerz, Kohle, Wolfram, Wismut, Graphit, Industrieprod. (über 30%, u. a. Rohseide u. chem. Produkte, Maschinen) – **Wichtigste Außenhandelspartner:** Sowjetunion (bis 30% d. Außenhandelswertes), Chines. Volksrep. (über 30%) u. d. and. kommunist. Staaten; Gesamthandel m. westl. Ländern 25–30% (bes. Japan)

Mitgliedschaft: als Beobachter Teilnahme bei manchen Tagungen des RGW, FAO, UNCTAD, UPU, WHO, WMO, Interparlament. Union

Koreanische Wiedervereinigung: Das seit 1945 durch eine Demarkationslinie, seit dem Ende des »Bürgerkrieges« durch eine Waffenstillstandslinie getrennte Korea konnte infolge der Gegensätze zwischen kommunist. Norden u. nichtkommunist. Süden noch nicht wiedervereinigt werden. Seit 1971/72 mehrfach unterbrochene Verhandlungen zwischen Nord- und Südkorea; bisher ohne Erfolg

KORSIKA s. Frankreich

KUBA s. Cuba

KUWEIT *(Vorder-Asien)*
(Staat Kuweit; Dawlat al Kuwait; Koweit – [KT])

Fläche (134): 17 818 km^2 – **Einwohner** (122): 1 350 000 (Z 1980); davon 59% Ausländer (u. a. 20% Palästinenser, 6% Ägypter, 5% Iraker, 4% Perser, 3% Inder, 2% Pakistani) = 75,8 je km^2 – **Städt. B.:** 84/7,8/33/0 – **G:** 69/3,9/2/850/. . – **S:** 40/93/2,8 – **Geburten- u. Sterbeziffer** je 1 000 Einw. 1977: 43,3 / 4,4 – **Geb.-Ü.:** 38,9

Bevölkerung: 85% Araber (s. oben) – **Staatssprache:** Arabisch; Englisch als Handelssprache wichtig – **Religion:** Staatsreligion: sunnitischer u. schiitischer Islam (70 : 30, insg. 93%); 60 000 Christen (überw. röm.-kath.)

Nationalflagge: grün-weiß-rot (waagerecht) mit schwarzem Trapezoid am Flaggstock – **Nationalfeiertag:** 25. 2. – **U:** 1961

Staats- u. Regierungsform: Scheichtum (Fürstentum) – Parlament 1976 aufgelöst – Verfassung von 1962 seit Aug. 1976 z. T. außer Kraft; ein Staatsminister für legislative Angelegenheiten – Nationalversammlung – Der Herrscher ernennt den Ministerpräs. – Verwaltungsgliederung in 3 Gouvernate – Wehrpflicht – **Staatsoberhaupt:** Emir Dschabar [Jabar] al Ahmad al Dschabar as Sabah, seit Januar 1978 – **Regierungschef:** Kronprinz Scheich Sa'ad Al-Abdullah Al-Salem Al-Sabah, seit Febr. 1978; die Sabah-Familie stellt 7 der 19 Minister; Stellv. u. **Außenminister:** Scheich Sabah Al-Ahmad Al-Jaber Al-Sabah – **Parteien:** Bei d. Wahlen (kein Frauenstimmrecht) v. 1975 fielen die meisten Sitze an konservative Gruppen – Eigentliche Parteien nicht zugelassen – Neuwahlen bis spät. Frühjahr 1981 angekündigt – **Dipl. B.:** BR Dtld. und DDR

Städte (Z 1980): Kuweit (Hptst.) 181774 Einw., A 300000, Hawalli 750713, Achmadi 232167, Jahra 189971

Wirtschaft: BSP 1977: 14420 Mill. $, 1978: 18040 Mill. $/14890 $ [2]/– 0,9 – **V:** 16*/23*/10*/61*/69* /51* – **A:** 50/2/34 – **E:** 9198/0,6/5843 – **M:** 16,6

Außenhandel: 1979 **Einf.** 5178 Mill. $, **Ausf.** 17649 Mill. $ – **W:** 1 Kuwait-Dinar (KD.) = 1000 Fils; (Freimarktkurs:) 1 US-$ = 0,275 KD., 1 KD. = 7,0615 DM – **I:** 31,3 – **AS:** 97/2 – **T:** 449 – **H:** 62/30/ <1 – **Z:** 5483 – **D:** 6,4 – **K:** 10,18/../153

Wichtige Ausfuhrgüter: Erdöl und -produkte (bis 95%) – **Wichtigste Außenhandelspartner:** Japan, Großbritannien, BR Deutschland u. andere EG-Länder, USA sowie Nahoststaaten

Mitgliedschaft: UNO, Arabische Liga, ECWA, FAO, GATT, IAEA, IBRD, ICAO, IDA, IFC, ILO, IMCO, IMF, ITU, OAPEC, OPEC, UNESCO, UPU, WHO, WMO; bedingt Mitglied des »Gemeinsamen Arabischen Marktes« – *Neutrale Zone* s. Saudi-Arabien

LAOS *(Südost-Asien)*

(Laotische Demokratische Volksrepublik: République démocratique populaire Lao – [LAO])

Fläche (75): 236800 km² – **Einwohner** (95): 3630000 (S 1979) = 15,3 je km² – **Städt. B.:** 11/4,1/52/0 – **G:** 42/12,3/27/13608/93 – **S:** 72*/85/2,6 – **Jährl. Bevölkerungswachstum:** (1970–1977) 2,3%

Bevölkerung: Lao, außerdem andere Thaigruppen, vietnamesische u. chinesische Minderheiten, Miao, Jao – **Staatssprache:** Lao; Umgangssprachen der verschied. ethnischen Gruppen (Chinesisch, Vietnamesisch usw.); Französisch – **Religion:** (Ausübung erschwert) vorwiegend südlicher Buddhismus; christliche Minderheiten (rund 46000 Protestanten und über 36000 Katholiken)

Nationalflagge: blau-rot-blau (waagerecht), mit einem weißen Kreis in der Mitte – **Nationalfeiertag:** 2.12. – **U:** proklamiert 12.10.1945, faktisch seit 1949 autonom in der »Französischen Union« und 1954 als völlig unabhängig anerkannt; Volksrepublik seit Dezember 1975

Staats- u. Regierungsform: Demokrat. Volksrepublik – »Volksversammlung« (gewählt nach allgem. Wahlrecht); sie bestimmt die Zusammensetzung des aus 45 Mitgl. bestehenden »Obersten Volksrates« – Wehrpflicht – Verwaltungsgliederung in Umbau – **Staatsoberhaupt:** Präsident u. Vors. d. »Obersten Volksrates« Prinz Suvannuvong [Souphanouvong] – **Regierungschef:** Ministerpräsident Kayson Phomvihan; mehrere Stellvertreter – »Berater«: Prinz Suvanna Phuma [Souvanna Phouma] – Stellvertreter d. Min.-Präs. u. **Außenminister:** General Phoune Sipraseuth – **Parteien:** »Revolutionäre Volkspartei« (kommunist.); Generalsekretär: Kayson Phomvihan; Mitgl. d. Politbüros d. ZK auch Suvannuvong – **Dipl. B.:** BR Dtld. und DDR

Städte: Vientiane [Viangchan] (Hptst. 1973) 176637 Einw., Residenz Luang Prabang [Louangphrabang] 45000, Savannakhet 36000, Pakse 35000 (gegenwärtige Einwohnerzahlen nicht bekannt)

Wirtschaft: BSP 1977 (S): 290 Mill. $, 1978: 300 Mill. $/90 $ [163]/(1970–75) – 15,9 – **WS:** 63/../13/.. – **V:** 21/58/40/21/2/– 19 – **A:** 52/80/6 – **E:** 61/../27 – **M:** 8

Außenhandel: 1974 **Einf.** 65 Mill. $, 1973 **Ausf.** 5 Mill. $ – **W:** Neuer Kip (NK); 1 US-$ = 9,90 NK, 1 NK = 0,1962 DM – **H:** 23/75/0

Wichtige Ausfuhrgüter: Zinn, Teakholz, Kaffee, Reis, Baumwolle, Tee, Gewürze – **Wichtigste Außenhandelspartner:** bis 1975 Thailand, Philippinen, Japan, USA, Indonesien, Hongkong, Frankreich

Mitgliedschaft: UNO, ADB, ESCAP, FAO, IBRD, ICAO, IDA, ILO, IMF, ITU, UNESCO, UPU, WHO, WMO; bedingt als Beobachter beim RGW

LESOTHO *(Süd-Afrika)*

(Königreich Lesotho; Kingdom of Lesotho; 'Muso oa Lesotho – [LS])

Fläche (123): 30355 km² – **Einwohner** (123): 1310000 (S 1979; 1213960 Z 2.4.1976) = 43,2 je km² – 1973 lebten 117000 Bürger von L. in der Rep. Südafrika – **Städt. B.:** 4/8,1/100/0 – **G:** 50/11,4/21/17800/99 – **S:** 60/119/3,6 – **Jährl. Bevölkerungswachstum:** (1970–1976) 2,2%

Bevölkerung: Basutos der Südbantugruppe; weiße und indische Minderheit – **Staatssprache:** Bantu-Sprachen (SeSotho), Englisch – **Religion:** rund 75% Christen (480000 Katholiken), muslimische Minderheit; Anhänger von Naturreligionen

Nationalflagge: blau (mit weißem Emblem) – je ein grüner und roter Streifen (vertikal) am Fahnenmast – **Nationalfeiertag:** 4.10. – **U:** 1966

Staats- u. Regierungsform: Königreich – Parlament aus 2 Kammern (Senat m. 11 ernannten Mitgliedern u. 22 Häuptlingen; Nationalversammlung aus 60 Mitgliedern) – Keine allgem. Wehrpflicht – **Staatsoberhaupt:** König Moshoeshoe II.; seit 1966 –

Regierungschef: Leabua Jonathan, NP – **Außenminister:** C. D. Molapo – **Parteien:** Bei den Wahlen vom April 1965 entfielen 31 Sitze auf die gemäßigte »National Party«/NP, 25 Sitze auf den »National Congress«/NC von Ntsu Mokhehle (radikalnationalistisch), 4 auf die konservative »Marema Tlou Freedom Party«. Die Wahlen v. Jan. 1970 wurden als ungültig erklärt, die Mitgl. der Nationalversammlung neu ernannt (ähnl. Verteilung). Neue Verfassung in Vorbereitung – **Dipl. B.:** BR Dtld. und DDR

Städte (1975): Maseru (Hptst.) 30000 Einw.

Wirtschaft: BSP 1977 (S): 320 Mill. $, 1978 (S): 360 Mill. $/280 $ [127] / (S) 9,9 – **WS:** 30/../15/.. – **V:** 21 / 168 / 26 / .. / 21 / .. – **A:** 57 / 88 / 4 – **M:** 2

Außenhandel: 1974 **Einf.** 79,1 Mill. Rand, **Ausf.** 9,8 Mill. Rand – **W:** 1 Loti (M) – Plural: Maloti = 100 Lisente (s); 1 Rand (R) = 1 M, 1 R = 1,2385 US-$ bzw. 2,3864 DM (südafrikan. Rand weiterhin als gesetzl. Zahlungsmittel im Umlauf) – **I:** 11,1 – **Z:** 11 / 0,2 / 3,3 / 8

Wichtige Ausfuhrgüter: Wolle (über 50%) u. and. Viehzuchtprodukte. Diamanten – **Wichtigste Außenhandelspartner:** Rep. Südafrika, Großbritannien

Mitgliedschaft: UNO, Commonwealth, Zollunion m. Südafrika, FAO, GATT (assoz.), IBRD, ICAO, IFC, ILO, IMF, ITU, OAU, SAEMU, UNESCO, UPU, WHO, AKP; Ost- u. Südostafr. Präf.-Handelszone

LETTLAND s. Sowjetunion

LIBANON *(Vorder-Asien)*
(Libanesische Republik; El Dschumhurija el Lubnanija bzw. El Jumhouriya El Lubnaniya – [RL])

Fläche (141): 10400 km² – **Einwohner** (102): 3090000 (S 1979; Z 1970 2126325, ohne 187529 Palästinaflüchtlinge) = 297,1 je km² – **Städt. B.:** 70 / 4,9 / 77 / 77 – **G:** 65 / 1,4 / 6 / 1106 / 101 – **S:** 14 / 102* / 3,0 – **Jährl. Bevölkerungswachstum:** (1970–1977) 3,1 %

Bevölkerung: arabischstämmige Libanesen, arabisch-palästin. Flüchtlinge; tscherkessische und armenische Minderheiten – **Staatssprache:** Arabisch; Französisch u. Englisch wichtig für Bildung und Handel – **Religion** (S 1975): 660000 kath. Maroniten, 150000 andere Katholiken, 250000 orthodoxe Christen, 180000 armenische Christen; 420000 sunnitische und 395000 schiitische Muslimen (ohne Flüchtlinge), 100000–120000 Drusen; 2000 Juden (Ang. n. »Jew. Stat. B.«). Keine Staatsreligion. Eigenes Gericht u. religiöses Recht für die verschiedenen Religionsgemeinschaften

Nationalflagge: rot-weiß (breiter Streifen mit grüner Zeder) - rot (waagerecht) – **Nationalfeiertag:** 22. 11. – **U:** 1941 bzw. 1943; endgültiger Abzug der französischen Truppen 1946

Staats- u. Regierungsform: Republik – Parlament mit einer Kammer – Der Präsident muß maronitischer Christ, der Regierungschef sunnitischer, der Parl.-Präs. schiitischer Muslim sein – Allgemeines Wahlrecht – Die 99 Parlamentssitze sind wie folgt aufgeteilt: 30 Maroniten, 20 Sunniten, 19 Schiiten, 11 Griechisch-Orthodoxe, 6 Griechisch-Katholische, 6 Drusen, 4 Armenisch-Orthodoxe, je 1 Protestant, armen. Katholik, Jude und Vertr. and. relig. Gruppen – Wehrpflicht – Verwaltungsgliederung in 5 Prov. (»Mohafazats«) – **Staatsoberhaupt:** Präsident Dr. Elias Sarkis, seit Sept. 1976 – **Regierungschef:** Takieddin Solh [Sulh] (Sunnit) m. Reg. Bildg. beauftragt – **Außenminister,** stellv. Min.-Präs. und Verteidigungs-Minister: Fuad Butros [Fouad Boutros] – **Parteien:** Viele Abgeordnete gehören keiner Partei an. Bei den Wahlen von 1972 erhielten die konservativen Gruppen zwar die meisten Stimmen (Nationalliberale, Falangisten [»Kataeb« Nat. Block), aber erstmals errangen auch »Progressive« (»Nasseristen«, »Baath«-Anhänger usw.) Mandate. Durch den Bürgerkrieg seit 1974 veränderte Situation. Führer der »Sozialist. Progress. Partei«: seit der Ermordung von Chalid Dschumblat [Khalid Joumblat] sein Sohn Walid D., ein drusischer Linkssoz.; Führer der KP: Nicolas Schawi; Zusammenschluß der beiden christl. Rechtsparteien »Nationalliberale Partei«/PNL unter Camille N. Schamoun [Chamoun] u. d. »Falangistenpartei« (Kataeb) unter Scheich Pierre Gemayel zu einer »Nationalen Einheitspartei« – Legisl.-Periode d. Parlaments erstmals 1975, sodann erneut 1978 (bis 30. 6. 1980) verlängert, da derzeit Wahlen nicht möglich – **Dipl. B.:** BR Dtld. und DDR

Städte (S 1978): Beirut [Beyrout] (Hptst.) 702000 Einw., Tripoli [Tarabulus esh Sham] 175000; (1970): Zahlé 46800, Saida 24740, Ba'albek 18000, Es Sur [Tyrus] 14000 (in Auswirkung des Bürgerkrieges seither starke Veränderungen)

Wirtschaft: BSP 1974 (S): 3290 Mill. $/1060 $ [69] / (1970–75) 3,0 – **WS:** 12* / 6,3* / 20* / 4,5* – **V:** 10* / 85* / 16* / 5* / 27* / – 11* – **A:** 53 / 13 / 27 – **E:** 533 / .. / 539 – **M:** 3,3

Außenhandel: 1973 **Einf.** 1224 Mill. $, **Ausf.** 497 Mill. $ – **W:** 1 Libanesisches Pfund (L£) = 100 Piastres (P.L); (Freimarktkurs:) 1 US-$ = 342,25 P.L., 1 L£ = 0,5674 DM – **I:** 1,4* – **T:** 83 – **H:** 13 / 26 / 8 – **Z:** – 23 / 0,2* / 0,7 / 4,2* – **D:** 16,5 – **K:** – / <1 / 17*

Wichtige Ausfuhrgüter: bearb. Edelmetalle, Textilien, Obst, Wolle, Gemüse, Gerste, Baumwolle, Olivenöl – **Wichtigste Außenhandelspartner:** Frankreich, Großbritannien, BR Deutschland, Japan, USA, Saudi-Arabien, Syrien, Kuweit, Schweiz, Italien, Sowjetunion

Mitgliedschaft: UNO, Arabische Liga, CCD, ECWA, FAO, IAEA, IBRD, ICAO, IDA, IFC, ILO, IMCO, IMF, ITU, UIA, UNESCO, UPU, WHO, WMO; Abk. m. EG

LIBERIA *(West-Afrika)*
(Republik Liberia; Republic of Liberia; Liberien)

Fläche (96): 111369 km² – **Einwohner** (118): 1800000 (S 1979; 1503368 Z 1974) = 16,2 je km² – **Städt. B.**: 30/5,6/../0 – **G**: 48/15,9/23/10050/87 – **S**: 91* / 62 / 2,4 – **Jährl. Bevölkerungswachstum**: (1970–1977) 2,4%

Bevölkerung: kleine z.T. von amerikanischen Negern abstammende, zivilisierte Bevölkerungsschicht an der Küste (3%); Kpelle, Bassa, Kru, Mandingo, Gola, Gissi. Etwa 30000 Ausländer – **Staatssprache**: Englisch; Mande, Kru usw. – **Religion**: Anhänger von Naturreligionen, etwa 20% Muslimen (bes. Mandingo), rund 60000 Protestanten und 24000 Katholiken

Nationalflagge: abwechselnd rote und weiße Streifen (insgesamt 11, waagerecht), am Flaggstock blaues Feld mit weißem Stern – **Nationalfeiertag**: 26.7. – **U**: 1822 bzw. seit d. Verfassung v. 1847

Staats- u. Regierungsform: Präsidiale Republik – Parlament aus 2 Kammern (»Senate« und »House of Representatives«) – Allg. Wahlrecht ab 19 Jahren – Allgemeine Wehrpflicht – Verwaltungsgliederung in 9 Bezirke (»Counties«) u. 6 Territorien; im Innern haben z.T. Kommissare die Aufsicht über die Stammeshäuptlinge – Grundbesitz für Weiße verboten – **Staatsoberhaupt u. Regierungschef** seit dem Militärputsch v. 12.4.1980: Hauptfeldwebel Samuel Kanyon Doe, Vors. d. »Volkserlösungsrates« – **Außenminister**: Gabriel Bacchus Matthews – **Parteien**: Parlament suspendiert; »True Whig Party« d. ehem. Präsid. Tolbert hatte alle Sitze – **Dipl. B.**: BR Dtld. und DDR

Hauptstadt (S 1977): Monrovia 180000 Einw., im übrigen nur kleine Orte wie Buchanan, Harper, Robertsport

Wirtschaft: **BSP** 1977: 740 Mill. $, 1978: 820 Mill. $/ 471 $ [105]/1,1 – **WS**: 30/5,2/40/0,3 – **V**: 12/57/27/ 31/62/5 – **A**: 54/73/14 – **E**: 418/1,0/483 – **M**: 0,6

Außenhandel: 1978 **Einf.** 481 Mill. $, **Ausf.** 486 Mill. $ – **W**: 1 Liberianischer Dollar (Lib$) = 100 Cents (c); 1 US-$ = 1 Lib$, 1 Lib$ = 1,9419 DM – **I**: 9,7 – **AS**: 45*/ 0*/4*/16*/34* – **T**: 93 – **H**: 86/13/1 – **Z**: –145/3,3/ 5 / 38 – **D**: 0,5 – **K**: – / 62 / ..

Wichtige Ausfuhrgüter 1978: Eisenerz 56%, Kautschuk 14%, Nutzholz 10%, Kaffee 6%, Diamanten 6% – **Wichtigste Außenhandelspartner**: USA, BR Deutschland, Benelux-Länder, Japan, Italien, Großbritannien, Schweden

Mitgliedschaft: UNO, OAU, ECA, FAO, IAEA, IBRD, ICAO, IDA, IFC, ILO, IMF, ITU, UNESCO, UPU, WHO, ECOWAS (CEDEAO), AKP (z.Z. »eingefroren«); mit Gambia u. Sierra Leone in der »Mano-Fluß-Union«

LIBYEN *(Nord-Afrika)*
(Sozialistische Libysch-Arabische Volksdschamahirija; »Lib.-Arab. Jamahiriya« [abgekürzt]; engl.: Socialist People's Libyan Arab Jammahiriyah – [LAR])

Fläche (15): 1759540 km² – **Einwohner** (107): 2860000 (S 1979; de jure 2257037 Z 1973) = 1,6 je km² – **Städt. B.**: 44 / 8,8 / 62 / 62 – **G**: 55 / 13,0 / 17 / 1020 / 117 – **S**: 55 / 155 / 4,3 – **Jährl. Bevölkerungswachstum**: (1970–1977) 4,2%

Bevölkerung: Arabisch sprechende Libyer, z.T. mit Berbern vermischt; Kulughli, Tuareg u. and. Berber; im S Negergruppen; 150000–200000 Ägypter – **Staatssprache**: Arabisch, z.T. Berberdialekte; Handelsspr. z.T. Engl. – **Religion**: etwa 98% Muslimen (u.a. Reformorden d. Senussi); d. Islam ist Staatsreligion; kleine christliche Minderheit

Nationalflagge: grüne Fläche – **Nationalfeiertag**: 1.9. (Tag d. Revolution v. 1969) – **U**: 1951

Staats- u. Regierungsform: Republik (»Volksdschamahirija« [= Lib.-Arab. Massenvertretung] auf der Grundlage des Koran) – Verfassung v. März 1977: »Generalvolkskongreß« als gesetzgebende und exekutive Gewalt; als Oberstes Organ dessen Generalsekretariat – Prinzip d. »direkten Volksherrschaft« – Gliederung in 10 Provinzen – Allgem. Wehrpflicht von 18–35 Jahren – **Staatsoberhaupt**: Generalsekretär Abdel Ati al-Obeidi [el Abeidi]; Bruder Oberst Muamar Al Gaddafi am 1.3.1979 zurückgetreten; jetzt »Führer d. Revolution«, weiterhin in Spitzenposition – **Regierungschef**: Vors. d. »Generalvolkskomitees« (= Regierung) Dschadallah Assus [Jadallah Azzuz] at-Talhi – **Außenminister**: Sekretär (= Minister) Dr. Ali Abdessalam at-Triki – **Parteien**: an ihrer Stelle seit März 1977 »Volkskomitees« auf lokaler und regionaler Basis – **Dipl. B.**: BR Dtld. und DDR

Städte (Z 1973): Tripolis [Tarabulus] (Hptst.) 551477 Einw., Bengasi [Benghazi] 282192, Misurata [Misratah] 103302, El Beida 36000, Derna 25000 (alle A)

Wirtschaft: **BSP** 1977: 17189 Mill. $, 1978: 18960 Mill. $/6910 $ [22]/–4,5 – **WS**: 3/14,0/71/–4,0 – **V**: 21/28/26/51/5/25 – **A**: 52/22/27 – **E**: 1589/0,3/ 626 – **M**: 1,7

Außenhandel: 1978 **Einf.** 4602 Mill. $, **Ausf.** 9907 Mill. $ – **W**: 1 Libyscher Dinar (LD.) = 1000 Dirhams; 1 US-$ = 0,29531 LD., 1 LD. = 6,5348 DM – **I**: 25,1 – **AS**: 100/0/3/15/35 – **T**: 316 – **H**: 79/21/<1 – **Z**: 2905 – **D**: 7,6 – **K**: 0,62 / .. / –425

Wichtige Ausfuhrgüter: Erdöl (etwa 98%); Häute, Felle, Erdnüsse, Olivenöl, Obst, Halfagras – **Wichtigste Außenhandelspartner**: Italien, BR Deutschland, Großbritannien u. andere EG-Länder, Japan, USA, Sowjetunion

Mitgliedschaft: UNO, OAU, Arabische Liga, ECA, FAO, IAEA, IBRD, ICAO, IDA, IFC, ILO, IMCO, IMF, ITU, OAPEC, OPEC, UNESCO, UPU, WHO, WMO; wirtsch. u. kult. Zusammenarbeit m. den Maghreb-Staaten Algerien, Marokko u. Tunesien geplant –

Mitgl. d. »Staaten der Sahara-Anrainer« – Seit 1971 Mitglied der vereinbarten »Union Arabischer Republiken« (s. diese), bisher ebenso nicht existent wie d. einst festgelegte Zusammenschluß mit Ägypten

LIECHTENSTEIN *(Mittel-Europa)*
(Fürstentum Liechtenstein – [FL])

Fläche (164): 160 km² – **Einwohner** (165): 25 340 (S 1979; 21 350 Z 1970) = 158,4 je km² – **S:** 0% – **Jährl. Bevölkerungswachstum:** (1970–1977) 0,81%

Bevölkerung: alemannischer Abstammung; Ausländer 1979 insg. 8 944, davon 4 004 Schweizer; 1978: 4 134 Schweizer, 2 006 Österreicher, 1 139 Deutsche, 945 Italiener, 457 andere – **Staatssprache:** Deutsch; die Bevölkerung spricht im Umgang einen alemannischen Dialekt – **Religion:** (Z 1978) 20 950 Katholiken, 1 814 Protestanten, 2 576 andere

Nationalflagge: blau (mit goldener Krone nahe am Flaggenstock)-rot (waagerecht) – **Nationalfeiertag:** 15. 8. – **U:** gegründet 1719, unabhängig ab 1866

Staats- u. Regierungsform: Konst. Erbmonarchie auf parlamentar.-demokratischer Grundlage – Zoll- und Währungseinheit mit der Schweiz, ebenso Schweizer Auslandsvertretung, doch eigene Botschaft in Bern – Einkammerparlament (»Landtag«), dessen 15 Mitglieder für vier Jahre gewählt werden – Wahlpflicht für alle Männer über 20 Jahre – Die Regierung wird vom Fürsten auf Vorschlag des Landtags eingesetzt – **Staatsoberhaupt:** Fürst Franz Joseph II., seit 1938 – **Regierungschef** (u. Wahrnehmung der eigentl. Außenbez.): Hans Brunhart, VU; Stellv. Hilmar Ospelt, FBP – **Parteien:** Die »Fortschrittliche Bürgerpartei«/FBP erhielt bei den Landtagswahlen von 1978 zwar die Mehrheit d. Stimmen, aber nur 7 Sitze, die »Vaterländische Union«/VU 8 Sitze, die »Christlich-Soziale Partei« nahm an den letzten Wahlen nicht teil. Nach Verfass.-Gesetz v. 7. 7. 1976 Frauenwahlrecht auf Gemeindeebene, falls die betr. Gemeinde dies beschließt (Vaduz seit Aug. 1976, Gamprin seit Mai 1980) – **Dipl. B.:** BR Dtld. und DDR (Ang. z. T. n. W. Kranz)

Städte (B 1978): Hauptort Vaduz 4 856 Einw., Schaan 4 581, Balzers 3 196

Wirtschaft: BSP 1977: 700 Mill. sfr / 28 864 sfr bzw. 15 600 $ [1] – **L:** 4

Außenhandel: 1977 **Einf.** 519,6 Mill. sfr, **Ausf.** 760 Mill. sfr – **W:** 1 Schweizer Franken (sfr) = 100 Rappen (s. Schweiz)

Wichtige Ausfuhrgüter: Industriegüter; Getreide, Wein, Obst, Holz, Vieh – **Wichtigste Außenhandelspartner** (1979): Schweiz (23,9%), EG u. EFTA (49,9%), übrige Länder (26,2%)

Mitgliedschaft: ECE, EFTA, IAEA, CIJ, ITU (UIT), UNCTAD, UNICEF, UNIDO, UPU, Vollmitglied im Europarat, Intelsat, OMPI

LITAUEN s. Sowjetunion

LUXEMBURG *(West-Europa)*
(Großherzogtum Luxemburg; Grand-Duché de Luxembourg; Grousherzogdem Lëtzebuerg – [L])

Fläche (147): 2 586,4 km² – **Einwohner** (140): 360 000 (F 1979, 339 841 Z 1970) = 139,2 je km² – **Städt. Bev.:** 67% – **S:** <1% – **Geburten- u. Sterbeziffer** je 1 000 Einw. 1977: 11,4 / 11,5 – **Sterbe-Ü.:** 0,1

Bevölkerung: Luxemburger (deutschsprachige Moselfranken); 1977 86 000 Ausländer, u. a. 22 000 Italiener, 19 000 Portug., 10 000 Franzosen, 8 500 Deutsche, 7 500 Belgier, 3 000 Spanier – **Staatssprache:** Letzebuergisch (aus dem Moselfränkischen entw.), Deutsch u. Französisch – **Religion:** rd. 95% röm.-kath.; etwa 3 900 Protestanten und etwa 1 000 Juden

Nationalflagge: rot-weiß-blau (waagerecht) – **Nationalfeiertag:** 23. 6. – **U:** völlig souverän seit 1866

Staats- u. Regierungsform: Parlamentarisch-demokrat. Monarchie – Parlament mit einer Kammer (»Chambre des Députés«), deren Mitglieder für fünf Jahre gewählt werden. Außerdem ein Staatsrat, teils vom Großherzog ernannt, teils vom Parlament nominiert – Wahlverpflichtet alle über 18 Jahre alten Bürger – Wehrpflicht 1967 aufgehoben – Verwaltungsgliederung in 3 Distrikte, 12 Kantone – **Staatsoberhaupt:** Großherzog Jean, seit 1964 – **Regierungschef:** Pierre Werner, Christl.-Soz., Chef einer Koalitionsregierung aus Christl.-Soz. u. Liberalen – **Außen-**, Justiz- u. Wirtschafts-**Min.:** Dr. Gaston Thorn – **Parteien:** Bei den Wahlen von 1979 erhielt die »Christlich-Soziale Volkspartei« 22 Sitze, die »Luxemb. Sozialistische Arbeiterpartei« 15 Sitze; Liberale (»Demokratische Partei«) 13 Sitze. Die Kommunistische Partei errang 2, die »Sozialdem. Partei« 3 Mandate – **Dipl. B.:** BR Dtld. und DDR

Städte (S 1977): Luxemburg [Luxembourg] (Hptst.) 76 500 Einw., Esch-Alzette 26 200, Differdingen [Differdange] 17 300, Düdelingen [Dudelange] 14 200

Wirtschaft: BSP 1977: 3 440 Mill. $, 1978: 3 730 Mill. $ / 10 410 $ [6] / 4,4 – **L:** 6 – **E:** 15 788 – **M:** 1

Außenhandel: (UNO-Außenhandelsstatistik gemeinsam mit Belgien; s. dieses) 1976 **Einf.** 72,5 Mrd. lfrs, **Ausf.** 63,25 Mrd. lfrs – **W:** 1 Luxemburg. Franc (lfr) bzw. Franc luxembourgeois (Flux) = 100 Centimes (c); 1 bfr = 1 lfr, 1 US-$ = 31,0950 bfrs, 1 lfr = 0,0624 DM (belgische Geldzeichen auch als gesetzl. Zahlungsmittel)

Wichtige Ausfuhrgüter: Stahl u. and. Erzeugn. d. Schwerind. bis 90%, chem. u. landwirtschaftl. Produkte – **Wichtigste Außenhandelspartner:** BR Deutschland, Belgien und übrige EG-Partner, USA, Schweiz

Mitgliedschaft: UNO, WEU, Europarat, CCD, EG, EWS, FAO, GATT, IAEA, ICAO, IDA, IFC, IBRD, ILO, IMF, ITU, NATO, OECD, UNESCO, UPU, WHO, WMO – L. bildet mit Belgien eine Wirtschaftsunion u. m. diesem und den Niederlanden die noch nicht voll ausgebaute Wirtschaftsunion »Benelux«

MACAO s. Portugal

MADAGASKAR *(Südost-Afrika)*
(Demokratische Rep. Madagaskar; Republika Demokratika Malagasy; République Dém. de Madagascar – [MD])

Fläche (42): 587041 km^2 (mit den Nebeninseln Nosy-Bé 293 km^2 u. St.-Marie du Madagascar 165 km^2) – **Einwohner** (63): 8510000 (S 1979) = 14,5 je km^2 – **Städt. B.:** 16/4,3/38/0 – **G:** 46/5,3/27/10780/105 – **S:** 50/92/3,9 – **Jährl. Bevölkerungswachstum:** (1970–1977) 3,0%

Bevölkerung: Madagassen (Malagasy) 99%, in negritische (u. a. Sakalaven), vor allem aber malaiische (Merina, Betsimisaraka, Tsimihety, Betsileo) Gruppen gegliedert; 1972 30788 Franzosen (1976 etwa 12000), 18250 Inder u. Pakistaner, 10167 Chinesen; komorische Minderheit – **Amtssprache:** Französisch u. Malagasy; Umgangssprachen einheimische Idiome, besonders d. auch als Bildungssprache wichtige Howa – **Religion:** über 30% Christen, je etwa zur Hälfte Protestanten u. Katholiken; 4–5% Muslimen, darunter Ismailiten; Anhänger von Naturreligionen.

Nationalflagge: weiß (senkrecht am Flaggstock)-rot-grün (beide waagerecht) – **Nationalfeiertag:** 26. 6. – **U:** 1958 autonom in der »Französischen Union«, 1960 völlig unabhängig

Staats- u. Regierungsform: Nach d. Verfassung v. 1975 »Demokrat. Rep. auf d. Basis d. Charta d. Sozialist. Revolution v. M.« – Allgem. Wahlrecht – Einkammerparlament (»Assemblée Nationale Populaire«); Mitglieder für 5 Jahre gewählt – »Conseil suprême de la révolution« (»Oberster Revolutionsrat«) – Wahl d. Präsid. für 7 Jahre – Allg. Zivil- u. Wehrdienstpflicht – Gliederung in 6 Provinzen – **Staatsoberhaupt:** Didier Ratsiraka, seit 1975; gleichzeitig Vors. d. »Obersten Revolutionsrates« – **Ministerpräsident:** Oberstltnt. Desiré Rakotoarijaona – **Außenminister:** Richard Christian Rémi – **Parteien:** Wahlen v. Juni 1977 erstmals mit Einheitsliste d. »Front national pour la défense de la révolution« (darunter: AREMA v. Präs. D. Ratsiraka, 112 Sitze; »Partei d. Unabhäng.-Kongresses«/AKFM v. Richard Andriamanjato [prosowjet.] 16 Sitze; »Vonjy« bzw. »Parti pour l'Unité nationale«, 7 Sitze; UDECMA [christl.-demokr.] 2 Sitze) – **Dipl. B.:** BR Dtld. und DDR

Städte (S 1978 A): Tananarive [Antananarivo] (Hptst.) 700000 Einw., Fianarantsoa 276000, Antsirabé 253000, Tamatave 167000, Tuléar 113000, Majunga 85000, Diégo-Suarez 79000

Wirtschaft: BSP 1977: 1870 Mill. $, 1978: 2050 Mill. $/247 $ [132]/ – 2,7 – **WS:** 40/0,7/19/<1 – **V:** 16/72/15/12/22/ – 3 – **A:** 52/84/5 – **E:** 66/0,3/42 – **M:** 1,9

Außenhandel: 1978 **Einf.** 443 Mill. $, **Ausf.** 386 Mill. $ – **W:** 1 Madagaskar-Franc (FMG) = 100 Centimes (c), 1 »Ariary« = 5 FMG; 1 US-$ = 223,30 FMG, 1 FMG = 0,0087 DM – **I:** 10,1 – **AS:** 4*/1*/6*/17*/23* – **T:** 112 – **H:** 76/24/0 – **Z:** – 16/0,7/3,1/11 – **D:** 1,7 – **K:** – / 15 / – 2

Wichtige Ausfuhrgüter: Kaffee (bis 30%), Gewürznelken, Vanille (80% d. Weltbedarfs), Reis, Fleisch, Zucker, Sisal, Tabak, Kakao, Holz, Pfeffer, Graphit – **Wichtigste Außenhandelspartner:** Frankreich, das über ein Drittel der Ausfuhr abnimmt, USA, BR Deutschland, Japan, Italien, Malaysia, Niederlande, Großbritannien

Mitgliedschaft: UNO, OAU, CCD, ECA, AKP, FAO, GATT, IAEA, IBRD, ICAO, IDA, IFC, ILO, IMCO, ITU, UNESCO, UPU, WHO, WMO; Ost- u. Südostafr. Präf.-Handelszone (Madagaskar beansprucht die Inseln Iles glorieuses, Juan de Nova, Europa u. Bassas da India von Frankreich)

MADEIRA s. Portugal

MAGHRIB s. Algerien [Libyen], Marokko, Tunesien

MALAWI *(Südost-Afrika)*
(Republik Malawi; Republic of Malawi – [MW])

Fläche (92): 118484 km^2 (m. 24403 km^2 Binnengewässern) – **Einwohner** (78): 5820000 (S 1979; 4039583 Z 1966) = 49,1 je km^2 (ohne Binnengewässer) – **Städt. B.:** 20/18,4/23/0 – **G:** 46/14,2/27/48500/103 – **S:** 75/63/2,0 – **Jährl. Bevölkerungswachstum:** (1970–1977) 2,6%

Bevölkerung: Bantu (Chewa, Sena u. a.); je einige tausend meist britische Europäer sowie Asiaten und Mischlinge – **Staatssprache:** Englisch u. Chichewa; Nyanja, Tumbuca, Yao – **Religion:** christl. Minderheit (912000 Kath. u. 550000 Protest.); hinduistische Gruppen, 10 bis (n. and. Ang.) 33% Muslimen; Anhänger von Naturreligionen

Nationalflagge: schwarz (mit aufgehender Sonne)-rot-grün (waagerecht) – **Nationalfeiertag:** 6. 7. – **U:** 1964

Staats- u. Regierungsform: Präsidiale Republik – Parlament aus 1 Kammer – Wahlberechtigt alle erwachsenen Bürger – Keine allgemeine Wehrpflicht – Verwaltungsgliederung in 3 Regionen bzw. 24 Distrikte – **Staatsoberhaupt** (auf Lebenszeit) und Regierungschef sowie Außen-, Justiz-, Landwirtschafts- und Versorgungsminister, Oberbefehlshaber usw.: Ngwazi Dr. Hastings Kamuzu Banda, MCP – **Parteien:** Wahl 1978: alle 87 Sitze an die »Malawi Congress Party«/MCP – **Dipl. B.:** BR Dtld. und DDR

Städte (1977): Lilongwe (Hptst.) 102924 Einw., Blantyre-Limbo 228520, Zomba 15705, Mzuzu 16119

Wirtschaft: BSP 1977: 860 Mill. $, 1978: 1010 Mill. $/ 174$[148]/3,1–**WS:** 47/4,3/18/6,2–**V:** 13/77/16/ 10/28/–6–**A:** 53/87/5–**E:** 56/0,4/61–**M:** 1,2

Außenhandel: 1979 **Einf.** 402 Mill. $, **Ausf.** 229 Mill. $ –**W:** 1 Malawi-Kwacha (MK) = 100 Tambala (t); 1 MK = 1,2003 US-$ bzw. 2,3309 DM–**I:** 9,2–**AS:** 0/<1/ 14/10/31–**T:** 127–**H:** 78/22/<1–**Z:** –34/1,5/5/ 36 – **D:** 3,4 – **K:** – / 49 / 6

Wichtige Ausfuhrgüter: Tee (20%) und Tabak (50–60%), Erdnüsse, Mais, Baumwolle – **Wichtigste Außenhandelspartner:** Großbritannien, BR Deutschland u. and. EG-Länder, USA, Japan, Rep. Südafrika (bes. Handelsabkommen), Simbabwe, Sambia

Mitgliedschaft: Commonwealth, UNO, OAU, CCD, GATT, IBRD, ICAO, IDA, IFC, ILO, IMF, IPU, ITU, UNESCO, WHO, WMO; AKP; Ost- u. Südostafr. Präf.-Handelszone

MALAYSIA *(Südost-Asien)*
(Föderation Malaysia; Persekutuan Tanah Malaysia – [MAL])

Fläche (59): 329749 km^2 (n. and. Ang. 330434 km^2) – **Einwohner** (50): 13500000 (S 1979; 10319324 Z 1970 ohne 94200 vorübergehend Abwesende usw.) = 40,9 je km^2–**Städt. B.:** 30/4,8/26/26–**G:** 67/3,2/ 3 / 4350 / 115 – **S:** 40 / 94 / 6,2 – **Jährl. Bevölkerungswachstum:** (1978) 2,7%

Bevölkerung: die Malaien bilden auf der Malaiischen Halbinsel rund 53,2% der Bevölkerung, die Chinesen 35,4%, aus Vorderindien Stammende rd. 10,6%; europ. Minderheit. Chinesen (neben Dajak u. Malaien) in Saráwak 31%, in Sabah (neben malaiischen Stämmen) 23% der Bevölkerung. Von d. Gesamtbev. sind 54,1% Malaien u. and. Einheimische, 33,4% Chinesen, 10,1% Inder und u.a. 8% Altstämme (bes. auf Borneo); über 80% d. Bev. leben in W.-Malaysia – mind. 26000 illegale Vietnamflüchtlinge im Juni 1980 – **Staatssprache:** Malaiisch (Bahasa Malaysia); Landessprachen: Chinesisch, Tamil; Englisch wichtige Verkehrs- u. Bildungssprache – **Religion:** Staatsreligion ist der Islam, aber für alle Religionen ist freie Kultausübung garantiert. Die Muslimen (Malaien u. z.T. aus Vorderindien Stammende) machen 44–50% d. Gesamtbevölk. aus. Hindus (Inder), Konfuzianer und Buddhisten (Chinesen); rd. 3% Katholiken, Protestanten, 800 Juden, Anhänger von Naturreligionen (bes. in Ost-M.)

Nationalflagge: rot-weiß (waagerecht, wechselnd, insg. 14); oben am Flaggstock im blauen Feld goldener Halbmond und vierzehnstrahliger Stern – **Nationalfeiertag:** 31.8. – **U:** 1957

Staats- u. Regierungsform: Wahlmonarchie (die einzige neben d. Föd. d. Arab. Emirate) auf parlamentar.-demokrat. Grundlage – Bundesstaat – Parlament aus 2 Kammern (Oberhaus bzw. »Dewan Negara« – 32 d. 58 Mitgl. ernannt – u. Unterhaus bzw. »Dewan Rakyat«, Mitglieder für 5 Jahre gewählt). Im Unterhaus haben die Staaten der Halbinsel (Negeri Tanah Melayu) 114, Saráwak 24 u. Sabah 16 Abgeordnete – Allg. Wahlrecht – Keine allg. Wehrpflicht – 13 Bundesstaaten: Johore, Kedah, Kelantan, Melaka [Malakka], Negeri Sembilan, Pahang, Pulau Pinang [Penang], Perak, Perlis, Sabah, Saráwak, Selangor, Trengganu; jeder Staat hat Legisl. Vers. – An der Spitze der Fürstenstaaten stehen Sultane oder andere Fürsten, in den übrigen Staaten Gouverneure – **Staatsoberhaupt** (»Yang di-Pertuan Agong«, alle 5 Jahre von den 9 Sultanen v. Halbinsel-Malaysia gewählt): (König) Tuanku Hadschi Achmed Schah el-Musta' In Billah Ibni Almarhum Sultan Abu Baker Ri' Ayatuddin el Mu' Adsam Schah (Sultan v. Pahang), seit Juli 1980 – **Regierungschef:** Premier- u. Verteidigungsminister Dato [Datuk] Handschi [Haji] Hussein bin Onn, UMNO – **Außenminister:** Tengku Ahmed Rithauddeen Al Hadsch [Hadj] bin Tengku Datuk Ismail – **Parteien:** Die aus 10 Parteien gebildete »Nationale Front« [»Barisan Nasional«] (u.a. »United Malay's Nat. Organisation«/UMNO [Partei der Malaien], »Malaysian Chinese Association«/MCA u. »Malaysian Indian Congress«/MIC usw.) errang bei Wahlen v. Juli 1978 131 von 154 Sitzen; auf die opp. Parteien entfielen: »Democratic Action Party«/DAP (gemischtrass., aber von Chinesen bestimmt; sozialist.) 16, »Partei Islam SeMalaysia«/PAS 5, »Saráwak People's Organisation«/SAPO 1; 1 Unabh. Die KP ist verboten

Städte (Z 1970): Kuala Lumpur (Hptst.) 451977 (A 750000) Einw., Pinang (George Town) 269603, Ipoh 247953, Johore Bahru 136234, Kelang 113611, Melaka (Malakka) 86357, Kuching (Hptst. von Saráwak) 63491, Sandakan 42249, Kota Kinabalu (Hptst. v. Sabah) 40939

Wirtschaft: BSP 1977: 12600 Mill. $, 1978: 14540 Mill. $/1090$[68]/4,9–**WS:** 26/5,4/29/9,3–**V:** 17/ 52/23/31/50/8–**A:** 54/44/20–**E:** 602/0,7/598–**M:** 3,7

Außenhandel: (einschl. Handel zwischen Ost- u. West-M.) 1978 **Einf.** 5265 Mill. $, **Ausf.** 5937 Mill. $– **W:** 1 Malaysischer Ringgit (M$) = 100 Sen (c); 1 US-$ = 2,2660 M$, 1 M$ = 0,8570 DM–**I:** 7,1–**AS:** 27/6/ 14/17/33–**T:** 114–**H:** 62/32/5–**Z:** 675/3,6/6,5/17 – **D:** 5,6 – **K:** – / 327 / 481

Wichtige Ausfuhrgüter: Kautschuk (bis ⅓; 45% der Welterzeugung), Rohzinn (10–15%), Rohöl u. Mineralölprodukte, Palmöl, Holz, Kopra, Kokosnußöl, Pfeffer, Ananas-Konserven, Eisenerz, Bauxit – **Wichtigste Außenhandelspartner:** Japan, USA, Großbritannien, Singapur, Australien, BR Deutschland, Thailand, Sowjetunion, Chin. Volksrepublik, Indonesien

Mitgliedschaft: Commonwealth, UNO, ADB, ASEAN, CCD, ESCAP, FAO, GATT, IBRD, IDA, ICAO, IFC, ILO, IMCO, IMF, ITU, UNESCO, UNIDO, UPU, WHO, WMO; Colombo-Plan, Mitglied d. »Islam. Sekretariats«

MALEDIVEN *(Süd-Asien)*
(Republik der Malediven; Republic of Maldives; Divehi raajje)

Fläche (163): 298 km² – **Einwohner** (153): 144000 (S 1979; 128697 Z 1974) = 483,2 je km² – **Städt. Bev.:** 12% – **S:** 64% – **Jährl. Bevölkerungswachstum:** (1970–1977) 3,8%

Bevölkerung: arab.-malaiisch-singhales. Abstammung – **Staatssprache:** »Maldivisch« (Divehi), eine Sonderform des Singhalesischen bzw. Elu; Englisch – **Religion:** 100% Muslimen

Nationalflagge: rotes Feld mit grünem Rechteck u. weißem Halbmond – **Nationalfeiertag:** 26.7. – **U:** 1965

Staats- u. Regierungsform: Präsidiale Republik – Parlament (»Madschlis«) aus 46 (davon 8 in d. Hauptst. u. je 2 von den einzelnen Atollen) für 5 Jahre gewählten u. 8 weiteren, v. Präs. ernannten Mitgliedern – 19 Verwaltungsbezirke – Keine allg. Wehrpflicht – **Staatsoberhaupt u. Regierungschef:** M. Abdul Gayoom, ab Nov. 1978 – Noch keine organis. polit. Parteien – **Dipl. B.:** BR Dtld.

Städte (S 1978): Malé (Hptst.) 29555 Einw.

Wirtschaft: BSP 1977 (S): 20 Mill. $, 1978 (S): 20 Mill. $/138 $ [155]/(1976) – 2,2 – **L:** 20–30 – **M:** 4,2

Außenhandel: 1974 **Einf.** 3 Mill. $, **Ausf.** 2 Mill. $ – **W:** 1 Malediv.-Rupie (Re.) = 100 Laris (l); 1 US-$ = 3,93 Rs., 1 Re. = 0,4941 DM; (freier Kurs:) 1 US-$ = 7,50 Rs., 1 Re. = 0,2589 DM

Ausfuhr: Fische u. Fischprodukte, Kopra u. Kokosfasern; Fremdenverkehr – **Wichtigste Außenhandelspartner:** Sri Lanka und Japan

Mitgliedschaft: UNO (bisher kaum Mitarbeit), Colombo-Plan, ESCAP, FAO, GATT (assoz.), IBRD, ICAO, IDA, IFC, IMCO, IMF, ITU, UPU, WHO

MALI *(West-Afrika)*
(Republik Mali; République du Mali – [RMM])

Fläche (22): 1240142 km² – **Einwohner** (75): 6470000 (S 1979; 6035272 Z XII/1976 prov.) = 5,2 je km² – **Städt. B.:** 17/5,3/3,4/0 – **G:** 42/21,0*/32/32460/75 – **S:** 90/28/4,7 – **Jährl. Bevölkerungswachstum:** (1970–1977) 2,5%

Bevölkerung: rd. 50% Westsudan-Neger (Bambara, Malinke, Songhai u. a.) berberische Tuareg, Mauren (arabisch-berberische Mischbev.), 17% Fulbe, über 7500 Europäer – **Staatssprache:** Französisch; Umgangssprache Bambara. Songhai-Jerma, Arabisch, Ful – **Religion:** rund 75% Muslimen; christl. Minderheiten (etwa 46000 Katholiken u. 20000 Protestanten), Anhänger von Naturreligionen

Nationalflagge: grün-golden-rot (senkrecht) – **Nationalfeiertag:** 22.9. – **U:** 1960

Staats- u. Regierungsform: Präsidiale »demokrat.-laizistisch-sozialist. Republik« nach der Verfassung v. 1974 – Allgemeines Wahlrecht – Allgemeine Wehrpflicht – Verwaltungsgliederung in 7 Regionen – **Staatsoberhaupt u. Regierungschef:** Präsident u. Vors. d. »Militär-Komitees d. Nat. Befreiung«/CMLN Oberst Moussa Traoré, seit 1968, erneut 1979 – **Außenminister:** Alioune Blondin Beye – **Parteien:** Bei d. Wahlen z. Nationalversamml. am 19. 6. 1979 entfielen 99% d. Stimmen auf d. Kandidaten d. Einheitspartei UDPM (»Union démocratique du peuple malien«) – **Dipl. B.:** BR Dtld. und DDR

Städte (1976): Bamako (Hptst.) 215700 (A 400000) Einw., Segu [Ségou] 36400, Kayes 34100, Mopti 33900, Sikasso 26600, Gao 15600, Timbuktu [Tombouctou] 9000

Wirtschaft: BSP 1977: 720 Mill. $, 1978: 760 Mill. $/120 $ [158]/1,9 – **WS:** 38/– 0,8/17/8,9 – **V:** 18/74/19/8/20/– 11 – **A:** 53/89/5 – **E:** 27/0,3/16 – **M:** 2,6

Außenhandel: 1978 **Einf.** 219 Mill. $, **Ausf.** 107 Mill. $ – **W:** 1 Mali-Franc (F. M.) = 100 Centimes (c); 1 US-$ = 437 F. M., 1 F.M. = 0,0044 DM – **I:** 7,6 – **AS:** 0/<1/14/19/30 – **T:** 101 – **H:** 60/21/19 – **Z:** 5/1,0/4/67,5 – **D:** 0,3 – **K:** – / 51 / – 5

Wichtige Ausfuhrgüter: Baumwolle (über ⅓), Erdnüsse 10–15%, Vieh- u. Viehzuchtprodukte, Trokkenfische, Reis, Gummiarabikum – **Wichtigste Außenhandelspartner:** Frankreich, Elfenbeinküste, Obervolta, Sowjetunion u. and. RGW-Länder, Chines. Volksrepublik, Japan, BR Deutschland

Mitgliedschaft: UNO, OAU, AGC, CEAO, ECA, ECOWAS (CEDEAO), AKP, FAO, GATT (assoz.), IAEA, IBRD, ICAO, IDA, IFC, ILO, IMF, ITU, UNESCO, UPU, WHO, WMO, UDEAO, OMUS, Mitglied der Gruppe der »Sahara-Anrainerstaaten«

MALTA *(Süd-Europa)*
(Republik Malta; Repubblika ta'Malta; Republic of Malta – [M])

Fläche (162): 315,6 km² (m. Comino u. Gozo [Ghawdex]) – **Einwohner** (142): 350000 (F 1979; 315765 Z 1967) = 1109 je km² – **Städt. Bev.:** über 94% – **S:** 20% – **Geburten- u. Sterbeziffer** je 1000 Einw. 1977: 18,0 / 8,9 – **Geb.-Ü.:** 9,1

Bevölkerung: meist Malteser (Nachkommen v. Italienern u. Arabern), britische Minderheit – **Staatssprache:** Maltesisch und Englisch; als Umgangssprache auch Italienisch verbreitet – **Religion:** 98% röm.-kath.; protest. Gruppen, etwa 50 Juden

Nationalflagge: weiß (mit Georgskreuz oben am Flaggstock)-rot (senkrecht) – **Nationalfeiertag:** 31.3. – **U:** 1964, Republik seit 1974

Staats- u. Regierungsform: Republik – **Staatsoberhaupt:** Präsident Dr. Anton Buttigieg, seit 1976 – **Regierungschef,** Premier-, Außen- u. Innenminister: Dom Mintoff, LP – **Parteien:** bei den Wahlen 1976 errang die gemäßigte »Nationalist Party«/NP 31, die »Labour Party«/LP 34 Sitze – **Dipl. B.**: BR Deutschland und DDR

Städte (Z 1977): Valetta (Hptst.) 14 096 Einw. (ohne Ausländer)

Wirtschaft: BSP 1977: 620 Mill. $, 1978: 730 Mill. $/ 2160 $ [47] / 11,9 – **L:** 5,5 – **E:** 1070

Außenhandel: 1979 **Einf.** 568 Mill. $, **Ausf.** 343 Mill. $ – **W:** 1 Malta-Pfund (£M) = 100 Cents = 1 000 Mils; (am 28. 3. 80:) 1 £M = 2,7536 US-$ bzw. 5,3139 DM

Wichtige Ausfuhrgüter: Textilien (bis 60 %), Kartoffeln, Gemüse, vegetabile Öle, Blumen, Fruchtkonserven, Wein, Tabak, Maschinen – **Wichtigste Außenhandelspartner:** BR Deutschland, Großbritannien, Italien

Mitgliedschaft: Commonwealth, UNO, CCD, ECE, Europarat, FAO, GATT, ICAO, ILO, IMCO, ITU, UNESCO, UPU, WHO; EG-assoz.

MAN-INSEL s. Großbritannien I

MARIANEN s. Vereinigte Staaten von Amerika (Überseebesitzungen)

MAROKKO *(Nordwest-Afrika)*
(Königreich Marokko; Al Mamlakah al Maghrebia – [MA])

Fläche (49): 458 730 km² – **Einwohner** (35): 19 470 000 (S 1979; 15 379 259 Z 1971) = 42,4 je km² (Fläche und Einwohner ohne besetzte Sahara-Gebiete) – **Städt. B.:** 37/4,1/28/38 – **G:** 55/14,9/17/ 11 100/108 – **S:** 72/65/6,5 – **Jährl. Bevölkerungswachstum:** (1965–1972) 2,5 %

Bevölkerung: Marokkaner (rd. 33 % Berber, arabisierte Berber, Araber) im Süden u. a. Negermischlinge; über 100 000 Ausländer (S 1977, davon etwa 50 % Franzosen; Algerier, Tunesier, Spanier usw.) – **Staatssprache:** Arabisch (etwa 63 %), Berberdialekte (über ⅕) u. Zweisprachigkeit (rd. ⅓) weit verbreitet; Französisch, z. T. auch Spanisch, amtl. Hilfssprachen u. als Handels- u. Bildungssprachen wichtig – **Religion:** 95 % sunnitische Muslimen (der Islam ist Staatsreligion); christliche (etwa 110 000 röm. Katholiken) Minderheiten, rund 30 000 Juden

Nationalflagge: rotes Feld mit fünfzackigem grünen Stern – **Nationalfeiertag:** 3. 3. u. 14. 8. – **U:** 1956

Staats- u. Regierungsform: »Konstitutionelle demokratische und soziale Monarchie« – Verfassung v. 1972, geänd. 1980 – Einkammerparlament; ⅔ der 264 Mitglieder werden direkt, die übrigen durch Wahlgremien gewählt. – Der König ernennt und entläßt den Regierungschef und Regentschaftsrat – Wahlberechtigt alle volljährigen Bürger – Keine allgemeine Wehrpflicht – Seit 1961 ziviler Pflichtdienst – 40 Provinzen (einschl. ehem. span. Sahara) u. 2 Stadtpräfekturen – **Staatsoberhaupt:** Moulay Hassan II., König seit 1961 – **Regierungschef:** Maati Bouabid, UNFP, seit März 1979 – **Außenminister** u. Min. f. Zusammenarbeit: Mohammed Boucetta, »Istiklal« – **Parteien:** Bei der Wahl v. Juni 1977 entfielen von den direkt gewählten Kandidaten 81 auf »Unabhängige« (meist königstreue Beamte usw.; mit ernannten Abg. insg. 141), 46 auf die gemäßigte national.-sozialistische »Istiklal-Partei« (»Istiqlal«), die einstige Vorkämpferin der Unabhängigkeit (insg. 51); außerdem »Mouvement Populaire« gemäß.-tradit., v. Berbern getragen 29 (insges. 44), »Sozialist. Union der Volkskräfte«/USFP (insges. 15), »Konst. u. Dem. Volksbewegung«/MPCD (3), UNFP (insges. 7), »Aktionspartei«/PA (2), Prokommunistische »Partei für Fortschritt und Sozialismus«/PPS (»Parti du Progrès et du Socialisme«/PPS) –, ernannt 1 – **Dipl. B.:** BR Dtld. und DDR

Städte (S 1977): Rabat (Hptst. u. Res.; arab. Er-Ribât) 435 510 (A 704 100) Einw. (m. Salé), tradit. Residenzen: Marrakech [Marakusch] 330 400 (A 436 300), Fès [Fäs] 321 450 (426 000), Meknes [Miknäs] 244 520 (A 403 000), Tanger [Tandscha] (Z 1971) 187 994; weitere wichtige Städte: Ed Dar el Beida [Casablanca] 1 371 330 (A 2 048 100); (Z 1971): Oujda [Wudschda] 175 532, Salé [Salä] 155 557, Kénitra [Knitra] 139 206, Tétouane [Titwän] 139 015, Safi 129 113 – (Ceuta u. Melilla sind als »Presidios« spanischer Besitz, werden aber von Marokko beansprucht)

Wirtschaft: BSP 1977: 11 140 Mill. $, 1978: 12 610 Mill. $/670 $ [88]/4,2 – **WS:** 21/0,6/31/7,8 – **V:** 17/ 76/29/7/21/ – 22 – **A:** 52/53/19 – **E:** 273/0,6/193 – **M:** 6,1

Außenhandel: 1979 **Einf.** 3678 Mill. $, **Ausf.** 1925 Mill. $ – **W:** 1 Dirham (DH) = 100 Centimes (C); 1 US-$ = 4,0810 DH, 1 DH = 0,4758 DM – **I:** 8,9 – **AS:** 47/ <1/11/20/35 – **T:** 90 – **H:** 62/28/9 – **Z:** – 1743/2,4/ 11 / 36 – **D:** 1,5 – **K:** – / 1168 / 54

Wichtige Ausfuhrgüter: Bergbauprodukte 50–60 % (bes. Phosphate, Blei, Mangan), Zitrusfrüchte, Wein, Gemüse, Häute, Olivenöl, Baumwolle, getrocknete Fische – **Wichtigste Außenhandelspartner:** Frankreich, BR Deutschland, USA, Italien, Spanien, Benelux, Großbritannien, Sowjetunion, Cuba

Mitgliedschaft: UNO, OAU, CCD, ECA, FAO, IAEA, ICAO, IDA, IFC, IBRD, ILO, IMCO, IMF, ITU, UNESCO, UPU, WHO, WMO, Arabische Liga; EG-assoz., Beistandspakt mit Mauretanien

MARSHALL-INSELN Verhandlungen über Schritte zur Unabhängigkeit; s. Vereinigte Staaten von Amerika (Überseebesitzungen)

MARTINIQUE s. Frankreich (Französische Republik 1)

MAURETANIEN *(Nordwest-Afrika)*
(Islamische Rep. Mauretanien; République Islamique de Mauritanie; El Dschumhurija el Muslimija el Mauritanija bzw. Al Jumhuriya al Islamiya al Muritaniyai – [RIM])

Fläche (27): 1030700 km² – **Einwohner** (120): 1590000 (S 1979; 1481000 Z 1976 einschl. rund 539000 Nomaden) = 1,5 je km² – **Städt. B.**: 23/14,4/10/0 – **G:** 42/18,7/32/14140/72 – **S:** 83/8*/4,1 – **Jährl. Bevölkerungswachstum:** (1970–1976) 2,6%

Bevölkerung: etwa 80% Mauren (arabisch-berberische Mischbev., davon rd. 25% mit schwarzafrik. Einschlag), im übrigen Neger (Bambara, Tukulör, Sarakalles, Soninke u. Wolof), Fulbe u. einige tausend Europäer – **Staatssprache:** Arabisch als Nationalspr., seit 1966 auch als Amtssprache, daneben Franz.; außerdem Hassanije, Ful, berber. u. sudanes. Sprachen (Soninké u. Wolof) – **Religion:** 96% Muslimen; kl. christl. Minderheiten (5000 Katholiken). Der Islam ist Staatsreligion

Nationalflagge: grünes Feld mit goldenem Stern u. liegendem goldenen Halbmond – **Nationalfeiertag:** 28.11. – **U:** 1960

Staats- u. Regierungsform: Präsidiale Republik – Verfassung v. 11.4.1979, CMSN als Hauptstaatsorgan – Verwaltungsgliederung in 8 Regionen u. den Distrikt der Hauptstadt – **Staats- u. Regierungschef,** Verteid.-Min. u. Vors. d. »Comité militaire du Salut National«/CMSN: Oberstleutnant Chuna Uld Haidalla [Khouna Ould Heydalla] – **Außenminister:** Mohammed el Mochtar Uld Samel [Moctar Ould Zamel] – **Parteien:** »Parti Populaire Mauritanien« (»Hisb Chaeb«), Wahl 1975 alle 70 Parlamentssitze. Die oppositionellen Parteien (u.a. »Nadha Wataniya Mauritaniya«) – seit Juli 1978 auch d. PPM – wurden verboten. Seit 1974 Exilpartei: »Parti de la Justice de Mauritanie« – **Dipl. B.**: BR Deutschland und DDR

Städte (S 1977): Nuakchott [Nouakschott] (Hptst.) als A 135000–200000 Einw., Nouadhibou [Port Étienne] 130000, Boutilimit 27000, Atar, Kaédi u. Rosso je etwa 20000

Wirtschaft: BSP 1977: 410 Mill. $, 1978: 420 Mill. $/270 $ [128] / – 0,1 – **WS:** 26/– 2,3/37/2,1 – **V:** 38/55/44/7/41/– 37 – **A:** 51/84/5 – **E:** 102/0,4/71 – **M:** 2,0

Außenhandel: 1979 **Einf.** 259 Mill. $, **Ausf.** 148 Mill. $ – **W:** 1 Ouguiya (UM) = 5 Khoums (KH); (am 31.12.79:) 1 US-$ = 45,50 UM, 1 UM = 0,0381 DM – **I:** 10,8 – **AS:** 4*/20*/3*/5*/39* – **T:** 79 – **H:** 80/20/0 – **Z:** – 113/10/23/112 – **D:** 1,5 – **K:** –/54/4

Wichtige Ausfuhrgüter: Eisenerz (bis 80% d. Ausfuhrwertes), Kupfer, Fischprodukte, Vieh u. Viehzuchtprodukte, Gummiarabikum, Salz – **Wichtigste Außenhandelspartner:** Frankreich, Großbritannien, BR Deutschland, USA, Italien, Spanien, Japan

Mitgliedschaft: UNO, OAU, CCD, CEAO, CFA, ECA, ECOWAS (CEDEAO), AKP, FAO, GATT, IBRD, ICAO, IDA, ILO, IMCO, IMF, ITU, OMVS, UDEAO, UIA, UNESCO, UPU, WHO, WMO; Arabische Liga, Gemeins. Arab. Markt

MAURITIUS – [MS] *(Südost-Afrika)*

Fläche (147): 2045 km² (m. Rodrigues, 109 km² u. [1972] 24769 meist christl. Einw., St. Brandon usw.) – **Einwohner** (127): 910000 (F 1979; 851335 Z 1972) = 445 je km² – **Städt. Bev.**: 45% – **S:** über 25% – **Jährl. Bevölkerungswachstum:** (1970–1977) 1,3%

Bevölkerung: Inder 60–70% (überw. Nachk. d. im 19. Jh. aus Vorderindien eingewand. Pflanzungsarbeiter), ⅕ Kreolen, ⅙ Araber, ca. 25000 Chinesen u. 14000 Weiße – **Staatssprache:** Englisch, Umgangssprache meist ein kreolisches Französisch u. indische Sprachen – **Religion:** rund 50% Hindus, etwa 26% Kathol., 3% Protest. und 14% Muslimen

Nationalflagge: rot-blau-gelb-grün (waagerecht) – **Nationalfeiertag:** 12.3. – **U:** 1968

Staats- u. Regierungsform: Parlamentarische Monarchie – Parlament aus 1 Kammer – Allgemeines Wahlrecht – Keine allgem. Wehrpflicht – Verwaltungsgliederung in 9 Distrikte – **Staatsoberhaupt:** Königin Elizabeth II., vertreten durch einen Generalgouverneur: Sir Dayendranath Burrenchobay – **Regierungschef:** Dr. Sir Seewoosagur Ramgoolam, LP, Chef einer Koalit.-Reg. von LP u. PMSD – **Außenminister:** Sir Harold Walter – **Parteien:** Bei den Wahlen von Dez. 1976 erhielten d. regierende »Independence Party« (Koal. aus »Labour P.« u.a.) 28 (vorher 47) u. »Parti Mauricien Social-démocrate«/PMSD 8 (23), während d. marxist. »Mouvement Militant Mauricien«/MMM v. Paul Bérenger 34 (–) Sitze gewann. – **Dipl. B.**: BR Deutschland und DDR

Städte (1977 A): Port Louis (Hptst.) 150000 Einw., Beau Bassin-Rose Hill 85000, Curepipe 55000

Wirtschaft: BSP 1977: 670 Mill. $, 1978: 760 Mill. $/830 $ [82] / 6,9 – **L:** 30 – **E:** 405 – **M:** 1,4

Außenhandel: 1978 **Einf.** 501 Mill. $, **Ausf.** 326 Mill. $ – **W:** 1 Maurit. Rupie (MR) = 100 Cents; 1 US-$ = 7,90 MR, 1 MR = 0,2458 DM

Wichtigste Ausfuhrgüter: Zucker (80–90%), Tee, Melasse, Rum – **Wichtigste Außenhandelspartner:** Großbritannien u. and. Commonwealth-Länder, Südafrika, USA, EG-Länder, Japan, Rep. China (Taiwan)

Mitgliedschaft: UNO, Commonwealth; FAO, GAMO (OCAM), GATT, IAEA, IBRD, ICAO, IFC, IWO, IMF, ITU, UPU, WHO, WMO, AKP – Mauritius beansprucht von Frankreich die Insel Tromelin u. v. Großbritannien die Insel Diego Garcia

MELILLA s. Spanien

MEXIKO *(Mittel-Amerika)*
(Vereinigte Mexikanische Staaten; Estados Unidos Mexicanos – [MEX])

Fläche (13): 1972547 km² – **Einwohner** (11): 69380000 (S 1979; de jure 48225238 Z 1970) = 35,2 je km² – **Städt. B.**: 63/4,6/32/47 – **G**: 65/7,8*/6/1700*/117 – **S**: 24/116/4,3 – **Jährl. Bevölkerungswachstum**: (1970–1977) 3,5%

Bevölkerung: etwa 75% Mestizen, 9% Indianer, 10–15% Weiße, meist altspanischer Abstammung (nach anderen Angaben 29% Indianer, 55% Mestizen). Kleine Negergruppe; über 150000 Ausländer, u. a. etwa 60000 Deutschstämmige – **Staatssprache**: Spanisch als Umgangssprache von vielen aztekischen Lehnwörtern durchsetzt; etwa 3,5% der Mexikaner sprechen nur indianische Sprachen (u. a. Nahua, Maya), rd. 8% sind zweisprachig – **Religion**: röm.-katholisch; daneben protestant. Minderheiten (rund 1,8%) u. 37500 Juden

Nationalflagge: grün-weiß(mit Staatswappen)-rot (senkrecht) – **Nationalfeiertag**: 16. 9. – **U**: 1810, endgültig 1821

Staats- u. Regierungsform: Präsidiale Republik – Parlament (»Congreso de la Unión«) aus zwei Kammern (»Cámara de Senadores« u. »Cámara de Diputados«); Wahl der Abgeordneten (Deputierten) für drei Jahre – Wahlberechtigt alle Bürger über 18 Jahre, Verheiratete ab 16 Jahre – Wehrpflicht – Bundesstaatl. Gliederung in 31 Staaten (m. Parlament u. Gouverneur), 1 Bundesdistrikt (Hptst. u. Umgebung) – **Staatsoberhaupt u. Regierungschef**: Präsident Dr. José López Portillo y Pacheco, PRI, seit 1976 – **Außenminister**: Jorge Castaneda – **Parteien**: Wahlen vom 1. 7. 1979 f. d. Deputiertenkammer: »Partido Revolucionario-Institucional«/PRI 296 (1976: 195); die Oppositionsparteien erhielten insg. 104 Sitze: »Partei der Nationalen Aktion« (»Partido Acción Nacional«/PAN, kath. konservat.) 43, »Partido Popular Socialista«/PPS (prokommunistisch) 11, »Partido Auténtico de la Revolución Mexicana«/PARM (rechts) 12, Sozialist. Arbeiterpartei/PST 10, Mexikanische Demokratische Partei/PDM 10 u. die mexikanische KP/PCM 18 Sitze. – **Dipl. B.**: BR Dtld. und DDR

Städte (S 1977, Municipios) Ciudad de México (Hptst.) 9618346 (als A 13900000) Einw., Guadalajara 1725107 (A 2194715), Monterrey 1132050 (A 1823684), Ciudad Juárez 570401, Léon de los Aldamas 557030, Puebla de Zaragoza 516197, Acapulco de Juárez 456655, Tijuana 438023, Chihuahua 386645, Mexicali 360556, Cuernavaca 357636, San Luis Potosí 303571, Veracruz Llave 288813, Culiacán 281667, Hermosillo 281317, Torreón 262744, Mérida 250206, Tampico 240540

Wirtschaft: **BSP** 1977: 73720 Mill. $, 1978: 84150 Mill. $/1285$ [63]/1,2 – **WS**: 10/1,1/36/6,2 – **V**: 12/68/20/20/10/<1 – **A**: 51/34/25 – **E**: 1227/1,0/798 – **M**: 0,7

Außenhandel: 1979 **Einf.** 12004 Mill. $, **Ausf.** 8768 Mill. $ – **W**: 1 Mexikanischer Peso (mex$) = 100 Centavos; (Freimarktkurs:) 1 US-$ = 22,69 mex$, 1 mex$ = 0,0856 DM – **I**: 16,5 – **AS**: 26/7/6/8/50 – **T**: 119 – **H**: 79/20/1 – **Z**: – 547/5,2/48/27 – **D**: 2,1 – **K**: –/3586/555

Wichtige Ausfuhrgüter: Rohöl (40–70%), NE-Metalle (ca. ⅛ des Ausfuhrwertes), Textilien, Baumwolle, Zucker sowie Chemikalien; Maschinen, Kaffee, Fische, Mais, Vieh, Schwefel, Blei – **Wichtigste Außenhandelspartner**: USA (über 60%), BR Deutschland, Japan, Frankreich, Großbritannien, Italien, Niederl., Antillen, Kanada, Schweiz, ALALC (bzw. ALADI)-Länder

Mitgliedschaft: UNO, OAS, ALADI (auch Koop. m. d. Andengruppe), BLADEX, CELA, ECLA, FAO, IAEA, IBRD, ICAO, IDA, IFC, ILO, IMCO, IMF, ITU, NAMUCAR, SELA, UNESCO, UPU, WHO, WMO; Handelsabkommen m. d. EG u. Koop.-Abk. m. RGW

MICRONESIA s. Ver. Staaten v. Amerika

MOÇAMBIQUE s. Mosambik

MONACO *(Südwest-Europa)*
(Fürstentum Monaco; Principauté de Monaco – [MC])

Fläche (168): 1,81 km² – **Einwohner** (164): 30000 (S 1979; de jure B 23035 Z 1968) = 16574,6 je km² – **BSP** 1977 je E. über 20000 Francs bzw. etwa 4400 $ [28]

Bevölkerung: Französisch, Monegassen genannt (1961 3039); 19258 Ausländer (u. a. 12969 Franzosen u. 4217 Italiener) – **Jährl. Bevölkerungswachstum**: (1970–1977) 1,1% – **Staatssprache**: Französisch, Umgangssprache »Monegasco« u. teilweise Italienisch – **Religion**: rund 90% röm. Katholiken

Nationalflagge: rot-weiß (waagerecht) – **Nationalfeiertag**: 19. 11. – **U**: alte staatliche Tradition; wechselnde Schutzherrschaft. 1918 neuer Vertrag mit Frankreich, 1951 geändert

Staats- u. Regierungsform: Konstitutionelles erbliches Fürstentum im Zollverband mit Frankreich – »Nationalrat« (»Conseil National«) und »Gemeinderat« – Keine Wehrpflicht – Die Regierungsgewalt liegt unter der Autorität des Fürsten bei einem Staatsminister (Kabinettschef) u. 3 Regierungsräten; auf Grund des Schutzvertrages mit Frankreich von 1861 schlägt dieses den Staatsminister vor – **Staatsoberhaupt**: Fürst Rainier III., seit 1949 – **Staatsminister**: Pierre Blanchy – **Parteien**: Bei d. Wahlen v. 1977 erhielt d. »Union nationale et démoratique« alle 18 Sitze, während die oppositionelle »Sozialist. Partei« und die »Bewegung f. d. Dem. Union«/MUD (»Union démocratique monégasque«) ohne Mandat blieben – **Dipl. B.:** BR Deutschland

Stadtbezirke: (Munizipien, 1968) sind: Stadt Monaco (Hptst.) 1649 Einw., La Condamine (Hafen) 11438, Monte Carlo 9948 u. Fontvieille (Industriezentrum) – Fremdenverkehr, Ozeanographisches Museum u. Forschungsinstitut; Spielkasino – **W:** 1 franz. Franc (FF) = 100 Centimes (s. Frankreich); eigene Münzen

Mitgliedschaft: FAO, IAEA, ITU, UNESCO, UPU, WHO

MONGOLISCHE VOLKSREPUBLIK
(Zentral-Asien)

(Bügd Nairamdach Mongol Ard Uls)

Fläche (17): 1565000 km² – **Einwohner** (119): 1620000 (S 1979; 1197600 Z 1969) = 1 je km² – **Städt. B.:** 48/4,1/53/0 – **G:** 63/7,5/5/480/102 – **S:** 5 / 108 / .. – **Jährl. Bevölkerungswachstum:** (1970–1977) 3,0%

Bevölkerung: drei Viertel Ostmongolen (Chalcha), fast 5% Westmongolen; Burjat-Mongolen, über 4% Kasachen, außerdem Tuwiner, russische und chinesische Minderheiten – **Staatssprache:** Mongolisch – **Religion:** bis 1930 ausschließlich lamaistischer Buddhismus, heute stark zurückgedrängt

Nationalflagge rot(mit Emblem in Gold)-blau-rot (senkrecht) – **Nationalfeiertag:** 11.7. – **U:** 1924, wurde von China erst am 5.1.1946 endgültig anerkannt

Staats- u. Regierungsform: Kommun. Volksrep. – Parlament aus 1 Kammer (»Großer Volks-Chural« = »Iche-Ch.«); Mitglieder auf Einheitsliste für drei Jahre gewählt – Wahlberechtigt alle Bürger über 18 Jahre – Wehrpflicht – Verwaltungsgliederung in 18 Aimak und 2 Stadtgebiete – **Staatsoberhaupt:** Präsidium des Großen Volks-Chural als kollektives Oberhaupt bzw. dessen Vorsitzender Jumschagin Tsedenbal [Yumzhagin Tse Den Bal], seit 1974, gleichzeitig 1. Parteisekretär – **Regierungschef:** Vorsitzender d. »Kleinen Volks-Chural« (Ministerrat) Prof. Jambyn Batmunch [Zhambyn Batmonkh] – **Außenminister:** Mangalyn Dugersuren – **Parteien:** »Mongol. Revol. Volkspartei« (kommun.), etwa 70000 Mitglieder. Bei den Wahlen von 1977 stimmten 99,99% f. die Einheitsliste – **Dipl. B.:** BR Dtld. und DDR

Städte (1969): Ulan-Bator [Ulaan-Baatar] (Hptst.; 1978 S) 400000 Einw., Darchan 57000, Erdenet 35000, Tschojbalsan 14000, Suche-Bator [Süchbaatar] 12000

Wirtschaft: BSP 1977 (S): 1330 Mill. $, 1978 (S): 1470 Mill. $/940 $ [73]/(S) 1,6 – **A:** 53/57/21/ – **E:** 1166 / 1,5 / 685

Außenhandel: 1973 **Einf.** 377 Mill. $, **Ausf.** 157 Mill. $ – **W:** 1 Tugrug (Tug.) = 100 Mongo; 1 US-$ = 2,88 Tug., 1 Tug. = 0,6743 DM

Wichtige Ausfuhrgüter: Wolle, Vieh, Häute, Leder, Wolfram, Gold – **Wichtigste Außenhandelspartner:** Sowjetunion (70–80%), Chinesische Volksrep., Tschechoslowakei, DDR

Mitgliedschaft: UNO, RGW, als Beobachter an Sitzungen des Warschauer Vertrages vertreten, ESCAP, FAO, IAEA, ILO, ITU, UNESCO, UPU, WHO, WMO

MONTSERRAT (Teil der Leeward-Inseln) s. Großbritannien II

MOSAMBIK *(Südost-Afrika)*

(Volksrepublik Mosambik; República Popular de Moçambique)

Fläche (33): 799380 km² (mit 21371 km² Binnengewässern, einschl. Anteil am Njassa-See) – **Einwohner** (56): 10200000 (S 1979; n. and. Ang. 12000000; 8233987 Z 1970) = 12,8 je km² – **Städt. B.:** 7/6,8/83/83 – **G:** 46/1,9/27/20000*/84 – **S:** 92*/48*/0,9 – **Jährl. Bevölkerungswachstum:** (1970–1977) 2,3%

Bevölkerung: weit über 90% Bantu, bes. Makua (N-Küste), Tonga (im S) und Schona (zwischen Sambesi u. Sabi); Mitte 1977 noch einige tausend Weiße (Zahlen unsicher), meist Portugiesen, 40000 Mischlinge, rund 20000 Asiaten (Inder, Chinesen usw.) – **Staatssprache:** Portugiesisch; Bantu-Sprachen – **Religion:** 18–20% Katholiken, 4–5% Protest., ca. 10% Muslimen; Anhänger von Naturreligionen

Nationalflagge: grün-rot-schwarz-gelb (alle weiß gerändert u. keilförmig) m. Emblem – **Nationalfeiertag:** 25.6. – **U:** 1975

Staats- u. Regierungsform: Sozialist. Volksrepublik – »Volksversammlung« – Allgem. Wahlrecht – Allgem. Wehrpflicht ab 18 Jahren – Verwaltungsgliederung in 10 Provinzen – **Staatsoberhaupt:** Präs. Samora Moisés Machel – Min.-Präs. u. **Außenminister:** Joaquim Alberto Chissano – **Parteien:** »Partido de Vanguarda« (»Partei der Avantgarde«) als Einheitspartei (vorher »Frente de Libertação de Moçambique«/FRELIMO), deren Präs. automat. Staatspräsident ist – **Dipl. B.:** BR Dtld. und DDR

Städte (Z 1970): Maputo (fr. Lourenço Marques; Hptst.) 354684 (A 383775; S 1978 über 1 Mill.), Nampula 126126, Beira 113700, Quelimane 71786, Xai-Xai [João Belo] 63949, Tete 53232, Lichinga [Vila Cabral] 36715, Inhambane 26701 (z.T. Umbenennung weiterer Orte im Gange)

Wirtschaft: BSP 1977 (S): 1320 Mill. $, 1978 (S): 1360 Mill. $/137 $ [156]/(S) – 4,3 – **WS:** 56/–1,3/12/–9,1 – **V:** 14/79/13/7/11/–6 – **A:** 54/68/20 – **E:** 133 / 0,5 / 116 – **M:** 3,5

Außenhandel: 1977 **Einf.** 278 Mill. $, **Ausf.** 129 Mill. $ – **W:** 1 Mosambik-Escudo (MEsc) = 100 Centavos, 1 US-$ = 32,775 MEsc, 1 MEsc = 0,0592 DM; seit Juni 1980 Währungseinheit »Metical« – **I:** 8,8 – **AS:** 0* / 0* – **T:** 102 – **H:** 70 / 30 / < 1

Wichtige Ausfuhrgüter: Baumwolle, Zucker und Cashew (Acajou)-Nüsse, Kopal, Holz, Sisal, Erze – **Wichtigste Außenhandelspartner:** Portugal (1975 zu etwa 40% a. d. Ausfuhr beteiligt), EG-Länder, Rep. Südafrika, USA

Mitgliedschaft: UNO, OAU, FAO, ILO, ITU, UPU, WHO; Verteidig.-Abk. m. Angola, Sambia u. Tansania

NAMIBIA *(Südwest-Afrika)*
(bisher: South West Africa; Suidwes-Afrika; Südwestafrika – [SWA])

Fläche (31 a): 823168 km² (ohne »Walfischbucht«, s. Südafrika) – **Einwohner** (126 a): 931000 (B 1978, 762184 Z 1970) = 1 je km² – **Städt. Bev.**: 10% – **S:** 60% – **Jährl. Bevölkerungswachstum:** (1970–1976) 2,3%

Bevölkerung: vorwiegend Bantu-Völker, u. a. 1978 436000 Ovambos (Ambos, 46,8%), 56000 Hereros (6,6%), 30500 Ost-Caprivier (3,3%) und 4500 Tswana (0,5%); nicht zu den Bantu gehören die 79500 hottentottischsprachigen Damaras (Bergdama 8,5%), die 65000 Kavangos (6,8%), die zu den Hottentotten zählenden 40000 Namas (4,3%), die 26000 Buschmänner (2,8%), die 20000 »Rehoboth Basters« (Nachkommen von Buren mit Hottentottenfrauen, 2,2%), die 35000 »Coloureds« (»Kleurlinge«, Mischbevölkerung aus Europäern, Bantu, Malaien u. z. T. Hottentotten, 3,8%) und die 7000 Kaokolander (0,8%). Die 113000 Weißen (12,1%) sind überwiegend Afrikaans sprechende, daneben englischsprachige Südafrikaner; 25–30% von ihnen sind Deutschstämmige, darunter fast ein Drittel deutsche Bürger, von denen ein Teil auch die südafrikanische Staatsbürgerschaft besitzt. – **Staatssprache:** Afrikaans, Englisch u. Deutsch; Umgangssprachen der Bantu und der anderen Gruppen, Deutsch; die »Coloureds« und die »Rehoboth Basters« sprechen meist Afrikaans – **Religion:** etwa je ⅙ Protestanten und Katholiken; Naturreligionen

Nationalflagge u. Nationalfeiertag: noch nicht bestimmt – **U:** möglicherweise noch 1980

Staats- u. Regierungsform: bisher von d. Rep. Südafrika verwaltet – Nach UNO-Auffassung Treuhandgebiet – Südafrikan. Gen.-Administrator: N.N. – Verwaltungsgliederung in 18 Distrikte – Künftige Regierungsform: wahrscheinlich Rep. auf parlamentarischer Grundlage. Berücksichtigung eines ethnischen Proporzes noch umstritten. – **Parteien:** Die »Demokrat. Turnhallen-Allianz«/DTA (gemischtrassig) unter Dirk Mudge errang bei den von Südafrika intern durchgeführten Wahlen zur »Nationalversammlung« vom 4.–8. 12. 1978 41 der 50 Mandate, zweitgrößte Partei ist die konservative AKTUR unter Du Plessis mit 6 Sitzen. Zusätzlich zu den 50 Abgeordnetensitzen sind noch weitere 15 Sitze für die sog. »Demokratische Swapo« und die »Namibia National Front« reserviert worden. Die Oberste Exekutivgewalt bleibt beim Generaladministrator, also bei Südafrika. Die SWAPO (»South West Africa People's Organisation«), bes. von den Ovambos getragen, ist in einen gemäßigteren inneren Flügel u. einen sozialist.-radikalen Exil-Flügel (Präs.: Sam Nujoma) gespalten – Seit Mitte 1978 UNO-Sonderbeauftragter: Martii Ahtisaari (Finnld.) – Die Nationalversammlung wählte am 15. 6. 1980 Dirk Mudge zum Chef des neugeschaffenen, regierungsähnlichen Ministerrats aus 11 Mitgliedern (von der UNO u. den 5 Trägerstaaten der westl. »Namibia-Initiative« nicht anerkannt)

Städte: Windhuk (Windhoek, Hptst.) 64700 (m. Katatura 72000 Einw., zu über 50% Weiße); Swakopmund, Tsumeb, Lüderitz, Keetmanshoop, Karasburg, Otavi

Wirtschaft: BSP 1977 (S): 960 Mill. $, 1978 (S): 1030 Mill. $ / 1080 $ [68 a] / 0,8

Außenhandel: Ein- u. Ausfuhr sind bei Südafrika enthalten – **W:** Südafrikan. Rand (weitere Einzelheiten s. »Weltchronik 2«: Südafrika u. seine Nachbarn)

Wichtige Ausfuhrgüter: Diamanten; Uranerz, Kupfer, Blei, Zink, Wolfram, Viehzuchtprodukte – **Wichtigste Außenhandelspartner:** Rep. Südafrika, EG-Länder, USA

Mitgliedschaft: FAO, ILO, UNESCO, WHO

NAURU *(Ozeanien)*
(Republik Nauru; Republic of Nauru)

Fläche (167): 21,4 km² – **Einwohner** (167): 8000 (S 1979; 6057 Z 1966) = 373,8 je km² – **BSP** (S) 1976: je E. 7000 $ (n. and. Angaben bis 12000 $) [21]
Bevölkerung (1972): 3471 (31. 7. 1976 4032) polynesische Nauruaner, 1787 andere Polynesier, 883 Chinesen, 627 Weiße – **Jährl. Bevölkerungswachstum:** (1970–1977) 1,9% – **Staatssprache:** Englisch u. d. polynesische Nauruanisch – **Religion:** meist Protestanten

Nationalflagge: blau mit einem Goldstreifen (Äquator) und – links unter diesem – einem zwölfzackigen Stern – **Nationalfeiertag:** 31. 1. – **U:** 1968

Staats- u. Regierungsform: Parlamentarische Republik – Parlament aus 18 Mitgliedern – **Staatsoberhaupt:** Präs., Reg.-Chef u. Außenminister Hammer de Roburt, erneut seit Mai 1978 – **Dipl. B.:** DDR

Hauptstadt: Yaren (fr. Makwa)

Wichtige Ausfuhrgüter: Phosphate – **Wichtigste Außenhandelspartner:** Australien, Japan, Neuseeland, Großbritannien, Niederlande – 1974 **Einf.** 14 Mill. $, **Ausf.** 90 Mill. $ (1976) – **W:** 1 Austral. Dollar ($A) = 100 Cents (s. Australien)

Mitgliedschaft: Commonwealth; Sonderabkommen mit Australien, in dem auch ein Büro zur Regelung der Auslandsbeziehungen unterhalten wird; ICAO, ITU, UPU, Südseeforum

NEPÁL *(Süd-Asien)*
(Königreich Nepál; Sri Nepalá Sarkár)

Fläche (87): 140797 km² – **Einwohner** (48): 13710000 (S 1979; 11555983 Z 1971) = 97,4 je km² – **Städt. B.:** 4/4,4/30/0 – **G:** 45/16,9/23/38650 /95 – **S:** 81/60/1,5 – **Jährl. Bevölkerungswachstum:** (1970–1977) 2,3%

Bevölkerung: stark gemischt; Newar als ältere Gruppe, Gurkhas als entscheidende Schicht; tibetisch-mongolische Hochgebirgsstämme wie Magar, Gurung, Rai, Bothia (u. a. Scherpa) u. im Tiefland Inder – **Staatssprache:** Nepáli = Parbatiya (Pahari) d. Gurkhas; tibetische Dialekte wie Newari – **Religion:** Buddhismus u. Schiwakult bei den Newar. Der Hinduismus (»Sanátan« bzw. »Pauranic«) der Gurkhas usw. ist Staatsreligion; zu ihm bekennen sich über 50% der Bevölkerung – Etwa 10000 Flüchtlinge aus Tibet

Nationalflagge: zwei blaugeränderte rote Dreiecke, im oberen Mond, im unteren Sonne (beide weiß) – **Nationalfeiertag:** 28. 12. – **U:** alte staatliche Tradition; Gründung des vereinigten Königreiches 1769

Staats- u. Regierungsform: »Konstitutionelle Hindu-Monarchie« – Seit der Verfassungsänderung von 1975 ein »Nationalrat« (»Nat. Panchayat«), von den Gemeinden, Distrikten usw. gewählt, bis 20% v. König ernannt – Am 2. Mai 1980 sprachen sich 2,44 Mill. in einem Referendum für das (parteienlose) Panchayat-System u. gegen eine Parteiendemokratie aus – »Nat. Zurück-aufs-Dorf-Kampagne« unter Führung des Königs als eine Art Kontrollorgan – Gut ausgebildetes Heer (Gurkhas) – Gliederung in 14 Zonen u. Kreise – Keine allgem. Wehrpflicht – **Staatsoberhaupt** u. Inhaber d. höchsten Vollzugsgewalt: Maharajadhiraja Birendra Bir Bikram Sháh Dev, König s. 1972 – **Regierungschef:** Surya Bahadur Thapa, seit Juni 1979 – **Außenminister:** K. B. Schahi – **Parteien:** schätzungsweise ⅓ d. Mitglieder d. Nationalrates gehörte v. Auflösung d. Parteien der gemäßigt-sozialist. »Kongreß-Partei« (»Nepali Congress«) an, ⅐ wurde als prokommunistisch angesehen (illegale KP) – **Dipl. B.:** BR Dtld. und DDR

Städte (1976): Katmandu (Hptst.) 171400, A m. Patan u. Bhatgaon 1977 über 400000, Biratnagar über 40000, Birganj 15000

Wirtschaft: BSP 1977: 1450 Mill. $, 1978: 1580 Mill. $/115 $[160]/2,4 – **WS:** 68/../9/.. – **V:** 3*/94*/10/5 / 8 / –5 – **A:** 55 / 93 / 2 – **E:** 11 / 0,1 / 15 – **M:** 0,7

Außenhandel: 1976 **Einf.** 127 Mill. $, **Ausf.** 134 Mill. $ – **W:** 1 Nepales. Rupie (NR) = 100 Paisa (P.), 50 Paisa = 1 Mohur; 1 US-$ = 13,90 NR, 1 NR = 0,1397 DM – **I:** 7,7 – **H:** 25/75/<1 – **Z:** –5/0,2/1,4/5,4 – **D:** 8,1 – **K:** – / 28 / ..

Wichtige Ausfuhrgüter: Reis, Jute, Arzneipflanzen, Felle, Edelhölzer, Ölsaaten, Viehzuchtprodukte – **Wichtigste Außenhandelspartner:** Indien (60–80%), Japan, USA, BR Deutschland

Mitgliedschaft: UNO, ADB, ESCAP, FAO, IBRD, ICAO, IFC, ILO, IMF, ITU, UNESCO, UPU, WHO, WMO, Colombo-Plan

NEUE HEBRIDEN s. Vanuatu

NEUGUINEA s. Hauptartikel Papua-Neuguinea und Indonesien

NEUKALEDONIEN s. Frankreich (Unabhängigkeitsbestrebungen mehrerer Parteien)

NEUSEELAND *(Ozeanien)*
(New Zealand – [NZ])

Fläche (67): 268676 km², einschl. Stewart-I. (1735 km² u. 280 Einw.), Chatham-Inseln (963 km² u. 520 Einw.), Kermadec-I. (33,5 km², Raoul-I. m. Met. Stat.), Campbell-I. (9 Einw.), Three Kings-, Solander-, Bounty-, Snares-, Antipoden- u. Auckland-Inseln (zusammen 839 km², meist unbewohnt) – **Einwohner** (101): 3100000 (F 1979; 2862631 Z 1971) = 11,5 je km² – **Städt. B.:** 83/2,2/29/29 – **G:** 72 / 1,6 / 1 / 730 / 133 – **S:** 1 / 111 / 5,5 – **Jährl. Bevölkerungswachstum:** (1970–1977) 1,4%

Bevölkerung: fast ausschließl. englischer u. schottischer, daneben irischer Abstammung; 270035 Maori (S 1976), 7000 Chinesen u. mehr als 3000 Inder – **Staatssprache:** Englisch; Umgangssprache der Maori usw. – **Religion:** über 70% Protestanten (Anglikaner 915202, Presbyterianer 566569, S 1976), 478530 Katholiken, 3971 Juden

Nationalflagge: auf blauem Feld oben am Flaggstock »Union Jack«, rechts vier Sterne des »Kreuz des Südens« – **Nationalfeiertag:** 6. 2. – **U:** 1907 britisches Dominion mit Autonomie, durch das Westminster-Statut von 1931 völlig unabhängig

Staats- u. Regierungsform: Unabhängige parlamentarisch-demokrat. Monarchie – Parlament (»General Assembly«) mit 1 Kammer (»House of Representatives«, 92 Sitze, davon 4 für Maori), deren Mitglieder für drei Jahre gewählt werden – Wahlberechtigt alle über 18 Jahre alten Bürger, einschl. der Maori – Keine allgem. Wehrpflicht – Verwaltungsgliederung in 105 »counties«, 136 »boroughs« u. 12 »towndistricts« bzw. »stat. areas« – **Staatsoberhaupt:** Königin Elizabeth II., vertreten durch einen Generalgouverneur: Sir Keith Holyoake – **Regierungschef,** Finanzminister usw.: Robert David Muldoon, NP – **Außen- und Außenhandelsminister:** Brian Edward Talboys – **Parteien:** die Parlamentswahlen vom Nov. 1978 brachten der konservativen »National Party«/NP 50 (vorher 55) Sitze, die »Labour Party«/LP erhielt 41 (32) Sitze; die »Social Credit Party« bekam 1 Sitz – **Dipl. B.:** BR Dtld. u. DDR

Städte (S 1977): Wellington (Hptst.) 139700 (A

350900) Einw., Christchurch 172400 (A 327200), Auckland 150100 (A 801200), Manukau 140600 (A 746300); (S 1976): Hamilton 156100, Hutt 133300, Dunedin 120426, Napier-Hastings 109010, Palmerston North 88724, Invercargill 53762

Wirtschaft: BSP 1977: 14110 Mill. $, 1978: 15270 Mill. $/4790$[26]/0,9–**WS:**12/../31/..–**V:**17/58/28/25/28/ – 3–**A:**62/10/35–**E:**3617/0,8/6950–**M:** 1,7

Außenhandel: 1979 **Einf.** 4552 Mill. $, **Ausf.** 4708 Mill. $–**W:** 1 Neuseeland-Dollar (NZ$) = 100 Cents; 1 NZ$ = 0,9481 US-$ bzw. 1,8411 DM–**I:** 11,0–**AS:** 5/3/15/6/34–**T:** 94–**H:** 71/22/7–**Z:** – 630–**D:** 1,2–**K:** 0,35 / .. / 163

Wichtige Ausfuhrgüter: Fleisch (25–30% d. Ausfuhrwertes), Wolle (bis 20%), Molkereierzeugnisse, Häute u. Felle, Fische, Konserven – **Wichtigste Außenhandelspartner:** Großbritannien (nur noch 15–20%), Australien, USA, Japan, BR Deutschland u. andere EG-Länder, Kanada

Mitgliedschaft: Commonwealth of Nations, UNO, ANZUS-Pakt, CCD, Colombo-Plan, ADB, ASPAC, ESCAP, FAO, GATT, IAEA, IBRD, ICAO, IDA, IFC, ILO, IMCO, IMF, ITU, OECD, UNESCO, UPU, WHO, WMO, DAC – Besonderes Verteidigungsabk. mit Großbrit., Malaysia u. Singapur (ANZUS); Südseeforum

Außengebiete mit innerer Autonomie

Cook-Inseln (Cook Islands), Fläche: 240,6 km² – Einwohner: 18112 (XII/1976; 21227 Z 1971), meist Polynesier (Protestanten, etwa 10% Katholiken). *Innere Selbstregierung* unt. d. brit. Krone bei neuseeländ. Staatsangehörigkeit. Zollunion mit Neuseeland, das Verteidigung u. Außenpolitik wahrnimmt. Erklärung d. vollen Unabhängigk. nach Volksabstimmung grundsätzl. möglich – Hauptort: Avarua auf Rarotonga – Premierminister: Thomas Davis, DP – Wahl v. 1978: »Dem. Party«/DP 7, »Cooks Islands Party« 15, n. Aberk. v. 8 Sitzen nur noch 7 Mandate – Ausfuhr: Zitrussaft 37%, Textilien 22% – AKP (Antrag) – **Niue** (Savage Island), Fläche 259,1 km² – Einwohner: 3954 (1976) – Hauptort: Alofi, etwa 3000 Einw. (als Agglom.). Seit 19.10.1974 *volle innere Selbstregierung* in freier Assoziation mit Neuseeland. Premierminister: Robert Rex; Ausfuhr: Passionsfrucht 42%, Kopra 37%; Mitgl. i. »Südseeforum« – Weiteres Außengebiet: **Tokelau-Inseln** (Tokelau-Islands, Union-I.), Fläche 10,1 km² – Einwohner 1575 (Z 1976) – Hauptort: Fakaofo – **Hoheitsanspruch in d. Antarktis:** Neuseel. beansprucht den Sektor zwischen 160° ö.L. und 150° w.L. sowie südlich v. 60° s.Br. als »Ross Dependency«

NEUTRALE ZONE a) s. Irak u. Saudi-Arabien – b) über die zwischen Kuweit und Saudi-Arabien bestehende neutrale Zone wurden 1964 von den genannten Ländern endgültige Teilungsvereinbarungen getroffen und am 27.6.1966 ratifiziert. Ölausbeutung gemeinsam; Tankerhafen Mina Saud

NEVIS Teil der Leeward-Inseln s. Großbritannien II

NICARAGUA *(Mittel-Amerika)*
(Republik Nicaragua; República de Nicaragua; Nikaragua – [NIC])

Fläche (89): 130000 lt. UNO, n. and. Ang. 139000 km² (ohne 9000 km² Binnengewässer) – **Einwohner** (110): 2480000 (S 1979; 1877952 Z 1971) = 19,1 je km² (ohne Binnengewässer) – **Städt. B.:** 50/4,5/46/46–**G:** 55/4,6/17/1540/105–**S:** 43 / 85 / 2,8 – **Jährl. Bevölkerungswachstum:** (1970–1977) 3,4%

Bevölkerung: rund 60–70% Mestizen, 10–15% Neger, Mulatten, Sambos; rd. 17% Weiße u. 4–6% Indianer – **Staatssprache:** Spanisch; als Verkehrssprache auch Englisch wichtig; Chibcha d. Indianer – **Religion:** 95% röm.-katholisch; etwa 3% Protestanten u. 200 Juden

Nationalflagge: blau-weiß (mit Staatswappen)-blau (waagerecht) – **Nationalfeiertag:** 15.9. – **U:** 1821 bzw. 1838 nach Auflösung der »Zentralamerik. Föderation«

Staats- u. Regierungsform: Republik – »Staatsrat« als Legislative bis zur Wahl einer Verfassunggeb. Versammlung – »Regierung d. Nationalen Wiederaufbaus«, faktische Macht bei 9köpfigem Direktorium der FSLN (»Frente Sandinista de Liberación Nicaragua«/Sandinist. Befreiungsfront N.) – Verwaltungsgliederung in 16 Departamentos – **Staatsoberhaupt u. Regierungschef:** Regierungsgewalt s. 17.7.1979 bei Junta (überw. Sandinisten): Daniel Ortega-Saavedra (Marxist), Moises Hassan Morales (Nationalpatriot. Front), Sergio Ramírez Mercado, Rafael Cordoba Rivas u. Arturo Cruz – **Außenminister:** Pater Miguel d'Escoto Brockmann – **Parteien:** Der Staatsrat setzt sich aus 9 Mitgl. d. Sandinistischen Verteidigungskomitees, 6 Vertretern der FSLN, je 3 d. Sandinist. Arbeiterzentrale u. d. Landarbeiterverbandes sowie je 1 Mitgl. d. übr. polit. u. ständischen Organisationen mit Ausnahme d. KP zusammen (insg. 47 Vertreter v. 29 Gruppen, Parteien u. Einrichtungen) – Parteien im Aufbau, u. a. »Demokrat. Bewegung Nic.« unter Alfonso Robelo Callejas (3 Sitze im Staatsrat) – Wahlen erst f. 1984/85 vorgesehen – **Dipl. B.:** BR Dtld. und DDR

Städte (S 1973): Managua (Hptst., 1974) 499568 Einw., León 90559, Jinotepe 76181, Matagalpa 68698, Granada 56729, Masaya 56237, Chinandega 54376, Estelí 39325, Bluefields 28513

Wirtschaft: BSP 1977: 2090 Mill. $, 1978: 2100 Mill. $/843$[80]/2,5–**WS:**23/5,4/26/7,3–**V:**8/73/25/19/33/ – 6–**A:** 49/44/14 – – **E:** 478/0,6/509–**M:** 2,0

Außenhandel: 1978 **Einf.** 594 Mill. $, **Ausf.** 646 Mill. $ – **W:** 1 Córdoba (C$) = 100 Centavos; 1 US-$ = 10,00 C$, 1 C$ = 0,1942 DM – **I:** 11,0 – **AS:** 1/1/13/9/26 – **T:** 110 – **H:** 68/30/2 – **Z:** – 122/4,7/14/40 – **D:** 1,9 – **K:** – / 220 / 10

Wichtige Ausfuhrgüter: Baumwolle (rd. ⅓), Kaffee (bis über 10%) u. Fleisch, Zucker, Bananen, Holz, Edelmetalle – **Wichtigste Außenhandelspartner:** USA, Japan, BR Deutschland, MCC-Partner, Niederlande u. Niederländische Antillen, Großbritannien

Mitgliedschaft: UNO, OAS, BCIE, CECLA, ECLA, FAO, GATT, IAEA, IBRD, ICAO, IDA, IFC, ILO, IMF, ITU, MCCA, NACAMUR, (NAMUCAR), ODECA, SELA, UNESCO, UPU, WHO, WMO (formal noch Zentralamerikan. Verteidigungsrat)

NIEDERLANDE *(West-Europa)*
(Königreich der Niederlande; Koninkrijk der Nederlanden – [NL])

Fläche (117): 40844 km² (mit 7352 km² Binnengewässern) – **Einwohner** (47): 14030000 (F 1979; de jure 13045785 Z 1971) = 343,5 je km² (Bevölkerungsdichte der Landfläche ohne Binnengewässer 418,9) – **Städt. B.:** 76/0,5/10/26 – **G:** 74/1,0/1/600 / 124 – **S:** 1 / 101 / 8,5 – **Geburten- u. Sterbeziffer** je 1000 Einw. 1977: 12,5 / 7,9 – **Geb.-Ü.:** 4,6

Bevölkerung: Niederländer; 500000 Friesen; Farbige aus ehem. Überseegebieten, u.a. etwa 132000 Surinamesen u. über 100000 Indonesier (u.a. 35000 Ambonesen usw.); Ende 1973 rund 300000 Ausländer, u.a. 53500 Türken, 31800 Spanier, 38400 Deutsche, 20500 Belgier, 19400 Italiener usw. – **Staatssprache:** Niederländisch, Friesisch in Prov. Friesland zugelassen – **Religion:** 1971 37,5% Protestanten verschied. Kirchenzugehörigkeit (bes. Niederl. Reform. Kirche), 39,5% röm. Katholiken, 30000 Juden, 23% ohne Angaben

Nationalflagge: rot-weiß-blau (waagerecht) – **Nationalfeiertag:** 30. 4. – **U:** 1648 (1831 völlige Trennung der Niederlande und Belgiens)

Staats- u. Regierungsform: Konstit. parlamentarisch-demokrat. Monarchie – Parlament (»Staten Generaal«) aus 2 Kammern »Eerste Kamer« als »Oberhaus« u. »Tweede Kamer«; Gesetzesinitiative besitzt neben der Regierung die Tweede Kamer; Wahl der Mitglieder für die Zweite Kammer für vier Jahre – Wahlberechtigt für die Zweite Kammer sind alle über 18 Jahre alten Bürger; Wahl der Mitglieder der Ersten Kammer durch die Provinzialparlamente – Wehrpflicht – Verwaltungsgliederung in 11 Provinzen mit je einem Parlament u. einem Königl. Kommissar als Vertreter des Innenministers (Südl. Ijsselmeerpolder, noch keiner Provinz zugeschlagen) – **Staatsoberhaupt:** Königin Beatrix Wilhelmina Armgard, seit 30. 4. 1980 – **Regierungschef:** Andries Antonius Maria van Agt, CDA, Ministerpräsident einer Koalitionsregierung (aus CDA u. VVD); Stellv. Min.-Präs. u. Inneres: Hans Wiegel, VVD – **Außenminister:** Dr. Christoph A. van der Klaauw – **Parteien:** Bei den Wahlen vom 25. 5. 1977 (1972) errang die »Partei der Arbeit« (»Partij van de Arbeid«/PvdA) 2,81 Mill. bzw. 33,83% Stimmen u. 53 (43) der 150 Sitze; auf d. »Christen Demokratisch Appèl«/CDA (CHU, KVP, ARP) entfielen 2,65 Mill. bzw. 31,91% d. Stimmen u. 49 (48) Mandate, auf d. liberale »Volkspartei für Freiheit und Demokratie« (»Volkspartij voor Vrijheid en Democratie«/VVD) 1,49 Mill. bzw. 17,94% d. Stimmen u. 28 (22) Mandate. Außerdem: »Pol. Partij Radikalen«/PPR 0,14 Mill. u. 3 (7), »Communistische Partij von Nederland«/CPN 0,14 Mill. u. 2 (7), linkslib. »Demokraten '66« 0,45 Mill. u. 8 (6), »Democrat. Soc. '70« 0,06 Mill. u. 1 (6), »Staatk. Geref Partij« 0,18 Mill. u. 3 (3), »Boeren Partij« 0,07 Mill. u. 1 (3), »Geref.-Pol. Verbond« 0,08 Mill. u. 1 (2), »Pac. Soc. Partij«/PSP 0,08 Mill. u. 1 (2; extrem links), Kath. Integr. 0,03 u. 0 (1), Sonstige 0,12 u. 0 (2) – **Dipl. B.:** BR Dtld. und DDR

Städte (B 1. 1. 1978): Amsterdam (Hptst.) 728746, A 965246 Einw., Regierungssitz u. Residenz Den Haag ['s Gravenhage] 464858, A 673391, Rotterdam 590312, A 1017136, Utrecht 240713, A 471897, Eindhoven 192157, A 362982, Haarlem 161290, A 228536, Groningen 160537, A 199827, Tilburg 150161, A 213502, Nijmegen 147985, A 216088, Enschede 141165, A m. Hengelo 241184, Apeldorn 135829, Arnhem 126284, A 284244, Zaanstad (seit 1974 aus Zaandam, Zaandijk usw.) 126582, A 139069, Breda 118820, Maastricht 109696, Dordrecht 104274, Hilversum 94303

Wirtschaft: BSP 1977: 106930 Mill. $, 1978: 117190 Mill. $/8390 $ [14]/2,2 – **WS:** 4/3,3/34/3,0 – **V:** 18/58/23/24/54/1 – **A:** 65/6/45 – **E:** 6224/1,0/4478 – **M:** 3,5

Außenhandel: 1979 **Einf.** 67284 Mill. $, **Ausf.** 63667 Mill. $ – **W:** 1 Holländischer Gulden (hfl) = 100 Cents; 1 US-$ = 2,12575 hfl, 1 hfl = 0,9135 DM; 1 SZR (gültig seit 17. 9. 73) = 3,35507 hfl – **I:** 8,8 – **AS:** 21/19/20/16/22 – **T:** 91 – **H:** 83/13/2 – **Z:** 363 – **D:** 1,9 – **K:** 0,91 / .. / – 1292

Wichtige Ausfuhrgüter: Nahrungs- u. Genußmittel (Molkereierzeugnisse, Fleisch, Konserven, Fische, Gemüse, Obst, Kakao, Schokolade, Tabakwaren; bis 30%), Maschinen, Fahrzeuge u. elektrotechnische Güter (b. üb. 15%), chem. Erzeugnisse (15–20%), Erdölderivate (10–15%), Textilien, Porzellan, Keramik – **Wichtigste Außenhandelspartner:** BR Deutschland (bis 30%), Belgien/Lux., Frankreich, Großbrit., USA, Italien (EG insg. fast 70%), Schweden, Schweiz, Kuweit, Iran

Mitgliedschaft: mit Belgien-Luxemburg in der noch nicht voll ausgebauten Wirtschaftsunion »Benelux«; UNO, NATO, WEU, ADB, CCD, ECE, Europarat, EG, EWS, FAO, GATT, IAEA, IBRD, ICAO, IDA, IDB, IFC, ILO, IMCO, IMF, ITU, OECD, UNESCO, UPU, WHO, WMO

Überseegebiete

Niederländische Antillen *(Karibik)*
(De Nederlandse Antillen – [NA])

Fläche: 993 km² (ein Teil von St. Maarten, ferner St. Eustatius u. Saba 68 km²; Curaçao, Aruba u. Bonaire 925 km²) – Einwohner (S XII/1974): 237 798 (Curaçao 154 928, Aruba 61 788, Bonaire 8400, St. Maarten 10 310, St. Eustatius 1421 u. Saba 951) = 239,5 je km² – **BSP** (S) 1978: 780 Mill. $, je E. 3150 $ [40 a]; JZ (S) 0,5% – **Bevölkerung:** hauptsächlich Neger und Mulatten – Jährl. Bevölkerungswachstum: (1970–1977) 1,8% – Hauptstadt: Willemstad 60 000 Einw. – Sprache: Niederländisch; als »lingua franca« Papiamento (Mischsprache aus Spanisch, Niederländisch usw.) – Religion: zu 80% Katholiken, im übrig. meist Protestanten – Flagge: blau mit gelbem Diagonalbalken u. 6 weißen Sternen – Wichtigste Ausfuhrgüter: Raffinerieprodukte – 1977 **Einf.** 3128 Mill. $, **Ausf.** 2646 Mill. $ – **W:** 1 Niederl.-Antillen-Gulden (NAf) = 100 Cents; 1 US-$ = 1,79 NAf, 1 NAf = 1,0849 DM – *Gouverneur:* M. Leito – *Regierungschef:* Don Martina, Neuwahlen am 6. 7. 1979: MAN (Movimento Antillas Nobo) 7, Demokratische Partei 3, Volkspartei d. nationalen Einheit (N.V.P.U.) 2 Sitze – **Unabhängigkeit zu erwarten;** in Aruba sprach sich die Bevölkerung in einem Referendum zu 57% für die Souveränität aus.

NIGER *(West-Afrika)*
(Republik Niger; République du Niger – [RG])

Fläche (20): 1 267 000 km² – **Einwohner** (84): 5 150 000 (S 1979) = 4,1 je km² – **Städt. B.:** 10/6,8/29/0 – **G:** 42/21,2*/3,2/42970/78 – **S:** 92/21/3,2 – **Jährl. Bevölkerungswachstum:** (1970–1977) 2,7%

Bevölkerung: Haussa (46%), Fulbe (10–11%), Tuareg (2,5%), Sudan-Gruppen (Dscherma u. Songhai zus. 26%), ca. 6000 Europäer, meist Franzosen – **Staatssprache:** Französisch als Amtssprache; Songhai-Dscherma, arabische Mundarten; Ful u. Haussa, auch als Verkehrssprachen wichtig: Tamaschagh – **Religion:** rund 85% Muslimen (u. a. Quadriya-, Senussi- u. Tidjaniya-Sekten), Anhänger von Naturreligionen, christliche Minderheiten (0,5%)

Nationalflagge: orange-weiß(mit oranger Sonne)-grün (waagerecht) – **Nationalfeiertag:** 18. 12. – **U:** 1960

Staats- u. Regierungsform: Präsidiale Republik – Parlament aus 1 Kammer – Allgemeines Wahlrecht – Allgemeine Wehrpflicht – 7 Départements – **Staatsoberhaupt:** Staats- u. Regierungschef sowie Verteid.-Min. Oberst Seyni Kountié [Kountché], seit d. Staatsstreich v. April 1974 – **Außenminister** u. Koop.: Davuda Diallo – **Parteien:** Bei d. letzten Wahlen fielen alle 60 Sitze an d. »Parti Progressiste Nigérien«/PPN. Parlament und Parteien seit d. Staatsstreich von 1974 aufgelöst. Gesamtverantwortung seither ein »Oberster Militärrat« unter dem Vorsitz von Seyni Kountié – **Dipl. B.:** BR Dtld. und DDR

Städte: Niaméy (Hptst.) A 1978 130 300 Einw., Sinder (Zinder) 39 000, Maradi 37 000, Tahua (Tahoua) 31 000

Wirtschaft: BSP 1977: 950 Mill. $, 1978: 1 110 Mill. $/220 $ [138]/(S) – 1,8 – **WS:** 47/–2,7/17/9,4 – **V:** 13*/79*/8*/8*/10*/<1* – **A:** 51/92/3 – **E:** 35/0,2/15 – **M:** 0,9*

Außenhandel: 1976 **Einf.** 127 Mill. $, **Ausf.** 134 Mill. $ – **W:** 1 CFA-Franc (F C.F.A.) = 100 Centimes (c); 1 FF = 50 CFA-Francs, 1 CFA-Franc = 0,02 FF bzw. 0,0087 DM – **I:** 5,5 – **AS:** 0*/0*/5*/24*/18* – **T:** 78 – **H:** 83/17/0 – **Z:** –6/1,2/4/16 – **D:** 3,5 – **K:** –/31/1*

Wichtige Ausfuhrgüter: Uranerze (60% des Ausfuhrwertes), Erdnüsse (bis 15%); Vieh- u. Viehzuchtprodukte, etwas Zinn, Fische, Gummiarabikum, Salz – **Wichtigste Außenhandelspartner:** Frankreich, BR Deutschland u. andere EG-Länder, Nigerien

Mitgliedschaft: UNO, OAU, »Conseil de l'Entente«, CEAO, ECA, ECOWAS (CEDEAO), AKP, FAO, GAMO (OCAM), GATT, IAEA, IBRD, ICAO, ILO, IMF, ITU, UDEAO, UMOA, UNESCO, UPU, WHO, WMO – Mitglied d. Gruppe der »Sahara-Staaten«

NIGERIA *(West-Afrika)*
(Föderat. Rep. Nigerien; Federal Republic of Nigeria – [WAN])

Fläche (30): 923 768 km² – **Einwohner** (10): 74 600 000 (S 1979 nach UNO; umstrittene Z v. 1973 79,7 Mill.) = 80,8 je km² – **Städt. B.:** 18/4,6/17/33 – **G:** 48/../24/14810/88 – **S:** 85*/49/4,3 – **Jährl. Bevölkerungswachstum:** (1970–1977) 2,8%

Bevölkerung (S): Ibo (17%), Joruba (Yoruba, 20%), Ibibio, Tiv usw. im Süden. Hamitische u. tschadohamit. Schichten (Haussa 20%; Fulbe, Kanuri, Tuareg) im Norden. Rund 16 000 Europäer, meist Briten – **Sprachen:** Amtssprache Englisch; Sudan- u. Bantusprachen, Ful, Haussa-Sprachen u. a. – **Religion:** etwa 50% Muslimen (vor allem im Norden), rund 35% Christen (davon ca. ⅙ Katholiken), viele Sekten; Anhänger von Naturreligionen

Nationalflagge: grün-weiß-grün (senkrecht) – **Nationalfeiertag:** 1. 10. – **U:** 1960

Staats- u. Regierungsform: Präsidiale Republik – Direkte Wahl des Präsidenten, der nach der Verfassung von 1978 mit großen Vollmachten ausgestattet ist und die Minister ernennt, aber die Regierungen von Bundesstaaten nicht absetzen kann. Parlament aus 2 Kammern (Senat aus 95 Mitgl., 5 aus jedem Bundesstaat; »Federal House of Representatives« 450 Mitgl.). Die 19 Bundesstaaten haben eigene Parlamente – Wahlrecht für alle erwachsenen Bürger – Wehrpflicht – **Staatsoberhaupt:** Alhadschi Schehu Schagari [Shagari], NPN, seit 1. 10. 1979 – **Außen-**

minister: Ishaya Audu – **Parteien:** Bei den Wahlen in d. Senat/Abgeordnetenhaus v. Juli 1979 entfielen auf: »Niger. National-Partei«/NPN 36/168, »Vereinigte Partei« (Unity Party of N./UPN) 28/111, »Volkspartei« (National People's Party/NPP) 16/78, »Große Volkspartei« (Great Nigeria People's Party/GNPP) 8/43 und »Volkserlösungspartei« (People's Redemption Party/PRP) 7/49 Mandate – **Dipl. B.:** BR Dtld. und DDR (akkreditiert in Moskau)

Städte (F 1975): Lagos (Hptst.) 1060848 (A 1,5 Mill.) Einw., Ibadan 847000, Ogbomosho 432000, Kano 399000 (A 800000), Oshogbo 282000, Ilorin 280000, Abeokuta 253000, Port Harcourt 242000, Zaria 224000, Ilesha 222000, Onitsha 220000, Iwo 214000, Ado-Ekiti 213000, Kaduna 202000, Mushin 197000, Maiduguri 189000 (A 500000)

Wirtschaft: BSP 1977: 40540 Mill. $, 1978: 45720 Mill. $/564$(94)/4,4–**WS:** 34/–1,5/43/10,3–**V:** 15/56/31/29/32/–2–**A:** 52/56/18–**E:** 94/0,2/50–**M:** 7,3

Außenhandel: 1978 **Einf.** 12857 Mill. $, **Ausf.** 9483 Mill. $–**W:** 1 Naira (₦) = 100 Kobo (k); 1 ₦ = 1,7614 US-$ bzw. 3,4205 DM–**I:** 15,2–**AS:** 94/0/3/10/48–**T:** 331–**H:** 71/29/0–**Z:** –853/0,3/1/2,2–**D:** 3,7–**K:** 0,19 / 27 / 245

Wichtige Ausfuhrgüter: Erdöl (über 90% d. Ausfuhrwertes), Palmnüsse u. -öl, Erdnüsse, Kakao, Kautschuk, Baumwolle, Zinn, Holz, Kohle, tropische Früchte, Häute – **Wichtigste Außenhandelspartner:** USA, Großbrit., Niederlande, BR Deutschland, Frankreich, Japan

Mitgliedschaft: Commonwealth, UNO, OAU, AGC, ECA, ECOWAS (CEDEAO), FAO, GATT, IAEA, IBRD, ICAO, IDA, ILO, IMCO, IMF, ITU, OPEC, UNESCO, UPU, WHO, WMO, CCD; AKP

NIKARAGUA s. Nicaragua

NIKOBAREN s. Indische Union

NORMANNISCHE INSELN s. Großbritannien I

NORWEGEN *(Nord-Europa)*
(Königreich Norwegen; Kongeriket Norge – [N])

Fläche (60): 324219 km² (m. 15963 km² Binnengewässern) – **Einwohner** (93): 4066414 (F 1979; 3874133 Z 1970) = 12,5 je km² – **Städt. B.:** 47/3,1/34/34 – **G:** 75/1,1/1/560/120 – **S:** 1/102/7,6 – **Geburten- u. Sterbeziffer** je 1000 Einw. 1977: 12,6/9,8 – **Geb.-Ü.:** 2,8

Bevölkerung: Norweger, außerdem 20000 Lappen u. 12000 Finnen (Kwänen) – **Staatssprache:** Norwegisch, m. d. zwei einander sehr ähnlichen offiz. Schriftsprachen Bokmål und Riksmål (aus d. Dänischen entwickelt, vom größten Teil der Bevölkerung bevorzugt) sowie das als Kunstsprache aus Dialekten geschaffene Nynorsk (Neunorwegisch, fr. Landsmål) – **Religion:** fast ausschließl. Evang.-Luth. Staatskirche (94,0%), andere protest. Kirchen, 11000 Katholiken, etwa 900 Juden

Nationalflagge: rotes Feld mit weißumrändertem blauen Kreuz – **Nationalfeiertag:** 17.5. – **U:** alte staatliche Tradition; 1814–1905 Union m. Schweden, seit 1905 völlig unabhängig

Staats- u. Regierungsform: Konstitutionelle Monarchie auf parlamentarisch-demokrat. Grundlage – Parlament (»Storting«) aus 2 Kammern (»Lagting« u. »Odelsting«); Wahl der Mitglieder für vier Jahre – Wahlberechtigt alle über 20 Jahre alten Bürger – » Wehrpflicht – Verwaltungsgliederung in 19 Provinzen (Fylker) mit je 1 Parlament (»Fylkesting«) u. einem von der Regierung ernannten Provinzgouverneur (»Fylkesmann«) – **Staatsoberhaupt:** König Olav V., seit 1957 – **Regierungschef:** Odvar Nordli, DNA, Chef einer soz.-dem. Minderheitsreg. – **Außenminister:** Knut Frydenlund, DNA – **Parteien:** Die Wahlen v. Sept. 1977 zeigten folgendes Ergebnis: »Det Norske Arbeiderparti«/DNA 76 (1973 62), »Sosialist. Venstreparti« (1973 »Sozialist. Wahlverband«) 2 (16), Høyre (Konservative) 41 (29), »Senter-P.« 12 (21), »Christl. Volkspartei« (»Krirstelig Folkep.«/CVP) 22 (20), »Venstre« (sozialliberal) 2 (2), »Det liberale Folkeparti« 0 (1), »Fremskrittspartiet« 0 (4). Die Kommunisten (»Norges Kommunistiske Parti«) erhielten nur 0,4% und kein Mandat – **Dipl. B.:** BR Dtld. u. DDR

Städte (F 1.1.1978): Oslo (Hptst.) 460377 (m. V. üb. 650000) Einw., Bergen 211861, Trondheim 135085, Stavanger 88087, Kristiansand 60652, Drammen 50742, Skien 47507, Trømso 44812, Ålesund 34811, Sandnes 35167, Sandefjord 33918, Porsgrunn 31616 und u.a. Narvik 15000

Wirtschaft: BSP 1977: 34560 Mill. $, 1978: 38500 Mill. $/9510$[11]/3,9–**WS:** 6/2,4/35/5,0–**V:** 19/56/36/25/40/–11–**A:** 63/8/37–**E:** 5263/0,7/18379 – **M:** 3,1

Außenhandel: 1979 **Einf.** 13818 Mill. $, **Ausf.** 13271 Mill. $–**W:** 1 Norwegische Krone (nkr) = 100 Øre (Ø); 1 US-$ = 5,1590 nkr, 1 nkr = 0,3764 DM – **I:** 8,6–**AS:** 33/26/11/7/42–**T:** 101–**H:** 78/18/4–**Z:** 4937 – **D:** 1,4 – **K:** 0,98 / .. / 503

Wichtige Ausfuhrgüter: Schiffe (⅙), Erze u. Metalle (⅐), Erdöl (⅐ d. Ausfuhrwertes), Holz, Papier u. Papierwaren, Fische, Fischereierzeugnisse, Chemikalien – **Wichtigste Außenhandelspartner:** Schweden, Großbritannien, BR Deutschland u. and. EG-Länder, USA, Kanada, Japan

Mitgliedschaft: UNO, NATO, Nordischer Rat, ADB, CCD, ECE, EFTA, Europarat, FAO, GATT, IAEA, IBRD, ICAO, IDA, IFC, ILO, IMCO, IMF, ITU, OECD, UNESCO, UPU, WHO, WMO; Freihandelsabkommen mit d. EG

Außenbesitzungen

Svalbard (Spitzbergen und Bären-Insel bzw. Bjørnøya), Fläche: 62049 km², davon 179 km² Bären-Insel – Einw.: (31. 12. 1977) 1190 Norweger u. 2239 Sowjetbürger (in d. Kohlengruben beschäft.); Hauptsiedlung: Longyearbyen etwa 1000 Einw. – **Jan Mayen,** Fläche: 372,5 km²; Angestellte der Wetter- u. Funkstation – **Antarktis und Subantarktis:** *Bouvet-Insel,* Fläche: 58,5 km²; unbewohnt – *Peter I.-Insel* 249,2 km² (unbewohnt) – Anspruch auf den *Atlanten* oder *Bouvet-Sektor,* 20° w. L. bis 45° ö. L., in der Antarktis (»Dronning Maud Land«)

OBERVOLTA *(West-Afrika)*
(Republik Obervolta; République de Haute-Volta – [HV])

Fläche (66): 274200 km² – **Einwohner** (73): 6730000 (S 1979; 6144013 Z 1975) = 24,5 je km² – **Städt. B.**: 8/3,6/36/0 – **G**: 42/26,3*/32/61800/78 – **S**: 95 / 16 / 2,2 – **Jährl. Bevölkerungswachstum:** (1970–1977) 2,3%

Bevölkerung: Volta-Völker (Mossi fast 50% der Gesamtbevölkerung), westsudan. Gruppen (Bobo u. Verwandte ⅙, Sanike, Diula), außerdem Fulbe (10%), Haussa u. Tuareg; über 1000 Europäer, meist Franzosen – **Staatssprache:** Französisch; Volta-Semi-Bantu-Sprachen (Morée, Sprache d. Mossi), westsudan. Sprachen u. Ful als Umgangssprachen – **Religion:** Muslimen (27–40%), christl. Minderheiten (rd. 7% Katholiken u. 25000 Protestanten); Anhänger von Naturreligionen (über 50%)

Nationalflagge: schwarz-weiß-rot (waagerecht) – **Nationalfeiertag:** 11. 12. – **U**: 1960

Staats- u. Regierungsform: Präsidiale Republik – Verfassung v. 27. 11. 1977 – Parlament mit einer Kammer – Allgemeines Wahlrecht ab 21 Jahren – Keine Wehrpflicht – Verwaltungsgliederung in 10 Departements – **Staatsoberhaupt:** General El Hadsch Aboubakar [El Hadj Aboubacar] Sangoulé Lamisana [Lamizana], seit d. Putsch v. 1966, gewählt 1978 für weitere 5 Jahre – **Regierungschef:** Joseph Conombo, PDV-RDA – **Außenminister:** Moussa Kargougou – **Parteien:** Bei den Wahlen v. April/Mai 1978 wurde die »Parti Démocratique Voltaïque – Rassemblement Démocratique Africaine«/PDV-RDA mit 28 Sitzen stärkste Partei; »Union Nationale pour la Défense de la Démocratie«/UNDD 13, »Front Progressiste Voltaïque«/FPV 9, »Parti du Régroupement Africain«/ PRA 6 u. »Union Nationale des Indépendantes«/UNI 1 Sitz – **Dipl. B.**: BR Dtld. u. DDR

Städte (S 1977): Wagadugu [Ouagadougou] (Hptst.) 168600, als A 300000 Einw., Bobo-Diulasso [Bobo-Dioulasso] 113000, Kudugu [Koudougou] 36000

Wirtschaft: BSP 1977: 760 Mill. $, 1978: 870 Mill. $/ 157 $ [151] / 1,6 – **WS**: 37/3,2/14/7,0 – **V**: 25/99/17/ – 24 / 15 / – 31 – **A**: 53 / 84 / 11 – **E**: 18 / 0,2 / 12 – **M**: 1,3

Außenhandel: 1978 **Einf.** 191 Mill. $, **Ausf.** 42 Mill. $ – **W**: 1 CFA-Franc (F C.F.A.) = 100 Centimes; 1 FF = 50 CFA-Francs, 1 CFA-Franc = 0,02 FF bzw. 0,0087 DM – **I**: 6,1 – **AS**: 0*/0*/4*/21*/24* – **T**: 95 – **H**: 80/19/1 – **Z**: – 71 / 0,9 / 4 / 19 – **D**: 2,2 – **K**: – / 46 / <1*

Wichtige Ausfuhrgüter: Vieh u. Viehzuchtprodukte (40–50% d. Ausfuhrwertes), Baumwollsaat, Erdnüsse, Sheanuß-Samen, getrocknete Fische – **Wichtigste Handelspartner:** Frankreich, Elfenbeinküste, BR Deutschland, Italien, Ghana, Mali

Mitgliedschaft: UNO, OAU, »Conseil de l'Entente«, CCD, CEAO, CFA, ECA, ECOWAS (CEDEAO), AKP, FAO, GAMO (OCAM), GATT, IBRD, ICAO, IDA, ILO, IMF, ITU, UDEAO, UMOA, UNESCO, UPU, WHO, WMO; besondere Zollvereinbarung mit Ghana

OMAN *(Vorder-Asien)*
(Sultanat Oman; Salṭanat 'Oman)

Fläche (78): 212457 km² – **Einwohner** (129): 860000 (S 1979) = 4 je km² – **Städt. Bev.**: bis 20% – **S**: über 80% – **Jährl. Bevölkerungswachstum:** (1970–1977) 3,2%

Bevölkerung: 88% Araber versch. Herkunft; in den Städten Inder, Pakistaner (zus. 2–3%), Perser (3%), Bäludschen (4%), Neger (2%) – **Staatssprache:** Arabisch; als Umgangssprachen auch Persisch, Urdu – **Religion:** 100% Muslimen (bes. Sunniten 25%, Ibaditen 50%, Schiiten)

Nationalflagge: rot (am Mast) mit dem Staatsemblem (gekreuzte Säbel) sowie einem weißen und einem grünen Feld (quer, durch einen roten Balken getrennt) – **Nationalfeiertag:** 18. 11. – **U**: alte staatliche Tradition; ab 1891 faktisch brit. Protektorat; durch die Verträge v. 1939 u. 1951 schließlich unabhängig

Staats- u. Regierungsform: unabhängiges Sultanat – Keine parlamentarischen Einrichtungen – Beschränkte Wehrpflicht – **Staatsoberhaupt,** Regierungschef, Verteidigungs- u. Außenminister: Sultan Qabus [Kabus] bin Saiyid (Ehrentitel: Jalalat as Sultan), seit 1970 – **Staatsminister für Auswärtige Angelegenheiten:** Qais Abdul Munim as Sawawi [Zawawi] – **Dipl. B.**: BR Deutschland

Städte: Maskat (Muskat, Masqat, Hptst.) 1978 20000 Einw., mit Matrah, Ruwi, Medinat el Qabus usw. ein Siedlungskomplex von etwa 80000 Einw., Sur 12000, Sohar 7500, Naswa u. Sib je einige tausend Einw. – Residenz des Sultans: Salalah (in Dhofar)

Wirtschaft: BSP 1977: 2050 Mill. $, 1978: 2160 Mill. $ / 2570 $ (44) / 4,0 – **L**: 83 – **E**: 696 – **M**: 18,6

Außenhandel: 1978 **Einf.** 1269 Mill. $, **Ausf.** 1979 2284 Mill. $ – **W**: 1 Rial Omani (R.O.) = 1000 Baizas (Bz.); 1 US-$ = 0,34505 R.O., 1 R.O. = 5,6279 DM

Wichtige Ausfuhrgüter: Erdöl; daneben etwas Datteln, Fische, Früchte, Perlen – **Wichtigste Außen-**

handelspartner: Japan, BR Deutschland u. andere EG-Staaten, Australien, Indien, USA, Golfstaaten, Spanien

Mitgliedschaft: UNO, Arabische Liga, ECWA, FAO, IBRD, ICAO, IDA, IFC, IMCO, IMF, ITU, UNESCO, UPU, WHO

ÖSTERREICH *(Mittel-Europa)*
(Republik Österreich – [A])

Fläche (105): 83853 km² – **Einwohner** (70): 7651559 (F 1979; de jure 7456745 Z 12.5.1971) = 91,3 je km² – **Städt. B.**: 53/0,6/42/42 – **G:** 72/1,7/1/440 / 131 – **S:** 1 / 102 / 5,5 – **Geburten- und Sterbeziffer** je 1000 Einw. 1977: 11,3 / 12,2 – **Sterbe-Ü.**: 0,9

Bevölkerung: zu 98% deutschstämmige Österreicher; kroatische, madjarische, slowenische (u.a. 1971 17014 Slow. in Kärnten) und tschech. Minderheiten. Etwa 180000 (1977) Ausländer – **Staats- u. Umgangssprache:** Deutsch – **Religion:** rd. 89% Katholiken, 6,2% Protestanten; 12000 Juden und andere Minderheiten (1%), ohne religiöses Bekenntnis 3,8% (Z 1961)

Nationalflagge: rot-weiß-rot (waagerecht) – **Nationalfeiertag:** 26.10. – **U:** alte staatliche Tradition; unter den Habsburgern ab 1282; 1866 Ausscheiden aus Deutschland; seit 1918/19 Republik

Staats- u. Regierungsform: Bundesrepublik auf parlamentarisch-demokrat. Grundlage – Parlament aus 2 Kammern: »Bundesrat« (wird von den Landtagen beschickt, Änderungen daher nach jeder Landtagswahl möglich), Zusammensetzung (1.9.1980): 58 Vertreter (29 SPÖ, 29 ÖVP); »Nationalrat« (Mitglieder nach dem Verhältniswahlrecht direkt von den Bürgern ab 19 Jahren gewählt). Präsident d. Nationalrates: Anton Benya, SPÖ, zweiter bzw. dritter Präsident Roland Minkowitsch, ÖVP und Rudolf Thalhammer (SPÖ) – Bundesrat und Nationalrat bilden als Gesamtorgane die Bundesversammlung. Die Bundesregierung ist vom Vertrauen des Nationalrats abhängig – Wahl (Wahlpflicht) des Bundespräsidenten für 6 Jahre, Wahl der Nationalratsmitglieder für vier Jahre – Allgemeine Wehrpflicht

Staatsoberhaupt: Bundespräsident Dr. Rudolf Kirchschläger, seit 1974, wiedergewählt 1980

Regierungschef: (Stand 1.9.1980) Bundeskanzler Dr. Bruno Kreisky, SPÖ, als Chef einer SPÖ-Regierung – Vizekanzler: Dr. Hannes Androsch, SPÖ – Bundeskanzleramt: Wien 1, Ballhausplatz

Bundesminister (1.9.1980)

Auswärtige Angelegenheiten: *Dr. Willibald Pahr,* parteilos

Inneres: *Erwin Lanc,* SPÖ

Finanzen: *Dipl.-Kfm. Dr. Hannes Androsch,* SPÖ

Justiz: *Dr. Christian Broda,* SPÖ

Unterricht u. Kunst: *Dr. Fred Sinowatz,* SPÖ

Wissenschaft u. Forschung: *Dr. Hertha Firnberg,* SPÖ

Soziale Verwaltung: *Dr. Gerhard Weißenberg,* SPÖ

Land- u. Forstwirtschaft: *Dipl.-Ing. Günther Haiden,* SPÖ

Handel, Gewerbe u. Industrie: *Dr. Josef Staribacher,* SPÖ

Verkehr: *Karl Lausecker,* SPÖ

Verteidigung: *Otto Rösch,* SPÖ

Gesundheit u. Umweltschutz: *Dr. Herbert Salcher,* SPÖ

Bauten u. Technik: *Karl Sekanina,* SPÖ

Staatssekretäre

Verwaltungsgliederung in das Bundesland Wien und 8 weitere Bundesländer mit je einem Landtag u. Landeshauptmann (Vorsitzender der Landesregierung) [Zahlen nach »Österr. Statist. Zentralamt«]

Bundesland	*km²*	*Einwohner Z 12.5.1971*	*Einwohner F 1979*
Burgenland	3965,6	272119	275574
Kärnten	9533,1	525728	537708
Niederösterreich	19171,1	1414161	1469033
Oberösterreich	11979,2	1223444	1273327
Salzburg	7154,0	401766	421699
Steiermark	16386,6	1192442	1208545
Tirol	12647,4	540771	576405
Vorarlberg	2601,3	271473	308668
Wien (F 1978)	414,5	1614841	1580600
Österreich	83852,8	7456745	7651559

im Bundeskanzleramt: *Prof. Dr. Adolf Nussbaumer* (parteilos), *Dr. Franz Löschnak* (SPÖ), *Johanna Dohnal* (SPÖ);
im BM für Finanzen: *Elfriede Karl* (SPÖ);
im BM für Soziale Verwaltung: *Franziska Fast* (SPÖ);
im BM für Land- und Forstwirtschaft: *Albin Schober* (SPÖ);
im BM für Handel, Gewerbe und Industrie: *Anneliese Albrecht* (SPÖ);
im BM für Bauten und Technik: *Dr. Beatrix Eypeltauer* (SPÖ)

Parteien: *Bei den Wahlen vom 6.5.1979* (1975) erzielte die »Sozialistische Partei Österreichs«/SPÖ 2413226 (2326201) Stimmen. Die »Österreichische Volkspartei«/ÖVP errang 1981739 (1981291) Stimmen. Die »Freiheitliche Partei Österreichs«/FPÖ erhielt 286743 (249444), die »Kommunistische Partei Österreichs«/KPÖ 45280 (55032) Stimmen und kein Mandat.

Mandatsverteilung im Nationalrat: 95 SPÖ, 77 ÖVP, 11 FPÖ
Vorsitzender der SPÖ: Dr. Bruno Kreisky, Zentralsekretäre: Fritz Marsch u. Karl Blecha
Parteiobmann der ÖVP: Dr. Alois Mock, Generalsekretär: Sixtus Lanner
Bundesparteiobmann der FPÖ: Dr. Norbert Steger
Vorsitzender der KPÖ: Franz Muhri
Parteimitglieder (Stand Anfang 1980): ÖVP (einschl. ÖAAB, Bauernbund, Wirtschaftsbund) 891776, SPÖ 720000, FPÖ 38000, KP 15000

Die Landeshauptmänner der Bundesländer
(Stand 1.9.1980)
Burgenland:
Theodor Kery (SPÖ)
Kärnten
Leopold Wagner (SPÖ)
Niederösterreich
Andreas Maurer (ÖVP)
Oberösterreich
Dr. jur. Josef Ratzenböck (ÖVP)
Salzburg:
Dr. jur. Wilfried Haslauer (ÖVP)
Steiermark:
Dr. jur. Friedrich Niederl (ÖVP), Senator h.c.
Tirol
Eduard Wallnöfer (ÖVP)
Vorarlberg
Dr. jur. Herbert Keßler (ÖVP)
Wien
Leopold Gratz (SPÖ)

Dipl. B.: BR Deutschland und DDR

Städte (F 1978): Wien (Hptst.) 1580600 Einw. – Landeshauptstädte (F 1979): Graz 249147, Linz 207657, Salzburg 140000, Innsbruck 120336, Klagenfurt 84633, Bregenz 26079, Eisenstadt 10417 – Sonstige wicht. Städte (F 1979): Wels 52381, Villach 52140, St. Pölten 50346, Steyr 42952, Wiener Neustadt 40992, Dornbirn 38759, Leoben 35153, Baden 28576, Kapfenberg 26846, Klosterneuburg 26030, Krems a. D. 23302 (Niederösterreich hat keine eigene Hauptstadt; d. Sitz von Landtag u. Landesregierung befindet sich in Wien) – *Bürgermeister von* **Wien:** Leopold Gratz, SPÖ

Postleitzahlen: 2500 Baden b. Wien – 6900 Bregenz – 6850 Dornbirn – 7000 Eisenstadt – 8010 Graz – 6020 Innsbruck – 8605 Kapfenberg – 9020 Klagenfurt – 3400 Klosterneuburg – 3500 Krems a. D. – 8700 Leoben – 4020 Linz a. D. – 5020 Salzburg – 3100 St. Pölten – 4400 Steyr – 9500 Villach – 4600 Wels – 1xy0 Wien (xy = Stadtbezirk) – 2700 Wiener Neustadt (mit Ausnahme von Baden u. Eisenstadt haben alle diese Städte mehrere Postämter)

Wirtschaft: BSP 1977: 48390 Mill. $, 1978 52720 Mill. $/7030 $ [20]/3,8 – **WS:** 5/1,9/42/3,6 – **V:** 17/57/29/26/35/–3 – **A:** 62/11/41 – **E:** 4013/0,8/4822 – **M:** 1,1

Außenhandel: 1979 **Einf.** 20202 Mill. $, **Ausf.** 15476 Mill. $ – **W:** 1 Schilling (S) = 100 Groschen; 1 US-$ = 13,858 S, 1 S = 0,1401 DM – **I:** 7,6 – **AS:** 4/28/12/8/32 – **T:** 97 – **H:** 67/17/14 – **Z:** –3003 – **D:** 2,7 – **K:** 0,28/../41

Wichtige Ausfuhrgüter: Fertigwaren (Maschinen, Verkehrsmittel, Metallwaren, Textilien, Papier und Papierwaren, chemische Produkte u.a.), Halbfertigwaren, Rohstoffe (u.a. Holz, Erze, Metalle) u. Energie, Nahrungs- u. Genußmittel – **Wichtigste Außenhandelspartner:** BR Deutschland u. and. EG-Länder (bes. Italien u. Großbrit.); EFTA-Länder (bes. Schweiz u. Schweden), USA, Sowjetunion, Jugoslawien, Polen, Ungarn (s. auch Abschnitt »Welthandel«)

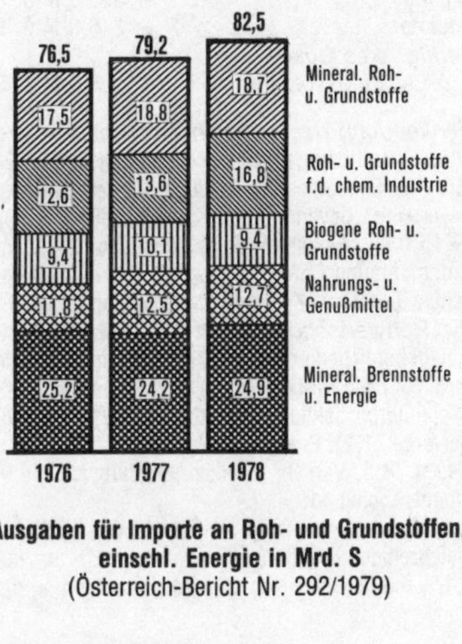

Ausgaben für Importe an Roh- und Grundstoffen, einschl. Energie in Mrd. S
(Österreich-Bericht Nr. 292/1979)

Mitgliedschaft: UNO, ADB, CCD, ECE, Europarat, EFTA, FAO, GATT, IAEA, IBRD, ICAO, IDA, IDB, IFC, ILO, IMCO, IMF, OECD, UNESCO, UPU, WHO, WMO; Freihandelsabk. m. d. EG

Nach den vorläufigen Ergebnissen der **volkswirtschaftlichen Gesamtrechnung** erreichte das *österreichische Bruttoinlandsprodukt/BIP 1979* einen Gesamtwert von *914,3 Mrd. S* (gegenüber 1978 nominell + 9,3% u. real zu Preisen v. 1964 + 5,1% [1978: nur + 1,5%]), *je Einwohner 121900 S* (+ 5,2%) bzw. 9114 US-$. Damit wuchs die österreichische Wirtschaft von *1970–79 um real 52%*. Das *Volkseinkommen* (Nettonationalprodukt zu Faktorkosten) stieg 1979 nominell um 10,3% (je Einw. + 10,4%) auf *676,0 Mrd. S*, die *unbereinigte Lohnquote lag* mit *73,5%* deutlich niedriger als 1978 (76,2%) u. unterschritt auch das Niveau v. 1975 (73,8%). Auf dem Verwendungskonto holten sowohl der *private Konsum mit 510,7 Mrd. S* (+ 4,7%, 1978: – 4,7%) als auch die *Anlageinvestitionen mit 228,3 Mrd. S* (+ 4,2%, 1978: – 4,7%) ihre Einbußen von 1978 wieder auf.

Nettonationalprodukt zu Faktorkosten	676,0 Mrd. S
Indirekte Steuern	149,2 Mrd. S
Subventionen	23,2 Mrd. S
Nationalprodukt zu Marktpreisen	802,0 Mrd. S
Faktoreinkommen aus dem/an das Ausland	7,8 Mrd. S
Nettoinlandsprodukt zu Marktpreisen	809,8 Mrd. S
Abschreibungen	104,5 Mrd. S
Bruttoinlandsprodukt zu Marktpreisen	914,3 Mrd. S
Exporte	– 335,6 Mrd. S
Importe	346,5 Mrd. S
Verfügbares Güter- u. Leistungsvolumen	925,2 Mrd. S

Verwendung des Volkseinkommens von 676 Mrd. S: Bruttoentgelte für unselbständige Arbeit 493 Mrd. S, Einkünfte aus Besitz u. Unternehmung, unverteilte Gewinne d. Kapitalgesellsch. 202 (+ 15,6%), Einkünfte d. Staates aus Besitz u. Unternehmung 12 Mrd. S, abzügl. Zinsen f. Staatsschuld (– 21) u. Konsumentenschulden (– 9).

Die *Rohwertschöpfung* in den wesentl. Wirtschaftsbereichen erreichte 1979 folgende Werte (in Mrd. S): Land- u. Forstwirtsch. 39,1, Bergbau 5,0, Sachgüterproduktion 267,8 (davon Industrie 196,6, Gewerbe 71,2), Energie u. Wasservers. 29,3, Bauwesen 74,5, Verkehr u. Nachrichtenüberm. 49,9, öffentl. Dienst 119,4.

Durch eine Verteuerung der Einfuhr um 5,7% bei gleichzeitiger Erhöhung d. Ausfuhrpreise um nur 4,1% mußte Österreich eine Verschlechterung der *Terms of Trade* um 1,5% (BR Dtschld. – 3,5%, Schweiz – 4,7%) hinnehmen, bedingt vor allem durch die Energie-Einfuhrpreiserhöhung um 45% (ohne Energieimporte betrug die Preiserhöhung bei Einfuhren nur 3,4%!). Gewogen mit ihrem Anteil an der heimischen Güterversorgung trugen 1979 die Preissteigerungen der Importwaren um 5,7% (Dtschld. + 12,9%, Schweiz + 7,7%) die Hälfte zum Preisauftrieb der inländischen Nachfrage bei. Angesichts der internat. Hausse der Energie- u. Rohstoffpreise sowie der Beschleunigung der Inflation auf der Verbraucherstufe in nahezu allen Industrieländern ist es ein erfreuliches Ergebnis, daß die *Verbraucherpreissteigerung* um 3,7% neben der in der Schweiz u. in Japan die geringste im OECD-Raum ist, u. a. weil Österreich seine Importwaren aus relativ preisstabilen Ländern bezieht. Von den **Einfuhren/Ausfuhren** in Höhe von 269,862/206,253 Mrd. S kamen/gingen 79,6%/72,3% aus dem/in den OECD-Raum (EG 64,8/53,4%, EFTA 8,5/12,1%, USA u. Kanada 3,7/2,9%, Japan 1,9/1,0%), Amerika insg. 5,6/4,4%, Afrika 3,0/3,9%, Asien insg. 7,4/6,3%, Osteuropa 8,9/13,1% u. Europa insg. 83,7/85,7%. Die Zunahme des *Handelsbilanzpassivums* 1979 um 10,1 Mrd. S gegenüber 1978 (53,5 Mrd. S) auf 63,6 Mrd. S kann beinahe zur Gänze auf die Verteuerung der Energieimporte zurückgeführt werden. Die *Dienstleistungsbilanz* 1979 weist dagegen ein um 3,6 Mrd. S höheres Aktivum auf als 1978 (Nettoeingang 28,8 Mrd. S). Der Handel Österreichs mit den *RGW-Staaten* (Export 1979 26,6 [+ 10,3%] u. Import 23,7 [+ 16,2%] Mrd. S) wird – ähnlich wie in der BR Dtschld. – durch die Verschuldung der RGW-Staaten gegenüber Österreich (Ende 1979: 60 Mrd. S, davon 45 Mrd. Kredite österr. Banken) begrenzt. Österreichs *Exporte in die BR Deutschland* erreichten auch 1979 mit 8,8 Mrd. DM (1978: 7,1 Mrd. DM) – wie all die Jahre zuvor – nur etwa die Hälfte der Importe in Höhe von 15,9 Mrd. S (1978: 14,6 Mrd. S). 20,8% (= 43 Mrd. S) des österr. Gesamtexports stammten 1979 aus den *staatlichen Industriebetrieben.*

Nach einer Untersuchung der Industriellenvereinigung können von den *21 Industriebranchen Österreichs* derzeit nur noch 5 der Grundstoffindustrie als *»Netto-Exporteure«* bezeichnet werden. So betrug 1979 das *Außenhandelsdefizit* bei den NE-Metallhütten rd. 1,2 Mrd. S, bei der Stein- u. Keramischen Ind. 1,4, in d. Chem. Ind. ca. 10, bei Nahrungs- u. Genußmitteln 7,2, bei Textilien u. Bekl. 2,5, bei Maschinen 1,9, bei Eisen- u. Metallwaren 2,8, in d. Elektroind. 2 und bei Fahrzeugen sogar 17,5 Mrd. S, ganz abgesehen von den Öleinfuhren im Wert von 28,2 Mrd. S. *Positive Salden im Außenhandel* erbrachten 1979 die Magnesitindustrie mit 2,6, die Eisenhütten mit 14, die Papierproduktion mit 5,1 u. die Papierverarbeitung mit 1,5 Mrd. S sowie – in kleinem Umfang – die Glasindustrie, Holzverarb. u. die Gießereien.

Die österr. **Industrieproduktion** hat sich 1979 mit einem *Plus von 6,7 %* (u. a. Konsumgüter + 6,4 %, Invest.güter + 7,2 %) gegenüber dem Vorjahr überraschend günstig entwickelt, obwohl die *Beschäftigtenzahl mit 620 100 Personen* (ohne Gaswerke u. Filmind. 615 000) um 0,5 % unter dem Stand von 1978 lag. *Die mittlere wöchentl. Arbeitszeit* betrug 36,4 Std. (– 0,1 %), die *Produktivität* (1971 = 100) lag bei 140,5 Indexpunkten (+ 5,2 %, 1978 nur + 1,4 %), die *Bruttomonatsverdienste* je Industriebeschäftigten bei 13 770 S. Im Durchschnitt des Jahres 1979 lagen die **Kollektivvertragslöhne** nach dem v. Stat. Zentralamt berechn. Tariflohnindex um insg. 5,1 % über dem Niveau v. 1978 (Arbeiter + 5,4 %, Angest. + 4,9 %). Während man in der BR Dtschld. v. 1970–79 *Lohnkostensteigerungen* von real 124 % verzeichnete, erreichten diese in Österreich 171 %! Die *Einkommenspyramide* ist allerdings ebenso spitz wie in der BR Dtschld. oder den USA: Etwa 25 000 (= 1 %) der 2,5 Mill. Haushalte in Österreich verfügen über rd. 7,3 % des gesamten Einkommens.

Trotz der kräftigen Belebung der österr. Wirtschaft 1979 expandierte die **Beschäftigung** mit einer **Zunahme um** *20 200 Erwerbstätige (+ 0,7 %)* nicht stärker als im konjunkturschwachen Jahr 1978 (+ 20 600, + 0,8 %). Die *Zahl der Arbeitslosen* konnte zwar geringfügig um 1 900 Personen (– 3,2 %) vermindert werden, blieb aber mit insg. *56 700 Arbeitslosen* (= Arbeitslosenrate v. 2,0 %, 1978: 2,1 %) nur geringfügig unter dem Vorjahresniveau (58 600) und damit weiterhin höher als im Rezessionsjahr 1975. Die relativ *schwache Nachfrage nach Arbeitskräften* bewirkte einen weiteren *Abbau ausländ. Arbeitskräfte* um 6 100 Beschäft. (– 3,2 %) auf jahresdurchschnittlich 170 500, den Stand v. 1976 (den Höchststand ausländ. Arbeitskräfte gab es 1973 mit 226 800, davon 177 800 aus Jugosl. u. 26 600 aus d. Türkei).

Die kräftigen Einbußen auf dem *Wiener Arbeitsmarkt* (s. Tab.) werden zu ca. 30 % vom Abgang ausländ. Arbeitskräfte bestritten. Bis zur Jahresmitte 1980 zeigte die Arbeitslosenrate weiterhin eine leicht sinkende Tendenz (Juni 1,7 %), und z. T. wurde wieder auf ausländ. Arbeitskräfte zurückgegriffen (Zunahme auf 178 874). Als höchstes *Arbeitslosengeld* (1 Person) werden 5 568 S monatl., als Mindestsatz 987 S gezahlt. Das schon *traditionell gute Arbeitsklima* dokumentiert die geringe *Streikhäufigkeit u. -dauer:* auf jeden österr. Arbeitnehmer entfielen 1979 nur 7,9 Streiksekunden!

Die **regionalen Unterschiede** in der *wirtschaftlichen Entwicklung 1979* entsprachen dem gewohnten Bild eines fortdauernden Konjunkturaufschwungs: Der Westen kam etwas früher zum Zuge als der Osten. Auffallend ist die anhaltend *überdurchschnittl. Entwickl. d. Kärntner Wirtschaft* nach ihrer mehrjährigen Wachstumskrise Mitte der 70er Jahre, u. a. entfielen im Fremdenverkehr über 40 % des gesamten österreichischen Nächtigungszuwachses von insg. 3,5 % auf Kärnten. Für **1980** erwartet die Bundesregierung ein *nominelles Wirtschaftswachstum von 7 %* und ein *reales von 3 %*, eine *Inflationsrate von 4,5 %* u. eine *durchschnittl. Arbeitslosenrate von 2,2 %.*

Die Sanierungsbestrebungen im **Bundesbudget** brachten angesichts der guten Konjunktur 1979 erste Erfolge: Das *Nettodefizit* des Bundeshaushaltes konnte auf *3,6 % des BIP* (1978: 4,2 %) gesenkt werden. Die *direkte Nachfrage* des Bundes wurde

Ausgewählte Daten zur regionalen Wirtschaftsentwicklung in Österreich im Jahre 1979

	Durchschnittl. jährl. Zuwachsrate 1961–1977 in %	*Anteil an d. agrarischen Endproduktion in %*	*Produktivität d. Industriebeschäftigten (1971 = 100)*	*Anzahl d. Beschäftigten im Jahresdurchschnitt*	*(Zunahme gegenüber Vorjahr)*	*Arbeitslose*	*Zahl d. Übernachtungen im Fremdenverkehr*	*(Ausländeranteil in %)*
Wien	8,4	1,9	131,3	777 400	(– 8 900)	11 800	4 380 800	(87,1)
Niederösterr. .	9,1	30,4	129,0	434 400	(5 800)	8 800	5 981 100	(27,1)
Burgenland . .	9,0	6,4	154,9	615 700	(1 200)	1 900	1 888 800	(45,6)
Steiermark . . .	8,8	18,8	126,4	398 600	(3 800)	9 900	9 420 500	(36,4)
Kärnten	9,6	8,3	148,0	173 200	(4 600)	8 700	17 105 200	(79,9)
Oberösterr. . .	9,8	22,3	137,2	448 900	(6 600)	7 600	8 207 900	(53,5)
Salzburg	10,8	4,7	138,6	175 600	(2 500)	2 900	20 645 400	(74,8)
Tirol	10,6	5,3	154,4	203 500	(3 000)	4 600	36 959 700	(93,0)
Vorarlberg . . .	10,5	1,9	145,1	114 800	(1 700)	500	7 976 500	(90,5)
Österreich . . .	9,2	100	140,5	2 777 900	(20 200)	56 700	112 565 900	(75,4)

allerdings deutlich ausgeweitet, u. a. beim Personalaufwand um 6,7% u. bei den Investitionsausgaben um 6,5%. Der *vorläufige Gebarungserfolg des Bundes für 1979* weist Gesamtausgaben von 288,1 Mrd. S (+8,3%) u. Gesamteinnahmen von 237,6 Mrd. S (+10,5%) aus. Der *Gebarungsabgang* betrug somit *50,5 Mrd. S* (−1,2%) u. das *inlandwirksame (Netto-)Defizit 26,4 Mrd. S (−9,0%)*. Verglichen mit 1978 wurde somit das Bruttodefizit um 0,6, das Nettodefizit um 2,8 Mrd. S abgebaut. Die *Einnahmen von 237,6 Mrd. S* setzen sich zusammen aus (in Mrd. S): Steuern netto 137,1 (+10,1% gegenüber Vorjahr), steuerähnl. Einn. 37,7 (+8,3%), Betriebseinnahmen 46,5 (+9,4%) u. sonst. Einn. 19,4 (+22,8%). Die **Steuern** vom Einkommen beliefen sich auf 95,765 Mrd. S, von der Einkommensverwend. 110,728, vom Vermögen u. Vermögensverkehr 7,232 Mrd. S, die Einfuhrabgaben erreichten 4,318 Mrd. S, was insg. *Bruttosteuereinnahmen von 218,0 Mrd. S* ergibt. Nach Abzug der Überweisungen an Länder, Gemeinden, Fonds u. Kammern von 84,01 Mrd. S (1978: 79,2 Mrd. S) errechnen sich letztlich *Bundeseinnahmen aus öffentl. Abgaben von 134,033 Mrd. S* (1978: 121,9 Mrd.).

Haushaltsvoranschlag 1980:

Ausgaben	*302,2 Mrd. S*	(+4,8%)
davon Schuldentilg.	18,3 Mrd. S	
Einnahmen	*253,2 Mrd. S*	(+6,0%)
Bruttodefizit	49 Mrd. S	
Nettodefizit (nach Abzug d. Schuldentilg.) . .	30,7 Mrd. S	

Der Bund hat 1979 rd. 52 Mrd. S an Krediten aufgenommen, wovon 0,1 Mrd. S nicht der Budgetfinanzierung dienten. Berücksichtigt man die Tilgung von 18 Mrd. S u. die Kursgewinne, die zu einer Verringerung der Auslandskredite um 2,3 Mrd. S führten, stieg die *Finanzierungsschuld* insg. um 31,7 Mrd. S u. belief sich Ende 1979 auf 230,9 Mrd. S (davon Inlandsschuld. 72,4% [1978: 69,9%], Auslandskredite 27,6% [1978: 30,1%]). Der *Personalaufwand für Aktivbedienstete* belief sich auf 74,4 Mrd. S (+6,7%), die *Transferleistungen* an private Haushalte erreichten 91,3 Mrd. S (+7,4%); die Ausgaben f. soziale Sicherheit, Familie, Gesundh. u. Wohnungsbau betrugen 23,8% aller öffentl. Ausgaben, für Post u. Bahn 16,5, Unterricht, Wissensch. u. Forschung 13,5, Straßenbau u. Verkehr 9,1 u. für die Bereiche Innen-, Justiz- u. Verteidigungspolitik 7,3%. Der *Anteil der Sozialausgaben* am Gesamtstaatshaushalt ist seit 1970 um insg. 138 Mrd. S von 17 auf 22% gestiegen. Der *Gesamtaufwand für Renten u. Pensionen* wuchs von 1970–79 von 30 auf 80 Mrd. S, der Bundesanteil von 11 auf 26 Mrd. S. Zur Jahresmitte 1979 wurden 1578878 Pensionen u. Renten aus der Sozialversicherung bezahlt (davon 62,4% an Frauen). 480,3 Mill. S aus Mitteln des Bundesbudgets werden 1980 für die *Mitgliedschaft* Österreichs in *204 internationalen Organisationen u. Institutionen* aufgewendet werden (mehr als das 3fache von vor 10 Jahren), davon für die UNO einschl. Sonderorganisationen 247,9 Mill. S (reiner UNO-Beitrag 81,7 Mill. S). Gab es im Wintersemester 1968/69 insg. 50169 *Studenten*, so waren es *1978/79 109518*. Der *Aufwand für Personalkosten* der **Hochschulen** stieg von 800 Mill. S auf 3,3 Mrd. S, das gesamte *Hochschulbudget* von 1,8 (1969) auf 7,3 Mrd. S in 1979. – 1979 wurden 7754 Personen *als österr. Staatsbürger eingebürgert*, seit 1966 insg. 84913 bzw. seit 1946 bis 1966 524356 Personen (etwa der heutigen Bevölkerung Kärntens entsprechend).

1979 gab es 3796 Anträge auf Ableistung des *Zivildienstes* (+30% gegenüber 1978). Am 31.12.1979 leisteten 11277 ihren Zivildienst ab. – 1978 waren in Österreich 2900 *Drogenabhängige* registriert (davon 16% unter 18 Jahren), nach Schätzungen dürften jedoch etwa 10000 Österreicher drogenabhängig sein.

PAKISTAN *(Süd-Asien)*
(Islamische Republik Pakistan; Islamic Republic of Pakistan – [PAK])

Fläche (32): 803943 km^2 (nach UNO-Angaben u. ohne d. pakistanisch besetzten Teile v. Kaschmir, Baltistan, Gilgit usw.; m. diesen 891940 km^2) – **Einwohner** (9): 79840000 (ohne Dschammu u. Kaschmir usw., S 1979, mit diesen etwa 74 Mill.; Z 1972 ohne K. usw. 64979732) = 99,3 je km^2 – **Städt. B.**: 26/4,1/21/50 – **G**: 51/12,4/17/3780/93 – **S**: 79 / 50 / 2,0 – **Jährl. Bevölkerungswachstum:** (1970–1977) 3,2%

Bevölkerung: indoarische (Pandschabi, Sindhi, Urdu) u. iranische (Bäludschi und Paschtu) Sprachen sprechende Völker; bengal. u. dravid. Minderheitsgruppen; 842348 Flüchtlinge aus Afghanistan (Mai 1980) – Nach d. Zählung von 1961 sprachen 66% Pandschabi, 13% Sindhi, 8% Urdu, 4% Paschtu; 253920 Arabisch, 452612 Brahui – **Staatssprache:** Urdu, daneben regionale Amtssprachen; Englisch als Staatssprache für eine Übergangszeit anerkannt – **Religion:** 97,2% sunnitische Muslimen; außerdem die regionsweise einflußreiche »Ahmedia-Sekte«; (Z 1972): 296837 Hindus, 907861 Christen (etwa zur Hälfte Katholiken), 4318 Buddhisten, 9589 Parsen, 250 Juden. Der Islam ist Staatsreligion

Nationalflagge: grünes Feld mit weißem Halbmond und weißem fünfzackigen Stern, am Flaggstock ein weißer senkrechter Streifen. – **Nationalfeiertag:** 23.3. u. 14.8. – **U:** 1947; Republik seit 1956

Staats- u. Regierungsform: Föderative Republik –

Neue Verfassung f. eine Islamische Rep. mit islam. Wahlverfahren (kein Frauenwahlrecht) in Ausarbeitung – Parlament aus 2 Kammern (Nationalverslg. u. Senat) – Nationalversammlung mit 218 Abgeordn. (davon 200 reserv. für Moslems, 10 für weibl. Mitgl.) – Teilweise Autonomie der Provinzen (Bäludschistan – Nordwestgrenzprovinz – Pandschab [Punjab] – Sindh) – Keine allgemeine Wehrpflicht – **Staatsoberhaupt:** General a. D. Zia ul-Huq (gespr. Sia ul-Hack) seit dem Staatsstreich vom Juli 1977 als »Generaladministrator« (Chief Martial Law Administrator/ CMLA), Vors. d. »Militärrates« und (seit Juli 1978) eines Kabinetts aus Offizieren u. Zivilisten, verantwortlich a. f. Verteidigung, Rüstung – **Außenminister:** Agha Schahi [Shahi] – **Parteien:** Bei den Wahlen vom März 1977 gewann die »Pakistanische Volkspartei«/PPP (»Pakistan People's Party«) von Zulfikar Ali Bhutto 161 der 200 Sitze, während die opposit. »Pakistanische Nationale Allianz«/PNA (von Luftmarschall Mohammed Asghar Chan [Khan] unterstützt) unter Maulana Mufti Mahmud (aus mehreren Parteien, u. a. auch »Moslem-Liga«) 36 Sitze erhielt. Die Opposition warf der Regierung Wahlfälschung vor; nach schweren Unruhen und dem Staatsstreich vom Juli 1977 wurden das Parlament aufgelöst und mehrfach **Neuwahl angekündigt,** aber bisher nicht abgehalten. Die PNA erfuhr Spaltungen. Verboten sind Parteien, die nicht islamischen Grundsätzen entsprechen – **Dipl. B.:** BR Deutschland und DDR

Städte (S 1972): Islamabad (Hptst.), 77318, m. V. 250000 Einw., Karatschi [Karachi] 3498634, Lahore 2165372, Lyallpur 822263, Haiderabad [Hyderabad] 628310, Rawalpindi 615392, Multan 542195, Gujranwala 364419, Peshawar 268366, Sialkot 203779, Sargodha 201407, Sukkur 158876, Quetta 156000, Bahawalpur 133956, Ihang 135722, Rahimyar-Khan 129000, Wah.-Cantt. 107671, Mardan 115218, Sahiwal 106213, Kasur 102531, Okara 101791, Gujrat 100581

Wirtschaft: BSP 1977: 15070 Mill. $, 1978: 17530 Mill. $/227 $ [137]/0,8 – **WS:** 33/1,8/23/3,6 – **V:** 11/81/19/8/10/ – 11 – **A:** 50/58/20 – **E:** 181/1,2/144 – **M:** 5,8

Außenhandel: 1979 **Einf.** 4060 Mill. $, **Ausf.** 2051 Mill. $ – **W:** 1 Pakistan. Rupie (pR) = 100 Paisa (Ps); 1 US-$ = 9,8844 pR, 1 pR = 0,1952 DM – **I:** 15,2 – **AS:** 3/1/18/21/26 – **T:** 80 – **H:** 42/37/5 – **Z:** – 578/ 2,1 / 14 / 45 – **D:** 2,0 – **K:** – / 580 / 15

Wichtige Ausfuhrgüter: Baumwollgarne und -gewebe u. Rohbaumwolle (bis 40%), Reis (rd. 20%), Häute, Felle, Chemikalien – **Wichtigste Außenhandelspartner:** USA, Japan, BR Deutschland u. and. EG-Länder, Golf-Staaten, Saudi-Arabien, Indonesien, Chines. Volksrep.

Mitgliedschaft: UNO, ADB, ESCAP, FAO, GATT, IAEA, IBRD, ICAO, IDA, IFC, ILO, IMCO, IMF, ITU, UNESCO, UPU, WHO, WMO; Colombo-Plan; m. Iran u. Türkei in der »Reg. Cooperation for Development«, CCD; Abkommen m. d. EG

Kaschmir (Dschammu u. Kaschmir; Jammu and Kashmir) wird v. P. beansprucht und ist im W sowie im NW in einem rund 88000 km² umfassenden Streifen pakistanisch besetzt; 1975 etwa 1350000 Einw. – Ab 1972 stärkere Integration der Stammesgebiete – Besondere Verwaltung für »Azad Kashmir« (»Freies Kaschmir« = praktisch Nagar und 3 Distrikte des eigentl. Kaschmir m. zus. etwa 33000 km² und über 1,15 Mill. Einw. [Hunza, das etwa 13000 Einw. zählt, wurde im Sept. 1974 direkt an P. angeschlossen]). Nach d. prov. Verfass.-Akt v. 1974 bestehen eine »Versammlung« sowie eine prov. Regierung (»Azad Jammu u. Kashmir Council«). Der »Ministerrat« hat seinen Sitz in Muzaffarabad (etwa 15000 Einw.). Pakistan unterhält im Freien Kaschmir einen Chief Adviser. Wichtigste Parteien sind die »Dschammu und Kaschmir-Muslim-Konferenz«/ JKMC, die den Anschluß an Pakistan fordert, und die »Dschammu und Kaschmir-Befreiungsliga«, die volle Autonomie anstrebt, sowie die »Azad-J.-K.-Muslim Conference« – Baltistan und Gilgit werden von der pakistanischen Regierung unmittelbar verwaltet. Abgrenzung gegen den von Indien besetzten Hauptteil von Kaschmir z. T. durch die Waffenstillstandslinie v. 1949 – Grenzabkommen von Pak. m. d. Chines. Volksrepublik 1963

PALÄSTINA, historische Landschaft, zwischen Israel und Jordanien (s. diese) aufgeteilt

PALAU-INSELN s. Vereinigte Staaten von Amerika (Überseebesitzungen)

PANAMA *(Mittel-Amerika)*
(Republik Panamá; República de Panamá – [PA])

Fläche (107): 75650 km² – **Einwohner** (116): 1880000 (S 1979; 1428082 Z 1970) = 24,9 je km² (Fläche und Einwohner ohne Kanalzone; s. Vereinigte Staaten von Amerika) – **Städt. B.:** 51/4,1/65/65 – **G:** 70/4,7/3/1270/105 – **S:** 22/124/5,5 – **Geburten- u. Sterbeziffer** je 1000 Einw. 1977: 28,8 / 4,8 – **Geb.-Ü.:** 24,0

Bevölkerung: 50–60% Mestizen, 15–20% Neger u. Mulatten, etwa 10–15% Weiße, 5–10% Indianer – **Staatssprache:** Spanisch, Englisch als Verkehrssprache; z. T. indianische Dialekte (u. a. Chibcha) – **Religion:** mehr als 93% röm.-katholisch, rund 6% Protestanten, 2000 Juden

Nationalflagge: weiß mit blauem Stern (links oben), rot (rechts oben), blau (links unten), weiß mit rotem Stern (rechts unten) – **Nationalfeiertag:** 3. 11. – **U:** 1903

Staats- u. Regierungsform: Präsidiale Republik – Neue Verfassung durch d. 1972 gewählte Nationalversammlung (»Asamblea Nacional«) – Legislative u. Exekutive bei Präsidium (Junta v. D. Lakas u. General O. Torrijos) u. Regierung – Keine Wehrpflicht – Verwaltungsgliederung in 9 Provinzen u. 1

Territorium – **Staatsoberhaupt und Regierungschef:** Aristides Royo, seit Okt. 1978 – **Außenminister:** Carlos Ozores Typaldos – **Parteien:** Tätigkeit jahrelang suspendiert, gegenwärtig wieder zugelassen. Bei d. Wahlen 1978 wurden nur Einzelkandidaten gewählt. – **Dipl. B.:** BR Deutschland und DDR

Städte (Z 1977): Ciudad de Panamá (Hptst.) 427680, A 550000 Einw., San Miguelito 135120, Colón 67641 (m. V. 90000), Ciudad David 35538, Chitré 12575

Wirtschaft: BSP 1977: 2120 Mill. $, 1978: 2350 Mill. $/1290$[62]/–0,1–**WS:** 23*/5,7*/21*/10,1*–**V:** 14 / 71 / 22 / 15 / 38 / –7 – **A:** 54 / 30 / 18 – **E:** 885 / 0,8 / 879 – **M:** 0,8

Außenhandel: 1978 **Einf.** 942 Mill. $, **Ausf.** 244 Mill. $ – **W:** 1 Balboa (B/.) = 100 Centésimos; 1 US-$ = 1,00 B/., 1 B/. = 1,9419 DM – **I:** 8,3 – **AS:** . . / . . /35/8/22 – **T:** 81 – **H:** 68 / 32 / <1 – **Z:** –82 / 7,5 / 12 / 61 – **D:** 0,6 – **K:** . . / 257 / 9

Wichtige Ausfuhrgüter: Erdölprodukte (bis 40% d. Ausfuhrwertes); Bananen (bis 20%), Krabben, Zukker, Kaffee, Kakao, Manilahanf, Kokosnüsse – **Wichtigste Außenhandelspartner:** USA (bis 60% d. Ausfuhr, rund 30% d. Einfuhr); außerdem Ecuador, Venezuela, BR Deutschland, Japan, Großbritannien, Kanada, Niederlande, Saudi-Arabien

Mitgliedschaft: UNO, OAS, BLADEX, CAFTA, CECLA, ECLA, FAO, IAEA, IBRD, ICAO, IFC, ILO, IMCO, IMF, ITU, UNESCO, UPU, WHO, WMO, SELA, NACAMUR (NAMUCAR)

PANAMA-KANALZONE s. Vereinigte Staaten von Amerika (Überseegebiete)

PAPUA-NEUGUINEA *(Ozeanien)*

(Papua-New Guinea; inoffiz. auch Papua-Niugini)

Fläche (48): 461691 km² – **Einwohner** (104): 3080000 (S 1979; 2489935 Z 1971; einige zehntausend Ausländer, überw. Australier) = 6,7 je km² – **Städt. B.:** 13/8,0/25/0 – **G:** 48/. . /19/11990/98 – **S:** 68 / 58 / 6,6 – **Jährl. Bevölkerungswachstum:** (1970–1977) 2,2%

Bevölkerung: haupts. Papua (in rd. 750 Stämme differenziert), an S- u. NW-Küste malaiische (indonesische), im N auch melanesische Gruppen, kleine chinesische Minderheit – **Staatssprache:** Englisch; Melanesisches Pidgin (»Neo-Melanesiana«) als Umgangssprache, im Wortschatz und strukturell sehr unterschiedliche Papua-Sprachen; außerdem Umgangssprachen der verschiedenen Minderheiten – **Religion:** Katholiken (rd. 18%), Protestanten (etwa ein Drittel), 2000 Juden; »Cargo«-Kult; Anhänger von Naturreligionen (Animismus, Totemismus)

Nationalflagge: diagonal geteilt; links unten schwarzes Feld mit 4 großen Sternen und 1 kleinen weißen Stern (Kreuz des Südens), rechts oben scharlachrot mit goldenem Paradiesvogel – **Nationalfeiertag:** 16.9. – **U:** seit 1883/85 der N deutsch (1921 Völkerbundsmandat, 1946 UNO-Treuhandgebiet, austr. verw.), der S britisch (sodann australisch verwaltet); seit Dez. 1973 innere Autonomie; **Unabhängigkeit:** 16.9.1975

Staats- u. Regierungsform: Parlamentarisch-demokrat. Monarchie – Abgeordnetenhaus (»House of Assembly«) – Allgem. Wahlrecht – Keine allgem. Wehrpflicht – 19 Provinzen mit einer gewissen Selbstverwaltung (eigene Versammlung usw.) – **Staatsoberhaupt:** Königin Elizabeth II., vertreten durch einen Generalgouverneur: Sir Tore Lokololo – **Regierungschef:** Premierminister Sir Julius Chan (chines.-melanes. Abstammung), PPP, mit Besena u. kl. Parteien – **Außenminister** u. Min. f. Überseehandel: Noel Levi – **Parteien:** Bei den Wahlen v. 1977 wurde die »Pangu«/P (Vors. M. Th. Somare, bis 1980 Regierungschef) mit 35 Sitzen wieder stärkste Fraktion; die bis 1980 mit P koalierende »United Party«/UP (Vors. Sir Teil Abal) erhielt 12 Sitze. Die »People's Progress Party«/PPP (Vors. J. Chan) erhielt 21, »People's United Front«/PUP (Vors. T. Okuk) 20, »Besena« (Vors. J. Mopio) 5 Mandate. Außerdem 15 Unabhängige – **Dipl. B.:** BR Dtld. (der Leiter der Botschaft in Neuseeland mit Sitz in Wellington ist auch in P.N. akkreditiert)

Städte (Z 1971): Port Moresby (Hptst.; 1976) 113449 Einw., Lae 34699, Rabaul 34778, Madang 15751, Wewak 12154, Goroka 10756

Wirtschaft: BSP 1977: 1460 Mill. $, 1978: 1640 Mill. $/560$[95]/2,5 – **WS:** 33/. . /26/. . – **V:** 30/51/18/19 / 45 / 1 – **A:** 55 / 84 / 8 – **E:** 289 / 0,6 / 383 – **M:** 2,4

Außenhandel: 1979 **Einf.** 808 Mill. $, **Ausf.** 963 Mill. $ – **W:** 1 Kina (K) = 100 Toea (t); 1 K = 1,4154 US-$ bzw. 2,7486 DM – **I:** 7,2 – **AS:** 61/<1/14/23/32 – **H:** 93/6/1 – **Z:** 76/1,9/4,3/23 – **D:** 7,1 – **K:** –/32/46

Wichtige Ausfuhrgüter: Kupfererze (bis 70%); Kakao, Kopra, Kokosnußöl, Kautschuk, Holz – **Wichtigste Außenhandelspartner:** Australien (30–40%), Japan, BR Deutschland, Australien, USA, Großbritannien

Mitgliedschaft: UNO, Commonwealth, enge Koop. m. Australien; AKP, FAO, IBRD, ICAO, IFC, ITU, UPU, WHO, WMO, Südseeforum

PARACEL-INSELN s. China

PARAGUAY *(Süd-Amerika)*

(Republik Paraguay; República del Paraguay – [PY])

Fläche (52): 406752 km² – **Einwohner** (105): 2970000 (S 1979; ohne etwa 30000 Waldindianer; 2357955 Z 1972) = 7,3 je km² – **Städt. B.:** 38/3,3/45/0 – **G:** 63/3,9/8/1190/118 – **S:** 20/106/1,6 – **Jährl. Bevölkerungswachstum:** (1970–1977) 2,9%

Bevölkerung: über 90 % Mestizen, 1–5 % Indianer u. ca. 3% Weiße (etwa 15000 Deutschstämmige) – **Staatssprache:** Spanisch und Guaraní, meist Zweisprachigkeit – **Religion:** etwa 89 % röm.-katholisch; 2% Protestanten, 13000 Mennoniten, 1200 Juden

Nationalflagge: rot-weiß(mit Wappen auf der Vorderseite, Löwe sowie Inschrift auf der Rückseite)blau (waagerecht) – **Nationalfeiertag:** 14./15.5. – **U:** 1811

Staats- u. Regierungsform: Demokrat. Republik m. Präsidialsystem u. Dreigewaltenteilung – Zweikammerparlament (»Congreso« aus »Senado« u. »Cámara de Diputados«); Wahl der 60 Abgeordneten f. fünf Jahre; außerdem ein vom Präsidenten ernannter Staatsrat (»Consejo del Estado«) – Allgemeine Wahlpflicht ab 18 Jahre – Allgemeine Wehrpflicht – Verwaltungsgliederung in 19 Departamentos u. Hauptstadt – **Staatsoberhaupt u. Regierungschef:** General Alfredo Stroessner, Colorado, seit 1954, wiedergewählt 1978 – **Außenminister:** Dr. Alberto Nogués – **Parteien:** Die in Wahlen siegende Partei erhält verfassungsgemäß ⅔ aller Sitze, daher »Asociación Nacional Republicana« (kons.; »Colorados«) 40 d. 60 Sitze; Liberale u. Liberal-Radikale 20. Außerdem »Febreristas«, »Christl.-Demokratische Bewegung« (boykottierten die Wahlen). Kommunistische Partei ist verboten – **Dipl. B.:** BR Dtld.

Städte (1972): Asunción (Hptst.) 473013 (A 565363) Einw., Coronel Oviedo 59000, Concepción 52000, Pedro Juan Caballero 50000, Encarnación 50000, Hernandarías 44000, Mariscal Estigarribia 40000

Wirtschaft: BSP 1977: 2100 Mill. $, 1978: 2450 Mill. $/850$[79]/4,3–**WS:** 35/6,1/22/8,4–**V:** 7/75/25/18/21/–7–**A:** 52/51/19–**E:** 189/0,3/170–**M:** 1,5

Außenhandel: 1979 **Einf.** 432 Mill. $, **Ausf.** 305 Mill. $ – **W:** 1 Guaraní (₲) = 100 Céntimos (cts); (Freimarktkurs der Banken) 1 US-$ = 126,00 ₲, 1 ₲ = 0,0154 DM; Freimarktkurs der Wechselstuben am 27. 3. 80: 1 US-$ = 134,50 ₲, 1 ₲ = 0,0142 DM – **I:** 12,8 – **AS:** 0*/0*–**T:** 101–**H:** 64/36/0–**Z:** –52/1,3/6,3/15,4 – **D:** 6,7 – **K:** – / 91 / 17

Wichtige Ausfuhrgüter: Baumwolle, Fleisch und Fleischextrakt, Holz, Ölsaaten u. Tabak, Ölkuchen, Quebracho-Extrakt, Häute u. Felle, Kaffee, Petitgrain-Öl f. Parfümeriezwecke – **Wichtigste Außenhandelspartner:** Brasilien, Argentinien, BR Deutschland, Japan, USA, Algerien, Großbritannien, Niederlande

Mitgliedschaft: UNO, OAS, ALADI, BLADEX, CCD, CECLA, ECLA, FAO, IAEA, IBRD, ICAO, IDA, IFC, ILO, IMF, ITU, SELA, UNESCO, UPU, WHO, WMO

PERSIEN s. Iran

PERÚ *(Süd-Amerika)*
(Republik Perú; República del Perú) – [PE])

Fläche (18): 1285216 km² (davon 4996,28 km² Anteil am Titicaca-See) – **Einwohner** (40): 17290000 (S 1979; 14121564 korrig., einschl. gesch. 39800 Waldindianer d. Ostgebiete, Z 1972) = 13,5 je km² – **Städt. B.:** 63/4,5/39/39–**G:** 56/5,8/16/1580/100–**S:** 28 / 110 / 3,6 – **Jährl. Bevölkerungswachstum:** (1970–1977) 3,0%

Bevölkerung: Rd. 45 % Indianer, ca. 40 % Mestizen; über 10 % Weiße, meist altspanischer Abstammung; je einige zehntausend Neger, Mulatten; je rund 10000 Japaner u. Chinesen – **Staatssprache:** Spanisch, seit 1975 auch Ketschua; etwa ¼ spricht Ketschua, 3–5 % sprechen Aymará als Umgangssprache – **Religion:** etwa 75% röm.-katholisch (unter Staatsschutz), etwa 1 % Protestanten, 5300 Juden, viele Indianer sind Anhänger von Naturreligionen

Nationalflagge: rot-weiß-rot (senkrecht) – **Nationalfeiertag:** 28. 7. – **U:** proklamiert 1821, endgültig souverän 1824

Staats- u. Regierungsform: Präsidiale Republik – Parlament (»Congreso«) aus 2 Kammern (»Cámara de Diputados« und »Senado«); Wahl der Deputierten auf fünf Jahre – Allgemeines Wahlrecht (seit 1980 auch für Analphabeten) – Wehrpflicht – Verwaltungsgliederung in 25 v. einem Präfekten geleitete Departamentos; von diesen untersteht das Gebiet Callao unmittelbar der Regierung – **Staatsoberhaupt:** Präsident D. Fernando Belaúnde Terry, seit Juli 1980 – **Regierungschef:** Ministerpräsident Manuel Ulloa Elias, AP – **Außenminister:** Dr. Javier Arias Stella – **Parteien:** Bei den Wahlen vom 18. Mai 1980 gewann der 1968 v. d. Militärs gestürzte Fernando Belaúnde Terry (»Acción Popular«/AP) 43,6%, Armando Villanueva del Campo (»Alianza Popular Revolucionaria Americana«/APRA) 26,5%, Luis Bedoya Reyes (»Partido Popular Cristiano«/PPC) 11,2% u. Hugo Blanco (»P. Revolucionario de los Trabajadores«/PRT, links) 4% d. Stimmen. Sitze in Abg.-Kammer/Senat: AP 92/26, »Alianza Popular Revoluc. Americana« / APRA 50/18, »Partido Popular Cristiana« / PPC 9/6, UNIR (Maoisten) 9/2, PRT (Trotzkisten) 2/2, UDP 1/2, FUI 5/2 u. FOCEP 1/1 – **Dipl. B.:** BR Dtld. und DDR

Städte (Z 1972): Lima (Hptst.) 2833609, als Groß-L. (S 1979) rd. 5 Mill. Einw., Arequipa 302316, Chiclayo 298820, Callao 296721, Trujillo 240322, Chimbote 159045, Huancayo 126754, Piura 126010, Cuzco 121464, Iquitos 110242, Cerro de Pasco 75819, Tacna 67011 (alle Städte ohne die volkreichen Randsiedlungen)

Wirtschaft: BSP 1977: 11800 Mill. $, 1978: 12440 Mill. $/740$[84]/1,8–**WS:** 16/0,6/31/5,1–**V:** 15/74/15/11/17/–6–**A:** 53/40/20–**E:** 642/0,7/528–**M:** 2,9

Außenhandel: 1977 **Einf.** 1614 Mill. $, **Ausf.** 1433 Mill. $ – **W:** 1 Sol (S/.) = 100 Centavos (cents.); (am

27. 3. 80:) 1 US-$ = 264,94 S/., 1 S/. = 0,00722 DM – **I:** 18,3 – **AS:** 49* / 0* / 5* / 16* / 37* – **T:** 84 – **H:** 66 / 23 / 11 – **Z:** – 670 / 5,4 / 30 / 38 – **D:** 1,6 – **K:** – / 879 / 55

Wichtige Ausfuhrgüter: Kupfer (bis ⅓) u. and. Bergbauerzeugnisse (u. a. Silber u. Eisenerz, Zink, Erdöl), Fischmehl u. Fische (bis 15 %), Pflanzungsprodukte (Baumwolle, Zucker, Kakao, Kaffee) – **Wichtigste Außenhandelspartner:** USA, Japan, BR Deutschland u. and. EG-Länder, Sowjetunion, Chile

Mitgliedschaft: UNO, OAS, ALADI, BLADEX, CCD, CECLA, ECLA, FAO, GATT, IAEA, IBRD, ICAO, IDA, IDB, IFC, ILO, IMCO, IMF, SELA, UNESCO, UPU, WHO, WMO, »Andenpakt-Gruppe«, »La-Plata-Bekken«-Abk., »Amazonas-Vertrag«

PESCADORES-INSELN s. China (Taiwan)

PHILIPPINEN *(Südost-Asien)*
(Rep. der Philippinen; Republika Ñg Pilipinas; República de Filipinas; Republic of the Philippines – [RP])

Fläche (64): 300000 km² – **Einwohner** (17): 47720000 (S 1979; 41831045 Z 1975) = 159,1 je km² – **Städt. B.:** 34 / 3,5 / 30 / 33 – **G:** 60 / 6,5 / 7 / 3150 / 87 – **S:** 13 / 105 / 1,4 – **Jährl. Bevölkerungswachstum:** (1970–1977) 2,9 %

Bevölkerung: vorwiegend jungmalaiische Filipinos (Bisayas, Tagalen, Bicol, Iloco), daneben alt-(Igoroten, Ilongoten) und primitivmalaiische Stämme. Außerdem Chinesen (1–2 %, z. T. nicht naturalisiert), mehrere hunderttausend Mischlinge, etwa 15000 Negritos (Aëta), einige tausend Nordamerikaner usw. – **Staatssprache:** Tagalog – 1960 wurden als Muttersprache gesprochen: Cebuano von rund 30 %, Tagalog von über 25 %, Iloco von etwa 12 %, Panay-Hiligaynon von 10 %, Bicol von 7 % und u. a. Samar-Leyte von 6 %. Des Tagalog mächtig waren insges. 44 %, d. Engl. 39 % u. d. Spanischen rd. 2 % – **Religion:** ungef. 80 % röm.-kath., im übrigen Anhänger and. christl. Kirchen (so über 5 % der »Iglesia Filipina Independierte Aglipayan«; »Iglesia ni Kristo«); über 5 % Protestanten sowie (S) 4 Mill. (davon 3 Mill. auf Mindanao) Muslimen (sog. »Moros«, im S), rund 40000 (1967) Buddhisten u. 200 Juden

Nationalflagge: blau-rot (waagerecht), weißes Dreieck am Flaggstock mit goldener Sonne und 3 goldenen Sternen – **Nationalfeiertag:** 12. 6. – **U:** 1946

Staats- u. Regierungsform: Präsidiale Republik – Kongreß (»Interim Batasang Pambansa«/IBD) aus 2 Kammern (»Senat« und »Repräsentantenhaus«) – Allgem. Wahlrecht; von den 177 Abgeordneten werden 163 (von denen 14 die verschiedenen Verbände repräsentieren) in den Regionen gewählt; dazu kommen 13 vom Präsidenten ernannte Mitglieder sowie der Premierminister und 8 weitere Parlamentssitze für die Region 12 (aus Protest nicht besetzt) – Wehrpflicht – Verwaltungsgliederung in 13 Regionen und 72 Provinzen mit je einem Gouverneur und einer Pr.-Versammlung (»Sangguniang Panlalawigan«) – Über Autonomie der 13 südphilipp. Provinzen wird verhandelt; provis. Regionalregierung in Zamboanga City – **Staatsoberhaupt u. Regierungschef:** Präsident Fernando E. Marcos, PN, erneut seit 1969 u. 1973 durch Ref. bestätigt – **Außenminister:** Carlos Rómulo – **Parteien:** Das Parlament wurde aufgelöst, die Kommunistische Partei (PKP) schon 1957 verboten. Seit Sept. 1976 »Legislativrat« (Mitgl. v. Präsidenten ernannt) – Die Verfassung v. 1973 sieht das parlamentarische System und u. a. einen eigenen Regierungschef vor – Bei den umstrittenen Wahlen zur prov. Nationalversammlung (»Interim Batasang Pambansa«/IPB) v. 2. 4. 1978 entfielen auf die von der Regierung gelenkte »Bewegung für eine neue Gesellschaft« (Kilusan ñg Bagong Lipunan«/KPL) 135 der 149 direkt gewählten Mandate, auf die »Pusyon Bisaya« 13 u. die »Mindanao Alliance« 1 Sitz, während die behinderte Opposition (»Laban« bzw. »Kampf«) ohne Mandate blieb – **Dipl. B.:** BR Dtld. und DDR

Städte (S 1975): Manila (seit 1976 erneut Hptst.) 1454352 (als Metrop.-Geb. 1976 4500000 Einw.; Gouverneurin: Imelda Marcos), Quezon City 994679, Davao 515200, A 600000, Cebu 418517, Caloocan 364126, Iloilo 244956, Pasay 240913, Zamboanga 240066, A 250300, Bacolod 196492, Angeles 175694, Butuan 173429, Cagayan de Oro 163163, Baguio 100209

Wirtschaft: BSP 1977: 20410 Mill. $, 1978: 23250 Mill. $ / 510 $ [99] / 3,7 – **WS:** 29 / 4,8 / 35 / 8,7 – **V:** 11 / 64 / 30 / 25 / 19 / – 5 – **A:** 51 / 51 / 15 – **E:** 329 / 0,8 / 366 – **M:** 2,7

Außenhandel: 1978 **Einf.** 5143 Mill. $, **Ausf.** 3425 Mill. $ – **W:** 1 Philippin. Peso (₱) = 100 Centavos (c); (Freimarktkurs) 1 US-$ = 7,373 ₱, 1 ₱ = 0,2634 DM – **I:** 14,3 – **AS:** 18 / 1 / 24 / 10 / 30 – **T:** 68 – **H:** 81 / 10 / 8 – **Z:** – 724 / 1,3 / 6 / 14,4 – **D:** 3,5 – **K:** – / 740 / 213

Wichtige Ausfuhrgüter: Zucker (25–30 %), Kokosnüsse u. -Öl sowie Kopra (20–25 %), Holz u. Holzwaren (bis 10 %), Kupfer, Nickel u. Mineralien, Fasern (Abacá) – **Wichtigste Außenhandelspartner:** USA, Japan, Niederlande, BR Deutschland, Großbritannien, Frankreich, Saudi-Arabien, Kuweit, Australien, Malaysia

Mitgliedschaft: UNO, ADB, ASEAN, ASPAC, ESCAP, FAO, IAEA, IBRD, ICAO, IDA, IFC, GATT, ILO, IMCO, IMF, ITU, UNESCO, UPU, WHO, WMO, Colombo-Plan

Militärische Stützpunkte der USA (Clark, Subic-Bucht), seit 1978 der philipp. Kontrolle unterstellt. Die Ph. erheben Anspruch auf das malaysische Sabah (1968 gesetzlich festgelegt) u. auf Teile der auch v. China u. Vietnam beanspruchten Spratley [chin. Nan-scha]-Inseln (u. a. auf Panata); im Süden agiert die »Moro Nat. Befreiungsfront«/MNLF unter Nur Misuari mit ihrer »Moro Nat. Liberation Army« – Autonomie für die muslimischen Provinzen zugesagt, aber noch nicht verwirklicht.

PITCAIRN s. Großbritannien II

POLEN *(Ost-Europa)*
(Volksrepublik Polen; Polska Rzeczpospolita Ludowa – [PL])

Fläche (62): 312683 km² – **Einwohner** (24): 35049000 (F XII/1978; 35032000 Z 7.12.1978) = 112,1 je km² – **Städt. B.**: 54/1,7/16/45 – **G**: 71/2,4/1 / 620 / 134 – **S**: 2 / 100 / 3,4 – **Geburten- und Sterbeziffer** je 1000 Einw. 1977: 19,1 / 9,0 – **Geb.-Ü.**: 10,1

Bevölkerung: 98–99% Polen, nationale Minderheiten, u. a. einige hunderttausend Deutsche u. sog. »Autochthone« (ehem. dtsch. Staatsb., die poln. Bürger wurden), 180000 Ukrainer, 170000 Bjelorussen, 21000 Slowaken, 19000 Russen, 12000 Zigeuner, 10000 Litauer, je 5000 Griechen u. Mazedonier, 2000 Tschechen – **Staatssprache:** Polnisch – **Religion:** ganz überwiegend röm.-kath. (über 85%); etwa 1% Protestanten, Altkatholiken (30000), »Polnische Katholiken« (60000), Orthodoxe (rd. 2%), Juden (1978) etwa 12000

Nationalflagge: weiß-rot (waagerecht) – **Nationalfeiertag:** 22.7. (Das am 21.7.1944 entstandene »Komitee für Nationale Befreiung«/PKWN stellte am 22.7.1944 sein Programm dar) – **U:** alte staatliche Tradition; 1918 Wiedererlangung der Unabhängigkeit

Staats- u. Regierungsform: Nach der 1976 abgeänderten Verfassung v. 1952 ist die Volksrepublik Polen ein sozialistischer Staat mit der PZPR als »führende politische Kraft« – Parlament mit einer Kammer (»Sejm«) – Wahl der Abgeordn. für vier Jahre – Wahlberechtigt alle über 18 Jahre alten Bürger – Wehrpflicht – Neue Verwaltungsgliederung seit 1975; 49 Woiwodschaften (Województwo), darunter die 3 Städte Warschau, Lodsch u. Krakau – **Staatsoberhaupt:** kollekt. Repräsentation durch einen vom Parlam. gewählten, 17 Mitgl. zähld. Staatsrat (»Rada Państwa«); Vors. d. Staatsrates: Prof. Dr. Henryk Jabłónski, erneut seit 1980 – **Regierungschef:** Vorsitz. d. Ministerrates Jozef Pinkowski – **Außenminister:** Jozef Czyrek – **Parteien:** entscheidend ist die kommun. »Poln. Ver. Arbeiterpartei« (PZPR) 1978 2928900 Mitgl. u. Kand.; 1. Sekretär d. Zentralkomitees der PZPR: Stanisław Kania, seit 6.9.1980 – Die PZPR erhielt bei den Wahlen v. 1980 auf der Einheitsliste der »Front der Nationalen Einheit« (99,52% aller Stimmen) 255 von 460 Sitzen, außerdem die »Vereinigte Bauernpartei« (ZSL, 117 der Sitze), die »Demokratische Partei« (SD, 39 Sitze); Kathol. Gruppe »Pax« usw. 13 Sitze, Parteilose 36 – **Dipl. B.:** BR Deutschland und DDR

Städte (B 1980): Warschau ([Warszawa] Hptst.) 1532000 Einw., Lodsch [Łódź] 818000, Krakau [Kraków] 713000, Breslau [Wrocław] 593000, Posen [Poznań] 521000, Danzig [Gdańsk] 444000, Stettin [Szczecin] 381000, Kattowitz [Katowice] 350000, Bromberg [Bydgoszcz] 339000, Lublin 292000, Beuthen [Bytom] 237000, Gdynia [Gdingen] 230000, Tschenstochau [Częstochowa] 227000, Białystok 207000, Zabrze [ehem. Hindenburg] 204000, Gleiwitz [Gliwice] 200000 und u. a. Waldenburg [Wałbrzych] 128000

Wirtschaft: BSP 1977 (S): 114280 Mill. $, 1978 (S): 128330 Mill. $/3660 $ [33]/(S) 6,3 – **WS**: 16/0,8/52/ 8,6 – **A**: 67 / 34 / 38 – **E**: 5253 / 1,9 / 3283 – **M**: 2,9

Außenhandel: 1979 **Einf.** 17488 Mill. $, **Ausf.** 16233 Mill. $ – **W**: 1 Złoty (Zł) = 100 Groszy (Gr); (offiz. Kurs, dient nur statistischen Zwecken:) 1 US-$ = 3,101 Zł, 1 Zł = 0,6262 DM; (Spezialkurs f. alle Devisentransaktionen, einschl. Reiseverkehr:) 1 US-$ = 30,55 Zł, 1 Zł = 0,0636 DM – **T**: 103 – **H**: 30* / 7* / 63*

Wichtige Ausfuhrgüter: Maschinen u. Transportmittel (über 40%), Kohle, Koks u. Briketts (10–15% d. Ausfuhrwertes), Chemikalien, Eisen u. Stahl, Textilien, Zement, Viehzuchtprodukte, Holz – **Wichtigste Außenhandelspartner:** Sowjetunion (rd. ¼) u. die übrigen kommunist. Staaten (zusammen rd. ⅗); wichtigste nichtkommunist. Handelspartner sind die BR Deutschland, Großbritannien, die USA, Frankreich, Italien, Schweiz

Mitgliedschaft: UNO, Warschauer Vertrag, RGW, FAO, GATT, IAEA, ICAO, ILO, IMCO, ITU, UNESCO, UPU, WHO, WMO

PORTUGAL *(Südwest-Europa)*
(Portugiesische Republik; República Portuguesa – [P])

Fläche (104): 92082 km² (ohne Binnengewässer 91631 km²) einschl. Ilhas Adjacentes (»Anliegende Inseln«): **Azoren** (Arquipélago dos Açores), 2335 km² u. 292000 Einw. (1975), Hptst. Ponta Delgada 20190 Einw. – **Madeira** (m. Nebeninseln) 796 km² u. 265600 Einw. (1975), Hptst. Funchal 38340 Einw. (Die Azoren u. Madeira besitzen seit 1976 begrenzte innere Autonomie, die Azoren seit 1980 Autonomiestatut) – **Einwohner** (57): 9870000 (F 1979; einschl. ca. 700000 Flüchtlingen [Desalojados] aus den ehem. Kolonien, nach UNO-Angaben; 8568703 Z 1970, ohne damalige Überseeprovinzen, m. Azoren u. Madeira) = 107,2 je km² – **Städt. B.**: 28/ 2,3/44/44 – **G**: 69/3,9/2/800/141 – **S**: 30/97/3,9 – **Geburten- und Sterbeziffer** je 1000 Einw. 1977: 19,2 / 10,5 – **Geb.-Ü.**: 8,7

Bevölkerung: fast ausschließl. Portugiesen; kleine afrikan. Minderheiten – **Staatssprache:** Portugiesisch – **Religion:** fast ausschl. röm.-kath.; etwa 40000 Protestanten; 6000 Juden

Nationalflagge: grün-rot (senkrecht) mit Wappen in der Mitte – **Nationalfeiertag:** 25. 4. – **U:** unabhängiges Königreich seit 1143 (1580–1640 Personalunion m. Spanien); 1910 Republik

Staats- u. Regierungsform: Nach der Verfassung v. 2.4.1976 eine Republik auf demokratisch-parlamentarischer Grundlage, »auf dem Weg zum Sozialismus mittels der demokratischen Ausübung der Macht durch die Arbeiterklasse« und »auf dem Weg zu einer klassenlosen Gesellschaft« – Der Präsident wird für fünf Jahre vom Volk gewählt; er ist Vors. d. »Obersten Revolutionsrates« (aus Offizieren u. d. Regierungschef, falls dieser ein Militär ist) u. ernennt den Regierungschef und die Minister unter Beachtung der Wahlergebnisse zur »Versammlung der Republik«, die für 4 Jahre gewählt wird – Wehrpflicht – 11 hist. Prov., aber Verwaltungsgliederung in 18 festländ. u. 4 Inseldistrikte – **Staatsoberhaupt:** Generalstabschef General Antônio dos Santos Ramalho Eanes, seit 1976, Neuwahl 5.10.1980 – **Regierungschef:** Francisco Sá Carneiro, PSD – **Außenminister:** Diego Freitas do Amaral, CDS – **Parteien:** Die vorgezogenen Parlamentswahlen v. 2. Dez. 1979 erbrachten d. regierungstragenden Demokrat. Allianz (»Aliança Democratica«/AD) 128 der 150 Sitze; davon 75 Sitze f. d. konservative Sozialdemokratische Partei/PSD Sá Carneiros, 43 f. d. Demokratisch-Soziale Zentrum (»Centro Democrático Social«/CDS), 5 f. d. Monarchistische Volkspartei/PPM u. 5 f. d. »Reformisten«/Ref. (abgesplitterte Sozialisten). Die Linksparteien erhielten insges. 122 Mandate; davon d. Sozialistische Partei Portugals (»Partido Socialista Português«/PSP) 74, d. Kommunistische Partei (»Partido Comunista Português«/PCP) 44, d. Portugies. Demokrat. Bewegung/MDP/CDE 3 u. d. Demokratische Volksunion (»União Dem. Português«/UDP) 1 Sitz. – Nächste Parlamentswahlen 5. Okt. 1980 (s. »Nachtrag«) – **Dipl. B.:** BR Dtld. u. DDR

Städte (Z 1970): Lissabon [Lisboa] (Hptst. S 1975) 829900, A 1611887 Einw., Pôrto [Oporto] (S 1975) 335700, A 1314794, Coimbra 55985, Barreiro 53690, Vila Nova de Gaia 50805, Setúbal 49760, Braga 48735, Évora 23665 (Einwohnerzahl durch die Flüchtlinge aus den ehem. Überseegebieten seither z. T. stark gestiegen)

Wirtschaft: BSP 1977: 17580 Mill. $, 1978: 19540 Mill. $/2020 $ [50]/3,1 – **WS:** 14/–0,9/45/4,8 – **V:** 15/75/25/10/17/–15 – **A:** 63/27/36 – **E:** 1050/0,6/1322 – **M:** 3,5

Außenhandel: 1979 **Einf.** 6085 Mill. $, **Ausf.** 3468 Mill. $ – **W:** 1 Escudo (Esc) = 100 Centavos, 1000 Esc = 1 Conto; 1 US-$ = 50,965 Esc, 1 Esc = 0,0381 DM – **I:** 13,9 – **AS:** 4/13/16/20/25 – **T:** 86 – **H:** 77/20/3 – **Z:** –1402/0,9/5,3/8 – **D:** 3,0 – **K:** –/400/57

Wichtige Ausfuhrgüter: Textilien (bis ⅕), Maschinen u. Chemikalien (zus. bis 20%), Kork, Fische u. Fischereierzeugnisse, Holz, Wein, Harze, Olivenöl, Gummiwaren, Pyrite – **Wichtigste Außenhandelspartner:** Großbritannien, BR Deutschland, USA, Frankreich u. and. EG-Länder, Schweden, Schweiz, Spanien, Brasilien, Japan, Iran

Mitgliedschaft: UNO, NATO, ECE, EFTA, FAO, GATT, IAEA, IBRD, ICAO, IEA, IFC, ILO, IMF, ITU, OECD, UNESCO, UPU, WHO, WMO; Europarat, Beitritt zur EG beantragt, Rat f. Iberische Zusammenarbeit

Überseegebiet

(»Chinesisches Territ. unt. port. Verwaltung«): **Macao** (Macau), Fläche: 16 km², bestehend aus Macao, Taipa u. Coloane – Einw.: 248630 (Z 1970; S 1979 270000); 98% Chinesen, rd. 8000 Portugiesen u. Mischlinge (sog. Maccinese), Hptst. Macao, 226710 Einw. (Z 1970); Gouverneur: General Melo Egidio – Seit 1976 volle innere Autonomie – Konsultativrat (12 Mitgl. gewählt, 5 v. Gouverneur ernannt) – BSP (S) 1977: 370 Mill. $, 1978 (S): 440 Mill. $, je Einw. 1460 $; Jahreszuwachs 17,1% – 1978 Einf. 250 Mill. $, Ausf. 259 Mill. $ – W: 1 Pataca (Pat.) = 100 Avos; 1 US-$ = 5,2291 Pat., 1 Pat. = 0,3714 DM (100 HK$ = 103,65 Pat.)

PRATAS-INSELN s. China (Taiwan)

PRINZ-EDUARD-INSEL s. Südafrika

PUERTO RICO (El Estado Libre y Asociado del P.) s. Vereinigte Staaten (Überseebesitzungen)

QUATAR s. Katar

QUEMOY-INSELN s. China (Taiwan)

RHODESIEN s. Simbabwe

RIO DE ORO s. Marokko bzw. Sahara

RIUKIU-INSELN (Okinawa-Präf.) s. Japan

ROBINSON-INSEL s. Chile

RUANDA *(Ost-Afrika)*

(Republik Ruanda; Republica y'u Rwanda [y Urwanda]; République Rwandaise; Ruandische Republik – [RWA])

Fläche (129): 26338 km² – **Einwohner** (89): 4650000 (S 1979) = 176,5 je km² – **Städt. B.:** 4/5,6/../0 – **G:** 46/12,7/27/39350/90 – **S:** 60/61/2,6 – **Jährl. Bevölkerungswachstum:** (1970–1977) 2,8%

Bevölkerung: hauptsächl. Bantu (knapp 89% Bahutu bzw. Hutu und verwandte Stämme), 10% hamit.-nilot. Watussi bzw. Tutsi (vor Flucht u. Vertreibung durch d. »Révolution Sociale« 1959 etwa 12–13% der Gesamtbevölkerung); ca. 1% Pygmäen (Twa); über 1000 Europäer (meist Belgier), einige hundert Inder u. and. Asiaten – **Staatssprache:** Französisch

u. KinyaRwanda; Kisuaheli z. T. Verkehrssprache – **Religion:** über 40% röm. Katholiken, etwa 7% Protestanten, 1% Muslimen; Anhänger von Naturreligionen

Nationalflagge: rot-gelb(mit großem schwarzen R)-grün (senkrecht) – **Nationalfeiertag:** 1.7., Fest der II. Republik – **U:** 1962

Staats- u. Regierungsform: Präsidiale Republik – Neue Verfassung seit Dez. 1978 – »Conseil National de Développement« – Keine allg. Wehrpflicht – Verwaltungsgliederung in 10 Präfekturen – **Staatsoberhaupt,** Präsident, Regierungschef und Verteidigungsminister: Generalmajor Juvénal Habyalimana [Habyarimana], seit dem Staatsstreich vom Juli 1973, 1978 gewählt – **Außenminister:** François Ngarukiyintwali – **Parteien:** »Nat. Revolutionsbewegung f. d. Entwicklung« (»Mouv. Révol. Nat. pour le Développement« [bzw. »Mouv. de sensibiliation de la Population«]) als offiz. Partei s. 1975; Präs. Habyalimana – **Dipl. B.:** BR Dtld.

Städte: Kigali (Hptst., m. V.) 89950 (S 1977) Einw., Butare [früher Astrida] 25000

Wirtschaft: BSP 1977: 710 Mill. $, 1978: 830 Mill. $/ 184$[145]/1,3–**WS:** 81*/../7*/..–**V:** 10*/82*/6* /8*/12*/2*–**A:** 51/92/3–**E:** 17/0,2/32–**M:** 2,7

Außenhandel: 1978 **Einf.** 179 Mill. $, **Ausf.** 70 Mill. $– **W:** 1 Ruanda-Franc (F.Rw) = 100 Centimes; 1 US-$ = 91,91 F.Rw, 1 F.Rw = 0,0211 DM – **I:** 13,0 – **T:** 169– **H:** 94/6/<1 – **Z:** 21/0,2/1/13 – **D:** 5,4 – **K:** –/27/6

Wichtige Ausfuhrgüter: Kaffee (bis 60% d. Ausfuhrwertes), Zinn, Tee, Wolfram, Baumwolle, Ölfrüchte, Pyrethrum, Tabak – **Wichtigste Außenhandelspartner:** Belgien u. übrige EG-Länder, Kenia, Japan, USA, Iran, Zaïre

Mitgliedschaft: UNO, OAU, CCD, ECA, AKP, FAO, GAMO (OCAM), GATT (assoz.), IBRD, ICAO, IDA, ILO, IMF, ITU, UNESCO, UPU, WHO, WMO, CEPGL

RUMÄNIEN *(Südost-Europa)*

(Sozialist. Republik R.; Republica Socialistă România – [R])

Fläche (74): 237500 km² – **Einwohner** (33): 22070000 (F 1979; 21559416 Z 5.1.1977) = 92,9 je km² – **Städt. B.:** 44/2,5/18/18 – **G:** 70/3,1/1/750/ 123 – **S:** 2/109/.. – **Geburten- und Sterbeziffer** je 1000 Einw. 1977: 19,5 / 9,6 – **Geb.-Ü.:** 9,9

Bevölkerung (Z I/1977): 88,1% Rumänen, 7,9% Madjaren, 1,67% (348414, mit »Siebenbürger Sachsen«, »Schwaben« usw. 358000; 1966 2%) Deutsche, außerdem Minderheiten v. Zigeunern, Ukrainern, Serben, Kroaten, Bulgaren, Slowaken, Tschechen, Russen, Tataren, Türken, Griechen, Armeniern u. Polen – **Staatssprache:** Rumänisch; Umgangssprachen d. Minderheiten – **Religion:** rd. 88% rumänisch-orthodoxe Christen, ca. 6% Katholiken (Madjaren, Deutsche, Rumänen usw.), über 5% Protestanten, knapp 26000 (Z 1977) Juden, kleine muslimische Gruppen

Nationalflagge: blau-gelb(mit Wappen)-rot (senkrecht) – **Nationalfeiertag:** 23.8. – **U:** erste eigene Staatsbildungen im 14. Jh.; Proklamation der Unabhängigkeit vom Osmanischen Reich 1877, anerkannt 1878; seit 1947 Volksrepublik, seit 1965 sozialist. Republik

Staats- u. Regierungsform: »Sozialistische Republik« – Parlament (»Marea Adunare Nationala«) mit einer Kammer; Wahl der Abgeordneten für fünf Jahre – Wahlberechtigt alle über 18 Jahre alten arbeitenden Bürger – Wehrpflicht – Verwaltungsgliederung in das Municipium Bukarest und 39 Kreise – 1974 durch Verfassungsänderung Schaffung d. Amtes eines »Staatspräsidenten« – **Staatsoberhaupt:** Ministerpräsident Nicolae Ceauşescu (seit 1967), als »Präsident« seit 1974, wiedergewählt 1980, zugleich Vorsitzender des »Staatsrates« – **Regierungschef:** Ministerpräsident Ilie Verdet – **Außenminister:** Stefan Andrei – Gen.Sekr. der PCR, Vors. d. Polit. Exek. Kom. u. d. Ständ. Büros: Nicolae Ceauşescu – **Parteien:** einzige Partei »Rumänische Kommunistische Partei« (PCR, Ende 1977 2842064 Mitgl.), der auch d. Lenkung aller sog. Massenorganisationen obliegt. Bei d. Wahlen v. 1979 wurden für die von der PCR kontrollierte Einheitsliste »Sozialistische Einheitsfront«/FSE 99,67% aller Stimmen abgegeben; der Nationalversammlung gehören (nach d. Anteil an d. Gesamtbevölkerung) Vertreter der Minderheiten (u. a. 8 Deutsche) an – **Dipl. B.:** BR Dtld. und DDR

Städte (Z 1977): Bukarest [Bucureşti] (Hptst.) 1807044 (A 1934025) Einw., Temeschburg [Timişoara] 268785, Iaşi 264947, Klausenburg [Cluj-Napoca] 262421, Kronstadt [Braşov] 257150, Konstanza [Constanţa] 256875, Galatz [Galaţi] 239306, Craiova 222399, Ploieşti 199269, Brăila 194633, Großwardein [Oradea] 171258, Arad 171110, Hermannstadt [Sibiu] 151120, Tîrgu-Mureş [Maros-Vásárhely] 130051, Băcau 126654, Piteşti 123943, Baia Mare 100992, Petroşani 40684

Wirtschaft: BSP 1977 (S): 33030 Mill. $, 1978 (S): 38170 Mill. $/1750$[54]/(S)9,9–**WS:** 31*/../53*/ .. – **A:** 65/51/31 – **E:** 4036/3,0/2850 – **M:** 1,7

Außenhandel: 1978 **Einf.** 9087 Mill. $, **Ausf.** 8237 Mill. $ – **W:** 1 Leu (l) = 100 Bani; (offiz. Kurs:) 1 US-$ = 4,47 l, 1 l = 0,4344 DM; (Kurs f. bestimmte nichtkommerzielle Zahlungen einschl. Reiseverkehr:) 1 US-$ = 12,00 l, 1 l = 0,1618 DM – **H:** 26/21/50

Wichtige Ausfuhrgüter: Maschinen, Ausrüstungen u. Verkehrsmittel (über 20%), and. Verbrauchsgüter (16%), Mineral. Rohstoffe u. Metalle (über 20%), Nahrungsmittel (15%), Chem. Produkte (10–12%) – **Wichtigste Außenhandelspartner:** RGW-Partner 35–40% (u. a. Sowjetunion 18%), BR Deutschland 7–9%, Italien, Frankreich, Großbritannien, Österreich

Mitgliedschaft: UNO, Warschauer Vertrag, RGW, CCD, ECE, FAO, GATT, IAEA, ICAO, ILO, IMCO, IMF, ITU, UNESCO, UPU, WHO, WMO; allg. Präf.-Abk. m. d. EG (Daten z. T. nach »Romania Yearbook« Ed. ştiinţ · şi encicl., Bukarest)

RWANDA s. Ruanda

SABAH s. Malaysia

SAHARA *(Nord-Afrika)*
(Arab.-Sahaurische Demokratische Republik/RASD bzw. DARS)

Fläche (68a): 266000 km² – **Einwohner** (153a): 139000 (S 1979; 76425 Z 1970 – seit 1975 »Saharauís« z. T. nach Algerien geflohen u. Spanier z. T. nach Spanien zurückgekehrt) = weniger als 1 je km²

Bevölkerung: »Saharauís«, überwiegend berberischer Abkunft, z. T. berberisch-arabische Mischbevölkerung; teilweise nomadisch lebend. Europ. Minderheit (Spanier, Franzosen) – **Staatssprache:** Spanisch, Arabisch und »Hasania« – **Religion:** Muslimen

Nationalflagge: grün-weiß(mit rotem Stern u. Halbmond)-grün, waagerecht, rotes Dreieck am Flaggstock

Staats- u. Regierungsform: »Demokratische Arabische Republik Sahara«/DARS, am 29. 2. 1976 von der »Volkskonferenz« ausgerufen u. von versch. afrik. u. asiat. Staaten anerkannt (diplomat. Beziehungen zu 36 Staaten). Umfang: »Saguit el Hamra u. Río de Oro in ihren historischen Grenzen«. – **Regierungschef:** Mohammed Lamine Uld [Ould] Ahmed – **Außenminister:** Ibrahim Abdel Hakim – **Parteien:** »Befreiungsfront der Sahara«/FPOLISARIO (»Frente Popular de Liberación de Seguia el Hamra y Río de Oro«; Gen.Sekr.: Mohamed Abdelasis), die – offenbar z. T. von Algerien aus – Guerilla-Aktionen in dieses nach dem Abzug der spanischen Truppen von marokkanischen u. zeitweise v. mauretanischen Truppen besetzte, im April zwischen Marokko und Mauretanien aufgeteilte Gebiet unternimmt, das dann seit Aug. 1979 ganz v. Marokko annektiert ist.

Städte (1970): El Aaiun [Lâayoun] (Hptst.) 24519, Dakhla [früher Villa Cisneros] 5000, Smara

Wichtige Ausfuhrgüter: Phosphate, Salz u. Viehzuchtprodukte

Mitgliedschaft: OAU (Aufnahmeantrag mit 26 zu 24 Stimmen angenommen)

SAINT LUCIA *(Mittelamerika; Karibik)*
(Sankt Lucia; St. Lucia; Sainte-Lucie – [STL])

Fläche (155): 616 km² – **Einwohner** (154): 113000 (S 1979; nach and. Angaben 150000; Z 1970 101000) = 183,4 je km² – **Städt. Bev.**: 50% – **S:** 30% – **Geburten- u. Sterbeziffer** je 1000 Einw. 1974: 34 / 7,2 – **Geb.-Ü.**: 26,8

Bevölkerung: ⅔ Neger, im übrigen Mulatten, ca. 4% Inder, 0,5% Weiße – **Staatssprache:** Englisch, Umgangssprache Patois, ein kreolisches Französisch – **Religion:** 90% Katholiken, Protestanten

Nationalflagge: blau mit schwarzem, weiß umrandetem Dreieck, darin in der Mitte ein gelbes Dreieck – **Nationalfeiertag:** 22. 2. – **U:** 22. 2. 1979

Staats- u. Regierungsform: Konstitutionelle Monarchie – Senat 11 u. Unterhaus (»House of Assembly«) 17 Abgeordnete – **Staatsoberhaupt:** Königin Elizabeth II., vertreten durch einen Generalgouverneur (Sir Allen Montgomery Lewis) – **Regierungschef:** Allen Louisy, SLP – **Außenminister:** George Odlu – **Parteien:** »St. Lucia Labour Party«/SLP 12, »Vereinigte Arbeiterpartei«/UWP d. im Juli 1979 abgelösten ehem. Ministerpräsidenten John Compton 5 Sitze

Städte: Castries (Hptst. S 1978) 45000 Einw.

Wirtschaft: BSP 1977 (S): 70 Mill. $, 1978 (S): 80 Mill. $ / 630 $ [89] / 0,7 – **L:** 40 – **E:** 366

Außenhandel: 1974 **Einf.** 91,1 Mill. $, **Ausf.** 32,9 Mill. $ – **W:** 1 Ostkaribischer Dollar (EC$) = 100 Cents; 1 US-$ = 2,6882 EC$, 1 EC$ = 0,7224 DM

Wichtige Ausfuhrgüter: Zucker, Bananen, Rum, Kakao, Kokosnüsse, Zitrusfrüchte u. Gewürze

Mitgliedschaft: UNO, UNCTAD, ILO, Commonwealth, OAS, AKP, CARICOM

SAINT-PIERRE u. MIQUELON s. Frankreich

SAINT VINCENT/Grenadines *(Mittelamerika; Karibik)*
(St. Vincent/Grenadinen – [WV])

Fläche (160): 389 km² (mit nördl. Grenadinen) – **Einwohner** (155): 110000 (S 1979; 89129 Z 1970) = 282,8 je km² – **Städt. Bev.**: 30% – **S:** 20% – **Geburten- u. Sterbeziffer** je 1000 Einw. 1976: 34/7 – **Geb.-Ü.**: 27

Bevölkerung: zu ⅔ Neger, im übrigen Mulatten, ca. 4% Inder – **Staatssprache:** Englisch, Umgangssprache ein kreolisches Englisch – **Religion:** überw. Protestanten (Anglikaner u. Methodisten), Katholiken

Nationalflagge: blaue, gelbe (mit dunkelgrünem Blatt d. Brotfruchtbaumes) u. grüne Querstreifen, getrennt durch zwei weiße Streifen. – **Nationalfeiertag:** 27. 10. – **U:** 27. 10. 1979

Staats- u. Regierungsform: Konstitutionelle Monarchie – Einkammerparlament aus 13 gewählt. Abgeordneten u. 6 v. Gen.-Gouv. ernannten Senatoren – **Staatsoberhaupt:** Königin Elizabeth II., vertreten durch einen Generalgouverneur (Sir Sydney Gun-Monro) – **Regierungschef:** Ministerpräsident R. Milton Cato, SVLP – **Parteien:** Bei den Wahlen v.

5. Dez. 1979 erhielt die gemäßigte »Saint Vincent Labour Party«/SVLP unter Milton Cato 11, die »New Democratic Party« d. früheren Premiers James Mitchell 2, die »United Popular Movement«/UPM trotz 14,4% der Stimmen 0 Mandate

–

Städte (Z 1977): Kingston (Hptst.) 29831 Einw.

Wirtschaft: BSP 1977 (S): 30 Mill. $, 1978 (S): 40 Mill. $ / 380 $ [116] / –2,2 – **E:** 200

Außenhandel: 1975 **Einf.** 53,8 Mill. $, **Ausf.** 15,5 Mill. $ – **W:** 1 Ostkaribischer Dollar (EC$) = 100 Cents; 1 US-$ = 2,6882 EC$, 1 EC$ = 0,7224 DM

Wichtigste Ausfuhrgüter: Zucker, Bananen, Kakao, Rum, Kopra

Mitgliedschaft: UNO, Commonwealth, Association des Antilles, CARICOM

SAÏRE s. Zaïre

SALA Y GOMEZ s. Chile

SALOMONEN *(Ozeanien)*
(Salomon-Inseln; Solomon Islands)

Fläche (125): 28446 km^2 (n. and. Angaben 29785 od. 28529 km^2) – **Einwohner** (150): 210000 (S 1979; 196708 Z 1976) = 7,4 je km^2 – **Städt. Bev.:** 9% – **S:** 60–70% – **Jährl. Bevölkerungswachstum:** (1970–1977) 2,8%

Bevölkerung: 1976 183665 Melanesier, 7821 Polynesier, 2753 Mikronesier, 1359 Weiße, 452 Chinesen – **Staatssprache:** Englisch; im Umgang »Pidgin-Englisch« (»Neo-Salomonian«), melanesische und polynesische Idiome usw. – **Religion:** überwiegend Protestanten, 37000 Katholiken; autochth. Kulte (u. a. »Cargo-Kult«)

Nationalflagge: längl. Viereck, durch gold. Querstreifen in dunkelblaues (oben, m. 5 silb. Sternen) u. grünes Dreieck geteilt – **Nationalfeiertag:** 7. 7. – **U:** 1893/99 brit. Schutzgebiet, 1976 innere Selbstregierung, seit 7. 7. 1978 unabhängig

Staats- u. Regierungsform: Parlamentarische Monarchie – Legislativversammlung – Verwaltungsgliederung in 4 Distrikte – Keine Wehrpflicht – **Staatsoberhaupt:** Königin Elizabeth II., vertreten durch einen Generalgouverneur: Baddeley Devesi – **Regierungschef u. Außenminister:** Peter Kenilorea, NP – **Parteien:** Bei den Wahlen v. 22. 6. 1976 wurden vor allem Unabhängige gewählt; die einzige politische Partei (»Nationalist. Party«/NP) erhielt 5 der insges. 24 Sitze – **Dipl. B.:** BR Deutschland

Städte: Honiara (Hptst., 1977) 15700 Einw. (auf der größten Insel Guadalcanal)

Wirtschaft: BSP 1977 (S): 80 Mill. $, 1978 (S): 90 Mill. $ / 423 $ [112] / 1,7 – **E:** 290

Außenhandel: 1978 **Einf.** 35 Mill. $, **Ausf.** 36 Mill. $ – **W:** 1 Salomon Islands Dollar (SI$) = 100 Cents; 1 SI$ = 1,1505 US-$ bzw. 2,2342 DM

Wichtige Ausfuhrgüter: Fische (⅓ d. Ausfuhrwertes), Kokosnüsse, Kopra, Süßkartoffeln, Holz – **Wichtigste Außenhandelspartner:** Australien, Japan, USA (Amerik.-Samoa), Großbritannien

Mitgliedschaft: UNO u. Sonderorganisationen, AKP, Commonwealth u. Südseeforum

SALVADOR s. El Salvador

SAMBIA *(Süd-Afrika)*
(Republik Sambia, ehem. »Nordrhodesien«; Republic of Zambia – [Z])

Fläche (36): 752614 km^2 – **Einwohner** (80): 5650000 (S 1979; 4056995 Z 1969) = 7,5 je km^2 – **Städt. B.:** 34/5,4/32/32 – **G:** 48/26/23/10370/90 – **S:** 61 / 95 / 6,7 – **Jährl. Bevölkerungswachstum:** (1970–1977) 3,5%

Bevölkerung: Bantu, daneben kleine Buschmanngruppen; je einige tausend meist britische Europäer, Südafrikaner u. Asiaten (bes. Inder) sowie Mischlinge – **Staatssprache:** Englisch; Bantu-Sprachen: Ci-Bemba, Ci-Nyanja, Tonga usw. – **Religion:** Starke protestantische (etwa 10%) und katholische (fast 20%) Minderheiten; Muslimen, 400 Juden; Anhänger von Naturreligionen

Nationalflagge: grünes Feld, rechts unten Trikolore rot-schwarz-organe (senkrecht), darüber »Adler« in Orange – **Nationalfeiertag:** 24. 10. – **U:** 1964

Staats- u. Regierungsform: Präsidiale Republik – Parlament (National Assembly) – Wahlberechtigt alle erwachsenen Bürger – Keine allgemeine Wehrpflicht – Verwaltungsgliederung in 9 Provinzen – **Staatsoberhaupt:** Präsident Dr. Kenneth David Kaunda, UNIP, erneut seit 1978 – **Regierungschef:** Daniel Lisulo, UNIP – **Außenminister:** Wilson Chakulya – **Parteien:** Seit 1973 nach Verfassungsänderung Einparteienstaat mit der »Nat. Independence Party«/UNIP; Präs.: K. D. Kaunda, Gen.Sekr.: Mainza M'Chona – **Dipl. B.:** BR Dtld. und DDR

Städte (S 1976): Lusaka (Hptst.) 483000 Einw., Kitwe-Kalulushi 331000, Ndola 235000, Chingola-Chililabormbwe [fr. Bancroft] 214000, Mufulira 136000, Luanshya 119000, Kabwe [fr. Broken Hill] 95000, Livingstone 58000

Wirtschaft: BSP 1977: 2350 Mill. $, 1978: 2530 Mill. $ / 478 $ [104] / – 0,2 – **WS:** 14/2,1/41/2,6 – **V:** 31/48/26/21/40/ – 5 – **A:** 51/69/11 – **E:** 548/1,3/1112 – **M:** 12,8

Außenhandel: 1978 **Einf.** 630 Mill. $, **Ausf.** 853 Mill. $ – **W:** 1 Kwacha (K) = 100 Ngwee (N); 1 US-$ = 0,81365 K, 1 K = 2,3867 DM – **I:** 4,3 – **T:** 59 – **H:** 80/16/4 – **Z:** – 157/7,7/19/60 – **D:** 0,8 – **K:** –/102/18

Wichtige Ausfuhrgüter: Bergbauprodukte (bis 95%;

über 90% Kupfer, sodann Blei, Kobalt, Mangan, Zink), Tabak, Holz – **Wichtigste Außenhandelspartner:** Großbritannien, Japan, BR Deutschland u. andere EG-Länder, Südafrika, USA, Iran, Chines. Volksrep.

Mitgliedschaft: Commonwealth, UNO, OAU, ECA, FAO, GATT, IAEA, IBRD, ICAO, IDA, IFC, IMF, ITU, UNESCO, UPU, WHO, WMO, AKP – Sicherheitsabkommen mit Angola und Zaïre

SAMOA *(Ozeanien)*
(bis 1977 Samoa i Sisifo; »Western Samoa« bzw. »Westsamoa« – [WS])

Fläche (146): 2842 km² – **Einwohner** (152): 160000 (S 1979; 151275 Z 1976) = 56,3 je km² – **Städt. Bev.:** 21% – **S:** 3% – **Jährl. Bevölkerungswachstum:** (1970–1977) 1,0%

Bevölkerung: Samoaner (Polynesier) 88%, Euronesier (Mischlinge) 10%, etwa 1500 Personen mit europäischem Status – **Staatssprache:** Samoanisch, Englisch – **Religion:** 75% Protestanten; rund 37000 Katholiken

Nationalflagge: rotes Feld mit fünf weißen Sternen (»Kreuz des Südens«) im blauen Viereck am Flaggstock – **U:** 1.1.1962

Staats- u. Regierungsform: Mischform tradit. u. parlamentar. Einrichtungen – Gesetzgebende Versammlung aus 47 Mitgl., wahlberechtigt »matais« (»chiefs«); 2 Abgeordnete nach individ. Wahlliste gewählt – Verwaltungsgliederung in 24 Distrikte – **Staatsoberhaupt** (Ao o le Malo): Malietoa Tanumafili II., seit 1963, auf Lebenszeit (sodann Wahl durch d. Gesetzg. Vers. f. 5 Jahre) – **Regierungschef** (von Staatsoberhaupt ernannt): Premierminister Tupuola Taisi Efi (auch Außen- u. Innenminister) – Wahrnehmung der außenpolit. Interessen bisher durch Neuseeland – **Parteien:** keine Parteifunktionen im engeren Sinne – **Dipl. B.:** BR Dtld. (der Botschafter in Wellington, Neuseeland, ist zugleich in Samoa mit Sitz in Wellington akkreditiert)

Städte: Apia (Hptst.) auf Upolu 32616 (Z 1977) Einw.

Wirtschaft: BSP 1976: 50 Mill. $ / 327 $ [121] / (1970–75) 2,6% – **L:** 67 – **E:** 160

Außenhandel: 1979 **Einf.** 73 Mill. $, **Ausf.** 18 Mill. $ – **W:** 1 Tala (WS$) = 100 Sene; 1 US-$ = 0,9386 WS$, 1 WS$ = 2,0689 DM

Wichtige Ausfuhrgüter: Kopra (über 40%), Kakao (bis 30%), Bananen – **Wichtigste Außenhandelspartner:** Neuseeland und and. Commonwealth-Partner, BR Deutschland, Niederlande, USA, Japan

Mitgliedschaft: UNO, Commonwealth of Nations; ADB, IBRD, IFC, IMF, UNCTAD, WHO; Südseeforum; AKP

SANKT CHRISTOPHER (St. Kitts), s. Großbritannien II

SANKT HELENA s. Großbritannien II

SAN MARINO *(Süd-Europa)*
(Repubblica di San Marino – [RSM])

Fläche (165): 60,57 km² – **Einwohner** (166): 20968 (S 1979, 20339 F 1976) = 346,2 je km² – Über 16000 Bürger leben im Ausland – 92% städt. Bevölkerung

Bevölkerung: Italiener (»Sanmarinesen«) – **Geburten- u. Sterbeziffer:** jährl. Zuwachsrate (1973) 0,97% – **Staatssprache:** Italienisch – **Religion:** röm.-katholisch

Nationalflagge: weiß-hellblau (waagerecht), mit Wappen d. Republik in d. Mitte – **U:** Status 1263 erstmals anerkannt; »Leges Statutae« v. 8.10.1600; letzte Änderung 1939

Staats- u. Regierungsform: Republik, Freundschaftsvertrag (»Convenzione di Amicizia e Buon Vicinato«) mit Italien – Parlament (»Consiglio Grande e Generale«), dessen 60 Abgeordnete für 5 Jahre gewählt werden – Allg. Wahlrecht ab 18 Jahren – 7200 der 19615 Wahlberechtigten leben im Ausland – Keine Wehrpflicht – Zollunion mit Italien, Botschaft in Italien, Gesandtschaft in Frankr., Schweiz, Vatikan u. beim souveränen Militärorden d. Malteser, zahlreiche Konsulate – **Staatsoberhaupt:** 2 jeweils für 6 Monate durch den »Consiglio« gewählte »Capitani Reggenti« – Verwaltungsgliederung in 9 Distrikte (Castelli = Kirchengemeinden) – **Regierung:** durch den »Congresso di Stato«; seit Juli 1978 Volksfrontkoalition aus PC, Sozialist. u. Sozialdem. – **Parteien:** im wesentl. wie in Italien – Wahlen v. 1978: Christl. Dem. (Vors. Frederico Bigi) 26 von 60 Sitzen, Sozialisten 9 und u.a. Sozialdemokraten 7, »Sozialist. Demokratie« (gemäß.) 2, »Komitee z. Verteidigung d. Republik« (rechts) 2, PC (KP) 16 – **Dipl. B.:** BR Dtld., amtl. Beziehungen auf konsul. Ebene, zuständig Gen.-Konsulat der Bundesrep. in Mailand; konsulare Beziehungen auch m. d. DDR

Städte: San Marino (Hauptort, 1979) 4695 Einw., Serravalle 6418, Borgo Maggiore 3715, Faetano 770 – Fremdenverkehr, Ausfuhr geringer Mengen von Wein, Vieh, Keramik – **W:** Italien. Währung u. Lira von San Marino (seit 1972 eigene Münzprägung) – **Mitgliedschaft:** UNESCO, UPU, UIT

SANSIBAR U. PEMBA s. Tansania

SÃO TOMÉ U. PRÍNCIPE *(West-Afrika)*
(Demokratische Republik S. T. u. P.; República Democrática de S. e P.)

Fläche (150): 964 km² (S. T. 836 km², P. 128 km²) – **Einwohner** (160): 80000 (S 1979; 73631 Z 1970) = 83 je km² – **Städt. Bev.:** 30% – **S:** 55% – **Jährl. Bevölkerungswachstum:** (1970–1976) 1,6%

Bevölkerung: haupts. Neger, z.T. vom benachbarten Festland stammend (»Forros«, »Angolares« usw.); daneben Mulatten; portug. Restgruppe – **Staatssprache:** Portugiesisch; als Umgangssprache eine Mischsprache aus Portugiesisch u. Bantusprachen – **Religion:** über 90% Katholiken

Nationalflagge: grün-gelb(mit 2 schwarzen Sternen)-grün (waagerecht), rotes Dreieck am Flaggstock – **Nationalfeiertag:** 12.7. – **U:** 1975

Staats- u. Regierungsform: Republik – Verfassung von 1975 – Volksversammlung – **Staatsoberhaupt** u. Regierungschef, Verteidigungs- u. Landwirtschaftsminister: Dr. Manuel Pinto da Costa, MLSTP – **Außenminister:** Maria do Nascimento de Graça Amorim – **Parteien:** »Movimento de Libertação de S. Tomé e Príncipe«/MLSTP; Generalsekretär Dr. Manuel Pinto da Costa – **Dipl. B.:** BR Dtld. (der Botschafter in Libreville/Gabun ist zugleich in S. Tomé akkreditiert) und DDR

Städte (1977): São Tomé (Hptst.) 20000 Einw., Santo Antônio (auf P.)

Wirtschaft: BSP 1977 (S): 40 Mill. $, 1978 (S): 40 Mill. $ / 470 $ [106] / (1974–77) 8,0 – **E:** 139

Außenhandel: 1973 **Einf.** 13 Mill. $, **Ausf.** 10 Mill. $– **W:** 1 Dobra (Db) = 100 Céntimos; (am 29.3.80:) 1 US-$ = 35,5156 Db, 1 Db = 0,0543 DM

Wichtige Ausfuhrgüter: haupts. Kakao; daneben Kaffee, Kopra, Palmöl – **Wichtigste Außenhandelspartner:** Portugal, BR Deutschland u. and. EG-Länder

Mitgliedschaft: UNO, OAU, AKP, FAO, IBRD, IDA, IMF, ITU, WHO

SARÁWAK s. Malaysia

SAUDI-ARABIEN *(Vorder-Asien)*
(Königreich S.-A.; Al Mamlaka Al'Arabiya As-Sa'udiya)

Fläche (12): 2149690 km² nach UNO-Angaben; Abgrenzung gegen die A. R. Jemen und DVR Jemen unsicher – **Einwohner** (67): 8110000 (S 1979; n. »Weltbank« 1976 8,6 Mill.; Z 1974 7012642 de jure) = 3,8 je km² – Üb. 30% Nomaden u. Halbnomaden – **Städt. B.:** 59/6,7/17/22 – **G:** 48/15,2/28/2220/102 – **S:** 97* / 47 / 9,9 – **Jährl. Bevölkerungswachstum:** (1970–1977) 3,0%

Bevölkerung: Araber, etwa 2 Mill. Gastarbeiter, zur Hälfte aus dem Jemen; über 150000 Ägypter, ferner Palästinenser, Syrer, Jordanier; 150000 Pakistaner u. Inder; Perser, Negerminderheit; rd. 70000 Europäer (meist Briten, üb. 10000 Deutsche) u. Nordamerikaner – **Staatssprache:** Arabisch – **Religion:** über 98% Muslimen (Wahhabiten, Bewegung aus der hanbalitischen Richtung des sunnitischen Islam hervorgegangen, puritanisch-orthodox ausgerichtet; andere Muslimen, u.a. Schafiiten)

Nationalflagge: grünes Feld mit weißem Schwert und weißem Text in arabischer Schrift (»Kein Gott außer Allah, Mohammed ist der Prophet Allahs«) – **Nationalfeiertag:** 2.11., religiöse Feste wechselnd (n. d. Mondjahr) – **U:** seit Wiedereroberung des Landes durch Abdul Asis Bin Saud 1901; seit 1932 Vereinigtes Königreich

Staats- u. Regierungsform: Monarchie mit dem Islam als Verfassungs-, Gesetz- u. Lebensformquelle – 5 in sich untergliederte Verwaltungsgebiete (»Iqlim«) m. je einem ernannten Gouverneur – Nach einem Verfassungsentwurf sind eine Nationalversammlung (»Madjlisash Shura«) u. Versammlungen der »Iqlims« m. beratendem Charakter u. ernannten Mitgliedern vorgesehen – Allgemeine Wehrpflicht – **Staatsoberhaupt** u. Regierungschef: König Chalid [Khaled] Bin [Ibn] Abdul Asis [Aziz], seit 1975; **Kronprinz,** Erster Stellv. Ministerpräsident: Fahd Bin Abdul Asis – **Außenminister:** Prinz Saud ibn Feisal [Faisal] – **Parteien:** parteipolit. Strömungen, noch ohne Organisation, in Anfängen vorhanden – **Dipl. B.:** BR Dtld.

Städte (Z 1974, z.T. S): Er Rijad [Riyahd] (Hptst.) 666840 Einw., Dschidda [Jedda oder Djidda] 561104, Mekka [Mecca] (Hptst. des Hedschas) 366801, Ta'if 204857, Medina 198186, außerdem Hufuf 120000, Bureida [Buraida] 69940, Dámman 70000, Anaiza 40000

Wirtschaft: BSP 1977: 55210 Mill. $, 1978: 63310 Mill. $/8040 $ [17] / 13 – **WS:** 1/3,7/83/13,9 – **V:** 18/12/23/70/78/47 – **A:** 52/63/14 – **E:** 1901/0,4/357 – **M:** 18,1

Außenhandel: 1978 **Einf.** 20424 Mill. $, 1979 **Ausf.** 59320 Mill. – **W:** 1 Saudi Riyal (S.Rl.) = 20 Qirshes = 100 Hallalas; 1 US-$ = 3,3258 S.Rls., 1 S.Rl. = 0,5839 DM – **I:** 32,9 – **AS:** 100/<1/1/12/44 – **T:** 422 – **H:** 75/25/<1 – **Z:** 12791 – **D:** 12,9 – **K:** 4,82/../822

Wichtige Ausfuhrgüter: über 90% Erdöl und -derivate (größter Rohölexporteur d. Welt); Datteln, Häute, Felle, Wolle – **Wichtigste Außenhandelspartner:** Japan, USA, BR Deutschland, Großbritannien, Frankreich

Mitgliedschaft: UNO, Arabische Liga, ECWA, FAO, IAEA, IBRD, ICAO, IDA, IFC, ILO, IMCO, IMF, ITU, OAPEC, OPEC, UNESCO, UPU, WHO, WMO

Die zwischen Kuweit u. S. gelegene 5836 km² große Neutrale Zone wurde 1966 endgültig zwischen beiden Staaten administrativ geteilt; die Erdölgewinne werden halbiert. Die zwischen S. und dem Irak gelegene N.Z. (7000 km²) ist demilitarisiert und unbesiedelt

SCHWEDEN *(Nord-Europa)*
(Königreich Schweden; Konungariket Sverige – [S])

Fläche (50): 449964 km² (m. 38485 km² Binnengewässern) – **Einwohner** (65): 8300000 (F 1979; de jure 8208544 Z 1975) = 18,4 je km² – **Städt. B.**: 85/1,2/17/22 – **G**: 75/0,8/1/580/114 – **S**: 1/96/8,7 – **Geburten- u. Sterbeziffer** je 1000 Einw. 1978: 11,2/10,7 – **Geb.-Ü.**: 0,5

Bevölkerung: fast ausschließlich Schweden; 50000 einheim. Finnen u. rund 8500 Lappen (im N) – **Staatssprache**: Schwedisch – **Religion**: fast ausschl. Protestanten (vor allem evangel.-luther.), rund 81000 Katholiken, 13000 Juden

Nationalflagge: blaues Feld mit skandinav. gelbem Kreuz – **Nationalfeiertag**: 6. 6. – **U**: alte Tradition als unabhängiger Staat

Staats- u. Regierungsform: Parlamentarisch-demokrat. Monarchie – Neue Verfassung v. 1974 in Kraft ab 1975 – Einkammerparlament (»Riksdag«) seit 1970 – Wahl d. Parlaments alle 3 Jahre – Wahlberechtigt alle 18 Jahre alten Bürger – Wehrpflicht – Verwaltungsgliederung in 24 Provinzen (Län) mit je einem v. d. Regierung ernannten Gouverneur (Landhövding) u. einem gewählten Parlament (Landsting) – Allgemeine Wehrpflicht – **Staatsoberhaupt**: Carl XVI. Gustaf, seit 1973 – **Regierungschef**: Ministerpräsident Thorbjörn Fälldin, seit Okt. 1979 – **Außenminister**: Ola Ullsten – **Parteien**: Wahlen v. 12. 10. 1979: Sozialdemokr. Partei (»Socialdemokratisk Arbetarpartiet«) 43,5% u. 154 Sitze (1976 152); Zentrumspartei (»Centerpartiet«, bes. v. d. Bauern getragen) 18,2% und 64 (86), Konservative Partei (»Moderata Samlingspartiet«) 20,4% und 73 (55) Sitze, liber. »Folkpartiet« 10,6% und 38 (39) sowie Kommunisten (»Vänsterpartiet Komunisterna«/VPK) 5,6% und 20 (17) Sitze, Sonstige 1,6%, kein Sitz. Die 3 bürgerl. Parteien d. Regierungskoalition (Konserv., Zentrum u. Lib.) haben 175 d. 349 Sitze – **Dipl. B.**: BR Dtld. und DDR

Städte (B 1979): Stockholm (Hptst.) 653929 Einw. (A 1,4 Mill.), Göteborg 436985 (A 700000), Malmö 236716 (A 470000), Uppsala 143386, Norrköping 120251, Västerås 117599, Örebro 116817, Linköping 111424, Jönköping 108179, Borås 103387, Helsingborg 101046, Sundsvall 94375, Eskilstuna 91097, Gävle 87491, Umeå 78827, Södertälje 78568, Lund 77550, Halmstad 75290, Skellefteå 73441

Wirtschaft: BSP 1977: 77200 Mill. $, 1978: 84750 Mill. $/10210 $[7]/1,2 – **WS**: 4/– 0,9/33/1,6 – **V**: 28/54/20/18/28/ – 2 – **A**: 64/5/37 – **E**: 6046/0,7/10510 – **M**: 3,4

Außenhandel: 1979 **Einf.** 28488 Mill. $, **Ausf.** 27240 Mill. $ – **W**: 1 Schwedische Krone (skr) = 100 Öre; 1 US-$ = 4,45 skr, 1 skr = 0,4364 DM – **I**: 9,3 – **AS**: 6/44/18/9/31 – **T**: 97 – **H**: 77/17/5 – **Z**: – 2815/2,1/../.. – **D**: 1,8 – **K**: 0,96 / .. / 595

Wichtige Ausfuhrgüter: Zellstoff, Holz, Papier (zus. 15–20% d. Gesamtausfuhrwertes), Maschinen, Ausrüstungen u. Fahrzeuge (zus. bis ⅖), Eisen u. Stahl, Erze, Chemikalien – **Wichtigste Außenhandelspartner**: BR Deutschland, Großbritannien, Norwegen, Dänemark, USA, Finnland, Niederlande, Frankreich, Belgien/Lux., Italien, Sowjetunion

Mitgliedschaft: UNO, Nordischer Rat, Europarat, ADB geplant, CCD, ECE, EFTA, FAO, GATT, IAEA, IBRD, ICAO, IDA, IDB, IFC, ILO, IMCO, IMF, ITU, OECD, UNESCO, UPU, WHO, WMO, Freihandelsabk. m. d. EG

SCHWEIZ *(Mittel-Europa)*

(Schweizerische Eidgenossenschaft, Confoederatio Helvetica, franz.: Suisse, ital.: Svizzera, rätoroman.: Svizzra – [CH])

(Angaben z. T. nach Informationsdienst der Schweizerischen Bundeskanzlei u. d. Eidgenöss. Statist. Amtes)

Fläche (116): 41293 km² – **Einwohner** (77): 6330000 (F 1979; 6269783 Z 1970; nächste Volkszählung 2. 12. 1980) = 153,3 je km² – **Städt. B.**: 56/1,0/22/22 – **G**: 74/1,1/1/520/128 – **S**: 1/90/5,2 – **Geburten- u. Sterbeziffer** je 1000 Einw. 1977: 11,5/8,8 – **Geb.-Ü.**: 2,7

Bevölkerung: Anfang 1980 5396000 Schweizer mit untersch. Muttersprache u. 918000 Ausländer (einschl. Saisonarbeiter u. internat. Funktionäre) – **Sprachen**: 1979 sprachen 3864684 Schweizer deutsch, 1045091 französisch, 207557 italienisch u. 49455 rätoromanisch. Nach der Volkszählung von 1970 sprachen von der Wohnbevölkerung (Zahl d. Ausländer dieser Sprache) 64,9% (206605) deutsch, 18,1% (88919) französisch, 11,9% (536203) italienisch, 0,8% (884) rätoromanisch u. 4,3% (247465) andere. Amtssprachen sind Deutsch, Französisch und Italienisch; Rätoromanisch als Landessprache anerkannt – **Religion**: Von der Wohnbevölkerung (Zahl der Ausländer dieser Religion usw.) waren 1970 47,8% (136967) Protestanten, 49,4% (864666) röm. Katholiken, Christkatholisch 0,3% (945), Jüdisch 0,3% (8767, 1977 21000), andere 0,7% (38175), konfessionslos 1,1% (21343), ohne Angabe 0,4% (9213)

Nationalflagge: rotes Feld mit weißem freischwebenden Kreuz – **Nationalfeiertag**: 1. 8. – **U**: 1291 »Ewiger Bund« der drei Urkantone; 1499 faktische Loslösung vom Reich, 1648 deren völkerrechtliche Bestätigung

Staats- u. Regierungsform: Parlamentarisch-direktdemokrat. Bundesstaat mit Kollegialregierung – Parlament (Bundesversammlung/Assemblée fédérale/Assemblea federale) aus 2 gleichberechtigten Kammern (Ständerat bzw. Conseil des Etats/Consiglio degli Stati u. Nationalrat bzw. Conseil national/Consiglio nazionale): Allgem. Wahlrecht ab 20 Jahren – Wahl der Nationalratsmitglieder auf vier Jahre – Frauenwahl- und Stimmrecht – Wehrpflicht im Milizsystem – Politische Gliederung in 23 Kantone (davon 3 mit je 2 Halbkantonen) mit Kantonsrat u. Regierungsrat – Kantone: Zürich – Bern – Luzern – Uri – Schwyz – Obwalden – Nidwalden – Glarus – Zug – Freiburg – Solothurn – Basel-Stadt – Basel-Land – Schaffhausen – Appenzell-Innerrhoden – Appenzell-Außerrhoden – St. Gallen – Graubünden – Aargau – Thurgau – Tessin – Waadt – Wallis – Neuenburg – Genf – Jura – **Staatsoberhaupt:** Vertreter der Eidgenossenschaft nach außen ist der Bundespräsident (jährl. v. d. Bundesversammlung im Turnus neu gewählt), für 1980: Georges-André Chevallaz, Freis.-Dem. Partei; Vizepräsident: Kurt Furgler, Christ.-Dem. Volkspartei – **Regierung** (Kollegialbehörde), Departement für auswärtige Angelegenheiten: Pierre Aubert, Sozialdem. Partei (Stellv. Georges-André Chevallaz); Inneres: Hans Hürlimann, Christl.-Dem. Volkspartei (Stellv. Willi Ritschard); Justiz und Polizei: Kurt Furgler, Christl.-Dem. Volkspartei (Stellv. Leon Schlumpf); Militär: Georges-André Chevallaz, Freis.-Dem. Partei (Stellv. Kurt Furgler); Finanzen: Willi Ritschard, Sozialdem. Partei (Stellv. Hans Hürlimann); Volkswirtschaft: Fritz Honegger, Freis.-Dem. Partei (Stellv. Pierre Aubert); Verkehr und Energie: Leon Schlumpf, Schweiz. Volkspartei (Stellv. Fritz Honegger). Die Regierung heißt Bundesrat (Conseil fédéral/Consiglio federale) – Vorsitzender ist der jeweilige Bundespräsident

Parteien: Bei den Wahlen von 1979 (1975) entfiel von den 246 Parlamentssitzen (200 im Nationalrat/46 im Ständerat) auf die Parteien folg. Sitzzahl: »Freisinnig-Demokratische Partei«/FDP 51/11 (47/14), »Christlich-Demokratische Volkspartei«/CVP 44/18 (46/17), »Sozialdemokratische Partei«/SPS 51/9 (55/6), »Schweizerische Volkspartei« 23/5 (21/5), »Landesring« 8/– (11/1), »Liberal-Demokrat. Partei«/LDP 8/3 (6/3), »Evangel. Volkspartei«/EVP 3/0 (3/0), (kommunistische) »Partei der Arbeit« 3 (4), »Nat. Aktion« 2 (2), »Progressive Organ. der Schweiz«/POCH 2 (–), Republikaner und Vigilance 1 (4), Verschiedene 4 (1). Die Wahlbeteiligung betrug 47,9%

Städte (F 1978): Bern (Hptst.) 145500 (A 283600), Zürich 374221 (Dez. 1979; davon 68000 Ausl., A 1978: 707500), Basel 185300 (A 367000), Genève [Genf] 150100 (322900), Lausanne 132400 (A 227200), Winterthur 86800 (A 106600), St. Gallen 75400 (A 86800), Luzern 63700 (A 156500), Biel [Bienne] 57700 (A 87300), La Chaux-de-Fonds 39000, außerdem Fribourg [Freiburg] rd. 39000 u. Schaffhausen 32000

Wirtschaft: BSP 1977: 70110 Mill. $, 1978: 76050 Mill. $/12100 $ (5)/0,1 – **V:** 13/64/21/23/37/2 – **A:** 66 / 6 / 48 – **E:** 3342 / 0,4 / 5760 – **M:** 2,1

Außenhandel: 1979 **Einf.** 29354 Mill. $, **Ausf.** 26507 Mill. $ – **W:** 1 Schweizer Franken (sfr) = 100 Rappen (Rp) = 100 Centimes (c); – **I:** 6,6 – **AS:** 3/34/11/12/23 – **T:** 104 – **H:** 67/25/5 – **Z:** 3333/../../..– **D:** 7,7 – **K:** 0,21 / .. / ..

Wichtige Ausfuhrgüter: Zu 90% Industrieartikel, vor allem Maschinen, Apparate und Instrumente, chemisch-pharmazeutische Produkte, Uhren, Textilien – **Wichtigste Außenhandelspartner:** BR Deutschland u. and. EG-Länder, EFTA-Partner, USA, Japan, Brasilien

Mitgliedschaft: EFTA, Europarat, CCD, CEPT, CSEI, CIESM, CIME, EKBM, ESA, FAO, GATT, IAEA, ICAO, IDB, IKRK, ILO, IMCO, INTELSAT, ITU, OCTI, OECD, UNCTAD, UNIDO, UNDP, UNESCO, UNFP, UNICEF, UNITAR, UNRISD, UNRWA, UPU, WHO, WFP, WIPO, WMO; Freihandelsabk. m. d. EG

Nachdem die wirtschaftliche Entwicklung 1978 von Währungsturbulenzen überschattet war, scheint 1979 ein Jahr der *Normalisierung* bei allerdings nur *marginalem Wachstum* gewesen zu sein. – Das **Bruttosozialprodukt** zu Marktpreisen wuchs 1979 um *nominal 3,0%* (1978: +4%) auf **161,735 Mrd. Fr.**, *real* in Preisen von 1970 jedoch nur um *+0,7%* (1978: +1,26%). Das **Bruttoinlandsprodukt** zu Marktpreisen erhöhte sich *nominal um 2,7%* auf 155,240 Mrd. Fr., *real um 0,5%* (1978: 0,8%). Davon wurden für privaten Konsum v. Gütern u. Dienstleist. 100,205 Mrd. Fr. (nominal +5,3%, real +1,5%), für lfde. Käufe d. Staates u. d. Sozialversich. 20,620 Mrd. Fr. (+4,7 bzw. 1,0%) u. für Bruttoinlandsinvestitionen 35,375 Mrd. Fr. (+9,1 bzw. +5,8%) ausgegeben. Das Kapital- u. Arbeitseinkommen aus dem Ausland belief sich auf 10,360 Mrd. Fr. (+8,2 bzw. +3,2%). Die *Sparquote* betrug 1979 7,56%. Die *Produktion der Industrie* erreichte 1979 (1963 = 100) *151 Indexpunkte* (+2%). – Der Landesindex der **Konsumentenpreise** lag im Jahresmittel 1979 um *3,6%* (Juli 1980 3,3%) *über dem vergleichb. Stand d. Vorjahres* u. damit deutlich über den entspr. Teuerungsraten der letzten Jahre (1978 1%, 1977 1,3%, 1976 1,7%), aber auch erheblich unter derjenigen von 1975 (6,7%) u. 1974 (9,8%). Mit *13,6% Teuerung* zogen besonders kräftig die *Importwarenpreise* an – vor allem durch die Preisexplosion bei Brennstoffen. Die *Preissteigerung* betrug bei Nahrungsmitteln 3,7%, Bekleidung 0,9%, Wohnungsmieten −0,1% u. *Heizung u. Beleuchtung* 51,6%! – Einer Ausfuhr im Werte v. 44,024 Mrd. Fr. (+5,4 gegenüber 1978) stand 1979 eine Einfuhr im Werte v. 48,730 Fr. (+15,2%) gegenüber, woraus sich ein **negativer Handelsbilanzsaldo von 4,7058 Mrd. Fr.** errechnet (1978: 0,5204 Mrd. Fr.). 49,6% der Ausfuhren gingen in die EG, 9,1 in EFTA-Staaten, 4,04 in Ostblockländer, 4,03 nach Afrika, 15,5 nach Asien u. 12,5% nach Amerika. Aus der EG kamen 69,1% der Einfuhren, aus EFTA-Staaten 7,2, Afrika 2,2, Asien 7,1 u. Amerika 8,7%. Die BR Deutschland lieferte 28,6% der Importe u. nahm 19,6% d. Exporte auf. – Zum Gesamtexport trugen die Metallind. 22,65 Mrd. Fr., chem. Ind. 8,8, Textilind. 3,21 u. Nahrungs- u. Genußmittelind. 1,4 Mrd. Fr. bei, der gesamte Rohstoff- u. Halbfabrikatexport erreichte 17,36 Mrd. Fr., Investitionsgüterexport 14,79 Mrd. Fr. u. Konsumgüterexport 11,83 Mrd. Fr. Kein Importfaktor – abgesehen vom Öl – wirkt sich auf die schweizerische Binnenwirtschaft so stark aus wie das *Kursverhältnis Franken zu DM*. Galt es im Herbst 1978 angesichts der damaligen Hausse des Frankens das weitere Absinken der DM – so notierten z. B. am 27. Sept. 1978 100 DM = 76,39 Fr. – zu verhindern, um den Export nicht zum Erliegen zu bringen, so hält sich die DM seit Jahresbeginn 1980 fest über 90 Fr. (je 100 DM) und überschritt teilweise bereits die 95er Marke. Da die Schweiz über ein Viertel ihrer Importe aus der BR Deutschland bezieht, führt jeder Kursanstieg der DM zu spürbaren Importpreissteigerungen. – Obwohl sich das Schweizer *Handelsbilanzdefizit 1979* gegenüber dem Vorjahr um das *9fache erhöht* hat, schloß die **Ertragsbilanz** noch mit einem Überschuß von knapp 4 Mrd. Fr. (1978: 11,3 Mrd. Fr.) ab, dank der *Kapitalerträge* aus dem Ausland, die um rd. 1 Mrd. Fr. auf insg. 8 Mrd. Fr. anstiegen, während sich der Überschuß der *Fremdenverkehrsbilanz* um 0,5 Mrd. Fr. auf knapp 1,5 Mrd. Fr. verringerte.

Das Schweizer **Fremdenverkehrsgewerbe** meldete 1979 **9 821 000 Gästeankünfte** (1978: 9 923 000) u. – bei mittlerer Aufenthaltsdauer von 4,5 Nächten – insg. **67 324 100 Übernachtungen** (1978: 68 485 000). Die *Beherbergungskapazität* umfaßte 1979 *1 084 486 Betten* bzw. Schlafplätze (davon rd. ⅓ in Chalets u. Ferienwohnungen, ¼ in Hotelbetrieben u. rd. 23 % auf Campingplätzen).

Für die Bemessung der Finanzausgleichsleistungen 1980 u. 1981 wurde vom Bundesrat die **Finanzkraft der Kantone** nach Wehrsteuersubstanz, Steuerkraft, Steuerbelastung u. Anteil Berggebiet neu festgesetzt (schweiz. Mittel = 100, in Klammer 1978/79): *Finanzstarke Kantone:* Zug 179 (177), Basel-Stadt 164 (171), Genf 159 (155), Zürich 146 (144), Basel-Land 126 (124); *Mittelstarke Kantone:* Nidwalden 108 (103), Aargau 103 (112), Schaffhausen 97 (91), Tessin 90 (74), Waadt 89 (96), Thurgau 85 (87), Glarus 82 (87), St. Gallen 81 (83), Graubünden 77 (65), Appenzell-Außerrhoden 72 (61), Schwyz 70 (66), Solothurn 66 (69), Bern 65 (71), Neuenburg 60 (63); *Finanzschwache Kantone:* Luzern 59 (62), Wallis 52 (38), Uri 45 (39), Obwalden 43 (30), Freiburg 42 (46), Appenzell-Innerrh. 36 (32) u. Jura 30 (36). – Über *⅔ des schweiz. Volkseinkommens* bzw. Wirtschaftspotentials sind auf die 7 städt. oder mittelländ. Kantone Zürich, Bern, Waadt, Aargau, Genf, St. Gallen und Basel konzentriert. Auf die *deutschsprachigen Kantone* entfallen rd. ¾, auf die *westschweizerischen Kantone* (einschl. Tessin) ¼ des gesamten Wirtschaftspotentials. Das *Pro-Kopf-Einkommen* liegt in der Deutschschweiz 2,5 % über, in der Westschweiz 4 % unter dem Landesdurchschnitt. – Aus einer im Juni 1980 veröffentl. **Modellprognose** d. Inst. f. Wirtschaftsforsch. (WIF) an d. ETH Zürich geht hervor, daß das

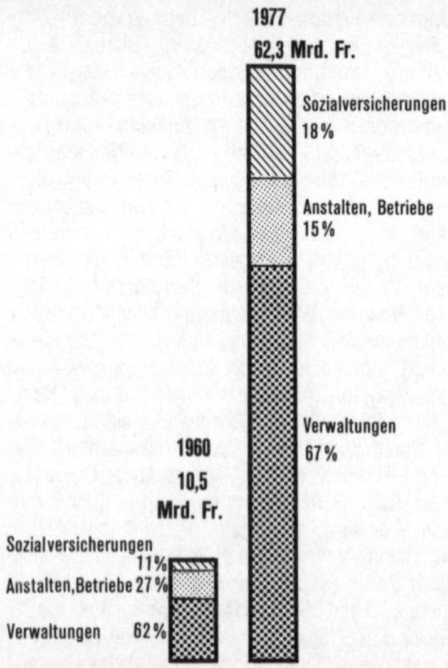

Öffentliche Ausgaben von Bund, Kantonen und Gemeinden 1960 und 1977
(Quelle: Wirtschaftsförderung/Pressegraphik Nr. 5, Okt. 1979)

reale Wirtschaftswachstum in der Schweiz 1980 mit *2 %* deutlich über dem des Vorjahres (0,8 %) liegen wird, außerdem wird prognostiziert: Privater Konsum + 2, öffentl. Konsum + 1, Anlageinvest. + 5, Export + 6,5, Gesamtnachfrage + 3,5, Import + 7,5, BIP + 2, Gesamtbeschäftigung + 0,7, Inflationsrate + 4,5.

Ende April 1980 wurden **6443 Arbeitslose** gezählt (– 42,2 % gegenüber April 1979), das entspricht einer *Ganzarbeitslosenzahl von 0,2 %* (vor Jahresfrist: 0,4 %) der aktiven Bevölkerung. Von ihnen gehörten 1 803 Verwaltungs-, Büro- u. Handelsberufen an, 1 306 waren über 50 u. 195 unter 20 Jahre alt.

Die **erwerbsfähige Bevölkerung** (15–64 Jahre) umfaßte 1978 **4 187 000 Personen,** von denen 2 870 000 (ohne Altersbegrenzung) tatsächl. erwerbstätig waren. Damit gehört die Schweiz mit einem *Erwerbskoeffizienten v. 68,5 %* zu den Ländern in Europa (ausgenommen planwirtschaftl. gesteuerte Länder) mit der höchsten Erwerbstätigenquote.

Ende April 1980 betrug die **Zahl erwerbstätiger Ausländer 647 575** gegenüber 628 616 vor Jahresfrist (+ 3,0 %), u. a. erwerbstätige Niedergelassene 367 530 (+ 4,7 %), Jahresaufenthalter 123 812 (– 10,7 %), Saisonarbeiter 60 056 (+ 21,6 %) u. Grenzgänger 96 177 (+ 8,5 %), Anteile in %: Niedergelassene 56,7, Jahresaufenthalter 19,1, Saisonarbeiter 9,3 u. Grenzgänger 14,9. Fast ⅕ (121952) d. erwerbstät. Ausländer entfiel auf den Kanton Zürich, gefolgt von den Kantonen Genf mit 11,6%, Tessin mit 10,3%, Waadt mit 9,2% u. Bern mit 7,2%. 21,5% waren in Metall- u. Maschinenindustrie, 15,9% im Baugewerbe u. 12,7% in Handel, Banken u. Versich. tätig. Nach Herkunftsländern stehen die Italiener mit 285672 (44,2%) Erwerbstätigen an der Spitze, es folgen Spanier mit 11,6%, Franzosen mit 10,2%, Deutsche mit 9,6%, Jugoslawen mit 7,0, Österreicher mit 4,0% u. Türken mit 2,9%.

Der **Stundenlohn für Arbeiter** betrug 1979 im Schnitt 13,92 Fr. (1978: 13,45 Fr.), u. a. Gelernte 15,09 Fr., An- u. Ungelernte 12,97 Fr., Arbeiterinnen 9,35 Fr. (Gelernte 10,87 Fr. u. An- u. Ungelernte 9,15 Fr.). Männl. Angestellte verdienten 1979 brutto 3523 Fr. pro Monat (+3,1%) bei einer Schwankung von 4016 Fr. (Kategorie I) bis 1946 Fr. (Kat. II). – Die **bezahlte wöchentl. Arbeitszeit** betrug im Okt. 1979 pro Arbeiter **44,46 Std.**, die durchschn. wöchentl. Normalarbeitszeit erreichte bei Arbeitern 44,70 Std., bei Angestellten 43,63 Std. Setzt man rückblickend den Verdienst des Jahres 1939 = 100, dann verdienten die Arbeitnehmer in der Schweiz 1979 1004 Indexpunkte (Männer 955, Frauen 1101), was einer jährlichen Nominalerhöhung von 6,1% gleichkommt. In realer Kaufkraft gerechnet liegen die Verdienste bei 250 Indexpunkten, was einen realen jährlichen Kaufkraftzuwachs von 1939–79 von durchschnittl. 2,4% ergibt. 1979 allerdings sind die **Löhne** (gemäß der Lohnstatistik verunfallter Arbeitnehmer) zwischen dem 4. Quartal 1978 und dem 4. Quartal 1979 *nominell zwar um durchschn. 2,7%* gestiegen, real aber aufgrund der Preissteigerungsrate von 3,6% um **knapp 1% gesunken.**

Seit dem Abgleiten des Bundeshaushalts in eine *Defizitperiode 1971* weist die **Finanzrechnung 1979** das *höchste je erzielte Defizit* aus: 1,7 Mrd. Fr. in der Finanzrechnung u. 2,3 Mrd. Fr. in der Gesamtrechnung. Die **Einnahmen des Bundes** *von 14898 Mill. Fr.* (1978: 15106 Mill. Fr.) setzen sich zusammen aus (in Mill. Fr.) Steuern auf Eink. u. Vermögen 4783, Wehrsteuer 3090, Verrechnungsst. 942, Stempelabg. 644, Militärpflichtersatz 107, Warenumsatzst. 4234, Tabakst. 637, Einfuhrzölle 875, Treibstoffzölle 904, Zollzuschlag auf Treibst. 1195, Lenkungsabg. 567, Darlehen u. Warengeschäfte 107, Vermögensertrag 342, sonst. Einn. 1254, Von den **Ausgaben** *in Höhe v. 16612 Mill. Fr.* (1978 15825 Mill. Fr.) entfielen auf die Landesverteidigung 20,6%, soziale Wohlfahrt 19,6%, Verkehr 16,2%, Unterricht u. Forsch. 9,3%, Landwirt. u. Ernährung 8,9%, auswärt. Bezieh. 3,6%, Übriges (Verwaltung, Rechtspflege, Zinsendienst usw.) 21,8%. Der **Zinsendienst** *für 19,4 Mrd. Fr. an Fremdmitteln,* sprich **Staatsschulden,** in Höhe von 797 Mill. Fr. *erfordert* bereits *4,8% der Gesamtausgaben.* Für den engeren Bereich der Bundesausgaben (Außen- u. Verteid.-politik, Personal usw.) sind 1979 5,8 Mrd. Fr. aufgewendet worden, d. h. 34,8% gegenüber fast 60% im Jahre 1950. Von den 10,39 Mrd. Fr.

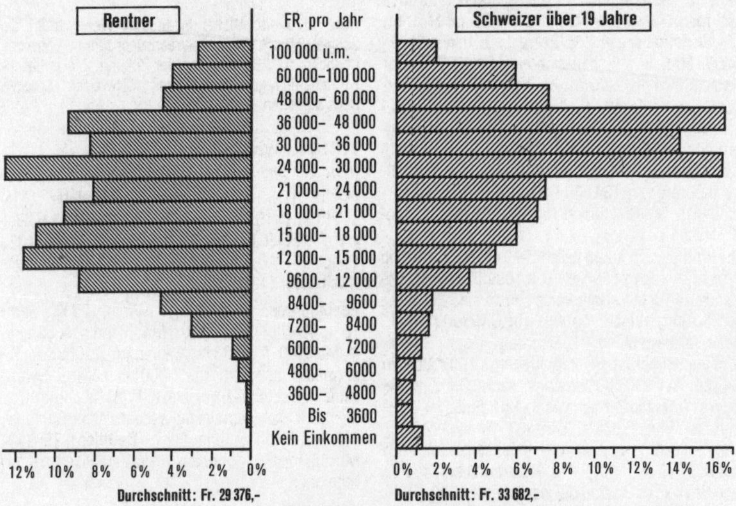

Die Einkommensverteilung bei Erwerbstätigen und Rentnern
(Nach »Neue Zürcher Zeitung« v. 11.12.1979)

Abschlußrechnung (R) und Voranschläge (V) von Bund, Kantonen und Gemeinden. 1978, 1979 u. 1980

	Ausgaben in Mill. Fr.	*Veränd. in %*	*Einnahmen in Mill. Fr.*	*Veränd. in %*	*Überschuß/Defizit in Mill. Fr.*
Bund					
1978 (R)	15958	+2,9*	15239	+8,5*	− 719
1979 (V)	16642	+4,3	15300	+0,4	−1342
1980 (V)	17489	+5,1	16198	+5,9	−1291
Kantone					
1978 (R)	20125	+1,5*	19910	+2,0*	− 215
1979 (V)	21400	+6,3	20700	+4,0	− 700
1980 (V)	22200	+3,7	21400	+3,4	− 800
Gemeinden					
1978 (R)	14200	+1,8*	14700	+2,8*	+ 500
1979 (V)	14700	+3,5	14600	−0,7	− 100
1980 (V)	15300	+4,1	15100	+3,4	− 200
Bund, Kantone u. Gemeinden (ohne Doppelzählungen)					
1978 (R)	42275	+2,0*	41841	+4,7*	− 434
1979 (V)	44372	+4,9	42230	+0,9	−2142
1980 (V)	46369	+4,5	44078	+4,4	−2291

* Rechnung 1978 jeweils in Relation zu Rechnung 1977

Transferleistungen sind 3,16 als Subventionen (Milchverwertung, Brotgetreide, Krankenkassen, Nationalfonds, Privatbahnhilfe, Entwicklungshilfe) an Dritte geflossen, 4,33 an Kantone u. Gemeinden, 1,83 an die AHV/IV u. 0,624 an die SBB.
Betrugen die **Ausgaben für Hochschulen** 1960 noch 162 Mill. Fr., so erreichten sie 1978 1,66 Mrd. Fr. (davon Betriebsausg. 1,372 Mrd. Fr. u. Investitionen 0,287 Mrd. Fr.), haben sich also *binnen zweier Jahrzehnte verzehnfacht,* während die Gesamtausgaben v. Bund, Kantonen u. Gemeinden auf etwas mehr als das Sechsfache u. das Bruttosozialprodukt auf ca. das Vierfache gestiegen sind. – 1979 beteiligten sich **53162 Prüflinge** an den Lehrabschlußprüfungen (34580 Lehrlinge u. 18582 Lehrtöchter); 62313 Lehrverträge wurden neu abgeschlossen (+4,9%),
Die **Wohnbevölkerung** nahm 1979 um 16000 zu und erreichte Anfang 1980 rd. 6314000 Personen. Die Schweizer Bevölkerung verzeichnete eine Zunahme um 30000 (Vorjahr 40000) auf 5396000 Einw., während die **ausländ. Bevölkerung** (einschl. Saisonarbeiter u. internat. Funktionäre) um 14000 (Vorjahr 34000) auf 918000 Personen sank. Die Zahl der **Jahresaufenthalter** schwächte sich Ende 1979 gegenüber Ende 1978 um 22837 auf 213749 ab, während sich jene der **Niedergelassenen** um 7867 auf 669343 erhöhte. – Der **Geburtenüberschuß** bei den Schweizern betrug bei insgesamt 60700 (1978: 57758) Geburten rd. 7000, bei den Ausländern 8000 (1978: 10158). – In den vergangenen 11 Jahren nahmen die *Scheidungsklagen* im Jahresdurchschnitt um 7,1% auf gegenwärtig über 10000, von 1945–65 lediglich um 1,5% jährlich zu. – Wegen *Verweigerung des Wehrdienstes* sind 1979 340 Schweizer vor Gericht verurteilt worden, 41 weniger als im Vorjahr.

Bibl. Hinweis: Walter Wittmann, Wohin treibt die Schweiz? Die Schweiz in den achtziger Jahren – verpaßte Chancen oder Bewältigung der Zukunft. Ein politisch-wirtschaftlich-gesellschaftlicher Schweizer Spiegel. Bern/München 1979

SENEGAL *(West-Afrika)*
(Republik Senegal; République du Sénégal – [SN])
Fläche (79): 196192 km² – **Einwohner** (81): 5520000 (S 1979; 5085388 Z IV/1976 prov.) = 28,1 je km² – **Städt. B.:** 24 / 2,9 / 64 / 64 – **G:** 42 / 9,3 / 32 / 16450 / 97 – **S:** 90 / 45 / 3,0 – **Jährl. Bevölkerungswachstum:** (1970–1974) 2,4%

Bevölkerung: Sudan-Neger (Wolof 25%, Serer 13%, Tukulör [Toucouleur] 6%, Mandinge, Sarakolé, Malinke), Fulbe 13%, Mauren, rd. 40000 Europäer (meist Franzosen), rd. 15000 Libanesen u. Syrer – **Staatssprache:** Französisch u. Wolof als Amtssprachen; Umgangssprachen: sudanesische Sprachen (Wolof, Malinke) und Ful – **Religion:** 75–90% Muslimen; 4–6% Christen (meist Katholiken); Naturreligionen

Nationalflagge: grün-gelb (mit grünem Stern)-rot (senkrecht) – **Nationalfeiertag:** 4. 4. – **U:** 1960

Staats- u. Regierungsform: Republik – Parlament

aus einer Kammer – Allgemeines Wahlrecht – Allgemeine Wehrpflicht – Gliederung in 8 Regionen – **Staatsoberhaupt:** Präsident Léopold Sédar Senghor, PSS, seit 1960, wiedergewählt 1978 – **Regierungschef:** Ministerpräsident Abdou Diouf – **Außenminister:** Moustapha Niasse – **Parteien:** Bei den Wahlen v. Febr. 1978 entfielen auf d. »Parti Socialiste Sénegalais«/PSS von Senghor 82,4 % d. Stimmen u. 82 Sitze, auf d. linkslib. nationalist. »Parti Démocratique Sénegalais«/PDS von Abdoulaye Wade 17,12 % bzw. 18 Sitze u. auf d. marxist.-len. »Parti Africain de l'Indépendence«/PAI von Mahmoud Diop 0,32 % u. kein Sitz. Außerdem die konservative »Rassemblement National Démocratique«/RND (nicht anerkannt) u. die »Mouvem. Republicain Sénégalais«/MRS – **Dipl. B.:** BR. Dtld. und DDR

Städte (Z 1975): Dakar (Hptst.) 529074 Einw. (als A 805523), Rufisque (A) 149119, Thiès 117333, Kaolack 106899, Saint-Louis 88401, Ziguinchor [Siginschor] 72726, Diourbel [Dyurböl] 50618, M'Bour [Mbur] 37663, Louga 35063, M'Backé 25039 (n. Mitt. v. Hédi Eckert)

Wirtschaft: BSP 1977: 1980 Mill. $, 1978: 1830 Mill. $/340 $ [118]/0,4 – **WS:** 28/5,2/24/4,8 – **V:** 15/85/16/0/31/–16 – **A:** 53/77/9 – **E:** 156/0,4/97 – **M:** 2,5

Außenhandel: 1977 **Einf.** 762 Mill. $, **Ausf.** 623 Mill. $ – **W:** 1 CFA-Franc (F C.F.A.) = 100 Centimes (c); 1 FF = 50 CFA-Francs, 1 CFA-Franc = 0,02 FF bzw. 0,0087 DM – **I:** 12,1 – **AS:** 3*/1*/5*/30*/19* – **T:** 95 – **H:** 85/15/<1 – **Z:** –73/2,7/8/21 – **D:** 0,5 – **K:** –/76/5*

Wichtige Ausfuhrgüter: Erdnüsse, Erdnußöl, Ölkuchen (etwa ⅓ des Ausfuhrwertes), Phosphate (⅕), Häute u. Felle, Fische u. F.-Produkte, Titan, Salz – **Wichtigste Außenhandelspartner:** Frankreich (bis 50 % Anteil), BR Deutschland und and. EG-Länder, USA, Nachbarländer

Mitgliedschaft: UNO, OAU, AGC, CEDEAO (ECOWAS), CEAO, CFA, ECE, AKP, FAO, GAMO (OCAM), GATT, IAEA, IBRD, ICAO, IDA, IFC, ILO, IMCO, IMF, ITU, OMVS, UDEAC, UNESCO, UPU, WHO, WMO – Assoziationsvertrag m. Gambia

SESCHELLEN *(Ost-Afrika)*
(Republik Seschellen; Republic of Seychelles; Rep. des Seychelles – [SY])

Fläche (159): 404 km² – **Einwohner** (161): 62000 (S 1979; 53096 Z 1971) = 153,5 je km² – **Städt. Bev.:** 26 % – **S:** bis 80 % – **Jährl. Bev.-Wachstum:** (1970–1977) 2,6 %

Bevölkerung: Neger und Mulatten, französische Kreolen; indische (»Laskar«, »Malabars«, etwa 2 %), chinesische und malaiische Minderheiten – **Staatssprache:** Englisch und Französisch; Umgangssprache ein überwiegend kreolisches Französisch – **Religion:** 91 % Katholiken, 7,5 % Anglikaner

Nationalflagge: rot (waagerecht, breit) oben und grün (schmal) unten, getrennt durch einen gewellten weißen Streifen – **Nationalfeiertag:** 28. 6. – **U:** 1976

Staats- u. Regierungsform: Republik mit Einkammerparlament, neue Verfassung seit März 1979 auf d. Wege zur »sozialist. Demokratie« – Allg. Wahlrecht – **Staatsoberhaupt** u. Regierungschef sowie Finanz- u. Wirtschaftsminister: France-Albert René, SPPF, seit dem Staatsstreich v. Juni 1977, gewählt Juni 1979 – **Außenminister:** Jacques Hodoul – **Parteien:** seit den Wahlen von 1979 alle Sitze an die »Front progressiste du peuple seychellois«/SPPF, mit d. Charakter einer »sozialistischen Einheitspartei« – **Dipl. B.:** BR Dtld.

Städte: Victoria (Hptst.) auf der Insel Mahé 13736 Einw. (1971), als A 1977 23000

Wirtschaft: BSP 1977 (S): 60 Mill. $, 1978 (S): 70 Mill. $ / 1010 $ [71] / 3,8 – **L:** 27 – **E:** 570

Außenhandel: 1974 **Einf.** 27 Mill. $, **Ausf.** 3 Mill. $ – **W:** 1 Seschellen-Rupie (SR) = 100 Cents (c); 1 US-$ = 6,55 SR, 1 SR = 0,2965 DM

Wichtigste Ausfuhrgüter: Kopra, Zimt, Zimtöl, Kokosnüsse, Guano (60 % d. Deviseneinn. aus Fremdenverkehr) – **Wichtigste Außenhandelspartner:** Großbritannien, Frankreich u. andere EG-Länder, Pakistan, Südafrika, Kenia

Mitgliedschaft: Commonwealth, UNO; FAO, OAU, AKP, IMF, OCAM (assoz.)

SIAM s. Thailand

SIERRA LEONE *(West-Afrika)*
(Republik Sierra Leone; Republic of Sierra Leone – [WAL])

Fläche (108): 71740 km² – **Einwohner** (99): 3380000 (S 1979; 2729479 Z 1974 prov.) = 47,1 je km² – **Städt. B.:** 21/5,6/45/0 – **G:** 46/13,6/27/26000*/97 – **S:** 85/37/3,1 – **Jährl. Bevölkerungswachstum:** (1970–1975) 2,4 %

Bevölkerung: vorwieg. Sudan-Neger (Mende u. Temne je 20 %, Soso, Kuranko, Limba); rd. 2000 meist britische Europäer, ca. 3500 Asiaten. Sogenannte »kreolische« Neger (etwa 2 %) an der Küste – **Staatssprache:** Englisch als Amtssprache; als Umgangssprachen sudanesische Sprachen (u. a. Malinke) und Krio – **Religion:** etwa 30 % Muslimen (bes. Temne) u. kleinere christl. Minderheiten (70000 Protestanten, 58500 Katholiken), im übrigen Anhänger von Naturreligionen

Nationalflagge: grün-weiß-kobaltblau (waagerecht) – **Nationalfeiertag:** 19. 4. – **U:** 1961, Republik seit 1971

Staats- u. Regierungsform: Präsidiale Republik; unabhängiges Mitglied des Commonwealth of Nations – Einkammerparlament (»House of Representatives«) – Keine allgem. Wehrpflicht – Verwaltungsgliederung in 3 Provinzen (12 Distr.), ein Stadtgebiet – **Staatsoberhaupt** u. Regierungschef: Dr. Siaka Probyn Stevens, APV, erneut seit 1978 – **Außenminister:** Dr. Abdulai Conteh – **Parteien:** der linksneutralist. »All People's Congress«/APC erhielt bei den Wahlen v. 1977 77 Sitze, die oppos. »Volkspartei«/SLPP gewann 11 Mandate; dazu d. Sitze d. 12 Stammeshäuptlinge – **Seit** der Annahme einer neuen Verfassung durch ein Referendum im **Juni 1978** ist Sierra Leone ein **Einheitsparteistaat** mit dem APC als einzig zugelassener Partei. Der Führer des APC (Dr. Stevens) ist für sieben Jahre Partei- u. Regierungschef – **Dipl. B.:** BR Dtld. und DDR

Städte (S): Freetown (Hptst.) m. V. (1974) 214443 Einw., Bo 30000, Lunsar-Marampa 18000, Kenema 15000, Makeni 12000, Koindu 11700, Port Loko 4000, Moyamba 3700, Pepel 1500

Wirtschaft: BSP 1977: 640 Mill. $, 1978: 690 Mill. $/ 210$ [139] / – 1,3 – **WS:** 40/2,3/19/ – 3,2 – **V:** 16/78 / 14 / 6 / 20 / – 8 – **A:** 54 / 68 / 18 – **E:** 112 / 0,5 / 65 – **M:** 1,0

Außenhandel: 1978 **Einf.** 278 Mill. $, **Ausf.** 161 Mill. $ – **W:** 1 Leone (Le) = 100 Cents (c); 1 Le = 0,92713 US-$ bzw. 1,8004 DM – **I:** 9,8 – **AS:** 15*/0*/12*/23*/ 15* – **T:** 83 – **H:** 96/4/0 – **Z:** – 33/2,8/10/32 – **D:** 1,7 – **K:** – / 20 / 5

Wichtige Ausfuhrgüter: Diamanten (über 50% des Ausfuhrwertes), Eisen- und Chromerze, Palmkerne, Kakao, Kaffee, Kolanüsse, Piassava-Fasern – **Wichtigste Außenhandelspartner:** Großbritannien (über 40%), Japan, USA, Niederlande, Nigeria

Mitgliedschaft: Commonwealth, UNO, OAU, ECA, ECOWAS (CEDEAO), FAO, GATT, IAEA, IBRD, ICAO, IDA, IFC, ILO, IMCO, IMF, ITU, UNESCO, UPU, WHO, WMO; AKP; m. Gambia u. Liberia in d. »Mano-Fluß-Union«

SIKKIM s. Indien

SIMBABWE *(Süd-Afrika)*
(Republic of Zimbabwe; früher Rhodesien)

Fläche (53): 390622 km² – **Einwohner** (71): 7140000 (S 1979; 5037110 Z 1960) = 18,3 je km² – **Städt. B.:** 20/6,4/48/48 – **G:** 52/3,3/16/7110/108 – **S:** 61* / 98 / 3,5 – **Jährl. Bevölkerungswachstum:** (1970–1977) 3,5%

Bevölkerung: Bantu, bes. Schona (Shona; darunter bes. Karanga 22%, Korekore 12%, Zezeru 18%, Manyiku 13%), 14% Ndebele; (1.7.1978) 264000 Weiße (davon rd. 60% nach 2. Weltkrieg eingewandert), 31500 »Coloureds« u. Asiaten (meist Inder) – **Staatssprache:** Englisch, Bantu-Sprachen (CiShona, IsiNdebele) – **Religion:** überwiegend Protestanten, über 10% Katholiken, muslimische Minderheit, 4800 Juden; Anhänger von Naturreligionen

Nationalflagge: sieben Streifen (waagerecht) in Grün, Gold, Rot, Schwarz, Rot, Gold u. Grün, weißes Dreieck mit rotem, 5zackigem Stern, darin gelber Simbabwe-Vogel – **Nationalfeiertag** 18.4. – **U:** 18.4.1980

Staats- u. Regierungsform: Nach Abschluß d. Londoner Verhandlungen neue Verfassung u. Neuwahlen (Einzelheiten s. »Weltchronik 2«) – Parlamentarische Demokratie – Commonwealth-Monarchie – 20 Mandate f. die Weißen reserviert – **Staatsoberhaupt:** Präsident Canaan Banana – **Regierungschef** u. Verteidigungsminister: Dr. Robert G. Mugabe – **Außenminister:** Simon Muzenda – **Parteien:** Bei d. Wahlen v. Febr. 1980 erhielten d. ZANU (»Zimbabwe African National Union-PF«) v. R. Mugabe 57 d. insg. 80 Mandate, die »Patriotische Front«/PF v. Joshua Nkomo 20, die »Rhodesische Front-Partei« (vertritt d. Interessen d. Weißen) unter Führung des ehem. weißen Premier-Min. Ian Smith die verfassungsmäßig garantierten 20 u. d. »Vereinigte Afrikanische Nationalrat« v. Bischof Abel Musorewa 3, die »Simb. Dem. Partei« v. James Chikerema 0 Mandate. ZANU-PF u. PF bildeten eine Koalitionsregierung – **Dipl. B.:** BR Dtld.

Städte (S 1976): Harare [fr. Salisbury] (Hptst.) 566000 Einw. als A (124000 meist britische Weiße), Bulawayo 340000 (59000 Weiße), Gwelo 67000 (9100 Weiße), Umtali 60000 (9600 W.), Que Que 52000 (4200 W.), Gatooma 32000 (2700 W.), Wankie 29000 (2900 W.), Fort Victoria 20000 (2800 W.), Shabani 17000 (1900 W.)

Wirtschaft: BSP 1977 (S): 3070 Mill. $, 1978 (S): 3320 Mill. $ / 480 $ [102] / (S) – 0,1 – **W:** 18* / . . / 35* / . . – **V:** 11* / 66* / 23* / 23* / . . / <1* – **A:** 51 / 61 / 15 – **E:** 634 / 1,2 / 942 – **M:** 8,3

Außenhandel: 1979 **Einf.** 937 Mill. $, **Ausf.** 1154 Mill. $ – **W:** 1 Rhodesischer Dollar (R.$) = 100 Cents (c); 1 R.$ = 1,5295 US-$ bzw. 2,9701 DM – **I:** 8,2 – **AS:** 71* / <1*

Wichtige Ausfuhrgüter: Bergbauprodukte (Asbest, Chromerz, Gold, Kupfer, Zinn, Wolfram), Tabak, Tee, Getreide, Zucker – **Wichtigste Außenhandelspartner** bis 1965: Großbritannien, Südafrika, Sambia, USA, BR Deutschland, Japan; seither bis z. Unabh. 1980 wegen des Boykotts Veränderungen, da z.T. Lieferanten u. Bezieher auf Umwegen Handel treiben

Mitgliedschaft: UNO, ILO; Commonwealth; AKP

SINGAPUR *(Südost-Asien)*
(Republik Singapur; Majulah Singapura; Republic of Singapore; Xinjiapo Gonghegno – [SGP])

Fläche (156): 581 km² – **Einwohner** (112): 2360000 (F 1979; 2074507 Z 1970) = 4062 je km² – **Städt. B.:** 100/1,6/100/100 – **G:** 70/1,2/1/1340/122 – **S:** 25/ 110 / 2,7 – **Geburten- u. Sterbeziffer** je 1000 Einw. 1977: 16,6 / 5,2 – **Geb.-Ü.:** 11,4

Bevölkerung: (1973) rund 76% Chinesen, 15% Malaien, etwa 7% Inder u. Pakistaner, u. a. 38000 Europäer sowie 20000 Eurasiaten – **Staatssprache:** Englisch als Amts-, Verwaltungs- u. Bildungssprache; offiz. Sprachen auch Malaiisch u. Chinesisch sowie Tamil – **Religion:** Konfuzianer, Taoisten u. Buddhisten (Chinesen), Muslimen (Malaien u. Pakistaner), Hindus (Inder); christl. (u. a. etwa 78000 Katholiken) und jüdische Minderheit (500)

Nationalflagge: rot(mit weißem Halbmond und fünf weißen Sternen links oben)-weiß (waagerecht) – **Nationalfeiertag:** 9.8. – **U:** 1965

Staats- u. Regierungsform: Republik – Parlament aus einer Kammer – Allgemeines Wahlrecht – Wehrpflicht – **Staatsoberhaupt:** Präsident Dr. Benjamin Henry Sheares (eurasiat. Abstammung), parteilos, seit 1971 – **Regierungschef:** Premierminister Lee Kuan [Kwan] Yew, PAP – Stellvertr. Min.-Präs. u. f. Außenpolitik zuständig: Rajaratnam Sinnathamby; die Tagesgeschäfte d. Außenmin. führt Suppiah Dhanabalan – **Parteien:** weitaus wichtigste Partei ist die von den Chinesen getragene »People's Action Party«/PAP, die 1977 mit 72,9% der Stimmen alle 69 Sitze gewann; »Barisan Socialist Party« (Gen.Sekr. Lee Siew Choh; extrem links) – **Dipl. B.:** BR Dtld. und DDR

Hauptstadt: Singapur (1977) 2308200 Einw., daneben noch einige kleinere städt. Siedlungen und Landgemeinden

Wirtschaft: BSP 1977: 6540 Mill. $, 1978: 7690 Mill. $/3260$ (ohne die im Ausland Beschäftigten 2620$ [43a]) [39]/6,6 – **WS:** 2/1,6/35/8,6 – **V:** 10/61/34/29/160/ – 5 – **A:** 65/2/32 – **E:** 2262/0,9/2474 – **M:** 6,8

Außenhandel: (ohne Transithandel m. W-Malaysia) 1979 **Einf.** 17636 Mill. $, **Ausf.** 14233 Mill. $ – **W:** 1 Singapur-Dollar(S$) = 100Cents; 1US-$ = 2,2710S$ = 0,8551 DM (die Geldzeichen Bruneis als gebräuchl. Zahlungsmittel im Verhältnis 1 BR$ = 1 S$) – **I:** 7,0 – **AS:** 31/25/27/10/26 – **H:** 47/48/2 – **Z:** – 414/1,3/0,8/16 – **D:** 4,1 – **K:** – /221/343

Wichtigste Ausfuhrgüter: Erdölprodukte (25%), Maschinen und Transportmittel (25%), Textilien, sonst. Industriegüter, Transitausfuhr von Malaysia (Kautschuk, Eisenerz, Zinn, Kopra, Kokosnußöl) – **Wichtigste Außenhandelspartner:** Malaysia, Japan u. USA je 14%, Saudi-Arabien, Großbritannien, BR Deutschland, Indonesien, Australien

Mitgliedschaft: UNO, Commonwealth, Colombo-Plan, ADB, ASEAN, ESCAP, GATT, IAEA, ICAO, IBRD, ILO, IMCO, IMF, ITU, UNESCO, UPU, WHO, WMO

SOLOMON ISLANDS s. Salomonen

SOMALIA *(Nordost-Afrika)*
(Somalische Demokrat. Republik; Al-Jumhouriya As-Somaliya Al-Domocradia; Jamhuuriyadda Soomaaliya; Somali Dem. Republik – [SP])

Fläche (39): 637657 km^2 – **Einwohner** (97): 3540000 (S 1979) = 5,5 je km^2 – **Städt. B.:** 27/5,0/29/0 – **G:** 43/17,7/31/30000*/79 – **S:** 50/40/4,8 – **Jährl. Bevölkerungswachstum:** (1970–1977) 2,7%

Bevölkerung: überwiegend Somal-Stämme (Digil, Dir, Issas, Hawiya usw.), daneben etwa 100000 Bantu, rund 30000 Araber, kleine italienische, britische, indische u. pakistanische Minderheiten; über 40% der Bevölkerung leben nomadisch – **Staatssprache:** Somali (in Lateinschrift), seit 1972 einzige Amtssprache; Arabisch, Englisch u. Italienisch als Handels- u. Bildungssprachen – **Religion:** 99% sunnitische Muslimen (schafiitischer Richtung), 2300 Katholiken

Nationalflagge: hellblaues Feld mit weißem fünfzakkigem Stern – **Nationalfeiertag:** 21.10. – **U:** 1960

Staats- u. Regierungsform: Republik m. soz. Tendenzen – Nach der Verfassung von 1976 »sozialistischer Einparteienstaat« – Neue Verfassung von 1979 – Allgem. Wehrpflicht – Verwaltungsgliederung in 16 Provinzen – Grenzkonflikte mit Äthiopien und Kenia (s. diese) – **Staatsoberhaupt:** General Mohammed Siad [Ziyad] Barre, seit 1969, wiedergewählt Jan. 1980 v. d. neuen Volksversammlung; auch Regierungschef und Vorsitzender der PSRS – **Außenminister:** Abdurrahman Jama Barre – **Parteien:** Bei d. Wahlen v. 30. Dez. 1979 (erste seit d. Machtergreifung v. Siad Barre) fielen alle 171 Sitze d. Volksversammlung an die »Somalische Sozialistische Revolutionspartei«/PSRS (Einheitspartei) – **Dipl. B.:** BR Dtld. und DDR

Städte (S 1976): Mogadiscio [Mogadischo bzw. Muqdisho] (Hptst.) 350000 Einw., Hargeisa 90000, Marka [Merca] 65000, Berbera 50000, Kisimayó [Chisimaio] 30000 (alle m. Umgebung); seither starke Veränderungen

Wirtschaft: BSP 1977 (S): 430 Mill. $, 1978 (S): 470 Mill. $/130$ [157]/(S) – 1,1 – **WS:** 45*/ – 1,5*/17*/3,3* – **V:** 20*/73*/15*/7*/21*/ – 8* – **A:** 53/83/7 – **E:** 47/0,4/14 – **M:** 5

Außenhandel: 1978 **Einf.** 241 Mill. $, **Ausf.** 107 Mill. $ – **W:** 1 Somalischer Schilling (So.Sh.) = 100 Centesimi (Cnt.); 1 US-$ = 6,2327 So.Sh., 1 So.Sh. = 0,3116 DM – **I:** 10,2 – **AS:** 0*/8*/4*/27*/18*/ – **T:** 75 – **H:** 27/31/9 – **Z:** – 31/2,6/11/93 – **D:** 5,9 – **K:** – /115/8

Wichtige Ausfuhrgüter: Vieh, Häute u. Felle (bis 60%); Bananen (ein Viertel) u. Gemüse, Holz, Baumwolle, Weihrauch, Myrrhe, Gummiarabikum – **Wichtigste Außenhandelspartner:** Italien, Saudi-Arabien, Sowjetunion (1974/75), USA, Japan, Großbritannien, BR Deutschland, Chines. Volksrep.

Mitgliedschaft: UNO, OAU, ECA, AKP, FAO, IBRD, ICAO, IDA, IFC, ILO, IMF, ITU, UNESCO, UPU, WHO, WMO; Arabische Liga; Koop. Abkomm. »Region Rotes Meer« m. d. beiden Jemen u. d. Sudan, Gemeins. Arab. Markt; Ost-Südostafrik. Präf.-Handelszone

SOWJETUNION *(Eurasien)*
(Union der Sozialistischen Sowjetrepubliken/UdSSR; Sojus Sowjetskich Sozialistitscheskich Respublik, S.S.S.R. - [SU])

Fläche (1): 22274900 bzw. 22402200 km^2 einschließlich des Asowschen und Weißen Meeres, deren Fläche in den Unionsrepubliken nicht enthalten sind (eigentl. Binnengewässer 375000 km^2) – **Einwohner** (3): 264500000 (S 1979; Z Jan. 1979 262442000, davon [1975] 130320757 Frauen [53%]; europ. Teil 5571000 km^2 und rund drei Viertel der Gesamtbevölkerung; asiatischer Teil 16831000 km^2) = 11,9 je km^2 – **Städt. B.:** 61 / 2,4 / 5 / 22 – **G:** 70 / 3,5* / 1 / 300 / 138 – **S:** 1 / 97 / 7,4 – **Geburten- u. Sterbeziffer** je 1000 Einw. 1977: 18,2 / 9,3 – **Geb.-Ü.:** 8,9 – **Jährl. Bevölkerungswachstum** (1970–1976): 0,9% (in Europa 0,8%, in den mittelasiatischen Gebieten 1,6%)

Ethnische Gliederung der Bevölkerung (»Nationalitäten«): Z 1979 (Anteil mit der entsprechenden Muttersprache in %) / Z 1970, Angabe in Tausend: Russen 137397 (99,9)/129015 – Ukrainer 42347 (82,8)/40753 – Usbeken 12456 (98,5)/9195 – Bjelorussen (»Weißruthenen«) 9463 (74,2)/9052 – Kasachen 6556 (97,5)/5299 – Tataren 6317 (85,9)/5931 – Aserbaidschaner 5477 (97,9)/4380 – Armenier 4151 (90,7)/3559 – Georgier/Grusinier 3571 (98,3)/3245 – Moldauer 2968 (93,2)/2698 – Tadschiken 2898 (97,8)/2136 – Litauer 2851 (97,9)/2665 – Turkmenen 2028 (98,7)/1525 – Deutsche 1936 (57,0)/1846 – Kirgisen 1906 (97,9)/1452 – Juden 1811 (14,2)/2151 – Tschuwaschen 1751 (81,7)/1694 – Dagestanische Völker 1657 (95,9)/1365 – Letten 1439 (95,0)/1430 – Baschkiren 1371 (67,0)/1240 – Mordwinen 1192 (72,6)/1263 – Polen 1151 (29,1)/1167 – Esten 1020 (95,3)/1007 – Tschetschenen 756 (90,0)/613 – Udmurten 714 (76,5)/704 – Mari 622 (86,7)/599 – Osseten 542 (88,2)/488 – Komi 327 (76,2)/322 – Komi-Permjaken 151 (77,1)/153 – Koreaner 389 (55,4)/357 – Bulgaren 361 (68,0)/351 – Burjäten 353 (90,2)/315 – Griechen 344 (38,0)/337 – Jakuten 328 (95,3)/296 – Kabardiner 322 (97,9)/280 – Karakalpaken 303 (95,9)/236 – Uiguren 211 (86,1)/173 – Zigeuner 209 (74,1)/175 – Inguschen 186 (97,4)/158 – Gagausen 173 (89,3)/157 – Madjaren (Ungarn) 171 (95,4)/166 – Tuwiner 166 (98,8)/139 – Völker des Nordens, Sibiriens u. d. Fernen Ostens 158 (61,8)/153 – Kalmücken 147 (91,3)/137 – Karelier 138 (55,6)/146 – Karatschaier 131 (97,7)/113 – Rumänen 129 (41,1)/119 – Kurden 116 (83,6)/89 – Adygen 109 (95,7)/100 – Türken 93 (84,7)/79 – Abchasen 91 (94,3)/83 – Finnen 77 (40,9)/85 – Chakassen 71 (80,9)/67 – Balkaren 66 (96,9)/60 – Altaier 60 (86,4)/56 – Dunganen 52 (94,8)/39 – Tscherkessen 46 (91,4)/40 – Perser 31 (30,7)/28 – Abasen 29 (95,3)/25 – Assyrer 25 (54,9)/24 – Taten 22 (67,4)/17 – Schoren 16 (61,2)/16 – Sonstige 136 (59,7)/157 – *Von d. dagestan. Völkern waren* (in 1000): Awaren 483 (97,7)/396 – Lesgier 383 (90,9)/324 – Darginer 287 (98,3)/231 – Kumyken 228 (98,2)/189 – Laken 100 (95,0)/86 – Tabasseranen 75 (97,4)/55 – Nogaier 60 (90,3)/52 – Rutulzen 15 (99,1)/12 – Zachuren 14 (95,2)/11 – Agulen 12 (98,3)/8,8; *von d. Völkern des Nordens, Sibiriens u. d. Fernen Ostens waren* (in 1000): Nenzen 30 (80,4)/29 – Ewenken 28 (43,1)/25 – Chanten 21 (67,8)/21 – Tschuktschen 14 (78,3)/14 – Ewenen 12 (56,7)/12 – Nanai 10,5 (55,8)/10 – Korjaken 7,9 (69,1)/7,5 – Mansen 7,6 (49,5)/7,7 – Dolganen 5,1 (90,0)/4,9 – Nisochen 4,4 (30,6)/4,4 – Selkupen 3,6 (56,6)/4,3 – Ultschen 2,6 (38,8)/2,4 – Samen (Lappen) 1,9 (53,0)/1,9 – Udegeier 1,6 (31,0)/1,5 – Eskimos 1,5 (60,7)/1,3 – Insg. über 100 Nationalitäten, u. a. so kleine Völker wie die rd. 500 Menschen umfassenden Aleuten u. Negidalzen – Von den über 1,8 Mill. (1979: 1,936 Mill.) Deutschen in der UdSSR lebten 1970 41% in der Russischen SSR, 46% in der Kasachischen SSR und u. a. 9% in der Kirgisischen SSR; 45,4% lebten in Städten – **Staatssprache:** Russisch; im übrigen Gleichberechtigung der anderen Sprachen in den Unions- u. Autonomen Republiken, Nationalen Gebieten und Kreisen – 1979 bezeichneten 153,5 Mill. (1970 141,8 Mill.) Russisch als ihre Muttersprache, davon 137,2 Mill. Russen u. 16,3 Mill. Angehörige anderer Nationalitäten. Als Zweitsprache beherrschten weitere 61,3 Mill. (1970 41,9 Mill.) Personen das Russische, das zu Lasten der anderen Sprachen ständig an Boden gewinnt – **Religion:** vorherrschend orthodoxes Christentum (nach »World Christian Handbook« usw. 1970 etwa 30 Mill. praktizierende Orthodoxe), röm.-katholische Minderheiten (über 3 Mill.), rd. 1,5 Mill. Protest. (bes. Luther. u. etwa 0,5 Mill. Baptisten). Anteil der gläubigen Juden an der Gesamtzahl der Juden unbekannt (n. »Jewish Stat. Bureau«, New York, 1977 insges. 2,7 Mill. Juden). Wahrscheinlich über 30 Mill. Muslimen, vor allem in Mittelasien u. Transkaukasien; Buddhisten (0,5 Mill.). Trennung von Kirche u. Staat. Nach der Verfassung Freiheit des Kultus, aber auch der antireligiösen Propaganda; Verbot des Religionsunterrichts für Jugendliche unter 18 Jahren. (Nach A. Schichel in »Polit. Studien«, München 1977, S. 652, bekennen sich rund 24% d. gesamt. Bevölkerung als Gläubige zu christlichen Kirchen)

Nationalflagge: rotes Feld mit Hammer und Sichel (golden) und einem fünfzackigen Stern in der oberen Ecke am Flaggstock – **Nationalfeiertag:** 7. 11. u. 7. 10. (Tag d. Verfassung), 9. 5. (Tag d. Sieges) –

U: alte staatliche Tradition; fünf Jahre n. d. Revolution von 1917 Gründung der UdSSR am 30. 12. 1922 **Staats- u. Regierungsform:** Neue Verfassung v. 7. 10. 1977 – Rätesystem mit massendemokrat. u. nationalföderalen Zügen. KP entscheidende Instanz in allen Angelegenheiten – Parlament aus 2 Kammern (»Oberster Sowjet« bzw. »Werchowny Sowjet«, 1500 Mitgl., Präsidium aus 39 Mitgl.), bestehend aus dem »Unionsrat« bzw. »Sowjet Sojusa« (767 Deputierte, die ungeachtet der Nationalität 350000 Wähler vertreten, Vorsitzender Alexej Schitikow) und dem »Nationalitätenrat« bzw. »Sowjet Natzionalnostej« (750 Deputierte aus den 15 Unionsrepubliken u. auton. Republiken, Regionen u. Bezirken, Vors. Witalij Ruben) – Wahlberechtigt alle üb. 18 J. alten Bürger – Wehrpflicht – Die 15 Unionsrepubliken haben je ein eigenes Parlament (Sowjet) u. eine eigene Regierung – Die Ukraine u. Weißrußland (Bjelorußland) sind eigenständige Mitglieder der Vereinten Nationen (UNO) neben der Sowjetunion als Ganzes – Verwaltungsgliederung in Gebiete (Oblastj), vereinzelt in Gaue (Kraj) – Wirtschaftsgliederung in Rayones – Autonome Einheiten für die verschiedenen Nationalitäten als Autonome Republik (20), Aut. Gebiet (8) oder Aut. Bezirk (Nat. Okrug; 10) – **Staatsoberhaupt:** Vorsitzender des Präsidiums des Obersten Sowjets Leonid I. Breschnjew [Breschnew], seit 1977; Erster stellv. Vors.: Wassili Kusnezow – **Regierungschef:** Vors. des Ministerrates Alexej Nikolajewitsch Kossygin; Erster Stellvertr.: Nikolai Tichonow – **Außenminister:** Andrej A. Gromyko – **Parteien:** allein zugelassen u. in allen Fragen entscheidend die »Kommunistische Partei d. Sowjetunion«, geleitet seit Stalins Tod durch ein »Führungskollektiv«, d. h. die Vollmitglieder des Politbüros der KPdSU; Generalsekretär des Zentralkomitees (1980 287 Mitgl.) Leonid I. Breschnjew. Vollmitglieder (14) des Politbüros der KPdSU (Juni 1980): Leonid I. Breschnjew, Alexej N. Kossygin, Michail A. Suslow, Andrej P. Kirilenko, Konstantin I. Tscher-

Unionsrepubliken (Zahlen abgerundet)	*Fläche*	*Einwohner* (Z 17. 1. 1979)	*Anteil d. Russen/ d. namengeb. Bevölkerung (1970) in %*
Russische Soz. Föd. Sowjetrepublik	17075400 km²	137552000	(82,2)
Hauptstadt: Moskau (Moskva m. V.)		8011000	
Ukrainische SSR	603700 km²	49757000	(16,9/76,8)
Hauptstadt: Kiew		2144000	
Bjelorussische SSR	207600 km²	9559000	(8,2/81,1)
Hauptstadt: Minsk		1276000	
Estnische SSR	45100 km²	1466000	(20,1/74,6)
Hauptstadt: Tallinn		430000	
Lettische SSR	63700 km²	2521000	(26,6/62,0)
Hauptstadt: Riga		835000	
Litauische SSR	65200 km²	3399000	(8,5/79,3)
Hauptstadt: Vilnius		481000	
Moldauische SSR	33700 km²	3948000	(10,2/65,4)
Hauptstadt: Kischinjow		503000	
Armenische SSR	29800 km²	3031000	(3,2/88,0)
Hauptstadt: Jerewan		1019000	
Grusinische (Georgische) SSR	69700 km²	5016000	(10,1/64,3)
Hauptstadt: Tbilisi		1066000	
Aserbeidschanische SSR	86600 km²	6028000	(13,6/67,5)
Hauptstadt: Baku		1550000	
Kasachische SSR	2715100 km²	14685000	(43,2/29,8)
Hauptstadt: Alma-Ata		910000	
Kirgisische SSR	198500 km²	3529000	(30,2/40,5)
Hauptstadt: Frunse		533000	
Tadschikische SSR	143100 km²	3801000	(13,3/53,1)
Hauptstadt: Duschanbe		493000	
Turkmenische SSR	488100 km²	2759000	(17,3/60,9)
Hauptstadt: Aschchabad		315000	
Usbekische SSR	449600 km²	15391000	(13,5/61,1)
Hauptstadt: Taschkent		1779000	

nenko, J. Juri W. Andropow, Andrej A. Gromyko, Dimitri F. Ustinow, Nikolai A. Tichonow, Victor W. Grischin, Dinmuchamed A. Kunajew, Arwid J. Pelsche, Grigori W. Romanow u. Wladimir W. Stscherbizki, außerdem 8 Kandidaten: Geijdar Alijew, Pjotr Demitschew, Wassili Kusnezow, Pjotr Mascherow, Boris Ponomarjow, Scharaf Raschidow, Michail Solomenzew, Eduard Schewardnadse. Die 9 Sekretäre d. ZK d. KPdSU: Michail Suslow, Andrej Kirilenko, Konstantin Tschernenko, Boris Ponomarjow, Iwan Kapitonow, Wladimir Dolgich, Michail Simjanin, Konstantin Russakow, Michail Gorbatschow. – Am 1.7.1977 zählte die KPdSU über 16 Mill. Mitglieder (0,5 Mill. Kandidaten), darunter rund 42% Arbeiter und u. a. 13,6% Kolchosbauern sowie etwa 20% Vertreter der technischen Intelligenz, 24% Wissenschaftler, Künstler, Verwaltungsfunktionäre und Militärs; über 60% besitzen zumindest abgeschlossene Oberschulbildung. Rund 23% d. Mitgl. waren Frauen – Am 24.2.1980 entfielen bei den Wahlen zum »Obersten Sowjet« rd. 99,90% der Stimmen auf die Kandidaten der Einheitsliste

Städte (Z 1979, Einw. in 1000): Moskau [Moskva] (Hptst.) 8011, Leningrad 4588, Kiew [Kijew] 2144, Taschkent 1779, Baku 1550, Charkow 1444, Gorki [Gorkij] 1344, Nowosibirsk 1312, Minsk 1276, Kuibyschew [Kujbyschjew] 1216, Swerdlowsk 1211, Dnepropetrowsk [Dnjepropetrowsk] 1066, Tbilisi [Tiflis] 1066, Odessa 1046, Tscheljabinsk 1031, Donezk 1021, Jerewan 1019, Omsk 1014, Perm 999, Kasan 993, Ufa 969, Rostow/Don 934, Wolgograd 929, Alma-Ata 910, Saratow 856, Riga 835 u. u. a. Kaliningrad [Königsberg] 355

Wirtschaft: BSP 1977 (S): 861210 Mill. $, 1978 (S): 965520 Mill. $/3700 $ [32]/(S) 4,4 – **WS:** 17/../55/.. – **A:** 66/19/46 – **E:** 5259/2,0/4486 – **M:** 10–14

Außenhandel: 1979 **Einf.** 57773 Mill. $, **Ausf.** 64762 Mill. $ – **W:** 1 Rubel (Rbl) = 100 Kopeken; 100 US-$ = 65,75 Rbl, 1 Rbl = 2,9535 DM – **AS:** 24* / 21* / 4* / 12* / 30* – **H:** 18* / 7* / 75*

Wichtige Ausfuhrgüter: Maschinen u. Ausrüstungen (rd. ¼); Erdöl, Erze u. Metalle, Kohle u. Koks, Getreide, Holz, Pflanzenfasern (Brenn- u. Rohstoffe aller Art insg. ⅖), Fertigwaren aller Art; Binnen- u. Außenhandel staatlich – **Wichtigste Außenhandelspartner:** RGW-Mitglieder und die übrigen kommunistischen Staaten (wobei die DDR an erster Stelle steht), BR Deutschland u. andere EG-Länder, USA, Japan, Finnland, Irak, Iran, Indien, Ägypten

Mitgliedschaft: UNO, Warschauer Vertrag, RGW, ECAFE, ECE, IAEA, ICAO, ILO, IMCO, ITU, UNESCO, UPU, WHO, WMO

SPANIEN *(Südwest-Europa)*
(Spanischer Staat; Estado Español; Reino de España – [E])

Fläche (46): 504782 km² – **Einwohner** (22): 37180000 (S 1979; 33956376 Z 1970) = 73,7 je km² (Zu Spanien gehören – wie die *Balearen* [5014 km², 640000 E.] – die *Kanarischen Inseln* [7273 km² u. 1,418 Mill. Einw., F 1976]; außerdem die »Presidios« *Ceuta* 19,0 km² u. [1970] 67187 Einw.; *Melilla* 12,3 km² und [1970] 64942 Einw. sowie Peñón de Vélez, Alhucemas, Chafariñas, zus. 1 km² u. 329 [1970] Einw.; die *Presidios* [Plazas de Soberanía] sind keine Provinzen, sondern Teile spanischer Provinzen [Cádiz bzw. Málaga]; Marokko erhebt auf sie Anspruch) – Rund 3,5 Mill. Spanier leben im Ausland – **Städt. B.:** 71/2,4/16/43 – **G:** 73/1,1/1/560/135 – **S:** 13*/114/2,2 – **Geburten- u. Sterbeziffer** je 1000 Einw. 1976: 18,2/8,0 – **Geb.-Ü.:** 10,2

Bevölkerung: über 73% kastilische Spanier (einschl. der Galicier [6,5–7%], die als Umgangssprache das dem Portugiesischen verwandte »Gallego« sprechen), etwa 24% Katalanen, 2,5% Basken (Euskaldun), 0,3 Mill. Zigeuner; 161000 Ausländer (S 1977, u. a. 22500 Portug., 17700 Deutsche, 15100 Franz., 17000 Engl.) – **Staatssprache:** Spanisch (Kastilisch); Katalanisch (Català) in Katalonien (Catalunya) u. Baskisch (Vasco; Euskara) im Norden als Umgangsspr. Ein Dekret v. Nov. 1975 bestätigt Spanisch (Kastilisch) als die offizielle Sprache, doch werden Katalanisch, Galicisch u. Baskisch als »Nationalsprachen« anerkannt – Endgültige Sprachbestimmungen in Vorbereitung – **Religion:** fast ausschließlich röm.-katholisch (seit 1979 nicht mehr Staatsreligion), über 32000 Protestanten, 9000 Juden u. (n. »Cambio/6« 1978/1) etwa 1000 Muslimen

Nationalflagge: rot-gelb-rot (waagerecht) – **Nationalfeiertag:** 24.6. (Namenstag d. Königs), 12.10. gemeins. Feiertag aller span. sprech. Länder (Entd. Amerikas durch Kolumbus) – **U:** alte staatl. Tradition. Beginn der Maurenherrschaft um 718, Ende 1492

Staats- u. Regierungsform: Monarchie auf parlamentarisch-demokratischer Grundlage; neue Verfassung am 7. Dez. 1978 in einem Referendum angenommen, Parlament (»Cortes«) aus Abgeordnetenhaus (»Congreso«) und Senat (»Senado«) – »Rat des Königreiches« (»Consejo de Estado«) – Wehrpflicht – Verwaltungsgl. (m. Kanarischen Inseln) in 50 Provinzen mit je einem Landtag (»Diputación Provincial«) u. einem vom Innenminister ernannten Zivilgouverneur (»Gobernador«), *Regionalisierung* in Angriff genommen. Autonomie für Katalonien u. die and. Gebiete m. katalanisch sprechender Bevölkerung (Generalität; Präs. Jordi Pujol v. d. »Convergencia e Uniõ«/Katalan. Zentrumsunion); für die baskischen Provinzen (Consejo General del País Vasco; Präs. [»Lendakari«]: Carlos Garaicoetxea, PVN); vorlf. Aut.-Statut auch f. Galicia, für Aragón, valenzian. Provinzen, Andalusien (in Vorb.), Estremadura, Castilla-León, Balearen, Kanarische Ins. usw. – **Staatsoberhaupt:** König Juan Carlos I. de Borbón y Borbón, seit 22.11.1975; Thronfolger:

Prinz Felipe – **Regierungschef** (Presidente del Gobierno): Adolfo Suárez Gonzáles, UCD, seit 1976 – Erster Stellv.: Generalleutnt. Manuel Gutiérrez Mellado – **Außenminister:** Dr. Marcelino Oreja Aguirre, UCD-nahe – **Parteien:** Bei den Wahlen v. 1. März 1979 (Juni 1977) entfielen 35,2% der Stimmen u. 168 (165) der 350 Sitze auf den aus Parteien der Mitte u. gemäß. Rechten bestehenden Block »Union d. Demokrat. Zentrums« (»Union de Centro Democrático«; jetzt Partei), 29,4% bzw. 121 (118) Sitze an die Sozialist. Partei (»Partido Socialista Obrero Español«/PSOE; Gen.Sekr.: Felipe González Márquez), 10,7% bzw. 23 (20) Sitze an die »Kommun. Partei Spaniens« (»Partido Comunista de España«/PCE/PSUC; Gen.Sekr.: Santiago Carrillo), 5,8% u. 9 (16) Sitze an die rechtskonservative »Demokrat. Koalition«/CD (aus ehem. »Alianza Popular«/AP u. »Demokr. Fortschrittspartei« sowie ACL), außerdem 9 Sitze an die CiU (»Konvergenz u. Einheit«, sozialliberale Partei Kataloniens), 5 an PSA (»Sozialist. Partei Andalusiens«), 7 an PNV (Baskische Nationalisten-Partei), 3 an HB (»Vereinigtes Volk« [Herri Batasuna], baskische Partei, die d. ETA [militar] nahesteht), u. jeweils 1 Sitz an UN (»Nationale Union« d. ultrarechten Blas Piñar), ERC (»Republikan. Linke Kataloniens«), EE (Baskische Linke, die d. ETA [politico-militar] nahesteht), UPC (»Union d. Kanarischen Volkes«, links) u. PAR (»Regionalist. Aragones. Partei«) – Senat aus 208 Mitgl.: UCD 122, PSOE 67, PNV 8, Unabhängige 5, CD 2, Entesa Barcelona 2, CiU 1, HB 1. – Sonst. Parteien u. a. »Renovación Española« (rechts) u. der nichtmilitär. Flügel d. ETA (ETA = Euskadi Ta Askatasuna [Baskenland u. Freiheit])

Städte (F 1978): Madrid (Hptst.) 3994000, Barcelona 1846250, Valencia 748730, Sevilla 612900, Saragossa [Zaragoza] 589600, Bilbao 486600; (F 1.7.1975): Málaga 411152, Las Palmas 340882, Valladolid 287688, Palma de Mallorca 277242,

Stimmenmehrheit von UCD oder PSOE bzw. regionalistischer Parteien in den einzelnen Regionen bei den Wahlen vom 1.3.1979
(Nach »Spanien« 1974/4, Mitt.-Blatt d. dipl. Vertr.)

Córdoba 253547, Hospitalet 241978, Murcia 239988, Alicante 221969, Granada 206633, Vigo 197144, La Coruña 194476, Gijón 187612, San Sebastián 180970, Vitoria 179995, Pamplona 175987, Oviedo 167320, Santander 165572, Badalona 162888, Santa Cruz de Tenerife 159626, Sabadell 159408

Wirtschaft: BSP 1977: 118170 Mill. $, 1978: 128920 Mill. $/3520 $ [35]/3,6 – **WS:** 9/1,9/38/4,9 – **V:** 10/69/23/21/15/–2 – **A:** 63/19/42 – **E:** 2399/0,8/2702 – **M:** 1,7

Außenhandel: 1979 **Einf.** 25432 Mill. $, **Ausf.** 17903 Mill. $ – **W:** 1 Peseta (Pta) = 100 Céntimos (cts); 1 US-$ = 72,200 Ptas, 1 Pta = 0,0269 DM – **I:** 13,9 – **AS:** 6/25/30/13/21 – **T:** 80 – **H:** 63/30/3 – **Z:** – 2055/0,7/4,5 / 6 – **D:** 3,8 – **K:** – / 1951 / 161

Wichtige Ausfuhrgüter: Maschinen u. Fahrzeuge (zus. bis 25% d. Ausfuhrwertes), Chemikalien u. Erdölprodukte (über 10%), Landwirtschaftl. Erzeugnisse (Orangen, Zitronen, Oliven u. Olivenöl, Wein), Gemüse u. Fischkonserven, Bergbauprodukte (Eisenerz, Schwefelkies), Textilien, chem. Produkte – **Wichtigste Außenhandelspartner:** USA, BR Deutschland, Frankreich, Saudi-Arabien, Großbritannien, Benelux, Italien, Schweiz, Schweden, Brasilien, Argentinien, Japan, Kanada (EG bis über 45% d. Ausfuhr u. 35–40% d. Einfuhr)

Mitgliedschaft: UNO, CCD, CEPAL, ECE, EFTA, Euratom assoz., Europarat, FAO, GATT, IAEA, IBRD, ICAO, IDB, IFC, ILO, IMCO, IMF, ITU, UNESCO, UPU, WHO, WMO; nichtpräferenz. Abk. m. d. EG, Beitritt beantragt

SPITZBERGEN s. Norwegen

SPRATLY-INSELN (11 kleine Inseln im Südchines. Meer), z.T. von Vietnam, von China und den Philippinen beansprucht (s. diese)

SRI LANKA *(Süd-Asien)*

(Demokrat.-Sozialist. Republik Sri Lanka; Srí Lanka Janarajaya; Ceylon – [CL])

Fläche (110): 65610 km^2 (mit 868 km^2 Binnengewässern) – **Einwohner** (45): 14610000 (S 1979; 12711143 Z 1971) = 222,7 je km^2 – **Städt. B.**: 24/3,7/17/17 – **G:** 69/6,3*/2/6230/91 – **S:** 25*/77/3,1 – **Jährl. Bevölkerungswachstum:** (1970–1977) 1,6%

Bevölkerung: rund 70% Singhalesen, etwa je 11% ceylonesische und indische Tamilen, 6% »Mohren« (Moors); kleine Gruppen von »Burghers«, Europäern, Malaien und Weddas – **Staatssprache:** seit 1963 Singhalesisch; Englisch z.T. als Handels- u. Bildungssprache. Tamil als wichtige Regional- u. regionale Gerichtssprache – **Religion:** rund 70% südl.

(Hinajana) Buddhisten (der B. ist staatlich geschützt), 17% Hindus, über 7% Christen (davon 4/5 kath.), 6% Muslimen

Nationalflagge: gelber Rahmen, links senkrechte Streifen in Grün und Orange, im rotbraunen Hauptfeld gelbes Wappentier (Löwe) – **Nationalfeiertag:** 4.2. – **U:** 1948

Staats- u. Regierungsform: Seit Sept. 1978 Präsidialrep. mit der Bezeichnung »Demokratische Sozialist. Republik« – Einkammerparlament (Nationalversammlung) – Wahlberechtigt alle Bürger über 18 Jahre – Keine Wehrpflicht – Gegliedert in 9 Provinzen (Palat) und 24 Distrikte – **Staatsoberhaupt:** Junius Richard Jayawardene [Dschajawardene], UNP – **Regierungschef:** Ranasinghe Premadasa, UNP – **Außenminister:** A.C.S. Hameed – **Parteien:** Bei den Wahlen v. Juli 1977 erhielt die gemäßigte »Vereinigte Nationalpartei«/UNP 140 (1970: 19) Sitze; »Sri Lanka Freiheitspartei«/SLFP (linksgerichtet unter Frau Sirimavo Bandaranaike) 8 (91) Sitze. Außerdem »Tamilische Vereinigte Befreiungsfront« 12 (12; fordert auton. Teilstaat), »Ceylonesischer Arbeiterkongreß« 1, Unabhängige 1 Sitz. Kein Sitz an die trotzkistische »Lanka Sama Samaja-Partei« unter Dr. Nanaya Korapathiraga und an die KP (Mosk. Richtung, Vors. N. Sanmugathasan) – **Dipl. B.:** BR Dtld. und DDR

Städte (1977): Colombo [Kolamba] (Hptst.) 616000 Einw., Dehiwala-Mt. Lavinia [Galkissa] 169000, Jaffna [Yapnaya] 118000, Moratuwa 104000, Kandy 103000, Kotte 102000

Wirtschaft: BSP 1977: 2290 Mill. $, 1978: 2720 Mill. $/190 $ [144]/1,3 – **WS:** 39/1,6/21/2,8 – **V:** 10/70/17/20/23/3 – **A:** 58/54/15 – **E:** 106/0,5/91 – **M:** 0,7

Außenhandel: 1979 **Einf.** 2786 Mill. $, **Ausf.** 1901 Mill. $ – **W:** 1 Sri-Lanka-Rupie (S.L.Re.) = 100 Sri Lanka Cents (S.L.Cts.); 100 US-$ = 1625,50 S.L.Rs., 1 S.L.Re. = 0,1195 DM – **I:** 11,8 – **AS:** 7/<1/25/36/13 – **T:** 141 – **H:** 46/37/12 – **Z:** 158/4,4/15/28 – **D:** 4,5 – **K:** –/48/–1

Wichtige Ausfuhrgüter: Tee (40–50%), Kautschuk (über 20%), Kopra, Kokosöl, Kakao, Graphit – **Wichtigste Außenhandelspartner:** Großbritannien, Chines. Volksrepublik, USA, Japan, Indien, BR Deutschland, Australien, Sowjetunion, Kanada

Mitgliedschaft: Commonwealth, UNO, ABD, CCD, ESCAP, FAO, GATT, IAEA, IBRD, ICAO, IFC, ILO, IMCO, IMF, ITU, UNESCO, UPU, WHO, WMO; Colombo-Plan

SÜDAFRIKA

(Republik Südafrika; Afrikaans: Republiek van Suid Afrika, Englisch: Republic of South Africa – [ZA])

Fläche (24): 1146063 km² (m. Walfisch-Bucht, 1124,05 km² u. 1975 27247 Einw., davon 10100 Weiße u. 4200 »Coloured« sowie m. d. Pinguin-Inseln [2,92 km²] u. dem seit dem 13. 9. 1979 unabh. Venda, aber ohne die seit 1976 unabhängige Transkei u. ohne das 1977 unabhängig gewordene Bophuthatswana; nach eig. Angaben [vermutl. ohne Venda] 1979: 1140519 km²) – **Einwohner** (30): 24091000 (S 1979; de jure, ohne Transkei, Venda u. Bophuthatswana u. ohne die in der Rep. Südafrika lebenden, zur Tr. u. B. gerechneten Tswana u. Xhosa [= 20,8 je km²]; Z 1970 im damal. Umfang und mit allen Bevölkerungsgruppen 21794328, in diesem Sinne 1978 27700000) = 21 je km² – **Städt. B.:** 48–52/2,9/13/51 – **G:** Weiße 72, Schwarze 59/11,7/10/1900*/118 – **S:** Weiße 1, Afrikaner 35/89*/.. – **Jährl. Bevölkerungswachstum:** (mit Transkei, Boph. u. Venda) (1970–1976) 2,7%

Bevölkerung: Nach der Volkszählung v. 1970 waren 3750716 Weiße, von denen 58,0% Afrikaans u. 37,1% Englisch als Muttersprache sprachen; Bantus 15057559 (mehr als die Hälfte Afrikaans, die übrigen meist beide Sprachen; dazu Bantu-Dialekte); 620422 Asiaten (ganz überwiegend Inder) u. 2018533 Mischlinge (»Coloured«; 88,5% Afrikaans und u.a. 10,2% Englisch als Muttersprache). Zahl der Weißen Mitte 1979 4446000 (rd. 18,45% d. De-jure-Bevölkerung); »Mischlinge« 2533000 (10,5%), Asiaten 792000 (3,3%), haupts. Inder im weitesten Sinne; Japaner gelten als Weiße. Die 16320000 Schwarzen (»Bantu«, seit 1978 offiziell nicht mehr so bezeichnet) machen (ohne die zu Bürgern d. Transkei u. v. Bophuthatswana u. Venda erklärten Schwarzen) 67,74% d. De-jure-Bevölkerung aus: 5391000 Zulu, 3125000 Xhosa, 2084000 Nord-Sotho, 1733000 Süd-Sotho, 1402000 Tswana, 787000 Shangaan, 628000 Swasi, 163000 Venda, 595000 Schwarze anderer Gruppen sowie 412000 ausländ. Schwarze – 1977 gab es 278717 Ausländer, u.a. 117072 britische, 29646 portugiesische, 26021 deutsche u. 22912 niederländische Staatsbürger – **Staatssprache:** Afrikaans u. Englisch; außerdem als Umgangssprachen Bantu-Sprachen, indische Sprachen (56,9% d. Weißen, 78,9% d. »Mischlinge«, 0,7% d. Asiaten sprechen Afrikaans) – **Religion** (Z 1970): die Weißen sind fast ausschl. Angehörige protestantischer Kirchen (Niederl. Reform. Kirche 40,1%, Gereformeerde Kerk 2,9% u. Nederduitsch Hervormde Kerk 6,0%, Anglikanische Kirche 10,7%, Methodisten u. Presbyterianer 12,7%); dazu kommen 8,2% Katholiken und Angehörige einiger anderer Kirchen; 3,1% Juden – Die über 6,5 Mill. christl. Bantu sind (Z 1970) abgesehen von über 1,5 Mill. Katholiken, Protestanten (Angehörige von »Bantu-Kirchen« über 2,7 Mill.), ebenso d. »Coloured« (»Kleuerlinge«, d.h. Nachkommen aus Verbindungen von Weißen mit Bantus u. Hottentotten in der Frühzeit), von denen sich nur 0,2 Mill. zum Katholizismus bekennen; die rd. 80000 »Kapmalaien« sind Muslimen (insg. 361000 Muslimen, davon 182090 »Mischlinge« u. 166177 Asiaten). Bei den Indischstämmigen handelt es sich um Hindus (etwa 60%), daneben um Muslimen

Nationalflagge: orange-weiß(mit Flaggen vom Oranje-Freistaat u. Transvaal u. mit dem »Union Jack«)-blau (waagerecht) – **Nationalfeiertag:** 31.5. – **U:** Autonome Union im Brit. Reich seit 1910, volle Unabhängigkeit durch das »Westminster-Statut« v. 1931; Republik seit 1961

Staats- u. Regierungsform: Parlamentarische Bundesrep. – Parlament aus 2 Kammern (»Volksraad« bzw. »House of Assembly« u. »Senat«) – Neue Verfassung geplant (s. »Weltchronik 2«) – Wahlberechtigt alle über 18 J. alten Bürger weißer Abstammung – Allgemeine Wehrpflicht für Weiße – Provinzen: Kap-Provinz 58% des Terr., Natal 8%, Oranje-Freistaat 11%, Transvaal 23% – Die konstitutionelle Entwicklung der autonomen schwarzen Staaten wird bis zur Gewährung der Unabhängigkeit weitergeführt; die sog. »Kleine Apartheid« ist im Abbau begriffen – **Staatsoberhaupt:** Marais Viljoen, interim. seit Aug. 1978, gewählt seit Sept. 1979 – **Regierungschef:** Premierminister Pieter Willem Botha, NP – **Außenminister:** Roelof Frederic (»Pik«) Botha – **Parteien:** »National-Partei«/NP (»National Party«), Vertreterin der Rassentrennungspolitik und der burischen Elemente, seit den Wahlen vom 30.11.1977 134 (116) v. insg. 165 Sitzen; die bedeutendste Oppositionsgruppe und überw. von d. englischsprach. Bevölkerung getragene »Föderat. Fortschrittspartei« (»Progressive Federal Party«/PFP) 18; die »Neue Republikanische Partei« (»Republic Party«) 10 u. die »Südafrikanische Partei« (»South-african Party«/SAP) 3 Sitze. – **Dipl. B.:** BR Dtld.

Innere Autonomie haben (ohne die »unabhängigen« Staaten Transkei, Bophuthatswana u. Venda; s. entsprech. Hauptartikel): **Lebowa** 22140 km² und 2,02 Mill. Einw., Nord-Sotho, dazu Ndebele, Hauptort: Sheshego, Chefmin.: Dr. Cedric Phatudi – **Gazankulu** 6988 km² u. 0,74 Mill. Einw., haupts. Matschangana – Tsonga (Shangaan), Hauptort: Giyani, Chefmin.: Prof. Hudson W. A. Ntsanwisi – **Ciskei** 9185 km² u. 0,92 Mill. Einw., haupts. Xhosa. Hauptort: Zwelitsha, künftig Alice. Chefminister: L. Lennox Sebe (Die **C. dürfte als 4.** autonomes schwarzes **Gebiet die Unabhängigkeit erhalten)** – **Kwazulu** 31443 km² und 5,1 Mill. Einw., haupts. Zulu. Hauptort: Nongoma, später Ulundi, Chefmin.: Gatsha Buthelezi – **Qwaqwa** 4570 km² u. 1,45 Mill. Einw., haupts. Süd-Sotho, Hauptort: Qwaqwa, Chefmin.: Wessels Mota – **Kangwane** [Ka-Ngwane; fr. Swasi] 2118 km² und 0,50 Mill. Einw., haupts. Swasi, Hauptort: Nyamasane, Chefmin.: Enos Mabuza. Flächenangaben schwanken wegen Umgliederung, ebenso Einwohnerzahlen

Städte (Z 1970): Pretoria (Hptst. als Regierungssitz) 561703 Einw. (darunter 304618 Weiße, 11343 Coloureds u. 11047 Inder), Kapstadt [Kaapstad, Cape Town] (Hptst. als Parlamentssitz) 1096597 (378505 Weiße, 598972 Coloureds und 11263 Inder), Johannesburg 1432643 (501061 Weiße, 82639 Coloureds u. 39348 Inder), Durban 843327 (257780 Weiße, 43699 Coloureds u. 317029 Inder), Port Elizabeth 468577 (149569 Weiße), Vereeniging 169533 (34568 Weiße), Germiston 132273 (95768 Weiße), Bloemfontein 180179 (74516 Weiße), Benoni 149563 (43928 Weiße), Springs 104090 (44627 Weiße), East London [Oos-L.] 123294 (56809 Weiße), Pietermaritzburg 158921 (45503 Weiße, 36400 Inder), Welkom 131767 (31381 Weiße), Roodepoort – Maraisburg 114191 (56734 Weiße), Kimberley 103789 (28397 Weiße), Krugersdorp 91202 (34844 Weiße), Kempton Park 35767 (32349 Weiße). Größte der sog. **»Bantu Townships«** ist **Soweto** (Southwest Town) bei Johannesburg mit offiz. 838000, faktisch weit über 1 Mill. Einwohnern

Wirtschaft: BSP (mit Transkei, Boph. u. Venda) 1977: 37640 Mill. $, 1978: 40940 Mill. $/1480 $ [58]/1,1 – **WS:** 12*/27/42*/13 – **V:** 9*/64*/22*/27*/30*/5* – **A:** 55/30/30 – **E:** 2985/../2997 – **M:** 5,5

Außenhandel: (mit Transkei, Boph. u. Venda) 1978 **Einf.** 7193 Mill. $, **Ausf.** 7182 Mill. $ – **W:** 1 Rand (R) = 100 Cents (c); 1 R = 1,2385 US-$ bzw. 2,4050 DM – **I:** 3,1* – **AS:** 29*/4*/7*/6*/37* – **T:** 80 – **H:** 78/22/<1 – **Z:** 538 – **D:** 0,8 – **K:** –/../–190

Wichtige Ausfuhrgüter: Gold (Schätzg. etwa 30% des gesamt. Ausfuhrwertes), Diamanten (etwa 10%), Uranerze, Kupfer, Mangan, Chrom, Asbest, Kohle (zus. 20–25%), ferner vor allem Wolle, Mais, Früchte, Zucker, Häute, Felle, Maschinen u. Textilien – **Wichtigste Außenhandelspartner** (ohne Gold): Großbritannien, USA, BR Deutschland (größter Lieferant), Japan, Italien, Benelux, Frankreich, Simbabwe; (mit Gold u. Diamanten): Schweiz an 1. Stelle

Mitgliedschaft: UNO, CCD, ECA, GATT, IAEA, IBRD, ICAO, IDA, IFC, IMF, SAEMU, WMO (Wegen d. »Apartheid«-Politik z.T. von Tagungen der UNO-Organisationen ausgeschlossen)

Weitere Hoheitsgebiete:

Walfischbucht (Walvis Bay; s. 1. Absatz von Südafrika, Sp. 467) gehört zur Kapprovinz u. wurde v. 1922 bis 1977 gemeinsam mit Südwestafrika (Namibia) verwaltet; soll nach dem Willen d. südafrik. Regierung auch nach Unabhängigkeit von *Namibia* (s. Hauptartikel), völkerrechtl. fundiert, ein integraler Teil der Rep. Südafrika bleiben. – **Marion-Insel** Fläche 255 km², unbewohnt – **Prinz-Eduard-**(Prince-Edward-)**Insel** Fläche 55 km², unbewohnt

SUDAN *(Nordost-Afrika)*

(Demokrat. Rep. Sudan; El Dschamhurijat ed Demokratijat es Sudan bzw. Jamhuriyat as Sudan Al

Demokratia; The Dem. Republic of the Sudan – [SUDAN])

Fläche (9): 2505813 km^2 – **Einwohner** (37): 17870000 (S 1979; 14171732 Z 1973) = 7,1 je km^2 – **Städt. B.:** 20/6,9/30/30 – **G:** 46/9,4/31/9760/88 – **S:** 80 / 39 / 5,5 – **Jährl. Bevölkerungswachstum:** (1970–1976) 2,5%

Bevölkerung: Araber u. arabisierte Schichten im N (40–50%), in Nubien hamit. Stämme, im S Niloten (u. a. Dinka 9–10%); einige tausend Europäer; 400000 Flüchtl. aus Äthiopien, Uganda, Zaïre u. Tschad – **Staatssprache:** Arabisch; Englisch wichtig als Bildungs- und z. T. als Handelssprache; hamitische, nilotische u. sudanesische Sprachen – **Religion:** Islam (Staatsreligion; 50–60%, bes. im N), im S Naturreligionen; 4–5% Katholiken, etwa 0,25% Protestanten; Kopten

Nationalflagge: rot-weiß-schwarz (waagerecht), mit grünem Dreieck am Flaggstock – **Nationalfeiertag:** 1. 1. – **U:** 1956

Staats- u. Regierungsform: Republik – Neue Verfassung von 1973 – Volksversammlung aus 274 gewählt. u. 30 v. Präs. ernannten Mitgl. (derzeit aufgelöst) – Keine allgem. Wehrpflicht – Verwaltungsgliederung in 18 Provinzen m. d. autonomen Südregion (eig. Volksversamml., 60 Mitgl.) – **Staatsoberhaupt:** Präs. Feldmarschall Dschafar [Gaafar, Jaafar] Mohammed el Numeiri [Nimeiri], seit 1969, wiedergewählt 1977; seither auch Regierungschef – **Außenminister:** El Raschid [Rashid] el-Tahir Bakr – **Parteien:** Einheitspartei »Sudanesische Sozialistische Union« erhielt bei d. Wahl v. 1974 alle 125 (gewählten) Mandate; die übrigen Abg. wurden v. d. »Volksorganisationen« entsandt u. v. Präs. ernannt – **Dipl. B.:** BR Dtld. und DDR

Städte (Z 1973): Chartum [Kharthoum] (Hptst. m. V. 333906 (1977 m. V. 1089300) Einw., Omdurman 299399, Chartum Bahri 150989, Port Sudan 132632, Wad Medani 106715, El Obeid 90073, Atbara 66116, 1968: Kassala 49000, El Fascher, Kosti u. En Nahud je 30000

Wirtschaft: BSP 1977 (S): 5650 Mill. $, 1978 (S): 5540 Mill. $/320 $ [120]/(3) 2,5% – **W:** 3.58*/../15*/.. – **V:** 6*/85*/9*/9*/12*/<1* – **A:** 52/79/10 – **E:** 143 / 0,6 / 54 – **M:** 2,4

Außenhandel: 1978 **Einf.** 1198 Mill. $, **Ausf.** 533 Mill. $ – **W:** 1 Sudanesisches Pfund (sud$) = 100 Piastres (PT.) = 1000 Milliemes; 1 US-$ = 49,6253 PT., 1 PT = 3,9131 DM – **I:** 4,0 – **AS:** 0*/0*/8*/17*/14* – **T:** 97 – **H:** 44/36/15 – **Z:** – 443/1,5/9/35 – **D:** 0,3 – **K:** – / 85 / 20

Wichtige Ausfuhrgüter: Baumwolle u. Baumwollsamen (50–60% d. Ausfuhrwertes), Erdnüsse, Sesam, Gummiarabikum, Ölkuchen, Häute u. Felle, Vieh – **Wichtigste Außenhandelspartner:** Großbritannien, BR Deutschland u. and. EG-Länder, Japan, USA, Indien, Chines. Volksrepublik, Brasilien, UdSSR

Mitgliedschaft: UNO, OAU, AGC, CCD, ECA, FAO, IBRD, IAEA, ICAO, IDA, IFC, ILO, IMCO, IMF, ITU, UIA, UNESCO, UPU, WHO, WMO; AKP, Arabische Liga, Koop.-Abk. »Region Rotes Meer« m. Somalia u. d. beiden Jemen – »Gemeins. Polit. Kommando«, polit. Integrat.-Einrichtungen m. Ägypten; »Nil-Staaten«

SÜDWESTAFRIKA s. Namibia

SURINAM *(Süd-Amerika)*
(Republik Suriname; Republiek van Suriname; »Neue Republik v. Suriname« seit 25. 2. 1980 – [SME])

Fläche (85): 163265 km^2 – **Einwohner** (139): 380000 (S 1979; 384903 Z 1971) = 2,3 je km^2 (Küstengebiet 11 je km^2) – **Städt. Bev.:** über 50% – **S:** 16% – **Jährliches Bevölkerungswachstum:** (1970–1977) 2,7%

Bevölkerung: ca. ⅖ Kreolen (= Neger-Mischlinge), 37% Indischstämmige, 15% indones. (meist Javaner), 4% europ. Abstammung (meist Niederländer), mehr als 6000 Chinesen, gegen 40000 Neger (»Morronen«) u. rd. 3% Indianer – **Staatssprache:** Niederländisch; Sprachen der verschied. Gruppen, sowie als Mischsprachen die Umgangs- und Verkehrssprachen Surinams (»Sranan Tongo«, »Saramaccan«); Englisch als Geschäftssprache; nach d. Willen d. Regierung soll Spanisch zur Landessprache werden – **Religion:** rd. ¼ Hindu, je ⅕ Protestanten, Katholiken u. Muslimen

Nationalflagge: grün-weiß(schmal)-rot (doppeltbreit, mit fünfzackigem gelben Stern)-weiß(schmal)-grün (Streifen waagerecht) – **Nationalfeiertag:** 25. 2. (Tag d. Befreiung u. Erneuerung) – **U:** 1975

Staats- u. Regierungsform: Republik mit Einkammerparlament (Parlement van Suriname), Abgeordnete für 4 Jahre gewählt – Allg. Wahlrecht – Verwaltungsgliederung in 9 Distrikte – Seit Militärputsch v. 25. 2. 1980 Parlament aufgelöst, Verfassung susp. »Nationaler Militärrat«, Vors.: Daisy Bouterse – **Staatspräsident**, Reg.-Chef u. Außenminister: Henck Tschin [Chin] A Sen, seit August 1980 – **Außenminister:** A. R. Haakmat – **Parteien:** Bei der Wahl v. Nov. 1977 entfielen auf die Parteienverbindung »Nationale Partij Suriname«/NPS (aus »Progressieve Surinaamse Volkspartij«/PSV u. »Hervormde Progressive Partij«/HPP) 20 Sitze. Die oppos. »Vereinigte Hervormings Partij«/VHP von Jagernauth Lachmon gewann 12 Sitze, »Pendawalima« 4 Sitze, »Kaum Tani Persatuan Indonesie« (Indones. Bauern-P.)/KPTI 2 Sitze, »Social. Partij Suriname« 1 Mandat, PNR 0 – **Dipl. B.:** BR Dtld. (der Botschafter in Port of Spain/Trinidad ist gleichzeitig in Paramaribo akkreditiert) u. DDR

Städte: Paramaribo (Hptst., Z 1971) 151000, mehrere Kleinstädte wie Nieuw Nickerie und Albina (Häfen)

Wirtschaft: BSP 1977 (S): 710 Mill. $, 1978 (S): 820 Mill. $/2108 $ [49] / (1973–77) 6,3 – **L:** 29 – **E:** 2406

Außenhandel: 1977 **Einf.** 396 Mill. $, **Ausf.** 308 Mill. $ – **W:** 1 Suriname Gulden (Sf) = 100 Cents; 1 US-$ = 1,77 Sf, 1 Sf = 1,0971 DM

Wichtige Ausfuhrgüter: Bauxit, Tonerde u. Aluminium (bis über 50%), Reis, Gemüse und Holz – **Wichtigste Außenhandelspartner:** USA, Niederlande und andere EG-Länder, Trinidad u. Tobago, Kanada

Mitgliedschaft: UNO, OAS; FAO, IBRD, ICAO, IDA, IMF; künftig wahrscheinlich in weiteren Sonderorganisationen; AKP; SELA; »Amazonas-Vertrag« – Etwa 15000 km² der Fläche von Surinam werden von Guyana beansprucht

SVALBARD s. Norwegen

SWASILAND *(Südost-Afrika)*
(Königreich Swasiland; Swaziland; Ngwane – [SD])

Fläche (135): 17363 km² – **Einwohner** (137): 540000 (S 1979; 499046 Z 1976 prov.) = 31,1 je km² – **Städt. Bev.:** ca. 8% – **S:** über 60% – **Jährl. Bevölkerungswachstum:** (1970–1976) 2,7%

Bevölkerung: Über 90% Swasi, die zur Ñguni-Gruppe der Bantu gehören und mit den Zulu verwandt sind; je einige tausend Weiße und Mischlinge (»Coloureds«), außerdem durchschn. 30000 Swasi-Wanderarbeiter in Südafrika – **Staatssprache:** Si-Swati (Isi-Zulu); Englisch auch als Verwaltungs- u. Bildungssprache – **Religion:** 55–60% protestantische Christen, etwa 8% röm. Katholiken; Anhänger von Naturreligionen

Nationalflagge: blau-gelb-karmesin(breit, m. Wappen: Schild, Speeren usw.)-gelb-blau (waagerecht) – **Nationalfeiertag:** 6. 9. – **U:** 1968

Staats- u. Regierungsform: Monarchie – Neue Verfassung v. 13. 10. 1978; »Beratende Versammlung« (Libandla), von einem Wahlkollegium gewählt – Keine Wehrpflicht – Verwaltungsgliederung in 4 Distrikte – **Staatsoberhaupt:** König bzw. »Ngwenyama« Sobhuza II., seit 1921 (bereits in d. Zeit d. brit. Protektorats) – **Regierungschef:** Prinz Mabandla Fred Dlamini – **Parteien:** nicht zugelassen – **Dipl. B.:** BR Dtld. (der Botschafter in Maputo [Mosambik] ist zugleich in Mbabane akkreditiert) u. DDR

Städte: Mbabane (Hptst., 1976) 22260 Einw., Manzini 25000, Havelock Mine ca. 4500 u. Siteki 3600

Wirtschaft: BSP 1977 (S): 270 Mill. $, 1978 (S): 310 Mill. $ / 590 $ [92] / 5,6 – **L:** 85

Außenhandel: 1973 **Einf.** 98 Mill. $, **Ausf.** 108 Mill. $ – **W:** 1 Lilangeni (L bzw. E; Mz.: E malangeni) = 100 Cents; 1 R = 1 E, 1 E = 2,3864 DM, 1 R = 1,2385 US-$ (Währungsparität zum Südafr. Rand)

Wichtige Ausfuhrgüter: Hauptsächlich Zucker (bis 60%), Eisenerz, Asbest (je 5–10%) u. Holz (ein Viertel d. Ausfuhrwertes), Viehzuchtprodukte, Baumwolle – **Wichtigste Außenhandelspartner:** Rep. Südafrika, Großbritannien, Japan

Mitgliedschaft: UNO, OAU, Commonwealth, AKP, GATT (assoz.), IBRD, ICAO, IFC, IMF, ITU, SAEMU, UPU, WHO, WMO

SYRIEN *(Vorder-Asien)*
(Arab. Republik S.; El Dschamhurija el Arabija es Surija bzw. Al Jamhouriya al Arabiya As Souriya – [SYR])

Fläche (81): 185180 km² (einschl. 4070 km² Binnengewässer) – **Einwohner** (64): 8350000 (S 1979; 6304685 Z 1970 mit Palästinaflüchtlingen [1972 193420]) = 45,1 je km² – Im Juni 1967 wurden einige Grenzgebiete von israelischen Verbänden besetzt, aus denen etwa 80000 Personen in das übrige Syrien geflohen waren; nach d. Truppenentflechtungsabkommen v. 1974 Rückgabe eines Landstreifens (m. Kuneitra u. Rafi); im restlichen israel. besetzten Gebiet u. a. etwa 9000 arabisch sprech. Drusen – **Städt. B.:** 47 / 4,7 / 33 / 56 – **G:** 57 / 2,2 / 14 / 2510 / 104 – **S:** 47 / 103 / 5,8 – **Jährl. Bevölkerungswachstum:** (1970–1977) 3,3%

Bevölkerung: hauptsächlich syrische Araber; Kurden (mehr als 6%), Armenier und Tscherkessen, 140000 Nomaden – **Staatssprache:** Arabisch – **Religion:** sunnitische Muslimen, schiitische und ismailitische Gruppen (zus. über 80%); rund 7% schiit. Alauiten und über 2% Drusen, etwa 10% Christen, bes. griech.-orth., armen.-orth., 15000 Protestanten sowie 4000 Juden

Nationalflagge: rot-weiß(Wappen in Gold)-schwarz (waagerecht); seit Anfang 1980 Flagge d. syr.-ägypt. Union v. 1958–1961 – **Nationalfeiertag:** 17. 4. – **U:** 1944, 1946 vollst. Abzug d. brit. u. franz. Truppen

Staats- u. Regierungsform: Präsidiale Republik m. »volksdem.-sozialist.« Charakter n. d. Verfassung v. 1973 – Volksversammlung, Wahl alle 4 Jahre – Zentralkomitee aus 75 Mitgl. – Wehrpflicht – Verwaltungsgliederung in 13 Provinzen (Mohafazat) u. Hauptstadt – **Staatsoberhaupt:** General Hafes el [Hafez Al] Assad, wiedergewählt 1978 für 7 Jahre – **Regierungschef:** Dr. Abdel Ra'uf el Kassem [al Kasm bzw. al Kazem], »Baath«, Chef einer Koalit.-Regierung aus Baath, Soz. Union, KP usw. – **Außenminister** und stellv. Min.-Präs.: Abd el Halim Chaddam [Abdul Khaddam], »Baath« – **Parteien:** Die nationalistisch-sozialistische »Baath« (Hisb el Baath el Arabi el Ischtiraki = »Sozialist. Partei d. Arab. Wiedergeburt«), die mehrere Flügel aufweist, besitzt seit den Teilwahlen v. Aug. 1977 125, die von ihr geführte »Nat. Progress. Front«/FNP insges. 159 d. 186

Parlamentssitze; zur FNP gehören fünf sozial. u. kommun. Parteien – Vorsitzender d. »Baath« ist General Hafes el Assad – **Dipl. B.:** BR Dtld. und DDR

Städte (Z 1977): Damaskus [Esch Scham] (Hptst.) 1097205 Einw., Aleppo [Halep] 842606, Homs [Homsi] 292280, Latakia 191329, Hama 173459; 1970: Deir es Sor [Deir ez Zor] 66144, Mochajam [Mokhayam-Y.]-Jarmuk 64273, El Kamischli [Al Kamushly] 47714, El Rakka 37151, Idleb [Idlib] 34515

Wirtschaft: BSP 1977: 6700 Mill. $, 1978: 7490 Mill. $/930$ [74]/6,1 – **WS:** 17/6,4/14/11,1 – **V:** 25/65/30/10/21/ – 20 – **A:** 50/49/23 – **E:** 744/1,0/258 – **M:** 15,9

Außenhandel: 1979 **Einf.** 3301 Mill. $, **Ausf.** 1634 Mill. $ – **W:** 1 Syrisches Pfund (syr£) = 100 Piastres (PS); 1 US-$ = 3,90 syr£, 1 syr£ = 0,4979 DM – **I:** 18,5 – **AS:** 66/2/10/17/34 – **T:** 149 – **H:** 55/18/21 – **Z:** – 137 / 1,4 / 7 / 21 – **D:** 2,3 – **K:** – / 474 / . .

Wichtige Ausfuhrgüter: Erdöl u. E.-Derivate (über 50%), Baumwolle (über 20% d. Ausfuhrwertes), Viehzuchtprodukte, Früchte, Wolle, Textilien – **Wichtigste Außenhandelspartner:** Sowjetunion, BR Deutschland, Großbritannien u. andere EG-Länder, Griechenland, Libanon, Japan, USA, Irak, Chines. Volksrep., Kanada, Ägypten

Mitgliedschaft: UNO, Arabische Liga, CCD, ECWA, FAO, IAEA, IBRD, ICAO, IDA, IFC, ILO, IMCO, IMF, ITU, UIA, UNESCO, UPU, WHO, WMO; Gemeins. Arab. Markt, Koop. Abkommen m. d. EG – Mitglied der »Union Arabischer Staaten«. »Charta für panarabische Aktion« mit dem Irak seit 26. 10. 1978 mit dem Ziel, eine syrisch-irakische Union zu schaffen (bisher ohne Erfolg wegen wachsender Gegensätze)

TAHITI s. Frankreich (Französische Republik 2)

TANSANIA *(Ost-Afrika)*
(Vereinigte Republik Tansania; United Republic of Tanzania; Jamhuri [Dschamhuri]ya Mwungano wa Tanzania – [EAT])

Fläche (29): 945087 km² (m. 53483 km² Binnengewässern; u. a. Anteil am Tanganjika- u. Victoria [»Sango«]-See) – **Einwohner** (41): 17050000 (S 1979; 12313469 Z 1967) = 18 je km² – **Städt. B.:** 9/8,5/47/47 – **G:** 51/16/20/18490/86 – **S:** 34/70/4,4 – **Jährl. Bevölkerungswachstum:** (1970–1977) 2,8% Tanganjika, 2,3% Sansibar

Nationalflagge: links oben grünes Dreieck-gelbgeränderter schwarzer Diagonalstreifen-blaues Dreieck – **Nationalfeiertag:** 26.4. – **U:** 1961 (Sansibar 1963); Föderation seit 1964
(Hauptstadt s. Tanganjika)

Staats- u. Regierungsform: Präsidiale Republik föderativen Charakters – Bundesparlament (Wahlen hierfür bis 1976 nur in Tanganjika; Abgeordnete für Sansibar wurden entsandt), eig. Parlament für Sansibar – Keine Wehrpflicht – Verwaltungsgliederung in 24 Regionen (mit Sansibar und Pemba) – **Staatsoberhaupt:** Präsident und Regierungschef »Mwalimu« Dr. Julius Kambarage Nyerere, ohne Gegenkandidat wiedergewählt 1975 – **1. Vizepräs.** u. Präs. d. »Revolutionsrates« in Sansibar: Mwinyi Aboud Jumbe – **Regierungschef** in T.: Edward Moringe Sokoine – **Außenminister:** Benjamin Mkapa – **Parteien:** 1977 vereinigten sich die »Tanganyika African National Union«/TANU u. d. »Afro-Shirazi Party«/ASP zur »Chama Cha Mapinduzi«/CCM (»Revol. Staatspartei«); Vors. J. Nyerere, Stellv.: A. Jumbe; die CCM ist allein zugelassen u. bestimmt das Parlament u. das polit. Geschehen – **Dipl. B.:** BR Dtld. und DDR

Wirtschaft: BSP 1977: 3440 Mill. $, 1978: 3880 Mill. $/230$ (135)/2,1 – **WS:** 45/3,2/16/2,9 – **V:** 15/68/20/17/22/ – 3 – **A:** 51/84/6 – **E:** 68/0,4/42 – **M:** 4,9

Außenhandel: 1978 **Einf.** 1117 Mill. $, **Ausf.** 457 Mill. $ – **W:** 1 Tansania-Schilling (T.Sh.) = 100 Cents (Ct.); 1 US-$ = 8,2355 T.Sh., 1 T.Sh. = 0,2358 DM – **I:** 12,0 – **AS:** 5/0/18/10/35 – **T:** 127 – **H:** 64/30/6 – **Z:** 3 / 1,5 / 7 / 32 – **D:** 4,2 – **K:** – / 143 / . .

Mitgliedschaft: Commonwealth, UNO, OAU, CCD, ECA, FAO, GATT, IAEA, IBRD, ICAO, IDA, IFC, ILO, IMCO, IMF, ITU, UNESCO, UPU, WHO, WMO; Mitgl. d. Ost-Südostafrikan. Präf.-Handelszone; AKP – Gemeins. Verteid.-Abk. m. Angola, Mosambik u. Sambia

a) **Tanganjika** (942626 km² und 14734000 Einw., S 1975)

Bevölkerung: 50–60% Bantu-Gruppen (Haya, Makonde, Njamwesi, Sukuma, Tschagga u. viele andere), außerdem hamitische Massai, arabisch-negrische Suaheli, je einige tausend Europäer (meist Briten) und Indischstämmige, kleine arabische Minderheit – **Staatssprache:** Suaheli; Englisch als Bildungs- und Verkehrssprache wichtig; außerdem Bantu-Dialekte u. hamitische Mundarten, an der Küste Arabisch – **Religion:** rd. 30% Muslimen, etwa 20% Katholiken, 10% Protestanten; Hindu-Minderheit; etwa ⅓ Anhänger von Naturreligionen

Städte (S 1978): Dodoma (Hptst. d. Gesamtrepublik, S 1980) 50000 Einw., Dar es Salaam (Verlegung d. Ministerien in die Nähe d. sozial. Dorfes Chamwino Ujamaa bei Dodoma im Verlauf von etwa 10 Jahren) 870000 (Z 1978) Einw., Aruscha 75000, Tanga rd. 65000, Mwanza 35000, Moschi 30000, Morogoro u. Tabora um 30000

Wichtige Ausfuhrgüter: Kaffee (bis 40% d. Ausfuhrwertes), Baumwolle, Diamanten, Tee, Erdnüsse, Pyrethrum, Gold – **Wichtigste Außenhandelspartner:** Großbritannien, Chines. Volksrepublik, Japan, BR Deutschland, USA, Benelux, Kenia, Hongkong, Indien, Iran, Saudi-Arabien

b) **Sansibar** [Zanzibar], m. Pembla (164243 Einw., 1967) – Fläche 2641 km² u. 442000 Einw. (S 1979), darunter etwa 75% Bantu und Bantu-Mischlinge, ⅛ Araber und rund 5% Indischstämmige – Hauptstadt: Sansibar (S 1978) über 90000 Einw. – Offiz. Sprache: Suaheli; daneben Englisch – Religion: haupts. Muslimen

Wichtige Ausfuhrgüter: Gewürznelken, Fische, Kopra

Trotz eigener Regionalverfassung u. Wahl eines eigenen Abgeordnetenrates u. Vors. d. Rev.-Rates seit 1964 per Dekret v. Dar es Salaam aus verwaltet. Neue Verfassung für Sansibar am 28.12.1979 verabschiedet.

THAILAND *(Südost-Asien)*

(Königreich Thailand; Prathet [Prades] T'hai oder Muang T'hai – [THA])

Fläche (45): 514000 km² – **Einwohner** (18): 46140000 (S 1979; 34397374 Z 1970) = 89,8 je km² – **Städt. B.:** 14/3,5/69/69 – **G:** 61/6,8/6/8460/107 – **S:** 18/83/4,1 – **Jährl. Bevölkerungswachstum:** (1970–1977) 2,8%

Bevölkerung: über 85% Thaivölker, vor allem Siamesen, sodann Schan u. Lao, außerdem der Herkunft nach 6–10% Chinesen u. über 3% Malaien; Flüchtlinge weit über 100000 kambodsch. – **Staatssprache:** T'hai (Siamesisch); Umgangssprachen der anderen Gruppen. Handelssprache Englisch – **Religion:** 93% Hinajana-(Theravada-)Buddhisten (Staatsreligion); im S 3–4% islamische Malaien; etwa 0,5% Christen (überwiegend Katholiken)

Nationalfagge: rot-weiß-blau(doppelt breit)-weiß-rot (waagerecht) – **Nationalfeiertag:** 5.12. – **U:** Reichsbildung seit d. 13. Jh., auch in der Kolonialzeit unabhängig

Staats- u. Regierungsform: Monarchie auf parlamentarisch-demokrat. Grundlage – Neue Verfassung seit 22. Dez. 1978 in Kraft – Zweikammerparlament mit Senat (Mitglieder ernannt, vor allem hohe Offiziere und Beamte) und Abgeordnetenkammer. Der Regierungschef muß nicht Mitglied der Kammer sein. – Seit Herbst 1977 »Nationaler Politischer Rat« aus hohen Offizieren, faktisch entscheidend. Vors.: Admiral Sa-Ngad Tschaloryu [Chaloryoo], Stellv.: Luftmarschall Kamol Dejatunga, Gen.Sekr.: General Kriangsak Tschamanand (Chamanand, auch Chomanand), Oberbefehlshaber der Streitkräfte – Allg. Wehrpflicht – Verwaltungsgliederung in 72 Provinzen (Tschangwad), an deren Spitze ein Gouverneur steht – **Staatsoberhaupt:** König Bhumibol Adulyadej (Rama IX.) seit 1946, gekrönt 1950 – **Regierungschef:** General Prem Tinsulanonda, seit März 1980 (gleichzeitig Finanz-, Verteid.- u. Landwirtsch.-Min.), mit bes. Vollmachten; drei Stellvertreter, u. a. Dr. Thanat Choman [Khoman] – **Außenminister:** Luftmarschall Sithi Sawesatila – **Parteien:** Wahlen v. April 1979: »Soziale Aktionspartei« (oppos.) 82 der 301 Sitze, »Unabhängige« 63, konservat. »Chart Tai« 38, rechtsgerichtete »Thailändische Nationale Volkspartei« 32, »Demokratische Partei« 32 (1976 114) u. kleinere Parteien. Die KP ist verboten – **Dipl. B.:** BR Dtld. und DDR

Städte (S 1977): Bangkok (Hptst.; auch Krung Thep bzw. Maha Nakhon; mit Thon Buri) 4742774 Einw.; (1972): Tschiengmai [Chiang Mai] 93363, Nakhon Ratchasima [Kho Rat bzw. Korat] 77397, Pitsanulok 70649, Udon Thani 70110, Hat Yai [Songkhla] 57255, Ubon Ratchatani 52171

Wirtschaft: BSP 1977: 18660 Mill. $, 1978: 21790 Mill. $/490 $ [101]/4,1 – **WS:** 27/4,4/29/10,3 – **V:** 11/68/26/21/22/–5 – **A:** 52/77/8 – **E:** 308/0,8/281 – **M:** 3,7

Außenhandel: 1978 **Einf.** 5256 Mill. $, **Ausf.** 4085 Mill. $ – **W:** 1 Baht (฿) = 100 Stangs (St.); (Freimarktkurs) 1 US-$ = 20,385 ฿, 1 ฿ = 0,0953 DM – **I:** 9,3 – **AS:** 7/2/23/5/30 – **T:** 75 – **H:** 54/41/3 – **Z:** –1039/0,7/3/6 – **D:** 4,3 – **K:** –/186/105

Wichtige Ausfuhrgüter: Reis (bis 20% d. Ausfuhrwertes), Kautschuk u. Mais (je 10–12%), Zucker u. Zinn (je 5–10%), Jute u. Kenaf, Tapioka, Holz – **Wichtigste Außenhandelspartner:** Japan, USA, BR Deutschland, Großbritannien, Singapur, Niederlande, Hongkong, Malaysia, Indonesien, Katar, Kuweit, Saudi-Arabien

Mitgliedschaft: UNO, ADB, ASEAN, CCD, ECAFE, FAO, IAEA, IBRD, ICAO, IDA, IFC, ILO, IMCO, IMF, ITU, UNESCO, UPU, WHO, WMO; Colombo-Plan, Assoziation Südostasien/ASA mit Malaysia und den Philippinen vereinbart, aber nicht realisiert

TIBET s. China

TOBAGO s. Trinidad

TOGO *(West-Afrika)*

(Togoische Republik; République Togolaise – [TG])

Fläche (111): 56000 km² – **Einwohner** (111): 2470000 (S 1979; 1953778 Z 1970) = 44,1 je km² – **Städt. B.:** 15/5,4/60/0 – **G:** 46/17,7*/27/18360/96 – **S:** 84/103/6,7 – **Jährl. Bevölkerungswachstum:** (1970–1977) 2,6%

Bevölkerung: ganz überwiegend Sudan-Völker (Ewé über 60%) u. Volta-Völker (Temba, Mopa, Gurma, Kabyé [Cabrais bzw. Kabré]), Losso; daneben Haussa, Fulbe; etwa 3000 Europäer, meist Franzosen – **Sprache:** Französisch als Amts- u. Bildungssprache, als Umgangssprachen Ewé-Dialekte, z.T. Ewé-Schriftsprache (im S); Kabye-Dialekt d. Tem-Sprache; voltaische Gur-Dialekte; (Moba u. Gurma); teilw. Pidgin-Englisch u. Haussa – **Religion:** ¼ Christen (davon 80% Katholiken), 10–12% Muslimen; Anhänger von Naturreligionen über 50% (Bevölkg., Städte usw. wicht. Angaben nach Hédi Eckert)

Nationalflagge: grün-gelb-grün-gelb-grün (waagerecht) mit weißem Stern in rotem Viereck am Flaggstock – **Nationalfeiertag:** 27. 4. – **U:** 1960

Staats- u. Regierungsform: Präsidiale Republik – Parlament aus 1 Kammer – Allgemeines Wahlrecht – Neue Verfass. am 30. Dez. 1979 mit 99,6% aller Stimmen gebilligt – Keine allgem. Wehrpflicht – Verwaltungsgliederung: 5 Entwickl.-Regionen; 21 Bezirke (»Circonscriptions«) und Stadtgemeinden – **Staatsoberhaupt u. Regierungschef:** General Gnassingbé [Nyassingbe] Eyadéma, seit d. Staatsstreich v. Januar 1967, gewählt 1972 u. erneut 1979 – **Außenminister:** Anani K. Akakpo-Ahianyo – **Parteien:** Seit 1969 »Sammlung des togolesischen Volkes« (»Rassemblement du peuple togolais«/RPT) als Einheitspartei unter Eyadéma alle 67 Sitze d. Nat.-Versamml. – **Dipl. B.:** BR Dtld. und DDR

Städte (1975, S): Lomé (Hptst., A) 310000 Einw., Tschaoudjo (fr. Sokodé) 45000, Vogan 40000, Atitogon 25000, Atakpamé 22000, Kpalimé 20000

Wirtschaft: BSP 1977: 650 Mill. $, 1978: 770 Mill. $/ 319 $ [124] / 5,3 – **WS:** 23/../31/..– **V:** 17/82/32/1/ 19* / – 31 – **A:** 51 / 69 / 14 – **E:** 85 / 0,3 / 64 – **M:** 1,6

Außenhandel: 1978 **Einf.** 448 Mill. $, **Ausf.** 241 Mill. $ – **W:** 1 CFA-Franc (F C.F.A.) = 100 Centimes (c); 1 FF = 50 CFA-Francs, 1 CFA-Franc = 0,02 FF bzw. 0,0087 DM (Wertverhältnis zum französ. Franc) – **I:** 8,6 – **AS:** 0* / 0* / 6 / 13 / 24 – **T:** 136 – **H:** 79 / 12 / 9 – **Z:** – 73 / 3,3 / 12 / 38 – **D:** 1,6 – **K:** – / 96 / 1*

Wichtige Ausfuhrgüter: Phosphate (60–70%) u. Kakao (10–15%), Kaffee, Palmkerne, Kopra, Baumwolle – **Wichtigste Außenhandelspartner:** Frankreich, BR Deutschland, Benelux u. and. EG-Länder, USA, Japan

Mitgliedschaft: UNO, OAU, »Conseil de l'Entente«, CEAO, ECOWAS, ECA, AKP, FAO, GAMO (OCAM), GATT (assoz.), IBRD, ICAO, IDA, IFC, ILO, IMF, ITU, UNESCO, UPU, WHO, WMO

TONGA *(Ozeanien)*
(Königreich Tonga; Kingdom of Tonga; »Freundschaftsinseln«)

Fläche (153): 699 km^2, 170 Inseln über 260000 km^2 Meeresfläche verstreut – **Einwohner** (158): 100000 (S 1979; 90128 Z 1976) = 143,1 je km^2 – **Städt. Bev.:** ca. 15% – **Jährl. Bevölkerungswachstum:** (1970–1977) 0,6%

Bevölkerung: rd. 99% polynesische Tonganer, kleine Gruppen von Mischlingen, Europäern usw. – **Staatssprache:** Tonga; Englisch – **Religion:** Protestanten (u. a. d. »Wesleyan Church«); 15% röm. Katholiken

Nationalflagge: rotes Feld, rotes Kreuz im weißen Viereck am Flaggstock – **Nationalfeiertag:** 4. 6. – **U:** 1970

Staats- u. Regierungsform: Konstit. Monarchie – Gesetzgebende Versammlung aus je 7 Häuptlingen u. gewählten Vertretern, dem Kabinett (»Privy Council«) u. d. Sprecher – Verwaltungsgliederung in 3 Insel-Distrikte – **Staatsoberhaupt:** König Taufa'ahau Tupou IV., seit 1965 – **Regierungschef:** Prinz Fatafehi Tu'ipelehake – **Außenminister:** Kronprinz Tupouto'A – **Parteien:** Keine organisierten Parteien – **Dipl. B.:** BR Dtld. (Der Leiter der Botschaft in Neuseeland mit Sitz in Wellington ist zugleich als Botschafter in Nuku'alofa akkreditiert)

Städte: Nuku'alofa (auf Tongatapu) 18000 Einw. (Hptst.)

Wirtschaft: BSP 1977 (S): 40 Mill. $, 1978 (S): 40 Mill. $ / 430 $ [111] / 0,9 – **L:** 75

Außenhandel: 1979 **Einf.** 29 Mill. $, **Ausf.** 8 Mill. $ – **W:** 1 Pa'anga (T$) = 100 Seniti; 1 US-$ = 0,917 T$, 1 T$ = 2,1177 DM

Wichtige Ausfuhrgüter: Kopra, Bananen – **Wichtigste Außenhandelspartner:** Neuseeland, Australien, Fidschi, EG

Mitgliedschaft: Commonwealth; AKP; Südseeforum, ITU, UPU, WHO

TRANSKEI *(Süd-Afrika)*

Fläche (119): 38541 km^2 – **Einwohner** (114): 2178000 (S 1978, ohne Xhosa-Angeh. in Südafrika; mit diesen über 3 Mill.) = 56,5 je km^2 – Weniger als 5% städt. Bevölkerung – **BSP** 1973 (S): über 600 Mill. $, **je E.** ca. 205 $ [142]

Bevölkerung: hauptsächlich zur Ñguni-Gruppe der Bantu gehörende Xhosa; in 11 Stämme gegliedert; außerdem Sotho; ca. 8000 Mischlinge (»Coloured«), etwa 10000 Weiße (1976) – **Geburten- u. Sterbeziffer:** jährl. Wachstumsrate über 2% – **Staatssprache:** Xhosa; auch SeSotho, Englisch u. Afrikaans in Verwaltung u. bei Gericht zugelassen – **Religion:** Überwiegend Protestanten, daneben Katholiken

Nationalflagge: rötlicher Ocker-weiß-grün (waagerecht) – **Nationalfeiertag:** 26. 10. – Im 19. Jh. kriegerische Auseinandersetzung mit den weißen Siedlern; zwischen 1879 u. 1897 v. d. Briten annektiert. 1910 Teil d. Südafrikanischen Union, 1961 d. Rep. Südafrika; s. 1956 wachsende innere Autonomie – **U:** faktisch am 17. 9., offiz. am 26. 10. 1976, jedoch international nicht anerkannt u. faktisch weiterhin v. d. Rep. Südafrika abhängig

Staats- u. Regierungsform: Republik – Einkammerparlament aus 150 Mitgliedern (75 gewählt, 5 »Chiefs«, d. h. Oberhäuptlinge, und 70 Häuptlinge) mit 5jähriger Periode – Allgemeine Wehrpflicht – Regionale, Bezirks-, Stammes- und Gemeindeverwaltungen – **Staatsoberhaupt:** Präsident Dr. h. c.

Kaizer Daliwonga Matanzima, seit 1979 (vorher Reg.-Chef) – **Regierungschef:** George Matanzima – **Außenminister:** Digby S. Koyana – **Parteien:** »Transkei National Independence Party«/TNIP unter George Matanzima; vertritt bedingt Kooperation mit der Rep. Südafrika; nach den Wahlen von 1976 70 der 75 gewählten Abgeordneten; außerdem die oppositionelle, streng die »Apartheid«-Politik ablehnende »New Democratic Party« 2 (Vors. Knowledge Guzana) u. die »Democratic Party« von Hector Ncokazil (links, 2) sowie 1 Unabhängiger. Von der TNIP abgespalten hat sich die »Volks- u. Freiheitspartei der Transkei«/TPFP, die nun auch in Opposition steht

Städte: Umtata (Hptst. m. V., S 1977) 30000 Einw.

Wichtige Ausfuhrgüter: haupts. landwirtschaftliche Erzeugnisse – **Wichtigste Außenhandelspartner:** Rep. Südafrika – **W:** südafrik. Rand (R)

Mitgliedschaft: Zoll- und Währungsgemeinschaft mit der Rep. Südafrika usw. (SAEMU); Mitgliedschaft in UNO und OAU angestrebt

TRINIDAD und TOBAGO *(Süd-Amerika)*

(Republik T. u. T.; Rep. of Trinidad and Tobago – [TT])

Fläche (144): 5128 km² (Tobago allein 301 km²) – **Einwohner** (126): 1130000 (F 1978: 940719 Z 1970) = 220,4 je km² (Tobago allein 37000 Einw.) – **Städt. B.:** 21/0,7/../0 – **G:** 70/2,7/3/1960/105 – **S:** 5 / 78* / 3,4 – **Jährl. Bevölkerungswachstum:** (1970–1976) 1,2%

Bevölkerung: 43% Neger, 36% aus Vorderindien Stammende, 17% Mulatten, 2% Weiße, fast 1% Chinesen – **Staatssprache:** Englisch; Umgangssprachen auch Spanisch u. z. T. Franz. – **Religion:** 36% Katholiken, etwa 30% Protestanten, 23% Hindus, 6% Muslimen, 300 Juden

Nationalflagge: karmesinrotes Feld mit weißgerändertem schwarzem Diagonalstreifen – **Nationalfeiertag:** 31. 8. – **U:** 1962, Rep. seit 1. 8. 1976

Staats- u. Regierungsform: Präsidiale Republik – Parlament aus 2 Kammern – Keine Wehrpflicht – Verwaltungsgliederung in 8 Counties, 3 Munizipalitäten u. Tobago (innere Autonomie) – **Staatsoberhaupt:** Sir Ellis Clarke – **Regierungschef** und Außenminister: Dr. Eric E. Williams, PNM – **Parteien:** Bei den Wahlen in das Repräs.-Haus von 1976 erhielt »People's National Movement«/PNM 24 d. 36 Sitze im Unterhaus; sonstige Parteien: oppositionelle »United Labour Front«/ULF 10 u. »Congress of Democratic Action« 2 – **Dipl. B.:** BR Dtld

Städte (S 1975): Port of Spain (Hptst.) als A 250000 Einw., San Fernando A 50000; 1970: Arima 11800, Scarborough (Hauptort auf Tobago) 3000

Wirtschaft: BSP 1977: 2930 Mill. $, 1978: 3310 Mill. $/2910 $[42]/1,5 – **WS:** 3/ – 0,1/62/2,8 – **V:** 14/53/25/33/47/8 – **A:** 58/13/37 – **E:** 4272/1,7/1447 – **M:** 0,3

Außenhandel: 1978 **Einf.** 1967 Mill. $, **Ausf.** 2039 Mill. $ – **W:** 1 Trinidad-und-Tobago-Dollar (TT$) = 100 Cents; 1 US-$ = 2,3985 TT$, 1 TT$ = 0,8096 DM – **I:** 22,8 – **AS:** 91/1/57/8/17 – **T:** 113 – **H:** 83/17/<1 – **Z:** 338 / 0,5 / 0,5 / 8,6 – **D:** 7,0 – **K:** – / 152 / 140

Wichtige Ausfuhrgüter: Erdöl und -derivate (80–90%), Zucker, Rum, Kakao – **Wichtigste Außenhandelspartner:** USA, Großbritannien, Puerto Rico, Saudi-Arabien, Iran, Ecuador, CARICOM

Mitgliedschaft: Commonwealth, UNO, OAS, CCM, CECLA, ECLA, IDB, FAO, GATT, IBRD, ICAO, IFC, ILO, IMCO, IMF, ITU, UNESCO, UPU, WHO, WMO, AKP

TSCHAD *(Zentral-Afrika)*

(Republik Tschad; République du Tchad; Djoumhourîyat Tachâd; Dschumhurijjat Taschaad; engl. Chad)

Fläche (19): 1284000 km² – **Einwohner** (90): 4420000 (S 1979; [ohne 220000 im Ausland lebende Männer] 3254000 Z 1963/64) = 3,4 je km² (in der Nordhälfte 0,15, im S u. SW 16 Einw. je km²) – **Städt. B.:** 14/6,8/38/0 – **G:** 43/16/30/41160/75 – **S:** 85/41 / 2,4 – **Jährl. Bevölkerungswachstum:** 2,1%

Bevölkerung: Araber (etwa 15%), im Sahelgebiet stark arab. Völker (Kanembou, Boulala, Hadjerai, Dadjo usw., zus. rund 38%), Sara (im S, etwa 25%), tschadische Gruppen m. tschado-hamit. Sprachen westl. d. Logone (20%), Tibbu-Daza-Gruppen im Tibesti (2%), städt. Haussa, Fulbe. Über 4000 Europäer, überwiegend in den Städten, meist Franzosen – **Staatssprache:** Französisch, theoret. auch Arabisch, Verkehrssprache Tschad-Arabisch; regional Sara, Baguirmi, Boulala, Tibbu-Gorane usw. – **Religion:** 55–60% Muslimen, 9% (n. and. Ang. bis 30%) Christen (überw. Katholiken), Anhänger von Naturreligionen (Angaben über Bevölkerung, Sprachen, Religion u. Städte nach Hédi Eckert)

Nationalflagge: blau-gelb-rot (senkrecht) – **Nationalfeiertag:** 13. 4., 11. 8. – **U:** 1960

Staats- u. Regierungsform: Präsidiale Republik – Parlament aus einer Kammer – Allgemeines Wahlrecht – Keine Wehrpflicht – Verwaltungsgliederung in 14 Präfekturen – **Staats- u. Reg.-Chef:** Seit Aug. 1979 Präs. einer Übergangsregierung (»Gouvernement transistoire d'union nationale«) Gukuni Ueddei [Goukouni Oueddei], Vizepräs.: Wadai Abdelkader Kamuge [Kamougué] – **Außenminister:** Acyl Ahmat – **Parteien:** »Union pour la Progrès du Tchad«/UPT als Einheitspartei abgelöst durch d. »Mouvement National pour la Révolution culturelle et sociale«/MNRCS (hielt alle Parlamentssitze). Parlament u. Parteien seit April 1975 aufgehoben. Zahlreiche polit.-milit. Gruppierungen: u.a. Befreiungsfront »FROLINAT« von G. Ueddei, »Streitkräfte des Nordens« (FAN) von Hissen Habré, »Streitkräfte des

Tschad« (FAT) von Oberstltnt. Wadai Abdelkader Kamuge, »Volksbewegung f. die völlige Befreiung des Tschad« (MPLTT) von Abakar Mohammed Abderrahman; Lage sehr labil; wechselnde Zusammensetzung v. Reg. u. »Fronten« – **Dipl. B.:** BR Dtld. und DDR

Städte (S): N'Djaména [Andschammäna] (fr. Fort Lamy, Hptst. 1977) 390000 Einw., Sarh (fr. Fort Archambault) 50000, Moundou 45000, Abéché 32000

Wirtschaft: BSP 1977: 560 Mill. $, 1978: 620 Mill. $/ 144 $ [153] / – 1,0 – **WS:** 52/../14/.. – **V:** 13*/82*/ 15 / – 3 / 28 / – 18 – **A:** 57 / 87 / 6 – **E:** 23 / 0,2 / 15 – **M:** 3,0

Außenhandel: 1976 **Einf.** 118 Mill. $, **Ausf.** 59 Mill. $ – **W:** 1 CFA-Franc (F C.F.A.) = 100 Centimes; 1 FF = 50 CFA-Francs, 1 CFA-Franc = 0,02 FF bzw. 0,0087 DM – **I:** 6,6 – **AS:** 65* / 0* / 12* / 19* / 19* – **T:** 133 – **H:** 57/ 42 / 0 – **Z:** – 26 / 2,5 / 9 / 22 – **D:** 0,9 – **K:** – / 27 / 21

Wichtige Ausfuhrgüter: Baumwolle (60–70% d. Ausfuhrwertes), Viehzuchtprodukte, Erdnüsse – **Wichtigste Außenhandelspartner:** Frankreich u. übrige EG-Länder, Nigerien, Zaïre, USA, Kongo, Kamerun

Mitgliedschaft: UNO, OAU, Zentralafrik. Zoll- u. Wirtschaftsunion/UDEAC, CFA, ECA, AKP, FAO, GATT, IBRD, ICAO, IDA, ILO, IMF, ITU, UNESCO, UPU, WHO, WMO. Mitglied d. Staatengruppe der »Sahara-Anrainer« (FROLINAT-Rebellen fordern einen Tibbu [Tubu]-Staat)

TSCHAGOS-INSELN s. Seschellen

TSCHECHOSLOWAKEI *(Mittel-Europa)* (Tschechoslowak. Sozialist. Rep.; Československá Socialistická Republika/ČSSR – [ČS])

Fläche (90): 127869 km² – **Einwohner** (44): 15250000 (S 1979; 14344986 Z 1970) = 119,3 je km² – 32% d. Gesamtbevölkerung leben in d. Slowakei (49014 km²) – **Städt. B.:** 59 / 2,1 / 13 / 13 – **G:** 71 / 2,0 / 1 / 400 / 142 – **S:** 5* / 97 / 4,8 – **Geburten- u. Sterbeziffer** je 1000 Einw. 1977: 18,6 / 11,5 – **Geb.-Ü.:** 7,0

Bevölkerung: Die Volkszählung v. 1970 ergab 64,8% Tschechen, 29,3% Slowaken, 3,9% Madjaren, 85282 Deutsche (0,8%; 1975 77000), 66777 Polen, 58667 Ukrainer u. rund 44000 Sonstige; als Zigeuner (keine eig. »Nationalität«) gelten 293000 (1976) – **Staatssprache:** Tschechisch und Slowakisch – **Religion:** ganz überwiegend röm.-katholisch; daneben etwa 8% Anhänger der Tschechoslowakischen Kirche u. 8% Protestanten; griech.-orthodoxe Minderheit u. 14000 Juden

Nationalflagge: weiß-rot (waagerecht) mit blauem Dreieck am Flaggstock – **Nationalfeiertag:** 9. 5. – **U:** 1918

Staats- u. Regierungsform: Föderat. »Sozialistische« Rep. – Bundesversammlung, bestehend aus der »Volkskammer« (mit 200 im Gesamtstaat gewählten Abgeordneten) und der »Länderkammer« (mit je 75 vom tschechischen und slowakischen Nationalrat delegierten Abgeordneten und Vetorecht gegenüber der Bundesversammlung); die Bundesversammlung wählt d. Staatspräsidenten u. bestätigt die Bundesregierung, die für die Bundesgesetzgebung, Außenpolitik und Verteidigung zuständig ist – Wahl d. Präsidenten für sechs Jahre – Wahlpflicht f. alle üb. 18 J. alten Bürger – Wehrpflicht – Je eigene Regierung für die Tschechische Soz. Republik (Min.-Präs. Josef Korčák) und Slowakische Soz. Republik (Min.-Präs. Prof. Dr. Petr Colotka) – **Staatsoberhaupt:** Präsident Dr. Gustav Husák, KPČ, seit 1975, wiedergewählt 1980 – **Regierungschef der Bundesregierung:** Lubomir Štrougal – **Außenminister:** Bohuslav Chňoupek – **Parteien:** entscheidende Kraft ist die KP (KPČ); sie lenkt die aus ihr und den verschiedenen formal weiterbestehenden politischen Gruppen zusammengesetzte »Nationale Front« (Vors. J. Kempný). Bei den Wahlen von 1976 wurden für die Einheitsliste der »Nationalen Front« 99,97% aller Stimmen abgegeben – Der Gesamt-KP gehörten Mitte 1978 1,5 Mill. Mitglieder an, u.a. etwa ⅔ »Vertreter der Arbeiter-Klasse«; 24% der Mitgl. sind Frauen – 1. Sekretär des Zentralkomitees der Nationalen Front d. ČSSR: Dr. Gustav Husák, der tschechischen KP Jozef Kempný, der slowakischen KP Jozef Lenárt; außerdem ČSS, ČSL, SSO – **Dipl. B.:** BR Dtld. und DDR

Städte (F 1977): Prag [Praha] (Hptst.) 1175522 Einw., Brünn [Brno] 363179, Preßburg [Bratislava] 350025, Ostrau [Ostrava] 316990, Kaschau [Košice] 180792, Pilsen [Plzeň] 162902, Olmütz [Olomouc] 97504, Havířov 93039, Königgrätz [Hradec Králové] 89192, Pardubitz [Pardubice] 88478, Budweis [Č. Budějovice] 84639, Reichenberg [Liberec] 83156, Karwin [Karviná] 81711, Gottwaldov 79609, Aussig [Ústí nad Labem] 76945, Neutra [Nitra] 68099, Preschau [Prešov] 63779, Kladno 62950, Karlsbad [Karlovy Vary] 61002, Brüx [Most] 60005, Silloin [Žilina] 59017, Troppau [Opava] 57279, Neusohl [Banská Býstrica] 56883, Teplitz [Teplice] 52869, Tetschen [Děčin] 46849

Wirtschaft: BSP 1977 (S): 63640 Mill. $, 1978 (S): 71320 Mill. $/4720 $ [27] / (S) 4,3 – **WS:** 10/../61/.. – **A:** 65 / 13 / 49 – **E:** 7397 / 2,1 / 4831 – **M:** 3,9

Außenhandel: 1979 **Einf.** 14262 Mill. $, **Ausf.** 13777 Mill. $ – **W:** 1 Tschechoslowakische Krone (koruna, Kčs) = 100 Haléřu (h); 1 US-$ = 5,32 Kčs, 1 Kčs = 0,3650 DM – **AS:** 7/50/14/12/36 – **H:** 17*/11*/72*

Wichtige Ausfuhrgüter: Maschinen u. Fahrzeuge (40–50% d. Ausfuhrwertes), Eisen/Stahl, Textilien, chem. Produkte, Glas/Porzellan; landw. Produkte, Holz, Kohle – **Wichtigste Außenhandelspartner:** RGW-Mitglieder, UdSSR üb. 30%; kommunist.

Staaten insges. rd. 60% d. Ausfuhrwertes; BR Deutschland u. andere EG-Länder usw., Österreich, USA, Jugoslawien, Ägypten

Mitgliedschaft: UNO, Warschauer Vertrag, RGW, ECE, FAO, GATT, IAEA, ICAO, ILO, IMCO, ITU, UNESCO, UPU, WHO, WMO

TUNESIEN *(Nord-Afrika)*

(Tunesische Republik; El Dschumhurija et Tunusija bzw. Al Djoumhouria Attunusia; République Tunisienne – [TN])

Fläche (84): 164150 km² (125181 km² ohne strittige Gebiete m. Libyen) – **Einwohner** (76): 6370000 (S 1979; 5588209 Z 1975 prov.) = 38,8 je km² – **Städt. B.:** 48 / 3,6 / 32 / 32 – **G:** 57 / 12,5 / 15 / 4800 / 102 – **S:** 45 / 100 / 5,0 – **Jährl. Bevölkerungswachstum:** (1970–1977) 2,6%

Bevölkerung: Tunesier (z.T. arabisierte Berber); kleine französische u. italienische Minderheiten u. Malteser – **Staatssprache:** Arabisch; westarab. Dialekt (Tunesisch) als Umgangssprache; Französisch wichtig als Bildungs- u. Handelssprache – **Religion:** rund 96% meist sunnitische Muslimen; der Islam ist Staatsreligion. Etwa 20000 Katholiken u. kleine protest. Gruppen; über 9000 (n. and. Ang. 23000) Juden

Nationalflagge: rotes Feld mit rotem Halbmond und Stern in weißem Kreis – **Nationalfeiertag:** 1. 6. – **U:** alte staatliche Tradition; unabhängig von Frankreich seit 1956; Republik seit 1957

Staats- u. Regierungsform: Präsidiale Republik – Parlament aus 1 Kammer – Allgemeine Wehrpflicht – Verwaltungsgliederung in 18 Bezirke (Gouvernorate) unter je einem Regionsgouverneur – **Staatsoberhaupt:** Präsident Habib Bourguiba [Burgiba], seit 1957 (s. 1974 auf Lebenszeit); »Conseiller spécial« d. Präs.: Habib Bourguiba jr. – **Regierungschef:** Premierminister Mohammed Msali [Mzali], auch Gen.-Sekr. d. Partei – **Außenminister:** Hassan Belchodscha [Belkhodja] – **Parteien:** d. nationalist. (früher »Neo-Destour-Partei«) »Parti Socialiste Destourien«, hält alle Sitze im Parlament. Seit 1978 »Bewegung der Sozialist. Demokraten«, opposit. (nicht zugelassen) – **Dipl. B.:** BR Dtld. und DDR

Städte (Z 1975): Tunis (Hptst.) 873513, als Ballungsraum 1250000 Einw., Sfax 171290, A 230000, Sousse 69530, Bansert [Biserta bzw. Bizerte] 62856, Kairouan (heilige islamische Stadt) 54546, Menzel Bourgiba 42111, Gafsa 42225, Gabés 40585 (A 65000), Béja 39226, M'saken 33559, Nabeul 30446, Dar Chaabane-El Fehri 16296 (A 46772), Houmt Suk etwa 10000

Wirtschaft: BSP 1977: 4940 Mill. $, 1978: 5760 Mill. $/950$ (72)/6,5 – **WS:** 17/6,9/32/9,5 – **V:** 17/61/32/22/29/ – 10 – **A:** 53/43/23 – **E:** 456/0,6/285 – **M:** 3,2

Außenhandel: 1979 **Einf.** 2748 Mill. $, **Ausf.** 1690 Mill. $ – **W:** 1 Tunesischer Dinar (tD) = 1000 Millimes (M); 1 US-$ = 0,4131 tD, 1 tD = 4,7008 DM – **I:** 7,2 – **AS:** 53/1/12/14/35 – **T:** 137 – **H:** 69/25/3 – **Z:** – 476/3,1 / 9 / 40 – **D:** 1,9 – **K:** – / 636 / 93

Wichtige Ausfuhrgüter: Erdöl (bis 40% d. Ausfuhrwertes), Phosphate (bis 15%), Olivenöl (bis 20%), Düngemittel, Wein, Früchte, Getreide, Eisen- und Kupfererze – **Wichtigste Außenhandelspartner:** Frankreich, Italien, BR Deutschland, USA, Großbritannien, Brasilien

Mitgliedschaft: UNO, CCD, ECA, FAO, GATT (assoz.), IAEA, IBRD, ICAO, IDA, IFC, ILO, IMCO, IMF, ITU, OAU, UIA, UNESCO, UPU, WHO, WMO, Arab. Liga; Abk. m. d. EG

TÜRKEI *(Vorder-Asien)*

(Republik Türkei; Türkiye Cumhuriyeti – [TR])

Fläche (34): 780576 km² (m. 29777 km² Binnengewässern), davon 23623 km² (mit üb. 10% d. Bevölkerung) in Europa (Avrupa Türkiyesi) – **Einwohner** (19): 44310000 (S 1979; 40197670 Z 1975 prov.) = 56,8 je km² – **Städt. B.:** 43 / 4,7 / 23 / 38 – **G:** 61 / 11,8 / 10 / 1720 / 133 – **S:** 40 / 104 / 2,9 – **Jährl. Bevölkerungswachstum:** (1970–1977) 2,7%

Bevölkerung: über 90% Türken, etwa 7% Kurden, 1% Araber; Tscherkessen, Armenier, Griechen, Lasen, Bulgaren, Georgier usw.; keine bes. Minderheitenrechte – **Staatssprache:** Türkisch; Umgangssprache der jeweiligen Gruppen – **Religion:** über 98% sunnitische Muslimen, daneben Christen (1975: 22983 Orthodoxe, 73725 Katholiken, 25833 Protestanten, 84284 sonstige Christen); 38267 Juden

Nationalflagge: rotes Feld mit weißem Halbmond und Stern – **Nationalfeiertag:** 29. 10. – **U:** Gründung des Osmanischen Reiches an der Wende vom 13. z. 14. Jh.; Republik Türkei s. 1920 bzw. 1923

Staats- u. Regierungsform: »Nationale, demokratische und soziale Republik« – Parlament (»Große Nationalversammlung«, »Türkiye Büyük Millet Meclisi«) mit 2 Kammern (Volkskammer [»Millet Meclisi«], Abgeordnete f. 4 Jahre gewählt) und Senat (»Cumhuriyet Senatosu«; 150 dir. gewählt, 15 v. Staatspräsidenten ernannt, sowie 18 Senatoren auf Lebenszeit) – Allgem. Wahlrecht ab 21 Jahren – Verfassung von 1961 – Wehrpflicht – Verwaltungsgliederung in 67 Provinzen (Vilayet) – **Staatsoberhaupt:** Interimspräs. Ihsan Sabri Caglayangil – **Regierungschef:** Ministerpräsident Süleyman Demirel, AP, Minderh.-Reg. der AP mit stillschweigender Unterstützung von MSP, MHP u. einigen Unabhängigen, seit Nov. 1979 – **Außenminister:** N. N. – **Parteien:** Sitzverteilung nach den Teilwahlen v. Okt. 1979 (Gesamtwahlen 1977): sozialdem. »Republikan. Volkspartei« (»Cumhuriyet Halk Partisi«/CHP) v. Bülent Ecevit 203 (211) d. 450 Sitze; die »Gerechtigkeitspartei« (»Adalet Partisi«/AP) v. Süleyman

Demirel 185 (172), »Nat. Wohlfahrts(Heils)partei« (»Milli Selamet Partisi«/MSP) 22 (24), »Demokratische Partei« (»Demokratik Partisi«/DP) 1 (1), »Partei d. nationalist. Bewegung« (»Milliyetçi Hareket Partisi«/MHP 17 (17), »Republ. Vertrauenspartei« (»Cumhuriyetçi Güven Partisi«/CGP) 1 (1), »Türk. Partei d. Einheit« (»Türkiye Birlik Partisi«/TBP) 0 (0), Nizam-Ordnungspartei/NP 1, außerdem 15 Unabhängige (Bagimsiz) u. 5 unbesetzte Sitze – Senat: CHP 63, AP 77, MSP 7, MHP 1, CGP 2, Unabh. 1, dazu 18 Senatoren auf Lebenszeit, 14 v. Präs. ernannt, 2 frühere Präsid. – 1975 Neugründung d. »Türk. Arbeiter- und Bauernpartei«/TIKP (marxist.) v. Dogu Perincek. Illegale KP (Moskauer Richtung) – **Dipl. B.:** BR Dtld. u. DDR

Städte (1975): Ankara (Hauptstadt) 1698542 (A 2572562) Einw., Istanbul 2534839 (A 3864493), Izmir (fr. Smyrna) 636078 (m. V. 1660529), Adana 467122, Bursa [Brussa] 346084, Gaziantep 300801, Eskişehir 258266, Konya 246381, Kayseri 207030, Diyarbakir 169746, Samsun 169060, Erzurum [Erzatum] 162925, Malatya 154056, Sivas 149155

Wirtschaft: BSP 1977: 46580 Mill. $, 1978: 51750 Mill. $/1210$(65)/4,5–**WS:**28/3,4/25/8,9–**V:**13/ 71/24/16/5/ – 8–**A:**54/62/14–**E:**743/0,8/502–**M:** 5,9

Außenhandel: 1979 **Einf.** 4946 Mill. $, **Ausf.** 2261 Mill. $ – **W:** 1 Türkisches Pfund (TL.) = 100 Kuruş (krş); 1 US-$ = 70,00 TL., 1 TL. = 0,0277 DM – **I:** 19,9 – **AS:** 7 / 1 / 23 / 3 / 38 – **T:** 80 – **H:** 69 / 20 / 9 – **Z:** – 3155 / 0,8 / 11 / 9,5 – **D:** 1,3 – **K:** – / 566 / 184

Wichtige Ausfuhrgüter: Früchte (10–15% d. Ausfuhrwertes), Baumwolle (bis ein Fünftel), Tabak (10–15%), Chrom- u. Kupfererze, Viehzuchtprodukte – **Wichtigste Außenhandelspartner:** BR Deutschland, USA, Italien, Großbritannien, Schweiz, Irak, Frankreich, Benelux, Japan

Mitgliedschaft: UNO, NATO, Europarat, CCD, ECE, ECWA, EG-assoz., FAO, GATT, IAEA, IBRD, ICAO, ILO, IMCO, IMF, ITU, OECD, UNESCO, UPU, WHO, WMO. Mit Iran u. Pakistan i. d. »Reg. Coop. for Development«

TUVALU *(Ozeanien)*

(Vor 1975 »Ellice Islands«, Tuvalu = »acht Atolle«)

Fläche (166): 24,6 km² – **Einwohner** (168): 6200 (S 1979) = 252 je km² (Hauptinseln u. a.: Nanumea, Nanumanga, Niutao, Nui, Vaitupu Nukufetau, Funafuti Nukulaela) – **Bevölkerung:** Polynesier – **Jährl. Bev.-Wachstum:** (1971) 1,6% – **Sprache:** Tuvalu (polyn.) – **Religion:** überw. Protestanten

Nationalflagge: hellblau mit 9 gelben Sternen in Anordnung der 8 bewohnten u. 1 unbew. Insel, am Flaggstock den Union Jack – **Nationalfeiertag:** 1. 10. – **U:** 1. 10. 1978

Staats- u. Regierungsform: Konstitutionelle Monarchie – Parlament aus 12 Abgeordneten – Staatsoberhaupt: Königin Elizabeth II., vertr. d. Gen.-Gouv. Penitala Fiatau Teo – **Regierungschef:** Toalipi Lauti

Städte: Funafuti (Hptst.) etwa 1300 Einw.

Ausfuhr: Kopra, Fische, Einnahmen v. 1500 auswärts arbeitenden Tuvaluanern – **W:** Austral. Dollar ($A)

Mitgliedschaft: Commonwealth, UNO, Südseeforum, AKP

UGANDA *(Ost-Afrika)*

(Republik Uganda; Republic of Uganda; Jamhuriya Uganda – [EAU])

Fläche (76): 236036 km² (m. 39459 km² Binnengewässern) – **Einwohner** (51): 13220000 (S 1979; Z 1969 9548847) = 56 je km² – **Städt. B.:** 10 / 8,5 / 50/ 50 – **G:** 53 / 16 / 17 / 28330 / 90 – **S:** 65* / 51 / 3,2 – **Jährl. Bevölkerungswachstum:** (1970–1977) 3,4%

Bevölkerung: zu fast 50% Bantu-Gruppen (davon ⅕ Buganda [Baganda] s. »Uganda«); außerdem sudanesische, nilotische u. hamitische Gruppen; einige hundert Inder, kleine europäische u. arabische Gruppen – **Staatssprache:** Englisch und Kisuaheli; Sprachen der verschiedenen Gruppen – **Religion:** ein Drittel Katholiken, 18–20% Protestanten, 5–10% Muslimen; Anhänger von Naturreligionen; verschiedene Relig.-Gemeinschaften (u. a. Bahai, Baptisten, »Messias-Kirche« usw.)

Nationalflagge: schwarz-gelb-rot-schwarz-gelb-rot, m. Kronenkranich im weißen Mittelkreis – **Nationalfeiertag:** 9. 10. – **U:** 1962

Staats- u. Regierungsform: Präsidiale Republik – Seit dem Sturz I. Amins im April 1979 »Nationaler Konsultativrat« (NCC) als Übergangsparlament. Seit dem Sturz v. G. Binaisa am 12. 5. 1980 Exekutiv-, Gesetzgeb.- u. Verfassungs-Kompetenz bei »Militärkommission« (Vors.: Paul Muwanga) der UNLF, die 22 Minister d. Kabinetts (15 v. d. UPC u. 7 v. d. UPM) werden auf Empfehlung d. Milit.-Komm. v. d. Präsidialkommission ernannt – Verwaltungsgliederung in 10 Provinzen u. 23 Distrikte – **Staatsoberhaupt:** Präsidialkollegium aus Saul Musoke, Polycarp Nyamuchocho, Yoweri Wachalol – **Regierungschef:** Paul Muwanga, Vors. d. Militärkommission – **Außenminister:** E. Otema Allimadi – **Parteien:** Parteien dürfen nur im Rahmen d. UNLF (»Nation. Befreiungsfront Ugandas«) tätig werden, freie Wahlen f. 30. 9. 1980 zugesagt. Bisher bewerben sich: der »Volkskongreß« (»Uganda People's Congress«/ UPC) d. ehem. Präs. Milton Obote, die kath. konserv. »Demokratische Partei« (»Democratic Party«/DP) v. Paul Semwogerere, die »Kabaka Yekka«-Partei (für Monarchie) u. die »Uganda Patriotic Movement«/ UPM v. Yoweri Museveni – **Dipl. B.:** BR Dtld. u. DDR

Städte (Z 1969): Kampala (Hptst.) 330700 Einw.,

Jinja 52509, Bugembe 46884, Mbale 23544, Tororo 15977, Entebbe 10941

Wirtschaft: BSP 1976: 3020 Mill. $, 1977: 3220 Mill. $/260$[129]/–3,1–**WS:** 55/1,3/8/8,0–**V:** 9*/75*/6/8/11/2–**A:** 52/84/6–**E:** 48/0,2/36–**M:** 3,4

Außenhandel: 1977 **Einf.** 187 Mill. $, 1979 **Ausf.** 663 Mill. $–**W:** 1 Uganda-Schilling (U.Sh.) = 100 Cents; 1 US-$ = 7,69052 U.Sh., 1 U.Sh. = 0,2525 DM–**I:** 18,4–**AS:** 2/0/1/11/44–**T:** 159–**H:** 81/14/4–**Z:** 71/0,6/4/6–**K:** –/–8/1

Wichtige Ausfuhrgüter: Kaffee (bis 70% d. Ausfuhrwertes), Baumwolle, Kupfer, Tee, Ölsaaten, Häute, Zinnerz – **Wichtigste Außenhandelspartner:** Großbritannien, USA, BR Deutschland, Japan, Benelux, Italien, Kenia

Mitgliedschaft: Commonwealth, UNO, OAU, CCD, ECA, FAO, GATT, IAEA, ICAO, IBRD, IFC, ILO, IMF, ITU, UNESCO, UPU, WHO, WMO; AKP; Vereinbar. über Koop. mit Zaïre; »Nil-Staaten«

UNGARN *(Mittel-Europa)*
(Ungarische Volksrepublik; Magyar Népköztársaság – [H])

Fläche (103): 93032 km² – **Einwohner** (55): 10700000 (S 1979; 10322099 Z 1970) = 115 je km² – **Städt. B.:** 50/2,3/39/39–**G:** 70/2,6/1/440/135–**S:** 2/99/4,7 – **Geburten- u. Sterbeziffer** je 1000 Einw. 1977: 16,7 / 12, 4 – **Geb.-Ü.:** 4,3

Bevölkerung: rund 96% Madjaren; 1970 etwa 215000 Deutsche, 110000 Slowaken, 100000 Serben u. Kroaten und 25000 Rumänen – **Staatssprache:** Madjarisch (Ungarisch) – **Religion:** 1976 5250000 röm.-kath., 500000 griech.-kath., 2 Mill. Kalvinisten, 500000 Lutheraner, 40000 Orthodoxe, 80000–100000 Juden. Nach offiz. Ang. nehmen nur etwa 1,5 Mill. Personen aktiv an kirchlichem Leben teil, n. A. Schickel in »Polit. Studien« N/D 1977 sind 4 Mill. religiös interessiert oder kirchlich gebunden

Nationalflagge: rot-weiß-grün (waagerecht) – **Nationalfeiertag:** 4.4. – **U:** alte staatliche Tradition; 1867 gleichberechtigte Reichshälfte in »Österreich-Ungarn«; 1918 völlig souveräner Staat

Staats- u. Regierungsform: Kommun. Volksrep. – Parlament mit 1 Kammer (»Országgyülés«), die Nationalversammlung, die als kollektives Staatsoberhaupt den Präsidialrat »Népköztársaság Elnöki Tanácsa«) wählt – Wahl der Abgeordneten f. fünf Jahre – Wahlberechtigung für alle Bürger ab 18 J. – Wehrpflicht – Zentralist. Verwaltung; Hptst., 5 Stadtgebiete, 19 Komitate (Megyék) – **Staatsoberhaupt:** Präsidialrat der Nationalversammlung bzw. sein Vorsitzender Pál Losonczi, erneut seit 1980 – **Regierungschef:** Ministerpräsident György Lázár, Ung. Soz. Arbeiterpartei – **Außenminister:** Frigyes Puja – **Parteien:** entscheidend in allen Fragen ist die kommunist. »Ungarische sozialistische Arbeiterpartei« (»Magyar Szocialista Munkáspárt«/MSZMP; 1980 811833 Mitgl., 73,2% Arbeiter u. Bauern); Erster Sekretär: János Kádár. Bei d. Parl.-Wahlen v. Juni 1980 stimmten für die v. Wählerversammlungen vorgeschlagenen Kandidaten d. MSZMP 99,2% d. Wähler – **Dipl. B.:** BR Dtld. u. DDR

Städte (B 1978): Budapest (Hptst.) 2090000 Einw., Miskolc 206000, Debrecen 196000, Szeged 176000, Pécs (Fünfkirchen) 169000, Györ (Raab) 125000, Székesfehérvár 102000

Wirtschaft: BSP 1977 (S): 32940 Mill. $, 1978 (S): 36860 Mill. $/3450$[37]/(S)5,1–**WS:** 16/../47/.. – **A:** 67 / 19 / 58 – **E:** 3553 / 1,6 / 2831 / **M:** 2,4

Außenhandel: 1979 **Einf.** 8674 Mill. $, **Ausf.** 7938 Mill. $–**W:** 1 Forint (Ft) = 100 Filler (f); (offiz. Kurs f. nichtkommerz. Zahlungen:) 1 US-$ = 20,3590 Ft, 1 Ft = 0,0954 DM; (offiz. Kurs f. kommerz. Zahlg.:) 1 US-$ = 31,9026 Ft, 1 Ft = 0,0609 DM–**AS:** 7/34/12/10 / 31 – **T:** 82 – **H:** 23* / 6* / 71*

Wichtigste Ausfuhrgüter: Industrielle Güter (Maschinen, Verkehrsmittel u. Ausrüstungen, ein Viertel d. Ausfuhrwertes), Eisen u. Stahl, Bergbau- (Bauxit) u. chem. Produkte, Fleisch, Getreide, Textilien – **Wichtigste Außenhandelspartner:** Sowjetunion (30%) u. d. and. RGW-Mitglieder (insg. über 50% d. Ausfuhrwertes), BR Deutschland, Italien, Österreich, Frankreich, Großbritannien, USA

Mitgliedschaft: UNO, Warschauer Vertrag, (RGW), CCD, ECE, FAO, GATT, IAEA, ICAO, ILO, ITU, UNESCO, UPU, WHO, WMO

URUGUAY *(Süd-Amerika)*
(Republik östlich des Uruguay; República Oriental del Uruguay – [U])

Fläche (83): 177508 km² – **Einwohner** (106): 2910000 (S 1979) = 16,4 je km² – **Städt. B.:** 83/0,4/53/53–**G:** 71/4,9/3/700/116–**S:** 6/95/3,6–**Jährl. Bevölkerungswachstum:** (1970–1976) 1,2%

Bevölkerung: europäischer (meist spanischer u. italienischer) Abstammung; etwa 5–10% Mestizen, Mulatten 3% – **Staatssprache:** Spanisch – **Religion:** röm.-kath.; etwa 75000 Protest., 50000 Juden

Nationalflagge: fünf weiße und vier waagerechte blaue Streifen mit goldener Sonne im weißen Feld am Flaggstock – **Nationalfeiertag:** 25.8. – **U:** 1825, 1828 von Argentinien u. Brasilien anerkannt

Staats- u. Regierungsform: Präsidiale Republik, Parlament (»Asamblea General«) aus 2 Kammern (»Cámara de Senadores« u. »Cámara de Diputados«); Wahl der Deputierten für vier Jahre – Wahlberechtigt alle über 18 J. alten Bürger, Wahlpflicht für Männer – Keine allgem. Wehrpflicht – Verwaltungsgl. in 19 Departamentos mit je einer »Junta Departamental« – 1976 nach der Auflösung des Parlaments als Legislative ein Staatsrat (Consejo del Estado) aus 25 Mitgliedern, der im ebenf. neugebildeten »Rat der

Nation« (»Consejo de la Nación«) aus 45 Mitgl. (1978) neben d. ranghöchsten Offizieren vertreten ist; er wählt d. Präsidenten – **Staatsoberhaupt** u. Regierungschef: Dr. Aparicio Méndez, 1976 vom »Rat der Nation« gewählt – **Außenminister:** Adolfo Folle Martínez – Führende Partei bis zur Parlamentsauflösung vom Juni 1973: »Partido Colorado« (41 Sitze in d. Dep.-Kammer); stützt sich besonders auf die Städte u. vertritt d. »Wohlfahrtsstaat«. Zweitstärkste Partei »Partido Nacional« bzw. »Partido Blanco« (40 Sitze), konservativ; vertritt vor allem ländl. Kreise u. ist gegen zu starke Interventionen d. Staates i. d. Wirtschaft (»Mov. Nac. de Rocha«, »Un. Nac. Blanca«, »Al. Nacionalista«). »Frente Amplio« (links, 18 Sitze) – Linksparteien verboten. Verfassungsreform angekündigt – **Dipl. B.:** BR Dtld. u. DDR

Städte: (S 1975): Montevideo (Hptst.) 1229748 Einw., Salto A 80000, Paysandú A 80000, Mercedes A 50000; Z 1973: Rivera 41263, Minas 31256, Tacuarembó 29011, Artigas 23429, Durazno 22203, Treinta-y-Tres 21435

Wirtschaft: BSP 1977: 4170 Mill. $, 1978: 4660 Mill. $/1610$ [55]/1,3 – **WS:** 12/0,2/36/2,9 – **V:** 9*/79*/14/13/20/–1 – **A:** 63/12/32 – **E:** 1000/0,8/1161 – **M:** 1,6

Außenhandel: 1979 **Einf.** 1206 Mill. $, **Ausf.** 788 Mill. $ – **W:** 1 Uruguay. Neuer Peso (urugN$) = 100 Centésimos (cts); (Zentralbankkurs am 28. 3. 80:) 1 US-$ = 8,6370 urugN$, 1 urugN$ = 0,2234 DM; (Kurs d. Handelsbanken am 27. 3. 80:) 1 US-$ = 8,6300 urugN$, 1 urugN$ = 0,2217 DM – **I:** 68,3 – **AS:** <1/2/35/6/27 – **T:** 74 – **H:** 48/46/6 – **Z:** – 40/5,9/28/17 – **D:** 5,6 – **K:** –/12/..

Wichtige Ausfuhrgüter: Fleisch u. Wolle (60–70% d. Ausfuhrwertes), Textilien, Konserven, Häute, Felle, Weizen u. Pflanzenöle – **Wichtigste Außenhandelspartner:** Brasilien, Argentinien, BR Deutschland, Großbritannien, Niederlande, Venezuela, Italien, Spanien, Kuweit, Nigerien

Mitgliedschaft: UNO, OAS, ALADI, CCD, CECLA, ECLA, FAO, GATT, IAEA, IBRD, ICAO, IDB, ILO, IMCO, IMF, ITU, UNESCO, UPU, WHO, WMO

USA s. Vereinigte Staaten von Amerika

VANUATU *(Ozeanien; S-Pazifik)*
(Vanu'atu = »Das Land, das sich aus dem Meer erhebt«; früher »Neue Hebriden«)

Fläche (136) = 14763 km² – **Einwohner** (156) = 101606 (S 1978; Z 1967 77988) = 6,9 je km² – **Jährl. Bevölkerungswachstum:** (1970–1977) 2,7%

Bevölkerung: zu 95% einheim. Melanesier – **Staatssprache:** Englisch u. Französisch als Amtssprachen; Pidgin-Englisch – **Religion:** Protestanten, rd. 14000 Katholiken

Nationalflagge: grün-gelb-rot-schwarz – **Nationalfeiertag:** vermutl. d. Unabhängigkeitstag – **U:** 30. Juli 1980

Staats- u. Regierungsform: Seit 1922 als franz.-brit. Kondominium verwaltet – 1974 einigten sich Frankr. u. Großbrit. auf Einrichtung einer gewählten »Versammlung« als Schritt z. Autonomie u. Unabhängigkeit bis 1980. Erste Sitzungen d. »Repräsentativversammlung« (38 Mitgl.) seit 1976; sie wurden von d. »Vanuuka« (Ex »New Hebrides National Party«), die umgehende Unabh. forderte, boykottiert. – Ein Wahlausschuß wählte den ersten Präsidenten – **Staatsoberhaupt:** George Kalkoa – **Regierungschef:** Pfarrer Walter Lini – **Parteien:** Die Vanuasaku Pati errang 1979 d. absolute Mehrheit; ferner Tan Union u. Natatok Efate Alliance

Städte (1976): Vila (Hptst.) 16604, Luganville

Wirtschaft: BSP 1978: 60 Mill. $ / 540 $ [97a] / 1,8

Außenhandel: 1978 **Einf.** 45 Mill. $, **Ausf.** 33 Mill. $ – **W:** 1 Neue-Hebriden-Franc (F N.H.) = 100 Centimes (c); 1 FF = 16,1616 F N.H., 1 F N.H. = 0,061875 FF bzw. 0,0269 DM

Wichtige Ausfuhrgüter: Kopra, Kakao, Kaffee u. Mangan, Gefrierfleisch u. Muscheln – **Wichtigste Außenhandelspartner:** Australien, Frankreich

Mitgliedschaft: Südseeforum

VATIKANSTADT *(Süd-Europa)*
(Staat d. V.; Stato della Città del Vaticano; nichtstaatl.: Santa Sede; Holy See; Saint Siège; Heiliger Stuhl – [SCV])

Fläche (169): 0,44 km² – **Einwohner** (169): 726 (IV 1976 de jure; 1974 Zahl d. Angestellten 3713; 90 »Schweizer Gardisten«). Wohnbevölkerung 1976 etwa 1000. Über 160 diplomat. Vertreter im Ausland

Nationalflagge: gelb-weiß (senkrecht) mit gelber Tiara, dem jeweil. Papstwappen u. d. Schlüssel Petri im weißen Streifen – **Nationalfeiertag:** 22. 10. – **U:** alte staatliche Tradition; derzeitiger Status 1929 von Italien in den »Lateranverträgen« anerkannt (1947 in die neue ital. Verfassung übernommen)

Staats- u. Regierungsform: Souveräner Staat – Vatikanische u. italienische Zahlungsmittel – Zur V. gehören das Gebiet um die Basilika St. Peter sowie einige Kirchen u. Paläste in Rom, ferner der päpstliche Sommersitz Castel Gandolfo – **Staatsoberhaupt:** Papst Johannes Paul II. (Karol Wojtyla), seit 16. Okt. 1978, 264. Papst u. erster Nichtitaliener seit 1523 – **Curia Romana,** u. a. mit dem Staatssekretariat u. den Ämtern für Öffentliche Angelegenheiten sowie den 9 Kurienkongregationen (seit 1968 als gemischte Kongregation aus Kardinälen und Nichtkardinälen); Abstimmung der Arbeit in Besprechungen der Kardinalpräfekten unter dem Vorsitz des Kardinal-Staatssekretärs Kardinal Agostino Casaroli; außerdem u. a.

3 Päpstliche Gerichtshöfe (u. a. Rota Romana), je 1 Sekretariat für die Einheit d. Christen, für die Nichtchristen und für die Nichtglaubenden sowie verschiedene Kommissionen – **Amtssprachen:** Latein und Italienisch – Das Kardinalskollegium zählt (Nov. 1979) 131 Mitglieder (von denen 14 über 80 Jahre alt und damit nicht mehr zur Teilnahme an einer Papstwahl berechtigt sind). Sekretär d. Rates für Öffentliche Angelegenheiten: Tit.-Erzbischof Achille Silvestrini

W: Vat. Lira (Parität zur ital. Lira) = 100 Centesimi (s. Italien)

VENDA *(Süd-Afrika)*

Fläche (143): 6502 km² (nach »South Africa 1979« soll nach Arrondierung d. 3 Teilflächen die ges. Fläche 7410 km² betragen) – **Einwohner** (138): 461 000 de jure (S 1977), de facto, d. h. abzüglich d. Arbeitskräfte in d. Rep. Südafrika, 349 000 = 53,7 je km² (Z 1970: de jure 357 919, de facto 239 994 = 67 % d. de jure Bev.) – **BSP** 1975 je E. 325 $ [122]

Bevölkerung: 90 % Venda, Shangaan u. Nord-Sotho-Stämme (alles Bantu-Völker) – **Jährl. Bev.-Wachstum:** über 3 % – **Staatssprache:** ciVenda [Chivenda], Englisch u. Afrikaans – **Religion:** überwiegend Protestanten

Nationalflagge: grün-gelb(mit großem V in d. Mitte)-braun (waagerecht), blauer Querstreifen am Flaggstock – **Nationalfeiertag:** noch nicht bekannt – **U:** 13. 9. 1979, jedoch internat. nicht anerkannt u. faktisch weiterhin von d. Rep. Südafrika abhängig

Staats- u. Regierungsform: 1973 offizielle Verleihung des Status der inneren Selbstverwaltung. Wahl v. Chief Patrick Mphephu zum Chefminister – **Präsident u. Regierungschef:** N. N.

Städte: Thohoyandou (Thoho-ya-Ndou = »Kopf d. Elefanten«, als Hptst. im Aufbau), Makwarela, Shayandima u. Vuwani (städt. Bev. insges. nur 1,2 %)

Wichtige Ausfuhrgüter: haupts. landwirtsch. Erzeugnisse – **Wichtigster Außenhandelspartner:** Rep. Südafrika – **W:** südafr. Rand (R)

Mitgliedschaft: vermutl. Zoll- u. Währungsgemeinschaft mit d. Rep. Südafrika auch nach Erl. d. Unabhängigkeit (SAEMU); Mitgliedschaft in UNO u. OAU angestrebt

VENEZUELA *(Süd-Amerika)*

(Republik Venezuela; Republica de Venezuela – [YV])

Fläche (31): 912 050 km² – **Einwohner** (49): 13 520 000 (S 1979; 10 721 522 Z 1971) = 14,8 je km² – **Städt. B.:** 80 / 4,4 / 27 / 34 – **G:** 66 / 7,2* / 5 / 870 / 98 – **S:** 18 / 104 / 5,4 – **Jährl. Bevölkerungswachstum:** (1970–1977) 3,1 %

Bevölkerung: über zwei Drittel Mestizen u. Mulatten, etwa 20 % Weiße meist span. u. ital. Herkunft, 8–9 % Neger, knapp 1 % Indianer – **Staatssprache:** Spanisch, örtlich indianische Idiome als Umgangssprache – **Religion:** rund 84 % röm.-kath.; 2 % Protestanten u. etwa 15 000 Juden

Nationalflagge: gelb(m. Wappen links oben)-blau(mit 7 weißen bogenförmig angeordneten Sternen)-rot (waagerecht) – **Nationalfeiertage:** 5. 7. (Unabh.), 19. 4., 24. 6., 24. 7. u. 12. 10. – **U:** Proklamation d. Unabhängigkeit von Spanien 1811 (Austritt aus der Föderation m. Kolumbien 1830)

Staats- u. Regierungsform: Präsidiale föderative Republik – Parlament (»Congreso«) aus 2 Kammern (»Cámara de Senadores« u. »Cámara de Diputados«), Wahl der Deputierten für fünf Jahre – Wahlrecht für alle über 18 J. alten Bürger – Wehrpflicht – Verwaltungsgliederung in 20 Bundesstaaten mit teilweiser Autonomie, in den Bundesdistrikt d. Hptst., 2 Bundesterritorien u. »Depend. federales« – **Staatsoberhaupt** u. Regierungschef: Luis Herrera Campins, COPEI, seit März 1979 – **Außenminister:** José Alberto Zambrano Velazco – **Parteien:** Bei den Wahlen vom 3. Dez. 1978 errangen die Christlich-Sozialen (COPEI = Comite Organizacion Politica Electoral Independiente; gem. links) 39,81 % der Stimmen u. 87 der 199 Sitze im Abgeordnetenhaus bzw. 21 von 46 Sitzen im Senat, die »Accion Democratica«/AD (linksgemäßigt) 86 bzw. 21, die »Movimiento al Socialismo«/MAS (dem Eurokommunismus nahestehende Dissidenten der KP von 1970) 11 bzw. 3, »Causa Comun«/CC 1 bzw. 0, außerdem im Abgeordnetenhaus: »Movimiento Electoral del Pueblo«/MEP 3, »Union Republicana Democratica«/URD 3, »Mov. de Izquierda Revolucionaria«/MIR 4, »Mov. Independiente Nacional«/MIN 1, »Partido Comunista Venezolano«/PCV 1, »Vanguardia Unitaria Comunista«/VUC 1 u. »Lista Socialista«/LS 1 Mandat – **Dipl. B.:** BR Dtld.

Städte (S 1976): Caracas (Hptst.) 1 662 627, m. V. 2 576 000 Einw., Maracaibo 792 000, Valencia 439 000, Barquisimeto 430 000, Maracay 301 000, San Cristóbal 241 000, Ciudad (Santo Tomé de) Guayana 180 000 (u. Umgebung 200 000), Cabimas 159 000, Maturín 154 000, Ciudad Bolívar 130 000

Wirtschaft: BSP 1977: 35 480 Mill. $, 1978: 40 710 Mill. $ / 2915 $ [41] / 3,2 – **WS:** 6 / 3,7 / 17 / 3,0 – **V:** 15 / 48 / 32 / 37 / 33 / 5 – **A:** 53 / 21 / 27 – **E:** 2838 / 1,2 / 1846 – **M:** 1,6

Außenhandel: 1978 **Einf.** 10 614 Mill. $, **Ausf.** 9126 Mill. $ – **W:** 1 Bolivar (Bs) = 100 Céntimos; 1 US-$ = 4,29 Bs, 1 Bs = 0,4527 DM – **I:** 12,2 – **AS:** 74* / 0* / 1* / 18* / 36* – **T:** 334 – **H:** 61 / 39 / < 1 – **Z:** – 1828 / 2,3 / 7,5 / 12 – **D:** 7,7 – **K:** 0,20 / 1457 / 270

Wichtige Ausfuhrgüter: Erdöl u. Erdölprodukte (über 80 % d. Ausfuhrwertes), Eisenerze, Kakao, Kaffee, Zucker, Holz, Häute – **Wichtigste Außenhan-**

delspartner: USA, BR Deutschland u. and. EG-Länder, Kanada, Japan, Brasilien, Niederl. Antillen

Mitgliedschaft: UNO, OAS, ALALC bzw. ALADI, BLADEX, CCD, NACAMUR (NAMUCAR), OPEC, SELA, CECLA, ECLA, FAO, IAEA, IBRD, ICAO, IDB, IFC, ILO, IMF, ITU, UNESCO, UPU, WHO, WMO; Mitglied der »Anden-Gruppe« der ALALC; »Amazonas-Vertrag«

VEREINIGTE ARABISCHE EMIRATE s. Arabische Emirate

VEREINIGTE STAATEN VON AMERIKA

(Nord-Amerika)

(United States of America – [USA])

Fläche (4): 9363123 km^2 (davon 202711, m. Anteil an Großen Seen 359326 km^2 Binnengewässer), ohne Alaska und Hawaii 7827620 km^2 – **Einwohner** (4): 221895548 (F 1.1.1980; de jure 203295298 Z 1.4.1970, ohne Soldaten in Übersee; neue Z 1980, Ergebnisse noch nicht bek.) = 23,7 je km^2 – **Städt. B.:** 70 / 1,3 / 13 / 75 – **G:** 73 / 1,5 / 1 / 600 / 133 – **S:** 1 / 118* / 6,4 – **Geburten- u. Sterbeziffer** je 1000 Einw. 1977: 15,3 / 8,8 – **Geb.-Ü.:** 6,5

Bevölkerung (Z 1970): 177748975 Weiße (davon 9178000 der Herkunft nach »Spanischamerikaner«), 22580289 Neger, 792730 Indianer (davon über 533000 in oder nahe bei »Reservaten«), 591290 Japaner, 435062 Chinesen, 343060 Filipinos. Im Ausland geboren waren (1970) 8773770 (u.a. 1 Mill. in Italien, 0,83 Mill. in Deutschland). 1980 gab es fast 0,6 Millionen Exilcubaner – Nach einer Erhebung von 1971/72 waren von der Bevölkerung 14,4% britischer, 12,5% deutscher, 8% irischer, 4,5% spanischer, 4,3% italienischer, 2,6% französischer, 2,5% polnischer und u.a. 1,1% russischer Abkunft – 1978 über 150000 Vietnamesen – 1970 lebten von den Weißen 128,77 Mill., von den Negern 18,37 Mill. in Städten – **Staatssprache:** Englisch (Amerikanisch) – **Religion:** 1975/76 waren (nach »Yearbook of American Churches 1977«) v. den Kirchengemeinden erfaßt (Z): 69743302 Protestanten, 48001872 römische Katholiken, 6115000 Juden, 3695860 Angehörige von Ostkirchen, 849052 Altkatholiken usw. und 60000 Buddhisten. Von den Protestanten waren 1969 die Baptisten mit 29071000 am zahlreichsten (1975/76 insgesamt in Religionsgemeinschaften erfaßt: 129713735 Gläubige)

Nationalflagge: abwechselnd rote und weiße Streifen (7 rote, 6 weiße, waagerecht), im blauen Viereck oben am Flaggstock 50 weiße Sterne – **Nationalfeiertag:** 4.7. – **U:** 1776

Staats- u. Regierungsform: Präsidiale Republik mit bundesstaatlicher Verfassung; der Präsident ernennt und entläßt die Kabinettsmitglieder – Parlament (»Congress«) mit 2 Kammern (»Senate« u. »House of Representatives«); Wahl der Mitglieder des Repräsentantenhauses für 2 Jahre – Wahl d. Präsidenten durch Wahlmänner für vier Jahre; er ist nur einmal wiederwählbar – Wahlberechtigung ab 18 Jahre – Keine Wehrpflicht, doch seit Mitte 1980 wieder Wehrerfassung (Registrierung) – Titel der Minister: Secretary; den höchsten Rang nach dem Präsidenten u. Regierungschef bekleidet unter den Ministern der Außenminister (Secretary of State) – **Bundesstaaten** mit eigener Verfassung u. einem Parlament aus 2 Kammern (nur Nebraska 1 Kammer) sowie einem gewählten Gouverneur; Fachminister z.T. gewählt, z.T. vom Gouverneur berufen. Bedeutende Sonderrechte der einzelnen Staaten, die in kleinere Verwaltungseinheiten (County, Parish) untergliedert sind – Insgesamt 50 Bundesstaaten, dazu der District of Columbia/DC mit der Bundeshauptstadt Washington – **Staatsoberhaupt u. Regierungschef:** Präsident James (»Jimmy«) Earl Carter, Dem. (seit 20.1.1977) – Vizepräs.: Walter Frederick Mondale, Dem. – **Außenminister:** Edmund S. Muskie – **Parteien:** Die Part. unterscheiden sich z.T. in ihrer Struktur v. den europäischen. Für d. Präsidentschaftswahlen werden v. d. beiden einzigen Parteien von Bedeutg. Programme aufgestellt und auf den Parteikongressen beschlossen. Die »Republikanische Partei« (»Republican Party«), auch manchmal GOP (»Grand Old Party«), genannt (Symbol: ein Elefant), gilt als weiter rechts stehend als die Demokraten, doch besitzen beide linke, liberale und konservative Flügel. Das Symbol der »Demokratischen Partei« (»Democratic Party«) ist ein Esel. Es gibt zwar einige kleinere Parteien, doch sind sie völlig bedeutungslos (»American Party«, »American First Party«, »Libertarian Party«, »People's Party«, »Prohibition Party«, »Socialist Labor Party«, »Socialist Workers Party«, »Universal Party«). Die KP wurde 1954 als Partei für illegal erklärt. Die kommunistische Betätigung ist jedoch nicht strafbar; 1978 über 10000 Mitglieder. Wahlen vom 7.11.1978: **Senat** 58 Demokraten, 41 Republikaner, 1 Unabh., **Repräsentantenhaus** 276 Demokraten u. 159 Republikaner (seit 25.1.1980: 275 Dem. u. 160 Rep.) – Von den Gouverneuren gehören (Anfang 1980) 32 der Demokrat. u. 18 der Republikan. Partei an – Führende Kandidaten f. d. **Präsidentschaftswahlen v. 4.11.1980:** Jimmy Carter (Vizepräs.: Mondale) / Demokr. – Ronald Reagan (Bush) / Republ. – John Anderson (Lucey) / Unabh. – **Dipl. B.:** BR Dtld. und DDR

Städte (F 1978–1979, Metrop.-Geb./MG [meist »standard metropolitan statistical area«]): Washington (Hptst.) 677500 Einw. (MG 3062400 Einw.), New York 7312000 (MG 10872000), Chicago 3 Mill. (MG 7,6 Mill.), Los Angeles 2,8 Mill. (MG 7,1 Mill.), Philadelphia 1,8 Mill. (MG 4,8 Mill.), Detroit 1314000 (MG 4406000), Houston 1,7 Mill. (MG 2,8 Mill.), Baltimore 820700 (MG 2164200), Cleveland 625000 (MG 1960200), Milwaukee 644700 (MG

1439400), Dallas 848000 (MG 1485300), San Francisco 671400, St. Louis 515000 (MG 2500000), Boston 636960 (MG 2899000), New Orleans 559184 (MG 1200000), San Diego 825680 (MG 1767450), San Antonio 827976 (MG 945752), Pittsburgh 449092 (MG 2294500), Seattle 497300 (MG 1474800), Kansas City 451300 (MG 1285400), Cincinnati 412564 (MG 1381196), Buffalo 396300 (MG 1312600), Atlanta 430500 (MG 1874900), Minneapolis 353400 (MG 1233600), Newark 324238 (MG 2011800)

1970 lebten von den 22,7 Millionen **Negern** 53% in den Südstaaten, davon 55% in Städten. Die Staaten mit den meisten Negern sind (Z 1970 in Mill.): New York 2,17, Illinois 1,42, Kalifornien u. Texas je 1,40, Georgia 1,19, North Carolina 1,12, Louisiana 1,09, Florida 1,04, Pennsylvania 1,01. Von den 10,7 Millionen Negern der Nord- u. Weststaaten wohnten 96% (von den Weißen in diesen Staaten nur 73%) in Städten. Die Zahl der Neger im engeren New York belief sich 1970 auf 1,67 Millionen. Einen Anteil von mehr als 50% haben die Neger u.a. in Cleveland, Gary, Newark und Washington/DC (71%). Mehrere Großstädte haben Neger bzw. Farbige als Bürgermeister. **Städte mit 50000 u. mehr Juden** (nach H. L. Linfield bzw. »Information Please Almanac«) in 1000: New York City 1228, Städte in d. Umgebung v. New York 865, Los Angeles 463, Philadelphia 350, Chicago 253, Miami 225, Boston 180, Washington 112, Bergen, Co. 100, Baltimore 94, Cleveland u. Detroit je 80, San Francisco 75, St. Louis 60, Pittsburgh 52, Elizabeth u. Montgomery, Md. je 50

Wirtschaft: BSP 1977: 1896550 Mill. $, 1978: 2117890 Mill. $/9700$[9]/2,0 – **WS:** 3/0,7/34/2,3 – **V:** 18/66/18/16/8/–2 – **A:** 65/3/33 – **E:** 11554/1,5 / 10638 – **M:** 5,3

Außenhandel: 1979 **Einf.** 217664 Mill. $, **Ausf.** (mit Auslandshilfelieferungen) 178578 Mill. $ – **W:** 1 US-Dollar (US-$) = 100 Cents; 1 US-$ = 1,9478 DM; 1 SZR (gültig seit 12.2.73) = 1,20635 DM – **I:** 6,8 – **AS:** 7 / 44 / 28 / 10 / 25 – **T:** 79 – **H:** 57 / 37 / 2 – **Z:** –15276 – **D:** 1,2 – **K:** 0,22 / .. / –8878

Wichtige Ausfuhrgüter: An erster Stelle stehen Fertig- und Halbfertigwaren (bis 70% des Austuhrwertes, besonders Maschinen aller Art und Verkehrsmittel m. 50–60%), chemische u. pharmazeutische Artikel, Baumwollerzeugnisse, Eisen- u. Stahlwaren, Erdölprodukte, Papier, Gummiwaren, ferner landwirtschaftl. Produkte (Baumwolle, Getreide, Tabak, Gemüse u. Ölsaaten, Fleisch; 10–12%), Kohle, Erdöl sowie Erze – **Wichtigste Außenhandelspartner:** Kanada (über 20%), Japan (10–12%), BR Deutschland (4–5%), Großbritannien, Benelux, Mexiko, Italien, Frankreich, Venezuela, Brasilien, Australien, Hongkong, die Schweiz, Spanien, Schweden, die Philippinen, Indien, Perú, Argentinien, Iran; die EG-Länder nehmen über ein Fünftel der Exporte ab; an den Einfuhren ist Kanada zu über einem Fünftel, der EG-Raum zu über einem Sechstel beteiligt.

Mitgliedschaft: UNO, NATO, OAS, CENTO (nur in Kommissionen vertreten), Colombo-Plan (assoz.), ADB, CCD, CECLA, ECE, ESCAP, FAO, GATT, IAEA, IBRD, ICAO, IDA, IDB, IFC, IMCO, IMF, ITU, OECD, UNCTAD, UNESCO, UPU, WHO, WMO

Bundesstaaten außerhalb des geschlossenen Staatsgebietes

Alaska (m. Aléuten, Pribilof-Inseln, St. Lawrence, St. Matthew) Fläche: 1518800 km² – Einwohner: 403000 (S 1978; Z 1970 236767 Weiße, 16276 Indianer, 8911 Neger, 37577 Eskimos u. Aléuten); Hauptstadt Juneau 6050 (Z 1970), Anchorage 48029, Fairbanks 14771 (Seit 1958 Bundesstaat). 1976 sprach sich die Mehrheit der Bevölkerung für die Verlegung des Regierungssitzes in das Gebiet von Willow South (100 km von Anchorage) aus.

Hawaii-Inseln (Hawaii-Islands, auch Sandwich-Inseln genannt) Fläche: 16705 km² – Einwohner: 898000 (S 1978; Z 1970: 769913, darunter u.a. 298160 Weiße); Hauptstadt Honolulu 324871 (Z 1970), m. V. 629176 (Seit 1959 Bundesstaat)

Autonomer Staat

Puerto Rico (El Estado Libre y Asociado de Puerto Rico – Commonwealth of Puerto Rico) Fläche: 8897 km² – Einwohner 3358000 (B 1979) = 377,4 je km² – Jährl. Bevölkerungszuwachs (1970–1977) 2,8% – Religion: überwiegend Katholiken – Hauptstadt San Juan (1977) 518700, A 820442 Einw., Bayamón 180782, Ponce 176086 – P. ist autonom; die Bewohner sind Bürger der USA, besitzen aber bei den US-Wahlen kein Stimmrecht. 58% städt. Bevölkerung. 16% der Bewohner sind zweisprachig (Spanisch und Englisch), die übrigen haben größtenteils Spanisch als Muttersprache. Spanisch und Englisch sind Amtssprachen – BSP 1977: 8090 Mill. $, 1978: 9150 Mill. $, je E. 2720 $[42a]; Jahreszuwachs 0,1% – L: 5,1% d. Bev. – W: US-$ – »New Progressive Party« v. Carlos Romero Barceló 46,6%, »Popular Democratic Party« 43,3%, »Independ. Party« (für volle Unabhängigk.) 43,3% – Flagge: rot-weiß-rot-weiß-rot (waagerecht) mit weißem Stern in blauem Dreieck am Mast

Außengebiete

a) Atlantisch-mittelamerikanischer Bereich

Jungfern-Inseln (Virgin Islands of the United States; Organized Unincorp. Territory) Fläche: 344 km² – Einwohner: 101130 (S 1978: 62468 Z 1970; 80% Neger und Mulatten); BSP 1978 (S): 540 Mill. $, je E. 5350 $; Jahreszuwachs 0,6% – Hauptstadt Charlotte Amalie 12372 (Z 1970) – Regierung d. einen gewählten Gouverneur – Gesetzgebende Versammlung – Die J.-I. unterstehen dem Department of the Interior

Panamá-Kanal-Zone (Panama Canal Zone) Fläche: 1432 km^2 (nach UNO; m. Hoheitsgewässern 1676,3 km^2) – Einwohner: 41800 (S 1976, darunter 9100 Militärpersonal; insges. rd. 38000 US-Bürger; 3540 von diesen u. über 9000 andere – meist Panamesen – arbeiten in der Kanal-Verwaltung u. Kanal-Kompanie) – Sitz d. Gouverneurs: Balboa Heights, rd. 120 Einwohner, Balboa 6000, Cristóbal 19000 – Nach den zwischen Panamá und den USA geschlossenen Verträgen (1903, 1936, 1955) besitzen die Vereinigten Staaten in dieser Zone Hoheitsrechte u. Verteidigungsgewalt. Die Bürger der Städte unterstehen den Gesetzen v. Panamá. An der Spitze der Zone steht ein Gouverneur, der gleichzeitig Oberbefehlshaber und Präsident der Panamá-Kanal-Gesellschaft ist. Privatbesitz ist in der Zone nicht erlaubt. Nach dem neuen Vertrag, der 1977 unterzeichnet u. 1978 ratifiziert worden ist, sollen die Hoheitsrechte bis 2000 an Panamá (bei Einhaltung permanenter Neutralität in d. Kanal-Zone) übergehen.

Pachtgebiet

Guantánamo Bay, 1903 von Cuba an die USA verpachtet, 111,9 km^2, dazu die Insel Navassa (5 km^2), die nicht zum Pachtgebiet gehört und von Cuba beansprucht wird; Flottenstützpunkt

Sonstige Inseln Die Quita Sueño Bank, Roncador Cay u. d. Serrana Bank (alle unbewohnt) sollen nach einer Vereinbarung von 1972 an Kolumbien zurückgegeben werden, doch hat der US-Senat noch nicht zugestimmt

b) Bereich des Pazifischen Ozeans

Guam Fläche: 549 km^2 – Einwohner: 110000 (S 1978); Hauptstadt Agana 2119 (Z 1970) – BSP 1978 (S): 680 Mill. $, je E. 7130 $; Jahreszuwachs 5,1 % – G. untersteht seit 1950 dem Innenministerium und besitzt in Apra einen Marinestützpunkt; es ist ein »Organized Unincorporated Territory«. Größter Ort ist Tamuning mit 8230 Einw. Offiz. Sprache: Englisch; Umgangssprache: Chamorro – Gesetzgebende Versammlung; Gouverneur: Ricardo Jerome Bordallo – Der UNO-Entkolonialisierungsausschuß sprach sich 1977 für Unabhängigkeit aus; der US-Stützpunkt sei mit den UNO-Prinzipien nicht vereinbar – **Midway-Inseln** (5,2 km^2 u. [1975] 2256 Einw.; Flug- u. Kabelstat.); untersteht dem Navy Department – **Samoa-Inseln** (Amerikanisch-Samoa, American Samoa; Unorganized Unincorp. Territory) Fläche: 197 km^2, den östlichen Teil der Gruppe umfassend, einschl. Swain's Islands (3,2 km^2 und 106 Einw.) – Einwohner 31395 (S 1979); hauptsächlich Polynesier; Hauptort Pago Pago auf Tutuila 2451 Einw. (Z 1970); Regierungssitz Fagatogo (1340 Einw.) – BSP 1978 (S): 240 Mill. $, je E. 7400 $; Jahreszuwachs 8,4 %. Untersteht dem Department of the Interior – Senat u. Repräsentantenhaus. Verwaltung durch einen Gouverneur

Weitere US-Außenbesitzungen im Pazifischen Ozean

Marianen *(Mariana Islands)* 472,9 km^2 u. 16260 Einw. (1977); Verw.-Sitz: Susupe auf Saipan. **Die Bevölkerung** hat sich am 15.2.1975 in einem Referendum **für den Anschluß an die USA (als »Territory«) entschieden.** Seit 8.1.1978: »Commonwealth der Nördlichen Marianen« – Volle innere Autonomie – Gouverneur: Dr. med. Carlos Sablan Camacho – **Wake** (jap. Ontoroschima) 7,8 km^2 und (m. Nachbareilanden 1970) 1647 Einw.; untersteht dem Navy Department – **Baker-** (2,18 km^2), **Howland-** (2,26 km^2) und die **Jarvis-** (7,7 km^2)Inseln unterstehen ebenfalls dem Navy Department. Meteorol. Stationen, Flugzeugstützpunkte – **Kingman Reef u. Palmyra** (1,2 km^2, unbewohnt), Jarvis **und einige andere Inseln der sog. Äquator. Sporaden:** Johnston (2 km^2, 156 Einw.), Malden (90 km^2), Starbuck (2,6 km^2), Caroline (11 km^2), Flint (2,7 km^2) und Vostok (0,2 km^2) sind zwischen den USA und Großbritannien strittig – Die Inseln **Canton** (9 km^2) und **Enderbury** (5 km^2) mit zus. über 300 Einw. besitzen Kontrolleinrichtungen für Satellitenbeobachtung und bilden ein **britisch-nordamerikanisches Kondominium,** wobei bisher seitens der USA das Department of the Interior und britischerseits der Gouverneur der Gilbert-Inseln zuständig war.

UNITED STATES TRUST TERRITORY OF THE PAZIFIC ISLANDS

Fläche (ohne Marianen) 1359,3 km^2 – Diese UNO-Treuhandgebiete unterstehen einem Hochkommissar der USA und sind in Distrikte gegliedert; Verwaltungssitz ist seit 1976 Kolonia auf Ponape. – Im Bereich der Karolinen (Caroline Islands) liegen: *Distrikt Palau* (m. d. P.-Inseln, Sonsorol-In., Pulo Ana, Merir, Tobi u. Helen Reef) 460 km^2 u. 13519 Einw. (1977); Verw.-Sitz: Koror auf d. gleichnam. Insel – *Distrikt Yap* (m. d. Y.-Ins. u. einigen anderen Eilanden) 121,7 km^2 u. 8482 Einw. (1977); Verw.-Sitz: Colonia auf Yap – *Distrikt Ponape* 482,7 km^2 u. 21187 Einw. (1977); Verw.-Sitz: Kolonia auf P. – *Distrikt Truk* 116,2 km^2 u. 35220 Einw. (1977), Verw.-Sitz: Truk – *Distrikt Marshall-Islands* (u. a. mit Ratak- und Ralik-Inselbögen, Bikini und Eniwetok) 178,7 km^2 und 27096 Einw. (1977); Verw.-Sitz: Majuro auf d. gleichn. Eiland – Am 13.7.1978 bejahten die Bewohner dieser Distrikte die Bildung der *»Föderierten Staaten von Mikronesien«* (»Federated States of Micronesia«) in freier Assoziation mit den USA, die für mindestens 15 Jahre für Außenpolitik und Verteidigung verantwortlich bleiben. Die Inseln Bikini u. Eniwetok, deren Bewohner wegen der US-Atombombenversuche (1947/1958) evakuiert worden waren, u. die seit 1970 begrenzt zur

Staaten (m. postalischer Abkürzung)	*km² (m. Rangstelle)*	*Einwohner in 1000 F 1978 (m. Rangst.)*	*Hauptstadt*	*Einwohner F 1976 + = Z 1970*	
Alabama, AL	131334 (28)	3742 (22)	Montgomery	155658	
Alaska, AK	1467059 (1)	403 (50)	Juneau	18705	
Arizona, AZ	293750 (6)	2354 (31)	Phoenix	679512	
Arkansas, AR	134538 (27)	2186 (33)	Little Rock	151649	
California, CA	404975 (3)	22297 (1)	Sacramento	264000	
Colorado, CO	268754 (8)	2670 (28)	Denver	479513	
Connecticut, CT	12593 (48)	3099 (24)	Hartford	134957	
Delaware, DE	5133 (49)	583 (47)	Dover	22699	
Florida, FL	140093 (26)	8594 (8)	Tallahassee	86200	
Georgia, GA	150409 (21)	5084 (14)	Atlanta	425666	
Hawaii, HI	16641 (47)	897 (40)	Honolulu	705381	A
Idaho, ID	214133 (11)	878 (41)	Boise City	102915	
Illinois, IL	146076 (23)	11243 (5)	Springfield	88221	
Indiana, IN	93491 (38)	5374 (12)	Indianapolis	708867	
Iowa, IA	144887 (24)	2896 (26)	Des Moines	195405	
Kansas, KS	211828 (13)	2348 (32)	Topeka	120196	
Kentucky, KY	102694 (37)	3498 (23)	Frankfort	21356	+
Louisiana, LA	116369 (33)	3966 (20)	Baton Rouge	219754	
Maine, ME	80083 (39)	1091 (38)	Augusta	20934	
Maryland, MD	25618 (42)	4143 (18)	Annapolis	32145	
Massachusetts, MA	20269 (45)	5774 (10)	Boston	618250	
Michigan, MI	147156 (22)	9189 (7)	Lansing	126071	
Minnesota, MN	205359 (14)	4008 (19)	Saint Paul	272465	
Mississippi, MS	122497 (31)	2404 (30)	Jackson	188205	
Missouri, MO	178697 (18)	4860 (15)	Jefferson City	32407	+
Montana, MT	377070 (4)	785 (43)	Helena	27348	
Nebraska, NE	198091 (15)	1565 (35)	Lincoln	164035	
Nevada, NV	284613 (7)	660 (45)	Carson City	26590	
New Hampshire, NH	23380 (44)	871 (42)	Concord*	28961	
New Jersey, NJ	19479 (46)	7327 (9)	Trenton	99672	
New Mexico, NM	314457 (5)	1212 (37)	Santa Fé	45941	
New York, NY	123882 (30)	17748 (2)	Albany	109196	
North Carolina	126387 (29)	5577 (11)	Raleigh	136883	
North Dakota, ND	179417 (17)	652 (46)	Bismarck	39838	
Ohio, OH	106125 (35)	10749 (6)	Columbus	533075	
Oklahoma, OK	178145 (19)	2880 (27)	Oklahoma City	369438	
Oregon, OR	249117 (10)	2444 (29)	Salem	79661	
Pennsylvania, PA	116462 (32)	11750 (4)	Harrisburg	68061	+
Rhode Island, RI	2717 (50)	935 (39)	Providence	164989	
South Carolina, SC	78283 (40)	2918 (25)	Columbia	112779	
South Dakota, SD	196723 (16)	690 (44)	Pierre	9699	+
Tennessee, TN	107040 (34)	4357 (17)	Nashville-D.	430941	
Texas, TX	678927 (2)	13014 (3)	Austin	313009	
Utah, UT	212629 (12)	1307 (36)	Salt Lake City	168667	
Vermont, VT	24025 (43)	487 (48)	Montpelier	8080	
Virginia, VA	103030 (36)	5148 (13)	Richmond	226639	
Washington, WA	172416 (20)	3774 (21)	Olympia	23111	+
West Virginia, WV	62341 (41)	1860 (34)	Charleston	66799	
Wisconsin, WI	141062 (25)	4679 (16)	Madison	170493	
Wyoming, WY	251756 (9)	424 (49)	Cheyenne	47795	

Rücksiedlung freigegeben worden sind, mußten 1978 wegen noch vorhandener radioaktiver Elemente wieder geräumt werden. (Das dreijährige Entgiftungsprogramm kostet 80 Mill. $) – Die Palau- u. Marshall-Inseln streben *Unabhängigkeit* an, die f. d. Marshall-I. für 1981 erwartet wird.

VIETNAM *(Südost-Asien)*
(Sozialistische Republik Vietnam; Công Hòa Xã Hôi Chu Nghĩa Viêt Nam – [VN])

Fläche (58): 332556 km² – **Einwohner** (16): 52741766 (Z 1.10.1979) = 158,6 je km² – **Städt. B.:** 20/5,2/24/44 – **G:** 62/15/6/5340/111 – **S:** 13/141 – **Jährl. Bevölkerungswachstum:** (1975–1979) 2,6%

Bevölkerung: 83% Vietnamesen (Kinh), daneben siamo-chinesische und andere Volkssplitter (Nung, Miao, Müong, T'hai, Tscham usw.), von denen die meisten in den Berggebieten leben. Teilweise starke Vermischung mit Chinesen und bedeutende chinesische Minderheit (2–3%) u.a. in Tongking und im Gebiet von Ho-Tschi-Minh-Stadt – **Religion:** vorwiegend Mahajana-Buddhisten, außerdem eine starke kathol. Minderheit (insges. 5–6%, zu zwei Dritteln in Süd-V.). Daneben Taoismus, konfuzianische Einflüsse und zahlreiche Sekten (im S. u. a. Hoa Hao und Anhänger der Cao-Daï-Lehre) – **Staatssprache:** Vietnamesisch (tai-austroasiatische Mischsprache mit chin. Lehnwörtern) als Amts- u. Umgangssprache; als Umgangssprachen daneben Dialekte der kleinen Volksgruppen und vereinzelt Chinesisch, als Handels- u. Bildungssprache auch Französisch, im S. auch Englisch

Nationalflagge: rotes Feld mit fünfzackigem goldenen Stern in der Mitte – **Nationalfeiertag:** 2.9. – **U:** alte staatliche Traditionen; Gründung der letzten Kaiser-Dynastie 1802 mit Hilfe Frankreichs, das seit 1887 Indochina ganz beherrscht. Gegen Ende der japanischen Besetzung im II. Weltkrieg mit Billigung Japans am 8.3.1945 Bildung eines Staates Vietnam unter Kaiser Bao Dai. Faktische Bestätigung der prov. Teilung des Landes durch die »Genfer Indochina-Konferenz« von 1954, in die Republik V. im Süden und die Demokrat. Rep. V. im Norden. Formelle Wiedervereinigung am 2.7.1976

Staats- u. Regierungsform: Volksrepublik kommunistischer Prägung – Verfassung der DRV (ehemals. Nordvietnam) v. 1959 nach d. Wiedervereinigung f. d. ganze Land gültig – Einkammerparlament – Erste Wahl in die gemeinsame »Nationalversammlung« im April 1976 – Wahlberechtigt alle Bürger über 18 Jahre – Wehrpflicht – Verwaltungsgliederung seit 1976 in die Stadtgebiete Hanoi, Ho Tschi Minh (fr. Saigon), Haiphong und 36 Provinzen sowie ein Sondergebiet (Vung Tau-Con Dao) – **Staatsoberhaupt:** Amtierender Präs.: Vizepräs. Nguyen Huu Tho – **Regierungschef:** Min.-Präs. Pham Van Dong – **Außenminister:** Nguyen Co Thach – **Parteien:** führende polit. Kraft ist die »Kommunistische Partei Vietnams« (»Dang Cong San Viêt-Nam«). Dazu Massenorganisationen »Vaterländische Front Vietnams«, Allgem. Gewerkschaftsbund V., Kommun. Jugendverband Ho Tschi [Chi] Minh, Bund d. Genossenschaftsbauern V., Vereinigung d. Frauen V. Bei den Wahlen zur gesamtvietnamesischen Nationalversammlung v. 25.4.1976 wurden mit Einheitslisten insgesamt 492 Abgeordnete mit einem Stimmenanteil von über 99% gewählt (249 aus d. ehem. Nordvietnam, 243 aus d. ehem. Südvietnam) – Zentral-Komitee (133 Mitgl.); dem »Politbüro« als entscheidendem Organ (15 Mitgl. u. 2 Kandid.) gehören Le Duan, Truong Chinh, Pham Van Dong, Pham Hung, Le Duc Tho, Vo Nguyen Giap, Nguyen Duy Trinh, Le Thanh Nghi, Van Tien Dung, Tran Quoc Hoan, Le Van Luong, Nguyen Van Linh, Vo Chi Cong, Chu Huy Man u. To Huu an. Gen.-Sekr. der KPV: Le Duan – **Dipl. B.:** BR Dtld. u. DDR

Städte (Z 1.10.1979): Hanoi 2570909, Ho-Tschi [Chi]-Minh-Stadt (fr. Saigon) 3419978, Haiphong 1279067 (jeweils mit Landkreisen); (S 1976): Hanoi 1443500, Ho-Tschi-Minh-Stadt 3460500, Haiphong 1190900, Da Nang 492194, Nha Trang 216227, Qui Nhon 213757, Can Tho 182424

Wirtschaft: BSP 1977: 8350 Mill. $, 1978: 8870 Mill. $/170 $ [149]/..– **WS:** 29/../7/..– **A:** 52/70/9 – **E:** 124/../71

Außenhandel: Südvietnam 1973 **Einf.** 618 Mill. $, **Ausf.** 59 Mill. $; Nordvietnam (geschätzter Außenhandelsumfang) 1973 400 Mill. $ – **W:** 1 Dong (D) = 10 Hào = 100 Xu; 1 US-$ = 2,165 D, 1 D = 0,8970 DM

Wichtige Ausfuhrgüter: Kautschuk, Tee, Holz, Bergbauprodukte (Antimon, Bauxit, Chrom, Nickel, Wolfram) – **Wichtigste Außenhandelspartner:** Sowjetunion u. andere RGW-Länder, Chines. Volksrepublik, Japan, EG u. südostasiatische Länder –

Mitgliedschaft: UNO; ADB, FAO, IAEA, IBRD, IBWZ, ICAO, ILO, IMF, ITU, RGW, UNESCO, UPU, WHO, WMO (fakt. Mitgl. noch nicht in allen dies. Sond.-Org. realisiert), Teilnahme an der Konsultativkommission des Colombo-Planes seit Nov. 1978

VIRGIN ISLANDS s. Großbritannien II u. Ver. Staaten v. Amerika (Außengebiete)

VOLTA s. Obervolta

WAKE s. Vereinigte Staaten von Amerika (Außengebiete)

WALLIS s. Frankreich (Übersee-Territorien)

WEIHNACHTS-INSELN s. Australien u. Großbritannien II

WEST-SAMOA s. Samoa

WINDWARD-INSELN s. Großbritannien II

YEMEN s. Jemen

ZAÏRE *(Zentral-Afrika)*
(Republik Zaïre; République du Zaïre [Saïre] – [ZR])

Fläche (11): 2345409 km² – **Einwohner** (27): 27940000 (S 1979: Z 1970 21637876, einschl. 932400 Ausländern, meist Flüchtlinge aus Nachbarländern) = 11,9 je km² – **Städt. B.**: 35/5,4/25/34–**G**:46/10,4/27/63000*/85–**S**:69*/86/5,5–**Jährl. Bevölkerungswachstum:** (1970–1976) 2,8%, 1977: 3,2%

Bevölkerung: vor allem Bantu (Luba 18%, Mongo 17%, Kongo 12%, Ruanda 10%), Sudan-Gruppen, Niloten, hamitische Gruppen, Pygmäen; 10000–12000 Europäer (meist Belgier), vor allem in Shaba (Katanga; 1978 z. T. ausgereist) – **Staatssprache:** Französisch; Umgangssprachen u. a. Kiluba (Kingwana), Kikongo, Lingala, Suaheli – **Religion:** (S) 30–45% Katholiken, 10–12% (n. and. Angaben 5–6%) Protestanten (mit 700000 Anh. d. »Kimbanguiste-Sekte«), 115000 Muslimen, 1500 Juden; im übrigen Anhänger von Naturreligionen

Nationalflagge: hellgrünes Feld mit kreisförmigem gelben Emblem, in dem ein dunkelbrauner Arm eine ebensolche Fackel mit roter Flamme hält – **Nationalfeiertag:** 24.11. – **U:** 1960

Staats- u. Regierungsform: Präsidiale Republik – Seit Verfassungsänderung Einkammerparlament als »Nation. Gesetzgebungsrat«, jedoch mit dem Staatspräsidenten als oberste Verfassungsinstitution, dem alle anderen oberen Organe verantwortlich sind – Nationaler Sicherheitsrat seit März 1979 – Keine Wehrpflicht – Gliederung in 8 Provinzen u. Hauptstadt – »Exekutivrat« als Regierung; Minister heißen »Staatskommissare« – **Staatsoberhaupt:** Präsident, Vors. d. Ministerrates u. Verteid.-Min. General Sésé-Séko (Kuku-Ngbandu-Wa-Za-Banga) Mobutu, wiedergew. Dez. 1977 (einziger Kandidat), lt. Verfassung auf Lebenszeit – **Regierungschef** (Premier Commissaire d'Etat): Nguza Karl-I-Bond – **Außenminister** (Commissaire d'Etat): Inonga Lokonga – **Parteien:** »Mouvement Populaire de la Révolution«/MPR, nach d. Verfassung v. 1971 u. Änderungen v. 1974 allen Institutionen übergeordnet; oberstes Organ: »Politisches Büro«; Vors.: Mobutu, Gen.-Sekr.: Bo Boliko Lokonga – Keine Oppositionsparteien zugelassen – **Dipl. B.:** BR Dtld. u. DDR

Städte (S 1974): Kinshasa (fr. Léopoldville; Hptst.) 2008352 Einw., Kananga (fr. Luluabourg) 601239, Lubumbashi (fr. Elisabethville) 403623, Mbuji-Mayi [Bakwanga] 336654, Kisangani (fr. Stanleyville) 310705, Likasi (fr. Jadotville) 185500, Bukavu 181478, Kikwit 150253, Matadi 143598, Mbandaka (fr. Coquilhatville) 134495, Bandundu 74476

Wirtschaft: BSP 1977: 5290 Mill. $, 1978: 5510 Mill. $/209$[140]/–1,4–**WS**:25/2,2/25/1,6–**V**:18/62/26/20/32/–6–**A**:54/76/13–**E**:62/0,7/146–**M**: 4,9

Außenhandel: 1978 **Einf.** 589 Mill. $, **Ausf.** 925 Mill. $ – **W**: 1 Zaïre (Z) = 100 Makuta (Singular: Likuta) = 10000 Sengi; 1 US-$ = 3,0278 Z, 1 Z = 0,6413 DM–**I**:22,4–**AS**:42*/0*–**T**:67–**H**:81/19/<1–**Z**: –486 / 2,4 / 10 / 53 – **D**: 0,9 – **K**: – / 411 / 42*

Wichtige Ausfuhrgüter: Kupfer (70–80% d. Ausfuhrwertes), Diamanten, Kobalt, Uran, Edelmetalle u. a. Bergwerksprodukte, Kaffee, Kakao, Baumwolle u. Palmöl – **Wichtigste Außenhandelspartner:** Belgien/Lux., Frankreich, Italien, BR Deutschland, Großbritannien, USA, Südafrika, Japan

Mitgliedschaft: UNO, OAU, CCD, ECA, FAO, GATT, IAE, IBRD, ICAO, IDA, ILO, IMCO, IMF, ITU, UNESCO, UPU, WHO, WMO; AKP. Seit 1969 Vereinbarungen mit Burundi u. Ruanda über die Bildung einer Wirtschaftsunion; Mitgl. d. »Wirtschaftsgemeinschaft d. Länder a. d. Großen Seen«/CEPGL; Koop.-Abk. m. Ghana; »Nil-Staaten«, Nichtangriffspakt mit Sambia u. Angola

ZANZIBAR [Sansibar] s. Tansania

ZENTRALAFRIKANISCHE REPUBLIK *(Äquatorial-Afrika)*
(République Centrafricain – [RCA])

Fläche (40): 622984 km² – **Einwohner** (109 bzw. 117a): 2610000 (n. UNO, S 1974; 1827000 1976 n. »Weltbank«) = 4,1 bzw. 2,9 je km² – **Städt. B.**: 36/51/37/0–**G**:46/19,0*/27/29410/102–**S**:93*/79/4,1 – **Jährl. Bevölkerungswachstum:** (1965–1972) 2–2,5%

Bevölkerung: haupts. Bantu der Ngala-Gruppe u. Sudan-Gruppen (u. a. Banda, Baja, Sara); einige tausend Europäer (meist Franzosen) – **Staatssprache:** Französisch u. »Nationale Umgangssprache« Sangho; Bantu- u. Sudansprachen – **Religion:** bis 35% Christen, bes. Katholiken, 50000 Protestanten, im N 5–8% Muslimen, rd. 60% Anhänger von Naturreligionen

Nationalflagge: blau-weiß-grün-gelb (waagerecht), in der Mitte roter senkrechter Streifen, am Flaggstock im blauen Streifen gelber Stern – **Nationalfeiertag:** 13.8. – **U:** 1960

Staats- u. Regierungsform: Republik – Einkammerparlament – Allgemeines Wahlrecht – Verwaltungsgliederung in 14 Präfekturen – **Staatsoberhaupt:** Präs. David Dacko, seit d. Sturz v. Kaiser Bokassa I. am 20.9.1979, seit 22.8.1980 interim. auch Regierungschef – **Außenminister:** Sylvestre Bangui – **Parteien:** Einheitspartei: »Demokrat. Zentralafrikan.

Union« (»Union démocratique centrafricaine«/UDC), gegründet v. D. Dacko. Präs.-Wahlen f. 1981 vorgesehen – **Dipl. B.**: BR Dtld.

Städte (S 1976): Bangui (Hptst.) 187000, als A 320000 Einw., Bambari 30000, Bouar 28000, Berbérati 25000

Wirtschaft: BSP 1977 (S): 440 Mill. $, 1978 (S): 480 Mill. $/250 $ [131] / (S) 0,9 % – **WS:** 37/1,9/36/4,7 – **V:** 19*/68*/18*/13*/24*/–5* – **A:** 55/89/4 – **E:** 41/0,2 / 32 – **M:** 2,3

Außenhandel: (ohne CEUCA-Handel) 1978 **Einf.** 57 Mill. $, **Ausf.** 72 Mill. $ – **W:** 1 CFA-Franc (FC.F.A.) = 100 Centimes; 1 FF = 50 CFA-Francs. 1 CFA-Franc = 0,02 FF bzw. 0,0087 DM – **I:** 8,3 – **AS:** 0 / < 1 / 1 / 17 / 35 – **T:** 124 – **H:** 78 / 22 / 0 – **Z:** 18 / 1,3 / 5 / 25 – **D:** 1,7 – **K:** – / 18 / – 3

Wichtige Ausfuhrgüter: Diamanten, Baumwolle u. Kaffee (je über 20 %), Kautschuk, Holz, Erdnüsse – **Wichtigste Außenhandelspartner:** Frankreich u. die and. EG-Länder, USA, Japan, Israel

Mitgliedschaft: UNO, OAU, ECA, CFA, AKP, FAO, GAMO (OCAM), GATT, IBRD, ICAO, ILO, IMF, ITU, UDEAC, UNESCO, UPU, WHO, WMO

ZIMBABWE s. Simbabwe

ZYPERN s. Cypern

Kurzbiographien
ausländischer Staatsoberhäupter und Politiker

Vorbemerkung: In diesem Abschnitt sind in Auswahl ausländische Staatsmänner und Politiker berücksichtigt, besonders diejenigen, die zwischen Herbst 1979 und Herbst 1980 hohe Staatsämter übernahmen oder auf andere Weise im Vordergrund des Interesses standen. Die Kurzbiographien werden jährlich fortgesetzt. Hinweise auf bisher im Weltalmanach behandelte Kurzbiographien siehe Sp. 583. Über die Aussprache von Namen nach dem neuen chinesischen phonetischen Alphabet siehe WA '80, Sp. 427/28.

Abdelghani, *Mohammed Ben Ahmed* (Algerien; s. WA· '80, Sp. 357), geb. 1927, Mitglied der »Nation. Befreiungsfront«/NLF, Teilnahme am Befreiungskampf. Seit März 1979 Ministerpräsident und Außenminister (bis Anfang 1980), aber seit Mitte 1980 nicht mehr im Politbüro der Partei.

Abdullah Ibn Abdel Asis (Saudi-Ar.) s. Fahd

Agt, *Andries [»Dries«] Antonius Maria van* (Niederlande; s. WA '80, Sp. 357), geb. 1931, Studium der Rechtswissenschaften, Anwalt, Professor. Nach d. Gründung des »Christen Democratisch Appèl«/CDA erfolgreicher Spitzenkandidat dieser Mittelgruppierung bei den Wahlen vom Mai 1977 und seit 19.12.1977 Chef einer Koalitionsregierung aus CDA und der liberalen PVVD. Vertreter der betrieblichen, aber Gegner der überbetrieblichen Mitbestimmung und des Zentralismus, für Reformierung des gegenwärtigen Gesellschaftssystems, gegen Kollektivierung, für die Stärkung der Rechtsstaatlichkeit und ein »Ethisches Erwachen« (»Reveil«).

Ahidscho [Ahidjo], Hadschi Ahmadu [ou] (Kamerun; s. WA '64, S. 151), im April 1980 zum 5. Mal zum Staatspräsidenten gewählt.

Ali, *Kamal Hassan* (Ägypten), militärische Laufbahn, unter → *Sadat* verschiedene Ministerämter ausübend, u.a. Minister für Verteidigung und Information. Seit Mai 1980 in der neugebildeten Regierung Außenminister bzw. verantwortlich für die Sektion »Souveränität, Auswärtiges, Verteidigung und Information« sowie einer der Stellvertreter des Regierungschefs.

Allon, Jigal [Yigal], (Israel; s. WA '76, S. 181), ehem. General, zuletzt (bis 1977) Außenminister; bekannt u.a. auch durch den nach ihm benannten Plan (Kompromißlösung in der Palästina-Frage). 1980 Befürworter einer auf die Bevölkerung und Gebiet zutreffenden Autonomiegewährung an die Palästinenser.

Amendola, Dr. *Giorgio* (Italien; s. WA '77, Sp. 353), KPI; † 5.6.1980.

Amin, Chafisullah [Khafizoullah] (Afghanistan; s. WA '80, Sp. 358), neben → *Taraki* einer der politischen Organisatoren des Staatsstreichs von 1978; dann zeitweise Außenminister. Seit März 1979 als Nachfolger von *Taraki* Regierungschef; nach dessen offenbar mit Gewalt erzwungenem Rücktritt seit Mitte Sept. 1979 Staatspräsident. Verfechter enger Zusammenarbeit mit der Sowjetunion und des Klassenkampfes; respektiert formal die Religion, verfolgt jedoch die islamischen Gegenkräfte rücksichtslos und forciert die Kollektivierung. Obwohl noch kurz vorher in Moskau als »Revolutionsheld« gefeiert, am 26./27.12.1979 mit sowjetischer Hilfe durch einen Putsch gestürzt und am 28.12. nach Verurteilung wegen »verbrecherischer Aktionen« u. als »Agent des Imperialismus« hingerichtet (→ *Karmal*).

Anderson, *John* (USA), geb. 1922 als Sohn einer Familie mit schwedischen Vorfahren; Studium der Rechtswissenschaften. Seit 1961 republikanischer Abgeordneter, Gegner fast aller Sozialprojekte von *John F. Kennedy* (s. WA '69, S. 173). Zuerst für, seit 1970 gegen die US-Intervention in Vietnam. Wandel vom Gegner zum Befürworter der Rassenintegration. Bejaher der Panamá-Verträge, der »Salt II«-Vereinbarungen und der Normalisierung der Beziehungen zu Peking; Befürworter der »Neutronen-Bombe«. Nach mäßigen Erfolgen als einer der Bewerber um die republikan. Präsidentschaftskandidatur 1980 unabhängiger Kandidat, mit dem ehem. Gouverneur v. Wisconsin *Patrick Joseph Lucey* als Kandidat f. d. Vizepräsidentschaft.

Andrei, *Stefan* (Rumänien; s. WA '79, Sp. 346), geb. 1931, seit Frühjahr 1978 als Nachfolger von Gheorge Macovescu Außenminister. Mitglied d. »Ständ. Büros« d. »Exekutiv-Komitees« d. Partei.

Andreotti, Giulio (Italien; s. WA '73, S. 177 u. '80, Sp. 358ff.), geb. 1919, einer der führenden DC-Politiker; nach den Parlamentswahlen vom 3.6.1979 wieder mit der Reg.-Bildung beauftragt, jedoch ohne Mehrheit und im August 1979 von → *Cossiga* abgelöst.

Andropow, *Jurij* (Sowjetunion; s. WA '78, Sp. 343), geb. 1914, seit 1967 Vors. des Geheimdienstes (Komitee für Staatssicherheit/KGB) und Chef aller Grenz- und Sicherheitstruppen. Seit 1972 Vollmitglied des Politbüros, seit 1976 »Armeegeneral«.

Androsch, Dr. *Hans* (Österreich; s. WA '80, Sp. 359), geb. 1938, Sohn eines Steuerberatungskanzlei-Besitzers, Studium d. Wirtschaftswissenschaften an d. Universität Wien, Dipl.-Kfm., Steuerberater u. Wirtschaftsprüfer. Politisch früh in der SPÖ aktiv, 1967 jüngster Abgeordneter im Nationalrat. Seit 1970 in der Regierung → *Kreisky* Finanzminister. Seit 1974 einer der stellv. SPÖ-Vorsitzenden, seit der Regierungsumbildung ab September 1976 auch Vizekanzler, ebenso in der nach den Wahlen vom 6. 5. 1979 von *Kreisky* neugebildeten Regierung.

Arafat, *Jassir* [Deckname *Abu* **Ammar**] (Palästina), geb. 1929 in Jerusalem (s. WA '76, S. 182 u. '79, Sp. 347), seit 1969 Gen.-Sekr. des Exekutiv-Komitees des Zentralrates (»Nationalrates«) d. »Palästinensischen Volksbefreiungsfront«/PLO; zeitw. Oberbefehlshaber der »Fatah«-Freischärler (jetzt *Abu Ijad*), weiterhin der »Paläst. Befreiungsarmee«/PLA. Stets wiedergewählt, aber immer wieder im Widerstreit mit den Extremisten → *Habbasch* und → *Hawatmeh*. Heftiger Gegner des ägypt.-israel. Friedensvertrages von 1979. Versucht neuerdings zumindest nach außen stärker als bisher einen »gemäßigten« Kurs der PLO zu vertreten und sich von Terroranschlägen zu distanzieren; gerät dadurch in Konflikt mit → *Gaddafi*. Hält am Ziel der Gründung eines Palästinenser-Staates fest und findet 1979/80 international ständig mehr Anerkennung.

Assad, *Hafes* [*Hafez*] *el* (Syrien; s. WA '80, Sp. 359), geb. 1929, Sohn einer alauitischen Bauernfamilie; militärische Laufbahn. Führender Angehöriger des sog. »rechten« (militärischen) Flügels des »Baath« (»Soz. Partei der Arab. Wiedergeburt«). Am 13. 11. 1970 Regierungschef. Am 2. 3. 1971 Präsident der Republik, am 12. 3. als solcher bestätigt, am 8. 2. 1978 wiedergewählt. Verteidigt im Nahostkonflikt hart die arabische Position und dämmt durch syrische Verbände (anfangs im Rahmen der »Arab. Friedenstruppe«) seit 1976 den Bürgerkrieg im Libanon ein, in dem er mitentscheidenden Einfluß besitzt. Heftiger Gegner des 1979 von → *Sadat* mit Israel abgeschlossenen Friedensvertrages. Verficht die Politik der Isolierung Ägyptens im Rahmen der sog. »Ablehnungsfront«. Jüngst zunehmend innenpolitischen Schwierigkeiten ausgesetzt, u. a. seitens der »Muslim-Bruderschaft«. Im Januar 1980 wieder zum Vors. der »Baath«-Partei gewählt.

Aubert, *Pierre* (Schweiz), geb. 1927 in La Chaux-de-Fonds, Studium der Rechtswissenschaften, Rechtsanwalt. Politisch in der Sozialdem. Partei aktiv. Seit Dez. 1977 Chef des Politischen Departements im Bundesrat und damit Außenminister. A., dem rechten Flügel seiner Partei zugerechnet, setzt sich für den Beitritt seines Landes zur UNO ein.

Ayandho, *Bernard-Christian* (Zentralafrik. Rep.), geb. 1930, Ausbildung u. a. an der »École nationale de la France d'outre-mer« in Paris, sodann in der Verwaltung »Französ.-Äquatorial-Afrikas«. Im unabhängig gewordenen Zentralafrika unter Präsident → *Dacko* mehrere Jahre lang Wirtschaftsminister. Nach der Machtergreifung von → *Bokassa* Direktor der »Aïr Afrique« im Tschad. Nach dem Sturz von *Bokassa*, von *Dacko* im September 1979, als Nachfolger von *Henri Maidou*, Regierungschef, aber im Aug. 1980 wie dieser aus allen Ämtern entlassen.

Azikiwe, Dr. *Benjamin Nnamdi* (Nigerien; s. WA '64, S. 153 u. '69, S. 164), geb. 1904, 1966 als Präsident gestürzt; seit 1978 wieder politisch aktiv, Vorsitzender der »Nigeria People's Party«/NPP. Bei der Präsidentschaftswahl vom August 1979 u. a. von → *Schagari* überrundet.

Babiuch, *Edward* (Polen), geb. 1927 in Oberschlesien; in der kommunist. Jugendbewegung aktiv, Bergarbeiter. Seit 1948 Mitglied der kommunist. »Poln. Ver. Arbeiterpartei«/PZPR. Funktionärskarriere, verbunden mit wirtschaftswiss. Studien. Seit 1965 als Leiter der Organisationsabteilung der Partei in einer Schlüsselstellung. Nach der Ablösung von *Władysław Gomułka* in der Parteiführung (Ende 1970) als enger Mitarbeiter von → *Gierek* zum Vollmitglied des Politbüros und Sekretär des ZK ernannt; seit 1976 auch stellv. Staatsratsmitglied. Nach der Ablösung von → *Jaroszewicz* im Zusammenhang mit den wachsenden wirtschaftlichen Schwierigkeiten seit Febr. 1980 Reg.-Chef, aber schon im Aug. 1980 als solcher u. als Vollmitgl. d. Politbüros durch *Jozef* → *Pinkowski* abgelöst (s. Sp. 102 ff.).

Bachtiar, Dr. Dr. *Schapur* [*Shapur Bakhtiar*] (Iran; s. WA '80, Sp. 360 ff.), geb. 1914, mehrfach aus politischen Gründen im Gefängnis. Vom *Schah* Anfang Januar 1979 zum Reg.-Chef ernannt, vom Parlament bestätigt, aber wegen ungenügender Unterstützung durch die Streitkräfte und durch Druck seitens der religiösen Extremisten und der linken Gruppen nach der Einsetzung einer Gegenregierung unter → *Basargan* durch → *Chomeini* im Febr. 1980 ins Ausland geflohen. Gründet im Aug. 1980 in Paris eine »Nation. Iran. Widerstandsbewegung«.

Badran, Meudar (Jordanien; s. WA '77, Sp. 356) als Reg.-Chef im Dez. 1979 von → *Scharif* abgelöst.

Bagasa [*Bagaza*], Oberst *Jean-Baptiste* (Burundi; s. WA '78, Sp. 345), 1976 einer der Anführer des Militärputsches gegen *Micombero* und Nachfolger an der Spitze des Staates, des »Revolutionsrates« und des Generalstabs sowie seit Okt. 1978 auch Regierungschef. B. gilt als progressiv.

Bakarić, *Vladimir* (Jugoslawien), geb. 1912 in Kroatien, Studium der Rechtswissenschaften; im II. Weltkrieg enger Kampfgefährte von → *Tito* in der »Befreiungsfront«. 1945 an der Spitze der kroatischen Landesregierung bzw. des Exekutivrates. 1962 Mitglied des »Politbüros« der jugoslawischen KP (»Bund d. Komm. Jug.«), seit 1971 auch des Präsidiums und des Vollzugsrates sowie des Volksverteidigungsrates. Einer der Schöpfer der Wirtschaftsreform von 1965. Unterstreicht immer wieder einen »eigenen jugoslawischen Weg zum Sozialismus«. Einer der letzten der »Alten Garde«.

Banana, *Canaan* (Simbabwe), geb. 1936 bei Bulawayo als Sohn einer Ndebele-Familie; Besuch einer Methodistenschule, Ausbildung als Lehrer, Studium der Theologie. Aus polit. Gründen Paßentzug, aber heimlich über Botswana nach den USA gereist; Abschluß des Theologiestudiums. Nach Rhodesien zurückgekehrt, Mitgl. d. UANC von→ *Musorewa,* aber wegen dessen enger Kooperation mit→ *Smith* 1977 Anschluß an → *Mugabe;* 1978/79 wieder in Haft. Auf Vorschlag von *Mugabe* im April 1980 zum Präsidenten von Simbabwe gewählt.

Banda, Dr. *Hastings Kamuzu* (Malawi; s. WA '77, Sp. 356), geb. 1902, seit 1966 Staatspräsident, seit 1971 auf Lebenszeit.

Bani-Sadr, *Abolhassen* (Iran), geb. 1933, Studium der Soziologie und Wirtschaftswissenschaften an der Universität Teheran, frühzeitig Gegner der Politik des Schah. Nach den Unruhen von 1963 zeitweise in Haft, sodann Emigration nach Frankreich. Erwerbung eines Diploms der »Sorbonne« mit einer Arbeit über die iranische Bodenreform, später Veröffentlichung eines Buches über die persische Ölpolitik. Werbung für die Ideen des Ajatollah → *Chomeini* während des Exils im Irak und, nach dessen Übersiedlung nach Frankreich, mit ihm als Wirtschaftsberater verbunden. Nach 15 Jahren Exil 1979 im Gefolge des Ajatollah nach Teheran zurückgekehrt. Seit November 1979, nach dem Rücktritt von→ *Basargan* u. a. Wirtschafts- und Finanzminister. Bei den Präsidentschaftswahlen vom Januar 1980 – bei einer Wahlbeteiligung von etwa 64% – (laut offiz. Angaben vom 28.1.) mit 75,7% der abgegebenen Stimmen zum Staatspräsidenten und von *Chomeini* zum Oberbefehlshaber der Streitkräfte ernannt. B.-S., am 22. 7. 1980 vereidigt, vertritt ein »revolutionäres Sozial- und Wirtschaftssystem ohne Ausbeutung«, Maßnahmen zum Ausbau der Autarkie und einen eigenen Weg unabhängig von »westlichen oder östlichen Diktaturen« auf der Grundlage des Islam. Gegner jeder ausländischen Einmischung; auch der sowjetischen Intervention in Afghanistan. Differenzen mit den radikalen islam. Fundamentalisten.

Banzer Suárez, Hugo (Bolivien; s. WA '75, S. 186 u. '79, Sp. 350) gewinnt bei den Präs.-Wahlen v. 1979 18,9%, 1980 18,6% der Stimmen.

Barre, *Mohammed Siyad* (Somalia; s. WA '69, S. 164), proklamiert am 28.6.1976 S. als »sozialistischen Einparteienstaat«. B., der von Nachbarländern als Vertreter eines »Groß-Somali« angesehen wird, unterstützt seit 1976 die »Westsomalische Befreiungsfront« im äthiopischen Ogaden, scheitert jedoch in seinen Plänen, so daß er seit 1978 um die Festigung seiner Position bemüht sein muß. Am 26.1.1980 erneut als Staatspräsident vereidigt.

Barre, Prof. Dr. *Raymond* (Frankreich; s. WA '78, Sp. 345), geb. 1924; 1976 von → *Giscard d'Estaing* als Nachfolger von→ *Chirac* zum Regierungschef sowie zum Wirtschafts- und Finanzminister ernannt; durch Sparmaßnahmen und Konjunkturprogramme (sog. »Barre-Plan«) bemüht, die schwierige Wirtschafts- und Währungssituation zu lösen, Inflation und Arbeitslosigkeit zu bekämpfen, nach den Wahlen von 1978 erneut Regierungschef, gewillt, den Sanierungskurs fortzusetzen, unter Berücksichtigung des wirtschaftlichen Wettbewerbs und einer größeren sozialen Gerechtigkeit.

Basargan [*Bazargan*], Prof. Dr. *Mehdi* (Iran; s. WA '80, Sp. 362), geb. 1905, unter dem Schah-Regime mehrfach im Gefängnis. 1978 Kontakte mit→ *Chomeini* in Paris, am 5.2.1979 von *Chomeini* zum Chef einer Übergangsregierung ernannt. B., Befürworter einer »islamischen Republik«, vertritt gleichzeitig die Notwendigkeit einer modernen Wirtschaft sowie einer ordentlichen Gerichtsbarkeit. Nicht in der Lage, sich durchzusetzen und im November 1979 endgültig zurückgetreten.

Beatrix, *Wilhelmine Armgard* (Niederlande), geb. 1938 als älteste Tochter der Königin → *Juliane* und des Prinzen *Bernhard.* Studium der Rechtswissenschaften, Soziologie und Geschichte an der Universität Leyden, Promotion (Dr. jur.). 1966 trotz Kritik breiter Bevölkerungskreise Heirat mit dem deutschen Diplomaten *Claus von Amsberg;* drei Söhne. Nach dem Rücktritt ihrer Mutter, der Königin *Juliane* (30.4.1980), Nachfolgerin (gekrönt am 6.9.1980), mit ihrem Sohn, *Willem-Alexander* als Kronprinz, dem ersten männlichen Thronfolger aus dem Hause Oranien-Nassau seit mehr als 100 Jahren.

Begin, *Menachem* (Israel; s. WA '79, Sp. 350f.), geb. 1913 in Weißrußland, bei den Wahlen vom Mai 1977 mit dem rechten »Likud« (»Vereinigung«)-Block, in dem seine Partei rund die Hälfte der Abgeordneten stellt, siegreich. Seit 21.6.1977 Chef einer Koalitionsregierung. Unterzeichnet nach den Verhandlungen in »Camp David« (USA) mit→ *Sadat* im März 1979 einen Friedensvertrag mit Ägypten, der u. a. die Räumung der Sinai-Halbinsel vorsieht, die nach Plan in Etappen vorgenommen wird. B. wird im Oktober 1978, wie *Sadat,* mit dem Friedensnobelpreis ausgezeichnet. Weiterhin kompromißlos in der Ablehnung eines palästinensischen Staates und einer vollständigen Räumung der besetzten arabischen Gebiete sowie einer Aufgabe Jerusalems. Im Juni 1979 erneut zum Vors. d. Cherut-P. gewählt. Durch seine Haltung zeitweise im Gegensatz zu → *Carter,* auch z.T. in Israel umstritten (→ *Weizman).*
(Bibl. Hinweis: Israels Revisionisten. Die geistigen Väter Menachim Begins, München 1978. – L. S. Eckmann, G. Hirsch: Menahem Begin, Bg.-Gladb. 1979)

Beheschti, Ajatollah Dr. *Mohammed Hossein* (Iran), geb. 1928, Studium im Iran und u. a. in der BR Deutschland; 1965–1970 Leiter des »Islamischen Zentrums« in Hamburg, mehrsprachig, organisatorisch begabt. Zeitweise (nach »Newsweek«) unter dem Schah religiöser Berater im Erziehungsministerium. Gilt als ein »Technokrat«, aber auch als einer der radikalsten Anführer der iranisch-islamischen Revolution, eigentliche »graue Eminenz« des Landes, Vorsitzender des »Obersten Gerichts« und der »Islamischen Republikanischen Partei«, die die Wahlen von 1980 gewinnt. Mitverfasser der neuen theokratischen Verfassung.

Belaúnde Terry, *Fernando* (Perú), geb. 1912, Studium der Architektur in Lima und in den USA, sodann Architekt und Professor für Städtebau an der Universität von Lima. 1956 Gründung der »Volksaktion« (»Acción Popular«/AP), mit der er rasch Erfolge erzielt und 1963 die Präsidentschaftswahlen gewinnt. Nach zögernden Reformen im Erziehungswesen, in der Agrarstruktur und Sozialpolitik am 3.10.1968 durch einen Militärputsch unter General *Alvarado Velasco* († 1977; s. WA '71, S. 185 u. '76, S. 211) gestürzt, sodann bis 1978 in Argentinien und in den USA im Exil. Am 18.5.1980 als Kandidat der AP mit relativer Mehrheit zum ersten zivilen Präsidenten nach 12 Jahren Militärherrschaft gewählt und am 28. 7. 1980 als Nachfolger von → *Morales Bermudez* vereidigt. B. verspricht eine Beschleunigung von Sozialreformen.

Bendjeddid s. Schadli

Benyahia, *Mohammed* (Algerien; s. WA '80, Sp. 363), geb. 1932, Studium der Rechtswissenschaften, seit 1956 Mitglied der »Nation. Befreiungsfront«/FNL. Ab 1963 Botschafter in Moskau. Seit 1966 mehrfach Minister. Seit März 1979 in der Regierung von → *Abdelghani* Außenminister. Seit Mitte 1980 nicht mehr im Politbüro.

Berlinguer, *Enrico* (Italien; s. WA '80, Sp. 363), geb. 1922, 1944 wegen »versuchten Umsturzes der Ordnung« vier Monate im Gefängnis. Nach 1945 in der KPI bald von wachsendem Einfluß. Verficht seit 1969 einen unabhängigen Kurs der KPI und politischen Pluralismus. Durch den großen Erfolg bei den Parlamentswahlen vom Juni 1976 zu einer Schlüsselfigur der italienischen Politik geworden, seit 1977 indirekt mit zunehmendem Einfluß auf Regierungsentscheidungen. 1979 als Vors. der PCI bestätigt. Betont seither wieder stärker die Notwendigkeit des Klassenkampfes. Verurteilt 1980 die sowjet. Intervention in Afghanistan und vereinbart im April 1980 in Peking die »Normalisierung der Beziehungen« zwischen KPI und KPCh.

Binaisa, Godfrey (Uganda), geb. 1919, nach dem Sturz von → *Amin* u. kurzer Regierung von → *Lule* seit Juni 1979 Reg.-Chef, aber im Mai 1980 entmachtet (→ *Obote*).

Bishop, *Maurice* (Grenada), geb. 1944, Studium der Rechtswissenschaften in London, Anwalt. Kontakt mit Sympathisanten der amerikanischen »Black Power«-Bewegung, in der karibischen Inselwelt Vertreter einer Art »Neuer Linken«, die sich gegen Neokolonialismus und Kapitalismus wendet und einen eigenen Weg sozialrevolutionärer Reformen gehen will. Führend in der »New Jewel«-Bewegung. Stürzt ohne Blutvergießen die Regierung von Sir *Eric Gairy* am 13.3.1979. Enge Koop. m. Cuba.

Blix, Dr. *Hans* (Schweden, s. WA '80, Sp. 364), geb. 1928. Von Okt. 1978 bis Okt. 1979 im Kabinett von → *Ullsten* Außenminister, der sodann dieses Amt in der Regierung → *Fälldin* übernimmt.

Boeynants, Paul-E. van den [»*VdB*«] (Belgien, s. WA '80, Sp. 364), geb. 1919, zuletzt im Kabinett von → *Martens* seit April 1979 stellv. Regierungschef und Verteid.-Minister; nach der Wahl zum Präs. d. »Parti Social Chrétien«/PSC Regierungsaustritt.

Bohman, *Gösta* (Schweden), geb. 1911, Studium der Rechts- und Wirtschaftswissenschaften, Wirtschaftsjurist; u. a. führend in der Stockholmer Handelskammer und im Kaufmannsverband tätig. Seit 1970 Vorsitzender der konservativen »Moderata Samlingspartiet«. 1976 Wirtschaftsminister im Kabinett von → *Fälldin,* desgleichen seit Oktober 1979 in dessen neuer Regierung. B. gilt als ausgesprochener Verfechter der Marktwirtschaft.

Bokassa I. (Zentralafrikan. Republik; s. WA '78, Sp. 348 u. '80, Sp. 364), Oberst in der französischen Armee, 1966 nach dem Sturz seines Vetters *Dacko* Staatschef, am 4.12.1976 als Bokassa I. zum Kaiser ausgerufen. Seit Mai 1979 schwerer Gewalttaten (u. a. Massaker an Kindern) beschuldigt und am 20.9.1979 durch einen Putsch gestürzt (seither im Exil) (→ *Dacko*).

Bongo, *Martin* (Gabun), geb. 1940, Ausbildung als Lehrer, sodann in der Unterrichtsverwaltung tätig. 1969 Inspektor für das Grundschulwesen. Später Kabinettsdirektor, seit 1972 mit der persönlichen Vertretung des Präsidenten → *Omar Bongo* beauftragt, u. a. für die Verhandlungen zur Freilassung der französischen Archäologin *Claustre.* Seit August 1977 Außenminister.

Bongo, *Omar* [seit 1973, vorher *Albert-Bernard*] (Gabun; s. WA '78, Sp. 348), seit Okt. 1967 Präsident. Schaffung einer Einheitspartei; Verdienste um die Entwicklung des Hinterlandes. 1977/78 Vorsitzender der »Organ. f. Afrik. Einheit«/OEA. Am 30.12.1979 als Staatspräsident wiedergewählt.

Borge, *Tomás* (Nicaragua), geb. 1930, gemischter Abstammung (Mestize), Sohn eines Kleinhändlers. Bereits mit 13 Jahren Anhänger und Untergrundkämpfer der von *Augusto C. Sandino* als Widerstandsbewegung gegen die US-Interventionen gegründeten sozialrevolutionären »Befreiungsfront«

(»Frente Sandinista de Liberación Nacional«/FSLN), die er 1961 mit *Fonseca Amador* und *Silvio Mayorga* (beide †) neu gründet. Mehrfach verhaftet und geflohen, zuletzt 1978 aus dem Gefängnis befreit. Seit dem Sturz von *A. Somoza* (s. WA '80, Sp. 417) im Juli 1979 Innenminister. B., zum marxistischen Flügel gerechnet, spricht sich für radikale Reformen aus und gilt als die einflußreichste politische Kraft der »Junta« u. als Freund v. → *Castro.*

Botha, *Pieter Willem* [*»P. W.«*] (Rep. Südafrika; s. WA '80, Sp. 365), geb. 1916 im Oranje-Freistaat, Studium der Rechtswissenschaften; seit 1936 in der »National-Partei«/NP. 1958 im Kabinett von *H. Verwoerd* (s. WA '69, S. 185) stellv. Innenminister, seit 1966 Vors. der NP in der Kap-Provinz und Verteidigungsminister. Seit Sept. 1978 als Nachfolger von → *Vorster* Regierungschef. Grundsätze: Anerkennung einer multi-ethnischen Gesellschaft [»vertikale Differenzierung«, aber Trennung der Macht] u. einer Verfassungsreform (s. Sp. 129 ff.).

Botha, Dr. *Roelof Frederik* [*»Pik«*] (Rep. Südafrika; s. WA '79, Sp. 352), geb. 1932, seit Mai 1977 Außenminister. Gilt als Vertreter einer »getrennten Entwicklung« von Weißen und Nichtweißen in Südafrika bei »getrennter Freiheit«. Er verneint die Berechtigung der Forderung der USA und anderer Staaten, für Südafrika eine schwarze Mehrheitsherrschaft zu fordern, wenn sie den Weißen Südafrikas nicht die Rechte garantieren könnten, die sie selbst bei ihrer Mehrheitsherrschaft genießen.

Boucetta, *Mohammed* (Marokko; s. WA '79, Sp. 352), geb. 1925, 1956 Staatssekretär im Außenministerium, seit 1960 mehrfach Minister. Ab 1963 neben M. A. el Fassi die entscheidende Kraft in der nun lange oppositionellen »Istiklal«, nach dessen Tod 1974 Parteiführer. Im Okt. 1977 zum Außenminister ernannt.

Bourgiba [*Burgiba*], *Habib Ben* (Tunesien; s. WA '68, S. 162 u. '73, S. 181), seit 1975 Präsident auf Lebenszeit.

Bourgiba [*Burgiba*] jr., *Habib* (Tunesien), geb. 1927 als Sohn des späteren Staatspräsidenten B.; Studium der Rechtswissenschaften in Paris und Grenoble. 1956 Kabinettschef im tunesischen Außenministerium; sodann Botschafter u. a. in Rom, Paris und Washington. 1964 Generalsekretär der Präsidentschaft, Staatssekretär im Außenministerium, 1969 Außen-, 1970 Justizminister. 1971 Generaldirektor der Bank für wirtschaftliche Entwicklung. Seit Dezember 1977 »Conseiller spécial auprès du Président«. Mitglied des ZK und des Politbüros des »Parti Socialiste Destourien«.

Bouteflika, Abdelasis (Algerien; s. WA '75, S. 184 u. '80, Sp. 386), von 1963–1979 Außenminister, sodann bis Anfang 1980 »Präsidentenberater«. Mitglied des Politbüros der FLN.

Boutros, *Fouad* [*Fuad Butros*] (Libanon; s. WA '78, Sp. 351), seit Ende 1976 stellv. Regierungschef, Außen- u. (bis Dez. 1978) Verteidigungsminister.

Breschnjew, *Leonid I.* (Sowjetunion; s. WA '74, S. 178 u. '79, Sp. 353), geb. 1906, seit 16.6.1977 unter Beibehaltung seiner sonstigen Ämter auch Vorsitzender des Präsidiums des »Obersten Sowjet« und damit Staatsoberhaupt; wiedergewählt 1979. Weiterverfolgung des Kurses verstärkten machtpolitischen Einflusses, besonders in Afrika und asiatischen Ländern, bei Aufrechterhaltung der militärischen Stärke in Europa und gleichzeitigem Eintreten für wirtschaftliche Kooperation und Abrüstung, etwa im Sinne des Vorschlages vom 6.10.1979 über einen Teilabzug von sowjet. Einheiten bei Verzicht der Stationierung neuer US-Raketen in Westeuropa (s. Sp. 631). Verurteilt 1979 die chines. Intervention in Vietnam, schlägt Nichtangriffsvertrag zwischen KSZE-Staaten vor. Unterzeichnet am 18.6.1979 den »SALT II«-Vertrag mit den USA (von den USA noch nicht ratifiziert). Bezeichnet 1980 die sowjetische Intervention in Afghanistan als Schutz vor »imperialistischen Aggressionsabsichten«.
(L. J. Breschnjew: Das kleine Land – Wiedergeburt [Erinnerungen], Berlin [Ost] 1978; Für Frieden, Entspannung und Abrüstung, 1980)

Brown, Dr. *Harold* (USA; s. WA '78, Sp. 349 ff.), 1977 von → *Carter* anstelle von → *Schlesinger* zum Verteidigungsminister ernannt.

Brzezinski, Prof. Dr. *Zbigniew* (USA; s. WA '79, Sp. 353 u. '80, Sp. 306), geb. 1928 in Polen. 1953 in die USA eingewandert. Von → *Carter* Anfang 1977 zum »Sicherheitsberater« (Vors. d. »Nat. Sicherheitsrates«) ernannt. B. gilt als sog. »Falke«, d. h. als Verfechter einer harten Verhandlungsposition gegenüber der UdSSR, als Kenner der großen internat. Probleme und des Kommunismus sowie als Vertreter eines starken und realistischen Westens, dennoch als Befürworter der Entspannung, wenn auch unter Bewahrung von Skepsis.

Bush, Dr. George (USA), geb. 1924 als Sohn einer Industriellenfamilie; Studium der Wirtschaftswissenschaften an der Yale-Universität, im Krieg Marineflieger. Erfolgreich in der Erdölwirtschaft von Texas. Seit 1976 republik. Abgeordneter im Repräsentantenhaus, 1970–1972 UNO-Delegierter. 1974 Leiter des US-Verbindungsbüros in Peking, 1975/76 des Geheimdienstes/CIA. B., ein Kritiker der Außenpolitik von Präsident → *Carter,* gilt als Vertreter des gemäßigt liberalen Flügels der Partei. Seit 1979 einer der Bewerber um die republikanische Präsidentschaftskandidatur für die Wahlen von 1980, aber nur in 6 Vorwahlen erfolgreich. Mitte Juli 1980 von → *Reagan* als Kandidat für die Vizepräsidentschaft vorgeschlagen und vom Parteikongreß gebilligt.

Buthelezi, Dr. h.c. *Mangosutha Gatsha* (Rep. Südafrika; s. WA '79, Sp. 354), geb. 1929, seit 1970 Chefminister des autonomen KwaZulu. Führer der hauptsächlich von Zulu getragenen »Inkatha-Bewegung« und als Präsident der Anfang 1978 konkretisierten »South African Black Alliance«/SABA, der auch Inder und »Coloureds« angehören, von wachsendem Einfluß. Vertritt ein integr. Südafrika m. Gleichberechtigung aller Rassen.

Cabral, *Luiz de Almeda* (Guinea-Bissau; s. WA '77, Sp. 359), seit September 1973 Präsident der erst 1974 anerkannten Rep. G.-B. C. gilt als harter Politiker, afrikan. Nationalist u. Sozialist. Verfechter der Vereinigung der Kapverden mit G.-B. Im März 1977 vom ersten gewählten Parlament zum Vors. des »Staatsrates« (Staatschef) gewählt.

Caglayangil, Dr. *I. Sabri* (Türkei; s. WA '78, Sp. 354), seit dem Amtsende von → *Korotürk* ab April 1980 interim. Staatspräsident.

Callaghan, James (Großbritannien; s. WA '76, S. 185, '79, Sp. 354 u. '80, Sp. 367), geb. 1912, seit 1945 Labour-Abgeordneter, seit April 1976 Premierminister einer Labour-Regierung. Nach dem Wahlgewinn der Konservativen im Mai 1979 von Frau → *Thatcher* abgelöst; seit dem Parteitag vom Mai 1980 unter verstärktem Druck des linken Flügels.

Carazo, *Rodrigo* (Costa Rica; s. WA '79, Sp. 355), geb. 1926, seit den Wahlen vom Februar 1978 Staatspräsident. Vertritt freie Wirtschaft und finanzielle Stabilität. Unterstützte 1979 politisch die FSLN gegen das Somoza-Regime in Nicaragua.

Carrillo Solares, *Santiago* (Spanien; s. WA '78, Sp. 351 f. u. '80, Sp. 367), seit 1977 PCE-Abgeordneter. Den »Eurokommunismus« definiert er in seinem 1977 erschienenen Buch als Bewegung für eine pluralistische sozialistische Gesellschaft mit individueller u. »kollektiver« Freiheit, basierend auf dem »demokratischen Zentralismus«. Erzielt 1979 mit dem PCE bei den Wahlen beachtliche Erfolge u. kritisiert 1980 die sowjet. Intervention in Afghanistan.

Carrington, Lord (Großbritannien; s. WA '80, Sp. 367), geb. 1919, Ausbildung in Eton, Absolvierung der Militärakademie Sandhurst. Nach dem Krieg Landwirt, einflußreich im Bankwesen. Unter *Winston Churchill* ab 1951 parlament. Unterstaatssekretär. 1970–1974 Verteidigungs-, dann Energieminister. Im Mai 1979 von → *Thatcher* zum Außenminister ernannt. Erfolge mit der Londoner »Rhodesien-Konferenz« von Ende 1979, die schließlich zur Unabhängigkeit von »Simbabwe« führt.

Carter, Dr. h.c. *James Earl* jr. [»Jimmy«] (USA; s. WA '78, Sp. 352 u. '80, Sp. 368), geb. 1924, am 20.1.1977 als 39. Präsident vereidigt. 1979 erfolgreich bei den Verhandlungen in »Camp David« sowie bei der Einigung auf das (noch nicht ratifizierte) »SALT II«-Abkommen mit der UdSSR. Handelt nach der Besetzung der US-Botschaft in Teheran im Nov. 1979 zunächst vorsichtig, um das Leben der Geiseln nicht zu gefährden; ordnet aber dann im April 1980 einen militärischen Befreiungsversuch an, der mißlingt. Nach dem sowjet. Einmarsch in Afghanistan (seit Dez. 1979) bemüht, die US-Position im Nahen und Mittleren Osten zu verstärken und die Sowjetunion – u.a. durch Wirtschaftsmaßnahmen – zu einem Verzicht auf weitere Expansion in diesem Spannungsraum zu bewegen. Bewerbung um die demokratische Präsidentschaftskandidatur bei den Wahlen im Herbst 1980, u.a. im Wettstreit mit Senator → *Kennedy;* am 13.8. v. Parteikongreß mit großer Mehrheit zum Kandidaten gewählt mit → *Mondale* als Kand. f. d. Vizepräsidentschaft.
(Bibl. Hinweis: *Jimmy Carter:* Das Beste geben. Der Mann aus Georgia spricht über sich selbst. Wuppertal–Kassel 1976.)

Casaroli, *Agostino* (Vatikan; s. WA '80, Sp. 368), geb. 1914; 1934 zum Priester geweiht. Absolvent der Päpstl. Diplomatenschule; vielsprachig (u.a. auch Deutsch). 1979 von Johannes Paul II. als Nachfolger von Kardinal Villot zum Staatssekretär ernannt.

Castro Ruz, Dr. *Fidel* (Cuba; s. WA '68, S. 163), geb. 1927, 1976 von der »Nationalversammlung« zum Vorsitzenden des neugebildeten »Staatsrates« gewählt; vereinigt nun die Funktionen des Staatsoberhauptes und Regierungschefs, Generalsekretärs des PPC und Oberbefehlshabers der Streitkräfte. Verteidigt die Interventionen in Afrika als »Einsatz für die Befreiung von Imperialismus und Ausbeutung«. Gewinnt auch in Mittelamerika Einfluß, 1979 besonders seit dem Umsturz in Nicaragua. Als Gastgeber der 6. Konferenz der »Bündnisfreien Staaten« in Havanna (s. Sp. 103) im September 1979 umstritten, aber seither für 3 Jahre deren »Sprecher«. Tritt im Oktober 1979 erstmals seit 19 Jahren vor der UNO-Vollversammlung auf. Verordnet wegen wirtschaftl. Schwierigkeiten 1980 eine grundlegende Regierungsumbildung u. übernimmt von seinem Bruder Raoul – der als stärkster Befürworter der engen Bindung an die UdSSR gilt – auch das Verteidigungsministerium, doch bleibt dieser Erster Vizepräsident. C. rechtfertigt die sowjetische Intervention in Afghanistan. Psychologisch-politischer Rückschlag seit Mai 1980 durch Massenflucht von unzufriedenen Cubanern (s. Sp. 137 ff.).

Ceauşescu, Dr. h. c. *Nicolae* (Rumänien; s. WA '68, S. 163 u. '79, Sp. 356), geb. 1918, 1974 in das neugeschaffene Amt des Staatspräsidenten gewählt (1980 bestätigt) und weiterhin Vorsitzender des »Staatsrates« sowie Gen. Sekr. und Vors. d. »Exekutiv-Komitees« des ZK der Partei, dem auch seine Frau *Elena* (geb. 1920, graduierte Chemikerin) angehört. Auch jüngst bei Betonung der Unabhängigkeit verstärkte Kooperation mit der UdSSR, die innenpolitische ideologische Linie verschärfend. Bemüht, in der internat. Politik eine vermittelnde Rolle zu spielen und Fortschritte in der Abrüstung zu erzielen. Im Nov. 1979 für weitere fünf Jahre an die Parteispitze gewählt und nun auch Vors. des neu gegründeten »Ständigen Büros« des »Exekutiv-Komitees« der Partei, mit Frau *Elena* als Stellvertreterin (seit März 1980 auch eine d. stellv. Reg.-Chefs; Sohn *Nico C.* ist Mitglied des ZK).

Chaddam *Abd el* [*Khaddam Abdul*] *Halim* (Syrien), geb. 1932, Studium der Rechtswissenschaften, 1951–1964 Rechtsanwalt, seit 1963 Mitglied der »Baath«-Partei. 1969 Minister für Wirtschaft u. Außenhandel, seit 1970 Außenminister, stellv. Ministerpräsident und Mitglied der »Baath«-Führung.

Chadli s. Schadli

Chalchali [*Khalkhali*], Ajatollah *Sadegh* (Iran), geb. 1945, seit der Rückkehr von → *Chomeini* in den Iran (Febr. 1979) einer seiner engsten Berater. Als Vorsitzender des islamischen »Revolutionsgerichtes« verantwortlich für die Hinrichtung von inzwischen wahrscheinlich mehr als tausend Personen wegen »Verrat am iranischen Volk«, wegen politischer Opposition und »Religionsfeindlichkeit« sowie »moralischer Vergehen«.

Chalid *Bin Abdul Asis* [*Khaled Ibn Abdul-Aziz*] (Saudi-Arabien; s. WA '76, S. 186), nach der Ermordung seines Bruders *Feisal* im März 1975 König. Streng konservativ; Befürworter enger arabischer Zusammenarbeit und der islamischen Tradition, der Räumung der von Israel besetzten arabischen Gebiete (bes. auch Ost-Jerusalems) und der Rechte der Palästinenser; dem Westen gegenüber bisher positiv eingestellt. Lehnt 1979 den einseitigen ägyptisch-israelischen Friedensvertrag ab. Seit der zeitweisen Besetzung der »Großen Moschee« in Mekka (Nov. 1979) und durch die Gegensätze zwischen dem – wie Kronprinz → *Fahd* – »aufgeklärten« Vollbruder, Verteidigungsminister und Oberkommandierenden der offiziellen Streitkräfte, *Prinz Sultan,* und dem Halbbruder *Prinz Abdullah,* Befehlshaber der »Nationalgarde« – wie Ch. strenggläubiger »Fundamentalist« –, offenbar besorgt um Stabilität des tradit. Gesellsch.-Systems.

Chalil, *Mustafa* [*Mustapha Khalil*] (Ägypten; s. WA '80, Sp. 369), geb. 1928, Studium an der Universität von Kairo. 1978 mit der Neustrukturierung der Parteien beauftragt. Positiv zur Friedensinitiative von → *Sadat* eingestellt; seit Okt. 1978 als Nachfolger von → *Salem* Ministerpräsident, seit Febr. 1979 zusätzlich Außenminister. Maßgeblich in alle Verhandlungen mit Israel eingeschaltet. Im Mai 1980 zurückgetreten.

Chaloryu s. Tschaloryu

Chamoun s. Schamun

Chan, *Sir Julius* (Papua-Neuguinea), geb. 1939, väterlicherseits chinesischer, mütterlicherseits melanesischer Abstammung; Christ. Höhere Schulbildung in Australien. Mit 29 Jahren Mitglied der Territorialversammlung, Gründung der »People's Progress Party«/PPP, Kooperation mit → *Somare* und in dessen Regierung seit 1972 u.a. Innen-, Finanz- und Agrarminister sowie stellv. Reg.-Chef. Seit 1978 in Opposition. Anfang 1980 von *Elizabeth II.* geadelt. Stürzt mit seiner PPP bzw. der von ihm geführten neuen »Melanesian Alliance« im März 1980 *Somare* und bildet ein Koalitionskabinett. Ch., erfolgreicher Unternehmer, verficht freie Marktwirtschaft.

Chavan s. Tschawan

Chen Muhua, [*Tschen Mu-hua*] (Chines. Volksrep.), geb. 1921, früh in der KPCh tätig. Langjährige Erfahrungen in der Kooperation mit Entwicklungsländern. Seit 1971 Ministerin für die Beziehungen zu den nichtindustrialisierten Ländern. Verdient um die chinesische Aktivität in Afrika. T. ist eine der zwei Frauen im Ministerrang, aber (seit 1977) einzige Frau im Politbüro (Kandidatin).

Chen Xilian [*Tschen Hsi-liän*] (Chines. Volksrepublik; s. WA '80, Sp. 369), geb. 1913, im Febr. 1980 von allen leitenden Funktionen entbunden.

Chen Yun [*Tschen Jun*] (Chines. Volksrepublik; s. WA '80, Sp. 370), geb. 1905. Teilnehmer des »Langen Marsches«. Nach der Gründung der Volksrepublik maßgebliche Verdienste um den wirtschaftlichen Wiederaufbau, wichtige Positionen im ZK der KPCh unter dem Vorsitz von → *Deng Xiaoping* [*Teng Hsiao-ping*]. Gegner des »Großen Sprungs« der 50er Jahre. Während der »Kulturrevolution« als »Befürworter des Kapitalismus« gebrandmarkt. Einer der stellv. Vors. d. V. »Nat. Volkskongresses«, des ZK d. KPCh u. Vors. der Kommission für Parteikontrolle, seit Mitte 1979 einer d. stellv. Vors. d. »Staatsrates«. Mitglied d. Ständ. Ausschusses des Politbüros.

Chevallaz, Dr. *Georges-André* (Schweiz), geb. 1915 in Lausanne, Studium an der Phil. Fakultät in Lausanne, Promotion in Wirtschaftsgeschichte. Lehrtätigkeit an der Höh. Handelsschule in Lausanne, Direktor der Univ.- u. Kantonsuniversität der Stadt; Versehung von Lehraufträgen für Geschichte der Diplomatie an der Universität von Lausanne und Eidgen. Techn. Hochschule in Zürich. Abgeordneter u. 1965 bis 1972 Präsident der waadtländ. Rad.-Dem. Partei (»Freis.-Dem. P.«). Seit 1974 Bundesrat; Vors. d. Eidgen. Finanz- u. Zoll-Dep., 1980 d. Militär-Dep. u. Bundespräsident.

Chiang Ching-kuo s. Tschiang Tsching-kuo

Chikerema s. Tschikerema

Chi Pengfei [*Tschi Peng-fei*] (Chines. Volksrep.; s.

WA '74, S. 204) geb. 1907, bis Anfang 1975 Außenminister, sodann u.a. Generalsekretär des »Nat. Volkskongresses«. Seit Sept. 1979 einer der Stellv. des Staatsratsvorsitzenden → *Hua Guofeng.*

Chirac, *Jacques René* (Frankreich; s. WA '76, S. 187 u. '78, Sp. 354), geb. 1932, als Regierungschef 1976 wegen Differenzen mit Präsident → *Giscard d'Estaing* zurückgetreten (Nachfolger → *Barre*). 1976 zum Vorsitzenden der in »Rassemblement pour la République«/R.P.R. umbenannten gaullistischen Partei/U.D.R. gewählt; seit März 1977 auch Bürgermeister von Paris. Im Wahlkampf von 1978 heftigster Gegner der Linksparteien und b. d. Wahlen vom März Behauptung d. R.P.R. als stärkste Partei. Differenzen m. *Giscard d'Estaing* u. Gegner v. Reformen mit Linkstendenz sowie größerer Vollmachten für das Europ. Parlament, bei dessen Direktwahl er 1979 mit d. R.P.R. unbefriedigend abschneidet. Auch 1980 z.T. heftiger Kritiker des Präsidenten und der Regierung. (J. Chirac, Discours pour la France à l'heure du choix, Paris 1978.)

Chissano, Joaquim (Mosambik; s. WA '76, S. 187 u. '78, Sp. 354), seit Juni 1975 Außen-Min.

Choi Kyu Hah s. Tschoi Kyu Hah.

Chomeini [*Khomeiny*], *Ruhollah Musawi* (Iran; s. WA '80, Sp. 371), geb. 1900 als Sohn eines schiitischen Geistlichen (Mullah) im Dorf Chomein; Ausbildung in Isfahan und auf der geistlichen Hochschule in Kum [Ghom]. 1963 Gegner der vom Schah ausgerufenen »Weißen Revolution«, zeitweise verhaftet, 1964 ausgewiesen. Zwei Jahre in der Türkei, sodann im schiitischen Wallfahrtsort Nedschef (Grabstätte von Mohammeds Schwiegersohn Ali) im Irak im Exil, von wo aus er mit Flugblättern und Tonbändern gegen den Schah agiert. Im Herbst 1978 nach Frankreich emigriert; lenkt von hier aus faktisch ungehindert durch das Netz seiner Vertrauten die Unruhen und den Umsturz im Iran. Am 1.2.1979 mit dem Flugzeug nach dem Iran zurückgekehrt, in Teheran von den Massen triumphal gefeiert. Ernennt am 5.2. → *Basargan* zum Chef einer Übergangsregierung. In einem Referendum stimmen am 31.3. angeblich 99% der erwachsenen Bevölkerung ab 16 Jahren für eine »Islamische Republik« (Proklamierung 1.4.1980). Auch nach der Wahl von → *Bani-Sadr* zum Staatspräsidenten sowie den Parlamentswahlen vom Mai 1980 die entscheidende religiöse und politische Kraft des Landes und die über allen Institutionen stehende Persönlichkeit.
(Ajatollah Chomeini: Meine Worte – Warnungen – Weisungen, München 1979. – H. Nussbaumer: Khomeini – Revolutionär in Allahs Namen, München 1979. – L. Rinser: Khomeini und der islamische Gottesstaat, Percha 1979.)

Chon Doo Hwan s. Tschön Du Hwan

Christophersen, *Henning* (Dänemark), geb. 1940, Studium der Wirtschaftswissenschaften, Wirtschaftsjournalist, Unternehmensberater, leitend im dän. Handwerkerrat. 1971 Abgeordneter der liberal. »Venstre«, Stellv. v. *Hartling* (s. WA '75, S. 194 u. '76, S. 193), schließl. dessen Nachf. als Parteivorsitzender. Seit 1978 unter → *Jörgensen* Außenminister u. stellv. Reg.-Chef.

Chu Fu-sung s. Tschu Fu-sung

Chung Seung Hwa s. Tschung Söng Hwa

Clark, *Joseph* (Kanada; s. WA '80, Sp. 372), geb. 1939, 1976 zum Vorsitzenden der Konservativen (»Progressive Conservative Party«) gewählt. Nach dem Wahlsieg seiner Partei im Juni 1979 Premierminister (erster nach 16 Jahren liberaler Regierung). Nach einem Mißtrauensvotum am 14.12. zurückgetreten und nach den Wahlen vom Febr. 1980 von → *Trudeau* abgelöst.

Colombo, Emilio (Italien; s. WA '72, S. 174, '73, S. 183 u. '77, Sp. 362), geb. 1920, Studium des Kirchenrechts und der Wirtschaftswissenschaften, einer der aktivsten DC-Politiker, in DC-Regierungen mehrfach Inhaber führender Ministerien; Anfang der 70er Jahre Reg.-Chef. Von März 1977 bis Juni 1979 Präsident des Europa-Parlaments. Seit April 1980 in der Koalitionsregierung von → *Cossiga* Außenminister.

Conobo, *Joseph* (Obervolta), geb. 1917, im II. Weltkrieg in der franz. Armee als Medizingehilfe, u.a. in Deutschland. 1948 Fortsetzung d. Medizinstudiums, Arzt in Frankreich. Nach d. Wahlen v. Mai/Juni 1978 Regierungschef.

Cossiga, *Francesco* (Italien), geb. 1928. Seit Anf. August 1979 bis März 1980 an der Spitze einer Regierung aus DC, Lib., Soz.Dem. u. Parteilosen. Im April 1980 Bildung eines Koalitions-Kabinetts mit Sozialisten und Republikanern, der 39. Nachkriegsregierung. Durch Erfolge der DC bei den Regionalwahlen vom Juni 1980 gestärkt.

Craxi, *Bettino* (Italien; s. WA '80, Sp. 373), geb. 1933, seit 1976 an der Spitze des PSI, verficht neuerdings eine Art gemäßigteren »Eurosozialismus« und beteiligt überraschend die PSI an einer Koalitionsregierung von → *Cossiga/DC;* Position durch Erfolge der PSI bei den Regionalwahlen vom Juni 1980 gefestigt.

Cunhal, Dr. *Alvaro Barreirinhas* (Portugal; s. WA '78, Sp. 354), nach dem Militärputsch 1974 aus dem Exil zurückgekehrt; baut zielbewußt die KP (PCP) aus. Hebt 1979/80 mehrfach die sowjetische Führungsrolle im Kommunismus hervor, verurteilt den »Eurokommunismus«. Erzielt bei den Wahlen vom Dez. 1979 Stimmengewinne.

Czyrek, *Jozef* (Polen), geb. 1928, seit 1952 im diplomat. Dienst, u.a. in Berlin (Ost) und Belgrad; aus der Schule d. ehem. Außenministers *Rapacki;* seit 1972 fast jährlich zu Geprächen in Bonn, u.a. als

Begleiter von → *Olszowski*. Vorbereitung des Besuchs von → *Gierek* in Bonn (1976) u. (1977) von Bundeskanzler *Helmut Schmidt* in Polen. 1978 poln. Vertreter bei d. Amtseinführung von *Johannes Paul II.* im Vatikan. C. hat große außenpolitische Erfahrung, die er auch in der Warschauer Zentrale gewonnen hat.

Dacko, *David* (Zentralafrik. Rep.), geb. 1930 als Sohn eines Kleinbauern und Kleinhändlers, Ausbildung als Lehrer, politisch im »Mouvem. d'évolution sociale de l'Afrique noire«/MESAN aktiv. 1960 zum ersten Präsidenten des unter dem Namen »Zentralafrik. Republik« unabhängigen Landes gewählt. An der Jahreswende 1965/66 von seinem Vetter, Generalstabschef → *Bokassa*, gestürzt, der Korruption beschuldigt und jahrelang unter Hausarrest gestellt. Schließlich von *Bokassa* zum »persönlichen Berater« ernannt, stürzt er diesen mit französischer Hilfe im September 1979, erklärt das Kaiserreich wieder zur Republik und tritt selbst als Präsident an die Spitze des Staates.

Daddah, Mochtar Uld [*Mokhtar Ould*] (Mauretanien; s. WA '64, S. 156 u. '79, Sp. 358), nach einem Sturz durch → *Dalek* 1978 unter Hausarrest; angebliche Freilassung dementiert.

Dajan [*Dayan*], *Mosche* (Israel; s. WA '68, S. 183, '75, S. 190 u. '80, Sp. 373), 1977 Außenminister in der Regierung → *Begin*, mit dem er weitgehend in der Ablehnung territorialer Konzessionen im besetzten Westjordanien, in der Ablehnung eines Palästinenserstaates übereinstimmt. 1978/79 Verdienste um den Friedesvertrag mit Ägypten. Im Oktober 1979 wegen Differenzen mit *Begin* in der Siedlungs- und Außenpolitik zurückgetreten (Nachf. → *Schamir*).

Debré, *Michel* (Frankreich; s. WA '69, S. 167 u. WA '74, S. 181), geb. 1912, Jurist, 1942–1944 Vertreter der französ. Widerstandsbewegungen im besetzten F. und bei der Exilregierung in London; Mitbegründer der »Union pour la Nouvelle Rép.«/UNR, 1958–1973 mehrfach Minister, 1959–1962 Reg.-Chef. Mitbegründer d. gaullistischen RPR von → *Chirac;* erklärt Mitte 1980, wie dieser 1981 bei den Präsidentschaftswahlen zu kandidieren.

Demirel, *Süleyman* (Türkei; s. WA '67, S. 161, '76, S. 188, '78, Sp. 355 u. '80, Sp. 373), geb. 1924. 1979 erneut zum Chef der AP gewählt und nach erfolgreichen Teilwahlen vom Okt. 1979 als Nachfolger von → *Ecevit*, ab November erneut Ministerpräsident mit einem AP-Kabinett (mit → *Erkmen* als Außenminister). Trotz umfangreicher Auslandshilfe (bes. v. EG u. OECD) vor großen Problemen: Inflation, Kapitalmangel, Terrorismus. Fordert 1980 Wiederbelebung der »türkisch-islamischen Kultur«.

Deng Xiaoping [*Teng Hsiao-ping*] (Chines. Volksrepublik, s. WA '76, S. 208 ff. u. '77, Sp. 405), geb. 1904, Anfang April 1976 aus allen Staats- und Parteiämtern ausgeschlossen, im Juli 1977 wieder in seine Ämter eingesetzt. Stellv. Vors. d. ZK u. d. Militärkommission, Generalstabschef (bis Febr. 1980), Mitgl. d. Ständ. Ausschusses d. Politbüros u. stellv. Vors. d. Staatsrates – damit nach *Hua Guofeng* [*Hua Kuo-feng*] in einflußreichster Position, bestrebt, zielbewußt und pragmatisch Wirtschaft u. Verteidigung neue Impulse zu geben und notwendige Modernisierungsmaßnahmen im Rahmen der gegebenen Ideologie soweit wie möglich von staats- und parteipolitischer Überbürokratisierung frei zu machen. 1979 heftiger Gegner der vietnamesischen Invasion in Kambodscha und Befürworter der »Lektion« für Vietnam, verurteilt 1980 scharf die sowjetische Intervention in Afghanistan sowie Auswüchse von Liberalisierungstendenzen im eigenen Lande. Erklärt sodann aus Altersgründen den Rücktritt vom Amt des Stellv. Reg.-Chefs, behält jedoch seine anderen Ämter.

Denktasch [*Denktaş*], *Rauf* (Cypern; s. WA '76, S. 188 u. '78, Sp. 355), geb. 1924, nach der türkisch-cypriotischen Verfassung von 1975 und den Präsidentschaftswahlen vom Juni 1976 vom türk.-cypriot. »Parlament« zum Präsidenten d. Teilrepublik gewählt u. bisher zu keinen größ. Konzessionen für die Lösung des Cypernproblems bereit.

Djuranović, *Veselin* (Jugoslawien), geb. 1925 in Crna Gora (Montenegro), 1941 wegen seiner progressiven Haltung aus dem Lehrerseminar entlassen, daraufhin Anschluß an d. Partisanen von → *Tito* und 1945 an die KP. Nach dem Krieg Studium der Rechtswissenschaften, sodann Direktor von »Radio Titograd«, Chefredakteur der Tageszeitung »Popieda«; 1966 Sekretär für ideologische Fragen im ZK von Crna Gora, schließlich 1968 Aufstieg zum Parteiführer seiner Heimatrepublik. Seit Februar 1977 Regierungschef.

Doe, *Samuel* (Liberia), geb. 1952 als Sohn einer zum Krahn-Stamm im Landesinneren gehörenden Familie; nach Schulbesuch militärische Ausbildung, z.T. in den USA. Aufstieg zum Stabsfeldwebel, politisch nicht hervorgetreten, aber offenbar dennoch im Sinne von Reformen in der Truppe aktiv. Mitglied der Wache des Präsidentenpalastes. Dringt am 12.4.1980 an der Spitze eines Stoßtrupps in die Gemächer des Präsidenten → *Tolbert* ein, der – wie zahlreiche andere bisher führende Politiker – erschossen wird. D., unmittelbar darauf zum Vorsitzenden des aus Militärs bestehenden »Volkserlösungsrates« und – als erster Nicht-Libero-Amerikaner – zum Präsidenten ausgerufenn bildet eine Regierung aus Zivilisten und Militärs, läßt durch Militärtribunale führende Personen des früheren Regimes wegen »Hochverrats« und Verletzung der

Menschenrechte anklagen und verurteilen und verspricht Agrar- und Sozialreformen.

Dolanc, Stane (Jugoslawien; s. WA '76, S. 188), geb. 1924 (Slowene), enger Mitarbeiter von → *Tito;* als Sekretär des Präsidiums des Exekutivkomitees des ZK Jugoslawiens im Mai 1979 abgelöst von → *Dragosavac;* wendet sich 1980 gegen Ausnutzung wirtschaftlicher Schwierigkeiten durch »Systemfeinde«.

Doronskij, *Stevan* (Jugoslawien), geb. 1919, Studium der Tierheilkunde in Belgrad. Im II. Weltkrieg ein Hauptorganisator der Partisanenbewegung in Syrmien und in der Wojwodina, sodann Vorsitzender des Parteikomitees in der Wojwodina; zeitweise deren Vertreter im Staatspräsidium der Gesamtrepublik. → *Tito* gegenüber stets loyal, auf dessen Vorschlag seit Oktober 1979 als Nachfolger von → *Dragosavac* Vollzugssekretär des ZK bzw. Geschäftsführ. Vors. d. Präsidiums der Partei (BdKJ). Nach dem Ableben von *Tito* ab Juni 1980 bis zur Neuwahl im Okt. 1980 Vors. d. Parteipräsidiums. Verurteilt die sowjet. Intervention in Afghanistan.

Dos Santos, *José Eduardo* (Angola), geb. 1942, Maurer; seit 1961 im marxistischen »Movimento Popular de Libertação de Angola«/MPLA und sodann in deren Guerilla-»Volksarmee« (FAPLA) im Unabhängigkeitskampf gegen Portugal. 1963–1970 in Moskau, Examen als Erdölingenieur, Studium des Militärfernmeldewesens, sodann rascher Aufstieg im MPLA, u. a. Mitglied des ZK und Politbüros. 1975 erster Außenminister des unabhängigen Angola, seit 1978 Sekretär des ZK und Planungsminister. Mit einer Russin verheiratet. Nach dem Tod von → *Neto* am 20. 9. 1979 vom ZK d. »MPLA – Partei der Arbeit« zum Vorsitzenden gewählt und damit verfassungsgemäß auch Staatspräsident sowie Oberkommandierender der »Volksarmee«; am 21. 9. vereidigt, bekräftigt die Fortsetzung »des sozialistisch orientierten Weges« u. Zusammenarbeit mit dem RGW.

Dragosavac, Dr. *Dušan* (Jugoslawien), geb. 1920 als Sohn einer serbischen Familie in der Lika in Kroatien. 1971 nach den »Säuberungen« in der kroatischen Partei Sekretär des ZK. Seit Frühjahr 1979 für 2 Jahre als Nachfolger von → *Dolanc* Sekretär des Präsidiums der Partei (BdKJ).

Dschabar [*Jabar*] *al Ahmad al Dschabar as Sabah* (Kuweit; s. WA '79, Sp. 360), seit dem Tod des Emirs *Sabah as Salim as Sabah* 1978 dessen Nachfolger.

Dschajawardene s. Jayawardene

Dschallud [*Jalloud*], *Abdessalam* (Libyen; s. WA '73, S. 197 u. '79, Sp. 360), Mitglied des Generalsekretariats des »Allg. Volkskongresses« bis März 1979; seither wie → *Gaddafi* in d. »direkt. revolut. Führung«.

Dschemeijil, *Beschir* [*Beshir Gemayel*] (Libanon; s. WA '80, Sp. 375), geb. 1947, Oberkommandierender der christl. »Phalange« (»Kataeb«)-Miliz, tatkräftigster Führer der Maroniten, vertritt die Schaffung eines echten Bundesstaates mit gemeinsamem Parlament, gemeinsamer Armee und Bundesregierung; gilt wie sein Vater *Pierre Dsch.* (s. WA '78, Sp. 357) als einer der kompromißlosen Männer des antipalästinensischen Lagers und als Gegner der Anwesenheit syrischer Truppen im Libanon, in dem seine Miliz und die mit diesen verbündeten Gruppen ausgedehnte Gebiete kontrollieren. Bietet im Juli 1980 – nachdem seine Milizen sich nach heftigen Gefechten im Stadtteil Aschrafije von Beirut und in Privathäfen durchgesetzt haben – die Vereinigung der »Kataeb«-Milizen mit der »Tiger-Miliz« der Partei von → *Schamun* an.

Eanes, *Antônio dos Santos Ramalho* (Portugal; s. WA '77, Sp. 366 u. '79, Sp. 361), geb. 1934, seit 1976 Präsident, Vors. d. »Revolutionsrates« und Generalstabschef. Trotz der wirtschaftlichen Krise und der tiefgreifenden Differenzen in den Streitkräften und Parteien bisher in der Lage, seine Politik des Ausbalancierens der Kräfte durchzuführen. Beruft im Juli 1979 eine Übergangsregierung (→ *Pintassilgo*) und nach den Wahlen vom Dez. 1979 den CDS-Vorsitzenden → *Sà Carneiro* zum Reg.-Chef.

Ecevit, Bülent (Türkei; s. WA '75, S. 191 u. '79, Sp. 361), geb. 1925, nach dem Rücktritt von → *Demirel* seit Anfang 1978 erneut Chef eines Koalitionskabinetts. E. gilt als Vertreter eines »sozialdemokratischen Kemalismus« mit planwirtschaftlichen Tendenzen; 1979 infolge des sich verschärfenden Terrors zur Ausdehnung des Kriegsrechts gezwungen. Im Okt. 1979 zurückgetreten (→ *Demirel*).

Erkmen, Dr. *Hayrettin* (Türkei), geb. 1915, Studium der Wirtschaftswissenschaften, Promotion an der Universität Genf. Politisch aktiv in der »Demokratischen Partei« bis zu deren Verbot im Jahre 1960. In den Kabinetten von *Adnan Menderes* (1960 gestürzt, 1961 hingerichtet) zwischen 1953 und 1960 mehrfach Handelsminister, sodann der politischen Rechte verlustig. Nach Aufhebung der Beschränkungen 1973 Mitglied in der »Gerechtigkeitspartei«/AP, seit 1975 Senator. Im neuen Kabinett von → *Demirel* seit November 1979 Außenminister.

Fahd, *Bin Abdul Asis* [*F. Ibn Abdul-Aziz*] (Saudi-Arabien; s. WA '76, S. 189), geb. 1922, 1975 Kronprinz, Erster stellv. Regierungschef, Vorsitzender des Obersten Erdöl- und des Erziehungs-Rates, von König → *Chalid* mit der faktischen Wahrnehmung der Regierungsgeschäfte in enger Verbindung mit diesem beauftragt. F. gilt als die aufgeschlossenste Persönlichkeit des Landes, als der technischen und wirtschaftlichen Entwicklung zugewandt und als entschlossener Verteidiger der arabischen Interessen, besonders auch in der Palästina- u. in der Erdölpolitik. Verurteilt 1980 die sowjetische Intervention in Afghanistan.

Fälldin, *Thorbjörn* (Schweden; s. WA '79, Sp.

361), geb. 1926, seit 1971 Vorsitzender der Zentrumspartei (»Senterpartiet«), ab Okt. 1976 Ministerpräsident einer Koalitionsregierung und als Nachfolger von → *Palme* fakt. seit 1932 erster nichtsozialistischer Regierungschef; im Zusammenhang mit Differenzen über die Kernenergie im Okt. 1978 zurückgetreten und von → *Ullsten* abgelöst, aber nach den Reichstagswahlen vom Sept. 1979 trotz Verlusten seiner Partei ab 12. Oktober erneut an der Spitze einer bürgerlichen Koalitionsregierung und vor der ständig schwierigeren Aufgabe der Wirtschaftssanierung.

Fanfani, D. Dr. h.c. *Amintore* (Italien; s. WA '74, S. 183 u. '77, Sp. 367), nach den Wahlen vom Juni 1979 erneut Senatspräsident.

Fang Yi (Chines. Volksrep.; s. WA '80, Sp. 376), geb. 1916, leitend in einem Schanghaier Verlag tätig, 1931 Beitritt zur KPCh. Seit 1971 Minister für Wirtschaftsbeziehungen mit dem Ausland. 1958 Kandidat, 1973 Vollmitglied des ZK, seit 1978 Mitglied des Politbüros, seit März 1980 auch des Sekretariats des ZK. Als einer der stellv. Regierungschefs u. (seit 1978) Vors. d. Staatl. Kommission für Wissenschaft u. Technik sowie in Verbindung mit seinem Amt als Präsident d. Akademie der Wissenschaften gesamtverantwortlich für Forschung u. Ausbildung. Vielsprachig.

Figueiredo, General *Joao Baptista de Oliveira* (Brasilien; s. WA '80, Sp. 376), geb. 1918 als Sohn eines Generals; militärische Laufbahn. Auf Vorschlag der regierenden ARENA am 15.10.1979 mit 358 von 589 Stimmen als Nachfolger von *Geisel* zum Präsidenten gewählt und seit 15.3.1979 im Amt. Verspricht Fortführung der Demokratisierung und gerechte Verteilung der Einkommen sowie vollen Einsatz für die Lösung der tiefgreifenden Wirtschafts-, Finanz- und Sozialprobleme. 1979 Zulassung der Gründung neuer Parteien, allerdings z. T. mit hemmenden Auflagen.

Finnbogadottir, *Vigdis* (Island), geb. 1930 als Tochter einer Professorenfamilie; Studium der Literaturwissenschaft in Frankreich und an der Universität Reykjavík, an dieser und an Gymnasien Lehrerin für Französisch. Seit 1972 erfolgreiche Theaterdirektorin in der Hauptstadt. Politisch wenig hervorgetreten. Engagierte Frauenrechtlerin. Nach Verzicht von *Kristjan Eldjarn* auf eine Wiederwahl als nichtparteigebundene Kandidatin am 29.6.1980 mit einem Drittel der Stimmen bei relativer Mehrheit gewählt und damit die erste gewählte Frau an der Spitze eines europ. Staates. Gilt als gemäßigt links, als Gegnerin der Mitgliedschaft in der NATO und des US-Stützpunktes bei Keflavík.

Fituri [*Fitouri*], *Mohammed* (Tunesien; s. WA '79, Sp. 362), geb. 1925, 1970 Justiz-, 1971 Finanz- und seit Dez. 1977 Außenminister.

Forlani, Dr. jur. *Arnaldo* (Italien; s. WA '78, Sp. 359 u. '80, Sp. 377), geb. 1925, in verschiedenen Positionen der DC mit Erfolg tätig. Mehrfach Minister. Seit März 1980 Präsident der DC, mit → *Piccoli* als Parteisekretär.

François-Poncet, Prof. Dr. *Jean* (Frankreich; s. WA '80, Sp. 377), geb. 1928, als Sohn des Diplomaten *André F.-P.*, Studium der Politischen, Rechts-, Wirtschafts- u. Verwaltungswissenschaften (u. a. an der ENA) in Paris und an der Harvard-Universität (MA). Professor für Politische Wissenschaften. Mitarbeit an der Formulierung der EG-Verträge, 1955–1971 u. erneut ab 1976 im diplomat. Dienst. Enger Mitarbeiter von → *Giscard d'Estaing*, im Nov. 1978 zum Außenminister ernannt. Verurteilt 1980 die sowjet. Intervention in Afghanistan und schlägt eine Nahost-Initiative der EG vor.

Franschije [*Franjieh*], *Sleiman* (Libanon; s. WA '78, Sp. 360), geb. 1910, Maronit, ehem. Staatspräsident, aus der »Libanes. Front« ausgeschieden, Führer der »Marada-Brigade«; seit längerem Gegner der stärksten maronit. Gruppe, der »Kataeb« (→ *Dschemeijil*), versucht neuerdings Koordination schiitischer und sozialist. Gruppen u. d. Aufbau einer neuen »Nation. Front«.

Fraser, *Malcolm* (Australien; s. WA '79, Sp. 363), geb. 1930, seit 1975 Vorsitzender der »Liberal Party«/LP, bei den vorgezogenen Wahlen vom Dez. 1977 erfolgreich im Wahlkampf gegen die »Australian Labour (Labor) Party«/ALP und Premierminister. F. gilt als erklärter Gegner jeder Form des »Sozialismus« und harter Widersacher gewerkschaftlichen Vormachtstrebens. Bisher nur bedingt erfolgreich bei der Lösung der wirtschaftlichen Schwierigkeiten.

Freitas do Amaral, Dr. *Diego* (Portugal; s. WA '79, Sp. 363), geb. 1941 als Sohn einer bürgerlichen Familie, Studium der Rechtswissenschaften, Universitätslaufbahn. Mitbegründer und Vors. des der »Europ. Union Christl. Demokraten« angehörenden »Demokrat.-Sozialen Zentrums«/CDS; erfolgreich bei den Wahlen von 1976. Kurzfristig 1978 mit dem CDS in einer Koalition mit dem Sozialisten → *Soares;* wegen Nichterfüllung der Forderung nach Rückgabe enteigneten Grundbesitzes Austritt aus der Regierung, die damit zu Fall kommt. Bei den Wahlen vom Dez. 1979 mit dem CDS im Wahlbündnis der »Demokrat. Allianz«/AD und nach deren Sieg seit Anfang 1980 im Kabinett von → *Sá Carneiro* Stellv. Regierungschef und Außenminister. F. gilt als Verfechter sozialer Reformen und als Vertreter sozialer Marktwirtschaft.

Frydenlund, *Knut* (Norwegen; s. WA '80, Sp. 378), geb. 1927, Studium der Rechtswissenschaften, seit 1953 im Auswärtigen Dienst. Politisch in der Arbeiterpartei/DNA aktiv. Seit 1973 Außenminister, auch in der neuen 1979 gebildeten Regierung von → *Nordli.* Verteidigt die norwegische NATO-Mitgliedschaft gegen Kritik aus dem Osten als für die Sicherheit seines Landes erforderlich.

Fukuda, Takeo (Japan; s. WA '78, Sp. 300ff. u. '79, Sp. 364) als Führer der LDP im Nov. 1978 abgewählt und als Ministerpräsident zurückgetreten (→ *Ohira*).

Gaddafi [*Kadhafi, Kadhzafi*], *Muammar al* (Libyen; s. WA '74, S. 183, '75, S. 192 u. '78, Sp. 161), geb. 1942. Präsident und seit Oktober 1976 auch Oberbefehlshaber der Streitkräfte. Setzt im November 1976 die Umwandlung Libyens in eine »Libysch-Arabische Volks-Jamahiriyah« (= etwa »Massenvertretung«) durch und tritt an die Spitze des höchsten Organs, des »Generalsekretariats (aus Militärs) des Allgemeinen Volkskongresses«; am 1.3. zugunsten von *Abdelati al Abidi* formal zurückgetreten, um sich im Sinne der Forderungen in seinem »Grünen Buch« ganz der »revolutionären Aktion« zu widmen. Gegensatz zu → *Sadat* seit Abschluß des ägypt.-israel. Friedensvertrages, den er als Verrat an der »Arabischen Nation« verurteilt, weiter verschärft; seit Ende 1979 in Konflikt mit → *Arafat*, da die PLO nicht scharf genug gegen Israel und dessen Freunde vorgehe.

Gandhi, *Indira Shrimati* (Indien; s. WA '68, S. 165, '70, S. 169, '74, S. 183, '76, S. 191, '77, Sp. 370/71 u. '78, Sp. 361), geb. 1917, ruft seit 1975/76 durch ihre Maßnahmen heftigen Widerstand auch in breiteren Kreisen hervor, so daß die von ihr geführte »Kongreß-Partei« die vorgezogenen Wahlen vom März 1977 und sie – wie ihr Sohn *Sandschai* [*Sanjay*, geb. 1947, † 1980 durch Flugzeugunglück] – auch ihr Mandat verliert und der Führer der »Volkspartei« (»Janata« bzw. »Dschanta«) → *Desai* zum neuen Premierminister gewählt wird. Wiederholt kurz festgenommen, Anklage wegen Machtmißbrauch u. Korruptionsverdacht. Spaltet Ende 1977 die »Kongreßpartei« und tritt an die Spitze des neuen »Indian National Congress/INC-I« (= Indira), mit dem sie nach dem Sturz von *Desai* (Juli 1979) wieder Einfluß gewinnt und schließlich bei den Wahlen vom Januar 1980 einen triumphalen Erfolg erzielt, nicht zuletzt weil die bisherigen Regierungsparteien sich gegenseitig bekämpft und – ebensowenig wie sie selbst in ihrer Regierungszeit 1966/1977 – in der Lage gewesen sind, die immer bedrohlicher gewordenen Probleme in Verwaltung, Wirtschaft und Finanzen zu lösen. Am 14. 1. 1980 vom Parlament als Premierministerin des neuen (ihres vierten) Kabinetts bestätigt, verspricht sie in ihrer Regierungserklärung soziale Gerechtigkeit, wirtschaftliche Sanierung, Ausrottung der Korruption und straffe Verwaltung. Die sowjetische Intervention in Afghanistan wird in ihren Beweggründen mit bedingtem Verständnis, die US-Waffenlieferungen an Pakistan als bedrohlich für Indien angesehen.

García Meza Tejada, General *Luis* (Bolivien), geb. 1930, militärische Laufbahn, bald zu den politisch interessierten jungen Offizieren gerechnet. Direktor des Militärkollegs, in Kontakt mit → *Banzer*, aber schon bald Differenzen mit ihm. Teilnehmer an dem im Nov. 1979 versuchten Putsch von *Natusch Busch*. Zeitweise Oberkommandierender, jedoch von seiner zur Präsidentin gewählten Cousine → *Gueiler* abgesetzt, aber kurz darauf wieder an der Spitze d. Heeres. Gegner »westlicher Demokratie« und besonders linker Parteigruppierungen, namentlich auch des im Juli 1980 nach Erlangung der relativen Mehrheit bei den Wahlen als Präsident designierten → *Siles Suaso [Zuazo]*. Am 17. 7. Anführer des Militärputsches und Sturz von Frau *Gueiler*, von der Militärjunta zum Präsidenten ernannt. Appelliert an »Gehorsam und Patroitismus« als Voraussetzung für eine »Gesundung des Landes« u. schlägt mit Härte allen Widerstand nieder.

Gemayel [*Schemayel*] s. Dschemeijil

Ghali, *Butros Butros* (Ägypten), geb. 1923 als Sohn einer koptischen Familie; Studium, Professor für Politologie. Bereits nach dem »Sechstage-Krieg« von 1967 für eine Verständigung mit Israel, vor allem aus wirtschaftlichen Gründen. 1977 von → *Sadat* als Staatsminister mit der Geschäftsführung des Außenministeriums beauftragt.

Ghotbsadeh [*Ghotbzadeh, Qotbzadeh*], *Sadigh* (Iran), geb. 1936 als Sohn eines Holzhändlers; bereits als Jugendlicher Gegner des Schah und Anhänger des antibritischen Regierungschefs *Mohammed Mossadegh* (1951/53). Seit 1959 Studium der Diplomatie an der »Georgetown University« in Washington. Wegen seiner politischen Haltung nach Paßentzug 1963 sowie erneut 1967 aus den USA ausgewiesen. Seither in engem Kontakt mit den Schah-Gegnern im Exil, z. T. im Nahen Osten, z. T. in Frankreich, und Gegner der USA. Frühzeitig Bewunderer von → *Chomeini*, in Paris dessen Übersetzer und vielseitiger Berater. Mit *Chomeini* 1979 in den Iran zurückgekehrt, Mitglied des »Revolutionsrates« und schließlich als Direktor des Rundfunks und Fernsehens von großem Einfluß. Als Nachfolger von → *Bani-Sadr* seit November 1979 Außenminister. G., gilt als strenggläubiger Muslim, aber auch als Anhänger des technischen Fortschritts.

Giap s. Vo Nguyen Giap

Gierek, *Edward* (Polen; s. WA '74, S. 184 u. '78, Sp. 362), seit 1979 Erster Vorsitzender des ZK der »Poln. Verein. Arbeiterpartei«/PZPR, im Aug. 1980 unter dem Druck von Streiks gezwungen, eine umfassende Umbesetzung in Partei und Regierung vorzunehmen. Am 6. Sept. von allen Ämtern entbunden. Nachfolger: Stanislaw Kania (s. »Nachtrag, Sp. 929ff.).

Giscard d'Estaing, *Valéry* (Frankreich; s. WA '76, S. 191 u. '78, Sp. 362), geb. 1926, nach dem knappen

Erfolg der Regierungsparteien bei den Wahlen vom März 1978 erneute Ernennung von → *Barre* zum Regierungschef, um die Sanierungspolitik zu aktivieren und einen umfassenden Plan zur Wirtschafts- und Sozialreform durchzuführen. Wahrt 1979/80 die wirtschaftl. u. polit. Positionen Frankreichs in afrikanischen Ländern nachdrücklich, bleibt im Zusammenhang mit der sowjetischen Intervention in Afghanistan zurückhaltend und führt ohne greifbares Ergebnis im Mai 1980 in Warschau eine Unterredung mit → *Breschnjew.* Betont wiederholt die volle politische Entscheidungsfreiheit (»Frankreich ist Teil einer Allianz mit Europa und der Dritten Welt.« Es dürfe nie »zur Provinz einer Supermacht« degradiert werden.) Er fordert bei seinem ersten offiz. Besuch in der BR Deutschland dazu auf, gemeinsam die Rolle Europas in der Weltpolitik zu festigen.

González Márquez, *Felipe* (Spanien; s. WA '78, Sp. 363), geb. 1943, seit Ende 1976 Gen.-Sekr. der »Sozialist. Arbeiterpartei Spaniens«/PSOE. Vertritt die Umgestaltung von Wirtschaft und Gesellschaft nach sozialistischen Grundsätzen in freier Entscheidung des Volkes. Gegner eines Beitritts Spaniens zur NATO. Sein Mißtrauensantrag gegen → *Suarez* vom Mai 1980 verfehlt knapp die Mehrheit.

Götz, Dr. Dr. *Alexander* (Österreich; s. WA '80, Sp. 379), geb. 1928. Politisch aktiv in der »Freiheitlichen Partei Österreichs«/FPÖ, seit 1958 im Stadtrat von Graz, schließlich Bürgermeister der Stadt und als solcher erfolgreich. Im Sept. 1978 Nachfolger von *Friedrich Peter* als Bundesobmann der FPÖ. Erfolge bei den Nationalratswahlen vom Mai 1979, tritt aber wegen Differenzen mit den Gremien seiner Partei als B.-O. zurück.

Grličkov, *Alexander* (Jugoslawien), geb. 1923 als Sohn einer mazedonischen Familie, bereits als 20jähriger Mitglied der illegalen KP, während des II. Weltkriegs Aktivist als Partisan; 1945 rascher Aufstieg in der Partei der mazedonischen Teilrepublik. Parlamentspräsident, sodann u. a. Vorsitzender des Universitätsrates und seit den 60er Jahren Direktor des staatlichen Instituts für Wirtschaftsplanung. Seit 1974 Sekretär der Abteilung »Internat. Politik und Internat. wirtschaftliche Beziehungen« des ZK des Bundes d. Kommunisten Jugoslawiens/BdKJ und von wachsendem Einfluß. Verfechter der absoluten Eigenständigkeit Jugoslawiens und des BdKJ. Kompromißloser Kommunist, aber überzeugt von der Pluralität der Wege zum Sozialismus. 1980 zurückhaltend im Zusammenhang mit der sowjetischen Intervention in Afghanistan, Verfechter einer engeren Koop. aller Blockfreien in Fragen der Weltpolitik.

Gromyko, *Andrej Andrejewitsch* (Sowjetunion; s. WA '74, S. 184), seit 1957 Außenminister, Mitglied des Politbüros der KPdSU. Nach der sowjetischen Intervention in Afghanistan mehrfach Warnung an westliche Länder, sich nicht in die »inneren Angelegenheiten« des afghanischen Verbündeten einzumischen und mit »Aufrüstung zu drohen«; die »marxistische Revolution« in Afghanistan sei endgültig.

Gueiler Tejada, *Lidia* (Bolivien), geb. 1921, frühzeitig politisch aktiv, zeitweise Privatsekretärin des ehem. Präsidenten → *Paz Estenssoro,* einflußreich in der »Revol. Nat. Bewegung«/MNR. Einsatz für die Gleichberechtigung der Frauen. Während der Präsidentschaft von → *Banzer* meist im Exil; nach der Rückkehr (1978) u. den Wahlen v. Juli 1979 Abgeordnete d. »MNR – Izquierdista« u. Parlamentspräsidentin. Im November 1979 vom Parlament zur Staatspräsidentin gewählt und damit als erste bolivianische Frau an der Spitze des Staates. Im Juli 1980 von → *García Meza* gestürzt.

Guevara Arze, Dr. *Walter* (Bolivien; s. WA '80, Sp. 379), geb. 1911, Mitbegründer d. MNR, einer der Führer d. Revolution v. 1952. Im August 1979 v. Kongreß als Kompromißkandidat – als erster Zivilist nach langer Militärregierung – für ein Jahr zum Staatspräsidenten gewählt, aber nach einem Putsch von *Natusch Busch* schon Anfang Nov. 1979 entmachtet.

Gukuni Ueddei [*Goukouni Oueddei* bzw. *Weddei*] (Tschad), geb. 1944 in einer Tibesti-Oase, Sohn d. »Derdei«, d. h. des relig.-polit. Führers der Tibesti-Tibbu; nach dem Tod seines älteren Bruders seit 1969/70 Nachfolger als Führer d. »Front d. Nat. Befreiung d. Tschad«/FROLINAT geg. die Fremdherrschaft u. Benachteiligung d. muslimischen Bewohner des Nordens durch die christl. u. animist., von Frankreich unterstützte Bevölkerung bzw. Politikerschicht d. Südens. Nach wechselvollen Kämpfen u. Positionen Spaltung der FROLINAT und Bildung seiner eigenen Truppe »Forces armées populaires«/FAP; seit August 1979 als Repräsentant der FAP an d. Spitze d. »Übergangsregierung d. Nat. Union«. (Stellvertreter: Oberstleutnant → *Kamuge* [*Kamougué*].) Doch kommt es seit März 1979 erneut zu Kämpfen seiner FAP mit den FAN des Verteidigungsministers → *Habré,* der abgesetzt wird.

Gumede, Josiah Zion (Simbabwe/Rhodesien; s. WA '80, Sp. 380), geb. 1920, aufgrund der Londoner Konferenzbeschlüsse am 12. 12. 1979 als Staatspräsident zurückgetreten (→ *Banana*).

Guzman Fernández, Silvestre António (Dominikan. Rep.; s. WA '80, Sp. 380), geb. 1911, bei den umstrittenen Präsidentschaftswahlen vom 16. 5. 1978 zum Staatsoberhaupt gewählt.

Habbasch [*Habbash*], Dr. *Georges* (Jordanien; s. WA '71, S. 173), geb. 1926 als Sohn einer christlichen Familie, als einflußreiches Mitglied der sogen. »Verweigerungsfront« und Führer der PFLP einer der schärfsten Gegner von → *Sadat.*

Habré, Hissen [*Hissène*] (Tschad; s. WA '80, Sp. 380), geb. Anf. d. 40er Jahre, Studium der Rechtswissenschaften in Frankreich; seit Nov. 1979 als Repräsentant d. »Forces armées du Nord«/FAN im Kabinett von →

Gukuni Verteidigungsminister; nach Streit mit diesem Anfang 1980 »abgesetzt«, aber mit seinen FAN weiter ein polit.-militär. Faktor.

Habyalimana [*Habyarimana*], General *Juvénal* (Ruanda; s. WA '80, Sp. 380), geb. 1937, seit Juli 1973 durch einen Staatsstreich an der Macht; 1978 durch Wahl im Amt bestätigt.

Haddad, Major *Saad* (Libanon), geb. angebl. 1937 als Sohn einer griech.-orthodoxen Kaufmannsfamilie in Marjayoun, militärische Laufbahn, Ausbildung u. a. an Militärakademien in Frankreich und USA (Fort Benning). Gegner der Palästinenser; etwa seit 1976 Kontakt mit Israel, mit dessen Hilfe am 18.4.1979 Ausrufung eines »Freien Libanon« (s. WA '80, Sp. 818ff.) in einem schmalen südlichen Grenzstreifen und seither an der Spitze dieses »Staates«, völlig von Israel abhängig.

Haidalla, *Mohammed Chuna Uld* [*M. Khouna Ould H.*, auch *Heydalla*] (Mauretanien), geb. 1940 als Sohn einer zum Rqueibal-Clan der ehem. span. Westsahara gehörenden Familie, Ausbildung zum Offizier, Fortbildung an der Militärakademie in Saint-Cyr (Frankr.). Aufstieg zum Oberstleutnant und Generalstabschef. Nach dem Tod (Flugzeugabsturz) von Oberst *Uld Bouceif* vom »Comité militaire de salut national«/CMSN am 31.5.1979 zum neuen Regierungschef ernannt. Beendet die Auseinandersetzungen mit der POLISARIO durch ein Friedensabkommen (s. WA '80, Sp. 838). Seit Anfang 1980 als Nachfolger von → *Luly* auch Staatspräsident und Vorsitzender des CMSN.

Halabi, Mohammed Ali el (Syrien; s. WA '80, Sp. 381), als Reg.-Chef Anfang 1980 v. → *Kassem* abgelöst.

Hammaddi, *Sadun* (Irak), Außenminister. Fordert wiederholt als Voraussetzung einer sicheren Ölversorgung der westlichen Industrieländer nicht nur ökonomische Kooperation, sondern Verständnis für die politischen Anliegen auch der progressiven arabischen Länder und deren Verhältnis zu Israel.

Hassan II. (Marokko; s. WA '64, S. 158, 184 u. '75, S. 195), geb. 1929, organisiert im Nov. 1975 den sog. »Grünen Marsch« in die Span. Sahara und sichert für Marokko nach einem Abkommen mit Spanien phosphatreiche Gebiete; die Westsahara wird zunächst mit Mauretanien geteilt, aber nach dessen Friedensvertrag mit d. POLISARIO im Aug. 1979 in vollem Umfang annektiert. Erklärt, es gebe kein »saharisches Volk«. Lehnt den ägypt.-israel. Friedensvertrag weiterhin ab und fordert im April 1980 eine »globale Lösung«.

Hassan, *Moisés* (Nicaragua), geb. als Sohn einer Familie arabischer Herkunft, Univers.-Professor, überzeugter Marxist. Vors. d. »Bewegung Vereinigtes Volk«/MPU, der FSLN verbunden. Seit Juli 1979 i. d. »Junta für den Nation. Wiederaufbau«.

Haughey, *Charles* (Irland), geb. 1925 als Sohn einer kathol. Offiziersfamilie aus Ulster, Studium der Rechtswissenschaften, Anwalt. Politisch seit 1948 in der »Fianna Fáil« aktiv, seit 1957 Abgeordneter. 1961–1964 Justiz-, sodann Landwirtschafts- und von 1966–1970 Finanzminister. 1977–1979 Gesundheitsminister. Nach dem Rücktritt von → *Lynch* am 7.12.1979 zum Parteivorsitzenden gewählt und am 11.12. vom Parlament als Premierminister bestätigt. Gilt als Gegner des Terrorismus, vertritt die Ansicht, daß eine friedliche Wiedervereinigung möglich sei.

Hawatmeh, Najef [*Nayef*] (Palästina; s. WA '76, S. 193), 1976/77 im libanesischen Bürgerkrieg u. Nahostkonflikt Gegner von Kompromissen u. scharfer Verurteiler des ägypt.-israel. Friedensschlusses.

Hekmatyar, *Gulbuddin* (Afghanistan), geb. um 1947, bezeichnet sich als Ingenieur, aber offenbar ohne Abschluß seiner Studien an der Technischen Fakultät der Universität von Kabul. Bereits als Gründer einer muslimischen antimonarchistischen Studentenorganisation zeitweise verhaftet; unter dem Regime von → *Daud* der Verschwörung angeklagt und im Untergrund. Nach dem Sturz von *Daud* mit Hilfe von akademisch gebildeten Sympathisanten Aufbau einer schlagkräftigen antikommunistischen Organisation, aus der die »Islamische Partei« (»Hisb-i-Islam«) hervorging, deren Freischärler vor allem im Grenzgebiet gegen Pakistan operieren und von allen Gruppen als am erfolgreichsten gelten.

HENG Samrin (Kambodscha/Kampuchea; s. WA '80, Sp. 382), geb. 1934 als Sohn eines Kleinbauern, nimmt seit 1969 am Guerillakrieg der »Roten Khmer« teil, seit Dez. 1978 Vorsitzender des ZK und nach dem von Vietnam unterstützten erfolgreichen Aufstand seit Jan. 1979 Präsident des »Volksrevolutionsrates (Regierung) der Volksrepublik«. Lehnt jedes Übereinkommen mit → *POL Pot* und → *Sihanuk* ab.

Herrera Campins, *Luís* [»*LHC*«] (Venezuela; s. WA '80, Sp. 382), geb. 1925, Studium der Rechts- und Politischen Wissenschaften sowie der Literatur. Nach dem Sturz des Diktators *Pérez Jiménez* (1957) rascher Aufstieg in der Christl.-Dem. Partei/COPEI, Fraktionsführer, Senator, zeitweise Gen.-Sekr. d. »Organisation Christl. Demokraten Amerikas«. Verfechter grundlegender Reformen. Bei den Präsidentschaftswahlen vom 3.12.1978 als Gegenkandidat von *Piñerua Ordáz*/IAD erfolgreich; seit 12.3.1979 als Nachfolger von *C. A. Pérez* (s. WA '75, S. 205) Staatspräsident.

Hodscha [*Hoxha*], *Enver* (Albanien; s. WA '79, Sp. 367f. u. '80, Sp. 383), geb. 1908, seit 1954 Erster Sekretär des ZK der Partei, ständig wiedergewählt. 1960 Bruch mit der Sowjetunion, seit 1978 auch mit Peking; gilt als »Stalinist«. Seit 1980 f. wirtsch. Koop. m. Jugoslawien.

Hophouet-Boigny, Dr. *Felix* (Elfenbeinküste; s. WA '64, S. 160), stets offen für Kooperation mit dem Westen, als Staatspräsident mehrfach wiedergewählt, zuletzt im November 1975.

Hoss, Dr. *Selim el* (Libanon; s. WA '78, Sp. 365 u. '80, Sp. 383), seit Dez. 1976 Regierungschef, im Juli 1980 von Solh abgelöst.

Hsu Hsiang-tschien s. Xu Xiangqian

Hua Guofeng [*Hua Kuo-feng*] (Chines. Volksrep.; s. WA '79, Sp. 368 ff.), geb. um 1922 als Sohn einer Bauernfamilie, 1973 Mitglied des ZK der KPCh. Nach dem Tod von *Tschou En-lai* (s. WA '69, S. 185 u. '77, Sp. 409) zum amtierenden Vorsitzenden, im April 1976 zum Vorsitzenden (Ministerpräsidenten) des »Staatsrates« und zum 1. Stellv. des Vorsitzenden des ZK der KPCh ernannt und nach dem Tod von *Mao* und Ausschaltung der sog. »Viererbande« Nachfolger von *Mao;* vom V. Nat. Volkskongreß 1978 in seinen Ämtern bestätigt. Seither, faktisch durch → *Deng Xiaoping* wahrgenommen, Inangriffnahme der Modernisierung des Landes ohne Aufgabe der revolutionären Grundsätze. 1979 Europareise, u. a. auch offiz. Besuch in der BR Deutschland. Unterstützt nach der heftig von ihm verurteilten sowjetischen Intervention in Afghanistan seit Anfang 1980 Pakistan in vermehrtem Umfang und verfolgt engere Kooperation mit den USA, besonders in der Wirtschaft und im Rüstungssektor. Übt seit Mitte 1980 zunehmend Kritik am Verhalten von *Mao* während der Kulturrevolution.

Huang Hua [eigentl. *Wang Ju-mei*] (Chines. Volksrepublik; s. WA '78, Sp. 366), geb. 1913, während der »Kulturrevolution« als (abgesehen von Indochina) einziger Botschafter im Amt geblieben. Seit 1973 im ZK der KPCh. Im Dez. 1976 als Nachfolger von *Tschiao Kuan-hua* Außenminister.

Husák, Dr. *Gustav* (Tschechoslowakei; s. WA '74, S. 186), seit Mitte 1975 Staatspräsident und weiterhin KP-Chef, zuletzt im Mai 1980 bestätigt.

Hussein II. (Jordanien; s. WA '64, S. 160, '75, S. 196 u. '80, Sp. 384), geb. 1935, weiterhin, trotz Ablehnung des 1979 einseitig von Ägypten und Israel geschlossenen Friedensvertrags, um eine Lösung des Palästinenserproblems bemüht.

Hussein el Takriti, *Saddam* (Irak; s. WA '80, Sp. 384), geb. 1937, bereits mit 19 Jahren Mitglied d. »Baath«-Partei, viele Jahre im Untergrund. Seit 1969 in dem im Irak regierenden »linken« Flügel d. »Baath« stellv. Vorsitzender des »Kommandorates« (Führungsrates) der Partei, als solcher und als Vizepräsident seit langem nach → *Bakr* einflußreichste Persönlichkeit. Entschiedener Gegner des ägypt.-israel. Friedensvertrages. Nach dem Rücktritt von *Bakr* im Juli 1979 Nachfolger in allen dessen Ämtern, aber kurz darauf einer angeblichen Verschwörung ausgesetzt, deren Führer er im August 1979 hinrichten läßt. Durch die Ergebnisse der Wahlen vom Juni 1980 – der ersten seit 20 Jahren – in seiner Position gestärkt.

Hu Yaobang [*Hu Jao-bang*] (Chines. Volksrep.; s. WA '80, Sp. 384), geb. 1915, Teilnahme am »Langen Marsch« von 1934/35, seit langen enge Zusammenarbeit mit → *Deng Xiaoping* [*Teng Hsiao-ping*]. Während der »Kulturrevolution« in den Hintergrund gedrängt, mit dem Wiederaufstieg von *Deng Xiaoping* erneut in die vordere Linie gerückt und im Dez. 1978 in das Politbüro gewählt; seit Febr. 1980 Mitglied des Ständigen Ausschusses des Politbüros sowie Inhaber des während der »Kulturrevolution« abgeschafften und nun wieder eingeführten Amtes eines Generalsekretärs des ZK der KPCh. Kritisiert im Juni 1980 *Mao Zedong* [*Mao Tse-tung*].

IENG Sary (Kambodscha), im Kampf der »Volksbefreiungsstreitkräfte« enger Mitarbeiter von → *KHIEU Samphan;* nach dem Sieg 1976 Mitglied der neuen »Volksversammlung«, stellv. Regierungschef sowie Außenminister des »Demokrat. Kamputschea« auch nach der Vertreibung der Regierung von → *POL Pot* in den Dschungel durch die vietnamesische Invasion. Im Aug. 1979 von einem Volksgerichtshof der Anfang 1979 etablierten »Volksrepublik Kambodscha« (→ *HENG Samrin*) in Abwesenheit zum Tode verurteilt.

Ismail, *Abdul Fattah al Dschaufi* [*Jaufi*] (Dem. Volksrep. Jemen), geb. 1924, Ausbildung als Lehrer, früh in d. »Nation. Befreiungsfront«/NLF am Kampf für die Unabhängigkeit beteiligt; als Gen.-Sekr. bald von großem Einfluß. Verfechter einer revolutionären Umgestaltung des Südjemen, die er nach Erlangung der Unabhängigkeit (1967) zielbewußt realisiert. Mitglied des »Obersten Volksrates«, ein Hauptinitiator des Sturzes und verantwortlich für die Hinrichtung (wegen »Landesverrats«) von Staatspräsident *Ali Robaya* (s. WA '79, Sp. 393) 1978; sodann dessen Nachfolger. Für enge Kooperation mit der UdSSR, Abschluß eines Vertrages mit dieser (1979). Offenbar im Machtkampf mit *Ali Nasser* → *Mohammed* im April 1980 unterlegen und von diesem abgelöst, aber mit dem neu geschaffenen repräsentativen Amt eines Präsidenten der »Jemenit. Soz. Partei« betraut.

Ito, *Masajoschi* [*Masayoshi*] (Japan), geb. 1914, nach Studium Beamtenlaufbahn, politisch in der »Liberaldemokrat. Partei«/LDP tätig, seit 1963 Abgeordneter. Beginn seiner Karriere im Landwirtschaftsministerium. Eng mit → *Ohira* verbunden. Zeitweise leitend in der »Agentur für asiatische Entwicklung«. Minister in der Regierung *Ohira,* nach dessen Tod interimistisch Wahrnehmung der Regierungsaufgaben, Vorbereitung der Gipfelkonferenz in Venedig. Im Juli 1980 als Nachfolger von → *Sonoda* zum Außenminister ernannt.

Jabłoński, *Henryk* (Polen; s. WA '74, S. 186), geb. 1910, im April 1980 als Staatspräsident wiedergewählt (s. Sp. 102ff.).

Jagielski, *Mieczysław* (Polen), geb. 1924 als Sohn eines Kleinbauern, Studium der Wirtschaftswissenschaften, Landw.-Fachmann b. ZK d. PZPR, 1959–1970 Landw.-Min.; stellv. Min.-Präs. Seit 1971 Vollmitglied d. Politbüros. Chef d. Planungskommission, Delegierter beim RGW, 1975 aus gesundheitl. Gründen Aufgabe dieser Ämter, aber weiter stellv. Reg.-Chef. J., als besonnener Pragmatiker angesehen, führt u. a. in Danzig (Gdánsk) im Aug. 1980 die Verhandlungen mit d. Vors. d. Streik-Komitees *Leszek Walesa* (s. Sp. 102ff.).

Jamani, Dr. Dr. h. c. *Ahmed Saki el* [*Ahmed Zaki Yamani*] (Saudi-Arabien), geb. 1930 als Sohn eines Obersten Richters; Studium der Rechtswissenschaften. Seit 1962 Minister für Erdöl und Bergbau sowie Vorsitzender der »General Petroleum and Minerals Organization«/PETRONIM. Einer der Organisatoren des Ölboykotts von 1973, u. a. Ende 1975 anläßlich der OPEC-Konferenz in Wien vorübergehend als Geisel in der Hand von Terroristen. J. gilt als traditionsbewußt, aber dem Westen und der technischen Entwicklung gegenüber aufgeschlossen.

Jang De-dschi s. Yang Dezhi

Jaroszewicz, Piótr (Polen; s. WA '74, S. 186 u. '80, Sp. 385), geb. 1909, seit 1970 als Regierungschef vor wachsenden wirtschaftlichen Schwierigkeiten; im Februar 1980 von → *Babiuch* abgelöst und auch aus dem Politbüro ausgeschieden.

Jasdi [*Yazdi*], *Ibrahim* (Iran; s. WA '80, Sp. 385), von April bis Nov. 1979 Außenminister.

Jayewardene [gespr. *Dschajawardene*], *Junius Richard* (Sri Lanka; s. WA '79, Sp. 370), geb. 1906, 1978 nach Einführung des Präsidialsystems Staatspräsident; gilt als liberaler Konservativer und als dem Westen gegenüber aufgeschlossener Anhänger der Bündnisfreiheit.

Jean, Großherzog von Luxemburg, geb. 1921 als Sohn der Großherzogin *Charlotte* u. des Prinzen *Felix von Bourbon-Parma,* seit 1953 verheiratet mit *Josefine,* Prinzessin von Belgien. Während der deutschen Besatzung im Exil, u. a. Studium der Polit. Wissenschaften an der Universität von Quebec (Kanada). Nach Abdankung seiner Mutter seit 12. 11. 1964 ihr Nachfolger auf dem Thron.

Jeh Tschien-jing s. Ye Yianying

Jenkins, *Roy* (Großbritannien; s. WA '73, S. 191), seit März 1974 Innenminister, desgleichen seit April 1976 im Kabinett von → *Callaghan.* Seit 1977 Nachfolger von *Ortoli* (s. WA '76, S. 202) als Präsident der EG-Kommission bis Ende 1980 (Nachf. → *Thorn*).

Jen Tschia-kan [*Yen Chia-kan*] (Republik China), seit April 1975 als Nachfolger von *Tschiang Kaischek* Staatspräsident.

Johannes Paul II. (Vatikan; s. WA '80, Sp. 386), geb. 1920 als *Karol Wojtyła* in Wadowice bei Krakau (Polen), 1946 zum Priester geweiht; nach dem Ableben von *Johannes Paul I.* am 16. 10. 1978 im achten Wahlgang als erster Pole – und erster Nichtitaliener seit 1523 – zum Papst gewählt. In seiner ersten Ansprache betont er den Willen, den seit *Johannes XXIII.* vorgezeichneten Reformweg der Kirche fortzusetzen. In späteren Ansprachen Bekräftigung der Enzyklika »Humanae Vitae« von *Paul VI.* (u. a. Verbot aktiver Empfängnisverhütung für Katholiken) sowie u. a. der Überzeugung, daß man nicht Katholik und Marxist zugleich sein könne. 1979/80 ruft er auf Auslandsreisen (bes. Mexiko, Polen, Irland, USA, Türkei, Afrika, Frankreich, Brasilien) zur Festigung des Glaubens und der Kirche und zu sozialen Reformen auf.
(Bibl. Hinweise: St. de Andreis/M. Leone: Der Papst, der aus der Ferne kam, München 1979. – E. Trost: Der Papst aus einem fernen Land, Joh. Paul II. u. seine Kirche, München 1979.)

Jörgensen, [*Jørgensen*], *Anker* (Dänemark; s. WA '74, S. 187), seit Februar 1975 wieder Regierungschef. Durch die Wahlen vom Februar 1977 in seiner Position gestärkt. Im September 1977 erneut zum Parteivorsitzenden gewählt. Nach den Parlamentswahlen vom Herbst 1980 wieder an der Spitze einer sozialdem. Minderheitsregierung, aber weiterhin vor großen wirtschaftlichen Schwierigkeiten.

Juan Carlos (Spanien; s. WA '76, S. 195 u. '80, Sp. 387), geb. 1938, am 23. 7. 1969 von den Cortes als König von Spanien *(Juan Carlos I.)* vereidigt, sein Sohn *Felipe* wird Erbprinz. Seit Inkrafttreten der neuen Verfassung (27. 12. 1978) auch verfassungsrechtlich als König Staatsoberhaupt; er beruft und entläßt den Regierungschef.

Juliane, *Louise Emma Marie Wilhelmina* (Niederlande), geb. 1909 als einzige Tochter von Königin *Wilhelmina;* Studium an der Universität Leyden. Seit 1937 mit Prinz *Bernhard zur Lippe-Biesterfeld* verheiratet. Während des II. Weltkriegs mit ihren Kindern im Exil. 1947 und 1948 zeitweise als Regentin Vertreterin ihrer Mutter, seit Sept. 1948 Königin. Öffentlich von großer politischer Zurückhaltung, aber von Einfluß auf die 14 Kabinettsbildungen ihrer Amtszeit. Standhaft in ihren Auffassungen, u. a. nach dem Kriege Weigerung, Todesurteile für Kollaborateure zu unterschreiben. Abdankung am 30. 4. 1980, an ihrem 71. Geburtstag (Nachfolgerin → *Beatrix*).

Ju Tschiu-li s. Yu Qiuli

Kádár, János (Ungarn; s. WA '76, S. 195 u. '78, Sp. 370), seit 1956 Erster Sekretär des ZK der KP, zuletzt im März 1980 erneut als solcher bestätigt. K. gilt außenpolitisch als strenger Verfechter der sowjetischen Intentionen, verteidigt 1980 die sowjet. Intervention in Afghanistan; innenpolit. gemäßigt.

Kadhafi (Kadhzafi) s. Gaddafi

Kalkao, *George* (Rep. Vanuatu/fr. Neue Hebriden), geb. 1938, Ausbildung als Lehrer, in der Regierung des brit.-franz. Kondominiums unter → *Lini* seit 1979 Inhaber des Innenressorts und Stellv. des Chef-Ministers. Durch ein – von der Opposition boykottiertes – Wahlkollegium am 4. 7. 1980 zum rein repräsentative Pflichten wahrnehmenden Präsidenten der seit 30. 7. 1980 unabhängigen Republik.

Kamil, *Abdallah Mohammed* (Republik Dschibuti; s. WA '79, Sp. 372 u. '80, Sp. 387), geb. 1936 in Obock als Sohn einer Afar-Familie, seit Februar 1978 Regierungschef.

Kamuge [*Kamougué*], Oberstleutnant *Abdel Vadel* (Tschad), geb. als Sohn einer Sara-Familie im Süden des Landes. Seit 1978/79 Führer der sog. »Tschadischen Streitkräfte« (»Forces armées tchadiennes«), seit 1978 Auseinandersetzungen mit den anderen ethnisch-politischen Gruppen, besonders auch mit den »Forces armées du Nord« unter → *Habré.* Nach den Vereinbarungen von Lagos (s. WA '80, Sp. 857) seit Nov. 1979 Vizepräsident unter → *Gukuni.*

Karamanlis, *Konstantin* (Griechenland; s. WA '76, S. 195 u. '80, Sp. 387), geb. 1907, nach den Parlamentswahlen vom Nov. 1974 Chef einer ND-Regierung (»Neue Demokratie«/ND), bemüht um die Konsolidierung der Wirtschaft und die Lösung der Streitfragen mit der Türkei, aber unter zunehmender Kritik der linken Parteien, besonders der PASOK von → *Papandreou.* Entschiedener Gegner eines jeden Totalitarismus. Am 5. 5. 1980 zum Staatspräsidenten gewählt. (Neuer Reg.-Chef → *Rallis.*)

Karmal [angenommmener Name, etwa »Arbeiterfreund« bedeutend], *Babrak* (Afghanistan), geb. 1929 als Sohn eines Generalleutnants und Provinzgouverneurs (namens *Hossein*) mit angeblich verwandtschaftlichen Verbindungen zur ehem. Königsfamilie und tadschikischer Abstammung. 1949 Abitur an von deutschen Lehrern mitgeleiteter »Amani-Schule« in Kabul. Wegen »Subversion« drei Jahre im Gefängnis. Anschließend Erwerbung eines juristischen Diploms an der Universität von Kabul. Ein Jahr in der Armee. 1957 bis 1965 im Bildungs- u. im Planungsministerium tätig. Sodann Beitritt zur damals entstandenen marxistischen »Demokrat. Volkspartei«/DVP bzw. PDPA und Abgeordneter. Seit 1977 gemeinsamer Kampf gegen *Mohammed Daud* (s. WA '79, Sp. 359), der 1978 durch einen blutigen Militärputsch gestürzt und ermordet wird. K., unter dem von der UdSSR gestützten *Taraki* Vizepräsident des »Revolutionsrates« und stellv. Regierungschef, nun in heftigem Gegensatz zum späteren ebenfalls von Moskau patronierten Ministerpräsidenten *Chafisullah* → *Amin* und bald als Botschafter nach der Tschechoslowakei abgeschoben; wegen eines angeblichen »Komplotts« abberufen, doch im Exil in Moskau geblieben, auch nach dem Rücktritt und Tod von *Taraki* und der Machtergreifung von *Amin.* Nach dessen Sturz Ende Dezember 1979 Vors. d. »Revolutionsrates«, Ministerpräsident und Gen.Sekr. d. ZK d. DVP. [*Anahita Ratebsad* (*Ratibzad*), geb. 1929, Ärztin und Lebensgefährtin von K., wird Erziehungsministerin und damit erste Frau in einem afghanischen Kabinett.]

Kassem [*al Kasm* bzw. *al Kazem*], *Abdel Ra'uf el* (Syrien), zunächst Studium der Architektur in Damaskus und in der Schweiz, sodann als Architekt tätig. Politisch im syrischen Flügel der »Baath«-Partei aktiv; u. a. zeitweise Gouverneur von Damaskus. Seit Anfang 1980 als Nachfolger von → *Halabi* Ministerpräsident. Tritt für weitere Reformen und für Bekämpfung von Korruption und Inflation ein; beschuldigt die sunnitischen »Muslimbrüder« des Mordes an zahlreichen alauitischen Politikern. Befürwortet einen allmählichen Abzug der syrischen Truppen aus dem Libanon und kritisiert die sowjetische Intervention in Afghanistan.

Kaunda, Dr. h.c. *Kenneth* [auch *»Buchizya«*] (Sambia; s. WA '77, Sp. 378 u. '80, Sp. 387), geb. 1924, im Dezember 1978 zum vierten Mal zum Staatspräsidenten gewählt. 1978/79 eine Hauptstütze der »Patriot. Front« gegen die Regierung von → *Musorewa* in Simbabwe/Rhodesien, vermittelt jedoch Ende 1979 auf der »Londoner Konferenz«. Im Aug. 1980 in Berlin (Ost) Abschluß eines Koop.-Abk. f. Wirtsch. u. Wissensch.; Verleihung eines Ehrendoktors durch die »Humboldt-Universität«.

Kaysone *Phomvihan* (Laos; s. WA '78, Sp. 371), geb. 1919, nach der Machtübernahme durch die Kommunisten seit Dezember 1975 an der Spitze der Regierung.

Kekkonen, Dr. *Urho Kaleva* (Finnland; s. WA '74, S. 188), geb. 1900, als Staatspräsident 1978 wiedergewählt, verbürgt gute Beziehungen zur Sowjetunion. Im Mai 1979 zu einem ersten Staatsbesuch in der BR Deutschland.

Kennedy, *Edward Moore* (USA; s. WA '80, Sp. 388), geb. 1932; nach der Ermordung seines Bruders *Robert K.* 1968 Ablehnung einer Präsidentschaftskandidatur für die Demokraten, desgleichen 1975/76. 1976 erneut in den Senat gewählt. In innenpolitischen Fragen (Gesundheit, Energie, Haushalt, Sozialreformen), aber auch in der Außenpolitik (Nahostkonflikt, Konfrontation mit dem Iran usw.) in Opposition zu Präsident → *Carter.* Seit Nov. 1979 offizielle Bewerbung um die Aufstellung als

Kandidat für die Präsidentschaftswahlen von 1980, mit Rückhalt bei den sog. »Liberals« der Demokrat. Partei, aber im August auf dem Parteikongreß gegen → *Carter* unterlegen.

Kérékou [*Kereku*], *Mathieu* (Benin, früher Dahomey; s. WA '74, S. 191), zum Oberstleutnant aufgestiegen. Seit Nov. 1974 auch neben seinem Amt als Staatspräsident (im Nov. 1979 wiedergewählt) Vorsitzender des neuen »Politbüros« d. »Nat. Revolutionsrates« und Verfechter einer »sozialistischen Gesellschaft«.

Khaddam s. Chaddam

Khalil s. Chalil

Khalkhaly s. Chalchali

Khama, Sir *Seretse* (Botswana; s. WA '64, S. 163 u. '69, S. 174), geb. 1921, seit 1966 Staatsoberhaupt; †13.7.1980 in Gaberone. (Nachfolger: Dr. *Quett* → *Masire*).

KHIEU Samphan, Dr. (Kambodscha; s. WA '76, S. 196 u. WA '80, Sp. 388), geb. 1931, nach der endgültigen Festigung der kommunistischen Macht, der Verkündung einer neuen Verfassung und dem Rücktritt von → *Sihanuk* Vorsitzender des Staatspräsidiums d. »Demokrat. Kamputschea«. Seit der vietnames. Invasion wie → *POL Pot* in abgelegenen Gebieten im Guerillakrieg gegen die Regierung → *HENG Samrin*, seit Mitte Dez. 1979 als Nachf. v. *POL Pot* auch Regierungschef sowie weiterhin offiz. Führer der »Vereinigten Front für die Befreiung von Kamputschea«. Von Peking unterstützt.

Khoman, Dr. *Thanat* (Thailand), Führer der »Demokrat. Partei«, Erfahrung als Außenminister bereits in der Regierung von *Thanom Kittikachorn* (s. WA '76, S. 197 u. WA '78, Sp. 372). Seit März 1980 in d. Reg. v. → *Prem* erneut Außenminister.

Khomeiny s. Chomeini

Kim Dä Dschung [*Kim Dae Jung*] (Rep. Korea/Süd-K.), geb. 1924 als Sohn einer einfachen Familie, Absolvent der Wirtschaftsfakultät der »Korea-Universität« in Ssóul; Abgeordneter der oppositionellen »Neuen Demokrat. Partei«/NDP. Bei den Präsidentschaftswahlen von 1971 nur knapp gegenüber → *Park Tschung Hi* unterlegen. Seither Verfolgungen ausgesetzt, nach Japan entkommen, von dort aus mit Hilfe des koreanischen Geheimdienstes entführt und nach Korea zurückgebracht. 1976 zu mehrjährigem Gefängnis verurteilt, dann bis 1976 unter Hausarrest. Nach der Ermordung von *Park* 1979 wieder in seine bürgerlichen Ehrenrechte eingesetzt und Oppositionsführer. Seit Mai 1980 beschuldigt, mitverantwortlich für die Unruhen in seiner Heimatprovinz (in Mokpo u. Kwangdschu) zu sein, und erneut verhaftet. K., ein gläubiger Katholik, gilt als aufrichtiger Verfechter einer demokratischen Neuordnung sowie von Reformen und Verhandlungen mit Nord-Korea.

Kim Il Sung [*Kim Ir Sen*] (Koreanische Volksdem. Republik; s. WA '69, S. 174), geb. 1912, 1972 als Nachfolger von *Tschö Jong Gon* [*Kun*] zum Staatspräsidenten gewählt, aber auch weiterhin Gen.Sekr. des ZK d. kommun. PdAK. In den letzten Jahren erneut hervorgetreten, um Gespräche über die Wiedervereinigung mit der nichtkommunistischen Republik Korea (Süd-K.) herbeizuführen. Vorläufiges Ziel: Bildung einer lockeren Konföderation unter der Bedingung, daß sich der Süden von den »imperialistischen« und »kapitalistischen« Kräften trenne und die US-Verbände abziehen.
[*Kim Jöng Il*, geb. 1942 als Sohn aus 2. Ehe seines Vaters (s. oben) in Chabarowsk (UdSSR), während des »Korea-Krieges« Schulbesuch in China, dann Studium eines technischen Faches an der Universität in Pjöngjang. Zeitweise Leiter der Kulturabteilung der PdAD; 1973 Sekretär im ZK. 1976 angeblich wegen eines Unfalls, nach einer anderen Version auf Druck der PdAK in den Hintergrund getreten, aber seit Ende 1979 stärker beachtet und wieder von Einfluß.]

Kim Jöng Pil (Rep. Korea/Süd-K.; s. WA '74, S. 188 u. '77, Sp. 188), geb. 1926, militärische Laufbahn, enger Mitarbeiter von → *Park*, wesentlicher Anteil am Aufbau des Geheimdienstes/KCIA, 1971–1975 Reg.-Chef. und als solcher u. a. Verdienste um den Ausgleich mit Japan. Seit 1976 in Distanz zu *Park*; nach dessen Ermordung im Okt. 1979 zum Vorsitzenden der »Dem.-Republ. Partei«/DRP gewählt; nach den Unruhen vom Mai 1980 zeitweise verhaftet, sodann der Korruption beschuldigt. Als Vors. d. DRP zurückgetreten.

Kim Jöng [*Yong*] *Sam* (Rep. Korea/Süd-K.), geb. 1927 als Sohn einer wohlhabenden Familie. Studium der Soziologie an der Nation.-Universität in Ssóul; 1951 Sekretär des Ministerpräsidenten. Seit 1953 Abgeordneter der »Lib. Partei«, sodann nach Überwechsel 1967 der »Neuen Demokrat. Partei«/NDP und ab 1973 deren Vorsitzender. Zunächst zurückhaltend bei der Verhaftung seines Parteifreundes → *Kim Dä Dschung*, nach dessen Entführung jedoch immer stärker in Opposition zu → *Park Tschung Hi* und nach seiner manipulierten Ablösung als Parteivorsitzender offen für die Freilassung von *Kim Dä Dschung* eingetreten. Verfechter einer Mäßigung des Wirtschaftswachstums zugunsten größerer sozialer Gerechtigkeit. Nach der Ermordung von *Park* (1979) wieder Parteivorsitzender, aber nach den Unruhen vom Mai 1980 unter Hausarrest u. im Aug. als Vors. d. NPD zurückgetreten.

Kissinger, Henry A. (USA), geb. 1923, bis Januar 1977 Außenminister; seither vielseitig beratend und publizistisch tätig. (Bibl. Hinweis: R. Valeriani: Reisen mit Henry, Frankfurt a. M. 1979. – Henry A. Kissinger, Memoiren, dt. 1968–1973, Gütersloh 1979.)

Klaauw, Dr. *Christoph A. van der* (Niederlande), geb. 1924, nach vielseitigem Studium diplomatische Laufbahn mit dem Vorzug der Beherrschung mehrerer Sprachen; wichtigste diplomatische Stationen Genf, Paris, Rio de Janeiro und New York. Politisch den Liberalen zugerechnet. In d. Reg. v. → *Agt* seit Dez. 1977 Außenminister.

Klibi, *Schedli* [*Chedli*] (Tunis/Arab. Liga), geb. 1925, Studium der Literatur und Philosophie (bes. d. arab. Lit. u. Ph.), u. a. an der »Sorbonne« in Paris, sodann Lehrtätigkeit in Tunis, zahlreiche Publikationen. Aktiv in der Gewerkschaft. 1968–1976 Kabinettschef von Präsident → *Bourgiba* [*Burgiba*]. Zuletzt Minister für Kultur und Information. Seit 1968 Mitglied des Politbüros d. »Parti Soc. Destourien«. Seit Juni 1979 als Nachf. v. → *Riad* Gen.Sekr. d. Arab. Liga (v. Ägypten nicht anerkannt).

Kodjo, *Edem* (Togo; s. WA '80, Sp. 389); geb. 1938, Studium an der »École nationale d'administration« in Paris, im Juli 1978 Rücktritt als Außenminister und zum Generalsekretär der »Organis. f. d. Einheit Afrikas«/OEA gewählt.

Koivisto, Dr. *Mauno* (Finnland), geb. 1923 als Sohn eines Zimmermanns, nach Schulbesuch Hafenarbeiter, Angestellter, Journalist, vielseitige Weiterbildung, besonders an der Universität, Promotion. Seit 1947 Mitglied der Sozialdem. Partei, 1959/67 Gen.-Direktor d. Arbeiterbank, gleichzeitig 1966/67 Finanzminister und seit 1968 Gouverneur der Bank von Finnland. 1968–1970 Chef einer »Volksfrontregierung«, 1972 Finanzminister u. stellv. Regierungschef, außerdem seit 1970 Vors. d. Verwalt.-Rates d. Postsparkassen usw. Seit Mai 1979 als Nachfolger von → *Sorsa* Chef einer Mitte-Links-Regierung.

Koliševski, *Lasar* [*Lazar*] (Jugoslawien), geb. 1913 in Mazedonien, Metallarbeiter; früh in der kommunistischen Partei aktiv; 1941 mit Gleichgesinnten an Partisanenaktionen beteiligt, von den Bulgaren verhaftet, zunächst zum Tode verurteilt, sodann zu lebenslänglichem Gefängnis begnadigt und 1944 entlassen. Nach dem Kriege in der Partei rascher Aufstieg. Präsident der ersten Regierung in der jugosl. Teilrepublik Mazedonien und Sekretär ihres ZK. 1952 Vollmitglied des Politbüros d. BdJK. Später zeitweise im Hintergrund. Schließlich als Mitglied der »alten Garde« wieder in hohen Ämtern, stellv. Vors. des Staats- und Mitglied des Parteipräsidiums. Nach dem Ableben von → *Tito* im Mai 1980 vorübergehend Wahrnehmung des Präsidiumsvorsitzes bis zur Wahl von → *Mijatović* am 16. Mai. K. gilt als Vertreter des orthodoxen Flügels d. DdKJ.

Kossygin, *Alexej* (Sowjetunion; s. WA '74, S. 189), geb. 1904, 1960 Erster Stellvertreter des Ministerratsvorsitzenden; seit Oktober 1964 als Nachfolger von *Chruschtschjow* Regierungschef der Sowjetunion, auch 1979 wieder bestätigt. Mitglied des Politbüros.

Kreisky, Dr. *Bruno* (Österreich; s. WA '74, S. 190 u. '80, Sp. 390), geb. 1911, seit 1970 an der Spitze einer SPÖ-Regierung; rückt vom Anfang an Sozialreformen in den Vordergrund und ist bestrebt, diese Politik sozialer Sicherheit im Einklang mit wirtschaftlicher Stabilität zu halten. Als einer der stellv. Vorsitzenden der »Sozialistischen Internationale« weit über Österreich hinaus als Staatsmann profiliert u. a. durch seine Stellungnahme zum Nahostkonflikt, zur sowjetischen Intervention in Afghanistan sowie im Mai 1980 gemeinsam mit → *Palme* und → *González* Kontaktaufnahme mit Spitzenpolitikern im Iran, um Wege für Konfliktlösungen zu finden.

Kriangsak, General *Chamanand* [*Chomanan*] (Thailand; s. WA '80, Sp. 390), geb. 1917, Anfang März 1980 als Reg.-Chef von → *Prem* abgelöst.

Kuron, *Jacek* (Polen), geb. 1935 als Sohn eines Parteifunktionärs, Studium d. Geschichte, Assist. am Hist. Inst. d. Univ. Warschau. Gemeinsam mit *Karol Modzelewski* Erarbeitung einer ursprgl. als Dissertation gedachten Schrift, in der der »reale« Kommunismus als »Monopolsozialismus« gekennzeichnet wird. Zuerst 1964 verhaftet, dann 1965–67 u. erneut 1968 im Gefängnis. 1976 zur Unterstützung der Familien inhaftierter Arbeiter Gründung des »Komitees z. Verteidigung d. Arbeiter«, später umbenannt in »K. z. gesellsch. Selbstverteidigung«, bemüht, engere Verbindung zwischen Arbeitern, Intellektuellen u. den übrigen Bürgern herzustellen. Im August 1980 einer der Hauptinitiatoren der Streiks zur Verbesserung d. materiellen Lage u. d. Gewährung von Mitbestimmung und Freiheitsrechten. Ab 20. 8. vorübergehend verhaftet (s. Sp. 102 ff.).

Kusnezow [*Kusnjetzow*], *Wassili Wassiljewitsch* (Sowjetunion; s. WA '79, Sp. 375 u. WA '80, Sp. 390), geb. 1901. Im Oktober 1977 mit der neuen Funktion eines Ersten Stellv. Vors. d. Präsidiums d. Obersten Sowjets (1. Stellv. von → *Breschnjew*) beauftragt. Fünffach mit dem Lenin-Orden ausgezeichnet und seit 1977 Mitglied des Politbüros.

Kusumaatmadja, Dr. *Mochtar* (Indonesien), geb. 1928, Studium der Rechtswissenschaften (u. a. an der Yale University und der Harvard Law School in den USA), zeitweise Anwalt; Universitätslaufbahn, Professor. Regierungserfahrungen u. a. als Justizminister. Seit 1977 als Nachfolger von → *Malik* Außenminister. Verfechter enger Kooperation der ASEAN-Staaten, Gegner der vietnamesischen Invansion in Kambodscha; aber auch der Einmischung regionsfremder Staaten in die Konflikte der kommunistischen Länder Südostasiens.

Kyprianou, Dr. *Spyros* (Cypern; s. WA '79, Sp. 375), geb. 1932, seit Januar 1978 für eine Amtsperiode von 5 Jahren gewählt, aber vom türk.-cypr. »Teilstaat« nicht anerkannt.

Lamisana [*Lamizana*], General *A. Sangoulé* (Obervolta; s. WA '67, S. 164), geb. 1916, Offizier in der franz. Kolonialarmee, nach der Unabhängigkeit von O. Generalstabschef, seit 1966 Staatspräsident.

Lázár, *György* (Ungarn; s. WA '77, Sp. 381), 1970 Mitglied des ZK der Partei, seit März 1975 auch des Politbüros. Seit Mai 1975 Regierungschef; im Juni 1980 wiedergewählt.

Le Duan (Vietnam; s. WA '77, Sp. 381), geb. 1908, seit Dez. 1976 Generalsekretär der in »Dan Cong Dan Viêt Nam« (»Vietnames. Kommunist. Partei«) umbenannten »Dang Lao Dong«.

Le Duc Tho (Vietnam; s. WA '74, S. 190 u. '77, Sp. 373), Mitglied des Politbüros der KP, verantwortlich für Organisation und Personal.

Lee Kuan Yew (Singapur; s. WA '66, S. 163, '69, S. 365 u. '73, S. 193), geb. 1924, bemüht, die Wirtschaft des Inselstaates bei innenpolitischer Konsolidierung auszubauen. Bekämpft kommunist. Agitation, bejaht außenpolitisch gute Beziehungen auch zu Peking.

Lenihan, *Brian* (Irland), geb. 1930, Studium der Rechtswissenschaften, Anwalt, politisch in der »Fianna Fáil«-Partei aktiv, seit 1961 Abgeordneter und nacheinander Justiz-, Erziehungs-, Transport- und Fischereiminister, stets enger Mitarbeiter von→ *Lynch.* 1973–1977 Mitglied des Europ. Parlamentes und mit den Strukturen und Arbeiten der EG seit langem vertraut. Seit Dezember 1979 im Kabinett von → *Haughey* Außenminister.

Lévesque, *René* (Kanada; s. WA '78, Sp. 373), geb. 1922, 1968 Vorsitzender des separatist. »Parti Québécois«, mit einem sozialdem. Programm; seit den Wahlen vom 15. 11. 1976 Chef der Provinzregierung, mit dem Ziel, ein unabhängiges Quebec in freier Assoziierung mit dem übrigen Kanada zu erreichen, auch nach dem Fehlschlag des Referendums über diese Frage vom Mai 1980.

Liévano Aguirre, Prof. Dr. *Indalecio* (Kolumbien; s. WA '80, Sp. 391), geb. 1917, Studium der Geschichtswissenschaften, Universitätsprofessor. Politisch zum linken Flügel der liberalen Partei/PL gerechnet. Außenminister im Kabinett von *López-Michelsen* (s. WA '78, Sp. 375) und in der Regierung von → *Turbay Ayala.*

Limann, Dr. *Hilla* (Ghana), geb. 1934; Lehrer, Studium der Wirtschaftswissenschaften, Politologie u. Philosophie; Promotion an der »Sorbonne« 1965. In den 50er Jahren unter *Kwame Nkrumah* (s. WA '67, S. 167 u. '73, S. 198) im diplom. Dienst tätig. Politisch aktiv in der soz.-neutralist. »Nation. Volkspartei«/PNP. Als deren Vors. Kandidat bei der Präs.-Wahl vom Juni 1979; nach Stichwahl im Juli Sieger über den PFP-Kandidaten *Victor Owusu.* Amtsantritt 1. 10. 1979. Verspricht Kampf gegen Armut und Korruption.

Lini, *Walter Hadye* (Rep. Vanuatu), geb. 1942, protest. Pfarrer, anglophon. Seit d. Wahlen v. Nov. 1979 Chefminister, seit Ende Juli 1980 Prem.-Minister des unabhäng. Vanuatu. Vors. d. Mehrheitspartei »Vanuaaku«, die einen »melanes. Sozialismus« vertritt. Gegner des sezessionist. Führers d. »Vemerana-Partei« → *Stevens.*

Li Qiang [*Li Tschiang*] (Chines. Volksrepublik; s. WA '80, Sp. 392), geb. 1903, Studium der Ingenieurwissenschaften, 1929 Mitglied der KPCh. Seit 1952 im Außenhandel tätig, Handelsattaché in Moskau, Vizeaußenhandelsminister. 1955–1959 in der Akademie der Wissenschaften. Seit 1975 Minister für Außenhandel.

Liu Shaoqi [*Lio Schao-tschi*] (Chines. Volksrep.; s. WA '68, S. 169 u. '80, Sp. 392), ehem. Staatsoberhaupt; während der »Kulturrevolution« seit 1966/67 als »Kapitalist« angegriffen und 1968 seiner Ämter enthoben. 1969 verhaftet und am 12. 11. 1969 im Gefängnis von Kaifeng gestorben. Im Februar 1980 vom ZK der KPCh voll rehabilitiert und im Mai 1980 in einer Feier als »Großer Marxist und proletarischer Revolutionär« gewürdigt.

Li Xiannian [*Li Hsiän-liän*] (Chines. Volksrep.; s. WA '78, Sp. 374), geb. 1905, 1974/75 im Hintergrund. Seit Oktober 1976 einer der stellv. Regierungschefs, gilt wie → *Hua Guofeng* u. → *Deng Xiaoping* als pragmatischer Politiker und Verfechter einer Modernisierung der Wirtschaft. Seit 1977 einer d. stellv. Vors. d. ZK d. KPCh.

Ljubičić, *Nikola* (Jugoslawien), geb. 1916, Besuch einer Landwirtschaftsschule, sodann in der Verwaltung tätig, frühzeitig Mitglied der KP (jetzt BdKJ), 1942/43 in den Tito-Verbänden Bataillonskommandant der 2., später Kommandant der 3. serbischen Brigade, schließlich 1944 stellv. Kommandant der Polizeisondertruppe »Korpus narodne obrane Jugoslavije«/KNOJ, die nach dem Kriege die endgültigen Säuberungsmaßnahmen gegen die antikommunistischen Einheiten in Jugoslawien vornimmt. 1965 Mitglied des ZK, 1974 auch des Präsidiums der Partei. In der Armee rascher Aufstieg zum Leiter der Militärakademie des Generalstabs, zum höchsten Generalsrang; seit 1967 Verteidigungsminister. L. gehörte zum engsten Kreis um → *Tito.* Hält angesichts der Weltlage eine Modernisierung der Streitkräfte für dringend erforderlich.

López Portillo y Pacheco, Prof. Dr. *José* (Mexiko; s. WA '78, Sp. 375), geb. 1920, 1973 Finanzminister. Als Kandidat der I.R.P. 1976 zum Staatspräsidenten gewählt und als solcher bemüht, soziale Reformen weiterzuführen, mit den Mitteln einer auf Sparsamkeit, Disziplin und Effektivität gestützten Wirtschaftspolitik. Vereinbart im Aug. 1980 mit → *Castro* engere wirtschaftl. Koop. u. gegenseit. Rückhalt bei Bedrohung von außen.

Longo, Dr. *Pietro* (Italien; s. WA '80, Sp. 392), geb.

1935, Studium der Rechts- und Wirtschaftswissenschaften. Seit 1976 Abgeordneter d. »Sozialdem. Partei«, seit Okt. 1978 Vors. Vertritt sozialreform. linke Mittelschichten.

Losonczi, Pál (Ungarn; s. WA '68, S. 169 u. '75, S. 200), geb. 1923. 1975 u. 1980 Wiederwahl als Staatspräsident u. Wahl in das Politbüro d. MSZMP (KP).

Luly, Oberstltnt. *Mahmud Uld* [*Mahmoud Ould Louly*] (Mauretanien), geb. 1943, von Juni 1979 bis Anf. 1980 Staatspräsident; von → *Haidalla* abgelöst.

Luns, Dr. h.c. *Joseph Maria Antoine Hubert* (Niederlande; s. WA '74, S. 191), geb. 1911, seit 1971 NATO-Generalsekretär.

Lynch, John (Irland), geb. 1917, 1966–1973 und seit 1977 erneut Regierungschef, tatkräftiger Befürworter von Irlands Beitritt zur EG. Im Dez. 1979 als Reg.-Chef. u. Vors. d. »Fianna Fáil« von → *Haughey* abgelöst.

MacDonald, Flora Isabelle (Kanada; s. WA '80, Sp. 393), politisch in der »Progress. Conservative Party« aktiv, in der Regierung von → *Clark* v. Juni–Dez. 1979 Außenministerin, als erste kanadische Frau im Amt.

MacEachen, Allan (Kanada; s. WA '78, Sp. 376), geb. 1921, mehrfach Minister in Kabinetten von → *Trudeau;* seit März 1980 Finanzminister.

MacGuigan, *Mark* (Kanada), geb. 1930, Studium der Rechtswissenschaften, zunächst Anwalt, dann Hochschullaufbahn; Professor der Jurisprudenz, Spezialist im Verfassungsrecht. Seit 1968 Abgeordneter der Liberalen Partei. In der neuen Regierung von → *Trudeau* als Nachfolger von *Flora* → *MacDonald* seit März 1980 Außenminister.

Machel, *Samora Moises* (Mosambik; s. WA '79, Sp. 377), geb. 1933, 1964 als Führer d. ersten FRELIMO-Aktionen in Mosambik, 1968 Kommandeur – »General« – aller F.-Einheiten. Im Mai 1970 nach Ausschluß von *Uria Simango* Präsident der FRELIMO; seit 1975 Präsident des unabhängigen Mosambik. Eng mit → *Mugabe* verbunden. Macht für die ständig sich verschlechternde Wirtschaftslage »Korruption« und »ausländische Agenten« verantwortlich. Bildet April 1980 die Regierung um und schaltet den bisher einflußreichen Planungsminister *Marcellino dos Santos* aus.

Macías Nguema, Francisco (Äquat. Guinea), geb. 1924 als Sohn einer Fang-Familie, Aufstieg zum Präsidenten. Am 5. 8. 1979 durch Oberst *Obiang Nguema Mbasogo* (geb. 1946) gestürzt, wegen »Völkermord« zum Tode verurteilt und am 29. 9. 1979 hingerichtet.

Magnago, Dr. *Silvius* (Italien/Südtirol; s. WA '80, Sp. 394), geb. 1914, seit 1961 Landeshauptmann von Südtirol, Vertreter echter Kooperation zwischen der deutsch- und italienischsprachigen Bevölkerung.

Malfatti, Franco Maria (Italien; s. WA '72, S. 182 u. '73, S. 194), geb. 1927, führender DC-Politiker; seit August 1977 im Kabinett von → *Cossiga* Außenminister; Anfang 1980 Rücktritt. (Nachf.: → *Ruffini*)

Manley, *Michael* (Jamaika), geb. 1924 als Sohn des später die Insel in die Unabhängigkeit führenden Politikers *Norman M.,* jedoch im Gegensatz zu dessen gemäßigt-reformerischer Politik Befürworter einer sozialistischen Gesellschafts- und Wirtschaftsordnung. Bei den Wahlen von 1972 und 1976 mit seiner »People's Nat. Party« erfolgreich und Regierungschef; leitet Kooperation mit Cuba ein.

Marchais, *Georges* (Frankreich; s. WA '79, Sp. 378 u. '80, Sp. 394), geb. 1920, Maschinenschlosser, 1972 nach dem Tod von *Waldeck Rochet* als dessen Nachfolger Generalsekretär der Partei; schließt im selben Jahr mit dem Sozialisten → *Mitterrand* ein Wahl- und Regierungsbündnis ab. Nach dem enttäuschenden Wahlausgang von 1978 verstärkte Distanz zu den Sozialisten. Ablehnung einer Diktatur des Proletariats, aber faktisch auch des Eurokommunismus. Gegner der Stationierung moderner Raketen (wie »Pershing II«) in Europa, bes. in der BR Deutschland. Anfang 1980 erstmals seit über 5 Jahren wieder zu Besprechungen mit der KPdSU in Moskau; rechtfertigt faktisch die sowjetische Intervention in Afghanistan.
(Bibl. Hinweis: N. Tandler: L'Impossible Biographie de George Marchais, Paris 1980)

Marcos, *Ferdinand* (Philippinen; s. WA '67, S. 165), geb. 1917, seit 1965 Präsident, regiert seit 1972 mit dem Kriegsrecht und autoritären Methoden in Gegensatz zur liberalen und linken Intelligenz; bisher vergeblich bemüht, die Rebellionen der muslimischen »Moros« im Süden des Landes zu beenden, die Korruption zu unterdrücken und wirtschaftlich-soziale Reformen zu aktivieren. Zunehmendes Hervortreten seiner Frau *Imelda Marcos* (geb. 1930, seit 1975 Gouverneurin von Manila).

Mariam s. Mengistu Mariam Hailé

Martens, *Wilfried* (Belgien), geb. 1936 als Sohn einer flämischen Kleinbauernfamilie, Studium der Rechtswissenschaften, Rechtsanwalt. Seit seiner Jugend aktiver Verfechter sprachlicher Gleichberechtigung. 1972–1979 Vors. der flämischen »Christl. Volkspartei«/CVP. Nach dem Rücktritt von → *Tindemans* seit 3. 4. 1979 Chef eines Koalitionskabinetts, das 1980 umgebildet wird. M., ein überzeugter Föderalist, steht, wie sein Vorgänger, vor der Lösung der schwierigen Aufgaben der »Regionalisierung« und der Wirtschaftssanierung.

Martínez de Hoz, Prof. Dr. *José Alfredo* (Argentinien; s. WA '80, Sp. 395), geb. 1926, u. a. Studium der Wirtschaftswissenschaften und Jurisprudenz, Tätigkeit als Rechtsanwalt; Universitätsprofessor und Unternehmer. Nach dem Sturz der Staatspräsidentin *Isabella Perón* (s. WA '78, Sp. 388) von der Militärjunta im März 1976 zum Wirtschaftsminister ernannt. Verfechter einer verstärkten Wettbewerbswirtschaft.

Masire, Dr. h. c. *Quett* (Botswana), geb. 1925 als Sohn einer Bangwaketse-Familie, Ausbildung als Lehrer; Journalist. Gemeinsam mit→ *Khama* Gründer der »B. Democratic Party«/BDP, Vizepräs., Minister f. Planung und Entwicklung. Nach dem Ableben von *Khama* zum Vors. d. BDP u. Staatspräsidenten gewählt. M. gilt als gemäß. reformerisch u. pro-westlich. Zahlreiche Ehrungen, bes. v. US-Hochschulen.

McHenry, *Donald* (USA), geb. 1936 als Sohn einer schwarzen Familie in Illinois; Studium der internationalen Beziehungen an den Universitäten von St. Louis und Georgetown. 1963–1973 im diplomatischen Dienst. Nach dem Amtsantritt von→ *Carter* wieder im Dienst des State Department, Stellvertreter des US-UNO-Delegierten→ *Young.* Spezialisiert in afrikanischen Angelegenheiten; u.a. leitender US-Unterhändler bei den Verhandlungen über die Unabhängigkeit von Namibia. Im Gegensatz zu *Young* innenpolitisch nicht hervorgetreten. Am 31. 8. 1979 von *Carter* als Nachfolger von *Young* zum Chef-Delegierten bei der UNO ernannt.

Méndez, Dr. *Aparicio* (Uruguay), 1976 vom »Rat der Nation« zum Staatspräsidenten gewählt. M. gilt als überzeugter Antimarxist.

Mengistu, *Hailé Mariam,* Oberstleutnant (Äthiopien; s. WA '79, Sp. 380), geb. Ende der 30er Jahre, seit 1977 Übernahme des Vorsitzes im »Militärrat« u. Ministerrat und anderer wichtiger Positionen, Unterdrückung allen Widerstandes und Beginn der radikalen Umwandlung Äthiopiens in einen »sozialistischen Staat«. Mit Hilfe sowjetischer Berater u. Waffenlieferungen sowie cubanischer Einheiten Konsolidierung der Lage im Ogaden u. seit 1978/79 Ausübung zunehmenden Druckes auf die Aufständischen in Eritrea. Beruft 1979 unter seinem Vorsitz eine »Kommission zur Gründung einer Arbeiterpartei von Äthiopien«/COPWE, die Mitte 1980 zusammentritt.

Mijatović, *Cvijetin* (Jugoslawien), geb. 1913 als Sohn einer serbischen Familie in Bosnien-Hercegovina; Studium der Rechtswissenschaften in Belgrad, Beitritt zur kommunistischen Jugendbewegung, dann zur Partei. Während des II. Weltkrieges in der Partisanenbewegung, u.a. als politischer Kommissar; von→ *Tito* mit dem Aufbau der Partei in Bosnien-H. beauftragt. Seit 1958 Chefredakteur des Parteiorgans »Kommunist«; 1961–1965 Botschafter in Moskau. Anschließend führend in der Partei von B.-H.; zuletzt Stellvertreter von→ *Koliševski* und seit Mitte Mai 1980 als dessen Nachfolger Vorsitzender des Staatspräsidiums, mit *Serghe Krajgher* (geb. 1914) als Stellvertreter.

Minić, Miloš (Jugoslawien; s. WA '74, S. 193), als Außenminister 1978 von → *Vrhovec* abgelöst; im Parteipräsidium zuständig für außenpolitische Fragen.

Mintoff, Dominic (Malta; s. WA '73, S. 196), geb. 1916, nach dem Wahlsieg seiner »Labour Party« seit 1976 erneut Regierungschef.

Mischra, Schaiam Nandan [*Shyam N. Mishra*] (Indien; s. WA '80, Sp. 396), geb. 1921, als Außenminister Anfang 1980 von → *Rao* abgelöst.

Mitterrand, *François* (Frankreich; s. WA '76, S. 199 u. '79, Sp. 380), geb. 1916. Seit 1971 Vorsitzender der Sozialisten (P.S.F.). Als Kandidat des »Volksfrontbündnisses« zwischen Kommunisten, Sozialisten u. and. linken Gruppierungen bei den Präsidentschaftswahlen 1974 im 2. Wahlgang am 19.5. bei einem Stimmenanteil von 49,19% knapp gegen→ *Giscard d'Estaing* unterlegen. 1979 als Vorsitzender wiedergewählt.

(Bibl. Hinweis: F. Mitterrand: Spreu und Weizen, München 1977.)

Mobutu [ursprüngl. *Joseph-Desiré*], *Sésé Séko* [*Kuku Ngbendu Wa Za Banga*] (Zaïre; s. WA '68, S. 170 u. '79, Sp. 381), geb. 1930 als Sohn einer Bangala-Familie; seit 1965 durch einen neuen Militärputsch endgültig Staatsoberhaupt. Verstaatlichung der Großpflanzungen und des Kupferbergbaus, forcierte, isolierte Industrialisierung. Ausschaltung der Gegner. 1977 wiedergewählt. Stößt seit langem auch im Ausland auf Ablehnung, u.a. wegen Personenkult und Mißwirtschaft.

Mock, Dr. *Alois* (Österreich; s. WA '80, Sp. 397), geb. 1924 in Niederösterreich, Studium der Rechtswissenschaften, 1966 Sekretär und wenig später Kabinettschef von Bundeskanzler *Josef Klaus*/ÖVP. Von Juni 1969 bis zur Wahlniederlage der ÖVP im März 1970 Unterrichtsminister. Seit 1971 Vorsitzender des »Österr. Arbeiter- und Angestelltenbundes«/ÖAAB der ÖVP. Seit Anfang 1978 geschäftsführender »Klubobmann« (Fraktionsvorsitzender) der ÖVP im Parlament. Nach dem Rücktritt von *Josef Taus* (s. WA '76, S. 208) 1979 ÖVP-Bundesobmann.

Mohammed, *Ali Nasser* [*Nassir*] (Dem. Volksrep. Jemen), geb. 1940, Ausbildung als Lehrer. Mitbegründer der »Nation. Befreiungsfront«/NLF, und der »Volksarmee«. Als Verteidigungsminister (1969) von wachsendem Einfluß. Verfechter eines »arabischen Sozialismus« und maßgeblich an der Beseitigung von Stammestraditionen beteiligt. 1971 Reg.-Chef, Mitglied des Präsidialrates, nach dem Sturz von *Salem Ali Robaya* (s. WA '79, Sp. 393) 1978 kurz Vors. d. »Obersten Volksrates« (»Präsidialrates«), dann von→ *Ismail* abgelöst. Führt als Reg.-Chef sozialistische Reformen weiter, bei enger Kooperation mit der Sowjetunion. Bemüht, die Isolierung im arabischen Lager zu mindern; eine treibende Kraft für die Vereinigung mit dem Nordjemen (Arab. Rep. J.). Sein langer Machtkampf mit *Ismael* endet im April 1980 mit dessen Sturz; seither Vors. d. »Präsidialrates«, Reg.-Chef u. Gen.Sekr. d. »Sozialist. Partei«.

Mohammed Resa [*Reza*] *Pählewi* [*Pahlavi*] (Iran; s. WA '80, Sp. 397), geb. 1919, Schah-in-schah, Kaiser des Iran seit 1941. Greift innenpolitisch hart gegen Gegner seiner Politik durch und läßt Demonstrationen und Rebellionen (u. a. 1963) blutig niederschlagen (nach »Newsweek« v. 10. 12. 1979 Zahl der Todesopfer während seiner Herrschaft etwa 10000). Bis Mitte 1978 kompromißloser Verfechter d. Modernisierung u. Gegner v. Liberalisierung; als Folge wachsender Unruhen einige Zugeständnisse an die schiit. Geistlichkeit u. politische Opposition, ist jedoch trotz Einsetzung einer Militärregierung, Ankündigung von Wahlen und Maßnahmen zur Bekämpfung der Korruption nicht in der Lage, die Herrschaft zu sichern, als deren einflußreichster Gegner sich → *Chomeini* erweist. Verläßt am 16. 1. 1979 den Iran und begibt sich über Ägypten und Marokko nach Mexiko. Das »Oberste Revolutionsgericht« erklärt ihn für »vogelfrei« und fordert seine Auslieferung. Ab Okt. 1979 in den USA zur Behandlung seiner schweren Krebserkrankung, schließlich ab Dez. 1979 Asyl in Panamá. Seit März 1980 auf Einladung von → Sadat in Ägypten. † am 3. 8. 1980 in Kairo.
(F. Sahebdscham: L'Iran des Pahlevi, Paris 1978. – Vorabdruck d. »Memoiren« 1979 im Magazin »Now«.)

Moi, *Daniel arap* (Kenia; s. WA '80, Sp. 398), geb. 1924, nach dem Tod von *Kenyatta* zum Vors. der Einheitspartei KANU, im Okt. 1978 zum Präsidenten ausgerufen, im Nov. 1979 durch Wahl bestätigt. M. gehört dem kleinen nilo-hamitischen, mit den Massai verwandten Tugen-Stamm der Kalenjin-Gruppe an und gilt als pragmatischer Politiker, der einen Ausgleich zwischen den kleinen Stämmen u. den einflußreichen Kikuju anstrebt.

Mondale, *Walter Frederick* (USA), geb. 1928, Angehöriger d. liber. Flügels der Demokraten, im Juli 1976 von → *Carter* zum Kandidaten für die Vizepräsidentschaft erkoren und seit 1977 in diesem Amt; offiz. Kandidat für die Vizepräsidentschaft bei d. Wahlen im Nov. 1980.

Morales Bermúdez, Gen. a. D. *Francisco* (Perú; s. WA '76, S. 200 u. '80, Sp. 398), geb. 1922, nach den Wahlen vom Mai 1980 als Präsident von → *Belaúnde Terry* abgelöst.

Msali [*Mzali*], *Mohammed* (Tunesien), geb. 1925, Lizentiat der Philosophie, Professor. 1956 Kabinettschef im Erziehungsministerium, mehrfach, zuletzt 1976, Erziehungsminister und als solcher Verfechter einer progressiven Arabisierung des Unterrichts und der Erziehung, bei Anerkennung des Französischen als privilegierte Sprache. Dem Westen gegenüber aufgeschlossen, aber Förderer der »arabisch-islamischen Identität«. Politisch seit 1947 in der »Néo-Destour«-Partei bzw. in der nunmehrigen »Parti Socialiste Destourien« aktiv; Abgeordneter seit 1959, im Politbüro seit 1964. Als Nachfolger von → *Nouira* im April 1980 zum Reg.-Chef ernannt.

Mubarak, *Hosni* (*Husni;* Ägypten; s. WA '80, Sp. 399), geb. 1928, militärische Laufbahn. 1967 Direktor der ägyptischen Luftwaffenakademie, 1969 Stabschef der Luftwaffe; Aufstieg zum Luftmarschall (Generalleutnant). Im April 1974 von → *Sadat* zum Vizepräsidenten ernannt und eine der einflußreichsten Persönlichkeiten des Landes.

Mudge, *Dirk* (Namibia/Südwestafrika), geb. 1928 in Südwestafrika, Studium der Volkswirtschaft, Rinderfarmer. Ab 1961 Mitglied der südafrikanischen Legislative, seit 1965 auch in der Exekutive tätig. Stets für die besond. Interessen d. südwestafrikanischen Bevölkerung eingetreten; wegen seiner vermittelnden Haltung von Teilen der Weißen kritisiert. Von der SWAPO abgelehnt. Bestrebt, eine multirassiale Entwicklung in einem unabhängigen Namibia zu sichern. Mit der »Demokrat. Turnhallen Allianz«/DTA bei den Wahlen v. Dez. 1978 von großem Erfolg und seit Juni 1980 an der Spitze eines neu gebildeten »Ministerrates«.

Mugabe, Dr. *Robert Gabriel* (Simbabwe; s. WA '78, Sp. 381 u. '80, Sp. 399), geb. 1927 als Sohn einer Familie des Zezeru-Clans der Maschona. Wechselnde Zusammenarbeit mit den Führern anderer Befreiungsbewegungen, u. a. mit → *Sithole* in der ZANU und zeitweise deren Gen.-Sekretär. 1964–1974 im Gefängnis bzw. interniert, Fernstudium der Rechtswissenschaften an der Universität London. Im Exil in Mosambik Reorganisation der ZANU und Aufbau der Guerilla-Verbände »S. Nat. Befreiungsarmee«/ZANLA, der stärksten Kampfeinheiten gegen die rhodesischen Streitkräfte. Entschiedener Gegner der multirassialen Regierung von → *Musorewa.* Kooperation mit → *Nkomo* in der »Patriot. Front«/PF, von diesem durch seine marxistischen Grundsätze unterschieden. Bis Ende 1979 Verfechter der völligen Ausschaltung der Weißen aus der Politik. Nimmt unabhängig von *Nkomo* mit seiner ZANU-PF an den Ende 1979 von der »Londoner Rhodesien-Konferenz« festgesetzten Wahlen vom Februar 1980 teil und erringt die absolute Mehrheit. Bildet Anfang März im Auftrag des brit. Gouverneurs → *Soames* die Regierung, in der er auch das Verteidigungsministerium übernimmt, während *Nkomo* Innenminister wird. Spricht sich unerwartet für eine Zusammenarbeit aller Rassen und u. a. auch für eine Koexistenz-Politik mit der Rep. Südafrika aus. Bekennt sich zu einer Landreform im Rahmen einer »realistischen Wirtschaftspolitik«. Seit Juli 1980 zunehmende Differenzen mit *Nkomo,* der ihm Zurücksetzung vorwirft (s. Sp. 121 ff., Simbabwe-Artikel).

Muldoon, *Robert David* (Neuseeland; s. WA '78, Sp. 382), geb. 1921, seit 1974 Vorsitzender der NP, seit 1975 Premierminister, bemüht, in der Wirtschaft seine Sanierungskonzeption zu realisieren.

Musenda [*Muzenda*], *Simon,* geb. 1922, als Sohn einer Karanga-Familie; Missionsschule, Zimmermannslehre. Seit Mitte der 50er Jahre in den politischen Organisationen von → *Nkomo*. 1962/64 verhaftet, sodann Anschluß an → *Sithole* und nach Differenzen mit diesem an → *Musorewa*, von dem er sich 1976 lossagt, um sich mit → *Mugabe* zu verbinden, dessen Stellvertreter er in der ZANU wird. Seit April 1980 im unabhäng. Simbabwe stellv. Regierungschef und Außenminister.

Muskie, *Edward Sixtus* [*»Ed«*] (USA), geb. 1914 als Sohn eines 1903 eingewanderten polnischen Schneiders (*Marciszewski*, umgewandelt in *Muskie*) und einer amerikanischen Mutter poln. Abstammung. Als Stipendiat Studium der Rechtswissenschaften an der Cornell-Universität; Rechtsanwaltstätigkeit durch den II. Weltkrieg unterbrochen. Nach dem Krieg demokratischer Abgeordneter in seinem Heimatstaat Maine, 1955/56 dessen Gouverneur; seit 1959 Senator für Maine und seither stets wiedergewählt, mit besonderer Aktivität in Finanz-, Sozial- und außenpolitischen Fragen. 1968 Kandidat für die Vizepräsidentschaft mit dem Präs.-Kandidaten *Hubert Humphrey*, der gegen → *Nixon* (s. WA '77, Sp. 389) verlor. 1972 ohne Erfolg bei der Bewerbung um die Nominierung als demokratischer Präsidentschaftskandidat. Nach dem Rücktritt von → *Vance* von Präs. → *Carter* zum Außenminister ernannt und am 8. 5. 1980 vom Senat bestätigt.

Musorewa [*Muzorewa*], Bischof *Abel* (Simbabwe; s. WA '80, Sp. 400), geb. 1925. Gründer des »Afrikanischen Nationalrates« (»African National Council«/ANC); nach Spaltung des ANC und in wachsendem Gegensatz zu → *Nkomo* und → *Mugabe* Führer des »Vereinigten Afrikan. Nationalrates«/UANC. Billigt 1978 wie → *Chirau* u. → *Sithole* Verhandlungen mit → *Smith*, gewinnt bei den Wahlen vom April 1979 mit seinem UANC die absolute Mehrheit. In der am 1. 6. 1979 proklamierten »Republik Simbabwe/Rhodesien« erster schwarzer Regierungschef. Nach den Beschlüssen der »Londoner Rhodesien-Konferenz« vom Dezember 1979 zurückgetreten (→ *Soames*). Erringt bei den Wahlen vom Februar 1980 mit seinem UANC nur 3 Mandate und bleibt von der von *Mugabe* gebildeten Regierung ausgeschlossen.

Muwanga, *Paulo* (Uganda), geb. 1944 als Sohn eines kleinen Verwaltungsangestellten und einer Kleinbauerntochter, der Abstammung nach Baganda. Besuch einer Mittelschule, bald politisch aktiv, Anhänger von → *Obote*, unter dessen Regierung in Gewerkschaft, Verwaltung und als Protokollchef tätig. Nach dem Sturz von *Obote* (1971) durch *Idi* → *Amin* weiterhin als hoher Beamter in verschiedenen Ministerien, sodann bis zum Bruch mit Amin 1975 Botschafter in Paris; anschließend in London in Geschäften. Ab März 1979 in Tansania, Teilnehmer an der Konferenz von Modschi, Mitglied der neuen »Nation. Befreiungsfront von Uganda«/FNLO, zum Vors. von deren »Militärkommission« gewählt. Nach dem Sturz von *Amin* unter *Lule* (s. WA '80, Sp. 392) Innenminister, schließlich mitverantwortlich für dessen Sturz. Unter → *Binaisa* wieder als Innen-, dann als Arbeitsminister in der Regierung, aber häufig in Differenzen mit diesem. Einer der Hauptinitiatoren für die Entmachtung von *Binaisa* durch die »Militärkommission« im Mai 1980 und nun Außenminister.

Narain, *Radsch* [*Radj*] (Indien; s. WA '80, Sp. 400), geb. 1917. Heftiger Gegner von *Indira* → *Gandhi*. Mitbegründer des »Dschanta«-Blocks, 1977 unter → *Desai* Gesundheitsminister, dann in Gegensatz zu diesem. Spaltet den Block und verhilft → *Singh* zum Amt des Reg.-Chefs. Seit dem Wahlsieg von *Indira Gandhi* im Januar 1980 in Opposition, seit April 1980 Vors. der wiederbelebten »Dschanta-Säkular«.

Narayan, Dschajaprakasch (Indien; s. WA '77, Sp. 388), einer der bedeutendsten Politiker des Landes, Gegner von Frau → *Gandhi*; † 8.10.1979.

Navon, *Jitschak* [*Yitzhak*] (Israel; s. WA '79, Sp. 384 u. WA '80, Sp. 401), geb. 1921 in Jerusalem als Sohn einer sephardischen Familie, seit 1978 Staatspräsident.

Nenni, Pietro (Italien; s. WA '77, Sp. 388), † 1. 1. 1980.

Neto, Dr. *António Agostinho* (Angola; s. WA '77, Sp. 388 u. '80, Sp. 401), geb. 1922, seit 1977 Staatspräsident; † am 11. 9. 1979 → *Dos Santos*).

Ne Win [eigentl. *Maung Shu Maung*] (Birma; s. WA '75, S. 203), versucht außenpolitisch einen neutralen, innenpolitisch einen eigenständigen »birmanesischen« Weg des Sozialismus zu gehen; seit März 1978 Vorsitzender des »Staatsrats«.

Nguema Mbasogo s. Macía Nguema

Nguyen Co Thach (Vietnam), seit Februar 1980 als Nachfolger von *Nguyen Duy Trinh* Außenminister.

Nguyen Huu Tho (Vietnam; s. WA '67, S. 171 u. WA '77, Sp. 389), geb. 1910, einst Führer der »Revol. Befreiungsfront«, 1976 Vizepräsident, seit dem Ableben von *Ton Duc Thang* (einer der ersten vietnames. Befreiungskämpfer) an der Spitze des Staates.

Nimeiri s. Numeiri

Nkomo, Dr. h. c. (einer US-Univ.), *Joshua Mqabuko Nyongolo* (Simbabwe; s. WA '79, Sp. 385 u. '80, Sp. 401), geb. 1917 (Amandebele- u. Schona-Vorfahren); 1962 Gründung der »Afrikan. Volksunion von Simbabwe« (»Zimbabwe's African People's Union«/ZAPU). 1964 Verhaftung, Verbannung, 1974 in Freiheit. Zeitweise Zusammenarbeit mit → *Musorewa* u. → *Sithole*. Seit 1970 mit → *Mugabe* in der »Patriotischen Front«; operiert mit den Guerillas seiner »Simbabwe Revol. Volksarmee«/ZIPRA vor allem von Sambia aus. Zuletzt gemeinsam mit *Mugabe* in der losen Allianz »Patriotische Front«, mit dem es jedoch wegen Differenzen in der Wahlstrategie zum Bruch kommt. In Auswirkung der »Londoner Rhodesien-Konferenz« Anfang 1980 nach Rhodesien zurückgekehrt. Gewinnt mit seiner nun allein den Namen »Patriotic Front«/PF beanspruchenden Partei bei den Wahlen vom Febr. 1980 unerwartet nur 20 Mandate. In der Regierung von *Mugabe* Innenminister, aber von diesem nach seiner Meinung in den Hintergrund gedrängt und in steigendem Gegensatz.

Nordli, *Odvar* (Norwegen; s. WA '78, Sp. 384), in der ersten Regierung von *Trygve Bratteli* (s. WA '76, S. 184) Kommunal- und Arbeitsminister; 1973 Fraktionschef der DNA. Nach dem Rücktritt von *Bratteli* im Januar 1976 dessen Nachfolger als Regierungschef; auch nach den Wahlen vom Sept. 1977 Ministerpräsident eines Minderheitskabinetts, das im Okt. 1979 im Sinne eines verstärkten Einflusses der Gewerkschaften umgebildet wird.

Nothomb, Dr. jur. *Charles Ferdinand* (Belgien), geb. 1936, Studium der Rechts- u. Wirtschaftswissenschaften. Mehrfach in Reg.-Ämtern; 1961 Prof. f. Wirtschaftspolitik. 1968 Abgeordneter, 1977/79 Vors. d. Christl.-Soz. Partei/PSC. 1979 Mitgl. d. Europäischen Parlamentes. Seit Mai 1980 Außenminister.

Nouira, *Hédi* (Tunesien; s. WA '79, Sp. 386 u. '80, Sp. 402), geb. 1911, 1971 Regierungschef. Anfang 1980 erkrankt und von Erziehungsminister *Mohammed* → *Msali* ([Mzali] abgelöst.

Nujoma, *Sam* (Namibia/Südwestafrika), geb. 1930 als Sohn einer Ovambo-Familie, bereits als Jugendlicher Gegner der »Apartheid-Politik«; 1960 ins Exil gegangen. Gemeinsam mit *Herman Toivo Ja Toivo* Begründer und schließlich Präsident des hauptsächlich aus Ovambo bestehenden Exilflügels der »South West African People's Organisation«/SWAPO mit Hauptquartier in Lusaka (Sambia) und mit Operationen von sambischem Gebiet aus. Gegner einer ethnischen Föderalisierung des künftigen Namibia, Verfechter der Selbstbestimmung als Einheit. Von UNO und OAE als legitimierter Führer der Bevölkerung von Namibia anerkannt. Verficht einen zentralist. Einparteienstaat sozialist. Charakters. Wirft auf der OEA-Konferenz vom Juli 1980 westlichen Ländern »Verschwörung« gegen echte Unabhängigkeit Namibias vor und vertritt die Fortführung des Guerilla-Kampfes gegen Südafrika bis zur Erlangung voller Souveränität. Im Gegensatz zu N. gilt der Führer des sog. »Inlandsflügels« der SWAPO, *Daniel Tjongarero,* als relativ gemäßigt.

Numeiri[y], *Dschafar* [*Jaafar Mohammed el Nimeiri*] (Sudan; s. WA '74, S. 195 u. '78, Sp. 384), 1977 als Staatspräsident für eine sechsjährige Amtszeit wiedergewählt, seit 1979 »Feldmarschall«, v. 1.7.78 bis 30.6.79 OEA-Präsident und als solcher bemüht, in Konflikten zu vermitteln. Seit 1979 zunehmend v. opposit. Kräften bedrängt.

Nyerere, Dr. *Julius Kambarage* (Tansania; s. WA '77, Sp. 390 u. '80, Sp. 402), geb. 1922, als Präsident und Regierungschef im eigenen Lande vor großen wirtschaftlichen Problemen; stets Förderer der Unabhängigkeitsbewegungen in den Nachbarländern. Verfechter der Nichteinmischung in innere Angelegenheiten anderer Länder, aber Gegner der Gewaltherrschaft von → *Amin,* den er – mit von Exilugandern unterstützten – tansanischen Truppen 1979 stürzt; seither in Uganda militärisch und politisch von großem Einfluß und Wegbereiter der Rückkehr von → *Obote* in die ugandische Machtkonstellation. Im Namibia-Konflikt volle polit. Unterstützung für → *Nujoma.*

Obote, Dr. *Apollo Milton* (Uganda; s. WA '67, S. 167 u. '80, Sp. 403), geb. 1925 als Sohn eines Lango-Häuptlings, Studium am »Makarere-College« in Kampala, seit 1958 im »Gesetzgebenden Rat«; Mitbegründer und seit 1960 Vorsitzender des »Uganda People's Congress«/UPC und nach dem Wahlsieg 1961 Premierminister. Als Verfechter zentralistischer und sozialistischer Tendenzen bald im Gegensatz zu König *Mutesa II.* von Baganda, dem Staatspräsidenten seit der Unabhängigkeit (1962). 1966 Aufhebung der Verfassung, Absetzung von *Mutesa,* Übernahme aller Gewalt und Staatspräsident. 1971 durch → *Amin* gestürzt und seither im Exil in Tansania; 1979 einer der Initiatoren der tansanischen Intervention in Uganda, in das er im Mai 1980 zurückkehrt.

Ohira, *Masajoschi* [*Masayoshi*] (Japan; s. WA '80, Sp. 403), geb. 1910. Politisch in der Liberal-Demokrat. Partei/LDP aktiv. 1978 zum Präsidenten der regierenden LDP, im Dez. zum Ministerpräsidenten gewählt. Nach innenpolitischen Differenzen Niederlage bei einem Mißtrauensantrag; am 11.6.1980 einem Herzversagen erlegen (Nachf.: → *Susuki*).

Ökçün, Dr. *Gündüz* (Türkei; s. WA '79, Sp. 387 u. '80, Sp. 404), geb. 1936, 1978/79 Außenminister.

O'Kennedy, Michael (Irland; s. WA '79, Sp. 387 u. '80, Sp. 404), geb. 1936, 1977/79 in der Regierung von → *Lynch* Außenminister. (Nachf.: → *Lenihan*)

Okita, Dr. *Saburo* (Japan), geb. 1914 in Lüda (damals Dairen; China) als Sohn eines japanischen Journalisten, Studium der Wirtschaftswissenschaften an der Elite-Universität in Tokio. Seit Mitte der 60er Jahre Mitglied des UNO-Entwicklungsprogramms/UNDP, sodann der Kommission zum Studium internationaler Entwicklungsfragen. Im November 1979 von → *Ohira* als Nachfolger von → *Sonoda* zum Außenminister ernannt; im Juni 1980 von → *Ito* abgelöst.

Olesen, *Kjeld* (Dänemark), geb. 1931, nach Schulbesuch Sekretär des Kopenhagener Oberbürgermeisters, politisch seit 1958 in der sozialdemokrat.

Partei – zeitweise als Organ.-Sekretär – aktiv. Abgeordneter im »Folketing«. 1971/72 in der Regierung von *Jens Otto Krag* (s. WA '73, S. 192 u. '74, S. 190) Verteidigungsminister, sodann in diesem Amt auch unter → *Jörgensen*. Seit Oktober 1979 im neuen Kabinett von *Jörgensen* Außenminister. O. gilt als überzeugter Verfechter der europ. Integration.

Olszowski, *Stefán* (Polen); s. WA '74, S. 195 u. '79, Sp. 388), geb. 1931, ehem. ZK-Sekretär, Außenminister, dann von → *Wojtaszek* abgelöst und u. a. Botschafter in der DDR. Offenbar eng mit → *Pinkowski* verbunden. Seit Aug. 1980 Vollmitglied des Politbüros d. PZPR.

Onn, *Dato Hadsch Hussein* (Malaysia), geb. 1922, Studium der Rechtswissenschaften. 1970 Parlamentsabgeordneter, Erziehungsminister, 1973 Handels- und Industrieminister, seit Januar 1976 Regierungschef.

Oreja Aguirre, Dr. *Marcelino* (Spanien; s. WA '77, Sp. 392 u. '79, Sp. 388), geb. 1935, seit 1976 Außenminister.

Oueddei s. Gukuni Ueddei

Ouko, *Robert* (Kenia), Sohn einer Luo-Familie, zeitweise Minister für wirtschaftliche Planung, seit November 1979 Außenminister.

Pahr, Dr. *Willibald* (Österreich; s. WA '78, Sp. 390), geb. 1930, Studium der Rechtswissenschaften, angesehen durch völkerrechtskundliche Arbeiten, wesentlich an der Ausarbeitung der Minderheitengesetze beteiligt. Seit Sept. 1976 Außenminister.

Palme, Olof (Schweden; s. WA '76, S. 202 u. '78, Sp. 387), als Regierungschef im September 1976 von → *Fälldin* abgelöst; im Dez. 1976 zu einem der stellv. Vorsitzenden der »Sozialist. Internationale« gewählt. 1979/80 Mitglied der sog. »Nord-Süd-Kommission«.

Papandreou, Andreas (Griechenland; s. WA '76, S. 202 u. '78, Sp. 387), Führer der »Panhellenischen Sozialistischen Bewegung«, der stärksten Oppositionspartei. Gegner eines Beitritts zur EG u. NATO, verficht eine sozialist. Gesellschafts- u. Wirtschaftsordnung.

Park Tong Dschin [*Pak Tong Jin*] (Rep. Korea/Süd-K.), geb. 1922, Studium an japanischen Universitäten, diplomatische Laufbahn. 1959 Botschaftsrat in London, 1961 Vizeaußenminister, anschließend Botschafter in Vietnam, 1962 in Brasilien. 1973–1975 UNO-Delegierter; seit 1975 Außenminister.

Park Tschung Hi [*Chung Hee*] (Rep. Korea/Süd-K.; s. WA '68, S. 171, '76, S. 202 u. '80, Sp. 404), geb. 1917, Anführer des Militärputsches von 1961, seit 1963 Präsident. Verdient um den wirtschaftlichen Aufbau, aber harter Gegner der Opposition und echter Liberalisierung; am 26. 10. 1979 ermordet. (→ *Tschoi Kyu Ha*)

Park Tschung Hun [*Choong Hoon*] (Rep. Korea/Süd-K.), geb. 1918, Studium an japanischen Hochschulen und an der koreanischen Hochschule für Verteidigung. Seit 1948 im Industrie- und im Handelsministerium tätig. 1953–1961 in der Luftwaffe, Aufstieg zum General. Ab 1963 Handelsminister, 1967–1969 Minister für Wirtschaftsplanung und Finanzen und gleichzeitig stellv. Regierungschef. Zeitw. Leiter der Agentur der Wirtschaftspresse u. Präsident der Handelskammer. Im Mai 1980 von Präsident → *Tschoi Kyu Hah* zum Ministerpräsidenten ernannt u. nach dessen Rücktritt im Aug. 1980 auch amtierender Staatspräsident bis zur Wahl von → *Tschön Du Hwan*.

Patolitschew, Nikolai Semjonowitsch (Sowjetunion; s. WA '79, Sp. 388), geb. 1908, seit 1958 Außenhandelsminister.

Paz Estenssoro, Victor (Bolivien; s. WA '80, Sp. 405), geb. 1907, 1952/56 und 1960 erneut Präsident, Fortführung der Reformen, aber 1964 durch einen Militärputsch gestürzt und lange im Exil. Bei den Präsidentschaftswahlen vom Juli 1979 als Kandidat der »National-Revolutionären Bewegung«/MNR erfolgreich, aber nach → *Siles Zuazo* nur an zweiter Stelle.

Peacock, Andrew Sharp (Australien; s. WA '79, Sp. 390), geb. 1940, seit 1966 Abgeordneter der Liberalen Partei im Bundesparlament, 1970 erstmals Minister. Seit Ende 1975 Außenminister.

Pereira, *Aristides Maria* (Kap Verde; s. WA '76, S. 202), Generalsekretär der PAIGC. Seit Juli 1975 Staatspräsident.

Peres, Schimon (Israel; s. WA '78, Sp. 388), geb. 1923, nach dem Rücktritt von *Rabin* (s. WA '76, S. 204 u. '78, Sp. 390) 1977 Vorsitzender der »Mapai«, Spitzenkandidat für die vorgezogenen Wahlen und amtierender Regierungschef. Nach dem Wahlsieg des »Likud«-Blockes unter → *Begin* und dessen Regierungsübernahme Oppositionsführer in der »Knesset«.

Pérez, Carlos Andrés (Venezuela; s. WA '75, S. 205), geb. 1922, 1974–1979 Staatspräsident, dann von → *Herrera Campins* abgelöst. 1980 vom Vorwurf »unrechtmäßiger Bereicherung« freigesprochen.

Pertini, Dr. *Alessandro* (Italien; s. WA '80, Sp. 406), geb. 1896, Studium der Rechts- u. Sozialwissenschaften, im I. Weltkrieg Offizier; anschließend in der Sozialist. Partei aktiv, entschiedener Gegner des Faschismus, mehrfach in Haft und im Exil. 1963 stellv. Präs., 1968–1976 Präs. der Abg.-Kammer. Als Nachf. v. *Leone* (s. WA '69, S. 175, '73, S. 193 u. '79, Sp. 376) seit Juli 1978 Staatspräsident.

Peter, Friedrich (Österreich; s. WA '80, Sp. 406), geb. 1921, Ausbildung als Lehrer; nach dem II. Weltkrieg Mitbegründer der FPÖ. Seit 1956 an der Spitze der Partei. 1978 im Parteivorsitz von → **Götz** abgelöst. Seit den Wahlen von 1979 geschäftsf. FPÖ-Klubobmann.

Pham Van Dong (Vietnam; s. WA '80, Sp. 406), geb. 1906, 1941 Mitbegründer der »Viet-Minh«. In der kommunistischen »Lao Dong« (seit 1976 »Dan Cong Dan Viêt-Nam«) rascher Aufstieg, Mitglied des Politbüros. Seit 1955 nordvietnames. Regierungschef; seit Juni 1976 an der Spitze der Regierung des wiedervereinigten Vietnam, enge Kooperation mit der Sowjetunion.

Phomvihan s. Kaysone Phomvihan

Piccoli, *Flaminio* (Italien; s. WA '80, Sp. 406), geb. 1915, seit 1958 DC-Abgeordneter, zeitweise DC-Sekretär, Staatsminister für Staatsbeteiligungen. 1972–1978 DC-Fraktionsvorsitzender, seit Juli 1978 als Nachfolger von *Aldo Moro* (s. WA '79, Sp. 383) Präs. der DC. Gegner einer direkten Beteiligung der Kommunisten an der Regierung. Seit März 1980 als Nachfolger von → *Zaccagnini* Parteisekretär.

Pinkowski, *Jozef* (Polen), geb. 1929 als Sohn einer Arbeiterfamilie, Studium der Wirtschaftswissenschaften an einer Handels- u. Wirtschaftsoberschule; große fachl. Erfahrung: Tätigkeit in d. Planungskommission bes. f. Agrarpolitik. Gemeinsam mit → *Olszowski* verantwortlich für die in Angriff genommene Wirtschaftsreform. ZK-Sekretär, seit Febr. 1980 Kandidat des Politbüros d. PZPR. Seit August 1980 als Nachf. v. → *Babiuch* Reg.-Chef.

Pinochet *Ugarte, Augusto* (Chile; s. WA '76, S. 203), am Militärputsch vom Sept. 1973 beteiligt und zum Führer der Junta gewählt, die allen Widerstand rücksichtslos bricht. Seither nur bedingt erfolgreiches Bestreben, wirtschaftliche Konsolidierung und Aufrechterhaltung der Ordnung zu sichern. Leitet 1978 eine gewisse Lockerung der politischen Situation ein, betont jedoch 1979/80 mehrfach, Chile benötige keine Parteien. Erklärt im Juni 1980, der Entwurf einer neuen Verfassung sehe eine »Basisdemokratie« mit starker Regierung vor, um das Land »vor dem Marxismus zu schützen«. (Pinochet: El Día Decisivo, Santiago de Chile 1980)

Pintassilgo, Maria de Lurdes (Portugal; s. WA '80, Sp. 407), geb. 1930. Seit Juli 1979 Chefin eines Übergangskabinetts, aber ohne zureichende Erfolge in Wirtschafts- und Sozialpolitik. Nach den Wahlen v. Dez. 1979 von → *Sá Carneiro* abgelöst.

Pinto da Costa, *Manuel* (São Tomé u. Príncipe; s. WA '77, Sp. 394), seit Juli 1975 Staatspräsident.

POL Pot [auch *Saloth Sar*] (Kamputschea/bzw. »Volksrep. K.«; s. WA '79, Sp. 391 u. '80, Sp. 407), geb. 1925, Führer der Guerilla-Aktionen der »Roten Khmer«, seit April 1976 Regierungschef, rücksichtslos beim Versuch, die Gesellschaftsstrukturen radikal zu ändern, wobei Hunderttausende ihr Leben verlieren. Durch die vietnamesische Invasion im Januar 1979 gestürzt (→ *HENG Samrin*), kämpft aber in abgelegenen Gebieten, von Peking unterstützt, weiter. Mitte Dez. 1979 als Reg.-Chef des »Demokrat. Kamputschea« von → *KHIEU Samphan* abgelöst, aber weiterhin Oberkommandierender der »Roten Khmer« u. Vors. der Militärkommission der »Dschungelrepublik«.

Ponomarjow, *Boris Nikolajewitsch* (Sowjetunion; s. WA '79, Sp. 392), geb. 1905, 1955 an der Spitze der Internat. Abteilung des ZK der KPdSU und verantwortlich für die Beziehungen zu den anderen kommunist. und sozialist. Parteien.

Prem, General *Tinsulanond* (Thailand), geb. 1920, nach Schulbesuch militärische Laufbahn, militärische Weiterbildung z. T. in den USA. Von → *Kriangssak* gefördert. Mitte der 70er Jahre Kommandeur der an Laos angrenzenden, weitgehend von prokommunistischen Guerillas beherrschten Nordostregion. Durch geschickte militärische Taktik und wirtschaftlich-soziale Hilfe für die armen Bauern in der Lage, die Bevölkerung für die Kooperation zu gewinnen und die Guerillas abzudrängen oder auszuschalten. Politisch wenig hervorgetreten. Unter *Kriangssak* Heereschef, zeitweise stellv. Innen- und seit 1979 Verteidigungsminister. Anfang März 1980 nach dem freiwilligen Rücktritt von *Kriangssak* zum Regierungschef ernannt; gleichzeitig Verteidigungsminister. Bemüht, die Unterstützung der Opposition für die wirtschaftliche Entwicklung und Stärkung der Verteidigung zu gewinnen. P. gilt als Monarchist und Verfechter sozialer Reformen.

Puja, *Frigyes* (Ungarn; s. WA '76, S. 204), 1953 Beginn der diplomatischen Laufbahn, Botschafter in Stockholm, dann in Wien. 1959 stellv. Außenminister, 1968 Leiter der Außenpolitischen Abteilung der Partei; seit 1973 an der Spitze des Außenministeriums.

Qabus bin Said [*Qaboos bin Saiyid*] (Oman; s. WA '80, Sp. 408), geb. 1940, seit 1970 Staatsoberhaupt und Reg.-Chef.

Radschai [*Rajai*], *Mohammed Ali* (Iran), geb. 1933, Studium der Naturwissenschaften, Lehrer – bes. f. Mathematik – an Höheren Schulen. Früh politisch aktiv, heftiger Gegner des Schah-Regimes, vier Jahre im Gefängnis. Auf Vorschlag von → *Bani-Sadr* am 11. 8. vom Parlament mit großer Mehrheit zum Reg.-Chef gewählt. R., der nie im Exil und bisher Erziehungsminister war, gilt als entschiedener islamischer Fundamentalist u. genießt das Vertrauen von → *Chomeini.*

Rahman s. Sia-ur-Rahman

Rakotoarijaona, Oberstltn. *Désiré* (Madagaskar), geb. 1934, militärische Laufbahn; früh an sozialen Reformen interessiert. 1975 Finanzminister und Mitglied des »Obersten Revolutionsrates«/CSR. Nach dem Wahlsieg d. »Avantgarde de la révolution malgache«/AREMA des Präsidenten → *Ratsiraka* 1977 zum Ministerpräsidenten ernannt.

Rallis, *Georgios* (Griechenland; s. WA '79, Sp. 393), geb. 1918, Studium der Rechtswissenschaften, Rechtsanwalt; Koordinationsminister, sodann Minister für wirtschaftliche Zusammenarbeit. Seit Mai 1978 Außenminister. Nach der Wahl von → *Karamanlis* zum Staatspräsidenten. Nachfolger in dessen Ämtern als Regierungschef und Vors. d. »Neuen Demokrat. Partei« (ND). Im Verlauf seiner politischen Wirksamkeit Abkehr von altkonservativen in Richtung liberalerer Auffassungen.

Ram, Dschagdschiwan [*Jagjivan*] (Indien; s. WA '78, Sp. 390), geb. 1908 als Sohn einer Familie der sog. »Unberührbaren«. Inhaber v. Ministerämtern in vielen Regierungen, zuletzt unter → *Desai*, seit Juli 1979 dessen Nachfolger als Vors. d. ursprgl. »Dschanta«-Blocks. Rücktritt als Präs. der »Dschanta-real« im Febr. 1980; im April Übertritt zur Kongreßpartei.

Ramírez Mercado, Dr. *Sergio* (Nicaragua), geb. 1942, Studium der Rechtswissenschaften an der Nat. Universität in Managua, Promotion. Sodann zehn Jahre lang Gen.-Sekr. der »Konföderation Zentralamerikan. Universitäten«. Zeitweise Stipendiat des Deutschen Akadem. Austauschdienstes. Erfolgreicher Schriftsteller, Verfasser einer Biographie des Freiheitshelden *César Augusto Sandino* (s. WA '79, Sp. 800; deutsch »Viva Sandino«, Hammer-Verlag, Wuppertal). Mitglied der »Gruppe 12«, die im Oktober 1977 zum Sturz des Diktators *Somoza* (s. WA '80, Sp. 417) aufruft und sich dann der »Patriot. Nat. Front« anschließt. Seit dem Sturz der Diktatur im Juli 1979 Mitglied der regierenden »Junta zum Nationalen Wiederaufbau«. R. gilt als Vertreter eines demokratischen Sozialismus und als eine der Schlüsselfiguren der »Junta«. (S. M. Ramírez: Die Spur der Caballeros, München 1980)

Rao, *P. V. Narasimha* (Indien), geb. 1921 als Sohn einer Telugu-Familie, Studium der Rechtswissenschaften, Anwalt. Seit 1945 in der »Kongreß-Partei«, seit 1957 Abgeordneter im Bundesstaat Andhra Pradesh, seit 1962 Minister in verschiedenen Ressorts. 1971–1973 Regierungschef des Bundesstaates. Stets loyaler Anhänger von *Indira* → *Gandhi* und seit Anfang 1980 in deren Kabinett Außenminister. Als Präsident der III. UNIDO-Generalkonferenz durch umfassende Bildung und Sprachenkenntnis hervorgetreten. Seit Juni 1980 bemüht, durch Kontakte mit den blockfreien Ländern eine »politische Lösung« der Afghanistan-Krise zu finden.

Ratsiraka, Fregattenkapitän *Didier* (Madegass. Republik; s. WA '76, S. 204), im Juni 1975 Vorsitzender des »Obersten Revolutionsrates«/CSR, Staats- u. Regierungschef sowie Verteidigungsminister. Am 21. 12. 1975 in einer Volksabstimmung als Präsident, im Januar 1976 auch als Vorsitzender des »Obersten Revolutionsrates« bestätigt; wirkt u. d. Motto einer »sozialistischen Revolution«.

Rawling, Jerry John [»*J. J.*«] (Ghana), geb. 1947 als Sohn einer Ghanaerin u. eines Vaters schott. Abstammung, militärische Ausbildung. Im Juni 1979 erfolgreicher Staatsstreich; Absetzung der Militärregierung. Nach den Wahlen v. Juli Übergabe der Reg.-Macht am 1. 10. 1979 an eine Zivilregierung unter → *Limann.*

Reagan, *Ronald* (USA; s. WA '77, Sp. 397 u. '78, Sp. 391), geb. 1911, Karriere als erfolgreicher Filmschauspieler; republikanischer Politiker, 1967 bis Anfang 1975 Verdienste als Gouverneur von Kalifornien. 1976 erfolglose Bewerbung um die Position eines republ. Präsidentschaftskandidaten. Grundsätze: freie Wirtschaft als Voraussetzung und Garantie für persönliche Freiheit; Stabilisierung der Währung; Steuerabbau; Aufholung des »milit. Vorsprungs der Sowjetunion«. Entspannung und Abrüstung bei Sicherung der eigenen Stärke. Im Juli 1980 v. Parteikongreß zum offiz. republ. Kandidaten für die Wahlen v. Nov. 1980 berufen (→ *Bush*).

René, *France-Albert* (Seschellen; s. WA '78, Sp. 391), geb. 1935, Rechtsanwalt, seit 1976 Premierminister, seit Juni 1977 nach Putsch Staatspräsident, 1979 gewählt; Verfechter sozialist. Reformen.

Reza Pahlevi s. Mohammed Resa Pählewi

Rogers, General *Bernard* (USA/NATO; s. WA '80, Sp. 409), geb. 1921; Rhodes-Stipendiat in Oxford, militärische Laufbahn, seit 1976 Generalstabschef des Heeres. Verfechter einer »Total Army«, d. h. der Einbeziehung aller Armeereserven und der »National Guard« in das Kampfpotential. Politisch nicht hervorgetreten. Von → *Carter* als Nachfolger von → *Haig* zum Oberbefehlshaber der US-Streitkräfte in Europa ernannt und seit 1. 7. 1979 Oberster All. Befehlshaber Europa/SACEUR. Tritt für die Aufstellung einer US-Spezialeingreiftruppe zur Verwendung in Krisengebieten und die Stationierung moderner Mittelstrekkenraketen in Europa ein.

Roldos Aguillera, *Jaime* (Ecuador; s. WA '80, Sp. 410), geb. 1940, Studium der Rechtswissenschaften, Rechtsanwalt; zeitweise Vollzugssekretär der »Konföderation andiner Rechtsanwälte«. Seit 1968 Abgeordneter, beteiligt an der Ausarbeitung der Verfassung von 1978, die u. a. den Analphabeten das Wahlrecht gewährt. Gewinnt Ende April 1979 in einer Stichwahl als Kandidat der populistischen, gemäßigt linken »Sammlung der Volkskräfte« (»Concentración de Fuerzas populares«/CFP) und wird erster ziviler Präsident nach siebenjährigem Militärregime. Verspricht, sich für die breiten Massen einzusetzen.

Romero, General *Carlos Humberto* (El Salvador), geb. 1926, Absolvierung der Militärakademie, Befehlshaber der berittenen Truppen, seit 1972 Verteidig.-Minister. In den umstrittenen Wahlen von 1977 als Kandidat der »Partei der Nat. Versöhnung«/PCN zum Präsidenten gewählt. Unterdrückt noch schärfer als seine Vorgänger jede Opposition. Seit 1978 unter wachsendem Druck von Guerilla-Organisationen (s. Sp. 147 ff). Am 15. 10. 1979 durch einen – angeblich mit ihm besprochenen – Militärputsch unter den Obersten *Adolfo Arnaldo Majano* u. *Jaime Abdul Gutiérrez* gestürzt; jetzt im Exil.

Romulo, *Carlos P.* (Philippinen; s. WA '80, Sp. 410), geb. 1899 als Sohn eines Gouverneurs, nach vielseitigem Studium diplomatische Laufbahn, mehrfach Vorsitzender des Sicherheitsrates. Botschafter in Washington, Brasilien und Cuba. Einer der besten Kenner der UNO. Erfahrung als Außenminister mehrerer philipp. Präsidenten, von Präsident → *Marcos* als geschickter außenpolitischer Mitarbeiter geschätzt.

Royo, *Aristides* (Panamá; s. WA '80, Sp. 410), geb. 1940, Studium der Rechtswissenschaften, Rechtsanwalt, mehrfach Minister; im Oktober 1978 von der »Nationalversammlung« zum Präsidenten gewählt. R. gilt als gemäßigter Reformer.

Sá Carneiro, Prof. Dr. *Francisco de* (Portugal), geb. 1934 als Sohn eines Rechtsanwalts, Studium der Rechtswissenschaften, Anwalt, Hochschullehrer. Mitglied der »Nat. Volksunion« und Abgeordneter (1969) der Ständischen Nationalversammlung zur Zeit vorsichtiger »Liberalisierungsversuche« des Ministerpräsidenten *Marcelo Caetano* (s. WA '75, S. 188); 1973 Niederlegung des Mandats wegen geringer Fortschritte der Demokratisierung. Nach der Revolution von 1974 kurz Minister ohne Geschäftsbereich und Mitbegründer der »Demokrat. Volkspartei«/PPD. Nach dem Wahlerfolg von 1976 Umbenennung der PPD in »Sozialdemokrat. Partei«/ PSD. In einigen Grundsätzen z. T. der nordeuropäischen Sozialdemokratie nahe. Bei den vorzeitigen Wahlen vom Dez. 1979 mit seinem Wahlbündnis »Demokrat. Allianz«/AD (aus PSD, CDS, PPM usw.) erfolgreich und vor Präsident → *Eanes* als Nachfolger von Frau → *Pintassilgo* an der Spitze einer Koalitionsregierung bis zu den für Oktober 1980 festgesetzten Neuwahlen. Verkündet ein »Programm des Wandels und Fortschritts«.

Sadat, *Anwar as* (Ägypt. Arab. Republik; s. WA '74, S. 198, '75, S. 207, '77, Sp. 399, '79, Sp. 394 u. '80, Sp. 411), geb. 1918, seit September 1976 Staatspräsident. Erreicht in Verhandlungen, vor allem in »Camp David«, unter Einschaltung von Präsident → *Carter* mit → *Begin* eine Einigung über die Grundlagen eines ägyptisch-israelischen Friedensvertrages, der im März 1979 unterzeichnet, aber von fast allen arabischen Staaten abgelehnt und z. T. als »Verrat an der arabischen Sache« bezeichnet wird. Verbucht für sein Land Erfolge durch die stufenweise Rückgewinnung der Sinai-Halbinsel. Verhandelt mit Israel auch 1980 – allerdings bisher ohne Erfolg – zugunsten einer echten Autonomie für die Palästinenser in den westjordanischen Gebieten. Verurteilt 1980 scharf die iranische Geiselnahme von US-Botschaftsmitgliedern sowie die sowjetische Intervention in Afghanistan und bietet den USA die Benutzung von Militärstützpunkten an. Wie *Begin* erhält S. den Friedensnobelpreis 1978. (Anwar El-Sadat: Unterwegs zur Gerechtigkeit, Wien–München 1978.)

Saleh [*Sali*], *Ali Abdullah* (Arab. Rep. Jemen), geb. 1938, militärische Laufbahn, Aufstieg zum Oberstleutnant und Oberbefehlshaber der Armee; seit der Ermordung des Staatspräsidenten *Hussein al Ghashmi* (s. WA '79, Sp. 771) am 17. 7. 1978 zum Nachfolger gewählt, zugleich Verteidigungsminister. Mehrfach Putschversuchen ausgesetzt. Von Saudi-Arabien finanziell unterstützt, aber Gegner jeder saudischen Einmischung in die Außenpolitik. Wirtschaftliche Kooperation mit West und Ost, Auseinandersetzungen mit Stammesführern und mit dem südjemenitischen Nachbarn, aber seit Juni 1980 wieder Gespräche mit *Ali Nasser* → *Mohammed* über Möglichkeiten der Annäherung.

Sanan Suthitschak s. KAYSONE Phomvihan

Sa-Ngat s. Tschaloryu

Santos s. Dos Santos

Saragat, Giuseppe (Italien; s. WA '66, S. 165), im März 1976 erneut an der Spitze der PSDI; nach der Wahlniederlage seiner Partei vom Juni 1976 als Gen.-Sekr. abgelöst u. nun Parteipräsident.

Sarkis, Dr. *Elias* (Libanon; s. WA '78, Sp. 393), 1976 zum Staatspräsidenten gewählt, seither bemüht, eine Staatsreform durchzuführen, durch die die Ursachen des religiös-sozialen Konfliktes überwunden u. eine Teilung vermieden werden könnten, aber bisher nicht in der Lage, eine schlagkräftige Armee aufzubauen und den Frieden herzustellen. Verurteilt 1979/80 den von Israel gestützten südlibanesischen »Ministaat« von → *Haddad.*

Sassou Nguesso, Oberst *Denis* (Volksrep. Kongo), geb. um 1936 im nördl. Kongo; militärische Laufbahn. In der Einheitspartei/PTC früh von Einfluß. Zuletzt Verteidigungsminister. Nach dem Rücktritt von *Yhombi Opango* (s. WA '78, Sp. 407, '79, Sp. 370 u. '80, Sp. 426) am 8. 2. 1979 zum Präsidenten gewählt. G. gilt als überzeugter Marxist.

Saud bin Feisal (Saudi-Arabien), geb. 1940 als dritter der noch lebenden sieben Söhne des 1975 ermordeten Königs *Feisal* (s. WA '75, S. 191 u. '76, S. 190) und zweiter Sohn der Prinzessin *Ifat.* Studium der Politologie und Nationalökonomie in Princeton (USA). Staatssekretär im Ministerium für Erdölwirtschaft. 1975 von König → *Chalid* zum Außenminister ernannt. Harter Verfechter eines israel. Rückzugs aus den besetzten arab. Gebieten und besonders aus Jerusalem (Altstadt). Er fordert im Aug. 1980 im Rahmen d. Tagung d. »Jerusalem-Komitees« in Casablanca zum »Heil. Krieg« gegen Israel auf.

Savimbi, Dr. *Jonas* (Angola; s. WA '77, Sp. 401), geb. 1934, Gründer und Führer der »Nation.-Union für die totale Unabhängigkeit Angolas«/UNITA, zeitweise erfolgreich mit den Guerilla-Aktionen gegen die Portugiesen, schließlich jedoch nach Erlangung der Unabhängigkeit von der MPLA ausgeschaltet. Neuerdings wieder stärker durch Aktionen seiner Einheiten hervorgetreten.

Schadli [*Chadli*, im Befreiungskrieg angenommener Name], Oberst *Bendjeddid* [*Ben Jedid*] (Algerien; s. WA '80, Sp. 412f.), geb. 1929 als Sohn einer armen Bauernfamilie, seit 1955 in der »Nat. Befreiungsfront«/FLN und in deren Streitkräften/ALN rasch aufgestiegen. Seit 1962 Mitglied des »Nat. Revolutionsrates«/CNR; politisch wenig hervorgetreten. Nach dem Tod von *Boumedienne* (s. WA '80, Sp. 365f.) zum Generalsekretär der FLN, am 7.2.1979 zum Staatspräsidenten gewählt. Auch Vors. d. Politbüros der FLN. Seit Juni 1980 mit erweiterten Vollmachten.

Schagari, Alhadschi *Schehu* [*Shehu Shagari*] (Nigerien), geb. 1925 im heut. Bundesstaat Sokoto als Sohn einer muslimischen Fulbe-Familie; Lehrer, Professor, seit 1954 Abgeordneter d. »Nation. Party of N.«/NPN. 1959–1966 mehrfach in d. Regierung, u.a. Wirtschafts- u. Innenminister. 1970 unter *Y. Gowon* (s. WA '77, Sp. 372) im Exekutivrat, 1971–1975 Finanzminister. Bei d. Wahlen v. 11.8.1979 Gewinn d. relat. Stimmenmehrheit. Nach umstrittener Auslegung d. Wahlgesetzes am 26.9. vom Obersten Gerichtshof zum Präs. erklärt; Amtsantritt als Staats- u. Reg.-Chef am 1.10.79. Sch. gilt als Pragmatiker, Verfechter d. Ausgleichs zwischen Nord u. Süd, als strenger Muslim u. Antikommunist.

Schahi [*Shahi*], *Agha* (Pakistan), geb. 1920, nach Studium im einstigen brit. »Indian Civil Service«, nach der Unabhängigkeit Pakistans als Beamter in Sindh. Unter → *Bhutto* (s. WA '74, Sp. 184 u. WA '80, Sp. 383) 1972/73 Botschafter in Peking, 1973 Staatssekretär des Auswärtigen, außerdem UNO-Delegierter, desgleichen unter → *Sia ul-Hack*. Große außenpolitische Erfahrung, Initiator des Beitritts Pakistans zu den »Blockfreien« nach dem Austritt aus dem CENTO-Pakt. Differenzierte Haltung gegenüber dem Westen; für Kooperation mit den »Blockfreien«, besonders mit deren islamischen Mitgliedern, sowie mit Peking. Kritiker der sowjetischen Intervention in Afghanistan. »Außenpolitischer Berater« des Präsidenten, aber de facto Außenminister.

Schamir, *Jitschak* [*Yitzhak Shamir*] (Israel), geb. 1915 in Polen, aktiv in einer zionist. Jugendorganisation; Studium der Rechtswissenschaften in Warschau, nach seiner Einwanderung in Palästina (1935) der Geschichte an der Hebräischen Universität in Jerusalem. Seit 1936 als Mitglied von Untergrundorganisationen – zuletzt in der sog. »Stern-Gruppe« – im Kampf gegen die brit. Mandatsmacht, mehrfach verhaftet, dann im Exil. Seit 1948 im unabhängigen Israel, 1955–1965 Mitglied des israel. Geheimdienstes »Mossad«. 1970 Geschäftsführer der »Cherut«-Partei von → *Begin*. 1973 Abgeordneter des Parlaments (»Knesseth«) und seit 1977 Parlamentspräsident. Stimmenthaltung bei der Abstimmung über das »Camp-David-Abkommen« wegen der Aufgabe jüdischer Siedlungen im Sinai. Verfechter weiterer Siedlungsgründungen in den besetzten Gebieten. Nach dem Ausscheiden von → *Dajan* seit März 1980 Außenminister.

Schamun, Camille Nimer (Libanon; s. WA '77, Sp. 401 u. '79, Sp. 395), geb. 1900, ehem. Staatspräsident, Sprecher der in der »Libanesischen Front« zusammengeschlossenen christlichen Parteien; bedingt gegenüber einem Ausgleich mit den libanesischen Muslimen aufgeschlossen, aber Gegner der Anwesenheit syrischer Truppen und der Palästinenser. 1979 Einigung mit → *Dschemeijil* auf die Gründung einer »Nat. Front«. 1980 mit seiner, unter Führung seines Sohnes *Danny Sch.* (geb. 1940) stehenden »Tiger-Miliz« u. als Vors. der rechten »Christl.-Nat.-Liberalen Partei« in wachsendem Gegensatz zu → *Dschemeijil.*

Scharaf [*Sharaf*], *Abdul Hamid* (Jordanien), geb. 1939, nach Studium diplomatische Laufbahn, u.a. Botschafter in den USA, zuletzt drei Jahre lang Kgl. Kabinettschef. Im Dezember 1979 von König → *Hussein II.* als Nachfolger von → *Badran* zum Ministerpräsidenten ernannt und u.a. gleichzeitig Außen- und Verteidigungsminister. Erstmalige Aufnahme einer Frau in das Kabinett (*Inaam el Mufti* für Soziale Entwicklung). Am 3.7.1980 an Herzinfarkt gestorben. Nachfolger: *Kasim* [*Qasim*] *Rimawi.*

Schariat Madari [*Sharriat-Madari*], Ajatollah *Mohammed Kasim* (Iran), Geburtsdatum umstritten (1899–1903), Sohn einer einfachen Familie im turksprachigen (Aseri) Aserbaidschan und in diesem auch von größtem Rückhalt. Als religiöser Führer ständig an Einfluß gewonnen, Gegner der überstürzten Modernisierung unter dem Schah. Während der Exilzeit von → *Chomeini* bedeutendster Vertreter der schiitischen Geistlichkeit; weiterhin von großem Einfluß, Rückhalt bei den etwa 6–8 Mill. Aserbaidschanern und in der »Muslimisch-Republik. Volkspartei«. Verficht maßgebenden Einfluß des Islam auf den Staat, aber keine totalitäre Bevormundung. Fordert eine parlamentarische Demokratie und eine sozial gerechte, begrenzt liberale Wirtschaftsordnung sowie für die ethnischen Gruppen eine befriedigende sprachlich-kulturelle Autonomie.

Scharon [*Sharon*], *Ariel* (Israel; s. WA '80, Sp. 413), geb. 1928, bereits mit 14 Jahren in der zionistischen Selbstschutzorganisation »Haganah«; 1962 Lizentiat der Jurisprudenz. Nach 1948 in der israelischen Armee rascher Aufstieg, 1962 General. Seit Ende 1973 Abgeordneter des »Likud«-Blocks in der Knesseth. 1975 u.a. Sicherheitsberater von *J. Rabin* (s. WA '76, S. 204). Von → *Begin* 1977 zum Landwirtschaftsminister ernannt. Verfechter der

Gründung von jüd. Neusiedlungen, um die westjordanischen Gebiete auch nach einer evtl. Autonomiegewährung an die Palästinenser zu sichern.

Schehu [*Shehu*], *Mehmed* (Albanien), geb. 1913, 1937–1939 als Kommunist Teilnahme am Spanischen Bürgerkrieg auf republikanischer Seite; anschließend Übertritt nach Frankreich und dort in einem Internierungslager. 1942 nach Albanien zurückgekehrt und Aufstieg als Führer von Partisaneneinheiten gegen die deutschen und italienischen Truppen. Seit 1946 Generalstabschef, seit 1948 Mitglied des ZK und des Politbüros, seit 1954 Regierungschef. Vertritt in Ideologie, Wirtschafts- und Sozialpolitik die orthodoxe Richtung von → *Hodscha* und nennt die sowjetische wie die neue chines. Entwicklung »Verrat am Kommunismus«.

Schieh [*Shieh*] *Tung-min* (Rep. China/Taiwan; s. WA '79, Sp. 396), seit 1978 Vizepräsident.

Schipanga, *Andreas* (Namibia), geb. 1929 im Ovamboland, christlich erzogen, als Fischer, im Bergbau und als Journalist tätig; 1958 Mitbegründer des »Ovamboland-Volkskongresses«/OPC, aus dem später der »South West African People's Congress« der SWAPO hervorgeht. Nach Differenzen mit → *Nujoma* – dem Nachfolger des in Südafrika auf der Robben-Insel gefangengehaltenen SWAPO-Führers *Toivo Ja Toivo* – auf Veranlassung von N. mit zahlreichen Sympathisanten im April 1976 in Sambia, seit Juni in Tansania im Gefängnis, schließlich – u. a. nach Intervention von »amnesty international« – freigelassen und nach Kopenhagen ausgeflogen. Nach der Rückkehr nach Namibia im Juni 1978 Gründung der SWAPO-D (Demokraten). Verfechter einer multirassialen Entwicklung und des Mehrparteiensystems, Sozialist, aber kein Marxist.

Schiwkoff, *Todor* (Bulgarien; s. WA '78, Sp. 394), geb. 1911, erster Sekretär der KP, stets der orthodoxen Moskauer Linie zugerechnet, 1962–1971 Regierungschef. Seit 1971 Vors. d. »Staatsrates« und damit Staatsoberhaupt. 1976 erneut im Parlament bestätigt. Sch. warnt auch 1978/79 vor dem »Eurokommunismus« als »Antisowjetismus«.

Senghor, Dr. h. c. *Léopold Sédar* (Senegal; s. WA '64, S. 171 u. '74, S. 199), seit 1960 Staatspräsident, zuletzt 1978 wiedergewählt; seit 1975 Präsident der Westafrikan. Wirtschaftsgemeinschaft/ CEAO. Überzeugter Vertreter gemäßigter Politik und enger Kooperation mit dem Westen.
(L. Senghor: La poésie par l'action, Paris 1980)

Shagari s. Schagari

Shariat-Madari s. Schariat M.

Sharif Abdul H. s. Scharaf

Sharon s. Scharon

Shehu s. Schehu

Sia ul-Hack [*Zia ul-Huq*] (Pakistan), geb. 1924 im Pandschab, militärische Laufbahn. 1976 von → *Bhutto* zum General und Generalstabschef ernannt. Seit dem Staatsstreich vom 5. Juli 1977 u. dem Sturz von *Bhutto* (1979 hingerichtet) als »Oberster Kriegsrechtsadministrator« und Oberbefehlshaber Inhaber der faktischen Macht. Auflösung des Parlaments, Einführung strengster Strafen nach islamischem Recht. Seit Sept. 1978 ohne Wahl Staatspräsident. Bisher erfolglos in der Wirtschafts- u. Sozialpolitik und nicht in der Lage, die Voraussetzungen für eine echte innere Stabilität zu schaffen, so daß er im Mai 1980 das Kriegsrecht verschärft. Verschiebt die für November 1979 angekündigten Wahlen auf unbestimmte Zeit, verurteilt die sowjetische Intervention in Afghanistan, versucht die Grenzstämme von Auseinandersetzungen mit dem Nachbarland zurückzuhalten und ist, bei aller Abneigung gegen die USA, bemüht, von diesen, evtl. über Peking – das eine seiner Stützen wird – Waffenlieferungen zu erhalten und die »Blockfreiheit« zu wahren.

Sia ur-Rahman [*Zia ur-R.*] (Bangladesch), geb. 1936 (s. WA '78, Sp. 408), militärische Laufbahn. Im August 1975, nach der Ermordung von *Mudschibur Rahman* (s. WA '74, S. 197 u. '77, Sp. 396) durch junge Offiziere, Oberbefehlshaber und autoritär bestrebt, die Konsolidierung der wirtschaftlichen und politischen Situation zu erreichen. Nach dem Rücktritt von Präsident *A. Sayem* (s. WA '77, Sp. 401 u. '78, Sp. 394) 1977 als Staatspräsident vereidigt, im Juni 1978 als solcher mit großer Mehrheit gewählt. Gründung einer neuen Partei (»Jagodal«), mit der er die Wahlen von 1979 gewinnt. Austritt aus der Armee, Aufhebung des Kriegsrechtes. Erklärt 1979/80 mehrfach, die Wirtschafts- und Sozialprobleme seien nur durch »Massenmobilisierung auf freiwilliger Basis« zu lösen, doch stößt sein als autoritär angesehener Führungsstil nicht nur in der Opposition, sondern auch in der Reg.-Partei zunehmend auf Widerstand.

Sihanuk [*Sihanouk*] *Samdech Norodom* (Kambodscha; s. WA '69, S. 182 u. '77, Sp. 402; Einzelheiten der K.-Tragödie s. Peter Scholl-Latour »Der Tod im Reisfeld«, Stuttgart 1980), geb. 1922, in wechselndem Exil (u. a. Paris, Peking, Pjöngjang); verurteilt die vietnamesische Invasion in Kambodscha und das »Marionetten-Regime« von *HENG Samrin*. 1979/80 zeitweise nominell Präsident der »Confédération des Khmers« aus verschiedenen antikommunistischen Gruppen. Von Peking umworben, aber Gegner der von diesem unterstützten »Roten Khmer«.

Siislavou, General *Enso* (Finnland; s. WA '75, S. 209), von August 1975 bis zur Auflösung des Koordinationsamtes (Ende 1979) Leiter aller militär. UNO-Organisationen im Nahen Osten.

Siles Zuazo [*Suaso*], *Hernán* (Bolivien; s. WA '80, Sp. 415), geb. 1916, einer der alten Reformpolitiker aus dem Kreis des Begründers des linken »Movimiento Revolucionario Nacionalista«/MRN, *Victor* → *Paz Estenssoro*. Gewinnt bei den am 29. 6. 1980 durchgeführten Wahlen als Kandidat der linken »Front der Demokr. Volksunion«/FUDP mit 38,74% d. Stimmen die relative Mehrheit, doch wird seine voraussichtliche Bestätigung durch den Kongreß durch den Putsch von → *García Meza* vereitelt. Taucht unter, proklamiert sich selbst am 5. 8. als Präsident, beruft *Jaime Paz Zamora* zum Stellvertreter u. bildet eine »Regierung der Nation. Einheit im Untergrund«. S. gilt als entschiedener sozialist. Reformer.

Simonet, Prof. Dr. Dr. *Henri* (Belgien; s. WA '80, Sp. 415), geb. 1931, Studium der Rechts- und Wirtschaftswissenschaften, rascher politischer Aufstieg in der Sozialist. Partei und in seiner akademischen Karriere; Juni 1977/Mai 1980 Außenminister (Nachf.: → *Nothomb*).

Singh, Tscharan [*Charan*] (Indien; s. WA '80, Sp. 415), geb. 1903, Gegner von *Indira* → *Gandhi*, eigentlicher Organisator des opposit. Parteienbündnisses »Dschanta« (»Janata«), das nach den Wahlen vom März 1977 die Regierung übernimmt, in die S. als Innenminister eintritt. Nach der Spaltung der »Dschanta« u. dem Rücktritt von *Desai* am 26. 7. 1979 von Präsident *Reddy* zum Chef einer Koalitionsregierung (aus »Dschanta/Säkular«, Kongreßpartei, Sozialisten usw.) ernannt, jedoch schon am 20. 8. zurückgetreten. Seit dem Wahlsieg von *Indira Gandhi* im Januar 1980 ausgeschaltet und mit seiner in »Lok Dal« (»Volkspartei«) umbenannten »Dschanta-Säkular« in Opposition.

Sithole, *Reverend Ndabaningi* (Simbabwe; s. WA '80, Sp. 416), geb. 1920, seit März 1978 Mitglied des »Exekutivrates« der multirassialen Übergangsregierung; bei den Wahlen vom April 1979 mit seiner Partei wenig erfolgreich und in Opposition. Mit seiner »Simbabwe Nat. Union«/ZANU bei den neuen, auf der »Londoner Rhodesien-Konferenz« beschlossenen Wahlen vom Februar 1980 ohne Mandat.

Smith, Ian Douglas (Simbabwe/Rhodesien; s. WA '69, S. 182 u. '79, Sp. 397), geb. 1919, seit 1964 Premierminister; in der am 1. 6. 1979 gebildeten ersten schwarzen Mehrheitsregierung unter → *Musorewa* Minister ohne Geschäftsbereich. Nach der »Londoner Rhodesien-Konferenz« und der auf ihr festgelegten Wahl vom Febr. 1980, die zur Regierungsbildung durch seinen bisher schärfsten Gegner → *Mugabe* führt, einer der 20 weißen Abgeordneten, aber ohne Amt.

Soames, Lord *Arthur Christopher* (Großbritannien), geb. 1920 als Sohn einer wohlhabenden Familie; Besuch von Eton, Absolvierung der Militärakademie von Sandhurst. 1950–1966 konservativer Abgeordneter im Unterhaus, 1958–1960 Kriegs-, 1960–1964 Landwirtschafts- und Fischereiminister. 1968–1972 Botschafter in Paris, sodann bis 1977 in der EG-Kommission in Brüssel, zeitweise Vize-Präsident. 1978 auf Lebenszeit zum Peer erhoben, Führer des Oberhauses, Lordpräsident und Außenminister im Kabinett von Frau → *Thatcher*. Am 7. 1. 1980 zum Gouverneur von (Süd-)Rhodesien ernannt u. erfolgreich in der Aufgabe, den Waffenstillstand zu sichern und freie Wahlen durchzuführen; diese enden im Februar 1980 mit dem Sieg von → *Mugabe* und führen zur endgültigen Unabhängigkeit von Simbabwe (s. Sp. 121 ff.).

Soares, Dr. *Mário Alberto Nobre Lopes* (Portugal; s. WA '76, S. 207 u. '80, Sp. 416), geb. 1925, erneut im Juli 1976 zum Ministerpräsidenten einer PSP-Minderheitsregierung ernannt, aber ohne Erfolg im Bemühen, die Wirtschaft zu sanieren. Unter starker Kritik des PCP unter → *Cunhal* und anderer extremer Linksgruppen; schließlich abgelöst, aber weiterhin Vors. der PSP und scharfer Kritiker aller nachfolgenden Kabinette.

Sokoine, *Edard Moringe* (Tansania; s. WA '79, Sp. 389), geb. 1938 als Sohn einer Massai-Familie, nach erweiterter Schulbildung früh politisch aktiv; 1965 Abgeordneter der TANU; seit 1977 Regierungschef. S. gilt als Sozialist und als einer der fähigsten Köpfe der jungen Politiker-Generation des Landes.

Somare, Michael (Papua-Neuguinea/Niugini; s. WA '78, Sp. 397), geb. 1936, seit der Unabhängigkeit des Landes (1975) Premierminister; im März 1980 durch → *Chan* abgelöst.

Sonoda, Sunao (Japan; s. WA '80, Sp. 417), geb. 1914, seit Nov. 1977 Außenminister. Nach den Neuwahlen vom Nov. 1979 von → *Okita* abgelöst.

Stevens, *Jimmy* [eigentl. *Jimmy Tubo Patuntun*] (Rep. Vanuatu/Neue Hebriden), geb. als Sohn einer Familie schottisch-melanesischer Herkunft, anglophon. Zeitweise Planierraupenfahrer, sodann erfolgreicher Geschäftsmann und Grundbesitzer. Zunächst führend in der im Sinne der Tradition melanesischer Bevölkerungsgruppen (»Coutumier«) ausgerichteten »Na-Griamel«-Bewegung, die er sodann zur »Vemerana-Partei« ausbaut. Verficht eine Art »Micro-Nationalismus« u. ruft im Mai 1980 auf der Insel Espíritu Santo eine »Vemerana-Föderation« aus. Auch nach der Proklamation der unabhäng. Rep. Vanuatu (s. Sp. 151 ff.), Gegner von Premierminister → *Lini*, der entschieden für die territoriale Integrität des neuen Inselstaates eintritt.

Stevens, Dr. *Siaka Probyn* (Sierra Leone; s. WA '72, S. 189 u. '74, S. 204), geb. 1905, seit 1971 Staatspräsident und in seiner Sozial- u. Wirtschaftspolitik von wechselndem Erfolg. Ab Juli 1980 für ein Jahr als Nachfolger von → *Tolbert* zum Präsidenten der »Organisation für die Einheit Afrikas«/OEA gewählt. Fordert einen »Polit. OEA-Sicherheitsrat«.

Stroessner, General *Alfredo* (Paraguay; s. WA '74, S. 200), geb. 1912, seit 1954 Präsident, zuletzt 1978 wiedergewählt; weiterhin wirtschaftlich pragmatisch, politisch faktisch autoritär regierend.

Štrougal, *Lubomir* (Tschechoslowakei; s. WA '75, S. 200), geb. 1924, seit 1970 Regierungschef, weiterhin im technokratischen Sinne regierend, politisch dogmatisch; Gegner der Anhänger der »Charta 77«. In den letzten Jahren für stärkere wirtschaftliche Kooperation mit westlichen Industrieländern.

Suárez González, *Adolfo* (Spanien; s. WA '80, Sp. 418), geb. 1932 als Sohn einer bürgerlichen Familie, Studium der Rechtswissenschaften. Im Dienst des »Movimento Nacional« aufgestiegen, aber ohne als besonders überzeugter Anhänger hervorzutreten. In der ersten Regierung von *Arias Navarro* (s. WA '77, Sp. 354) Staatssekretär für die »Nat. Bewegung«, im Juli 1976 als dessen Nachfolger Regierungschef, mit umfangreichen Reformen beginnend. Durchführung von Wahlen im Juni 1977, bei denen S. als Abgeordneter der »Union d. Dem. Zentrums«/UCD gewählt wird; Bildung einer Regierung aus UCD-Mitgliedern u. Parteilosen, Beginn der Regionalisierung. Auch nach der Billigung der neuen Verfassung und den Wahlen vom März 1979 an der Spitze der Regierung und weiterhin vor schwierigen Wirtschafts-, sozialpolitischen u. Regionalisierungs-Problemen.

Suharto (Indonesien; s. WA '75, S. 210), geb. 2921, leitet 1977/78 Reformen ein, steht jedoch vor wachsenden wirtschaftlichen Schwierigkeiten. Im März 1978 wird er in seinem Amt bestätigt.

Sun Jun [*Yun*]**-suan** (Rep. China/Taiwan), geb. 1913 in Schantun. Studium der Elektrotechnik am Polytechn. Institut in Harbin; große Auslandserfahrung (u. a. USA, Nigerien); seiot 1967 Verkehrsminister, seit 1969 Wirtschaftsminister und von großem Erfolg in der Industrialisierung. Mitglied des Ständ. Komitees der regierenden »Kuomintang«/KMT. Seit Mai 1978 Nachfolger von → *Tschiang Tsching-kuo* als Regierungschef (Präsident des Vollzugs-Yuan).

Suslow, *Michail Andrejwitsch* (Sowjetunion; s. WA'77, Sp. 404), geb. 1902, führender Ideologe der KPdSU. S. verficht die Unerläßlichkeit der engsten Kooperation aller kommunistischen Parteien, wenn auch je nach den nationalen Besonderheiten die gesellschaftliche Entwicklung in verschiedenen »revolutionären Staffeln« verlaufen könne; scharfer Kritiker des »Eurokommunismus«. Rechtfertigt 1980 die sowjetische Itervention in Afghanistan, da dieses von einer »imperialistischen Subvention« bedroht und die UdSSR laut vertraglicher Vereinbarungen verpflichtet gewesen sei, Hilfe zu leisten.

Susuki, *Senko* [*Zenko Suzuki*] (Japan), geb. 1911, Absolvent einer Fischereischule. Nach dem Ende des II. Weltkrieges sozialist. Abgeordneter (1947–1949), sodann Übertritt zur Liberaldemokrat. Partei/LDP; verdient um die Parteiorganisation; insgesamt 14mal ins Parlament gewählt. Von *Kakuei Tanaka* (s. WA'74, S. 201 u. '76 S. 208) gefördert. Mehrfach in der Regierung (u. a. Minister für Soziales, für Post und für Fischerei). Nach dem Tod von → *Ohira* offenbar als Kompromißkandidat der verschiedenen Flügel der LDP zu deren Vorsitzenden und Mitte Juli 1980 zum Ministerpräsidenten gewählt. Programm: aktive Rolle in der Weltpolitik, enge Beziehungen zu den USA, Bemühen um Preisstabilität.

Taraki *[Taraqui], Mohammed* (Afghanistan; s. WA '79 Sp. 401 u. '80, Sp. 419), geb. 1917, nach dem von progressiven Militärs durchgeführten Putsch gegen Präsident *Daud* (s. WA '74, S. 181) aus der Haft befreit und Regierungschef; beginnt tiefgreifende Reformen, wird jedoch bald mit Aufständen konfrontiert. Im März 1979 Abgabe der unmittelbaren Regierungsgewalt an *Chafisullah* → *Amin,* aber weiterhin Staatspräsident u. Vors. d. »Obersten Ausschusses zur Verteidigung«. Am 16. 9. angeblich aus Gesundheitsgründen zurückgetreten, in einem ungeklärten »Feuergefecht« verletzt und am 9. 10. 1979 in einer Klinik in Kabul gestorben (Nachf. → *Amin*).

Teng Hsiao-ping s. Deng Xiaoping

Thapa, *Surya Bahadur* (Nepal; s. WA '80, Sp. 419), geb. 1928 als Sohn einer einflußreichen Familie, politisch früh für eine starke Stellung der Regierung gegenüber dem Monarchen und für ein demokratisches Kontrollorgan eingetreten. 1972 erstmals Premierminister. Mitte 1979 erneut zum Regierungschef berufen, um mit einem neuen Konzept der Reformen den wachsenden Unruhen den Boden zu entziehen, jedoch bisher kaum Erfolg.

Thatcher [geb. *Roberts*], *Margaret* (Großbritannien; s. WA '80, Sp. 419), geb. 1925 als Tochter einer Familie der »lower middle class«. Studium der Chemie in Oxford, anschließend der Rechtswissenschaften, Steueranwältin. Seit 1959 konservative Abgeordnete des Londoner Wahlbezirks Finchley. Im Februar 1975 bei der Neuwahl des Vorsitzenden Nachfolger v. *Heath* (s. WA '77, Sp. 377); kompromißlose Verfechterin einer gerechteren Steuerpolitik, besonders für die Mittelklasse, und der sozialen Marktwirtschaft. Nach den Wahlen vom 3. 5. 79, die für die Konservativen die absolute Mehrheit der Sitze im Parlament bringen, als erste Frau in Europa an der Spitze eines Kabinetts. Vertritt 1980 energisch die britischen Interessen in der EG (Herabsetzung der brit. Netto-Einzahlungen), scheut nicht harte Auseinandersetzungen mit den Gewerkschaften, erreicht mit der »Londoner Rhodesien-Konferenz« eine neue Entscheidung im Sinne echter Unabhängigkeit für Simbabwe. Billigt die von den USA im Zusammenhang mit der sowjetischen Intervention in Afghanistan getroffenen Boykottmaßnahmen.

Thorn, *Gaston* (Luxemburg; s. WA '70, S. 180 u. '78, Sp. 400), geb. 1928, seit den Wahlen von 1974 unter Beibehaltung des Außenministeriums Chef einer Koal.-Regierung mit der Soz. Partei. Nach dem Wahlsieg der Christl.-Soz. Partei im Juni 1979 von *Pierre Werner* abgelöst, aber stellv. Regierungschef, Außen-, Wirtschafts- und Justizminister. Früh ein überzeugter Vertreter der europäischen Integration. Bereits dreimal für ein halbes Jahr Vorsitzender des EG-Ministerrates, einmal Präsident im Europ. Rat der EG-Reg.Chefs. Im Aug. 1980 im Auftrag d. EG Nahostreise m. Kontakten zu d. wichtigsten Regierungen. Als Nachfolger von → *Jenkins* zum Präsidenten der EG-Kommission ab 1981 gewählt.

Thoroddsen, *Gunnar* (Island), geb. 1911, Studium der Rechtswissenschaften; politisch in der konservativen »Unabhängigkeitspartei« aktiv, Abgeordneter, zeitweise Botschafter in Dänemark, sodann erneut im Parlament. 1974–1978 Industrieminister; stellv. Parteivorsitzender. Nimmt nach den für seine Partei erfolgreichen Wahlen vom 2./3. 12. 1979 den Auftrag zur Kabinettsbildung an und bildet im Februar 1980 eine Koalitionsregierung aus Konservativen, der linken »Volksallianz« und der »Fortschrittspartei«, die mit *Ólafur Johánesson* den Außenminister stellt. Programm: Inflationsbekämpfung und Wirtschaftssanierung.

Tichonow, *Nikolai Alexandrowitsch* (Sowjetunion; s. WA '80, Sp. 420) geb. 1905 in der Ukraine als Sohn einer einfachen Familie; Jugendfreund von → *Breschnjew.* 1963 stellv. Vors. d. Staatsplanungskomitees, 1965 einer der stellv. Ministerpräsidenten. Führendes Mitglied der sowjetischen Wirtschaftskommissionen mit der Bundesrepublik und mit der DDR. Seit September 1976 einer der »Ersten« Stellv. Ministerpräsidenten, Vollmitglied des ZK der KPdSU u. seit Ende Nov. 1979 auch des Politbüros. Weilt im Mai 1980 in Bonn zur Präzisierung der langfristigen wirtschaftl. Zusammenarbeit.

Tindemans, Dr. h. c. *Leo* (Belgien; s. WA '75, S. 212, '78, Sp. 400, '79, Sp. 403 u. '80, Sp. 420), geb. 1922, ehem. Reg.-Chef; 1976 für seine großen Verdienste um Europa mit dem Internat. Karlspreis der Stadt Aachen u. 1979 mit der goldenen Stresemann-Medaille ausgezeichnet.

Tito, Dr. h. c. *Josip* [eigentlich *Broz*] (Jugoslawien; s. WA '74, S. 202 u. '78, Sp. 400), geb. 1892, 1974 zum Präsidenten auf Lebenszeit gewählt; ständig um die Beilegung innerparteilicher Differenzen und um die Stärkung des eigenen Weges zum Sozialismus bemüht. 1976 auf der Gipfelkonferenz der »Bündnisfreien Staaten« und 1977 als Gastgeber der zweiten »Europäischen Sicherheitskonferenz«/KSZE sowie 1978 auf d. Außenministerkonferenz der »Blockfreien« – beide in Belgrad – erneut als einer der führenden Politiker der »Dritten Welt« hervorgetreten. Seit Anfang 1980 schwer erkrankt. Richtet vom Krankenbett aus durch den amtierenden Präsidenten *Lazar* → *Koliševski* Botschaften an führende Staatsmänner (u.a. *Breschnjew, Carter* u. Castro), in denen er zu den größtmöglichen Anstrengungen auffordert, um – nach der sowjet. Afghanistan-Intervention – den weltweiten Entspannungsprozeß wieder zu beleben und den Weltfrieden zu sichern. Er erliegt seinem Leiden am 8.5.1980. (Nachfolger an der Spitze des Staatspräsidiums → *Mijatović.*)

(*Lit. Hinweise:* Josip Broz Tito: Der jugoslawische Weg zum Sozialismus, München 1976. – C. G. Ströhm: Tito, Gladbach 1980.)

Tjongarero, Daniel s. Nujoma

Todoroff, *Stanko* (Bulgarien; s. WA '75, S. 212), geb. 1921, seit 1971 Vorsitzender des Ministerrates.

Tolbert, Dr. *William* (Liberia; s. WA '80, Sp. 421), geb. 1913, seit 1971 als Nachfolger von *William Tubman* (s. WA '72, S. 193) Staatspräsident. Wie sein Vorgänger pragmatisch bemüht, die Wirtschaft zu modernisieren und die innere Sicherheit zu bewahren, aber ohne durchgreifende sozialpolitische Erfolge. Am 12. 4. 1980 bei einem Militärputsch ermordet (Nachf. → *Doe*). (T. war Präsident der OEA seit Juli 1979; Nachf. → *Stevens.*)

Ton Duc Thang (Dem. Rep. Vietnam; s. WA '75, S. 212), geb. um 1892, seit 1969 Staatsoberhaupt, seit 1976 auch des wiedervereinigten Vietnam.

Torrijos Herrera, General *Omar* (Panamá; s. WA '74, S. 203), Regierungschef, »Oberst. Führer d. Panam. Revolution«, mit dem Abschluß des neuen Vertrages über den Panamá-Kanal (1977/78) faktisch ein Hauptziel erreicht u. seit 1978 nicht mehr Regierungschef, aber weiter Oberbefehlshaber u. stärkste polit. Kraft.

Touré, *Achmed Sékou* (Guinea; s. WA '64, S. 173, '69, S. 184 u. '72, S. 192), geb. 1922, strafft seine stark linksgerichtete Staatspartei; stets als Staatspräsident wiedergewählt, seit 1978 mit dem Titel »Oberster Diener des Volkes«. In den letzten Jahren bemüht, die Beziehungen zu den Nachbarn, besonders zum Senegal zu normalisieren.

Traore, *Moussa* (Mali; s. WA '70, S. 181 u. '72, S. 192), geb. 1936, Staatspräsident seit 1971, 1979 wiedergewählt.

Trovoada, *Miguel* (São Tomé u. Príncipe), geb. 1937, Mitglied der Befreiungsbewegung/MLSTP gegen die portugiesische Kolonialherrschaft. Nach Erlangung der Unabhängigkeit 1975 unter Präsident → *Pinto da Costa* Reg.-Chef, nach Auflösung dieses Amtes Fischereiminister. Offenbar in Gegensatz zu den »progressiven«, Anlehnung an die UdSSR und Cuba befürwortenden Reg.-Politikern. Unter zunehmendem Druck; im Sept. 1979 nach Verweigerung des Asyls in der Botschaft Portugals in das Büro des UNO-Entwicklungsprogramms/UNDP von S. Tomé geflohen, jedoch aus diesem im Oktober von der Polizei herausgeholt und verhaftet.

Trudeau, *Pierre Elliott* (Kanada; s. WA '69, S. 184 u. '79, Sp. 403), geb. 1921, nach den Wahlen vom Juli 1974, die seiner Partei die absolute Mehrheit bringen, wieder Regierungschef, bestrebt, die wirtschaftlich-finanzielle Abhängigkeit von den USA einzudämmen, die großen Wirtschaftsprobleme zu lösen und nach dem Wahlsieg der frankokanadischen Separatisten von Quebec (→ *Lévesque*) die kanadische Einheit zu wahren. Nach dem Wahlsieg der Konservativen vom Mai 1979 von → *Clark* abgelöst und vorübergehend vom Parteivorsitz zurückgetreten. Nach der Demission von *Clark* und den für die Liberalen erfolgreichen Wahlen vom Februar 1980 wieder an der Spitze der Regierung und erneut mit den früheren Problemen konfrontiert.

Tschaloryu [*Chaloryu, Chalawyu*), Admiral *Sa-Ngat* (Thailand; s. WA '79, Sp. 404 u. '80, Sp. 422), geb. 1916, seit dem militärischen Staatsstreich im Oktober 1976 Führer des aus Offizieren bestehenden »Nat. Administrations-Reformrats«/NARC. T. gilt als antikommunistisch, aber als Befürworter normaler Beziehungen mit den kommunist. Nachbarn.

Tschawan, Jaschwantrao Bahwantrao (Yashwantrao B. Chavan) (Indien, s. WA '76, S. 186 u. '80, Sp. 422), geb. 1913, einer der bedeutendsten Politiker des Landes u. einer der ältesten Führer der Kongreß-Partei, seit deren Spaltung durch *Indira* → *Gandhi* (»Ind. Nat. Congr.-I.«) Vors. d. »Ind. Nat. Congr./offic.«. Im Kabinett von → *Singh* ab Juli 1979 stellv. Reg.-Chef u. Innenminister bis zur Parlamentsneuwahl vom Januar 1979.

Tschen Hsi-liän s. Chen Xilian

Tschen Jün s. Chen Yun

Tschernenko, *Konstantin Ustinowitsch* (Sowjetunion; s. WA '80, Sp. 422), geb. 1911 als Sohn eines russischen Bauern in Sibirien, Ausbildung als Lehrer, im Krieg ausgezeichnet. Studium an der Hochschule für Parteiorganisation. Seit 1976 einer der Sekretäre des ZK, verantwortlich für Verwaltung u. Sicherheit der Partei. Seit Nov. 1978 Vollmitglied des Politbüros, unter Beibehaltung der ZK-Sekretärs-Position; seither einer der wichtigsten Männer der Partei und engsten Mitarbeiter *Breschnjews.*

Tschiang Tsching-kuo [*Chiang Ching-kuo*] (Rep. China/Taiwan; s. WA '74, S. 203 u. '80, Sp. 422f.). Nach dem Rückzug der Regierung nach Taiwan Korpsgeneral, Generalsekretär des Nat. Verteidigungsrates, 1965 Verteidigungsminister, 1969 stellv. Regierungschef, seit Mai 1972 als Nachfolger von *Jen Tschi-kan (Yen Chia-kan)* Ministerpräsident. Nach dem Tod seines Vaters *Tschiang Kaischek* (s. WA '76, S. 210) 1975 Vors. der »Kuomintang«-Partei u. seit 1978 Staatspräsident.

Tschikerema [*Chikerema*], *James* [*»Chik«*] (Simbabwe/Rhodesien; s. WA '80, Sp. 370), geb. 1925 als Sohn einer Familie des Zezeru-Stammes der Schona. Einer der Bahnbrecher des modernen schwarzrhodesischen Nationalismus, in verschiedenen Organisationen tätig; 1959–1963 in Haft, dann im Exil. Mitte 1979 Gründung der »Simb. Demokrat. Partei«/ZDP. Stellvertreter von → *Musorewa* im UANC; 1978 mit diesem Minister in der Übergangsregierung. Bei den Wahlen von 1980 ohne Mandat.

Tschoi Kyu Hah [*Choi K. H.*] (Rep. Korea/Süd-K.), geb. 1919, nach Studium der Rechts- und Staatswissenschaften längere Zeit als Universitätsprofessor tätig, sodann Übergang in die diplomatische Laufbahn. 1967/68 Außenminister, dann u. a. Botschafter in Malaysia, seit 1971 Sonderberater des Präsidenten → *Park Tschung Hi* [*P. Chung Hee*]. Seit Dezember 1975 Regierungschef. Nach der Ermordung von *Park Tschung Hi* zum Vors. d. »Demokrat. Republ. Partei« u. am 6. 12. 1979 zum Nachfolger als Staatspräsident gewählt, jedoch weitgehend vom Militär abhängig. Am 16. 8. 1980 zurückgetreten, um einen »friedlichen Machtwechsel« zu ermöglichen.

Tschön Du Hwan [*Chon Doo* – auch *Too – Hwan*] (Rep. Korea/Süd-K.), geb. 1930, militärische Laufbahn, rascher Aufstieg in hohe Positionen, Generalleutnant. Nachfolger des wegen der Ermordung von Präsident → *Park Tschung Hi* zum Tode verurteilten und im Mai 1980 hingerichteten Chefs des Geheimdienstes/KCIA, *Kim Dschä* [*Jae*] *Kyu;* wegen seiner Methoden von der Opposition heftig angegriffen und ein Hauptanlaß für den Aufstand in Kwangdschu sowie für dessen blutige Niederschlagung (27. 5. 1980) verantwortlich. Zwar am 2. 6. als Geheimdienstchef zurückgetreten, aber nun an der Spitze des faktisch alle Macht besitzenden, Ende Mai geschaffenen »Ständigen Leitenden Ausschusses« des »Nationalen Sicherheitsrates« u., nach Ausscheiden aus d. Heer, am 27. 8. v. zuständ. Wahlgremium zum Staatspräsidenten gewählt. Er verspricht die Förderung eines »demokrat. Wohlfahrtsstaates«.

Tschu Fu-sung [*Chu Fu-sung*] (Rep. China/Taiwan), geb. 1915 in der festländischen Provinz Hubei [Hupeh], nach Studium und Promotion an der Universität Schanghai diplomatische Laufbahn. Zeitweise stellv. Außenminister. Seit Dezember 1979 als Nachfolger von Dr. *Tsiang Jen* [*Yen*]*-tschi* (jetzt Gen.Sekr. d. »Kuomintang«) zum Außenminister ernannt.

Tschung Söng Hwa [*Chung Seung-Hwa*] (Rep. Korea/Süd-K.), geb. 1926, militärische Laufbahn, Absolvierung der Militärakademie; im »Korea-Krieg« von 1950–1953 ausgezeichnet, u. a. bei der Verteidigung von Tägu (Daegu). 1953 Brigadegeneral, 1973 Kommandeur des III. Armeekorps und zuständig für das strategisch wichtige Gebiet zwischen der Hauptstadt Ssóul und der Nordgrenze. Seit Februar 1979 Stabschef des Heeres, nach der Ermordung von → *Park Tschung Hi* im Nov. 1979 Kriegsrechts-Kommandant (»Martial Law Commander«).

Turbay Ayala, *Julio César* (Kolumbien; s. WA '80, Sp. 423), geb. 1916 als Sohn eines eingewanderten Libanesen, früh in die »Liberale Partei« eingetreten, in dieser bald von großem Einfluß und seit 1973 ihr Präsident. In den 50er Jahren erstmals in der Regierung, später Außenminister, sodann Botschafter. Bei den Wahlen vom Juni 1978 zum Nachfolger von *López-Michelsen* (s. WA '75, S. 200 u. '78, Sp. 375) zum Präsidenten gewählt und vor der schwierigen Aufgabe, die drängenden wirtschaftlich-sozialen Probleme zu lösen.

Türkeş, Oberst a. D. *Alpaslan* (Türkei; s. WA '78, Sp. 403), Vertreter autoritärer Methoden in Wirtschaft und Politik, antikapitalistisch und antikommunistisch. Verfechter der »Panturkanischen Idee«, d. h. einer Zusammenarbeit bzw. Vereinigung aller turksprachigen Völker. Zeitweise Staatsminister in der Regierung → *Demirel.*

Ulloa Elias, *Manuel* (Perú), Außenminister in der Regierung von → *Belaúnde Terry* seit Juli 1980.

Ullsten, *Ola* (Schweden; s. WA '80, Sp. 423), geb. 1931 als Sohn eines Holzvermessers, nach Besuch des Gymnasiums Ausbildung zum Sozialarbeiter, seit 1965 als liberaler Abgeordneter im Reichstag, schließlich 1977 nach dem Rücktritt von *Per Ahlmark* Parteivorsitzender. 1976 in der von → *Fälldin* gebildeten ersten nichtsozialistischen Regierung seit Jahrzehnten verantwortlich für wirtschaftliche Zusammenarbeit und Anreger des Schuldenerlasses für die ärmsten Entwicklungsländer. Nach dem Rücktritt von *Fälldin* seit Okt. 1978 an der Spitze eines Minderheitskabinetts der Liberalen; seit den Wahlen vom Sept. 1979 Außenminister.

Ustinow, *Dimitri Fjedorowitsch* (Sowjetunion; s. WA '77, Sp. 410), seit März 1976 Vollmitglied des Politbüros. Nach dem Tod von Marschall *Gretschko* als dessen Nachfolger im April 1976 zum Verteidigungsminister ernannt und vom Generalobersten des Militärtechn. Dienstes zum Armeegeneral, im Juli 1976 zum Marschall befördert. Erklärt im Februar 1980 wegen »Erhöhung der US-Militärausgaben«, der Verzögerung der Ratifizierung des »Salt II«-Abkommens durch die USA und des »unerklärten Krieges« der USA und der Chines. Volksrepublik gegen das (von der UdSSR besetzte) Afghanistan eine verstärkte sowjet. Aufrüstung als notwendig.

Uyl, Joop den [*Johannes Martens den Uyl*] (Niederlande; s. WA '74, S. 181) 1977 bei den Wahlen mit seiner »Partei der Arbeit« erfolgreich, aber gescheitert bei dem Versuch der Bildung einer neuen Regierung (→ *Agt*).

Vajpahee [*Wadschpai*], *Atal Behari* (Indien; s. WA '78, Sp. 403 u. '79, Sp. 406), seit März 1977 (als Nachfolger von *Swaran Singh*) Außenminister; im Juli 1979 von → *Mischra* abgelöst. Übernimmt im April 1980 den Vorsitz der neuen »Ind. Volkspartei« (»Bharatiya Dschanta« [»Janata«]).

Vance, *Cyrus Roberts* [»*Cy*«] (USA; s. WA '78, Sp. 404 u. '79, Sp. 406), geb. 1917, mehrfach als Sonderunterhändler (»trouble-shooter«) in Krisenfällen eingesetzt, Anfang 1977 von → *Carter* zum Außenminister ernannt, 1978/79 wesentlicher Anteil am Zustandekommen des ägyptisch-israelischen Friedensvertrages. Seit Anfang 1980 bemüht, die durch die sowjetische Intervention in Afghanistan, die Entwicklung im Iran und die weiterhin bestehenden Differenzen zwischen Israel und Ägypten in der Palästinafrage geschwächte Position der USA im Nahen und Mittleren Osten wieder zu konsolidieren und Auffassungsunterschiede mit den NATO-Partnern bezüglich des vielfältigen Problemkreises zu überbrücken; erklärt jedoch am 21.4.1980 u. a. wegen Differenzen mit *Carter* über den militärischen Versuch, die US-Geiseln in Teheran zu befreien, seinen Rücktritt (→ *Muskie*).

Van den Boeynants s. Boeynants

Väyrynen, Dr. *Paavo* (Finnland), geb. 1946, Studium der Staatswissenschaften an der Universität Helsinki. Seit 1970 Abgeordneter der Zentrumsunion, zwei Jahre später deren stellv. Vorsitzender, seit Mitte 1980 an der Spitze der Partei. Mit 29 Jahren in der Regierung für das Unterrichtsressort verantwortlich. Seit 1979 – mit 33 Jahren – jüngster Außenminister des Landes.

Veil, *Simone* (Frankreich/Europ. Parlament), geb. 1927 als Tochter des Architekten *André Jacob,* 1944 zusammen mit Eltern u. Geschwistern nach dem KZ Auschwitz-Birkenau verschleppt (Eltern u. Bruder umgekommen). Nach 13 Monaten KZ-Aufenthalt befreit, Studium d. Polit. u. Rechtswissenschaften. Verheiratet, zwei Kinder. Tätigkeit in der Justizverwaltung, 1974 Gesundheitsministerin, Rücktritt 1977. Am 17.7.1979 im 2. Wahlgang zur Präsidentin des Europ. Parlaments gewählt.

Videla, General *Jorge* (Argentinien; s. WA '77, Sp. 410/411), nach dem Militärputsch vom März 1976 als Staatspräsident vereidigt und mit dem Ziel angetreten, den Terrorismus auszurotten u. die Korruption zu bekämpfen. Im Mai 1978 von der Junta bis 29.3.1981 bestätigt und Anfang August aus dem aktiven Dienst und der »Junta« ausgeschieden, um als Zivilist zu amtieren. Betont 1979/80 die Absicht, im Rahmen eines »Plan Político« mit allen nichtsubversiven Kräften einen »Dialog« zu führen.

Viljoen, *Gerrit* (Namibia/Rep. Südafrika), geb. 1927, Universitätslaufbahn, Rektor der »Rand-Universität« in Johannesburg, Angehöriger d. liber. Flügels der Nat. Partei. Seit 1.8.1979 als Nachf. v.

Steyn Generaladministrator für Namibia bis Aug. 1980.

Viljoen, *Marais* (Rep. Südafrika), geb. 1915, nach Schulbesuch Telegrafist, sodann Journalist, Führer des Jugendbundes der »National-Partei«/NP, 1949 Abgeordneter der Provinzversammlung von Transvaal, 1953 des Nationalparlamentes; 1958 erstmals im Kabinett, sodann Inhaber versch. Ministerien. 1976 Senatspräsident. Nach dem Rücktritt von → *Vorster* seit Juni 1979 Staatspräsident. Verfechter der Apartheid; verspricht jedoch Anfang 1980 Verbesserung der Lebensqualität für die Nichtweißen.

Vo Chi Cong (Vietnam; s. WA '68, S. 176), 1977–1979 Agrarminister; weiterhin einer der stellv. Vors. des Regierungschefs und des ZK.

Vo Nguyen Giap (Vietnam; s. WA '73, S. 186 u. '78, Sp. 404ff.), geb. 1910 (n. and. Ang. 1912), führender Stratege und Taktiker des »Vietnam-Krieges«. Seit 1974 Verteid.-Minister; als solcher im Februar 1980 von *Van Tien Dung* abgelöst, aber weiterhin in seinen Parteiämtern u. einer d. stellv. Ministerpräsidenten.

Vrhovec, *Josip* (Jugoslawien), geb. 1926 als Sohn einer kroatischen Familie, Studium der Gesellschaftswissenschaften in Belgrad. Seit 1941 aktive Teilnahme am Partisanenkrieg, seit 1944 in der KP. Nach dem Krieg Journalist, zeitweise Auslandskorrespondent, u.a. in den USA, 1971 Sekretär d. kroatischen Parteiexekutivkomitees, Vertreter Kroatiens in der Bundesparteileitung, zuständig für ideologische Fragen. Seit 1978 Außenminister.

Waldheim, Dr. Dr. h. c. *Kurt* (Österreich/UNO; s. WA '69, S. 185), seit 1.1.1972 (gewählt am 22.12.1971) UNO-Generalsekretär, seit 7.12.1976 für eine weitere fünfjährige Amtsperiode. W. wirft am 15.2.1979 den verantwortlichen Staatsmännern ein »Fehlen politischen Willens« zur Lösung der Weltprobleme vor. Die UNO sei nicht in der Lage, größere Konflikte zu lösen, da sie zu wenig Unterstützung finde. Diese Auffassung bestätigt sich 1980 erneut während der Krisensituation in Afghanistan und im Iran, bes. bei dem erfolglosen persönlichen Vermittlungsversuch für die US-Geiseln in Teheran. Im Aug. 1980 in den ASEAN-Staaten wegen seiner Haltung zum Kambodscha-Problem kritisiert. (K. Waldheim: Der schwierigste Job der Welt, Wien 1978.)

Wang Dongxing [*Wang Tung-hsing*] (Chines. Volksrepublik; s. WA '78, Sp. 405), auf dem 11. Parteitag im August 1977 zu einem der stellv. Vors. d. ZK und Mitglied des »Ständ. Komitees« des Politbüros, des einflußreichsten Führungsorgans, gewählt.

Weizman, *Ezer* (Israel; s. WA '79, Sp. 407), geb. 1924, seit 1977 Verteidigungsminister. Verfechter absolut sicherer Grenzen für Israel, aber in der Frage der Neugründung israelischer Siedlungen und der Besetzungspolitik im Westjordanland 1979/80 zunehmend im Gegensatz zu → *Begin* und im Mai 1980 zurückgetreten.

Werner, *Pierre* (Luxemburg), geb. 1914 bei Lille, Studium der Polit. und Rechtswissenschaften, Rechtsanwalt. Politisch in der Christl.-Soz. Partei aktiv, 1953 Finanzminister. Seit 1959 mehrfach Regierungschef. Urheber eines Plans für eine Europ. Währungs- und Wirtschaftsunion. Seit Juli 1979 Min.-Präs. einer Koalition aus Christl.-Soz. u. Liberalen.

Whitelaw, William (Großbritannien, s. WA '74, S. 205 u. '75, S. 214), im Febr. 1975 von *Margaret* → *Thatcher,* der Führerin der Konservativen, zum Stellvertreter, im Mai 1979 zum Innenminister ernannt.

Williams, Dr. *Eric* (Trinidad u. Tobago), ethnisch gemischter Herkunft; nach dem Studium frühzeitig politisch aktiv, Mitbegründer und Präsident der »People's National Movement«/PNM, seit deren Wahlsieg 1956 an der Regierungsspitze, zunächst als Chefminister, seit der Unabhängigkeit (1962) als Premier- und Außenminister. Stets um Ausgleich zwischen Schwarzen, Mulatten und Indern bemüht. Fördert Staatsunternehmen in wichtig. Wirtschaftszweigen, aber auch Klein- und Mittelbetriebe.

Wojtaszek, *Emil* (Polen;s. WA'79, Sp. 408), geb. 1927, seit Mai 1976 als Nachf. v. → *Olszowski* Außenminister, im Aug. 1980 von → *Czyrek* abgelöst, aber im ZK offenbar m. d. Kontrolle d. Außenpolitik u. d. Verbindung zu d. kommun. Parteien anderer Länder beauftragt.

Wu Dö [*Wu Te*] (Chines. Volksrepublik; s. WA '78, Sp. 406 u. '80, Sp. 426), 1980 von seinen führenden Ämtern abgelöst.

Xu Xiangqian [*Hsu Hsiang-Tschien*] (Chines. Volksrepublik), Verteidigungsminister u. einer der Stellv. des Staatsratsvorsitzenden.

Yadin, *Yigael* [*Jigal Jadin*] (Israel; s. WA '78, Sp. 406 u. '79, Sp. 408), geb. 1917, seit Okt. 1977 in d. Reg. v. → *Begin* u. stellv. Reg.-Chef.

Yang Dezhi [*Jang Dedschi*] (Chines. Volksrepublik), geb. 1910, Mitglied der KPCh seit 1928, Teilnehmer am »Langen Marsch«, vom Zugführer zum Armeegruppenführer der »Volksbefreiungsarmee« aufgestiegen. Nach 1950 im »Korea-Krieg« Befehlshaber der »Chinesischen Volksfreiwilligen«, 1979 Leiter der Militäraktion gegen Vietnam und zuletzt an der Spitze der Militärregion Kunming. Mitglied des ZK und einer der Sekretäre des Sekretariats. Seit 1980 Generalstabschef.

Ye Jianying [*Jeh Tschien-jing*] (Chinesische Volksrepublik; s. WA '76, S. 194 u. '79, Sp. 370), seit 1977 einer der stellv. Vors. d. ZK der KPCh.

Young, Andrew [*»Andy«*] (USA; s. WA '79, Sp. 409 u. '80, Sp. 426), geb. 1932. Anfang 1977 von → *Carter* zum US-Chefdelegierten bei der UNO ernannt. In seiner polit. Aktivität mehrfach im Gegensatz zum State Department. Ende Aug. 1979 durch → *McHenry* abgelöst.

Yu Qui-li [*Jü Tschiu-li*] (Chines. Volksrep.), geb. 1914, 1929 Mitglied d. kommunist. Jugendverbandes, 1931 der KPCh. Teilnehmer am »Langen Marsch« von 1934/35, im Bürgerkrieg und im Krieg gegen Japan eingesetzt. Aufstieg in Partei und in Regierungsämtern als enger Mitarbeiter von → *Deng Xiaoping*, 1958 Minister für die Erdölindustrie; bekannt auch durch die Organisation des Mehrzweck-Erdöl- und Industriereviers von Daqing [Tatsching]. Während der »Kulturrevolution« zeitweise in Ungnade. Seit 1972 Staatsplanungsminister. Seit 1975 einer der stellv. Staatsratsvorsitzenden, seit 1977 Mitglied des Politbüros und u.a. beauftragt mit der Revidierung des Fünfjahresplanes u. Vors. d. Landw.-Kommission. Seit 1980 auch einer der Sekretäre des ZK u. Leiter der neuen Energie-Kommission.

Zaccagnini, Dr. med. *Benigno* (Italien; s. WA '78, Sp. 407ff.), geb. 1912, 1975 zum Parteisekretär der DC gewählt, mit der Aufgabe, die in viele Flügel gespaltene Partei zu einigen. Z. spricht sich wiederholt für eine scharfe Abgrenzung gegenüber den Kommunisten und gegen den sog. »Historischen Kompromiß« aus, bejaht jedoch zuletzt eine bedingte Koalition mit dem PCI; verzichtet im Februar 1980 auf eine neue Kandidatur für sein Amt, in das der DC-Nationalrat im März → *Piccoli* wählt.

Zhao Ziyang [*Dschao Dsi-jang*] (Chines. Volksrepublik), geb. 1910, seit 1932 Mitglied des kommunist. Jugendverbandes, seit 1938 der KPCh. Während des Bürgerkriegs auf verschiedenen Ebenen Kommandeur und Parteifunktionär. 1951 u.a. mitverantwortlich für die Bodenreform in der Provinz Guangdong [Kwangtung]; Anfang der 70er Jahre zeitweise Erster Sekretär der Partei in der Region »Innere Mongolei« (Neimenggu), sodann in Sichuan [Szetschuan]. Schließlich Mitglied des ZK und seit 1980 des Ständ. Ausschusses des »Politbüros« sowie Stellv. Regierungschef.

Zia ul-Huq s. Sia ul-Hack

Zia ur-Rahman s. Sia ur-Rahman

Kurzbiographien der Ausgaben '64 bis '79 des »Fischer Weltalmanach« sind in einem Register des WA '79, Sp. 411 ff. aufgeführt. Nachstehend wird auf diejenigen im WA '80 enthaltenen Kurzbiographien hingewiesen, die in den WA '81 nicht mehr aufgenommen wurden.

Erläuterungen zur Aussprache der chinesischen Namen nach dem phonetischen Alphabet finden sich im WA '80, Sp. 427.

Internationale Organisationen, Bündnisse und Konferenzen

1980 existieren weit über 2400 internationale Organisationen in der Welt, von denen allein etwa 750 nach dem Zweiten Weltkrieg geschaffen wurden.[1] Dieses Kapitel enthält die wichtigsten sogenannten **IGOS** *(International Governmental Organizations)*, d.h. nur die von Staaten bzw. Regierungsorganen eingegangenen politischen und wirtschaftlichen Zusammenschlüsse sowie Verteidigungsbündnisse.[2] *Teil A: Organisationen* ist erdteilspezifisch untergliedert und stellt jeweils an den Anfang der Unterkapitel die regional wichtigste Vereinigung – z.B. die **UNO**, die **EG** bei Europa, die **OAU** bei Afrika und die **OAS** bei Amerika. Die weiteren Organisationen folgen in alphabetischer Reihenfolge nach den in der deutschsprachigen Presse üblichen Abkürzungen (z.B. **BENELUX, CERN, EFTA, EPA, ESA** usw.). – Die sogenannten **INGOS** *(International Non-Governmental Organizations)* sind aus Platzgründen nicht berücksichtigt.[3] – *Teil B: Bündnisse und Konferenzen Herbst 1979–Herbst 1980* geht insbesondere auf den Verteidigungsbereich ein, auch auf den organisatorisch nicht fest institutionalisierten (vgl. Abschnitt »Abrüstung und Rüstung«, Sp. 631 f.).

[1] = Vgl. *Forum Europarat*, Nr. 4/1979, S. 115. – [2] = Vollständige Verzeichnisse von **IGOS** und **INGOS** enthält das *Yearbook of International Organizations 1980* (Brüssel); ausführl. die *IGOS* behandelt z.B. das *Political Handbook of the World 1980* (New York). – [3] = Vgl. dazu die Weltchronik 1 (Chronologie) sowie das Wirtschaftskapitel.

A. ORGANISATIONEN

1. Weltweit bzw. erdteilübergreifend

UNO
VEREINTE NATIONEN
(United Nations Organization/UNO, frz. ONU)

Vorbereitende Konferenzen der Alliierten seit 1942. Unterzeichnung der Charta in San Francisco am 26.6.1945. Am 24.10. (seither »Tag der Vereinten Nationen«) 1945 traten die Statuten in Kraft. 51 Gründungsmitglieder. – **Aufnahme** aller »friedliebenden Staaten« nach Empfehlung durch den Sicherheitsrat und Zustimmung der Vollversammlung, Ablehnung durch Veto der Ständigen Mitglieder des Sicherheitsrates. – **Ziel:** Laut Art. 2 sollen alle Mitglieder »ihre zwischenstaatlichen Streitigkeiten auf friedlichem Wege auf solche Weise schlichten, daß internationaler Friede und internationale Sicherheit und Gerechtigkeit nicht gefährdet werden«. *Hauptziele:* Erhaltung des Friedens durch Ächtung des Krieges, Abrüstung. Garantie der persönlichen Freiheit und Wahrung der Menschenrechte.
Symbol: Globus m. Ährenkranz auf hellblauem Grund. – **Organe:** 1. Vollversammlung, 2. Sicherheitsrat, 3. Wirtschafts- und Sozialrat, 4. Treuhandschaftsrat, 5. Generalsekretär, 6. Internationaler Gerichtshof. – Weitere Einrichtungen sowie Sonderorganisationen. – Die UNO beschäftigt, mit Sonderorganisationen, rund 40000 Personen, davon lt. Stellenplan 11109 (690 Deutsche aus der BR Dtld.) bei den UN in New York. Große Personalanteile in den europ. UN-Zentren Genf, Wien, Bern u. Rom.

1. Vollversammlung (General Assembly); jedes Mitglied verfügt über eine Stimme. Die Vv. tagt regulär einmal jährlich. Sie hat 6 Hauptkomitees, je ein Generalkom. u. Beglaubigungskom. sowie zahlr. Spezialkomitees; wichtig u.a. die »Konferenz des Abrüstungskomitees« u. ein Spezialkomitee für friedenserhaltende Operationen. Die Waffenstillstandskommissionen sind der Vollversammlung verpflichtet.
2. (Welt-) **Sicherheitsrat** ([World] Security Council), bestehend aus den Ständigen Mitgliedern Frankreich, Großbritannien, VR China, Sowjetunion und USA, außerdem aus 10 für je 2 Jahre von der Vv. gewählten nichtständigen Mitgliedern: DDR, Niger, Tunesien, Philippinen, Mexiko (Kompromißkandidat im 155. Wahlgang) bis 31.12.1981, Bangladesch, Jamaika, Norwegen, Portugal, Sambia bis 31.12.1980. Entscheidendes Organ; Vetorecht der Ständ. Mitgl. Zuständig auch f. d. Abrüstungskommission.
3. Wirtschafts- und Sozialrat (Economic and Social Council/**ECOSOC**) aus 54 aus der Vollversammlung gewählten Mitgliedern (jährl. Wahl v. 9 Mitgl. f. je 3 Jahre); regionale *Wirtschaftskommissionen:* für Europa (**ECE,** Genf, 34 Mitgl.), f. Asien u. d. Pazifik (**ESCAP,** Bangkok, 35 Mitgl.), f. Westasien (**ECWA,** Beirut, 12 Mitgl.), für Lateinamerika (**ECLA** bzw. **CEPAL,** Sitz Santiago de Chile, 33 Mitgl.) u. f. Afrika (**ECA,** Sitz Addis Abeba, 47 Mitgl. m. eig. Hochschule in Nairobi/Kenia).

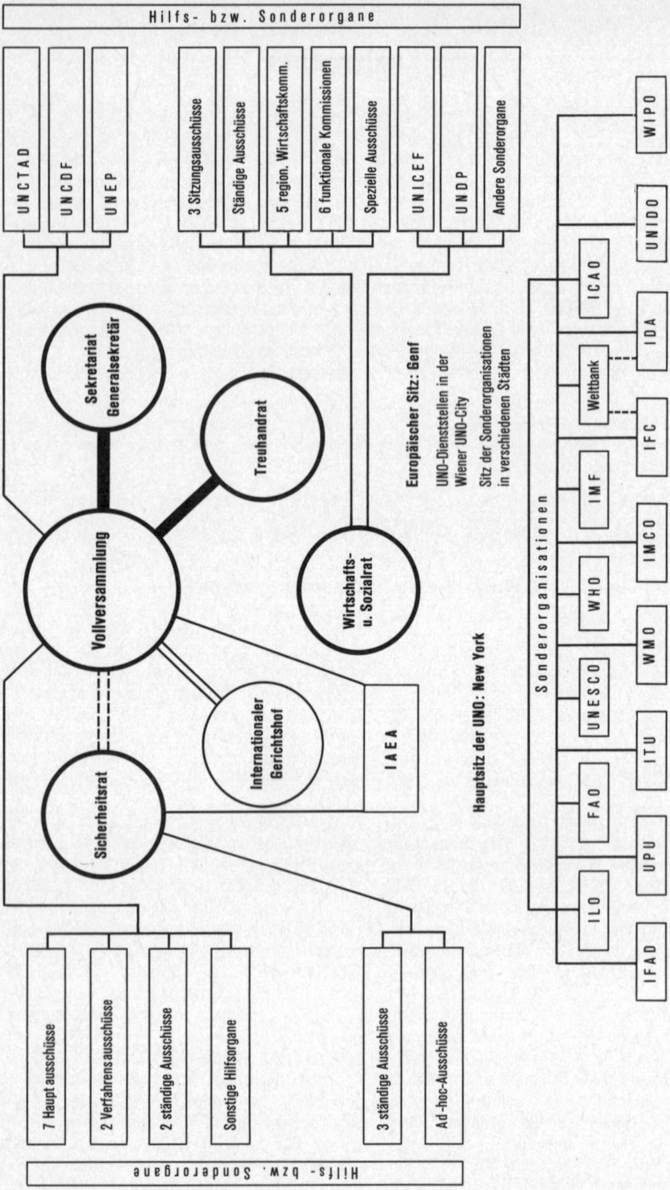

Organisations-System der UNO
(Nach Günther Unser »Die UNO«, 2.A. 1978, modifiz.)

UNO-Mitglieder (153; mit Aufnahmedatum)[1]

Afghanistan	19.11.46	Indien	30.10.45	Pakistan	30. 9.47
Ägypten	24.10.45	Indonesien	28. 9.50	Panamá	13.11.45
Albanien	14.12.55	Irak	21.12.45	Papua-Niugini	10.10.75
Algerien	8.10.62	Iran	24.10.45	Paraguay	24.10.45
Angola	1.12.76	Irland	14.12.55	Perú	31.10.45
Äqu.-Guinea	12.11.68	Island	19.11.46	Philippinen	24.10.45
Arabische Em.	9.12.71	Israel	11. 5.49	Polen	24.10.45
Argentinien	24.10.45	Italien	14.12.55	Portugal	14.12.55
Äthiopien	13.11.45	Jamaika	18. 9.62	Ruanda	18. 9.62
Australien	1.11.45	Japan	18.12.56	Rumänien	14.12.55
Bahamas	18. 9.73	Jemen, Ar. Rep.	30. 9.47	Saint Vincent	20. 2.80
Bahrein	21. 9.71	Jemen, D.V.R.	14.12.67	Salomonen	19. 9.78
Bangladesch	17. 9.74	Jordanien	14.12.55	Samoa	15.12.76
Barbados	9.12.66	Jugoslawien	24.10.45	Sambia	1.12.64
Belgien	27.12.45	Kambodscha	14.12.55	Santa Lucia	18. 9.79
Benin	20. 9.60	Kamerun	20. 9.60	São Tomé u. Pr.	16. 9.75
Bhután	21. 9.71	Kanada	9.11.45	Saudi-Arabien	24.10.45
Birma	19. 4.48	Kapverden	16. 9.75	Schweden	19.11.46
Bolivien	14.11.45	Katar	21. 9.71	Senegal	28. 9.60
Botsuana	17.10.66	Kenia	16.12.63	Seschellen	21. 9.76
Brasilien	24.10.45	Kiribati[3]	.....	Sierra Leone	27. 9.61
Bulgarien	14.12.55	Kolumbien	5.11.45	Simbabwe	25. 8.80
Burundi	18. 9.62	Komoren	12.11.75	Singapur	21. 9.65
Chile	24.10.45	Kongo, V.R.	20. 9.60	Somalia	20. 9.60
Chines. Volksrep.[2]	24.10.45	Kuweit	14. 5.63	Sowjetunion	24.10.45
Costa Rica	2.11.45	Laos	14.12.55	Spanien	14.12.55
Cuba	24.10.45	Lesotho	17.10.66	Sri Lanka	14.12.55
Cypern	20. 9.60	Libanon	24.10.45	Südafrika	
Dänemark	24.10.45	Liberia	2.11.45	(Rep. Südafrika)	7.11.45
Deutschland		Libyen	14.12.55	Sudan	12.11.56
Bundesrep.	18. 9.73	Luxemburg	24.10.45	Suriname	5.12.75
DDR	18. 9.73	Madagaskar	20. 9.60	Swasiland	24. 9.68
Dominica	18.12.78	Malawi	1.12.64	Syrien	24.10.45
Dominik. Rep.	24.10.45	Malaysia	17. 9.57	Tansania	14.12.61
Dschibuti	20. 9.77	Malediven	21. 9.65	Thailand	16.12.46
Ecuador	21.12.45	Mali	28. 9.60	Togo	20. 9.60
Elfenbeinküste	20. 9.60	Malta	1.12.64	Trinidad-Tob.	18. 9.62
El Salvador	24.10.45	Marokko	12.11.56	Tschad	20. 9.60
Fidschi	13.10.70	Mauretanien	27.10.61	Tschechosl.	24.10.45
Finnland	14.12.55	Mauritius	24. 4.68	Tunesien	12.11.56
Frankreich	24.10.45	Mexiko	7.11.45	Türkei	24.10.45
Gabun	20. 9.60	Mongol. Volksr.	27.10.61	Tuvalu[3]	.....
Gambia	21. 9.65	Mosambik	16. 9.75	Uganda	25.10.62
Ghana	8. 3.57	Nepál	14.12.55	Ukrain. S.S.R.	24.10.45
Grenada	17. 9.74	Neuseeland	24.10.45	Ungarn	14.12.55
Griechenland	25.10.45	Nicaragua	24.10.45	Uruguay	18.12.45
Großbritannien	24.10.45	Niederlande	10.12.45	USA	24.10.45
Guatemala	21.11.45	Niger	20. 9.60	Vanuatu[3]	.....
Guinea	12.12.58	Nigerien	7.10.60	Venezuela	15.11.45
Guinea-Bissau	17. 9.74	Norwegen	27.11.45	Vietnam	20. 9.77
Guyana	20. 9.66	Obervolta	20. 9.60	Weißr. S.S.R.	24.10.45
Haïti	24.10.45	Oman	7.10.71	Zaïre	20. 9.60
Honduras	17.12.45	Österreich	14.12.55	Zentralafr. Republ.	20. 9.60

[1] = Stand 1.9.80. – Nicht UNO-Mitgl. sind: Andorra, Rep. China (Taiwan), Korea (Rep. und VR), Liechtenstein, Monaco, Namibia, Nauru, San Marino, Schweiz, Tonga, Vatikanstaat (sowie die von der RSA einseitig als »unabhängig« erklärten Homelands Bophuthatswana, Transkei u. Venda); einige Organisationen (EG, COMECON, Commonwealth, PLO) durch Beobachter vertreten. – [2] = Anspruch, auch Taiwan zu vertreten. – [3] = Aufn. durch Vollversammlung noch 1980 möglich.

Außerdem Statist. Kommissionen, Kom. f. Abrüstung, Kom. f. Menschenrechte (32 Mitgl.; Anti-Folter-Konvention 1979), Kom. f. Soz. Entwicklg., Kom. f. d. Status d. Frauen, Kom. f. Rauschgift, Bevölk.-Kom.; zahlreiche Komitees usw. – Zusammenarbeit mit über 150 nichtstaatlichen Organisationen. – Das *Amt für Technische Hilfeleistung* (Technical Assistance Board/**TAB**) für Koordinationsaufgaben u. Projektvorlagen beim ECOSOC. – UN Statistical Office/**UNSO.**

4. Treuhandschaftsrat (Trusteeship Council, 5 Mitgl.) als Aufsichtsorgan für die der UNO unterstellten Treuhandgebiete.

5. Generalsekretär (Secretary General) bis 31.12.1981 der Österreicher *Kurt Waldheim;* seit 1978 Beigeordn. Gen.Dir. f. Entw. u. internat. wirtsch. Zusammenarbeit *Kenneth K. S. Dadzie* (Ghana). – Sekretariat im UNO-Sitz in New York mit 11 Untergeneralsekretären sowie 5 Stv. Gen.Sekr.

6. Internationaler Gerichtshof (International Court of Justice), aus 15 von Vollversammlung und Sicherheitsrat für 9 Jahre gewählten Richtern; Sitz Den Haag. Präs.: *Sir H. Waldock*/UK.

Amts- u. Arbeitssprachen: Chinesisch, Englisch, Französisch, Russisch, Spanisch, Arbeitsspr. auch Arabisch; Übers. wicht. Dokumente ins Deutsche. – *Budget:* ord. Zweijahreshaushalt 1980/81 1,37 Mrd. $. Aufteilung der nat. Beiträge: USA 25,00%, UdSSR insges. 13,54%, Japan 9,58%, BR Deutschland 8,31% (= rd. 50 Mill. $), DDR 1,33%, Frankreich 6,26%, VR China 5,50%, Kanada 3,28%; über 80 Staaten zahlen den Mindestbeitrag von 0,01% des Gesamthaushalts.

Weitere UNO-Einrichtungen (jedoch keine Sonderorg.): Military Staff Committee, UN Military Observer – UNO-Friedenstruppe auf Cypern (UN Peace Force in Cyprus/**UNFICYP**) bis 15.6.80 – UNO-Waffenstillstandsüberwachungskom./**UNTSOP** im Nahen Osten, seit 1/1980 ohne Chefkoordinator – UNO-Entflechtungs-Beobachtungsstreitkräfte/**UNDOF** bis 30.12.79 – UNO-Interimsstreitkräfte im Libanon/**UNFIL** bis 19.6.80 – UNO-Unterstützungseinheit (UN Transitional Assistance Group/**UNTAG**) für Namibia vorgesehen – UNO-Hilfswerk für Palästina-Flüchtlinge im Nahen Osten/**UNRWA** (Komm.: O. Rydbeck, Wien) – UNO-Umweltsekretariat/**UNEP** (Sitz Nairobi, Kenia) – UNO-Seerechtskonferenz (seit 1973; 1979 IX. Runde in Genf; ab 1980 int. Seerechtskodex) – UNO-Konferenz gg. grausame Waffenanwendung im Kriegsfalle (in Zusammenarb. m. d. **IKRK**) 1979 in Genf – UNO-Weltraumkonferenz (bis 1983 geplant) – UNO-Welternährungskonferenz u. Welternährungsrat/**WFC** – Welternährungsprogramm/**WEP** – UNO-Entwicklungsprogramm/**UNDP** – UNO-Inst. f. Ausb. u. Forschung/**UNITAR** – UNO-Bevölkerungsfonds/**UNFPA** – *Hochkommissar für Flüchtlinge* (United Nations High Commissioner for Refugees/**UNHCR**), Poul Hartling; Sitz Genf. Indochina-Flüchtlingskonf. 1979. – *Kinderhilfswerk der Vereinten Nationen* (United Nations Children's Fund/**UNICEF**), Sitz New York; UNICEF arbeitet in rund 150 Ländern. – UNO-Konferenz für Handel und Entwicklung (UN Conference on Trade and Development/**UNCTAD**), m. Handels- u. Entw.-Amt aus 55 Mitgl., m. einer Reihe institutionalisierter Unterkonferenzen (Getreide, Hochseeschiffahrt usw.); gegr. 1964 – Genf; Schlüsselrolle im sog. *Nord-Süd-Dialog*, 1979 V. Welthandelskonferenz in Manila/Phil. m. 119 Staaten.

Sonderorganisationen[1], unabhängig v. d. UNO, aber eng mit ihr zusammenarbeitend: *Erziehungs-, Wissenschafts- u. Kulturorganisation* (United Nations Educational, Scientific and Cultural Organization/**UNESCO**); gegr. 1946; Paris; 146 Voll- u. mehrere assoz. Mitglieder; Budget 1979/80 303 Mill. $; Gen.Dir.: Amadou-Mahtar M'Bow (Senegal). Verabschiedung einer Mediendeklaration 1978. – *Internationale Atomenergie-Organisation*/**IAEO** (International Atomic Energy Agency/**IAEA**); gegr. 1957; Wien (110), Budget 1978 61,5 Mill. £; Gen.Dir.: Sigvard Eklund (Schweden). – *Intern. Bank für Wiederaufbau und Entwicklung* (Internat. Bank for Reconstruction and Development/»Weltbank«/**IBRD**), gegr. 1945; Washington D.C. (132); Tochterorganisation: »Intern. Entwicklungsgesellschaft« (Int. Development Association/**IDA**) (120). – *Intern. Finanzgesellschaft* (International Finance Corporation/**IFC**): gegr. 1956, Sitz in Washington D.C. (108); Präsident der Bank und der IDA und Vorsitzender der IFC: Robert McNamara, USA (vorzeit. Rücktritt 30.6.1981). – *Internationale Fernmeldeunion* (International Telecommunication Union/**ITU**); gegr. 1932 als Nachf. d. Int. Telegr. Vereins (154). Funkverwaltungskonf. 1979. – *Internationale Meteorolog. Organisation* (World Meteorological Organization/**WMO**); gegr. 1950, Weltklimakonferenz 1979 (144). – *Internat. Zivilluftfahrtorganisation* (International Civil Aviation Organization/**ICAO**); gegr. 1947; Sitz Montreal (136). – *Internat. Währungsfonds*/**IWF** (Int. Monetary Fund/**IMF**); gegr. 1945; Washington D.C. (138, mit VR China seit 17.4.80), Dir. J. de Larosière; m. Trustfonds u. Abtlg. Sonderziehungsrechte/SZR (Buchgeld u. neue int. Leitwährung, seit 1974 aus Korb v. 16 Weltwährungen definiert). – *Internat. Arbeitsorganisation* (International Labour Organization/**ILO**); gegr. 1919 (147), 1980 Wiedereintritt der zu 25% finanzierenden USA. – *Organisation für Ernährung und Landwirtschaft* (Food and Agriculture Organization/**FAO**); gegr. 1945, Rom (o. Assoz. 144). Gen.Dir.: Edouard Saouma (Libanon); Internat. Fund for Agricultural Development/**IFAD.** – Programm f. Techn. Kooperation/**PTC** – *Organ. f.*

[1] = Specialized Agencies m. eig. Statut; Sitz Genf (sonst angegeben); eingeklammert Mitgliederzahl (meist Anfang 1980)

Handelszusammenarbeit/**OTC**, geplant als Ersatz für die seit 1947 vorgesehene *International Trade Organization*/**ITO**; an deren Stelle zunächst *Allgemeines Zoll- u. Handelsabkommen* (General Agreement on Tariffs and Trade/**GATT**); abgeschlossen 1947, später erweitert (Voll-M. 83). Es hat (u. a. im »Trade Negotiating Committee«/**TNC**) dafür zu sorgen, daß zwischen den Partnern ausgehandelte Zollsenkungen auch den übrigen Mitgliedern zugestanden werden. – *Organisation für Industrielle Entwicklung* (UN Industrial Development Org./**UNIDO**), gegr. 1967; Wien (151), Büro in Köln; Exekutivdir.: Abd-el Rahman Khene (Algerien), Präs.: Narasimha Rao (Indien); ord. Budget 1979/80 179 Mill. $. – UNIDO-Bank f. industr. u. technolog. Information **(INTIB)**. – *Weltgesundheitsorganisation* (World Health Organization/**WHO**); gegr. 1948 (151), Gen.-Dir. Makler, Budget '80/1: 427 Mill. $, Weltges.-Konf. 1979 – *Weltpostverein* (Universal Postal Union/**UPU**); gegr. 1875 als General Postal Union, Bern (156). – *Zwischenstaatliche Beratende Schiffahrtsorganisation* (Inter-Governmental Maritime Consultative Organization/**IMCO**); gegr. 1958; London (101) – *Weltorganisation für Geistiges Eigentum* (World Intellectual Property Organization/**WIPO**); gegr. 1967 (101). – *World Federation of United Nations Associations*/**WFUNA**.

Bibliographie: Das System der VN – Internat. Bibliographie, Hg.: Dt. Ges. f. d. VN (DGVN), Bonn 1979 – Übersetzungs-, Zuordnungs- u. Abkürzungsverzeichnis z. Bereich VN, UN-Texte 24, Hrsg. Dt. Ges. f. d. VN, Bonn 1978 – Vereinte Nationen, Zeitschr., Bonn. – *R. Wolfrum* u. a. (Hg.): Handbuch Vereinte Nationen, München 1977 – *G. Unser:* Die UNO. Aufgaben u. Struktur der Vereinten Nationen. 2. A. München 1978 – Yearbook of the United Nations, New York – »Tribüne International« (frz.: »Un seule monde«) regelm. Sonderbeilage 16 internat. Tageszeitungen (Red. J. Schwoebel), Bonn, London, Paris etc., ab Juni 1979. – Dok. z. 34. Vv. der VN in: Europa Archiv Nr. 23/79, D 623–652. – Themenausg. »Deutschland in den VN« in: Das Parlament Nr. 36/79, 14 S.

BLOCKFREIE
Bündnisfreie Staaten

(Countries of the Bandung Conference/»Gruppe 77«)

Nach Anregungen auf Konferenzen in Colombo und Bogor (1954) erste politische **Afro-Asiatische Konferenz in Bandung** (Indonesien) vom 8. bis 24. 4. 1955. Vertreten waren 23 asiatische und 6 afrikanische Staaten. Institutionalisiert wird die Konf. durch das Sekretariat des Asian Africa Legal Consultant Committee in Jakarta/RI. Einigung über die *»Fünf Prinzipien der friedlichen Koexistenz«* (»Pandschaschila«). Fast alle ursprgl. Bandungstaaten sind auch auf den Konferenzen der **»Bündnisfreien (Blockfreien) Staaten«** anwesend. **Gipfelkonferenzen:** I. In Belgrad (1961 m. 25 Teilnehmern), II. in Kairo (1964 m. 47 T.) III. in Lusaka (1970 m. 65 T.). – Außenministerkonf., verabschiedete 1972 *Deklaration von Georgetown* (Guyana), IV. in Algier (1973 m. 75 Vollmitgl., 9 Beob., dazu die UNO sowie 13 »Befreiungsbewegungen«). Das Hauptthema der Außenministerkonferenz in Lima (Perú) Aug./Sept. 1975 war die Neugestaltung des Verhältnisses zu den Industrieländern bzw. die Forderung nach der Schaffung einer **»Neuen Internat. Wirtschaftsordnung«**. – Die V. **Gipfelkonferenz** (seit d. Neuaufnahmen 86 Mitglieder) fand v. 16.–19. 8. 1976 in Colombo (Sri Lanka) statt. – Auf der **VI. Gipfelkonerenz** in La Habana, Cuba (3.–9. 9. 1979; seither 96 Vollmitgl.) traten heftige Gegensätze zwischen den Vertretern echter Blockfreiheit und solchen auf, die eine engere Kooperation mit dem Ostblock verfechten. – Anzahl der Vertreter im »Koordinierungsausschuß«: Afrika 12, Asien 8, Amerika 4, Europa 1 (s. auch Sonderkapitel sowie Karte »Blockfreie«, Sp. 103ff.). – Die »Bündnisfreien Staaten« sind auch in der **»Gruppe 77«** der Entwicklungsländer (bis 1979 auf 119 Mitglieder angewachsen) vertreten; auf deren Ministerkonferenz vom 2.–8. 2. 1976 in Manila wurde die **»Manila Charta«** angenommen, die u. a. eine Öffnung der Märkte der Industrieländer für Industrieprodukte der Entwicklungsländer und höhere Entwicklungshilfe fordert. Zunehmend heterogene Gruppenbildungen (»A«: Entw.-Lä. in Asien u. Afrika, »B«: marktwirtsch. Ind.-Lä., »C«: Entw.-Lä. Lateinamerikas, »D«: Staatshandels-Lä., »E«: ledigl. VR China). – 1966 wurde auf der **1. Solidaritätskonferenz der Völker Afrikas, Asiens und Lateinamerikas** (3.–15. 1.) eine **»Organisation der Solidarität der Völker Afrikas, Asiens und Lateinamerikas«**/»Organisación de la Solidaridad de los Pueblos de Africa, Asia y América Latina«/**OSPAAL** mit Sitz in La Habana (Cuba) gegründet. Gegründet wurden u. a. ein Provis. Vollzugssekretariat in La Habana (Generalsekretär *Osmani Cienfuegos*, Cuba), ein »Befreiungskomitee« und »Revolutionäre Nationalkomitees« sowie eine **»Organisation der lateinamerikanischen Solidarität«**/»Organisación Latino-Americana de la Solidaridad«/**OLAS** (»zur Unterstützung der revolutionären Befreiungsbewegungen in der Hemisphäre«); Sitz der Organisationen in La Habana (s. auch Sonderkapitel »Cuba«, Sp. 137ff.).

Bibliographie: *Márdek, H.* u. *R. Wünsche:* Ergebnisse und Bedeutung der V. Konferenz der nichtpaktgebundenen Staaten, in »Deutsche Außenpolitik«, 1976, Nr. 11, Berlin (Ost). – *Matthies, V.,* Die Bewegung der Blockfreien, in: Beilage B 37/79 zum PARLAMENT. – *Jankowitsch, O./Sauvant, K. P.,* The Third World Without Superpowers: The Collected Documents of the Non-Aligned Countries, Bd. 1, Dobbs Ferry (New York) 1978.

CCC
RAT FÜR DIE ZUSAMMENARBEIT AUF DEM GEBIET DES ZOLLWESENS
(Customs Co-Operation Council/CCC, frz. CCD)

Unterzeichnung des Abkommens am 15. 12. 1950 in Brüssel. 68 Mitglieder. Sekretariat in Brüssel. Rat als Beschlußorgan. Ziele: Verwaltung und Weiterentw. der auf Abkommen beruhenden Brüsseler Zolltarifnomenklatur u. Zollwertdefinition sowie Harmonisierung des Zollverfahrensrechts.

COMECON
RAT F. GEGENSEIT. WIRTSCHAFTSHILFE/RGW
(Council for Mutual Economic Aid/COMECON, Sowjet ekonomitsch. wsjamopomoschtschi/SEW)

Kommuniqué v. 25. 1. 1949 (Moskau), Statut v. 1960 (1979 revidiert). **Mitglieder** (10): Sowjetunion, Bulgarien, Cuba (1972), die DDR (1950), die Mongolische Volksrep. (1962), Polen, Rumänien, Tschechoslowakei, Ungarn, Vietnam (1978); Afghanistan, Äthiopien, Angola, DVR Jemen, Laos, Nordkorea sind Beobachter; Jugoslawien seit 1964 assoziiert; Finnland, Irak u. Mexiko sind assoziiert; Guyana u. Jamaika nahmen Kontakt auf. – Rechtsnatur des RGW ledigl. zwischenstaatlich, keine juristische Durchgriffsmöglichkeit auf Bürger durch eigene Legislation und kein Gemeins. Markt (wie bei EG). – **Ziel:** Koordination der Wirtschaftspläne, Arbeitsteilung, gemeins. Ausbau des Transportsystems, techn. u. wissensch. Erfahrungsaustausch. – **Oberste Organe:** *Rat* (tagt seit 1954) aus gleichber. Vertretern aller Partner u. *Ständiges Exekutiv-Komitee*, Vorstandsvors.: *Witalij Worobjow*. Statutsänderung 1979 hebt Einstimmigkeitsprinzip auf (de facto bereits vorher praktiziert) und führt gegenseit. Konsultationspflicht in allg. Wirtschaftsfragen ein. Zahlreiche *Ständige Kommissionen* für die einzelnen Wirtschaftsbereiche (Sitz in den verschiedenen Hauptstädten der Partner), *Arbeitsgruppen, Ständiges Sekretariat* (Sekretär: *Nikolai Fadejew*), *Ständige Stellvertretertagung* in Moskau. – *»Bank sozialistischer Länder«* (seit 1964, auch »Internationale Bank f. wirtschaftl. Zusammenarbeit« genannt) mit Stammkapital v. 300 Mill. Rubel, davon zwei Fünftel d. Sowjetunion – dient in erster Linie d. Verrechnungsverkehr. – Planungs-Koordination f. zunächst 20 J. (Ablauf 1980). Seit 1969 *Güterwagenpool;* 1963 multilaterales Zahlungsabkommen. *»Institut f. Standardisierung«* in Moskau, zentr. »Dispatcher-Verwaltung« in Prag. 1971 wurde in Bukarest ein »20-Jahres-Komplex-Programm« zur weiteren wirtschaftlichen Integration der Mitgliedsstaaten vereinbart, am 23. 2. 1972 die Gründung der Organisation *»Interatominstrument«* für nukleare Einrichtungen mit Sitz in Warschau vollzogen. 1971 nahm die **»Internationale Investitionsbank«/IIB** ihre Arbeit auf; sie gewährt lang- und mittelfristige Kredite. Stammkapital: 1 052,6 Mill. Rubel (zu 70 % Transferrubel, zu 30 % harte Währung). Auch seither kam es zur Schaffung verschiedener neuer Einrichtungen. Von der IIB wurde auch ein **»Internationaler Fonds für Wirtschaftshilfe«** an Entwicklungsländer in Höhe von 3 Mrd. Rubel (zu 95 % nicht konvertierbar, demnach praktisch alle Lieferungen aus dem RGW-Bereich) gegründet. Die eigentliche Tätigkeit ist 1977 aufgenommen worden. Die »Bank Sozialistischer Länder« soll für Verrechnungszwecke bestehenbleiben; bisher werden im RGW noch rund 90 % der gegenseitigen Verbindlichkeiten bilateral verrechnet. Eine echte Währungskonvertibilität bleibt Fernziel. – Kooperation in der Nutzung d. Atomenergie und in der Weltraumforschung. – Koop. in der Schiffahrt – Seit Herbst 1974 Kontaktaufnahme mit der EG, intensiviert 1978 durch Expertendelegation in Brüssel (erfolglos), Handelsabkommen Rumäniens mit EG 1979. Seit 11. 10. 1974 Beobachterstatus bei der UNO.

Bibl.: E. Faude: Die Stellung der RGW-Gemeinschaft in der Weltwirtschaft, in »Deutsche Außenpolitik«, Berlin (Ost) 1979/1. – G. Hinkel u. W. Nicolai: Entspannung und wirtschaftliche Zusammenarbeit in Europa, Berlin (Ost) 1978. – RGW in Zahlen. CMEA Data 1978, hg. v. Wiener Inst. f. internat. Wirtschaftsvergleiche, Wien 1978 – Integration im Interesse der Völker, dt., Moskau 1975. – *Bethkenhagen, J.* u. *H. Machowski:* Integration im Rat für gegenseitige Wirtschaftshilfe, Berlin (West) 1976. – *Lebahn, A.:* Sozialist. Wirtschaftsintegration und Ost-West-Handel usw., Berlin–München 1976. – *Lascelles, D.:* Comecon to 1980, London 1976. – Der Außenhandel (Zeitschr.), Berlin (Ost). – *Brendel, G.* u. *H.-J. Dubrowsky:* RGW-Zusammenarbeit, in »Deutsche Außenpolitik«, Berlin (Ost) 1978/H. 1. – *Buchta, B.:* Auf dem Wege zum RGW, Berlin (Ost) 1979.

IEA
INTERNATIONALE ENERGIEAGENTUR
(International Energy Agency/IEA)

Gründg.: Am 15. 11. 1974 in Paris (im OECD-Rahmen) als Folge der ersten Ölkrise. – **Ziel:** wie OECD (s. Sp. 600), speziell a. d. Energiesektor (gesamtwirtsch.-internat. Öleinsparung, Marktbeobachtung und -information usw.). – **Org.:** *Verwaltungsrat* aus den nat. Ministern, *Exekutivdirektor* Ulf Lantzke/D, *Präsident* Niels Ersboell, *Notstandsgruppe* (durch nat. zuständ. Energieminister od. deren Delegierte, ständig abrufbereit), *Solidaritätsfonds* (seit 1975). – **Sitz:** Paris (wie OECD). – **Mg.:** 21 (westeurop. Staaten ohne F, sowie AUS, CDN, USA, Japan). – **Aktivitäten:** Z. Z. 13 Forschungs- und Entwicklungsvorhaben von Alternativenergie (geotherm. Projekte, Kohlepolitik, Nuklearenergie u. a.) auch unter Einschluß von Entw.-Ländern (z. B. Mexiko). – Die IEA versteht sich nicht als Gegenlobby zur OPEC (s. Sp. 600) u. wird auch bisher nicht von ihr als kollektiver Gesprächspartner akzeptiert.

ISLAMISCHE ALLIANZ

(Islamic World Conference u. a. Namen gebräuchl.)

Gründg.: Als Vorläufer gelten die Islam. Weltliga (1962 in Mekka gegr.), die eigentl. Islam. Allianz (1966 auf Anregg. König Feisals/S.-A.) sowie die derzeit fungierende Islam. Konferenz. Diese wurde 1971 in Dschidda/S.-A. gegründet. – **Ziel:** Förderung der Einh. u. Festigung d. Zusammenarbeit zw. den islam. Staaten auf religiös., polit., wirtschaftl. u. kulturellem Gebiet. Beseitigung v. Rassendiskriminierung u. Apartheid sowie Kolonialismus. Unterstützung Palästinas, Einsetzung des Status-quo-ante im israel. besetzten Gebiet, bes. Jerusalem. – **Org.:** *Präsident* (z. Z. König Hassan II/MA), *Ständ. Sekretariat* m. Gen.-Sekr. (Habib Schatti [Chatti]/TN). – Seit 1972 *Internat. Islam. Nachrichtenagentur*/**IINA,** 1974 *Islam. Entwicklungsbank*/**IDB** (Präs.: Mohammed Achmed Ali), seit 1979 *Islam. Presse-Union*/**IPU** (Gen.-Sekr. Muazzam Ali/PAK) sowie mehrere andere Organe und Institute. – **Sitz:** Dschidda/S.-A., Jerusalem proklamiert, **IPU**-Sitz: London. – **Mg.:** 42. – **Fin.:** (nur **IDB**): bis 1979 insges. 934 Mill. $ f. Entw.-Projekte, allein 1979 ca. 0,5 Mrd. $ Kredite für Infrastruktur- u. Industrieprojekte in 19 unterentw. islam. Staaten (Saudi-Arabien Hauptfinanzierer). **Aktivitäten:** Tagungen der Staats- u. Regierungschefs sowie Außenminister (X. Konf. I/1980 in Islamabad/PAK m. 36 Staaten). Neuerdings bes. Verurteilung d. israel. Besetzung Jerusalems sowie d. sowjet. Invasion in Afghanistan (dazu Sonderkonf. VI/1980 in Vevey/CH – vgl. auch Sonderkapitel »Afghanistan«, Sp. 111 ff.).

Bibl.: Arabien-Ploetz, Freiburg/Würzburg 1978. – *U. Steinbach/R. Hofmeier/M. Schönborn:* Politisches Lexikon Nahost, München 1979.

NATO
ORGANISATION D. NORDATLANTIKVERTRAGES

(North Atlantic Treaty Organization/NATO – Organisation du Traité de l'Atlantic Nord/OTAN)

Vertragsunterzeichnung am 4. 4. 1949 in Washington D.C. durch die zwölf Gründungsmitgl. (Belg., Dänem., Frankr., Großbr., Island, Italien, Kanada, Lux., Niederl., Norw., Port., USA); 1952 traten Griechenland und die Türkei, 1955 die BR Deutschland bei. Beitritt Spaniens erwogen. – **Ziel:** Verteidigung gegen einen bewaffn. Angriff auf einen oder mehrere Partner oder deren Streitkräfte in Europa oder Nordamerika bzw. im Mittelmeer oder im Atlantik nördlich des Wendekreises des Krebses. 1966 setzten entscheidende Änderungen ein; Frankreich blieb zwar Mitglied, zog sich aber – wie 1974 auch Griechenland – aus dem integrierten Militärsystem (direkte Truppenunterstellung an NATO) zurück. – **Symbol:** weiße vierstrahlige Windrose auf blauem Grund.

Organe: *Nordatlantikrat* (NATO-Rat aus den Verteidigungsministern der Mitgliedstaaten) als oberstes Gremium, das mehrmals im Jahr tagt und einstimmig entscheidet. *Ständiger NATO-Rat* aus den NATO-Botschaftern u. d. Generalsekretariat (Brüssel). Es bestehen Ratsausschüsse (4) sowie zahlreiche militärische u. zivile Organe: Dem *Ausschuß für Verteidigungsplanung*/**DPC** gehören de jure alle Mitglieder an, de facto ist er Ausschuß der Vertdgs.-Min. (ohne Frkr.). Im *Ausschuß für Nukleare Verteidigungsfragen*/**NDAC** sind Frankreich, Island und Luxemburg nicht vertreten. Zur *Nuklearen Planungsgruppe*/**NPG** gehören die USA, Großbritannien, Italien, die BR Deutschland (4 Ständ. Mg.) sowie z. Z. Kanada, Niederlde., Norw., Türkei (4 v. 7

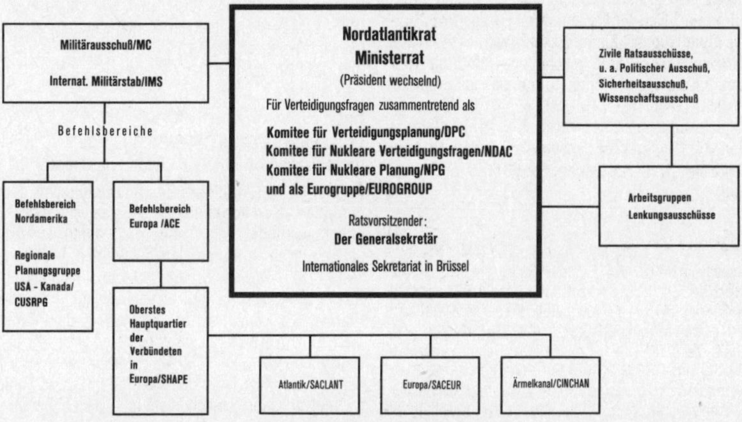

Nordatlantikpakt/NATO
Hauptorgane (mit engl. Abkürzungen)

Nichtständ. Mg.). Erweiterung auf 11 d. ndl. Initiative vorgeschlagen; 2 Sonderausschüsse üb. Nuklearpolitik (»Special Group« und ein Unterausschuß der NPG). – *Militärausschuß* (Military Committee/**MC;** Vors.: Gen. Z. Gundersen/N, ab 1980 Adm. R. Falls/CDN, Sitz Brüssel) aus den 13 (ohne Frankreich) Generalstabschefs der Mitgliedsländer und einem zivilen Vertreter Islands zusammengesetzt. Ihm untersteht der *»International Military Staff«*/**IMS.** *NATO-Verteidigungsakademie* in Rom. *NATO-Generalsekretär: Josef Luns,* Niederlande, seit 1. 10. 1971. Sitz des NATO-Rates und des Generalsekretariats: Brüssel-Evère. *Oberster All. Befehlshaber Europa*/**SACEUR,** ab 1. 7. 79 General *Bernard Rogers*/USA; Stellv. General *Gerd Schmückle* (BR Dtld.) u. General *Harry Tuzot* (Großbrit.), *Hauptquartier der All. Gesamtstreitkräfte für Europa*/**SHAPE** in Casteau-Maisières in Belgien (Frankreich unterhält eine Delegation). *NATO-Oberkommando Atlantik*/**SACLANT** in Norfolk/USA. Sitz der *Regionalen Planungsgruppe Kanada/USA*/**CUSRPG** in Washington/Ottawa, des *Ärmelkanalausschusses*/**CINCHAN** in London (Vizeadm. J. H. Fuller/USA). *Hauptquartier für Europa Mitte*/**AFCENT** wurde 1967 von Fontainebleau bei Paris nach Brunssum bei Maastricht (Niederlande), das Hauptquartier der US-Gesamtstreitkräfte in Europa/**EUCOM** von Saint-Germain-en-Laye bei Paris nach Stuttgart verlegt. CENTAG u. EUCOM Befehlsh. s. V/79 Gen. F. J. Kroesen/USA. – Seit 1970 besteht innerhalb der NATO eine **EURO-GROUP** (alle Mg.-St. auß. F und IS) u. seit 1976 eine *»Independent European Program Group«*/**IEPG** m. mehreren Arbeitskreisen. – 1973 erfolgte die Gründung einer multinationalen *Ärmelkanal-Flotte* (Standing Naval Force/Channel/**STANAFOR-CHAN,** 1974 eines »Luftwaffenkommandos Mitteleuropa« (Allied Air Force Central Europe/**AAFCE**). – Als multinationale Eingreifreserve wurde die *»Allied Mobile Force«*/**AMF** geschaffen. – Koordin.-Ausschuß f. Ost-West-Handel (Coordinating Committee for East-West Trade/**COCOM**), »Embargo«-Gremium f. nicht oder nur beschränkt zu liefernde Güter. – Seit 24. 1. **»Special consultative Group on Arms Control«.** (S. a. Abrüstung, Sp. 631 f. u. NATO, Sp. 598).

Bibl.: NATO – Facts and Figures – The NATO Review – Aspects of NATO – NATO Pocket Guide, alle Brüssel. – *C. Gordon* (Hg.): The Atlantic Alliance: A Bibliography, New York 1978. – *R. Kennedy:* Precision ATGMs and NATO Defense, in: ORBIS 22 (1979), 897–928. – *O. Even-Tov:* The NATO-Conventional Defense – Back to Reality, in: ORBIS 23 (1979), 35–50. – *D. S. Lutz:* Eurokommunismus und NATO – Zukunftsprobleme eur. Sicherheit, Bonn 1979. – *L. Ruehl:* Der Beschluß der NATO z. Einführung nuklearer Mittelstreckenwaffen, in: EUROPA ARCHIV 4/1980, 99–110. – *F. Sirjacques:* Frankreich und die NATO, Frankfurt/M. 1980.

OECD
ORGANISATION FÜR WIRTSCHAFTLICHE ZUSAMMENARBEIT UND ENTWICKLUNG

(Organization for Economic Co-operation and Development/OECD, frz.: OCDE)

Gründg.: durch Pariser Übereinkommen 1960 (in Kraft 1961). – **Mg.:** 1980 24 Voll-Mitgl.: A, AUS, B, BRD, CH, CDN, DK, F, GB, I, IRL, IS, J, L, N, NL, NZ, S, SF, USA; – E, GR, P u. TR als Entwicklungsländer; YU mit Sonderstatus.

Ziel: Planung, Koordinierung und Vertiefung der wirtschaftlichen Zusammenarbeit und Entwicklung als Nachfolgeorganisation der 1948 gegründeten Organization for European Economic Co-operation/OEEC. Heute de facto Spitzenorganisation westl. Industrieländer. – **Organe:** Rat aus allen Mitgliedern, der jährlich einen Vorsitzenden wählt. Gen.-Sekr.: *Emil van Lennep,* Ndld.; *Sekretariat* mit Sitz in Paris (Info-Zentrum in Bonn). Kontrollorgan der OECD ist der Ministerrat.

Die OECD soll nicht zuletzt die **Entwicklungshilfe** der westlichen Industriestaaten koordinieren. Die Entwicklungshilfe wird vom *Ausschuß für E.* (Development Assistance Committee/**DAC,** 18 Mitglieder; Vors. *William Thorp,* USA) multilateral in langfristigen Programmen koordiniert. – *Wirtschaftspol. Ausschuß, Ber. Kohle-A., Stahl-A.* (20 Mitgl. sowie EG-Komm., Vors. *Allen D. Wolff,* USA). *Europ. Nuclear Energy Agency*/**ENEA** und u. a. *Center for Educational Research and Innovation*/**CERI,** *Development Center.* Seit 1973 **Komitee für Währungs- und Devisenangelegenheiten** aus Vertretern der OECD-Mitglieder, Direktoren des IWF u. Delegierten d. *Bank für Internationalen Zahlungsausgleich* (**BIZ;** Bank for International Settlements/**BIS,** frz. **BRI;** Sitz Basel, Präs. *Jelle Zijlstra*), die seit 1974 vom Intern. Währungsfonds/IWF auch zum System der Sonderziehungsrechte (SZR) zugelassen wurde.

Bibl.: OECD-Observer.

OPEC
ORG. ERDÖLEXPORTIERENDER LÄNDER

(Organization of Petroleum Exporting Countries)

Gegründet 1960 mit dem Ziel, die Erdölpolitik der Förderländer zu koordinieren, die staatliche Beteiligung gegenüber den Ölkonzernen durchzusetzen und die Weltmarktpreise zu bestimmen. – **Mitgl.** 1979 (13): Algerien, Ecuador, Gabun, Indonesien, Irak, Iran, Katar, Kuweit, Libyen, Nigerien, Saudi-Arabien, Venezuela, Ver. Arabische Emirate. – **Sitz:** Wien. – **Org.:** Generalsekretariat: Gen.Sekr. *R. G. Ortiz*/EC, Präs. seit 1980 H. Calderón/YV. – Ausschuß f. langfristige Strategien – Planungsausschuß f. Preisanpassungsmechanismus. – Die Länder der OPEC fördern bis zur Hälfte der Erdöl-Weltproduktion, sind am Welthandel mit Erdöl zu mehr als vier Fünfteln und an der Ölversorgung der westlichen

Länder zu rund drei Fünfteln beteiligt. Konf. VI/1979 in Kuweit zw. nochmal. Erhöhung d. Rohölpreises. – Nicht immer einheitl. Preispolitik (Spitzenzuschläge einz. Mitgl.). Referenzpreis: »Arabian Light 34 Ölsorte« (159 l). Unterorganisationen: 1976 **OPEC-Entw.-Fonds,** 1979 auf 2,4 Mrd. $ aufgestockt. 1979 weltweite **OPEC-Nachrichtenagentur** sowie **OPEC-Bank** geplant. – **OAPEC** s. Sp. 630.

Bibl.: *F. Akhtarekhavari:* Die OPEC im weltwirtschaftlichen Spannungsfeld, München 1978.

WARSCHAUER PAKT-STAATEN

(Warschauer Vertragsorganisation)

Nachdem die Sowjetunion mit den meisten anderen kommunistischen Staaten und diese untereinander seit dem II. Weltkrieg Freundschafts- und Beistandspakte unterzeichnet hatten, kam es am 14.5.1955 zum Abschluß des nach dem Unterzeichnungsort genannten Paktes »über Freundschaft, Zusammenarbeit und gegenseitigen Beistand« (Gültigkeit 20 Jahre, da nicht gekündigt, weitere 10 Jahre). Die DDR trat in den militärischen Teil des Vertrages am 28.1.1956 ein. – **Ziel:** Im Falle eines bewaffneten Überfalls auf einen oder mehrere Partner leisten alle Mitglieder sofortigen Beistand.

Hauptorgane: *Politischer Beratender Ausschuß* (wichtigstes Gremium) mit *Komitee der Außenminister, Ständiger Kommission* (Stv. Außenminister), *Vereinigtes Sekretariat. Vereintes Oberkommando* (stets sowjet. Oberbefehlshaber, seit 1977 Marschall *Viktor Georgiewitsch Kulikow*) m. einem supranationalen *Generalstab* (Generalstabschef seit 1976 der sowjet. Armeegeneral *Anatoli Gribkow*), *Komitee der Verteidigungsminister* (Vors. v. d. UdSSR gestellt), *Militärrat der Vereinten Streitkräfte* (Vors. der Oberbefehlshaber des Oberkdos.), *Stellv. Oberbefehlshaber:* die Verteidigungsminister der Mitglieder. **Mitgl.** (7): Bulgarien, DDR, Polen, Rumänien, Sowjetunion, Tschechoslowakei, Ungarn (Albanien trat 1968 aus). Beobachter: VR Korea, SR Vietnam. – Alle Organe m. Sitz in Moskau. – Gemeins. Manöver; seit UdSSR-Intervention 1968 in der ČSSR ohne Rumänien. – Seit KSZE Manöver-Beobachter-Austausch mit NATO (s. auch Sp. 633).

Bibl.: *St. Tiedtke:* Die Warschauer Vertragsorganisation, München 1979. – *St. Doernberg:* Ein Vierteljahrhundert im Dienste der Einheit, in: Dt. AußPol. (Bln. Ost), Nr. 6/80, S. 16–37.

2. Europa

EG

EUROPÄISCHE GEMEINSCHAFT

(Communauté Européenne/CE)

Vertragsgrundlagen (dt. u. frz. Abkürzungen): Im wesentlichen drei Verträge: *Pariser Vertrag* der Europäischen Gemeinschaft für Kohle und Stahl/**EGKS/CECA** (Montanunion) v. 18.4.1951 auf 50 Jahre sowie auf unbegr. Zeit die *Römischen Verträge* der Europäischen Wirtschaftsgemeinschaft/**EWG/CEE** u. Europäischen Atomgemeinschaft/**EAG/CEA** (Euratom) v. 25.3.1957. – **Name:** Seit *Fusionsvertrag* (in Kraft 1.1.67) vier gemeins. Organe der drei Gemeinschaften, die rechtl. weiterbestehen, »Eur. Gemeinschaften«; seit Beschluß des Eur. Parlaments v. 16.2.78 »Eur. Gemeinschaft« üblich. – **Mitglieder** (m. EG-Abk.): Von Anbeginn Belgien/B, BR Deutschland (m. Land Berlin)/D, Frankreich/F, Italien/I, Luxemburg/L u. Niederlande/NL; seit 1973 Dänemark (ohne Färöer)/DK, Irland/IRL u. Großbritannien/UK, Vollmitgl. seit 1.1.78 – 10. Mg. ab 1.1.1981 Griechenland/GR. Norwegens Beitritt 1972 durch Referendum zurückgezogen.

Ziel: Einheitl. Wirtschaftsraum der Mitgliedstaaten (MSt), d. h. Freier Warenverkehr innerhalb der MSt, gemeinsamer Außenzoll (bei EWG), Abbau zwischenstaatl. Handelsschranken, Freier Personen-, Dienstleistungs- u. Kapitalverkehr.

Mittel: Eig. Rechtsetzung durch supranationale Organe m. exklusiven Befugnissen (oh. Einwirkg. d. MSt), gemeins. Politiken m. direktem Durchgriffscharakter auf Einzelbürger (z. B. Wettbew.- u. Agrarpol.). – De jure u. de facto erste u. einzige supranat. Vereinigung eur. Staaten. **Organe:** Versammlung, Rat, Kommission, Gerichtshof; Hilfsorg.: Wirtschafts- u. Sozialausschuß, Investitionsbank, Rechnungshof u. a. Einr. – **Sitz:** ungeklärt (Kompetenz der Regierungen der MSt), als »vorläuf. Sitz« bzw. »Arbeitsorte« gelten Brüssel, Luxemburg, Straßburg u. weit. 80 Dienstorte. – **Personalstellen** 7/79 (insges.): 16045, dav. 96% Beamte. – IV/1980 766 Generaldirektoren, Direktoren u. Abtlgs.-Ltr. (Diskussion üb. sog. »Bundeskanzlergehälter«). – **Sprachen:** Amtssprachen de jure 7 (ab 1981: 8): Dän., Deutsch, Engl., Franz., (ab '81 Griech.), Irisch, Ital., Ndl., de facto 6 (die 7 oh. Ir.); Arbeitssprachen de facto Frz. u. Engl., gefolgt v. Dt. u. Ital. – Ndl. u. Dän. kaum.

Haushalt u. Finanzverfassung: Budgetvorentwurf (einschl. Griechenland) 1981 ca. 20 Mrd. ERE, d. h. ca. 50 Mrd. DM. **Hauptausg.:** Landwirtsch. m. 73,9% (Agrarfonds/EAGFL/FEOGA), Sozial- u. Regionalpol. zus. 8,7% (dav. Regionalfonds 620 Mill. ERE), Entw.-Hilfen sowie Forschungs-, Energie- u. Verkehrspol. zus. 5,5%, Personal u. Gebäude

6,2%. – Zusätzl. Finanzvolumen durch Sozialfonds/ESF/FES (1978: 538 Mill. ERE), Zahlungsermächtigungen, Entw.-Fonds u. STABEX (s. u.). – D und UK zweifellos größte Nettozahler (D-Nettozahlungen gem. Bundesbank seit 1975 stetig verringert [in Mrd. DM: '75: 3,66; '76: 3,65; '77: 3,13; '78: 1,98]). *Einnahmen:* Zölle aus Drittländern, Beiträge der MSt, schrittw. nation. Abschöpfungen u. Zölle sowie 1% einer einheitl. Bemessungsgrdl. aus den nation. MWSt.-Erträgen (seit 1.1.71). – Haush. f. 1980 im Dez. 1979 vom EP zunächst abgelehnt.

Europäisches Währungssystem/EWS/SME: Ratsbeschluß am 5.12.1978, Einführung am 13.3.1979, zunächst ohne Teilnahme d. UK am Interventionsmechanismus). Im Mittelpunkt neue *Europäische Währungseinheit/EWE/ERE/***ECU,** orientiert an der seit 1978 gült. ERE/UEC f. Agrarpreis-Umrechnungen. Ausrichtg. d. ECU nach einem Währungskorb, der tägl. neu bestimmt wird (1979 ca. 2,50 DM). *Europäischer Währungsfonds/EWF/FEM* (volle Realisierg. 1981), der 20% der nation. Währungsreserven (Gold u. Dollar) nach ihr. wirtsch. Gewicht enthält (DM-Anteil einer ECU = 27,3–32%). EWF dient als Stützung der Währungen der MSt (z. Z. *Währungsbeistandsfonds/FECOM* m. ca. 25 Mrd. ECU). – Das EWS soll Leitkursbestimmung, Rechengröße u. Interventionssystem, Modus z. Verrechnung v. Zentralbankschulden usw. sein (Kursschwankungsbegrenzung u. Inflationskontrolle). – Mitgl.: Bisherige MSt der »Kleinen Währungsschlange«: Benelux, DK, D (seit 1972) sowie seit EWS-Start F, I u. IRL (Loslösg. v. engl. £ erstm. am 30.3.79) – UK vorerst nicht Mitgl. Interessenten sind Österr., Schweiz, Schwed., Finnland, Norwegen.

Außenbeziehungen:

1. Beitrittswillige Staaten:

Griechenland: Assoz.-Vertrag seit 1961/2, seit 1968 zollfr. Einfuhren in EG-Staaten. Verhandlungen (seit VI/75) definitiv am 3.4.79 abgeschlossen; Beitritt erfolgt 1.1.81. Vertragsunterzeichng. 28.5.79 in Athen, Ratifizierung aller 10 Parl. der MSt. – **Spanien:** Handelspräf.-Abk. seit 1970, 60%ige Zollsen-

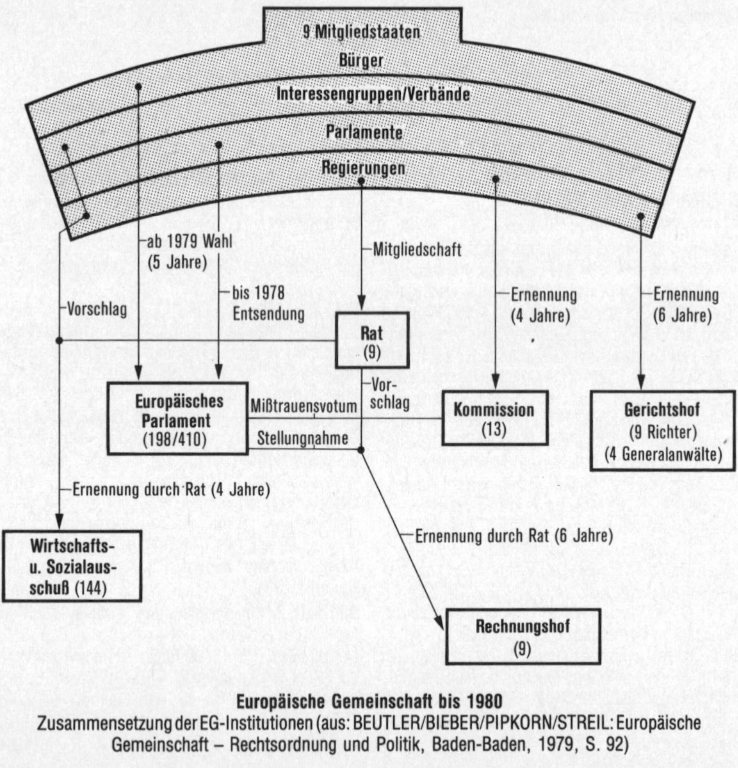

Europäische Gemeinschaft bis 1980
Zusammensetzung der EG-Institutionen (aus: BEUTLER/BIEBER/PIPKORN/STREIL: Europäische Gemeinschaft – Rechtsordnung und Politik, Baden-Baden, 1979, S. 92)

kung auf fast alle ind. Exporte in die EG-Staaten 1973. – Vhdlg. seit 5.2.79, Beitritt kaum vor 1983. – **Portugal:** Freihandelsabk. seit 1962, 1976 weitgehende Zollaufhebung f. Einfuhr v. Industriegütern in die EG. – Vhdlg. seit 17.10.78, Beitr. wahrsch. 1983. – **Türkei:** Vhdlg. als Überltg. d. Assoz.-Abk. v. 1963 z.Z. inaktiv, Beitr. nicht v. Ende d. 80er Jahre.

2. *Abkommen m. Drittländern:* (durch EGKS) m. 5 EFTA-Staaten; (durch EAG) m. USA; (durch EWG) 1978 m. 12 Mittelmeer-Anrainern sowie Handelsabk. m. Austr., VR China, Indien.

3. *Abk. mit internat. Organisationen:* mit den **ASEAN**-Staaten (s. Sp. 628) wirtschaftl. u. handelspol. Koop-Abk. am 7.3.1980 in Kuala Lumpur/MAL unterzeichnet (1. Abk. der EG m. einer and. Staatengemeinschaft). – Vhdlg. mit **COMECON** zwecks Rahmenabk. stockend, statt dessen bilaterale Abk. m. Rumänien (7/80) und Jugoslawien (4/80).

4. *Sonderabk. der EG m. Staatengruppen d. Dritten Welt:* **AKP-EWG-Abkommen von Lomé** v. 1975 (sog. Lomé I) m. (V/1980) 59, ursprüngl. 46 Staaten Afrikas, der Karibik u. des Pazifiks (AKP-Staaten). Bilaterales Abk. zw. zwei organis. Blöcken m. jew. eig. Instit. – Vertrag 28.2.75 in Lomé/Togo am 31.10.79 neu abgeschlossen (sog. »Lomé-II-Abkommen«), Vertragsinh.: Freier Zugg. z. EG-Markt oh. Gegenpräferenzen, Exporterlös-Stabilisierung (**STABEX,** z.Z. 75 Mill. ERE/Jahr, v. EG-MSt aufgebracht) – wie auch Techn. u. Finanzhilfe in Form d. 4. Eur. Entwicklungsfonds/**EEF/FED** (Volumen bis 1980 3,75 Mill. ERE), zusätzl. im EG-Haush. ausgewiesen.

Die Organe der EG im einzelnen:

Europäisches Parlament/EP/PE

(Selbstbezeichng., seit 1962 allg. üblich, lt. Verträgen offz. »Versammlung«) ist Vertreter der Völker in der EG, kontrolliert Rat. u. Kommission (kann diese durch Mißtrauensvotum stürzen) bes. durch schriftl. u. mdl. Anfragen (1977: 1740).

EP äußert sich zu Komm.-Vorschlägen vor dem Rat. Haush.-Befugnisse, bes. üb. nichtobligator. Ausg., kann Haush. global ablehnen. Ansonsten kaum Rechtsetzg., dafür gewichtiger berat. Einfluß auf andere EG-Organe. Seit 1979 erstmals direkt gewählt u. damit unmittelb. legitimiert. – **Zusammensetzung:** Bis 1978 198 v. nation. Parl. ernannte Abg., ab 1979 410 in unmittelb. Wahl gewählte Abg. (konst. Sitzg., nach Wahl v. 7.–10.6., am 17.7.79), davon je 81 aus D, F, I, UK (zus. 79% der Abg.), 25 aus den NL, 24 aus B, 16 aus DK, 15 aus IRL u. 6 aus L. (vgl. Tab., Sp. 607f.). – Mandat einh. 5 J., Doppelmandat zulässig; D hat 3 Mandate f. Berlin garantiert. Die Vertretg. der Bevölkerung pro Abg. schwankt zw. 763000 (D) und 60000 (L). – Präs.: *Simone Veil/F* (LIB), 12 Vizepräs., darunter *Bruno Friedrich*/D (SOZ) u. *Hans Katzer*/D (CD). – EP tagt in Luxemburg u. Straßburg, Gen.-Sekretariat in Luxemburg, Gen.-Sekr. *H. J. Opitz*/D; Personal: 1995, davon üb. 800 im Sprachendienst. – **Arbeitsweise:** Plenartagungen, Ausschußsitzungen (15 A.); 7 supranationale Fraktionen (m. 400 Mitgl., Stand VI/80). – Fraktionsvorsitzende: (Abkürzungen vgl. Tabelle Sp. 607) **SOZ:** E. Glinne (B), **EVP-CD:** E. A. Klepsch (D), **ED:** J. S. R. Scott-Hopkins (UK), **KOM:** G. Fanti (I), **LIB:** M. Bangemann (D), **EDF:** Ch. de la Malène (F), **TK:** N. T. Blaney (IRL). – Keine Fraktionspflicht. – Supranationale Dachverbände – Selbstorganisationsrecht lt. EP-Gesch.-Ordng. **Haushalt (EP):** 1980 42 Mill. ERE, davon üb. 25 Mill. f. Sprachendienst.

Rat

Auch Ministerrat genannt, aus Vertretern der MSt, zentrales Entsch.-Organ der EG, entsch. im Regelfall aufgr. Vorschlägen der Kommission; Abänderungsrecht (einstimmig), Initiativr. (selt. wahrgen.). Rechtsakte in Form von Verordnungen (unmittelb. Gesetzeschar.), Richtlinien (Rahmenvorgaben f. MSt), Entscheidungen u. unverb. Stellungnahmen. – **Zusammensetzung:** die 9 jew. Fachminister (bish. aus 13 Ressorts) – oh. näh. Bezeichng.: Außenmin.-Rat; daneben Agrarmin.-Rat wichtigste Runde. Tagt als Gemischter Min.-Rat bei Assoz.-Abk. – *Ausschuß der Ständ. Vertreter*/**COREPER,** Schaltstellen zw. EG u. MSt (quasi Botschafter der MSt bei der EG) koordin. Fachpolitiken. – Dem Rat faktisch (nicht jur. – also nicht als EG-Organ) übergeordnet sind der *Europäische Rat* (tagt s. 1974 3mal/J.), die früh. sog. Gipfelkonf. d. Regierungschefs der MSt; trifft sich (in Personalunion mit Rat) zu in den EG-Verträgen nicht geregelten Problembereichen sowie die de facto institutionalisierte *Europäische Politische Zusammenarbeit*/**EPZ** der Außenmin. zwecks pol. Koop. u. Leitlinienfestlegg. – Präsidentschaft des (offz.) Rates (u. die der EPZ) wechselt halbjäh., liegt bis Ende 1980 bei Luxemburg, danach bei Ndldn. Rat tagt in Brüssel u. 3 Mon./J. in Luxbg. Generalsekretariat in Brüssel, Gen.Sekr. *N. Hommel*/L, m. 7 Gen.-Dir.; Personal: 1547. – *Fachausschüsse,* bes. Agrar-F.; **Arbeitsweise:** *De jure* Mehrh.-Entsch. (Stimmenverteilg. D, F, I, UK je 10; B, DK, IRL, NL u. L zus. 18). Qualifiz. Mehrh. 41 Stimmen, bei Ratsinitiativen mind. aus 6 MSt, *de facto* seit »Luxemburger Übereink.« v. 1966 Einstimmigkeitsbeschl. m. Vetorecht in allen wicht. Fragen. – Regelm. Entscheidungsüberlastung (Effizienzverlust durch sog. »Schubladenentwürfe« der Kommission). Schlüsselrolle u. maßgebl. Entscheidungsvorbereitung liegt bei COREPER u. deren Arbeitsgruppe.

Kommission

Hat initiative (vorbereitende u. vorschlagende), exekutive (Ratsbeschluß-Ausführg.) u. kontrollierende (Überw. d. EG-Rechts) Funktion; 1977 609 Vorschläge an Rat. – Erläßt z.B. Durchführungsbestimmungen im Agrarbereich, verw. die Fonds, führt EG-Haush. aus; Ausk.-Pflicht ggüb. EP, Entsch.-Befugnis bes. auf Kohle-, Stahl- u. Energiesektor; Aushandlg. internat. Abk. m. Drittländern, Einltg. v. Vertragsverletzungsverfahren usw. – Im Ggs. z. Rat Wahrung des Gesamtinteresses d. drei Gemeinschaften (überstaatl./supranat. Char.), formal unabh. v. MSt. – **Zusammensetzung:** 13 Mitgl., ab 1981 vorauss. 10 (je 1 pro MSt), v. MSt entsandt, Amtszeit 4 J., Wiederernenng. zul., interne Ressortteilg. – Präs.: *Gaston Thorn*/L (ab '81); 5 Vizepräs. (jew. f. 2 J.), davon *Wilhelm Haferkamp*/D (Außenpol.). – *Kabinette* der einz. Kommissare, *Verwaltung* m. Gen.-Sekr. *(E. Noël*/F), 18 Gen.Dir. (Ressorts) u. 9 bes. Dienststellen. Personal: 11 649, dav. 629 im Agrarbereich; stärkste nat. Grp.: I mit 24 %, B mit 23 %, D mit 16 %, andere Staaten 36 % – etwa ein Drittel im Sprachendienst (größter d. Welt!) Hauptarbeitsort Brüssel; Statist. Amt, Rechenzentrum mit EG-Datenverbundnetz (EURONET) usw. Luxbg. – Forschungseinr. (Personal 1979: 2771) in Geel/B, Ispra/I, Karlsruhe/D u. Petten/NL. – Weitere Dienststellen in den MSt u. Drittländern. – **Arbeitsweise:** Kollegiale Verantwortlichkt. trotz Ressort-Kompetenz, entsch. Basis-Verw.-Einh. sind die Abteilungen d. Gen.Dir. – Beschlußfähigkeit d. Komm. mit 7 Kommissaren erzielt. – Beratende Ausschüsse m. Sachverständigen der MSt. – Kontrollausschüsse. – Kommission hat seit 1974 Beobachterstatus bei der UNO; bei ihr sind (V/79) über 100 Staaten u. Int. Organisationen mit Botschaftersitz in Brüssel akkreditiert.

Mandatsaufteilung und Fraktionen im Europäischen Parlament seit 1979

a) Zuordnung nach Staaten

Mitgliedsstaat	(mit EG-Abkürz.)	(Mandate)	*SOZ*	*EVP-CD*	*ED*	*KOM*	*LIB*	*EDF*	*TK*	*FL*
Belgien	(B)	(24)	7	10	—	—	4	—	1	2
Dänemark	(DK)	(16)	4	—	3	1	3	1	4	—
BR Deutschland	(D)	(81)	35	42	—	—	4	—	—	—
Frankreich	(F)	(81)	22	8	—	19	17	15	—	—
[Griechenland	(GR)]									
Irland	(IRL)	(15)	4	4	—	—	1	5	—	1
Italien	(I)	(81)	13	30	—	24	5	—	5	4
Luxemburg	(L)	(6)	1	3	—	—	2	—	—	—
Niederlande	(NL)	(25)	9	10	—	—	4	—	—	2
Großbritannien	(UK)	(81)	18	—	61	—	—	1	—	1
Sitze (ohne GR)		(410)	113	107	64	44	40	22	10	10

SOZ = Sozialistische Fraktion (Sozialisten, Sozialdemokraten und Nahestehende)
EVP-CD = Fraktion der Europäischen Volkspartei (früher Christlich-Demokratische Fraktion)
ED = Fraktion der Europäischen Demokraten (früher Europäische Konservative)
KOM = Fraktion der Kommunisten und Nahestehenden
LIB = Liberale und Demokratische Fraktion
EDF = Fraktion der Europäischen Demokraten für den Fortschritt (überwiegend Gaullisten)
TK = Fraktion f. d. technische Koordinierung u. Verteidigung d. unabh. Gruppen u. Abgeordneten
FL = (Fraktionslose Abgeordnete)

b) Zuordnung der Parteien nach Fraktionen

Mandatsträger insgesamt: 410

Sozialistische Fraktion (SOZ) **113**
Parti socialiste (B) 4
Belgische Socialistische Partij (B) 3
Socialdemokratiet (DK) 3
Siumut (Grönland, DK) 1
Sozialdemokratische Partei Deutschlands (D) 35
P. socialiste/Mvm. des radicaux de gauche (F) 22
Labour Party (IRL) 4
Partito socialista italiano (I) 9
Partito socialista democratico italiano (I) . . . 4
Letzeburger Sozialistesch Arbechter-Partei (L) 1
Partij van de Arbeid (NL) 9
Labour Party (UK) 17
Social Democratic and Labour Party (UK) . . 1

Europäische Volkspartei (EVP-CD)	**107**
Christelijke Volkspartij (B)	7
Parti social-chrétien (B)	3
Christlich-Demokratische Union (D)	34
Christlich-Soziale Union (D)	8
Union p. l. France en Europe (»Giscardisten«) (F)	8
Fine Gael (IRL)	4
Democrazia cristiana (I)	29
Südtiroler Volkspartei (I)	1
Chreschtlech-Sozial Vollekspartei (L)	3
Christen-Democratisch Appél (NL)	10
Europäische Demokratische Fraktion (ED)	**64**
Det konservative Folkeparti (DK)	2
Centrum-Demokraterne (DK)	1
Conservative Party (UK)	60
Ulster Unionist Party (UK)	1
Fraktion d. Kommunisten u. Nahest. (KOM)	**44**
Socialistisk Folkeparti (DK)	1
Parti communiste français (F)	19
Partito comunista italiano/Unabh. Linke (I)	24
Liberale und Demokratische Fraktion (LIB)	**40**
Partij voor Vrijheid en Vooruitgang (B)	2
Parti des réformes et de la liberté (B)	2
Venstre (DK)	3
Freie Demokratische Partei (D)	4
Union p. l. France en Europe (»Giscardisten«) (F)	17
Partito liberale italiano (I)	3
Partito repubblicano italiano (I)	2
Demokratesch Partei (L)	2
Volkspartij voor Vrijheid en Democratie (NL)	4
(Unabhängiger Kandidat) (IRL)	1
Fraktion d. Eur. Demokr. f. d. Fortschritt (EDF)	**22**
Fremskridtspartiet (DK)	1
Défense des intérêts de la France en Europe [»Gaullisten«] (F)	15
Fianna Fáil (IRL)	5
Scottish National Party (UK)	1
Frakt. f. d. technische Koordinierung usw. (TK)	**10**
Volksunie (B)	1
Folkebevaegelsen [Anti-EG-Bew.] (DK)	4
Partito radicale (I)	3
Democrazia proletaria (I)	1
Partito democratico di unità proletaria (I)	1
Fraktionslose (FL)	**10**
Front démocratique des francophones (B)	1
Rassemblement wallon (B)	1
(Unabhängiger Kandidat) (IRL)	1
Movimento sociale italiano/Destra nazionale (I)	4
Demokraten '66 (NL)	2
Democratic Unionist Party (UK)	1

Quelle: EG-magazin Nr. 9/79, S. 7, modifiziert durch Forschungsprojekt »Direktwahlen« (C. H. Huber/G. v. d. Berghe) an der Europa-Universität Florenz.

Gerichtshof/EuGH
Rechtsprechungsorgan, entscheidet üb. Rechtswahrg., -auslegg. u. -anwendg. d. Vertr. b. Vertragsverletzungen d. MSt u. a. – Klagebefugt jeder Betroffene in EG-Angelegenh. – EuGH beeinflußt stark innerstaatl. Verfassgs.-Recht, obwohl sanktionslos. Eindeut. Vorrangstellung vor nation. Recht seit 1978 in MSt (ohne UK) akzeptiert und befolgt (sog. »Simmenthal-Urteil« 1978). Widerstand gg. Ausweitung lediglich durch UK. – **Zusammensetzung:** 9 Richter (1 je MSt), 4 Generalanwälte (meist aus D, F, I, UK), ernannt f. 6 J. v. MSt; alle 3 J. Teilaustausch, Wiederernennung zul.; Präs. v. d. Richtern f. 3 J. gewählt, z. Z. *Hans Kutscher*/D. – 2 Kammern, meist Plenarentscheidungen. Sitz Luxbg., Ltg.: Kanzler; Personal: 315. – **Aufg.:** Schlichtet Streitigkeiten zw. MST in EG-Sachen, urteilt üb. Vertragsverletzungen zw. MSt u. EG-Organen, zw. EG-Org. untereinand., zw. einzelnen u. EG, bes. oft zw. EG-Beamten u. deren Dienstst. Leistet Rechtshilfe durch Vorabentscheidungen f. nation. Gerichte. Darüber hinaus Zuständigkeiten durch zwischenstaatl. Abkommen der MSt (außerh. des EG-Rechts). – **Arbeitsweise:** Urteile (bish. üb. 1000) usw. (s. u.), davon allein 1977 158 u. 1978 bis Sept. 150. Keine Berufgs.-Mglkt.; jährl. ca. 180 öff. Sitzgen. *Eingel. Verfahren* 1953–1977 (dav. '77): 497 (69) Vorabentsch., 54 (6) Aufsichtskl. d. Komm., 46 (4) Klagen d. MSt, 487 (49) Klagen v. Bürgern u. Firmen, 94 (9) Einstw. Anordngen., 502 (25) Beamtenverfahren. Enormer Anstieg der Fälle (1974: 110; 1978: 400), Umstrukturierung in 3 Kammern (m. paralleler Arb.-weise) sowie zusätzl. eines gesonderten Verw.-Gerichts f. Personalstreitigkeiten gepl. (Verordngs.-Entw. 1978).

Wirtschafts- u. Sozialausschuß/WSA + BA
Berat. Gremien aus Interessengrp. d. MSt (Arb.-Geber, -Nehmer, Verbraucher usw.) zwecks lfd. Inform. u. Stellungnahme der Grp. zu Rechtsakten v. Komm. u. Rat (1977: 107 teils oblig. Stellgn. an Rat). – **Zussetzg.: WSA:** 144 Mitgl. (D, F, I, UK je 24, Benelux zus. 30, DK u. IRL je 9), paritāt. Vertr. d. 3 Hauptgrp. – Vom Rat ernannt f. 2 J., Präs.: seit 1979 *Raffaela Vanni*/I f. 4 J., Gen. Sekr: seit 1979 *Roger Louet*/F. Personal: 325. – *Ausschüsse* (9 Fachgrp., z. B. Sozialfragen, Region.-Entw.). **BA:** Für Kohle u. Stahlbereich, z. Z. 81 Mitgl. ernannt auf 4 J., je Grp. 27 nach Proporz (für D z. B. 19 u. f. IRL 3 Mitgl.)

Rechnungshof
gegründet am 18.10.77, errichtet 1978, ersetzt bish. Kontrollausschuß. – Ext. Kontrolle üb. Haush.-Mittel u. deren Verwendg. – **Zussetzg.:** 9 Mitgl. (je MSt 1), Ernennung durch Rat auf 6 J., Wiederwahl zul.; Präs.: *Michael N. Murphy*/IRL, dt. Mitgl. *Albert Leicht* (ehem. Parl. Staatssekr.); vorl. Sitz: Luxbg. Personal: 214. – Vorlage d. 1. Jahres-Prüfungsberichts z. Finanzgebaren der EG-Institutionen 1977 im Dez. 1978; Beanstandg. u. a. der sog. (legalen) Dreiecksgeschäfte z. Ausnutzg. best. Abschöpfungsbeträge bzw. Prämien; mißbräuchl. genutzte EG-Lebensmittellieferungen in Entw.-Länder usw.

Investitionsbank/EIB/BEI
Finanziell u. organisatorisch selbst. Einrichtung mit Rechtspersönlichkeit, de facto den 4 EG-Organen gleichgestellt. – EIB beschafft Kapital auf fr. Markt u. stellt es f. Investitionsvorh. in schwach. entw. Regionen usw. od. f. Vorhaben v. gemeins. Interesse d. MSt z. Verfügg. – Im Regelfalle 50%ige Finanzierg. d. Projektkosten in EG- u. AKP-Staaten usw. – **Zussetzg.:** als Spitzenorgan d. *Gouverneursrat*, d. h. die 9 Finanzmin., *Verw.-Rat* aus 18 Mitgl. der nation. Ministerien (je 3 aus d. großen, je 1 aus d. kl. MSt), *Direktorium* f. lfd. Geschäfte (aus 5 Dir. f. 6 J.), Präs.: *Yves le Portz;* Sitz ist Luxbg. – **Kapital:** 7,0875 Mrd. ERE, Darlehensgew. 1978: 966,33 Mill. ERE; Sonderdarlehen an AKP-Staaten 390 Mill. ERE.

Sonstige EG-Einrichtungen:
1. Jurist. abh. v. den EG-Organen: **Eur. Fonds f. währungspol. Zusammenarbeit** (später ins EG-Zentralbanksystem einzugliedern). **Eur. Zentrum f. d. Förderung d. Berufsbildung,** Berlin (Dir. Roger Faist; Haushalt 1979: ca. 7 Mill. DM); **Eur. Zentrum z. Verbesserg. d. Lebens- u. Arbeitsbedingungen.** Geplant seit 1976: **Eur. Ausfuhrbank; Inst. f. Wirtschaftsanalysen u. -forschung, Agentur f. handelspol. Zusammenarb. m. d. Entw.-Ländern.**
2. Unabh. jurist. Personen der EAG: **Energieversorgungsagentur** zum An- u. Verkauf v. Erzen u. Kernbrennstoffen z. gleichmäß. Verteilung auf die Verbraucher (unter Aufsicht der Kommission; Renationalisierungsvorschl. durch F VII/79). – **Europäische Universität** de jure 1972 als Eur. Hochschulinstitut v. den 9 MSt (nicht v. d. EG bzw. EAG) gegr., Arbeitsaufn. Ak. Jahr 1976/77 in San Domenico (Florenz)/I m. 1 Vertr. der Komm. im Obersten Rat, Teilfinanz. durch EG seit 1979/80; **Eur. Schulen** (durch bes. Abkommen) in Brüssel, Culham, Karlsruhe, Luxbg., München – Teilfinanz. durch EG.
3. Sondereinrichtungen: **Joint European Torus/JET** als EG-Projekt f. thermonukleare Kernverschmelzung; Mitgl. EG-Staaten sowie Schwed., demn. Schweiz. – Dir.: *Hans Otto Wüster*/D; JET-Lenkungsausschuß; Sitz: Culham/UK (Ratsbeschluß 1977). Haush.: 1979–85 ca. 736 Mill. ERE, dazu Baukosten v. 185 Mill. ERE.

Bibl.: (Abkürzungen: BAD = Baden-Baden, BN = Bonn, E. = Europäisch[e][n], G. = Gemeinschaft[en]) *Europ. Integration allg.: J. Schwarz* (Hg.): Der Aufbau Europas – Pläne und Dokumente 1945–1980, BN 1980 – *EG allg.: W. Hallstein:* Die E.G., Düsseldorf 1979. *Beutler/Bieber/Pipkorn/Streil:* Die E.G. – Rechtsordng. u. Pol., BAD 1979. – *H. P. Ipsen:* E.G.srecht, Tübingen 1972. – *G. Nicolaysen:* E.G.srecht, Stuttgart 1979. – *E. Noël:* So funktioniert Europa, BAD 1978. – *K. Moersch:* Europa für Anfänger, Frankfurt 1979. – *K. Kujath:* Bibliogr. z. E. Integration, BN 1978 (7000 Titel!). – *C. Schöndube:* Europa-Verträge u. Gesetze, BN 3. A. 1977. – *Ders.:* europataschenbuch, BN 6. A. 1977. – XII. Gesamtbericht der E.G. 1978, Luxemburg 1979. – *Zum EWS: U. Andersen:* Das E.W.S., Beil. 16 d. Wochenztg. PARLAMENT, BN 1979. – *Zur EPZ:* Bundesreg. (Hg.): Die E.P.Z., BN 3. A. 1975. – *Zum EP: R. Bieber:* Organe der erweiterten G., BAD 1974. – *Bangemann/Bieber:* Die Direktwahl – Sackgasse od. Chance?, BAD 2. A. 1979. – *Sasse/Hand/Georgel:* Das Wahlrecht der Neun, BAD 1979. – *Grabitz/Läufer:* Das E. Parlament, BN 1980. – *Zum Rat: Ch. Sasse:* Regierungen, Parlamente, Ministerrat, BN 1975. – *Zur Komm.: Poullet/Deprez:* Struktur u. Macht d. EG-Kommission, BN 1976. – *Zum EuGH: Brown/Jacobs:* The Court of Justice, London 1977. – *Zum Rechnungshof: C. D. Ehlermann:* Der E. Rechnungshof, BAD 1976. *Zum WSA: H. G. Brüske:* Der W.S.A. der EG, Gütersloh 1979.

BENELUX
(Union Douanière Benelux – B. Customs Union)
Luxemburg und Belgien, seit 1921 (für die Dauer von 50 Jahren bzw. 1972 auf weitere 10 Jahre) zu einer Wirtschafts- (u. seit 1944 Währungs-)union vereinigt (UEBL-Vertrag v. 2.2.1958, seit dem Abkommen vom 6.3.1972 mit neuer finanz. Grundlage), schlossen sich durch ein Grundsatzabkommen v. 1947 zusätzlich m. d. Niederlanden zu einer **Zollunion** zusammen. – **Ziel:** Nach Vertrag v. 3.2.1958 Ausbau der Wirtschaftsunion. Zoll- und Paßunion bereits verwirklicht. – **Organe:** *Ministerausschuß* mit einem *Koordinierungsrat, Konsultativer Interparlamentarischer Rat, Kommissionen, Gen.-Sekr.* (Brüssel).
Bibl. Hinweis: BENELUX-Sonderbeilage des Handelsblattes vom 19.9.78; 20.9.79; 28.5.80. – Belgien (Außenmin.): Dok. d. Gesch. Belgiens, Bd. II, Brüssel (+ Bonner Botschaft), Info.-Bericht Nr. 109/1978, Kap. XVII B (S. 348–366). – Zur UEBL: EG-magazin 6–7/80.

CERN
EUROPÄISCHES KERNFORSCHUNGSZENTRUM
(Centre Européen pour la Rech. Nucléaire/CERN)
Gründg.: 1953 Pariser Konvention (in Kraft 1954). – **Ziel:** Zusammenarb. europ. Staaten auf dem Gebiet der Grundlagen-Nuklearforschung (Grundbausteine

d. Materie u. d. Universums); keine militär. od. anwendungsbezogene Forschung. – **Org.:** *Rat* und *Ratskomitee* (alle MgSt.), *Science Policy Committee, Versuchsausschuß, Finanzausschuß.* – Exekutivdir. und Gen.-Dir.: H. Schopper/D (1981–1985). – **Arb.-Spr.:** Engl. u. Franz. – **Pers.:** ca. 1000 Forscher. – **Sitz:** Meyrin/Genf. – **Mitgl.** (12): A, B, CH, D, DK, F, GR, I, N, NL, S, UK. – Beobachter: PL, TR, YU. – **Fin.:** Haush. 1979 590 Mill. sfr (davon 25% D). – **Aktivitäten:** Laboratorien f. Hochenergie u. Teilchenphysik, wiss. Forscheraustausch m. d. ganzen Welt (darunter USA, UdSSR, VR China, Japan).

EFTA
EUROPÄISCHE FREIHANDELSZONE
(European Free Trade Association/EFTA)

Nach Gründung der EWG wurde zum Schutz der Handels- und Wirtschaftsinteressen von Dänemark, Großbritannien, Norwegen, Österreich, Portugal, Schweden und der Schweiz 1959 ein Abkommen unterzeichnet, das am 4.1.1960 in Kraft trat. 1970 Beitritt Islands. Durch die Assoziierung von Finnland kam es 1961 zur *»EFTA-Finnland Association«* (EFA). Freihandelsabkommen mit Spanien für industr. Güter u. Fisch 1978. Gemeins. Arb.-Grp. EFTA–Jugoslawien seit 1978. – **Ziel:** Förderung d. Produktivität u. Stabilität durch Ausbau des gegenseitigen Handels. Zollfreiheit für industrielle Güter bereits 1967 erreicht, Ausnahmen für Portugal bis 1980. Zollautonomie gegenüber Nichtmitgliedsländern, Agrarprodukte ausgeklammert. – Großbritannien, Dänemark und Irland wurden am 1.1.1973 Mitglieder der EG. Die Rest-EFTA (Island, Norwegen, Österreich, Portugal, Schweden, die Schweiz und Finnland, zus. rd. 40 Mill. Ew.), beschlossen 1972, die EFTA m. Sitz in Genf (Gen.-Sekr.: *Charles Müller,* Schweiz), Rat u. Konsultationskomitee aufrechtzuerhalten. Freihandelsabkommen m. d. EG. – Seit 1.7.1977 weitgeh. Zollfreiheit f. gewerbl.-industr. Güter zw. EG und EFTA. Entw.-Fonds üb. 100 Mill. $ f. Portugal. – Zunehmendes Handelsbilanzdefizit (1977: 12,9 Mrd. $).

Bibl.: XX. Annual Report EFTA, Geneva 1980.

EPA
EUROPÄISCHES PATENTAMT
(European Patent Office/EPO, frz.: OEB)

Gründg.: Europ. Patentübereinkommen München 1973. – **Ziel:** Mehrfachpatentierung in den Vertragsstaaten anstelle einzelner nat. Patente. **Org.:** *Verwaltungsrat;* Präs.: J. B. van Benthem/NL, Vizepräs. u. a. H.-P. Dornow/D. – **Sitz:** München, Zweigstelle: Int. Patentamt Den Haag; Berlin. – **Pers.:** ca. 1000. – **Mitgl.:** (1979) 10: A, B, CH, D, F, I, L, NL, S, UK. – Bereits weitere 6 Unterzeichnerstaaten (noch nicht offz. Mg.). – **Aktivitäten:** Nach Arbeitsaufnahme 1977 bis Juni 1979 bereits über 7000 Patentanmeldungen, davon die Hälfte aus Großbetrieben. Wahrscheinl. künftig ca. 30000 bis 40000 Anmeldungen jährlich. – Erhebliche Bedeutung bei exportorientierten Firmen.

Bibl.: *R. Singer:* Das neue Europ. Patentsystem, Baden-Baden 1979.

ER
EUROPARAT
(Council of Europe bzw. Conseil de l'Europe/CE)

Unterzeichnung der Statuten am 5.5.1949 in London; in Kraft am 3.8.1949. – **Ziel:** Schaffung einer engen Verbindung der Mitglieder zur Förderung der Ideale und Grundsätze, die ihr gemeins. europ. Erbe bilden. In diesem Sinne kam es zur Unterzeichnung der Europ. Menschenrechts-Konvention und zur Konstituierung (21.1.1959) des *Europ. Gerichtshofes für Menschenrechte*/**EG/MR** od. auch **EGHMR** (21 Richter, 1 pro Staat); Präs.: Prof. Dr. *Giorgio Balladore Pallieri,* Italien (seit 1974). *Europ. Sozialcharta.* **Mitgl.** (21) A, B, CH, CY, D, DK, E, F, FL, GR, I, IRL, IS, L, M, N, NL, P, S, TR, UK. – **Organe:** *Minister-Ausschuß* (Präs.: *K. Frydenlund*/N) als Vollzugskomitee, der die Befugnisse z. T. an seine *Ständigen Beauftragten* weitergeben kann. *Beratende* (heute: *Parlamentarische) Versammlung* aus 170 Mitgl., supranat. Fraktionen. Präs.: *Hans de Koster* (Niederl.) seit April 1978 – *Ausschüsse* (wichtigster A.: Menschenrechtskommission/**MRK**) – Wiedereingliederungsfonds (Fonds de Réétablissement pour les Réfugiés Nationaux et les Excédents de Population en Europe). – Seit 1971 in der B. Versammlung neben Englisch und Französisch auch Deutsch und Italienisch zugelassen. Generalsekretariat (Sitz Straßburg); Gen.-Sekr.: *F. Karasek*/A, seit V/79, f. 5 J.; Pers.: 800. – Bisher 90 wicht. Konventionen, insbes. über Menschenrechte, Umweltschutz usw. – Menschenrechtskolloquium alle 5 J. (zuletzt 4/1980 in Frankfurt/M.)

Bibl. Hinweise: Das Europa der Siebzehn, Bilanz und Perspektiven von 25 Jahren Europarat, Bonn 1974. – *H. Medefind:* Die Deutschen im Europarat, Bonn 1972. – Council of Europe (ed.): Guide, Strasbourg, o. J. (1978). – European Yearbook/Annuaire Européen, Vol. 25 (1979), Den Haag 1980. – Yearbook of the Eur. Convention of Human Rights/Annuaire..., Vol. 21 (1979), Dordrecht/NL 1980. – *Zeitschriften:* Forum Europarat (Vierteljährl.), Straßburg. – Europäische Grundrechte Zeitschrift (monatl.), Straßburg/Kehl 1974ff. – Europarecht (z. B. Schwerpunktheft Menschenrechte Nr. 2/79), Hamburg 1966ff.

ESA
EUROPÄISCHE WELTRAUMORGANISATION
(European Space Agency/ESA)

Gegründet am 30.5.1975 in Paris als Gegenstück zur US-amerikanischen NASA – und in Ablösung der 1962 entstandenen »Europ. Organisation für die

Entwicklung und den Bau von Trägerfahrzeugen«/**ELDO** und der »Europ. Organisation zur Erforschung des Weltraums«/**ESRO.** Gründungsmitglieder: Belgien, Dänemark, BR Deutschland, Frankreich, Großbritannien, Italien, Niederlande, Schweden, Schweiz, Spanien; Irland trat Ende 1975 bei. – **Ziel:** Gemeinsame Weltraumpolitik und -forschung. Wichtige Projekte: Raumlabor »Spacelab« (wiss. u. finanz. gekürzt 1979/80), Trägerrakete »Ariane« (erfolgreicher Start, nach mehrmal. Pannen 1979, im Jan. 1980), Seenavigationssatellit »MARECS«, Nachrichten-Satelliten. – **Organ:** *Rat;* Haushalt: ca. 550 Mill. $ Generalsekretariat (Gen.Dir.: *Erik Quistgaard*/DK ab 1980), 1 500 Mitarbeiter. – *Sitz:* Paris. – Wichtige Einrichtungen: »Space Research and Technology Centre«/**ESTEK** (Noordwijk, Ndl.), »Eur. Space Operation Centre«/**ESOC** (Darmstadt, Dir. *R. Steiner* [Schweiz]), »Eur. Space Research Institute«/**ESRIN** (Frascati/Ital.). – Kooperationsabk. m. NASA, Kanada, Norwegen u. Österreich.

NORDISCHER RAT

(Nordisk[e] Råd[et], Nordic Council)

Gründung 1951, Ratifizierung 1952 durch Dänemark, Island, Norwegen und Schweden; Beitritt Finnlands am 28. 10. 1955. – **Ziel:** Zusammenarbeit in Wirtschafts-, Währungs- u. Kulturfragen, Gesetzesharmonisierung. – **Organe:** Der *Ministerrat* aus Vertretern der Mitgliedstaaten. *Ausschüsse.* Arbeitsweise: Empfehlungen (Rekommandationer) an nat. Parlamente. Vorbereitende Kommission für Wirtschaftsunion. Im Dez. 1975 Beschluß, eine Nordische Investitionsbank (Sitz Helsinki) mit einem Grundkapital von 400 Mill. SZR zu schaffen. Seit 1976 Umweltschutzabkommen. Zollunion (Konsequenz aus EFTA), Paßunion für Bürger der MgStaaten, Freizügigkeit (insbes. Freier Arbeitsmarkt – ohne Island) verwirklicht. Zw. Norw. u. Schweden zusätzl. Wirtschaftsabkommen seit 1978.

WEU

WESTEUROPÄISCHE UNION/WEU

(Western European Union/WEU –
Union de l'Europe Occidentale/UEO)

Nach Umbildung der **Westunion/WU** (Brussels Treaty Organisation/**BTO**), die ein kollektives Bündnis Belgiens, Frankreichs, Großbritanniens, Luxemburgs und der Niederlande gegen Deutschland war, durch die Aufnahme von Italien und der BRD (Pariser Verträge vom 23. Okt. 1954) am 6. Mai 1955 geschaffen. – **Ziel:** Förderung der Sicherheit aller Partner durch automatischen Beistand gegen jede Aggression. – De jure einziges Forum für Sicherheitsfragen der 6 urspr. EG-Staaten und Großbritanniens; de facto unwirksam. – **Organe:** Der *Rat* (Ministerrat) aus Ministern der 7 Mitglieder mit dem *Ständigen Rat* als Hilfsorgan. *Versammlung,* bestehend aus 89 Vertretern der Partner in der Beratenden Versammlung des Europarates (s. diesen); Ausschüsse Präs.: *F. Mulley*/UK, *Verwaltungsdirektorium* (Paris), *Generalsekretariat* (London), *Amt für Rüstungskontrolle* (Paris), *Ständiger Rüstungsausschuß* (Paris).

3. Afrika

OAU

ORGANISATION FÜR DIE EINHEIT AFRIKAS/OEA

(Organization of African Unity/OAU, frz. OUA)

Die von 30 souveränen afrikanischen Staaten am 25. 5. 1963 in Addis Abeba (Äthiopien) angenommene, später v. d. übrigen unabhängigen afrikanischen Ländern (ohne RSA) unterzeichnete Charta der *»Organisation für die Einheit Afrikas«* sieht jährliche Konferenzen, u. a. als Aufrufe zur Beseitigung des Kolonialismus u. Rassismus in Afrika vor. Generalsekretariat; Schlichtungs- u. and. Kommissionen. Beschlüsse forderten Abrüstung, Verbot der Atomwaffen, Unterstützung der Freiheitsbewegungen in den noch nicht unabhängigen Gebieten durch ein »Koordinations-Komitee« (seit 1975 »Kooperationsausschuß f. d. Befreiung Afrikas«). **Sitz:** Addis Abeba/ETH. – **Mitgl.** (1980): 50 (einschl. Simbabwe). – Präs.: 1980 *S. Stevens* (Präs. v. Sierra Leone). Gen.-Sekr.: *Edem Kodjo* (Togo), Budget 1979: 13,4 Mill. $. – 1974 in Kairo die erste **»Konferenz für Arabisch-Afrikanische Zusammenarbeit«**, im März 1977 erste **Arabisch-Afrikanische Gipfelkonferenz.** Wiederholung alle 3 Jahre, Außenministerkonferenzen halbjährl. Kaum Vermittlungserfolge in afrikan. Krisenherden. 16. Gipfelkonf. in Monrovia/Liberien beschloß Schaffg. einer Verteidigungstruppe aus bestehenden Truppenkontingenten zwecks Schlichtung des Bürgerkrieges im Tschad. – 4/1980 Beschluß f. d. Schaffung eines gemeins. Marktes bis zum Jahre 2000. – Ideolog. Ggsätze, bes. der Frontstaaten. – U. a. Befreiungsausschuß (Sitz Dar-es-Salaam). – 1964 durch 22 Mitgl. der OAU unter dem Patronat der ECA in Chartum *Entwicklungsbank* (African Development Bank/**AfDB;** Banque de Développement Africaine/**BDA**), gegr., Arbeitsaufn. 1966, Sitz Abidjan; 1978; 42 Mitgl.,

Präs.: *Godwe*/MW, Entwicklungsfonds/**FAD** (1972), Sonderfonds f. Nigeria (1976) sowie Entw.-Finanz.-Gesellschaft/**AIAFD**.

Bibl. Hinweis: Sonderausg. »Südl. Afrika« v. DAS PARLAMENT, Bonn 13.1.1979, Europa Archiv Nr. 4/79, 113–122. – *Z. Cervenka:* The Unfinished Quest for Unity: Africa and the OAU, New York 1978.

CEDEAO
WIRTSCHAFTSGEMEINSCHAFT WESTAFRIKAN. STAATEN

(Communauté Économique des États de l'Afrique de l'Ouest/CEDEAO, engl.: ECOWAS)

Gründg.: 1975 in Lagos/Nigerien. – **Ziel:** wirtsch. Kooperation, evtl. später Zollunion (Rohstoff-Freihandelszone für 5/1981 beschlossen); ggs. Grenzrespektierung Beschluß (seit 1978); »Regionaler Verteidigungspakt« (seit 1979). – **Org.:** Gen.-Sekr.: *Boubercar Diaby Quattara.* – **Sitz:** Lagos. – **Mitgl.** (1979): 16 (Liberien de facto 1980 ausgeschlossen).

EAC
OSTAFRIKANISCHE GEMEINSCHAFT (sowie Folgeabkommen)

(vorm. East African Community and Common Market)

Am 6.6.1967 unterzeichneten Kenia, Tansania und Uganda einen Vertrag über einen *»Ostafrikanischen Gemeinsamen Markt«* mit einer »Gemeinsamen Versammlung« (*»East African Legislative Assembly«)* in Kampala. Der Vertrag trat am 1.12.1967 in Kraft. Seit 1971 Rückschläge. **Seit 30.6.1977 Zoll- u. Währungsunion** infolge ideolog. u. wirtsch. Gegensätze zw. den Partnern, bes. m. Uganda, **praktisch aufgelöst;** gemeins. Transportsystem jed. z.T. weiterbestehend (Bahn, Luftges., Postverw.). – Als eine Art Nachfolgeorganisation beschlossen am 31.3.1978 in Lusaka, Äthiopien, Botsuana, Kenia, Komoren, Lesotho, Madagaskar, Somalia, Swasiland u. Sambia die Errichtung einer **Präferenzhandelszone Ost-Südostafrika** als erste Stufe einer späteren Wirtschaftsgemeinschaft; der Vertrag soll 1979/80 entworfen und ratifiziert sein. Malawi u. Tansania wollen beitreten. – **Nilstaaten-Organisation** seit 1978 zwecks gemeins. Nutzung des Stromsystems (Ägypten, Äthiopien, Kenia, Ruanda, Sudan, Uganda u. Zaïre). – 3/1979 beschlossen Tansania u. Mosambik in Maputo/Mos. durch Abkommen Freihandelszone. – 4/1980 I. Gipfelkonferenz v. Kenia, Uganda, Tans. u. Sudan in Mombasa beschließt insbes. Hilfsmaßnahmen f. Uganda sowie eine weit. Konf. üb. die Liquidierung des Besitzstandes der urspr. EAC.

OCAM
GEMEINSAME AFRIKANISCH-MAURITIANISCHE ORGANISATION

(Organisation Commune Africaine et Mauricienne)

Nach dem Fehlschlag verschiedener Organisationen für die wirtschaftliche Zusammenarbeit afrikanischer Länder wurde am 12.12.1965 in Nouakchott von meist frankophonen Ländern die **»Gemeinsame Afrikanisch-Madegassische Organisation«** gegründet, die sich eine eigene Charta gab. 1970 trat Mauritius bei, 1973 Madagaskar aus (Namensänderung). Neben der kulturellen, technischen und wirtsch. auch polit. Kooperation. – **Organe:** Generalsekretariat in Bangui (Zentralafr. K.) – **Mitglieder** 1977 (nach Austritt mehrerer Staaten): Benin, Elfenbeinküste, Mauritius, Obervolta, Niger, Ruanda, Senegal, Togo und das Zentralafrikanische K.; Burundi u. Seschellen assoziiert.

OMVS
ORG. FÜR DIE NUTZUNG DES SENEGALFLUSSES

(Org. pour la mise en valeur du Fleuve Sénegal)

Gründg.: 1972 durch Mali, Mauretanien u. Senegal. – **Ziel:** Gemeins. Senegal-Staudammprojekt. – **Sitz:** Dakar. – **Fin.:** Eigenbeitr. sowie Entw.-Hilfe d. BR Dtld. (0,19 Mrd. DM), Saudi-Arabien u. Kuweit. – Gesamtkosten der 1. Bauphase 1,5 Mrd. DM. – **Aktivitäten:** 6/1980 Treffen der 3 Staatschefs sowie der Geberländer in Bonn.

Bibl.: *P. Simonitsch:* Drei-Länder-Projekt Senegal, Beilage »Zeit und Bild« Nr. 24 der Frankf. Rdschau. v. 14.6.1980 (Grundsatzartikel).

SAEMU
SÜDAFRIKAN. WIRTSCH.- U. WÄHRUNGSUNION

(South African Economic and Monetary Union)

Mitgl.: RSA (sowie die »unabhängigen« Homelands Bophuthatswana, Transkei u. Venda), Botswana, Lesotho u. Swasiland. – **Ziel:** Zoll- u. Währungsunion (im Aufbau); wirtsch. Konsultationen. (Vgl. auch Sonderkapitel »Südafrika«, Sp. 129ff.)

SAHARA-ANRAINERSTAATEN

(Pays Riverains du Sahara)

Gründg.: als Organisation zuerst 1977, Wiederbelebung 1980. – **Ziel:** Wirtschaftl., techn., kulturelle u. soziale Kooperation; »Friedenszone«; Freundschafts- und Kooperationsverträge geplant. – **Org.:** Außenminister-Ratstagung (jährl.), Gipfelkonferenz (alle 2 J.); 5 Fachkommissionen. – **Sitz:** Niamév. – **Mitgl.:** Algerien, Libyen, Mali, Mauretanien (ab 1980), Niger, Tschad. – **Aktivitäten:** V. Gipfelkonferenz in Bomako/Mali 1980 für definitive Institutionalisierung der Staatengemeinschaft.

Übrige
WEST- UND ZENTRALAFRIKANISCHE ZUSAMMENSCHLÜSSE (Kurzübersicht)

»Union Douanière et Economique de l'Afrique Centrale«/UDEAC (»Zoll- u. Wirtschaftsgemeinschaft Zentralafrikas«), ihr gehören Gabun, Kamerun, die Volksrepublik Kongo und Zentralafrika an. Einheitl. Zollgebiet, seit 1976 Entwicklungsbank **(BDEAC).** – Wenig wirksam ist bisher die 1966 von Dahome (jetzt Benin), der Elfenbeinküste, von Mali, Mauretanien, Niger, Obervolta u. Senegal vereinbarte **»Union Douanière des États d'Afrique Occidentale«/UDEAO** (»Westafrikanische Zollunion«). – Die im Jahre 1972 gegründete **»Communauté Économique de l'Afrique de l'Ouest«/CEAO** (»Westafrikanische Wirtschaftsgemeinschaft«; Elfenbeinküste, Mali, Mauretanien, Niger, Obervolta, Senegal; Gen.Sekr. *Moussa Ngom,* Sitz in Ouagadougou in Obervolta) schuf sich einen Entwicklungsfonds u. schloß 1977 ein gegenseit. Beistandsabkommen. – **Union Monétaire Ouest-Africain/UMOA,** 6 Mitgl., Präs.: *L. S. Senghor*/SN. – Mitgliedsländer der **»Banque Centrale des Etats de l'Afrique de l'Ouest«** gründeten 1973 eine »Westafrikanische Entwicklungsbank«/**BDEAO** – 1975 einigten sich Burundi, Ruanda u. Zaïre auf die Gründung einer **»Communauté Économique des Pays des Grands-Lacs«/CEPGL** (»Wirtschaftsgem. d. Staaten an den Gr. Seen«). Am 24. 12. 1976 wurde auf der konstituierenden Gipfelkonferenz ein ständ. Vollzugssekretariat mit Sitz in Kisenyi (Ruanda; Generalsekretär *Kidwingira Bonaventure)* und ein Fonds geschaffen. Der zum Zwecke wirtschaftlicher Kooperation 1973 von Liberia und Sierra Leone geschaffenen **»Mano-Fluß-Union«** schloß sich 1976 bedingt auch Gambia an. Ziel ist die Schaffung einer Zollunion.

4. Amerika

OAS
ORGANISATION AMERIKANISCHER STAATEN
(Organization of American States/OAS – Organisación de los Estados Americanos/OEA)

Hervorgegangen aus den panamerikanischen Konferenzen (erstmals 1826 bzw. unter diesem Namen 1889). Unterzeichnung eines kollektiven Sicherheitspaktes am 30. 8. 1947 in Rio de Janeiro (»Rio-Pakt«), endgültige Organisation unter d. derzeitigen Namen am 30. 4. 1948 in Bogotá. **Mitgl.:** (theor.) 28 Staaten (Cuba ist faktisch ausgeschlossen); Guyana, Kanada u. Japan als Beobachter zugelassen. – **Ziel:** Gemeins. Aktion bei Aggression, friedliche Regelung b. Streitigkeiten untereinander; Verhängung v. Sanktionen b. Nichtanerkennung von Schlichtungsverfahren und anderen Verstößen. Enge wirtschaftl., politische und kulturelle Zusammenarbeit. – **Organe:** Seit der »Akte von Buenos Aires« (1967; in Kraft seit 27. 2. 1970); *Vollversammlung* mit jährl. Zusammentritt als oberstes Organ, *Ständiger Rat* (Sitz Washington), *Wirtschafts- und Sozialrat* und *Interamerikanischer Rat für Erziehung, Kultur und Wissenschaft, Interamerik. Verteidigungsrat* (Inter-American Defense Board – Junta Interamericana de Defensa), *Menschenrechtskommission* usw. – Auf der VII. Konsultativversammlung 1962 in Punta del Este (Uruguay) wurde der Marxismus-Leninismus als unvereinbar mit dem interamerikanischen System erklärt, auf einer Tagung in Washington Cuba ausgeschlossen. *Generalsekretariat* als **Panamerikanische Union** (diese selbst als Organisation seit 1910) in Washington D.C. Gen.-Sekr.: *A. Orfila*/RA (seit 1975). Die Mehrheit der Mitglieder vereinbarte am 14. 2. 1967 eine kernwaffenfreie Zone in Lateinamerika; die USA ratifizierten 1977 das Protokoll II des Vertrages. Verschiedene Mitglieder beantragten wiederholt die Wiederzulassung Cubas u. im Nov. 1974 in der sogen. »Deklaration von Quito« die Aufhebung des Boykotts geg. Cuba, was 1975 geschah. – **Interamerikan. Gerichtshof** f. Menschenrechte (7 Ri.) durch 11 OAS-Staaten auf der IX. Vv. (10/1979) beschlossen. Sitz vorauss. Costa Rica. – Festhalten am Prinzip der Nichtintervention (weg. Nicaragua) 1979.
Die Wirtschaftskonferenz der OAS billigte 1961 in Punta del Este *Zehn-Jahres-Entwicklungsplan* für Lateinamerika. Der Wirtschafts- und Sozialrat (Consejo Interamericano Económico-Social/**CIES** bzw. **IA-ECOSOC**) der OAS gründete 1964 ein neues, nur auf die lateinamerikanischen Länder beschränktes Organ, die **»Comisión Especial de Coordinación Latinoamericana«/CECLA** (Sitz Buenos Aires) zur Entwicklung und Anwendung großräumigen Wirtschaftsdenkens und -planens. Diese einigte sich 1973 auf die Gründung einer »Lateinamerikanischen Energie-Organisation« (»Organisación Latinoamericana de Energia«/**OLADE**). – Die auf Initiative Brasiliens zurückgehende Devise »Operaçao Panamericano« für wirtschaftlichen Zusammenschluß, aufgegriffen durch das **»Komitee der 21«** (amerikanischen Staaten), das seit 1959 in Washington D. C. wirkte, führte sodann in Verbindung mit der OAS zur **Gründung** der *Interamerikanischen Entwicklungsbank*/**IDB** bzw. **BID** (30. 12. 1959); sie nahm 1960 in Washington ihre Tätigkeit zur Finanzierung von Entwicklungsvorhaben nach dem Muster d. Weltbank auf. Zu den Mitgliedern (1978: 39) zählen auch europäische Staaten. Organe: Gouverneursrat aus 41 MSt., Präs.: *A. Ortiz Mena*/MEX; Sitz: Wash. D.C.; Kapitalverwendung '79/'82: 9,75 Mrd. $. – In den **»Erklärungen«** vom Dez. 1974 – E. von Ayacucho u. E. von Guyana (S. Tomé de G., Venez.) – wird

v. zahlr. lateinamerik. Staaten die Notwendigkeit wirtschaftl. Unabhängigkeit betont. – Außerhalb der OAS seit 1965 (m. Gen.Sekr.) in Lima das ständige **»Iboamerikanische Parlament«** für politische u. wirtschaftliche Zusammenarbeit. – 1978 Grenzkonflikt zw. Argentinien u. Chile (u.a. Beagle-Kanal im Süden); Vermittlung durch OAS und Papst. – Bilaterale Nuklearkooperation u. Nutzg. des Energiepotentials des Uruguay-Flusses zw. Argent. u. Bras. 6/1980 vereinbart.

Bibl. Hinweis: Organization of American States, A Handbook, Washington 1972. – G. Sandner/H.-A. Steger (Hg.): Fischer Länderkunde Bd. 7: Lateinamerika, Frankfurt/M. 1973.

ALADI
LATEINAMERIKAN. INTEGRATIONSVEREINIGUNG

(Asociación Latinoamericana de Integración/ALADI, früher Asoc. Lat.-am. de Libre Comercio/ALALC)

Gründg.: im Jui 1980 in Acapulco/MEX durch Mg. der 1960 in Montevideo gegr. ALALC (s. WA '80, Sp. 456). Vertrag 8/1980 in Montevideo gepl., in Kraft vorauss. 1.1.1981. – Bestehende ALALC-Regelungen gelten partiell weiter. – Neugründung durch Scheitern der hochgesteckten ALALC-Ziele und Auslaufen des ALALC-Vertrages notwendig geworden. Zusätzl. durch derzeitige Integrations- u. Kooperationserfolge des Andenpaktes (vgl. Sp. 622), u.a. mit den EG, hervorgerufen.

Ziel: Regulierung u. Förderung d. Handels mit dem Ziel eines gemeins. lateinamerikan. Marktes (analog den EG-Zielen, auf die sich die ALADI beruft). Regionale Zollpräferenzen (Ziel einer Freihandelszone, wie noch bei ALALC, aufgegeben), Teilabkommen zw. MgSt. – Abgestufte Mg.-Struktur (s.u.) mit Ausnahmebehandlung je nach Entw.-Grad u. geograph. Situation. – Marktöffnung f. MgSt. ohne Gegenseitigkeitsprinzip (Reziprozität); zus. Handelsvorteile m. abgestuftem Modus für MgSt. – Multilaterale Assoziationsmodelle m. Andenpakt, ODECA, SELA usw. (s. diese), auch außerh. Lateinamerikas.

Org.: *Rat der AußenMin.* (polit. Entsch.-Organ, tagt unregelm.), *Konvergenz- und Begutachtungskonferenz* (Bevollmächtigte aus den Zonen, tagen alle 3 J.), *Repräsentantenkomitee,* (ständig), *Generalsekretariat* (m. GenSekr. auf 3 J.). – **Sitz:** Montevideo/Uruguay.

Mitgl. sind alle Staaten Südamerikas sowie Mexiko (zus. 11, unterteilt in 3 Kategorien): 1. unterentwikkelte Staaten (Bolivien/BOL, Ecuador, Paraguay/PY), 2. Staaten »mitlerer« Entw.: (Chile, Kolumbien, Peru, Uruguay/U, Venezuela), und 3. »starke« Staaten (Argentinien/RA, Brasilien/BR u. Mexiko – auch *»ABRAMEX-Gruppe«* genannt, die bereits aus der ALALC die meisten Vorteile zog). – Untergruppe der *Andenpakt-Staaten* (siehe Sp. 622).

Aktivitäten: Zunächst Wiederaushandlung der bestehenden Konzessionen zur Überführung von ALALC in ALADI bis Ende 1980. Sondertagung 12/1980 als Überprüfungskonf. gepl.

Parallel-Org.: Daneben existiert die Zone der sog. *La-Plata-Anlieger* (RA, BOL, BR, PY, U), gegr. durch den »Tratado de la Cuenca del Plata« mit Koordinationskomitee **CIC** seit 1972; seit 1977 Kontakt mit Chile.

AMAZONAS-PAKTSTAATEN

Tratado de Cooperación Amazónica)

Gründg.: Nach alten Internationalisierungsplänen des 19. Jh. (bes. durch den US-Amerik. *M.F. Maury* u. dessen Buch 1853) sowie u.a. den US-Ökonomen *K. Boulding* im 20. Jh. am 3.7.1978 in Brasilia durch Vertrag (s.o. Titel) der acht (auch mittelbaren) Flußanrainerstaaten (s.u. Mitgl.) auf unbestimmte Zeit gegründet.

Ziele: 1.: Integrale Erschließg. u. Entwicklg. des Amazonastieflandes (ca. 5,8 Mill, km^2 bzw. ein Drittel d. Obfl. Südamerikas, insges. 50000 km der Flußläufe schiffbar; Bevölk.-Dichte nur unter 1 Einw./km^2) in Verbindung mit der *Transamazónica* (Fernstraße v. 8000 km Länge). Ausbeutung v. Bodenschätzen (Eisen, Mangan, Bauxit, Zinn [vgl. Kap. »Wirtschaft«], neuerdings Erdöl) und der natürl. Energien (durch Wasserkraftwerke, Staudämme u.ä.). Entw. der Viehwirtschaft u. der Schiffahrt im Becken. **2.:** Eigene Interessendurchsetzung gegenüber US-multinationalen Unternehmen auf ökonom., ökolog., medizin., verkehrsmäß., nachrichtentechnolog., wissenschaftl., tourist. u. ethnolog. Gebieten.

Org.: *AußenminRat* (tagt unregelm. unter turnusmäßigem Vorsitz wie etwa bei den EG), *Rat* (Consejo de Cooperación Amazónica, tagt einmal jährl. auf Diplomatenebene), *Nationale Kommissionen* als ständ. Einrichtg. – Vetorecht jedes Mg. in beiden Räten. – **Sitz:** wechselt wie Vorsitz; kein Ständ. Sekretariat.

Mitgl. (mit Flächenanteilen des Amazonasbeckens): Brasilien (63,3%), Perú (15,9%), Bolivien (11,9%), Kolumbien (5,8%), Ecuador (2,1%), Venezuela (0,9%), Guyana und Suriname.

Aktivitäten: Regionalpolit. Anreize u. transnat. Entw.-Pläne (bisher bes. durch Brasilien u. Perú); Austausch v. wiss. u. technolog. Informationen u. Personal (gepl.).

Bibl.: Integración latinoamericana (Ztschr.), Aug. 1978, S. 62–64 (= Vertrag). – *W. Jung:* Der Amazonaspakt, in: IIS-INFO-Auslandsinformationen (St. Augustin/BN), Nr. 5/1980, S. 1–13 m. weit. bibliogr. Hinweisen.

ANDENPAKT-STAATEN

(auch: Andengruppe/Grupo Andino)

Gründg.: 1968 innh. der ALALC (s. ALADI), 1969 institutional. (Vertrag von Cartagena, erneuert

1979). – **Ziel:** Wirtschaftl. Präferenzzone, schrittw. Einführg. eines gemeins. Außenzolls, supranat. Organe (m. Rechtsverbindlichkeit f. MSt., deren Gebiet 4,7 Mill. qkm u. rd. 75 Mill. Einw. umfaßt). – **Org.:** Andenrat *(Junta)*, Kreditinstitut (Andinische Entw.-Bank) *Cooperación Andina de Fomento*/ CAF, *Anden-Gerichtshof* (ab 1980), *Anden-Parlament* (Charta-Unterzeichnung 12/1979). – **Sitz:** Lima/PE (Junta); Caracas/YV (CAF); Quito/EC (Gericht). – **Mitgl.** (5): Bolivien, Kolumbien, Peru, Ecuador u. Venezuela (letztere beiden auch in der OPEC); Chile 1977 endg. ausgetreten. – **Fin.** (des CAF): 500 Mill. $ (1979), dazu »Friedensfonds«: 500 Mill. $ (1979). – **Aktivitäten:** Fortschreit. Zollabbau (intrazonaler Warenverkehr 1979 1,2 Mrd. $); gemeins. Auftreten als Block gegenüber den USA und den EG (5/1980 Gründg. eines *Gemeins. Komitees f. Wirtsch.-Koop.* mit den EG).

Bibl. Hinweis: *Bleckert, H.:* Über einige progressive Aspekte und Tendenzen im Kapitalstatut der Andenintegration, in »Lateinamerika«, Rostock 1973.

CARICOM
KARIBISCHER GEMEINSAMER MARKT
(Caribbean Common Market/CARICOM, auch CCM)

Am 1.5.1968 von Antigua, Barbados, Guyana und Trinidad-Tobago zum Zwecke der stufenweisen Beseitigung der Zölle als *»Karibische Freihandelszone«* (Caribbean Free Trade Area/**CARIFTA**) gegründet, später durch Beitritt v. Dominica, Grenada, St. Kitts-Nevis, Anguilla, St. Lucia und St. Vincent erweitert, dann folgten Belize, Jamaika und Montserrat. 1969 Gründung d. **»Karibischen Entwicklungsbank«/CDB** (incl. USA, CDN, YV), Sitz: Barbados. Die wichtigsten Mitglieder (Barbados, Guyana, Jamaika sowie Trinidad und Tobago) beschlossen am 20.8.1973 in Chaguaramas (Trinidad) angesichts erzielter Erfolge die Ausgestaltung der Freihandelszone zum »Karibischen Gemeinsamen Markt«, dessen Organisation auf der ersten Tagung festgelegt wurde; die übrigen Mitglieder der sich auflösenden CARIFTA traten nach und nach dem CCM bei, so 1974 Belize, Dominica, Grenada, Montserrat, St. Lucia, zuletzt Antigua, St. Kitts-Nevis, Anguilla. Die meisten Mitglieder einigten sich am 1.12.1975 auf die Gründung einer »Karibischen Schiffahrtsgesellschaft«/**NAMUCAR.** Der Entwicklungsbank traten u.a. auch die USA, Kanada und Venezuela bei. Sitz d. CCM: Georgetown (Guyana).

Bibl.: CARICOM-Grundsatzartikel in der NZZ (Zürich), Nr. 289/1979, S. 10. – *A. Axline:* Caribbean Integration, New York 1979.

MCCA
ZENTRALAMERIKAN. GEMEINSAMER MARKT
(Mercado Común Centroamericano/MCCA od. MCC, engl.: CAFTA, CACM, CACOM üblich)

Vorbereitungsmaßnahmen durch El Salvador, Guatemala und Honduras *(Tratado de Asociación Económica)*. – **Ziel:** Freihandelszone, später echte Wirtschaftsgemeinschaft. Am 13.12.1960 folgte ein weiterer Vertrag dieser Staaten und Nicaraguas *(Tratado General de Integración Econ. Centroamericana*/**SIECA**) über die Schaffung eines Gemeinsamen Marktes und einer **Zentralamerikanischen Bank** (Banco Centro-americano de Integración Económica/**BCIE**). 1961 zusätzl. *Tratado de Intercambio Preferencial y de Libre Comercio,* 1962 *Tradato de Integración Económica Centroamericana* über einheitliche Importzölle. **Mitgl.** (ab 1962): Costa Rica, El Salvador, Guatemala, Honduras, Nicaragua. Funktion (wie bei ODECA) durch die polit. Entwicklung in Zentralamerika seit 1979 beeinträchtigt. – **Org.:** Generalsekretariat (GS: *R. Silva Franco*) – **Sitz:** C. de Guatemala.

Bibl.: *R. Q. Shaw:* Central America – Regional Integration and National Political Development, Boulder/USA: 1979.

ODECA
ORGANISATION ZENTRALAMERIKAN. STAATEN
(Org. de. Estados Centroamericanos/ODECA, engl.: OCAS)

Seit 14.10.1957 Vereinbarung über Kooperation (Costa Rica [bis 1973]), El Salvador, Guatemala, Honduras u. Nicaragua). Seit 12.12.1962 durch die *»Carta de San Salvador«* die Gründung eines **»Zentralamerikanischen Verteidigungsrates«/ CONDECA,** Sitz San Salvador, seit 13.12.1964 **»Zentralamerikanische Bank«** (s. MCCA). Außerhalb der ODECA wurde Anfang 1977 in Panamá auf einem Indianerkongreß eine **»Föderation zentralamerikanischer Indianervölker«** mit Sitz in Panamá gegründet. **Ziel** (ODECA): Koop. zw. Einheit u. wirtsch. Unabhängigkeit.

SELA
LATEINAMERIKAN. WIRTSCHAFTSSYSTEM
(Sistema Económica Latinoamericano/SELA)

Auf Anregung des mexikanischen Staatspräsidenten Luis Echeverria Alvarez gründeten am 18.10.1975 in Panamá 25 Staaten ein gemeinsames, von den USA unabhängiges Wirtschaftssystem. – **Ziel:** Regionale Interessenvertretung gegenüber anderen Gruppen, Finanzierung gemeinsamer Wirtschaftsvorhaben, Gründung multilateraler Unternehmen und u.a. gemeinsame Preispolitik; teilweise Übernahme von Koordinierungsaufgaben und Kooperation zwischen »Andenpakt«, MCCA und CARICOM. – **Sitz:** Caracas (Venezuela). – Am 18.9.1977 Unterzeichnung des Vertrages über die Gründung einer »Lateinamerikanischen Exportbank«/**BLADEX** durch 14 Mitglieder (Sitz Panamá). – Entw.-Bank gepl. (1980). – III/79 »System zum Informationsaustausch«/**ASIN** durch 10 Staaten in Caracas/YV gegr.

5. Arabische Staaten, Asien und Ozeanien

ADB
ASIATISCHE ENTWICKLUNGSBANK
(Asian Development Bank/ADB)

Gründg. 1965 durch Abkommen (1966 in Kraft) von 31 Staaten aller Welt (u.a. BR Dtld.) in Manila/RI. **Ziel:** Internat. Finanzierung z. wirtsch. Entw. u. Zusammenarb. in Asien u. Fernost für die ESCAP-Staaten (vgl. UNO, Sp. 585ff.), Beschleunigung d. Wirtschaftswachstums der Mg.-Staaten. **Org.:** *Board of Governors* (je Mg. 1) m. in etwa nach Kapitalzeichnung gewichtetem Stimmrecht (vollentw. Mg. haben zus. 56% der Stimmen, davon BRD 4,9%); tagt jährl. u. wählt *Board of Directors* (12), 8 regional (Asien) u. 4 nichtreg. (Industriestaaten in u. außh. Asiens) f. 2 J., darunter 1980 die Mg.-Staaten AUS, CDN, BRD, I, USA, Japan u. 5 weit. – 12 *Direktoren* wählen *Präsidenten* (z.Z. Japaner). – Sonderfonds **ADF** zahlt Darlehen an bedürftige Mg. – *Sekretariat* m. 1000 Bediensteten aus 32 Ländern. – **Mg.:** 1980 43 Staaten, davon 29 regionale (m. 67% des Kapitals) u. 14 nichtreg. (m. 33% d. K.). – **Fin.:** 1980 8,861 Mrd. $ Kapital, davon durch BRD 81,1 Mill. $; **ADF** (1978) 1,838 Mrd. $, davon BRD 8,1%.

Bibl.: FAZ v. 20.6.1980, S. 28–30 (Prospekt).

ALAB
ARABISCH-LATEINAMERIKANISCHE BANK
(Arab Latin American Bank/ALAB)

Gründg. 1978. – **Ziel:** Entw.-Hilfe in Lateinamerika. – **Org.:** *Präsident,* 1980 Abdul Wahab A. Al Tammar, *Versammlung* der Mitgl. – **Sitz:** Lima/PE. – **Mg.:** 27 Finanzorganisationen aus 18 arab. (z.B. Kuweit, Libyen, Saudi-Arabien, Abu Dhabi, UAE) u. lateinamerikan. Staaten (Argentinien, Brasilien, Chile, Bolivien, Kolumbien, Costa Rica, Ecuador, Haiti, Perú u. Uruguay). – **Fin.:** 1979 Eigenkapital 100 Mill. $, 2 Mrd. $ z. Projektfinanzierung in Lat.-Amerika.

ANZUS-PAKT/PACIFIC-PACT

Am 1.9.1951 in San Francisco unterzeichnetes Bündnis zwischen Australien (A), Neuseeland (NZ) und den USA (US). – **Ziel:** Ursprünglich gegen etwaige japanische Angriffe gerichtet, derzeit allg. Zusammenarbeit. – Beitritt Japans 1979 von Mg. erörtert. – **Organe:** *Konsultativrat;* US-Stationen für Satellitenbeobachtung usw. in Australien. – Gemeinsame Manöver. – Außerh. dieses Paktes brit.-austral.-neuseel. Sicherheitsvereinbarung **(ANZAM).**

1980 29. Ratstagung d. Außenmin. in Washington/D.C.: Debatten üb. Mittl. Osten, insbes. Afghanistan; Verurteilg. d. sowj. Intervention; Verstärkg. d. militär. Aktivitäten im pazif. Gebiet, insbes. austral. Beteiligung an der US-amerikan. Aufklärung im Ind. Ozean (Startpunkte die Insel Diego Garcia sowie die Philippinen); gemeins. Manöver (auch GB-Beteiligung); Unterstützung der ASEAN-Friedensinitiativen; Flüchtlingshilfen für Kambodscha beschlossen.

Bibl.: Dokumentationen zu den Jahrestagungen in Europa Archiv 17/79, D 465-8 u. 8/80, D 184-8.

ARABISCHE LIGA – ARABISCHE LÄNDER

Die panarabische Bewegung organisierte 1937 die erste *Arabische Konferenz,* die dann am 22.3.1945 zu einem Konsultativ- und Nichtangriffspakt 7 arabischer Staaten, zur *Arabischen Liga,* führte, der später alle unabh. arab. Staaten, Dschibuti, Mauretanien u. Somalia beitraten. – **Ziel:** Enge kulturelle, wirtschaftliche, politische u. militärische Zusammenarbeit. Kollektiver Verteidigungspakt seit 1950; vorwiegend gegen Israel, seit 1979 auch gg. sog. »Israel-Freunde« (Ägypten und USA). Nur einstimmige Beschlüsse bindend; formale/institutionelle Mechanismen weg. innerer Zersplitterung z.T. außer Kraft gesetzt.

Organe: *Rat der Könige und Staatschefs* (seit 1964), u.a. mit einer *Kontrollkommission* und einem *Arabischen Gerichtshof. Rat der Liga,* in dem jedes Mitglied eine Stimme besitzt. *Politischer Ausschuß der Außenminister. Kollektiver Verteidigungsrat. Militärausschuß. Oberkommando der Vereinigten Streitkräfte, Wirtschaftsrat. Entwicklungsbank.* »Arab. Entwicklungsfonds«/**AFESD.** Org. für Transport u. Telekommunikation. – *Gen.-Sekretariat der Liga* bis 1979 Kairo, seitdem faktisch Tunis. Gen.-Sekr.: Schedli Klibi/TN (seit VI/79). Budget: Ende 1978 Beitragsrückstände d. Mitgl. v. 10 Mill. $. – Finanz. Handlungsspielraum eingeengt. Das Oberkommando u. d. Ausschuß f. d. Jordanwasser-Projekt sind praktisch arbeitsunfähig. – **Gemeinsamer Arabischer Markt** (Irak, Jordanien, Kuweit, Syrien, Ägypten [1979 ausgeschlossen]) 1964 vereinbart, Zollsenkung ab 1965, kein einheitl. Außenzolltarif. Charakter einer Freihandelszone. Wechselnde Kooperation weiterer arab. Länder. 1968 wurde ein *»Arabischer Entwicklungsfonds für Afrika«,* 1974 eine *»Arabische Bank für landwirtschaftliche und industrielle Entwicklung in Afrika«* gegr. 1975 durch Liga-Mitgl. **»Arabischer Währungsfonds«/AMF** nach IMF-Muster. Vertrag 1976, in Kraft 21.4.1977. Gründungskapital 860 Mill. $; 1979 250 Mill. $ Darlehenskapital, *Dir.:* Jawad Hashim; Sitz des Fonds Abu Dhabi (s. auch die einzelnen arabischen Staaten). Seit 1978 Schaffung eines Unterstützungsfonds (gepl. 3,5 Mrd. $) f. d. Konfrontationsstaaten sowie die PLO im Aufbau.

Mitglieder d. Arab. Liga (1.4.1979): Algerien,

Bahrein, Irak, AR Jemen, DVR Jemen (1978 suspend.), Jordanien, Katar, Kuweit, Libanon, Libyen, Marokko, Mauretanien, Oman, Saudi-Arabien, Somalia, Sudan, Syrien, Tunesien, Vereinigte Arabische Emirate, Dschibuti, Palästinensische Volksbefreiungsfront/PLO (Ägypten suspendiert). – Innerhalb der Liga seit Dezember 1977 harte Gegensätze, besonders zwischen Ägypten und den Sadat-Gegnern der **»Ablehnungsfront«**, Gipfelkonferenzen in Bagdad 1979 und Tripolis 1980 (s.u., 11. Gipfelkonferenz) schließen Ägypten aus. – 1979 bewaffneter Grenzstreit der beiden Jemen schließl. m. Hilfe der Arabischen Liga vorläufig geschlichtet (siehe Sonderkapitel »Nahost«, WA '80/713–724). – **Arabische Gipfelkonferenzen** (seit 1978 jährl. im Nov. vorges.): 1. in Kairo (I/1964), 2. in Alexandrien (IX/1964), 3. in Casablanca (IX/1965), 4. in Chartum (IX/1967), 5. in Rabat (XII/1969), 6. in Algier (XI/1973), 7. in Rabat (X/1974; u.a. Anerkennung der PLO als Vertretung der Palästinenser. Schaffung einer Rüstungskasse.), 8. in Bagdad (XI/1978, 20 Staaten sowie die PLO), 9. in Bagdad (III/1979; u.a. m. Ausn. Saudi-Arabiens geschlossene *Anti-Sadat-Front* zwecks Isolierung Ägyptens), 10. in Tunis (XI/1979 m. 20 Staaten; ohne Ägypten, aber mit PLO), 11. in Tripolis (IV/1980, nur Syrien, Libyen, Algerien u. DVR Jemen), Beschluß f. ein gemeins. Militärkdo. in Syrien u. Erdölboykott gegenüber »Israel-Freunden« – 1974 in Damaskus von Ägypten, Bahrein, Jordanien, Kuweit, Libanon, Mauretanien, Sudan, Syrien u. Tunesien eine **»Arabische Parlamentarische Union«/UIA** gegründet; Sitz ist Damaskus. – Seit 1975/76 ein **»Arabisch-Europäischer Dialog«**, 1980 reaktiviert. – Arab. Entwicklungsbank in Afrika/**BADEA** 1974 v. Ligastaaten gegr. – Finanziert Proj. in afrikan. Staaten oh. Bez. zu Israel. Mitgl. 1979: 17 Länder (16 Staaten + Palästina). *Verw.-Präs.:* M. Ch. Ayari, Sitz: Chartum/Sudan; Kapital 231 Mill. $, dav. 90 Mill. $ v. Saudi-Ar. u. Libyen. Entw.-Bank **ALAB** s. Sp. 625.

Bibl.: Arabien-Ploetz, Freiburg/Würzburg 1978. – *R. Robert:* Die Liga der Arab. Staaten, in: Beilage z. »Parlament«, B 23/80 v. 7.6. 80, S. 25–46.

ASEAN
VERBAND SÜDOSTASIATISCHER NATIONEN
(Association of South-East Asian Nations/ASEAN)

1963 vereinbarten der Malaiische Bund (MA), die Philippinen (PHIL) und Indonesien (INDO) in einer zu schaffenden Organisation – **MAHPHILINDO** – wirtschaftliche, soziale und kulturelle Zusammenarbeit. Die Organisation kam nicht zustande. Am 8.8.1967 beschlossen in Bangkok in einer »Sieben-Punkte-Deklaration« Indonesien, Malaysia, die Philippinen, Singapur und Thailand engere Kooperation in Wirtschaft, Verkehr, Kultur. Sie bildeten die **ASEAN** mit einem Sekretariat in Jakarta/Indon. Die 5 Staaten halten **»Ministerkonferenzen für die wirtschaftliche Entwicklung in Südostasien« (MEDSEA)** ab; gründeten eine gemeins. Erziehungsorganisation **(SEAMEO)** sowie eine ASEAN-Universität; Australien

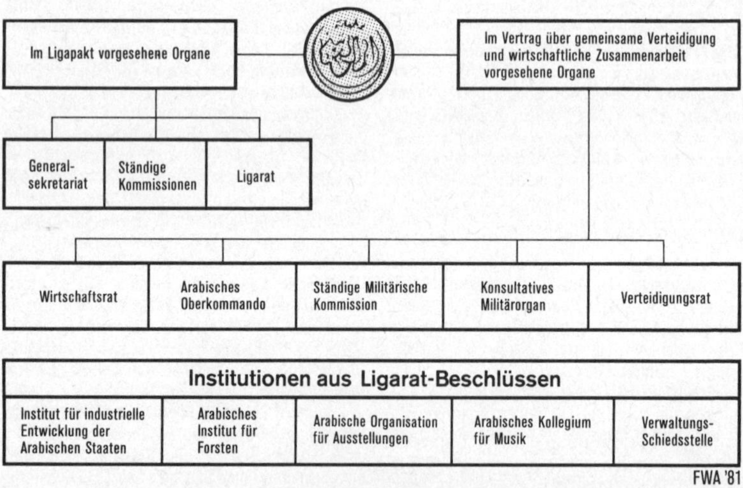

Arabische Liga
Hauptorgane und Institutionen aus Ligarat-Beschlüssen
(modifiz. Vorlage aus: Arabien – PLOETZ, Freiburg/Würzburg 1978, S. 165)

ist in MEDSEA Mitglied und an die SEAMEO assoziiert. Handelsausschuß. Sekretariate in den einzelnen Hauptstädten. Seit 1976 nach d. 1. Gipfelkonf. (Bali-Deklaration) u. a. gemeinsamer Reeder-Verband; seit 1978 Ständ. Sekretariat einer Parlamentarierorganisation zwecks internat. Delegationsaustausch. – Verstärkte Tendenz, in Südostasien eine »Zone d. Friedens, d. Freiheit u. d. Neutralität« zu schaffen, 1977 Einigung über Vorzugszölle zwischen den Mitgliedern und Gründung von Fachausschüssen, Kompetenzen beim Ministerrat. – Gen.Sekr. (bis Ende 1979): *Umarjadi Njotowijono* (Indon.). – Gipfelkonf. 1977 gründete **Hilfsfonds** zur Überwindung kurzfristiger Zahlungsbilanzschwierigkeiten. – Ausbau d. Kontakte zu den EG- und anderen OECD-Ländern, aber auch Kooperation mit Kambodscha, Laos und Vietnam. Erste Euro-Asiat. Außen- u. Handelsministerkonferenz in 2 Phasen XI/1978 (Brüssel) u. II/1979 (Jakarta), Koop.-Abkommen m. EG am 7. 3. 1980 in Kuala Lumpur abgeschlossen. – Neuerdings gemeins. Auftreten in der Außenpolitik (neben EG auch ggüb. Japan, der OECD, beim Nord-Süd-Dialog, bei der UNCTAD-Konf. usw.). 1979 Angebot Vietnams zu einem (bi-/multilateralen) Nichtangriffspakt mit ASEAN(-Staaten) abgelehnt; 1979/80 heftige Kritik der vietnam. Aktionen in Kambodscha.

Bibl.: *Sh. W. Simon,* ASEAN – Obstacles to Security Cooperation, in: Orbis 22 (1978), 415–434. – *J. Dauth,* ASEAN, in: Beilage 8/79 zum »Parlament«.

»COLOMBO-Plan«

(»Plan f. gem. wirtsch. Entw. Südostasiens« – Plan for Cooperative Economic Development in South-East Asia)

Gegründet am 28. 11. 1950 – **Ziel:** Hebung des Lebensstandards. Mitgl.: Afghanistan, Bangladesch, Bhután, Birma, Brunei, Fidschi, Indien, Indonesien, Iran, Rep. Korea (Süd-Korea), Malaysia, Malediven, Nepál, Pakistan, Papua-Niugini, Philippinen, Singapur, Sri Lanka, Thailand u. Vietnam. Der C. finanziert Entwicklungsprojekte und gibt verlorene Zuschüsse, Anleihen und Investitionen durch die förd. Mitgl.: Australien, Großbritannien, Japan, Kanada, Neuseeland und die assoziierten USA. Plan bis 1981 verlängert. – **Organe:** Konsultativrat, Büro in Colombo (Sri Lanka). College für Technische Ausbildung in Singapur.

NAFTA
NEUSEELÄNDISCH-AUSTRALISCHES FREIHANDELS-ABKOMMEN

(New Zealand-Autralia Free Trade Agreement)

Abkommen v. 1966 sieht Zollunion vor. Seit 1980 westpazif. Wirtschaftsgem. unter Einschluß Japans im Gespräch, jedoch bisher (Mitte 1980) nicht institutionalisiert.

OAPEC – Arabische Erdölförderländer

(Organization of Arab Petroleum Exporting Countries/OAPEC)

Gründg.: 1968 in Beirut/RL von den heut. Mg.-Staaten (u. Ägypten; 1979 suspendiert). – **Ziel:** Förderung d. Wirtschafts- und Handelsinteressen der Mg., bes. auf dem Erdölsektor; Harmonisierung d. Rechtsvorschr., Informationsaustausch, Ausb.- u. Beschäftigungshilfen f. Bürger der Mg.-Staaten, gem. Forschungsprojekte auf dem Energiesektor. – **Org.:** *Ministerrat* aus Erdölmin. (tagt mind. zweimal jährl.), *Gen.-Sekr.* (OAPEC-Sprecher) z. Z. Ali Attiga, *Schiedsgericht* (geplant), *Arab Petroleum Services Company, Engineering Design Co.* – **Sitz:** Kuweit. – **Mg.:** Ägypten, Algerien, Bahrein, Irak, Katar, Kuweit, Libyen, Saudi-Arabien, Syrien, UAE. – **Fin.:** In erster Linie Sonderhaush. in Form v. eigener Entw.-Hilfe (1978: 1,33 Mrd. $), überw. durch Saudi-Arabien finanziert. – **Aktivitäten:** Festlegung spezif. arab. Preispolitiken im Rahmen der OPEC (s. diese), deren Mg. die meisten OAPEC-Staaten sind. – Techn. Forschg. in Abu Dhabi (Tankerschiffbau), Werft in Algier. – Politisch ambivalent anti/pro-Iran.

RCD
REGIONALE ENTWICKLUNGS-KOOPERATION

(Regional Cooperation for Development/RCD)

1964 unabhängig vom (am 28. 9. 1979 aufgelösten) CENTO-Pakt (vgl. WA '79, Sp. 453) von Iran, Pakistan u. Türkei als gemeins. Versicherungszentrum, Schiffahrt-, Luftfahrt- u. Transportgesellschaft gegründet. Reaktivierung seit Auflösung des CENTO wahrscheinlich. **Mitgl.** (1979): Gründungsmitgl. sowie Sympathisanten d. ehem. CENTO-Staaten; Erweiterung auf Blockfreie (z. B. Indien) gepl. – **Organe:** Gen.-Sekr. (gepl.), Sitz: offen; Unterorganisationen: *Investitionsbank* (gepl.), *Süd- u. Westasiatische Postunion* (1977 beschlossen).

SÜDSEE-FORUM

1971 gegründet. **Mitgl.** (1978: 12): Australien, Neuseeland, Cook-Inseln, Fidschi, Gilbert-In., Nauru, Niue, Papua-Niugini, Tonga, Samoa i Sisifo, Salomonen und Tuvalu. Eine lockere Organisation, Veranstaltung von Tagungen seit 1971 auf wirtschaftlichem und kulturellem Gebiet. »South Pazific Bureau for Economic Cooperation«/**SPEC** (Sitz Suva). – 1977 Schaffung einer 200-sm-Wirtschaftszone. Seit 1978 Interims-Fischereibüro in Sydney.

B. BÜNDNISSE UND KONFERENZEN
Herbst 1979 bis Herbst 1980

Abrüstung und Rüstung

a) *Abrüstung.* Mitte September 1979 beginnt in Genf die Hauptphase der sogenannten **Waffenkonferenz,** die auf eine Empfehlung der *Genfer Konferenz über humanitäres Völkerrecht der Jahre 1974–1977* zurückgeht. Das Ziel dieser Konferenz ist, bestimmte konventionelle Waffen wie Minen, Splittergranaten, Brandbomben, kleinkalibrige Projektile usw. zu verbieten oder deren Anwendung einzuschränken. – Am 6.10.1979 kündigt der sowjetische Staats- und Parteichef *Breschnjew* den Abzug von 20000 sowjetischen Soldaten und 1000 Panzern aus der DDR an. – Die an den *Wiener Verhandlungen über einen Truppenabbau in Mitteleuropa (MBFR)* beteiligten NATO-Staaten legen am 20.12.1979 **Abrüstungsvorschläge** vor; diese sehen als ersten Schritt zur Beschleunigung der seit sechs Jahren nur schleppend vorankommenden Gespräche einen Rückzug von 13000 amerikanischen und 30000 sowjetischen Soldaten sowie eine Reihe vertrauensbildender Maßnahmen vor. – Ende Januar 1980 schafft der *Ständige NATO-Rat* gemäß eines organisatorischen Beschlusses der Außen- und Verteidigungsminister bei deren gemeinsamer Sitzung am 12.12.1979 eine besondere **Konsultationsgruppe für nukleare Rüstungsabgrenzung.** – Nach einer dreiwöchigen **Überprüfungskonferenz,** die Anfang März 1980 in Genf begonnen hatte, sind die 87 Vertragsmitglieder der *internationalen Konvention von 1975 über das Verbot bakteriologischer und biologischer Waffen* zur Überzeugung gelangt, daß diese Konvention sich als wirksam erweise und ausreiche, auch die jüngsten wissenschaftlichen Erkenntnisse abzudecken. Das Verbot der militärischen Nutzung von Bakterien und Toxinen bestimmt, daß die bereits erzeugten Bestände an *biologischen Waffen* vernichtet werden müssen. Unruhe hatte eine Meldung aus dem amerikanischen State Department hervorgerufen, wonach im Frühjahr 1979 in der russischen Industriestadt Swerdlowsk eine schwere *Milzbrandepidemie* ausgebrochen war, deren Ursache eine Panne beim Umgang mit B-Waffen gewesen sein könnte. Die USA geben jedoch auf der Genfer Konferenz bekannt, daß sie auf Anfrage eine plausible Erklärung erhalten haben. Danach habe es sich um eine *Infektionskrankheit* von Rindern und Schafen gehandelt. Diese habe durch ein Versagen der Veterinärbehörden auf die Bevölkerung übergegriffen. – Am 11.5.1980 kehrt der frühere schwedische Ministerpräsident *Palme* von einer Reise nach Moskau zurück; als Hauptzweck seines Moskau-Besuches nennt Palme die Absicht, die Sowjetunion für die Mitarbeit in einer neuen **Abrüstungskommission** zu gewinnen, die er selber zu leiten gedenke. Nach eigenem Bekunden konnte der schwedische Sozialdemokrat in Moskau »positives Interesse« an diesen Plänen registrieren. – Ein Grundsatzartikel im sowjetischen Parteiorgan *Prawda* vom 3.6.1980 weist in scharfer Form die NATO-Vorschläge (s. NATO, Sp. 598) vom 20.12.1979 zu den *Wiener Truppenreduzierungsverhandlungen* zurück. *Moskau* wirft der NATO vor, sie verlasse die vereinbarte Verhandlungsgrundlage, und wiederholt gleichzeitig die Vorschläge des Warschauer Paktes vom Juni und November 1978 wie auch vom Juni 1979. Die von der NATO-Seite vorgebrachten Begleitmaßnahmen, schreibt die *Prawda,* hätten einen Operationsbereich, der die vereinbarte Region Zentraleuropa überschreiten und einen bedeutenden Teil des europäischen Territoriums der Sowjetunion miteinbeziehen würde. Dies würde eine Revision der bei den Vorbereitungsgesprächen gefaßten Beschlüsse einschließen: solche Maßnahmen hätten weder ihrer Natur noch ihrem Umfang nach etwas mit der beabsichtigten Truppenverdünnung zu tun. – Der neue amerikanische Außenminister *Edmund Muskie* erklärt am 8.6.1980, daß keine Verbindung (»Linkage«) zwischen SALT und Afghanistan bestehe, d.h., daß trotz der sowjetischen Intervention in Afghanistan der SALT-II-Vertrag ratifiziert werden sollte. — Der *Streitkräfteausschuß des Senats* beschließt am 15.6.1980 mit 13 gegen 4 Stimmen, daß die USA 100 mit Mehrfachsprengköpfen bestückte *Minuteman-III-Raketen* zu den 550 bestehenden hinzufügen können. Durch diesen Beschluß könnte der SALT-II-Vertrag gefährdet werden: sollten nämlich die USA die Bereitstellung von *Trident-U-Booten* fortsetzen, so könnten sie bis 1983 die nach dem Vertrag erlaubte Obergrenze von 1200 Startgeräten überschreiten, falls sie nicht andere Waffensysteme abbauten.

b) *Rüstung.* Nach einem von amerikanischen, britischen und kanadischen Gruppen am 15.10.1979 vorgelegten Dokument *»Militär- und Sozialausgaben der Welt 1979«* betrugen 1978 die **Rüstungsausgaben** weltweit gesehen 425 Mrd.$. – Als besonders beunruhigend wird der Anstieg um 400 Prozent seit 1960 für Rüstungsausgaben von Entwicklungsländern bezeichnet. – Die USA verfügten 1979 über 1054 Interkontinentalraketen (ICBM) mit insgesamt 2154 Sprengköpfen, 656 U-Boot-Raketen (SLBM) mit 4800 Sprengköpfen, 343 Bomber mit 2560 Sprengköpfen; die Sowjetunion über 1398 ICBM mit 5820 Sprengköpfen, 950 SLBM mit 1782 Sprengköpfen und 156 Bomber mit 624 Sprengköpfen. Nach Schätzungen von *Paul H. Nitze,* einem der führenden amerikanischen Verteidigungsexperten und prominentem SALT-Gegner, werden die USA 1985 1040 ICBM mit insgesamt

2012 Sprengköpfen, 774 SLBM mit 5088 Sprengköpfen, 346 Bomber mit 4504 Sprengköpfen besitzen, die Sowjetunion 1180 ICBM mit 6232 Sprengköpfen, 976 SLBM mit 5076 Sprengköpfen und 90 Bomber mit 420 Sprengköpfen. – Am 28. 1. 1980 äußert der ehemalige französische Innenminister und jetzige Präsidentenberater *Michel Poniatowski* in einem Rundfunkgespräch Zweifel an der Verläßlichkeit des amerikanischen Atomschirms und spricht von einer wünschenswerten engeren Zusammenarbeit auf nuklearem Gebiet zwischen Paris und London. Es liege im Interesse Frankreichs und der Europäer im allgemeinen, sich in einen möglichen atomaren Selbstmord der Sowjetunion und der USA nicht hineinziehen zu lassen. – Am 18. 5. 1980 erprobt *China* erstmals eine *Interkontinentalrakete,* die sie in ein Zielgebiet im Südpazifik schießt. Es wird vermutet, daß sich die Abschußbasis in der Nordwestprovinz Xinjiang [Sinkiang] befindet, also 10000 Kilometer vom Zielgebiet entfernt. – Ende Mai/Anfang Juni verstärken sich die Gerüchte, daß Frankreich entschlossen sei, sein Kernwaffenarsenal so schnell wie möglich mit **Neutronenwaffen** zu versehen. Am 26. 6. gibt der *französ. Staatspräsident* bekannt, daß man auf der Sitzung des nationalen Verteidigungsrates vom 10. 6. beschlossen habe, die Konstruktion einer *mobilen strategischen Rakete* in die Wege zu leiten, welche nach 1982 das bestehende Nuklear-Abschreckungspotential verstärken soll. Außerdem sei eine evtl. Entscheidung, die bereits in Entwicklung befindliche Neutronenbombe serienmäßig zu produzieren, nicht vor 1982/83 möglich.

Bibl. Hinweise: *Albrecht, U.:* Rüstungskonversionsforschung, Baden-Baden 1979. – *Alting von Geusau,* F. A. M. (ed.): Uncertain Détente, Alphen an den Rijn, 1979. – *Clarke, D. L.:* Politics of Arms Control, New York 1979. – *Schwarz, H.-P./Meissner, B.* (Hrsg.): Entspannungspolitik in Ost und West, Bonn–Köln 1979. – *Wolfe, Th. W.:* The SALT Experience, Cambridge, Massachusetts 1979. – *Clesse, A.:* European Defense Policy post 1945, Florence (Eur. Univ.) 1981.

KSZE. Ab Ende 1979 beginnen die Vorbereitungen für das *Madrider Folgetreffen der Konferenz für Sicherheit und Zusammenarbeit in Europa.* Auf einer Tagung des *Komitees der Außenminister* der Staaten des Warschauer Paktes am 6. 12. 1979 in Berlin (Ost) tauschen die Minister, wie es im abschließenden Kommuniqué heißt, ihre Auffassung zur erfolgreichen Durchführung dieses Treffens aus. – In seinem Schlußbericht stellt das *wissenschaftliche Forum der KSZE,* das vom 18. 2. bis zum 3. 3. 1980 in Hamburg tagte, fest, daß die Achtung der Menschenrechte und Grundfreiheiten durch alle Staaten eine der Grundlagen für eine bedeutende Verbesserung ihrer gegenseitigen Beziehungen und der internationalen wissenschaftlichen Zusammenarbeit darstelle. – Ende April 1980 debattiert der *Europarat* über die KSZE. In seinem Bericht hält der spanische Außenminister *Aguirre* fest, daß das *Ministerkomitee des Europarates* die im November in Madrid vorgesehene Konferenz der Unterzeichner der Helsinki-Akte über Sicherheit und Zusammenarbeit als notwendig betrachte. – Am 1. 5. 1980 treffen sich in Liechtenstein die Vertreter von acht neutralen, nichtgebundenen Teilnehmerstaaten der KSZE zu einem Meinungsaustausch.

Bibl. Hinweis: *Jacobsen, H. A./Mallmann, W./Meier, Ch.:* Sicherheit und Zusammenarbeit in Europa (KSZE). Analysen und Dokumentation 1973 bis 1978, Köln 1978.

NATO. Ein Bericht des *Militärausschusses der Nordatlantischen Versammlung* vom 19. 10. 1979 spricht sich gegen die Einführung neuer nuklearer Mittelstreckenwaffen in Westeuropa aus. Eine besser geeignete Lösung des bestehenden politischen Problems könne in unzweideutigen neuen Bekräftigungen der US-Garantie für Europa und einer verstärkten öffentlichen Bewußtseinsbildung hinsichtlich der substantiellen Fähigkeiten der bestehenden westlichen Waffensysteme gefunden werden. – Der *Ständige NATO-Rat* befürwortet am 7. 11. 1979 eine **Nachrüstung** des Bündnisses mit 572 modernen Mittelstreckenraketen. – Am 13. und 14. 11. 1979 tritt die *Nukleare Planungsgruppe* der NATO in Den Haag auf Ministerebene zusammen; die Minister bestätigen das Erfordernis zur **Modernisierung der TNF** (»Theater Nuclear Forces«) der NATO, aber auch gleichzeitig die Notwendigkeit, parallel hierzu **Rüstungskontrollmaßnahmen** zu ergreifen. – In einer Sondersitzung in Brüssel beschließen die *Außen- und Verteidigungsminister* der NATO am 12. 12. 1979, das Potential der weitreichenden Theaternuklearsysteme (LRTNF) durch die Aufstellung von amerikanischen bodengestützten Systemen in Europa zu modernisieren. Diese Systeme umfassen 108 Abschußvorrichtungen für Pershing II, welche die derzeitigen amerikanischen Pershing I ersetzen sollen, und 464 bodengestützte Marschflugkörper (»Cruise missiles«). Gleichzeitig sollen 1000 amerikanische nukleare Gefechtsköpfe aus Europa abgezogen werden. Im Rahmen von SALT III sollen mit der Sowjetunion Gespräche aufgenommen werden, um über eine Begrenzung der LRTNF zu verhandeln. – Mitte Februar 1980 wird bekannt, daß die USA planen, in Dänemark und Norwegen Panzer, Artillerie und andere schwere Ausrüstung bereitzustellen, die im Kriegsfalle für Truppen verfügbar sein sollen, welche auf dem Luftweg über den Atlantik eingeflogen würden. – Nach einem Bericht der Athener Zeitung »Kathimerini« vom 21. 2. 1980 hat Griechenland Pläne des Oberkommandierenden der NATO in Europa, General *Bernard Rogers,* für die Wiedereingliederung des Landes in die integrierte Militärstruktur des Nordatlantikpaktes zurückgewiesen. – Am 14. 4. 1980 fordert die amerikanische Regierung die europäischen Verbündeten zu größeren Verteidigungsanstrengungen auf; sie verlangt vor allem eine **Beschleunigung des NATO-Langzeitprogramms,** das in einer Aufstockung der Reserven an Kriegsmunition, der Ausarbeitung einer Vorrichtung zur Bildung einer transatlantischen Luftbrücke mit europäischen Zivilflugzeugen, Plänen zur Mobilisierung von Reservekampfeinheiten in Europa usw. bestehen soll. – Die *Nukleare Planungsgruppe* der NATO bedauert in einem nach zweitägigen Beratungen am 4.6.1980 veröffentlichten Kommuniqué, daß Moskau nach wie vor den Widerruf des NATO-Beschlusses über die Modernisierung ihrer weitreichenden Theaternuklearwaffen verlange und damit für den Westen **unannehmbare Vorbedingungen** stelle. Zugleich zeigen sich die Verteidigungsminister darüber besorgt, daß die Sowjets neben der Massenproduktion von SS-20-Raketen auch die alten Modelle SS-4 und SS-5 nicht abbauten.

Bibl. Hinweis: *Lutz, D. S.:* Das militärische Kräfteverhältnis im Bereich der euronuklearen Waffensysteme, Hamburg 1979

Warschauer Vertrag. In Prag findet am 16./17.10.1979 eine *Konsultativtagung von Vertretern der Parlamente* der verschiedenen Staaten statt. Die Tagung verabschiedet einen **Appell** an die Parlamente der NATO-Länder, sich den Plänen zur Stationierung neuer amerikanischer Kernwaffensysteme in Westeuropa zu widersetzen. – Am 5.12.1979 warnt der sowjetische Außenminister *Gromyko* vor der Stationierung von neuen Mittelstreckenraketen in Westeuropa und fordert sofortige Verhandlungen. – Das *Außenministerkomitee,* das am 5./6.12.1979 in Berlin (Ost) tagt, appelliert an die Länder des Nordatlantikpaktes, von ihren Plänen zur Stationierung neuartiger Raketenwaffen Abstand zu nehmen und aufgrund der Vorschläge von Staats- und Parteichef *Breschnjew* vom 6.10.1979 Verhandlungen über Kernwaffenträger mittlerer Reichweite aufzunehmen. Die Minister wiederholen den Vorschlag vom 15.5.1979, eine **gesamteuropäische Konferenz** auf politischer Ebene einzuberufen. Bei dieser Konferenz solle über militärische Entspannung und Abrüstung sowie über vertrauensbildende Maßnahmen zwischen den Staaten in Europa beraten werden. – Der Bonner Sowjetbotschafter *Semjonow* erklärt am 7.5.1980, daß die Sowjetunion an ihrer Auffassung festhalte, daß es vor Verhandlungen über die Begrenzung der eurostrategischen Atomwaffen notwendig sei, den Rüstungsbeschluß der NATO vom 12.12.1979 aufzuheben oder seine Verwirklichung real zu stoppen. – Am 14./15.5.1980 findet in Warschau ein *zweitägiges Gipfeltreffen* zum fünfundzwanzigjährigen Jubiläum des in dieser Stadt gegründeten und nach ihr benannten östlichen Militärbündnisses statt. In einer abschließenden Erklärung empfehlen die Staats- und Parteichefs die Einberufung einer *Weltfriedenskonferenz,* verurteilen den *Nachrüstungsbeschluß* der NATO, fordern, daß alle Länder sich strikt an die 1975 unterzeichneten *Abkommen von Helsinki* über Sicherheit und Zusammenarbeit in Europa halten und unverzüglich Gespräche aufgenommen werden über einen weltweiten *Gewaltverzichtsvertrag,* die *Einstellung der Kernwaffenproduktion,* einen *Abbau der Kernwaffenlager* und das *Verbot der Entwicklung neuer Massenvernichtungswaffen.* Außerdem betonen sie die *Notwendigkeit einer »politischen Lösung« der Afghanistankrise:* eine solche Regelung müsse jede Form von äußerer Einmischung in die inneren Angelegenheiten Afghanistans wirksam verhindern.

Bibl. Hinweise: *Fast Scott, H. und W.:* The Armed Forces of the USSR, Boulder, Colorado 1979. – *Jacobsen, C. G.:* Soviet Strategic Initiatives: Challenge and Response, New York 1979

WEU Am 25.10.1979 feiert die Westeuropäische Union in London, wo sich ihr Sekretariat befindet, ihr *fünfundzwanzigjähriges Jubiläum.* – Zum Abschluß ihrer viertägigen Herbstsitzung in Paris fordert die Versammlung der WEU am 6.12.1979 einstimmig den Senat der USA auf, den *SALT-II-Vertrag* zu ratifizieren. Was das militärische *Gleichgewicht in Europa* anbelange, so müsse sich die westliche Politik an der Erhaltung des Gleichgewichts und der Abschreckung ausrichten; in Verhandlungen solle ein Gleichgewicht auf niedrigerer Ebene angestrebt werden. Die Versammlung schlägt ferner die Bildung eines westeuropäischen Organs zur Ermittlung gemeinsamen militärischen Bedarfs und zur Förderung gemeinsamer Produktion vor. – Auf ihrer Frühjahrstagung in Paris Anfang Juni 1980 setzt sich die *parlamentarische Versammlung der WEU* ausführlich mit dem sowjetischen Vorgehen in **Afghanistan** auseinander. Ein von den Parlamentariern gebilligter Bericht des britischen konservativen Parlamentariers *Frederic Bennet* prüft die *Auswirkungen der sowjetischen Intervention;* er spricht sich für die Stärkung der europäischen Verteidigung aus und empfiehlt gleichzeitig europäische Hilfe für Pakistan sowie allgemein Beistand für die **Türkei,** insbesondere durch ihre möglichst weitgehende Eingliederung in die Wirtschaft Westeuropas. Der Bericht empfiehlt außerdem eine europäische **Nahostinitiative** nach dem 26.5.1980, d.h. nach dem bereits verstrichenen Zeitlimit der Camp-David-Folgegespräche.

Weltbevölkerung – Sprachen und Religionen

WELTBEVÖLKERUNG

Erdregionen	*Einwohner in Mill.*				*Anteil an der Weltbevölkerung in %*	
	1800	*1900*	*1960*	*1977*[1]	*1960*	*1977*
Europa (ohne UdSSR/Russ. Reich) . . .	187	308	425	478	14,1	11,6
Sowjetunion (1900 Russ. Reich)		122	214	260	7,1	6,2
Nordamerika (ohne Mexiko)	24	81	199	242	6,6	5,9
Lateinamerika		63	212	342	7,0	8,2
Afrika	90	120	276	424	9,2	10,4
Australien und Ozeanien	2	6	16	22	0,5	0,5
Asien (ohne Sowjetunion)	602	857	1 668	2 355	55,5	57,2
Erde insgesamt	**906**	**1 557**	**3 010**	**4 124**	**100,0**	**100,0**

[1] Angaben nach »Demographic Yearbook«, UNO-Publ., jährl. New York, und K. Witthauer, in: »Peterm. Geogr. Mitteil.«, Gotha sowie US-Population Ref. Bureau u. »People«, London; EG-magazin 1979.

Gemäß einer Hochrechnung des Washingtoner **Environmental Fund** (auf US- und UN-Daten beruhend) überschritt die **Weltbevölkerung am 14. März 1980** um 20.42 Uhr MEZ die **4,5-Milliarden-Grenze.** Prognosen für 1990 liegen bei 5,2 Mrd., für das Jahr 2000 bei 6,1 Mrd. Menschen. Demzufolge **vermehrt sich** die Weltbevölkerung, statistisch gesehen, in **jeder Sekunde um 2,5 Menschen** oder **alle fünf Tage um 1 Million.** In der nächsten Dekade werden, Schätzungen des **US Population Reference Bureau Inc.** zufolge, trotz verlangsamten Weltbevölkerungswachstums ca. 900 Mill. Menschen hinzukommen. Die **5-Milliarden-Grenze** wird, nach **Env. Fund,** im Jahre 1985 oder 1986 erreicht sein. Die Anzahl der Menschen im zeugungsfähigen Alter steigt ständig, ganz besonders in den Entwicklungsländern, auf die drei Viertel der Weltbevölkerung entfallen. Bei gleicher Verteilung künftiger Geburten in den Erdteilen stellen die Entwicklungsländer im Jahre 2000 5 von 6,4 Mrd. und im Jahre 2100 10,7 von 12,3 Mrd. Menschen der Gesamtbevölkerung (Extrapolation). In den **acht Staaten** VR China, Indien, Indonesien, Brasilien, Bangladesch, Nigerien, Pakistan und Mexiko lebten 1978 bereits **die Hälfte** (genau: 49,5 %) **der Menschheit.**

(*Quellen:* Weltentwicklungsbericht der Weltbank 1978; AP-Meldungen 29.12.79 u. 16.3.80; FAZ v. 24.4. u. 7.6.80; Otto Matzke, [Grundsatzartikel in der] NZZ [FAG] v. 10.5. u. FAZ v. 18.6.80.)

Nach **UN-Demographic Yearbook** sind die Isländer mit 79 (weibl.) und 73 (männl.) Jahren das Volk mit der höchsten **Lebenserwartung**[1] der Welt; im sonstigen Europa, in Japan und Nordamerika, beträgt sie bei Frauen 75 und bei Männern 70 Jahre, im engeren Bereich der EG-Staaten 68 Jahre (DK und NL 71 J.). In den meisten afrikan. Staaten beträgt die durchschnittl. Lebenserwartung bei Geburt weniger als 50, in 20 schwarzafrikan. Staaten gar weniger als 20 Jahre. Die höchste **Geburtenrate**[2] in den EG-Staaten hat Irland mit 21 pro 1 000 Einw. (BR Dtld. 9/1 000). Seit 1980 sind in der BR Dtld. und in der Schweiz wieder ansteigende Geburtenzahlen (BR Dtld.: plus 10 % gegenüber 1979) zu verzeichnen, dadurch scheint der absolute Bevölkerungsrückgang zumindest zunächst aufgehalten.

Die geringste **Säuglingssterblichkeit**[2] in den EG-Staaten hat Dänemark mit nur noch 8,7 Sterbefällen pro 1 000 Lebendgeburten (EG-Durchschnitt 14,3; BR Dtld. 15,4).

Abtreibungen[3] wurden 1979 z. B. in Österreich erstmals mehr vermutet, als die Zahl der Geburten betrug. In Spanien wurden 1979 600 000 und in Portugal 200 000 illegale Aborte geschätzt.

Die Zahl der **Drogentoten**[4] ist in der BR Dtld. in den vergangenen 10 Jahren um das 21fache gestiegen (1970 29, 1978 430 und 1979 623 Todesfälle). 1980 Tendenzwende angezeigt.

Die Zahl der **Selbstmorde**[5] lag 1977 in der BR Dtld. bei 13 926 Personen, 8 838 davon waren Männer, 5 088 Frauen. In der DDR werden seit ca. 15 Jahren keine Ziffern mehr veröffentlicht. 1979 gab es in den USA bereits bis Oktober 22 000 Selbstmorde. Die Suizidrate der 15- bis 24jährigen verdreifachte sich dort seit 1955.

(*Quellen:* [1] = Reuter-Meldungen v. 2.2. u. 22.8.79; [2] = Euroforum v. 15.6.79; [3] = Newsweek v. 10.12. u. Dolomiten v. 31.12.79; [4] = BundesMin. des Inneren, Ber. 1979; [5] = Ärztl. Praxis u. Handelsblatt, beide v. 13.11.79; Statist. Jahrbuch d. BR Dtld. 1979, S. 376.)

Die voraussichtliche Entwicklung der 12 größten Städte der Welt

Agglomerationen in Mill. Einw.
(n. Ang. in »The World's Million Cities 1975–1985«, UNO-Publ. – heutige Zahlen vgl. Staatenteil)

1. Tokio	25,2	5. Schanghai	14,3	9. Peking	12,0
2. New York	18,8	6. Los Angeles	13,7	10. Osaka	11,8
3. C. de México	17,9	7. Bombay	12,1	11. Buenos Aires	11,7
4. São Paulo	16,8	8. Kalkutta	12,1	12. Rio de Janeiro	11,4

Während es (nach UNO-Angaben) um 1900 11 und **1950 75 Millionenstädte** gab, rechnen die UNO-Experten bis 1985 mit bis zu 270 solcher Komplexe. Nach *K. Witthauer* (s. Peterm. Geogr. Mitt., Gotha, 1977/2) gab es **Ende 1976 178 Millionenstädte,** darunter 63 in Asien, 40 in Nord- u. Mittelamerika, 36 in Europa, 15 in der UdSSR, 13 in Südamerika, 9 in Afrika und 2 in Australien.

Nach *Hans Hochholzer* (Millionenstädte, Weltstädte, Metropolen, in Zeitschr. f. Wirtschaftsgeographie 1976) sind (1975) von den Städten mit einer Million und mehr Einwohnern 60 Seehafenstädte, 32 große Industriezentren, 47 politische Hauptstädte und u. a. 14 Börsenplätze erster Ordnung, wobei nicht wenige dieser **Millionenstädte** mehrere Funktionen miteinander verbinden. In Australien leben mehr als zwei Fünftel, in USA über ein Drittel, in Ägypten, Japan und Österreich rund ein Drittel der Staatsbevölkerung in Millionenstädten.

Analphabeten

	1950	1960	um 1975	um 1978	um 1982
Weltanzahl in Millionen	1107,5	1153,6	1137,1	800	ca. 820
Anteil an der Weltbevölkerung	44,3%	39,0%	34,3%	ca. 19,4%	

Alle Angaben beruhen auf UNESCO-Werten bzw. extrapolierten Ziffern. Die absolute Zahl der Analphabeten dürfte sich ungeachtet aller Erziehungsmaßnahmen noch weiter erhöhen; die Zahl der Kinder zwischen 5 und 14 Jahren, die keine Schule besuchen können, liegt um 1980 etwa bei 240 Millionen.

Flüchtlinge

Überseeische Flüchtlingszahlen nach Kontinenten, Staaten und Gebieten in Millionen
(mit Nennung einiger wichtiger Zielländer)

ASIEN insgesamt	7,80
davon aus **Kambodscha** (nach Südostasien)	4,15
Laos (nach Thailand u. a. Länder)	1,15
Afghanistan (nach Pakistan)	1,04
Vietnam (nach allen asiat. Länd.)	0,90
der **VR China** (nach Südostasien)	0,26
AFRIKA insgesamt	4,80
davon aus **Äthiopien** (nach Sudan/Somalia)	3,00
Simbabwe (n. Sambia/Mosambik)	0,72
Angola (nach Zaïre/Sambia)	0,18
NAHER OSTEN insgesamt	3,30
davon aus **Palästina** (in and. Nahostländer)	1,76
dem **Libanon** (im eigenen Land)	1,00
dem **Irak** (im eigenen Land u. a. L.)	0,33
LATEINAMERIKA insgesamt	1,23
davon aus **Cuba** (in die USA und and. Länd.)	1,00
Argentinien (nach Span./Italien)	0,24
Chile (nach Venezuela u. W.-Eur.)	0,08
ERDE INSGESAMT	**17**

Anmerkung: Die Angaben f. Simbabwe gelten nur bis kurz vor der Unabhängigkeit im Frühjahr 1980 u. sind danach durch Rückkehr u. staatl. Repatriierung schwarzer Flüchtlinge rückläufig.

Quellen: LA REPUBBLICA (Rom) vom 23. 6. 1979, »dossier« S. 2; LE MONDE (Paris) vom 23. 9. 1979, S. VI; DIE ZEIT (Hamburg) Nr. 26/1980, S. 8. – Alle Angaben mit Bezug auf die **World Refugee Statistics** (des United Nations High Commissioner for Refugees/**UNHCR**), Genf 1979 u. 1980.

Bibl. Hinw.: terre des hommes (Hrsg.), Heft 1/1980 mit Schwerpunktthema über Flüchtlinge, Osnabrück, terre des hommes Deutschland e. V.

DIE WICHTIGSTEN SPRACHEN DER WELT

Die Angaben beruhen auf Schätzungen für 1977 (z. T. nach Angaben im »Information Please Almanac«) mit z. T. sehr stark voneinander abweichenden Werten. Von den heute etwa *2700–3000 gesprochenen Sprachen* werden d. meisten nur v. kleinen Gruppen gebraucht. Nur rund 70 Sprachen haben je mind. 5 Mill. Sprecher. – Starke Unsicherheiten b. Sprachverhalten der nach Übersee ausgewanderten Europäer letzter Gen. Klassifizierung afrikan. Sprachen ist kontrovers (große Zersplitterung). Über 100 Mill. Afrikaner dürften Sudan- und verwandte Sprachen, 70–80 Mill. Bantu-Sprachen sprechen. Suaheli (Kiswaheli), eine arab.-pers.-dt.-engl.-portug. Bantu-Mischspr., ist z. T. Verkehrssprache in Ost- und Zentral-Afrika (vgl. Staatenteil) u. wird v. insges. üb. 50 Mill. gesprochen.

Sprachen, die als Muttersprache von je mehr als 50 Mill. Menschen gesprochen werden – in Mill. 1975 (Hauptverbreitungsgebiete außerh. Europas; für Europa vgl. detailliert nächste Seite!)

Chinesisch (China, Südostasien)	über 800
Englisch (Eur. u. Nordamerika, Austral. u. Neuseeland)	350–370
Spanisch (Eur. u. Lateinamerika)	220–225
Hindi (gesamte Gruppe; Vorderindien, Minderheiten in Südostasien usw.)	200–220
Russisch (eur. u. asiat. Sowjetunion, Übersee usw.)[1]	150–160
Arabisch (mit allen Dialekten; Vorderasien u. Nordafrika)	130–140
Portugiesisch (Eur. u. Brasilien, z. T. Angola, Mosambik usw.)	125–135
Bengali (Indien, Bangladesch)	125–130
Japanisch (Japan, Hawaii usw.)	115
Deutsch (Eur. u. Nord- u. Südamerika)	100–120
Französisch (Eur. u. Ost-Kanada, Teile der Antillen; Afrika)[2]	80– 90
Italienisch (Eur. u. Überseegruppen)	60– 65
Javanisch (Indonesien)[3]	55
Koreanisch	55
Telugu (Südindien)	54
Tamil (Südindien)	50– 54

[1] Nach Ang. in »Sowjetunion heute« wird Russisch als Mutter- u. Zweitspr. v. rund 200 Mill. Menschen gesprochen. [2] Als »francophon« werden etwa 33 Staaten, bes. in Afrika, m. ca. 200 Mill. Einw. angesehen. [3] Als Staats- (nicht als Umgangs-)Sprache ist Bahasa Indonesia für rund 140 Mill. Indonesier verbindlich. – Von den sog. »Welthilfssprachen« wird das von *L. Zamenhof* (PL) 1887 geschaffene **Esperanto** (heute 80000 Wörter), repräsentiert durch den Esperanto-Weltbund als größte internat. private Weltorganisation, nach neutralen Schätzungen von 3–5 Mill., gemäß *G. Décsy* (Univ. Hamburg) v. 10–12 Mill. und gemäß *M. Pei* (Univ. New York) v. 14–16 Mill. Menschen als Fremdsprache beherrscht.

Fremdsprachige Ausländer in der Bundesrepublik Deutschland

Nach vorübergehender Abnahme der ausländischen Wohnbevölkerung, ausgelöst durch den Anwerbestopp der Bundesregierung 1973, sank die Ausländeranzahl zunächst um 146300 Personen. Ende September 1979 wurde wieder der Stand von 1974 erreicht. Die fremdsprachigen Ausländer gliedern sich 1979 (Zwischenstand 30. 9. 1976) nach Herkunftsstaaten[1] wie folgt:

Herkunftsland	*30. 9. 1979*		*(30. 9. 1976)*	*davon Schüler in allgemeinbildenden und beruflichen Schulen 1979*	
	Anzahl	*Prozent*		*Anzahl*	*Prozent*
Türkei	1268300	30,6	(520989)	227686	41,3
Italien	594400	14,4	(279096)	79939	14,5
Jugoslawien	620600	15,0	(387222)	56233	10,2
Griechenland	296800	7,2	(173097)	56784	10,3
Spanien	182200	4,4	(107518)	29219	5,3
Portugal	109800	2,7	(62328)	18744	3,4
Andere Staaten[2]	1067900	25,8	(390645)	82695	15,0

[1] ohne Berücksichtigung von Minderheitensprachlern, z. B. Kurden der Türkei, Mazedoniern und Albanern Jugoslawiens usw. – [2] einschließlich deutschsprachige Ausländer.

Quellen: information bildung wissenschaft 1/80, S. 7; EURinfo (Brüssel) Oct. 1978, S. 5; Sekretariat der Kultusministerkonferenz Bonn (Berichte in der FAZ vom 23. 8. 1979 sowie in der FR vom 13. 9. 1979; eigene Umrechnung der Statistiken).

Die 50 verbreitetsten Sprachen Europas nach ihrer Sprecherzahl

(Schätzungen in Tausend; Verbreitungsgebiet nach Staaten, Abkürzungen vgl. Verzeichnis Sp. 37ff.)

1. **Russisch** (nur europäische Sowjetunion)	101000	SU
2. **Deutsch** (m. region. Varianten)	92000	BRD, DDR, A, CH, F, L, R, I, H, SU, CS, PL, B, DK, YU
3. **Englisch**	58000	GB, IRL
4. **Italienisch** (m. region. Varianten)	53000	I (m. Nordsardinien), CH, F, RSM, SCV
5. **Französisch** (ohne Okzitanisch)	50000	F, B, CH, I, L, MC
6. **Ukrainisch**	35000	SU, CS, PL, YU, R, H
7. **Polnisch**	34000	PL, SU, CS
8. **Spanisch** (Kastilianisch)	24000	E
9. **Rumänisch** (mit Moldauisch u. Aromunisch)	22000	R, YU, SU, BG, H, GR
10. **Niederländisch** (Holländisch u. Flämisch)	19000	NL, B, F
11. **Serbokroatisch** (Serb. u. Kroatisch)	17000	YU, H, A, R, I
12. **Ungarisch**	13000	H, R, CS, YU, SU, A
13. **Portugiesisch** (ohne Galicisch)	10000	P (davon 1 Mill. in F)
14. **Tschechisch**	9700	CS, YU, SU, R
15. **Neugriechisch**	9500	GR, CY, SU, TR, I, AL, R, BG
16. **Schwedisch**	8500	S, SF
17. **Bulgarisch** (ohne Mazedonisch)	8300	BG, SU, YU, GR, R, TR
18. **Weißrussisch** (Bjelorussisch)	7500	SU, PL
19. **Katalanisch** (ohne Campidan./Sardin.)	5700	E, F, AND, I
20. **Dänisch** (ohne Färingisch)	5000	DK, BRD
21. **Slowakisch**	4500	CS, H, YU, PL, SU
22. **Finnisch**	4600	SF, SU, S
23. **Türkisch**	4300	TR, CY, BG, GR, YU, (üb. 1 Mill. BRD)
24. **Norwegisch** (Bokmål, Riksmål u. Nynorsk)	4000	N
25. **Tatarisch**	3800	SU, R, BG, PL
26. **Albanisch** (Skiptar und Arbëreshe)	3600	AL, YU, GR, I, R, BG, SU, TR
27. **Litauisch**	2600	SU, PL
28. **Galicisch** (ohne Portugiesisch)	2500	E
29. **Slowenisch**	2000	YU, I, A, H
30. **Okzitanisch**	2000	F, I (unsichere Angabe)
31. **Tschuwaschisch**	1500	SU (Tschuwaschische ASSR)
32. **Mazedonisch** (ohne Bulgarisch)	1500	YU, GR, BG
33. **Lettisch**	1300	SU
34. **Bretonisch**	900	F
35. **Sardisch** (Logudoresisch u. Campidanes.)	1000	I (Mittel- u. Südsardinien)
36. **Mordwinisch** (Mokscha u. Erza)	980	SU (Rußland)
37. **Estnisch**	970	SU (Estland), (Lettland)
38. **Baschkirisch**	820	SU (Baschkir. u. Tatar. ASSR)
39. **Baskisch** (Euskadara)	720	E, F (Baskenland/Euskadi)
40. **Jiddisch**	700	SU, R, H, PL, CS, F
41. **Rätisch** (Friulanisch, Ladin u. Romantsch)	600	I, CH
42. **Votjakisch** (Udmurtisch)	580	SU (Votjakische ASSR)
43. **Walisisch** (Kymrisch)	540	GB (Wales)
44. **Tscheremissisch**	550	SU (Tscheremissische ASSR)
45. **Zigeunerisch**	500	H, BG, R, SU, CS, DDR, BRD, PL, YU usw.
46. **Syrjänisch und Permjakisch**	400	SU (Syrjänische ASSR)
47. **Maltesisch**	330	M
48. **Friesisch**	310	NL, BRD
49. **Isländisch**	220	IS
50. **Gagausisch**	150	SU (Moldauische SSR), (Ukraine), BG, R

Alle Angaben nach: H. Haarmann, Soz. u. Pol. der Sprachen Europas, München 1975; ders., in: Europa Ethnica 36 (1979), Nr. 2 u. 3; R. Grulich, Dokumentation Univ. Regensburg 1980, D. Gerdes: Frankreich – »Vielvölkerstaat vor dem Zerfall«, Beil. »Das Parlament« B 12/80; J. U. Clauss, Sprachminderheiten in den EG-Staaten, bes. Italien u. Belgien, Florenz 1980; Fischer Lexikon »Sprachen«, 1975.

DIE WICHTIGSTEN RELIGIONEN

(Schätzungen 1977/78 in Millionen, Zahlen abgerundet; z.T. nach »Britannica Book of the Year« u. »Calendario Atlante de Agostini«, »Avvenire«, »Information Please Almanac« usw. Anz. der Gläubigen in kommunist. Staaten unbekannt. – Mehrfachnennungen einzelner Angehöriger, bes. in Asien, durchaus möglich.)

Römische Katholiken	739,00[1]
Protestanten	344,00[2]
Orthodoxe	85–90,00[3]
Sonstige Christen	25–30,00
Juden (insgesamt, nicht nur Anhänger d. jüd. Religion)	14,40[4]
Muslimen »Mohammedaner« (Sunniten, Schiiten usw.)	530–540,00[5]
Chines. Konfuzianer, Taoisten u. Buddhisten	50–100,00[6]
Buddhisten (Mahajana-B., Hinajana-B., Lamaismus) außerh. Chinas	200–300,00[6]
Hindus	467–530,00
Schintoisten	61–65,00
Sikh	8–12,00
Dschainas	2,50
Parsen	0,23

Rest: Anhänger v. Naturreligionen, Personen ohne Glaubensbekenntnis und Nichtermittelte

[1] = Nach Angaben in der 1979er Ausgabe des »Päpstlichen Jahrbuches«; [2] = die Zahl der Lutheraner wird nach Luth. Weltbund 1979 auf 69,5 Mill., die der getauften Anglikaner auf 55 Mill. geschätzt; [3] = nach Angaben, die eine geringere Zahl von Gläubigen in der Sowjetunion annehmen, weniger; [4] = American Jewish Yearbook, New York 1979; [5] = davon nach SPIEGEL 50/78 u. »Le Monde« 3. 12. 78 (Quelle: Kayhan Int. Teheran) 86,3 Mill. Schiiten; davon 95 % in 7 asiat. Staaten, bes. Iran, Indien u. Pakistan; [6] = Zahl kaum exakt feststellbar, da die Jugend in der VR China prakt. atheistisch aufwächst.

Die Schätzungen ergeben nur einen Anhalt für ungefähre Größenordnungen. Von den christlichen Konfessionen abgesehen, werden Zählungen kaum oder nicht vorgenommen, und auch bei den Zahlen für die Christen bestehen große Unsicherheiten. Unbekannt ist die wirkliche Zahl der Gläubigen in den kommunistischen Staaten. In Ostasien kann ein Gläubiger gleichzeitig z. B. Buddhist und Konfuzianer oder Buddhist und Schintoist sein. Von den Christen leben mehr als die Hälfte in Europa und über ein Drittel in Amerika; von den Muslimen rund 80 %, von den Buddhisten, Dschainas, Hindus, Konfuzianern, Parsen, Schintoisten und Taoisten über 90 % in Asien; von den Juden rund die Hälfte in Amerika (hauptsächlich in den USA) und weniger als ein Viertel in Israel. Der *Anteil der Christen an der Weltbevölkerung* geht überwiegend zurück, da in den nichtchristlichen Ländern im allgemeinen eine stärkere natürliche Bevölkerungsvermehrung vorhanden ist; er machte um 1900 noch etwa ein Drittel, 1976 nur noch etwa 25 % aus. Es gibt jedoch auch Ausnahmen; so wächst nach dem afrikanischen Theologen *John S. Mbiti* in Afrika das Christentum eher schneller als der Islam (schätzungsweise gibt es [nach d. »Panafrik. Kirchenkonferenz«/AACC] 203 Mill. Christen in Afrika).

Anteil der Muslime an der Gesamtbevölkerung ausgewählter Staaten in Prozent

	Sunniten	*Schiiten*		*Sunniten*	*Schiiten*		*Sunniten*	*Schiiten*
Saudi Arabien	100		Tunesien	95,4		Malaysia	50–90	
Jemen (bd. Staat.)		99	Irak	55	40	Tschad	50–60	
Oman	99		Iran	5–10	85,5–94	Albanien	50	
Mauretanien	99,4		Indonesien	88–90		Äthiopien	40	
Algerien	98,8		Syrien	87		Libanon		35
Afghanistan	58	42	Niger	85–87		Sierra Leone	33	
Ägypten	92		Gambia	80–85		Jugoslawien	16,5	
Türkei	98		Bangladesch	80		Indien	7–8	2,7
Libyen	97		Senegal	75–80		Israel	10	
Pakistan	77	20	Sudan	70		Sowjetunion ca.	8	1,2
Somalia	96,9		Mali	60–75		Bulgarien	9	
Marokko	95,4		Guinea	60		Frankreich	2,3	

Quellen: Kayhan International Teheran (Abdruck im SPIEGEL Nr. 50/1978); Arabien-Ploetz, Freiburg/Würzburg 1978, S. 185; R. Grulich, Der Islam in Jugoslawien, Zollikon/CH, »G2W« (= Organisation »Glaube in der 2. Welt«), ohne Jahr (= 1979), Weltübersichtstabelle S. 3.

Ausgewählte Kulturstatistik

DEUTSCHE PRESSE

(Auswahl wichtiger Tages- und Wochenzeitungen)

Richtung: soweit auf Anfragen geantwortet, nach eigenen Angaben der Blätter: bürgerl. = bürgerlich; christl. = christlich; dem. = demokratisch; gewerksch. = gewerkschaftlich; kath. = katholisch; komm. = kommunistisch; kons. = konservativ; lib. = liberal; n. parteigeb. = nicht parteigebunden; parteipol. = parteipolitisch; protest. = protestantisch; republ. = republikanisch; sa. = samstags; so. = sonntags bzw. zum Wochenende erscheinend; soz. = sozialistisch; überkonf. = überkonfessionell; überpart. = überparteilich; unabh. = unabhängig; unpart. = unparteilich; unpolit. = unpolitisch; wo. = wochentags; m. Neb.-A. = mit Nebenausgaben. – **Auflagenhöhe** in Exemplaren meist 1979/80: (1) = über 5 Mill.; (2) = 1 bis unter 5 Mill.; (3) = 0,5 bis unter 1 Mill.; (4) = 0,2 bis unter 0,5 Mill.; (5) = 0,1 bis unter 0,2 Mill.; (6) = 50000 bis unter 100000; (7) = weniger als 50000.

BUNDESREPUBLIK DEUTSCHLAND
(m. Berlin/West)

Tageszeitungen

Aachener Nachrichten, Aachen (6)/unabh. – **Aachener Volkszeitung,** Aachen (5)/unabh. – **Der Abend,** Berlin (7)/unabh., überpart. – **Abendzeitung,** München (4)/unabh. – **8-Uhr-Blatt,** Nürnberg (6, sa. 5)/ unpol. – **Allgäuer Zeitung,** Kaufbeuren (m. Neb.-A. 7)/unabh. – **Allgemeine Zeitung,** Mainz (m. Neb.-A. 4)/unabh., überpart. – **Augsburger Allgemeine Zeitung,** Augsburg (4)/unabh., überpart. – **Badische Neueste Nachrichten,** Karlsruhe (5)/unabh. – **Badische Zeitung,** Freiburg (5)/unabh. – **Berliner Morgenpost,** Berlin (5, so. 4)/unabh., überpart. – **B. Z.,** Berlin (4)/unabh., überpart. – **Bild-Zeitung,** Hamburg, Berlin, Düsseldorf, Frankfurt, Hannover, Köln/ Bonn, München (1)/unabh., überpart. – **Braunschweiger Zeitung,** Braunschweig (5)/unabh., n. parteigeb. – **Bremer Nachrichten,** Bremen (7)/ unabh. – **Darmstädter Echo,** Darmstadt (6)/unabh. – **Deutsche Tagespost,** Würzburg (7)/unabh., kath. – **Donau-Kurier,** Ingolstadt (6)/unabh. – **Expreß,** Köln (4)/unabh. – **Flensburger Tageblatt,** Flensburg (5)/ unabh. – **Frankenpost,** Hof (m. Neb.-A. 6)/unabh. – **Frankfurter Allgemeine Zeitung,** Frankfurt a. M. (4)/ unabh. – **Frankfurter Neue Presse,** Frankfurt a. M. (5)/unabh. – **Frankfurter Rundschau,** Frankfurt a. M. (5)/unabh., linkslib. – **Fränkischer Tag,** Bamberg (6)/unabh. – **General-Anzeiger Bonn** (6)/pol. unabh. – **General-Anzeiger der Stadt Wuppertal,** Wuppertal (6)/unabh., überpart. – **Die Glocke,** Oelde (6)/ unabh. – **Hamburger Abendblatt,** Hamburg (4)/ unabh., überpart. – **Hamburger Morgenpost,** Hamburg (4)/unabh. – **Handelsblatt/Deutsche Wirtschaftszeitung,** Düsseldorf (6, börsentäglich)/ unabh. – **Hannoversche Allgemeine Zeitung,** Hannover (4)/unabh. – **Hannoversche Neue Presse,** Hannover (6)/unabh. – **Heilbronner Stimme,** Heilbronn (6)/unabh., überpart. – **Hessisch-Niedersächsische Allgemeine,** Kassel (4)/unabh., überpart. – **Kieler Nachrichten,** Kiel (5)/unabh. – **Kölner Stadt-Anzeiger,** Köln (4)/unabh., überpart. – **Kölnische Rundschau,** Köln (4)/unabh., lib.-kons. – **Lübecker Nachrichten,** Lübeck (5)/unabh., überpart. – **Main-Echo,** Aschaffenburg (6)/unabh. – **Main-Post,** Würzburg, mit **Schweinfurter Tageblatt** (5)/unabh. – **Mannheimer Morgen,** Mannheim (5)/ unabh., überpart. – **Mittelbayerische Zeitung,** Regensburg (5)/unabh. – **Münchner Merkur,** München (4)/unabh.-kons. – **Münstersche Zeitung,** Münster (6)/unabh. – **Nachtausgabe/Abendpost,** Frankfurt a. M. (5)/unabh. – **Die Neue,** Berlin (7)/gewerksch. – **Neue Osnabrücker Zeitung,** Osnabrück (4)/unabh., überpart. – **Der Neue Tag,** Weiden (6)/unabh. – **Neue Westfälische,** Bielefeld (5)/unabh., überpart. – **Nordwest-Zeitung,** Oldenburg (4)/überpart. – **NRZ, Neue Ruhr Zeitung** (am Rhein: **Neue Rhein Zeitung**), Essen (5)/unabh. – **Nordsee-Zeitung,** Bremerhaven (6)/unabh., überpart. – **Nürnberger Nachrichten,** Nürnberg (4)/unabh., lib. – **NWZ, Neue Württembergische Zeitung,** Göppingen (7)/unabh. – **Offenbach-Post,** Offenbach (6)/unabh. – **Offenburger Tageblatt,** Offenburg (6)/unabh. – **Passauer Neue Presse,** Passau (5)/unabh., überpart. – **Recklinghäuser Zeitung,** Recklinghausen (6)/unabh. – **Rheinische Post,** Düsseldorf (4)/Zeitung für christliche Kultur und Politik – **Rhein-Neckar-Zeitung,** Heidelberg (6)/unabh., christl. – **Die Rheinpfalz,** Ludwigshafen (4)/unabh. – **Rhein-Zeitung,** Koblenz (4)/unabh. – **Ruhr-Nachrichten,** Dortmund (4)/ unabh., überpart. – **Saarbrücker Zeitung,** Saarbrükken (5)/unabh., überpart. – **Schleswig-Holsteinische Landeszeitung,** Rendsburg (6)/unabh. – **Schwäbische Zeitung,** Leutkirch (5)/unabh., christl. Grunds. – **Schwarzwälder Bote,** Oberndorf (5)/ unabh. – **Siegener Zeitung,** Siegen (6)/unabh. – **Spandauer Volksblatt,** B.-Spandau (7)/unabh. – **Straubinger Tagblatt,** Straubing (5)/unabh. – **Stutt-**

garter Nachrichten, Stuttgart (6, m. Kopfbl. 4)/unabh., überpart. – **Stuttgarter Zeitung,** Stuttgart (5)/unabh./lib. – **Süddeutsche Zeitung,** München (4)/polit. unabh. – **Südkurier,** Konstanz (5)/unabh. – **Südwest-Presse,** Ulm (m. NWZ usw., 4)/unabh. – **Der Tagesspiegel,** Berlin (5)/unabh. – **Die Tageszeitung,** Berlin (7)/links – **Trierischer Volksfreund,** Trier (6)/unabh. – **tz,** München (5)/unabh. – **Unsere Zeit/uz,** Düsseldorf (7)/Organ d. DKP – **Die Welt,** Hamburg/Bonn (4)/unabh., lib.-kons. – **Weser-Kurier,** Bremen (5)/unabh., überpart. – **Westdeutsche Allgemeine,** Essen (3)/überpart., unabh. – **Westfalen-Blatt,** Bielefeld (5)/unabh., lib.-kons. – **Westfalenpost,** Hagen (5)/parteipol. unabh., christl.-dem. – **Westfälische Nachrichten,** Münster (5)/unabh. – **Westfälische Rundschau,** Dortmund (4)/unabh., soz.-lib. – **Wetzlarer Neue Zeitung,** Wetzlar (6)/unabh. – **Wiesbadener Kurier,** Wiesbaden (6)/unabh. – **WZ-Westdeutsche Zeitung,** Krefeld, Mönchengladbach, Düsseldorf (4)/unabh. – **WZ-Generalanzeiger,** Wuppertal, Schwelm, Gevelsberg (6)/unabh. – **Kommunistische Volkszeitung** (7)/KBW-Zentralorgan.

Wochen- und Sonntags-Zeitungen, Magazine usw.

Allgemeine Jüdische Wochenzeitung, Düsseldorf (7) – **Bayern Kurier,** München (5)/CSU – **Berliner Stimme,** Berlin (7)/SPD – **Bild am Sonntag,** Hamburg (2)/unabh., überpart. – **Capital** (Wirtschaftsmagazin, monatl., m. Capital vertraulich), Köln (4)/unabh. – **Das Beste** (2)/unabh. – **Das Liberale Forum** (7)/F.D.P. (mtl.) – **Das Deutsche Monatsblatt** (3)/CDU (mtl.) – **Deutsche Nationalzeitung,** München (5)/»national-freih.«, unabh., rechts – **Deutsche Volkszeitung,** Düsseldorf (6)/linksdem.-fortschr. – **Deutsche Wochenzeitung,** Rosenheim (7)/unabh. – **Deutsches Allgemeines Sonntagsblatt,** Hamburg (5)/unabh., protest. – **DM** (5)/unabh. – **Esprit,** Bonn (7)/Gesellsch. Mag. – **Kasseler Sonntagsblatt,** Kassel (5)/unabh., evangel. – **Das Ostpreußenblatt,** Hamburg (6)/überpart., Org. d. Ldsm. Ostpreußen – **Das Parlament** m. Beilage »Aus Politik und Zeitgeschichte«, Bonn (5)/überpart. – **Rheinischer Merkur/Christ und Welt,** Bonn (5)/unabh., kons.-lib., christl. – **Schwaben-Kurier,** Augsburg (4)/unabh. – **Sonntag aktuell,** Stuttgart (3)/unabh. – **Sozialdemokrat** – Magazin für die Mitgl. d. SPD (3) (mtl.) – **Der Spiegel** (Das deutsche Nachrichten-Magazin), Hamburg (2, Druckaufl.)/unabh. – **Sudetendeutsche Zeitung,** Org. d. Sudetdt. Ldsm., München (7) – **Vorwärts,** Bonn-Bad Godesberg (6)/SPD nahest. – **Welt am Sonntag,** Hamburg (4)/unabh. – **Welt der Arbeit,** Köln (5)/gewerksch. (DGB) – **Wirtschaftswoche,** Düsseldorf (4)/unabh. – **Die Zeit,** Hamburg (4)/unabh., lib.

Kulturzeitschriften (Auswahl) **Akzente – Areopag – Dokumente – Frankfurter Hefte – Freibeuter – die horen – Journal für Geschichte – kürbiskern – Kursbuch – L'80 – Lektüre – Lesezeichen-Literatur-Magazin – Manuskripte – Merkur – Der Monat – Neue Deutsche Hefte – Neue Rundschau – NZ,** Neue Zeitschrift für Musik – **pardon – Simplex – Stimmen der Zeit – Titanic – Westermanns Monatshefte**

Illustrierte Zeitschriften/Frauenzeitschriften usw.

Die Aktuelle (3) – **art** (Kunstmagazin) (5) – **Bella** (3) – **Bild + Funk** (2) – **Bravo** (Jugendzeitschrift) (2) – **Brigitte** (2) – **Bürgerinitiative** (5) – **Bunte Illustrierte** (2) – **Burda Moden** (2) – **cinema** (Kino-Programmzeitschrift) (5) – **Echo der Frau** (4) – **Eltern** (3) – **Emma** (5) – **Essen & Trinken** (4) – **Fernsehwoche** (2) – **Frau im Spiegel** (2) – **Freizeit Revue** (2) – **freundin** (3) – **Für Sie** (2) – **Funk Uhr** (2) – **galerie der künste** (Kunstmagazin) (5) – **GEO** (4) – **Gong** (2) – **Das Haus** A (2) u. B (2) – **Heim und Welt** (3) – **HÖRZU** (2) – **Illustr. Wochenzeitung** (3) – **Merian** (4) – **DAS NEUE BLATT** (2) – **Neue Post** (2) – **Neue Revue** (2) – **Neue Welt** (3) – **PAN** (Kunstzeitschr.) – **Petra** (3) – **Pop/Rocky** (Jugendzeitschr.) (3) – **Praline** (3) – **Quick** (2) – **Schalt ein Telestar** (3) – **Schöner Wohnen** (4) – **Sexy** (4) – **stern** (2)/unabh., soz.-lib. – **Tina** (2) – **TV Hören + Sehen** (2) – **Wochenend** (3) – **Zuhause** (4)

Nachrichtenagenturen (Auswahl)

Deutsche Presse Agentur GmbH **(dpa),** Hamburg – **Deutscher Depeschendienst (ddp),** Bonn – **Deutschland-Union-Dienst (DUD)** (CDU) – **DIMITAG,** Bonn – **Evangelischer Pressedienst (epd),** versch. Landesdienste – **Freie Demokratische Korrespondenz,** Bonn (F.D.P.) – **Katholische Nachrichtenagentur (KNA),** Bonn – **Parlamentarisch-Politischer Pressedienst (PPP),** Bonn – **Progreß-Presse-Agentur GmbH (ppa),** Düsseldorf (kommunist.) – **Sozialdemokratischer Pressedienst,** Bonn (SPD) – **Vereinigte Wirtschaftsdienste (VWD),** Frankfurt a. M. – Deutscher Dienst von **Agence France-Press,** Bonn – **The Associated Press (AP),** Frankfurt a. M. – **Reuters Ltd.,** Bonn

Gesamtstatistik (BRD mit Berlin/West)

Pressestatistik 1977 des Statistischen Bundesamtes: Am 31. 12. 1977 wurden in der BR Deutschland von 2265 Unternehmen 1202 Zeitungen (372 Hauptausgaben, 830 abhängige Nebenausgaben) mit einer durchschnittl. Gesamtauflage je Erscheinungstag von 23,9 Mill. Exemplaren und 5087 Zeitschriften mit einer Gesamtauflage von 207,5 Mill. Exemplaren je Erscheinungstag verlegt. 1828 dieser Unternehmen mit 177840 Beschäftigten gehörten dem Verlagsgewerbe, 437 Unternehmen mit 31807 Beschäftigten anderen Wirtschaftszweigen an. Die Anzahl der von Verlagsunternehmen verlegten Zeitungen (Hauptausgaben) betrug 335, der Zeitschriften

4426. Von den 1828 Verlagsunternehmen (Umsatz 17,1 Mrd. DM) waren 311 Zeitungsverlage (Umsatz 8,2 Mrd. DM, 119670 Beschäftigte), 1181 Zeitschriftenverlage (Umsatz 6,3 Mrd. DM, 40340 Beschäftigte) und 336 sonstige Verlage außerhalb der periodischen Presse (Umsatz 2,5 Mrd. DM, 17830 Beschäftigte).

DEUTSCHE DEMOKRATISCHE REPUBLIK (m. Ost-Berlin)

Tageszeitungen

Bauern-Echo, Berlin (6)/DBD – **Berliner Zeitung,** Berlin (4)/SED, offiziös – **Brandenburgische Neueste Nachrichten,** Potsdam (7)/NDPD – **Der Demokrat,** Rostock (7)/Ost-CDU – **Freie Erde,** Neubrandenburg (5)/SED – **Freies Wort,** Suhl (5)/SED – **Freiheit,** Halle (3)/SED – **Junge Welt,** Berlin (2)/FDJ – **Lausitzer Rundschau,** Cottbus (4)/SED – **Leipziger Volkszeitung,** Leipzig (4)/SED – **Liberal-Demokratische Zeitung,** Halle (6)/LDPD – **Märkische Union,** Dresden (7)/Ost-CDU – **Märkische Volksstimme,** Potsdam (4)/SED – **Mitteldeutsche Neueste Nachrichten,** Leipzig (7)/NDPD – **Der Morgen,** Berlin (6)/LDPD – **National-Zeitung,** Berlin (6)/NDPD – **Neuer Tag,** Frankfurt/Oder (5)/SED – **Neues Deutschland,** Berlin (2)/SED – **Der Neue Weg,** Halle (7)/Ost-CDU – **Neue Zeit,** Berlin (6)/Ost-CDU – **Norddeutsche Neueste Nachrichten,** Rostock (7)/NDPD – **Norddeutsche Zeitung,** Schwerin (7)/LDPD – **Ostsee-Zeitung,** Rostock (4)/SED – **Sächsische Neueste Nachrichten,** Dresden (7)/NDPD – **Sächsisches Tageblatt,** Dresden (6)/LDPD – **Sächsische Zeitung,** Dresden (3)/SED – **Schweriner Volkszeitung,** Schwerin (5)/SED – **Thüringer Neueste Nachrichten,** Weimar (7)/NDPD – **Thüringer Tageblatt,** Weimar (7)/Ost-CDU – **Thüringische Landeszeitung,** Weimar (7)/LDPD – **Tribüne,** Berlin (4)/FDGB – **Die Union,** Dresden (6)/Ost-CDU – **Das Volk,** Erfurt (4)/SED – **Volksstimme,** Magdeburg (4)/SED – **Volkswacht,** Gera (4)/SED.

Wochenzeitungen, polit. Monatsschriften usw.

Sonntag, Berlin (7)/Organ des ›Deutschen Kulturbundes‹ – **Wochenpost,** Berlin (2)/SED, offiziös – **für dich,** Berlin (3) – **FF – dabei,** Berlin (2)/Funk- u. Fernsehzeitung – **Die Trommel,** Berlin (4) – **Magazin,** Berlin (3) – **Einheit** (4), Organ des ZK d. SED f. wiss. Soz. (mtl.) – **Der Neue Weg** (3), Organ d. ZK d. SED f. Fragen d. Parteilebens (mtl.) – Außer den 39 Tageszeitungen mit einer tägl. Gesamtaufl. v. 8 Mill. Expl. existieren 31 Wochenzeitungen mit einer Gesamtauflage von 8,7 Mill. Expl. Die 630 Betriebszeitungen haben eine Gesamtauflage von 2 Mill. Expl. Nach dem DDR-Jahrbuch 1977 erreichte die Jahresgesamtauflage der 517 Zeitschriften 1976 insgesamt eine Höhe von 239,3 Mill., die der Zeitungen von 3031 Mill. Expl.

Nachrichtenagentur

Allgemeiner Deutscher Nachrichtendienst (ADN), Berlin – regierungseigene Nachrichtenagentur in der DDR

INTERNATIONALE PRESSE

ÄGYPTEN
Al-Ahram, Kairo (4), freitags (3)/unabh., führ. Tagesz.; offiziös – **Al-Akhbar,** Kairo (3)/gemäß. rechts – **Al-Gomhurija,** Kairo (4), Org. d. »Arab.-Soz. Union« – **Le Journal d'Égypte,** Kairo (7)/unabh. – *Nachrichtenagentur:* **MENA,** Kairo

ALBANIEN
Zëri I Popullit, Tirana (5)/Organ der PPSH – **Bashkimi** (7) – *Nachrichtenagentur:* **ATA**

ALGERIEN
Mehrere Zeitungen, u. a. **El Moudjahid** (5), nationalist. – *Nachrichtenagentur:* **Algérie Presse Service/APS**

ARGENTINIEN
BUENOS AIRES: **La Prensa** (5)/liberal – **La Nación** (4)/kons. – **La Razón** (4) – **Clarín** (4, so 3)/kons. – **Argentinisches Tageblatt** (6)/lib. – **La Opinión** (6)/rechts – CORDOBA: **Voz del Interior** (6)/unabh. – MENDOZA: **Los Andes** (5)/kons. – ROSARIO: **La Capital** (6)/kons. – TUCUMÁN: **La Gaceta** (6)/lib.-kons. – *Nachrichtenagentur:* **Agencia Noticiosa Saporiti/ANS**

BELGIEN
Tages- und Wochenzeitungen: ANTWERPEN: **De Nieuwe Gazet** (4, zus. m. **Het Laatste Nieuws** in Brüssel)/unabh. – **Gazet van Antwerpen** (5)/kath. – **Volksgazet** (6)/soz. – BRÜSSEL: **De Nieuwe Gids** (4, zus. m. **Het Volk** in Gent)/kath. – **De Standaard** (4)/kath., flämisch – **Echo de la Bourse** (7)/unabh. – **La Cité** (7)/christ.-dem. – **La Dernière Heure** (5)/lib. – **La Lanterne** (5, zus. m. **La Meuse** in Lüttich), unpolit. – **La Libre Belgique** (5)/kath., unabh. – **Le Soir** (4)/unabh. – CHARLEROI: **La Nouvelle Gazette** (6)/unabh. – **Le Rappel** (6)/unabh. – GENT: **Het Volk**

(4)/kath. – **Voorhuit** (7)/soz. – LÜTTICH: **La Meuse** (5)/unabh. – EUPEN: **Grenzecho** (7)/unabh.-christl. – *Nachrichtenagentur:* **Agence BELGA,** Brüssel. (Gesamtaufl. d. Tageszeitungen 1977 in französ. u. niederl. Sprache je 1,3 Mill. Expl.)

BRASILIEN
BRASILIA: **Correio Brasiliense** (6)/lib. – PORTO ALEGRE: **Correio do Povo** (6)/lib. – RIO DE JANEIRO: **Jornal do Brasil** (5)/lib. – **O Globo** (4)/kons. – SÃO PAULO: **Fôlha de São Paulo** (4)/lib. – **O Estado de São Paulo** (4)/lib. – **Jornal da República** (6)/unabh. – *Nachrichtenagentur:* u. a. **Agência Nacional/AN** u. **Transpress**

BULGARIEN
SOFIA: **Robotnitschesko Delo** (3)/Org. d. ZK der KP – *Nachrichtenagentur:* **Bulgarian Telegraph Agency/B.T.A.**

CHILE
SANTIAGO: **El Mercurio** (4)/lib. – **La Segunda** (6)/unabh. – **Las Últimas Noticias** (5)/unabh. – **La Tercera** (4)/unabh.

CHINA
a) **Chinesische Volksrepublik**
BEIJING (PEKING): **Beijing Wanbao** (Beijinger Abendzeitung) (3) – **Cankao Xiaoxi** (1)/Informationsblatt f. Funktionäre – **Renmin Ribao (Pekinger Volkszeitung)** (1)/KP-Zentralorgan – **Gongren Ribao** (Arbeiter-Tageszeitung) (2) – **Guangming Ribao** (2) – **Hung Tschi** (Hongqi; »Rote Fahne«)/theoret. Monatsschrift d. KP – **Tschieh Fang Tschün Pao** (»Tageszeitung der Befreiungsarmee«) – **Zhongguo Qingnian Bao** (Jugendzeitung) (2) – **Xinhua** (Hsinhua)/**NCNA** (offiz. Nachrichtenagentur). Seit 1976 hat sich die Zahl der Zeitungen und Zeitschriften um 450 auf 1200 erhöht.
b) **Republik China** (Taiwan)
TAIPEH: u. a. **Tschung-Jang Jih-Pao** u. **Tschunghua Jih-Pao,** beide Kuomintang-Organe – **Lien-Ho Pao** – **China Times** (4) – **United Daily News** (3) – **Commercial Times** (5) – **Economic Daily News** – **News from China,** hg. v. Chin. Inf. Service, New York – *Nachrichtenagentur:* **CNA**

CUBA
HAVANNA: **Granma** (3)/KP-Organ – *Nachrichtenagentur:* **Prensa Latina** u. **Agencia Informativa Nacional (AIN)**

CYPERN
(Griechischsprachige Zeitungen) **Agon** (7)/rechte Mitte – **Apogevmatini** (7)/lib. – **Eleftheri Kypros** (7)/Org. d. Dem. Partei – **Makhi** (7)/rechtsopp. – **Phileleftheros** (7)/lib. – **Simerini** (7)/rechtsopp. – **TA NEA** (7)/sozial. EDEK – **Haravghi** (7)/Organ d. kommun. AKEL – **Cyprus Mail,** engl. – zahlreiche **Wochenblätter** u. a. **Kypros** (7)/lib. – **Dimokratiki** (7)/lib. – **Dimokratia** (7)/AKEL-Organ

DÄNEMARK
Tageszeitungen: KOPENHAGEN: **Aktuelt** (6, so. 5)/sozialdem. – **B. T.** (4)/kons. – **Berlingske Tidende** (5, so. 4)/kons. – **Ekstra Bladet** (4) – **Information** (7)/unabh. – **Politiken** (5, so. 4)/lib. – *Nachrichtenagenturen:* **Ritzau's Bureau** – **Dansk Telegrammbureau/RB,** Kopenhagen

FINNLAND
Tageszeitungen: HELSINKI: **Helsingin Sanomat** (4)/unabh. lib. – **Ilta Sanomat** (5)/unabh. – **Uusi Suomi** (6)/unabh. – **Kansan Uutiset** (6)/komm. – **Suomen Sosialidemokraatti** (7)/sozial.-dem. – **Hufvudstadsbladet** (6)/schwed.-unabh. – KUOPIO: **Savon Sanomat** (6)/Zentr. – TAMPERE: **Aamulehti** (5)/kons. – TURKU: **Turun Sanomat** (5)/unabh. – *Nachrichtenagentur:* **Suomen Tietotoimisto** – **Finska Notisbyrån/STT-FNB,** Helsinki/unabh.

FRANKREICH
Tageszeitungen: **France-Soir** (3)/gemäßigt – **La Croix** (5)/kath. – **L'Aurore** (4)/rechtsgerichtet – **L'Humanité** (5)/komm. – **Le Figaro** (4)/gemäß. rechts – **Le Matin** (5)/links – **Le Monde** (3)/unabh., lib. – **Le Parisien Libéré** (4)/rechts, kons. – **Les Echos** (6)/finanzwirtsch., unabh. – **L'Unité** (6)/Organ d. PS – **Le Nouveau Journal** (6)/wirtsch. Inform.-Blatt – **Le Quotidien de Paris** (6)/lib.
Sonntagszeitungen und Nachrichtenmagazine: PARIS: **France-Dimanche** (3) – **Journal du Dimanche** (4) – Zahlreiche Meinungs-Wochenblätter, u. a. **L'Express** (3)/unabh. – **Le Canard Enchaîné** (4)/satir. – **Panorama Chrétien** (5)/kath. – **La Vie ouvrière** (5)/CGT – **Le Point** (4)/gem. rechts – **Le Nouvel Observateur** (4)/gem. links – **Figaro Magazine** (5)/gem. rechts – **Revue des Deux Mondes** (7)/(monatl.) – *Illustrierte Wochenzeitschriften:* **Nous Deux** »**Paris Match**« (3) – **Tribune Socialiste** – **Ici Paris** (3) – **Le Pélerin** (3) – **La Vie Catholique illustré** (3) – **Jours de France** (3) – **Mode de Paris** (3) – **Elle** (3) – **Femmes d'aujourdhui** (2) – **Echo des Françaises** (3) – *Wirtschaftszeitung:* **L'Expansion** (6)/unpart. – *Provinzzeitungen:* **Le Dauphiné Libéré,** Grenoble (4)/unabh. – **La Dépêche du Midi,** Toulouse (4)/radik.-soz. – **La Montagne,** Clermont-Ferrand (4) – **L'Est Républicain,** Nancy (4)/unabh. – **La Nouvelle République de Centre-Ouest,** Tours (4)/unabh. – **Le Provençal,** Marseille (4)/soz. – **Midi Libre,** Montpellier (4) – **Ouest-France,** Rennes (3)/bürgerl. – **Le Progrès de Lyon,** Lyon (4)/links unabh. – **Sud-Ouest,** Bordeaux (4)/gemäßigt – **La Voix du Nord,** Lille (4)/gemäßigt – **L'Alsace,** Mülhausen (5) – **Les Dernières Nouvelles d'Alsace,** Straßburg (4) – **Le Républicain Lorrain,** Metz (4) – **Nice-Matin,** Nice (4)/unabh. – *Nachrichtenagenturen:* **Agence France-Presse/AFP,** Paris/halboffiz. – **Agence Cen-**

trale de Presse/ACP, Paris. (Gesamtauflage d. franz. Tageszeitungen 1977 rund 12 Mill. Expl.)

GRIECHENLAND

Tageszeitungen: ATHEN: **Akropolis** (6)/reg.nah – **Apoghevmatini** (5)/unabh. – **Athinaiki** (6)/sozialist. – **Avghi** (7)/nat.kommun. – **Estia** (7)/kons. – **Eleftheros Kosmos** (7)/rechts – **Eleftherotypia** (5)/sozialist. – **I Kathimerini** (7)/linkslib. – **Proini** (7)/sozialist. – **Ta Nea** (5)/linkslib. – **Rizospastis** (7)/KP – **To Vima** (7)/linkslib. – **Vradyni** (6)/unabh. – **Athens News** (7) – THESSALONIKI: **Makedonia** (6)/lib. – **Eleftheros Vorras**/kons. – *Nachrichtenagentur:* **Athens News Agency/ANA,** Athen

GROSSBRITANNIEN

Tages- und Abendzeitungen: LONDON: **Daily Express** (2)/unabh., pro-kons. – **Daily Mail** (2)/unabh., kons. – **Daily Mirror** (2)/unabh., links – **Evening News** (3)/unabh., pro-kons. – **Evening Standard** (4)/unabh., lib.-kons. – **Financial Times** (5)/unabh. (Teilaufl. Frankfurt/M.) – **The Daily Telegraph** (2)/unabh., rechte Mitte – **The Guardian** (m. Manch.-Ausg. 4)/unabh., links, progr., LP nahest. – **The Sun** (2)/unabh. – **The Times** (4)/unabh. – **Morning Star** (7) kommun. – CARDIFF: **Western Mail** (6)/unabh. – GLASGOW: **Glasgow Daily Record** (3)/unabh., liberale Tendenz – **Glasgow Herald** (5)/unabh. – MANCHESTER: **Daily Star** (2)/unabh., überreg. – *Sonntagszeitungen:* LONDON: **News of the World** (2)/unabh. – **Sunday Express** (2)/unabh., kons. – **Sunday Mirror** (2)/unabh., links – **Sunday Times** (2)/unabh. – **The Observer** (2)/unabh. – **The Sunday People** (2)/progr., LP nahest. – **Sunday Telegraph** (3)/unabh. – *Wochenzeitschriften:* **The Economist** (5)/liberal, unabh. – **New Statesman** (7)/unabh., soz. – **Spectator** (7)/unabh. – **The Listener** (5)/unabh. – **Tribune** (7)/soz. – **Encounter** (7)/Monatsmagazin – *Nachrichtenagenturen:* **Exchange Telegraph** Co. Ltd./**EXTEL,** London/unabh. – **The Press Association** (PA), London/unabh. – **Reuters** Ltd./**REUTER,** London/unabh. (Gesamtauflage d. brit. Tageszeitungen 1975 29,5 Mill. Expl.)

INDIEN

Wichtige englischsprachige und überregionale Zeitungen: **The Indian Express** (m. 7 Ausg., 4)/kons. – **The Times of India** (m. 4 Ausg., 4), unabh. – **The Statesman** (Kalkutta 5, Delhi 5)/gemäß.-kons. – **The Hindu** (m. 7 Ausg., 5)/unabh. – **Amrita Bazar Patrika** (5)/bed. d. Kongreßpartei nahestehend – **The Hindustan Times** (5) – **The Patriot** (7)/kommun. – **National Herald** (7)/d. Kongreßpartei nahestehend – Außerdem regional: KALKUTTA: Ananda Bazar Patrika (in Bengali, 4) – KOTTAYAM: Malajala Manorama (in Malajalam, 4) – BOMBAY: Lokasatta (in Marathi, 5) – **Blitz** (Urdu u. Marathi, 4)/unabh. – DELHI usw.: Nav Bharat Times (Hindi, 4) – MADRAS usw.: Thanthi (Tamil, 4) – **Illustrated Weekly India** – *Nachrichtenagenturen:* **Press Trust of India/PTI – United News of India/UNI – Hindustan Samachar** u. **Samachar Bharati.** (Gesamtauflage der etwa 700 Zeitungen rund 10 Mill. Exempl., in mehr als 20 Sprachen, davon in Englisch rd. 10%)

INDONESIEN

Kompas (4)/kath.-lib., unabh. – **Sinar Harapan** (5)/protest.-lib., unabh. – **Merdeka** (6) linksnat. – *Englischsprachige Zeitungen:* **Indonesia Times, Indonesian Observer** – *Nachrichtenagentur:* **ANTARA,** Jakarta/staatl.

IRAN

Tageszeitungen: TEHERAN: **Ayandegan**/links (VIII/79 eingestellt) – **Bamdad-Etelaat** (5)/pro-islam. – **Islami Umurieh** – **Kayhan**/links – **Peigham-e emruz**/links – GHOM: **Inquilab Birang** – *Nachrichtenagentur:* **Pars News Agency**

IRLAND

Tageszeitungen: **The Irish Times** (6) – **Irish Independent** (5) – **Irish Press** (5) – **Evening Press** (5) – **The Cork Examiner** (6) – *Wochenzeitungen:* **The Sunday Press** (4) – **Hibernia** (6)

ISRAEL

Dawar/der Arbeitspartei nahest. – **Ha'aretz**/unabh., überpart. – **Hazofe**/relig.-nat. – **Al Hamischmar**/Organ der Mapam – **Schearim** u. **Modia**/Organe relig. Parteien – **Jedioth Ahronoth – Ma'ariv** (J. A. u. M. sind die auflagenstärksten Zeitungen) – **The Jerusalem Post** (englischspr.) – **Al-Shaab** (arab.) – **Israel-Nachrichten** (deutschspr.) – *Nachrichtenagenturen:* **Israel News Agency/INA – Itonut Israel Meuchedet**

ITALIEN/Vatikanstadt

Tageszeitungen (Auflagen schätzungsweise): BOLOGNA: **Il Resto del Carlino** (4)/lib. Mitte – BOZEN: **Alto Adige** (6, mit **Adige** in Trient)/chr.-demokr. – **Dolomiten** (7)/Tageblatt d. Südtiroler f. dt.-spr. Bevölk., SVP-nahest. – FLORENZ: **La Nazione** (4)/lib., kons. – MAILAND: **Corriere d'Informazione** (5)/unabh./tägl. 3 Ausg., – **Corriere della Sera** (3)/links-lib. – **Il Giorno** (4)/linke Mitte – **Il Giornale Nuovo** (5)/unabh., lib. – **La Sinistra**/links – **L'Occhio** (4)/unabh., überreg. – **L'Unità** (insg. 3)/Org. des PCI – **24 Ore** (m. **Il Sole**) (5)/Inform.-Organ f. Wirtsch. u. Finanz. – NEAPEL: **Il Mattino** (5)/rechtsger. – **Roma** (6)/monarch. – ROM: **Avanti** (m. Mail. 5)/Org. des PSI – **Il Messaggero** (4)/unabh. links – **L'Osservatore Romano** (6)/Organ des Vatikans – **Paese Sera, Paese Seranotte** (zus. 5)/unabh., komm. – **Il Popolo** (5)/Organ d. DC – **La Repubblica** (4)/soz., PSI-nahest. – **Il Secolo d'Italia** (6)/Organ des MSI-DN – **Umanità** (6)/PSDI-Organ – **Il Tempo** (4)/kons., rechte Mitte – **Vita Sera** (5)/kons. – TURIN: **La Stampa**/morgens (3), abends **La Stampa Sera** (5), montags (4)/linkslib. – **Gazzetta del Popolo** (5)/linke Mitte – VENEDIG: **Il Gazzettino** (5)/unabh. – *Wochenzeitungen:* **Candito** (6)/unabh. – **Espresso** (4)/ links – **Oggi** (3)/unabh., rechts – **Panorama** (4)/lib., links – **Tempo** (4)/unabh. – **Südtiroler Volkszeitung,** Bozen (7)/links – **Volksbote,** Bozen (7)/Org. der SVP – *Nachrichtenagenturen:* **Agenzia Nazionale Stampa Associata/ANSA,** Rom/unabh. – **Agenzia d'Italia/ITALIA,** Rom/unabh. (Gesamtaufl. d. ital. Tageszeitungen über 7,5 Mill. Expl.)

JAPAN
Größte Tageszeitungen: **Asahi Shimbun,** Morgen- u. Abendausgabe zusammen (1)/unabh., lib. – **Yomiuri Shimbun** (1)/unabh. – **Mainichi Shimbun,** Osaka (2)/unabh. – Führende Wirtschaftszeitung: **Nihon Keizai Shimbun** (2) – **Akahata** (5)/kommun. – Englischsprachig: **Japan Times** (7)/unabh. – *Wirtschaftszeitung:* **Shipping and Trade News** (7)/ unabh. – *Nachrichtenagenturen:* **Jiji Press/JP** (Jiji Tsushin), Tokio – **Kyodo News Service** (Kyodo Tsushin), Tokio

JUGOSLAWIEN
Tageszeitungen: BELGRAD: **Borba** (»Kampf«) (6)/ kommun. Parteiorgan – **Politika** (4) – **Večernje Novosti** (4) – Weitere wichtige Zeitungen: ZAGREB: **Vjesnik** (»Bote«) (6) – LJUBLJANA: **Delo** (»Werk«) (6) – SARAJEWO: **Oslobodjenje** (6) – SKOPJE: **Nova Makedonija** (7) – *Nachrichtenagentur:* **Telegrafska Agencija Nova Jugoslavija/Tanjug,** Belgrad

KANADA
Tageszeitungen: EDMONTON: **Edmonton Journal** (5)/unabh. – MONTREAL: **Montreal Star** (5)/unabh. – **La Presse** (5)/unabh. – QUEBEC: **Le Soleil** (5)/ unabh. – TORONTO: **The Globe and Mail** (4)/gem. kons. – **Toronto Daily Star** (3)/unabh. – VANCOUVER: **Vancouver Sun** (4)/lib. – WINNIPEG: **Winnipeg Free Press** (5)/lib. – *Wirtschaftszeitung:* **Daily Commercial News and Building Record,** Toronto – *Nachrichtenagentur:* **The Canadian Press**/ unabh., Toronto (Gesamtauflage der Tageszeitungen – u. a. 12 französischsprachige – rd. 5,2 Mill. Expl.)

KOREA
a) Rep. K. (Süd-K.): **Hankok Ilbo** (3)/unabh. – **Chosun Ilbo** (4)/unabh. – **Choong (Jong) Ang Ilbo** (3)/ unabh. – **Seoul Shinmun** (4)/unabh. – **Dong a Ilbo** (3)/oppos. – engl.: **Korea Times** (5)/unabh. u. **Korea Herald**/offiziös – *Nachrichtenagenturen:* **Hapdong News Agency** u. **Orient Press,** beide Seoul – b) K. Volksdem. Rep. (Nord-K.): **No Dong Shin Mun** (3)/ offiz. KAP-Organ – *Nachrichtenagentur:* **Chung Yang,** Pjöngjang

LAOS
Sieng Pasason/offiz. Parteiorgan

LIBANON
An Nahar (6)/unabh.-lib. – **Al Safir**/links – **As Safa**/ unabh. – **Al Amal**/kons. – frz.: **L'Orient, Le Jour – Le Reveil**/rechts

LUXEMBURG
Letzeburger Journal (7)/lib.-dem. mit stark europäischem Einschlag – **Luxemburger Wort** (6)/christl.-sozial – **tageblatt**/Journal d'Esch (7)/soz. – *Nachrichtenagentur:* **Luxenews**

MEXIKO
C. DE MEXICO: **Esto** (5) – **Excelsior** (4)/unabh.-lib. – **El Sol de M.** (5) u. **El Universal** (5), wichtige Blätter einer faktisch von der Regierungspartei kontrollierten Zeitungskette – *Nachrichtenagentur:* **Informex S.A.**

NICARAGUA
Tageszeitungen: MANAGUA: **Barricada** (7)/Organ der FSLN – **La Prensa** (6)/bürgerl.

NIEDERLANDE
Tageszeitungen: AMSTERDAM: **De Telegraaf** (3)/ unabh., kons. – **De Volkskrant** (4)/progressiv – **De Waarheid** (6)/komm. Partei-Organ – **Het Parool** (5)/ Mitte, progr. – **Het Vrije Volk** (5)/Partei d. Arbeit – **Trouw** (5)/kalvinistisch – ROTTERDAM: **NRC-Handelsblad** (5)/unabh., lib. – **Algemeen Dagblad** (4)/ unabh., lib. – *Wochenzeitungen:* AMSTERDAM: **Accent** (6)/unabh., lib. – **De Groene Amsterdammer** (7)/unabh., radikal – **Haagse Post** (7)/unabh., progr. – **De Nieuwe Linie** (7)/progr.-radik. – **Elseviers Magazine** (5)/kons. – **Vrij Nederland** (5)/progr. – *Nachrichtenagentur:* **Algemeen Nederlands Persbureau/ANP,** Den Haag/unabh.

NORWEGEN
Tageszeitungen: OSLO: **Aftenposten** (4)/kons., unabh. – **Arbeiderbladet** (6)/Arbeiterpartei – **Dagbladet** (5)/lib. – **Verdens Gang** (5)/unabh. – BERGEN: **Bergens Tidende** (6)/lib. – STAVANGER: **Stavanger Aftenblad** (6)/lib. – TRONDHEIM: **Adresseavisen** (6)/kons. – *Nachrichtenagentur:* **Norsk Telegrambyrå/NTB,** Oslo. Die Gesamtauflage der Tageszeitungen beträgt rd. 2 Mill. Exemplare.

ÖSTERREICH
Tages- und Wochenzeitungen usw.: BREGENZ: **Neue Vorarlberger Tageszeitung** (7)/unabh. – **Vorarlberger Nachrichten** (6)/unabh. – GRAZ: **Kleine Zeitung** (5)/unabh. – **Neue Zeit** (6)/sozialdem. – **Grazer Montag** (6)/unpart. – **Südost-Tagespost** (7)/ ÖVP nahest., unabh. – INNSBRUCK: **Tiroler Tageszeitung** (6)/unabh. – KLAGENFURT: **Kärntner Tageszeitung** (6)/soz. – **Kleine Zeitung**/Schwesterblatt d.

Grazer (6)/unabh. – **Volkszeitung** (7)/bürgerl. ÖVP – **Kärntner Montag** (7)/unpart. – LINZ: **Neues Volksblatt** (7)/ÖVP – **Linzer Tagblatt** (7)/soz. – **Oberösterreichische Nachrichten** (wo. 6, sa. 5)/unabh. – SALZBURG: **Salzburger Nachrichten** (6)/unabh. – **Salzburger Volksblatt** (7)/unabh. lib. – WIEN: *Tageszeitungen:* **Arbeiterzeitung** (5)/Zentralorgan der SPÖ – **Die Presse** (6)/unabh. – **Neue Kronen-Zeitung** (wo. 3, so. 2)/unabh. – **Kurier** (wo. 4, sa./so. 3)/unabh. – **Volksstimme** (wo. 7, so. 6)/Zentralorgan d. KPÖ – **Wiener Zeitung** (7)/überpart. Hrsg.: Die Rep. Österreich – *Wochenzeitungen:* **Der Rundblick** (7)/links-lib. – **Die Furche** (7)/freie Kulturpolitische Wochenschrift, kath. – **Neue Front**/Zeitung der Freiheitlichen (7)/FPÖ – **Die Neue Zeitung** (4 × jährl. in Wien u. Innsbruck, 2 × jährl. in Niederösterr.; 3)/SPÖ – **Niederösterreichische Nachrichten** (6)/unabh. – **Oberösterreichische Rundschau** (6)/unabh. – **präsent**/unabh. österr. Wochenblatt (7)/christl. – **profil** (6)/unabh. – **Wochenpresse** (7)/unabh. – **Echo** (4)/neutr., unpol. – **Wiener Samstag** mit **Grazer Samstag** u. **Nachrichten für den Sonntag** (5)/unpart. – *Illustrierte Zeitschriften:* **Die Frau,** Wien (5) – **RZ illustr. Romanzeitung,** Wien (6) – **Hör zu,** Wien (5) – *Nachrichtenagenturen:* **Austria Presse-Agentur/APA**/Genossenschaftliche Einrichtung der Österreichischen Tageszeitungen (ohne Neue Kronen-Zeitung) und des ORF. Eine tägliche Presseübersicht – **»Der Österreich-Bericht«** – wird vom Bundespressedienst des Bundeskanzleramtes herausgegeben. – 1946 gab es 35, 1977 19 Tageszeitungen (mit Kopfbl. 31) mit einer Gesamtauflage von 2,5 Mill. Exemplaren.

PAKISTAN

Mussawat (Urdu), der »P. People's Party« nahest. – **The Pakistan Times** (7)/(engl.) – **Zamindar** (Urdu) – *Nachrichtenagenturen:* **APP – UPP – PPA**

PALÄSTINA

Palestine al Saoura/PLO-Zentralorgan

PHILIPPINEN

The Bulletin Today (5) – **The Times Journal** (6) – **Philippines Daily Express** (4) (alle engl.) – In Tagalog u. a. **Taliba** u. **Mabuhai** – *Nachrichtenagenturen:* **»Philippini News Service«/PNS** u. **»Philipp. Press Int.«/PPI**

POLEN

Tageszeitungen: WARSCHAU: **Trybuna Ludu,** (3)/Organ d. PZPR – **Głos Pracy** (5)/gewerksch. – **Dziennik Ludowy** (4)/Organ d. ZSL – **Kurier Polski** (5)/Organ d. SD – **Życie Warszawy** (4)/allg. Tageszeitung – *Wochenzeitung:* **Polityka** (4), Warschau. – *Nachrichtenagentur:* **PAP**

PORTUGAL

Tageszeitungen: LISSABON: **A Batalha**/syndik. – **A Capital** (7)/linkslib. – **Diário de Lisboa** (7)/unabh. – **Diário Popular** (6)/links – **Diário de Notícias** (5)/linke Mitte – **Jornal de Notícias** (6)/unabh. – **Jornal Novo** (6)/soz.-dem. – PORTO: **Jornal de Notícias** (6)/unabh. links – **O Comércio do Porto** (6)/kons. – *Wochenzeitungen:* u. a. **Expresso**/linke Mitte – **Edição Especial – Tempo – Extra-Jornal – O País** (polit. Richtung u. T. unsicher) – **Boletim MFA**/offiz. Organ d. MFA – *Nachrichtenagentur:* **Agencia de Notícias de Informações/ANI**

SCHWEDEN

Tages- und Wochenzeitungen: STOCKHOLM: **Aftonbladet** (4)/sozialdem. – **Dagens Nyheter** (4)/unabh. – **Expressen** (3)/lib. – **Stockholms-Tidningen** (7)/sozialdem. – **Svenska Dagbladet** (5)/bürgerl., nicht parteigeb. – **Vi** (3)/Wochenschr. d. Konsumgen. – GÖTEBORG: **Göteborgs-Posten** (4)/lib. – MALMÖ: **Kvällsposten** (5)/unabh., lib. – **Sydsvenska Dagbladet** (5)/unabh., lib. – **Arbetet** (5)/sozialdem. – **Skånska Dagbladet** (7)/Zentr.-Partei – *Nachrichtenagentur:* **Tidningarnas Telegrambyrå/TT,** Stockholm

SCHWEIZ

Tages- und Wochenzeitungen usw.: AARAU: **Aargauer Tagblatt** (7)/lib.-konserv. – BADEN: **Badener Tagblatt** (7)/unabh., sozial-lib. – BASEL: **Basler AZ** (7)/soz. – **Baslerstab,** Tagblatt der Stadt Basel (5)/neutr. Inseratenanzeiger – **Basler Zeitung** (5)/unabh., lib. – **Vorwärts** (7)/kommun. Wochenzeitung – BELLINZONA: **Il Dovere** (7)/freisinnig – **Popolo e Libertà** (7)/CVP – BERN: **Berner Zeitung** (5)/unabh., überpart. – **Berner Tagwacht** (7)/soz.-dem. – **Der Bund** (6)/lib. – **evolution** (7)/Monatsschrift – **Prisma** (7)/Monatsmagazin – BIEL: **Bieler Tagblatt** (7) – FRAUENFELD: **Thurgauer Zeitung** (7)/lib. – FRIBOURG: **La Liberté** (7)/CVP nahest. – GENF: **Journal de Genève** (7)/lib. – **La Tribune de Genève** (6)/unabh. – **La Suisse**/Journal du Matin (wo. 6, so. 5)/neutr. – **La Voix Ouvrière** (7)/komm. – **Le Courrier** (7)/CVP nahest. – LAUSANNE: **Gazette de Lausanne/Journal Suisse** (7)/lib. – **Nouvelle Revue de Lausanne** (7)/rad.-dem. – **24 heures** (5)/lib. – **Tribune de Lausanne le Matin** (6)/neutr. – LUGANO: **Corriere del Ticino** (7)/unabh. – **Giornale del Popolo** (7)/kath., kons. – **Gazzetta Ticinese** (6)/lib. – LUZERN: **Luzerner Neuste Nachrichten** (6)/unabh. – **Luzerner Tagblatt** (7)/lib. – **Vaterland** (6)/Organ d. CVP – NEUCHÂTEL: **Feuille d'Avis de Neuchâtel** (7)/national, aber völlig unabh. – ST. GALLEN: **Die Ostschweiz** (7)/nicht parteigeb., christl.-dem. – **St. Galler Tagblatt** (6)/lib. – SOLOTHURN: **Solothurner Zeitung** (7)/lib. – **Berner Rundschau** (7)/soz.-christl. – THUN: **Thuner Tagblatt** (7)/fortschrittl.-bürgerl. – WEINFELDEN: **Thurgauer Tagblatt** (7) – WINTER-

THUR: **Der Landbote** (7)/parteipol. unabh., bürg. – ZUG: **Zuger Tagblatt** (7)/lib. – ZÜRICH: *Tageszeitungen:* **Neue Zürcher Nachrichten** (7)/CVP nahest. – **Neue Zürcher Zeitung** (5)/unabh., lib. – **Tages-Anzeiger** (4)/überpart., unabh. – **Zürichsee-Zeitung** Stäfa (7)/freis.-lib. – **Blick** (4)/unabh., dem.-freiheitl., sozial – *Wochenzeitungen:* **Evangelisch-Soziale Warte** (7)/unabh. – **Die Weltwoche** (5)/unabh. – **der schweizerische Beobachter** (14tägl., 4)/parteipol. unabh., konfess. neutr. – **Nebelspalter** (6)/unabh., humorist.-sat. – **Glückspost** (5)/unabh. – **Schweizerzeit** (7)/kons. – *Illustrierte Zeitschriften:* **Le nouvel Illustré,** Zofingen (5) – **Tele/TV Radio Zeitung,** Zofingen (4) – **Schweizer Illustrierte,** Zofingen (4) – **Annabelle** (4)/Frauen.-Z. – *Nachrichtenagenturen:* **Schweizerische Depeschenagentur** (Agence Télégraphique Suisse/Agenzia Telegrafica Svizzera) **SDA/ATS – Schweizerische Politische Korrespondenz** (Correspondance Politique Suisse/Corrispondenza Politica Svizzera)/bürgerl. überpart.

SOWJETUNION

Nach »Sowjetunion heute«, hrsg. v. d. Botschaft der UdSSR in Bonn/Rolandseck, hatte 1977 die **Prawda** eine Aufl. von rd. 11 Mill., **Iswestija** 8,6 Mill., **Pionjerskaja Prawda** 11 Mill., **Komsomolskaja Prawda** 10 Mill., **Sjelskaja Schisnj** 8,2 Mill., **Trud** 8,6 Mill., **Sowjetskaja Rossija** 3 Mill. Exemplare; insgesamt erscheinen Zeitungen und Zeitschriften in 58 Sprachen, die in der Sowjetunion gesprochen werden. 1976 gab es 8100 Zeitungen; tägliche Auflage: über 165 Mill. Exemplare (u. a. 28 Allunions-, 153 Republik-, über 2800 Rayons- u. 3250 Betriebsinstituts-Blätter), davon etwa 80% in Russisch – Von Zeitschriften sind u. a. hervorzuheben: **Partinaja Schisnj-Kommunist – Agitator – Problema mira i sozialisma – Neues Leben** (deutschsprach. Wochenzeitung des Prawda-Verlags) – *Führende Illustrierte:* **Ogonjok – Rabotniza** – *Satirische Zeitschrift:* **Krokodil – Moscow News International**/2 × wö., f. Ausländer – **Guten Tag** (7)/Monatszeitschr. in russ. Sprache, hrsg. v. Presse- und Informationsamt der Bundesreg. der BR Deutschld. – *Nachrichtenagenturen:* **Telegrafnoje Agentstwo Sowjetskowo Sojusa/TASS – Agentstwo Petschati Nowosti/APN,** Moskau

SPANIEN

Tageszeitungen: MADRID: **A.B.C.** (4)/kons. – **El Alcázar** (6)/weit rechts – **Diário 16** (5) – **El Imparcial**/rechts – **El País** (5)/lib. – **Informaciones** (6)/unabh., lib. – **Madrid**/linkslib. – **Pueblo** (5)/gewerksch. – **Ya** (4)/kath. – BARCELONA: **La Vanguardia** (4)/lib.-kons. – **Diario de Barcelona** (7)/gem. – VALLADOLID: **El Norte de Castilla** (7) – **Avui** (katal.-sprachig) – **Egin** (kastil.-sprachig) – **Deia** (bask.-sprachig) – *Wochenzeitungen:* **Cambio 16** (5)/unabh. (größte polit. Wochenztg.), ersch. in Madrid, ebenso die Illustrierte **Actualidades** u. **Cuadernos para el Diálogo,** PSOE nahest. – **El Papus** (Barcelona) (5)/satir. – **Guadiana** (6)/linkslib. – **Mundo Obrero** (5)/komm. – *Nachrichtenagenturen:* **Agencia EFE, CIFTRA**/offiz. – **Información de Prensa/Logos**/kath. – **España cultural** (Mitteilungsbl. d. Informat.-Minist.) – **Servicio Nacional de Información/MENCHETA**/unabh. lokale Nachrichtenag. (alle Madrid)

SÜDAFRIKA (Rep.)

JOHANNESBURG: **The Star** (5)/oppos. – **Rand Daily Mail** (5)/oppos. – **The Citizen** (6)/überparteil. – **Die Vaderland** (6)/nat., reg.-freundl. – **Die Transvaaler** (6)/reg.-freundl. – **Die Beeld** (6)/reg.-freundl. – KAPSTADT: **Argus** (5)/oppos. – **Die Burger** (6)/Nat.P. – **The Cape Times** (6)/oppos. – DURBAN: **The Natal Mercury** (6)/oppos. – **The Daily News** (6)/oppos. – *Wochenzeitungen* (Johannesburg) **Financial Mail** (7) – **To the Point – The World** (englischspr. Wochenz., 5) – **Cape Herald** (englischspr. Wochenztg., 6) – Insges. 35 Tages- und Wochenzeitungen – Außerdem: *Zeitungen m. überwieg. schwarzer Leserschaft:* **Bona** (Mon.-Mag., in Zulu, Xhosa, Sotho, Tswana, 5) – **Umva** (Xhosa u. Engl., 7) – **Ilanga** (Zulu u. Engl., 6) – **Post** (tägl., Engl., 6) – **Drum** (zweiwöch., Engl., 6) – *Nachrichtenagentur:* **South African Press Association/SAPA,** Johannesburg

TSCHECHOSLOWAKEI

Rudé Právo (3)/offiz. KP-Organ – **Práce** (4)/gewerksch. – **Lidová Demokracie** (4)/kath. – **Večerní Praha**/gewerksch. – **Pravda** (6)/Org. d. slow. KP – **Práca** (5)/gewerksch. – **Prager Volkszeitung**/Org. d. dt. Minderheit – *Nachrichtenagentur:* **Československá tísková kancelář/ČTK,** Prag

TUNESIEN

Al Amal (7)/Organ d. »Parti Soc. Destourien« – *Nachrichtenagentur:* **Tunis Afrique Presse/TAP**

TÜRKEI

Hürriyet (3)/lib. – **Tercüman** (3)/kons. – **Milliyet** (4)/soz. – **Ulus**/AP – **Cumhuriyet** (4)/soz. – **Günaydin** (4)/überpart. – *Nachrichtenagenturen:* **Haber Ajansi/HA,** Istanbul – **Türk Haberler Ajansi/THA,** Istanbul – **Anka Ajansi/ANKA – Anadolu Haber Ajansi**

VEREINIGTE STAATEN VON AMERIKA

Tageszeitungen: BOSTON, Mass.: **Christian Science Monitor** (5)/unabh. im politischen Teil – CHICAGO, Ill.: **Chicago Tribune** (3)/unabh., republ. – **Chicagoer Abendpost/Sonntagspost** (einzige deutschspr. Tageszeitg. i. d. USA) – CLEVELAND, Ohio: **Plain Dealer** (4)/unabh., dem. – LOS ANGELES, Cal.: **Los Angeles Times** (2)/republ. – NEW ORLEANS, La.: **Times Picayune** (4)/unabh., dem. – NEW YORK, N.Y.: **Daily News** (2)/unabh. – **Daily Sun – New York Post** (3)/lib. – **The New York Times**

(3)/unabh., dem. – **Wall Street Journal** (2)/finanzwirtschaftlich u. allgemein – PHILADELPHIA, Pa.: **Bulletin** (3)/unabh. – **Inquirer** (4)/unabh., republ. – SAN FRANCISCO, Cal.: **Chronicle** (4)/unabh., republ. – **Examiner** (5)/unabh. – ST. LOUIS, Mo.: **St. Louis Post Dispatch** (4)/unabh. – WASHINGTON, D.C.: **Washington Post** (3)/unabh. – **Star** (4)/unabh. – **International Herald Tribune** (5)/Paris – *Wochenschriften:* NEW YORK: **Commonweal** (7)/kath. – **Life** (3) Monatsmagazin – **Look** (2) Photomagazin – **Nation** (7)/Linkstendenz – **Newsweek** (2)/Nachrichtenorgan – **Time** (2)/Nachrichtenorgan – **New York Magazine** (4)/unabh. – **The New Yorker** (4)/unabh. – WASHINGTON: **U.S. News & World Report** (2)/Nachrichtenorgan – **TV Guide,** alle Ausgaben, Aufl. über 19 Mill. Exemplare – **Staats-Zeitung und Herold** (New York, 2 × wöchentl., 7) – **Der Aufbau** (New York, 1 × wöchentl., 7)/unabh. – *Nachrichtenagenturen:* (Auswahl) **Associated Press/AP,** New York/unabh. – **United Press International/UPI,** New York/polit. unabh. – *Quellen:* Amerika Haus München, Frankfurt – »Political Handbook of the World«, New York – 1977 hatten die 1 764 englischsprachigen Morgen- und Abendzeitungen der USA eine Gesamtauflage v. 61,1 Mill. Expl., die 647 Sonntagszeitungen eine Auflage v. 51,1 Mill. Expl.

VIETNAM
HANOI u. SAIGON: **Nhan Dan** (5)/Organ d. kommun. »Dang Cong San« – *Nachrichtenagentur:* **Vietnam News Agency/VNA**

DRITTE WELT: *Nachrichtenagentur* **International News Exchange/INEX** seit 1977 in Manila (Philippinen) im Aufbau, als Umschlagplatz von Nachrichten im Interesse der »Dritten Welt«, unabhängig von West und Ost und auf die Bedürfnisse der »Bündnisfreien Länder« ausgerichtet.

Bibl. Hinweis: *Böddeker, G.:* 20 Millionen täglich. Wer oder was beherrscht die deutsche Presse?, Oldenburg 1967. – *A. Buzec:* Die kommunistische Presse, Frauenfeld-Stuttgart 1965. – *Höhne, H. J.:* Report über Nachrichtenagenturen, 2 Bde., Baden-Baden 1977. – *Koschwitz, H.:* Politische Kommunikation unter den Bedingungen autoritärer Herrschaft, in» Aus Politik und Zeitgeschichte«, 1974, Beil. 10 zu »Das Parlament« – *Koschwitz, H.:* »Freiheit der Information« oder »Kommunikationsimperialismus«?, ebenda 1977, Beil. 15. – *P. Menke-Glückert:* Der Medienmarkt im Umbruch, Frankfurt am Main 1978. – *Pross, H.:* Deutsche Presse seit 1945, 1965 – *Sandford, J.:* The Mass Media of the German-Speaking Countries, London 1976 – *Stamm, W.:* Leitfaden für Presse und Werbung, Essen, n. A. – »The Europe Year Book 1980«, Europa Publ., London – *Wegner, W.:* Konzentration im Pressewesen, Beilage zu »Der Journalist«, 1966, Nr. 4. – »World Press/Newspaper and news agencies«, UNESCO-Publ. – *Wettig, G.:* Der Kampf um die freie Nachricht, Zürich 1977 – Nach UNESCO-Angaben kommen in der **Mehrzahl der afrikanischen und asiatischen Länder nur bis zu 20** (in europäischen Ländern, von Ausnahmen abgesehen, 200–400) **Zeitungen** auf je **1000 Einwohner.** – Nach Ansicht des **»Internat. Presseinstituts«/IPI** kann das Jahr 1979 nicht als ein Jahr angesehen werden, in dem die Pressefreiheit »im Geiste der UNESCO-Deklaration über Massenmedien« Fortschritte gemacht hat. Die Pressefreiheit werde vor allem in Südafrika, der DDR, der Sowjetunion, Spanien und Italien gefährdet. Im Mittelpunkt der **IPI-Jahresversammlung** 1980 in Florenz stand der sog. »MacBride-Bericht«, der der UNESCO Vorschläge für eine Weltordnung des Informationswesens unterbreitet. Der Inder *Cushrow Irani* wurde zum neuen Vorsitzenden des IPI gewählt. – Schritte zur Stärkung der Nachrichten- und Kommunikationsmöglichkeiten in den Ländern der Dritten Welt werden von der **UNESCO-Generalversammlung** 1980 in Belgrad beraten.

NEUES SCHRIFTTUM ZUR MEDIENFORSCHUNG UND ÜBER KULTURPREISE

Der vom Verleger *Hubert Burda* in Höhe von 25 000 DM gestiftete **Preis für Kommunikationsforschung** »in MEDIAS res« wurde 1979 an *Karl Wolfgang Deutsch* verliehen. – **»Media Perspektiven«,** hg. im Auftrag der »Arbeitsgemeinschaft Rundfunkwerbung«; Redaktion: *Marie-Luise Kiefer, Elisabeth Berg, Gerhard Gericke,* Frankfurt am Main (monatl.) – Zeitschrift **»Medien«,** Verlag Volker Spieß, Berlin (vierteljährl.) – »Internat. Jahrbuch f. Rundfunk und Fernsehen 1980/81«, hg. v. »Hans-Bredow-Institut«, Hamburg 1980 (Red. *D. Zeipel*) – **»Kürschners Deutscher Literatur-Kalender«** (de Gruyter, Berlin) bringt nicht nur eine umfassende **Aufstellung der deutschsprachigen Schriftsteller,** sondern auch ein Verzeichnis der **Literarischen Gesellschaften, Akademien und Stiftungen sowie der Literaturpreise** – **»Handbuch der Kulturpreise und der individuellen Künstlerförderung in der Bundesrepublik Deutschland 1978«,** im Auftrag des Bundesministeriums des Innern erstellt von *Karla Fohrbeck* und *Andreas J. Wiesand* (DuMont Buchverlag, Köln). – **»Kulturpolitisches Wörterbuch«** (Dietz Verlag, Berlin [Ost] 1978) – **»Zeitungsatlas der Bundesrepublik Deutschland«** von *Walter J. Schütz,* hg. v. »Bundesverband Deutscher Zeitungsverleger«, Bonn 1979.

RUNDFUNK UND FERNSEHEN

Rundfunk- und Fernsehsender

BUNDESREPUBLIK DEUTSCHLAND

Bayerischer Rundfunk (BR), München
Rundfunkplatz 1, Postfach 200508,
8000 München 2, F 59001/Fernsehstudio Freimann F 38061, Unterföhring 92251; FS 05-29831

Hessischer Rundfunk (HR), Frankfurt am Main
Bertramstraße 8, Postf. 3111,
6000 Frankfurt 1,
F 1551, FS 04-11127, 04-11583

Norddeutscher Rundfunk (NDR), Hamburg
Rothenbaumchaussee 132–134, 2000 Hamburg 13, F 4131, FS 02-19891

Radio Bremen (RB)
Hörfunk u. Verw.: Heinrich-Hertz-Straße 13,
2800 Bremen 33, F 2384-1;
Fernsehen: Hans-Bredow-Straße 10, 2800 Bremen 44, F 4271, Telex 02-451811/2 (Hörfunk), 02-46131 (Ferns.)

RIAS Berlin
Kufsteiner Straße 69, 1000 Berlin 62, F 85031, FS 01-83790

Saarländischer Rundfunk (SR), Saarbrücken
Funkhaus Halberg, Postfach 1050, 6600 Saarbrükken, F 6021, FS 04-428977

Sender Freies Berlin (SFB)
Masurenallee 8–14, 1000 Berlin 19, F 3081, FS 01-82813

Süddeutscher Rundfunk (SDR), Stuttgart
Postfach 837, Neckarstraße 230, 7000 Stuttgart 1, F 2881, FS 07-23456

Südwestfunk (SWF), Baden-Baden
Postfach 820, Hans-Bredow-Straße, 7570 Baden-Baden, F 2761, FS 07-5210

Westdeutscher Rundfunk (WDR), Köln
Postfach 101950, Appellhofplatz 1, 5000 Köln 1, F 2201, FS 08-882575

Deutsche Welle (DW), Anstalt des öffentlichen Rechts – Kurzwellendienst der Bundesrepublik für das Ausland, Postfach 100444, Bonner Straße 211, 5000 Köln 51, F 20301, FS 08-88485

Deutschlandfunk (DLF), Köln
Raderberggürtel 40, 5000 Köln 51, F 37071, FS 08-881262

Zweites Deutsches Fernsehen (ZDF), Mainz
Postfach 4040, 6500 Mainz 1, F 701, FS 04-187661

Deutsches Rundfunkarchiv (DRA)
Bertramstraße 8, 6000 Frankfurt am Main 1, F 590895/96, FS 04-11155; dazu gehört das Historische Archiv der ARD

Vorsitzender der ARD: Reinhold Vöth (BR)
Programmdirektion Deutsches Fernsehen/ARD, München
Postfach 200622, Arnulfstraße 42–44, 8000 München 2, F 59001, FS 05-22480; Programmdirektor: Dietrich Schwarzkopf

Weitere Sender: **»Radio Free Europe«** und **»Radio Liberty«** in München, von den USA finanziert – Sender der alliierten Streitkräfte: **AFN, BFBS, FFB, CFN – »Europa Nr. 1«,** Europäische Rundfunk & Fernseh AG, Telesaar, 6600 Saarbrücken, Postfach 111, Dudweilerstraße 57, F 31301; ein kommerz. Sender, der nicht deutsch senden darf.

DEUTSCHE DEMOKRATISCHE REPUBLIK

Deutscher Demokratischer Rundfunk u. a.
Stimme der DDR – Radio DDR 1 – Radio DDR 2 – Berliner Rundfunk
DDR Fernsehen (2 Programme)
Radio Berlin International (RBI)
(Außerdem **»Radio Wolga«,** Sender der sowjetischen Streitkräfte)

LUXEMBURG

Radio Luxembourg
(»Compagnie Luxembourgeoise de Télédiffusion«/ CLT, privat.)
Ausgedehntes Hörfunk-, In- u. Auslandsprogramm in fünf Sprachen; als »Télé Luxembourg« Inlandsfernsehprogramm

ÖSTERREICH

Österreichischer Rundfunk (ORF)
Generalintendanz, Fernsehintendanz 1, Fernsehintendanz 2, Technische Direktion, Kaufmännische Direktion, Auslandsdienst auf Kurzwelle

ORF-Zentrum Wien
Würzburggasse 30, A 1136 Wien
Hörfunkintendanz
Funkhaus Wien
Argentinierstraße 30a, A 1040 Wien

Lizenzen für Fernseh- und Rundfunkgeräte in ausgewählten Ländern der Europäischen Rundfunkunion/EBU

Stand 31.12.1979 *Land*	*Separate Lizenzen für Rundfunkgeräte I*	*Separate Lizenzen für Fernsehgeräte II*	*Kombinierte Lizenzen für Rundfunk- u. Fernsehgeräte III*	*Lizenzen je 100 Einwohner Rundf. (I u. III)*	*Ferns. (II u. III)*
Belgien (31.12.78, amtl. Schätz.)	3999374	2885407	—	40,66	29,34
BR Deutschland	2420684	432547	20329600	37,51	33,52
Dänemark	99566	—	1829820	37,66	35,72
Finnland	2200000*	1507668	—	46,08	31,58
Frankreich	18000000*	15609028	—	33,60	29,13
Griechenland (31.12.78 amtl. Schätz.)	2900000	1385000	—	33,07	15,79
Großbritannien	40000000*	18267318	—	71,00	32,45
Irland	950000*	556026	—	29,50	17,27
Island (1.9.79)	70479	61560	—	31,14	27,20
Israel	200000**	—	480000	18,61	13,14
Italien	464000	—	13170000	24,34	23,51
Jugoslawien	3892933	4142769	—	17,49	18,61
Luxemburg*	186000	89000	—	52,00	24,90
Niederlande	204109	—	4110581	30,62	29,17
Norwegen	1332000*	1173060	—	32,65	28,75
Österreich	525187	—	2114379	35,19	28,19
Portugal	1575000*	1203261	—	16,00	12,25
Schweden	3100000*	3103203	—	37,33	37,37
Schweiz	2249993	1972584	—	35,50	31,13
Spanien*	9600000	9423703	—	25,90	25,40
Türkei	4279944	3098938	—	9,51	6,89

* = Geräte (Schätzung) ** = Autoradio-Lizenzen

Quelle: EBU-Review 1980/Bayerischer Rundfunk, Arthur Bader/ORF und SRG

Nicht EBU-Mitglieder u.a.:

DDR (Lizenzen 1978)	6288500	5539900	—	37,52	33,05
USA (Geräte 1976)	413000000	125300000	—	189,00	58,50
UdSSR (Geräte 1975)	122477000	50000000	—	20,00	45,00

VR China (nach XINHUA v. 13.2.1980): jeder 11. Einwohner besitzt ein Rundfunkgerät, auf 280 Einwohner kommt ein Fernsehgerät.

Studios:

Studio Wien, Studio Niederösterreich, Funkhaus Wien
Argentinierstraße 30a, A 1040 Wien

Studio Burgenland, Argentinierstraße 29, A 1040 Wien

Studio Oberösterreich, Franckstraße 2a, A 4010 Linz

Studio Salzburg, Nonntaler Hauptstraße 49d, A 5010 Salzburg

Studio Steiermark, Zusertalgasse 14a, A 8010 Graz

Studio Kärnten, Sponheimerstraße 13, A 9010 Klagenfurt

Studio Tirol, Rennweg 14, A 6010 Innsbruck

Studio Vorarlberg, Höchster Straße 38, A 6850 Dornbirn

SCHWEIZ

Schweizerische Radio- und Fernsehgesellschaft/ SRG (Gesellschaft privaten Rechts)
Konzessionsbehörde: Der Schweizerische Bundesrat (Regierung)
Aufsichtsbehörde: Eidg. Verkehrs- und Energiewirtschaftsdepartement
Sitz der Gesellschaft und der Generaldirektion: Giacomettistraße 3, CH 3000 Bern 15

Die Regionalgesellschaften der SRG

a) Radio- und Fernsehgesellschaft der deutschen u. d. rätoromanischen Schweiz/RDRS, die sich aus den nachstehenden Mitgliedsgesellschaften zusammensetzt:
Radio- und Fernsehgenossenschaft Zürich/RFZ
Radio- und Fernsehgenossenschaft Bern/RGB
Radio- und Fernsehgenossenschaft Basel/RFGB

Ostschweizerische Radio- u. Fernsehgesellschaft, St. Gallen/ORG
Innerschweizerische Radio- und Fernsehgesellschaft, Luzern/IRG
Cumünanza Rumantscha Radio e Televisiun/CRR, Chur (für die rätoromanischen Sprachgebiete Graubündens)
Radiostudios in Zürich, Bern und Basel. Programmstellen für Radio u. Fernsehen in St. Gallen, Luzern und Chur, Fernsehstudio in Zürich

b) Société de radiodiffusion et de télévision de la Suisse romande/SRTR, gebildet aus folgenden kantonalen Sektionen: Société de radiodiffusion et de télévision du Canton de Berne (SRT-BE), Fribourg (SRT-FR), Genève (SRT-GE), Jura (SRT-JU), Neuchâtel (SRT-NE), Valais (SRT-VS), Vaud (SRT-VD)
Radiostudios in Lausanne und Genf, Fernsehstudio in Genf

c) Società cooperativa per la radiotelevisione nella Svizzera italiana/CORSI Radio- und Fernsehstudio Lugano
Auslandsprogramme der SRG auf Kurzwelle: Schweizer Radio International/Radio Suisse Internationale/Radio Svizzera Internazionale/Radio Svizzer Internaziunal/Swiss Radio International

(Außerdem: Red Cross Broadcasting Service, 7 Avenue de la Paix, CH 1211 Genf – United Nations Radio, Rue de Nations, CH 1211 Genf)

Nach Angaben des »Amtes für Internat. Rundfunk«/BIB werden die Sendungen von »Radio Freies Europa«/RFE in Rumänien von 53%, in Ungarn von 49%, in Polen von 50%, in Bulgarien von 32% und in der Tschechoslowakei von 35% der Bevölkerung regelmäßig gehört; gemeinsam mit **»Radio Liberty«,** das in 15 Sprachen der UdSSR sendet, strahlt der ebenfalls in München stationierte Sender **RFE je Woche 816 Stunden** in 21 Sprachen aus. – Am 12.5.1978 wurde auf Cape Canaveral (USA) der von der ESA entwickelte **erste europäische Nachrichten-Satellit »OTS II«** gestartet (»OTS I« wurde 1977 durch die Explosion der Trägerrakete zerstört).
Am 23.11.1978 trat der **»Genfer Wellenplan für Mittel- u. Langwelle 1975«** in Kraft, der den seit 1950 bestehenden »Kopenhagener Wellenplan« abgelöst hat.

Bibl. Hinweis: *C. J. Both,* »Große Sendertabelle«, Franzis-Verlag, München 1979. – World Radio TV Handbook, Billboard AG, Kopenhagen 1980

Höchste Fernmeldebauten Sendemast (Stahlmast) von Konstantynów bei Płock (Polen) **646 m,** Fernsehmast in Fargo (Nord-Dakota) **629 m,** Fernsehturm in Toronto **553 m** (nach anderen Angaben 550 m), in Moskau **537 m,** in Ost-Berlin **362 m,** im Kreis Lüchow-Dannenberg **344 m** (Richtfunkmast) und in Frankfurt/M. **331,4 m.** (*Höchste Gebäude:* Sears Tower in Chicago **485 m,** World Trade Center **411 m** [m. Antennen 450 m] und Empire State Building **381 m** [beide in New York; z.T. etwas voneinander abweichende Angaben].)
Die Deutsche Bundespost erhält 1981 in Raisting (Oberbayern), nach Inbetriebnahme von zwei weiteren Antennenanlagen, die **größte Satelliten-Erdfunkstelle** der Welt.

FERNSEH- UND RUNDFUNKAUSZEICHNUNGEN

Bester Fernsehschauspieler des Jahres 1979 Auszeichnung der Brit. Akademie für Film- und Fernsehkunst an *Alec Guinness* in »Tinker, Tailor, Soldier, Spy« (BBC-Produktion).
Böttcher (Hans-B.)-Preis der »Stiftung F.V.S.« zu Hamburg, zur Förderung niederdeutscher Hörspieldichter; 1979 (5000 DM) an *Heinz von der Wall.*
DAG-Fernsehpreis 1980 (10000 DM) an *Gerd Weiß* und *Adolf Winkelmann* für »Die Abfahrer« (WRD).
Deutscher Darstellerpreis des »Bundesverbandes der Fernseh- und Filmregisseure in Deutschland e.V.«, München, 1980 (je 5000 DM) an *Katharina Thalbach* und *Otto Sander.*
Emmy Award der amerik. »National Television Academy«, 1980 für den WRD-Fernsehfilm »Erinnerungen eines großen Kinos«. Als Serien wurden »Lou Grant«, »Taxi«, »Friendly Fire« und »Roots II« ausgezeichnet.
Fernseh-Bambi der im Burda-Verlag erscheinenden Fernsehzeitschrift »Bild + Funk«, 1980 verliehen a) durch die Redaktion an *Julia Migenes, Peter Scholl-Latour, Walter Kempowski, Thomas Ohrner, Teddy Podgorski* und *Bruno Moravetz;* b) durch die Leser an *Dagmar Berghoff, Rudi Carrell, Gustav Knuth* und *Michael Schanze;* c) durch die Redaktion von »Rocky – Das Freizeitmagazin« an *Amii Stewart, Peter Maffay* und an die Popgruppe *Dschingis Khan.*
Fernsehpreis der »Bundesarbeitsgemeinschaft der Freien Wohlfahrtspflege« (BAG) für die beste soziale Sendung, 1980 (5000 DM) an *Michael Stefanowski* für »Kindesmißhandlung« (ZDF).
Fernsehpreis der Deutschen Akademie der Darstel-

lenden Künste e.V., Frankfurt am Main, 1979 Regiepreis an *Hellmuth Costard* für »Der kleine Godard« (ZDF); Preis f. bes. schauspiel. Leistungen in einem Fernsehspiel an *Christina Scholz.*

Fernsehpreis der österreichischen Volksbildung 1979 1. Pr. an das Team *Dieter Berner, Wilhelm Pevny* u. *Peter Turrini* für die »Alpensaga« (5. Teil: »Deutscher Frühling«). Weitere Preise an *Thomas Pluch* u. *Fritz Lehner* für »Das Dorf an der Grenze« und an *Marcel Prawy* für das Feuilleton »Auf den Spuren des Rosenkavaliers«.

7. Fernsehwettbewerb der ARD-Regionalprogramme veranstaltet von Radio Bremen, 1980 für Kurzbeiträge: 1. Pr. (3500 DM) an *Dietmar Ossenberg* (HR), 2. Pr. (2000 DM) an *Manfred Nägele* (SDR), 3. Pr. (1000 DM) an *Anka Kirchner* (BR), lobende Anerkennung an *Wieland Backes* u. *Rolf Kutschera* (SDR); für Langbeiträge: 2. Pr. (2000 DM) an *Anna Dünnebier* (RB), 3. Pr. (je 1000 DM) an *Charlotte Richters* (RB) und *Birgit Kienzle* (SWF), lobende Anerkennung an *Anka Kirchner* (BR), *Joh. Volker Wagner* u. *Lambert Dalbert* (WDR). Sonderpreis (1000 DM) für Elektronische Berichterstattung an *Majo Zimmermann* (WDR).

Film- und Fernsehpreis des Hartmannbundes (»Verband der Ärzte Deutschlands e. V.«, Bonn-Bad Godesberg) 1979 an *Thomas Schamoni* für »Platzangst«.

»Goldene Europa 80« von »SR 1 Europawelle Saar« an *Dschingis Khan, Peter Alexander, The Buggles, Thom Pace, Sally Oldfield, Peter Maffay* u. *Angelo Branduardi.*

Goldene Kamera der Zeitschrift »HÖRZU«, Hamburg, verliehen von der Kritiker-Jury, 1979 an *Franz Alt, Suzanne von Borsody, Eberhard Fechner, Peter Gerlach, Boy Gobert, Günter Mack, Antje Schaeffer-Kühnemann, Uschi Schmitz* und *Edda Seippel.* Goldene Kamera der Leser von »HÖRZU« an *Peter Alexander,* Silberne Kamera an *Hans Rosenthal,* Bronzene Kamera postum an *Peter Frankenfeld.*

Goldener Löwe von Radio Luxemburg, 1979 für »Dschingis Khan« der gleichnamigen Popgruppe aus München; Silberne Löwen an *Andrea Jürgens* (»Tina ist weg«) u. *Karel Gott* (»Babitschka«); Bronzener Löwe an *Patrick Hernandez;* Ehrenlöwen an *Harry Belafonte* und *Peter Maffay.*

Goldene Rose von Montreux 20. Internat. Fernsehwettbewerb für Unterhaltungssendungen; 1980 (10000 sfr) für »Dream Weaver«, eine Sendung der CBC Canadian Broadcasting Corporation, Toronto (gleichzeitig beste musikalische Sendung). **Silberne Rose** für »It'll Be Allright on The Night – 2« der ITCA Independent Television Companies Association Ltd., London Weekend Television Ltd., London (beste humoristische Sendung). **Silberne Rose** für »Not the Nine O'Clock News« der BBC British Broadcasting Corporation, London (beste neuartige Sendung). **Pressepreis** für »The Plank« der ITV Thames Television Ltd., London. Besondere Anerkennung für »Julias Opernführer« (Show mit Julia Migenes) der ARD Arbeitsgem. der öffentl.-rechtl. Rundfunkanstalten der BR Deutschland, Westdeutscher Rundfunk, Köln.

Grand Prix Eurovision de la Chanson im Schlagerwettbewerb, 1980 in Den Haag an Irland für »What's Another Year«, gesungen von *Johnny Logan;* weitere Reihenfolge: BR Deutschland (*Katja Ebstein* mit »Theater«), Großbritannien, Schweiz, Niederlande.

16. Grimme (Adolf-G.)-Preis Fernsehpreis des »Deutschen Volkshochschul-Verbandes e. V.« in Marl, für Produktionen des Jahres 1979. I. Allgemeine Programme: Gold an *Thomas Draeger* (Buch u. Regie), *Bärbel Lutz-Saal* u. *Susanne van Lessen* (Redaktion) für »Metin« (ZDF); Silber an *Leonie Ossowski* (Buch) und *Marianne Lüdcke* (Regie) für »Die große Flatter« (WDR); Silber an *Paul Karalus* (Buch u. Regie), *Jürgen Rühle* (Redaktion) und *Heidi Baege* (Schnitt) für »Endlösung« (WDR); Bronze an *Joachim Roering* (Buch u. Regie) für »Drei Bürger zum Geburtstag« (ZDF); Ehrende Anerkennung an *Michael Braun, Hans-Jürgen Usko* und *Helga Reidemeister.* II. Serien – Dokumentation u. Bildung: Silber an *Peter Lustig* u. *Anne Voss* (Buch) für »Pusteblume« (ZDF); Silber an *Christoph Hübner* u. *Gabriele Voss* (Buch u. Regie), *Alphons Stiller* (Buch) u. *Ludwig Metzger* (Redaktion) für »Lebensgeschichte des Bergarbeiters Alphons S.« (WDR); Ehrende Anerkennung an *Rainer Nohn.* Sonderpreis des Kultusministeriums des Landes Nordrhein-Westfalen an *Adrian Maben* (Regie) für »Monsieur René Magritte« (WDR). Besondere Ehrung für »hervorragende Verdienste um die Entwicklung des Fernsehens in der BR Deutschland« an *Karl Holzamer, Horst Hano* und *Ingo Hermann.*

Hörfunkpreis der Bundesarbeitsgemeinschaft der Freien Wohlfahrtspflege (BAG) für die beste soziale Sendung, 1980 (5000 DM) an *Gretel Rieber-Thiesen* für »Die Frau des Zigeuners« (WDR).

Hörspielpreis der European Broadcasting Union (EBU) 1979 an *Hans Magnus Enzensberger* für »Der tote Mann und der Philosoph« (WDR).

Hörspielpreis der Kriegsblinden des »Bundes der Kriegsblinden Deutschlands e. V.«, Bonn; 1979 an den Komponisten und Schriftsteller *Mauricio Kagel* für »Der Tribun« (WDR).

11. Hörspiel- und Erzählerwettbewerb der »Stiftung Ostdeutscher Kulturrat«, 1979 Preise (je 3000 DM) an *Margot Litten, Robert F. Hammerstiel* (Österr.), (je 1000 DM) an *Gabriele Grützbach-Hornig, Hanni W. Huet* (Brasilien) und *Margarete Kubelka.*

20. Internat. Fernseh-Festival in Monte Carlo, 1980 »Silberne Nymphe« an *Rainer Erler* (BR Deutschld.).

Journalistenpreis Entwicklungspolitik 1979 für Hörfunkbeiträge, verliehen v. Bundesministerium f. wirtsch. Zusammenarbeit; 1. Pr. nicht vergeben, 2. Pr. (je 4000 DM) an *Karla Krause-von Fumetti* und *Nikolai von Michalewsky,* 3. Pr. (je 3000 DM) an *Gertraud Heise* und *Gerd Meuer.*
Kunstpreis Berlin der »Akademie der Künste« in Berlin (West), Förderungspreis (10000 DM) für Film, Hörfunk und Fernsehen, 1980 an *Katharina Thalbach;* s. a. Preise für Musik, Literatur und Kunst.
Lübke (Wilhelmine-L.)-Preis des »Kuratoriums Deutsche Altershilfe«, 1979 für den Bereich Hörfunk (je 6000 DM) an *Charlotte Drews-Bernstein* und *Helmut Seitz* (4000 DM) an *Robert Naegele,* (je 2000 DM) an *Petra Michaely* und *Gero von Boehm.* 1980 Ausschreibung für den Bereich Bücher u. Schriften.
Magnus (Dr.-Kurt-M.)-Stiftung der ARD, zur Förderung von Nachwuchskräften des deutschen Hörfunks; 1980 (insges. 50000 DM) an *Klaus Kastan* (BR), *Klaus Krimmel* (HR), *Henry Prätsch* (NDR), *Wolfgang Lintl* (RB), *Norbert Klein* (SR), *Rainer Milzkott* (SFB), *Detlef Clas* (SDR), *Klaus Amann* (SWF), *Christiane Ebermaier* (WDR), *Angelika Schmidt-Biesalski* (DLF) und *Jürgen Liebing* (RIAS Berlin).
Medienpreise 1979 der Heimatvertriebenen 1. Pr. (1500 DM) des »Bundes der Vertriebenen«, Landesverband Bayern e. V., an *Max Gleißl* für seinen Film »Die Deutschen in Rumänien«. Preis der »Ost- und Westpreußenstiftung« in Bayern (je 1000 DM und die Porzellanfigur »Worpel«) an *Rudolf Mühlfenzl, Hans-Ulrich Engel* und *Franz Schönhuber.*
17. Prager Fernseh-Festival 1980, Fernsehpreis »Das Goldene Prag« an den kanadischen Film »Der Feuervogel«.
Prix Italia '79 Internat. Rundfunk- u. Fernsehwettbewerb in Lecce (Apulien); Preise (18000 sfr) in der Sparte »Musik« für »Pianokonzert, elektronische Tontransformation« (WDR) u. für »Christine–Musik für eine nordische Königin« (Schwed. Ferns.), in der Sparte »Drama« für »Flügel« (US-Rundf.) u. für »Die goldenen Aale« (Tschechoslow. Ferns.), in der Sparte »Dokumentation« für »Es schien, als ob der Berg zusammenstürzte« (Jugosl. Rundf.) u. für »Prozeß wegen Vergewaltigung« (Ital. Ferns.).
9. Prix Jeunesse International der »Stiftung Prix Jeunesse« im Bayerischen Rundfunk für Kinder- u. Jugendfernsehsendungen; 1980 je 2 Preise in den Kategorien »Geschichten erzählen«, »Information« und »Musik/Unterhaltung« für »Oh, wie schön ist Panamá« (WDR), »Als die Igel größer wurden« (WDR), »The Book Tower« (Großbrit., ITV), »Reise in die Unendlichkeit« (Schweden), »Ein kleiner Vogel wird groß« (Jugoslawien), »Zum Klingen bringen« (Schweiz). Sonderpreis der Stiftung für »Who is to blame?« (Ghana). UNICEF-Sonderpreis für »The tender ones« (Kenia). UNESCO-Sonderpreis für »Pillars of salt« (Israel).
Schneider (Ernst-Sch.)-Preis der Deutschen Industrie- und Handelskammern für Wirtschaftssendungen in Hörfunk und Fernsehen; 1979 (10000 DM) an *Horst Cierpka* für »Die Deutschen und das Eigentum« (SFB). Schulfernsehpreis (5000 DM) zu gleichen Teilen an *Günter Schönrock* (WDR), *Manfred Butzer* u. *Ferdinand Seitz* (BR). Sonderpreis (5000 DM) an *Wolfgang Menge* für »Grüß Gott, ich komm' von drüben« (WDR).
Sczuka (Karl-S.)-Preis des Südwestfunks Baden-Baden, 1979 (15000 DM) an den Komponisten *John Cage* (USA) für sein beim WDR produziertes Hörwerk »roaratorio – ein irischer Zirkus über finnegans wake«. Nächste Verleihung 1981.

FILMPREISE

DEUTSCHLAND

Bayerischer Filmpreis erstmals 1979 (je 50000 DM) verliehen durch den Freistaat Bayern. Drehbuchpreis an *Reiner Kunze* für »Die wunderbaren Jahre«; Regiepreis (Nachwuchs) an *Dominik Graf* für »Der kostbare Gast«; Darstellerpreis an *Birgit Doll* in »Geschichten aus dem Wiener Wald«; Preis für Gestaltung an *Hans-Jürgen Syberberg* für »Hitler – ein Film aus Deutschland«, 3. Teil. Der Produzentenpreis (100000 DM) wurde nicht vergeben.
Deutscher Filmpreis 1980 verliehen vom Bundesminister des Innern. **1. Programmfüllende Spielfilme:** Filmband in Gold und eine Prämie von 400000 DM für »Die letzten Jahre der Kindheit« von *Norbert Kückelmann.* Filmbänder in Silber und Prämien von je 300000 DM für »Das Ende des Regenbogens« von *Uwe Frießner,* »Der Aufstand« von *Peter Lilienthal,* »Die Ortliebschen Frauen« von *Luc Bondy,* »1 + 1 = 3« v. *Heidi Genée,* »Geschichten aus dem Wienerwald« von *Maximilian Schell,* »Lena Rais« von *Christian Rischert.* **2. Programmfüllende Filme ohne Spielhandlung:** Filmband in Silber und eine Prämie von 100000 DM für »Monarch« von *Johannes M. Flütsch* u. *Manfred Stelzer.* **3. Kurzfilme:** Filmbänder in Silber u. Prämien von je 30000 DM für »Als die Igel größer wurden« von *Ursula* u. *Franz Winzentsen,* »Execution – a study

of Mary« von *Oh Muvie* u. *Elfi Mikesch,* »Le Manège de Petit Pierre« von *Marie-Louise Plessen* u. *Daniel Spoerri,* »Quai de Valmy« von *Renate* u. *Adolf Härtl,* »Valse Triste« von *Lukschy, Rateuke, Schmige.* **4. Einzelleistungen:** Filmbänder in Gold an *Heidi Genée, Usch Barthelmeß-Weller* u. *Werner Meyer, Thomas Kufahl, Jutta Lampe, Adelheid Arndt, Krista Stadler, Nikolaus Paryla, Jürgen Jürges, Peer Raben, Siegrun Jäger, Jan Schlubach.* **5. Für langjähriges u. hervorragendes Wirken im deutschen Film:** Filmbänder in Gold an die Schauspieler *Ivan Desny, Martin Held, Paul Hubschmid, Hilde Krahl, Liselotte Pulver* u. *Hannelore Schroth,* an den Filmkomponisten *Werner Schmidt-Boelcke* und an den Filmproduzenten *Boris Borresholm.*

Deutscher Industriefilmpreis Gestiftet durch das Bundesministerium für Wirtschaft, 1979 1. Preisträger: *Dieter Lemmel* (»Was übrig bleibt«), *Marie-Elisabeth Simmat* (»Wer ist schon sein eigener Herr«), *Eckehard Munck* (»Alles zu seiner Zeit«, »Immer wenn es dunkel wird«), *Harald Schott* (»Der Stoff, aus dem die Autos sind«), *Gondrand de Bruycker* (»HAUKE HAIEN HEUTE – Moderner Küstenschutz«); 2. Preise an *B. Zöckler, H. Stelter/ H.-J. Hermel, U. Krauss, H.-J. Rieck, E. Wernikke, E. Fingado, Bodo Menck, Karl Wiehn* u. *J. G. Hagemeyer.*

Friedberger Filmtage 1979 »Tage des internat. relig. Films«. Preise f. profess. Filme: 1. »Viele Grüße aus Volmarstein« v. *A. Jungraithmayr,* 2. »Friedhöfe des Himmels« v. *M. Peitz,* 3. »Jenipapo«, Havel Film AG, Zürich, 4. »Unser Nächster?« v. *P. Weiß,* 5. »Martin der Schuster«, Matthias-Film Gem. GmbH, Stuttgart – Preise f. Amateurfilme: 1. »Spuren des Infernos« v. *E. Tschokl,* 2. »Die letzte Blume« v. *F. Leising,* 3. »König der Philippinen« v. *K. Keil,* 4. »Michaels Gewissensqual« v. *G. Jursa,* 5. »Einfach abschalten??« v. *U. Lantow.*

Gilde-Filmpreis der »Gilde deutscher Filmkunsttheater«, 1980 für den künstlerisch erfolgreichsten Film: »1 + 1 = 3« von *Heidi Genée,* »Woyzeck« von *Werner Herzog,* »Die Schweizermacher« von *Rolf Lyssy,* »Manhattan« von *Woody Allen.*

Goldene Leinwand des »Hauptverbandes Deutscher Filmtheater e. V.« und der Fachzeitschrift »film-echo/ Filmwoche« vereinigt mit Filmblätter; 1980 für die Filme »Die Blechtrommel« (United Artists) und »Moonraker – streng geheim«. **Goldene Leinwand mit Stern** für den Walt-Disney-Film »Das Dschungelbuch«.

Goldener Jupiter der Kinoprogramm-Zeitschrift »cinema«, 1979 an *Bud Spencer, Nastassja Kinski* und *Volker Schlöndorff.*

30. Internationale Filmfestspiele Berlin 1980 1. Spielfilme: »Goldener Berliner Bär« (Gr. Preis) für »Heartland« (USA) von *Richard Pearce* und für »Palermo oder Wolfsburg« (BR Deutschld.) von *Werner Schroeter.* **»Silberner Berliner Bär«** als Spezialpreis der Jury für »Chiedo Asilo« (»Mein Asyl«, Italien/Frankreich) von *Marco Ferreri;* für die beste Regie an *István Szabó* für »Bizalom« (»Vertrauen«, Ungarn); für die beste Darstellerin an *Renate Krössner* in »Solo Sunny« (DDR) von *Konrad Wolf;* für den besten Darsteller an *Andrzej Seweryn* in »Dyrygent« (»Der Dirigent«, Polen) von *Andrzej Wajda.* **»Berliner Bär«** (Jubiläumspreis) an *Athol Fugard* für »Marigolds in August« (»Ringelblumen im August«, Südafrika/Großbrit./BR Deutschld.) von *Ross Devenish.* **2. Lobende Erwähnung** für das Drehbuch des Films »Düsman« (»Der Feind«, Türkei) von *Yilmaz Güney,* für »Korpinpolska« (»Rabentanz«, Finnland) von *Markku Lehmuskallio* und für »Rude Boy« (Großbrit.) von *David Mingay* u. *Jack Hazan.* **3. Kurzfilme: »Goldener Berliner Bär«** für »Hlavy« (»Die Köpfe«, ČSSR) von *Petr Sis.* **»Silberner Berliner Bär«** für die beste Regie an *Jörg Moser-Metius* (BR Deutschld.) für »Rod Gröth«.

Preis der Fédération Internationale de la Presse Cinématographique (FIPRESCI) 1980 für Filme im Wettbewerb an »Solo Sunny« (DDR) von *Konrad Wolf* und für die Filme des Internat. Forums des Jungen Films (zu gleichen Teilen) an »Hungerjahre« (BR Deutschld.) von *Jutta Brückner* und an »On Company Business« (USA) von *Allan Francovich.*

Otto-Dibelius-Filmpreis 1980 der Internationalen Evangelischen Filmjury (Interfilm) Berlin an die Filme »Marigolds in August« (»Ringelblumen im August«, Südafr./Großbrit./BR Deutschld.) von *Ross Devenish* (1500 DM), »Heartland« (USA) von *Richard Pearce* (1500 DM) und »Amator« (Polen) von *Krysztof Kieslowski* (2000 DM). **Preis der Internationalen Katholischen Filmorganisation (OCIC) 1980** an den Film »Der Feind« (Türkei) von *Zeki Ökten.* Besondere Empfehlung für »Rabentanz« (Finnland) von *Markku Lehmuskallio.* **Preis für die Filme des Internat. Forums des Jungen Films** an »Die Kinder aus Nr. 67« (BR Deutschld.) von *Usch Barthelmeß-Weller* u. *Werner Meyer.*

XXVIII. Internationale Filmwoche Mannheim 1979 Großer Preis der Stadt Mannheim (10000 DM) zu gleichen Teilen an »Caladi Tüzeszek« (»Familiennest«, Ungarn) von *Bela Tarr* und an »El Super« (»Der Hausmeister«, USA) von *León Ichaso* und *Orlando Jimenez-Leal.* **Sonderpreis des Oberbürgermeisters der Stadt Mannheim** (6000 DM) für einen Film mit besonderem sozialpolitischem Engagement an »Song of the Canary« (»Lied des Kanarienvogels«, USA) von *Josh Hanig* und *David Davis.* **Josef-von-Sternberg-Preis** (3500 DM) zu gleichen Teilen an »Von Tag zu Tag« (BR Deutschld.) von *Ulrich Stein* und an »The Lives of Firecrackers« (USA) von *Sandy Moore.* **Filmdukaten** (je 2000 DM) an »Behinderte Liebe« (Schweiz) von *Marlies Graf* (Sonderpreis der Jury), an »Gruzinskaya Chronika« (»Georgische Chronik des 19. Jahrhunderts«, UdSSR) von *Aleksander Rechwiaschwili,* an

»L'Hiver Bleu« (»Blauer Himmel«, Kanada) von *André Blanchard*, an »Fatma 75« (Tunesien) von *Selma Baccar* und an »Peoples Firehouse« (USA) von *Paul Schneider*. **Sonderpreis für den besten Fernsehfilm an** »The Killing Ground« (»Der mörderische Boden«, USA) von *Tom Priestley*. **Preis »de la Critique Internationale« (FIPRESCI) 1979** an den Spielfilm »Gruzinskaja Chronika« (»Georgische Chronik des 19. Jahrhunderts«, UdSSR) von *A. Rechwiaschwili* und an den Dokumentarfilm »Paul Jacobs and the Nuclear Gang« (USA) von *Jack Willis* und *Saul Landau*. **Internationaler Katholischer Filmpreis 1979** an »Behinderte Liebe« (Schweiz) von *Marlies Graf*; lobende Erwähnung an »Georgische Chronik des 19. Jahrhunderts« (UdSSR) von *A. Rechwiaschwili*. **Internationale Evangelische Filmpreise 1979** an »Behinderte Liebe« (Schweiz) von *Marlies Graf* und an »Paul Jacobs and the Nuclear Gang« (USA) von *Jack Willis* und *Saul Landau*. **Preis der Confédération Internationale des Cinémas d'Art et d'Essai (CICAE) 1979** an »Gruzinskaya Chronika« (»Georgische Chronik des 19. Jahrhunderts«, UdSSR) von *A. Rechwiaschwili*. **Internationaler Mannheimer Jugendfilmtest** Anerkennungspreis (1000 DM) der Bundesarbeitsgem. f. Jugendfilmarbeit u. Medienerziehung an den Regisseur *Andrwej Zajaczkowski* von »Okruch Lustra« (»Die Spiegelscherbe«). Förderaktion für den deutschen Kinder- und Jugendfilm durch das Institut für Film u. Bild in Wissenschaft und Unterricht (FWU), München, Auftrag für einen Kurzspielfilm f. Kinder od. Jugendliche an die Regisseurin *Gloria Behrens*.

22. Internat. Leipziger Dokumentar- und Kurzfilmwochen 1979 Goldene Taube für »Unversöhnliche Erinnerungen« von *Klaus Volkenborn, Johann Feindt* u. *Karl Siebig* (BR Deutschld.); Silberne Taube für »Behinderte Liebe« von *Marlies Graf* (Schweiz). Goldene Taube für den besten Trickfilm für »Kra-Kra« (Bulgarien).

XI. Internationaler Agrarfilm-Wettbewerb Berlin '80 des Bundesministers für Ernährung, Landwirtschaft u. Forsten, Bonn und des Senators für Wirtschaft u. Verkehr, Berlin. 1980 wurden 152 Filme von 38 Ländern eingereicht; 6 Goldene, 11 Silberne und 13 Bronzene Ähren sowie 7 Sonderpreise wurden verliehen.

Lubitsch (Ernst-L.)-Preis des »Clubs der Filmjournalisten e. V.«, Berlin, 1980 an die Regisseurin *Heidi Genée* für ihren Spielfilm »1 + 1 = 3«.

1. Nationales Filmfestival der DDR in Karl-Marx-Stadt, 1980 Regiepreis an *Konrad Wolf* u. *Wolfgang Kohlhaase* für »Solo Sunny« (DEFA).

Ophüls (Max-O.)-Preis gestiftet von der Stadt Saarbrücken für Nachwuchsregisseure des deutschsprachigen Raumes; erstmals 1980 (10000 DM) an den Schweizer Regisseur *Niklaus Schilling* für »Der Willi-Busch-Report«.

Preis der Filmkritik der »Arbeitsgemeinschaft der Filmjournalisten« in Höhe von 5000 DM (gestiftet von der Hamburger Wochenzeitung »Die Zeit«) 1980 an *Uwe Frießner* für »Das Ende des Regenbogens«.

26. Westdeutsche Kurzfilmtage in Oberhausen 1980. Preise des »Deutschen Volkshochschulverbandes«: **Gr. Preis der Stadt Oberhausen** (je 2500 DM) für »Board and Care« (USA) von *Ron Ellis* u. für »Ayllu Sin Tierra – Gemeinde ohne Erde« (Peru) von *Marta Esteban*; **Hauptpreise** (je 2000 DM) für »L'Age de Chaise – Chairmen« (Kanada) von *Jean-Thomas Bédard*, für »Távolban Egy Bibor Victola – Ein Purpursegel in weiter Ferne« (Ungarn) von *András Mész* und für »Tri Tóny Stastia – Drei Tonnen Glück« (Tschechosl.) von *Vladimír Balco* (zu gleichen Teilen), für »Deviat dnei i vsia jiznj – 9 Tage und das ganze Leben« (UdSSR) von *Jurij G. Zanin*, für »Ein Abstecher nach Enkenbach« (BR Deutschld.) von *A. von Berswordt*, für »Protokoll Szerint – Protokollgemäß« (Ungarn) von *Tamás Feheri* und für »Recado de Chile – Nachricht aus Chile« (Chile). **Preis des Kultusministers** von Nordrhein-Westfalen, 1980 (5000 DM) für »An Thawra – Über eine Revolution« (Dem. VR Jemen) von *Omar Amiralay*. **Preis der Internat. Filmkritik (FIPRESCI)**, 1980 (je 1000 DM) für »Wypracowanie – Der Aufsatz« (Polen) von *Andrzej Baranski* und für »Ruka – Die Hand« (Jugoslawien) von *Darko Marković*. **Preis des Evangelischen Filmzentrums (INTERFILM)**, 1980 (2000 DM) für »Onore e riposo – In Ehre und Ruhe« (Schweiz) von *Fernando Raffaeli Colla*. **Preis der Katholischen Filmarbeit**, 1980 (2000 DM) für »Board an Care« (USA) von *Ron Ellis*. **Preis der Fédération Internationale des Ciné-Clubs (FICC)**, 1980 für »Skazka Skazok – Das Märchen von den Märchen« (UdSSR) von *Jurij Norstein*. **Preis der Jungsozialisten**, 1980 für »Ein Abstecher nach Enkenbach« (BR Deutschld.) von *A. von Berswordt*. **Preis des Kinder- und Jugendfilmzentrums** 1980 (3000 DM) an *Bernabé Hernandez* für »La infancia de Marisol – Die Kindheit der Marisol« (Cuba). **Preis der Mitarbeiter** der 26. Westdeutschen Kurzfilmtage (1000 DM) für »La Promenade« (Frankreich) von *Jacques Barsac*. – Aus dem Programm der Informationstage wurden ausgezeichnet: Preis der Jury der Arbeitsgem. der Filmjournalisten (2000 DM) für den Kurzfilm »Operation F.D.G.O.« von *Artur Schrödinger* u. *Renate Görgen*; Preis der Filmkritik zu gleichen Teilen für »Dom« von *Bernd Upenmoor* u. »Zigeuner in Duisburg« von *Rainer Komers*; bester Dokumentarfilm »Unversöhnliche Erinnerungen« von *K. Volkenborn, J. Feindt* u. *K. Siebig*.

DÄNEMARK

3. Internat. Festival des Märchenfilms in Odense 1979 Bester Puppenfilm »Das Apfelbaum-Mädchen« von *B. Pojar* (Tschechoslowakei), bester Zeichentrickfilm »Die Kuhjungen-Flöte« von *Te Wei* (VR China).

FRANKREICH

César Skulptur des gleichnamigen Bildhauers, Gegenstück zum amerik. »Oscar«, von der Akademie für Filmkunst und Kinotechnik in Paris verliehen; 1980 an den Regisseur *Roman Polanski* und an den Kameramann *Ghislain Cloquet* für »Tess« als besten Spielfilm.
9. Festival de Paris du film fantastique et de science-fiction 1979 Grand Prix für »Dracula«, bester Schauspieler *Frank Langella;* Preis für beste Filmmusik an *John Williams* (»Dracula«). Preis der Publikumsjury für »La Belle et la Bête« von *Juraj Herz* (Tschechoslowakei).
3. Festival des »Cinéma du Réel« für ethnologische u. soziologische Filme in Paris, Preis 1980 an *Helga Reidemeister* für »Si c'est ça le destin« (»Wenn das das Schicksal ist«) und an *Essie Coffey* (Australien) für »My survival as an aboriginal«.
Festival des iberischen und lateinamerikanischen Films in Biarritz 1979 »Goldene Maquila« an den Regisseur *Tomas Guttierez Alea* für »La Ultima Cena« (»Das letzte Abendmahl«, Cuba).
Festival des jungen Films in Hyères 1980 Gr. Preis zu gleichen Teilen für »Die Ortliebschen Frauen« von *Luc Bondy* (BR Deutschld.) und für »Arie für einen Athleten« von *Filip Bajon* (Polen). Gr. Preis des Publikums für »Die Kinder aus Nr. 67« von *Werner Meyer* u. *Usch Barthelmeß-Weller* (BR Deutschld.). Gr. Preis für Experimentalfilm an »Souterrain« von *Rotraut Pape* (BR Deutschld.). Sonderpreise an *Christoph Janetzko* (BR Deutschld.) für »Fenster« und an *Jacques Curty* (Frankr.) für »Point de suite«. Preis in der Sparte »Art et essai« an *B. Schubert* für »Flamme empor«.
5. Festival du film d'humour de Chamrousse 1980 Grand Prix für »Marathon d'automne« (»Herbst-Marathon«) von *Georgi Daniela* (UdSSR); Prix de la critique u. Prix du cinéma d'art et d'essai für »Les faiseurs des Suisses« (»Schweizermacher«) von *Rolf Lyssy* (Schweiz).
8. Festival international du film fantastique d'Avoriaz 1980 Gr. Preis für »Time after Time« von *Nick Mayer* (Großbrit.); »Goldene Antenne« (Sonderpreis des Franz. Fernsehens) für »Madmax« von *George Miller* (Australien).
Filmtage von Orléans 1979 Gr. Preis an *Rainer Werner Fassbinder* für »Die Ehe der Maria Braun« und an *Werner Schroeter* für »Neapolitanische Geschwister«.
Grand Prix du film musical der »Académie du disque français«, 1979 an den Regisseur *Joseph Losey* für seine Verfilmung des »Don Giovanni«.
33. Internat. Filmfestspiele in Cannes 1980 »Goldene Palme« für den besten Film zu gleichen Teilen für »Kagemusha« (»Der Doppelgänger«) von *Akira Kurosawa* (Japan) u. für »All that Jazz« (»Hinter dem Rampenlicht«) von *Bob Fosse* (USA). Sonderpreis der Jury für »Mon oncle d'Amérique« (»Mein Onkel aus Amerika«) von *Alain Resnais* (Frankreich). Preis für beste Regie für »Constans« (»Die Konstante«) von *Krzysztof Zanussi* (Polen). Beste Hauptdarsteller *Michel Piccoli* u. *Anouk Aimée* in »Salto, nel vuoto« (»Sprung ins Leere«) von *Marco Bellocchio* (Italien). Beste Nebendarsteller *Jack Thompson* in »Breaker Morant« von *Bruce Beresford* (Australien), *Carla Gravina* in »La Terrazza« (»Die Terrasse«) von *Ettore Scola* (Italien) und *Milena Dravić* in »Sonderbehandlung« von *Gordan Paskaljevic* (Jugoslawien). Preis für Drehbuch u. Dialoge an *Ettore Scola, Age* u. *Scarpelli* für »La Terrazza«. Preis der Internat. Filmkritik (FIPRESCI) für »Mon oncle d'Amérique« von *Alain Resnais* (Frankreich) und für »Provinzschauspieler« von *Agnieszka Holland* (Polen). – »Goldene Palme« für den besten Kurzfilm für »Seaside Woman« von *Oscar Grillo* (Großbrit.); Preis der Jury für »Krychle« von *Zdenek Smetana* (Tschechoslow.) und für »L'Artiste« von *Norma Bailey* (Kanada).
2. Internat. Frauenfilm-Festival in Sceaux bei Paris, 1980 1. Preis an *Helga Sanders* für »Deutschland, bleiche Mutter« (BR Deutschld.), 3. Pr. an *Jutta Brückner* für »Hungerjahre« (BR Deutschld.).
Prix Georges Sadoul 1979 für »Chemin perdu« von *Patricia Moraz* (Schweiz) und für »Numéro Zéro« von *Raymond Depardon.*
Prix Léon Moussinac des Filmkritikerverbandes, für den besten ausländ. Film, 1979 an *Federico Fellini* für »Orchesterprobe«.
Prix Méliès des Filmkritikerverbandes, für den besten franz. Film des Jahres, 1979 an *Eric Rohmer* für »Perceval le Gallois«.

GRIECHENLAND

8. Internat. Kurzfilmfestspiele in Saloniki 1979 Bester Kurzfilm mit Spielfilmhandlung »Absurd« von *Zaev Nirnberg* (Niederlde.), bester Dokumentarkurzfilm »Jenny« von *Jon Bang Carlsen* (Dänemark), bester Zeichenkurzfilm »Fair Play« von *Geza Pal Varga* (Ungarn). Ehrenauszeichnungen an *Bernard Beaupré* (Kanada) für »Herr von Ungava« und an *Garik Seko* (Tschechoslowakei) für »Der Vulkan«.

ITALIEN

Premio David di Donatello »Luchino Visconti« 1980 an *Hanna Schygulla, Virna Lisi, Adriano Celentano, Isabelle Huppert, Justin Henry, John Schlesinger, Robert Benton* u. *Stanley R. Jaffe.*

Premio Vittorio de Sica 1978–1979 an die Regisseure *Federico Fellini, Michelangelo Antonioni,*

Francesco Rosi und *Alessandro Blasetti;* an die Schauspieler *Marcello Mastroianni, Alberto Sordi* und *Nino Manfredi;* an die Schauspielerinnen *Monica Vitti* und *Mariangela Melato* sowie an die Drehbuchautoren *Furio Scarpelli, Age* und *Sergio Amidei.*

JUGOSLAWIEN

Nat. Filmfestival in Pula 1980 Hauptpreis »Goldene Arena« für »Petrijas Zorn« von *Srdan Karanović*; Regiepreis für »Spezialbehandlung« von *Goran Pascaljević.*

KANADA

3. Weltfilmfestival in Montreal 1979 Großer Preis an »1 + 1 = 3« (BR Deutschld.) von *Heidi Genée.* Preis der Jury an »Il y a longtemps que je t'aime« (Frankreich) von *Jean-Charles Tachella.* Beste Darsteller *Louise Marleau* in »L'arrache-cœur«, *Graciela Dufau* in »La isla« und *Giuliano Gemma* in »Corleone« von *P. Squitieri.* Bester Zeichentrickfilm »Interview« von *Caroline Leaf* und *Veronica Soul* (Kanada). Bester Kurzfilm »Nuit féline« von *Gérard Marx* (Frankreich).

KOLUMBIEN

20. Internat. Filmfestival von Cartagena 1980 Bester Film »Porträt von Teresa« von *Pastos Vega* (Cuba); bester Schauspieler *Klaus Kinski* in »Nosferatu« von *Werner Herzog.*

POLEN

Nationales Filmfestival in Danzig 1979 Gr. Preis an »Kino-Amator« (»Der Amateur«) von *Krzysztof Kieslowski.* Preis der Jury zu gleichen Teilen an »Bis zum letzten Blutstropfen« von *Jerzy Hoffman* und an »Die Mädchen von Wilko« von *Andrzej Wajda.* Darstellerpreise an *Halina Labornaska* (»Provinzschauspieler«) und an *Felix Stuhr* (»Der Amateur«). Preise für Erstlingsfilme an *Filip Bajon* für »Arie für einen Athleten« und an *Janusz Kijowski* für »Kung Fu«.

PORTUGAL

Internat. Filmfestival in Figueira de Foz 1979 1. Preis zu gleichen Teilen an »Die Ehe der Maria Braun« (BR Deutschld.) von *Rainer Werner Fassbinder* und an »Nordlichter« (USA) von *J. Hanson* und *R. Nilson.* 2. Preis zu gleichen Teilen an »Hitler–ein Film aus Deutschland« (BR Deutschld.) von *Hans-Jürgen Syberberg,* »Annas Begegnungen« (Belgien) von *Chantal Ackermann* und an »Seitensprünge« (Schweiz) von *Yves Yersin.*

SCHWEIZ

10. Internat. Festival des alpinen Films 1979 »Gr. Preis von Diablerets« für den Film »Le Pilier de cristal« von *Marc Hebert* (Kanada).
33. Internat. Filmfestspiele von Locarno 1980 »Goldener Leopard« für »Maledetti vi Amerò« von *Marco Tullio Giordana* (Italien); »Silberner Leopard« für »Clarence and Angel« von *Bob Gardner* (USA); »Bronzener Leopard« an das »Werktheater Amsterdam« für die Kollektivarbeit in »Opname« von *E. van Zuylen* u. *M. Kock* (Ndl.). **Preis der FIPRESCI** an »Kung Fu« von *Janusz Kijowski* (Polen) u. an »Majd Holnap« von *Judith Elek* (Ungarn). **Ernest-Artaria-Preis** für »Exterieur Nuit« von *Jacques Bral* (Frankr.).
Zürcher Filmpreise 1979 Förderungspreise (je 3000 sfr) an *Fernando R. Colla* (»Fiori d'autunno«) u. an *Sebastian C. Schroeder* (»Südseereise«); je 5000 sfr an *Marlies Graf* (»Behinderte Liebe«), *Beat Kuert* u. *Mich. Maassen* (»Schilten«), *Fredi M. Murer* (»Grauzone«), *Hans Ulrich Schlumpf* (»Kleine Freiheit«), *H. H. K. Schoenherr* (»Robert Walser«), *Yves Yersin* (»Les petites fugues«), das *Filmkollektiv Zürich* (»Cinéma mort ou vif?« u. »Kollegen«) und an *Ranato Berta* (für hervorrag. Kameraarbeit). Ehrung für *Martin Schlappner* (Redakteur der NZZ).

SOWJETUNION

11. Internat. Filmfestival in Moskau 1979 Goldene Spielfilm-Preise an »Siete días de enero« (»Sieben Tage im Januar«, Spanien) von *Juan Antonio Bardem,* »Cristo si è fermato a Eboli« (»Christus kam nur bis Eboli«, Italien) von *Francesco Rosi* und an »Kino-Amator« (»Der Amateur«, Polen) von *Krzysztof Kieslowski.* **Ehrenpreis in Gold** an die Rekonstruktion des Eisenstein-Films »Qué viva Mexico« (»Es lebe Mexiko«) von *Eduard Tisse* und *Grigorie Alexandrow.* **Silberpreise** an »Die Barriere« (Bulgarien) von *Christo Christow,* »Parashuram« (Indien) von *Mrinal Sen* und an »Der Start« (UdSSR) von *Sawwa Kulisch.* **Bester Kinderfilm** »Ein Hund spaziert auf einem Flügel herum« von *Wladimir Grammatikow.* **Beste Kurzfilme** »Nicaragua, Tod oder Freiheit« (Costa Rica) und »Was hundert Jahre dauert, ist nicht schlecht« (Kolumbien). **Beste Darsteller** *Yasmina Hlat* in »Nahla« (Algerien), *Daisy Granados* in »Porträt von Tereza« (Cuba), *Ulrich Tein* in »Anton der Zauberer« (DDR) und *Bata Zivojinovic* in »Ein Moment« (Jugoslawien). Preis des Verbandes der Filmschaffenden an *Hannes Karnick* u. *Wolfgang Richter* (BR Deutschld.) für den Dokumentarfilm »Du sollst dich nie vor einem lebenden Menschen bücken–Willi Bleicher«.

SPANIEN

27. Internat. Filmfestspiele von San Sebastián 1979 »Goldene Muschel« für »Herbst-Marathon« (UdSSR) von *Georgi Daniela;* **»Silberne Muschel«** an »Alien« (USA) von *Ridley Scott* für die beste Kameraführung und für die besten Trickaufnahmen und an »Angi Vera« (Ungarn) von *Pal Gabor* für die beste Regie. **Preis der Jury** an »Mama cumple cien años« (»Mama wird 100 Jahre alt«, Spanien) von *Carlos Saura.* Preis **»Perle Kantabriens«** an den Dokumentarfilm »El proceso de Burgos« (Spanien) von *I. Uribe.* **Beste Darsteller** *Laura Betti* in »Il piccolo Archimedes« (Italien) von *Gianni Amelio* und *Nelson Villagra* in »Verschollene Gefangene« (Schweden) von *Sergio Castilla.* **»Goldene Muschel« für den besten Kurzfilm** an »Ikusta III« (Spanien) von *Antonio Merica Echeverria.*

TSCHECHOSLOWAKEI

22. Internat. Filmfestspiele in Karlsbad (Karlovy Vary) 1980 »Rose von Lidice« für »Die Kinder aus Nr. 67« (BR Deutschld.) von *Barthelmeß-Weller/Meyer;* Hauptpreis für »Die Verlobte« (DDR) von *Rücker/Reisch.*

VEREINIGTE STAATEN VON AMERIKA

Golden Globe der »Hollywood Foreign Press Association«, 1980 für den besten Spielfilm an »Kramer gegen Kramer«, für das beste Drehbuch an *Robert Benton* (»Kramer gegen Kramer«), für Regie an *Francis Ford Coppola* (»Apocalypse Now«), für Hauptdarsteller an *Sally Field* (»Norma Rae«) und *Dustin Hoffman* (»Kramer gegen Kramer«), für Nebendarsteller an *Meryl Streep, Robert Duval* und *Melvyn Douglas,* an *Peter Sellers* (»Being There«) und *Bette Midler* (»The Rose«) als beste Darsteller in der Sparte Lustspiel od. Musical. Preis für den »neuen Star des Jahres« an *Bette Midler* und *Ricky Schroeder* (»The Champ«). Beste Filmkomödie »Breaking Away«. Beliebteste Schauspieler *Jane Fonda* und *Roger Moore.* »Cecil DeMille-Preis« an *Henry Fonda* für seine Verdienste um die Filmindustrie.

Motion Picture Academy Awards 1980 »Oscar«-Verleihung für 1979 für den »Film des Jahres« an »Kramer gegen Kramer«, für Regie an *Robert Benton* (»Kramer gegen Kramer«), für Darsteller an *Sally Field* (»Norma Rae«) und *Dustin Hoffman* (»Kramer gegen Kramer«), für Nebendarsteller an *Meryl Streep* (»Kramer gegen Kramer«) und *Melvyn Douglas* (»Being There«), für den besten ausländischen Film an »Die Blechtrommel« von *Volker Schlöndorff,* für Originaldrehbuch an *Steve Tesich* (»Breaking Away«), für bearbeitetes Drehbuch an *Robert Benton* (»Kramer gegen Kramer«), für Kamera an *Vittorio Storaro* (»Apocalypse Now«), für die beste Filmmusik an *Walter Murch, Mark Berger, Richard Beggs* und *Nat Boxer* (»Apocalypse Now«), für Schnitt an *Alan Heim* (»All that Jazz«), für Musik-Arrangement an *Ralph Burns* (»All that Jazz«), für Originalfilmmusik an *Georges Delerue* (»Little Romance«), für Originalsong an »It goes like it goes« (»Norma Rae«), für künstlerische Leitung an *Philip Rosenberg, Tony Walton, Edward Steart* und *Gary Brink* (»All that Jazz«), für Kostüme an *Albert Wolski* (»All that Jazz«), für Dokumentarfilm an »Best boy«, für Kurzdokumentarfilm an *Paul Robeson* (»Tribute to an artist«), für Kurzspielfilm an »Board and Care«. Sonder-Oscar für den brit. Schauspieler *Alec Guinness* u. für den amerik. Produzenten *Ray Stark.*

National Society of Film Critics Awards 1979 Bester Film des Jahres »Breaking Away« von *Peter Yates;* beste Darsteller *Dustin Hoffman* in »Kramer gegen Kramer« und *Sally Field* in »Norma Rae«; bestes Filmskript *Steve Tesich* für »Breaking Away«.

New York Film Critics Circle Awards 1979 Bester Regisseur *Woody Allen* für »Manhattan«, beste Darsteller *Dustin Hoffman* in »Kramer gegen Kramer« und *Sally Field* in »Norma Rae«.

DATEN AUS DEM FILMBEREICH

1979 erschien zum erstenmal die Filmzeitschrift »Kino – Magazin für den engagierten Film«, 1980 die Zeitschrift »Filme« im Verlag Volker Spiess und der **»Fischer Film Almanach«** von *Willi Bär* u. *Hans Jürgen Weber.* Das im Carl Hanser-Verlag in München erschienene, von *Hans-Günther Pflaum* herausgegebene **»Jahrbuch Film 80/81«** bringt »Berichte, Kritiken, Daten« aus dem Filmbereich. Der Ostberliner Henschel-Verlag publiziert unter dem Titel **»Prisma«** einen Kino- und Fernsehalmanach. Eine auf zehn Bände konzipierte Buchreihe »Grundlagen des populären Films« erscheint bei rororo, »Citadel-Filmbücher«, eine neue Taschenbuchreihe, bei Goldmann. – Die Herausgabe eines 20bändigen **Filmlexikons** ist mit Unterstützung der UNESCO und der »Internationalen Föderation der Filmarchive« ab 1983 geplant; 105 Autorenteams sollen auf Anregung von *Guido Aristarco* (Italien) und *Todor Andreikov* (Bulgarien) jeweils nationale Filmgeschichte verfassen. Die **3. Duisburger Filmwoche**

1979 war dem langen Dokumentarfilm gewidmet; eine **Verbandsgründung der Dokumentaristen** mit dem Ziel der verstärkten Förderung des Dokumentarfilms wurde beschlossen. – Zum Abschluß des **»Hamburger Filmfestes 1979«**, auf dem 15 Uraufführungen gezeigt wurden, forderten 98 deutsche Filmemacher in einer Erklärung weitgehende Selbstverwaltung und Unabhängigkeit. Das zweite deutsche **»Filmfest«**, von Filmemachern in eigener Regie als Wander-Festival konzipiert, fand 1980 mit Unterstützung des Landes Nordrhein-Westfalen in Duisburg, Düsseldorf und Oberhausen statt. – Bei den **13. Hofer Filmtagen** 1979 wurden 38 Beiträge aus acht Ländern (darunter 15 Uraufführungen und 16 deutsche Erstaufführungen) neben einer Retrospektive mit Filmen von *Curtis Harrington* gezeigt. – Die **21. Nordischen Filmtage 1979** in Lübeck zeigten die erste vollständige Retrospektive der Filme des dänischen Komikerpaares *Pat* und *Patachon* (*Carl Schenstroem* und *Harald Madsen*) neben aktuellen Produktionen der skandinavischen Länder. – Beim **1. Nationalen Spielfilm-Festival der DDR** 1980 in Karl-Marx-Stadt wurden neben der einzigen Uraufführung »Alle meine Mädchen« von *Iris Gusner* neun Filme der letzten beiden Jahre gezeigt. Die Defa-Studios in Potsdam-Babelsberg produzieren jährlich durchschnittlich 17 Spielfilme. – Ziel des **3. Festivals von Angers** 1980 »Film und Musik – Musik und Film« war die Herausstellung der musikalischen Schöpfung in einem filmischen Werk und die Förderung der Begegnung zwischen Regisseuren, Komponisten und Musikern. – In Nizza wurde 1980 ein neues Film-Festival **»Nice Cinecittá«** mit ausschließlich italienischen Filmen veranstaltet. – Die **Film-Biennale von Venedig**, unterteilt in »Cinema '80« und »Officina Veneziana«, verlieh 1980 zum erstenmal wieder den »Goldenen Löwen« für einen Film »von internat. Format«, für »ein Lichtspiel mit Experimentiercharakter« und für ein Erstlingswerk. – Das **Goethe-Institut** veranstaltete 1980 in 14 südamerikanischen Ländern »Wochen des Neuen Deutschen Films«. – Ein internat. **Film-Festival für Nachwuchs-Regisseure** ist für April 1981 in Frankfurt am Main geplant. – Die **1. Internationale Filmbörse** zeigt 1981 in Essen vom 6.–10. Mai neben neuen Techniken das Gesamtangebot der internationalen Filmwirtschaft. – Die **Rank-Organisation Ltd.**, London, stellte 1980 die Spielfilmproduktion aus wirtschaftlichen Gründen ein. – Mit rund 400 000 Beschäftigten produzierte die **chinesische Filmindustrie** seit 1950 etwa 700 Spielfilme in den Studios von Beijing [Peking], Shanghai, Changchun, Sichuan und X'ian; für 1980 sind fünfzehn Koproduktionen mit ausländischen Filmgesellschaften vorgesehen.

Das **»Kuratorium junger deutscher Film«**, bisher als eingetragener Verein geführt, wurde in eine öffentliche **Stiftung** des bürgerlichen Rechts umgewandelt. In einer Verwaltungsvereinbarung erklärten sich die Bundesländer bereit, der Stiftung jährlich Zuwendungen (zur Zeit 1,5 Mill. DM) über den Haushalt der Kultusministerkonferenz zu gewähren. – Für das **Bayerische Filmförderungsprogramm** stehen im Doppelhaushalt 1979/80 jährlich 6,67 Mill. DM zur Verfügung, die im Bedarfsfall auf 10 Mill. DM aufgestockt werden können. Zusätzlich ist der Bayerische Rundfunk mit 2 Mill. DM jährlich am Förderungsprogramm beteiligt. – Die Vertreter von elf Organisationen junger deutscher Filmregisseure gründeten 1980 in Berlin eine **»Bundesvereinigung des Deutschen Films«**, um eine »noch größere Vielfalt des deutschen Films« zu ermöglichen, zur »Förderung der Zusammenarbeit zwischen Film und Fernsehen« beizutragen und die Koordination einer gemeinsamen Filmpolitik zu verfolgen.– Deutsche Film- und Fernsehregisseure fordern von ihren Auftraggebern, vor allem den Rundfunkanstalten der BR Deutschld., die Anerkennung als Urheber ihrer Filmwerke.

Nach Angaben des Statistischen Bundesamtes (2/80) wurden von 426 Unternehmen der **bundesdeutschen Filmwirtschaft** mit 2856 Beschäftigten **im Jahr 1977** insges. 6987 Filme hergestellt. 114 Kinofilmhersteller produzierten 102 Filme (davon 73 Filme mit einer Vorführdauer von 59 Min. und mehr). 113 Fernsehfilmhersteller brachten 2066 Filme, 61 Werbefilmhersteller 3331 Filme, 112 sonstige Filmhersteller 1481 Filme und 26 Synchronhersteller 7 Filme heraus. – Nach Angaben des Hauptverb. Deutscher Filmtheater e.V. stieg die Zahl der ortsfesten Filmtheater in der BR Deutschld. von 3110 (31.12.78) auf 3196 (31.12.79) und die der Autokinos von 22 auf 23 Betriebe; die Zahl der Wanderfilmbetriebe verminderte sich von 35 auf 34. Die Zahl der Kinobesucher betrug 1979 142,0 Mill. (1978 135,1 Mill.). – Im Berichtsjahr 1979 der **Filmförderungsanstalt (FFA)** in Berlin (West) betrug das **Aufkommen aus der Filmabgabe** 26,2 Mill. DM (1978 19,3 Mill. DM); 3251 (3153) Filmtheater wurden dazu herangezogen. Für **Förderungsmaßnahmen der FFA** wurden 1979 20,7 Mill. DM ausgegeben; im Bereich der **Projektförderung** jeder Art standen insges. 10,6 Mill. DM zur Verfügung. Grund- und/oder Zusatzbeträge wurden in 26 programmfüllende Filme investiert. **Darlehen** in einer Gesamthöhe von 6,02 Mill. DM wurden 19 Projekten zuerkannt. Im Haushaltsjahr 1979 wurden 57 **Kurzfilme** mit 1,4 Mill. DM gefördert; im Haushaltsjahr 1980 kommen 1,7 Mill. DM zur Verteilung. Für die **Filmtheaterförderung** wurden 1979 3,5 Mill. DM bereitgestellt. Insges. 0,681 Mill. DM wurden von der FFA für **Werbung** für den deutschen Film im In- und Ausland ausgegeben. – Ein **Abkommen zur Förderung des deutschen Films zwischen ARD, ZDF u. der Filmförderungsanstalt (FFA)** im Juli 1980 sieht in den nächsten fünf Jahren für die Gemeinschaftsproduktion von Filmen 54 Mill. DM, für Projektförderung 15 Mill. DM, für Nachwuchsförderung 7,5 Mill. DM und für Drehbuchherstellung 2,5 Mill. DM vor. – Von der **Filmbe-**

wertungsstelle Wiesbaden (FBW) bekamen 1979 von 71 vorgelegten deutschen und ausländischen Langfilmen 32 Filme (davon 22 der BR Deutschld., 1 der Schweiz) das Prädikat »Besonders wertvoll«, 25 Filme (davon 12 der BR Deutschld.) das Prädikat »Wertvoll«. Von 179 Kurzfilmen wurden 36 (32 der BR Deutschld.) mit »Besonders wertvoll« und 87 (72) mit »Wertvoll« ausgezeichnet.

Bedeutendste Fernsehproduktion der ARD war 1979 die elfteilige Verfilmung von *Thomas Manns* Roman »Die Buddenbrooks« unter der Regie von *Franz Peter Wirth* mit einem Kostenaufwand von 12,5 Mill. DM und einer Zuschauerzahl von 16 Mill. – Die Reihe der **Literaturverfilmungen** wird mit *Alfred Döblins* »Berlin Alexanderplatz«, *Jakob Wassermanns* »Der Fall Mauritius«, *Lion Feuchtwangers* »Geschwister Oppermann« und das »Exil« und *Thomas Manns* »Bekenntnisse des Hochstaplers Felix Krull« fortgesetzt. – Nach einer Statistik der »SPIO« wurden 1979 440 abendfüllende **Spielfilme im deutschen Fernsehen** (ARD 225, ZDF 215) gezeigt; in den III. Programmen wurden 595 Spielfilme ausgestrahlt. 198 Filme kamen aus den USA, 42 aus Frankreich und 29 aus Großbritannien.

KUNSTPREISE

Auswahl. Eine umfassende Darstellung brachte der Fischer Weltalmanach 1962 (S. 322ff.) für die Jahre 1945/1962; seither wird im Weltalmanach laufend in Auswahl über Kunstpreise berichtet.

DEUTSCHLAND

Arbeitsstipendium der Stadt Nordhorn 1979 (je 2000 DM) an die Zeichner *Ohannes Tapyuli* und *Klaus Stümpel.*

Architekturpreis der Landeshauptstadt München 1980 (10000 DM) an *Sep Ruf.*

Bayerische Akademie der Schönen Künste in München, 1980 Förderungsgaben (je 3000 DM) an *Tanja Ehrenfeld, Margarete Korn, Ulla Scholl, Andreas Bindl, Helmut Fuchs* u. *Rüdiger Möller*; s. a. Preise für Literatur.

Behinderten-Kunstpreis der Stadt Radolfzell a. B., 1979 an *Erich Stegmann, Karl F. Borneff, Vera Grundhöffer, Heidi Hempel* u. *Hermann Simon.*

Bildhauerpreis der Neuen Darmstädter Sezession, Darmstadt, erstmals 1980 (4000 DM).

Bode (Arnold-B.)-Preis der gleichnamigen Stiftung in Kassel, 1980 (10000 DM) an *Hannsjörg Voth.*

Bremer Bildhauerpreis der gleichnamigen Stiftung der Freien Hansestadt Bremen, erstmals 1979 (10000 DM) an *Alfred Hrdlicka* (Österr.); Verleihung alle 2 Jahre.

Bremer Förderpreis für Bildende Kunst der Freien Hansestadt Bremen, 1979 (5000 DM) an *Peter K. F. Krüger.*

Bremer Förderpreis für Kunsthandwerk der Freien Hansestadt Bremen, 1979 (5000 DM) an *Heinrich Thein.*

»Cartoon 80« Internat. Karikaturisten-Wettbewerb in Berlin (West), 1. Pr. (10000 DM) *Lucio Trojano* (Italien), 2. Pr. (5000 DM) *A-Da* (Chines. VR), 3. Pr. (2500 DM) *Krzysztof I. Konopelski* (Polen).

Corinth (Lovis-C.)-Preis der Künstlergilde e. V., Esslingen, finanziert vom Bundesministerium des Innern u. von allen Bundesländern; 1980 (10000 DM) an den Maler und Grafiker *Alexander Camaro;* Ehrengabe (4000 DM) an den Maler u. Grafiker *Günther Thiersch;* Förderungspreis (4000 DM) an die Malerin u. Grafikerin *Johanna Obermüller.*

Deutscher Architekturpreis 1979 der Ruhrgas AG, Essen (30000 DM) an *Doris* und *Ralph Thut;* Anerkennungen (je 10000 DM) an *Kammerer + Belz* und Partner *(Hallermann, Kucher, Ziegler), H.-W. Hämer, E. G. Höffer + H. Hamann.*

Deutscher Preis für Denkmalschutz des Deutschen Nationalkomitees für Denkmalschutz, Bonn, 1979 Karl-Friedrich-Schinkel-Ring an *Alfred A. Schmid* (Schweiz) u. postum an *Hermann Schmitt-Vokkenhausen.* Ehrengaben an *Carl Amery, Bayerischer Rundfunk, Rainer Gaschler, Helene Rahms, Christian Rischert, A. v. Samsonow, Arbeitskreis Lüneburger Altstadt e. V., Sissi Fürstin Bentheim-Tecklenburg, Wilhelm Brepohl, Bund Deutscher Architekten in Bayern, Förderkreis Alte Kirchen e. V. in Marburg, Hermann u. Erika Haindl, Klaus u. Elke Lamm, Possehlstiftung zu Lübeck.* Reisestipendium (3000 DM) an *Martin Geier, Max Gleissl, Wolfgang Pehnt, Wulf-Peter Schroeder* u. *Gisela Schütte.*

Deutscher Wirtschaftsfotopreis gestiftet vom Bundesminister für Wirtschaft, 1979 1. Pr. (je 3000 DM) an *Sven-Olov Hakansson* u. *Rudolf Holtappel,* 2. Pr. (je 2000 DM) an *Reinhard Baumgärtel* u. *Dieter Müller,* 3. Pr. (1000 DM) an *Henning Christoph,* 4.–12. Pr. (je 500 DM) an *O. Dahlke, J. Scherzer, E.-F. Seydel, G. Nickel, K.-U. Köhler, Ch. Angenendt, M. Meuser, H. Adam* u. *H. W. Kramp.*

»Dimension '79« Wettbewerb der Philip Morris GmbH für zeitgenössische Skulptur, 1979 1. Pr. (10000 DM) an *Alf Lechner*, 2. Pr. (5000 DM) an *Abraham David Christian*, 3. Pr. (3000 DM) an *Arthur Stoll*.

Engert (Joseph-E.)-Preis der Stadt Regensburg, erstmals 1979 (3000 DM) an den Kunsthistoriker *Karlheinz Betz*.

Ernst (Max-E.)-Stipendium der Stadt Brühl, 1980 (3000 DM) an den Maler *Volker Tannert*.

Europa-Preis für Denkmalpflege der »Stiftung F.V.S.« zu Hamburg, 1980 keine Preisverleihung. Goldmedaillen 1980 an die Städte Sursee (Schweiz) u. Tallinn (UdSSR) u. an den »Patronato del Alhambra« in Granada (Spanien).

Förderpreis der Sparkasse Karlsruhe, Malerwettbewerb, 1979 (10000 DM zu gleichen Teilen) an *Helga Jahnke* und *Hans-Peter Fischer*.

Förderpreis des Rotary-Club Stuttgart für junge Wissenschaftler und Künstler, 1979 (insges. 16000 DM) an *A. Kötzle, M. Haase, L. Salomaa* u. *A. Holder*.

Förderpreis der Stadt Fürth 1979 (je 2000 DM für Bildende Kunst an *Roland Fürstenhöfer* und *Meinhard Elss;* s.a. Musikpreise.

Förderpreis für Bildende Kunst der Landeshauptstadt Düsseldorf 1979 (je 4000 DM) an *Nils Dubbick* und *Ulf-Erich Rungenhagen*.

»Förderpreis Glockengasse« für Bildende Kunst, gestiftet von der »Eau de Cologne-& Parfümerie-Fabrik Glockengasse No. 4711«, Köln; erstmals 1980 (45000 DM), zu gl. Teilen an *Anna Oppermann, Ulrike Rosenbach* u. *Nikolaus Lang*.

Förderstipendien an junge Künstler der Stadt Aachen 1979 (je 5000 DM) an *Herbert Wenn, Fritz Mathiae, Thomas Beaujean* u. *Burgi Kühnemann*.

Förderstipendium der Stadt Köln für Video/Fotografie (18000 DM, monatl. 1500 DM) 1980 an *Michael Enneper*.

Förderstipendium Friedrich Vordemberge der Stadt Köln für Malerei (18000 DM, monatl. 1500 DM) 1980 an *Karel Rösel* u. *Wolfgang Volles*.

Förderungspreis der Landeshauptstadt München 1980 (je 8000 DM) für Bildende Kunst an den Maler *Helmut Pfeuffer*, an die Bildhauerin *Emese Zavory* und an die Graphikerin *Annalies Klophaus;* für Angewandte Kunst an die Goldschmiedin *Tabea Wimmer* und an die Glasbildnerin *Eva Eleonore Sperner;* s.a. Preise für Musik und Literatur.

Förderungspreis der Stadt Dortmund für junge Künstler, 1980 (10000 DM) s. Musikpreise.

Förderungspreis der Stadt Nürnberg 1980 (5000 DM) an *Annelie Weinstein;* s.a. Musikpreise.

Förderungspreis des Freistaat Bayern 1980 für Bildende Kunst (je 10000 DM) an den Bildhauer *Joachim Koch* u. an die Maler und Graphiker *Gerhard Merz, Hartmut Rüger* u. *Gerhard Schick*.

Goethe-Preis der Stadt Berlin (Ost), 1979 u.a. an den Maler und Grafiker *Günter Brendel;* s.a. Preise f. Literatur und Musik.

Grohmann (Will-G.)-Preis der Akademie der Künste, Berlin (West); 1979 (12500 DM) an den Maler *François Morellet* (Frankr.).

Hesselbach (Walter-H.)-Preis/Ortsbegehung der Bank für Gemeinwirtschaft (BfG), Frankfurt, für vorbildlichen humanen Städtebau; erstmals 1980 (20000 DM).

Heydt (Eduard-von-der-H.)-Preis der Stadt Wuppertal, s. Literaturpreise.

Hofer (Carl-H.)-Preis der Berliner Hochschule der Künste; s. Musikpreise.

6. Internat. Grafik-Biennale des Kunstvereins zu Frechen; Ausschreibung 1980 mit ca. 3000 Grafiken von 1003 Künstlern aus 51 Ländern. Preisverleihung Mitte Okt. 1980.

1. Internat. Jugendtriennale der Zeichnung der Stadt Nürnberg, 1979 1. Pr. (5000 DM) *Thierry Leproust* (Frankr.), 2. Pr. (3000 DM) *Lis Nogel* (Dänemark), 3. Pr. (2000 DM) *Jovan I. Rakidžić* (Jugoslawien).

fJugendpreis der Künstlergilde Ulm (Jugendpr. Rotary-Stiftung) 1980 1. Pr. (je 1500 DM) an *David Haschek, Ulrike Jäger* u. *Konrad Hummel;* 6 Förderpreise (je 400 DM).

Junior-Preis »Kunst + Architektur« der Junior-Unternehmensgruppe in Goslar, 1980 (je 5000 DM) für »Kunst in Fußgängerbereichen« an *Friedr. Gräsel, Siegfr. Neuenhausen* u. an *Diether Heisig* u. *Stefan Schwerdtfeger*.

Kaiser-Lothar-Preis der Stadt Prüm, 1980 an den Maler *Franz Josef Herold* für Verdienste um die Europ. Vereinigung bildender Künstler.

Kaiserring der Stadt Goslar 1980 an den Schweizer Bildhauer *Jean Tinguely*.

Keramikpreis der Frechener Kulturstiftung, 1980 1. Pr. (je 2000 DM) an *Young-Jae Lee* u. *Gabriele Pütz*, 2. Pr. (je 1500 DM) an *A. Bartholomei* u. *B. Morck*.

Kollwitz (Käthe-K.)-Preis der »Akademie der Künste der DDR«, 1980 an den Maler *Werner Tübke*.

Kritikerpreis des Bundes Deutscher Architekten (BDA), 1980 (je 5000 DM) an *Johanna Schmidt-Grohe, Christoph Hackelsberger* u. *Paulhans Peters* (Entgegennahme abgelehnt).

Kritikerpreis des »Verbandes der deutschen Kritiker e.V.« in Berlin (West), 1979 für Bildende Kunst an *Barbara Heinisch*.

Kulturkreis im Bundesverband der Deutschen Industrie 1979 Kunststipendien an *Jaroslav Adler, Josef Eren, Axel Hütte, Marin Kasimir, Barbara* und *Michael Leisgen, Geerd Moritz* und *Katharina Sieverding*.

Kulturpreis der Deutschen Gesellschaft für Photographie 1979 an *Wolf Strache;* 1980 an *Ludwig Bertele* (Schweiz) und *J. A. Schmoll* gen. *Eisenwerth*.

Kulturpreis der Stadt Kiel s. Preise für Musik

Kulturpreis der Stadt Regensburg 1980 (5000 DM) an den Kunsthistoriker *Franz Winzinger.*

Kulturpreis der Sudetendeutschen Landsmannschaft e. V. für Bildende Kunst und Architektur, 1980 (2000 DM) an den Bildhauer *Wilhelm Hager;* s. a. Preise f. Musik u. Literatur.

Kulturpreis Schlesien des Landes Niedersachsen, 1979 (10000 DM) an den Bildhauer *Herbert Volwahsen;* Förderpreise 1979 (5000 DM) an den Schriftsteller *Wolfgang Bittner* und an den Maler und Graphiker *Reiner Schwarz.*

Kunstpreis Berlin der »Akademie der Künste« in Berlin (West); Förderungspreise (je 10000 DM) 1980 für Bildende Kunst an *Isa Genzken,* für Baukunst an die Architektengruppe *Dietrich Bangert, Bernd Jansen, Axel Schultes* und *Stefan Scholz;* s. a. Preise für Literatur, Musik, Film/Hörfunk/Fernsehen.

»Kunstpreis der Böttcherstraße« in Bremen, gestiftet von der HAG AG, 1980 (15000 DM) an *Martin Roß* für sein Tableau »Metamorphose« u. an *Walter Stöhrer* für sein Gesamtwerk.

Kunstpreis der Kreissparkasse Esslingen-Nürtingen 1979 (10000 DM) an den Maler *Klaus Heider.*

Kunstpreis der Landeshauptstadt Saarbrücken 1980 s. Preise für Musik.

Kunstpreis der Stadt Darmstadt 1979 (10000 DM) an *Klaus Fußmann.*

Kunstpreis der Stadt Gelsenkirchen 1979 (10000 DM) an den Maler *Erasmus Schlammer;* nächste Verleihung 1981.

Kunstpreis der Stadt Kempten 1980 (3000 DM) an den Bildhauer *Josef Kober;* »Bürgerpreis« (1200 DM) an *Luis Gurschler.*

Kunstpreis der Stadt Konstanz erstmals 1980 (10000 DM) an den Maler und Holzschneider *HAP Grieshaber.*

Kunstpreis der Stadt Krefeld 1979 abgelöst durch das **»Mies-van-der-Rohe-Stipendium«** der Stadt Krefeld. Atelier im Hause Esters in Krefeld mit Wohnmöglichkeit und Unterhalt für 4–10 Monate für Maler, Bildhauer, Videokünstler und Architekten; Verleihung erstmals 1981 oder 1982.

Kunstpreis der Stadt Mönchengladbach erstmals 1979 (Atelier-Stipendium) an den Maler u. Bildhauer *Giuseppe Penone* (Italien).

Kunstpreis der Südlichen Weinstraße des »Vereins zur Förderung von Kunst und Kultur an der Südl. Weinstraße e. V.«, Landau; 1980 (10000 DM) für Graphik mit dem Thema »Porträt einer Landschaft« ausgeschrieben.

Kunstpreis des Landes Rheinland-Pfalz s. Preise für Literatur.

Kunstpreis des VDK Deutschlands 1980 keine Verleihung.

Kunstpreis »Junger Westen« der Stadt Recklinghausen, 1979 (10000 DM) für Collagen, Assemblagen u. Montagen ausgeschrieben; Preis an *Rolf Glasmeier.*

Kuratoriumspreis der 1. Deutschen Kleinplastikausstellung in Fellbach, 1980 (15000 DM) an den Bildhauer *Uli Pohl.*

Märkisches Stipendium für Bildende Kunst der »Märkischen Kulturkonferenz e. V.« in Iserlohn, 1979 (20000 DM) an den Maler *Peter Freese* und (4000 DM) an den Filmemacher *Oscar Benjamin Gracia Lopez;* 1980 an den Maler u. Graphiker *Jürgen Palmtag.*

Mathildenhöhe-Preis »Jugend formt« der Rosenthal AG, erstmals 1980 in Höhe von 25000 DM ausgeschrieben.

Mies-van-der-Rohe-Stipendium der Stadt Krefeld, früher Kunstpreis der Stadt Krefeld; Verleihung erstmals 1981 oder 1982.

Nationalpreis der DDR 1979 an den Maler *Willi Sitte;* s. a. Preise f. Literatur und Musik.

New York-Stipendium des Landes Berlin, Einjahresstipendium (1. 2. 1980–31. 1. 1981) an *Ulrich Baehr, Josef Erben* u. *Wolf Kahlen.*

Nordgaukulturpreis der Stadt Amberg für Bildende Kunst 1980 (1000 DM) an *Heribert Losert;* s. a. Preise für Literatur und Musik.

Oberschlesischer Kulturpreis des Landes Nordrhein-Westfalen, 1979 s. Literaturpreise.

Oberschwäbischer Kunstpreis Förderpreis des Zweckverbandes Oberschwäbischer Elektrizitätswerke, 1979 1. Pr. (15000 DM) an *Susi Juvan,* 2. Pr. (je 5000 DM) an *Gebhard Szembek* u. *Manfred Schmucker.*

Osthaus (Karl-Ernst-O.)-Preis der Stadt Hagen, 1979 (10000 DM) an den Maler *Heinrich Siepmann;* nächste Verleihung 1981. Förderpreis 1979 (5000 DM) an den Maler *Willi Otremba;* nächste Verleihung 1982.

Pfalzpreis für Bildende Kunst des Bezirksverbandes Pfalz, 1979 (5000 DM) für Malerei an *Monica Schmidt-Eberhard.*

Ponto (Jürgen-P.)-Stiftung zur Förderung junger Künstler; 1980 im Bereich der Bildenden Kunst Förderung (je 20000 DM) an *Wolfgang Laib* und *Thomas Schütte;* s. a. Preise für Musik und Literatur.

Preis der Stadt Essen für Plakatgestaltung, 1979 1. Pr. (20000 DM) *Egon Waltl* (Österr.), 2. Pr. (10000 DM) *Theo Dohmen,* 3. Pr. (5000 DM) *Rolf Büttner;* Förderpreise (je 3000 DM) an *Bernd Möller, Achim Prasse* u. *Axel Camici.*

Prinz-Ludwig-Preis Förderpreis des Rats für Formgebung in Darmstadt für Studienabschlußarbeiten an Design-, Hoch- und Fachhochschulen in Hessen; 1979 (je 2500 DM) an *Hans-Werner Betz, Frank Blümler, Tilmann Grünberg, Franz Bruns, Peter Dziemballa, Michael Breuer* und *Berhard Siller.* Nächste Preisverleihung Ende 1980.

Ramboux-Preis der Stadt Trier, 1980 (4000 DM).

Ratgeb (Jerg-R.)-Preis des gleichnamigen Kreises in Stuttgart, 1979 (3000 DM) an *Theodor Kempkes.*

Rosenthal-Studio-Preis zum Thema »Türen u. Tore, Mauern u. Zäune«, 1980 an *Franz Xaver Lutz* (8000 DM) u. *Hans Arnold* (4000 DM).
Ruhrpreis für Kunst u. Wissenschaft der Stadt Mülheim a. d. Ruhr, 1979 (5000 DM) an *Hermann Prüssmann.* Förderpreise (je 2500 DM) an *Rainer Komes* u. *Gereon Schäfer.*
Salomon (Dr.-Erich-S.)-Preis der »Deutschen Gesellschaft für Photographie e. V.«, Köln, 1980 an die Zeitschrift »GEO« für Verdienste »um den Einsatz der Farbfotografie in einer populärwissenschaftlichen Zeitschrift«.
Scharff (Edwin-Sch.)-Preis der Freien und Hansestadt Hamburg, 1979 (15000 DM) an den Maler und Grafiker *Dieter Glasmacher.*
Schinkel (Karl-Friedrich-Sch.)-Preis 1979/80 des »Architekten- und Ingenieur-Vereins zu Berlin« in B. (West). Sparte Hochbau (je 8000 DM) an *Elisabeth Meik* und an die Architekten-Gemeinschaft *M. Boje, H. Schupbach, R. Vollmer* u. *H. Wiesemann.* Sparte Städtebau (12000 DM) an *J. Hoormann, Martin Jacobs, Engelbert Lütke-Daldrup* u. *Jörn Walter.* Sparte Straßenbau (Anerkennungspreis 3000 DM) an *Klaus Stay.* Sparte Wasserbau (6000 DM) an *Harald Kraft.* Sparte Konstrukt. Ingenieurbau (6000 DM) an *Folker Rockel.* Der Wettbewerb 1980/81 führt eine zusätzliche Fachsparte »Kunst und Bauen« ein.
Schmidt-Rottluff (Karl-Sch.-R.)-Stipendien der »Studienstiftung des Deutschen Volkes/Bonn e. V.«; 1980 (je 25000 DM) an *Heiner Altmeppen, Jürgen Bordanowicz, Dagmar Rhodius* und *Katharina Sieverding.*
Schober (Herbert-Sch.)-Preis der »Deutschen Gesellschaft für Photographie«, 1979 an *Rainer Jonas.*
Schumacher (Fritz-Sch.)-Preis der »Stiftung F.V.S.« zu Hamburg für Stadt- und Denkmalpflege, 1979 (je 20000 DM) an *Hans-Paul Bahrdt* und *Dieter Oesterlen.* Fritz-Schumacher-Medaille in Gold 1979 an *Oswald Graf Trapp.*
Schwabinger Kunstpreis der Landeshauptstadt München, 1980 (2000 DM) für Malerei und Grafik an *Josef Oberberger,* für Bildhauerei an *Marianne Rousselle;* s. a. Preise f. Literatur u. Musik.
Seerosen-Preis der Landeshauptstadt München, 1980 (je 5000 DM) an die Maler *Andreas Bindl, Andreas Bleeker, Karlheinz Gottstein, Alfried Hagedorn,* an den Graphiker *Albert Ferenz* und an die Bildhauerin *Marianne Lüdicke.*
Soest (Konrad-von-S.)-Preis des »Landschaftsverbandes Westfalen-Lippe« in Münster, 1980 (10000 DM).
Sprengel (Bernhard-S.)-Preis für Bildende Kunst, 1979 (25000 DM) an die Bildhauerin u. Objektkünstlerin *Christiane Möbus.*
»Stadtzeichner von Nürnberg«, Freies Wohnen für 3 Monate u. monatl. 2000 DM; 1980/81 *Mariusz Lukasik* (Polen), *Lis Nögl* (Dänemark), *Cesare Reggiani* (Italien) u. *Jan McKeever* (Großbrit.).
Steinert (Otto-St.)-Preis der »Deutschen Gesellschaft für Photographie«, erstmals 1979 (5000 DM) an *Hermann Stamm.*
Stenger (Dr. Erich-St.)-Preis der »Deutschen Gesellschaft für Photographie« für photohistorische Publikationen, 1980 (2000 DM) an *Ursula Peters.*
Stipendien der Landeshauptstadt München 1980 (je 6000 DM) an die bildenden Künstler *Nicolaus Gerhart, Dieter Villinger, Marianne Lautensack, Hans Seeger, Hansfried Münchberg, Shirley Schilling, Barbara Henning, Ralf Meyer-Ohlenhoff, Otto Künzli* u. *Christine Gruber;* s. a. Musikpreise.
Stipendium der Werkstatt Altena (monatl. 600 DM und freies Wohnen), s. WA '80, Sp. 518.
Tessenow (Heinrich-T.)-Medaille der Fritz-Schumacher-Stiftung, verliehen von der »Stiftung F.V.S.« zu Hamburg; 1979 an *Hellmut Weber,* 1980 an *Helmut Hentrich.*
Tusculum-Preis für bildende Künstler, gestiftet vom Galeristen Heinz Nied in Wiesbaden, 1979 (1000 DM) an den Graphiker *Stephan Bundi* (Schweiz).
Villa-Massimo-Stipendium Studienaufenthalt für Bildende Künstler und Architekten in der »Deutschen Akademie Villa Massimo«, Rom; verliehen vom Bundesministerium des Innern in Verbindung mit den Kultusministerien der Bundesländer (6–12monatige freie Unterkunft und 1100 DM monatl.). Studiengäste 1980–1981/82 Sektion Bildende Kunst: *Lutz Brockhaus, Klaus Heider, Roland Helmus, Thomas Kaminsky, Walter Kreuzer, Eberhard Linke, Heinz-Günter Prager, Heiner-Matthias Priesnitz, Hans Peter Reuter, Michel Sauer, Hans Dieter Schaal, Helmut Schweizer* und *Dietmar Ullrich;* Architektur: *Wolfram P. W. Goldapp, Marcel Kalberer, Margot* und *Gerald Marx* (s. auch »Literatur- und Musikpreise«).
Villa-Romana-Preis der gleichnamigen Stiftung in Düsseldorf, freies Wohnen in der Villa Romana in Florenz und Unterhaltszuschuß; 1980 an *Fritz Gilow, Reiner Mang, Reinhard Pods* u. *Gerd Rohling.*
10. Westermann-Fotowettbewerb '80 »Kind in der Stadt« der Westermanns Monatshefte, Preis (5000 DM) an *Rolf Münder,* Hannover.
Wettbewerb für Computergrafik der Ges. f. Computergrafik u. Computerkunst, 1979 (insges. 10000 DM) 1. Pr. *Hans Korneder,* 2. Pr. *Vera Molnar* (Frankr.), 3. Pr. *Axel Miessner.*
Zeichenwettbewerb der Firma Schwan-Stabilo, Schwanhäusser GmbH & Co. in Nürnberg, 1980 1. Pr. (5000 DM) an *A. Strach,* 2. Pr. (je 2000 DM) an *J. M. Gonzalez Cuasante* (Span.) u. *K. B. Lund* (Dänem.), 3. Pr. (je 1000 DM) an *A. Sandig, D. Stein* u. *R. Szonell.*

EUROPARAT

»Europäisches Museum des Jahres« Preis des Europarates in Straßburg, 1979/80 (10000 F und eine von Joan Miró gestiftete Skulptur) an das Städtische Museum der Stadt Rüsselsheim.

BELGIEN

Europapreis der Stadt Ostende für Malkunst 1980 1. Pr. (300000 bfr) an *Ruven Levav* (Israel), 2. Pr. (75000 bfr) an *Colin Lanceley* (Großbrit.), 3. Pr. an *Barbara Nemitz* (40000 bfr).

FRANKREICH

Grand Prix national d'architecture 1980 an *Claude Parent.*
Prix Honoré 1980 an den Grafiker *Roland Topor.*
Prix Nadar et le 2. Prix du livre Historique de la Photographie 1979 für »La France 1900 vue par les frères Seeberger« (Belfond).

ITALIEN

33. Internat. Festival des Humors in Bordighera 1980, Karikaturistenwettbewerb, Silb. Dattel für »Bubecs Zerr-spektive« (Handelsblatt).
Internat. philatelistischer Kunstpreis der Sammlertagung in Asiago, 1979 an *Albrecht Ade* für den Entwurf einer Marke für die Flüchtlingshilfe (Deutsche Bundespost, Ausg. Jan. 1978).
Premio Internazionale Biella per l'Incisione 1980 Graphikpreis an *Sonja Hoph* (BR Deutschld.).
Sirena d'Oro Gr. Preis der Internat. Ausstellung des Tourist. Werbeplakats in Mailand, 1979 an *Božena Jankowská* (Polen).

MONACO

Monaco-Preis für Gegenwartskunst 1979 an den Maler *Floris Brinkmann* (Niederlande).

ÖSTERREICH

Kokoschka-Gedächtnispreis gestiftet 1980 von der Österr. Bundesregierung in Höhe von 200000 S. Verleihung alle 2 Jahre.
Körner (Theodor-K.)-Stiftungsfonds zur Förderung von Wissenschaft und Kunst; Förderungspreisträger 1980 für Bildende Künste: *Robert Fleischmann, Erna Frank, Margit Gamenczy-Missura, Stefan Gjurko, Gerhard Gutruf, Anna Heindl-Wakolbinger, Vladimir Koci, Heinz Günther Leitner, Herbert Pasiecznyk, Johann Pollak, Peter Rataitz, Johanna Schönborn, Heinz Staffelmayer, Helmut Täubl, Felix Waske, Sonja Wottle* und *Paul Zündel.*
Kulturpreis des Burgenlandes 1979 u.a. an den Maler *Peter Pongratz,* an den Archäologen *Alphons Barb* und an den ehem. Landeskonservator *Alfred Schmeller;* s.a. Preise f. Literatur.
Österreichischer Staatspreis 1979 (150000 S) an den Maler u. Schriftsteller *Friedensreich Hundertwasser.*
Preise der Stadt Wien 1980 (je 75000 S) Würdigungspreise für Malerei an *Adolf Frohner,* für Graphik an *Karl Anton Fleck,* für Bildhauerei an *Franz Xaver Ölzant,* für Architektur an *Margarete Schütte-Lihotzky;* s.a. Preise f. Literatur u. Musik. Förderungspreise 1979 (25000 S) an *Tone Fink* u. *Erich Steininger.*

POLEN

Graphik-Biennale in Krakau, 1980 1. Pr. *Albin Brunovsky* (ČSSR), 2. Pr. *Ryszard Otreba* (Polen) u. *Jose Ciuha* (Jugosl.).

SCHWEIZ

Innerschweizer Kulturpreis 1980 (10000 sfr) an den Bühnenbildner *Toni Businger.*
Internat. Triennale für Farbige Druckgrafik in Grenchen, 1979 Preise an *Shigeyuki Kawachi* (Japan), *Wolfgang Gäfgen* (BR Deutschld.), *Morina Mayumi* (Japan), *Robert Wyss* (Schweiz) u. *Reinhard Zado* (BR Deutschld.). Spezialpreis f. Verleger an die Galerie »Erker« (St. Gallen).
Kulturförderungskredite des Kantons Zürich Kunstkredit 1979 a. d. Bildhauer *Hans Jakob Meyer.*
Kunstpreis der Carl-Heinrich-Ernst-Kunststiftung in Winterthur, 1979 a. d. Maler *Heinrich Bruppacher.*
Kunstpreis der Stadt Zürich 1979 an den Maler und Bildhauer *Hans Fischli.*
Kunststipendien der Stadt Zürich 1980 (je 6000 sfr) an *Vre Greile, John Grüniger, Peter Bräuninger, Aldo Bachmayer, Peter Emch, Dieter Leuenberger, Peter Maurer, Vladimir Špaček, Jürg Stocker* u. *Walter Pfeiffer* (4000 sfr u. Zuweisung des Zürcher Ateliers in New York für 6 Monate).
Meyer (Conrad-Ferdinand-M.)-Stiftung 1980 Zuwendung (7000 sfr) an den Bildhauer *Jürg Altherr;* s.a. Preise für Literatur.
Preis für die Förderung kultureller Beziehungen zwischen der Schweiz und Italien, gestiftet von der Banca della Svizzera Italiana, 1979 (50000 sfr) an den Bildhauer und Präsidenten der Eidgenössischen Kunstkommission *Remo Rossi.*
Rembrandt-Preis der »Johann-Wolfgang-von-Goethe-Stiftung« in Basel, 1979 (25000 sfr) an *Jan Dibbets* (Niederlande).

TSCHECHOSLOWAKEI

Großer Preis der Biennale von Preßburg (Bratislava) für die Illustrationen von Kinderbüchern, 1979 an *Horst Ensikat* (DDR).

VOM WELTKUNSTMARKT – AUSSTELLUNGEN – MUSEEN – KUNSTDIEBSTÄHLE

Die Ausstellung **»Paris–Moskau 1900–1930«** beendete die Trilogie (»Paris–New York«, »Paris–Berlin«) im Pariser »Centre Pompidou« 1979 mit über 300000 Besuchern. – Die Salvador **Dali-Retrospektive** im Pariser »Centre Pompidou« im Winter 1979/80 gab einen umfassenden Überblick über das Werk des Surrealisten. – **»Hommage à Monet«** war der Titel der großen Retrospektive im Pariser Grand Palais 1980 (130 Gemälde des Impressionisten). – Die **16. Europarat-Ausstellung** war Florenz und der Toscana der Medici im Europa des 16. Jahrhunderts gewidmet; die Ausstellungen in Florenz wurden durch Veranstaltungen in Arezzo, Grosseto, Impruneta, Lucca, Pisa, Livorno, Pistoia, Prato u. Siena ergänzt. – Mit Ausstellungen in Venedig, Verona, Vicenza, Padua und Bassano wurde der ital. Barockbaumeister **Andrea Palladio** geehrt. – »Kunst der siebziger Jahre« war das Thema der **39. Kunstbiennale in Venedig** 1980, an der sich 32 Länder beteiligten; erstmals nach 1945 wurde eine Architektur-Biennale unter dem Motto »Die Gegenwart des Vergangenen« durchgeführt. – Im New Yorker »Museum of Modern Art« verzeichnete 1980 die bisher umfangreichste **Picasso-Ausstellung** (»Pablo Picasso – a Retrospective«) 800000 Besucher; mehr als 1000 Werke aus aller Welt wurden gezeigt.

Pablo Picassos Gemälde **»Guernica«**, im span. Bürgerkrieg entstanden, wird 1980 aus dem New Yorker »Museum of Modern Art« nach Spanien übergeführt werden. Picassos Bedingung für die Rückführung war die »Wiederherstellung der Demokratie in Spanien«. – In Augsburg wurde zur 450. Wiederkehr des Tages der Verlesung der »Confessio Augustana« auf dem Reichstag von 1530 die Ausstellung **»Welt im Umbruch – Augsburg zwischen Renaissance und Barock«** gezeigt. – Zum 800. Jahrestag der Belehnung Otto von Wittelsbach mit dem Herzogtum Bayern fand in München und Landshut die Ausstellung **»Wittelsbach und Bayern«** statt. – Die 200. Wiederkehr des Todesjahres Maria Theresias war Anlaß zur Ausstellung **»Maria Theresia und ihre Zeit«** im Wiener Schloß Schönbrunn. – **»Bilder vom Menschen in der Kunst des Abendlandes«** zeigte 1980 die Jubiläumsausstellung der Stiftung Preußischer Kulturbesitz in Berlin in der Neuen Nationalgalerie. – Das New Yorker Guggenheim-Museum bereitet für Nov. 1980 eine große Ausstellung deutscher Expressionisten vor. – Unter dem Titel **»Internationale Ausstellung Köln 1981«** veranstaltet die Stadt Köln im Frühjahr 1981 im Kölner Messegelände eine Ausstellung zeitgenössischer Kunst seit 1939; mit etwa 500 Objekten soll die Abhängigkeit der Künstler von politischen und geistigen Strömungen der Zeit aufgezeigt werden. – Ausschließlich europäischer Gegenwartskunst soll die **»documenta VII«** 1982 in Kassel gewidmet sein.

In Assuan wurde der Grundstein für ein **»Nubisches Museum«** gelegt, das die vor den Fluten des Assuan-Stausees geretteten Kunstwerke aufnehmen soll; gleichzeitig wurde der Abschluß einer 20jährigen UNESCO-Kampagne zur Rettung der nubischen Tempel in Oberägypten und im Sudan gefeiert. In Kairo soll ein neuer Museumsbau das bestehende »Ägyptische Museum« ergänzen. – Ein Teil von **Pablo Picassos** künstlerischem **Nachlaß,** den seine Erben dem franz. Staat als Abgeltung der Erbschaftssteuer überlassen, wird ab 1981 im Hôtel Juigné in Paris in einem neuen **Picasso-Museum** ausgestellt. Picassos gesamter künstl. Nachlaß bestand aus 1856 Gemälden, 7089 Zeichnungen, etwa 27000 Kupferstichen u. Radierungen, 1355 Plastiken und 2880 keramischen Arbeiten; Schätzwert 1251 Mill. F. – Der stillgelegte Pariser Gare d'Orsay wird mit einem Aufwand von 363 Mill. F bis 1982 zu einem **»Museum des 19. Jahrhunderts«** umgebaut; es umfaßt 24000 m^2 Ausstellungsfläche und 18000 m^2 Büroräume für die Direktion der Staatl. Museen. – Die **Sammlung Peggy Guggenheim,** die 226 Werke moderner Künstler umfaßt, bleibt in Venedig. – In London entsteht eine neue Galerie für die Kollektion des engl. Malers **William Turner** (1775–1851), die 290 Ölgemälde und rund 19000 Zeichnungen, Aquarelle und Drucke umfaßt. Die Galerie erhält den Namen ihres Stifters *Charles Clore*. – Der brit. Bildhauer **Henry Moore** legte den Grundstein zu einer seinen Namen tragenden Kunstgalerie in Leeds, für die er eine Anzahl seiner bedeutendsten Werke spendete. – Der ital. Bildhauer *Giacomo Manzù* hat sämtliche Werke seines Museums in Ardea bei Rom dem ital. Staat vermacht. – Im neuen Flügel des **Metropolitan Museums** in New York, für 3 Mill. $ von dem Bankier *André Meyer* gestiftet, wurde eine der bedeutendsten Sammlungen europäischer Kunst des 19. Jahrhunderts eingerichtet. – Das **»Museum für Gegenwartskunst** der Emanuel-Hoffmann-Stiftung und der öffentl. Kunstsammlung« wurde in Basel eröffnet. – In Liechtenstein wurde dem Bau eines **Kunsthauses in Vaduz** für über 30 Mill. sfr zugestimmt, das Teile der fürstlichen Kunstsammlungen als ständige Leihgaben aufnehmen soll. – Die Ausstellungsfläche der **Moskauer Tretjakow-Galerie** wird durch zwei Neubauten um das Doppelte erweitert; die Galerie beherbergt u. a. die umfangreichste russische Ikonensammlung. – In **München** wurde im März 1980 die **»Staatsgalerie Moderner Kunst«** mit mehr als 400 Werken des 20. Jahrhunderts wiedereröffnet. Die **»Neue Pinakothek«,** der größte Museumsneubau der BR Deutschland nach 1945, mit einer Sammlung von rund 500 Kunstwerken des 19. Jahrhunderts, wird im Frühjahr 1981 eröffnet. – Die Stadt Frankfurt am Main erwarb für 5 Mill. DM Teile der **Sammlung Ströher** in Darmstadt für ein zukünftiges **Museum für Moderne Kunst** unter der Leitung von *Peter Iden.* – Nach Berlin erhält nun auch Frankfurt ein Architekturmuseum. – In West-Berlin wurde das Museumsgebäude des **Bauhaus-Archivs,** nach dem Entwurf von *Walter Gropius,* eröffnet. – Ein Großfeuer zerstörte Teile des **norddeutschen Landesmuseums** in Hamburg-Altona, das zu den bedeutendsten Sammlungen der Kultur- u. Kunstgeschichte Norddeutschlands zählt. – Nach Angaben des Deutschen Museumsbundes wurden 1979 in 900 hauptamtlich geführten **Museen** in der BR Deutschland u. in West-Berlin **38,5 Mill. Besucher** gezählt; davon kamen 24% in historische Museen u. Heimatmuseen, 16% in Kunstmuseen, 11% in technische Museen und 4% in Völkerkundemuseen.

»Kunst und Öffentlichkeit« war das Thema des **9. Kongresses der Internat. Ges. der Bildenden Künste (IGBK)** in Stuttgart 1979. Zum neuen Vorsitzenden des Deutschen Künstlerbundes wurde *Thomas Grochowiak* gewählt. – Das Museum für zeitgenössische Kunst **Villafamés** in Castellón (Spanien) veranstaltete im Sept. 1980 ein **»1. Internat. Treffen der Kunstkritik«** mit dem Thema einer möglichen Krise der Kunst u. der künstlerisch bestimmten Kultur innerhalb der westl. Zivilisation. – »Kunst auf der Suche nach einer neuen Weltordnung« ist das Thema des Internat. Weltkongresses der **Gesellschaft für bildende Künste (IAA)** 1982 in Mexiko; zum neuen Präsidenten der Gesellschaft wurde 1980 der Cubaner *Adigo Benitez* gewählt. – Für ein **»Statut des Künstlers«** wurden von Experten aus 68 Ländern bei der UNESCO in Paris Empfehlungen ausgearbeitet, die u.a. eine Sozialversicherung für Künstler und das Mitspracherecht bei der Kulturpolitik fordern. – Ein **»Europäisches Verbindungskomitee der bildenden Künstler«** wurde in Brüssel gegründet, es soll die beruflichen, wirtschaftlichen und sozialen Interessen der bildenden Künstler gegenüber den Organen der EG und dem Europarat wahrnehmen.

Ab 1. Okt. 1981 werden in der BR Deutschland die freien **Künstler, Autoren und Journalisten in der gesetzlichen Sozialversicherung** pflichtversichert. Drei Sechstel der Beiträge sollen durch die Künstler selbst, zwei Sechstel durch die Verwerter (Agenturen, Galerien, Verlage) und ein Sechstel durch den Bund getragen werden. – *Alfred Horné,* Leiter der Red. Sozialpolitik beim Bayer. Rundfunk, wurde zum neuen Vorsitzenden der **»Gewerkschaft Kunst«** gewählt, die in acht Verbänden 42000 Mitglieder zählt. – Der österr. Kunsthistoriker *Peter Weiermeier* wurde neuer Direktor des Frankfurter Kunstvereins. – Direktor der Akademie der Schönen Künste, Brera, in Mailand wurde der Bildhauer *Andrea Cascella.* – *Gerhard Bott,* der Generaldirektor der Kölner Museen, wurde zum neuen Generaldirektor des Germanischen Nationalmuseums in Nürnberg gewählt. – *Klaus-Jürgen Sembach* wurde von der Stadt Nürnberg zum Leiter des Projekts »Industriekultur« berufen. Mit diesem Projekt sollen die industrielle Vergangenheit erforscht u. ihre Zeugnisse gesammelt u. dokumentiert werden.

Eine Spinnweblampe von **Louis Tiffany,** aus der **Sammlung Mihalak,** erreichte im März 1980 bei Christie's in New York den Rekordpreis von 360000 $, eine Libellenlampe 200000 $. – Die Versteigerung der **Sammlung Chrysler-Garbisch** im Mai 1980 bei **Sotheby-Parke-Bernet** in New York erbrachte für 40 Werke der klassischen Moderne 14,8 Mill. $; *Pablo Picassos* »Sitzender Gaukler mit gekreuzten Armen« (1923) ging dabei für 3 Mill. $ an das Bridgestone-Museum in Tokio. Eine darauffolgende Auktion bei **Christie's** erzielte für 10 Bilder des Impressionismus und der Moderne aus der **Sammlung Henry Ford II** 18,39 Mill. $. »Le jardin du poète, Arles« (1888) von *Vincent van Gogh* erbrachte mit 5,2 Mill. $ den Höchstpreis und ging an den Reeder *Niarchos;* das Bild »Paysan en blouse bleue« von *Paul Cézanne* erreichte 3,9 Mill. $, »La Plage au Pouldou« von *Paul Gauguin* 2,9 Mill. $. – Ein Exemplar des von *Henri Toulouse-Lautrec* 1891 entworfenen Plakats **»Moulin Rouge«** erzielte für umgerechnet 100000 DM in New York den höchsten Kaufpreis, der je für ein Plakat auf einer Auktion bezahlt wurde. – *William Turners* 1836 entstandenes Gemälde »Juliet and her Nurse« wurde im Mai 1980 für den **Rekordpreis** von 6,4 Mill. $ bei **Sotheby-Parke-Bernet** in New York versteigert. – Ein wiederentdecktes Gemälde des flämischen Malers *Dirk Bouts* (1420–75), »Auferstehung Christi«, wurde bei der **Frühjahrsauktion alter Meister** des Londoner Auktionshauses **Sotheby** für 1,7 Mill. £ für das Norton-Simon-Museum in Pasadena (Cal./USA) ersteigert. – Das **Rubens-Gemälde** »Samson und Delila« wurde bei **Christie's** in London, im Juli 1980, für 2,3 Mill. £ für die Brit. Nationalgalerie erworben. – Im Geschäftsjahr 1979/80 verzeichnete Sotheby-Parke-Bernet einen **Gesamtumsatz** von 241,8 Mill. £, Christie's erzielte 153,4 Mill. £ u. Philips 36 Mill. £.

Über 220 Kunstwerke wurden 1979 **aus italienischen Museen gestohlen,** darunter Gemälde von *Canaletto, van Dyck, Renoir* und Skulpturen von *Bernini, Canova* und *Verrocchio.* – Ein aus der Nationalgalerie in Oslo gestohlenes *Rembrandt*-Gemälde wurde in Paris, das **Lukas-Cranach-Gemälde »Lucretia«,** im Febr. 1980 aus dem Stockholmer Nationalmuseum entwendet, in Memmingen sichergestellt. – Aus dem Dom von Gaeta wurde der »Schatz des heiligen Erasmus«, Kunstwerke im Wert von etwa 2 Mill. DM, gestohlen. – Sakrale Kunstgegenstände in Millionenwert wurden aus der Kathedrale von Tarragona entwendet. – Das Gemälde »Abend Oktober 1824« von *Caspar David Friedrich* ist nach einem Diebstahl wieder im Besitz der Mannheimer Kunsthalle. – Das Gemälde »Die heilige

Familie« von *Tintoretto,* bei Kriegsende aus der Dresdner Gemäldegalerie gestohlen, wurde in New York sichergestellt.
45 neue Stätten, darunter die Kathedrale von Chartres, die Altstädte von Damaskus u. Dubrovnik, die Ruinen von Theben u. Persepolis sowie der Mount Everest wurden von der **UNESCO** in die **Liste der »Weltkulturgüter«** aufgenommen, die jetzt insges. 57 Städte, Denkmäler, Ruinen u. Naturschätze umfaßt; die BR Deutschland ist nur mit dem Aachener Dom vertreten. – Das Landhaus des Impressionisten *Claude Monet* in Giverny bei Vernon (Nordfrankreich), seit 1966 im Besitz der franz. Akademie der Schönen Künste, wurde restauriert u. für die Öffentlichkeit zugänglich gemacht. – Das **Saarbrücker Schloß,** während der Franz. Revolution zerstört, soll nach Originalplänen für rund 47 Mill. DM wieder aufgebaut werden. – Im **Schloß zu Versailles** wurden der Spiegelsaal und das Prunkschlafzimmer *Ludwigs XIV.* restauriert. Der französische Staat stellte während der vergangenen zehn Jahre 139 Mill. F für die Instandsetzung des Schlosses zur Verfügung. – Die Renovierung der Schlösser und Gärten von **Sanssouci** wird noch bis zum Jahr 2000 dauern; zur Zeit werden jährlich etwa 4 Mill. Mark für die Restaurierung des Schlosses ausgegeben. – Für das wiedererrichtete **Warschauer Königsschloß** hat die Bundesregierung Einrichtungsgegenstände im Wert von 2 Mill. DM als Geschenk bestimmt. – Das Museum **Ca' d'Oro** am Canal Grande in Venedig wird nach elfjähriger Renovierungsarbeit Anfang 1981 wieder geöffnet. – Für den Wiederaufbau des **Museums für Moderne Kunst in Rio de Janeiro,** das 1978 durch einen Brand zerstört wurde, stiftete ein Förderkreis deutscher Künstler 40 eigene Werke. – Nach den Plänen des Japaners *Koji Niishikawa* sollen die Ruinen der mesopotamischen Stadt **Babylon** zu einer **Museumsstadt** ausgebaut werden. – Für die **Erhaltung** und den Wiederaufbau **von national bedeutsamen Baudenkmälern in der BR Deutschland** wurden 1980 18,24 Mill. DM vom Bundesinnenministerium bereitgestellt. – Die italienische Regierung bewilligte rund 400 Mill. DM für die **Erhaltung antiker Bauwerke** (u. a. Titus- u. Konstantinbogen, Trajan- u. Mark-Aurel-Säule), für Ausgrabungen und für die Neuordnung von Museen. – Nach vierjähriger Arbeit wurde in der DDR eine **»Zentrale Denkmalliste«** fertiggestellt, die 399 Denkmale von besonderer nationaler u. internationaler Bedeutung enthält. – Das Bundesministerium für Bildung u. Wissensch. vergab 1980 20 Stipendien an Handwerker, die sich am **Europ. Ausbildungszentrum für Denkmalpflege** auf der Isola di San Servolo in **Venedig** fortbilden wollen. – Das erste deutsche **Fortbildungszentrum für Handwerk und Denkmalpflege** wurde 1980 in **Fulda** anläßlich des Europarat-Symposions »Handwerk in der Denkmalpflege« eröffnet.
Im Verlag Wolfgang Krüger, Frankfurt, erschien **»Der deutsche Museumsführer«,** der Auskunft über mehr als 1500 Museen in der BR Deutschland und West-Berlin gibt. – Im Verlag Münchner »Weltkunst« erscheint in Zusammenarbeit mit der franz. Zeitschrift »connaissance des arts« die Kunstzeitschrift **»galerie der künste«.** – Zum ersten Mal erschien ein Gesamtkatalog der Kunstschätze der **Uffizien** in Florenz.

LITERATURPREISE

Auswahl Eine umfassende Aufstellung für die Jahre 1945–1961 brachte der Fischer Weltalmanach 1961 (S. 297 ff.); seither wird im Weltalmanach laufend in Auswahl über Literaturpreise und Preise für Verdienste um die deutsche Sprache, für Übersetzungen, Journalismus und Darstellende Kunst berichtet.

DEUTSCHLAND

Adenauer (Konrad-A.)-Preis für Literatur der »Deutschland-Stiftung e. V.«, 1980 keine Verleihung.
Adenauer (Konrad-A.)-Preis für Publizistik der »Deutschland-Stiftung e. V.«, 1980 keine Verleihung.
Adorno (Theodor-W.-A.)-Preis der Stadt Frankfurt am Main, 1980 (50000 DM) an den Sozialwissenschaftler *Jürgen Habermas;* nächste Verl. 1982.
Albertus-Magnus-Medaille der Stadt Regensburg, 1979 an *Ansgar von Schlichtegroll;* 1980 an *Karl Bauer* u. *August Scharnagl.*
»Alternativer Anton« Preis der Gegenbuchmesse der Arbeitsgemeinschaft alternativer Verlage und Autoren (AGAV); 1979 für die Fernsehsendung »Pop Show«. »Preis für das nichterschienene Buch des Jahres« an *Ingeborg Drewitz* für die angekündigte Anthologie »Mut zur Meinung«.
Andersen (Hans-Christian-A.)-Medaille des »Internat. Kuratoriums für das Kinderbuch« (IBBY), 1980 an *Bohumil Riha* (ČSSR) u. *Suekichi Akaba* (Japan).

Arbeitsstipendium des Landes Baden-Württemberg erstmals 1980 (24000 DM), an *Christoph Meckel;* weitere Stipendien an *Günter Herburger* u. *Hellmut Foerster.*

Arndt (Ernst-Moritz-A.)-Medaille der Pommerschen Landsmannschaft, 1979 Große Medaille an *Helmut Lemke* und *Gerhard Stoltenberg.*

Autorenpreis der Deutschen Umwelthilfe e.V. s. WA '80, Sp. 525

Autorenstiftung des Verlags der Autoren in Frankfurt, 1979 Stipendien (je 6500 DM) an *Gustav Ernst* (Österreich), *Klaus Pohl* und *Peter Sattmann.*

Battelle-Preis für Wissenschaftsjournalismus des gleichnamigen Instituts in Frankfurt am Main, 1979 (5000 DM) an *Walter Frese.*

Bayerische Akademie der Schönen Künste in München, 1980 Literaturpreis (10000 DM) an *Jürgen Becker;* Ehrengaben (je 4000 DM) an *Dietrich Krusche* und *Albert Freiherr von Schirnding;* s.a. Preise für Kunst.

Bayerischer Poetentaler der Autoren-Vereinigung »Die Turmschreiber« in München, s. WA '80, Sp. 526

Biermann-Ratjen-Medaille der Freien und Hansestadt Hamburg, 1980 an den Schriftsteller *Martin-Beheim-Schwarzbach.*

Bödecker (Friedrich-B.)-Preis des F.-B.-Kreises in Hannover für Kinder- u. Jugendliteratur, s. WA '80, Sp. 526

Bodensee-Literaturpreis der Stadt Überlingen, 1980 (3000 DM) an den Schweizer Journalisten u. Schriftsteller *Otto Frei.*

Bonsels (Waldemar-B.)-Preis der gleichnamigen Stiftung in München, 1980 in Höhe von 40000 DM für die besten buchwissenschaftlichen Arbeiten ausgeschrieben.

Borchling (Conrad-B.)-Preis der »Stiftung F.V.S.« zu Hamburg für hervorragende wiss. Arbeiten auf dem Gebiet der niederdt. u. friesischen Sprach- und Literaturwissenschaft, 1979 (10000 DM) an *Ludger Kremer;* nächste Verleihung 1981.

Bosl (Heinz-B.)-Preis der gleichnamigen Stiftung in München, 1980 keine Verleihung.

Braem (Helmut-M.-B.)-Übersetzerpreis des »Freundeskreises zur internat. Förderung lit. u. wissensch. Übersetzungen« in Stuttgart; Verleihung Nov. 1980.

Bräuer (Karl-B.)-Preis des Bundes der Steuerzahler, nächste Verleihung 1981.

Brüder-Grimm-Preis der Philipps-Universität in Marburg, nächste Verleihung 1981.

Brüder-Grimm-Preis des Landes Berlin Verliehen zur Förderung des modernen Kinder- und Jugendtheaters; 1979 (10000 DM) an *Willy Praml* und *Hans-Jörg Maier.*

Büchner (Georg-B.)-Preis der »Deutschen Akademie für Sprache und Dichtung e.V.« in Darmstadt, 1980 (20000 DM) an *Christa Wolf* (DDR).

Buchpreis des Deutschen Alpenvereins 1980 Sachbuch: 1. Pr. (2000 DM) an *Dietrich Hasse/Heinz Lothar Stutte* (Felsenheimat Elbsandsteingebirge), 2. Pr. (1000 DM) an *Robert C. Bachmann* (Gletscher der Alpen), 3. Pr. (je 500 DM) an *Bruno Moravetz* u. *Fritz Schmitt.* Nicht-Sachbuch: 1. Pr. (je 1000 DM) an *Reinhold Messner* (Alleingang Nanga Parbat) u. *Herm. u. Dietl. Warth* (Makalu-Expedition in die Stille).

Buchpreis des Deutschen Verbandes Evangelischer Büchereien 1980 an *Rudolf Otto Wiemer.*

Bundesverdienstkreuz der Bundesrepublik Deutschland, 1979 u.a. an *Sebastian Haffner,* 1980 an *Ruth Leuwerik, Maria Schell, O. W. Fischer* u. *Rudolf Mühlfenzl.*

Buxtehuder Bulle Jugendbuchpreis des Buxtehuder Buchhändlers Winfried Ziemann, 1979 (8000 DM) an *Michael Ende.* Ab 1981 Finanzierung des Preises durch die Stadt Buxtehude.

Choreographischer Wettbewerb Köln der Internat. Sommerakademie des Tanzes in Köln, 1980 je ein 2. Pr. an *Doris Seiden* u. *Wendy Shankin* (USA), *Gilberto Ruiz-Lang* (Mex.) u. an *Avelina Arguelles-Miranda* (Span.)

Christophorus-Autorenpreise des HUK-Verbandes in Hamburg für publizistische Verdienste um die Sicherheit im Straßenverkehr; 1979 an *Karl-August Blendermann, Rudolf Hamann, Sibylle Nägele, Manfred Raff* u. *Klaus Bernd Winter.* Autoren-Team-Preise an *H. Forgber, E. Glück, H. Roth* u. *P. Wilhelm; R. W. Heinrich, D. Th. Hesse* u. *E. R. Kächler.*

Comenius-Preis des Frankfurter Instituts für Bildungsmedien, erstmals 1980 (10000 DM) an *Walter Heginger* (Österreich).

Coppernicus (Nicolaus-C.)-Preis der Kreisgemeinschaft Stadt Allenstein in der Landsmannschaft Ostpreußen, Gelsenkirchen; s. WA '80, Sp. 527

Cotton (Jerry-C.)-Preis für den besten Kriminalroman, gestiftet von dem Verleger Gustav Lübbe, Bergisch Gladbach; Verleihung (insges. 20000 DM) Ende 1980.

Daphne Bühnenpreis 1979 der Theatergemeinde Berlin e.V. an *Tillmann Braun.*

Dauthendey (Max-D.)-Plakette der gleichnamigen Gesellschaft in Würzburg für Verdienste um die Fränkische Dichtung, s. WA '80, Sp. 528

Dehio (Georg-D.)-Preis der »Künstlergilde e.V.« in Esslingen, 1980 (10000 DM) an den österr. Kunsthistoriker *Wilhelm Mrazek;* Ehrengaben (je 4000 DM) an *Gerard Kozielek* und *Rudolf Hartmann.*

Dehler (Thomas-D.)-Preis Literaturpreis des Bundesministers für innerdeutsche Beziehungen, 1980 keine Verleihung.

Dehmel (Ida-D.)-Literaturpreis der GEDOK, 1980 (2000 DM) an *Ingeborg Drewitz.* Verl. alle 3 J.

Deutsche Akademie für Kinder- und Jugendliteratur in Volkach, 1980 Gr. Preis (6000 DM) an *Michael Ende.*

Deutsche Akademie für Sprache und Dichtung e. V. in Darmstadt, 1979 Prämie (3000 DM) für die Beantwortung der 10. Preisfrage »Welche Kriterien gibt es heute für den freien Vers?« an den Schweizer *Hans-Jost Frey*. 11. Preisfrage: »Ist Berufung auf Sprachgefühl berechtigt?« Preisverleihung im Herbst 1981 (5000 DM).

Deutscher Jugendbuchpreis des Bundesministeriums für Jugend, Familie und Gesundheit, verliehen in Zusammenarbeit mit dem »Arbeitskreis für Jugendliteratur«; 1980 (je 7500 DM) für Bilderbuch an *John Burningham* für »Was ist dir lieber...«, für Jugendbuch an *Ursula Fuchs* für »Emma oder: die unruhige Zeit« und an *Renate Welsh* für »Johanna«, für Sachbuch an *Grethe Fagerström* u. *Gunilla Hansson* für »Peter, Ida und Minimum« und an *Heribert Schmid* für »Wie Tiere sich verständigen«.

Deutscher Kleinkunstpreis des Mainzer Forum-Theaters »unterhaus«, 1979 (je 5000 DM) an *Vicco von Bülow (Loriot), Wolf Biermann* und *Siegfried Zimmerschied;* Förderpreis der Stadt Mainz an das Berliner Kabarett-Ensemble die »Drei Tornados«.

Deutscher Sachbuchpreis der Stadt Osnabrück, verliehen vom Deutschen Bibliotheksverband; 1980 (10000 DM) an den Soziologen *Walter Hollstein.* Nächste Verleihung 1982.

Deutscher und Internat. Kurzgeschichtenpreis der Stadt Arnsberg; nächste Verleihung 1981.

Deutsch-Französischer Übersetzerpreis der Bäder- und Kurverwaltung der Stadt Baden-Baden, 1980 (2000 DM) an *Gerhard Heller;* nächste Verleihung 1982.

Döblin (Alfred-D.)-Preis der gleichnamigen Stiftung von Günter Grass; 1979 (15000 DM) erstmals an den Schweizer Romancier *Gerold Späth.*

Donauschwäbischer Kulturpreis des Landes Baden-Württemberg, 1979 (5000 DM) an den Kulturpolitiker *Kaspar Hügel;* Ehrengabe (2500 DM) an den Schriftsteller *Johannes Wurtz.*

Dovifat (Emil-D.)-Preis gestiftet vom »Verein Union Presse« und vom Deutschen Monatsblatt für Journalisten der Regionalpresse; erstmals 1979 an *Fritz Feder* und *Peter Quay.*

Drexel (Joseph-E.-D.)-Preis der gleichnamigen Stiftung in Nürnberg, 1980 (15000 DM) an *Franz J. Bautz.*

Droste-Hülshoff (Annette-von-D.-H.)-Preis (10000 DM) des Landschaftsverbandes Westfalen-Lippe, 1979 an *Peter Rühmkorf;* nächste Verl. 1981.

Droste-Preis der Stadt Meersburg; nächste Verleihung 1983.

Duden (Konrad-D.)-Preis der Stadt Mannheim und des Bibliographischen Instituts für besondere Verdienste um die deutsche Sprache, 1979 (10000 DM) an *Peter von Polenz;* nächste Verleihung 1981.

Ehrenbürgerschaft der Stadt Nürnberg 1980 an den Schriftsteller *Hermann Kesten* verliehen.

Ehrensenator der Johann-Wolfgang-Goethe-Universität in Frankfurt am Main; Verleihung des Titels 1980 an *Gottfried Bermann Fischer* für seine Verdienste um die Einrichtung einer Gastdozentur für Poetik.

Eichendorff-Literaturpreis der Ges. f. Literatur u. Kunst »Der Osten« e. V. in Lörrach u. des »Wangener Kreises«; 1980 (5000 DM) an *Ilse Langner.*

Elsaßpreis der Stadt Schongau verliehen durch die »Académie d'Alsace« in Colmar, 1980 (500 DM) an *Magdalena Horst* (Strasbourg).

Engelke (Gerrit-E.)-Literaturpreis der Landeshauptstadt Hannover, erstmals 1980 (15000 DM zu gleichen Teilen) an *Günter Wallraff* und *Günter Herburger;* Verleihung alle 2 Jahre.

Erhard (Ludwig-E.)-Preis für Wirtschaftspublizistik, 1980 (je 10000 DM) an *Hans Herbert Götz, Michael Jungblut* und *Ernst-Joachim Mestmäcker.*

Europäischer Journalistenpreis 1979 der »Vereinigung Europ. Journalisten« an *Claus Schöndube* (BR Deutschland) und *Enzio Bacino* (Italien).

Fallada (Hans-F.)-Preis der Stadt Neumünster, erstmals 1981 (10000 DM) an Schriftsteller, die Probleme der Gegenwart mit politisch-sozialem Hintergrund behandeln; Verleihung alle 2 Jahre.

Feuchtwanger (Lion-F.)-Preis der »Akademie der Künste« in Berlin (Ost), s. WA '80, Sp. 529

Flach (Karl-Hermann-F.)-Preis der F.D.P. und der »Friedrich-Naumann-Stiftung e. V.« in Bonn, 1979 (5000 DM) an den Journalisten *Rolf Zundel.*

Fleißer (Marieluise-F.)-Preis Literaturpreis der Stadt Ingolstadt, erstmals 1981 (10000 DM); alle 5 Jahre.

Fontane-Preis (Kunstpreis Berlin) der »Akademie der Künste« in Berlin (West), 1979 (30000 DM) an *Alexander Kluge.*

»Förderpreis für eine kleinverlegerische Leistung – Verlag, Grafik, Literatur« (V.O. Stomps-Preis) der Stadt Mainz; nächste Verleihung 1981.

Förderpreis für Literatur der Landeshauptstadt Düsseldorf, 1979 (je 4000 DM) an *Doris Wolf* und *Jens Prüß.*

Förderpreis Rheinland-Pfalz für junge Künstler, gestiftet von der Landesregierung; 1979 für Lit. an *Sigfrid Gauch* (3000 DM), *Birgit Berg* (2000 DM) u. *Wolfgang Diehl* (2000 DM).

Förderstipendium der Stadt Köln für Literatur (18000 DM, monatl. 1500 DM) 1980 an Jens Hagen.

Förderungspreis der Landeshauptstadt München 1980 (je 8000 DM) für Literatur an den Romancier *Mathias Schröder;* für Interpretierende Kunst an die Tänzerin *Gigi Hyatt,* an die Schauspielerin *Franziska Walser* und an den Jazz-Musiker *Thomas Faist;* s. a. Preise für Musik und Kunst.

Förderungspreis der Stadt Nürnberg 1980 s. Preise für Musik und Kunst.

Förderungspreis des Freistaat Bayern 1980 (10000 DM) für Literatur an *Udo Steinke.*

Förderungspreis des Landes Nordrhein-Westfalen für junge Künstler, s. WA '80, Sp. 530
Förderungsstipendium der Frankfurter Autorenstiftung (je 6500 DM) an *Gustav Ernst, Klaus Pohl* und *Peter Sattmann.*
Freiheitspreis des »Freien Deutschen Autorenverbandes e. V.« in München; nächste Verl. 1981.
Freud (Sigmund-F.)-Preis der »Deutschen Akademie für Sprache und Dichtung e. V.« in Darmstadt für wissenschaftliche Prosa; 1980 (10000 DM) an *Hans Blumenberg.*
Freudenthal-Preis der gleichnam. Ges. in Rotenburg/Wümme für Gedichte od. Kurzgeschichten in plattdeutscher Sprache; 1979 (1000 DM) an *Albert Rüschenschmidt;* 1980 (1500 DM).
Fugger (Jakob-F.)-Medaille des Bayerischen Zeitschriftenverlegerverbandes, 1979 an *Karl Steinbuch* für seine Verdienste um das Presse- u. Nachrichtenwesen.
Gerstäcker (Friedrich-G.)-Preis der Stadt Braunschweig, 1980 (6000 DM) an *Werner J. Egli* (Schweiz); nächste Verleihung 1982.
Geschwister-Scholl-Preis der Landeshauptstadt München und des Verbandes der Bayerischen Verlage und Buchhandlungen; 1979 in Höhe von 20000 DM gestiftet; wird erstmals im Nov. 1980 während der Münchener Bücherschau verliehen.
Goethe-Medaille des »Goethe-Instituts« München für besondere Verdienste um die Förderung der deutschen Sprache im Ausland; Goldmedaille 1980 an *Walter Koch* (Brasilien), *Claudio Magris* (Italien), *Joseph P. M. Stern* (Großbrit.) und postum an *Dušan Tomovsky* (Jugoslawien).
Goethe-Plakette der Stadt Frankfurt am Main, 1979 an *Christoph von Dohnanyi.*
Goethe-Plakette des Hessischen Kultusministers, s. WA '80, Sp. 531
Goethe-Preis der Stadt Berlin (Ost), 1979 u. a. an die Schauspieler *Herwart Grosse* und *Erika Pelikowski* und an die Schriftsteller *Helmut Baierl, Wieland Herzfelde* und *Michael Tschesno-Hell;* s. a. Preise f. Musik und Kunst.
Goldene Nadel der »Dramatiker-Union e. V.« in Berlin, 1979 keine Verleihung; 1980 an *Richard Bars.*
Groth (Klaus-G.)-Preis der »Stiftung F.V.S.« zu Hamburg; nächste Verleihung 1981 (5000 DM).
Gryphius (Andreas-G.)-Preis der »Künstlergilde e. V.« in Esslingen, finanziert vom Bundesministerium des Innern und den Bundesländern; 1980 (10000 DM) an den Schriftsteller *Saul Friedländer* (Israel); Ehrengaben (je 4000 DM) an *Esther Knorr-Anders, Heinz Georg Podehl* und *Dieter Schlesak.*
Gundolf (Friedrich-G.)-Preis für Germanistik im Ausland der »Deutschen Akademie für Sprache und Dichtung e. V.« in Darmstadt, 1980 (10000 DM) an den sowjetischen Germanisten und Schriftsteller *Lew Kopelew.*
Gutenberg-Plakette der Stadt Mainz, 1980 an *Helmut Presser* u. *Fritz Fleck.*
Gutenberg-Preis der Stadt Mainz u. der Gutenberg-Ges. Mainz, 1980 (20000 DM) an den Buchwissenschaftler *Hellmut Lehmann-Haupt* (USA) für seine Leistungen beim Aufbau des deutschen Buch- u. Verlagswesens nach dem Krieg.
Hans-im-Glück-Preis des »Vereins zur Förderung der Kinder- und Jugendliteratur e. V.« in Nomborn/Westerw., s. WA '80, Sp. 531
Hauff (Wilhelm-H.)-Preis der Buchhandlung Friedrich von Kloeden in Berlin (West), 1980 an *Michael Ende* für »Die unendliche Geschichte«.
Hauptmann (Gerhart-H.)-Preis der »Freien Volksbühne e. V.« in Berlin (West), 1979 (10000 DM) an den Dramatiker *Stefan Schütz* (DDR).
Hebbel (Friedrich-H.)-Stiftung 1903 Förderungsbeihilfe, s. WA '80, Sp. 531
Hebel (Johann-Peter-H.)-Preis des Landes Baden-Württemberg, 1980 (10000 DM) an den Schriftsteller und Soziologen *Elias Canetti.*
Hegel-Preis der Landeshauptstadt Stuttgart; nächste Verleihung 1982 (15000 DM).
Heine (Heinrich-H.)-Preis des Ministeriums für Kultur der DDR, 1979 an den Lyriker *Jürgen Rennert.*
Heine-Preis der Landeshauptstadt Düsseldorf; nächste Verleihung 1981 (25000 DM).
Heinse (Wilhelm-H.)-Medaille der Akademie der Wissenschaften und der Literatur in Mainz, 1979 an *Susan Sontag;* 1980 an *Giorgio Manganelli.*
Helmstedter Literaturpreis des »Freien Deutschen Autorenverbandes e. V.« (FDA) in München, für »die beste Gestaltung der Grenzlandverhältnisse in einem Roman«; erstmals 1980 (5000 DM).
Herder-Preise s. Preise für Frieden.
Hersfeld-Preis für Schauspieler der »Ges. der Freunde der Stiftsruine e. V.« u. der Stadt Bad Hersfeld, 1980 »Gr. Preis« an *Susanne Uhlen* u. *Will Quadflieg;* »Kl. Preis« an *Nikolaus Paryla* (abgelehnt) u. *Wolfgang Gellert.*
Hesse (Hermann-H.)-Medaille der Stadt Calw, 1980 keine Verleihung.
Hesse (Hermann-H.)-Preis der »Förderungsgemeinschaft der deutschen Kunst e. V.« und der Stadt Karlsruhe; Verl. Nov. 1980 (10000 DM); alle 3 Jahre.
Heydt (Eduard-von-der-H.)-Preis der Stadt Wuppertal, 1979 (10000 DM) an den Sozialwissenschaftler *Gerhard Deimling;* Förderpr. (5000 DM) an *Detlef Schönenberg.*
Hieronymus-Ring Gestiftet von den deutschsprachigen Übersetzern und dem Rowohlt-Verlag, 1979 an *Susanne Brenner-Rademacher;* Weiterverleihung durch die Trägerin nach drei Jahren.
Hofer (Carl-H.)-Preis s. Musikpreise.
Hoferichter (Ernst-H.)-Preis der gleichnamigen Stiftung in München, 1980 (je 10000 DM) an *Peter de Mendelssohn, Gerhard Polt* und *Herbert Riehl-Heyse.*

Huch (Ricarda-H.)-Preis der Stadt Darmstadt, nächste Verleihung 1981 (10000 DM).
Humboldt-Gesellschaft e. V. in Mannheim, Goldene Medaille 1980 nicht verliehen, Humboldt-Plakette 1980 an den Dichter *Fritz Usinger.*
»in MEDIAS res« Preis für Kommunikationsforschung, gestiftet vom Verleger Hubert Burda, Offenburg; 1979 (25000 DM) an *Karl Wolfgang Deutsch.*
Internationaler Kurzgeschichtenpreis der Stadt Arnsberg; nächste Verleihung 1981.
Jaksch (Wenzel-J.)-Preis s. Preise für Frieden.
Journalistenpreis der »Freien Wohlfahrtspflege e. V.« in Bonn, 1980 (4000 DM) an *M. Wesener* (Kölner Stadtanzeiger), (1000 DM) an *G. M. Kirk* (Badische Zeitung).
Journalistenpreise des Bayerischen Landtages 1980 (je 3000 DM) an *Oskar Hatz, Rolf Linkenheil* u. *Georg Wulffius;* Sonderpr. an *Max Domarus.*
Kästner (Erich-K.)-Preis der gleichnamigen Ges. in München; nächste Verleihung 1981 (10000 DM).
Katholischer Journalistenpreis der Deutschen Bischofskonferenz, 1980 1. Pr. (je 4000 DM) an *Robert Schmelzer* und *Eberhard Schulz;* Preis für junge Autoren (2000 DM) an *Michaela Bilters.*
Katholischer Kinderbuchpreis der Deutschen Bischofskonferenz; nächste Verleihung 1981 (10000 DM).
Kerr (Alfred-K.)-Preis für Literaturkritik des »Börsenblatts für den Deutschen Buchhandel«, 1980 (5000 DM) an die Redaktion der Literaturzeitschrift »die horen«.
Kisch (Egon-Erwin-K.)-Preis des Hamburger Magazins »stern« für hervorragende Reportagen in deutscher Sprache; 1980 1. Pr. (25000 DM) an *Stefan Klein* (SZ), 2. Pr. (15000 DM) an *Marie-Luise Scherer* (Der Spiegel), 3. Pr. (10000 DM) an *Henno Kroll* (Geo).
Kogge-Ehrenring der Stadt Minden, 1979 an den Schriftsteller *Walter Alexander Bauer.*
Kogge-Literaturpreis der Stadt Minden, nächste Verleihung 1981; Förderpreis 1979 (2500 DM) an *Doris Mühringer* (Österreich).
Kritikerpreis des »Verbandes der deutschen Kritiker e. V.« in Berlin (West), 1979 an *Klaus Wagenbach* (Literatur), *Barbara Heinisch* (Bildende Kunst), *Otto Sander* (Theater), *Frank Beyer* (Film), *Marianne Lüdcke* (Fernsehen), *Vladimir Gelvan* (Tanz) und *Brigitte Fassbaender* (Musik).
Kultureller Ehrenpreis der Landeshauptstadt München, 1980 (20000 DM) an den Historiker und Schriftsteller *Golo Mann.*
Kulturförderpreise der Stadt Erlangen 1980 an *Bernd Böhner, Heinz Ehemann, Rainer Glas, Traugott Jaeschke, Gabbo Mateen, Werner Müller, Klaus Renner* und *Wolfgang Watzinger.*
Kulturkreis im Bundesverband der Deutschen Industrie (BDI) e. V. in Köln, 1980 Ehrengabe für Literatur (12000 DM) an *Günter Kunert;* Förderpreis (8000 DM) an *Aras Ören;* Sonderpreis (10000 DM) an den Übersetzer *Curt Meyer-Clason.*
Kulturpreis der Bayerischen Landesstiftung 1980 (je 10000 DM) an *Max Spindler* u. an den Kammerchor Marktoberdorf.
Kulturpreis der Landeshauptstadt Kiel 1980 s. Preise f. Musik.
Kulturpreis der Landsmannschaft Mecklenburg 1980 (2000 DM) an *F. W. Giebel.*
Kulturpreis der Stadt Bayreuth 1980 (5000 DM) an den Schriftsteller *Erich Rappl.*
Kulturpreis der Städte Ravensburg und Weingarten s. WA '80, Sp. 534; nächste Verleihung Ende 1980.
Kulturpreis der Stadt Essen, s. WA '80, Sp. 534
Kulturpreis der Stadt Goslar Nächste Verleihung 1982 (5000 DM).
Kulturpreis der Stadt Passau für die Böhmerwäldler 1979 (1000 DM) an *Karl Maschek* (Österr.); 1980 an *Alfred Zangenfeind.*
Kulturpreis der Stadt Sulzbach-Rosenberg 1979 an *Adolf Scherbaum;* Verleihung alle 2 Jahre.
Kulturpreis der Stadt Würzburg 1980 (10000 DM) an *Werner Dettelbacher.*
Kulturpreis der Sudetendeutschen Landsmannschaft e. V. für Schrifttum, 1980 (2000 DM) an den Schriftsteller *Robert Müller-Sternberg;* für Wissenschaft, 1980 (2000 DM) an den Geographen *Karl Sedlmeyer;* s. a. Preise f. Musik u. Kunst.
Kulturpreis des Deutschen Gewerkschaftsbundes (DGB) 1979 (25000 DM) an die »Theatermanufaktur Berlin«.
Kulturpreis des Deutschen Jagdschutz-Verbandes e. V. (DJV), 1980 (10000 DM) zu gleichen Teilen an *Walter Rieck* und *Rien Poortvliet.*
Kulturpreis deutscher Freimaurer 1980 (5000 DM) an *Otto Friedrich Bollnow.*
Kulturpreis/Kulturförderpreis der Stadt Erlangen 1979 s. Preise f. Musik, Kulturförderpreis (2000 DM) an *Klaus G. Renner.*
Kulturpreis Ostbayern der Energieversorgung Ostbayern AG in Regensburg; nächste Verleihung 1981. Kulturförderpreis 1980 (je 3000 DM) an *Rainer Christlein, Peter J. Ettl, Fritz Markmiller* u. *Günter Mauermann.*
Kulturpreis Schlesien s. Kunstpreise.
Kunstförderpreis der Stadt Ingolstadt 1979 keine Verleihung.
Kunstpreis Berlin der »Akademie der Künste« in Berlin (West) für Darstellende Kunst, 1980 (30000 DM) an *Peter Stein* (nicht angenommen); in Form von Förderungspreisen (je 10000 DM) an die Berliner Theater- und Tanz-Gruppen »Neuköllner Oper«, »Tanzfabrik« und »Kleines Theater« verliehen. Förderungspreise 1980 (je 10000 DM) für Darstellende Kunst an *Rotraut de Neve,* für Literatur an *Jürg Laederach* (Schweiz); s. a. Preise für Musik, Kunst, Film/Hörfunk/Fernsehen.
Kunstpreis des Landes Rheinland-Pfalz 1979

(10 000 DM) für Literatur, zu gleichen Teilen an *Nino Erné* und *Peter Jokostra.*

Leisler-Kiep (Michael-Jürgen-L.-K.)-Stipendium der gleichnamigen Stiftung, 1979 (10 000 DM) an den Journalisten *Michael Schwarze.*

Leonce-und-Lena-Preis s. Literarischer März

Lessing-Preis der Freien und Hansestadt Hamburg, nächste Verleihung 1981 (20 000 DM), Stipendien (10 000 DM).

Lessing-Preis des Marburger Lessing-Kollegs für Sprache und Kultur, s. WA '80, Sp. 535

Lindgren (Astrid-L.)-Preis des Hamburger Verlags Friedrich Oetinger, s. WA '80, Sp. 535; nächste Ausschreibung voraussichtl. 1983.

Literarischer März (Leonce-und-Lena-Preis) des Magistrats der Stadt Darmstadt; Verleihung 1981.

Literaturpreis »Der erste Roman« der »Neuen Literarischen Gesellschaft Hamburg e.V.«, s. WA '80, Sp. 535

Literaturpreis der Freien Hansestadt Bremen 1980 (10 000 DM) an den Lyriker *Peter Rühmkorf;* Literaturförderpreis 1980 (5 000 DM) an *Peter Paul Zahl.*

Literaturpreis der Landeshauptstadt Stuttgart s. WA '80, Sp. 535; nächste Verleihung Ende 1980.

Literaturpreis des Deutschen Architekten- und Ingenieurverbandes (DAI) 1980 an *Doris Schmidt.*

Literaturpreis des VdK Deutschlands 1980 keine Verleihung.

Literaturpreis des ZDF-Kulturmagazins »Aspekte« Jährlich für ein belletristisches Prosawerk, mit dem sich ein deutschsprachiger Autor erstmals der Öffentlichkeit vorstellt; 1979 (10 000 DM) an *Hanns-Josef Ortheil.*

Literaturpreis für ein Kinder- und Jugendtheaterstück gestiftet 1979 von der Stadt Aachen, mit 10 000 DM dotiert; Verleihung erstmals 1980.

Literaturstipendium des Niedersächsischen Ministers für Wissenschaft und Kunst, 1979 (5 000 DM) an die Lyrikerin *Greta Schoon.*

»Literatur-Wettbewerb Story '80« der Zeitschrift »Playboy«, erstmals 1980 (20 000 DM), an *Oskar Cöster* für die Erzählung »Assuan«.

Lübke (Wilhelmine-L.)-Preis des »Kuratoriums Deutsche Altershilfe e.V.«, 1980 (insges. 20 000 DM) für Literatur.

Lucas (Leopold-L.)-Preis 1979 (10 000 DM) an *Eberhard Bethge.*

Mackensen (Georg-M.)-Literaturpreis des Georg-Westermann-Verlags in Braunschweig für die beste unveröffentlichte Kurzgeschichte in deutscher Sprache, 1979 (5 000 DM) an *Günter Kunert* (DDR).

Mainzer Theaterpreis (Autorenpreis für Schauspiel) der »Ges. d. Freunde des Mainzer Theaters e. V.«, s. WA '80, Sp. 536

Mann (Heinrich-M.)-Preis der »Akademie der Künste« der DDR in Berlin (Ost), 1980 an die Schriftsteller *Volker Braun* und *Paul Gratzik.*

Mann (Thomas-M.)-Preis der Hansestadt Lübeck; nächste Verleihung 1981 (10 000 DM).

Marburger Förderpreise für Literatur der »Neuen Literarischen Ges. e. V.« in Marburg in Zusammenarbeit mit der Stadt Marburg u. dem Landkreis Marburg-Biedenkopf; erstmals Ende 1980 (insges. 30 000–40 000 DM), alle 2 Jahre.

Märkisches Stipendium für Literatur der »Märkischen Kulturkonferenz e.V.« in Iserlohn, 1979 (24 000 DM) zu gleichen Teilen an *Tina Österreich* und *Günter Radtke;* 1980 an *Rudolph Feldes.*

Maurina (Zenta-M.)-Sachpreis für Literatur des Freundeskreises in Dülmen, 1980; nächste Verleihung 1981.

Medaille für Kunst und Wissenschaft der Freien und Hansestadt Hamburg, 1980 an *Boy Gobert.*

»Medizin im Wort« Journalistenpreis des gleichnamigen Kollegiums, 1979 (10 000 DM) an *Werner Pfeiffer.*

Meister (Ernst-M.)-Preis der Stadt Hagen, zur Erinnerung an den 1979 verstorbenen Lyriker; erste Ausschreibung 1980. Verleihung alle 5 Jahre an deutschsprachige Autoren, erstmals 1981 (20 000 DM).

Merck (Johann-Heinrich-M.)-Preis für lit. Kritik u. Essay der »Deutschen Akademie f. Sprache u. Dichtung e. V.« in Darmstadt, 1979 (10 000 DM) an *Werner Spies,* 1980 an *Sebastian Haffner.*

Miegel (Agnes-M.)-Plakette des gleichnamigen Kuratoriums in Münster, 1980 an *Helmut Naunin.*

Montaigne-Preis und M.-Medaille in Gold s. Preise für Frieden

Mülheimer Dramatikerpreis der Stadt Mülheim an der Ruhr, 1980 (10 000 DM) an *Ernst Jandl* (Österr.) für seine Sprechoper »Aus der Fremde«.

»Münchener Literaturjahr« gestiftet 1979 von der Landeshauptstadt München; jährlich 3 Stipendien in Höhe von je 20 000 DM zur Förderung junger Schriftsteller, die 1 Jahr in München arbeiten sollen. 1980 an *Klaus Voswinckel, Christa Reinig* und *Helmut Degner.*

Nationalpreis der DDR für Kunst und Literatur, 1979 an den Schriftsteller *Dieter Noll,* an ein Kollektiv des Kinderbuchverlages Berlin, an den Schauspieler und Sänger *Ernst Busch,* an den Schauspieler *Ekkehard Schall* und an den Regisseur *Konrad Wolf;* s. a. Preise für Musik und Kunst.

Niedersachsenpreis für Publizistik, Wissenschaft und Kultur, 1980 (je 10 000 DM) an den Publizisten *Wolfgang Wagner,* an den Chemiker *Manfred Eigen* u. an den Maler *Richard Oelze.*

Nordgaukulturpreis der Stadt Amberg 1980 (1 000 DM) an *Adolf Eichenseer* für seine Arbeit in der Pflege u. Erhaltung oberpfälz. Brauchtums; s. a. Preise f. Kunst u. Musik.

Nürnberger Trichter Buchpreis der Bundesanstalt für Arbeit in Nürnberg, 1979 nicht verliehen.

Oberschlesischer Kulturpreis des Landes Nordrhein-Westfalen, 1979 (10 000 DM) an den Schriftsteller *Alois Maria Kosler;* Förderpreis (5000 DM) an *Christian Stoll.*

Ohnsorg (Richard-O.)-Preis der »Stiftung F.V.S.« zu Hamburg, 1979 (5000 DM) an *Erika Rumsfeld;* nächste Verleihung 1981.

Oldenburger Kinder- und Jugendbuchpreis der Stadt Oldenburg, 1979 (10000 DM) zu gleichen Teilen an die Schriftstellerin *Monika Pelz* (Österreich) und an die Graphikerin *Sabine Friedrichson.*

Ossian-Preis der »Stiftung F.V.S.« zu Hamburg, s. WA '80, Sp. 537

Ostpreußischer Kulturpreis (Literatur) der »Landsmannschaft Ostpreußen e.V.« in Hamburg, 1980 keine Verleihung.

Pallach (Jan-P.)-Preis des Signal-Verlags, erstmals 1980 (1000 DM) für einen Autor, dessen Werk die Verwirklichung der Menschenrechte zum Inhalt hat.

Petrarca-Preis für Lyrik des Verlegers Hubert Burda in Offenburg, 1980 (20000 DM) an den Schweizer Schriftsteller *Ludwig Hohl.*

Pfalzpreis für Literatur des Bezirksverbandes Pfalz, 1979 nicht vergeben; 1980 (5000 DM) an *Wolfgang Diehl.*

Pforten-Literaturpreis des »Freien Deutschen Autorenverbandes e.V.« u.a., s. WA '80, Sp. 537

Plakette »Dem Förderer des deutschen Buches« 1979 an *Klaus Piper;* 1980 an *Gerd Kadelbach.*

Poetentaler der »Turmschreiber« in München, 1979 an *Georg Blädel, Josef Eberwein* sen., *Werner Egk* und *Helmut Zöpfl.*

Pommerscher Kulturpreis der »Pommerschen Landsmannschaft e.V.« in Hamburg, 1979 nicht verliehen; 1980 an *Otto Kunkel.*

Ponto (Jürgen-P.)-Stiftung zur Förderung junger Künstler, 1980 im Bereich Literatur Förderung (12000 DM) an *Martin Mosebach;* s.a. Preise für Kunst und Musik.

Preis der Bayerischen Volksstiftung 1979 (5000 DM) an den Regisseur und Autor *Kurt Wilhelm.*

Preis der Stadt Nürnberg 1980 keine Verleihung.

Preis des Literaturmagazins des Südwestfunks Baden-Baden, 1979 (10000 DM) an *Ludwig Fels;* 1980 an den Schweizer Schriftsteller *Otto F. Walter.*

Quickborn-Preis der »Vereinigung Quickborn e.V.« in Hamburg f. Verdienste um die niederdt. Kultur, s. WA '80, Sp. 537

Raabe (Wilhelm-R.)-Preis der Stadt Braunschweig; nächste Verleihung 1981 (10000 DM).

»Reporter der Wissenschaft« Wettbewerb des Bundesmin. f. Forsch. u. Technologie u. des Presse- u. Informationsamtes der Bundesreg., s. WA '80, Sp. 537/538

Reuchlin-Preis der Stadt Pforzheim, 1980 an den Politologen *Dolf Sternberger.*

Reuter (Ernst-R.)-Plakette in Silber des Senats von Berlin, s. WA '80, Sp. 538

Reuter (Fritz-R.)-Preis der »Stiftung F.V.S.« zu Hamburg für niederdeutsche Literatur, 1979 (5000 DM) an *Hinrich Kruse;* nächste Verleihung 1981.

Rilke (Rainer-Maria-R.)-Preis Stiftung des Enkels von Rilke, Christoph Sieber-Rilke; 1979 (5000 DM) an *Nicolas Born (†).*

Roswitha-Gedenkmedaille (Literaturpreis) der Stadt Bad Gandersheim, 1980 (10000 DM) an *Rose Ausländer;* Roswitha-Ring für schauspiel. Leistungen 1980 an *Martha Mödl.*

Rückert (Friedrich-R.)-Preis der Stadt Schweinfurt, 1980 (5000 DM) an *Friedrich Schilling.*

Sachs (Nelly-S.)-Preis (Kulturpreis) der Stadt Dortmund; nächste Verleihung 1981 (20000 DM).

Schiller-Gedächtnispreis des Landes Baden-Württemberg, Verleihung Ende 1980.

Schillerpreis der Stadt Mannheim; nächste Verleihung 1983 (25000 DM).

Schillerpreis der Stadt Marbach am Neckar, 1979 (5000 DM) an *Robert Uhland.*

Schillerpreis des deutschen Volkes des »Deutschen Kulturwerkes Europäischen Geistes e.V.« (DKEG) in München, 1979 (10000 DM) an *Robert Scholz;* nächste Verleihung 1981.

Schlegel-Tieck-Übersetzerpreis s. Großbritannien

Schneider (Reinhold-Sch.)-Preis der Stadt Freiburg im Breisgau, 1980 (7500 DM) an den Lyriker *Peter Huchel.* Förderpreis (2500 DM) an die Schriftstellerin *Maria Wimmer.*

Schriftsteller im Bücherturm der Stadt Offenbach, 1979 (monatl. 1000 DM für 2 Jahre) an *Hans-Christian Kirsch (Frederik Hetmann).*

Schubart-Literaturpreis der Stadt Aalen, 1980 1. Pr. (3000 DM) an *Reinhart Siegert,* 2. Pr. (1000 DM) an *Werner Dürrson,* 3. Pr. (1000 DM) an *Roland Lang.*

Schwabinger Kunstpreis der Landeshauptstadt München, 1980 (je 2000 DM) für Literatur an *Ursula von Kardorff,* für darbietende Kunst an *Annette Spola,* Ehrenpreis an die »Autorenbuchhandlung«; s.a. Preise f. Musik u. Kunst.

Seidel (Hanns-S.)-Preis der gleichnamigen Stiftung für »polit. Publizistik junger Autoren«; nächste Verleihung 1981.

Shakespeare-Preis der »Stiftung F.V.S.« zu Hamburg, 1980 (25000 DM) an den britischen Kunsthistoriker *Roy Colin Strong;* Stipendium (7200 DM) auf Vorschlag des Preisträgers an *Christopher Townsend.*

Silberne Feder Jugendbuchpreis des »Deutschen Ärztinnenbundes e.V.«, 1980 an *Irina Korschunow* für »Die Sache mit Christoph«.

Silbernes Blatt der »Dramatiker-Union e.V.«/Berlin, s. WA '80, Sp. 539

Siling-Ring (Wangener Kreis), s. WA '80, Sp. 539

»Stadtliterat« der Stadt Bocholt Freies Wohnen für 1 Jahr und 12000 DM; 1979 u. 1980 keine Berufung.

Stadtschreiber von Bergen (Frankfurt) Freies Wohnen u. monatl. 1800 DM für 1 Jahr; 1979/80 *Helga M. Novak,* 1980/81 *Dieter Kühn.*

Stadtschreiber von Soltau Freies Wohnen für 3 Monate, monatl. 500 DM u. Teilnahme am Soltauer

Autorenpreis (10000 DM). 1980 *H.-J. Bulkowski, F. Göhre, M. Hausin;* 1981 *K.-P. Dencker, J. Bartos, H. v.d. Wall.*
»Stadtteilschreiber« der Freien und Hansestadt Hamburg, Stipendien von je 6000 DM der Behörde f. Wissensch. u. Kunst; s. WA '80, Sp. 539
Stavenhagen (Fritz-St.)-Preis der »Stiftung F.V.S.« zu Hamburg; nächste Ausschreibung 1982.
Steffens (Henrik-St.)-Preis s. Preise für Frieden
Steinhausen Literaturpreis für Buchhändler des Münchner Verlags Steinhausen; der Preis soll die Verbindung zwischen Literatur und Buchhandel hervorheben und fördern. Verleihung Okt. 1980; Literaturpreis (6000 DM), Förderpreis (3000 DM).
Sterne des Jahres des AZ-Feuilletons der Abendzeitung/München, 1979 an *Herbert Achternbusch, Sepp Bierbichler, Achim Freyer, Cornelia Froboess, Gert Goergens, André Heller, Irena Krstić-Grafenauer, Marianne Lüdcke, Lar Lubovitch, Siegfried Neuenhausen, Thomas Petz, Snowball, Martin Walser.* Förderpreis der AZ (5000 DM) an *Siegfried Zimmerschied.*
Stifter (Adalbert-St.)-Medaille der »Sudetendeutschen Landsmannschaft e.V.« in München, 1980 Verleihung an *Franz Kaulfersch, Fritz Kruspersky, Beda Menzel, Widmar Hader, Willi Fischer, W. u. H. Gstettner, Anton Wuschek.*
»Stiftung zur Förderung des Schrifttums e.V.« in München, Literaturpreis 1980 (5000 DM) an *Udo Steinke.*
Sudetendeutscher Volkstumspreis der Sudetendeutschen Landsmannschaft e.V., 1980 (2000 DM) an *Josef Heil.*
Suhrkamp-Dramatiker-Stipendium (1200 DM monatl. für 1 Jahr), 1979 u. 1980 keine Vergabe.
Tappert (Georg-T.)-Preis der Gewerkschaft Erziehung u. Wissenschaft (GEW), erstmals 1981 (10000 DM, 7500 DM, 5000 DM) zur Unterstützung u. Förderung kultureller Aktivitäten von Bildungs- und Erziehungseinrichtungen.
Thoma (Ludwig-Th.)-Medaille der Landeshauptstadt München, 1980 an *Barbara Gallauner, Alexander von Branca, Emil Vierlinger* und *Sepp Eibl.*
Tucholsky (Kurt-T.)-Preis gestiftet vom Röhl-Verlag, Hamburg, in Höhe von 10000 DM.
Tukanpreis der Landeshauptstadt München; nächste Verleihung 1981.
Turmschreiber von Deidesheim 1980 (vierwöchiger Aufenthalt u. 5000 DM) an *Rudolf Hagelstange.*
»Übernationaler Weinpreis für Literatur«, gestiftet von Heinz Ludwig Arnold und Vintilla Ivanceanu; 1979 (99 Flaschen Wein) an *Guntram Vesper.*
Ullstein (Rudolf-U.)-Ring der gleichnamigen Stiftung/Bundesverband Druck e.V. in Wiesbaden, 1980 an *Gerhard Wiebe.*
Villa-Massimo-Stipendium Studienaufenthalt für Autoren in der »Deutschen Akademie Villa Massimo«, Rom; verliehen vom Bundesministerium des Innern in Verbindung mit den Kultusministerien der Bundesländer (6–12monatige freie Unterkunft u. 1100 DM monatl.). Studiengäste 1980–1981/82 *Thomas Brasch, Hugo Dittberner, Otto Jägersberg, Ingomar Kieseritzky, Roland Lang, Rainer Malkowski, Gerald Zschorsch* (s.a. Preise für Kunst und Musik).
Vondel (Joost-van-den-V.)-Preis s. Preise für Frieden.
21. Vorlesewettbewerb des Börsenvereins des Deutschen Buchhandels, Bundessiegerin 1980 *Eva Stiller.*
Voss (Johann-Heinrich-V.)-Preis für Übersetzung der »Deutschen Akademie für Sprache und Dichtung e.V.« in Darmstadt, 1980 (10000 DM) an die Arabistin und Übersetzerin *Annemarie Schimmel.*
Wächterpreis der Tagespresse der Stiftung »Freiheit der Presse« in Frankfurt am Main, 1979 1. Pr. (10000 DM) an *Klaus Kottenkamp,* 2. Pr. (5000 DM) an *Margret Schencking,* 3. Pr. (3000 DM) an *Dagmar Kutscher.* Anerkennungspreise (je 1000 DM) an *Gerhard Hausen, Peter Groschupf* u. *Dieter Preuß.*
Wallace (Edgar-W.)-Preis für deutschsprachige Kriminalromane, gestiftet vom Goldmann-Verlag, München; nächste Verleihung 1981 (30000 DM).
Weber (Herwig-W.)-Preis des »Presse-Club München e.V.«, 1979 2. Pr. (3000 DM) an *Carl Schmöller,* 3. Pr. (je 2000 DM) an *Hilde Balke* und *Ingrid Kaspar;* kein 1. Preis. Verleihung alle 2 Jahre.
Westpreußischer Kulturpreis der »Landsmannschaft Westpreußen e.V.« in Münster, s. WA '80, Sp. 541
Wieland-Übersetzerpreis des »Freundeskreises zur internat. Förd. lit. u. wiss. Übersetzungen e.V.« in Stuttgart; nächste Verleihung 1981 (10000 DM).
Wolff (Theodor-W.)-Preis des Bundesverbandes Deutscher Zeitungsverleger e.V. in Bonn, 1978 (je 6000 DM) an *Claus Heinrich Meyer, Josef-Otto Freudenreich* und *Herbert Kremp;* Preise für lokale Berichterstattung an *Erpo von Droste* und *Herbert Kolbe.*
Xylos-Lyrikwettbewerb der Edition Xylos in Gelsenkirchen, 1979 Preis an *Bruno Horst Bull.*
Zinn (Alexander-Z.)-Preis der Freien und Hansestadt Hamburg, 1979 (15000 DM) an *Peter Rühmkorf.*
Zuckmayer (Carl-Z.)-Medaille des Landes Rheinland-Pfalz, 1979 an den Schauspieler *Werner Hinz.*

BELGIEN

Großer Internat. Preis der Poesie 1979 an *Edmond Vandercammen.*

BULGARIEN

Internat. Ballett-Wettbewerb 1980 in Varna, Bronze-Medaille der Junioren an *Claudia Jung* (BR Deutschld.).

FAO

Boerma-Journalistenpreis der FAO, 1979 (10000 $) zu gleichen Teilen an das Ehepaar *Lasse* und *Lisa Berg* (Schweden) und an den indischen Journalisten *Agarwal*.

FRANKREICH

Balzac-Preis der gleichnamigen Akademie, 1979 postum an den Romancier und Filmkritiker *Jean-Louis Bory*.
»Chevalier de l'Ordre National des Arts et Lettres«, Auszeichnung für besondere kulturelle Verdienste, 1979 an den Musikschriftsteller *H. H. Stuckenschmidt*.
Concours théâtral interafricain 1980 Gr. Pr. an *Georges Abelar* (Kamerun) für »le Supporter«; Preise an *Louis Kamatari* (Burundi), *Michèle Rakotoson* (Madagaskar), *Sony Lab' ou Tansi* (Kongo) u. an *Pape Mongo* (Kamerun).
Ehrenpreis der »Société des Auteurs« an den tschechischen Dramatiker *Václav Havel*.
Goldmedaille der Académie Française 1979 u. a. an den argentinischen Schriftsteller *Jorge Luis Borges*.
Grand Aigle d'Or Verliehen anläßlich des »Festival du livre de Nice«, 1980 (30000 F) an *Danilo Kis* (Jugoslawien) für sein literarisches Gesamtwerk.
Grand Prix Catholique de la Litterature 1980 an *Jean-Robert Armogathe*.
Grand Prix de l'Académie française 1980 für Literatur (50000 F) keine Verleihung, für Poésie (25000 F) an *Maurice Fombeure*. – Prix de la nouvelle an *Jean Cau* (»Nouvelles du Paradis«). – Prix de la critique an *Paul Bacquet*. – Prix de l'essai an *Bertrand d'Astorg*. – Prix Gustave-Le Métais-Larivière an *Jacques Perry*. – Prix Pierre-de-Régnier an *Louis Ducreux*. – Prix Dumas-Millier an *Frédérique Hébrard*. – Prix Henri Mondor an *Roger Judrin*. – Prix Georges-Dupau an *Père Bruckberger* (je 10000 F).
Grand Prix de l'Afrique noire 1980 an *Lamine Diakhaté* (Senegal).
Grand Prix de la littérature policière 1979 an *Dominique Roulet;* 1980 an *Mary Higgins Clark*.
Grand Prix de la Mer 1980 an *Alain Bombard*.
Grand Prix de la Société des Gens de Lettre 1980 (10000 F) an *Bertrand de Jouvenel*. – Grand Prix du roman an *Jeanne Champion*. – Grand Prix Poncetton an *Jean Bassan*. – Grand Prix Thyde Monnier an *Gilbert Prouteau*. – Prix Thyde Monnier an *Michel Dansel*. – Prix Halperine Kaminsky an *D.-J. Grossmann*.
Grand Prix 1980 de la ville d'Angoulême an *Fred*.
Grand Prix de littérature de la ville de Bordeaux 1980 an *Michel Peyramaure*.
Grand Prix des Treize 1980 an *Forrest Carter*.
Grand Prix du Roman de l'Académie Française 1979 an *Henri Coulonges*.
Prix Alpes-Jura 1980 an *Gabrielle Faure* (Schweiz).
Prix Belgique-Canada 1980 an *Hubert Juin* (Belgien).
Prix Bourgogne 1980 an *Patrice Milleron* u. *Jacques Verroust*.
Prix Bremond 1979 an *Varvara Basmadjian*
Prix Catenacci der Académie des Beaux-Arts in Paris, 1979 an *Philippe Lemarchand* (Schweiz).
Prix Cazes 1980 (5000 F) an *Guy Lagorce*.
Prix Charles-Vildrac 1979 an *Guy Valensol*.
Prix Chateaubriand 1979 (30000 F) an *Vladimir Volkoff*.
Prix Cino-del-Duca 1980 (200000 F) an den argent. Schriftsteller *Jorge Luis Borges*. »Bourses litteraires« (20000 F) an *Jean-Marie Rouart* und (10000 F) an *Domenkos Szenes*.
Prix Claude-Farrere 1980 an *Robert Wolff*.
Prix Clowns d'Or 1979 an *Georges Carl* und die Gruppe *Kostink*. Clowns d'Argent an *Kovatchevi, Elvin Bale, Farrell Brothers, Dieter Garrell* und an die *Nicolodis*.
Prix de la Nouvelle de la ville du Mans 1980 an *Nöel Devaulx*.
Prix de la Société des Ecrivains d'Alsace et de Lorraine 1980 an *Christiane Roederer*.
Prix de Poésie Antonin Artaud 1980 an *Gérard Le Gouic*.
Prix des Ambassadeurs 1979 an *M. Jean-Baptiste Duroselle*.
Prix des Deux-Magots 1979 (5000 F) an *Roger Garaudy*.
Prix des Ecrivains Combattants 1979 an *Paul Guth*.
Prix des Intellectuels Indépendants 1979 an *Lucien Laugier*.
Prix des Sept 1980 (70000 F) an *Boris Schreiber*.
Prix de Tocqueville Literaturpreis für polit. Wissenschaften, 1979 (25000 F) an den Soziologen *Raymond Aron*.
Prix Drakkar 1980 (10000 F) an *Jacques Sternberg*.
Prix du meilleur livre étranger 1979 an *Iouri Dombrovski* (»Die Fakultät des Unnützlichen«) und an *E. E. Cummings* (»58+58 Poèmes«).
Prix du premier roman (Festival d'Hyères) 1980 an *Jean-Pierre Ceton*.
Prix du Quai des Orfèvres 1979 an *Denis Lacombe*.
Prix du Roi René 1979 an *Maryvonne Miquel*.
Prix du Roman d'Aventures 1980 an *Michel Guibert*.

Prix du Suspense Français 1980 an *Caroline Camara.*
Prix Fémina 1979 an *Pierre Moinot.*
Prix Fémina Vacaresco 1980 an *Gérard Macé.*
Prix France-Canada 1980 an *Victor-Lévy Beaulieu.*
Prix France-Luxembourg 1980 an *Edmond Dune* (Lux.).
Prix Goncourt, bedeutendster französischer Literaturpreis, 1979 an *Antonine Maillet* (Kanada).
Prix Guillaume Apollinaire 1980 an *Venus Khoury Ghata* u. *Jean Mambrino.*
Prix Haussmann 1980 an *Jean Castex, Patrick Céleste* u. *Philippe Panerai.*
Prix Interallié 1979 an *François Cavanna.*
Prix Kléber Haedens 1980 (100000 F) an *Dominique Rolin.*
Prix Louise Labe 1980 an *Jean-Georges Lossier* (Schweiz).
Prix Marcel Proust 1980 an *Jacques de Bourbon-Bousset.*
Prix Médicis 1979 an *Claude Durand.*
Prix Médicis étranger 1979 an *Alejo Carpentier.*
Prix Méridien 1980 an *Hubert Nyssen.*
Prix Méridien des 4 Jurys 1980 an *Simone Schwarz-Bart.*
Prix Nimier 1980 an *Gérard Pussey.*
Prix Poésie 2000 des Verlags Les Editions Paul Mari, 1979 an *Claude Held.*
Prix Renaudot 1979 an *Jean-Marc Roberts.*
Prix Ulysse 1980 du roman populaire an *Marcel Jullian.*
Prix Unifrance der Pariser Auslandspresse, 1980 an *Bertrand Tavernier.*
Prix Wiso 1980 an *Claudine Vegh.*
Rendez-vous Littéraire du Palm-Beach de Cannes 1980, Preise an *Françoise Dorin, Milena Nokovitch* u. *René Bail.*

GROSSBRITANNIEN

Booker Award des Verbandes britischer Verleger und des Industriekonzerns Booker McConnel, bedeutendster Literaturpreis Großbritanniens; 1979 (10000 £) an die Schriftstellerin *Penelope Fitzgerald.*
Glaxo-Preis Stiftung für Wissenschaftspublizistik des Pharmakonzerns Glaxo, 1979 an *Günter Haaf* und *Wolfgang Rieger* (beide BR Deutschland).
Gold Dagger (Goldener Dolch) Preis der »Crime Writers Association«, 1979 an *Dick Francis.*
Historical Novel Prize in Erinnerung an Georgette Heyer, 1980 (1500 £) an *Lynn Guest.*
James Tait Black Prize 1980 an *William Golding* für seinen Roman »Darkness Visible«.
Schlegel-Tieck-Preis des britischen und deutschen Verlegerverbandes für die beste englische Übersetzung deutscher Literatur des 20. Jahrhunderts; 1979 (1000 £) an *Ralph Manheim* und (600 £) an *John Brownjohn;* 1980 an *Janet Seligman* und an *Hasel* u. *David Harvey.*

INTERNAT. NEUSTADT-PREIS für Literatur, 1980 (10000 $) an den in Kanada lebenden tschechischen Schriftsteller *Josef Skvorecký;* Verleihung alle 2 Jahre.

ISRAEL

Küstermeier (Rudolf-K.)-Preis der Deutsch-Israelischen Gesellschaft in Tel Aviv, 1979 (50000 I£) an *Ben-Chorin* und *Inge Deutschkron.*

ITALIEN

»Commendatore nell ordine al merito della Repubblica Italiana« Ordensverleihung 1980 an *August Everding.*
Premio Europeo per la Critica letteraria der ERRE 80 an *Georges Poulet* (Frankreich); erstmals verliehen in Casertavecchia.
Premio Grafico der 17. Internat. Kinderbuchmesse in Bologna 1980, Grafikpreis für Kinderbücher für »Annos Liederbuch« der Kodansha Ltd., Tokio; für Jugendbücher an *Rita Mühlbauer* u. *Hanno Rink* für »Himmelszelt und Schneckenhaus«, Sauerländer Verlag. **Critici in Erba,** Preis der Kinderjury für »Das Buch vom Dorf« von *B. Bärwinkel* u. *W. Mose,* Fabula Verlag, Bad Aibling.
Premio Latina Literaturpreis der Stadt Latina, 1980 an *Heinrich Böll.*
Premio per il nuovo Sud der Region Apulien, für eine journalistische Arbeit über die Entwicklung Süditaliens; 1979 an *Bruno Soldini* und *Empedocle Maffia;* Sonderpreis an *Heinz-Joachim Fischer* (BR Deutschld.).
Premio Viareggio 1980 für Belletristik an *Stefano Terra* für »Le Porte di Ferro«, für Lyrik an *Luciano Erba* und für Sachbuch an *Elvio Fachinelli* für »La Freccia Ferma«.

JAPAN

Noma-Preis für afrik. Literatur, gestiftet von Shoichi Noma, Präs. des jap. Verlags Kodansha, verliehen bei der Frankfurter Buchmesse; 1980 (3000 $) an *Mariama Bâ* (Senegal) für »Une si longue lettre«.

JUGOSLAWIEN

Goldener Kranz Internat. Poesie-Preis von Struga, 1978 an *Rafael Alberti,* 1979 an den kroatischen Dichter *Miroslav Krleža,* 1980 an *Hans Magnus Enzensberger.*

NIEDERLANDE

Borsselen (Wolfert-van-B.)-Medaille Höchste kulturelle Auszeichnung Rotterdams; an *Reinhard Schmidt-Supprian* (BR Deutschland).

ÖSTERREICH

Bachmann (Ingeborg-B.)-Preis des ORF und der Stadt Klagenfurt, 1980 (100000 S) an *Sten Nadolny,* der auf den Preis verzichtete und ihn zu gleichen Teilen an alle 28 Autoren des Lesewettbewerbs verteilte. Verlegerpreis (70000 S) an *Anna Jonas,* Stipendium (30000 S) an *Ingrid Puganigg.*

Csokor (Franz-Theodor-C.)-Preis des österr. Pen-Clubs, 1979 an den in der Schweiz lebenden österr. Schriftsteller *Fritz Hochwälder.*

Donauland-Sachbuchpreis der gleichnamigen Stiftung zur Förd. des mod. Sachbuches; 1980 (100000S) an den Historiker u. Romancier *Friedrich Heer.*

Gindely (Anton-G.)-Preis für Geschichte der Donaumonarchie, gestiftet von der Österr. Forschungsgemeinschaft; erstmals 1979, an *Richard G. Plaschka, Horst Haselsteiner* und *Arnold Suppan.*

Großer Österreichischer Staatspreis für Europäische Literatur 1979 (150000S) an *Fulvio Tomizza* (Italien).

Großes Goldenes Ehrenzeichen für Verdienste um die Republik Österreich, 1980 an *Georg von Holtzbrinck.*

Innitzer-Preise 1979 Gr. Preis an *Gottfried Haberler;* Publizistik-Preis an *Heide Gottas* und *Helmut Kohlenberger;* Würdigungspreise an *Peter Pernthaler, Oleh Hornykiewicz* und *Hubert Feichtlbauer;* Förderungspreise an *Bernhard Doppler, Wendelin Schmidt-Dengler, Josef Mugler, Gerold Patzak, Dontscho Kerjaschki, Max Pichler, Gerhard Schiffner* und *Anton Zeilinger.*

Kafka (Franz-K.)-Preis der Stadt Klosterneuburg, 1979 (100000S) an *Peter Handke;* weitergegeben an *Gerhard Mayer* (Schweiz) und *Franz Weinzettl* (Österr.).

Kainz (Josef-K.)-Medaille der Stadt Wien, 1979 an *Hortense Raky, Joachim Bissmeier* und *Rolf Langenfaß;* Förderungspreise an *Gertrud Roll, Karl Menrad, Bernd Palma* und *Erwin Piplits.*

Kinder- und Jugendbuchpreise der Stadt Wien 1980 (je 20000S) Kleinkinderbuchpreis an *Lobe-Kaufmann,* Kinderbuchpreis an *Christine Nöstlinger,* Jugendbuchpreis an *Renate Welsh;* Illustrationspreis (10000S) an *Franz Sales Sklenitzka.*

Körner (Theodor-K.)-Stiftungsfonds zur Förderung von Wissenschaft und Kunst; Förderungspreisträger 1980 für Literatur: *Eugen Bartmer, Friedrich Bergammer, Hans Grafl, Robert Gratzer, Rotraut Hackermüller, Josef Haslinger, Gerald Jatzek, Martin Neumann, Helmuth Seethaler, Bernd D. Sibitz* und *Josef Winkler.*

Kritikerpreis für den Steirischen Herbst 1979 für ausländ. Berichterstattung an *Fritz Muggler* (NZZ), für in Österreich ansässige Kritiker an *Hans Haider* (Die Presse).

Kulturpreis des Burgenlandes 1979 u.a. an den Mundartdichter *Hans Neubauer* und an den Leiter der Burgenländischen Landesbühne, *Otto Kery;* s.a. Preise f. Kunst.

Nestroy (Johann-Nepomuk-N.)-Ring der Stadt Wien, 1979 an *Axel von Ambesser* und *Otto Basil.*

Österreichischer Preis für Architekturpublizistik der Österr. Ges. f. Architektur, erstmals 1980, an *Friedrich Achsleitner.*

Österreichischer Staatspreis für Jugendliteratur 1980 an *Willi Fährmann* (BR Deutschld.).

Österreichischer Staatspreis für Kulturpublizistik erstmals 1979 (50000S) an den Schriftsteller *Günther Anders.*

Preise der Stadt Wien 1980 (je 75000S) Würdigungspreise für Literatur an *Erich Fried,* für Publizistik an *Günther Anders,* für Volksbildung an *Ludwig Sackmauer;* s.a. Preise f. Musik und Kunst. Förderungspreise 1979 (25000 S) f. Lit. an *Marianne Fritz, Heinz Rud. Unger;* f. Volksbildung an *H. Christian Ehalt.*

Tiroler Literaturpreis der Tiroler Landesregierung, 1980 an *Hans Hömberg.*

Trakl (Georg-T.)-Preis für Lyrik, gestiftet vom österr. Ministerium für Unterricht und Kunst und dem Land Salzburg, 1979 (50000S) erstmals an *Ilse Aichinger.*

28. Wettbewerb »Die schönsten Bücher Österreichs« 1979 I. Staatspreis an *Anton Wollenek/ Ernst Christoph Suttner* (»Moderne Ikonen«); II. Staatspreis an *Beda Weinmann* (»Die Städte, Märkte, Klöster und Schlösser des Innkreises 1846«); III. Staatspreis an *Robert Waissenberger* (»Bewahrte Geschichte, Die städtischen Museen Wiens«).

Wildgans (Anton-W.)-Preis der Vereinigung österreichischer Industrieller, 1979 (50000S) an *Harald Mandl (Matthias Mander).*

SCHWEIZ

Aargauer Literaturpreis 1980 an *Erika Burkart.*

Baselbieter Literaturpreis 1979 (15000sfr) an den Schriftsteller *Heinrich Wiesner.*

Bernischer Literaturpreis 1979 an *René Gardi;* Buchpreise an *Peter Bichsel, Ernst Burren, Henri Dominique Paratte, Charles Racine* und *Walter Vogt;* Gastpreise an *Franz Böni* und *Yves Velan.* Hörspielpreis an *Hanspeter Gschwend.*

Bieler Kulturpreis der Zeitung »Biel-Bienne« 1980 (5000sfr) an *Peter Wyssbrod.*

Bodmer (Martin-B.)-Stiftung Ehrengaben 1979 an den Schriftsteller *Hans Schumacher* und an den Journalisten *Paul Schmid-Ammann.*

Europäischer Essay-Preis der »Stiftung Charles Veillon« in Bussigny-près-Lausanne, 1979 (10000 sfr) an den österr. Schriftsteller *Manès Sperber.*
Goethe-Preis für Kunst und Wissenschaft der gleichnamigen Stiftung in Zürich, 1980 (10000 sfr) an den Literaturkritiker *Werner Weber.*
Goldmedaille der Ernst-u.-Maria-Alker-Pawelke-Stiftung in Bern, 1980 an *Karl Fehr.*
3. Internat. Wettbewerb für Choreographie in Nyon, 1979 1. Pr. an *Marilen Breuker* (Argentinien), 2. Pr. zu gleichen Teilen an *Avelina Arguelles* und *Isabel Ribas* (Spanien). Pas de deux-Preis an *Diane Becker* und *Dominique Genton* (Schweiz).
Jugendbuchpreis des Schweizerischen Lehrerinnen- und Schweizerischen Lehrervereins, 1979 an *Lisbeth Kätterer.*
Kinderbuchpreis der Stadt Zürich 1979 an *Irina Korschunow.*
Kulturförderungskredite des Kantons Zürich Literaturkredit (insges. 150000 sfr); 1979 Werkjahrbeiträge an *Franz Böni, Erika Burkart, Vilma Hinn* und *Walter Matthias Diggelmann;* Ehrengaben an *Alfred Andersch (†), Maurice Chappaz, Emil Egli, Hanno Helbling, Ernst Leisi, Alice Miller, Ursula Rellstab, Ernst Schröder, Gustav Solar, Reinhart Spörri, Peter Kner/Paul Lohr/Kony Müller, Wolfgang Stendar, A. K. Ulrich-Debrunner, Hans J. Weitz, Hansruedi Wildermuth* und *Emil Zopfi.* Goldene Ehrenmedaille für kulturelle Verdienste erstmals an *Walter Oertli.*
Kulturpreis des Kantons Wallis 1980 erstmals an den Schriftsteller *Marcel Michelet.*
Kunstpreis des Kantons Solothurn 1979 (15000 sfr) an den Schriftsteller *Peter Bichsel;* Kulturpreise (je 7000 sfr) an *Alois Gschwind, Beat Jäggi* und *Hans Liechti;* Werkpreise (je 5000 sfr) an *Fritz Breiter, Max Dörfliger* und *Rolf Nuenlist.* Werkjahrbeiträge (je 10000 sfr) an *Hanspeter Bayer, Bruno Moll* und *Manfred Schwarz.* Anerkennungspreis (4000 sfr) an *Adolf Ott.*
Kurzgeschichtenwettbewerb des Schweizerischen Schriftsteller-Verbandes und der Zeitschrift »Turicum«, 1. Pr. an *Helmuth Schilling,* 2. Pr. an *Robert Hch. Oehninger,* 3. Pr. an *Hansjörg Schertenleib.*
Landis & Gyr-Förderungspreis 1978 an den Schriftsteller *Emil Zopfi.*
Literaturpreise der Stadt Bern 1980 Buchpreise (je 3000 sfr) an *Jean Rudolf von Salis, Walther Kauer* u. *Walter Vogt;* Förderpreise (je 1000 sfr) an *Manuel Frei, Heidi Nef, Urs Veraguth, Gerhard S. Schürch, Jürg Weibel* u. *Werner Wüthrich.*
Literaturpreise der Stadt und des Kantons Luzern, 1979 (1 Werkjahr bzw. 12000 sfr) an *Dominik Brun, Kurt Bucher, Kuno Räber;* Werkpreis (4000 sfr) an *Werner Bucher.* Förderungspreise (je 3000 sfr) an *Stephan Ineichen* und *Flavio Steinmann.*
Literaturvergabungen der Stadt Zürich 1979 (je 9000 sfr) an *Hermann Burger* und *Reto Hänny;* Ehrengaben (je 4000 sfr) an *Hugo Loetscher, Elisabeth Schnack, Franz Fassbind* und an die »Werkstatt schreibender Arbeiter«; Anerkennungsgaben (je 3000 sfr) an *Rolf Hörler* und *Karl Kloter.*
May littéraire lausannois 1980 Preis an *Georges Bratschi.*
Meyer (Conrad-Ferdinand-M.)-Stiftung 1980 Zuwendung (7000 sfr) an den Schriftsteller *Hermann Burger;* s. a. Preise für Kunst.
Mozart (Wolfgang-Amadeus-M.)-Preis der »Johann-Wolfgang-von-Goethe-Stiftung« in Basel, 1980 (20000 sfr) an den Historiker *Walter Nigg.*
Padrutt (Christian-P.)-Preis der gleichnamigen Stiftung, 1980 (3000 sfr) an *Hein Bonfadelli.*
Preis der Schweizerischen Schillerstiftung 1980 an *René Regenass, Urs Berner* u. a.
»Preis des Schweizer Buchhandels« verliehen vom »Schweizerischen Buchhändler- und Verlegerverband«; erstmals 1979 an die Herausgeber der literarischen CH-Reihe.
8. Tanzwettbewerb »Prix de Lausanne« 1980 Prix de Lausanne an *Alessandra Ferri* (Italien), *Marie-Laure Keller* (Schweiz), *Deborah Bull* (Großbrit.), *Gen Horiuchi* (Japan) und *Patrick Armand* (Frankreich). Prix du meilleur Suisse an *Yves Haenni* (Schweiz). Prix de Lausanne, médaille d'or an *Nancy Ann Raffa* (USA). Prix d'encouragement an *Jukka Aromaa* (Finnland). Distinction niveau professionnel an *Valérie Ghiglione* (Frankreich). Prix de la meilleure chorégraphie personnelle an *Junna Rikimaru* und *Gen Horiuchi* (Japan).
Welti-Preis der gleichnamigen Stiftung in Bern, 1979 (5000 sfr) an *Heinz Stalder.*

SOWJETUNION

Lenin-Preis für Literatur 1980 an *Hervé Bazin* (Frankreich).

SPANIEN

Ehrenpreis der katalanischen Literatur 1980 (1 Mill. Pesetas) an die katal. Schriftstellerin *Mercè Rodoreda.*
Kritikerpreis 1980 an den uruguayischen Romancier *Juan Carlos Onetti.*
Preis für den besten Roman in spanischer Sprache, gestiftet vom Verlag Heliodoro, 1979 (10 Mill. Pesetas) an *Claudio Bastida.*
Premio Cervantes Staatspreis für Literatur 1979 (10 Mill. Pesetas) zu gleichen Teilen an den argentinischen Erzähler und Essayisten *Jorge Luis Borges* und an den spanischen Lyriker *Gerardo Diego.*
Premio Joseph Pla 1980 (200000 Pesetas) an den katalanischen Schriftsteller *Jaime Miratvilles.*
Premio Nadal 1980 (200000 Pesetas) an *Carlos Rojas.*

Premio Pablo Iglesias 1979 an den Journalisten *Lorenzo Contereas.*
Premio Planeta 1979 (8 Mill. Pesetas) an *Manuel Vázquez Montalbán.*

VEREINIGTE STAATEN VON AMERIKA

International Choreographer's Showcase 1980 1. Pr. des Choreographen-Wettbewerbs in Boston an *Joel Schnee.*
Kritikerpreis des National Book Critics Circle, 1980 für Prosa (Fiction) an *Thomas Flanagan,* für Sachbücher (Nonfiction) an *Telford Taylor,* für Lyrik an *Philip Levine,* für Literaturkritik an *Elaine Pagel.*
»Publisher of the Year 1979« *Gerald Piel,* Präsident und Verleger von »Scientific American«.
Pulitzer Price Awards der New Yorker Columbia-Universität, 1980 an den amerik. Schriftsteller *Norman Mailer* für »The Executioner's Song« (»Gnadenlos«), Preis f. hervorr. Lokalberichterstattung an »The Philadelphia Enquirer« für die Berichterstattung zum Atomunfall bei Harrisburg, Preis für Journalismus an *Joel Brinkley* und *Jay Mather* für ihre Kambodscha-Reportagen im »Louisville Courier-Journal«.
Tony Awards für Theaterereignisse des Jahres 1979; 7 Preise für das beste Broadway-Musical der Saison 1979/80, »Evita«, u. a. an die Hauptdarstellerin *Patti Lupone* u. an den Regisseur *Harold Prince;* Preis für das beste Bühnendrama an »Children of Lesser God« von *Mark Medoff.*

VON LITERARISCHEN GESELLSCHAFTEN, SCHRIFTSTELLERN, VERLAGEN, BÜCHERN UND BÜHNEN

Der schwedische Schriftsteller und Journalist *Per Waestberg* wurde auf dem **44. Weltkongreß des Internat. PEN-Clubs 1979** in Rio de Janeiro zum neuen Präsidenten gewählt. – »Gegen die ständige Bedrohung der Meinungsfreiheit durch Zensur« in den Medien sprach sich das **PEN-Zentrum der BR Deutschland** auf seinem **Herbstkongreß 1979** in Gelsenkirchen aus. Das PEN-Treffen in Bremen, im Herbst **1980,** stand unter dem Thema »Exil-Literatur«. – Das Zentrum BR Deutschland im Internat. PEN-Club wählte 1980 neun **neue Mitglieder:** *Manfred Bieler, Werner Dürrson, Herbert W. Franke, Helmut Hirsch, Václav Havel, Arnim Juhre, Eckart Kleßmann, Julius Posener* u. *Hans Werner Schwarze; Ulrich Becher* u. *Walter Zadek* schlossen sich dem deutschen PEN-Zentrum an. – In Basel wurde das **Deutschschweizerische PEN-Zentrum** gegründet, es tritt an die Stelle der bislang selbständigen PEN-Clubs Zürich und Basel. – Zum neuen Vorsitzenden des **Österreichischen PEN-Clubs** wurde der Schriftsteller *Erik G. Wickenburg* gewählt. – Die **Volksrepublik China** wurde in den Internat. PEN-Club aufgenommen.
Auf dem **4. Kongreß des chinesischen Schriftsteller- und Künstlerverbandes** 1979 in Peking wurde *Zhou Yang* zum Präsidenten gewählt. »Schutz und Rechte der Schriftsteller u. Künstler, Wahrung ihrer künstl. Freiheit und Kontaktmöglichkeiten mit dem Ausland« werden in einer neuen Charta betont. – Mit einem Katalog von Forderungen und der Vorlage einer vergleichenden Studie über die Situation der Autoren in Westeuropa endete 1979 in Wien der **3. Kongreß europäischer Schriftstellerorganisationen,** die sich der Interessen von 16000 freiberuflichen Autoren annehmen. Anerkennung des Anspruchs auf Kranken-, Unfall- und Pensionsversicherung, gerechte Besteuerung der Einkünfte, Wegfall der Mehrwertsteuer, Einführung einer Bibliothekstantieme und weiterer Nutzungsrechte, Selbstverwaltung und das ausdrückliche Recht auf freie Meinungsäußerung waren die Hauptforderungen. – Auf dem **5. Kongreß des Verbandes Deutscher Schriftsteller** in der IG Druck und Papier in München wurde der bisherige Vorsitzende *Bernt Engelmann* einstimmig wiedergewählt; zu seinen Stellvertretern wurden *Carl Amery* und *Peter O. Chotjewitz* bestimmt. Hauptthema war »Bestandsaufnahme – Literatur 1980: Wohin geht die Reise?« – Eine **»Kommission zum Schutze des Buches«** (Vors. *Ulrich Klug,* Köln) soll künftig in der Bundesrepublik »Fälle von offener u. verdeckter Verfolgung, Überwachung u. Behinderung von Buchveröffentlichungen sowie Einschränkungen des Zugangs zu ihnen prüfen und dem in geeigneter Weise entgegenwirken«. Die Kommission wird vom Verb. Deutscher Schriftsteller (VS), dem PEN-Zentrum, der Deutschen Bibliothekskonferenz u. dem Börsenverein des Deutschen Buchhandels getragen. – Der Verband Deutscher Schriftsteller (VS) will sich verstärkt gegen **Raubkopien** aus Büchern der rund 3000 Mitgliedsautoren zur Wehr setzen und eine Pauschalabgabe beim Kauf von Kopiergeräten als Ausgleich erreichen. – Gegen jede Form von Zensur sprach sich der **21. Internationale Buchverlegerkongreß** in Stockholm aus. Teilnehmer aus 34 Ländern forderten die Regierungen in aller Welt auf, die verlegerischen Freiheiten zu garantie-

ren. – Eine übermäßige verlegerische Tätigkeit des Staates wurde von den Verlegern in der Bundesrepublik auf der **Buchhändlertagung 1980** in Darmstadt kritisiert. – Die **Deutsche Akademie für Sprache und Dichtung** in Darmstadt wählte 1980 die Schriftsteller *Friedhelm Kemp, Christoph Meckel, Gabriele Wohmann* sowie den Germanisten *Albrecht Schöne* zu ordentlichen Mitgliedern; korrespondierende Mitglieder wurden der Schweizer Schriftsteller *Adolf Muschg,* der franz. Komponist und Dirigent *Pierre Boulez* und die Germanisten *Efim Etkind* und *Katharina Mommsen.* – »Gibt es verschiedene Nationalliteraturen deutscher Sprache?« war 1980 das Thema der Freiburger **Frühjahrstagung der Deutschen Akademie für Sprache und Dichtung.** Über die Situation der Literatur in der Bundesrepublik und in der DDR referierten *Martin Gregor-Dellin, Adolf Dresen* u. *Beda Allemann,* über die Lage in der Schweiz und in Österreich *Adolf Muschg, Hanno Helbling, Klaus Hoffer* u. *Hilde Spiel.* – In München wurde eine **Sudetendeutsche Akademie der Wissenschaften und Künste** gegründet, die die Tradition der Hohen Schulen in Böhmen, Mähren und Schlesien weiterentwickeln soll.

Die Schriftstellerin *Marguerite Yourcenar* wurde als erste Frau in die **Académie Française** aufgenommen, mit ihr wurde der Journalist *Michel Droit* zum Mitglied gewählt. – Die **Ehrendoktorwürde der Pariser Sorbonne** erhielten 1980 *Dolf Sternberger, Dietrich Fischer-Dieskau, Giulio Andreotti, Luis Diez del Corral, Odysseas Elytis, Yoichi Maeda* und *Michael Postan.* – *Jean-Claude Groshens* wurde Präsident des Pariser Kunst- und Kulturzentrums Georges Pompidou. – Die Gesellschaft Schweizerischer Dramatiker wählte den Bündner *Tista Murk,* der Innerschweizer Schriftstellerverein *Julian Dillier* zu neuen Präsidenten. – Zum neuen Vorsitzenden der **Hugo-von-Hofmannsthal-Gesellschaft** in Wien wurde *Karl Konrad Polheim* gewählt.

In Marbach konstituierte sich die **»Oswald-von-Wolkenstein-Gesellschaft e. V.«,** die sich mit Fragen der spätmittelalterlichen Literatur und Kultur beschäftigen will. – Eine **Friedrich-Gerstäcker-Gesellschaft** wurde in Braunschweig gegründet. – Die wissenschaftliche Erforschung und Darstellung der künstlerischen Avantgarde des 20. Jahrhunderts ist die Aufgabe einer neuen **Stiftung,** die unter dem Namen **Primo Conti in Fiesole** bei Florenz ins Leben gerufen wurde. – Eine **»Gesellschaft zur Förderung von Literatur aus Afrika, Asien und Lateinamerika«** wurde mit finanzieller Unterstützung der evangelischen Kirche in Frankfurt gegründet. – »Kultur und Kulturpolitik des Habsburger Reiches im Spiegel der Literatur (1809–1848)« war das Kongreßthema der **Internat. Eichendorff-Gesellschaft** (Sitz Würzburg) 1980 in Wien. – Veränderungen seines Institutsnetzes im Inland plant das **Goethe-Institut** bis Ende 1981. Neue Institute sollen in Mannheim, München und Bremen eröffnet werden. Neugründungen in Großstädten bedingen die Schließung von Instituten in kleineren Orten. – In Bukarest wurde das erste deutsche Kulturinstitut in einem osteuropäischen Land eröffnet. Ein deutsches Kulturzentrum wurde in Tokio eingerichtet. – Die Gesellschaft für deutsche Sprache (GfdS) in Wiesbaden veranstaltete im Herbst 1979 in **Wien** ein **internationales Kolloquium zur deutschen Rechtschreibung,** bei dem »eine vereinfachte, von vielen Schwierigkeiten entlastete Hauptwortgroßschreibung mit weniger Regelungen« zur Debatte stand. Nach einer Erhebung des Allensbacher Instituts für Demoskopie würden 64% der bundesdeutschen Bürger mit höherer Schulbildung eine **Kleinschreibung** und eine Veränderung der Orthographie begrüßen. – Das **Schiller-Nationalmuseum** in Marbach am Neckar wurde nach fast zweijähriger Umbauzeit mit neugestalteten, erweiterten Ausstellungsräumen wieder geöffnet. – Die **Deutsche Bibliothek** in Frankfurt erhält im Holzhausenviertel einen Neubau, der 12 Mill. Bücher und damit die voraussichtliche Literaturmenge der nächsten 50 Jahre aufnehmen kann. Die vom Bund als Träger des Instituts aufzubringenden Baukosten werden auf 150 Mill. DM geschätzt. – Ein **Faustmuseum und -archiv** wurde in Knittlingen, der Geburtsstadt des historischen Faust, eröffnet. – Der Berliner Senat plant die Errichtung einer **Gedenkstätte** für den Schriftsteller **Kurt Tucholsky** in seinem Geburtshaus im Bezirk Tiergarten. – Die Stadt Bayreuth eröffnete ein **Jean-Paul-Museum** mit der Privatsammlung Philipp Hausser als Dauerleihgabe. – Eine **Fritz-Reuter-Gedenkstätte** wurde in den ehem. Wohnräumen des Dichters in einem Hause in Neubrandenburg eröffnet. – In Frankfurt wurde der Plan für ein Jüdisches Museum entwickelt.

Nach München und Berlin wurde in Frankfurt eine **»Autorenbuchhandlung«** mit finanzieller Beteiligung von Schriftstellern, Kritikern und wissenschaftl. Autoren eingerichtet. Die Buchhandlung verpflichtet sich zum Angebot aller publizierten Titel der Teilhaber. – In Berlin wurde ein **»Autorenverlag«** gegründet, ein Theaterverlag, der auch die Funk-, Film- und Fernsehrechte seiner Mitglieder wahrnimmt und eine Gegengründung zum Frankfurter »Verlag der Autoren« darstellt. – Der **Hestia-Verlag** in Bayreuth ging in den Besitz der Familie des Schriftstellers *Heinz G. Konsalik* über. Als zweiter deutscher Verlag nach Bertelsmann hat der Hestia-Verlag eine Autoren-Altersversorgung ins Leben gerufen. – Die **Bertelsmann** AG, Gütersloh und die World Book – Childcraft International Inc., Chicago organisieren in den USA einen neuen **Buchclub.** Der zu den größten Taschenbuch-Produzenten gehörende New Yorker Verlag **Bantam-Books** wurde von Bertelsmann übernommen. – Der **Ullstein-Verlag** und die Stuttgarter Verlagsgemeinschaft **Klett-Cotta** haben eine Zusammenarbeit vereinbart. – Unter dem Namen **»Severin & Siedler Verlag«** wurde in Berlin ein neuer Verlag gegründet; zu den Sachgebieten gehören Literatur, Politik und Geisteswissenschaften. Dem Verlag steht ein Beirat zur Seite, dem namhafte Publizisten und Wissenschaftler angehören, unter ihnen *Manfred Eigen, Walter Jens, Reimar Lüst, Robert Jungk* und *Hans Werner Richter.* – Die gewerkschaftseigene **Europäische Verlagsanstalt (EVA)** wurde von dem Gründer und Mitgesellschafter des Syndikat-Verlags, *Axel Rütters,* und dem Geschäftsführer des Attica-Verlags, *Kurt Groenewold,* übernommen. – Enge Zusammenarbeit haben der **Deutsche Taschenbuch-Verlag** (dtv) in München und der **Westermann-Verlag** in Braunschweig vereinbart. Die Würzburger Verlage Arena und Edition Popp wurden von Westermann gekauft. – 14 Verlage bildeten eine **Arbeitsgruppe Taschenbuch** innerhalb des Börsenvereins des Deutschen Buchhandels. – Die jahrzehntelangen Auseinandersetzungen zwischen dem **»Bibliographischen Institut AG Mannheim«** und dem **»VEB Bibliographisches Institut/Leipzig«** wurden beigelegt; beide Verlage werden sich wechselseitig nicht mehr im Vertrieb ihrer Titel behindern. – Der Verleger *Georg von Holtzbrinck* übernahm die **Droemersche Verlagsanstalt** Th. Knaur Nachf. GmbH u. Co., München, an der er seit 1970 mit 46% beteiligt ist.

Die **Fürstlich Oettingen-Wallersteinsche Bibliothek** auf Schloß Harburg (140000 Bände, 1000 Inkunabeln, 2000 Musikhandschriften, 1500 frühe Handschriften) ging für 40 Mill. DM in bayerischen Staatsbesitz über und wurde der Universität Augsburg eingegliedert. – Höhepunkte der **Jahresauktion** 1980 des Autographenhauses **J. A. Stargardt** in Marburg waren die 32seitige Partiturhandschrift von *Schuberts* Gitarren-Quartett (1814) für 56000 DM, das letzte Kodizill zu dem Testament *Napoleons* (St. Helena, 27.4.1821) für 115000 DM und *Franz Kafkas* 33 Briefe an *Felix Weltsch* (1913–24) für 90000 DM. Auf der Herbstauktion 1979 wurden bei Stargardt für einen Doppelbrief von *Mozart* Vater und Sohn 70000 DM und für einen Brief *Schuberts* an *Moritz von Schwind* 55000 DM bezahlt. – *Friedrich Schillers* Manuskript der Ballade »Der Graf von Habsburg« wurde von Stargardt für 37000 £ bei **Sotheby's** in London erworben. – Die Versteigerung einer Sammlung von etwa 1000 **»Liliput«-Büchern,** alle in der Größe von 1–7 cm, brachte im Londoner Auktionshaus **Christie's** 274000 £, ein »Stundenbuch der Jungfrau« aus dem 16. Jahrhundert 38000 £. – Im Katalog 241 des Tutzinger **Musikantiquariats Hans Schneider** wurden *Richard Wagners* erste Niederschrift der »Tannhäuser-Ouvertüre« für 175000 DM und 128 Briefe *Wagners* an *Mathilde Maier* für 290000 DM angeboten. – Auf der 98. Auktion des Hamburger Buch- und Kunstantiquariats **Dörling** wurde ein Evangelistar-Einband, Ende des 11. Jahrhunderts in der Lombardei gefertigt, für 570000 DM ersteigert. – Für 900000 DM erwarb das Land Niedersachsen für die Herzog-August-Bibliothek in Wolfenbüttel den **»Codex Aesinas«.** – Eine illustrierte **persische Handschrift** aus dem 14. Jahrhundert wurde bei Sotheby's in London für 850000 £ versteigert, der höchste Preis, der je für eine Handschrift gezahlt wurde.

Im **Hanser Verlag** erschien der erste Band der Reihe »Hansers Sozialgeschichte der deutschen Literatur«. **Rowohlt** brachte die ersten Bände der zehnbändigen Taschenbuchausgabe »Deutsche Literatur – Eine Sozialgeschichte« heraus. Eine achtbändige »Geschichte der deutschen Literatur« erscheint ab 1982 bei **Metzler/Beck.** – Der Deutsche Taschenbuch Verlag startete eine **»neue Reihe«** mit junger deutschsprachiger Literatur, die die »Sonderreihe« ablösen soll. – 360 Bände umfaßt der **»British Library General Catalogue of Printed Books to 1975«,** ein Katalog aller im Britischen Museum in London registrierten gedruckten Bücher. – Im **Bibliographischen Institut Mannheim** erschien zum hundertjährigen Duden-Jubiläum die 18. Auflage des Duden, der **»Duden 80«.** Konrad Duden (1829–1911) war 1880 der Herausgeber des ersten »Vollständigen Orthographischen Lexikon der deutschen Sprache«. – In Zusammenarbeit mit der Deutschen Verlagsanstalt und der Gesellschaft für deutsche Sprache legt der Lexikon-Verlag F. A. Brockhaus ein sechsteiliges **»Brockhaus-Wahrig – Deutsches Wörterbuch«** vor. Es enthält u. a. 220000 Hauptstichwörter und 550000 Definitionen des deutschen Wortschatzes. – **Goethes Briefwechsel** mit seinem Verleger Joh. Friedr. **Cotta** in den Jahren 1797 bis 1832 erscheint erstmals in 3 Bänden im Stuttgarter Verlag Klett-Cotta. – Die 26. Auflage des **»Novum Testamentum Graecum«,** eine neubearbeitete wissensch. Ausgabe des griechischen Originals des Neuen Testaments, stellte die Deutsche Bibelstiftung in Stuttgart vor. – Die erste vollständige deutsche Ausgabe des **»Guinness Book of Records«** erschien im Ullstein-Verlag. Das Buch der Rekorde wurde in 23 Sprachen übersetzt, erscheint in einer jährlichen Auflage von 4,5 Mill. und ist insgesamt in 42 Mill. Exemplaren verbreitet. – Für den Rekordpreis von 3,2 Mill. $ erwarb der amerik. Verlag Bantam Books die Taschenbuchrechte an dem Roman »Princess Daisy« von *Judith Krantz.*

Aus dem 50-Millionen-Etat der geplanten **»Deutschen Nationalstiftung«** wurden vom Haushaltsausschuß des Bundestages 16,5 Mill. DM zur Einrichtung von 3 Fonds zur Förderung zeitgenössischen Kunstschaffens freigegeben. Danach sollen die Fonds für Literatur und Bildende Kunst mit je 5 Mill. DM und für Musik mit 6,42 Mill. DM ausgestattet werden. – Auf der Jahrestagung der **Arbeitsgemeinschaft Deutscher Stiftungen** in Bremen wurden Goldmedaillen für Verdienste um das Stiftungswesen an den Gründer der Stiftung F.V.S., *Alfred Toepffer,* und an *Fürst Fugger* verliehen. – Nach Angaben des Deutschen Städtetages in Köln geben die **Groß-**

städte in der BR Deutschland mit rund 1,9 Md. DM jährlich 2,6% ihres Gesamtetats für die **Kulturpflege** aus; dabei entfallen 731,9 Mill. DM auf die Ausgaben für Theater, 239,6 Mill. DM für Orchester, Musikschulen, Laienspiele u. Festwochen, 21,5 Mill. DM für Bibliotheken und 163,2 Mill. DM für Museen und Ausstellungen. Auf die Förderung von Wissenschaft und Forschung entfallen 123,3 Mill. DM. – Nach Angaben des »Börsenvereins für den Deutschen Buchhandel e.V.« erreichte 1979 die **Ausfuhr von Büchern, Zeitungen u. Zeitschriften, Noten u. kartographischen Erzeugnissen aus der BR Deutschland** nach 157 Ländern den Wert von 1,334 Mrd. DM, die **Einfuhr** aus 89 Ländern 529 Mill. DM. 85,7% der Ausfuhren blieben in Europa, 8,2% gingen nach Amerika, 4,3% nach Asien, 1% nach Afrika und 0,6% nach Australien. Der Wert der Buchausfuhr lag 1979 bei 677 Mill. DM, der der Einfuhr bei 385 Mill. DM. Die Ausfuhr von Zeitungen und Zeitschriften weist 630 Mill. DM, die Einfuhr 120 Mill. DM aus. **Wichtigste Handelspartner** der BR Deutschland im Bereich Bücher, Zeitungen u. Zeitschriften sind **Österreich** und die **Schweiz,** auf die 1979 46,4% des gesamten Austauschvolumens entfielen. 28,1% der im Jahr 1979 ausgeführten Bücher im Wert von 190 Mill. DM gingen nach Österreich, 25% im Wert von 169 Mill. DM in die Schweiz. Vom Bucheinfuhr-Gesamtvolumen entfallen 22,1% oder 84,9 Mill. DM auf Österreich und 19% oder 73,1 Mill. DM auf die Schweiz. Die Ausfuhr von Zeitungen u. Zeitschriften fand 1979 zu 46,9% Aufnahme in Österreich u. der Schweiz, mit Abnahmewerten von 153,4 Mill. DM bzw. 142,3 Mill. DM. An der Spitze der Herkunftsländer für eingeführte Zeitungen u. Zeitschriften stehen 1979 **Italien** mit 17,9% oder 21,5 Mill. DM und die **Niederlande** mit 16,1% oder 19,3 Mill. DM.

Auf der **31. Frankfurter Internat. Buchmesse** (10.–15.10.1979) waren 5045 Verlage aus 81 Ländern vertreten. Von den rund 280500 Buchtiteln waren etwa 84000 Neuerscheinungen. Die Zahl der Besucher blieb mit 193857 niedriger als im Vorjahr. Die **32. Frankfurter Internat. Buchmesse** fand vom 8.–13.10.1980 unter dem **Leitthema »Schwarzafrika«** statt. Die Sonderausstellungen »Printed and Published in Africa« und »Africana« zeigten in Afrika produzierte Bücher und Publikationen aus nichtafrikanischen Ländern über Afrika. Ein Symposium zum Thema »Die Funktion moderner afrikanischer Literaturen« wurde vor Messebeginn im Römer abgehalten. Der **»Friedenspreis des Deutschen Buchhandels«** wurde 1980 an den Dichter u. Priester *Ernesto Cardenal* verliehen. – Die Arbeitsgemeinschaft alternativer Verlage und Autoren veranstaltete 1980 wieder eine **Gegenbuchmesse.** – Nach Angaben des »Börsenvereins des Deutschen Buchhandels« wurden **1978 in der BR Deutschland u. Berlin (West) 53137 Buchtitel veröffentlicht,** davon 43270 in Erstauflagen. 22,9% der Buchproduktion waren der sog. Schönen Literatur gewidmet, 12,4% (6601 Titel) entfielen auf Taschenbücher.

Nach Angaben des »Deutschen Bühnenvereins, Bundesverband Deutscher Theater«, für die **Spielzeit 1978/79,** gab es in der BR Deutschland in 74 Gemeinden 85 öffentliche **Theater** und 225 Spielstätten mit zusammen 138503 Plätzen (1.1. 1979). 31522 Veranstaltungen wurden 17385016 Besucher gezählt; nach Sparten: Schauspiel 6525202, Oper/Ballett 6168442, Operette/Musical 2504021, Konzert 568387, Kinder- u. Jugendstücke 1618964 Besucher. **Betriebseinnahmen** im Rechnungsjahr 1978 von 238,1 Mill. DM standen **Ausgaben** in Höhe von 1479,9 Mill. DM gegenüber; Zuweisungen und Zuschüsse betrugen 1237,8 Mill. DM, der Betriebszuschuß 1149,6 Mill. DM. 78 Prozent der Betriebsausgaben waren Personalkosten. Das Einspielergebnis betrug 17,2%, der Betriebszuschuß je Besucher 61,88 DM; umgerechnet auf jeden Einwohner beliefen sich die öffentl. Zuweisungen auf 60,74 DM. 83 **Privattheater** mit 20109 Plätzen und 4688569 Besuchern in 19650 Veranstaltungen erhielten 31,3 Mill. DM Zuweisungen aus öffentl. Mitteln. 26 Festspielbühnen wurden mit 12,4 Mill. DM unterstützt. – Die Gesamteinnahmen der vier **österreichischen Bundestheater** in Wien (Staatsoper, Burgtheater, Volksoper, Akademietheater) betrugen im Rechnungsjahr 1978 267,0 Mill. S, die Gesamtausgaben 1271,6 Mill. S. Bei einem Einspielergebnis von 21,0% wurden 1004,5 Mill. S Subventionen erforderlich. 1485446 zahlende Besucher wurden in der Spielzeit 1978/79 registriert. – Das **meistgespielte Schauspiel** der Theatersaison 1978/79 in der **BR Deutschland, Österreich** und in der **Schweiz** war mit 421 Aufführungen »Der zerbrochene Krug« von *Heinrich von Kleist;* es folgte »Ein Gespräch im Hause Stein über den abwesenden Herrn von Goethe« von *Peter Hacks.* Neben *Kleist* waren die meistgespielten Klassiker *Shakespeare* und *Schiller.* Im Musiktheater führten »Die Fledermaus« von *Johann Strauß,* »My Fair Lady« von *Frederick Loewe* und »La Traviata« von *Giuseppe Verdi.* – Nach Angaben des Ostberliner Henschel-Verlags stehen in der **DDR** seit 1949 Stücke von *Friedrich Wolf* (»Professor Mamlock«, »Die Matrosen von Cattaro«, »Der arme Konrad«) an erster Stelle der **Schauspiel-Inszenierungen,** gefolgt von *Bert Brecht* (»Die Gewehre der Frau Carrar«, »Dreigroschenoper«, »Kaukasischer Kreidekreis«), *Hermann Kant* (»Aula«) und *Ulrich Plenzdorf* (»Neue Leiden des jungen W.«).

Das bisher dem Bayerischen Nationalmuseum angegliederte Theatermuseum in München wurde unter dem Namen **»Deutsches Theatermuseum«** eine selbständige Einrichtung. – Ein zentrales **Theatermuseum der DDR** soll in Berlin (Ost) eingerichtet werden. – *August Everding,* Generalintendant der Münchner Staatstheater, wurde für drei Jahre zum **Präsidenten des Zentrums BR Deutschland des**

Internat. Theaterinstituts (ITI) gewählt. – »Die soziale Aufgabe des Theaters in der heutigen Gesellschaft« war das Thema einer Konferenz des Internat. Theaterinstituts (ITI) und der UNESCO in Paris. – Mit dem Beschluß, die »politisch-ideologische Wirksamkeit ihrer Arbeit zu erhöhen«, endete der **4. Kongreß der Theaterschaffenden der DDR** in Berlin (Ost) 1980. Autoren, Komponisten und Choreographen der DDR sowie die Aufführung von Bühnenwerken aus sozialistischen Ländern sollen gefördert werden.

Die **Schweizerische Gesellschaft für Theaterkultur** wählte 1980 in Luzern *Walter Boris Fischer* zum neuen Präsidenten. – Die englische Ballerina Dame *Margot Fonteyn* nahm ihren Abschied von der Tanzbühne. – *John Field* wurde zum künstlerischen Direktor des »London Festival Ballet« ernannt. – *Edmund Gleede,* Ballett-Dramaturg an der Deutschen Oper Berlin, trat die Nachfolge von *Lynn Seymour* als Ballett-Direktor an der Bayerischen Staatsoper an. – *Egon Madson* wird Ballett-Direktor an der Frankfurter Oper. – Ein erster bundesdeutscher **Tänzer-Wettbewerb** »Jugend und Ballett« findet auf Initiative der »Heinz-Bosl-Stiftung« im Nov. 1980 in München statt. – *Jean-Claude Riber* wird 1981 neuer Generalintendant der Städtischen Bühnen Bonn. – Der Schauspieler und Regisseur *Heribert Sasse* (Wien) übernimmt 1981 die Intendanz des Berliner Renaissance-Theaters. – *Kurt Horres* verlängerte seinen Vertrag als Intendant des hessischen Staatstheaters Darmstadt.

Eine bundesweite »Interessengemeinschaft ensembleloser Theaterstädte« konstituierte sich in Siegen. – Für das **17. Berliner Theatertreffen** 1980 wurden von der Jury zehn Aufführungen als »bemerkenswert« ausgewählt: vom Bochumer Schauspielhaus Shakespeares »Maß für Maß« (Regie *Tragelehn*), Thomas Bernhards »Vor dem Ruhestand« *(Peymann)* und Thomas Braschs »Lieber Georg« *(Karge/Langhoff),* von den Städt. Bühnen Heidelberg Gogols »Der Revisor« *(Mouchtar-Samorai),* von den Städt. Bühnen Köln Kleists »Käthchen von Heilbronn« *(Flimm),* vom Mannheimer Nationaltheater Arnolt Bronnens »Vatermord« *(Bosse),* von den Wuppertaler Bühnen »Arien« von *Pina Bausch,* vom Schloßtheater Moers »Die Bacchantinnen« von Euripides *(Freytag),* von der Berliner Schaubühne Ernst Jandls »Aus der Fremde« *(Hammer)* und vom Wiener Burgtheater Maxim Gorkis »Sommergäste« *(Benning).* – Ein **internat. Theatertreffen** unter der Leitung von *Ivan Nagel* und *Jürgen Flimm* plant die Stadt **Köln** für Mai 1981 mit Unterstützung des Bundes und des Landes Nordrhein-Westfalen. – Die **Ruhrfestspiele** in Recklinghausen erhalten eine eigene ständige Theatergruppe. – Ein **deutschsprachiges Theater** soll in **Kasachstan** eingerichtet werden, wo etwa 800000 Deutsche leben. – Die im Bundesverband der **Deutschen Volksbühnen-Vereine** zusammengeschlossenen 92 Theaterbesucher-Organisationen wandten sich auf ihrem **27. Volksbühnentag** in Braunschweig gegen Nivellierungs- und Vermassungstendenzen in den Medien; Mitbestimmung in der Kulturszene wurde gefordert. In der Spielzeit 1978/79 nahmen die Volksbühnen den Theatern in der BR Deutschld. u. in West-Berlin **2,6 Mill. Theaterkarten** ab; 60,2% entfielen auf Schauspiel, 24,7% auf Oper, 8,1% auf Operette, 3,6% auf Ballett und 3,4% auf Musical. – Nach einem Bericht des **Internat. Arbeitsamtes (IAA)** in Genf verschlechtert sich die **Lage der Künstler** in den meisten Ländern der Welt ständig. 75% der Schauspieler in den USA verdienten nach IAA-Angaben 1976 weniger als 3200 $ pro Jahr, während in Großbritannien das Jahreseinkommen der ausübenden Künstler um 40% unter dem nationalen Durchschnitt lag. In Frankreich sank die Zahl der ausübenden Künstler von 60000 im Jahre 1936 auf 15000 im Jahre 1978. 80% der Schauspieler in Frankreich waren 1975 einen Großteil des Jahres hindurch arbeitslos. Funk und Fernsehen sowie die Schallplattenindustrie werden für die schwierige Lage der Künstler verantwortlich gemacht.

MUSIKPREISE

Auswahl Eine umfassende Aufstellung brachte der Fischer Weltalmanach 1963 (S. 295ff.) für die Jahre 1945–1961; seither wird fortlaufend darüber berichtet.

DEUTSCHLAND

Bach-Preis der Landeshauptstadt Wiesbaden, 1979 1. Pr. (3000 DM) *Annik Chevalier,* 2. Pr. (1200 DM) *Pascale Mélis,* 3. Pr. (700 DM) *Viviane Loriaut* (alle Frankr.)

Beethovenpreis der Stadt Bonn zur Förderung junger Komponisten, 1980 (je 5000 DM) an *Reinhard Febel, Aleksander Lasón* u. *Wolfgang Rihm.*

Brahms-Preis der Freien und Hansestadt Hamburg, 1979 an das *Brahms-Quartett.*

24. Bundesauswahl Konzerte junger Künstler (»Das Podium junger Solisten«) des Deutschen Musikrats, Bonn; Teilnehmer 1980/81: »Cherubini-Quartett«

(*Ch. Poppen, H. Schoneweg, H. Schlichtig, K. Kämper), Robert Frank* (Violine), *Andreas Rothkopf* (Klavier), *Christoph Richter* (Violoncello), *Friederike Richter* (Klavier), *Reiner Wehle* (Klarinette), *Maria Graf* (Harfe), *Detlef Zywietz* (Bariton), *Almut Bruns* (Klavier).

8. Bundeswettbewerb Gesang 1979 des »Verbandes Deutscher Musikerzieher u. Konzertierender Künstler« (VDMK), Landesverband Berlin e. V. Sparte Musical, Chanson – Song, Liedermacher – Folklore, Jazz. **Kategorie A** (ohne stimml. Ausbild.): Förderprämien an *Viola de Galgóczy-Mécher* u. *Dorit Lasson* (je 2500 DM), *Ute Doering* (2000 DM). **Kategorie B** (in gesangl./schausp. Ausbild.): Förderprämien an *Inna Golsband* u. *Matthias Becker* (je 3000 DM), *Ute Becker, Andrea Bögel* u. *Sigrid Meyer* (je 2000 DM), *Karin Fischer* u. *Susanne Folkerts* (je 1000 DM). **Kategorie C** (mit abgeschl. Studium od. höchstens zweijähr. Berufserfahrung): Keine Preise. Sonderpreis (3000 DM) der Robert-Stolz-Stiftung für Musical/Chanson an *Brigitte Walbrun.* Nächster Wettbewerb für die Sparte Oper/Konzert 1980.

Deutscher Musikwettbewerb 1980 veranstaltet vom »Deutschen Musikrat«, Bonn; Preise und Stipendien für junge deutsche Instrumentalisten mit musikalischer Berufsausbildung. Kammermusik: 2. Pr. »Cherubini-Quartett«, 3. Pr. »Trio d'Anches«; Klavier: 2. Pr. *Konstanze Eickhorst* u. *Georg Friedrich Schenck,* 3. Pr. *Rainer Becker;* Streicher: 2. Pr. *Florian Sonnleitner* (Violine), 3. Pr. *Julius Berger* (Violoncello); Gitarre: 1. Pr. *Michael Tröster;* Schlagzeug: solo 1. Pr. *Axel Fries,* 3. Pr. *Peter Sadlo,* Ensemble 2. Pr. »Percussion-Quartett«.

Deutscher Schallplattenpreis der Deutschen Phono-Akademie e. V., Hamburg; Künstler des Jahres 1980 »Klassik«: *Dietrich Fischer-Dieskau, Alban-Berg-Quartett, Aribert Reimann;* »Pop National«: *Peter Maffay, Tame & Maffay, Ludwig Hirsch, Dschinghis Khan;* »Pop International«: *Randy Newman, Pink Floyd, The Police.* – »Deutsche Schallplattenpreise Klassik« wurden an 19 Einspielungen vergeben, u. a. an »Lulu« von Alban Berg (Pariser Oper, *Pierre Boulez;* DG), 8. Sinfonie von A. Bruckner (WDR-Sinfonieorchester, *Günter Wand;* EMI/harmonia mundi), 1. u. 2. Klavierkonzert von B. Bartók (*M. Pollini;* DG), »Lear« von A. Reimann (*Fischer-Dieskau,* Bayer. Staatsoper, *Albrecht;* DG). – »Deutsche Schallplattenpreise Pop« erhielten 22 Produktionen.

Egk (Werner-E.)-Preis der Stadt Donauwörth, 1979 (2000 DM) an *Irmgard Seefried;* nächste Verleihung 1981.

Ehrenpreise der Gesellschaft zur Förderung der Münchner Opernfestspiele 1979 (je 1000 DM) an die Sopranistin *Julia Conwell* (USA) und an *Krista Thiele,* Mitarbeiterin der Dramaturgie.

Folkwang-Preis der Ges. der Freunde u. Förderer der Folkwangschulen e. V., Essen, 1980 (je 8000 DM) an die Musiker *Mi-Joo Lee* (Korea), *Martin van de Merwe* (Niederlande), *Helmut Wichmann* u. an die Pantomimengruppe *K. Metzler, Ch. Peters* u. *W. Forwick.*

Förderpreis der Augsburger Allgemeinen 1980 1. Pr. (3500 DM) an *Christian Echl,* 2. Pr. (je 2500 DM) an *Reiner Kachlmeier* u. *Michael Durner,* 3. Pr. (1500 DM) an *Ulrich Reß.*

Förderpreis der Mozart-Gesellschaft Wiesbaden e. V. 1980 (3000 DM) an *Sabine Meyer* (Klarinette).

Förderpreise der Musikverbände (Musikverleger, Musikfachgeschäfte) 1980 (10000 DM) an das *Bundesjugendorchester.*

Förderpreise der Stadt Fürth 1979 (2000 DM) für Musik an *Reinmar Neuner;* s. a. Kunstpreise.

Förderpreis für Musik der Landeshauptstadt Düsseldorf 1979 (je 4000 DM) an *Cornelia Berger* und *Hariolf Schlichtig.*

Förderpreis 6 Uhr-Konzerte München und Kaiserslautern der Bayerischen Vereinsbank in Zusammenarbeit mit der Städt. Musikbibliothek München; 1980 (je 2000 DM) an *Rosemarie Kurz, Hermann Lechler, Anja Lechner, Josef Pemmerl, Michael Kraus* und *Ulrich Reß.*

Förderstipendium der Stadt Köln für Musik (18000 DM, monatl. 1500 DM) 1980 an *Walter Zimmermann.*

Förderungspreis der Deutschen Phono-Akademie beim 2. »Pop-Nachwuchs-Festival« In Würzburg, 1979 (je 10000 DM) für »Rock« an die Gruppe *Törner Stier Crew* (Rheine), für »Jazz« an die Gruppe *Rozz* (Berlin), für »Folk« an die Gruppe *Thorin Eichenschild* (Ludwigshafen); Sonderpreis (3000 DM) der Stadt Würzburg an den Saxophonisten *Frank Lof* (München).

Förderungspreis der Landeshauptstadt München 1980 (8000 DM) für Musik an den Komponisten *Meinrad Schmitt;* s. a. Preise für Literatur und Kunst.

Förderungspreis der Landeshauptstadt Stuttgart für junge Komponisten ernster Musik, 1979 (10000 DM) an *Michael Travlos* und (5000 DM) an *Manfred Stahnke.*

Förderungspreis der Stadt Nürnberg 1980 (5000 DM) an den Komponisten *Helmut Bieler;* s. a. Kunstpreise.

Förderungspreis des Freistaat Bayern 1980 für Musik (je 10000 DM) an die Harfenistin *Gudrun Haag,* an den Cellisten *Julius Berger* u. an den Geiger *Eduard Wulfson.*

Förderungspreis des Landes Nordrhein-Westfalen für junge Künstler, 1978 (je 6000 DM) an den Pianisten *Alexander Lonquich,* an den Komponisten *Joachim Herbold* und an die Sängerin *Hildegard Hartwig.*

Gitarren-Wettbewerb der Stadt Mettmann für Nachwuchskräfte deutscher Musikhochschulen, erstmals

1979: Kein 1. Pr., 2. Pr. an *Hartmut Springer* u. *Anne-Marie Urgatz.*

Goethe-Preis der Stadt Berlin (Ost), 1979 u.a. an den Kammersänger *Theo Adam;* s.a. Preise f. Literatur und Kunst.

Großes Bundesverdienstkreuz mit Stern 1980 an den Geiger *Yehudi Menuhin.*

Hitzacker-Kompositionswettbewerb der Ges. der Freunde der sommerl. Musiktage Hitzacker, 1980 1. Pr. (4000 DM) an *Tsutomu Hasegawa* (Japan), 2. Pr. (2000 DM) an *Heinz Winbeck,* 3. Pr. (je 1000 DM) an *Paul Engel* u. *Klaus-K. Hübler.*

Hochschulwettbewerb der staatl. Musikhochschulen in der BR Deutschld. u. Berlin (West) in Trossingen. 1980 Klavier: 1. Pr. nicht vergeben, 2. Pr. (je 1500 DM) *Keiko Suzuki* u. *Ueli Wiget;* Harfe: 1. Pr. (2400 DM) *Maria Graf,* 2. Pr. (1500 DM) *Ueli Wiget,* Förderungsprämie (750 DM) *Margit Süß;* Bläserensemble: 1. Pr. (3600 DM) *W. Raabe, Ch. Rodwell, Ch. Menzel, H. Takimoto, V. Lévesque, W. Albright,* 2. Pr. (2250 DM) *R. Suska, B. Schmieder, B. Schreiber, K.-D. Ammerbach, T. Suska,* Förderungsprämie (1500 DM) *Ch. Wiedemann, J. Schmitt, J. Sulik, W. Bühl, B. Trautmann.*

Hofer (Carl-H.)-Preis der Berliner Hochschule der Künste, erstmals 1979 (10000 DM) für die Produktion »Maulwerke« des Komponisten *Dieter Schnebel.*

VI. Internat. Dirigentenwettbewerb der Herbert-von-Karajan-Stiftung in Berlin, 1979 1. Pr. (10000 DM) und H.-v.-K.-Goldmedaille an *Ronald Braunstein* (USA), 2. Pr. (7500 DM) u. Silbermedaille an *Bruno Weil* (BR Deutschld.), 3. Pr. (5000 DM) u. Bronzemedaille an *Christian Ehwald* (DDR); Verleihung alle 2 Jahre.

28. Internat. Musikwettbewerb der Rundfunkanstalten der Bundesrepublik Deutschland (ARD) Veranstaltet in München, 1979 a) Klavier: 1. Pr. (7500 DM) *Hans-Christian Wille* (BR Deutschld.), 2. Pr. (5500 DM) *Marioara Trifan* (USA), 3. Pr. (4000 DM) *Kenji Watanabe* (Japan). b) Kontrabaß: 1. Pr. nicht vergeben, 2. Pr. (4500 DM) *Michinori Bunya* (Japan), 3. Pr. (je 3000 DM) *Jiří Hudec* (ČSSR) u. *Josef Niederhammer* (Österr.). c) Flöte: 1. Pr. nicht vergeben, 2. Pr. (4500 DM) *Irena Krstić-Grafenauer* (Jugoslawien), 3. Pr. (je 3000 DM) *Shigenori Kudo* (Japan) u. *Hideaki Sakai* (Japan). d) Orgel: 1. Pr. nicht vergeben, 2. Pr. (5500 DM) *Ludger Lohmann* (BR Deutschld.), 3. Pr. (4000 DM) *Karol Gołebiowski* (Polen). e) Duo Violine/Klavier: 1. Pr. nicht vergeben, 2. Pr. (8000 DM) *Pavel Vernikov–Konstantin Bogino* (UdSSR), 3. Pr. (6000 DM) *Peter* u. *Gabriel Rosenberg* (BR Deutschld.). 1980 (2.–19. Sept.) für Gesang, Viola, Klavier Duo, Trompete und Bläserquintett ausgeschrieben.

Internat. Violinwettbewerb Ludwig Spohr des Landes Baden-Württemberg in Freiburg i. Br., erstmals 1979: 1. Pr. (10000 DM) an *Michael Erxleben* (DDR), 2. Pr. (6000 DM) an *Krzysztof Wegrzin* (Polen), 3. Pr. (3000 DM) an *Florian Paul* (Rumänien), 4. Pr. nicht vergeben, 5. Pr. (je 1500 DM) an *Gabriele Györbiro* (BR Deutschld.) und *Aureli Blasczok* (Polen). Nächster Wettbewerb 1982.

Jugend musiziert 17. Bundeswettbewerb 1980 in Erlangen und Nürnberg für Klavier, Blockflöte, Streich-, Schlag- u. Zupfinstrumente. 124 der 274 durchgeführten Solo- u. Gruppenwertungen wurden prämiert (84 1. Preise mit je 300 DM, 68 2. Preise mit je 200 DM, 68 3. Preise mit je 150 DM u. 24 Prämien mit je 250 DM; insges. 55000 DM). Förderungsbeiträge von privaten Stiftungen in Höhe von rund 90000 DM. Sonderpreis der Stadt Erlangen für die besten Interpretationen zeitgenöss. Musik nach 1966 (je 1000 DM) an *Anja Lebowsky, Gregor Bühl* u. an das Zither-Trio *R. Popp, L. Lägel, J. Popp.*

Klingler (Karl-K.)-Preis Internat. Streichquartett-Wettbewerb der gleichnamigen Stiftung, 1979 1. Pr. (18000 DM) an das »Cherubini-Quartett« *(Ch. Poppen, H. Schoneweg, H. Schlichtig, K. Kämper),* 2. Pr. (12000 DM) an das rumän. Quartett »Voces Contemporaneae«. Karl-Klingler-Medaille an das »Buchberger-Quartett« und an das »Daniel-Quartett« (Israel). Nächster Wettbewerb 1981.

Knab (Armin-K.)-Preis der gleichnamigen Stiftung in Würzburg, 1980 für Sologesang; 1. Pr. (3000 DM) an *Sigrid Kessler,* 2. Pr. (2000 DM) geteilt an *Barbara Münzel* u. *Klaus Lapins.*

Kompositionswettbewerb »Orgelmusik für den Altenberger Dom« 1. Pr. (5000 DM) zu gleichen Teilen an *Robert M. Helmschrott* u. *Peter Kiesewetter,* 2. Pr. (je 1500 DM) an *M. Siedel, W.-A. Schulz* u. *W. Toll.*

Kranichsteiner Musikpreis der »Internat. Ferienkurse für Neue Musik« in Darmstadt, 1980 für Komposition (je 2500 DM) an *Klarenz Barlow* (Indien) u. *Hans-Karsten Raecke* (DDR), für Interpretation (5000 DM) an das *Orfeu-Quatuor Bucureşti* (Rumänien).

Kritikerpreis des »Verbandes der deutschen Kritiker e.V.« in Berlin (West), 1979 für Musik an *Brigitte Fassbaender.*

Kulturkreis im Bundesverband der Deutschen Industrie 1979 Musikstipendien (je 5000 DM) an die Organisten *Gerhard Jentschke, Bernd Liffers* und *Andreas Rothkopf;* Studienbeihilfen (je 3000 DM) an *Heiner Graßt, Marlene Hinterberger, Ullrich Lamberti* und *Ludger Lohmann.*

Kulturpreis der Stadt Erlangen 1979 an das *Erlanger Kammerorchester.*

Kulturpreis der Stadt Kiel 1980 (10000 DM) an den Organisten und Chorleiter *Hans Gebhard.*

Kulturpreis der Sudetendeutschen Landsmannschaft e.V. für Komposition u. musikwiss. Werk, 1980 (2000 DM) an den Komponisten *Karl Heinz Füssl;* für darstellende u. ausübende Kunst, 1980

(2000 DM) an den Dirigenten *Alfred Walter;* s. a. Preise f. Kunst u. Literatur.
»Künstler des Jahres« s. Deutscher Schallplattenpreis
Kunstpreis Berlin der »Akademie der Künste« in Berlin (West), Förderungspreis (10000 DM) 1980 für Musik an den Komponisten *Peter Kiesewetter;* s. a. Preise für Literatur, Kunst, Film/Hörfunk/Fernsehen.
Kunstpreis der Landeshauptstadt Sarbrücken 1980 (5000 DM) als Förderpreis zu gleichen Teilen an den Organisten *Andreas Rothkopf* u. für den Bereich Folklore an die Gruppe *»Espe«.*
Kunstpreis des Saarlandes 1980 (10000 DM) an den Komponisten und Dirigenten *Hans Zender* für sein kompositorisches Gesamtwerk.
Löns (Hermann-L.)-Medaille für Verdienste um die Pflege deutscher Volksmusik und volkstümlicher Unterhaltung, gestiftet v. »Das Neue Blatt«, H. Bauer Verlag, Hamburg; 1980 Goldmed. an *Peter Alexander, René Kollo, Gotthilf Fischer;* Ehrenmed. an *Edy Hildebrandt.* Bronzemed. an *Roy Black* u. an das Duo *Marianne & Michael.*
Märkisches Stipendium für Musik der »Märkischen Kulturkonferenz e. V.« in Iserlohn, 1979 (24000 DM) an den Pianisten *Bernd Zack;* 1980 an das *»Cherubini-Quartett«.*
Masefield-Stipendien der »Stiftung F.V.S.« zu Hamburg, 1979 an *Susanne Knöffler, Christian Brunnert, Wolfgang Poth, Mathias Weber, Dirk Sagemüller, Ekkehardt Feldmann, Johannes Schwill;* 1980 an *Robert Hairgrove, Henner Leyhe* und *Ralf Nattkemper.*
Mendelssohn (Felix-M.-Bartholdy)-Preis der »Stiftung Preußischer Kulturbesitz« in Berlin (West); 1980 (6000 DM) für Klavier an *Chia Chou* (Kanada), Förderungsprämie (1200 DM) für Violine an *Jörg-Michael Schwarz* (BR Deutschld.).
Mozartfest-Gesangswettbewerb der Stadt Würzburg für junge Künstler, 1980 2. Pr. (je 4000 DM) an *Regina Klepper* u. *Klaus Lapins,* 3. Pr. (3000 DM) an *Angelika Luz;* Förderpreis (je 500 DM) an *Ulrike Belician* und *Sigrid Kessler.*
Nationalpreis der DDR 1979 an den Komponisten *Günter Kochan;* s. a. Preise f. Literatur und Kunst.
Nordgaukulturpreis der Stadt Amberg für Musik 1980 (1000 DM) an *Franz Wilhelm Rösch;* s.a. Preise für Kunst u. Literatur.
Oberdörffer (Dr.-Wilhelm-O.)-Preis der Stiftung zur Förd. d. Hamburgischen Staatsoper, 1979 (7500 DM) an *Audrey Michael,* 1980 (je 7500 DM) an *Chantal Lefèvre* u. *Jean-Christophe Maillot.*
Oberschlesischer Kulturpreis des Landes Nordrhein-Westfalen, 1979 s. Preise f. Literatur.
Orff (Carl-O.)-Medaille des »Verbandes bayer. Sing- u. Musikschulen« für Verdienste um die Sing- u. Musikschulen Bayerns; erstmals 1980 an *Erich Stümmer* u. *Ludwig Gebhard.*
Orgel-Improvisationswettbewerb der »Internat. Orgelwoche Nürnberg« 1980, Preis (3000 DM) an *Jaroslav Tuma* (Tschechosl.).
Ponto (Jürgen-P.)-Stiftung zur Förderung junger Künstler, Kompositionswettbewerb 1979: kein 1. u. 2. Pr., 3. Pr. (4000 DM) an *Takehito Shimazu* (Japan); Förderpreise (je 2000 DM) an *Hans-Christan von Dadelsen, Raimund Jülich* u. *Hwang-Long Pan.* 1980 Ausbildungsbeihilfen (je 12000 DM) an die Geiger *Frank Peter Zimmermann* und *Kolja Blacher;* s. a. Preise für Kunst und Literatur.
Preis der Gustav-Mahler-Gesellschaft für die beste Mahler-Interpretation 1979, an *Klaus Tennstedt* für die Einspielung der 5. Symphonie Mahlers mit dem London Philharmonic Orchestra (EMI).
Preis der Stadt Essen zur Förderung junger Künstler, 1980 (je 5000 DM) an *Detlef Tewes* (Mandoline), *Claudius Tanski* (Klavier) und *Annegret Koch* (Photographie).
Pro-Musica-Plakette aus Anlaß des 100jährigen Bestehens einer Musikvereinigung vom Bundespräsidenten verliehen; 1980 an 32 Liebhaberorchester oder Volksmusikgruppen.
Schumann (Robert-Sch.)-Preis der Stadt Zwickau, 1980 an Kammersänger *Theo Adam* und *Miklós Forrai* (Ungarn).
Schwabinger Kunstpreis der Landeshauptstadt München, für Musik 1980 (2000 DM) an *Jörg Holler;* s.a. Preise f. Literatur u. Kunst.
Sczuka (Karl-S.)-Preis des Südwestfunks Baden-Baden, 1979 (15000 DM) an *John Cage* (USA); nächste Verleihung 1981.
Siemens (Ernst-von-S.)-Musikpreis der gleichnamigen Stiftung, München und Zug (Schweiz); 1980 (150000 sfr) an den Sänger u. Dirigenten *Dietrich Fischer-Dieskau.* **Förderungszuwendungen** der Ernst-von-Siemens-Stiftung, 1980 (insgesamt 150000 sfr) an den *Chor der King's College School, Cambridge,* an das *Philip Jones Brass Ensemble,* an das *New York New Music Ensemble,* an die *Internationale Menuhin-Musik-Akademie Gstaad,* an die *Orchesterschule der Kammermusiker Zürich,* an die *Musica Antiqua Köln* und an *Deutscher Musikrat, Bonn* für *»Bundesauswahl Konzerte junger Künstler«.*
Söring (Eduard-S.)-Preis Stiftung zur Förderung der Hamburgischen Staatsoper, erstmals 1979 (je 2000 DM) an *Jens Oppermann* und *Niklas Schmidt.*
Spohr (Ludwig-S.)-Preis der Stadt Braunschweig, s. WA '80, Sp. 568; nächste Verleihung 1982.
Sprengel (Bernhard-S.)-Preis für Musik, 1979 (insges. 25000 DM) an *Katrin* u. *Konstanze Eickhorst, Markus Pawlik* u. *Elsbeth Moser.*
Stamitz (Johann-Wenzel-St.)-Preis der »Künstlergilde e. V.« in Esslingen, 1980 (10000 DM) an den Komponisten *Harald Heilmann;* Förderpreise (4000 DM) an *Helge Jörns* und *Klaus Hinrich Stahmer.*

Steinbrenner (Wilfried-St.)-Stiftung zur Förderung der ernsten Musik, 1979 keine Preisverleihung; 1980 erstmalig ein Stipendium.
Stipendium der Landeshauptstadt München 1980 (je 10000 DM) an die Musiker *Andreas Vahsen, Alfred Müller, Hans Richter* u. *Cornelia Flade-Kallisch;* s. a. Kunstpreise.
Stipendium der Mozart-Gesellschaft Dortmund e. V. 1979 (6000 DM) an *Peter* und *Gabriel Rosenberg; 1980 an das »Cherubini-Quartett«.*
Stipendium der Richard-Strauss-Stiftung der Landeshauptstadt München, 1979 (3000 DM) an *Manfred Manhart.*
Villa-Massimo-Stipendium Studienaufenthalt für Komponisten in der »Deutschen Akademie Villa Massimo«, Rom; verliehen vom Bundesministerium des Innern in Verbindung mit den Kultusministerien der Bundesländer (6–12monatige freie Unterkunft und 1100 DM monatl.). Studiengäste 1980–1981/82 *Nikolai Badinski, Volker Blumenthaler, Hans-Jürgen von Bose, Theo Brandmüller, Hans-Christian von Dadelsen, Detlev Müller-Siemens, Hans-Wilhelm Plate* und *Ulrich Stranz;* Ehrengast *Jürg Baur* (s. auch »Literatur- und Kunstpreise«).
Weber (Carl-Maria-von-W.)-Wettbewerb für Kinderopern in Dresden, 1980 1. Pr. nicht vergeben, 2. Pr. an *Peter Schat* (Niederlande) u. *Constantin Régamey* (Schweiz).
Zelter-Plakette aus Anlaß des 100jährigen Bestehens einer Chorvereinigung vom Bundespräsidenten verliehen; 1980 an 212 Chorvereinigungen.

BELGIEN

Concours musical Reine Elisabeth in Brüssel, 1980 (250000 bfr) für Violine: 1. Pr. *Yuzuko Horigome* (Japan), 2. Pr. *Peter Zozossky* (USA), 3. Pr. *Takashi Shimizu* (Japan), 4. Pr. *Ruriko Tsukahara* (Japan); 1981 kein Wettbewerb, 1982 Kompositionswettbewerb.

BRASILIEN

9. Internat. Gesangswettbewerb in Rio de Janeiro, 1979 1. Pr. *Ewa Maria Podlers* (Polen), *Francine Laurent* (Frankr.), 2. Pr. *Ismail Djalilov* (UdSSR), *Donna Robin* (Österr.).

DÄNEMARK

Leonie-Sonning-Musikpreis der gleichnamigen Stiftung in Kopenhagen, 1980 (100000 dkr) an die Organistin *Marie-Claire Alain* (Frankreich).

FRANKREICH

Grand Prix de Chartres Internat. Orgel-Wettbewerb, 1978 an *Todd Wilson* (USA).
Grand Prix de la Ville de Paris der »Académie du disque français«, 1979 an den Chansonnier *Georges Brassens* und an *Philippe Chatel.*
Grand Prix des relations culturelles der »Académie du disque français«, 1979 an *Aribert Reimann* für die Aufnahme seiner Oper »Lear« (DG).
Grand Prix du Président de la République der »Académie du disque français«, 1979 an den Organisten *Pierre Cochereau.*
29. Internat. Dirigentenwettbewerb in Besançon, 1979 Goldene Lyra an *Doron Salomon* (Israel).
Internat. Flötistenwettbewerb »Jean-Pierre Rampal« der Stadt Paris, 1980 Gr. Preis an *Shigenori Kuo* (Japan).
Internat. Klavier-Wettbewerb in Epinal, 1979 1. Pr. *Kei Itoh* (Japan), 2. Pr. *Nathalie Bera-Tagrine* (Frankr.), *Edson Elias* (Brasilien).
Internat. Wettbewerb der Musikfestspiele von Toulon, 1979 f. Klarinette 2. Pr. *Paul Lamaze* (Frankr.), *Reiner Wehle* (BR Deutschld.); 1980 f. Horn 1. Pr. *Nicolae Dosa-Jeandon* (Rumänien), 2. Pr. *Erich Markwart* (DDR), 3. Pr. *Christophe Danel* (Frankr.); Goldmed. *Richard Todd* (USA).
25. Internat. Wettbewerb für Gesang der Stadt Toulouse, 1979 1. Pr. *Marion-Vernette Moore* (USA), 2. Pr. *Floriana Sovilla* (Italien), *Scott Mac Allister* (USA) u. *Alexander Garden* (Großbrit.).
12. Internat. Wettbewerb f. Kammermusik-Ensembles in Colmar, 1979 1. Pr. *Bläserquintett des Ungar. Radio-Orchesters,* Budapest, 2. Pr. *Bläserquintett Chalumeau* (BR Deutschld.).

GRIECHENLAND

Internat. Musikwettbewerb in Athen, 1979 für Klavier 1. Pr. *Dimo Dimov* (Bulgarien), 2. Pr. *Margarita Höhenrieder* (BR Deutschld.), *Pierre Benhaiem* (Frankr.); für Gesang 1. Pr. *Gabriele Sima* (Österr.), 2. Pr. *Marion-Vernette Moore* (USA), *Liliana Bizineche* (Rumänien).

ISRAEL

3. Internat. Arthur-Rubinstein-Meisterwettbewerb für Klavier in Tel Aviv, 1980 1. Pr. *Gregory Allen* (USA), 2. Pr. *Ian Hobson* (Großbrit.), 3. Pr. *Jeoffrey Tozer* (Australien).
7. Internat. Harfenwettbewerb in Jerusalem, 1979 1. Pr. (Konzertharfe) an *Mary Emily Mitchell* (USA), 2. Pr. (2000 $) an *Barbara Allen* (USA), 3. Pr. (1500 $) an *Irena Kaganovsky* (Israel); nächster Wettbewerb 1982.

Staatl. Musikpreis 1978 für die beste Interpretation eines zeitgenöss. israel. Kammermusikwerkes an die zwölf Cellisten der *Berliner Philharmoniker.*

ITALIEN

Concorso Ferruccio Busoni Internat. Wettbewerb für junge Pianisten in Bozen, 1. Pr. *Catherine Vickers-Steiert* (Kanada), 2. Pr. nicht vergeben, 3. Pr. *Alyce Le Blanc* (USA).
19. Concorso Internazionale per »Voci Verdiane« in Busseto, 1979 f. Gesang 2. Pr. *Yoshihisa Yamaji* (Japan), *Valantin Pivovarov* (UdSSR).
»Ein Leben für die Musik« Preis der Stadt Venedig, 1979 an *Arthur Rubinstein.*
18. Internat. Kompositionswettbewerb der Stadt Triest 1979 1. Pr. *Franco Dominutti* (Italien), 2. Pr. *Nikolai Badinski* (BR Deutschld.) u. *Robert Stern* (USA).
30. Internat. Musikwettbewerb »G.B.Viotti« in Vercelli, 1979 f. Klarinette 2. Pr. *Philippe Cuper* (Frankr.), *Michele Carulli* (Italien); f. Gesang 1. Pr. *Jutta Schlegel* (DDR), *Giancarlo Ceccarini* (Italien); f. Klavier 2. Pr. *Alain Jacquon* (Frankr.), *Liora Ziv-Li* (Israel).
Klavierwettbewerb in Finale Ligure 1. Pr. an *Margarita Höhenrieder* (BR Deutschld.).
Premio N. Paganini 26. Internat. Violinwettbewerb in Genua, 1979 1. Pr. *Florin Paul* (Rumänien), 2. Pr. *Yuriko Naganuma* (Japan).

JUGOSLAWIEN

Internat. Musikwettbewerb in Belgrad, 1979 f. Komposition Gr. Preis an *Jean-Claude Wolf* (Frankr.) u. *Michael Travlos* (Griechenld.).

KANADA

13. Internat. Wettbewerb von Montreal, 1979 für Violine, Gr. Preis *Peter Zazofsky* (USA), 2. Pr. *Mihaela Martin* (Rumänien).

MONACO

Prix de Composition Musicale Prince Pierre de Monaco, 1980 an *Gerald Plain* (USA).

NIEDERLANDE

Erasmus-Preis der gleichnamigen Stiftung in Amsterdam, 1980 (150 000 Gulden) an *Nikolaus Harnoncourt* und *Gustav Leonhardt.*
26. Internat. Gesangswettbewerb in 's-Hertogenbosch, 1979 1. Pr. *Nelly Miricioiu* (Rumänien), 2. Pr. *Coby Dijk* (Niederlande), *Liliane Bizineche* (Rumänien), *Mary Burgett* (USA), *Christopher Royall* (Großbrit.), *Howard Crook* (USA), *Henry Herford* (Großbrit.), *Peter Savidge* (Großbrit.).
Internat. Orgelwettbewerb Albert Schweitzer in Deventer, 1980 1. Pr. *Marie-Agnes Crall-Menet* (Frankr.), 2. Pr. *Rinus Verhagen* (Niederlande), 3. Pr. *Margit Dostal* (Österr.).

ÖSTERREICH

Körner (Theodor-K.)-Stiftungsfonds zur Förderung von Wissenschaft und Kunst; Förderungspreisträger 1980 für Musik: *Herbert Lauermann, Mathias Ruegg, Ulf Diether Soyka* und *Sylvia Welmann.*
Kreisler (Fritz-K.)-Wettbewerb der gleichnamigen Stiftung in Wien, erstmals 1979; 1. Pr. (100 000 S) *Dmitry Sitkovetsky* (UdSSR), 2. Pr. (75 000 S) *Hiro Kurosaki* (Japan), 3. Pr. (50 000 S) *Shizuka Ishikawa* (Japan). Nächster Wettbewerb 1983.
Kulturpreis der Stadt Salzburg 1979 an die Sänger *Jean-Jacques Doumène* (Frankr.) u. *Patricia Rozario* (Indien).
Lehmann (Lotte-L.)-Gedächtnisring 1979 an *Leonie Rysanek.*
Preise der Stadt Wien 1980 Würdigungspreis für Musik (75 000 S) *Kurt Schwertsik;* s.a. Preise f. Kunst und Literatur. Förderungspreis 1979 (25 000 S) *Meinhard Rüdenauer.*
Swarowsky (Hans-S.)-Dirigentenwettbewerb in Wien, 1980 1. Pr. *Michael Morgan* (USA), 2. Pr. *Salvador Mas* (Spanien), 3. Pr. *Dimitri Demetriades* (Griechenland) und *Tamas Koncz* (Ungarn).

POLEN

1. Internat. Dirigentenwettbewerb in Kattowitz, 1980 1. Pr. *Claus Peter Flor* (DDR), 2. Pr. *Uri Mayer* (Kanada), 3. Pr. *Tadeusz Wojciechowski* (Polen).

SCHWEIZ

Concours Clara Haskil in Vevey, 1979 f. Klavier 1. Pr. *Cynthia Raim* (USA), 2. Pr. *Pietro Rigacci* (Italien), 3. Pr. *Marie-Paule Siruguet* (Frankr.).
Concours international de musique d'opéra et de ballet in Genf, 1979 Kompositionswettbewerb 2. Pr. *Akira Nishimura* (Japan).
35. Concours international d'exécution musicale in Genf, 1979 f. Gesang (Oper) 2. Pr, *Marion-Vernette Moore* (USA); f. Gesang (Konzert) 1. Pr. *Christian Jean* (Frankr.); f. Violoncello 1. Pr. *François Guye* (Schweiz), 2. Pr. *Charles Curtis* (USA); f. Klarinette 2. Pr. *Nothart Müller* (DDR), *Paul Lamaze* (Frankr.); f. Posaune 1. Pr. *Michel Becquet,* 2. Pr. *Alain Manfrin* (Frankr.).

Grand Prix du Disque – Internat. Jazz-Festival von Montreux, 1980 Sparte Jazz: »Prix Diamant« zu gleichen Teilen an *George Adams/Don Pullen-Quartett* für »Don't Lose Control« u. an *David Murray* für »3 D Family/Live Willisau 78«; Sparte Blues/Gospel/Soul: »Prix Diamant« an *Lonnie Brooks* für »Bayou Lightning«; Sparte Folk: Grand Prix an *Allan Taylor* für »The Traveller«; Sparte Rock u. Pop: Grand Prix an *The Clash* für »London Calling« u. an *Ry Cooder* für »Bop Till You Drop«. »Prix Aiguille 78 Tours« an *Thelonius Monk* für »Riverside Trios«.

5. Internat. Streichquartett-Wettbewerb in Evian, 1980 1. Pr. (20000 sfr) *Muir-Quartett* (USA), 2. Pr. (10000 sfr) *Tiflis-Quartett* (UdSSR), Preis für die Interpret. zeitgenöss. Werke an das *Buchberger-Quartett* (BR Deutschld.).

13. Internat. Violinwettbewerb Tibor Varga in Sion, 1980 1. Pr. (5000 sfr) *Alexander Barantschik* (UdSSR), 2. Pr. (3000 sfr) *Paul Florin* (Rumänien), 3. Pr. (2000 sfr) *Mircea Calin* (Rumänien).

Kiwanis-Musikpreis des gleichnamigen Clubs in Zürich, 1979 an *Risch Biert* (Klavier), *Conrad Wyss* (Cello), das Trio *X. Fässler, A. d'Amelio* u. *D. Schneebeli* und an das Quartett *R. Schädler, R. Guéneux, M. Ackermann* u. *R. Maurer.*

Kompositionswettbewerb der Stadt Zürich 1979 (7000 sfr) zu gleichen Teilen an *Manuel Hidalgo* und *Martin Schlumpf.*

Kulturförderungskredite des Kantons Zürich 1979 Kompositionsauftrag an *Victor Fenigstein.*

Kulturpreis der Stadt Grenchen 1979 (5000 sfr) an den Musiker *Wilhelm Steinbeck.*

Musikpreis der Stadt Zürich 1980 (20000 sfr) an den Komponisten *Armin Schibler.*

Musikpreis des Kantons Bern 1978 an *Gerhard Aeschbacher,* 1979 an *Theo Hug* u. *François Pantillon.*

Nägeli (Hans-Georg-N.)-Medaille der Stadt Zürich, 1980 an *Kurt von Fischer* für musikalische Verdienste um die Stadt Zürich.

Prix mondial du disque de Montreux 1979 für die Aufnahmen von Préludes I von Claude Debussy mit *Arturo Benedetti Michelangeli* (DG), Benjamin Brittens Oper »Peter Grimes« unter *Colin Davis* (Philips) und für die Gesamtaufnahme der Werke von Anton Webern unter der Leitung von *Pierre Boulez* (CBS). Prix d'honneur an das *Quartetto Italiano (P. Borciani, E. Pegreffi, D. Asciolla, F. Rossi).*

Rahn-Wettbewerb des Konservatoriums und der Musikhochschule Zürich, 1979 Preise an *Eva Pezzotti* (Violine), *Simon Fuchs* (Oboe), *Angelo d'Amelio* (Klarinette), *Christian Siegmann* (Fagott) und *Helmut Wiegiehser* (Klavier).

Rencontres Chorales Internationales de Montreux, 1980 1. Pr. der Jury (4000 sfr) zu gleichen Teilen an *University of Warwick Choir,* Coventry (Großbrit.) u. an den Chor *Musica Nova,* Boom (Belg.).

Solistenpreis des Schweizerischen Tonkünstlervereins 1979 an den Pianisten *Jürg Lüthy;* Auszeichnungen an *Dagmar Clottu, Christoph Delz* u. *Theresia Klenzi.*

SPANIEN

Internat. Klavierwettbewerb der Stadt Santander 1980, 1. Pr. nicht vergeben, 2. Pr. (250000 Ptas) *Barry Douglas* (Irland), 3. Pr. (150000 Ptas) *Francesco Nicolosi* (Italien) u. *Dan Anastasiu* (Rumänien).

25. Internat. Musikwettbewerb »Maria Canals« in Barcelona, 1979 f. Klavier 2. Pr. *Yves Rault* (Frankr.), *Christine Kiss* (Ungarn); f. Violine 2. Pr. *Veronique Bogaerts* (Belg.); f. Gesang 2. Pr. *Eva Tihany* (Ungarn); f. Gitarre 1. Pr. *Leonardo Palacios* (Spanien), 2. Pr. *William Waters* (Großbrit.).

TSCHECHOSLOWAKEI

»Goldene Nachtigall« Preis für leichte Musik, 1980 an *Karel Gott.*

31. Internat. Musikwettbewerb »Prager Frühling«, 1979 f. Orgel 2. Pr. *James Kibbie* (USA), *Josef Popelka* (Tschechoslow.), *Ursula Copony-Philippi* (Rumänien); f. Streichquartett 1. Pr. *Prazak-Quartett,* 2. Pr. *Havlak-Quartett* (Tschechoslow.).

UNGARN

Bartok (Bela-B.)-Medaille des Ungar. Komponistenverbandes, erstmals 1980, an den GEMA-Vorstand *Erich Schulze.*

17. Internat. Musikwettbewerb in Budapest, 1979 f. Bratsche 1. Pr. *Sandor Nagy* (Ungarn), *Inoue Yuuko* (Japan), 2. Pr. *Gabor Ormay* (Ungarn); f. Violine (Szigeti-Wettbew.) 1. Pr. *Nandor Szederkényi* (Ungarn), *Edward Zienkowski* (Polen), 2. Pr. *Gyula Stuller, Attila Falway* (Ungarn).

URUGUAY

Ciudad de Montevideo 5. Internat. Klavierwettbewerb, 1978 1. Pr. *Hans-Christian Wille* (BR Deutschld.), 2. Pr. *José Cocarelli* (Brasilien), 3. Pr. *Eduardo Alfonso* (Uruguay).

VEREINIGTE STAATEN VON AMERIKA

Casadesus (Robert-C.)-Wettbewerb in Cleveland, 1979 1. Pr. *Edward Newman* (USA), 2. Pr. *Jean-Yves Thibaudet* (Frankr.), 3. Pr. *Angela Hewitt* (Kanada).

AUS DEM MUSIKLEBEN

»Das Große Lexikon der Musik« (Komponisten–Interpreten–Sachbegriffe) in 8 Bänden, hrsg. von *Marc Honegger* u. *Günther Massenkeil*, erscheint im Verlag Herder. – Der Verlag Clive Bingley/ K. G. Saur bringt in Zusammenarbeit mit der British Library in London von 1980 bis 1984 den **»Catalogue of Printed Music in the British Library to 1980«** heraus. Der Katalog enthält in 52 Bänden mit ca. 1 Mill. Eintragungen sämtliche Titelaufnahmen der größten Musikkollektion, nach Komponisten und Titeln geordnet. – Im Athenaion-Verlag erscheint ab 1980 ein 10bändiges **»Neues Handbuch der Musikwissenschaft«** von *Carl Dahlhaus*. – Eine **»Musikgeschichte der Deutschen Demokratischen Republik 1945 bis 1976«** ist im Ostberliner Verlag »Neue Musik« erschienen. – In der »Universal-Bibliothek« des Verlags Philipp Reclam jr., Leipzig, erschien *Frank Schneiders* **»Momentaufnahme. Notate zu Musik und Musikern in der DDR«.**

Manuskripte von Kompositionen Benjamin Brittens im Wert von etwa 430000 £ wurden vom brit. Staat als Gegenwert für Erbschaftssteuer auf den Nachlaß des 1976 gestorbenen Komponisten entgegengenommen und als Leihgabe der **Britten-Pears-Bibliothek** in Aldeburgh (Suffolk) zugeführt. – Der Nachlaß des 1977 in Stuttgart verstorbenen österr. Komponisten *Johann Nepomuk David* wurde der Österr. Nationalbibliothek in Wien z. Geschenk gemacht.

Die Uraufführung von *Paul Dessaus* letztem Bühnenwerk »Leonce und Lena« fand 1979 an der Deutschen Staatsoper in Berlin (Ost) statt. – Bei den **Wiener Festwochen 1980** wurde die Oper »Jesu Hochzeit« von *Gottfried von Einem* nach einem Text von *Lotte Ingrisch* uraufgeführt. Zum 80jährigen Bestehen der Wiener Symphoniker erhielt *G. von Einem* von der Stadt Wien den Auftrag für ein Orchesterwerk (»Ludi Leopoldini«). – *Hans Werner Henzes* Kinderoper »Pollicino« wurde 1980 als Koproduktion der Kölner Oper mit dem Cantiere Internazionale d'Arte Montepulciano beim Festival von Montepulciano uraufgeführt. – *Giselher Klebes* Oper »Der jüngste Tag«, nach dem Schauspiel von Ödön von Horváth, wurde am Mannheimer Nationaltheater mit Erfolg uraufgeführt. – Der Leipziger Komponist *Friedrich Schenker* arbeitet an einer Oper über das Leben Georg Büchners. – Zum 100jährigen Bestehen des Berliner Philharmonischen Orchesters 1982 wurden elf Kompositionsaufträge u. a. an *Pierre Boulez, Hans Werner Henze, Krzysztof Penderecki, Alfred Schnittke, Isang Yun* und *Udo Zimmermann* erteilt. – Die Lieder-Oper »Aus Deutschland« von *Mauricio Kagel*, ein Auftragswerk der Deutschen Oper Berlin, wird im Frühjahr 1981 in Berlin uraufgeführt. – Zum 25jährigen Bestehen der Deutschen Oper am Rhein schreibt der englische Komponist *Alexander Goehr* ein Opernwerk. – Das franz. Kulturministerium vergab einen Staatsauftrag an *Henry Barraud* zur Vertonung von Paul Claudels »Tête d'Or« zu einem musikalischen Bühnenwerk. – Die Ostberliner Staatsoper bringt in Gemeinschaftsarbeit mit der Dresdner Staatsoper in den Jahren 1982–84 eine Neuinszenierung von Richard Wagners »Der Ring des Nibelungen«; Regie *Harry Kupfer*, musik. Leitung *Rolf Reuter*.

Dietrich Fischer-Dieskau will den ihm verliehenen **Ernst-von-Siemens-Musikpreis** (150000 sfr) einem Stipendienfonds für begabte junge Sänger zuführen. – Eine **Fritz-Kreisler-Stiftung** wurde von den Initiatoren des Wiener Fritz-Kreisler-Violinwettbewerbs gegründet. – Dem Komponisten *Karlheinz Stockhausen* wurde die Ehrenmitgliedschaft der »American Academy and Institute of Arts and Letters« verliehen. – Der franz. Komponist u. Dirigent *Pierre Boulez* und der griech. Komponist *Mikis Theodorakis* wurden zu korrespondierenden Mitgliedern der Akademie der Künste der DDR gewählt. – *Claudio Abbado* übernahm das London Symphony Orchestra und *Georg Solti* das London Philharmonic Orchestra. – *Klaus Tennstedt* und *Christoph Eschenbach* wurden zu »Principal Guest Conductors« des London Philharmonic Orchestra ernannt. – *Francesco Siciliani* übernahm 1980 die künstlerische Leitung der **Mailänder Scala,** *Claudio Abbado* bleibt weiter als Orchesterdirektor dem Opernhaus verbunden. – Neuer Chefdirigent der Philharmonia Hungarica ist der israel. Dirigent *Uri Segal*. – *Yuri Ahronovitch* wird 1982 neuer Chefdirigent des Stockholmer Philharmonischen Orchesters. – Der Regisseur *Louis Erlo* ist ab 1982 der neue Leiter der Internat. **Opernfestspiele von Aix-en-Provence;** sein Vorgänger *Bernard Lefort* tritt 1980 an die Stelle des Pariser Opernintendanten *Rolf Liebermann*. Ein Kooperationsvertrag zwischen der Pariser Oper und der Mailänder Scala sieht jährlich u. a. zwei gemeinsame Produktionen, zwei Kompositionsaufträge und die Gründung eines Studios für Barockmusik vor. – Der franz. Choreograph *Maurice Béjart* wird Leiter der staatl. Ballett- u. Tanzschule in Paris, die 1981 im Palais de Chaillot eröffnet wird. – *Gerard Mortier* wurde zum neuen Intendanten der **Brüsseler Nationaloper** ernannt, wo er 1981 *Maurice Huisman* ablöst. – Neuer Intendant des Landestheaters Salzburg wird 1981 *Frederik Merdita*. – *Lorin Maazel*, Chefdirigent des Cleveland Orchestra, wird 1982 Direktor der **Wiener Staatsoper.** – Nachfolger von *Siegfried Palm* als Generalintendant der **Deutschen Oper Berlin** wird mit der Spielzeit 1981/82 *Götz Friedrich*, Generalmusikdirektor wird *Jesus Lopez Cobos*. – *Rainer Koch* wurde neuer Generalmusikdirektor der Stadt Bielefeld, *Jaroslav Opela* Chefdirigent der Hofer Symphoniker, *Lutz Herbig* Generalmusikdirektor der Stadt Trier, *Gustav Kuhn* Chefdirigent der Berner Oper und *Klaus Weise* wird ab 1981 Generalmusikdirektor in Kiel. – Als Nachfolger von *Gabor Ötvös* übernimmt 1981 *Bruno Weil* die Generalmusikdirektion der **Städtischen Bühnen Augsburg,** *Helge Thoma* die Intendanz. – *Hiroshi Wakasugi* wird neuer Generalmusikdirektor der **Deutschen Oper am Rhein** Düsseldorf/Duisburg. – *Kyrill Kondraschin* wird 1982 Chefdirigent des Symphonieorchesters des Bayerischen Rundfunks. – *Hans Georg Schäfer* ist als Nachfolger von *Rudolf Hetzer* zum Leiter der **Bachwoche Ansbach** berufen worden.

Erstmalig in der Bundesrepublik wurde eine **Professur für Diskologie** an der Hamburger Hochschule für Musik und darstellende Kunst eingerichtet. – In Wolfenbüttel wurde eine **»Internationale Musikakademie für Solisten« (IMAS)** gegründet. – Eine **»Scuola Interculturale di Musica«** unter der Leitung von *Ivan Vandor* wurde in **Venedig** bei der Stiftung »Giorgio Cini« auf der Insel San Giorgio Maggiore zur Erforschung der großen nichtwestlichen musikalischen Traditionen ins Leben gerufen. – Die **»Black Music Association (BMA)«,** ein Interessenverband schwarzer Musiker, wurde unter *Kenneth Gamble* in Philadelphia (USA) gegründet.

Mit dem **»Preis der deutschen Schallplattenkritik«** werden seit Febr. 1980 Schallplattenveröffentlichungen des zurückliegenden Vierteljahres, die von bes. künstl. u./od. repertoirepolit. Bedeutung sind, von einer unabh. Jury (Sekr. *Ingo Harden,* Koordination *Karl Breh*) von üb. 80 Fachkritikern in 24 Arbeitsbereichen ausgezeichnet u. in Vierteljahreslisten vom Verlag G. Braun, Karlsruhe, veröffentlicht. – Die deutsch-niederld. **Polygram**-Gruppe erwarb die Schallplatten- und Musikverlagsaktivitäten des brit. Elektronik- u. Schallplattenkonzerns **Decca** Ltd., London, ausgenommen die Beteiligung der Decca an der Teldec Telefunken – Decca Schallplatten GmbH in Hamburg. – Nach Berechnungen des Bundesverb. der phonograph. Industrie, Hamburg, wurden 1979 in der BR Deutschland 202,4 Mill. **Schallplatten u. Musikcassetten** (Anteil 37,4 Mill.) im Wert von 2,17 Mrd. DM über Handel und Clubs abgesetzt. Der Export stieg 1979 um 11 % auf 34,4 Mill. Stück (60 % LP, 22 % Singles, 18 % Cassetten). – Vom VEB **»Deutsche Schallplatten Berlin/DDR«,** einziger Produzent von Tonträgern in der DDR, wurden 1979 20 Mill. Tonträger (davon 2 Mill. Cassetten) hergestellt und 250 Mill. Mark umgesetzt.

Ein **Richard-Wagner-Museum** entsteht in Altgraupa bei Dresden in einem Gebäude, in dem der Komponist 1846 »Lohengrin« schuf. – Das Geburtshaus des 1924 verstorbenen ital. Opernkomponisten **Giacomo Puccini** in Lucca wurde der Öffentlichkeit als **Museum** zugänglich gemacht. – Mit dem **»Théâtre Musical de Paris«,** unter der Leitung von *Jean-Albert Cartier,* erhält Paris im ehem. »Châtelet« ein neues volkstümliches Musiktheater.

Die **Salzburger Festspiele** 1979 wurden an 36 Spieltagen mit 102 Veranstaltungen von insges. 157 600 Gästen besucht; der Kartenverkauf erbrachte Einnahmen von 97,5 Mill. S. – Die **Bayreuther Festspiele** 1980 zeigten, neben Wiederaufnahmen von »Parsifal«, »Lohengrin« und dem »Fliegenden Holländer«, zum letzten Mal die »Ring«-Inszenierung von *Patrice Chéreau;* für 1981 sind Neuinszenierungen von »Tristan und Isolde« und »Meistersinger« vorgesehen.

Zur ersten **Internat. Musikmesse** 1980 in Frankfurt am Main kamen 544 Aussteller (darunter 56 Musikverlage) aus 24 Ländern.

Die **GEMA** (Ges. f. Musikal. Aufführungs- u. mechan. Vervielfältigungsrechte) erzielte 1979 aus der Wahrnehmung von Musikurheberrechten Erträge von 433,5 (1978 406,4) Mill. DM; daraus wurden 380,7 Mill. DM an Mitglieder u. Berechtigte ausgeschüttet, an das Ausland wurden 53,8 Mill. DM Urheberrechtserträge abgeführt.

PREISE FÜR FRIEDEN UND VERSTÄNDIGUNG, GESAMTSCHÖPFERISCHE LEISTUNGEN UND TATEN DER MENSCHLICHKEIT

Aachener Karlspreis s. Internat. Karlspreis

Adenauer (Konrad-A.)-Preis für Kommunalpolitik der Kommunalpolitischen Vereinigung der CDU und CSU (KPV) »für Bürgerinitiativen, Vereine oder Einzelpersonen, die aus eigenem Antrieb wichtige Leistungen zugunsten der Bürger erbringen«. 1979 Goldplaketten an die *»Frankfurter Werkgemeinschaft«,* an den *»Verein der Freunde Schloß Blutenburg«,* an den *»Emsländischen Heimatbund«,* an die *»Stiftung Schloßtheater Neuwied«* und an die Gruppe *»Kinderspielplatz Hasenhöhle«* (Rheine); Silberplaketten an die Städte Koblenz, Neuss und Mönchengladbach, an die Stadtratsfraktion Landau/Pfalz, an den Kreis Kleve, an den Kreis Marburg-Biedenkopf und an den ehem. Berliner Bürgermeister *Heribert Baumann;* Bronzemedaillen an die Städte Ingolstadt, Siegburg und Bad Neuenahr-Ahrweiler. Verleihung alle 3 Jahre.

Athen-Preis s. Onassis (Alexander-O.)-Stiftung

Balzan-Preise der gleichnamigen internat. Stiftung (Sitz Mailand) aus dem Nachlaß des ital. Zeitungsverlegers *Eugenio Balzan.* 1979 (je 250 000 sfr) für hervorragende Leistungen auf den Gebieten der Sozialwissenschaften, der Geschichte und der Biologie an den Kinderpsychologen *Jean Piaget* (Schweiz), zu gleichen Teilen an den Orientalisten *Giuseppe Tucci* (Italien) und *Ernest Labrousse* (Frankreich) und an den Biologen *Torbjörn Caspersson* (Schweden). Alle 3 Jahre Preis (500000 sfr) für Verdienste auf humanitärem Gebiet und für die Förderung des Friedens (1978 an *Mutter Teresa* aus Kalkutta).

Bauer (Fritz-B.)-Preis der »Humanistischen Union«, München, 1980 (3000 DM) an *Peggy Parnass.*

Bayerische Staatsmedaille für soziale Verdienste 1980 an den Sprecher der Sudetendeutschen Landsmannschaft *Walter Becher.*

Bea (Augustin-B.)-Preis der »Internat. Stiftung Humanum«, 1980 (50000 S) an den österreichischen Theologen und Sozialwissenschaftler *Johannes Messner.*

Bech (Joseph-B.)-Medaille in Gold der »Stiftung F.V.S.« zu Hamburg, 1978 an den Bürgermeister der Stadt Montigny-lès-Metz, *Joseph Schaff.*

Bech (Joseph-B.)-Preis der »Stiftung F.V.S.« zu Hamburg, 1980 (20000 DM) an den italienischen Journalisten und Publizisten *Emmanuele Gazzo* für sein Wirken für die europäische Einigung.

Bharat Ratna Höchste zivile Auszeichnung Indiens; 1980 an die Friedensnobelpreisträgerin *Mutter Teresa* aus Kalkutta.

Böckler (Hans-B.)-Preis der gleichnamigen Stiftung des Deutschen Gewerkschaftsbundes (DGB) für beispielhafte Arbeiten aus dem Bereich der Bildungs- und Gesellschaftspolitik; erstmals 1980 (20000 DM), an den katholischen Sozialwissenschaftler *P. Oswald von Nell-Breuning S.J.*

Brauns (Heinrich-B.)-Preis des Bistums Essen für Verdienste um die katholische Soziallehre, 1980 (10000 DM) an *Elisabeth Zillken.*

Buber-Rosenzweig-Medaille des »Deutschen Koordinierungsrates der Gesellschaften für Christlich-Jüdische Zusammenarbeit e.V.«, 1980 an *Eugen Kogon* für Verdienste um christlich-jüdische Verständigung.

Dag-Hammarskjöld-Preis der Vereinten Nationen, 1979 an den ägyptischen Präsidenten *Anwar as Sadat* für seine Verdienste um den Frieden und an die Präsidentin der Deutschen Krebshilfe *Mildred Scheel* für ihre Bemühungen um die internationale Zusammenarbeit bei der Erforschung der Krebskrankheiten.

Dierichs (Paul-D.)-Preis der gleichnamigen Stiftung in Kassel, 1980 (insges. 50000 DM) an 10 Einzelpersonen u. Gruppen, die sich in eigener Initiative u. uneigennützig für das Wohl ihrer Mitmenschen u. der Gemeinschaft eingesetzt haben.

»Die schärfste Klinge« Ehrenpreis der Stadt Solingen, 1980 an *Bruno Kreisky* für »sein Engagement um Ausgleich u. Verständigung in der Welt«.

Dunant (Henri-D.)-Medaille höchste Auszeichnung der Ges. v. Internat. Roten Kreuz, 1979 an *Bean T de Barra* (Mrs. *Tom Barry;* Irland).

Duttweiler (Adele-D.)-Preis gestiftet von den zwölf regionalen Migros-Genossenschaften der Schweiz, 1979 (50000 sfr) an Pfarrer *Alain Barde* in Würdigung seines sozialen und menschlichen Werkes zugunsten junger Strafentlassener.

Einstein (Albert-E.)-Friedenspreis der gleichnamigen Stiftung in Chicago, erstmals 1980 (50000 $), an die ehem. schwed. Chefdelegierte b. d. Genfer Abrüstungsverhandlungen *Alva Reimer Myrdal.*

Europäischer Coudenhove-Kalergi-Preis der »Paneuropa-Union«, 1980 an den griechischen Staatspräsidenten *Konstantin Tsatsos* für seinen »großen Beitrag am politischen Aufbau und an der kulturellen Bereicherung Europas«.

Europäischer Karlspreis der »Sudetendeutschen Landsmannschaft e.V.«, 1980 an den bayerischen Staatsminister *Fritz Pirkl.*

Europa-Medaille der »Europa-Union Deutschland«, 1980 an *Axel Kollecker* für Verdienste um die europäische Einigung.

Europapreis des Europarats in Straßburg, 1980 an die Stadt Passau für die »Bemühungen um die Förderung des europäischen Gedankens, insbesondere durch die seit 1952 alljährlich stattfindenden Europäischen Wochen und die Städtepartnerschaften mit Cagnes-sur-Mer und Krems«.

Europapreis für Landespflege Verliehen von der »Johann-Wolfgang-von-Goethe-Stiftung« in Basel, 1980 (20000 sfr) an *Roger Verdegen* (Frankreich); 1981 an *Franz Weber* (Schweiz) u. *Vlastimil Vaniček* (Tschechoslow.). **Peter Joseph Lenné-Medaille** in Gold an *Mario Pavan* (Italien).

Europapreis für Volkskunst der »Stiftung F.V.S.« zu Hamburg, 1980 (20000 DM) zu gleichen Teilen an den *»Künstlerischen Verband der Pontusgriechen«* in Athen, an die niederld. Lied- u. Tanzgruppe *»Aald Hielpen«* in Hindeloopen, an die *Tanzgruppe des Norsk Folkemuseum* in Oslo und an die Folklore-Gruppe *»Mara«* in Sighetu Marmaţiei, Rumänien, für Bewahrung und Pflege der überkommenen Volkskunst ihrer Heimat.

Freiheitspreis des franz. PEN-Clubs für verfolgte ausländ. Schriftsteller, 1980 an *Lydia Tschukowskaja* (UdSSR), *Armando Valladares* (Cuba) u. *Abdellatif Laabi* (Marokko) für Verdienste um die Gedanken- u. Ausdrucksfreiheit in ihrem Lande.

Friedenspreis gestiftet von deutschen Organisationen (ev. Studentengemeinden, amnesty international, Lateinamerika-Komitees u. Dritte-Welt-Arbeitskreise u.a.), 1980 an die argentinische Frauengruppe *»Mütter der Plaza de Mayo«.*

Friedenspreis des Deutschen Buchhandels 1980 (25000 DM) an den Dichter und Priester *Ernesto Cardenal,* Kulturminister von Nicaragua.

Goldene Bonifatiusplakette Verliehen vom Vors. der Deutschen Bischofskonferenz, 1980 an *P. Oswald*

von Nell-Breuning S.J. »für sein Werk im Dienst der sozialen Gerechtigkeit«.
Goldmann (Nahum-G.)-Medaille des Jüdischen Weltkongresses 1980 an Bundeskanzler *Helmut Schmidt* für seine Verdienste um den Frieden u. die Menschenrechte.
»Großer Stern der Völkerfreundschaft« Orden der DDR, 1980 an den ehem. Kirchenpräsidenten von Hessen-Nassau *Martin Niemöller* für seine »Verdienste um die Verständigung und die Freundschaft der Völker und um die Erhaltung des Friedens«.
Großkreuz des Danebrog-Ordens 1980 an *Kai-Uwe von Hassel* für Verdienste um die Verständigung zw. Deutschen und Dänen nach dem 2. Weltkrieg.
Großkreuz mit Schulterband und Stern des Gregoriusordens, eine der höchsten päpstlichen Auszeichnungen, 1980 an den Europa-Parlamentarier *Otto von Habsburg* in Anerkennung seiner Arbeit für die Einigung eines christlichen Europa.
Guardini (Romano-G.)-Preis der Katholischen Akademie in Bayern, 1980 (10000 DM) an den ehem. Landesbischof der evang.-luth. Kirche in Bayern *Hermann Dietzfelbinger* »für sein persönliches Wirken als Pfarrer, Theologe u. Bischof im Sinne Guardinis und im Geiste der ökumenischen Bewegung«.
Hahn (Otto-H.)-Preis der Stadt Frankfurt am Main für Verdienste um die friedliche Verwendung der Atomenergie im Sinne Otto Hahns; 1980 (25000 DM) an den Atomphysiker *Otto Haxel.*
Heinemann (Gustav-H.)-Bürgerpreis des Bundesvorstandes der SPD, 1980 (20000 DM) an den ehem. Reg. Bürgermeister v. Berlin *Heinrich Albertz.*
Herder (Gottfried-von-H.)-Preise der »Stiftung F.V.S.« zu Hamburg, »der Pflege und Förderung der kulturellen Beziehungen zu den ost- und südosteuropäischen Völkern sowie der Würdigung bedeutsamer Beiträge zur europäischen Kultur gewidmet«; 1980 Hauptpreise (je 20000 DM) an die jugoslawische Kunsthistorikerin *Gordana Babić-Djordjević,* an den ungarischen Volkskundler *Iván Balassa,* an den tschechischen Maler *Kamil Lhoták,* an den griechischen Kunsthistoriker *Manussos Manussakas,* an die bulgarische Schriftstellerin *Vera Petrova Mutafčieva,* an den rumänischen Schriftsteller und Sprachwissenschaftler *Alexandru Rosetti* und an den poln. Denkmalpfleger *Wiktor Zin.*
Heuss (Theodor-H.)-Preis der gleichnamigen Stiftung in München, 1980 an den Psychoanalytiker *Horst Eberhard Richter* und an die Deutsche Sektion der Kinderhilfsorganisation *»Terre des Hommes«.* – Theodor-Heuss-Medaille 1980 an den Gerichtsberichterstatter des Hamburger Nachrichtenmagazins »Der Spiegel«, *Gerhard Mauz,* an vier Nachbarschaftshilfen im Landkreis München und an die *Bürgerinitiative deutsch-türkischer Kindertreff* in Berlin-Kreuzberg.
Internationaler Karlspreis der Stadt Aachen; 1980 keine Verleihung.
Jaksch (Wenzel-J.)-Preis der sudetendeutschen »Seliger-Gemeinde« 1980 (5000 DM) an *Alfred Hauptmann* (Stockholm).
Kalinga-Preis der UNESCO, 1980 (1000 £) an den Wissenschaftspublizisten *Hoimar von Ditfurth* für »besondere Verdienste um die Popularisierung der Naturwissenschaften«.
Karl-Marx-Orden Höchste Auszeichnung der DDR, 1980 an *Luigi Longo,* Vors. der italienischen KP.
Kommandeur der französ. Ehrenlegion, Auszeichnung an *Georg Leber* für Verdienste um die deutsch-französ. Zusammenarbeit.
Korczak (Janusz-K.)-Preis der »Deutschen Korczak-Gesellschaft e.V.« in Gießen, 1980 (5000 DM) an den Schriftsteller und Erzieher *Shimon Sachs* (Israel).
Lenin (Internat. Wladimir-Iljitsch-L.)-Preis der Sowjetunion, verliehen »für die Festigung des Friedens zwischen den Völkern«, 1980 an den finnischen Staatspräsidenten *Urho Kekkonen,* an den vietnamesischen KP-Führer *Le Duan* und an die Schriftsteller *Hervé Bazin* (Frankreich), *Miguel Otero-Silva* (Venezuela) und *Abdel Rahman El-Hamisi* (Ägypten).
Medaille für kulturelle Zusammenarbeit des südkoreanischen Staatspräsidenten, 1979 an *Fritz Hohmann,* Leiter des »Hohmaneums« in Seoul.
Miegel (Agnes-M.)-Plakette des gleichnamigen Kuratoriums in Münster, verliehen f. Verdienste um die Ost-West-Begegnung, 1980 an *Helmut Naunin.*
Montaigne-Preis der »Stiftung F.V.S.« zu Hamburg, für »hervorragende Beiträge zur europäischen Kultur aus dem romanischen Sprachraum«; 1980 (25000 DM) an den italienischen Komponisten, Dirigenten u. Musikwissenschaftler *Virgilio Mortari,* Rom. Stipendium (7200 DM) auf Vorschlag des Preisträgers an den ital. Kunsthistoriker *Pietro Petraroia.*
Moro (Aldo M.)-Stiftung Die Stiftung zur Erinnerung an den ermordeten Politiker wurde nach eineinhalbjährigem Bestehen geschlossen.
Moses-Mendelssohn-Preis gestiftet 1979 in Höhe von 20000 DM vom Senat von Berlin zur Förderung der Toleranz gegenüber Andersdenkenden und zwischen den Völkern, Rassen und Religionen; Verleihung erstmals 1980, an *Barbara Just-Dahlmann.*
Naturschutzpreis des Bundes für Natur- und Umweltschutz, verbunden mit der Bodo-Manstein-Medaille; erstmals 1980 an den Schweizer Nationalökonomen *Hans-Christoph Binswanger.*
Olympia-Preis s. Onassis (Alexander-O.)-Stiftung
Onassis (Alexander-O.)-Stiftung 1980 Athen-Preis (100000 $) an das *»Europäische Parlament«* in Straßburg für seine Rolle »bei der Förderung der Völkerverständigung und der Achtung der Menschenwürde«; **Olympia-Preis** (100000 $) an das von *Harold Macmillan* geleitete *»Komitee zur Erhaltung der Athener Akropolis«.*
Orden der Völkerfreundschaft der Sowjetunion, 1980 an das Oberhaupt der russ.-orthodoxen Kirche

Patriarch *Pimen* für sein »patriotisches Eintreten für den Frieden«.
Ossian-Preis der »Stiftung F.V.S.« zu Hamburg für Verdienste um die Erhaltung und Förderung eigenständiger, in ihrem Fortbestand gefährdeter Sprach- und Kulturgemeinschaften; 1980 (20000 DM) an die *Società Filologica Friulana »G. I. Ascoli«* in Udine für die Bewahrung und Pflege des Friaulischen.
Peutinger-Medaille in Gold des gleichnamigen Collegiums in München, 1979 an den Staatspräsidenten von Gambia Sir *Dawda Kairaba Jawara* für seine Verbundenheit mit dem parlamentarischen System im konstitutionellen Staat.
Preis der Schweizerischen Stiftung für Freiheit und Menschenrechte in Bern, 1979 an den Theologen *Helmut Thielicke.*
Prix 1979 du Fonds Français Französischer Preis für Umwelt- und Naturschutz an die franz. Meeresforscher *Jacques-Yves Cousteau* und *Philippe Cousteau* für zwei Filmproduktionen.
Rheinlandpreis für Umweltschutz 1980 (25000 DM) an den Meteorologen *Heinz G. Fortak.*
Schuman (Robert-Sch.)-Medaille in Gold der »Stiftung F.V.S.« zu Hamburg, 1980 an d. griech. Staatspräsidenten *Konstantin Karamanlis* in Würdigung seines zielstrebigen Wirkens für den Beitritt seines Landes zur Europäischen Gemeinschaft.
Schuman (Robert-Sch.)-Preis der »Stiftung F.V.S.« zu Hamburg, verliehen in Höhe von 30000 DM für Verdienste um die Förderung der europäischen Einheit, 1979 an den ehem. belgischen Premierminister *Leo Tindemans.*
Schweitzer (Albert-Sch.)-Medaille des gleichnamigen Zentrums zur Förderung gewaltfreier Politik, 1979 an den Trompeter *Adolf Scherbaum* und an die Cellistin *Irmingard Seemann.*
Sozialpreise der Bayerischen Landesstiftung in München, 1980 (je 10000 DM) an die Aktion Familienpatenschaften in Pfakofen u. an den Freizeitclub der evang. Jugend München-Nord.
Steffens (Henrik-St.)-Preis der »Stiftung F.V.S.« zu Hamburg für wissenschaftliche oder kulturelle Leistungen in skandinavischen Ländern; 1980 (25000 DM) an den Komponisten und Musikwissenschaftler *Hallgrimur Helgason* (Island).
Stresemann-Medaille in Gold der Stresemann-Gesellschaft in Mainz, 1979 an den ehem. belgischen Premierminister *Leo Tindemans* für seine Verdienste um die europäische Einigung.
Sudetendeutscher Kulturpreis der Sudetendeutschen Landsmannschaft e.V., 1980 (5000 DM) an den Maler und Bildhauer *Oskar Kreibich.*
Vaterländischer Verdienstorden in Gold der DDR, 1980 an den Ostberliner Schriftsteller *Stephan Hermlin.*
Vondel (Joost-van-den-V.)-Preis der »Stiftung F.V.S.« zu Hamburg, 1979 (20000 DM) an *Torsten Dahlberg* (Schweden) für seine Verdienste um die niederdeutsche Sprache.
Yad Vashem-Medaille der Holocaust-Gedächtnisstätte in Jerusalem, 1980 an die österreichische Schauspielerin *Dorothea Ness.*

NOBELPREISE 1979

Friedensnobelpreis Verliehen 1979 vom Nobelkomitee des norwegischen Parlamentes in Oslo an die katholische Ordensschwester *Mutter Teresa* (*Agnes Gonxha Bojaxiu,* geb. 1910 in Skopje als Kind albanischer Bauern; seit 1928 in Indien tätig) »in Anerkennung ihrer Arbeit, der leidenden Menschheit Hilfe zu bringen, und des Geistes, der aus ihrer Arbeit spreche, denn Armut und Hunger und Elend stellten ebenfalls eine Bedrohung des Friedens dar, weshalb ihre Arbeit als Förderung des internationalen Friedens und der Verständigung gewürdigt werde; das Kennzeichen ihrer Arbeit sei der Respekt vor dem individuellen menschlichen Wesen, vor seiner Würde und seinem angeborenen Wert; 1979 sei das Jahr, in dem sich die Aufmerksamkeit der Weltöffentlichkeit den Kindern und Flüchtlingen zuwende, und eben dieses seien die Kategorien, für die Mutter Teresa seit vielen Jahren so selbstlos arbeite«.
Das »Volksfriedenspreis-Komitee«, das sich 1973 aus Protest gegen die Entscheidung des Nobelkomitees, *Henry A. Kissinger* und *Le Duc Tho* für ihre Verdienste um eine Friedensregelung in Vietnam auszuzeichnen, gebildet hatte, überreichte *Mutter Teresa* einen Scheck in Höhe von 350000 norwegischen Kronen (ca. 140000 DM) aus privaten Spenden.
Nobelpreis für Literatur Verliehen 1979 von der »Schwedischen Akademie der Schönen Künste« in Stockholm an den in Athen lebenden griechischen Lyriker und Essayisten *Odysseas Elytis* (*Odysseus Alepoudhelis,* geb. 1911 in Heraklion auf Kreta) »für seine Poesie, die aus dem Ursprung der griechischen Tradition schöpft und mit einer starken Sinnlichkeit und klaren Intelligenz den Kampf des modernen Menschen um Freiheit und schöpferische Kreativität in die Szene setzt«.
Nobelpreis für Chemie Verliehen 1979 von der »Schwedischen Akademie der Wissenschaften« in Stockholm, zu gleichen Teilen an den deutschen Wissenschaftler Professor *Georg Wittig* (geb. 1897 in Berlin, ehem. Direktor des Organisch-Chemischen Universitätsinstituts in Heidelberg) und an den US-Professor *Herbert Charles Brown* (geb. 1912 in London, Professor für organische Chemie an der Purdue-Universität in West Lafayette, Indiana, USA) »für ihre Verdienste bei der Entwicklung von Bor- und Phosphorverbindungen zu wichtigen Reagenzien in der organischen Synthese«.
Nobelpreis für Physik Verliehen 1979 von der »Schwedischen Akademie der Wissenschaften« in Stockholm, zu gleichen Teilen an die US-Professoren *Sheldon L. Glashow* (geb. 1932 in New York, Professor an der

Harvard-Universität) und *Steven Weinberg* (geb. 1933 in New York, Professor an der Harvard-Universität) sowie an den Pakistani Professor *Abdus Salam* (geb. 1926 in Jhang, Direktor des Internat. Zentrums für Theoretische Physik in Triest und Professor am Imperial College in London) »für ihre Forschungsarbeit auf dem Gebiet der Theorie der vereinigten schwachen und elektromagnetischen Wechselwirkung zwischen Elementarteilchen«.

Nobelpreis für Medizin und Physiologie Verliehen 1979 durch das »Kgl. Karolinische Medico-Chirurgische Institut« in Stockholm, zu gleichen Teilen an den US-Professor *Allan McLeod Cormack* (geb. 1924 in Johannesburg, Südafrika; Leiter des Physik. Instituts an der Tufts-Universität in Medford, Mass., USA) und an den Engländer Professor *Godfrey Newbold Hounsfield* (geb. 1919 in Newark, Nottinghamshire; Leiter der mediz. Forschungsabteilung bei Electric and Musical Industry [EMI] in Hayes, London) für die Entwicklung der Tomographie mit Computer.

Nobelpreis für Wirtschaftswissenschaften Verliehen 1979 von der »Schwedischen Akademie der Wissenschaften« in Stockholm, zu gleichen Teilen an den US-Agrarwissenschaftler Professor *Theodore W. Schultz* (geb. 1902 in Arlington, South Dakota; bis 1973 Professor an der Universität von Chicago) und an den britischen Nationalökonomen Sir *Arthur Lewis* (geb. 1915 in Castries, St. Lucia; Prof. an der Universität von Princeton, New Jersey) »für ihre Verdienste um die Erkenntnis von der fundamentalen Bedeutung der Entwicklung der Landwirtschaft in den Staaten der Dritten Welt für deren gesamtökonomischen Fortschritt«.

1979 belief sich die Geldprämie je Sparte auf 800000 schwedische Kronen (ca. 340000 DM); für das Jahr 1980 werden die Nobelpreise mit 880000 schwedischen Kronen dotiert.

Von den seit 1901 verliehenen Preisen entfielen (einschl. 1979) u.a. auf Empfänger folgender Länder: USA 141 – Großbritannien 76 – Deutschland 60 – Frankreich 41 – Schweden 23 – Schweiz 14 – Russisches Reich/UdSSR 14 – Dänemark 11 – Belgien, Italien, Niederlande und Österreich (Monarchie u. Republik) je 9 – Norwegen 7 – Irland (einschl. Nordirland) 6 – Japan 5 – Kanada und Spanien je 4 – Australien, Indien und Ungarn je 3 – Argentinien, Chile, China, Griechenland, Israel, Polen, Portugal und Südafrika je 2 – Ägypten, Finnland, Guatemala, Island, Jugoslawien, Pakistan, Tschechoslowakei und Staatenlose je 1. (Ein beachtlicher Teil der Empfänger, bes. der USA, wurde nicht in dem Land geboren, in dem sie zur Zeit der Verleihung als Bürger lebten.) Insgesamt 13mal wurde der Preis als Friedenspreis an Institutionen verliehen. Von 1940–1943 war die Verleihung ausgesetzt; außerdem wurde in einigen Jahren in einzelnen Sparten kein Preis verliehen. Aufschlüsselung der Preise nach Sparten sowie für die Jahre 1901–1945 und 1946–1976 s. WA '78, Sp. 551/552.

(Bibl. Hinweis: A. Hermann u.a.: Deutsche Nobelpreisträger, 2. A., München 1978)

Orden »Pour le mérite für Wissenschaft und Künste«

(Jahr der Aufnahme; Stand Juni 1980)

A) *Deutsche Mitglieder*

I. Mitglieder des Ordenskapitels

Autrum, Hansjochem (Zoologe, 1977) – Bittel, Kurt (Archäologe, 1967) – Butenandt, Adolf (Biochemiker, 1962) – Coing, Helmut (Rechtsgelehrter, 1973) – Eigen, Manfred (Chemiker, 1973) – Eschenburg, Theodor (Politologe, 1968) – Gadamer, Hans-Georg (Philosoph, 1971) – Gentner, Wolfgang (Physiker, 1974) – Gutbrod, Rolf (Architekt, 1971) – Hillebrecht, Rolf (Architekt, 1964) – Huchel, Peter (Schriftsteller, 1976) – Ligeti, György (Komponist, 1975) – Maier-Leibnitz, Heinz (Ordenskanzler; Physiker, 1976) – Mann, Golo (Historiker u. Schriftsteller, 1973) – Meyer-Schwickerath, Gerd (Augenarzt, 1978) – Mothes, Kurt (Biochemiker, 1968) – Orff, Carl (Komponist, 1956) – Paul, Wolfgang (Physiker, 1980) – Rahner, Karl (Theologe, 1970) – Reichardt, Werner (Physiker, 1980) – Reidemeister, Leopold (Kunsthistoriker, 1980) – Rossow, Walter (Gartenarchitekt und Landschaftsplaner, 1972) – Schalk, Fritz (Romanist, 1979) – Schieder, Theodor (Historiker, 1971) – Snell, Bruno (Klassischer Philologe, 1977) – Weizsäcker, Carl Friedrich Frhr. v. (Physiker, 1961) – Wieacker, Franz (Rechtsgelehrter, 1969) – Wimmer, Hans (Bildhauer, 1966) – Wimmer, Maria (Schauspielerin, 1973)

II. Altmitglieder

Frisch, Karl von (Zoologe, 1952) – Marcks, Gerhard (Bildhauer, 1952) – Siegel, Carl Ludwig (Mathematiker, 1963)

B) *Ausländische Mitglieder*

Alföldi, Andreas (Althistoriker, 1972) – Aron, Raymond (Soziologe, 1973) – Bloch, Felix (Physiker, 1979) – Boulez, Pierre (Komponist u. Dirigent, 1975) – Canetti, Elias (Schriftsteller, 1979) – Festugière, André Jean (Religionswissenschaftler, 1963) – Ganshof, François-Louis (Historiker, 1959) – Gombrich, Sir Ernst (Kunsthistoriker, 1977) – Grabar, André (Kunsthistoriker, 1963) – Hartung, Hans (Maler, 1977) – Hayek, Friedrich-August von (Nationalökonom, 1977) – Huggins, Charles (Mediziner, 1957) – Kennan, George Frost (Diplomat u. Historiker, 1976) – Krebs, Sir Hans Adolf (Biochemiker, 1972) – Kuttner, Stephan (Kanonist u. Rechtshistoriker, 1969) – Lesky, Albin (Klassischer Philologe, 1971) – Lipmann, Fritz (Biochemiker, 1974) – Lorenz, Konrad (Zoologe, 1969) – Marini, Marino (Bildhauer u. Graphiker, 1968) – Moore, Henry (Bildhauer, 1972) – Popper, Sir Karl (Wissenschaftstheoretiker, 1980) – Staiger, Emil (Literaturhistoriker, 1966) – Syme, Sir Roland (Althistoriker, 1974) – Tange, Kenzo (Architekt, 1975) – Todd, Lord Alexander (Chemiker, 1966) – Waerden, Bartel, Leendert van der (Mathematiker, 1973) – Weißkopf, Victor Friedrich (Physiker, 1978) – Yukawa, Hideki (Physiker, 1967)

(Bibl. Hinweis: Orden Pour le Mérite für Wissenschaften und Künste. Reden und Gedenkworte. 13. Band 1976/77; Verlag Lambert Schneider, Heidelberg 1978)

Wirtschaft

Die **Entwicklung der Weltwirtschaft** zeigt für 1979 ein uneinheitliches Bild. In den **westlichen Industrieländern (OECD-Staaten)** hielt zunächst der *Wirtschaftsaufschwung* von 1978 noch an – sichtbar vor allem am Anstieg der Industrieproduktion –, verlangsamte sich aber im Lauf des Jahres deutlich. Insgesamt erhöhte sich das *reale Bruttosozialprodukt* aller westlichen Industrieländer 1979 (1978) um 3,0 (3,9) %. Im einzelnen betrug die Erhöhung 1979 in % u. a.: Japan 6 – Österreich 5 – Italien 4,5 – BR Deutschland und Schweden je 4 – Belgien, Frankreich und Niederlande je 3 – Dänemark 2,5 – USA 1,5 – Schweiz 0,5. – Gegen Ende 1979/Anfang 1980 zeigten sich fast überall deutliche Abschwungtendenzen, besonders stark in den USA und in Großbritannien, nur gering ausgeprägt dagegen in der BR Deutschland und in Österreich. – Die Wirtschaftsentwicklung wurde insgesamt stark von den Veränderungen im Bereich des *privaten Konsums* beeinflußt. – Die *Inflationsraten* nahmen generell kräftig zu, teils als Folge starker Ausweitung der Geldmengen durch staatliche Konjunkturförderungsprogramme der Vorjahre, teils durch die außerordentlich hohen Preissteigerungen für Mineralöl und andere Rohstoffe. Die *Inflationsraten* (Teuerung gegenüber dem Vorjahresmonat) betrugen im März 1980 in % u. a.: OECD insges. 13,3 – EG insges. 12,3 – Italien 20,5 – Großbritannien 19,8 – USA 14,7 – Frankreich 13,7 – Kanada 9,3 – Japan 8,0 – Belgien 6,6 – BR Deutschland 5,8 – Niederlande 5,7 – Österreich 5,5 – Schweiz 3,9. – Die Reallöhne stiegen in den meisten Ländern nur gering an. – Auch die *Leistungsbilanzen* der meisten Staaten wurden sehr stark von den Ölpreissteigerungen und der nachlassenden Industriekonjunktur beeinflußt. Dadurch gerieten insbesondere die BR Deutschland und Japan nach vielen Jahren hoher Überschüsse erstmals 1979 wieder ins Defizit, während sich die Defizite der anderen Industrieländer wesentlich vergrößerten. Insgesamt ergab sich in der zusammengefaßten Leistungsbilanz aller OECD-Länder ein Defizit von 30 Mrd. US-$ (1978 noch 10 Mrd. $ Überschuß). – Die *Arbeitslosenquoten* veränderten sich im allgemeinen nur wenig und stagnierten in den meisten Staaten auf relativ hohem Niveau (z. B. Oktober 1979 in %: Italien 8,0 – Kanada 7,4 – Frankreich 6,5 – USA 6,1 – Großbritannien 6,0 – BR Deutschland 2,9 – Japan 2,0 – Schweden 1,8). – 1980 wird die Wirtschaftsentwicklung der meisten Industriestaaten bis zur Jahresmitte durch die Folgen der Energieverteuerung und durch staatliche Restriktionspolitik zur Inflationsbekämpfung geprägt. D. h. in den meisten Staaten muß mit einer Fortsetzung der Abschwungtendenzen und einer Stagnation der Wirtschaftsentwicklung gerechnet werden.

Die **RGW-Staaten** (»Ostblock«) gerieten 1979 zunehmend in wirtschaftliche Schwierigkeiten, die sich vor allem in nur geringen Zuwächsen des Sozialprodukts (z. B. Polen weniger als 2 %) und erhöhten Inflationsraten manifestierten (z. B. Polen 8,5 % – Ungarn bei Konsumgütern 9 %). Die Planziele des Wirtschaftswachstums wurden in keinem Staat erreicht. Die *Erfüllung der Produktionsziele* wurde vor allem durch *Energie- und Rohstoffmangel* und nach wie vor ungenügende Verkehrs- und Versorgungsinfrastruktur verhindert. In vielen Bereichen ergaben sich auch *Engpässe bei der Versorgung* der Bevölkerung mit Konsumgütern. In Polen sollen z. B. nach Schätzungen von Dissidenten $\frac{1}{3}$ der Produktionskapazitäten wegen Planungsfehlern, fehlenden Rohstoffen und Ersatzteilen brachliegen.

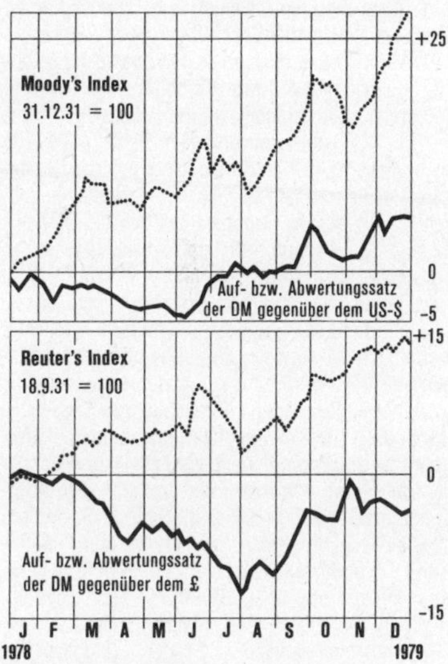

Index der Rohstoffpreise im Vergleich zur Entwicklung des DM-Wechselkurses
Prozentuale Veränderung seit Ende 1978
(Nach »Außenhandelsblätter« der Commerzbank, Jan. 1980, modifiz.)

Die Versorgungsengpässe verschärften sich auch dadurch, daß im Rahmen des RGW hohe Investitionen in der Sowjetunion im Rohstoff- und Energiesektor getätigt werden mußten. Bisher kann die Sowjetunion den Energiebedarf der ost- und südosteuropäischen Staaten nur teilweise decken; zum Kauf auf dem Weltmarkt fehlen Devisen in genügender Menge. — Die *Arbeitsproduktivität* war wiederum im Vergleich zu westlichen Ländern relativ gering; auch dies wird zum Teil auf Unzufriedenheit der Bevölkerung mit dem Stagnieren des materiellen Lebensstandards zurückgeführt. Das reale Einkommen wuchs im Durchschnitt der RGW-Länder 1979 nur um weniger als 1%.

Zur Interdependenz der wirtschaftlichen Entwicklung in den Industrie- und **Entwicklungsländern** schreibt der »Weltentwicklungsbericht 1979« der Weltbank: »Eine gesunde wirtschaftliche Entwicklung in den Industrieländern gehört zu den wichtigsten Determinanten der Wachstumsaussichten der Entwicklungsländer. Die Industrieländer sind die bedeutendsten Absatzmärkte für die Ausfuhren der Entwicklungsländer und zugleich deren wichtigste Lieferanten für Auslandskapital und Technologie.« — Insgesamt war auch 1979 das Ziel der **Entwicklungsländer,** den *Lebensstandard der Bevölkerung* durch verstärktes Wirtschaftswachstum näher an den der Industrieländer heranzuführen, weitgehend erfolglos, abgesehen von einigen *exportorientierten Staaten.* Die Weltbank schreibt in ihrem »Jahresbericht 1979«: »Selbst wenn es den Entwicklungsländern gelingen sollte, ihre Wachstumsrate pro Kopf gerechnet zu verdoppeln, während die Industrieländer ihre Wachstumsrate gerade beibehielten, würde es angesichts der enormen Unterschiede in der Kapitalbasis und den technischen Grundlagen zwischen den beiden Gruppen fast ein Jahrhundert dauern, bis die absolute Einkommenslücke zwischen ihnen geschlossen werden könnte.« – Es muß betont werden, daß die **Entwicklungsländer** sinnvollerweise nicht mehr als eine einzige Kategorie betrachtet werden können (etwa im Sinne einer Zusammenfassung als *»3. Welt«* oder der irreführenden, weil zu stark vereinfachenden, Bezeichnung »Nord-Süd-Problem«). Der »Weltentwicklungsbericht 1979« unterteilt dementsprechend die Entwicklungsländer in **»Länder mit niedrigem Einkommen«** (Pro-Kopf-Einkommen bis 300 US-$ im Jahr, z. B. Indien, Bangladesch, Äthiopien, Mosambik, Kenia, Zaïre, Haïti), **»Länder mit mittlerem Einkommen«** (Pro-Kopf-Einkommen über 300 US-$, z. B. Ägypten, Nigerien, Sambia, Elfenbeinküste, Malaysia, Iran, die lateinamerikanischen Staaten, Jugoslawien, Griechenland) und **»Ölexportländer mit Zahlungsbilanzüberschuß«** (Saudi-Arabien, Kuweit, Libyen). – Länder der mittleren Gruppen konnten 1979 in einigen Fällen ihre Situation deutlich verbessern, insbesondere Rohstoffexporteure und Staaten mit industrieller Basis und regem Fertigwarenexport in die Industrieländer (z. B. Rep. China/Taiwan, Rep. Korea/Süd-K., Singapur). – Die *Entwicklungschancen der ärmsten Länder* wurden besonders durch die enormen Ölpreissteigerungen und die verringerten Hilfsmöglichkeiten der Industrieländer weiter beeinträchtigt. Hinzu traten vielfach selbstverschuldete Notlagen durch instabile politische Verhältnisse, unfähige und korrupte Regierungen, Bürgerkriege u. ä. – Nach Expertenschätzungen mußten die *Entwicklungsländer* 1979 insgesamt *10 Mrd. US-$ zusätzlich für die erhöhten Ölpreise* aufbringen (zusammengefaßtes Zahlungsbilanzdefizit aller Entwicklungsländer 1979 42 Mrd. $). Die *OPEC-Staaten* lehnten bisher Preisermäßigungen für die ärmsten Länder ab, versprachen jedoch für die Zukunft höhere Entwicklungskredite. 1978 ging die Entwicklungshilfe der OPEC-Staaten auf 4,7 Mrd. $ (– 1) zurück, während sich die **Entwicklungshilfe der westlichen Industrieländer** (OECD) auf 18,3 Mrd. $ (+ 3,6) erhöhte. – Zusammenfassend stellte die Weltbank fest: – daß 1979 der von den Entwicklungsländern erzielte Fortschritt nicht groß genug war, um die Zahl der in Armut lebenden Menschen zu verringern – daß die wirtschaftlichen Schwierigkeiten der Industrieländer es den Entwicklungsländern in Zukunft noch stärker erschweren werden, ihre Wirtschaft auszuweiten – daß selbst zur *Beibehaltung des jetzigen geringen Fortschrittstempos* die *Kapitalzuflüsse von außen* und die *Produktivität der eigenen Landwirtschaft erhöht werden müssen.*

Auf der **5. UNO-Konferenz für Handel und Entwicklung** 1979 in Manila **(UNCTAD V)** bekräftigten die *westlichen Industrieländer* ihren Willen, mittel- bis langfristig 0,7% des Bruttosozialprodukts an staatlicher Entwicklungshilfe aufzubringen. Die »sozialistischen« Staaten (RGW-Länder) weigerten sich, eine ähnliche Verpflichtung einzugehen und beschränken sich weiterhin vor allem auf Waffenlieferungen und mehr symbolhafte Wirtschaftshilfe. 1978 betrug der *Anteil der öffentlichen Entwicklungshilfe am BSP* in % u. a.: Schweden 0,88 – Niederlande 0,82 – Dänemark 0,75 – Belgien 0,63 – Frankreich 0,59 – Kanada 0,52 – Australien 0,45 – Großbritannien 0,40 – BR Deutschland 0,37 (1979: 0,43) – USA 0,23 – Japan 0,23 – Italien 0,10. (Zur Entwicklungspolitik und -hilfe siehe auch »Weltchronik«.)

Eine Analyse des erwirtschafteten **Brutto-Sozialprodukts** (BSP) zeigt, daß sich die *Vergrößerung des weltweiten Wohlstandsgefälles* auch in den vergangenen Jahren fortgesetzt hat.

Mit Ausnahme der ölexportierenden Entwicklungsländer gab es **keine Umverteilung des globalen Brutto-Sozialprodukts.** 1978 entfielen auf die westlichen Industriestaaten (17% der Weltbevölkerung) 64% des BSP, auf die Entwicklungsländer (ohne OPEC-Länder; 53% der Bevölkerung) nur 15% des BSP. Wegen bescheidener Zuwächse oder sogar

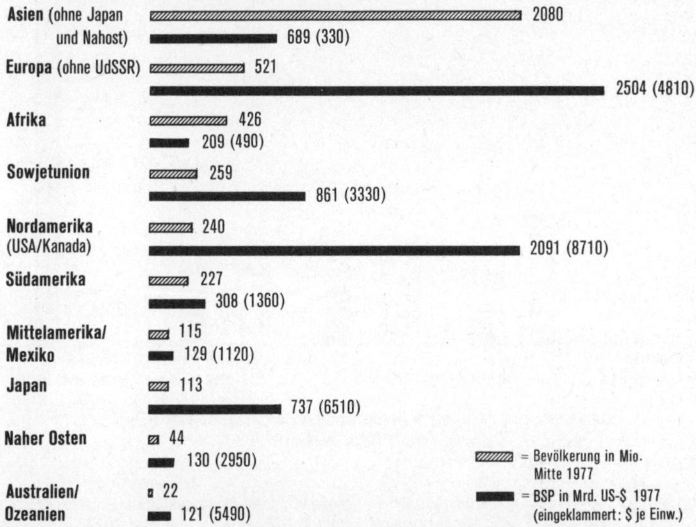

Bruttosozialprodukt/BSP nach Welt-Regionen 1977 in Mill. US-$
(Nach Angaben in »World Bank Atlas« 1979)

Die »reichsten« und die »ärmsten« Länder der Welt
Länder mit Bruttosozialprodukt/BSP zu Marktpreisen je Einwohner 1977 über 5000 bzw. unter 200 US-$
(Nach Angaben in »World Bank Atlas« 1979)

Rückgang der Wirtschaft und hohem Bevölkerungswachstum ergab sich 1970–77 für 38 Entwicklungsländer sogar ein Sinken des Pro-Kopf-Einkommens.

Brutto-Sozialprodukt 1978 in Mrd. US-$/reale Veränderung pro Kopf 1970–1977 (nach »World Bank Atlas« 1979): USA 2117,89/+ 2,0% – Sowjetunion 965,52/+ 4,4% – Japan 836,16/+ 3,6% – BR

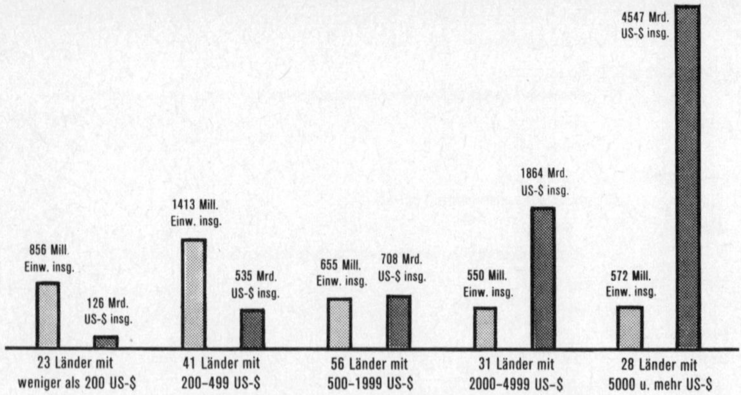

Ländergruppen nach ihrem Bruttosozialprodukt je Einwohner 1977
(Nach »World Bank Atlas« 1979)

Deutschland 587,70/+ 2,2% – Frankreich 439,97/+ 3,1% – VR China 424,62/+ 4,5% – Großbritannien 281,09/+ 1,6% – Italien 218,32/+ 2,0% – Kanada 216,09/+ 3,4% – Brasilien 187,19/+ 6,7% – Spanien 128,92/+ 3,6% – Polen 128,33/+ 6,3% – Niederlande 117,19/+ 2,2% – Australien 113,83/+ 1,6% – Indien 112,66/+ 1,1% – DDR 95,49/+ 4,9% – Belgien 89,52/+ 3,5% – Schweden 84,75/+ 1,2% – Mexiko 84,15/+ 1,2% – Schweiz 76,05/+ 0,1% – Tschechoslowakei 71,32/+ 4,3% – Saudi-Arabien 63,31/+ 13,0% – Iran keine Angaben – Österreich 52,72/+ 3,8% – Jugoslawien 52,34/+ 5,1% – Türkei 51,75/+ 4,5% – Dänemark 50,41/+ 2,3% – Argentinien 50,25/+ 1,8% – Indonesien 48,82/+ 5,7% – Nigerien 45,72/+ 4,4%

Das **Brutto-Sozialprodukt je Einwohner** vermittelt ein realistischeres Bild der Einkommensverhältnisse und des individuellen Wohlstands. Die Zahlen lauten 1977 in US-$ (nach »World Bank Atlas« 1979; nur Länder über 1 Mill. Einw.): Kuweit 12690 – Schweiz 11080 – Schweden 9340 – Dänemark 9160 – USA 8750 – BR Deutschland 8620 – Norwegen 8570 – Kanada 8350 – Belgien 8280 – Niederlande 7710 – Frankreich 7500 – Australien 7290 – Saudi-Arabien 7230 – Libyen 6520 – Japan 6510 – Österreich 6450 – Finnland 6190 – DDR 5070 – Großbritannien 4540 – Neuseeland 4480 – Tschechoslowakei 4240 – Israel 3760 – Italien 3530 – Sowjetunion 3330 – Polen 3290 – Spanien 3260 – Ungarn 3100 – Irland 3060 – Griechenland 2950 – Bulgarien 2830 – Singapur 2820 – Venezuela 2630 – u. a. Jugoslawien 2100 – Brasilien 1410 – Südafrika 1400 – Rep. China (Taiwan) 1180 – Türkei 1110 – VR China 410 – Ägypten 340 – Tansania 210 – Mosambik 140 – Äthiopien 110 – Bangladesch 80

Auch innerhalb Europas bestehen nach wie vor **sehr große Wohlstandsunterschiede.** *Bruttosozialprodukt* in DM pro Kopf und Jahr 1979 (ohne RGW-Länder) u. a.: Schweiz 28370 – Luxemburg 25330 – Dänemark 22730 – BR Deutschland 22720 – Schweden 22620 – Belgien 20820 – Norwegen 19890 – Niederlande 19710 – Island 19640 – Frankreich 19380 – Österreich 16670 – Finnland 15710 – Großbritannien 12820 – Italien 10200 – Spanien 9610 – Irland 8420 – Griechenland 7360 – Portugal 3710 – Türkei 2340

Das **Bruttosozialprodukt** mittlerer und kleiner Staaten wird vom **Umsatz der größten Industrie-Unternehmen** weit übertroffen. 1978 waren unter den **100 größten Wirtschaftseinheiten** der Welt 61 Staaten und 39 Industrie-Unternehmen, darunter General Motors an 23. und Exxon an 24. Stelle, Siemens an 73. und VW an 74. Stelle (vor Hongkong), Daimler-Benz an 82. und Hoechst an 83. Stelle (vor Cuba) (nach »Conference Board«).

Die **Situation der Leistungsbilanz** (Außenhandel, Dienstleistungen und private Übertragungen u. ä.) war 1979 dadurch gekennzeichnet, daß fast alle Industrie- und Entwicklungsländer stark steigende Defizite bei gleichzeitig hohen Überschüssen der wichtigen ölexportierenden Länder aufwiesen. 1979 (1978) ergab sich für die OECD insges. ein Saldo von −30 (+9,1) Mrd. $, für die OPEC-Länder +65 (+7) und für die anderen Entwicklungsländer −47 (−36) Mrd. $. Auch die BR Deutschland mit −1,0 (+8,8) und Japan mit −7,5 (+16,5) Mrd. DM Saldo gerieten ins Defizit.

Bei den **Auslandsinvestitionen** herrscht nach wie vor die Tendenz, bevorzugt in Industrieländern anzulegen, während die Investitionen aus Industriestaaten in Entwicklungsländern einen relativ geringen Umfang aufweisen. Die *deutschen Direktinvestitio-*

nen im Ausland erreichten bis Ende 1979 (seit Kriegsende) eine Höhe von insges. 66 Mrd. DM; davon entfielen in Mrd. DM (nach »Außenhandelsblätter« der Commerzbank) u. a. auf USA 12,283 – Frankreich 6,354 – Belgien-Lux. 6,247 – Schweiz 5,290 – Brasilien 4,996 – Kanada 4,397 – Spanien 4,152 – Niederlande 4,148 – Großbritannien 2,443 – Österreich 2,040 – Italien 1,975 – Mexiko 0,800 – Argentinien 0,729 – Südafrika 0,648 – Iran 0,540 – Investitionen nach Branchen u. a.: Chemie 10,481 – Elektrotechnik 6,786 – Eisen- und Stahlerzeugung 5,643 – Erdöl und Erdgas 3,158 – Die *ausländischen Investitionen* in der BR Deutschland beliefen sich von 1961–1979 auf insges. 55 Mrd. DM; davon entfielen auf USA 20,140 – Schweiz 8,595 – Niederlande 6,666 – Großbritannien 5,855 – Frankreich 3,245 – Belgien-Lux. 3,228 – Japan 1,300; nach Branchen u. a.: Mineralölverarbeitung 6,377 – Elektrotechnik 5,121 – Maschinenbau 4,665 – Chemie 4,659 – Straßenfahrzeugbau 2,315

Die **Steuerbelastung** ist, vor allem für höhere und mittlere Einkommen, in den letzten Jahren in fast allen Industrieländern gestiegen, jedoch nach wie vor sehr unterschiedlich. Der **Mehrwertsteuersatz** betrug 1979 in % u. a.: Schweden 20,6 – Dänemark 20,3 – Irland 20 – Niederlande 18 – Österreich 18 – Frankreich 17,6 – Belgien 16 – Großbritannien 15 – Italien 14 – BR Deutschland 13 – Luxemburg 10 – Bei den **direkten Steuern** sind (nach »Institut d. dt. Wirtschaft«) Dänen am stärksten belastet; hier beträgt der Anteil am Volkseinkommen 36,6% (z. Vergl.: BR Deutschland 16,2%) – *Anteil der direkten Steuern am Staatshaushalt* 1979: Belgien 59,1% – Japan 55,7% – Dänemark 54,5% – Niederlande 46,9% – BR Deutschland 42,0% – Großbritannien 38,2% – Frankreich 32,0% – USA 31,8% – Der Anteil der direkten Steuern am Sozialprodukt ist 1975–79 in allen Staaten angewachsen, außer in Großbritannien (–3,5).

Die **Staatsverschuldung** der wichtigsten Industrieländer hat sich weiter erhöht; sie erreichte 1978 nach Angaben des Bundesfinanzministeriums (umgerechnet nach Devisenkursen) **je Einw. in DM** u. a.: Belgien 11100 – USA 9400 – Norwegen 8900 – Schweden 8800 – Schweiz 8300 – Niederlande 7000 – Dänemark 6800 – Großbritannien 6600 – BR Deutschland 5900 – Italien 5600 – Japan 5600 – Österreich (1977) 4300 – Frankreich 2800

Die **Arbeitslosigkeit** nahm auch 1979 international weiter zu, ganz besonders in den *Entwicklungsländern* (hier vielfach verdeckt durch Unterbeschäftigung, Überbesatz in der Landwirtschaft oder unproduktive Tätigkeiten). Genaue statistische Unterlagen liegen für die Entwicklungsländer nicht vor; man schätzt 10–15% Arbeitslosigkeit. – In der EG nahm die Zahl der Arbeitslosen 1979 leicht ab; sie betrug Ende 1979 6,15 Mill., davon Italien 1,63 – Großbritannien 1,39 – Frankreich 1,35 – BR Deutschland 0,88 – Belgien 0,35 – Niederlande 0,21 – Dänemark 0,14 – Irland 0,09 – Luxemburg 0,001. In den Ländern der EG waren 1979 rd. 6 Mill. *Wanderarbeitnehmer (»Gastarbeiter«)* tätig, darunter 27% aus Ländern der EG (u. a. 650000 Italiener, 460000 Iren), jeweils 400000–600000 aus Jugoslawien, der Türkei, Portugal, Spanien, Algerien und dem Britischen Commonwealth. – In der BR Deutschland arbeiteten rd. 1,9 Mill. Ausländer, in Frankreich und Großbritannien je rd. 1,6 Mill. – *Anteil der Ausländer* an allen Beschäftigten in %: Luxemburg 36 – Frankreich 11,1 – BR Deutschland 9,5 – Belgien 8,3 – Großbritannien 7,4 – Niederlande 4,5 – Dänemark 2,2 – Irland, Italien je 0,4 – EG insgesamt 7,3 – Während innerhalb der EG weitgehend Freizügigkeit herrscht, werden Ausländer aus Drittländern nicht mehr angeworben; ihre Zahl ist seit einigen Jahren relativ konstant. – Die deutsche Bundesregierung stellte 1979 12 Mill. DM als Hilfe für rückkehrwillige Ausländer bereit (vor allem Abfindungen für Sozialversicherungsansprüche und Existenzgründungsdarlehen).

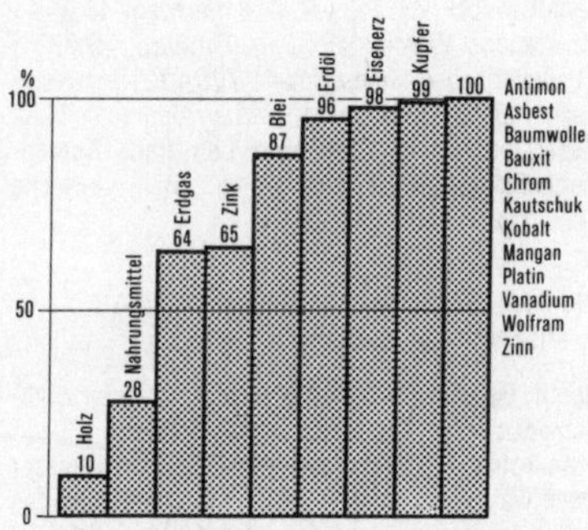

Die Einfuhrabhängigkeit der BR Deutschland
Anteil der Einfuhren am Verbrauch von Rohstoffen

Die **Arbeitsproduktivität** (reales Bruttosozialprodukt je Arbeitsstunde) in der *BR Deutschland* erhöhte sich 1979 um 3,5% (USA 0,1% – Großbritannien 0,8% – Frankreich 3,2% – Japan 3,4%). Die in allen Industrieländern festzustellende Verlangsamung des Produktivitätswachstums wird auf die Vernachlässigung von Ausrüstungsinvestitionen in den 70er Jahren zurückgeführt.

In der EG trat am 13.3.1979 das **Europäische Währungssystem** (EWS) in Kraft, das die Einführung einer neuen »Europäischen Währungseinheit« (ECU) mit sich brachte. Das System soll die Wechselkurse zwischen den nationalen Währungen der EG-Länder stabilisieren, was inzwischen weitgehend erreicht werden konnte. Die ECU besteht aus einem »Korb« der Mitgliedswährungen, die jeweils mit einem bestimmten festgelegten Gewicht (entsprechend den Relationen der Bruttosozialprodukte und der Anteile am Inner-EG-Handel) vertreten sind. Seit 30.11.1979 gilt: 1 ECU = 2,48208 DM. – Die **Finanzierung des EG-Haushalts** erfolgte 1979 zu folgenden Anteilen (in %): BR Deutschland 29,9 – Großbritannien 21,0 – Frankreich 19,0 – Italien 11,5 – Niederlande 9,0 – Belgien-Lux. 6,3 – Dänemark 2,5 – Irland 0,8

Die **Diskontsätze** wichtiger Industrieländer betragen z.Z. (27.5.80) in %: Schweiz 3,0 – Österreich 6,75 – Südafrika 7,0 – BR Deutschland 7,5 – Spanien 8,0 – Japan 9,0 – Frankreich 9,5 – Niederlande, Schweden je 10,0 – Kanada 11,83 – USA 12,0 – Dänemark 13,0 – Belgien 14,0 – Italien 15,0 – Großbritannien 17,0.

Die **größten Banken Europas** waren 1978 (nach »Vision«, Aktiva in Mrd. $): 1. Caisse National de Crédit Agricole/Frankr. 85,789 – 2. Deutsche Bank 80,249 – 3. Banque National de Paris 72,638 – 4. Crédit Lyonnais/Frankr. 71,139 – 5. Dresdner Bank 60,990 – 6. Société Générale/Frankr. 59,721 – 7. Westdeutsche Landesbank 51,258 – 8. Barclay's Bank/Großbrit. 48,743 – 9. Commerzbank 48,357 – 10. National Westminster Bank/Großbrit. 45,273 – 11. Bayerische Vereinsbank 41,725 – 12. Schweizerischer Bankverein 39,040 – 13. Algemene Bank Nederland 38,695 – 14. Coop. Cen. Raiff.-Boerenleenbank/Niederl. 37,680 – 15. Schweizerische Bankgesellschaft 37,624

Die wirtschaftliche Entwicklung 1979/80 in ausgewählten Staaten:

Westl. Europa: BR Deutschland, DDR, Österreich, Schweiz: siehe Kap. »Souveräne Staaten«

Frankreich: Die Wirtschaft entwickelte sich besser als erwartet und führte zu einem Wachstum des realen Bruttosozialprodukts um rd. 3%. Die Konjunktur wurde besonders stark vom privaten Verbrauch und von den Exporten gestützt. Trotz beachtlicher Exportsteigerungen (+20%) führten die Preiserhöhungen für Energieimporte zu einem Handelsbilanzdefizit, das aber durch eine aktive Dienstleistungsbilanz ausgeglichen wurde (Zahlungsbilanzüberschuß rd. 6 Mrd. ffr.). Die Industrieproduktion erhöhte sich um rd. 4,5%; in einigen Branchen ergaben sich Strukturprobleme, vor allem durch veraltete und unwirtschaftliche Anlagen (z.B. Stahl, Textil, Schiffbau). Die Inflationsrate stieg weiter an (Verbraucherpreise +11,8%, Industrieprodukte +13,4%). Die Arbeitsmarktlage war weiterhin unbefriedigend; die Zahl der Arbeitslosen lag Ende 1979 bei 1,4 Mill. (= rd. 6%).

Großbritannien: Die britische Wirtschaftslage war auch 1979 geprägt durch Stagnation (Zunahme des Bruttoinlandprodukts um rd. 0,5% bei abnehmender Tendenz 1980) bei gleichzeitiger Inflation (Rate 1979 12,5% bei steigender Tendenz 1980) und nach wie vor hohen Arbeitslosenzahlen (Ende 1979 1,3 Mill.). Das Außenhandelsdefizit vergrößerte sich stark auf rd. 3,2 Mrd. £, obwohl die Zahlungsbilanz durch die gestiegene Öl- und Gasproduktion stark entlastet wurde (mit rd. 7 Mrd. £ etwa 4% des BSP). Die mangelnde internationale Wettbewerbsfähigkeit bei Industriegütern hatte erhöhte Schwierigkeiten beim Fertigwarenexport und gleichzeitig verstärkte Importe zur Folge. Der notwendige Strukturwandel der vielfach veralteten und ineffizient arbeitenden Industrie führte wiederum zu zahlreichen Betriebsschließungen. Die hohe Zahl der Streiktage (1979: 29 Mill., 1978 9,4 Mill.) vergrößerte die Schwierigkeiten einiger Branchen (Stahl, Automobil, Schiffbau u.a.) – Die neue konservative Regierung *Thatcher* (seit Mai 1979) versucht, durch einen grundlegenden Kurswechsel der Wirtschaftspolitik die Wirtschaft langfristig zu sanieren, auch auf die Gefahr kurzfristig verstärkter Rezession. Vor allem wurden staatliche Einflußnahmen auf die Wirtschaft einschl. Subventionen stark abgebaut (Verzicht auf Devisen-, Lohn-, Preiskontrollen), die Staatsausgaben gekürzt, die Einkommensteuern gesenkt, die Verbrauchssteuern erhöht, neue Leistungs- und Innovationsanreize für die Industrie gegeben. Der Erfolg ist noch nicht absehbar.

Italien: Die Wirtschaft entwickelte sich günstig; das Sozialprodukt stieg um rd. 4,5%, die Industrieproduktion um 5%. Trotz gestiegener Exporte ergab sich ein Handelsbilanzdefizit von rd. 4,5 Mrd. DM, das jedoch durch erhöhte Überschüsse der Dienstleistungsbilanz (gute Touristensaison) mehr als ausgeglichen wurde. Hauptprobleme waren wiederum die hohe Arbeitslosigkeit (7,7%) – vor allem ausgeprägt in Süditalien – und die zunehmende Inflationsrate (1979 14,4%, Jan. 1980 bereits 21%).

Spanien: Die Wirtschaft entwickelte sich ausgesprochen ungünstig. Während die Lebenshaltungskosten 1979 um 15,7% stiegen, erhöhte sich das reale Bruttosozialprodukt nur um 1,5%. Die Arbeitslosenquote stieg stark an (1973 nur 2,3%, Ende 1979 10,1%). Der Außenhandel entwickelte sich relativ günstig; die Exporte stiegen stärker (+22%) als die Importe (+19%, vor allem durch Energieimporte), und die Zahlungsbilanz konnte durch die Erhöhung der Einnahmen aus dem Tourismus auf 1979 (1978) 6,4 (5,4) Mrd. $ ausgeglichen werden. Die Beitrittsverhandlungen mit der EG wurden fortgesetzt, jedoch ergeben sich Schwierigkeiten in der Frage der Agrarausfuhren und der Freizügigkeit der Arbeitskräfte.

Die **UNO-Wirtschaftskommission für Europa (ECE)** stellte in ihrem Jahresbericht für 1979 der Wirtschaftsentwicklung in **Westeuropa** ein relativ schlechtes Zeugnis aus. Noch wesentlich schlechter verlief jedoch nach dieser Quelle die Entwicklung der Wirtschaft in **Osteuropa (RGW-Länder).** Alle Länder leiden zunehmend unter Energiemangel, Rohstoffverknappung und zu geringer Arbeitsleistung. Für die **Sowjetunion** stellte Parteichef *Breschnew* fest, daß die Erhöhung von Effektivität und Qualität nicht wie geplant vorangekommen sei. Das Nationaleinkommen stieg 1979 (1978) nur um 1,5 (4,5) % statt geplanter 4,9%. Die Industrieproduktion stieg um 3,5% statt 5,8%, die Produktion der Landwirtschaft sank um 4%. Die Ziele des Planjahrfünfts 1976–80 können bei weitem nicht mehr erreicht werden; für die Erhöhung der Industrieproduktion wurde der Plan 1980 auf 4,5% (von 8,2) ermäßigt. Vor allem bezüglich Investitionen in der Industrie und im Verkehrswesen sprach der Planerfüllungsbericht von »wesentlichen Mängeln«. 1980 sollen vorzugsweise »Investitionsruinen« auf dem Energie- und Infrastruktursektor fertiggestellt werden; zur Sicherung der Energieversorgung soll in Erdgasförderung und Kernkraftwerke investiert werden. – Der mittlere Monatslohn für Arbeiter und Angestellte wuchs 1978–79 von 159,9 auf 163,5 Rubel. Die Versorgung der Bevölkerung mit Konsumgütern und hochwertigen Lebensmitteln verschlechterte sich 1979.

Amerika: USA: 1979 überwogen erstmals seit 1975 wieder die wirtschaftlichen Abschwungtendenzen, jedoch kam es noch nicht zu der seit langem prophezeiten Rezession. Die Industrieproduktion war zwar leicht rückläufig, das reale Bruttosozialprodukt erhöhte sich aber 1979 (1978) noch einmal um 2,3% (4,5%), während für 1980 ein Rückgang um 1,5% erwartet wird. Wichtige Faktoren für die Wirtschaftsentwicklung waren die starke Energieverteuerung, die Abnahme der Automobilproduktion um rd. 20% und ein Rückgang der Bautätigkeit um 8%. Der Jahreswirtschaftsbericht 1980 nennt als Hauptprobleme der amerikanischen Wirtschaft die Abhängigkeit vom ausländischen Öl und die Inflation. Die Preissteigerungsrate erreichte 1979 mit rd. 13% den höchsten Nachkriegswert, dagegen konnte die Arbeitslosenquote auf rd. 5,6% leicht gesenkt werden.

Kanada: Die Wirtschaftsentwicklung verlief günstiger als in den USA. Das reale Wirtschaftswachstum betrug, wie in den vergangenen Jahren, rd. 3%, die Inflationsrate erreichte 9,5%. Der Außenhandel entwickelte sich günstig und erbrachte einen Überschuß von 3 Mrd. $. Die Landwirtschaft trägt zwar nur noch knapp 3% zum Inlandsprodukt bei, soll jedoch in Zukunft noch stärker exportorientiert ausgebaut werden. Der Rohstoffreichtum Kanadas soll in den nächsten Jahren verstärkt genutzt werden, kurzfristig strebt man vergrößerte Ausfuhrüberschüsse im Energiesektor an (Erdöl und -gas, Uran, Kohle).

Mexiko: Die Wirtschaft war 1979 von einem ausgesprochenen Boom geprägt, der in erster Linie von der expandierenden Erdölförderung getragen wurde. Das reale Wirtschaftswachstum betrug 8,0%, die Zuwachsraten einzelner Branchen 1979 (1978) in %: Erdöl 15,0 (13,6) – Petrochemie 13,9 (18,0) – Bauwirtschaft 12,0 (13,3) – Elektrizitätserzeugung 9,0 (9,0) – verarbeitende Industrie 8,5 (8,8) – Bergbau 4,0 (1,8) – dagegen Landwirtschaft – 0,4 (+ 3,6). Mit dem Wirtschaftsaufschwung waren zunehmende inflationistische Tendenzen verbunden (Preisindex für Konsumgüter + 20%). – Die Erdölförderung der staatlichen Gesellschaft PEMEX stieg um 21% auf durchschn. 1,6 Mill. Barrel/Tag, davon wurden rd. 0,5 Mill. exportiert (zu ¾ in die USA). Amerikanische Wünsche nach höheren Lieferungen wurden 1979 nicht erfüllt. Die Gesamtausfuhren beliefen sich 1979 auf 8,9 Mrd. $ (gegenüber 1978 + 43%), davon 42% Erdöl. 1980 soll der Erdölanteil auf 70% steigen. Mit den Erlösen soll die Industrie weiter diversifiziert (z. B. Erdölverarbeitung) und die Situation der Landwirtschaft verbessert werden (vor allem Umstellung von Exportprodukten auf Grundnahrungsmittel).

Brasilien: Das sehr starke Wirtschaftswachstum Anfang der 70er Jahre hat sich, vor allem bedingt durch Energieverteuerung und zunehmende Auslandsverschuldung, 1979 (1978) real auf 6,4% (6,0) abgeschwächt und wird von der enormen Inflationsrate von 77% (40,8) begleitet. Auch das Defizit der Zahlungsbilanz stieg stark an auf 10,5 (5,9) Mrd. $, verursacht durch zunehmenden Importüberschuß (Erdöl) und wachsende Zinszahlungen für Auslandskredite. Ein Hauptcharakteristikum der Wirtschaftsentwicklung ist der hohe Energiebedarf für die Industrialisierung und den Verkehr in dem großräumigen Land. Zur Verbesserung der Situation wurde 1979 die Erforschung und Aufschließung der eigenen Öllagerstätten verstärkt und die Umrüstung des PKW-Betriebs auf Gasohol in Angriff genommen (Mischung aus Benzin und Alkohol, der aus Biomasse, vor allem Zuckerrohr, gewonnen wird). In 2–3 Jahren sollen 20% des Benzins durch Alkohol ersetzt werden. Ferner werden die gewaltigen Wasserkraftreserven ausgebaut. Gemeinsam mit Paraguay wird z. Z. am Paraná das Großkraftwerk Itaipú gebaut, das ab 1983 Strom liefern soll.

Afrika: Südafrika: Auch 1979 war die Republik Südafrika die stärkste Wirtschaftsmacht Afrikas. Der 1977 einsetzende wirtschaftliche Aufschwung hielt auch 1979 an; das reale Bruttosozialprodukt erhöhte sich um 3,75%, das Volkseinkommen um 5%. Zum Aufschwung trugen insbesondere der Bergbau und die verarbeitende Industrie (+ 6,5%) bei. Besonders stark verbesserte sich 1979 die außenwirtschaftliche Position durch einen Exportboom in Gold (40% der Exporterlöse), aber auch anderen Rohstoffen (z. B. Uran, Platin, Kupfer, Diamanten, Nickel, Chrom, Kohle, Wolle). Die Ausfuhr stieg um 31% auf rd. 15 Mrd. Rand, die Importe um 21% auf 9,7 Mrd. Rand. Die Devisenreserven erhöhten sich dadurch auf 6 Mrd. Rand. Für 1980 wird eine Fortsetzung der günstigen Entwicklung erwartet; hinderlich wirkt sich vor allem der akute Facharbeitermangel aus, während andererseits die Arbeitslosigkeit unter der ungenügend ausgebildeten schwarzen Bevölkerung nur gering auf 9% gesenkt werden konnte. – Durch weitere Explorationen auf dem Bergbausektor wird sich die Bedeutung Südafrikas als Rohstofflieferant in Zukunft eher noch verstärken.

Asien und Ozeanien: Japan: Ein kräftiger Konjunkturaufschwung führte zu einem realen Wirtschaftswachstum von 6%. Hauptträger der Expansion ist der stark gestiegene Export, der forciert wurde, um die Energieimportverteuerungen auszugleichen. Besonders stark stieg die Autoausfuhr. Trotzdem schrumpfte der Exportüberschuß 1979 (1978) auf 2,8 (24,6) Mrd. $, wodurch die Leistungsbilanz mit 7,5 Mrd. $ ins Defizit geriet. – Da eigene Energie- und Rohstoffquellen weitgehend fehlen, wird auch für die Zukunft in verstärkten Fertigwarenexporten der nötige Ausgleich für den hohen Einfuhrbedarf gesehen. Mit der VR China und Australien wurden Verhandlungen über gemeinsame Rohstoffausbeutung mit Hilfe japanischer Kredite geführt.

Volksrepublik China: Erstmals seit 1960 wurden für 1979 wieder exakte statistische Daten über die Entwicklung der Wirtschaft veröffentlicht. Dies steht im Zusammenhang mit dem Antrag auf Aufnahme in die Weltbank und den Bemühungen um günstige Entwicklungskredite. Während sich China bisher als Geberland verstand, bezeichnet es sich nun als Entwicklungsland (Pro-Kopf-Einkommen rd. 400 $ jährlich). Die 1978 eingeleiteten Wirtschaftsreformen wurden 1979 fortgeführt: begrenzte Einführung von Marktmechanismen, vorrangige Modernisierung der Landwirtschaft (1979 14% der staatlichen Investitionen), verbesserte Versorgung der Bevölkerung mit Konsumgütern. Für den Ausbau der Industrie und die Förderung der reichen Bodenschätze wurden 1979 zunehmend westliche Kredite in Anspruch genommen, z. B. wurden 22 neue Kohlenbergwerke eröffnet und die Erdölförderung verstärkt. Zur beschleunigten Elektrifizierung des Landes soll die reichlich vorhandene Wasserkraft ausgenutzt werden (bisherige Nutzung des Potentials erst 2,5%). Ein Haupthindernis für einen rascheren Wirtschaftsausbau ist die mangelhafte Verkehrsinfrastruktur; mehrere neue Straßen und Eisenbahnlinien, vor allem zur Verbindung Nord- und Südchinas, wurden 1979 eröffnet. – Dem Abbau der hohen Arbeitslosenzahlen (1979 rd. 20 Mill. nach Regierungsangaben) dient der verstärkte Ausbau arbeitsintensiver Leichtindustrie.

Republik China (Taiwan): Trotz der weitgehenden außenpolitischen Isolierung zeigte die Wirtschaft 1979 erneut kräftiges Wachstum (+8,5%), einschließlich des Außenhandels. Ein neuer Zehnjahresplan (1980–89) wurde in Kraft gesetzt, an dessen Ende der Übergang von den Entwicklungs- zu den Industrieländern stehen soll. Ein wichtiges Mittel zum Erreichen dieses Ziels ist der weitere Ausbau arbeitsintensiver und exportorientierter Industrien, ähnlich wie in Hongkong, Singapur und der Rep. Korea (z. B. Textil-, Elektroindustrie, Schiffbau). Der Anteil der Industrie am Sozialprodukt betrug 1979 bereits 40%. Der Anteil der Landwirtschaft sank auf 13%, jedoch besteht inzwischen ein Selbstversorgungsgrad von 88%; Reis wird exportiert. Mit der VR China haben sich halboffizielle Wirtschaftsbeziehungen entwickelt.

Indien: Nach dem Jahreswirtschaftsbericht 1979/80 mußte Indien nach mehreren Jahren des Wirtschaftswachstums starke Rückschläge hinnehmen. Das reale Bruttosozialprodukt ging um rd. 3,5% zurück (Vorjahr: +3,5%), die Industrieproduktion sank um 1% (gegenüber +7,6%), die Landwirtschaftsproduktion – die noch 40% zum Sozialprodukt beiträgt – ging 1979 nach mehreren Rekordernten wieder um 10% zurück. Als Ursache der verschlechterten Lage werden, neben der Verteuerung der Energieimporte, vor allem Mißwirtschaft und die politischen Unruhen und Streiks von 1979 angegeben. So konnte z. B. die Kapazität aller Kraftwerke wegen Streiks, technischer Schwierigkeiten und Mangel an Ersatzteilen nur zu 40% ausgenutzt werden. Eine Verbesserung der Situation erhofft man sich von der neuen Regierung *Indira Gandhi*, bezüglich der Energielage von der für 1980/81 erwarteten Selbstversorgung mit Erdöl. Hierdurch soll auch die drastisch verschlechterte Handelsbilanz wieder verbessert werden.

Australien: Nach mehreren Jahren der Stagnation konnte 1978/79 wieder ein reales Wachstum des Bruttoinlandsprodukts von rd. 4,6% erreicht werden, vor allem aufgrund erhöhter Agrar- und Bergbauproduktion. Die verarbeitende Industrie stagniert dagegen, da sie durch jahrelange Schutzzollpolitik international nicht wettbewerbsfähig ist und fast ausschließlich für den relativ kleinen Binnenmarkt produziert. Für die Zukunft prophezeite Premierminister *M. Fraser* ein »dynamisches Jahrzehnt mit beispielloser Entwicklung«. Tatsächlich sind die Aussichten sehr gut, da Australien mit seinen sehr reichen Potentialen die Produktion und den Export von Agrar- (insbes. Wolle, Fleisch, Getreide, Zucker) und Bergbaurohstoffen kurz- bis mittelfristig stark steigern kann. Während das Ausmaß der Erdöl- und -gaslager bisher nur teilweise erforscht ist, gelten die Lager der Energierohstoffe Stein- und Braunkohle und Uran als außerordentlich reich. 1979/80 wurden Vereinbarungen mit amerikanischen, englischen, japanischen, deutschen u. a. Firmen zur Erschließung und zum verstärkten Export dieser Bodenschätze sowie von metallischen Rohstoffen (insbes. Eisenerz, Bauxit) getroffen. Bisher entfallen von ausländischen Investitionen in Australien (in %) auf Großbritannien 33 – USA 30 – Japan 15 – BR Deutschland 3.

Für alle folgenden Produktionstabellen gilt: Die Zahlen für 1979 sind z. T. vorläufig und beruhen vielfach auf offiziellen Schätzungen, z. B. der UNO oder der FAO; wenn nicht anders erwähnt, BR Deutschland stets einschl. Berlin/West, Großbritannien einschl. Nordirland.

ERNÄHRUNG, LAND- UND FORSTWIRTSCHAFT – FISCHEREI

Die **Welternährungslage** sowie die **Situation der Landwirtschaft** veränderten sich – global gesehen – auch 1979 nicht wesentlich gegenüber den Vorjahren. Zwar nahm die Nahrungsmittelproduktion insgesamt zu, jedoch im wesentlichen nur bei den westlichen Industrieländern, für die in steigendem Maße Überproduktion kennzeichnend ist (auch unter dem Aspekt stagnierender oder sogar abnehmender Bevölkerungszahlen). In den meisten Entwicklungsländern konnte dagegen die Produktionszunahme kaum mit der Bevölkerungszunahme Schritt halten; in einigen der am geringsten entwickelten Länder verschlechterte sich sogar erneut die **Nahrungsmittelproduktion** pro Kopf der Bevölkerung. Wegen der geringen Devisenreserven dieser Länder, der fehlenden Kaufkraft der Bevölkerung, aber auch der mangelnden Transport-, Lager- und Verarbeitungskapazität, konnte vom Weltmarktangebot vielfach nur teilweise Gebrauch gemacht werden. Die **Produktionssteigerung in den Entwicklungsländern** selbst wird daher nach wie vor als die wichtigste Maßnahme zur Bekämpfung der Unterernährung angesehen. Nahrungsmittellieferungen, insbes. auch Schenkungen der Überschußländer (z. B. Nordamerika, EG-Länder), können zwar helfen, kurzfristig akute Notstände zu lindern, sie stellen jedoch langfristig keine Lösung dar.

Einige Zahlen zur Illustration der Probleme: 1970–77 wuchs die Bevölkerung aller Entwicklungsländer durchschn. um 2,3 % jährlich, die Nahrungsmittelproduktion um 2,7 % (d. h. leichte Verbesserung der Situation); in den **»MSA«-Ländern** (most seriously affected countries« = am stärksten unterentwickelte Länder) stand einem jährlichen Bevölkerungswachstum von 2,5 % nur eine Steigerung der Nahrungsmittelproduktion von 2,1 % gegenüber.

Beispiele für die **Veränderung der Nahrungsmittelproduktion pro Kopf der Bevölkerung und Jahr** von 1969–71 (= 100) auf 1975–77 (nach World Development Indicators, Weltbank 1979): Kambodscha 59 – Niger 79 – Äthiopien 85 – Mosambik 85 – Guinea 86 – Cuba 86 – Somalia 88 – Angola 89 – Mali 91 – Nigerien 92 – Tansania 93 – Perú 93 – Uganda 93 – Obervolta 94 – Madagaskar 95 – Nepal 95 – Zaïre 96 – Bangladesch 96 – Haïti 96 – Venezuela 97 – Indien 99 – Pakistan 101 – Indonesien 104 – Kolumbien 107 – Türkei 107 – Iran 109 – VR China 110 – Philippinen 112 – Sri Lanka 113 – Elfenbeinküste 116 – Brasilien 118 – Griechenland 122 – Tunesien 130 – Syrien 146 – demgegenüber Industrieländer: BR Deutschland 99 – Japan 99 – Italien 101 – Sowjetunion 106 – Polen 106 – Österreich 106 – Großbritannien 107 – Schweiz 107 – USA 112 – Australien 115 – DDR 122 – Irland 125.

Die **Getreide-Importe** aller Entwicklungsländer stiegen von 50 Mill. t (1972) über 69 Mill. t (1977) auf 78 Mill. t (1979). Für 1985 vermutet die FAO einen Importbedarf von 93 Mill. t. Die Ausgaben der Entwicklungsländer für Getreide-Importe betragen z. Z. bereits ca. 10 Mrd. US-$ jährlich. Trotz dieser Einfuhren sind etwa **500–600 Mill. Menschen unter- bzw. mangelernährt.** Der Generaldirektor der FAO, *E. Saouma,* erklärte hierzu anläßlich der UNO-Weltkonferenz für Handel und Entwicklung (UNCTAD V) in Manila 1979: »Eine halbe Milliarde Menschen leben unterhalb der Grenze des Existenzminimums; das einzig Verfügbare, was sie haben, sind Krankheit und Entbehrungen – Hungerödeme, Malaria, Schlafkrankheit, Erblindung. Aber ihr Kampf ums Überleben ist für die Massenmedien weit weniger dramatisch als die Schlangen der Autobesitzer, um ein paar Liter Benzin zu ergattern.«

Eine neuere Veröffentlichung der FAO (»Agriculture: Toward 2000«, FAO, Rom 1979) untersucht die Möglichkeiten einer nachhaltigen **Verbesserung der Ernährungssituation in den Entwicklungsländern.** Die FAO hält eine Steigerung der Nahrungsmittelproduktion um ca. 4 % jährlich zwischen 1980 und 1990 bzw. 3,7 % zwischen 1990 und 2000 für notwendig. Hierzu werden u. a. verlangt: Ausdehnung des Ackerlands um 200 Mill. ha auf 936 Mill. ha bis 2000 (u. a. 55 % der Zunahme in Lateinamerika, 25 % in Afrika) – Ausdehnung der bewässerten Flächen um 57 Mill. ha – Steigerung der Flächenerträge, vor allem bei Weizen, Reis und Mais, um 50–80 % – Erhöhung des Düngemitteleinsatzes auf das Vierfache – Verdoppelung der jährlichen Investitionen im Agrarbereich bis 2000. – Durch diese Maßnahmen könnte die durchschn. verfügbare tägliche Nahrungsenergie pro Kopf von 2210 (1975) auf 2450 (1990) bzw. 2645 (2000) kcal. erhöht werden, wobei aber in den ärmsten Ländern noch immer Mangel herrschen würde. D. h. die FAO sieht auch langfristig keine Möglichkeit, ohne massiv verstärkte Nahrungsmittellieferungen der Überschußländer die Ernährung in den Entwicklungsländern sicherzustellen. Entsprechend schreibt auch die US-Welthungerkommission in ihrem Bericht Ende 1979, daß selbst das günstigste zu erwartende Wirtschaftswachstum nicht ausreichen wird, um bis 2000 überall den Hunger zu beseitigen. Zur Verbesserung ihrer Situation empfiehlt die FAO den **Entwicklungsländern,** der **Landwirtschaft,** vor allem der kleinbäuerlichen, **höchste Priorität** einzuräumen – durch entsprechende Agrarstruktur- und -preispolitik Arbeitsplätze in der Landwirtschaft zu erhalten und Preisanreize für die Agrarproduktion zu geben – möglichst arbeitsintensiven Technologien statt Maschineneinsatz den Vorrang zu geben – Boden und Wasser intensiver zu nutzen und trotzdem die ökologischen Risiken stärker als bisher zu beachten.

Als deutscher Beitrag zum **Internationalen Nahrungsmittelhilfe-Übereinkommen** wurden 1979 147800t Getreide (Wert: rd. 90 Mill. DM) unentgeltlich in Entwicklungsländer geliefert. – Die EG stellte 1979 für den gleichen Zweck 1287000t Getreide, 150000t Milchpulver und 45000t Butteröl bereit.

Als besonders kritisch bezeichnete die FAO 1979 die Ernährungssituation in **Afrika;** vor allem in der *Sahelzone* und in *Ostafrika* (Äthiopien, Sudan, Somalia) verschlechterte sich die Lage weiter. Die Schuld tragen nicht zuletzt die politischen Ereignisse in vielen Ländern (Umstürze, Bürgerkriege, Fluchtbewegungen u. ä.). Insgesamt ging im Lauf der 70er Jahre in den afrikanischen Entwicklungsländern die Nahrungsmittelproduktion pro Kopf um 11% zurück. – Günstig entwickelte sich auch 1978/79 die Ernährungssituation in den beiden bevölkerungsstärksten Ländern. Die **VR China** meldete die Übererfüllung des Plans mit einer Steigerung des landwirtsch. Bruttoproduktionswertes von 1978 auf 1979 um 8,6% auf 158,4 Mrd. Yuan. Die Getreideproduktion stieg um 9,0%, die Erzeugung von Ölpflanzen um 23,3%. Die Gesamtproduktion pflanzlicher Nahrungsmittel betrug 1979 (1978) 315 (304,8) Mill. t. Der Plan wurde nicht erfüllt bei Großvieh, Zuckerrüben, Tee und Baumwolle. – Auch in **Indien** verbesserte sich die Ernährungssituation durch qualitativ verbesserte Agrarproduktion leicht, so daß wieder Weizen in die Nachbarländer exportiert werden kann. Durch erhöhten Düngemitteleinsatz, vermehrte künstliche Bewässerung (1978: 2,6 Mill. ha neu), Saatzucht- und Schädlingsbekämpfungsmaßnahmen und weiteren Ausbau des landwirtschaftlichen Beratungswesens konnte die Erzeugung gesteigert und vor allem die früher totale Abhängigkeit vom Wetter stark verringert werden.

Einen Hinweis auf den unterschiedlichen **Technisierungsstand der Landwirtschaft** geben die Zahlen über **Traktoren/Mähdrescher** 1977 (nach UNO-Angaben, meist Schätzungen der FAO): Welt 18918052/3200565, u.a. in: USA 4370000/635000 – Sowjetunion 2461700/692800 – BR Deutschland 1452661/170900 – Frankreich 1382000/154000 – Japan 952000/638000 – Italien 909580/29564 – Kanada 645625/165531 – Großbritannien 496900/57800 – Polen 472613/26260 – Spanien 421393/42037 – Australien 332000/58200 – Türkei 324669/19874 – Österreich 307494/31715

Entwicklung der landwirtschaftlichen Erzeugung nach Ländergruppen insgesamt und je Einwohner
(Nach FAO-Angaben) 1969–1971 = 100

Gebiet	*Gesamte Agrarproduktion 1978 insges.*	*(je Einw.)*	*1979 insges.*	*(je Einw.)*	*Nahrungsmittelproduktion 1978 insges.*	*(je Einw.)*	*1979 insges.*	*(je Einw.)*
Welt insgesamt	123	(106)	124	(105)	124	(107)	125	(106)
Marktwirtschaftsländer	119	(111)	120	(112)	120	(112)	121	(113)
Nordamerika	123	(115)	127	(118)	124	(116)	128	(118)
Westeuropa	116	(112)	117	(112)	116	(112)	117	(112)
Australien/Ozeanien	128	(113)	123	(108)	140	(125)	133	(117)
sonst. Gebiete	111	(98)	111	(97)	112	(99)	112	(98)
Zentralplanungsländer	126	(113)	127	(113)	127	(114)	128	(113)
Asiatische kommun. Länder	128	(113)	132	(115)	128	(113)	133	(116)
RGW-Länder	125	(117)	124	(115)	126	(118)	124	(115)
Entwicklungsländer	124	(101)	125	(99)	126	(102)	126	(100)
Afrika	111	(89)	113	(88)	112	(90)	114	(89)
Lateinamerika	128	(104)	133	(105)	131	(106)	135	(106)
Naher Osten	128	(103)	128	(100)	131	(105)	131	(102)
Süd- u. Ostasien	125	(103)	123	(199)	126	(104)	124	(100)
Sonst. Entw.-Länder	126	(104)	129	(104)	123	(102)	127	(103)

– Jugoslawien 296825/11092 – Brasilien 280000/33000 – Indien 271836/884 – VR China 210000/– – Finnland 197000/42000 – Argentinien 195000/42000 – Dänemark 191331/41243 – Südafrika 190000/23000 – Schweden 189000/51000 – Niederlande 164000/6500 – Mexiko 150000/13500 – Tschechoslowakei 139460/19404 – Rumänien 138549/46270 – DDR 137445/13134 – Irland 125000/4500 – Norwegen 114815/14800 – Belgien-Lux. 110139/9963 – Griechenland 110000/5150 – Neuseeland 94600/4400 – Schweiz 86000/5000.

Der weltweite **Verbrauch von Düngemitteln** ist im Wirtschaftsjahr 1977/78 um 3,1 % auf rd. 99 Mill. t gestiegen. Es entfielen auf Stickstoffdünger 47,5 – Phosphate 28,2 – Kalidünger 23,3 Mill. t. Hohe Zuwachsraten hatten vor allem Lateinamerika und Asien zu verzeichnen, während in den westlichen Industrieländern Sättigung erreicht ist und der Düngemitteleinsatz kaum noch wirtschaftlich zu steigern ist.

In der **EG** war auch 1979 das *Hauptproblem der Landwirtschaftspolitik* nicht die Frage der Versorgungssicherheit, sondern im Gegenteil die Verwertung der *Nahrungsmittelüberschüsse.* Bei fast allen Produkten ist die Versorgung zu mehr als 100 % gesichert (siehe Abbildung), Einfuhrbedarf besteht lediglich bei Fleisch, pflanzlichen Fetten, Futtermitteln, Südfrüchten und Erzeugnissen der Tropen. – Die EG ist zu über 30 % an den Weltagrarimporten und zu rd. 10 % an den -exporten beteiligt. Wegen der im allgemeinen weit über dem Weltmarktniveau liegenden EG-Agrarpreise sind Exporte in Drittländer nur mit hohen Subventionen möglich. – Von je 100 **Erwerbstätigen** arbeiten derzeit noch **in der Landwirtschaft** in %: Irland 24 – Italien 15 – Frankreich 10 – Dänemark 9 – Niederlande 7 – BR Deutschland 6 – Belgien 4 – Großbritannien 3. – Die *Zahl der landwirtschaftlichen Betriebe* ging in der EG 1970–77 um ca. 600000 auf 4,95 Mill. zurück. – Die Zahl der landwirtsch. Betriebe ab 1 ha Größe betrug 1977 (in 1000): Italien 2053 (vorwiegend Kleinbetriebe) – Frankreich 1148 (vorwiegend Mittel- und Großbetriebe) – BR Deutschland 859 – Großbritannien 262 (vorwieg. Großbetr.) – Irland 260 – Niederlande 137 – Dänemark 124 – Belgien-Lux. 104 – Die *landwirtschaftlich genutzte Fläche* der Betriebe ab 1 ha Größe betrug 1977 (in 1000 ha): EG 86617 – davon Frankreich 29125 – Großbritannien 17171 – Italien 16097 – BR Deutschland 12344 – Irland 5325 – Dänemark 2926 – Niederlande 2053 – Belgien-Lux. 1576 – Die *Wald- und Forstfläche* der EG beträgt (in 1000 ha) 31280 (= 21 % der Landfläche), davon in Frankreich 13950 (25 %) – BR Deutschland 7200 (29 %) – Italien 6300 (21 %) – Großbritannien 2020 (8 %) – Belgien 615 (20 %) – Dänemark 470 (11 %) – Irland 330 (4 %) – Niederlande 310 (8 %) – Luxemburg 85 (32 %).

Die **BR Deutschland** ist der größte Nahrungsmittel-

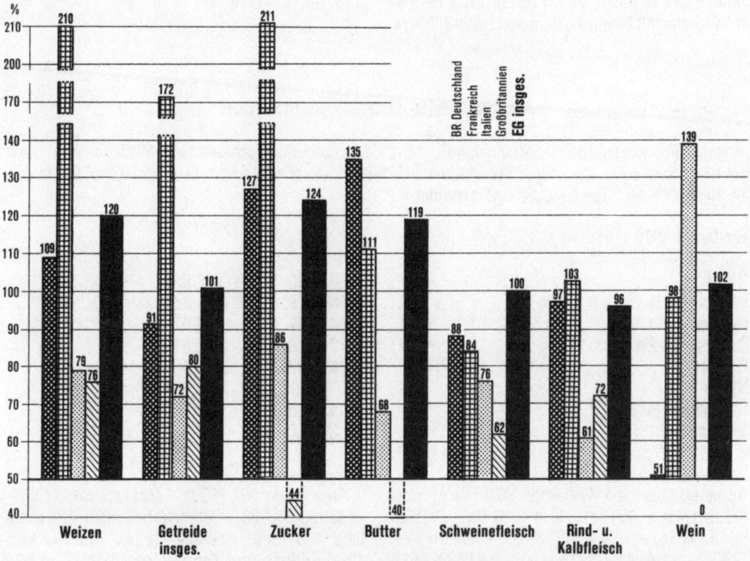

Grad der Selbstversorgung mit Nahrungsmitteln in Ländern der EG 1978/79
(Nach »Agrarbericht 1980« der Bundesregierung)

importeur der Welt, aber auch die Exporte konnten erneut gesteigert werden; die Einfuhren/Ausfuhren an Nahrungs- und Genußmitteln betrugen 1978/79 (1977/78) 38,4 (39,3)/14,7 (13,7) Mrd. DM. Hauptimportgüter waren 1979 Fleisch, Kaffee, Ölsaaten, Obst, Gemüse und Getreide, exportiert wurden hauptsächlich Milch u. Milcherzeugnisse, Fleischwaren, veredelte Öle und Fette, Wein und Tabakprodukte. – Nach Angaben im Agrarbericht 1980 der Bundesregierung entsprach der *Strukturwandel der Landwirtschaft* 1979 der langjährigen Entwicklung. – Die Zahl der landwirtschaftlichen Betriebe verminderte sich 1978–1979 um 28400 (= 3,4%) auf 815200, die der Arbeitskräfte um 3,7%. Die *Durchschnittsgröße der Betriebe* erhöhte sich, vor allem durch Rückgang bei den Kleinbetrieben, von 14,6 auf 15,0 ha. 49,2% der Betriebe waren 1979 Vollerwerbs-, 11,7% Zuerwerbs- und 39,1% Nebenerwerbsbetriebe (mehr als die Hälfte des Familieneinkommens aus nichtlandwirtsch. Tätigkeit). Die *Nettowertschöpfung der Landwirtschaft* sank leicht auf 19,082 Mrd. DM; das Reineinkommen je Familienarbeitskraft von Vollerwerbsbetrieben stieg um 2,9% auf 24780 DM. Für 1980 wird mit einem Rückgang gerechnet. – Der *Selbstversorgungsgrad der BR Deutschland* mit Nahrungsmitteln stieg 1979 auf 91% (ohne Import-Futtermittel 74%). Hohe Überschüsse wurden vor allem bei Zucker, Milch und Milchprodukten erzielt. Als Agrarexporteur (einschl. Nahrungs- u. Genußmittelindustrie) rückte die BR Deutschland 1979 an die 4. Stelle mit einem Ausfuhrwert von 15,7 Mrd. DM. Die wichtigsten agrarischen *Ausfuhrgüter* waren 1979 (in Mill. DM) Milch (1970), Fleisch u. Fleischwaren (1905), Öle und Fette (968), Käse (967), Butter (674), Tabakerzeugnisse (599), Kaffee (585), Wein (546), Kakaoerzeugnisse (505) und Zucker (470). Die wichtigsten Kunden waren Italien und Frankreich.

Die **RGW-Länder** mußten *starke Rückschläge in der Agrarproduktion* hinnehmen, insbesondere sank die sowjetische Getreideproduktion stark. Kennzeichnend ist nach wie vor die geringe Flächenproduktivität (ha-Erträge), die vor allem systembedingt zu erklären ist. Besonders stark ins Gewicht fallen der Mangel an Mineraldünger und leistungsfähigen Erntemaschinen sowie die hohen Ernte-, Transport- und Lagerverluste, die nach *Antal* in der Sowjetunion vielfach über 20% betragen. (Bibl. Hinweise: E. Antal, Probleme der RGW-Nahrungswirtschaft, in: Südosteuropa-Mitt., 1979; K.-E. Wädekin, Probleme der sowjetischen Landwirtschaft, in: Ost-Europa, 1980). Auch 1979 waren wieder hohe Nahrungsmitteleinfuhren (siehe Kap. Weizen) aus den westlichen Ländern nötig, insbesondere in die Sowjetunion, die DDR und nach Polen. Der Beitrag der Landwirtschaft zum Nationalprodukt liegt noch am höchsten in Bulgarien (rd. 18%), am geringsten in der Tschechoslowakei (rd. 6%). – Der Anteil der in der Landwirtschaft Beschäftigten war 1979 weiterhin relativ hoch, in %: Rumänien 40 – Bulgarien 30 – Polen 28 – Sowjetunion 28 – Ungarn 22 – Tschechoslowakei 14 – DDR 10.

Ausgewählte Produktionszahlen

(Angaben überwiegend nach »FAO Monthly Bulletin of Statistics«, Rom; daneben nach »Statistical Yearbook« der UNO, New York, sowie nach Statistischen Jahrbüchern einzelner Länder. S = Schätzung. Die Zahlen für 1979 sind zum Teil vorläufig und gerundet.)

Welternte 1979 (1978) in Mill. t

Getreide	1533,335	(1592,053)
Wurzelfrüchte	567,080	(559,887)
Hülsenfrüchte	47,917	(47,942)
Gemüse, einschl. Melonen	338,046	(332,619)
Früchte	281,552	(267,889)
Nüsse	3,691	(3,604)
Ölfrüchte (Ölinhalt)	52,985	(49,139)
Pflanzenfasern	20,638	(20,215)

Agrumen *Orangen Welternte* 1979 (1978) 37,88 (35,12) Mill. t – 1979 (1978) in 1000 t u. a. Brasilien 9882 (7818) – USA 8306 (8660) – Mexiko 3240 (2400) – Spanien 1771 (1651) – Italien 1690 (1622) – Indien 1100 (1050) – Israel 941 (902) – VR China (S) 905 (876) – Ägypten 868 (843) – Türkei 703 (668) – Argentinien 697 (670) – Marokko 606 (735) – Südafrika 560 (581) – Pakistan 540 (530) – Griechenland 400 (586) – *Welternte an Mandarinen, Clementinen und Tangerinen* 1979 (1978) 7,46 (7,21) Mill. t, davon 3,50 (3,03) in Japan, 0,80 (0,91) in Spanien. – *Welternte an Zitronen* 1979

(1978) 4,73 (4,76) Mill. t – in 1 000 u. a.: Italien 844 (823) – USA 695 (915) – Indien 470 (460) – Mexiko 465 (480) – Argentinien 275 (280) – Türkei 273 (243) – Spanien 272 (248) – *Welternte an Grapefruits* u. ä. 1979 (1978) 4,15 (4,36) Mill. t, davon USA 2,49 (2,75) – Israel 0,50 (0,46) – *Wichtige Ausfuhrländer für Orangen* (m. Mand., Tang., Clem.) 1978 in 1 000t u. a.: Spanien 1 422 – Marokko 662 – Israel 621 – USA 356 – Südafrika 349 – Griechenland 203 – Italien 139 – Ägypten 133 – Wichtige *Ausfuhrländer für Zitronen* 1978 in 1 000t u. a.: USA 237 – Spanien 221 – Italien 185 – Türkei 87 – Wichtige *Einfuhrländer von Orangen/Zitronen* 1978 in 1 000t u. a.: Frankreich 827,5/116,5 – BR Deutschland 777,8/123,4 – Großbritannien 419,6/43,2 – Niederlande 339,2/17,8 – Kanada 261,3/20,9 – Iran (S) 240,0/– Belgien-Lux. 192,7/21,7 – u. a. Österreich 97,1/27,6 – Schweiz 92,1/17,9 – DDR (S) 105,0/25,0 – Der Verbrauch von Zitrusfrüchten in der BR Deutschland betrug 1978/79 20,1 kg je Einw. und Jahr.

Ananas *Welternte* 1979/80 7,83 (7,52) Mill. t, davon 1979 in 1 000t u. a.: Thailand 2 000 – VR China (S) 913 – USA 621 – Brasilien 572 – Philippinen 479 – Mexiko 455 – Elfenbeinküste 315 – Malaysia 206 – Rep. China (Taiwan) (S) 280

Bananen *Welternte* 1979 (1978) 39,13 (37,82) Mill. t – davon Asien 13,79 (13,53) – Südamerika 11,82 (11,20) – Nord- u. Mittelamerika 7,50 (7,19) Mill. t; wichtigste Produzenten sind Brasilien mit 6,42 (6,18) – Indien (S) 4,00 (3,90) – Ecuador (S) 2,39 (2,15) – Indonesien 2,91 (2,90) – Philippinen 2,43 (2,39) – Thailand 2,08 (2,00) – Mexiko 1,93 (1,50) – Honduras 1,30 (1,30) – Kolumbien (S) 1,30 (1,25) – Costa Rica 1,08 (1,15) – Panamá 1,00 (1,06) – Venezuela 0,96 (0,96) Mill. t; die wichtigsten Exporteure sind die genannten mittel- und südamerikanischen Staaten; führende Einfuhrländer sind die EG-Staaten, die USA und Japan. – Die Versuche der Hauptexportländer, im Rahmen der FAO und des UNCTAD-Rohstoffprogramms ein *Internat. Bananenabkommen* zu schließen, sind 1979/80 erneut gescheitert wegen Uneinigkeit über Produktionsbegrenzungen und Exportquoten. Die *Hauptexporteure* Ecuador, Costa Rica, Honduras, Panamá und Philippinen planen starke Produktionssteigerungen, die in den nächsten Jahren zu Überschüssen und Preiseinbrüchen führen könnten. – Die *Hauptimporteure* sind die EG-Staaten, USA und Japan. – Der jährliche Verbrauch beläuft sich in der BR Deutschland auf 8–9 kg pro Kopf.

Baumwollfasern (entkernt) *Ernte* 1979 (1978) in 1 000t u. a.: USA 3 167 (2364) – Sowjetunion (S) 2 821 (2731) – VR China (S) 2 100 (2167) – Indien (S) 1 220 (1 279) – Pakistan 613 (488) – Brasilien 566 (479) – Türkei 505 (475) – Ägypten 470 (438) – Mexiko 368 (340) – Sudan 163 (223) – Guatemala 152 (133) – Argentinien 140 (220) – Griechenland 130 (153) – Syrien 127 (144) – Nicaragua 112 (144) – Iran (S) 110 (152) – Kolumbien 109 (111) – *Weltproduktion* 1979 (1978) 14,050 (13,154) Mill. t – Wichtige *Ausfuhrländer* 1978 in 1 000 t u. a.: USA 1 279,3 – Sowjetunion 857,8 – Sudan 150,0 – Mexiko 187,8 – Guatemala 157,1 – Ägypten 133,0 – Nicaragua 129,6 – Pakistan 122,7 – Syrien 118,2 – Argentinien 147,0 – Paraguay 83,6 – Iran 80,0 – Wichtige *Einfuhrländer* 1978 in 1 000t u. a.: Japan 717,9 – VR China (S) 592,7 – Rep. Korea (Süd-K.) 310,8 – Hongkong 227,9 – Italien 227,0 – BR Deutschland 215,5 – Frankreich 205,1 – Polen 159,4 – Indien 150,0 – Jugoslawien 123,0 – Rumänien 118,7 – Portugal 102,2 – Großbritannien 100,5 – Tschechoslowakei 96,4 – Ungarn 96,3 – Indonesien 90,8 – DDR 86,4 – Sowjetunion 65,1 – Thailand 65,0 – Kanada 58,2 – u. a. Schweiz 52,5 – Österreich 23,8

Baumwollsaat *Welternte* 1979 (1978) 25,79 (24,40) Mill. t – u. a. 1979 in 1 000t: Sowjetunion (S) 5 700 – USA 5 148 – VR China (S) 4 200 – Indien (S) 2 440 – Pakistan 1 227 – Brasilien 1 080 – Türkei 752 – Ägypten 706 – Mexiko (S) 580 – Sudan 306 – Argentinien 270 – Guatemala 245 – Syrien (S) 227 – Griechenland 210 – Iran (S) 205 – Kolumbien 200 – Paraguay 200 – Der *Welthandel* (Export) betrug 1978 143 500t Baumwollsaat und 345 700t Baumwollsaatöl.

Butter *Weltproduktion* 1979 (1978) 6,92 (6,96) Mill. t – Erzeugung 1979 in 1 000t u. a.: Sowjetunion (S) 1 400 – Indien (einschl. »ghee«) (S) 575 – BR Deutschland 571 – Frankreich 566 – USA 455 – Polen (S) 298 – DDR 275 – Neuseeland 251 – Pakistan (S) 246 – Niederlande 214 – Großbritannien 159 – Dänemark 140 – Türkei 123 – Irland 120 – Tschechoslowakei 115 – Belgien-Lux. 106 – Australien 105 – VR China (S) 97 – Kanada 90 – Italien 75 – Brasilien 75 – Finnland 74 – Ägypten (S) 68 – u. a. Österreich 39 – Schweiz 33

Wichtige *Ausfuhrländer* 1978 in 1 000t: Niederlande 184,6 – Neuseeland 177,7 – BR Deutschland 122,2 – Belgien-Lux. 94,2 – Dänemark 88,5 – Irland 83,4 – Frankreich 80,9 – Großbritannien 57,4 – Wichtige *Einfuhrländer* 1978 in 1 000t: Großbritannien 302,5 – Belgien-Lux. 111,1 – Frankreich 76,0 – Niederlande 54,0 – BR Deutschland 41,0 – Sowjetunion 38,9 – Italien 35,6 – Die durch unverkäufliche Überproduktion entstandenen *Buttervorräte in der EG* (»Butterberg«) erreichten im Sept. 1979 mit 592 000t (davon in der BR Deutschland 246 000t) einen neuen Höhepunkt; sie sanken durch Verbilligungsaktionen, subventionierten Export in die Sowjetunion und *unentgeltliche Lieferungen in Entwicklungsländer* bis Ende 1979 auf 390 000t, März 1980 auf 318 000 (»Interventionsbestände«). – Der *Butterverbrauch* stieg 1979 in der BR Deutschland um 2,6% auf 430 000t (= 7,2 kg pro Einw.).

Datteln *Weltproduktion* 1979 (1978) 2,57 (2,57) Mill. t – 1979 in 1 000 t u. a.: Ägypten 416 – Irak 392 – Saudi-Arabien 357 – Iran 300 – Pakistan 215 – Algerien 208 – Sudan 110 – Marokko 102 – Libyen 83 – Arab. Rep. Jemen 67 – Oman 52 – Tunesien 50 – Dem. VR Jemen 42 – Tschad 25

Eier (Hühnereier) *Weltproduktion* 1979 (1978) 26,48 (25,75) Mill. t – Erzeugung 1979 in 1 000 t u. a.: VR China (S) 4 395 – USA 4 060 – Sowjetunion 3 618 – Japan 1 990 – BR Deutschland 900 – Großbritannien 823 – Frankreich 807 – Italien 641 – Spanien 586 – Brasilien (S) 540 – Mexiko 501 – Polen (S) 490 – Niederlande 346 – Kanada 320 – Rumänien 320 – DDR (S) 317 – Ungarn 250 – Tschechoslowakei 235 – Belgien-Lux. 232 – Südafrika 220 – Jugoslawien 211 – Argentinien 206 – Australien 196 – Türkei 190 – Philippinen 184 – Kolumbien 170 – Thailand 165 – u. a. Österreich 99 – Schweiz 46 – Wichtige *Ausfuhrländer* sind die Niederlande, Belgien-Lux., China, Ungarn u. d. USA. Wichtigstes *Einfuhrland* ist die BR Deutschland (45% der Welt-Importe).

Erzeugung/Verbrauch von Hühnereiern 1979 je Einw. in der EG: BR Deutschland 223/289 – Großbritannien 256/254 – Frankreich 236/243 – Belgien-Lux. 342/225 – Dänemark 214/208 – Italien 192/200 – Niederlande 448/183 – Irland 98/101 – Die durchschn. Legeleistung je Henne belief sich in der BR Deutschland 1979 (1978) auf 244 (243) Stück.

Erdnüsse (in Schale) *Weltproduktion* 1979 (1978) 19,02 (18,74) Mill. t – u. a. 1979 in 1 000 t: Indien (S) 5 800 – VR China (S) 2 795 – USA 1 828 – Sudan 1 100 – Senegal (S) 850 – Indonesien (S) 739 – Argentinien 672 – Nigerien (S) 621 – Birma (S) 455 – Brasilien 450 – Zaïre (S) 347 – Kamerun (S) 285 – Uganda (S) 219 – Mali 179 – *Welthandel* (Exporte) 1978: 779 900/ 368 000 t Erdnuß/-öl, davon aus USA 380 500/ 40 400 t – Wichtige *Einfuhrländer:* EG-Mitglieder, Japan, Kanada, Portugal, Venezuela

Esel Bestand 1976 (z. T. S) in Mill. Stück: VR China 11,60 – Äthiopien 3,90 – Mexiko 3,00 – Brasilien 2,95 – Pakistan 1,90 – Iran 1,80 – Ägypten 1,60 – Türkei 1,50 – Afghanistan 1,25 – Marokko 1,20 – Venezuela 0,56 – Perú 0,48 – Irak 0,46 – Mali 0,40 – Niger 0,38 – Griechenland 0,28 – Spanien 0,27 – *Weltbestand* 1976 (1975) 42,83 (42,70) Mill. Stück.

Fischerei

(See- und Binnenfischerei; meist einschl. Krustentiere und Mollusken, aber ohne Wassersäugetiere, mit Anlandungen im Ausland; nach FAO-Angaben) Fangerträge 1977 in 1 000 t (gerundet, z. T. Schätzungen)

Japan	10 733
Sowjetunion	9 352
VR China	6 880
Norwegen	3 562
USA	3 102
Indien	2 540
Perú	2 530
Rep. Korea (Süd-K.)	2 419
Dänemark (mit Färöer, 310)	2 117
Thailand	1 778
Volksdem. Rep. Korea (Nord-K.; S)	1 600
Indonesien	1 545
Philippinen	1 511
Spanien	1 455
Island	1 374
Chile	1 285
Kanada	1 280
Vietnam (nur ehem. Süd-V.)	1 014
Großbritannien	1 004
Bangladesch	835
Rep. China (Taiwan)	830
Brasilien	790
Frankreich	760
Mexiko	670
Polen	665
Malaysia	619
Südafrika	603
Birma	519
Nigerien	506
Ekuador	476
BR Deutschland (1974 noch 526, 1970 613)	432
Italien	427
Namibia (SW-Afrika) (einschl. südafr. Anlandungen)	404
Argentinien	393
Ghana	383
Niederlande	313
Portugal	310
Senegal	289
Marokko	261
Tansania	250
Pakistan	249
Panamá	228
DDR	209
Oman (S)	198
Schweden	192
Cuba	185
Uganda	179
Dem. Volksrep. Jemen (Süd-J.)	162
Hongkong	158
Türkei	155
Venezuela	152
Rumänien	151
Sri Lanka	139
Bulgarien	138
u. a. Schweiz	4,0
Österreich	2,5

Welt-Fangerträge 1977 (1976) 73,5 (74,7) Mill. t.

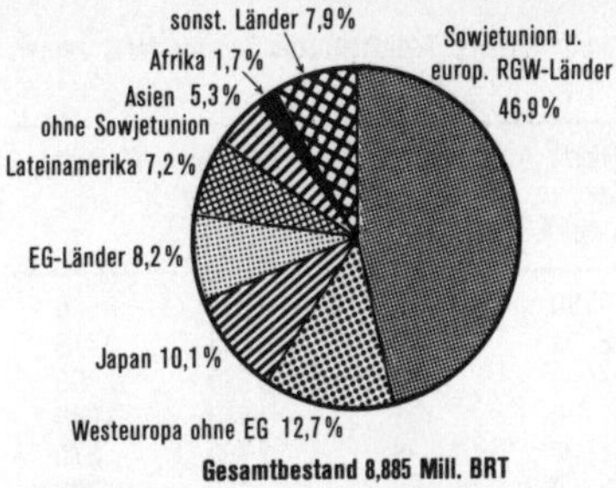

Die Fischereiflotten der Welt 1979
Fahrzeuge über 100 BRT (Nach FAO-Angaben)

Die *Anlandungen* der *Hochsee- und Küstenfischerei* der *BR Deutschland* betrugen (nach »Wirtschaft und Statistik«) 1979 (1978) 343,2 (407,4) Ts. t. Damit setzte sich der Rückgang wieder verstärkt fort (im Durchschnitt 1969–74 noch 516300t). Von der gesamten Fangmenge entfielen 1979 in 1000t u. a. auf: Grönland 106,0 – Nordsee (einschl. Kanal) 91,6 – Norweg. Küste 38,4 – Westbrit. Gewässer 30,7 – Ostsee 28,0 – Südatlantik 19,2 – Färöer 11,9 – Durch die *Erweiterung der nationalen Fischereizonen,* insbes. durch Island, Norwegen und Großbritannien, gingen in den letzten Jahren viele traditionelle Fanggebiete für die deutsche Fischerei verloren, z. B. wurde der Fischfang um Island (1969–74 noch jährl. 102400t) seit 1978 völlig untersagt. – Verschiebungen ergaben sich auch bei den *Fischarten.* 1979 entfielen von den Anlandungen der BR Deutschland in 1000t u. a. auf: Kabeljau 50,9 – Rotbarsch 47,8 – Seelachs 34,6 – Krabben und Krebse 19,6 – Heringe 7,8 (1969–74 jährl. noch 100,4). – Für die *Versorgung* der BR Deutschland mit Seefischen standen 1979 557000t zur Verfügung (einschl. Einfuhren). – Der *Fischverbrauch* je Einwohner betrug ca. 9,1 kg Seefisch im Jahr. – Die *Verkaufserlöse* der bundesdeutschen Hochsee- und Küstenfischerei sanken 1977–78 um 8,7% auf 395 Mill. DM. – Wegen des Verlustes traditioneller Fanggebiete und der unzureichenden Einsatzmöglichkeiten wurde die Fangflotte der BR Deutschland stark reduziert. So ging z. B. die Flotte der Großen Hochseefischerei 1978–79 von 62 Schiffen mit 107600 BRT auf 44 Fahrzeuge mit 85800 BRT zurück.

Weltproduktion von Fleisch insges. (nach FAO) 1979 (1978 u. Durchschn. 1969–71, Zahlen gerundet) 136,756 (134,476 bzw. 106,566) Mill. t, davon in Mill. t 1979 (1978): Rinder- u. Büffelfleisch 46,414 (48,379) – Schaf- u. Ziegenfleisch 7,356 (7,376) – Schweinefleisch 51,774 (49,348) – Geflügelfleisch 28,013 (26,244) – Außerdem Weltproduktion an eßbaren Innereien 1979 (1978) 8,547 (8,888) Mill. t *Wichtigste Ausfuhrländer* (nach FAO) 1978 in 1000t u. a.: *Rindfleisch:* Australien 771,7 – Argentinien 339,8 – Irland 261,7 – Neuseeland 231,1 – BR Deutschland 211,0 – Frankreich 185,6 – *Schaffleisch:* Neuseeland 404,0 – Australien 175,7 – *Schweinefleisch:* Niederlande 404,0 – Belgien-Lux. 175,6 – Dänemark 157,8 – USA 84,3 – *Geflügelfleisch:* Niederlande 198,5 – USA 191,3 – Frankreich 127,0 – Ungarn 121,3 – *Wichtigste Einfuhrländer* 1978 in 1000t: *Rindfleisch:* USA 673,3 – Italien 321,6 – Großbritannien 273,2 – Frankreich 261,4 – BR Deutschland 199,5 – *Schaffleisch:* Großbritannien 225,9 – Japan 139,8 – Frankreich 46,6 – *Schweinefleisch:* BR Deutschland 289,9 – Italien 261,9 – Frankreich 212,0 – Japan 103,3 – *Geflügelfleisch:* BR Deutschland 235,1 – Saudi-Arabien 115,1 – Japan 61,6
Verbrauch in der *BR Deutschland* 1979: Rindfleisch 1,324 Mill. t, Schweinefleisch 3,004 Mill. t
Die Produktion von *Rind- und Kalbfleisch* stieg 1978–79 in der *EG* um 3% auf 6,57 Mill. t, womit volle Selbstversorgung erreicht wurde; für 1980 wird ein Überschuß erwartet. – Die *Schweinefleischproduktion* stieg in der EG um 4,5%; der Selbstversorgungsgrad lag in der EG bei 100%, in der *BR Deutschland* bei 88%. – In der BR Deutschland existierten Ende 1979 28900 Fleischerhandwerksbetriebe mit 215000 Besch. und 30 Mrd. DM Umsatz.

Gerste Ernte 1979 in 1000t: Sowjetunion (S) 46000 – VR China (S) 19500 – Frankreich 11238 – Großbritannien 9600 – Kanada 8460 – USA 8238 – BR Deutschland 8157 – Dänemark 6680 – Spanien 6150 – Türkei 5100 – DDR (S) 3600 – Australien 3620 – Polen (S) 4116 – Tschechoslowakei (S) 3000 – Schweden 2550 – Indien 2121 – Marokko 1900 – Rumänien 2037 – Finnland 1650 – Bulgarien (S) 1600 – Irland 1512 – Rep. Korea (Süd-K.) 1508 – Österreich 1138 – Iran (S) 900 – Irak 872 – Griechenland 869 – u. a. Schweiz (S) 220 – *Welternte* 1979 (1978) 172,274 (194,839) Mill. t – *Wichtige Ausfuhrländer* (ohne China) 1978 in 1000t: Frankreich 3683 – Kanada 3570 – Großbritannien 2036 – Australien 1193 – Dänemark 1099 – USA 649 – Belgien-Lux. 616 – BR Deutschland 345 – Irland 322 – Niederlande 292 – Schweden 118 – Finnland 115 – *Welthandel* (Ausfuhren) insges. 1978: 14,255 Mill. t. Wichtige *Einfuhrländer* 1978 in 1000t: Polen 2412 – Italien 1625 – Japan 1490 – BR Deutschland 1465 – Belgien-Lux. 1433 – DDR 806 – Niederlande 481 – u. a. Schweiz 430 – Österreich 4

Getränke In der *BR Deutschland* erreichte der *Getränkeverbrauch* 1979 (1978) mit 633 (597) l pro Einw. einen neuen Rekord (nach Ifo-Inst.). Damit ist weitgehend die Sättigung erreicht. Zunahmen verzeichneten alkoholfreie Erfrischungsgetränke, Kaffee und Tee, während der Verbrauch von Milch

Fleischerzeugung
(Angaben nach FAO; die Gesamtmenge stimmt wegen Zähldifferenzen z. T. nicht mit der Summe der einzelnen Fleischarten überein; z. T. S.)

1979 in 1000 t	*insges.*	*Rind-, Kalb- u. Büffel-F.*	*Schaf- u. Ziegen-F.*	*Schweine-F.*	*Geflügel-F.*
USA	25702	9730	136	6994	8526
VR China (S)	21125	2299	726	14495	3476
Sowjetunion (S)	15500	7000	880	5220	2100
Frankreich	5247	1770	171	1880	1045
BR Deutschland	4699	1500	26	2750	370
Brasilien	3812	2100	52	850	765
Argentinien	3731	2990	138	240	262
Italien	3304	1060	51	950	1025
Polen (S)	2996	730	21	1835	370
Australien	2975	2022	487	198	252
Großbritannien	2913	995	220	935	757
Japan	2829	420	–	1400	960
Kanada	2323	920	5	730	652
Spanien	2267	383	129	870	750
Niederlande	1899	382	16	1125	369
DDR	1721	380	20	1149	145
Rumänien (S)	1578	309	79	819	364
Mexiko	1505	585	35	430	401
Tschechoslowakei	1461	385	5	870	171
Ungarn	1398	135	7	890	336
Jugoslawien (S)	1285	330	58	630	261
Dänemark	1238	235	1	900	98
Belgien-Lux.	1134	291	5	705	117
Neuseeland	1075	498	506	39	26
Südafrika	982	520	155	85	220
u. a. Österreich (S)	607	189	3	338	68
Schweiz	457	160	4	264	23

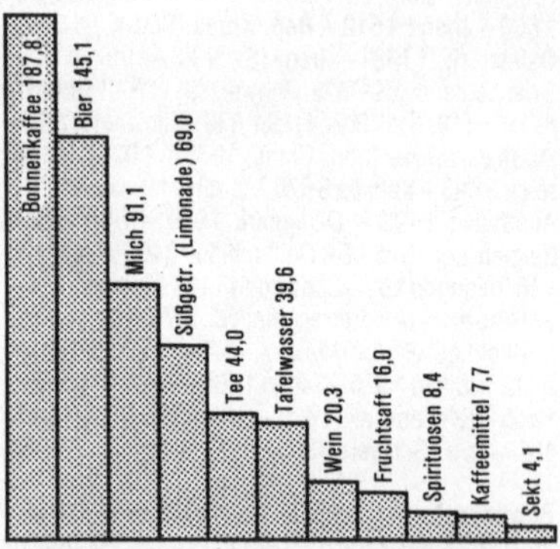

Getränkeverbrauch in der BR Deutschland 1979
Pro-Kopf-Verbrauch in Liter
(Nach »ifo-schnelldienst« 1980/9)

und Wein stagniert und von Bier weiter leicht rückläufig ist.

Getreide insgesamt (siehe auch Einzelangaben bei den Getreidearten) *Weltproduktion* in 1000 t: 1979 (1978) 1532800 (1593500) – Produktion 1979 in 1000 t: USA 299257 – VR China (S) 277547 – Sowjetunion (S) 171811 – Indien 129603 – Frankreich 43697 – Kanada 36381 – Indonesien 29217 – Brasilien 27125 – Türkei 24385 – Argentinien 24282 – BR Deutschland 22687 – Australien 22517 – Bangladesch 19902 – Rumänien 19336 – Thailand 19184 – Italien 17805 – Polen 17782 – Großbritannien 17331 – Mexiko 16339 – Japan 16471 – Pakistan 16462 – Jugoslawien 15645 – u. a. DDR 8996 – Österreich 3796
Welthandel mit Getreide (Ausfuhren) 1978: 186,828 Mill. t. – Wichtige *Ausfuhrländer* 1978 in Mill. t: USA 93,91 – Kanada 19,60 – Frankreich 14,76 – Argentinien 13,10 – Australien 9,81 – Thailand 3,55 – Südafrika 3,20 – Niederlande 2,62 – Großbritannien 2,51 – Sowjetunion 2,43 – u. a. BR Deutschland

2,02 – Wichtige *Einfuhrländer* 1978 in Mill. t: Japan 23,09 – Sowjetunion 20,21 – VR China (S) 12,64 – Italien 9,43 – Polen 7,37 – Großbritannien 7,09 – BR Deutschland 6,47 – Niederlande 6,06 – Ägypten 5,95 – Brasilien 5,72 – Spanien 5,22 – Belgien-Lux. 5,07 – u.a. DDR 3,26

Die *Welt-Getreideproduktion* 1979 war die zweithöchste der Geschichte (nach 1978), jedoch regional sehr unterschiedlich; einem starken Rückgang in der Sowjetunion und in Osteuropa stand eine Rekordernte in den USA gegenüber. Für die Sowjetunion ergab sich 1979/80 eine durch Importe zu füllende Lücke von ca. 30 Mill. t (hauptsächlich Weizen und Mais für Futterzwecke); davon sollten 25 Mill. t durch Exporte der USA gedeckt werden (1978/79: 11,92 Mill. t). Aufgrund der sowjetischen Invasion in Afghanistan verhängten die USA ein Teilembargo, so daß nur die vertraglich festgelegte Menge von 8 Mill. t (Getreideabkommen) geliefert wurde. Voraussichtlich wird die Sowjetunion ihr Defizit nur zum Teil ausgleichen können (z. B. in Argentinien), da die meisten Exportländer den Ausfall der amerikanischen Lieferungen nicht kompensieren wollen (z. B. Frankreich, Kanada). Nach neueren Schätzungen werden der Sowjetunion 1979/80 ca. 5–6 Mill. t zur Bedarfsdeckung fehlen. Vor allem bei Fleisch und Milchprodukten machten sich ab Anfang 1980 starke Mangelerscheinungen bemerkbar.

Hafer Ernte 1979 in 1 000 t: Sowjetunion (S) 14 000 – USA 7 757 – BR Deutschland 2 999 – Kanada 2 978 – Polen 2 188 – Frankreich 1 675 – Schweden 1 646 – Australien 1 490 – Finnland 1 283 – VR China (S) 1 100 – Großbritannien 515 – u.a. DDR (S) 420 – Österreich 258 – Schweiz (S) 50 – *Welternte* 1979 (1978) 42,848 (50,551) Mill. t.

Wichtige *Ausfuhrländer* (ohne China) 1978 in 1 000 t: Argentinien 360 – Australien 227 – Frankreich 226 – Schweden 185 – USA 167 – Kanada 83 – Norwegen 28 – *Welthandel* (Ausfuhren) insges. 1978: 1,367 Mill. t. – Wichtige *Einfuhrländer* 1978 in 1 000 t: BR Deutschland 294 – Schweiz 161 – Italien 143 – Japan 142 – Polen 125 – u.a. Österreich 15

Hirse (einschl. Sorghum) Erzeugung 1979 in 1 000 t (jeweils S): VR China 23 023 – USA 20 684 – Indien 18 500 – Nigerien 6 950 – Argentinien 6 610 – Mexiko 4 010 – Sudan 2 650 – Sowjetunion 1 900 – Niger 1 592 – Mali 1 080 – Obervolta 1 000 – Äthiopien 871 – Uganda 850 – Ägypten 700 – Tschad 580 – Dem. VR Korea (Nord-K.) 570 – *Welternte* 1979 (1978) 101,53 (104,98) Mill. t.

Holz Einschlag 1977 (nach FAO-Angaben, z.T. provis.) in Mill. m^3 Rundholz, davon Nadelholz/Laubholz u.a.: Sowjetunion 319/70 – USA 258,7/82,7 – VR China 89,8/105,4 – Brasilien 24,0/130,7 – Kanada 133,8/9,2 – Indonesien 0,6/140,8 – Indien 5,8/128,6 – Nigerien –/68,9 – Schweden 41,7/5,7 – Tansania 0,1/38,6 – Malaysia –/36,9 – Japan 20,8/13,7 – Finnland 26,3/7,6 – Philippinen –/32,9 – Frankreich 13,6/15,5 – BR Deutschland 20,9/7,9 – Sudan –/27,5 – Äthiopien 1,9/23,2 – Kolumbien 0,1/24,0 – Birma –/22,5 – Polen 17,9/4,2 – Thailand –/21,1 – Rumänien 6,4/14,2 – u.a. Österreich 11,2/1,9 – DDR 7,1/1,3 – Schweiz 2,4/1,2 – *Weltproduktion* 1977 (1976) 1 123/1 415 (1 117/1 409) Mill. m^3 – *Weltproduktion* an *Schnittholz* 1977 (1976) 431,3 (429,1) Mill. m^3, davon 1977 u.a. Sowjetunion 115,4 – USA 88,8 – Kanada 41,9 – Japan 38,3 – VR China 17,2 – Schweden 11,2 – BR Deutschland 10,1 Mill. m^3.

In der *BR Deutschland* betrug 1978 (1977) in 1 000 m^3 das *Inlandsaufkommen* (Verkäufe der Forstwirtschaft) 27 712 (29 659), die *Einfuhr* 11 064 (9 641) und die *Ausfuhr* 2 963 (4 148), der Umsatz der holzbe- und -verarbeitenden Industrie 75,56 (73,55) Mrd. DM. 1979 ging der Holzeinschlag wegen des harten Winters 1978/79 auf 24,7 Mill. m^3 zurück (davon Nadelholz 17,6). Die gestiegene Nachfrage wurde durch vermehrte Importe gedeckt, vor allem aus Skandinavien (59 %), Ost- u. Südosteuropa (25 %) und Amerika (12 %). – Die *Waldfläche* der BR Deutschland nimmt weiterhin leicht zu; sie betrug 1978 72 183 km^2.

Die *EG* produziert jährlich ca. 80 Mill. m^3 Holz, muß jedoch über die Hälfte des Bedarfs importieren. Laut Vorschlag der EG-Kommission soll die einheimische Produktion auf längere Sicht auf 125 Mill. m^3 erhöht werden durch Erhöhung der Einschlagsrate und der Produktivität der Wälder, Aufforstung von Brachland, bessere Nutzung des Holzes, Abfallverwertung und Wiederverarbeitung von Papier u.ä.

In vielen *Entwicklungsländern* hat übermäßiger Holzeinschlag bereits zu schweren Störungen des Naturhaushaltes geführt. Über 80 % des geschlagenen Holzes werden hier zur Energiegewinnung verbrannt (= ca. 25 % des Energieverbrauchs), während in den entwickelten Ländern weniger als 10 % des Holzes als Brennstoff dienen (= 1 % des Energiebedarfs). Nach Schätzungen der FAO sind 1,5 Mrd. Menschen beim Heizen und Kochen auf Holz angewiesen, das ohne geregelte Nutzung rapide abnimmt. Der *Brennholzverbrauch* betrug 1977 in Mill. m^3 (% an der Holzerzeugung): Asien 522 (73 %) – Afrika 297 (87 %) – Lateinamerika 196 (75 %) – Sowjetunion 74 (19 %) – Europa ohne SU und EG 46 (19 %) – Nordamerika 18 (4 %) – Australien u. Ozeanien 7 (22 %) – EG-Länder 6 (8 %) – Seit 1950 sind bereits die Hälfte aller Regenwälder der Erde abgeholzt worden; bei gleichbleibender Nutzung werden die Holzvorräte der Erde bis 2000 auf die Hälfte gesunken sein. Z.Z. werden besonders in Brasilien durch Siedlungskolonisation und zur Energiegewinnung große Waldgebiete abgeholzt.

Honig *Weltproduktion* 1979 (1978) 1,028 (0,969) Mill. t – Erzeugung 1979 in 1 000 t u.a. (meist S): VR

China 259 – Sowjetunion 220 – USA 98 – Mexiko 57 – Kanada 31 – Argentinien 23 – Türkei 21 – Frankreich 20 – Äthiopien 20 – BR Deutschland 19 – Australien 18 – Rumänien 16 – Polen 15 – Spanien 10 – u. a. DDR 4 – Österreich 3 – Schweiz 2 – Die *BR Deutschland* führt jährlich rd. 50000 t Honig ein, vor allem aus Mexiko, Argentinien und China; der Honigverbrauch je Einwohner ist in den letzten 50 Jahren um fast das Vierfache auf ca. 900 g jährlich gestiegen.

Hühner *Weltbestand* 1979 (1978) 6,71 (6,47) Mrd. Stück – 1979 u. a. in Mill. Stück (Schätzungen): VR China 1420 – Sowjetunion 900 – USA 395 – Brasilien 318 – Japan 315 – Frankreich 166 – Mexiko 150 – Indien 145 – Italien 121 – Großbritannien 113 – Nigerien 110 – Rumänien 100 – Indonesien 99 – BR Deutschland 88 – Kanada 80 – Niederlande 78 – Polen 76 – Iran 68 – Thailand 65 – Ungarn 63 – Philippinen 60 – Vietnam 57 – Jugoslawien 55 – Bangladesch 54 – Spanien 53 – Äthiopien 53 – DDR 50 – u. a. Österreich 15 – In der *BR Deutschland* nahm der Hühnerbestand 1979 weiter leicht ab; Anf. Dez. wurden gezählt (in Mill.): Legehennen 45,82 – Junghennen 15,14 – Schlacht- u. Masthähnchen 23,97 – Die Zahl der Hühnerhalter ging gegenüber 1978 um 11% auf 473000 zurück.

Hülsenfrüchte (insgesamt, trocken) *Welternte* 1979 (1978) 63,51 (62,96) Mill. t – u. a. 1979 in 1000 t: VR China (S) 26630 – Indien 12029 – Sowjetunion (S) 6800 – Brasilien 2215 – Mexiko 1222 – USA 1108 – Nigerien 903 – Pakistan (S) 836 – Türkei 832 – Äthiopien 644 – Spanien 442 – Italien 372 – Indonesien (S) 320 – Thailand (S) 307 – Birma (S) 303 – Ägypten (S) 302 – Marokko 299 – Uganda (S) 289 – Dem. Volksrep. Korea (Nord-K., S) 280 – Niger 268 – Bangladesch (S) 266 – Argentinien 249 – Kenia 234 – Polen (S) 229

Jute (m. verwandten Fasern wie Kenaf, Mesta usw.) *Weltproduktion* 1979 (1978) 3,970 (4,500) Mill. t. – *Erzeugung* 1979 in 1000 t u. a.: Indien (S) 1170 – VR China (S) 1110 – Bangladesch 996 – Thailand 330 – Brasilien 86 – Birma 85 – Vietnam 52 – Sowjetunion (S) 51 – Nepal 45

Kaffee (grün) Ernte 1979 (1978) in 1000 t

Brasilien	1272	(1226)
Kolumbien	712	(669)
Elfenbeinküste	275	(198)
Indonesien	267	(233)
Mexiko	228	(215)
Äthiopien	194	(188)
Guatemala	169	(139)
El Salvador	169	(132)
Uganda	120	(121)
Kamerun	112	(107)
Indien	105	(125)
Ecuador	102	(110)
Costa Rica	97	(96)
Zaïre	87	(86)
Philippinen	86	(84)
Kenia	75	(84)
Madagaskar	67	(69)
Perú	66	(65)
Nicaragua	60	(60)
Honduras	60	(59)
Venezuela	60	(58)
Angola	55	(54)
Tansania	49	(51)
Papua-Neuguinea	49	(47)
Dominikan. Rep.	41	(61)
Haïti	40	(32)

Welternte 1979 (1978) 4,86 (4,62) Mill. t – Wichtige *Ausfuhrländer* (Kaffee grün oder geröstet) 1978 in 1000 t: Brasilien 621 – Kolumbien 542 – Elfenbeinküste 235 – Indonesien 221 – Guatemala 132 – Uganda 113 – Mexiko 112 – Ecuador 103 – Kenia 85 – Costa Rica 85 – Zaïre 82 – Kamerun 79 – Angola 78 – Äthiopien 66 – Indien 63 – El Salvador 62 – USA 59 – Honduras 57 – Perú 55 – Nicaragua 50 – Madagaskar 49 – Tansania 49 – Papua-Neuguinea 46 – Niederlande 37 – Singapur 34 – u. a. BR Deutschland 28 – *Weltexport* 1978 (1977) 3,35 (2,88) Mill. t – Wichtige *Einfuhrländer* 1978 in 1000 t: USA 1112 – BR Deutschland 408 – Frankreich 302 – Italien 194 – Niederlande 153 – Japan 102 – Schweden 92 – Spanien 91 – Kanada 83 – Belgien-Lux. 81 – Großbritannien 79 – Dänemark 58 – Finnland 53 – DDR 52 – Schweiz 51 – Jugoslawien 46 – Algerien 40 – Norwegen 38 – Polen 35 – Österreich 31 – Ungarn 30 – Wegen des hohen Eigenverbrauchs nahm die Bedeutung Brasiliens als Exporteur weiter ab – Größte *Lieferanten* der *BR Deutschland* waren 1979 Kolumbien (rd. ⅓), El Salvador, Kenia, Guatemala, Papua-Neuguinea und Brasilien. 52% der Einfuhren wurden über die bremischen Häfen geliefert. – Der deutsche *Pro-Kopf-Verbrauch* stieg 1979 (1978) auf 6,73 (6,12) kg, d. h. 188 (165) l, und erreichte einen neuen Rekord. – Die lateinamerikanischen Erzeugerländer sind seit 1978 zu einem Exportkartell (»Bogotá-Gruppe«) zusammengeschlossen, um die Preise zu stützen.

Kakao (Kakaobohnen) Ernte in 1000 t 1979 (1978)

Elfenbeinküste	320	(312)
Brasilien	298	(279)
Ghana	270	(265)
Nigerien	180	(160)
Kamerun	112	(107)
Ecuador	79	(73)
Mexiko	37	(34)
Kolumbien	33	(31)
Dominikan. Rep.	30	(34)
Papua-Neuguinea	30	(32)

Togo	18	(17)
Venezuela	17	(16)
Costa Rica	11	(10)

Welternte 1979 (1978) 1,54 (1,47) Mill. t. – Weniger als ein Viertel der produzierten Kakaomenge wird in den Erzeugerländern verbraucht. – Wichtige *Ausfuhrländer* 1978 in 1000 t: Elfenbeinküste 254 – Ghana 207 – Nigerien 150 – Brasilien 134 – Kamerun 65 – Wichtige *Einfuhrländer* 1978 in 1000 t: USA 213 – BR Deutschland 160 – Niederlande 150 – Sowjetunion 103 – Großbritannien 88 – Frankreich 48 – Spanien 33 – Italien 30 – Polen 25 – DDR 24 – Japan 22 – u. a. Schweiz 17 – Österreich 9 – Das 1975 zur Stabilisierung des Kakaomarktes gegründete **Internationale Kakaoabkommen (ICCA)** ist 1980 **zusammengebrochen,** da sich die Erzeugerländer nicht über die Preisgestaltung und Exportquoten einigen konnten. Für die nächsten Jahre wird bei stark erhöhtem Anbau mit Überschüssen gerechnet.

Kartoffeln Ernte 1979 (1978) in 1000 t; meist Schätzungen

Sowjetunion	87000	(86087)
Polen	48000	(46596)
USA	15781	(16356)
VR China	14050	(13048)
BR Deutschland	10308	(10510)
DDR	10000	(10777)
Indien	8383	(8153)
Frankreich	7450	(7459)
Großbritannien	6600	(7289)
Niederlande	6451	(6231)
Spanien	5359	(5316)
Rumänien	4930	(4465)
Tschechoslowakei	3800	(3837)
Japan	3305	(3305)
Jugoslawien	3000	(2501)
Italien	2900	(2843)
Türkei	2802	(2750)
Kanada	2410	(2453)
u. a. Österreich	1401	(1401)
Schweiz	893	(893)

Welternte 1979 (1978) 277,793 (275,100) Mill. t – Die *Erträge* (dz/ha 1978) differieren weiterhin sehr stark: Weltdurchschnitt 150 – Niederlande 386 – Schweiz 372 – Belgien-Lux. 338 – Israel 340 – BR Deutschland 296 – DDR 186 – Sowjetunion 122 – VR China 90 – Jugoslawien 84 – Wichtige *Ausfuhrländer* 1977 in 1000 t u. a.: Niederlande 1128 – USA 318 – Frankreich 311 – Italien 297 – Spanien 255 – Cypern 204 – Kanada 185 – BR Deutschland 184 – Belgien-Lux. 184 – (Schweiz 24 – Österreich 10) – Wichtige *Einfuhrländer* 1977 in 1000 t u. a.: BR Deutschland 804 – Großbritannien 588 – Frankreich 563 – Italien 325 – Belgien-Lux. 266 – Kanada 253 – Sowjetunion (S) 210 – Niederlande 198 – In der *BR Deutschland* ist die *Anbaufläche* für Kartoffeln in den vergangenen 20 Jahren um rd. ⅔ auf 320000 ha (1979) zurückgegangen. Der *Verbrauch* pro Kopf und Jahr sank von 202 kg (1950) auf rd. 90 kg (1979). – Verwendung der Kartoffeln in %: Nahrung 45 – Viehfutter 38 – industr. Verwertung (Stärke u. Alkohol) 10 – Saatgut 7

Käse *Weltproduktion* 1979 (1978) 10,935 (10,638) Mill. t – Erzeugung (alle Sorten) 1979 in 1000 t: USA 2027 – Sowjetunion (S) 1495 – Frankreich 1044 – BR Deutschland 735 – Italien 578 – Niederlande 426 – Polen 381 – Ägypten (S) 239 – Argentinien 237 – Großbritannien 235 – DDR 205 – Dänemark 183 – Kanada 176 – Griechenland 171 – Bulgarien 149 – Rumänien 141 – Australien 141 – Jugoslawien 138 – Spanien 134 – Türkei 124 – Schweiz 121 – u. a. Österreich 71 – Wichtige *Ausfuhrländer* für Käse sind die Niederlande, Frankreich, BR Deutschland, Dänemark, Neuseeland und die Schweiz. – Die Welt-*Einfuhren* (1979 in 1000 t) gehen etwa zur Hälfte nach Italien (234,3), in die *BR Deutschland* (226) und nach Großbritannien. – Die deutschen Einfuhren kamen zu 50 % aus den Niederlanden, zu 20 % aus Frankreich. Der deutsche *Käseverbrauch* stieg 1979 auf 13,3 kg pro Kopf (zum Vergleich: Frankreich 16).

Kopra *Weltproduktion* 1979 (1978) 4,36 (4,61) Mill. t. – u. a. 1979 in 1000 t: Philippinen 1800 – Indonesien 950 – Indien (S) 370 – Malaysia 210 – Mexiko 170 – Sri Lanka 146 – Papua-Neuguinea 136 – Mosambik (S) 75 – In den *Welthandel* gelangten 1978 (Export) 629600 t, davon u. a. (in 1000 t) Philippinen 379,8 – Papua-Neuguinea 92,2 – Neue Hebriden 44,9 – Wichtige *Einfuhrländer* 1978 (in 1000 t) u. a.: BR Deutschland 211,0 – Japan 90,4 – Niederlande 83,1 – Singapur 73,3

Leinsaat *Weltproduktion* 1979 (1978) 3,19 (2,59) Mill. t – u. a. 1979 in 1000 t: Kanada 836 – Argentinien 816 – Indien 514 – USA 337 – Sowjetunion (S) 300 – Polen (S) 52 – Rumänien (S) 50 – VR China (S) 47 – Frankreich 32 – Uruguay 31 – Ägypten 30 – *Weltausfuhr* 1978: 678700/303100 t Leinsaat/-öl, davon aus Kanada 409400/8100 t, Argentinien 215700/204800 t – Wichtigste *Einfuhrländer:* EG-Länder

Mais Ernte 1979 (1978) in Mill. t (Körnermais)

USA	197,21	(180,01)
VR China (S)	31,62	(30,61)
Brasilien	16,46	(13,53)
Rumänien	12,40	(10,21)
Frankreich	10,22	(9,53)
Jugoslawien	10,08	(7,59)
Mexiko (S)	9,00	(10,91)
Argentinien	8,70	(9,70)
Sowjetunion (S)	8,40	(8,95)
Südafrika	7,77	(9,93)
Ungarn (S)	7,40	(6,65)

Mais *Fortsetzung*

Italien	6,30	(6,22)
Indien (S)	5,00	(6,22)
Kanada	4,96	(4,03)
Thailand (S)	3,30	(2,79)
Philippinen	3,30	(2,86)
Bulgarien (S)	3,30	(2,24)
Indonesien (S)	2,90	(4,03)
Ägypten (S)	2,83	(3,12)
u. a. Österreich	1,15	(1,17)
BR Deutschland	0,66	(0,62)

Welternte 1979 (1978) 384,497 (363,334) Mill. t – Wichtige *Ausfuhrländer* 1978 in Mill. t: USA (einschl. Hilfssendungen) 50,09 – Argentinien 5,98 – Südafrika 2,80 – Frankreich 2,52 – Thailand 1,77 – Niederlande 1,12 – Rumänien 1,00 – Belgien-Lux. 0,81

Welthandel (Ausfuhren) insges. 1978: 68,10 Mill. t. Wichtige *Einfuhrländer* 1978 in Mill. t: Sowjetunion (S) 11,93 – Japan 10,53 – Spanien 4,36 – Italien 3,75 – Niederlande 3,63 – VR China (S) 3,50 – Großbritannien 3,34 – BR Deutschland 2,95 – Belgien-Lux. 2,16 – Rep. Korea (Süd-K.) 1,88 – Polen 1,81 – Portugal 1,73 – u. a. DDR 1,23 – Schweiz 0,24 – Österreich 0,01

Maultiere Bestand 1978 in Mill. Stück u. a.: Mexiko 3,2 – Brasilien 1,7 – VR China 1,5 – Äthiopien 1,4 – Kolumbien 0,55 – Marokko 0,38 – Türkei 0,31 – Spanien 0,27 – Griechenland 0,14 – Indien 0,13 – Italien 0,11 – *Weltbestand* 1978 (1977) 11,73 (11,75) Mill. Stück.

Milch *Weltproduktion von Kuhmilch* 1979 (1978) 420,25 (416,77) Mill. t – 1979 in Mill. t u. a.: Sowjetunion 92,80 – USA 55,72 – Frankreich 31,80 – BR Deutschland 23,70 – Polen (S) 16,60 – Großbritannien 16,01 – Brasilien 12,45 – Niederlande 11,50 – Indien (S) 10,00 – Italien 9,90 – DDR 8,15 – Kanada 7,68 – Japan 6,45 – Neuseeland 6,36 – Mexiko 6,25 – Spanien 5,82 – Australien 5,82 – Tschechoslowakei 5,59 – Dänemark 5,32 – Argentinien 5,15 – Irland 5,09 – VR China (S) 5,00 – Rumänien 4,54 – Jugoslawien 4,12 – Belgien-Lux. 4,10 – Schweiz 3,62 – Schweden 3,37 – Türkei 3,30 – Finnland 3,23 – Österreich 3,23 – Kolumbien 2,70 – Südafrika 2,55 – *Durchschnittliche Milchleistung je Kuh und Jahr* 1978 in kg u. a.: Israel 6795 – Japan 5633 – Schweden 5185 – USA 5174 – Niederlande 5051 – Dänemark 4871 – Großbritannien 4726 – Finnland 4437 – BR Deutschland 4354 – Schweiz 4100 – Belgien-Lux. 3942 – Kanada 3916 – DDR 3807 – Irland 3391 – Österreich 3228 – zum Vergleich: Italien 2685 – Sowjetunion 2157 – Argentinien 1907 – Brasilien 808 – Indien 500 – Weltdurchschnitt 1945

Weltproduktion von Büffelmilch 1979 (1978) 25,77 (25,68) Mill. t – u. a. 1979 in 1000 t: Indien (S) 14508 – Pakistan (S) 7596 – VR China (S) 1300 – Ägypten 1245 – Nepal 475 – Türkei 280

Weltproduktion von Schafmilch 1979 (1978) 7,34 (7,16) Mill. t – u. a. 1979 in 1000 t: Türkei (S) 1100 – Frankreich 822 – Iran (S) 687 – Griechenland 588 – Italien 514 – VR China (S) 483 – Rumänien 392 – Bulgarien 302 – Syrien 293 – Spanien 240

Weltproduktion von Ziegenmilch 1979 (1978) 7,11 (7,02) Mill. t – u. a. 1979 in 1000 t: Indien (S) 726 – Türkei 640 – Frankreich 464 – Griechenland 423 – VR China (S) 402 – Sowjetunion (S) 400 – Sudan (S) 380 – Pakistan (S) 370 – Bangladesch (S) 317 – Spanien 295 – Somalia (S) 295 – Mexiko 278 – u. a. BR Deutschland 22 – Österreich 18 – DDR 14

Der Anteil der Entwicklungsländer an der Weltproduktion betrug 1979: Kuhmilch ca. 16% – Büffelmilch über 99% – Schafmilch ca. 53% – Ziegenmilch über 70% – Wichtige Ausfuhrländer für Kondens- und Trockenmilch sind die Niederlande, Frankreich, die BR Deutschland, Großbritannien, Irland, Australien und Neusseland.

Der *Milchüberschuß der EG* stieg 1979 (1978) trotz leichter Verringerung der Milchkuhzahl auf 25,30 (25,16) Mill. kg weiter an, da der Ertrag pro Kuh auf 4050 (4000) kg stieg. Die *Kuhmilcherzeugung* stieg auf 102,13 (100,37) Mill. t, der *Verbrauch* betrug 100,81 (100,24) Mill. t, der *Selbstversorgungsgrad* stieg auf 114,3 (113,5)% (einschl. britischer Importverpflichtungen). – Die durch die EG-Preispolitik (Preis- und Abnahmegarantie) verursachten Überschüsse werden zu Butter und Milchpulver verarbeitet, eingelagert und durch zeitweilige Sondermaßnahmen verbilligt verkauft bzw. exportiert oder an Entwicklungsländer verschenkt. Die Kosten für diese *EG-Milchpolitik* betrugen 1979 (1978) rd. 11,25 (10) Mrd. DM (= fast ⅓ des EG-Haushalts), so daß eine Änderung unumgänglich notwendig erscheint. Die Lagerbestände an Milchpulver betrugen Ende 1979 (1978) 225 (674) Tsd. t. – Um die Erzeugung zu drosseln, wurde am 1. 6. 1980 die »Mitverantwortungsabgabe« der Produzenten auf 2% des Milchrichtpreises (und dieser nur um durchschn. 4%) erhöht. Trotzdem rechnet man 1980 mit 14 Mrd. DM Milchmarktkosten. – Ein hoher Anteil an den EG-Überschüssen entfällt auf die BR Deutschland, wo der Selbstversorgungsgrad 1979 (1978) auf 119,2 (118,3)% anstieg. Der Verbrauch stieg leicht auf 91,1 (90,6) l pro Kopf.

Naturkautschuk *Weltproduktion* 1979 (1978) 3,769 (3,681) Mill. t – 1979 u. a. in 1000 t (Trockengewicht): Malaysia 1617 – Indonesien (S) 925 – Thailand 498 – Sri Lanka (S) 164 – Indien (S) 140 – Liberia 94 – Nigerien 60 – Philippinen 55 – Vietnam (S) 48 – VR China (S) 35 – Zaïre 27 – Brasilien 24 – Elfenbeinküste 20 – Birma (S) 20 – Kamerun 16 – Kambodscha (S) 15 – Die wichtigsten Kautschukproduzenten sind gleichzeitig die größten Exporteure. – Wichtige *Einfuhrländer* (1977) in 1000 t u. a.: USA 808,6 – Japan 306,9 – VR China (S) 295,0 –

Sowjetunion 198,3 – BR Deutschland 196,8 – Frankreich 166,9 – Großbritannien 155,0 – Italien 124,2 – Spanien 116,4 – Kanada 93,9 – Rep. Korea (Süd-K.) 93,0 – Polen 58,0 – u.a. DDR 37,4 – Österreich 22,3. – Nach langen Verhandlungen wurde im Okt. 1979 in Genf ein *»Internationales Kautschukabkommen«* geschlossen, mit dem Produzenten und Importstaaten mit Hilfe eines Ausgleichslagers von 400000t eine Stabilisierung des Marktpreises erreichen wollen. Es handelt sich um das erste Abkommen im Rahmen des *»Integrierten Rohstoffprogramms«* der UNCTAD von 1976. – Anteil von Naturkautschuk an der gesamten Kautschukproduktion (einschl. Synthet.): 1935 99% – 1955 56% – 1965 38% – 1975 33% – 1979 29%. In den nächsten 10–15 Jahren wird ein Rückgang auf 20–24% erwartet, da die Erzeugung nicht mit der steigenden Nachfrage Schritt halten kann.

Obst *Weltproduktion von Äpfeln* 1979 (1978) 35,71 (32,78) Mill. t – 1979 in 1000t u.a.: Sowjetunion 7500 – USA 3515 – Frankreich 2950 – BR Deutschland 1951 – Italien 1800 – Spanien 1156 – Türkei 1150 – Polen 1030 – Ungarn 980 – Argentinien 972 – Japan 837 – Indien 760 – VR China (S) 760 – DDR 341 – Schweiz 430 – Österreich 326 – *Weltproduktion von Birnen* 1976 7,17 Mill. t., u.a. 1975 in 1000t: Italien 1453 – VR China 1027 – USA 694 – Japan 499 – Frankreich 432 – BR Deutschland (1976) 388 – DDR (1976) 78 – In der *BR Deutschland* wird die Obsternte 1979 auf folgende Werte geschätzt (nach Statist. Bundesamt, in 1000t): Äpfel 1759,8 – Birnen 339,7 – Pflaumen u. Zwetschgen 326,9 – Süßkirschen 154,4 – Sauerkirschen 106,7 – Erdbeeren 36,7 – Mirabellen u. Renekloden 26,7 – Pfirsiche 15,9 – Aprikosen 1,2

Oliven *Welterzeugung* von Oliven/Olivenöl 1979 (1978) 7,84/1,50 (9,57/1,76) Mill. t – u.a. 1979 in 1000t: Italien (S) 2000/398 – Spanien 1869/399 – Griechenland (S) 1470/264 – Türkei 650/130 – Tunesien (S) 450/91 – Marokko (S) 280/34 – Portugal (S) 239/41 – Syrien 190/45 – Algerien (S) 180/28 – Libyen (S) 100/19 – Argentinien 95/15 – Albanien (S) 55/7 – USA 47/1 – Spanien, Griechenland, Italien und Tunesien sind die wichtigsten Exportländer für Oliven und Olivenöl.

Palmkerne/-öl *Welterzeugung* 1979 (1978) 1,62 (1,41)/4,25 (4,00) Mill. t – u.a. 1979 in 1000t: Malaysia 410/2000 – Nigerien 350/675 – Indonesien 120/570 – Brasilien 239/16 – VR China (S) 46/165 – Zaïre 45/130 – Elfenbeinküste 39/110 – Kamerun (S) 45/80 – Benin (S) 70/28 – Sierra Leone 50/48 – Papua-Neuguinea (S) 13/80 – Kolumbien 19/66 – Ghana 32/23 – Liberia 14/28 – *Wichtigste Exportländer* waren 1978 (in 1000t): Nigerien 56,8/39,3 – Malaysia –/129,6 – Wichtigste *Einfuhrländer:* EG-Länder, USA.

Pferde *Weltbestand* 1978 (1977) 61,64 (61,75) Mill. Stück – 1978 u.a. in Mill. Stück: USA 9,55 – VR China (S) 6,70 – Mexiko 6,48 – Brasilien (S) 6,00 – Sowjetunion 5,82 – Argentinien 2,70 – Mongolei 2,10 – Polen 2,00 – Kolumbien 1,59 – Äthiopien 1,52 – Indien (S) 0,90 – Türkei 0,84 – Jugoslawien 0,76 – Indonesien 0,65 – Australien 0,45 – Frankreich 0,38 – BR Deutschland 0,37 – u.a. DDR 0,07 – Schweiz 0,05 – Österreich 0,04 – In der *BR Deutschland* stieg der Pferdebestand 1979 auf 380000, darunter 100000 Ponys und Kleinpferde.

Pflanzenöle und -fette Die *Weltproduktion* an pflanzlichen Ölen und Fetten (wichtig vor allem als Margarine-Rohstoffe) stieg 1979/80 nach »Oil World« um 14% auf 176 Mill. t. Rd. 60% davon entfallen auf Sojabohnen, deren Anteil weiter zunahm. Die Preise gaben wegen hoher Überschüsse, die auch 1980/81 erwartet werden, weiter nach. – In der *BR Deutschland* stieg der Anteil pflanzlicher Fette am gesamten Nahrungsfettverbrauch 1978/79 auf über 56% (1970 50%).

Rapssaat *Weltproduktion* 1979 (1978) 10,97 (11,04) Mill. t – u.a. 1979 in 1000t: Kanada 3561 – VR China (S) 2654 – Indien 1877 – Frankreich 449 – Schweden 313 – BR Deutschland 312 – Pakistan (S) 258 – DDR (S) 240 – Polen 234 – Bangladesch (S) 145 – Großbritannien 142 – Tschechoslowakei (S) 125 – Ungarn (S) 110 – u.a. Schweiz 33 – Österreich 7.

Reis (ungeschält) Ernte 1979 (1978) in Mill. t

VR China (S)	139,40	(136,44)
Indien (S)	69,00	(80,74)
Indonesien	26,32	(25,78)
Bangladesch (S)	19,36	(19,27)
Thailand (S)	15,64	(17,53)
Japan	15,60	(16,35)
Vietnam (S)	10,50	(10,04)
Birma (S)	10,00	(10,50)
Rep. Korea (Süd-K.)	8,05	(8,34)
Brasilien	7,61	(7,24)
Philippinen (S)	7,00	(7,32)
USA	6,20	(6,04)
Volksdem. Rep. Korea (Nord-K., S)	4,80	(4,50)
Pakistan (S)	4,75	(4,91)
Rep. China (Taiwan)	3,00	(2,90)
Nepal (S)	2,50	(2,34)
Sowjetunion	2,40	(2,10)
Ägypten	2,40	(2,35)
Madagaskar (S)	2,20	(1,98)
Malaysia	2,16	(1,53)
Kolumbien	1,93	(1,72)
Sri Lanka	1,77	(1,89)
Iran	1,21	(1,28)
Italien	1,03	(0,98)
Kambodscha (S)	1,00	(1,50)

Reis *(Fortsetzung)*

Nigerien (S)	1,00	(0,84)
Laos (S)	0,90	(0,80)
Australien	0,69	(0,49)

Welternte 1979 (1978) 372,83 (384,51) Mill. t; davon entfielen auf Entwicklungsländer 348,58 (357,68) Mill. t. – Wichtige *Ausfuhrländer* 1978 in Mill. t: USA 2,28 – Thailand 1,62 – VR China (S) 1,60 – Pakistan 0,83 – Volksdem. Rep. Korea (Nord-K., S) 0,50 – Italien 0,44 – Birma 0,35 – Australien 0,25 – Brasilien 0,19 – Ägypten 0,15
Welthandel (Ausfuhren) insges. 1978 9,55 Mill. t, d.h. 97,5% der Weltreisproduktion werden im Ursprungsland verbraucht.
Wichtige *Einfuhrländer* 1978 in Mill. t: Indonesien 1,84 – Nigerien 0,76 – Sowjetunion 0,41 – Malaysia 0,41 – Saudi-Arabien 0,34 – Hongkong 0,34 – Iran 0,32 – Italien 0,31 – Frankreich 0,28 – Großbritannien 0,22 – u.a. BR Deutschland 0,19 – Österreich 0,043 – Schweiz 0,026

Rinder Bestand 1979 (1978) in Mill. Stück (vorläuf. Zahlen; z.T. Schätzungen)

Indien (ohne Büffel)	181,85	(181,99)
Sowjetunion	114,09	(112,69)
USA	110,86	(116,38)
Brasilien	90,00	(89,00)
VR China	64,02	(63,88)
Argentinien	60,17	(61,83)
Mexiko	29,92	(29,33)
Bangladesch	27,52	(27,00)
Australien	26,85	(29,33)
Kolumbien	26,14	(25,29)
Äthiopien	25,90	(25,86)
Frankreich	23,51	(23,76)
Sudan	16,20	(16,00)
Pakistan	14,99	(14,95)
Türkei	14,94	(14,54)
BR Deutschland	14,89	(14,76)
Kanada	13,76	(13,71)
Großbritannien	13,53	(13,63)
Südafrika	13,20	(13,00)
Polen	13,04	(13,12)
Nigerien	12,00	(11,80)
Kenia	10,47	(9,96)
Venezuela	9,96	(9,75)
Uruguay	9,61	(10,23)
u.a. DDR	5,57	(5,55)
Österreich	2,59	(2,55)
Schweiz	2,04	(2,02)

Weltbestand an Rindern 1979 (1978) 1209,25 (1210,31) Mill. Stück, an Büffeln 129,61 (129,24) Mill. Stück. – In der *BR Deutschland* stieg der Rinderbestand bis Dez. 1979 (1978) erneut auf den Rekordwert von 15,05 (15,01) Mill. Stück, davon 5,44 Mill. Milchkühe und 2,23 Mill. Kälber unter ½ Jahr. Die Zahl der Rinderhalter nahm erneut auf 553700 ab, darunter 456400 Halter von Milchkühen.

Roggen Erzeugung 1979 in 1000t: Sowjetunion (S) 8100 – Polen (S) 4658 – BR Deutschland 2105 – DDR (S) 1700 – USA 624 – Türkei 600 – Kanada 525 – Tschechoslowakei (S) 500 – Frankreich 360 – Österreich 297 – Dänemark 245 – Spanien 215 – Schweden 198 – Argentinien 190 – u.a. Schweiz (S) 48 – *Welternte* 1979 (1978) 23,110 (32,478) Mill. t. – Der *Welthandel* mit Roggen ist relativ unbedeutend und spielt sich im wesentlichen innerhalb Europas ab. Ausfuhren 1978 insges. 725000t, davon BR Deutschland 123500t.

Schafe *Weltbestand* 1979 (1978) 1086,6 (1062,2) Mill. – u.a. 1979 in Mill. Stück: Sowjetunion 142,6 – Australien 135,1 – VR China 95,4 – Neuseeland 63,5 – Türkei 43,9 – Indien 41,0 – Argentinien 35,4 – Iran 33,7 – Südafrika 31,5 – Großbritannien 30,0 – Pakistan 24,2 – Äthiopien 23,2 – Brasilien 18,0 – Sudan 17,0 – Rumänien 15,6 – Spanien 15,5 – Perú 14,5 – Marokko 13,5 – Mongol. VR 13,0 – Frankreich 11,7 – Irak 11,6 – Bulgarien 10,1 – Italien 8,7 – Nigerien 8,5 – Griechenland 8,0 – Mexiko 7,9 – Syrien 7,6 – (u.a. DDR 1,97 – BR Deutschland 1,14 – Schweiz 0,4 – Österreich 0,2)

Schweine *Weltbestand* 1979 (1978) 761,13 (736,80) Mill. – u.a. 1979 in Mill. Stück: VR China 305,2 – Sowjetunion 73,5 – USA 59,9 – Brasilien 36,0 – BR Deutschland 22,7 – Polen 21,2 – Mexiko 12,6 – DDR 11,7 – Frankreich 11,7 – Vietnam 11,0 – Rumänien 10,3 – Spanien 9,9 – Indien 9,9 – Italien 9,8 – Niederlande 9,7 – Japan 9,5 – Dänemark 9,4 – Ungarn 8,0 – Großbritannien 7,9 – Jugoslawien 7,7 – Tschechoslowakei 7,6 – Philippinen 7,3 – Kanada 6,8 – Thailand 5,4 – Belgien-Lux. 5,1 – Österreich 4,0 – Bulgarien 3,8 – Argentinien 3,7 – (u.a. Schweiz 2,1) – In der *BR Deutschland* ging der Schweinebestand bis. Dez. 1979 (gegenüber 1978) leicht zurück auf 22,374 (22,641) Mill. Stück, darunter 6,059 Mill. Ferkel, 5,810 Mill. Jung- und 7,794 Mill. Mastschweine. Die Zahl der Schweinehalter ging erneut zurück auf 547000.

Sisal *Welterzeugung* 1979 (1978) 391000 (441000)t – u.a. 1979 in 1000t: Brasilien 151 – Tansania (S) 92 – Kenia 32 – Madagaskar (S) 25 – Angola (S) 20 – Venezuela 20 – Mosambik (S) 18 – Haïti 13

Sojabohnen *Welternte* 1979 (1978) 94,17 (80,41) Mill. t – u.a. 1979 in 1000t: USA 60851 – VR China (S) 13350 – Brasilien 10700 – Argentinien 3700 – Mexiko 701 – Kanada 629 – Sowjetunion (S) 600 – Indonesien (S) 600 – Paraguay 450 – Rep. Korea (Süd-K.) 351 – Volksdem. Rep. Korea (Nord-K., S) 330 – Indien (S) 300 – Japan 200 – Rumänien 186 – Kolumbien 169 – Iran (S) 150 – Bulgarien (S) 140 – Thailand 125 – *Welthandel* (Exporte) 1978: 24,04 Mill. t – Wichtige *Ausfuhrländer* 1978 in 1000t:

USA 20710 – Argentinien 1985 – Brasilien 659 – Wichtige *Einfuhrländer* 1978 in 1000t: Japan 4260 – BR Deutschland 3613 – Niederlande 2635 – Spanien 2179 – Italien 1279 – Großbritannien 1238 – VR China (S) 1071 – Belgien-Lux. 1061 – Sowjetunion 906 – *Sojabohnen* haben in den letzten Jahren zunehmende Bedeutung gewonnen *als Rohstoff* für die Margarineherstellung (Sojaöl) und als proteinhaltiges Viehfutter (Sojaschrot). Anbauflächen und Produktion wurden so stark vergrößert, daß 1979/80 wieder größere Überschüsse erwartet werden (ca. 9 Mill. t bei einem Weltverbrauch von 85 Mill. t).

Sonnenblumensaat *Welternte* 1979 (1978) 15,14 (13,09) Mill. t – u. a. 1979 in 1000t: Sowjetunion (S) 5500 – USA 3660 – Argentinien 1430 – Rumänien (S) 792 – Jugoslawien (S) 600 – Türkei 550 – Spanien 498 – Bulgarien (S) 400 – Südafrika 315 – VR China (S) 300 – Ungarn (S) 270 – Australien 203 – Die starke Zunahme des Anbaus von Sonnenblumen in den USA führte 1979 zu Preissenkungen auf dem Weltmarkt und beendete das faktische Exportmonopol der RGW-Länder.

Tabak (Roh-T.) *Welternte* 1979 (1978) 5,39 (5,69) Mill. t – 1979 in 1000t u. a.: VR China (S) 1023 – USA 702 – Indien 451 – Brasilien 409 – Sowjetunion (S) 310 – Türkei 245 – Japan 169 – Griechenland 127 – Rep. Korea (Süd-K.) 123 – Italien 113 – Bulgarien 110 – Indonesien 89 – Kanada 86 – Mexiko 76 – Pakistan 72 – Thailand 71 – Polen (S) 70 – Argentinien 68 – Kolumbien 68 – Malawi 64 – Jugoslawien 57 – Philippinen 57 – Frankreich 52 – Burma (S) 51 – Dominikan. Republik 48 – Rumänien 45 – Simbabwe 45 – Südafrika 45 – Bangladesch 44 – Volksdem. Rep. Korea (Nord-K.) 43 – Spanien 38 – Cuba 30 – Vietnam 28 – u. a. BR Deutschland 8 – Schweiz (S) 2 – *Wichtige Ausfuhrländer* von Rohtabak in 1000t: USA 318 – Brasilien 113 – Türkei 77 – Griechenland 70 – Indien 69 – Bulgarien 62 – Rep. Korea (Süd-K.) 50 – Simbabwe (S) 45 – VR China (S) 44 – Italien 43 – Malawi 42 – Dominikan. Rep. 37 – Thailand 34 – Kanada 33 – Indonesien 26 – Philippinen 24 – Argentinien 23 – Paraguay 15 – Wichtige *Einfuhrländer* 1978 in 1000t: Großbritannien 233 – USA 167 – BR Deutschland 156 – Japan 88 – Frankreich 87 – Niederlande 76 – Spanien 68 – Sowjetunion 65 – Belgien-Lux. 36 – Ägypten 29 – Schweiz 27 – Italien 20 – u. a. DDR 19,1 – Österreich 13,3. – In der *BR Deutschland* ist der Pro-Kopf-Verbrauch von Tabak seit langem relativ konstant, er betrug 1970 2,074 kg, 1978 2,095 kg.

Tee Ernte 1979 (1978) in 1000t

Indien (S)	550	(571)
VR China (S)	311	(294)
Sri Lanka (S)	200	(199)
Japan	106	(105)
Sowjetunion	105	(111)
Kenia	102	(93)
Türkei	102	(94)
Indonesien (S)	91	(91)
Bangladesch	39	(31)
Malawi	30	(32)
Argentinien	30	(24)
Rep. China (Taiwan)	28	(26)
Iran	20	(25)
Tansania	20	(17)

Welternte 1979 (1978) 1,80 (1,79) Mill. t – Wichtige *Ausfuhrländer* 1978 in 1000t: Sri Lanka 192,7 – Indien 169,0 – Kenia 93,3 – VR China 85,4 – Indonesien 56,2 – Bangladesch (S) 31,0 – Malawi 30,8 – Großbritannien 28,7 – Argentinien 25,3 – Sowjetunion 16,8 – Tansania 14,9 – Niederlande 13,3 – Mosambik 12,8 – Uganda 8,7 – Wichtige *Einfuhrländer* 1978 in 1000t: Großbritannien 177,8 – USA 68,8 – Pakistan 57,5 – Sowjetunion 45,6 – Ägypten 31,0 – Australien 23,3 – Kanada 22,2 – Niederlande 19,9 – Polen 18,9 – Sudan 18,8 – Irak 16,0 – Südafrika 15,0 – BR Deutschland 12,7 – Irland 11,5 – Japan 11,4 – u. a. Schweiz 2,0 – Österreich 0,9 – Die *BR Deutschland* bezieht Tee vor allem aus Indien (ca. 38%), Sri Lanka (20%) und Indonesien. – Die Welternte erhöhte sich 1979 auf eine neue Rekordmenge, jedoch stieg weltweit auch der Verbrauch an, so z. B. in der BR Deutschland auf 44 l pro Kopf (1978 38,2 l).

Tomaten Ernte 1979 in 1000t (meist S): USA 7200 – Sowjetunion 6800 – Italien 3945 – VR China 3549 – Türkei 3000 – Spanien 2176 – Griechenland 1669 – Ägypten 1579 – Brasilien 1498 – Rumänien 1350 – Mexiko 1168 – Japan 1026 – Bulgarien 870 – *Welternte* 1979 (1978) 47,934 (46,699) Mill. t.

Walfang 1976/77 (1975/76) 15744 (21255) Wale insges., davon in der Antarktis 6158 (9073), einschl. Spermwalfang nördl. von 40° s. Br. – 1976/77 wurden u. a. insges. 155 Finnwale (1969/70 noch 5237), 3387 Seiwale und 11977 Spermwale gefangen (1977/78 in der Antarktis allein insges. 5221 Wale) – Wichtigste Walfänger 1976/77: Sowjetunion 8189 – Japan 5274 – Perú 1193 – Australien 624 – Island 386 – Mehrere Länder (z. B. Chile, Südafrika, Portugal) gaben in den letzten Jahren wegen der stark zurückgehenden Bestände den Walfang auf. Die Internat. Walfangkommission schätzt den Bestand für 1850 auf 1,3 Mill., für 1978 nur noch auf knapp 0,6 Mill. Wale. – *Walölproduktion* 1976/77 (1975/76) in 1000t: insges. 76,5 (95,5), davon Sowjetunion 45,7 (57,4) – Japan 21,4 (24,5) – Australien 3,9 (5,8) – Die Internat. Walfangkommission setzte die *Fangquote* für 1979 auf 16302 Tiere fest. Der Fang von Pottwalen von Fabrikschiffen aus wurde zur Regeneration der Bestände für unbestimmte Zeit verboten (gegen die Stimme der Sowjetunion). Der

Indische Ozean wurde für 10 Jahre zur *Walschutzzone* erklärt.

Wein *Welt-Weintraubenernte* 1979 (1978) in 1000t: 67597 (57647), davon (z.T. S) Frankreich 12696 (9012) – Italien 11730 (11375) – Spanien 7748 (4688) – Sowjetunion 5700 (5498) – USA 4467 (3917) – Türkei 3485 (3496) – Argentinien 3360 (2800) – Rumänien 1486 (1321) – Griechenland 1424 (1390) – BR Deutschland 993 (934) – u.a. Österreich 380 (479) – Schweiz 140 (103) – *Welt-Weinerzeugung* 1979 (1978) in 1000t: 36540 (29301), davon (z.T. S) Frankreich 8456 (5891) – Italien 7968 (7244) – Spanien 5058 (2946) – Sowjetunion 2920 (2470) – Argentinien 2516 (2027) – USA 1583 (1548) – Portugal 1150 (659) – Rumänien 872 (771) – BR Deutschland 714 (671) – Jugoslawien 674 (588) – Südafrika 620 (620) – Chile 561 (520) – Ungarn 530 (475) – Bulgarien 450 (437) – Griechenland 449 (435) – Australien 385 (385) – Österreich 277 (337) – Algerien 200 (184) – u.a. Schweiz 102 (75). – Führende *Weinausfuhrländer* sind Italien (1979 19,5 Mill. hl), Frankreich, Spanien sowie die südosteuropäischen Länder. Die *BR Deutschland* steigerte ihre *Weinausfuhren* erneut; 1979 (1978) wurden 1,549 (1,404) Mill. hl. Wein exportiert, davon in Tsd. hl nach Großbritannien 456 (313) – USA 414 (530) – Niederlande 137 (109) – Dänemark 100 (81) – Die *Weinimporte* in die BR Deutschland stiegen im Wirtschaftsjahr 1978/79 auf 7,443 Mill. hl (einschl. Schaumwein). Der *Weinverbrauch* pro Kopf betrug in der BR Deutschland 1979 (1978) ca. 20,3 (20,7) l (zum Vergleich: Frankreich 98 – Italien 92 l), im *Sektverbrauch* (1979 4,1 l) liegt die BR Deutschland an der Spitze vor Frankreich, Italien und Österreich.
Nach Angaben des Statist. Bundesamts ging die *Rebfläche* in der *BR Deutschland* 1979 (gegenüber 1978) leicht zurück auf 87592 (88917) ha. Die *Weinmosternte* stieg jedoch an auf 8,18 (7,30) Mill. hl, davon 87,0% Weißwein. Die Qualität war relativ gut; die Durchschnittswerte betrugen 1979 (1978) 76° (69°) Öchsle bzw. 9,2‰ (11,2‰) Säuregehalt. Die Ernte eignete sich zu 1% (4%) für Tafelwein, 49% (74%) Qualitätswein, 50% (22%) Qualitätswein mit Prädikat. – *Regionale Verteilung* der Ernte: Rheinland-Pfalz 66% – Baden-Württemberg 29% – Hessen 3,7% – Bayern 1,3% – *Ernte nach Rebsorten:* u.a. Müller-Thurgau 24,6% – Weißer Riesling 23,8% – Grüner Silvaner 12,1% – Blauer Spätburgunder 3,7%. Die gestiegenen Qualitäten drücken sich auch in den Erlösen aus, die auf 162 DM/hl stiegen (Franken: 456 DM/hl).

Weizen Ernte 1979 (1978) in 1000t

Sowjetunion	90100	(120824)
USA	58289	(48922)
VR China (S)	56003	(51002)
Indien	34982	(31749)
Frankreich	19393	(20970)
Kanada	17746	(21146)
Türkei	16560	(16769)
Australien	15500	(18210)
Pakistan	9944	(8367)
Italien	9140	(9332)
BR Deutschland	7971	(8118)
Argentinien (S)	7400	(8100)
Großbritannien	7140	(6613)
Iran (S)	5500	(5700)
Tschechoslowakei (S)	4700	(5601)
Rumänien (S)	4684	(6243)
Jugoslawien	4512	(5355)
Polen (S)	4337	(6029)
Spanien	4118	(4806)
Ungarn (S)	3700	(5677)
DDR (S)	3226	(3147)
Bulgarien (S)	3000	(3466)
Brasilien (S)	2700	(2677)
Griechenland	2411	(2734)
Südafrika	2250	(1690)
u.a. Österreich	843	(1195)
Schweiz	385	(407)

Welternte 1979 (1978) 420,22 (448,96) Mill. t. – *Welthandel* (Ausfuhren) 1978 72,737 Mill. t – Wichtige *Ausfuhrländer* 1978 (ohne Weizenmehl) in 1000t: USA 34096 – Kanada 14424 – Australien 7696 – Frankreich 6394 – Türkei 1921 – Argentinien

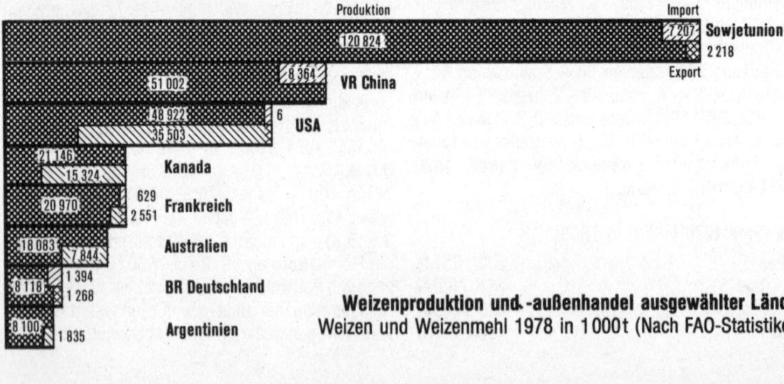

Weizenproduktion und -außenhandel ausgewählter Länder
Weizen und Weizenmehl 1978 in 1000t (Nach FAO-Statistiken)

1627 – Sowjetunion (S) 1150 – Indien (S) 900 – Rumänien 852 – u. a. BR Deutschland 508
Wichtige *Einfuhrländer* 1978 in 1000t: VR China (S) 8304 – Sowjetunion (S) 6663 – Japan 5564 – Brasilien 4335 – Ägypten 3759 – Italien 3569 – Großbritannien 3088 – Polen 2311 – Pakistan 2114 – Rep. Korea (Süd-K.) 1638 – Marokko (S) 1600 – Niederlande 1479 – Iran (S) 1350 – u. a. BR Deutschland 1289 – DDR (S) 687 – Schweiz 414. Für Weizen und Weizenmehl zusammen ergab sich 1978 für die *BR Deutschland* ein leichter Einfuhrüberschuß (Importe 1,394 Mill. t – Exporte 1,268 Mill. t).
Die *Erträge* sind nach wie vor in den einzelnen Ländern sehr unterschiedlich; sie liegen z. B. in der EG bei rund 36–38 dz/ha, in den RGW-Ländern bei 16–18. *Flächenerträge* in dz/ha 1979 u. a.: Niederlande 59 – Großbritannien 51 – BR Deutschland 50 – DDR 41 – Italien 26 – USA 23 – VR China u. Indien rd. 16 – Sowjetunion 15 – Brasilien 9
Der *Weltweizenmarkt* ist durch hohe Überschüsse der westlichen Industrieländer und Einfuhrbedarf der Ostblockstaaten (insbes. Sowjetunion und Polen) und der Entwicklungsländer (insbes. VR China) gekennzeichnet.

Wolle (Schafwolle roh) 1977/78 in 1000t u. a.: Australien 677 – Sowjetunion 458 – Neuseeland 311 – Argentinien 172 – Südafrika 106 – VR China (S) 80 – Uruguay 62 – Türkei 54 – USA 50 – Großbritannien 46 – Indien 35 – u. a. BR Deutschland 6 – *Weltproduktion* 1977/78 (1976/77) in 1000t: 2505 (2507) – Die größten Produzenten sind gleichzeitig die wichtigsten *Exportländer*, Japan und die EG-Staaten die führenden *Importländer*. – Die *BR Deutschland* liegt mit einem Pro-Kopf-*Verbrauch* an Schurwolle von 2,43 kg (1978) an der Spitze der Welt.

Ziegen *Weltbestand* 1979 (1978) 443,07 (436,33) Mill. Stück, darunter 419,15 (412,23) Mill. in Entwicklungsländern – 1979 u. a. in Mill. Stück: VR China 72,2 – Indien 71,0 – Pakistan 27,8 – Nigerien 24,5 – Türkei 18,4 – Äthiopien 17,1 – Iran 13,5 – Sudan 12,6 – Bangladesch 8,2 – Mexiko 8,1 – Indonesien 8,05 – Brasilien 7,4 – Marokko 5,7 – Sowjetunion 5,5 – Südafrika 5,3 – Tansania 4,7 – Griechenland 4,5 – Mongol. VR 4,4 – Irak 3,6 – Argentinien 3,0 – Spanien 2,2 – Perú 2,0 – u. a. (in 1000) Schweiz 60 – Österreich 36 – BR Deutschland 35 – DDR 29.

Zucker (Rohzucker, zentr.; Zucker aus Zuckerrohr und Zuckerrüben) 1979 (1978) in 1000t

Sowjetunion (S)	8100	(9100)
Cuba	7992	(7457)
Brasilien	7000	(7770)
Indien	6400	(7018)
USA	5380	(5274)
Frankreich (S)	4112	(4065)
VR China (S)	3545	(3213)
Australien	2980	(2902)
BR Deutschland	2965	(2997)
Mexiko	2850	(3072)
Philippinen (S)	2355	(2335)
Thailand	1845	(1624)
Südafrika	1780	(2017)
Italien (S)	1695	(1630)
Polen	1620	(1763)
Argentinien	1381	(1397)
Indonesien	1250	(1105)
Dominikan. Rep.	1220	(1199)
Großbritannien	1196	(1111)
Türkei	1145	(1096)
Kolumbien	1131	(1014)
u. a. DDR	720	(780)
Österreich	397	(357)

Welterzeugung von Zucker 1979 (1978) 88,76 (90,30) Mill. t. – Wichtige *Ausfuhrländer* (Rohbasis) 1977 in 1000t u. a.: Cuba 6338,4 – Australien 2571,5 – Brasilien 2508,9 – Philippinen 2448,2 – Frankreich 1776,0 – Thailand 1657,5 – Südafrika 1176,5 – Dominikan. Rep. 1103,2 – Argentinien 940,4 – BR Deutschland 712,8 – VR China (S) 632,0 – Mauritius 624,7 – Belgien-Lux. 532,4 – Perú 435,6 – Fidschi 322,4 – Guatemala 319,9 – Indien 277,0 – Polen 272,4 – Réunion 266,5 – Dänemark 262,7 – Jamaika 220,1 – Guyana 211,1 – Swasiland 201,3 – Wichtige *Einfuhrländer* 1977 in 1000t u. a.: USA 5316,0 – Sowjetunion 4784,8 – Japan 2701,3 – Großbritannien 1870,4 – VR China (S) 1560,0 – Kanada 1063,6 – Irak 491,8 – Malaysia 455,5 – Algerien 449,7 – Italien 428,9
Die *BR Deutschland* führte 1978/79 126000t Zucker ein und exportierte 691000t. Die Lagerbestände erhöhten sich auf 300000t. 1979/80 mußte ein Überschuß von ca. 600000t exportiert werden; der Selbstversorgungsgrad beträgt 127%, der *Pro-Kopf-Verbrauch* 35 kg pro Jahr. – Die *EG* erzeugte 1978/79 eine neue Rekordmenge von 11,8 Mill. t. 3,5 Mill. t wurden mit Hilfe von 2,3 Mrd. DM Exportsubventionen auf dem Weltmarkt untergebracht. Es wird erwartet, daß 1980 keine Exporterstattungen mehr nötig sein werden, da der EG-Zucker 1980 angesichts stark gesunkener Produktion in der Sowjetunion und in Cuba zur Bedarfsdeckung benötigt werden wird. – In *Brasilien* wird seit 1979 Zuckerrohr in verstärktem Maße zur Alkoholerzeugung verwendet (Motorenkraftstoff als Benzinersatz). – Die *Schweiz* steigerte ihre Zuckerproduktion 1979 (1978) auf 101400 (98600) t bei einem Verbrauch von 260000 (254600) t.

Zwiebeln Ernte 1979 in 1000t u. a. (meist S): VR China 2445 – USA 1680 – Sowjetunion 1680 – Indien 1620 – Japan 1130 – Spanien 949 – Türkei 870 – Italien 550 – Brasilien 501 – Niederlande 462 – Polen 443 – Rumänien 380 – Ägypten 376 – Pakistan 341 – Jugoslawien 298 – *Welternte* 1979 (1978) 18,949 (18,470) Mill. t.

BERGBAU, ROHSTOFFGEWINNUNG UND -VERSORGUNG

Die große Bedeutung, die die **Rohstoffpolitik** und **-preisentwicklung** 1978 erlangt hatten, verstärkte sich 1979/80 noch. Fragen der **Gewinnung,** der **Bezugsmöglichkeiten** und der **gesicherten Versorgung mit** preisgünstigen **Rohstoffen** – vor allem für die Energiegewinnung und die Industrieproduktion – bildeten ein zentrales Thema der weltpolitischen und weltwirtschaftlichen Auseinandersetzung. Es zeigte sich deutlich, in welch starkem Maße Lebensstandard und Wirtschaftswachstum der Industrieländer, aber auch die Entwicklungschancen von wirtschaftlich noch unterentwickelten Ländern, von einer gesicherten Rohstoffversorgung abhängen. Darüber hinaus sieht z. B. die OECD eine Gefahr für den Weltfrieden darin, daß die Reserven vieler wichtiger Rohstoffe regional sehr ungleichmäßig auf der Erde verteilt sind und sich somit **wirtschaftliche Abhängigkeiten** neuer Art zwischen **Rohstoffexport-** und **-verbraucherländern** mit der Gefahr von Erpressungen und kriegerischen Auseinandersetzungen entwickeln können.

Das **Rohstoffproblem** der Gegenwart ist weniger ein Problem etwaiger Erschöpfung der Reserven als vielmehr ein Problem des Zugangs zu den Reserven und der Kosten ihrer Erschließung. In den Rohstoff- und Energiediskussionen wird häufig übersehen, daß die **Höhe der Reserven** vom **Preis** abhängt. D. h. bei steigenden Preisen rentiert sich auch der Abbau ärmerer Lagerstätten, bzw. es entsteht ein Anreiz zur Erforschung und Erschließung bisher noch unbekannter oder nur vermuteter Ressourcen. So betragen z. B. (nach US Bureau of Mines) die Welt-Kupferlagerstätten bei einem Preis von 0,50 $/lb. 335 Mill. t, bei 0,75 $/lb. bereits 459 Mill. t. Wie die Tabelle zeigt, sind bei fast allen mineralischen Rohstoffen zwischen 1968 und 1979 die als sicher und die als wahrscheinlich angenommenen Vorräte gewachsen, obwohl große Mengen abgebaut wurden.

Mineralische Rohstoffe

Sichere und wahrscheinliche Vorräte, Bergwerksförderung und statische Lebensdauer* der Vorräte 1968/69 und 1978/79

Rohstoff	*Einheit*	*Vorräte 1969*	*Förderung 1968*	*statische Lebensd. (Jahre)*	*Vorräte 1979*	*Förderung 1978*	*statische Lebensd. (Jahre)*
Aluminiumerz[2] . .	Mill. t	7400	47	157	27000	87	310
Antimonerz[1] . . .	1000 t	3600	63	57	4300	69	62
Asbest[2]	1000 t	»groß«	2985	»hoch«	145300	5500	26
Bleierz[1]	1000 t	81600	3005	27	174900	3506	50
Chromerz[2]	1000 t	2414100	4913	491	3356600	9943	338
Eisenerz[1]	Mill. t	88000	369	238	93400	458	204
Flußspat[2]	1000 t	45700	3635	13	95300	4630	21
Kobalterz[1]	1000 t	3110	19	164	3655	31	118
Kupfererz[1]	1000 t	279000	5459	51	498100	7970	62
Manganerz[2] . . .	Mill. t	»groß«	17	»hoch«	5400	23	235
Molybdänerz[1] . .	1000 t	3400	66	52	7760	98	79
Nickelerz[1]	1000 t	68000	545	125	82030	589	139
Platinmetalle[1] . .	t	8800	106	83	24600	199	124
Quecksilber[1] . . .	1000 Fl[3]	5300	258	21	4300	190	23
Vanadiumerz[1] . .	1000 t	»groß«	15	»hoch«	9800	29	338
Wolframerz[1] . . .	1000 t	1130	31	36	1996	43	46
Zinkerz[1]	1000 t	79800	4977	16	150000	6150	24
Zinnerz[1]	1000 t	5600	215	26	10000	235	43

[1] Metallinhalt [2] Bruttogewicht [3] Flaschen zu 76 Pfund Metall
Angaben nach Bundesanstalt für Geowissenschaften und Rohstoffe und US Bureau of Mines, zusammengestellt nach E. Wettig, DIW Berlin
* statische Lebensdauer = Lebensdauer der Vorräte bei gleichbleibender Förderung

Die Preisentwicklung ausgewählter mineralischer Rohstoffe

	Ende 1978	*Ende 1979*
Kupfer (£/t)	773,00	994,50
Zinn (£/t)	6985,00	741,00
Blei (£/t)	444,50	509,00
Gold ($/oz)	224,50	524,00
Silber (p/oz)	296,00	1446,85
Platin (£/oz)	173,50	304,25
Aluminium (ct/lb)	55,00	66,00

(Nach Angaben der Commerzbank und der Bayer. Vereinsbank)

Viele Wirtschaftszeitungen schrieben von 1979 als dem »Jahr der großen Rohstoffhausse«. Die **Preiserhöhungen** überstiegen z.T. diejenigen der letzten großen Hausse 1972–74. Ursachen waren teils stark steigende Nachfrage durch gestiegenen Verbrauch und zur Auffüllung der Lager (günstige Konjunkturentwicklung in den Industrieländern, Furcht vor weiterer inflationärer Entwicklung), vielfach verbunden mit Spekulation (z.B. Silber), teils starke Preiserhöhungen seitens der Produzenten (z.B. Erdöl und -gas) unter Ausnutzung ihrer Monopolsituation, z.T. verbunden mit Angebotsverknappung durch Drosselung des Abbaus. Die durch die unsichere weltpolitische Lage verbreitete Kriegsfurcht verstärkte den Preisauftrieb, vor allem durch eine »Flucht in die Sachwerte« (Edelmetalle). Insgesamt erhöhte sich das **Preisniveau der Rohstoffe** nach dem HWWA-Index auf Dollarbasis von Ende 1978 bis Ende 1979 um 32% (einschl. pflanzlicher Rohstoffe), wobei besonders starke Auftriebstendenzen von der Rohölverteuerung um 70–80% ausgingen. Die Situation der **BR Deutschland** war aufgrund ihrer harten Währung relativ günstig. Durch die Aufwertung der DM gegenüber US-$ und £ im Laufe der 70er Jahre erreichte der deutsche Preisanstieg bei Rohstoffen (außer Erdöl) 1970–80 nur rd. ⅓ gegenüber teilweise Verdoppelungen in anderen Ländern.

1979/80 zeigten sich zwei wichtige Folgen der Rohstoffhausse: Erforschung und **Erschließung neuer Lagerstätten** in vielen Ländern, oft verbunden mit der Wiederinbetriebnahme alter Abbaustätten, sowie verstärkte Anstrengungen zur Wiederverwendung gebrauchter Rohstoffe **(Recycling)** und zur Verwendung von Ersatzmaterialien. Während Energierohstoffe (z.B. Kohle, Erdöl) beim Verbrennen unwiderruflich verbraucht werden, handelt es sich bei der **Verarbeitung mineralischer Rohstoffe,** z.B. von Metallen, nur um ein »Durchgangsstadium«. Ein beträchtlicher Teil kann nach Ablauf der Verwendungszeit wieder zurückgewonnen und neu verarbeitet werden. Nach neueren Berechnungen, z.B. der Bundesanstalt für Geowissenschaften und Rohstoffe, könnten folgende **Wiederverwendungsraten** erreicht werden: Kupfer rd. 75% (1979 ca. 40%) – Aluminium 50% (1979 ca. 30%) – Blei 55% – Nickel 40% – Stahl 25–30% – Zink 15–20%. Bei **Glas** verdoppelte sich in der BR Deutschland 1975–79 die erneut verwendete Menge auf 420000t Altglas. Einsparung und **Ersatz metallischer Rohstoffe** sind in den letzten Jahren bereits stark fortgeschritten. So stieg der **Weltverbrauch an Metallen** in den letzten 20 Jahren wesentlich weniger als die Weltindustrieproduktion, z.B. im Jahresdurchschnitt bei Blei nur um 2,9% – Kupfer 3,6% – Zink 3,9% – Nickel 6,6%. In das Stadium ernsthafter Planungen traten 1979 auch Überlegungen zur **Rohstoffgewinnung vom Meeresboden.** Bisher werden nur Erdöl (ca. 22%) und Erdgas (ca. 12%) in größerem Umfang aus untermeerischen Lagerstätten gewonnen. Zur Förderung der sog. **Manganknollen** (mit Kupfer- und Kobaltanteilen) vom Meeresboden laufen bereits Versuche. Eine Versuchsanlage zur Ausbeutung der **Tiefsee-Erzschlämme** (vor allem Zink, Silber und Kupfer) arbeitet seit 1979 im Roten Meer. – Die **3. Seerechtskonferenz der UNO,** die seit 1973 tagt, versuchte auch 1979/80 vergeblich, zu einer »gerechten Verteilung« der Ressourcen im Meer und unter dem Meeresboden zu gelangen. Die meisten Industrie- und Binnenstaaten sträuben sich bisher gegen die Forderungen der Küstenstaaten nach alleinigem Recht auf Ausbeutung des Meeres in einer **200-Seemeilen-Wirtschaftszone** vor der Küste und auf dem gesamten Festlandsockel (Schelf). Auch die Frage der **Nutzung der Tiefsee,** der Anerkennung von nationalen Wirtschaftszonen oder garantierten Abbaugebieten u.ä. durch eine neue Seerechtskonvention sind noch strittig.

Zwiespältig sind die Folgen der gegenwärtigen Rohstoffmarktlage für die **Entwicklungsländer,** die seit 1979 noch stärker als zuvor nach rohstoffreichen und rohstoffarmen Ländern differenziert werden müssen. Für die 2. Gruppe, zu der die ärmsten Länder der Erde gehören, verschärften die steigenden Preise, vor allem auf dem Energiesektor, die Notsituation dramatisch. Für die **rohstoffexportierenden Länder** dagegen brachten die steigenden Preise 1979/80 zusätzlichen Entwicklungsspielraum. Einige erdölexportierende Staaten gehören inzwischen zu den reichsten Ländern der Erde (nach Bruttosozialprodukt pro Kopf; z.B. Kuweit, Saudi-Arabien). Die Weltbank (»Finanzierung und Entwicklung«, 1980/1) sieht große Risiken und wirtschaftliche Instabilität bei Ländern, deren Sozialprodukt bzw. Export zu weitgehend von einem einzigen Rohstoff abhängen, vor allem durch mögliche Preisschwankungen, Erschöpfung der Lagerstätten, aber auch Vernachlässigung anderer Sektoren (Landwirtschaft). Sie empfiehlt Investitionen zur Diversifizierung der Wirtschaft und Aufbau von rohstoffverarbeitenden Industrien, um mehr Arbeitskräfte unterbringen und höherwertige Waren exportieren zu können.

Die Exportabhängigkeit mineralische Rohstoffe produzierender Länder

	wichtigster Rohstoff	*Anteil d. Bergbaus am BIP 1967–75 (in %)*	*Anteil d. Rohstoffe am Export 1974–76 (in %)*
Bolivien	Zinn	11,9	73,6
Chile	Kupfer	8,5	65,8
Guinea	Bauxit	?	70,2
Liberia	Eisenerz	31,9	70,1
Mauretanien	Eisenerz	27,9	88,6
Marokko	Phosphat	7,5	55,5
Perú	Kupfer	5,6	36,7
Sambia	Kupfer	32,0	96,5
Togo	Phosphat	9,8	66,3
Zaïre	Kupfer	18,5	66,6

BIP = Bruttoinlandsprodukt
(modifiz. nach »Finanzierung und Entwicklung«, 1980/1)

Am 31.10.1979 wurde in Lomé (Togo) das zweite **Abkommen zwischen der EG und den AKP-Staaten** (57 Entwicklungsländer aus dem **a**frikanischen, **k**aribischen und **p**azifischen Raum) abgeschlossen **(Lomé II).** Es bringt einen Ausbau des Systems zur Stabilisierung der Exporterlöse von Rohstoffen **(STABEX)** und ein neues System zur Sicherung der Exporte von Bergbauprodukten **(MINEX).** Die EG stellt 1980–85 rd. 700 Mill. DM zur Verfügung, um die Exportländer von Eisenerz, Kupfer, Kobalt, Phosphat, Bauxit, Mangan und Zinn gegen Erlöseinbußen abzusichern.

Antimon (Bergwerksproduktion; Sb-Inhalt von Erzen, z. T. von Konzentraten; nach »Metallstatistik«). *Wichtigste Produzenten* 1978 (1977) in t: Bolivien 12672 (15156) – Südafrika 10478 (12599) – VR China (S) 10000 (11000) – Sowjetunion (S) 7000 (7700) – Kanada 3000 (3200) – Thailand 2873 (2454) – Jugoslawien 2760 (2248) – Mexiko 2457 (2698) – Türkei 2438 (2032) – Marokko 2110 (1285) – Australien 2100 (2089) – *Weltproduktion* 1978 (1977) 64225 (66821) t.

Asbest (einschl. Asbestpulver; nach UNO-Angaben) *Wichtigste Produzenten* 1977 in 1000 t (z. T. provis.): Sowjetunion (S) 2460 – Kanada 1542 – Südafrika 380 – Simbabwe 200 – VR China (S) 200 – Italien 149 – Brasilien 95 – USA 92 – Namibia (Südwestafrika) (S) 90 – Australien 56 – Tschechoslowakei 45 – Swasiland 38 – Cypern 37 – *Weltproduktion* 1977 (1976) 5,32 (5,34) Mill. t. – Hauptlieferanten der *BR Deutschland* sind Kanada, die Sowjetunion und Südafrika.

Bauxit (unterschiedl. Nässegehalt und Zusammensetzung). Gewinnung in Mill. t 1978 (meist nach »Metallstatistik«)

Australien	24,30
Guinea	12,06
Jamaika (Trockengewicht)	11,74
Sowjetunion (m. Alunit, Nephelin u. ä., S)	6,70
Surinam	5,29
Guyana (Trockengewicht)	3,45
Ungarn	2,90
Griechenland	2,63
Jugoslawien	2,57
Frankreich	1,98
USA (Trockengewicht)	1,67
Indien	1,65
Brasilien	1,22
Volksrep. China (S)	1,10
Indonesien	1,01
Rumänien (S)	0,90
Sierra Leone	0,72
Haïti (Trockengewicht)	0,64
Malaysia	0,62
Dominikan. Rep. (Trockengewicht)	0,58
Türkei	0,45
Ghana	0,33

Weltproduktion nach »Metallstatistik« 1978 (1977) 84,53 (84,79) Mill. t. – Die führenden *Ausfuhrländer* (ohne RGW-Länder und VR China) sind in der »Internat. Bauxit Association«/**IBA** zusammengeschlossen; rund vier Fünftel der Weltexporte entfallen auf Entwicklungsländer, von denen einige auch Aluminiumoxid (Tonerde) produzieren.
Einfuhr der *BR Deutschland* an Bauxit (einschl. Kryolith) 1978 in Mill. t: 3,61, davon u. a. aus Australien 1,95 – Guinea 1,09 – Sierra Leone 0,30.

Blei (Bergwerksproduktion; Pb-Inhalt, z. T. von Konzentraten; nach »Metallstatistik«) 1978 in 1000 t

Sowjetunion (S)	600,0
USA	529,7
Australien	398,5
Kanada	366,1
Perú	182,7
Mexiko	170,5
Volksrep. China (S)	150,0
Jugoslawien	124,5
Bulgarien (S)	117,0
Marokko	109,5
Korean. Volksdem. Rep. (Nord-Korea, S)	105,0
Schweden	81,9
Spanien	72,4
Japan	56,9
Polen	49,6
Irland	47,8
Rumänien (S)	40,0
Namibia (SW-Afrika)	38,6

Frankreich	32,5
BR Deutschland	32,2
Argentinien	30,7
Grönland	30,6
Italien	30,5
Iran (S)	30,0
Honduras	21,8
Brasilien	21,0
Griechenland	20,3
Bolivien	18,0
u.a. Österreich	5,5

Weltproduktion (Bergwerksproduktion) 1978 (1977) nach »Metallstatistik« 3,613 (3,656) Mill. t. – Produktion von raff. Blei (einschl. Rückgewinnung aus Altmaterial) 1978 (1977) 4,32 (4,30) Mill. t, davon 1978 in 1000 t u.a.: USA 773,7 – Sowjetunion (S) 640,0 – BR Deutschland 305,0 – Großbritannien 247,4 – Australien 239,3 – Japan 228,4 – Frankreich 208,2

Weltverbrauch von raff. Blei 1978 (1977) in Mill. t (nach »Metallstatistik«) 4,51 (4,51), davon 1978 u.a.: USA 0,98 – Sowjetunion 0,64 – BR Deutschland 0,27 – Japan 0,27 – Großbritannien 0,24 – Der gesamte Bleiverbrauch der *BR Deutschland* (einschl. Umschmelzblei) betrug 1978 (1977) 339600 (348100) t; Hauptverbraucher ist die Akkumulatorenindustrie. – Die Einfuhr von Rohblei belief sich 1978 auf 176723 t, die Ausfuhr auf 123612 t; die Einfuhr von Bleierzen in die BR Deutschland betrug 1978 170055 t, davon aus Schweden 46244 t, Kanada 40718 t, Perú 16432 t, Chile 16189 t, Irland 15246 t.

Die wirtschaftlich gewinnbaren *Welt-Bleivorräte* werden auf über 170 Mill. t geschätzt (»US-Bureau of Mines«), wovon sich über zwei Drittel in den westlichen Industrieländern befinden. – Die *Bleipreise* stiegen 1978/79 auf dem Weltmarkt stark an, da die Produktion nicht mit der Nachfrage Schritt hielt und die Vorräte weitgehend aufgebraucht sind; dazu kommt die Verteuerung der Produktion in den Bleihütten durch verschärfte Umweltschutzbestimmungen. – In der *BR Deutschland* förderten 1979 noch 3 Gruben Blei- zusammen mit Zinkerzen (im Harz und im Sauerland); sie deckten den Bedarf der Bleihütten zu weniger als 10%.

Braunkohle Förderung 1979 (1978) in Mill. t (Zahlen gerundet, z.T. vorläufig)

DDR (1978 bzw. 1977)	253,3	(253,7)
VR China siehe Steinkohle		
Sowjetunion (1978 bzw. 1977)	163,5	(163,5)
BR Deutschland	130,6	(123,6)
Tschechoslowakei	96,2	(94,9)
Jugoslawien	41,7	(39,0)
Polen	38,1	(41,0)
Australien	32,7	(32,7)
USA (1978 bzw. 1977)	32,3	(26,5)
Bulgarien	27,9	(25,5)
Ungarn	22,7	(22,7)
Griechenland (1978 bzw. 1977)	22,4	(23,6)
Rumänien (1978 bzw. 1977)	21,8	(19,6)
Spanien	10,6	(7,7)
u.a. Österreich	2,8	(3,1)

Weltproduktion (ohne VR China; nach UNO-Angaben) 1979 (1978) 941 (917) Mill. t – Die *Weltreserven* belaufen sich (nach UNO-Angaben, nicht alle Länder umfassend) auf ca. 2800 Mrd. t, darunter in Mrd. t: Sowjetunion 1800 – USA 650 – Australien 90 – BR Deutschland 56 – DDR 30 – Das wichtigste Vorkommen in der *BR Deutschland* ist das Rheinische Revier mit 55 Mrd. t, von denen unter heutigen wirtschaftlichen und technischen Gegebenheiten rd. 35 Mrd. t gefördert werden können (derzeitige Jahresförderung rd. 120 Mill. t). Der neue Tagebau Hambach wird seit Ende 1978 erschlossen (8500 ha, 5 Mrd. DM Investitionskosten), um in den 90er Jahren 40–50 Mill. t jährlich zu gewinnen. – Die Braunkohleförderung der BR Deutschland wird zu über 85% zur *Elektrizitätsgewinnung* verfeuert; mit rd. ⅓ Anteil ist die Braunkohle der größte Träger der Stromerzeugung. – Zur Befeuerung des Kraftwerkes Schwandorf/Oberpfalz wurde mit der Tschechoslowakei die jährl. Lieferung von 800000 (1982 1,6 Mill.) t Braunkohle vereinbart als Ersatz für die erschöpften Wackersdorfer Felder.

Die Erzeugung von *Braunkohlebriketts* belief sich in der BR Deutschland 1978 (1977) auf 3,89 (4,10), in der *DDR* 1977 auf 48,75 Mill. t.

Cadmium (Kadmium; Hüttenproduktion nach »Metallstatistik«) Gewinnung 1978 in t u.a.: Sowjetunion (S) 3000 – Japan 2531 – USA 1708 – Kanada 1270 – BR Deutschland 1181 – Belgien-Lux. 1139 – *Weltproduktion* 1978 (1977) 17153 (18326) t – Wichtigste Verbraucher 1978 in t: USA 4545 – Sowjetunion (S) 2500 – BR Deutschland 1836 – Belgien-Lux. 1464 – Großbritannien 1354.

Chromerz (Cr_2O_3-Inhalt) *Wichtigste Produzenten* 1977 in 1000 t (z.T. provis.): Südafrika 1460,4 – Sowjetunion (S) 910,0 – Albanien (S) 370,0 – Brasilien (1976) 336,9 – Türkei 329,0 – Simbabwe (S) 300,0 – Finnland 217,7 – Indien 169,7 – Philippinen 162,1 – Iran 80,0 – Madagaskar 65,9 – Griechenland 15,8 – *Weltproduktion* (ohne Bulgarien, Rumänien und Vietnam) 1977 (1976) 4,20 (4,03) Mill. t – Die *Weltreserven* sind – verglichen mit der Förderung – sehr hoch, aber stark konzentriert; sie liegen zu 67% in Südafrika und zu 23% in Simbabwe. Die Importe der BR Deutschland stammen zu ca. 70% aus Südafrika.

Diamanten Gewinnung 1977 (z.T. provis.) in 1000 Karat Industrie-D./Schmuck-D.: Zaïre 10794/416 –

Sowjetunion (S) 7900/2000 – Südafrika 4171/3862 – Botswana (insges.) 2660 – Ghana 2070/230 – Namibia (Südwestafrika) 100/1901 – Venezuela (1976) 643/190 – Sierra Leone 474/297 – Tansania (insges.) 375 – Angola 88/265 – Liberia 163/163 – Zentralafrikanische Republik –/297 – Brasilien (Exporte) 100/100 – Guinea 55/25 – Elfenbeinküste 19/22 – *Weltgewinnung* 1977 (1976) 30,156 (28,860) Mill. Karat *Industriediamanten* und 10,210 (9,240) Mill. Karat *Schmuckdiamanten.* – Wertmäßig macht die Förderung von Schmuckdiamanten ca. 80% aus. – Im neuen Diamantenrevier von *West-Australien* wurde 1979 der Abbau begonnen.

Eisenerz Förderung 1979 (1978) in Mill. t (nach UNO-Angaben, z.T. vorläufig) (eingeklammerte %-Zahl nach dem Ländernamen = durchschn. Fe-Gehalt der Erze)

Sowjetunion (60%; 1977 bzw. 1976)	239,71	(239,00)
USA (61%)	86,48	(82,01)
Australien (64%)	84,18	(90,26)
Kanada (61%; Abtransport v. Bergwerken)	59,71	(42,49)
Brasilien (68%; Exporte)	59,17	(66,37)
VR China (S; Fe-Inhalt)	30–40	
Indien (63%)	39,05	(38,45)
Frankreich (30%)	33,62	(33,46)
Schweden (60–65%)	26,62	(21,49)
Südafrika (60–65%; 1978 bzw. 1977)	23,90	(26,23)
Liberia (68%)	19,87	(20,81)
Venezuela (64%; 1978 bzw. 1977)	13,51	(13,69)
Chile (61%; 1978 bzw. 1977)	9,68	(8,93)
Spanien (50%)	8,48	(8,22)
Mauretanien (65%; 1977 bzw. 1976)	7,34	(9,42)
Jugoslawien (35%)	4,68	(4,56)
Großbritannien (26%; 1978 bzw. 1977)	4,26	(3,74)
Norwegen (65%)	4,25	(3,72)
Mexiko (100%; 1978 bzw. 1977)	3,55	(4,21)
Perú (60%; 1978 bzw. 1977)	3,28	(4,10)
Türkei (55–60%; 1978 bzw. 1977)	3,20	(3,19)
Österreich (31%)	3,20	(2,78)
Algerien (53–55%; 1978 bzw. 1977)	3,04	(3,18)
Rumänien (26%; 1978 bzw. 1977)	2,51	(2,47)
Bulgarien (33%)	2,10	(2,45)
Tschechoslowakei (26%)	2,02	(2,03)
BR Deutschland (32%)	1,64	(1,60)
Ägypten (50%; 1978 bzw. 1977)	1,54	(1,43)

Weltförderung (Fe-Inhalt) von Erzen (ohne China) 1979 (1978) nach UNO 467 (492) Mill. t – Der *Eisenerzverbrauch* der westlichen Industrieländer erhöhte sich 1978 (1977) leicht auf 515 (510) Mill. t; der Überseehandel betrug 265 Mill. t. – Die *BR Deutschland* importierte 1979 (1978) 48,9 (42) Mill. t Eisenerz, davon aus Brasilien 11,6 – Liberia 7,7 – Schweden 7,0 – Australien 6,8 – Kanada 6,0 – Südafrika 4,5 – Norwegen 2,1 – Im Inland förderten 1979 nur noch 4 Eisenerzgruben (1960 noch rd. 60). Zwar sind Vorräte von insges. rd. 2,25 Mrd. t Roherz nachgewiesen, jedoch lohnt der Abbau dieser armen Erze (10–45% Fe-Gehalt) derzeit nicht.

Erdgas (»Naturgas«, einschl. Erdölgas) Förderung 1979 (1978) in Mrd. netto-m³ (nach ESSO-»Öldorado 79« u.a., z.T. provis.)

USA	556,0	(565,6)
Sowjetunion	400,0	(372,4)
Niederlande	91,5	(87,8)
Kanada	72,0	(71,6)
VR China	55,0	(49,5)
Großbritannien	39,0	(38,2)
Rumänien	29,0	(29,0)
Mexiko	27,5	(26,5)
BR Deutschland	21,0	(20,9)
Norwegen	17,0	(12,7)
Algerien	16,0	(14,1)
Venezuela	15,2	(15,0)
Iran	15,0	(18,8)
Italien	13,2	(13,1)
Indonesien	12,0	(10,0)
Brunei	9,0	(8,8)
Polen	8,5	(8,0)
Frankreich	7,9	(7,9)
Ungarn	7,7	(7,4)
Australien	7,5	(6,9)
Argentinien	7,0	(7,8)
Kuweit	6,5	(6,3)
Pakistan	5,7	(5,7)
Saudi-Arabien	5,3	(5,0)
Libyen	5,0	(5,0)
Chile	3,6	(3,5)
Afghanistan	3,0	(2,9)
Japan	2,6	(2,6)
Österreich	2,3	(2,4)

Weltförderung 1979/provis. (1978) 1498,2 (1462,2) Mrd. m³. – Außer der wirtschaftlich genutzten Menge wurden wiederum rd. 200 Mrd. m³ abgefackelt, vor allem solches Erdgas, das in den OPEC-Ländern bei der Erdölförderung anfällt und noch nicht sinnvoll verwendet werden kann. – Die nachgewiesenen *Weltreserven* stiegen (nach ESSO) 1979 um rd. 2000 Mrd. m³ (= 2,8%) auf 73190 Mrd. m³. Sie reichen bei der gegenwärtigen Förderung knapp 50 Jahre. Die Reserven betragen (in Mrd. m³): *Sowjetunion* 25485 – *Naher Osten* 20965 (davon Iran 13875 – Saudi-Arabien 2640 – Kuweit 880) – *Nordamerika* 7915 (USA 5495 – Kanada 2420) – *Afrika* 5960 (davon Algerien 3740 – Nigerien 1170 – Libyen 680) – *Mittel- u. Südamerika* 4080 (davon Mexiko 1670 – Venezuela 1210) – *Westeuropa* 3855 (davon Niederlande 1630 –

Großbritannien 710 – Norwegen 665 – BR Deutschland m. Grenzber. Emsmündung 280 – u.a. Österreich 10) – *Australien* 880 – *VR China* 710 – Der Anteil des Erdgases an der *Energieversorgung* der Welt lag 1979 bei ca. 20%, in der westl. Welt bei rd. 25%, in der BR Deutschland bei 16%. – Der Anstieg der *Weltförderung* 1978–79 um 2,5% geht fast ausschließlich auf die RGW-Länder und die VR China zurück – Wegen der Transportschwierigkeiten werden nur rd. 11% der Erdgasförderung exportiert, davon rd. 84% durch Pipelines, der Rest mit Flüssiggastankern. Der *Weltexport* betrug 1978 157,5 Mrd. m^3, davon Niederlande 45,0 – Sowjetunion 31,9 – Kanada 26,3 – Norwegen 13,5 – Iran 8,5 – Brunei 7,3 – Algerien 5,4 – Indonesien 5,0 – Die größten *Importeure* sind die BR Deutschland, Frankreich, Japan, Italien und Belgien.

In der *BR Deutschland* deckte die Eigenförderung 1979 rd. 36% des Verbrauchs; die wichtigsten Lieferanten waren die Niederlande (37%), die Sowjetunion (16%) und Norwegen (10%). Die einheimischen Reserven lagern vor allem im Gebiet Weser-Ems (rd. ⅔) und Elbe-Weser. Durch intensive Bohrungen (z.Z. insbes. in Südbayern) hofft man, die Reserven wesentlich erhöhen zu können. Nach dem *Energieprogramm der Bundesregierung* soll der Erdgasanteil an der Energieversorgung weiter gesteigert werden (Umweltverträglichkeit, hoher Ausnutzungsgrad). 1979 waren 4,7 Mill. Wohnungen an das Erdgasnetz angeschlossen; der Gasanteil an der Wohnungsbeheizung betrug rd. 20%. Durch langfristige Verträge und weitere Streuung der Bezugsquellen soll Versorgungssicherheit gewährleistet werden. Ab 1983 wird zusätzlich Flüssigerdgas aus Algerien geliefert, während der geplante Erdgashandel Iran–Sowjetunion–Westeuropa vorerst vom Iran ausgesetzt wurde. Die Sowjetunion baut nun verstärkt Gasleitungen von Sibirien in die westlichen und südlichen Landesteile und erhöhte 1979/80 ihre Bezüge aus Afghanistan. – Der *Bezugspreis* für Erdgas erhöhte sich 1979 wegen der weitgehenden Koppelung an den Erdölpreis beträchtlich (30–40%). – Neue größere *Erdgasfunde* gelangen 1979/80 in Kanada und in der Nordsee (Norwegen, Großbritannien). – In den USA laufen seit 1979 die Vorarbeiten für den Bau einer 7700 km langen Pipeline aus Alaska in die westlichen Bundesstaaten.

Die Versorgung Westeuropas mit sowjetischem Erdgas
(Nach »Ruhrgas«)

Erdöl Förderung 1979 (1978), z.T. vorläufige Zahlen, in Mill. t (einschl. Naturbenzin, Flüssiggas und Öl aus Teersanden; Zahlen gerundet; nach »ESSO-Öldorado«, »BP-Zahlen« u. »Petroleum Economist«)

Sowjetunion	585,5	(572,5)
Saudi-Arabien (einschl. 50% d. Neutr. Zone)[1]	510,0	(422,0)
USA	479,0	(481,5)
Irak[1]	175,0	(128,9)
Iran[1]	145,0	(260,9)
Kuweit (einschl. 50% d. Neutr. Zone)[1]	130,0	(108,9)
Venezuela[1]	125,0	(115,7)
Nigerien[1]	114,0	(94,0)
VR China	108,0	(104,0)
Libyen[1]	101,0	(96,2)
Verein. Arab. Emirate[1] (davon Abu Dhabi 70,0–Dubai 18,1)	88,9	(89,2)
Kanada	86,0	(74,7)
Mexiko	80,2	(66,4)
Indonesien[1]	80,0	(82,4)
Großbritannien	79,0	(54,0)
Algerien[1]	60,5	(58,8)
Ägypten	27,5	(24,4)
Katar[1]	25,0	(23,4)
Argentinien	24,5	(23,0)
Australien	21,0	(20,9)
Norwegen	18,0	(16,8)
Oman	14,8	(15,5)
Rumänien	13,5	(13,7)
Indien	13,0	(11,0)
Malaysia	13,0	(10,8)
Brunei	12,0	(11,0)
Trinidad u. Tobago	11,5	(11,9)
Ecuador[1]	10,8	(9,7)
Gabun[1]	10,0	(10,6)
Perú	9,8	(7,7)
Angola (Cabinda)	9,0	(8,2)
Syrien	8,5	(10,0)
Brasilien	8,5	(8,3)
Kolumbien	6,5	(6,8)
BR Deutschland	4,8	(5,1)
Tunesien	4,2	(4,7)
Jugoslawien	4,1	(4,1)

Erdöl *(Fortsetzung)*

Türkei	2,9	(2,9)
Bahrein	2,5	(2,7)
Ungarn	2,0	(2,2)
Frankreich	2,0	(1,9)
Albanien	1,9	(2,0)
Österreich	1,8	(1,8)
Italien	1,7	(1,5)
Niederlande	1,6	(1,5)

[1] = OPEC-Länder

Die *Weltförderung* von Erdöl betrug 1979 (1978) 3251,2 (3097,1) Mill. t. Sie erhöhte sich damit gegenüber dem Vorjahr wieder stärker, nämlich um 5,0% gegenüber 1,9%. Ursache war vor allem die stark erhöhte Förderung in Saudi-Arabien, Irak, Mexiko, Großbritannien und Kuweit, während die iranische Förderung den stärksten Rückgang verzeichnete. Der Iran stellte Anfang 1979 die Erdölförderung und -ausfuhr zeitweise fast ganz ein und verursachte dadurch Versorgungsengpässe, die – zusammen mit Gewinnsteigerungen der multinationalen Erdölfirmen und des Handels und mehrfachen Preiserhöhungen der Exportländer – zu exorbitanten Preissteigerungen führten (siehe Abbildung). – Der Anteil der *OPEC-Länder* an der Welt-Erdölförderung betrug 1979 rd. 48%. Die OPEC (Organization of the Petroleum Exporting Countries) wurde 1960 von Irak, Iran, Kuweit und Venezuela gegründet (seit 1973: 13 Mitglieder). Ihre Mitglieder bestimmen z. Z. durch ihre Preis- und Lieferpolitik weitgehend das Welt-Energiepreisniveau und beeinflussen maßgebend das Weltwirtschaftswachstum. (Bibl. Hinweis: C. Dumrath, Die Organisation der OPEC-Länder, Bergisch-Gladbach 1980). Die *Einnahmen der OPEC-Länder* aus dem Ölexport erhöhten sich 1978–79 um 83,2 Mrd. $ auf rd. 199 Mrd. $, davon Saudi-Arabien 57,7 – Irak 23,7 – Iran 20,8 – Libyen 16,3 Mrd. $.

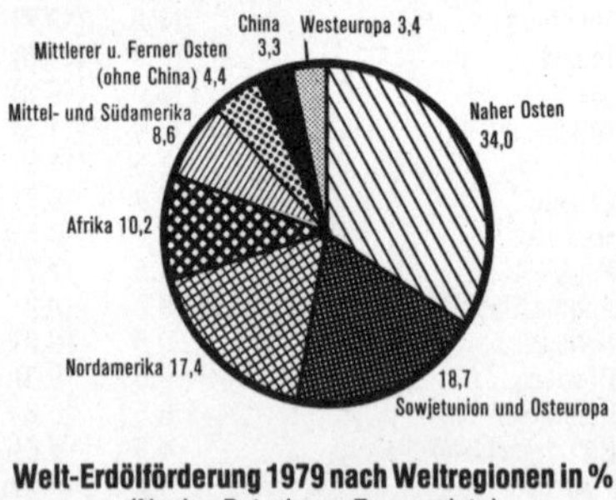

Welt-Erdölförderung 1979 nach Weltregionen in %
(Nach »Petroleum Economist«)

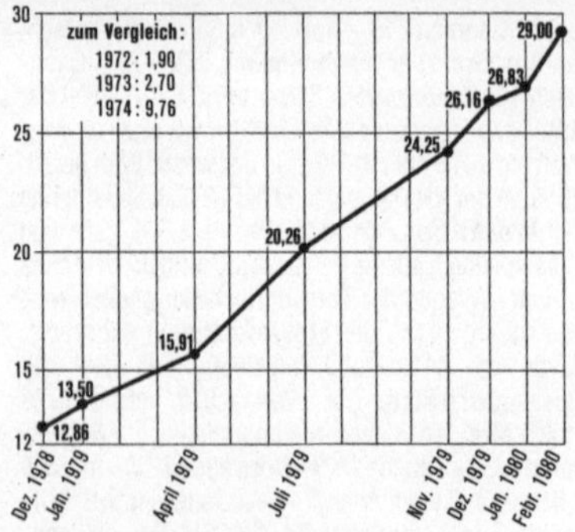

Die Preisentwicklung für Rohöl 1979/80
OPEC-Lieferungen in $/Barrel
(Nach »Petroleum Intelligence Weekly«)

Erdöl und Erdgas decken heute zusammen ca. ⅔ des *Welt-Energieverbrauchs,* Erdöl allein ca. 55%. Dieser Anteil wird nach Schätzungen in den nächsten 10 Jahren auf rd. 48% fallen müssen durch verstärkten Einsatz anderer Energieträger. Die bestätigten *Weltreserven* an Erdöl beliefen sich Ende 1979 auf 87,293 Mrd. t. Sie verminderten sich – bei Neufunden von ca. 1,6 Mrd. t – gegenüber dem Vorjahr (88,92 Mrd. t) um etwa 1,6 Mrd. t (nach »Öldorado 79«). Bei gleichbleibender Förderung reichen die z. Z. bekannten Reserven noch etwa 28 Jahre. Eine bedeutende Verlängerung der Nutzungsdauer könnte durch bessere und teurere Förderungstechniken erreicht werden (z. B. Einpressen von Heißdampf). Mit den bisher angewandten Methoden werden nur 30–35% des vorhandenen Öls ausgebeutet. – Verteilung der *Reserven* in Mrd. t: *Naher Osten* 49,24 (davon Saudi-Arabien 22,26 – Kuweit 9,01 – Iran 7,87 – Irak 4,16 – Abu Dhabi 3,67 – Katar 0,50) – *RGW-Länder und China* 12,26 (davon Sowjetunion 9,12 – VR China 2,74) – *Mittel- und Südamerika* 7,96 (davon Mexiko 4,40 – Venezuela 2,55 – Argentinien 0,33) – *Afrika* 7,58 (davon Libyen 3,09 – Nigerien 2,35 – Algerien 1,10 – Ägypten 0,43) – *Nordamerika* 4,49 (USA 3,57 – Kanada 0,92) – *Westeuropa* 3,18 (davon Großbritannien 2,12 – Norwegen 0,77 – u. a. BR Deutschland 0,066 – Österreich 0,02) – *Fernost und Ozeanien* 2,59 (davon Indonesien 1,31 – Malaysia 0,36 – Australien 0,27) – Im Nahen Osten wurden 1979 kaum neue Funde gemacht, so daß diese Länder dahin tendieren, ihre Reserven zu schonen und die Förderung zu drosseln. Die größten Funde meldeten 1979 Mexiko, Algerien und Trinidad. Rd. ¼ aller Reserven lagern in Saudi-Arabien. – Seit Beginn der Erdölförderung im Jahr 1859 sind rd. 143 Mrd. t Öl entdeckt worden.

Davon wurden bisher 58 Mrd. t gefördert und verbraucht. – Die starken Preissteigerungen lassen in zunehmendem Maße die *Förderung untermeerischer Vorkommen* rentabel werden (»offshore«). 1979 stammten rd. 21% der Weltförderung aus offshore-Lagerstätten, rd. 23% der bestätigten Reserven liegen unter dem Schelfmeer (bis 200m Tiefe). Die tiefsten fördernden Quellen liegen in rd. 300m Tiefe, Versuchsbohrungen laufen z.Z. in Wassertiefen bis 1300m. Auf den Meeren arbeiteten 1979 rd. 7000 feste Förderplattformen und rd. 400 mobile Bohrinseln. – Im März 1980 *kenterte* im norwegischen Ölfeld »Ekofisk« in der Nordsee eine Halbtaucher-*Versorgungsinsel* im Sturm. Rd. 140 Menschen fanden den Tod.

Der Mineralöl-*Weltverbrauch* belief sich 1979 – bei einer Steigerung von 1,3% gegenüber 1978 – auf 3096,5 Mill. t. Die Steigerungsrate hat sich gegenüber früheren Jahren merklich verringert. Vom Weltverbrauch entfielen 1979 (1978) 31,0 (31,5)% auf Nordamerika, 22,9 (22,4)% auf Westeuropa, 21,2 (20,2)% auf die RGW-Länder und China sowie 13,4 (13,3)% auf Fernost und Australien, dagegen nur 1,9 (2,0)% auf Afrika. – *Größte Verbraucher* von Mineralöl waren 1979 (1978) in Mill. t: USA 873,5 (888,8) – Sowjetunion 440,0 (420,0) – Japan 264,7 (260,0) – BR Deutschland 147,0 (142,8) – Frankreich 118,9 (115,8) – Italien 102,4 (100,7) – Großbritannien 96,3 (95,2) – VR China 90,0 (88,0) – Kanada 87,9 (87,3) – Brasilien 55,0 (51,0) – Spanien 52,0 (50,0) – Niederlande 42,6 (39,8) – Mexiko 41,0 (39,0) – Australien 30,0 (30,5) – Belgien-Lux. 29,7 (29,5) – Iran 27,0 (29,0) – u.a. DDR 19,0 (18,0) – Schweiz 12,9 (13,4) – Österreich 12,5 (11,9) – Auf die 10 größten Verbraucher entfielen 73% des Weltverbrauchs. – Rd. 50% der Erdölförderung gelangten in den *Export*, 50% werden im Erzeugerland verbraucht.

Die *Welt-Raffineriekapazität* betrug 1979 (1978) 3950 (3903) Mill. t, u.a.: USA 886 – Sowjetunion 548 – Japan 265 – Italien 219 – Frankreich 168 – BR Deutschland 154 – Großbritannien 123 – Kanada 111 – Niederlande 85 – VR China 80 – Venezuela 72 – Mexiko 70 – Spanien 63 – Brasilien 60 – Belgien 56 – Singapur 46 – Iran 46 – u.a. DDR 22 – Österreich 14 – Schweiz 7

In der *BR Deutschland* stieg die *Rohöleinfuhr* trotz drastischer Preissteigerungen und Sparmaßnahmen 1978–79 um 11,9% auf 107,078 Mill. t. Der Preis hierfür stieg um rd. 50% auf 29,8 Mrd. DM. Allerdings nahm die Einfuhr von Mineralöl-Fertigprodukten um 9,8% auf 42,2 Mill. t ab (60% Preissteigerungen auf 19,4 Mrd. DM). Der Anteil der OPEC-Länder an der Einfuhr der BR Deutschland verringerte sich auf rd. 81%, vor allem durch erhöhte Einfuhren von Nordseeöl (Großbritannien, Norwegen, Dänemark). 1980 soll die Nordsee mit 19 Mill. t wichtigstes deutsches Bezugsgebiet werden. – Der wichtig-

Die Erdöllieferanten der BR Deutschland

Ursprungsland Rangfolge 1979 (1978)			*1979 in 1000 t*	*1978 in 1000 t*	*Veränderung in %*
1	(3)	Saudi-Arabien	17886	14606	+ 22,5
2	(2)	Libyen	17317	14638	+ 18,3
3	(4)	Nigerien	14449	10352	+ 39,6
4	(7)	Großbritannien	11804	6395	+ 84,6
5	(1)	Iran	11519	17290	– 33,4
6	(5)	Algerien	9739	9885	– 1,5
7	(6)	Vereinigte Arab. Emirate	7436	6526	+ 13,9
8	(9)	Sowjetunion	3575	2718	+ 31,5
9	(10)	Norwegen	3470	2622	+ 32,3
10	(11)	Kuweit	2690	1495	+ 79,9
11	(8)	Irak	2233	2914	– 23,4
12	(14)	Venezuela	1355	878	+ 54,3
13	(12)	Syrien	845	1432	– 41,0
14	(16)	Gabun	739	630	+ 17,3
15	(17)	Katar	514	594	– 13,6
16	(15)	Indonesien	430	850	– 49,4
17	(13)	Tunesien	369	916	– 59,7
18	(18)	Oman	338	388	– 12,9
19	(19)	Ägypten	283	367	– 23,1
20	(21)	Dänemark	64	71	– 9,2
21	(20)	Kongo	23	99	– 77,0
Insgesamt			*107078*	*95667*	*+ 11,9*

ste deutsche Öleinfuhrhafen ist Wilhelmshaven mit einem Umschlag 1979 von rd. 35 Mill. t. – Die eigene *Förderung der BR Deutschland* war erneut rückläufig (1970 noch 7,5 – 1979 4,8 Mill. t); es entfielen auf die Fördergebiete (in Mill. t): westl. Ems 1,50 – Weser-Ems-Gebiet 1,32 – Elbe-Weser-Gebiet 1,24 – Schleswig-Holstein 0,40 – übrige Gebiete (insbes. Baden, Bayern) 0,31 – Verteilung der *Raffineriekapazität* (in Mill. t) 1979: Nordrhein-Westfalen 48,8 – Bayern 26,8 – Baden-Württemberg u. Hessen 25,1 – Hamburg, Bremen, Schleswig-Holstein 20,6 – Niedersachsen 17,5 – Rheinland-Pfalz u. Saarland 15,1.

In der *BR Deutschland* stieg 1979 das *Aufkommen an Mineralölprodukten* auf 154,4 Mill. t (davon 118,2 inländische Raffinerieerzeugung), der *Inlandsabsatz* betrug 133,2 Mill. t (gegenüber 1978 + 2,6%), der *Verbrauch* betrug 1979 (1978) in Mill. t u. a.: Heizöl leicht 49,92 (50,15) – Motorenbenzin 23,31 (23,01) – Heizöl schwer 22,34 (22,22) – Dieselkraftstoff 13,43 (12,17) – Rohbenzin 6,55 (5,69) – Bitumen 3,94 (3,89) – Flüssiggas 3,12 (2,77) – Anfang 1980 betrugen die Lagerbestände an Öl und Öprodukten in der BR Deutschland rd. 55 Mill. t (neuer Höchststand), darunter 15 Mill. t private Heizölvorräte. Die Versorgungslage und -sicherheit wird als gut bezeichnet.

Um die *Versorgung mit Mineralölprodukten* langfristig sicherzustellen, wurden 1979 weltweit in dreifacher Hinsicht Maßnahmen ergriffen: Einsparungen – Ersatz durch andere Energieträger – Aufsuchen neuer Lagerstätten. – Die *Entdeckung neuer Reserven* ist 1980 vor allem in Kanada und China zu erwarten. Sehr hohe Reserven, die die bisher bekannten weit übertreffen, liegen in Ölsanden, Ölschiefern und Teersanden (z. B. Kanada, Venezuela). Wegen der hohen Produktionkosten war eine Erschließung bisher nicht rentabel. – Maßnahmen zur Energie- und insbesondere *Mineralöleinsparung* waren 1979 wenig erfolgreich. So wurden z. B. die Verpflichtungen der Mitgliedsstaaten der IEA (Internationale Energie-Agentur), 1979 5% Öl einzusparen, von den großen Industriestaaten nicht erfüllt. Z. B. importierten die USA 1979 (1978) 414,1 (414,5) Mill. t. Die *Schweiz* dagegen senkte ihren Verbrauch 1978–79 um 5,1% auf 11,91 Mill. t. – 1980 ist bisher in der *BR Deutschland* eine stärkere Einsparung festzustellen. Im 1. Quartal ging der Mineralölverbrauch um 8% gegenüber 1979 zurück, der Heizölverbrauch sogar um 15%, der Anteil des Mineralöls am Primärenergieverbrauch sank von 48,5 auf 46%.

Gold Gewinnung (insges.; nach UNO) 1978 (1977) in kg

Südafrika	706400	(699900)
Sowjetunion	keine Angaben	
Kanada	54000	(53900)
USA	31100	(34200)
Papua-Neuguinea	24100	(23000)
Australien	20000	(19400)
Philippinen	18200	(17400)
Ghana	12300	(15000)
Simbabwe	10800	(11700)
Kolumbien	7900	(8200)
Mexiko	6200	(6600)

Weltgewinnung (nach UNO, ohne Sowjetunion und China) 1978 (1977) 909700 (908600) kg. – Die Sowjetunion fördert jährlich nach Schätzungen 400–450 t; sie verkaufte 1979 (1978) 215 (430) t. – Größter Goldproduzent ist Südafrika mit einer Förderung von (1979) 703345 kg aus rd. 40 Goldbergwerken. Wegen der stark gestiegenen Preise wurde in Transvaal mit der Erschließung neuer Bergwerke begonnen; auch lohnt sich die erneute Aufbereitung alter Abraumhalden am Witwatersrand. Auch in Kanada (Quebec) und in Ghana wurden 1979 Investitionen zur Steigerung der Goldproduktion vorgenommen. – In der VR China wurden 1979 in den

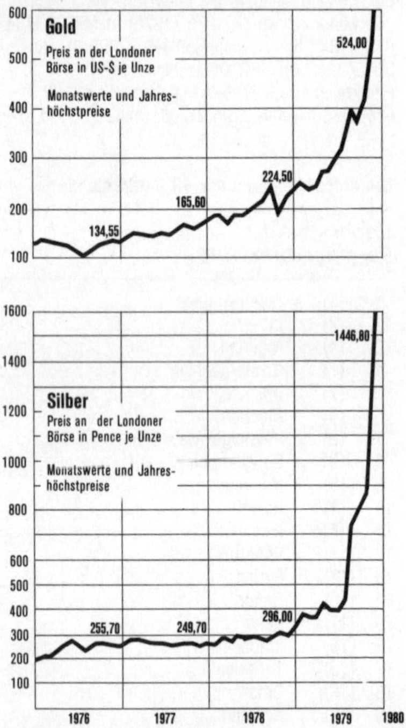

Die Entwicklung des Gold- und Silberpreises 1976–1979
(Nach »Spiegel«)

Provinzen Shandong und Henan große Golderzvorkommen entdeckt, deren Erschließung und Abbau z.Z. vorbereitet werden. – *Goldangebot* 1979 (1978) in t: insges. 1715 (1742), davon aus Minenproduktion der westl. Welt 980 (969) – Verkäufe des Ostblocks 225 (410) – Verkäufe westl. Regierungen und des Internat. Währungsfonds 510 (363) – *Nachfrage* in t: Industrie 1100 (1294), davon Schmuckindustrie 850 (1001) – privater Golderwerb in Münzen und Barren 615 (448) – In der *BR Deutschland* besitzen die privaten Haushalte rd. 1000t Gold, die Deutsche Bundesbank verfügt über eine Goldreserve von 3600t. – Zur Preisentwicklung siehe Abbildung. Spitzenpreise wurden Ende Januar 1980 mit 850$/oz erzielt, im weiteren Verlauf des Jahres sank der Preis jedoch wieder auf weniger als 500$/oz.

Kupfer (Bergwerksproduktion; Cu-Inhalt von Erzen, z.T. von Konzentraten; nach »Metallstatistik«) 1978 (1977) in 1000t

USA	1357,6	(1364,4)
Sowjetunion (S)	1140,0	(1100,0)
Chile	1035,5	(1056,2)
Kanada	647,2	(759,4)
Sambia	643,0	(656,0)
Zaïre	423,8	(481,6)
Perú	366,4	(326,6)
Polen	318,0	(289,0)
Philippinen	263,8	(273,6)
Australien	219,3	(221,6)
Südafrika	209,3	(216,1)
Papua-Neuguinea	198,6	(182,3)
Volksrep. China (S)	160,0	(155,0)
Jugoslawien	123,3	(116,2)
Mexiko	87,2	(89,7)
Japan	73,4	(81,4)
Bulgarien	60,0	(57,0)
Indonesien	58,0	(57,1)
Schweden	47,6	(44,8)
Finnland	46,8	(46,7)
Spanien	42,2	(48,3)
Rumänien (S)	40,0	(40,0)
Namibia (SW-Afrika)	37,7	(50,1)
Simbabwe	32,0	(33,5)
Türkei	30,1	(25,3)
Norwegen	28,3	(29,1)
Malaysia	26,4	(24,0)
Indien	24,4	(33,2)
u.a. DDR (S)	16,0	(17,0)
BR Deutschland	0,8	(1,2)
Österreich	–	(0,1)

Weltproduktion nach »Metallstatistik« 1978/1977/1976: 7,86/7,98/7,85 Mill. t. – Der *Weltverbrauch* von raff. Kupfer steigerte sich erneut auf 1978 (1977) 9,53 (9,04) Mill. t, davon 1978 (in Mill. t) u.a.: USA 2,18 – Sowjetunion (S) 1,33 – Japan 1,24 – BR Deutschland 0,80 – Großbritannien 0,50 – VR China (S) 0,35. – Kupfer in der *BR Deutschland* 1978: Einfuhr von Cu-Erzen 531355t, davon aus Papua-Neuguinea 238994t – Norwegen 68430t – Chile 66395t – Einfuhr von Rohkupfer 548200t, Ausfuhr 178300t – Hüttenproduktion 165800t – direkter Schrotteinsatz 137500t – Gesamtverbrauch 1978 (1977) 937500 (865400)t.
Der *Weltverbrauch* lag 1978/79 erneut erheblich höher als die Weltproduktion (infolge Streiks in USA und Kanada und Produktions- u. Transportschwierigkeiten in Sambia und Zaïre), so daß die Vorräte stark abgebaut wurden und die Preise kräftig stiegen. – Die nachgewiesenen Weltreserven reichen, statistisch gesehen, noch für 60–70 Jahre. – 1967 schlossen sich Australien, Chile, Indonesien, Papua-Neuguinea, Peru, Sambia und Zaïre zum »Conseil Gouvernemental des Pays Exportateurs de Cuivre«/**CIPEC** zusammen, um die Preise auf dem Weltmarkt zu stabilisieren, doch hat die Kooperation nur bedingt die Erwartungen erfüllt.

Magnesit Gewinnung 1977 (nach UNO, z.T. provis.) in 1000t u.a.: Tschechoslowakei (1975) 2885 – Sowjetunion (S) 1850 – Volksdem. Rep. Korea (Nord-K.) (S) 1500 – Griechenland 1363 – Österreich 1003 – VR China (S) 1000 – Türkei 496 – Brasilien 420 – Indien 403 – Jugoslawien 345 – Spanien 300 – *Weltgewinnung* (ohne Bulgarien, Kanada und USA) 1977 (1976) 10,38 (11,38) Mill. t.

Magnesium (Hüttenproduktion; nach »Metallstatistik«) Gewinnung 1978 in 1000t u.a.: USA 135,6 – Sowjetunion (S) 75,0 – Norwegen 39,2 – Japan 11,2 – Italien 9,7 – *Weltproduktion* 1978 (1977) 296,0 (265,5) – *Wichtigste Verbrauchsländer* 1978 (in 1000t): USA 99,8 – Sowjetunion (S) 58,0 – BR Deutschland 29,6 – Japan 19,6

Mangan (Mn-Inhalt) Gewinnung 1977 (nach UNO, z.T. provis.) in 1000t u.a.: Sowjetunion 2903,8 – Südafrika 2338,1 – Gabun 941,0 – Brasilien 900,0 – Australien 811,4 – Indien 665,3 – VR China (S) 300,0 – Mexiko 175,2 – Ghana 107,0 – Marokko 58,2 – Rumänien (S) 40,0 – *Weltgewinnung* 1977 (1976) 9,51 (9,84) Mill. t – Mangan wird fast ausschließlich für Stahllegierungen verwendet. Die z.Z. bekannten *Weltreserven* betragen 1764 Mill. t; sie befinden sich zu 44% in Südafrika und zu 39% in der Sowjetunion. – Die *Einfuhren* der *BR Deutschland* betrugen 1978 673000t Mn-Erz; sie kamen zu 73% aus Südafrika, zu 11% aus Australien.

Molybdän (Mo-Inhalt, z.T. von Konzentraten; Bergwerksproduktion; nach UNO) Gewinnung 1977 (z.T. provis.) in t u.a.: USA 55205 – Kanada (Abtransport von Bergwerken) 16431 – Chile 10940 – Sowjetunion (S) 9700 – VR China (S) 1500 – Perú 1021 – Bulgarien (S) 150 – Rep. Korea (Süd-K.) 143 – Japan 109 – *Weltgewinnung* 1977 (1976) 95200

(89510)t. – Verwendung vor allem für Stahllegierungen. Die *BR Deutschland* führte 1978 19200 t Mo-Erze ein, davon über 70% aus USA, Kanada und Chile. – Die Weltvorräte werden auf 8,76 Mill. t geschätzt, davon USA 3,5 – Chile 2,1 – Sowjetunion 1,0 – Kanada 0,6 Mill. t.

Nickel (Bergwerksproduktion; Ni-Inhalt, z.T. von Konzentraten; nach »Metallstatistik«) Gewinnung 1978 in 1000t:
Sowjetunion (S) 140,0 – Kanada 127,5 – Australien 80,9 – Neukaledonien (m. Ni-Inhalt v. Ferron., Kobalt usw.) 66,1 – Cuba 37,0 – Philippinen 29,5 – Südafrika (S) 22,5 – Indonesien 18,9 – Botswana 16,1 – Griechenland 15,1 – Dominikan. Rep. 14,3 – USA 11,8 – Albanien 8,0 – Finnland 4,4 – Brasilien 4,0 – Polen (S) 2,8 – DDR 2,7 – *Weltproduktion* 1978 (1977) 626,7 (786,6).
Der starke Produktionsrückgang ist auf Streiks in kanadischen Bergwerken zurückzuführen sowie auf Produktionsdrosselungen in westlichen Ländern, um nach jahrelanger Überproduktion die Lager abzubauen. – Der *Weltverbrauch* von Nickel belief sich 1978 (1977) nach »Metallstatistik« auf (in 1000t) 713,7 (648,2); *größte Verbraucher* waren USA 173,5 – Sowjetunion (S) 127,5 – Japan 99,0 – BR Deutschland 67,4 – Frankreich 36,0 – Großbritannien 32,0 – Italien 24,5 – Schweden 21,0 – VR China (S) 19,0.

Phosphat (Naturphosphate u. Apatite, ohne Guano; wechselnder P_2O_3-Gehalt) Gewinnung 1977 (z.T. provis.) in 1000 t u.a.: USA 47256 – Sowjetunion (S) 24200 – Marokko 17572 – VR China (S) 4100 – Tunesien 3615 – Togo 2857 – Südafrika 2403 – Senegal 1818 – Jordanien 1759 – Vietnam (nur ehem. Nord-V.) 1500 – Christmas Island 1251 – Israel 1228 – Nauru (1.7.76–30.6.77) 1146 – Indien 734 – Algerien 721 – Brasilien 605 – Ägypten 513 – Volksdem. Rep. Korea (Nord-K.) (S) 500 – Australien 456 – Kiribati (Gilbert-Inseln; m. Tuvalu) 425 – Syrien 425 – Mexiko 285 – West-Sahara 232 – u.a. BR Deutschland 65 – *Weltgewinnung* nach UNO 1977 (1976) 125,713 (118,330) Mill. t. – Hauptlieferanten der *BR Deutschland* sind die USA, Marokko und die Sowjetunion.

Platin (Metallinhalt) *Weltproduktion* 1977 198,6t, u.a. Südafrika mit Südwestafrika (Namibia) 91,7 – Sowjetunion 90,2 – Kanada 14,6 – Japan 1,0t. – Wichtigster Versorger der westlichen Welt ist Südafrika. 1979 lieferten die beiden Bergwerksgesellschaften Rustenburg und Impala 37 bzw. 25t. 1979 stiegen die Preise stark im Zuge der allgemeinen Edelmetallhausse, sanken jedoch 1980 wieder, vor allem wegen Überangebot. Der *Weltverbrauch* betrug 1979 2,8 Mill. Unzen, davon USA 1,2 – Japan 0,9 – Hauptverbraucher sind die Erdöl-, Chemie-, Elektronik-, Flugzeug- und Schmuckindustrie.

Quecksilber Produktion 1978 (nach »Metallstatistik«) in t u.a.: Sowjetunion (S) 2000 – Spanien 1070 – Algerien 1035 – USA 834 – VR China (S) 600 – Tschechoslowakei (S) 180 – BR Deutschland 84 – Mexiko 76 – Türkei 59 – Finnland 39 – *Weltproduktion* 1978 (1977) 6000 (7069)t.

Salz (NaCl; Stein-, Siede- und Meersalz) Gewinnung 1977 (z.T. provis.; nach UNO-Angaben) u.a. in 1000t: USA 38949 – VR China (S) 30000 – Sowjetunion 14317 – BR Deutschland 12556 – Großbritannien 8202 – Kanada 5933 – Frankreich 5772 – Indien 5329 – Australien 5023 – Mexiko 4884 – Rumänien 4535 – Polen 4357 – Italien 4000 – Spanien 3200 – Niederlande 3111 – DDR 2642 – Brasilien (S) 2500 – Bahamas 1871 – Japan 1053 – u.a. Österreich 533 – Schweiz 366 – *Weltproduktion* 1977 (1976) 172,50 (170,75) Mill. t.

Schwefel (Elementarschwefel; S-Inhalt) Gewinnung 1977 (z.T. provis.; UNO-Angaben) in 1000t u.a.: USA 5822 – Polen 4765 – Sowjetunion (1976) 2500 – Mexiko 1856 – Irak (1976) 610 – VR China (1976; S) 130 – Italien 54 – Chile 32 – Kolumbien (1976) 30 – Brasilien (1976) 30 – Argentinien 27 – Türkei 20 – Iran (1976) 20.

Silber (Bergwerksproduktion, Silber-Inhalt) Gewinnung 1978 (nach »Metallstatistik«) in t u.a.: Mexiko 1579,4 – Sowjetunion (S) 1570,0 – Kanada 1251,6 – USA 1199,7 – Perú 1151,5 – Australien 773,2 – Polen (S) 590,0 – Japan 302,7 – Chile 254,6 – Bolivien 200,3 – Schweden (S) 180,0 – Jugoslawien (Hüttenprod.) 159,0 – Marokko 99,2 – Südafrika 96,6 – Spanien 96,2 – Zaïre 89,1 – Honduras 86,7 – Frankreich 85,7 – Argentinien 76,2 – Rep. Korea (Süd-K., Hüttenprod.) 65,3 – Dominikan. Rep. 57,3 – Papua-Neuguinea 52,5 – DDR (S) 50,0 – Dem. VR Korea (Nord-K., S) 50,0 – Philippinen 49,6 – Namibia (Südwestafrika) 43,5 – Griechenland 42,3 – Tschechoslowakei (S) 36,0 – Finnland (Hüttenprod.) 35,2 – Rumänien (S) 32,0 – u.a. BR Deutschland 23,3.
Weltproduktion (Bergwerksprod.) von Silber 1978 (1977) 10643,6 (10598,4)t. – Der 1979 durch Spekulation stark nach oben getriebene Silberpreis (siehe Abbildung bei »Gold«) sank 1980 rasch wieder ab. – Hauptverbraucher sind die Elektronikindustrie und die Fotochemie (70% des Weltbedarfs), daneben die Besteck- und Schmuckindustrie.

Steine und Erden In der *BR Deutschland* förderten 1978 rd. 8500 Betriebe mit 190000 Beschäftigten Steine und Erden (Umsatz 24 Mrd. DM). Der Verbrauch beträgt, je nach Baukonjunktur, 700–1000 Mill. t pro Jahr. Im allgemeinen besteht Selbstversorgung; exportiert werden Kalisalz, Salz, Zement, Feuerfestprodukte, Kieselerde, Spezialgips; importiert werden Naturstein, Flußspat, Schwefel.

Steinkohle Förderung 1979 (1978) nach UNO-Angaben (z.T. vorläufig) in Mill. t

VR China (einschl. Braunkohle; S)	635,00	
USA (1978 bzw. 1977)	566,65	(607,19)
Sowjetunion (1978 bzw. 1977)	501,54	(499,76)
Polen	201,00	(192,62)
Großbritannien	122,81	(123,54)
Indien	103,45	(101,54)
Südafrika	90,36	(85,57)
BR Deutschland	90,10	(86,92)
Australien (einschl. Abfall)	86,00	(79,90)
Tschechoslowakei	29,46	(28,30)
Kanada (1978 bzw. 1977)	25,57	(23,04)
Frankreich	18,61	(19,64)
Rep. Korea (Süd-K.)	18,20	(18,06)
Japan (einschl. Braunkohle, ca. 7%)	17,64	(19,06)
Spanien	11,69	(12,05)
Rumänien (1978 bzw. 1977)	7,42	(7,15)
Belgien	6,16	(6,48)
Türkei (1978 bzw. 1977)	4,38	(4,42)
Brasilien (1977 bzw. 1976)	3,86	(3,25)
Ungarn	3,00	(2,95)

Weltförderung von Steinkohle (nach UNO-Angaben, ohne China) 1979 (1978, 1977) 2141 (1950, 1974) Mill. t. – Derzeit wirtschaftlich gewinnbare *Steinkohlereserven* in Mrd. t SKE u.a.: Nordamerika 192,5 – VR China 99 – Westeuropa 90 – Sowjetunion 85 – Indien 34 – Südafrika 28 – Australien 25 – Nur ca. 8–9% der Steinkohleförderung gehen in den Welthandel. Wichtigste *Exporteure* sind Südafrika, USA, Polen, Sowjetunion und Australien. – Um den Anteil des Erdöls an der Energieerzeugung wieder zu senken, planen die Industriestaaten, ihre eigenen Kohlevorkommen verstärkt zu nutzen bzw. ihre Importe zu erhöhen. Insbesondere Südafrika, die USA, Polen und Australien planen starke Produktionsausweitungen für Exportzwecke. In der *EG* haben die Steinkohlenimporte 1978–79 bereits um 30% auf 59 Mill. t zugenommen. Die *Hauptlieferanten* waren 1979 Südafrika (15,8), Polen (15,3), USA (14,7) und Australien (8,1 Mill. t). Die Importe aus Übersee sind wesentlich billiger als die europäische Kohle, da wegen der günstigeren Fördermöglichkeiten (z.T. Tagebau) und niedrigeren Personalkosten die Selbstkosten nur bei rd. 50% der deutschen liegen. – Nach den Zielen der Internationalen Energieagentur soll die Steinkohlenförderung der westlichen Industrieländer bis 1990 verdoppelt werden.

In der *BR Deutschland* stieg der Steinkohleabsatz aus inländischer Förderung 1979 auf 98,0 Mill. t SKE (einschl. Haldenabbau), davon entfielen auf Kraftwerke 33,8 – Export 29,8 – Stahlindustrie 24,8 – sonst. inländ. Abnehmer 9,6 – Der Anteil der Kohle an der Wohnungsheizung betrug 1979 nur noch rd. 14% (1971 noch 34%) – Der Einsatz für die »Verstromung« soll bis 1995 stufenweise auf 47,5 Mill. t gesteigert werden. – 1979/80 nahmen mehrere Versuchsanlagen für neue Verfahren zur *Kohlevergasung und -hydrierung* (Benzingewinnung) ihren Betrieb auf. 1990 sollen nach Schätzungen 15% der Ölimporte durch Kohlegas und Kohlebenzin ersetzbar sein. (Bisher wird Kohleverflüssigung nur in Südafrika in größerem Umfang betrieben.) Der deutsche Kohlebergbau warnt jedoch vor übertriebenen Hoffnungen, da die einheimische Produktion bis 1985 höchstens um 15 Mill. t gesteigert werden könne. Eine stärkere Ausweitung scheitert vor allem am Arbeitskräftemangel und an der langen Vorlaufzeit für die Erschließung neuer Gruben. – Die größte deutsche Kohle-Gesellschaft ist die Ruhrkohle AG mit (1980) 27 Zechen und einer Jahresproduktion von rd. 62 Mill. t. – 1979 schloß die Ruhrkohle AG einen Vertrag über die Beteiligung an der Erschließung neuer Kohleabbaustätten im Queensland (Australien).

Uran (U_3O_8) Gewinnung 1977 (nach UNO-Angaben) in t u.a.: USA 11200 – Südafrika 6700 – Kanada 6100 – Frankreich 2200 – Niger 1609 – Gabun (1975) 800 – Australien 400 – Spanien 191 – Argentinien 130 – Portugal 85 – BR Deutschland (1976) 38 – RGW-Länder und VR China: keine Angaben erhältlich – *Uranreserven* (nach UNO-Angaben) Anfang 1978 in 1000 t (Vorräte bei Marktpreisen bis 50 $ pro Pfund U_3O_8): USA 643,0 – Südafrika 348,0 – Australien 296,0 – Kanada 182,0 – Niger 160,0 – Frankreich 51,8 – Argentinien 41,8 – Indien 29,8 – Algerien 28,0 – Gabun 20,0 – Brasilien 18,2 – Portugal 8,3 – Zentralafrikan. Rep. 8,0 – Japan 7,7 – Spanien 6,8 – Jugoslawien 6,5 – Grönland 5,8 – Mexiko 4,7 – u.a. BR Deutschland 1,5 – Keine Angaben über die RGW-Länder und China, doch werden die Vorräte für die Sowjetunion und China als bedeutend angesehen. – Wegen der großen Bedeutung für die künftige Energieversorgung wurde in vielen Ländern die Erforschung der Lagerstätten intensiviert. *Neuere Funde* wurden 1979/80 gemeldet aus Kanada, Frankreich, Südafrika (Förderung gemeinsam mit Gold), Brasilien, Niger, Marokko, Algerien. In der *BR Deutschland* werden Prospektionen im Schwarzwald (Vorräte schätzungsweise 10000 t Erz) und im Bayerischen Wald durchgeführt. – Nach längeren politischen Auseinandersetzungen begann 1979 der Uranerzabbau in Westaustralien (Vorräte ca. 400000 t). – Die Natururanförderung der westlichen Welt stieg 1978 auf rd. 34900 t, davon USA 14200. – Die derzeit bekannten Reserven können den Bedarf der westlichen Länder für ca. 20 Jahre decken. Ein großer Unsicherheitsfaktor liegt jedoch im weiteren Ausbau der Kernenergie.

Vanadium (V-Inhalt von Erzen und Konzentraten) Gewinnung 1977 (z.T. geschätztz) u.a. in t: Südafrika 11 234 – Sowjetunion 9000 – USA 5900 – Finnland 1964 – Chile 860 – Namibia (Südwestafrika) 750 – Norwegen 550 – Frankreich (1974, Beiprodukt der Aluminiumverhüttung) 90 – *Weltproduktion* 1977 30100 t – Vanadium zählt zu den Stahlveredlern (Legierungen). Vorräte sind reichlich vorhanden; sie liegen vor allem in Südafrika, Australien und der Sowjetunion. Die *BR Deutschland* importiert Vanadium hauptsächlich aus Südafrika und der Sowjetunion.

Wasservorräte der Erde Nach Baumgartner u. Reichel (Die Weltwasserbilanz, München 1975) beläuft sich der gesamte Wasservorrat der Erde auf 1384120000 km³; davon befinden sich 97,39 % in den Meeren, 2,01 % in den polaren Eiskappen und in sonstigen Gletschern, 0,58 % im Grundwasser, 0,02 % in Seen und Flüssen und 0,001 % in der Atmosphäre. – Nach Brockhaus, Bd. 20, wird der Wasservorrat der Erde auf $1{,}64 \cdot 10^{18}$ t geschätzt, wovon $1{,}37 \cdot 10^{18}$ t als flüssiges Wasser auf Meere, Seen und Flüsse, $29{,}1 \cdot 10^{15}$ t auf das Eis der Polkappen und Gletscher, $12{,}4 \cdot 10^{12}$ t auf den Wasserdampf der Atmosphäre und $36 \cdot 10^{15}$ t auf Wasser in gebundener Form in den Sedimentgesteinen entfallen. – Schätzungsweise 8–9 % des Abflusses aller Flüsse werden heute bereits wasserwirtschaftlich genutzt. Die zur Bewässerung landwirtschaftlicher Flächen benötigte Wassermenge nimmt laufend zu. 1979 betrug die *künstlich bewässerte Fläche* (in Mill. ha) in Europa 13,1 – Asien 128,8 – Nord- u. Mittelamerika 24,0 – Südamerika 6,53, in % an der gesamten Ackerfläche: Ägypten 100 – Kuweit 100 – Japan 67 – Pakistan 66 – Rep. Korea (Süd-K.) 48 – VR China 46 – Mauretanien 45 – Israel 45 – Albanien 38 – Iran 37 – Saudi-Arabien 35 – Perú 34 – Afghanistan 31 – u. a. Indien 21 – USA 10 – Sowjetunion 7 – BR Deutschland 0,3 – In vielen Trockengebieten der Erde herrscht nach wie vor akuter *Trinkwassermangel*. Nach Berechnungen der WHO (Welt-Gesundheitsorganisation) leiden etwa 800 Mill. Menschen unter Krankheiten, die durch Mangel an einwandfreiem Trinkwasser verursacht werden. In der *BR Deutschland* sind rd. 96 % der Bevölkerung an das Netz der öffentlichen Wasserversorgung angeschlossen. Der *Haushaltswasserverbrauch* pro Kopf und Tag betrug 1977 136 l (zum Vergleich: Schweiz 255 – Schweden 199 – Großbritannien 193 – Niederlande 137).

Wolfram (WO_3-Inhalt von Erzen und Konzentraten) Gewinnung 1977 (z. T. provis.) in t u. a.: VR China (S) 11300 – Sowjetunion (S) 10350 – Bolivien 3759 – Rep. Korea (Süd-K.) 3513 – USA 3436 – Volksdem. Rep. Korea (Nord-K.) (S) 2700 – Australien 2630 – Thailand 2464 – Kanada 2284 – Österreich 1407 – Portugal 1267 – Brasilien 1236 – Japan 973 – Perú 663 – Frankreich (S) 581 – Ruanda 566 – Spanien 410 – Zaïre 206 – Schweden 199 – Mexiko 191 – Uganda (S) 137 – *Weltgewinnung* 1977 (1976) 50600 (49880) t.

Zink (Bergwerksproduktion; Zn-Inhalt von Erzen und Konzentraten) Gewinnung 1978 (nach »Metallstatistik«) u. a. in 1000 t: Kanada 1244,1 – Sowjetunion (S) 1040,0 – Australien 470,9 – Perú 457,5 – USA 337,0 – Japan 275,1 – Mexiko (ausbringb. Zn-Inh.) 244,9 – Polen 218,5 – Irland 176,0 – Schweden 162,8 – VR China (S) 150,0 – Dem. VR Korea (Nord-K., S) 145,0 – Spanien 144,0 – BR Deutschland 121,0 – Jugoslawien 97,4 – Bulgarien 88,0 – Grönland (ausbringb. Zn-Inh.) 82,4 – Italien 73,8 – Zaïre 73,7 – Südafrika 68,7 – Rep. Korea (Süd-K.) 66,3 – Bolivien 59,3 – Brasilien (S) 54,0 – Finnland 53,2 – Rumänien (S) 53,0 – Iran (S) 45,0 – Türkei 43,1 – u. a. Österreich 24,8
Weltbergwerksproduktion 1978 (1977) 6,41 (6,54) Mill. t (ausbringb. Zn-Inh.) – *Welthüttenproduktion* 1978 (1977) 6,03 (5,98) Mill. t, davon BR Deutschland 0,307 (0,355) Mill. t – Der *Weltverbrauch* an Rohzink belief sich 1978 (1977) auf 6,205 (5,733) Mill. t, davon u. a. USA 1,05 – Sowjetunion (S) 0,99 – Japan 0,72 – BR Deutschland 0,39 – Frankreich 0,28 – Großbritannien 0,25 – Italien 0,22 – VR China (S) 0,22
Die *BR Deutschland* führte 1978 (1977) 173600 (152900) t Rohzink und 498900 (562500) t Zinkerze ein; die wichtigsten Lieferanten waren Kanada, Schweden, Mexiko, Südafrika und Irland. Die Rückgewinnung von Zink aus Alt- und Abfallmaterial belief sich 1978 (1977) in der BR Deutschland auf insges. ca. 116000 (132000) t (nach »Metallstatistik«).

Zinn (Bergwerksproduktion; Sn-Inhalt von Erzen und Konzentraten) Gewinnung 1978 (nach »Metallstatistik«) in 1000 t u. a.: Malaysia 62,7 – Bolivien 30,9 – Thailand 30,2 – Indonesien 27,4 – Sowjetunion (S) 18,0 – VR China (S) 18,0 – Australien 11,6 – Brasilien (S) 8,5 – Zaïre 3,5 – Südafrika 2,9 – Großbritannien 2,8 – Nigerien (S) 2,8 – Ruanda 1,7 – DDR (S) 1,6
Weltbergwerksproduktion von Zinn (Sn-Inhalt) nach »Metallstatistik« 1978 (1977) 236200 (225100) t, *Welthüttenproduktion* (Reinzinn) 233400 (221600) t – Die *BR Deutschland* verbrauchte 1978 (1977) 15100 (14900) t Rohzinn (Rückgewinnung aus Alt- und Abfallmaterial 1978 4000 t). Wichtigste Lieferanten der BR Deutschland sind Thailand, Indonesien, Malaysia und Bolivien. – Der »Internat. Zinnrat«/**ITC** ist bemüht, auf dem Weltmarkt preisregulierend zu wirken.

INDUSTRIE

Die **Industrie** entwickelte sich auch 1979 in den verschiedenen Länderkategorien sehr unterschiedlich. Zwischen den *Entwicklungsländern mit mittlerem Einkommen* (nach Weltbank-Terminologie) mit fast durchweg zunehmendem Industrialisierungstempo und den *Ostblock-(RGW)-Ländern* mit deutlicher Verlangsamung des Industriewachstums liegen die **westlichen Industrieländer (OECD)** mit differenzierter Entwicklung. In den meisten dieser Länder hielt der Konjunkturaufschwung, verbunden mit Wachstum der Industrieproduktion, bis zur Jahresmitte an, um dann unterschiedlich stark abzunehmen. Besonders ausgeprägt war die Abnahme der Wachstumstendenzen in den *USA,* in *Großbritannien* und den *Niederlanden,* weniger deutlich in der *BR Deutschland,* in *Österreich, Frankreich* und *Italien,* kaum spürbar in *Japan* aufgrund eines ausgeprägten Booms der Industriegüterexporte (insbes. Kraftfahrzeuge). Insgesamt werden die realen Wachstumsraten der Industrieproduktion (ohne Bergbau) – je nach Berechnungsmethode – für die westlichen Industrieländer 1979 mit 4–4,5% angegeben. Für 1980 wird allgemein mit Stagnation, höchstens noch geringem Wachstum der Produktion, in den USA sogar mit einer geringen Abnahme, gerechnet. – Als Ursache der, vor allem im Vergleich zu den 60er Jahren, nur noch geringen industriellen Wachstumstendenzen in den *EG-Ländern* nennen Publikationen der EG: starke Verteuerung des Erdöls und anderer Energieträger und Rohstoffe, hohes Lohnniveau im Vergleich zu exportorientierten Entwicklungsländern mit junger Industrialisierung, dadurch starke Konkurrenz auf dem Weltmarkt und Rückschläge im Export; vielfach veraltete Produktionsanlagen, in die jahrelang zu wenig investiert wurde; Stagnation des Inlandsabsatzes durch weitgehende Bedarfsdeckung in vielen Bereichen (nur noch Ersatz- statt Neuanschaffungen).

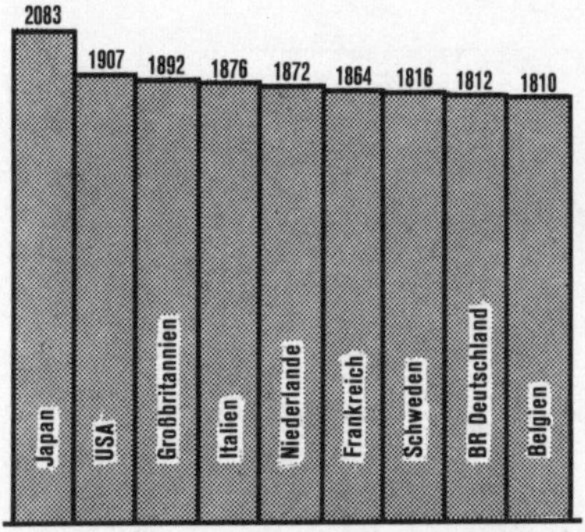

Die jährliche Arbeitszeit in der Industrie 1978
Soll-Arbeitszeit in Stunden je Beschäftigten
(Nach »Institut der deutschen Wirtschaft«)

Aus ökologischer Sicht wird zunehmend auf die Vorteile hingewiesen, die mit einer Stagnation oder sogar Rückläufigkeit der Industrieproduktion verbunden sind (Verbesserung der Umweltbedingungen). – Der Anteil der Industrie am Bruttoinlandsprodukt ist in den meisten Industriestaaten bereits seit längerem rückläufig, da der tertiäre Sektor der Wirtschaft (Handel, Verkehr, Dienstleistungen, Tourismus u. ä.) eine zunehmende Rolle spielt.

Die Industrie der *BR Deutschland* unterschied sich auch 1979 vorteilhaft von der übrigen EG und erarbeitete eine *Zuwachsrate* von 1979 (1978) 5,6 (2,6)%. Die *Kapazitätsauslastung* betrug 84,4 (79,8)%; sie lag niedriger in der Grundstoff- und Produktionsgüterindustrie (83,3), höher in der Verbrauchsgüterindustrie (86,4). Die *Investitionen* – vor allem Ersatz- und Rationalisierungsinvestitionen – wurden gegenüber 1978 um 14% gesteigert. Einige *Strukturdaten zur Industrie* der BR Deutschland (nach Statist. Bundesamt, 1979 vorl., jeweils Bergbau und Verarbeitendes Gewerbe einschl. produzierendes Handwerk, ohne Baugewerbe und Energieversorgung, Betriebe ab 20 Beschäftigten): *Beschäftigte* 1979 (1978) in Tsd. 7608 (7584), darunter u. a.: Maschinenbau 1013 (1006) – Elektrotechnik 970 (964) – Straßenfahrzeugbau u. -reparatur 787 (766) – Chemie 560 (566) – Nahrungs- und Genußmittel 489 (491) – Bekleidung 257 (260) – Holzverarbeitung 241 (239) – *Geleistete Arbeitsstunden* 1979 (1978) in Mill. 9253 (9266) – *Umsatz* (ohne Mehrwertsteuer) in Mrd. DM 1979 (1978) 1105,5 (999,9) – Anteile der Branchen siehe Abbildung – *Auslandsumsatz* (Exporte) in Mrd. DM 1979 (1978) und Anteil am Gesamtumsatz 265,6 (240,3)/24,0%, darunter Straßenfahrzeugbau 47,5 (41,7)/38,1% – Maschinenbau 47,2 (45,3)/42,4% – Chemie 44,3 (37,5)/35,0% – Elektrotechnik 29,1 (27,0)/28,0% – Eisen und Stahl 15,5 (13,6)/33,9% – Nahrungs- u. Genußmittel 9,0 (8,1)/6,7% – *Betriebsgrößen* (Ende 1978): Die meisten Betriebe hatten bis 49 Beschäftigte (26119 Betr. mit 708239 Besch. = 9,3%), dagegen arbeiteten die meisten Beschäftigten in Großbetrieben mit 1000 u. mehr (1077 Betr. mit 2957141 Besch. = 38,7%).

In den **RGW-Ländern** schwächte sich das Wachstum der Industrie weiter ab und entfernte sich noch stärker als 1978 von den Planzielen. Die Produktionssteigerung betrug 1979 (1978) im ganzen Ostblock 3,7% (5%), in der **Sowjetunion** 3,4% (4,8%). Die UNO-Wirtschaftskommission für Europa nennt als Gründe für das weite Zurückbleiben hinter den Plänen die ungenügende Anpassungsfähigkeit und Starrheit des Wirtschaftsmanagements, den akuten Energie-

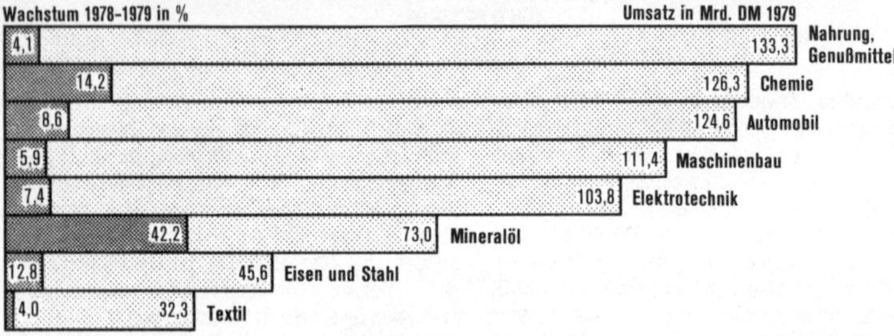

Die Industrie der BR Deutschland
Umsatz und Wachstum der wichtigsten Branchen (Nach »Statistisches Bundesamt«)

mangel, die außerordentlich geringe Arbeitsproduktivität und die Verschwendung von Rohmaterialien. Wegen der geringen Arbeitsleistung blieb die Produktion der RGW-Länder stärker als in den Vorjahren hinter den Werten vergleichbarer westlicher Staaten zurück, obwohl ein wesentlich höherer Anteil der Bevölkerung erwerbstätig ist (z. B. Erwerbsquote der **DDR** 53,9% – der BR Deutschland 42,4%). Die Verschwendung von Energie zeigt folgende Gegenüberstellung: Primärenergieverbrauch je Einwohner und Jahr: DDR 7,1 t Steinkohleeinh. – BR Deutschland 6,1 t bei rd. 30% höherer Wirtschaftsleistung pro Kopf. Für 1980 hat in der *Sowjetunion* der Ausbau der Schwerindustrie und des Energiesektors Priorität; die Konsumgüterindustrie wird weiterhin vernachlässigt. Hauptziel der *DDR*-Industrie sollte nach einer Rede des SED-Generalsekretärs *E. Honecker* sein, »die Arbeitsproduktivität über das bisher übliche Maß hinaus zu steigern«.

Der Anteil der **Entwicklungsländer** an der Weltindustrieproduktion stieg nur langsam von rd. 7% (1965) auf 9% (1979), obwohl das *jährliche Wachstum der Industrie* 1960–1976 mit rd. 8% höher lag als in den Industrieländern. Über die Notwendigkeit einer verstärkten Industrialisierung der Entwicklungsländer herrscht Einigkeit, nicht jedoch über die einzuschlagende Strategie. Die *2. UNIDO-Konferenz 1975 in Lima* (UNO-Organisation für die industrielle Entwicklung) hatte festgelegt, daß bis 2000 mindestens 25% der Welt-Industrieproduktion aus den Entwicklungsländern kommen sollten, u. a. durch Bereitstellung von 500 Mrd. US-$ durch die Industrieländer. Dieses Ziel erwies sich von vornherein als völlig unrealistisch. Inzwischen haben nur zwei Gruppen von Entwicklungsländern größere Fortschritte gemacht:

Für die **OPEC-Länder** sind, vor allem seit der Vervielfachung der Deviseneinnahmen durch die Ölpreiserhöhungen seit 1973 und insbesondere 1979/80, die finanziellen Voraussetzungen für eine rasche Indu-

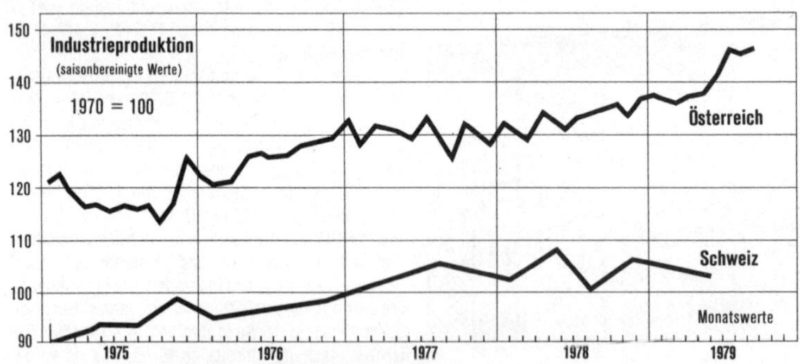

Die Entwicklung der Industrieproduktion Österreichs und der Schweiz
(Nach »ifo-schnelldienst« 1980/1, 2)

strialisierung gegeben. Vor allem Saudi-Arabien, Algerien, Irak, Libyen und der Iran (z. Z. allerdings unterbrochen durch die politische Restauration) stehen in einer industriellen Aufbauphase. Neben der Rohölverarbeitung werden bevorzugt energieintensive (Stickstoffdünger, Eisen und Stahl, Aluminium) und Konsumgüterindustrien (Nahrungsmittel, Textil) errichtet.

Einige **»Länder mit mittlerem Einkommen«** in Lateinamerika und Asien (z. B. Singapur, Hongkong, Rep. Korea/Süd-K., Rep. China/Taiwan) konnten ihre Industrieproduktion stark erhöhen, vor allem durch die Förderung arbeitsintensiver exportorientierter Industrie (Textil, Elektrotechnik u. ä., neuerdings auch Metallurgie).

Im Febr. 1980 fand in Neu-Delhi die *3. UNIDO-Konferenz* statt, die mit einem Fehlschlag endete. Die Versammlung beschloß mit den Stimmen der Entwicklungs- und Ostblockländer, daß bis 2000 zusätzlich mindestens 600 Mrd. $ aus den westlichen Industrieländern transferiert werden sollen, davon 300 Mrd. $ in einen globalen »Nord-Süd-Fonds« zur industriellen Entwicklung, über den die Entwicklungsländer die alleinige Verfügungsgewalt haben sollen, daß ferner in großem Umfang Industrie aus den OECD-Ländern in die Entwicklungsländer verlagert werden soll *(»redeployment«)*. Die westlichen Industrieländer lehnten diese Forderungen einmütig wegen ihrer Undurchführbarkeit ab, die Ostblockländer distanzierten sich nachträglich von ihnen.

Nach Untersuchungen des ifo-Instituts (»ifo-schnelldienst«, 1979/17, 18) ist es realistisch anzunehmen, daß bis *2000 etwa 10 heutige Entwicklungsländer zu Industrieländern geworden* sind und daß 10 weitere den heutigen Stand von Brasilien oder Taiwan erreichen; der Anteil der dann noch bestehenden Entwicklungsländer an der Welt-Industrieproduktion dürfte kaum 10% betragen. – Eine ernsthafte Gefahr für die Industrie und die Arbeitsplätze der Industrieländer durch eine *zunehmende Konkurrenz der Entwicklungsländer* wird nicht gesehen; die Erfahrung habe gezeigt, daß der Austausch von Industrieprodukten zwischen hochentwickelten Ländern am höchsten ist. Mit zunehmender Industrialisierung dürfte sich auch mit den jetzigen Entwicklungsländern eine *echte Arbeitsteilung* ergeben. Mittel- bis langfristig verschwindet auch der Vorteil niedriger Lohnkosten, da es mit zunehmender Entwicklung zu einer Anpassung des Lohnniveaus kommt (Beispiel Japan). Zusammenfassend wird festgestellt, daß gravierende *negative Beschäftigungseffekte* für die Industrieländer durch den Außenhandel mit Entwicklungsländern *nicht zu erwarten* sind.

Die 40 größten Industrieunternehmen der westlichen Welt nach ihrem Umsatz 1978 in Mrd. DM/ Beschäft. in Tsd. (nach »Fortune« bzw. »Südd. Zeitung«): 1. General Motors (USA) 126,97/839 – 2. Exxon (USA) 121,18/130 – 3. Royal Dutch/Shell (Großbrit./Ndl.) 88,41/158 – 4. Ford Motor (USA) 85,93/507 – 5. Mobil Oil (USA) 69,76/204 – 6. Texaco (USA) 57,46/69 – 7. British Petroleum (Großbrit.) 55,01/109 – 8. Standard Oil of California (USA) 46,66/38 – 9. National Iranian Oil (Iran, staatl.) 45,77/67 – 10. International Business Machines (USA) 42,33/318 – 11. General Electric (USA) 39,47/401 – 12. Unilever (Großbrit./Ndl.) 36,46/318 – 13. Gulf Oil (USA) 36,29/59 – 14. Chrysler (USA) 32,82/158 – 15. International Tel. & Tel. (USA) 30,65/377 – 16. Philips (Ndl.) 30,32/386 – 17. Standard Oil of Indiana (USA) 30,05/47 – 18. *VEBA* (BR Deutschland) 29,22/81 – 19. *Siemens* (BR Dtld.) 29,01/322 – 20. *VW* (BR Dtld.) 26,72/207 – 21. Toyota (Japan) 25,80/61 – 22. Renault (Frankr.) 25,54/239 – 23. ENI (Ital., staatl.) 25,12/121 – 24. Cie. Française des Pétroles (Frankr.) 25,11/44 – 25. Hitachi (Japan) 24,77/140 – 26. Atlantic Richfield (USA) 24,70/51 – 27. *Daimler-Benz* (BR Dtld.) 24,24/167 – 28. *Hoechst* (BR Dtld.) 24,19/180 – 29. *Thyssen* (BR Dtld.) 23,46/160 – 30. *BASF* (BR Dtld.) 23,25/125 – 31. Nippon Steel (Japan) 23,22/75 – 32. *Bayer* (BR Dtld.) 22,84/179 – 33. Mitsubishi (Japan) 22,72/102 – 34. US Steel (USA) 22,19/167 – 35. Nissan (Japan) 22,14/94 – 36. Nestlé (Schweiz) 22,06/147 – 37. Peugeot-Citroën (Frankr.) 21,33/190 – 38. Du Pont de Nemours (USA) 21,26/132 – 39. Matsushita Electric (Japan) 20,66/95 – 40. Western Electric (USA) 19,12/161

Die 15 größten Industrieunternehmen der USA in der Rangfolge ihres Umsatzes (z. T. ohne »excise taxes«, nach »Fortune«, April 1980) in Mrd. US-$ 1979 (Rang 1978): 1. (2.) Exxon 79,1 – 2. (1.) General Motors 66,3 – 3. (4.) Mobil Oil 44,7 – 4. (3.) Ford Motors 43,5 – 5. (5.) Texaco 38,4 – 6. (6.) Standard Oil of California 29,9 – 7. (9.) Gulf Oil 23,9 – 8. (7.) Internat. Business Machines (IBM) 22,9 – 9. (8.) General Electric 22,5 – 10. (12.) Standard Oil of Indiana 18,6 – 11. (11.) ITT 17,2 – 12. (13.) Atlantic Richfield 16,2 – 13. (14.) Shell Oil 14,3 – 14. (15.) US Steel 12,9 – 15. (18.) Conoco 12,1 – Von den 20 größten Unternehmen waren 11 Ölfirmen. Von den 500 größten Firmen erhöhten 409 ihre Gewinne, 13 erlitten Verluste, darunter den höchsten Chrysler mit 1,1 Mrd. $.

Die 20 größten Industrieunternehmen der BR Deutschland in der Rangfolge ihres Umsatzes 1979 (1978) nach »SZ« in Mrd. DM/Beschäft. in Tsd.: 1. (1.) VEBA 36,606/81,4 – 2. (3.) VW 30,707/239,7 – 3. (2.) Siemens 28,022/334,0 – 4. (7.) BASF 28,020/117,2 – 5. (4.) Daimler-Benz 27,367/174,4 – 6. (5.) Hoechst 27,080/182,7 – 7. (8.) Bayer 26,002/181,0 – 8. (6.) Thyssen 25,358/157,3 – 9. (19.) Deutsche BP 16,484/4,3 – 10. (12.) Ruhrkohle 16,222/134,2 – 11. (10.) RWE

15,669/65,4 – 12. (16.) Deutsche Shell 14,974/4,8 – 13. (9.) AEG-Telefunken 14,208/154,3 – 14. (14.) Esso 14,019/4,5 – 15. (13.) Gutehoffnungshütte 13,617/84,6 – 16. (15.) Krupp 12,787/86,0 – 17. (11.) Mannesmann 12,500/105,8 – 18. (17.) Opel 10,950/67,0 – 19. (18.) Ford 10,911/57,8 – 20. (20.) Bosch 10,804/120,5

In der **BR Deutschland** sind die **größten Arbeitgeber** Bundespost (456000) und Bundesbahn (365000). An 3. Stelle steht als größter privater Arbeitgeber Siemens mit 304000 Beschäftigten (jeweils 1978). – Die Zahl der *Aktionäre* betrug in der BR Deutschland 1978 rd. 5 Mill., d. h. in den OECD-Ländern nach den USA (rd. 25 Mill.) und Japan (rd. 6 Mill.) die meisten; es folgen Großbritannien mit 2,5 und Frankreich mit 1,5 Mill. – Die Zahl der *Belegschaftsaktionäre* belief sich 1978 auf etwa 700000 (u. a. Siemens 100000, Thyssen und Hoechst je 40000); die breiteste *Streuung des Aktienkapitals* besaßen VEBA (900000), VW (590000), Bayer (460000), Hoechst (420000), BASF (400000), Siemens (380000), Thyssen (230000), Mannesmann (200000). – Das höchste *Aktienkapital* hatten (in Mrd. DM): Bayer 2,13 – BASF 1,94 – Hoechst und Siemens je rd. 1,8 – VEBA 1,4 – Daimler-Benz 1,36 – Thyssen 1,3 – VW 1,2.

Aluminium (Hüttenproduktion, ohne Gewinnung aus Abfällen u. ä.) 1979 in 1000t (nach UNO-Angaben)

USA	4542,0
Sowjetunion (1976, S)	2150,0
Kanada (1978; nur Export)	1047,6
Japan	1011,6
BR Deutschland	741,6
Norwegen	658,8
Frankreich	394,8
Großbritannien (1978)	345,6
Italien (1978)	280,8
Australien (1.7.78–30.6.79)	265,2
Niederlande	259,2
Spanien (1978)	212,4
Indien	211,2
Rumänien (1976; S)	200,0
Jugoslawien	189,6
Brasilien (1978)	186,0
VR China (1977; S)	170,0
u. a. Österreich (1978)	91,3
Schweiz (1978)	79,2
DDR (1977; S)	65,0

Weltproduktion von Hüttenaluminium (ohne China; nach UNO) 1979 (1978) 13,34 (13,095) Mill. t – Erzeugung von *Umschmelzaluminium* 1979 in 1000t: USA 1140,0 – Japan 768,0 – BR Deutschland 412,8 – Großbritannien 181,0 – Österreich (1978) 38,4 – Der *Gesamtverbrauch* von Aluminium belief sich 1978 (1977) nach »Metallstatistik« auf 19,39 (18,35) Mill. t, davon 1978 in 1000t u. a.: USA 6445 – RGW-Staaten und sonst. kommunist. Länder (S) 4100 – Japan 2164 – BR Deutschland 1336 – Frankreich 683 – Italien 668 – Großbritannien 568 – Kanada 386 – Brasilien 282 – u. a. Österreich 117 – Schweiz 115 – Wegen des hohen Stromverbrauchs für die Aluminiumherstellung werden neue Hütten z. Z. insbesondere in Ländern mit billiger Energie geplant bzw. gebaut: Australien (Kohle), Irak, Saudi-Arabien, Venezuela, Libyen (Öl), Brasilien (Wasserkraft) – Der *Aluminiumverbrauch der BR Deutschland* stieg 1979 um 11% auf 1,48 Mill. t. Zur Energieeinsparung wird eine vermehrte Verwendung, vor allem im Fahrzeugbau, angestrebt. Zwar ist der Energieaufwand zur Herstellung höher als bei Stahl, doch bietet das niedrigere Gewicht bedeutende Einsparungsmöglichkeiten.

Bauindustrie Zahl der fertiggestellten *Wohnungen* (Neubauten) 1979 in 1000 u. a.: USA (1978) 2023 – Japan 1707 – Frankreich 402 – BR Deutschland (1978) 368 (1973 noch 714) – Großbritannien 242 – Kanada 226 – Brasilien (1978) 220 – Polen (nur öffentl.) 211 – Griechenland (1978) 187 – DDR (1978) 168 – Italien (1978) 154 – Türkei (1978) 121 – Australien (1978) 121 – Tschechoslowakei 121 – u. a. Schweiz 12

Wegen unterschiedlicher Definition des Begriffs »Wohnung« ist die Vergleichbarkeit erschwert. – In der BR Deutschland stieg der Umsatz der Bauindustrie 1979 (1978) auf 233 (203) Mrd. DM (reale Steigerung der Bauleistung 6,5%); die Baupreise stiegen 1979 um 9,1%. Das Bauvolumen entfiel 1979 zu rd. 47% auf Wohnungsbau, 28% auf öffentliche und Verkehrsbauten, 25% auf Wirtschaftsbauten. Die Zahl der Betriebe des Bauhauptgewerbes betrug 1979 (1978) in Tsd. 60,7 (59,6), die der Beschäftigten 1260,0 (1217,6).

Bier Ausstoß 1977 (z. T. provis.) in 1000hl u. a.: USA (1.10.76–30.9.77) 167789 – BR Deutschland 90017 – Großbritannien 65239 – Sowjetunion 61861 – Japan 42972 – Frankreich 23540 – Tschechoslowakei 22442 – DDR 21705 – Mexiko 21642 – Kanada 20812 – Australien 19391 – Spanien 17260 – Brasilien (nur Großbrauereien, 1976) 13980 – Niederlande 13993 – Belgien 13819 – Polen 12069 – Jugoslawien 9588 – Dänemark (Brauereiverkauf) 8450 – Rumänien 7918 – Österreich 7778 – Italien 7402 – Ungarn 6998 – Philippinen (1976) 6000 – Südafrika 5608 – Perú (1976, S) 5041 – Bulgarien 4927 – Irland 4400 – Neuseeland 4180 – Schweiz (Brauereiverkauf) 4025 – Nigerien 3150 – Portugal 2809 – Argentinien 2710 – Finnland 2541 – Rep. Korea (Süd-K.) 2430 – Cuba (1976) 2200 – Türkei 2035 – Kenia 1952 – VR China (1976, S) 1750 – Kamerun 1526

Die *BR Deutschland* erzeugte (nach Statist. Bundesamt) 1978 (1977) 91,66 (94,35) Mill. hl Bier, davon in %: Nordrhein-Westfalen 28,8 – Bayern 28,0 – Baden-Württemberg 12,2. – Die *Exporte* sanken 1978 (1977) auf 2,62 (3,34) Mill. hl; trotzdem ist die BR Deutschland das größte Bier-Exportland, Hauptabnehmer sind Großbritannien, USA, Frankreich. – Die *Importe* betrugen 1978 0,63 Mill. hl, vor allem aus Dänemark, Frankreich, Belgien und der Tschechoslowakei. – Die Zahl der *Brauerein* ist weiter rückläufig durch Konzentration auf Großbetriebe. 1979 (1978) gab es in der BR Deutschland 1 455 (1 490) Brauereien, davon 958 (986) in Bayern. Der durchschn. Bierverbrauch pro Kopf und Jahr sank weiter auf 1978 (1977) 145,6 (148,7) l (Bayern allein ca. 246 l) und war damit vor Belgien (140 l) und der Tschechoslowakei am höchsten (u. a. Österreich ca. 100 l, Schweiz ca. 68 l).

Chemische Industrie

Die chemische Industrie der westlichen Industrieländer litt auch 1979 stark unter den gestiegenen Rohstoff-, vor allem Ölkosten sowie unter Überkapazitäten in verschiedenen Produktionszweigen. In der **BR Deutschland** konnte die *chemische Industrie* trotzdem ein Wachstum verzeichnen, das über dem Durchschnitt der gesamten Industrie lag. Die Zahl der *Beschäftigten* betrug 1979 (1978) 559,7 (566,2) Tsd., der *Umsatz* 126,27 (110,61) Mrd. DM, der *Auslandsumsatz* stieg auf 44,25 (37,50) Mrd. DM (= 35,0 %). Für 1980 wird ein vermindertes Wachstum des Umsatzes von real nur 2% erwartet. *Überkapazitäten* sind vor allem bei Chemiefasern, Kunststoffen und Düngemitteln vorhanden. Die *Investitionen* beliefen sich auf rd. 6 Mrd. DM (+ 7,5 % gegenüber 1978), etwa je ⅓ für Erweiterungen, Ersatzbedarf und Rationalisierung.

Die *Weltproduktion von Chemiefasern* erhöhte sich 1979 gegenüber dem Vorjahr um 5,5 % (nach Angaben der »Enka AG«, Europas größtem Faserproduzenten) und betrug 1979 (1978) 14,337 (13,590) Mill. t, davon 10,672 (9,990) Synthetics (S). Der Anteil der Zellulosefasern sank weiter auf rd. 26 %. Es entfielen in Mill. t auf USA 4,15 (3,87), S: 3,58 (3,31) – Westeuropa 3,25 (3,22), S: 2,37 (2,36) – Japan 1,82 (1,82), S: 1,39 (1,40) – übrige Welt 5,12 (4,88), S: 3,35 (3,15) – Von der Weltproduktion an *Synthetics* entfielen 1979 in % auf: Polyester 48 – Polyamid 30 – Polyacryl 19 – sonst. 3 – Die Entwicklung ist durch weiter zunehmende Überkapazitäten gekennzeichnet, vor allem durch rasch wachsende Produktionskapazitäten in den USA und einigen Entwicklungsländern. Die westeuropäische Industrie erlitt weitere Exporteinbußen, ihr Anteil am Weltmarkt verringerte sich auf 22 %. – Die Produktion der *BR Deutschland* stieg 1979 (1978) auf 919 056 (879 996) t.

Die Industrie für **Körperpflege- und Waschmittel** erwirtschaftete 1979 in der BR Deutschland mit rd. 50 000 Beschäftigten einen Umsatz von ca. 7 Mrd. DM, davon 3 Mrd. für Wasch- und Reinigungsmittel (Produktion von 1,5 Mill. t). Mit den Ausgaben für Körperpflegemittel (rd. 100 DM pro Person und Jahr) liegt die BR Deutschland zusammen mit den USA an der Spitze.

Die Industrie der **Farben und Lacke** steigerte 1979 in der BR Deutschland ihre Produktion um 3,1 % auf 1,33 Mill. t. Der Absatz entfiel (in %) auf Bau 50 – Metallverarbeitung 30 – Autoproduktion 10 – Möbelindustrie 8. Trotz hoher Kapazitätsauslastung (rd. 95 %) gingen die Gewinne wegen der Preissteigerungen beim Erdöl (80 %-Anteil als Rohstoff) zurück.

Kunststoff-Produktion 1979 in Mill. t: USA (unvollst.) 13,87 – BR Deutschland 7,08 – Japan 6,96 – Sowjetunion 3,50 – Italien 2,56 – Niederlande 2,01 – Belgien (1978) 1,68 – Frankreich (unvollst.; 1978) 1,65 – u. a. DDR (1978) 0,75

Schwefelsäure (H_2SO_4) Produktion 1979 in Mill. t: USA 37,62 – Sowjetunion (1978) 22,40 – Japan 6,58 – BR Deutschland 5,04 – Frankreich 4,84 – Großbritannien 3,50 – Spanien (1977) 3,28 – Kanada (1978) 3,26 – Polen 2,98 – Italien 2,97 – Indien (1978) 2,22 – u. a. DDR (1978) 0,97

Synthetischer Kautschuk Produktion 1979 (1978) in 1 000 t: USA 2527 (2477) – Japan 1 107 (1 028) – Frankreich (1978 bzw. 1977) 481 (479) – BR Deutschland 444 (425) – Großbritannien (1978 bzw. 1977) 294 (329) – Kanada 282 (248) – Italien 270 (250) – Niederlande (1978 bzw. 1977) 223 (240) – Brasilien (1978 bzw. 1977) 206 (188) – u. a. DDR (1978 bzw. 1977) 155 (146) – Der *Weltverbrauch* von *Natur- und Synthese-Kautschuk* belief sich (nach »Statistical Yearbook« der UNO) 1977 auf 11,2, nach anderen Quellen auf 11,8 Mill. t, davon allein USA 3,28 – Sowjetunion und Osteuropa 1,8 – Japan 1,01 – BR Deutschland 0,63 Mill. t. – Der Anteil von synthetischem Kautschuk an der gesamten Kautschukproduktion beträgt z. Z. rd. 68,5 % und steigt langsam weiter an.

Handelsdünger *Welterzeugung/Weltverbrauch* 1977/78 (nach FAO-Angaben) in 1 000 t: *Stickstoffdünger* (N) 49 529/47 716; größte Erzeuger in Mill. t: USA 9,94 – Sowjetunion 9,03 – VR China (S) 4,60 – Indien 2,00 – Polen (1977) 1,53 – Frankreich 1,47 – Japan 1,45 – Rumänien 1,38 – Kanada 1,34 – Niederlande 1,31 – BR Deutschland 1,30 – Großbritannien 1,20 – Italien 1,03 – u. a. DDR 0,84 – Österreich 0,27 – Schweiz 0,03 – *Phosphatdünger* (P_2O_5): 30 073/28 338; größte Erzeuger in Mill. t: USA 7,51 – Sowjetunion 5,59 – Frankreich 1,56 – VR China (S) 1,39 – Brasilien 1,12 – Polen 0,97 – Australien 0,78 – BR Deutschland 0,72 – u. a. DDR 0,40 – Österreich 0,11 – *Kalidünger* (K_2O): 25 755/23 248; größte Erzeuger in Mill. t: Sowjetunion 8,35 – Kanada 6,21 – DDR 3,23 – BR Deutschland 2,45 – USA 1,96 – Frankreich 1,67 – In der *BR Deutschland* ging im Wirtschaftsjahr 1978/79 (1. 7.–30. 6.) die Produktion von Stickstoff um 2,5 % und von Phosphat um 3,6 % zurück, während die Kaliproduktion um 4,1 % anstieg (vor allem für Exporte).

Erzeugung in Tsd. t/davon Ausfuhr: Stickstoff 1 273/486 – Phosphat 696/143 – Kali 2404/1583

Eisen Erzeugung (Roheisen, einschl. Hochofenlegierungen) 1979 (1978) in Mill. t (Zahlen gerundet, nach UNO-Angaben)

Sowjetunion	120,00	(111,00)
Japan	85,82	(80,17)
USA (ohne Eisenleg.)	78,96	(79,57)
BR Deutschland	35,35	(30,14)
VR China (S)	30,00–34,00	
Frankreich	20,29	(19,19)
Italien (1978 bzw. 1977)	11,58	(11,66)
Polen	11,53	(11,66)
Großbritannien (ohne Eisenleg. aus elektr. Öfen; 1978 bzw. 1977)	11,41	(12,22)
Kanada	11,08	(10,58)
Belgien	10,78	(10,13)
Brasilien (ohne Eisenleg.; 1978 bzw. 1977)	10,01	(9,32)
Tschechoslowakei	9,71	(10,15)
Indien	8,94	(9,73)
Rumänien (1978 bzw. 1977)	8,16	(7,79)
Australien (ohne Eisenleg. aus elektr. Öfen)	7,81	(7,09)
Südafrika (1978 bzw. 1977)	7,02	(6,90)
Spanien (1978 bzw. 1977)	6,62	(6,92)
Rep. Korea (Süd-K.)	5,17	(2,82)
Mexiko (1978 bzw. 1977)	5,00	(4,43)
Niederlande (ohne Eisenleg.)	4,81	(4,61)
Luxemburg (ohne Eisenleg.)	3,80	(3,72)
Rep. China (Taiwan)	3,75	(3,40)
Österreich	3,71	(3,07)
Schweden (ohne Eisenleg.)	2,90	(2,36)
Jugoslawien	2,60	(2,30)
DDR (1978 bzw. 1977)	2,56	(2,63)

Welterzeugung von Roheisen und Eisenlegierungen (nach UNO-Angaben, ohne China) 1979 (1978) 495 (504) Mill. t.

Elektrotechnische Industrie In der *BR Deutschland* konnte die Elektrotechnik 1979 ihren Umsatz real um 5,2% auf 103,8 Mrd. DM ausweiten; die Exporte beliefen sich auf 29,11 Mrd. DM; die Zahl der Beschäftigten stieg auf 969000. Die Kapazitätsauslastung der Industrie stieg auf 81%. Überdurchschnittlich expandierten die Bereiche Nachrichten-, Meß- und Regeltechnik, Kfz-Ausrüstung und Hausgeräte. – Die Anteile der Produktionsbereiche am Umsatz betrugen 1978 in % u.a.: Energietechnik 25,3 – Unterhaltungselektronik 12,2 – Hausgeräte 11,0 – Nachrichtentechnik 8,8 – Datenverarbeitung 7,1 – Meß- und Regeltechnik 7,0 – Bauelemente 5,5 – Kfz-Ausrüstung 4,9

Rundfunkgeräte *Weltproduktion* 1977 (nach UNO-Angaben, ohne China) 126,566 Mill. Stück – Produktion 1977 in 1000 u.a.: Hongkong (Exporte) 50387 – Japan 19933 – USA 12486 – Sowjetunion 8652 – Rep. Korea (Süd-K.) 6404 – BR Deutschland 5589 – Polen 2291 – Belgien 1894 – Indien 1813 – DDR 1126 – Indonesien 1000

Fernsehgeräte *Weltproduktion* 1977 (nach UNO-Angaben) 57,973 Mill. Stück – Produktion 1977 in 1000 u.a.: Japan 15210 – USA 7863 – Sowjetunion 7073 – BR Deutschland 4082 – Rep. Korea (Süd-K.) 2990 – Großbritannien 2175 – Frankreich 1911 – Brasilien (1976) 1636 – Polen 920 – Mexiko 699 – u.a. DDR 525 – Österreich 429

Energieproduktion und -verbrauch

Elektrizitätserzeugung 1979 (1978) in Mrd. kWh

USA (Netto-Prod., 1979 nur öffentl. Erz.)	2248	(2286)
Sowjetunion	1240	(1200)
Japan (1.4.–31.3.; 1978/79 nur öff. Erz.)	501	(533)
BR Deutschland	366	(353)
Kanada (Netto-Pr.; 1978 bzw. 1977)	336	(317)
Großbritannien	300	(288)
Frankreich	246	(223)
Italien (unvollst.; 1978 bzw. 1977)	175	(167)
VR China (S)	135–155	
Polen	117	(116)
Spanien	105	(99)
Indien (1978 bzw. 1977)	103	(92)
Brasilien (1977 bzw. 1976; Netto-Pr.)	100	(87)
DDR (1978 bzw. 1977)	96	(92)
Schweden	94	(90)
Australien	94	(89)
Norwegen	89	(81)
Südafrika (1978 bzw. 1977)	85	(80)
Tschechoslowakei	68	(69)
Rumänien	65	(64)

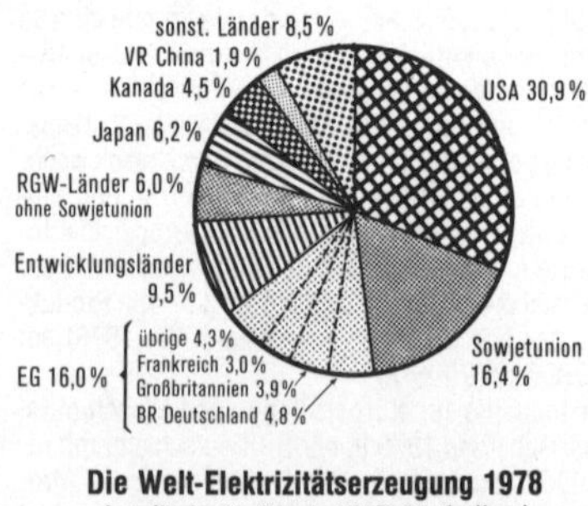

Die Welt-Elektrizitätserzeugung 1978
Anteile in % (Nach UNO-Statistiken)

Niederlande (1978 bzw. 1977)	62	(58)
Jugoslawien	55	(51)
Mexiko (1978 bzw. 1977)	55	(51)
Belgien (1978 bzw. 1977)	51	(47)
Schweiz (Netto-Pr.)	43	(42)
Österreich	40	(38)
Finnland (Netto-Pr.)	37	(34)
Rep. Korea (Süd-K.)	36	(32)
Rep. China (Taiwan; S)	33	(32)
Argentinien (nur öff. Erz.)	33	(29)
Bulgarien	32	(32)

Welterzeugung an Elektrizität (nach UNO, ohne China) 1979 (1978) 7519 (7392) Mrd. kWh.

Energieproduktion Die gesamte *Weltproduktion* an Primärenergie belief sich 1979 (umgerechnet auf Steinkohleeinheiten/SKE) auf rd. 9,5 Mrd. t SKE. Der **Energieverbrauch** belief sich auf rd. 9,2 Mrd. t SKE und erhöhte sich seit 1970 um rd. 30%. Er ist nach wie vor in den einzelnen Kontinenten je nach ihrer wirtschaftlichen Entwicklung sehr unterschiedlich hoch. Z. Z. entfallen auf 6% der Weltbevölkerung (USA/Kanada) 32% des Verbrauchs an Primärenergie, auf Westeuropa mit rd. 11% der Weltbevölkerung etwa 19%, auf die RGW-Länder und China mit etwa einem Drittel der Weltbevölkerung rd. 30% und auf alle übrigen Gebiete, in denen über die Hälfte der Menschheit lebt, nur die restlichen 19%.

Die Schätzungen über die **Weltvorräte an Energieträgern** schwanken sehr stark, je nachdem, ob man die heute wirtschaftlich ausbeutbaren Vorkommen oder die nach bisheriger Kenntnis überhaupt vorhandenen oder auch die nur vermuteten Reserven als Ausgangspunkt nimmt, inwieweit man Wasserkräfte noch energiewirtschaftlich einsetzt und welche *»alternativen« Energiequellen* sinnvoll nutzbar gemacht werden können (z. B. Sonnen- und Windenergie, Gezeiten und geothermische Energie).

Durch die anhaltenden Kontroversen um die *Anwendung der Kernenergie* und die sich seit 1978 stärker abzeichnende *Verknappung auf dem Welt-Erdölmarkt* blieb die Energiefrage auch 1979/80 ein Hauptthema der wirtschafts- und umweltpolitischen Diskussion in den westlichen und östlichen Industrieländern. Nahezu alle Experten sind sich einig darin, daß kurz- bis mittelfristig in den Industriestaaten sowohl eine noch verstärkte Nutzung der fossilen Brennstoffe (Erdöl, Erdgas, Kohle) als auch eine stark gesteigerte Nutzung der Atomenergie nötig sein werden, sofern der gegenwärtige Lebensstandard gehalten und sogar gesteigert werden bzw. auf noch unterentwickelte Länder ausgedehnt werden soll. Für die Zukunft wird die verstärkte Erforschung und Anwendung neuer Technologien und regenerierbarer Energiequellen, vor allem aber massive Energieeinsparung durch Ausschaltung von Verlustquellen und rationellen Einsatz empfohlen.

Der **Verbrauch von Primärenergie** steigerte sich in den 70er Jahren (1970–79) um rd. 30%. Am stärksten nahm er bei *Kernenergie* zu (+600%), aber ihr Anteil liegt erst bei 0,8%. Der wichtigste Energieträger blieb das *Erdöl,* dessen Verbrauch nach absoluter Menge stark, anteilsmäßig nur leicht zunahm. Beim *Erdgas* hielt die Steigerung mit der allgemeinen Verbrauchszunahme Schritt, d. h. der Anteil blieb relativ konstant. Der Verbrauch von *Kohle,* dem zweitwichtigsten Energieträger, steigerte sich zwar, jedoch nahm der Anteil ab; 1979 ist wieder ein zunehmender Anteil zu verzeichnen, der sich in den nächsten Jahren schnell steigern dürfte. Der Anteil der *Wasserkraft* nahm leicht zu, jedoch ist die Bedeutung insgesamt gering.

Die *unterschiedlichen Verbrauchsstrukturen* zeigt die folgende Tabelle an Beispielen. Die wichtigsten **Energie-Überschußgebiete** sind der *Nahe Osten, Afrika* und – mit abnehmenden Überschüssen – *Mittel- und Südamerika.* Den größten **Einfuhrbedarf** haben *Westeuropa* und *Nordamerika.* Während aber in Westeuropa die Einfuhrabhängigkeit dank eigener Öl- und Gasförderung in der Nordsee 1970–79 von 61 auf 52% abnahm, stieg sie in *Nordamerika* von 4 auf 17% an, da die Erschließung neuer Quellen und Lagerstätten nicht mit der Verbrauchssteigerung Schritt hielt.

Reserven und Förderung fossiler Energieträger 1978 in ausgewählten Fördergebieten in Mill. t SKE, Reserven = beim derzeit. Stand der Technik und des Energiepreisniveaus wirtschaftlich gewinnbar (nach »Esso-Magazin«)

	Reserven			*Förderung*		
	Kohle	*Erdöl*	*Erdgas*	*Kohle*	*Erdöl*	*Erdgas*
Nordamerika	192500	6800	9100	609	806	669
Westeuropa	90900	4700	4800	308	121	204
RGW-Länder (Ostblock)	185800	14500	31500	963	868	460
Naher Osten u. Nordafrika	5600	83500	31400	–	1768	66
VR China	98900	3900	900	600	153	54
Asien ohne Nahost u. VR China	40100	3500	2800	201	170	37
Australien	37800	300	1300	91	30	8

Primärenergieverbrauch nach Energieträgern 1970 und 1979
in Mill. t SKE (= 29,3 · 10^{15} Joule), nach »Esso-Energistik '79«

	1970 Mill. t SKE	*1970* %	*1975* Mill. t SKE	*1975* %	*1979* Mill. t SKE	*1979* %
Welt insgesamt						
Erdöl	3158	44,5	3751	46,7	4209	45,8
Erdgas	1367	19,3	1545	19,2	1782	19,4
Kohle	2417	34,1	2516	31,3	2918	31,8
Wasserkraft	145	2,0	180	2,3	199	2,2
Kernenergie	10	0,1	43	0,5	70	0,8
Gesamt	*7097*	*100,0*	*8035*	*100,0*	*9178*	*100,0*
Westeuropa						
Erdöl	841	58,2	887	58,1	960	56,5
Erdgas	107	7,4	232	15,2	270	15,9
Kohle	449	31,1	345	22,6	390	22,9
Wasserkraft	42	2,9	48	3,2	59	3,5
Kernenergie	5	0,4	14	0,9	21	1,2
Gesamt	*1444*	*100,0*	*1526*	*100,0*	*1700*	*100,0*
Nordamerika						
Erdöl	1072	43,4	1184	46,0	1300	46,8
Erdgas	852	34,5	787	30,5	800	28,8
Kohle	494	20,0	520	20,2	590	21,2
Wasserkraft	50	2,0	62	2,4	52	1,9
Kernenergie	3	0,1	23	0,9	38	1,3
Gesamt	*2471*	*100,0*	*2576*	*100,0*	*2780*	*100,0*
Osteuropa, Sowjetunion, VR China						
Erdöl	470	23,7	683	28,3	810	27,7
Erdgas	318	16,0	407	16,9	540	18,4
Kohle	1150	59,2	1298	53,8	1540	52,6
Wasserkraft	20	1,0	23	0,9	32	1,1
Kernenergie	1	0,1	3	0,1	6	0,2
Gesamt	*1959*	*100,0*	*2414*	*100,0*	*2928*	*100,0*
Mittel- und Südamerika						
Erdöl	203	75,2	262	74,8	310	73,8
Erdgas	42	15,6	53	15,2	60	14,3
Kohle	15	5,5	18	5,1	27	6,4
Wasserkraft	10	3,7	17	4,9	23	5,5
Kernenergie	–	–	–	–	–	–
Gesamt	*270*	*100,0*	*350*	*100,0*	*420*	*100,0*

Die 20 Mitgliedsstaaten der **IEA (Internat. Energie-Agentur)** erklärten den Oktober 1979 zum *»Internationalen Energiesparmonat«*. – Die **Wirtschafts-Gipfelkonferenz der westlichen Industrieländer** am 22./23. 6. 1980 in Venedig beschloß, »die bestehende Bindung des Wirtschaftswachstums an den Ölverbrauch« aufzuheben durch Einsparung von Öl und »Steigerung der Erzeugung und Verwendung alternativer Energieträger«. Damit ist gemeint u. a.: »mittelfristig eine beträchtliche Steigerung des Einsatzes von Kohle und eine vermehrte Nutzung der Kernkraft« und »langfristig eine substantielle Steigerung der Herstellung synthetischer Brennstoffe, der Nutzung von Sonnenenergie sowie erneuerbarer Energieträger«. Bis 1990 soll der *Anteil des Erdöls* am gesamten Energiebedarf der westlichen Industriestaaten von 53% auf 40% gesenkt werden, vor allem durch Verdoppelung der Kohleförderung und Ausbau der Kernkraftkapazitäten.

In der **BR Deutschland** konnten 1960 noch 89%, 1978 nur noch 41% des Primärenergiebedarfs aus einheimischen Quellen gedeckt werden; der *Ge-*

samt-Energiebedarf erhöhte sich 1960–1979 von 211 auf 412 Mill. t SKE. – 1979 übertraf, trotz aller Sparappelle, die Steigerung des Energieverbrauchs (+ 5,9 % gegenüber 1978) diejenige des Sozialprodukts (Wirtschaftswachstum + 4,4 %). Der *Primärenergieverbrauch* betrug 1979 (1978) 412,0 (389,0) Mill. t SKE, davon entfielen in Mill. t SKE/% 1979 (1978) auf: Erdöl 210,0 (203,0)/51,0 (52,3) % – Steinkohle 75,7 (68,5)/18,4 (17,7) % – Erdgas 66,0 (59,6)/16,0 (15,4) % – Braunkohle 38,2 (35,1)/ 9,3 (9,1) % – Kernenergie 13,9 (11,7)/3,3 (3,0) % – Wasserkraft und sonstiges (Stromimporte, Torf, Holz, Wärmepumpen, Solarenergie u. ä.) 8,2 (8,9)/ 2,0 (2,3) %. – Die höchsten Zunahmeraten erzielten also Steinkohle (insbes. Elektrizitätsproduktion und Stahlindustrie), Erdgas und Kernenergie. Der Erdöleinsatz nahm zwar mengenmäßig noch einmal zu (vor allem durch Zunahme des Kfz-Verkehrs, bei leichter Abnahme des Heizölbedarfs), konnte jedoch anteilsmäßig gesenkt werden. – Die Anteile der großen *Verbrauchergruppen* am Endenergieverbrauch betragen z. Z. in % (Schätzwerte): Haushalte, Landwirtschaft, gewerbl. Kleinverbraucher 46 – Industrie 37 – Verkehr 17 – Vom *Haushalts-Energieverbrauch* entfallen rd. 81 % auf Raumheizung, so daß hier die größten Einsparmöglichkeiten liegen. Z. Z. sind die einzelnen Energieträger zu folgenden Anteilen (in %) an der *Raumheizung* beteiligt: Heizöl 51 – Erdgas 18 – Kohle 16 – elektr. Strom 6 – Fernwärme 7 – sonst. 2. – Nur rd. ⅓ *der eingesetzten Energie* werden tatsächlich vom Verbraucher *genutzt;* rd. 28 % gehen bei der Umwandlung der Primärenergie (Kohle, Öl usw.) in Strom, Heizöl, Benzin usw. verloren, rd. 39 % betragen die Verluste beim Endverbraucher. – Die *Stromerzeugung der BR Deutschland* erhöhte sich 1978–79 um 4,4 % auf 366 Mrd. kWh. Zur Stromerzeugung wurden verwendet (vorl., in %): Steinkohle 28,4 – Braunkohle 25,3 – Erdgas 18,7 – Kernkraft 11,3 – Heizöl 8,3 – Wasserkraft 4,8 – sonst. 3,2 – Der *Einsatz der einzelnen Primärenergieträger* für die Stromerzeugung betrug 1978 (in % am Gesamtverbrauch): Kernenergie u. Wasserkraft je 100 – Braunkohle 90,8 – Steinkohle 50,1 – Erdgas 31,4 – Erdöl 4,4.

Die *Prognosen über den künftigen Energiebedarf* in der BR Deutschland und seine Deckung sind mit großen Unsicherheitsfaktoren belastet, da in starkem Maße wirtschafts- und gesellschaftspolitische Rahmenbedingungen und ideologische Vorstellungen eine Rolle spielen. So gehen z. B. Überlegungen wie das »Alternativ-Szenarium zur Energiepolitik« von *E. Eppler* (1979) oder Vorschläge zur weitgehenden Umstellung auf »sanfte Energie« von nur noch geringen Verbrauchszuwächsen oder sogar Verbrauchssenkungen bzw. einem hohen Anteil an Wind- und Sonnenenergie u. ä. aus – Vorschläge, die (nach *K. Steinbuch*) nur durch eine Senkung des materiellen Lebensstandards und tiefgreifende Veränderungen der Lebens- und Wirtschaftsweise (z. B. »Alternativer Lebensstil«), starke Beschränkungen des persönlichen Freiheitsspielraums u. ä. zu verwirklichen sind. – Demgegenüber sieht die *deutsche Bundesregierung* Möglichkeiten zur siche-

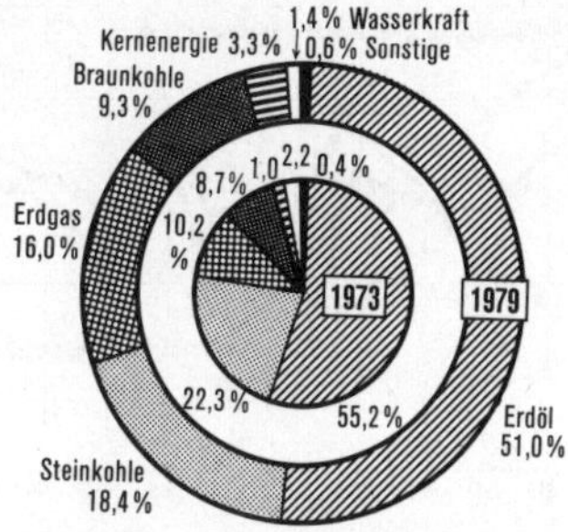

Energieverbrauch der BR Deutschland (Primärenergie) Anteile der Energieträger 1973 und 1979 im Vergleich
(Nach »Arbeitsgemeinschaft Energiebilanzen«)

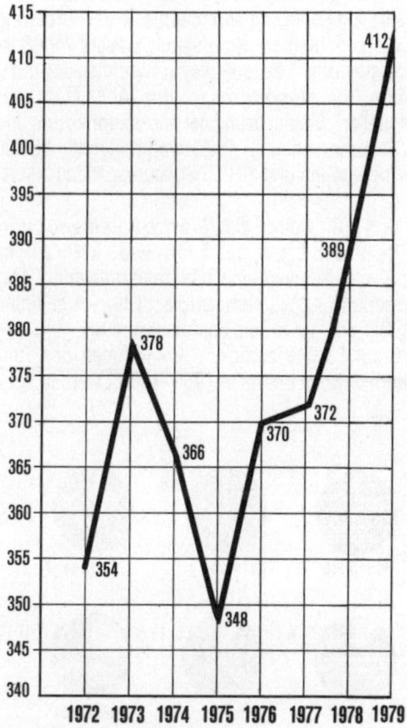

Der Energieverbrauch der BR Deutschland 1972–1979 in Mill. t SKE (Steinkohleeinheiten)

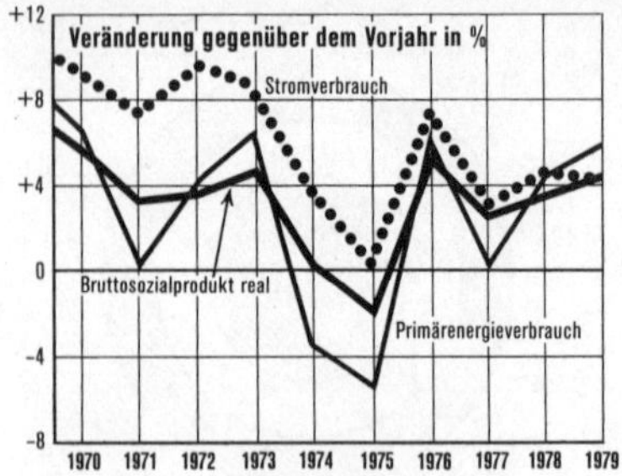

Entwicklung von Energieverbrauch und Bruttosozialprodukt in der BR Deutschland
(Nach »Wirtschaftsnotizen« der Commerzbank)

ren *Befriedigung eines auch künftig wachsenden Energiebedarfs* vor allem in stark vermehrtem Einsatz von Kohle und Kernenergie, in der Förderung neuer Technologien (Kernfusion, Einsatz von Wärmepumpen und Solarenergie zur Raumheizung u. ä.) und im *Energiesparprogramm* (Abbau von Verlustquellen, Öleinsparung bei der Raumheizung und im Verkehr u. ä.). – 1979 waren bereits 15000 Wärmepumpen und 10000 Solaranlagen installiert.

In der **EG** nahm die *Elektrizitätserzeugung* 1978–79 um 5,1% auf 1186 Mrd. kWh zu; es entfielen auf konventionelle Wärmekraftwerke 77%, Wasserkraft 12%, Kernenergie 11%. – Der Anteil des Öls am gesamten Energieverbrauch ging von 54,5 auf 53,3% zurück. – Im Rahmen des Programms »Neue Energien 1980–1983« werden 85,7

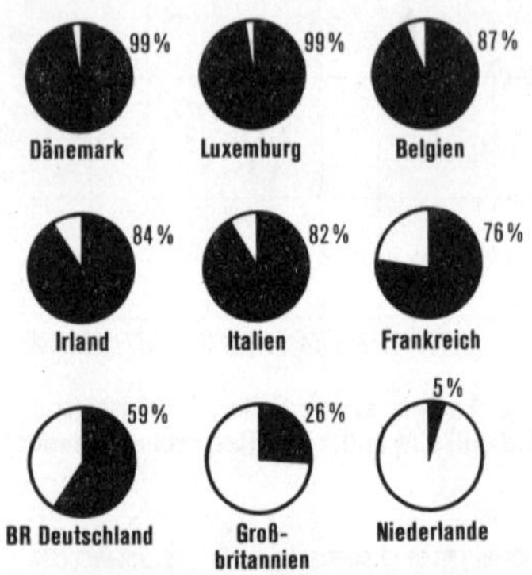

Energieeinfuhrabhängigkeit der EG
Netto-Importe in % des Verbrauchs 1978
(Nach »Eurostat«)

Mill. ERE zur Erforschung neuer Technologien bereitgestellt.

Österreich ist eines der wenigen Länder mit hohem Anteil der *Wasserkraft* an der Energieproduktion. Die *Stromerzeugung* erfolgte 1979 durch (in %) Wasserkraft 68,8 – Heizöl 9,6 – Erdgas 9,2 – Importe 7,5 – Kohle 4,9. – In der **Schweiz** konnte 1979 der Erdölverbrauch um 4,9% vermindert werden; der Anteil am Gesamtenergieverbrauch von 1979 (1978) 660,7 (673,8) TJ (Terajoule) beträgt jedoch immer noch 73,0%.

In **Frankreich** wird z. Z. besonders intensiv die Kernenergie ausgebaut. Bereits 1990 sollen nur noch 30% des Energiebedarfs durch Öl gedeckt werden (1979 56%), 30% durch Kohle und Gas und 30% durch Kernenergie. Ende 1979 waren 21 Kernkraftwerksblöcke in Betrieb, 27 im Bau, 23 in der Planung. 1985 soll die Hälfte des Strombedarfs (z. Z. 16%) durch Kernenergie gedeckt werden.

In den **USA** waren auch 1979 die Versuche, Energie einzusparen und die Abhängigkeit vom Öl der OPEC-Länder zu verringern, nur von bescheidenem Erfolg. Lediglich der Benzinverbrauch ging nach starken Preissteigerungen um 8% auf 6,5 Mill. Barrels pro Tag zurück. Die Öleinfuhren, die auf 8,2 Mill. Barrel/Tag begrenzt werden sollten, stiegen sogar auf 8,4 Mill. Der Ausbau der Kernenergie ist nach dem Unfall von Three Mile Island z. Z. in den Hintergrund getreten; die bestehenden Reaktoren produzieren das Äquivalent von 1,3 Mill. Barrel Öl pro Tag.

In den **RGW-Staaten** (Ostblock) beeinträchtigte auch 1979 der *Energiemangel* stark die Wirtschaftsentwicklung. Die **Sowjetunion** ist zwar das einzige Industrieland mit potentiell ausreichender eigener Energiebasis, jedoch wird die Nutzung sehr stark durch die ungünstige räumliche Verteilung von Bodenschätzen und Industrie erschwert. 80% der Energien werden im europäischen Teil konsumiert, aber 90% der Reserven liegen in Asien. Brennstoffe müssen vielfach über Distanzen von 3000–4000 km befördert werden, und die klimatischen Verhältnisse in Sibirien erschweren den Abbau. Da die Förderung nicht mit der Verbrauchssteigerung Schritt hält, ist die *Sowjetunion* zunehmend weniger in der Lage, die übrigen *RGW-Länder* zu versorgen. 1972 deckte sie (nach *Gumpel*) noch 82,5% des Erdölimportbedarfs der RGW-Staaten, 1979 nur noch rd. 72,5%. Neben der Erschließung neuer Öl-, Gas- und Kohlelager wird z. Z. besonders der *Ausbau der Kernenergie* forciert. Die Kernkraftleistung des RGW soll von (1979) 13000 MW bis 1990 auf 150000 MW ausgebaut werden; der Anteil an der Stromerzeugung soll auf 25% steigen (1979 4%).

In der **DDR** lief 1979 eine Kampagne zur *Energieeinsparung,* die (nach Presseberichten) in Teilbereichen (Raumheizung, Verkehr) Einsparungen von 5–7% erbrachte. Hauptenergieträger ist die *Braun-*

kohle, auf die 1979 18170 MW von insges. 20000 MW Kraftwerksleistung entfielen. Der Ausbau der Kernkraft soll durch die Sowjetunion verstärkt werden (1980 Vertrag über den Bau eines 3. Werkes bei Stendal).

Für viele **Entwicklungsländer** war auch 1979 die Energiepreissituation ein Hauptgrund für die katastrophale Wirtschaftslage und die wachsende Verschuldung. Viele Länder geben bereits über ⅓ ihrer Exporterlöse für Energieeinfuhren aus. 1980 schätzt man den Anteil am Export, der für den Import von Öl ausgegeben wird, in % auf: Türkei 59 – Brasilien 41 – Philippinen 39 – Indien 34. – Die privaten Haushalte sind weniger betroffen, da vielfach nichtkommerzielle Brennstoffe verwendet werden (Holz, pflanzliche und tierische Abfälle), jedoch leidet der Aufbau der Industrie stark. In den ölimportierenden Entwicklungsländern entfallen 80% des Öls auf Industrie und Verkehr (gegenüber 60% in den Industrieländern). 1979 deckte Erdöl rd. 60% des gesamten kommerziellen Energieverbrauchs der Entwicklungsländer; für die Zukunft werden Einsparungen durch effektivere Nutzung und Ausbau einheimischer Energiequellen angestrebt (z. B. Biomasse, Solarenergie).

Die Frage der **Energiegewinnung durch Kernkraftwerke** blieb in den westlichen Industrieländern umstritten, obwohl die Einsicht wächst, daß – zumindest mittelfristig – eine gesicherte Energieversorgung bei einer Verminderung des Ölanteils nur durch *verstärkten Kernenergieeinsatz* zu gewährleisten ist. So stellten z. B. im Febr. 1980 auf der »Konferenz zur Bewertung nuklearer Brennstoff-Kreisläufe« in Wien die Vertreter von 66 Staaten einstimmig fest, daß die friedliche Nutzung der Kernenergie unverzichtbar ist und künftig einen noch weitergehenden Beitrag zur Deckung des Energiebedarfs leisten muß. *K. Steinbuch* warnt vor den Versorgungsengpässen, Preiserhöhungen und der Verminderung des Lebensstandards, die sich »aus dem Zusammentreffen von Ölverknappung und Verzicht auf Kernenergie zweifellos ergeben« würden. – Als *Hauptargument*

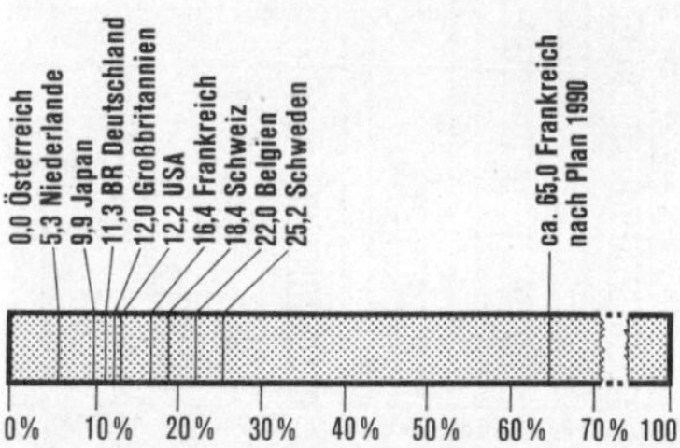

Anteil der Atomkernenergie an der Stromerzeugung in ausgewählten Ländern 1979
(Nach »Internationale Energieagentur«)

gegen die Kernenergie werden mögliche Umweltgefahren (Strahlenverseuchung) und die problematische Lagerung hochradioaktiver Abfälle genannt. Demgegenüber kommt eine Untersuchung des *Battelle-Instituts* für die Bundesregierung zum Ergebnis, daß die Stromerzeugung aus Kernenergie weniger gefährlich ist als jene aus Kohle und Öl. Vor allem die *Unfallgefahren* bei der Gewinnung (Bergwerke, Öltanker, Bohrinseln usw.) und die *Umweltbelastung* durch die Verbrennung von Kohle und Öl sind um ein Vielfaches höher als bei der sachgemäßen Nutzung der Kernenergie.
Ende 1979 waren **weltweit 240 Kernkraftwerke** mit einer Gesamtleistung von ca. 126000 MW in Betrieb. Sie erzeugten 1979 rd. 8,5% der Weltstromerzeugung. 1979 waren in Betrieb (Anzahl der Blöcke/ Erzeugung in Tsd. MW) u. a. USA 71/48,0 – Großbritannien 33/8,0 – Sowjetunion 27/9,9 – Japan 23/15,0 – Frankreich 21/12,9 – BR Deutschland 15/9,3 – Kanada 12/– – Schweden 6/3,8 – Schweiz 4/2,0 – Belgien 4/1,7 – Italien 4/1,4 – DDR 4/1,4 – Spanien 3/ 1,1 – Indien 3/ – Das größte Kernkraftwerk ist die Anlage in Fukushima/Japan mit 4700 MW, die im Okt. 1979 in Betrieb genommen wurde. – In der *BR Deutschland* sind 22 Kernkraftwerke mit rd. 26000 MW Leistung im Bau oder in der Planung, doch wurden die Arbeiten an mehreren gerichtlich oder aus politischen Gründen vorläufig eingestellt (z. B. Brokdorf, Wyhl, Grohnde). Nach den Plänen der Elektrizitätsunternehmen sollen bis 1985 10 Kraftwerke in Betrieb genommen werden (Grafenrheinfeld, Grohnde, Gundremmingen B und C, Kalkar, Krümmel, Mülheim-Kärlich, Philippsburg I und II, Uentrop-Schmehausen); die Anlagen Gundremmingen A und Lingen wurden 1979/80 endgültig stillgelegt.

Kraftfahrzeugherstellung s. Abschnitt »Verkehr«

Maschinenbau Der Maschinenbau ist in der *BR Deutschland* mit 14% aller Industriebeschäftigten, 11% des Umsatzes und 18% des Auslandsumsatzes der größte Industriezweig. Der Umsatz stieg 1979 um über 5% auf 11,4 Mrd. DM, 59,5% wurden exportiert. Der Import von Maschinenbauerzeugnissen betrug 13,9 Mrd. DM. Mit 24% des Welthandels ist die BR Deutschland vor den USA der größte Maschinenexporteur; nach dem Produktionsumfang steht sie nach USA und Sowjetunion an 3. Stelle. Für 1980 wird wiederum mit 4–5% Wachstum gerechnet.

Papier Die *Weltproduktion von Zeitungspapier* belief sich 1977 (1976) auf 22,71 (22,49) Mill. t, die Welterzeugung von anderem *Papier* und *Pappe* 1977 (1976) auf 129,13 (125,87) Mill. t. – Produktion (Zahlen gerundet und z. T. provis.) von Zeitungspapier (in Rollen und Bogen)/sonst. Papier und Pappe 1977 in 1000t: USA 3188/48572 – Japan 2370/13332 – Kanada 8169/3986 – Sowjetunion 1388/7676 – BR Deutschland 544/6059 – VR China

1100/5489 – Schweden 1111/3949 – Frankreich 255/4467 – Finnland 979/3641 – Italien 234/4038 – Großbritannien 326/3773 – Brasilien 107/2146 – Spanien 134/1922 – Niederlande 123/1502 – Österreich 171/1254 – Polen 84/1277 – Mexiko 56/1290 – Australien 207/1020 – DDR 104/1097 – Norwegen 435/741 – Tschechoslowakei 80/1061 – Rep. Korea (Süd-K.) 198/927 – Indien 56/936 – Südafrika 254/725 – Schweiz 173/604 – Argentinien 11/766 – Belgien 83/660 – Jugoslawien 96/618 – In der *BR Deutschland* steigerten 1979 (1978) die 230 (241) Papierfabriken mit 51300 Beschäftigten ihren Umsatz auf 9,2 (8,25) Mrd. DM. Der *Papierverbrauch* stieg auf 9,5 (8,8) Mill. t. – Beim *Altpapier-Recycling* wurde mit dem Einsatz von 3,3 Mill. t ein neuer Höchststand erreicht. – Der *Pro-Kopf-Verbrauch* an Papier und Pappe liegt in den westlichen Industrieländern bei 18–35 kg im Jahr, in Lateinamerika bei 2–8, in den afrikanischen Entwicklungsländern unter 1, in Indien bei rd. 0,3 kg.

Schiffbau s. Abschnitt »Verkehr«

Stahl (Rohstahl) Erzeugung 1979 (1978) in Mill. t (nach UNO-Angaben; Zahlen gerundet, z.T. vorl.)

Sowjetunion	149,00	(151,00)
USA	123,12	(123,89)
Japan	111,74	(102,11)
BR Deutschland	46,04	(41,26)
VR China (S)	34,30	(31,70)
Italien	24,04	(24,28)
Frankreich	23,36	(22,84)
Großbritannien	21,43	(20,30)
Polen	19,22	(19,25)
Kanada	16,08	(14,90)
Tschechoslowakei	14,81	(15,29)
Brasilien	13,81	(12,12)
Belgien	13,44	(12,60)
Rumänien (1978 bzw. 1977)	11,78	(11,46)
Spanien (1978 bzw. 1977)	11,26	(10,93)
Indien	9,96	(10,02)
Südafrika	8,77	(7,90)
Australien (1.7.–30.6.)	8,14	(7,54)
DDR (1978 bzw. 1977)	6,97	(6,85)
Mexiko (1978 bzw. 1977)	6,58	(5,41)
Niederlande	5,81	(5,59)
Österreich	5,42	(4,85)
Rep. Korea (Süd-K.)	5,20	(3,14)
Luxemburg	4,94	(4,79)
Schweden	4,73	(4,32)
Ungarn	3,91	(3,88)
Rep. China (Taiwan; S)	3,62	(2,90)
Volksdem. Rep. Korea (Nord-K.; 1978 bzw. 1977, S)	3,28	(3,20)
Argentinien	3,19	(2,57)
Bulgarien	2,48	(2,47)
Finnland	2,46	(2,34)
Jugoslawien	2,32	(2,42)
Türkei (1978 bzw. 1977)	1,63	(1,39)

Weltproduktion von Rohstahl (nach UNO-Angaben, ohne China) 1979 683 (1978 665; 1977 639; 1976 648; 1975 615; 1974 677) Mill. t. – Nach anderen Quellen (z.B. »Internat. Eisen- und Stahlinstitut«) betrug die *Welterzeugung* 1979 745,3 Mill. t und übertraf damit die bisherige Rekordproduktion von 1974. Die Mehrproduktion entfiel vor allem auf Japan, die EG sowie einige Entwicklungsländer, die ihre Produktionskapazitäten stark ausbauten (z.B. VR China, Rep. China, Brasilien, Mexiko). Die *Veränderung der Produktionsschwerpunkte* zeigt folgende Gegenüberstellung über den *Anteil an der Weltproduktion* in % 1969/1979: EG 23,4/18,8 – USA 22,3/16,5 – Sowjetunion 19,2/20,0 – Japan 14,3/15,0 – RGW-Länder ohne SU 6,5/8,1 – VR China 2,8/4,6 – übrige Länder 11,5/17,0 – Insgesamt erhöhte sich die Stahlproduktion der *Entwicklungsländer* 1979 um 13,9% auf 54 Mill. t.

Während die meisten *Entwicklungsländer* ihre Produktion steigerten (erhöhter Eigenbedarf, Importsubstitution, vermehrte Exporte aufgrund günstiger Preise), hielt in einigen *Industrieländern* die Krise der *Stahlindustrie* an (mangelnde Konkurrenzfähigkeit durch ungünstige Kostensituation, vor allem wegen veralteter Anlagen, in Großbritannien, Frankreich und USA). – In *Großbritannien* rechnet die staatliche »British Steel Corp.« 1980 mit 300 Mill. £ Verlusten; die Produktivität beträgt nur 142 t Rohstahl pro Beschäftigten und Jahr (BR Deutschland 237 t). Zur Sanierung soll 1980/81 die Kapazität von 21 auf 15 Mill. t, die Zahl der Beschäftigten von 152000 auf 100000 verringert werden (u.a. Schließung mehrerer Werke). – In der *Sowjetunion*

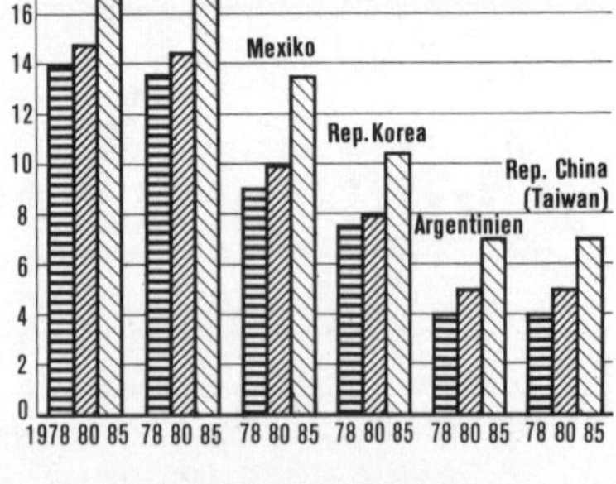

Die Entwicklung der Stahlproduktion in Entwicklungsländern
(Nach »Newsweek«)

stagnierte die Stahlerzeugung auch 1979 wegen Engpässen bei der Rohstoff- und Energieversorgung, geringer Arbeitsproduktivität und hoher Ausschußrate. Die Planziele konnten nicht erreicht werden.
In der **BR Deutschland** verbesserten sich 1979 Umsätze und Ertragslage der Stahlindustrie deutlich. Die *Produktion* erhöhte sich 1979 (1978) um 11,6 (5,8)% auf 46,04 (41,26) Mill. t, davon in % auf Oxygenstahl 76,1 (74,6) – Elektrostahl 14,0 (14,4) – Siemens-Martin-Stahl 9,9 (11,0) – Thomasstahl – (1968 noch 18,6%). Die Walzstahlerzeugung erhöhte sich auf 32,8 (30,2) Mill. t. Der deutsche Anteil an der *EG-Produktion* von 140,0 Mill. t stieg auf 32,9%, die *Exporte* konnten auf rd. 15 Mill. t gesteigert werden.

Textilindustrie Die seit Jahren in einer strukturellen Anpassungskrise befindliche *Textilindustrie der BR Deutschland* erlebte 1979 eine konjunkturelle Erholung. Der Umsatz stieg um 4% auf 1979 (1978) 32,3 (31,3) Mrd. DM, während bei der *Bekleidungsindustrie* die Produktion um 0,4% zurückging, der Umsatz aber auch um 3,2% auf 20,0 (19,3) Mrd. DM anstieg. Die Zahl der Beschäftigten nahm auf 310000 (319700) ab. In den vergangenen 10 Jahren gingen rd. 300000 Arbeitsplätze im Bereich Textil- und Bekleidungsindustrie verloren. – Der starke *Einfuhrüberschuß* an Textilien erhöhte sich 1979 auf rd. 8 Mrd. DM, die Textilimporte betrugen 1979 (1978) 24 (20,7) Mrd. DM, die Exporte 16 (13,9) Mrd. DM. Die Exportquote der gesamten Textil- und Bekleidungsindustrie konnte auf rd. 37% gesteigert werden, trotzdem ist die Entwicklung im Außenhandel weiterhin dadurch charakterisiert, daß die deutschen Arbeitskosten ein Mehrfaches über denen der »Billigexporteure« liegen. Eine Folge ist der hohe Passivsaldo im Handel mit den Entwicklungsländern und dem Ostblock. Z. B. betrugen die *Lohnkosten* je Arbeitsstunde in der Textilindustrie (nach »ifo-Institut«) 1979 in DM u.a.: Schweden 18,02 – Belgien 17,04 – BR Deutschland 15,85 – Schweiz 15,48 – Italien 13,48 – Frankreich 11,71 – USA 11,30 – Großbritannien 9,09 – Japan 8,83 – Ostblockländer 3,31 – Hongkong 2,14

Baumwoll- und **Wollgewebe** Erzeugung s. WA '80 Sp. 658 bzw. 671

Zement Erzeugung 1979 (1978) in Mill. t u.a. (nach UNO-Angaben)

Sowjetunion	123,01	(129,28)
Japan	87,80	(84,89)
USA (nur Fabrikversand, ohne Natur-Z.)	70,51	(71,74)
Italien (1978 bzw. 1977)	38,23	(38,21)
VR China (S)	36,00–40,00	
BR Deutschland	35,47	(35,50)
Frankreich	28,82	(28,02)
Spanien	27,91	(29,30)
Brasilien (1978 bzw. 1977)	23,24	(21,13)
Polen	19,18	(21,65)
Indien	18,26	(19,62)
Rep. Korea (Süd-K.)	16,43	(15,13)
Großbritannien	16,14	(15,91)
Rumänien	15,60	(13,90)
Mexiko (1978 bzw. 1977)	14,11	(13,09)
Türkei	13,79	(16,54)
DDR (1978 bzw. 1977)	12,52	(12,10)
Rep. China (Taiwan)	11,78	(11,14)
Griechenland (1978 bzw. 1977)	11,44	(10,56)
Kanada	10,51	(10,36)
Tschechoslowakei	10,26	(10,20)
Jugoslawien	9,02	(8,51)
Belgien (1978 bzw. 1977)	7,56	(7,76)
Südafrika (1978 bzw. 1977)	6,83	(6,58)
Argentinien (1978 bzw. 1977)	6,32	(6,01)
Österreich	5,66	(5,74)
Bulgarien	5,40	(5,15)
Australien	5,11	(5,02)
u.a. Schweiz (1978 bzw. 1977)	3,70	(3,65)

Weltproduktion (ohne China) 1979 (1978) 705 (711) Mill. t. – In der *BR Deutschland* meldeten die 71 Zementwerke 1979 (1978) einen Umsatz von 3,05 (2,8) Mrd. DM; der Absatz steigerte sich um 4,6% auf 34,6 Mill. t, davon Export 1,9.

Zigaretten *Welterzeugung* (nach UNO-Angaben, ohne VR China und Volksdem. Rep. Korea) 1977 (1976) 3321,6 (3055,5) Mrd. Stück – u.a. 1977 in Mrd. Stück: USA (1.7.76–30.6.77) 671,74 – Sowjetunion 378,45 – Japan 303,46 – BR Deutschland 141,18 – Brasilien (nur größere Fabriken) 129,00 – Großbritannien (ohne klein. Fabr.) 116,07 – Polen 89,59 – Frankreich 80,06 – Bulgarien (einschl. Zigarren) 76,58 – Italien 75,18 – Indien (ohne klein. Fabr.) 68,00 – Kanada 65,53 – Rep. Korea (Süd-K.) 58,97 – Türkei 54,52 – Spanien 53,77 – Philippinen (1976) 50,95 – Mexiko 49,93 – Jugoslawien 48,10 – Argentinien 35,93 – Niederlande 34,80 – Australien 32,88 – u.a. Schweiz 30,54 – DDR 21,66 – Österreich 14,32 – In der *BR Deutschland* stieg der Zigarettenkonsum 1979 erneut an; der Absatz aus Inlandsproduktion erreichte 1979 (1978) 123,6 (121,7) Mrd. Stück, der Gesamtverbrauch ca. 139,4 Mrd. Stück. Die Zahl der regelmäßigen Raucher wird auf 18 Mill. (von 61,3 Mill. Einw.) geschätzt. Den größten Anteil am Absatz hatten 1979 in %: HB 19,2 – Marlboro 11,0 – Lord extra 10,7 – Stuyvesant 7,4 – Ernte 23 7,4 – Reval 5,7 – Camel 5,5 – Lux 4,6 – R6 4,5 – Krone 3,2

Welthandel

Der gesamte **Welthandel** wuchs 1979 noch stärker als 1978. Die nominale Zunahme betrug 1979 (1978) rd. 25 (17) %, geht jedoch in dieser Höhe großenteils auf Wechselkursänderungen und Preissteigerungen zurück. Real ist von einer Zunahme von etwa 7 (6) % auszugehen (vorl. Zahlen). Nach Angaben des GATT-Sekretariats in Genf belief sich der Wert der **Exporte aller am Welthandel beteiligten Länder** (einschl. Schätzungen für Länder ohne Angaben) auf rd. 1 600 (1978: 1 280) Mrd. US-$. Die seit 1973 erkennbare Tendenz hielt an, daß sich das reale Wachstum nur noch langsam, das nominale dagegen immer schneller erhöht. Die *Zunahme des Welthandels* geht nicht mehr so stark wie früher auf die westlichen Industrieländer zurück, deren Anteil an den Weltexporten von 67,7 auf 67,2 % sank. Der nominale Wert wurde sehr stark von den OPEC-Ländern erhöht, deren Anteil von 11,4 auf 12,9 % anstieg. Die westlichen Industrieländer lieferten aber immer noch über ⅔ der Exporte, die EG-Länder allein bereits ⅓. Der Anteil der RGW-Länder (»Ostblock«) sank erneut von 8,8 auf 7,9 %.

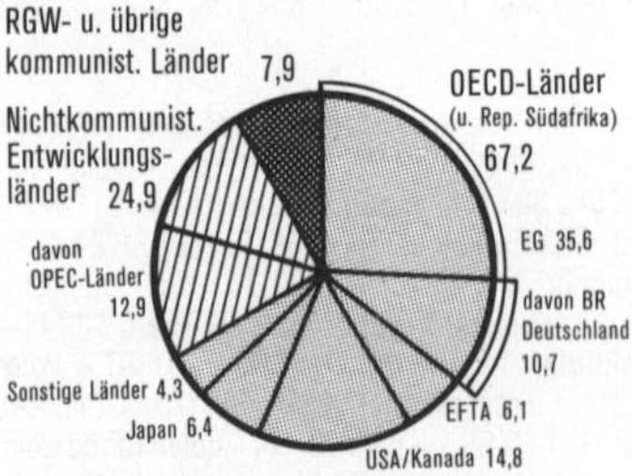

Anteil an der Weltausfuhr 1979 in %
(Nach UNO-Angaben, z. T. provis.)

Nach vorläufigen Berechnungen der UNO (»Monthly Bulletin of Statistics«, 1980/6) liegen bei den exportierenden Ländern die **USA** mit 178,578 Mrd. $ wieder deutlich vor der **BR Deutschland** mit 171,540, nachdem 1978 beide fast gleichauf lagen. Bei den Importen stehen die USA weiterhin mit großem Abstand an der Spitze (217,664 Mrd. $) vor der BR Deutschland mit 157,747 Mrd. $. Das Handelsbilanzdefizit der USA verringerte sich etwas von 41,6 auf 39,1 Mrd. $, während sich für die BR Deutschland der Überschuß auf 13,8 Mrd. $ verringerte. An 3. Stelle der Export- und Importländer steht **Japan,** das bei den Einfuhren **Frankreich** wieder überholte. Beide Länder haben Handelsbilanzdefizite, ebenso wie **Großbritannien** und **Italien,** die die nächsten Plätze einnehmen. Die *Konzentration des Welthandels* auf die wichtigsten westlichen Industrieländer hielt an. Auf die 7 bedeutendsten dieser Länder entfiel auch 1979 wertmäßig fast die Hälfte aller Weltexporte und bereits über die Hälfte der Importe.

Das zusammengefaßte *Handelsbilanzdefizit* der OECD-Länder erhöhte sich 1979 außerordentlich stark auf 105 Mrd. US-$ (1978 erst 46,3 Mrd. $). Dem steht der drastisch erhöhte Überschuß der OPEC-Länder von 102 Mrd. US-$ (1978 41 Mrd. $) gegenüber.

Die wichtigste *Währung* im Welthandel ist weiterhin der US-Dollar. 1978/79 wurden rd. 50 % des Handels in $ abgewickelt; es folgten in %: DM 14 – £ Sterling 7 – Franz. Franc 7 – Holl. Gulden 3,5 – Belg. Franc und Ital. Lira je 2,5 – Schweizer Franken 2.

In den 9 **EG-Ländern** erhöhten sich 1979 die Ausfuhren auf rd. 573 Mrd. $ (vorläufige Zahlen), die Einfuhren auf rd. 595 Mrd. $. Etwa 51 % des Außenhandelsvolumens der Mitgliedstaaten entfallen auf den *innergemeinschaftlichen Handel.* Der gesamte Außenhandel entspricht 24 % des Bruttosozialprodukts, allerdings mit großen Unterschieden zwischen den Ländern (Irland 52 %, Belgien 47 %, BR Deutschland 21 %, Frankreich 18 %). – Im April 1980 wurde ein auf 5 Jahre befristetes Handelsabkommen zwischen der *EG und Jugoslawien* geschlossen, das Handelserleichterungen bringt und das hohe Defizit Jugoslawiens abbauen helfen soll. – Am 1. 1. 1980 traten neue *EG-Zollpräferenzen gegenüber den Entwicklungsländern* in Kraft, die den Handel mit diesen Ländern erleichtern sollen. Insgesamt werden Einfuhren aus 118 Entwicklungsländern begünstigt. Auf 7 davon entfallen allein 60 % der betroffenen Einfuhren (Jugoslawien, Malaysia, Hongkong, Indien, Rep. Korea, Brasilien, Rumänien). Erstmals wurde auch die VR China einbezogen.

Der **Außenhandel der BR Deutschland** entwickelte sich 1979 sehr dynamisch. Bemerkenswert ist besonders die enorme nominale Steigerung der Importwerte (vor allem durch die Ölpreisverteuerung), die den Außenhandelsüberschuß so stark verminderten, daß er die negative Leistungsbilanz nicht mehr, wie in den Vorjahren, ausgleichen konnte, so daß sich erstmals seit 1965 wieder ein Zahlungsbilanzdefizit ergab. – Die BR Deutschland konnte auch 1979 ihren

Die führenden Welthandelsländer (vorläufige Werte, nach UNO-Angaben)

1979 (1978)			Einfuhr in Mill. $	1979 (1978)			Ausfuhr in Mill. $
1.	(1.)	USA	217664	1.	(2.)	USA	178578
2.	(2.)	BR Deutschland	157747	2.	(1.)	BR Deutschland	171540
3.	(4.)	Japan	110672	3.	(3.)	Japan	103032
4.	(3.)	Frankreich	106994	4.	(4.)	Frankreich	98059
5.	(5.)	Großbritannien	102969	5.	(5.)	Großbritannien	91030
6.	(6.)	Italien	77970	6.	(6.)	Italien	72242
7.	(7.)	Niederlande	67284	7.	(8.)	Niederlande	63667
8.	(10.)	Kanada	59226	8.	(11.)	Saudi-Arabien	60106
9.	(8.)	Sowjetunion	57773	9.	(9.)	Kanada	58932
10.	(9.)	Belgien-Lux.	53269	10.	(7.)	Sowjetunion	54762
11.	(11.)	Schweiz	29354	11.	(10.)	Belgien-Lux.	52306
12.	(13.)	Schweden	28488	12.	(14.)	Schweden	27240
13.	(12.)	Saudi-Arabien	27700	13.	(12.)	Schweiz	26507
14.	(14.)	Spanien	25432	14.	(21.)	Irak	21449
15.	(20.)	Rep. Korea (Süd-K.)	20339	15.	(13.)	Iran	19433
16.	(15.)	Österreich	20254	16.	(18.)	Südafrika	18400
17.	(17.)	Dänemark	18450	17.	(16.)	Spanien	17903
18.	(19.)	Singapur	17635	18.	(23.)	Nigerien	17800
19.	(16.)	Polen	17488	19.	(24.)	Kuweit	17496
20.	(18.)	Hongkong	17137	20.	(15.)	Australien	16826

Die führenden Liefer- und Abnehmerländer der BR Deutschland 1979
(Herstellungs- und Verbrauchsländer, nach »Wirtschaft und Statistik« 1980/2)

Einfuhr	Mrd. DM	Anteil in % a. d. ges. Einf. 1979	(1978)	Ausfuhr	Mrd. DM	Anteil in % a. d. ges. Ausfuhr 1979	(1978)
1. Niederlande	35,88	12,3	(12,6)	1. Frankreich	39,99	12,7	(12,2)
2. Frankreich	33,19	11,4	(11,6)	2. Niederlande	31,30	9,9	(10,0)
3. Italien	25,81	8,8	(9,5)	3. Belgien-Lux.	26,76	8,5	(8,3)
4. Belgien-Lux.	23,42	8,0	(8,4)	4. Italien	25,54	7,8	(6,8)
5. USA	20,27	6,9	(7,2)	5. Großbritannien	21,04	6,7	(5,9)
6. Großbritannien	17,23	5,9	(5,0)	6. USA	20,75	6,6	(7,1)
7. Schweiz	10,64	3,6	(3,9)	7. Österreich	16,46	5,2	(5,1)
8. Österreich	8,41	2,9	(2,9)	8. Schweiz	16,40	5,2	(5,1)
9. Japan	7,91	2,7	(2,9)	9. Schweden	9,12	2,9	(2,7)
10. Sowjetunion	7,40	2,5	(2,2)	10. Dänemark	6,84	2,2	(2,2)
11. Schweden	6,15	2,1	(2,1)	11. Sowjetunion	6,62	2,1	(2,2)
12. Libyen	5,54	1,9	(1,4)	12. Jugoslawien	5,80	1,8	(1,8)
13. Norwegen	5,33	1,8	(1,6)	13. Spanien	4,46	1,4	(1,3)
14. Dänemark	4,64	1,6	(1,6)	14. Saudi-Arabien	4,42	1,4	(1,5)
15. Nigerien	4,34	1,5	(1,0)	15. Japan	4,15	1,3	(1,2)
16. Saudi-Arabien	4,31	1,5	(1,2)	16. Griechenland	3,77	1,2	(1,1)
17. Iran	4,22	1,4	(1,7)	17. Norwegen	3,31	1,1	(1,1)
18. Spanien	3,84	1,3	(1,4)	18. Südafrika	3,14	1,0	(1,1)
19. Südafrika	3,64	1,2	(1,0)	19. Finnland	2,51	0,8	(0,7)
20. Kanada	3,10	1,1	(0,8)	20. Kanada	2,47	0,8	(0,8)

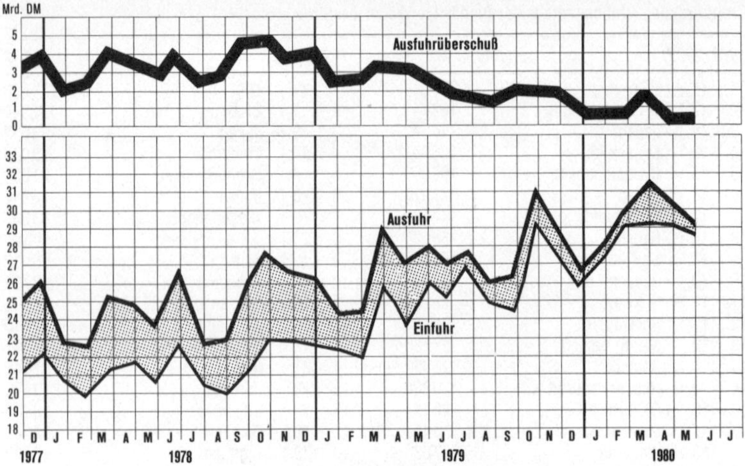

Der Außenhandel der BR Deutschland Monatliche Entwicklung (Nach »Handelsblatt«, modifiz.)

hohen Vorsprung vor Japan aufrechterhalten und behauptete ihren 2. Rang im Welthandel nach den USA und vor Japan und Frankreich. Die **Einfuhr** nahm 1979 (1978) nominal um 19,9 (3,7)% auf 292,2 (243,7) Mrd. DM zu. Real, d.h. volumenmäßig, betrug die Zunahme 9,1 (8,1)%. Die **Ausfuhr** erhöhte sich 1979 (1978) nominal um 10,4 (4)% auf 314,62 (284,91) Mrd. DM, real jedoch ebenfalls schwächer (wegen der gestiegenen Preise), nämlich um 7%. – Der *Außenhandelsüberschuß* (1978 noch 41,2 Mrd. DM) schrumpfte auf 22,5 Mrd. DM und erreichte damit den niedrigsten Stand seit 1972. Die Leistungsbilanz geriet dadurch mit –9,0 Mrd. DM ins Defizit (1978 noch +17,6 Mrd. DM). (Alle Zahlenangaben nach Statist. Bundesamt in »Wirtschaft und Statistik« 1980, H. 1–6).

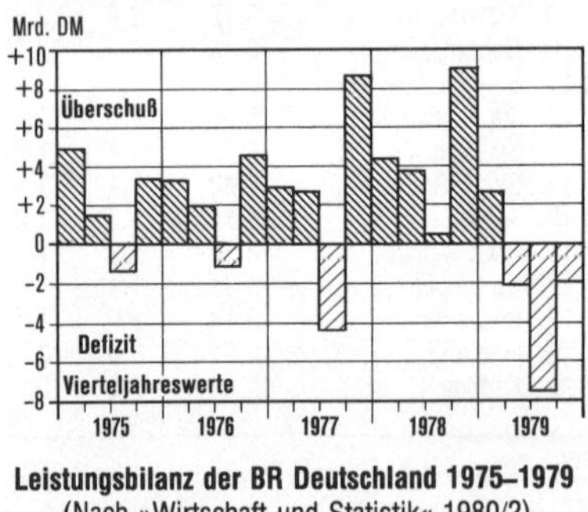

Leistungsbilanz der BR Deutschland 1975–1979 (Nach »Wirtschaft und Statistik« 1980/2)

Nach Einkaufs- bzw. Käuferländern *(Herstellungs- bzw. Verbrauchsländern)* waren die westlichen Industriestaaten wiederum die entscheidenden Partner, entfielen doch auf sie 1979 (1978) 79,4 (76,9)% der Ausfuhr und 75,8 (76,8)% der Einfuhr; die **EG** war allein zu **48,2** (45,8)% **an der Ausfuhr** und **zu 48,4** (49,1)% **an der Einfuhr,** die anderen europäischen Industrieländer des Westens (im wesentlichen **EFTA**) zu 20,7 (20,0)% an den Exporten und zu 15,0 (15,2)% an den Importen beteiligt. Die Exporte in die **USA** erhöhten sich nur um 4%, so daß der Anteil auf 6,4% sank; der deutsche Zahlungsbilanzüberschuß nahm stark ab, da die Einfuhren um 16% anstiegen. Die **Niederlande** blieben, trotz eines Rückgangs ihres Anteils auf 12,3%, das **wichtigste Lieferland** mit einem um 16,7% gewachsenen Importwert. **Frankreich** hielt mit einem auf 12,7% gestiegenen Anteil seinen Rang als **wichtigstes Abnehmerland.** Besonders stark wuchs wiederum der Handel mit Großbritannien (Einfuhr +42,8%, Ausfuhr +24,6%).

Beim **Handel mit den außereuropäischen Entwicklungsländern** waren die Ausfuhren um 5% rückläufig auf 45,1 Mrd. DM, während die Einfuhrwerte um 25% auf 54,4 Mrd. DM anwuchsen. Aus dem Ausfuhrüberschuß von 3,8 Mrd. DM (1978) wurde daher ein Einfuhrüberschuß von 9,3 Mrd. DM. Dieser Umschwung ist vor allem auf den Handel mit den **OPEC-Ländern** zurückzuführen, mit denen ein Passivsaldo von 7,8 Mrd. DM entstand (gegenüber einem Aktivsaldo von 5,1 Mrd. DM 1978). Die Einfuhren stiegen um 39% auf 27,0 Mrd. DM, während die Ausfuhren um 22% auf 19,2 Mrd. DM

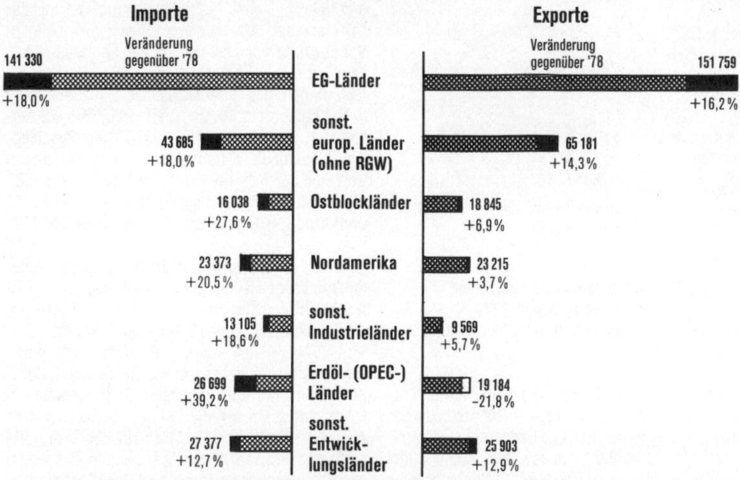

Der Außenhandel der BR Deutschland 1979 nach Ländergruppen in Mill. DM
(Nach »Wirtschaft und Statistik« 1980/2)

zurückgingen. Bei den Einfuhren gab es besonders hohe Steigerungen beim Handel mit Libyen (+62%), Nigerien (+77%), Kuweit (+88%) und Saudi-Arabien (+42%), während die Ausfuhren besonders stark rückläufig waren im Handel mit Iran (−65%), Venezuela (−38%) und Nigerien (−28%); sie stiegen dagegen nach Libyen (+32%), Irak (+30%) und Saudi-Arabien (+6%).

Der **Handelsaustausch mit den RGW- und anderen kommunistischen Ländern** (»Staatshandelsländer«) entwickelte sich weiter positiv. Die Ausfuhren nahmen um 6,9% auf 18,845 (1978: 17,635) Mrd. DM zu. Die Einfuhren aus diesen Ländern stiegen wesentlich stärker, nämlich um 27,6% auf 16,038 (1978: 12,565) Mrd. DM, so daß sich der Aktivsaldo des »Osthandels« von 5,070 auf 2,807 Mrd. DM verringerte. Diese Entwicklung war erwünscht, um die hohen Schulden der Ostblockländer abzubauen. Der Anteil des »Osthandels« an der Ausfuhr der BR Deutschland lag 1979 (1978) bei 6,0 (6,2)%, an der Einfuhr bei 5,5 (5,1)%. In der Einfuhr standen Rohstoffe, in der Ausfuhr Industriegüter (Maschinen) im Vordergrund. Wichtigster Osthandelspartner war auch 1979 die Sowjetunion mit 40,2% des gesamten Osthandelsumsatzes; die stärkste Ausweitung erfuhr wiederum der Handel mit der VR China (Einfuhr +32,7%, Ausfuhr +37,6%).

In der **Warenstruktur** des Außenhandels der BR Deutschland traten 1979 keine wesentlichen Veränderungen ein, starke anteilsmäßige Verschiebungen waren vor allem preisbedingt. Die höchsten Zuwachsraten bei den **Einfuhren** hatten nominal Rohstoffe (+39%) und Halbwaren (+34%). Real betrugen die Steigerungen jedoch nur 12% bzw. 1%, da bei den wichtigsten Gütern dieser Gruppen (Rohöl bzw. Mineralölprodukte) die Preissteigerungen überdurchschnittlich hoch waren. Die wichtigsten

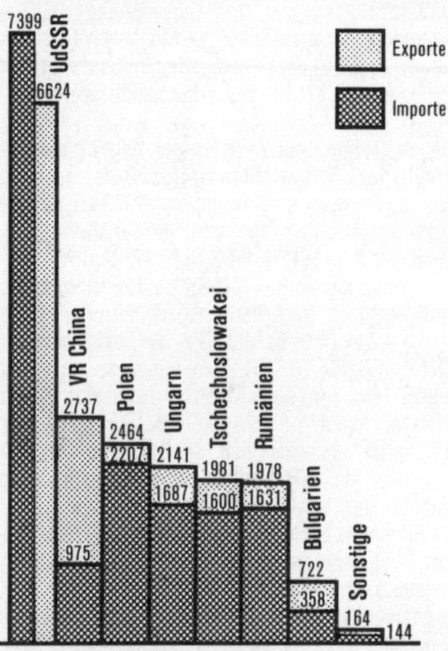

Der Osthandel der BR Deutschland 1979 in Mill. DM
(Nach »Wirtschaft und Statistik« 1980/2)

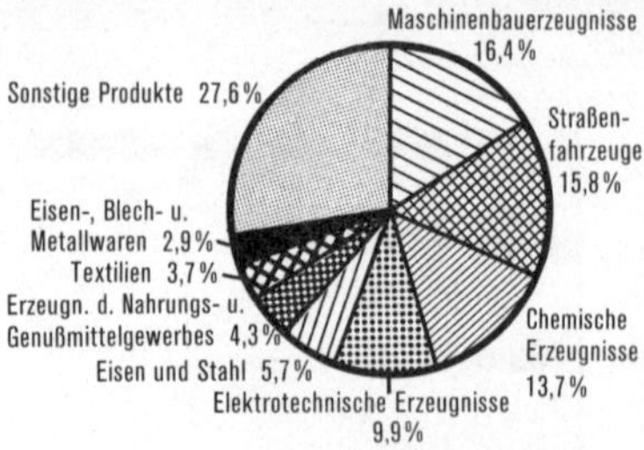

Die Ausfuhr der BR Deutschland nach Warengruppen 1979
(Nach »Wirtschaft und Statistik« 1980/3)

Einfuhrgüter waren 1979 (in % am Gesamt-Einfuhrwert): Erdöl und Erdgas 12,4 – Rohprodukte der Land- und Forstwirtschaft und Fischerei 8,6 – Chemische Erzeugnisse 8,2 – Nahrungs- u. Genußmittel 6,5 – Mineralölerzeugnisse 6,1 – Elektrotechnische Erzeugnisse 6,0 – Straßenfahrzeuge 5,6. – Bei der **Ausfuhr** dominierten wiederum Erzeugnisse des Maschinen- und Fahrzeugbaus (siehe Abbildung). Besonders hohe Zuwachsraten hatte die Ausfuhr von Mineralölerzeugnissen (+41,4%), Luft- und Raumfahrzeugen (+33,8%), chemischen Erzeugnissen (+20,7%) und Kunststofferzeugnissen (+17,5%).
Die höchsten **Importquoten** (Anteil der Importe an der Gesamtverfügbarkeit der Güter im Inland) hatten 1979 in %: Bergbau (mit Ölgewinnung) 66,0 – Büromaschinen und EDV 59,1 – Nichteisen-Metallindustrie 42,5 – Leder- und Schuhindustrie 41,1 – Textilindustrie 37,4 – Bekleidungsindustrie 35,4.

Beim sog. Innerdeutschen Handel, d. h. im **Warenverkehr der BR Deutschland mit der DDR** – der nicht zum Außenhandel zählt – ergab sich 1979 wieder eine Belebung. Die Lieferungen und Bezüge nahmen 1979 (1978) um 8,3 (1,4) % auf 9,18 (8,42) Mrd. VE zu (1 Verrechnungseinheit = 1 DM). Die Lieferungen des Bundesgebiets (mit Berlin/West) betrugen 1979 (1978) 4,711 (4,575) Mrd. DM, die Bezüge aus der DDR (mit Berlin/Ost) nahmen stärker zu auf 4,465 (3,900) Mrd. DM, so daß sich der Aktivsaldo der BR Deutschland auf 246 (675) Mill. DM verringerte. Der kumulierte Aktivsaldo, d. h. die **Schulden der DDR** gegenüber der BR Deutschland, wuchsen damit (einschl. der zinslosen Überziehungskredite bzw. des »Swing«) auf 3,91 Mrd. DM Ende 1979. – Der Anteil des innerdeutschen Handels am gesamten grenzüberschreitenden Warenverkehr der BR Deutschland ist zahlenmäßig nach wie vor unbedeutend (unter 2%). – Bei den bundesdeutschen **Lieferungen** dominierten 1979 chemische Erzeugnisse (19%), Maschinen (18%), Bergbauprodukte (13%) und Nahrungsmittel (9%); bei den **Bezügen** aus der DDR standen Mineralölerzeugnisse mit 22% im Vordergrund vor chemischen Erzeugnissen (9%), Textilien (8%) und Bekleidung (7%). – Die Bezüge/Lieferungen des Bundesgebietes umfaßten 1979 nach Transport in 1000 t: Straße 2207/345 – Eisenbahn 5282/2316 – Schiff 1913/354. Die unterschiedliche Struktur des Warenaustausches wird auch beim Volumen deutlich: Die BR Deutschland lieferte 4,05 Mill. t Waren zum Durchschnittspreis von 1163 DM/t und bezog 9,40 Mill. t Waren zum Preis von 475 DM/t.

Über den **Außenhandel der DDR,** zu dem auch der innerdeutsche Handel gezählt wird, liegen für 1979 noch keine verläßlichen Angaben vor. 1978 betrugen die Einfuhren 53,6 Mrd. VM, die Ausfuhren 46,1 Mrd. VM (»Valuta-Mark«, Recheneinheit, deren Wert sich aus einer bestimmten Relation zum Rubel berechnet). Der Außenhandel wird, im Rahmen des RGW, vor allem mit den übrigen Ostblockländern abgewickelt. Auf diese entfielen 1978 36,2 Mrd. VM Einfuhren und 34,4 Mrd. VM Ausfuhren. Besonders eng ist die Handelsverflechtung mit der Sowjetunion, auf die 1978 36% des Außenhandelsumsatzes der DDR entfielen. Auch für die Sowjetunion war die DDR der wichtigste Handelspartner mit 12% der Exporte und 10% der Importe. Besonders hoch ist der Anteil sowjetischer Lieferungen an den DDR-Einfuhren bei folgenden Gütern (in %): Erdgas 100 – Schnittholz 99 – Erdöl 89 – Baumwolle 85 – Traktoren 81 – PKW 68 – Baumaschinen 45. – Hohe DDR-Anteile an sowjetischen Importen erreichen z. B. (in %) Eisenbahnwaggons 80 – Schiffsdieselmotoren 75 – Lastkräne 30 – Schiffe 30 – Werkzeugmaschinen und Textilmaschinen 40–50.

In **Österreich** konnte die 1978 erreichte Senkung des *Einfuhrüberschusses* 1979 nicht aufrechterhalten werden, das Defizit im Außenhandel vergrößerte sich wieder auf 1979 (1978) 63,609 (55,800) Mrd. öS. Die *Einfuhren* wuchsen um 16,4% auf 269,862 Mrd. S, die *Ausfuhren* um 17,1% auf 206,253 Mrd. S. Bei den Einfuhren dominierten (wie schon seit Jahren mit ähnlichen Anteilen) die EG-Länder mit rd. ⅔; die Importe aus diesen erhöhten sich um 15,2%. Der Anteil der EFTA-Länder schrumpfte, da die Importe aus diesen nur um 7,7% zunahmen. Die höchste Einfuhrsteigerung (+52,6%) ergab der Handel mit den OPEC-Staaten. – Bei den Exporten ergab sich eine Zunahme um 19,6% beim Austausch mit den EG-Ländern; beim Handel mit den beiden wichtigsten Partnern BR Deutschland (+21,9% auf 63,6 Mrd. S = 31% der Exporte) und Italien (+30,0%) wuchsen die Exporte besonders stark. – Bei den Einfuhrgütern erhöhte sich auch in Österreich der Anteil der Roh- und Brennstoffe stark. Von den Industrien konnten lediglich die Eisenhütten, Papier, Glas- und Magnesitindustrie und Holzverarbeitung Außenhandelsüberschüsse erzielen. In allen anderen

Bereichen überwiegen die Einfuhren. – Dem vergrößerten Außenhandelsdefizit stand 1979 ein Überschuß aus der Dienstleistungsbilanz von 34,5 Mrd. S gegenüber. Das Zahlungsbilanzdefizit erhöhte sich insgesamt auf 17,7 Mrd. S.

Die **Schweiz** erhöhte (nach Angaben der Eidgenöss. Oberzolldirektion) ihre *Einfuhren* 1979 gegenüber 1978 um 15,2% auf 48,730 Mrd. Fr. Das reale Wachstum betrug 9,0%. Die *Ausfuhr* nahm wertmäßig um 5,4%, real um 2,2% zu auf 44,025 Mrd. Fr. Somit schloß die Handelsbilanz mit einem stark vergrößerten Defizit von 4,706 Mrd. Fr. (1978 erst 0,520). Zur Hälfte geht die Verschlechterung der Bilanz auf die Ölpreissteigerungen zurück. Noch 1976 war ein Überschuß von 173,6 Mill. Fr. erwirtschaftet worden. Die wichtigsten *Einfuhrgüter* waren 1979 (in Mrd. Fr.): Rohstoffe und Halbfabrikate 19,568 – Konsumgüter 15,680 – Investitionsgüter 7,940 – Energieträger 5,543. Besonders stark war die Importsteigerung wertmäßig bei Erdöl (+ 2,197 Mrd.) und Edelmetallen (+ 703 Mill.). Die wichtigsten Ausfuhrgüter waren 1979 (in Mill. Fr.) u.a.: Maschinen und Apparate 13482,4 – Pharmazeutika 3469,4 – Uhren 3259,7 – Textilien und Bekleidung 3207,6 – Metallwaren 2385,7 – Optische und feinmechanische Geräte 1467,6 – Nahrungs- und Genußmittel 1403,4. – Der *Außenhandel* weitete sich am stärksten mit den EG-Ländern und den OPEC-Ländern aus. Die bedeutendsten Außenhandelspartner waren 1979 (Einfuhr/Ausfuhr in Mrd. Fr.): BR Deutschland 13,947/8,643 – Frankreich 6,273/3,845 – Italien 5,055/3,127 – Großbritannien 3,755/3,091 – USA 3,049/2,993 – u.a. Entwicklungsländer 4,075/9,459.

Die **USA** waren auch 1979 das *führende Welthandelsland.* Aufgrund einer stärkeren Ausfuhr- als Einfuhrsteigerung konnte das Handelsbilanzdefizit leicht auf 39,086 Mrd. $ verringert werden. Eine deutliche Verbesserung der Bilanz dürfte aber nur bei Reduzierung der Öleinfuhren möglich sein, die 1979 der Menge nach um 2%, aber dem Wert nach um 43,5% auf 56,73 Mrd. $ anstiegen. In den meisten übrigen Bereichen war die Bilanz positiv; so ergab sich bei Industriegütern ein Ausfuhrüberschuß von 4,35 Mrd. $, bei landwirtschaftlichen Erzeugnissen sogar von 17,86 Mrd. $ (vor allem Exporte von Weizen und Sojabohnen). – Die wichtigsten *Ausfuhrgüter* waren 1979 (in Mrd. $): Maschinen 44,741 – Fahrzeuge 25,750 – Nahrungsmittel 22,245 – Rohstoffe (Bergbau u. Landwirtschaft) 20,755 – Chemische Erzeugnisse 17,306 – Der wichtigste *Handelspartner* (Im- und Exporte) war wiederum mit großem Abstand Kanada. Die besten *Ausfuhrkunden* waren 1979 in %: Kanada 18,2 – Japan 9,7 – Großbritannien 5,8 – Mexiko 5,4 – BR Deutschland 4,7 – EG insges. 23,4 – Lateinamerika insges. 14,4.

In **Großbritannien** entwickelte sich die *Handelsbilanz* 1979 sehr ungünstig. Die Exporte stiegen um 16% (real um 4,5%) auf 40,7 Mrd. £, die Importe dagegen um 20% (real 12%) auf 43,9 Mrd. £, so daß sich ein Defizit von 3,2 Mrd. £ (1978 erst 1,5 Mrd. £) ergab, obwohl das Defizit in der *Erdölbilanz* von 2,0 auf 0,8 Mrd. £ verringert werden konnte. Die ungünstige Entwicklung geht auf die geringe Leistungsfähigkeit der britischen *Industrie* zurück, die die hohe Inlandsnachfrage nach Konsumgütern nicht befriedigen konnte (starke Einfuhrsteigerungen, z.B. Autos) und die Ausfuhren nur um 1,5% zu steigern vermochte. Die Exportzunahme geht weitgehend auf Ölausfuhren zurück.

In **Frankreich** ergab die *Handelsbilanz* nach einem Überschuß (1978 + 2,2 Mrd. Fr.) 1979 wieder ein Defizit von 10,1 Mrd. Fr., obwohl die *Ausfuhren* um 19,9% auf 427,8 Mrd. Fr. gesteigert werden konnten. Die *Einfuhren* wuchsen jedoch stärker, vor allem durch die verteuerten Energieimporte, für die 82,5 Mrd. Fr. (+ 20,5 Mrd.) aufgebracht werden mußten. Bei den Ausfuhren sorgten sowohl Industrie (Ausfuhrüberschuß 47,2 Mrd. Fr.) als auch Landwirtschaft (3,3 Mrd. Fr.) für verbesserte Ergebnisse. – Gegenüber der übrigen *EG* konnte das Defizit auf 7,5 Mrd. Fr. verringert werden; gegenüber der *BR Deutschland* blieb es mit 10,02 Mrd. Fr. konstant. Ebenso wie Frankreich für Deutschland, so ist auch die BR Deutschland für Frankreich der mit Abstand größte Handelspartner, auf den 1979 17,2% aller Exporte und 18,0% aller Importe entfielen.

In **Italien** verschlechterte sich 1979 die Außenhandelsbilanz drastisch. Die *Einfuhren* erhöhten sich nominal um 35%, die *Ausfuhren* nur um 26%, so daß das Defizit von 362,6 (1978) auf 4725,6 Mrd. Lire anwuchs. Hauptverursacher war das Öldefizit von 9880 Mrd. Lire. Den größten Ausfuhrüberschuß erbrachte die Textil- und Bekleidungsindustrie mit 7371 Mrd. Lire, während sich die Überschüsse der übrigen Industriezweige teils stark verringerten, teils sogar in Defizite umschlugen (z.B. Metallindustrie).

In den **Niederlanden** entwickelte sich die Außenhandelsbilanz 1979 günstig. Die Ausfuhren stiegen nominal um 18% auf 127,6 Mrd. hfl, die Einfuhren nur auf 131,5 Mrd. hfl, so daß sich das Defizit auf 3,9 Mrd. hfl verringerte. Als ungünstig wird die starke Abhängigkeit von den europäischen Nachbarn angesehen. So entfielen 84% der Exporte auf Europa, davon 77,5% auf die EG-Partner bzw. allein 30,5% auf die BR Deutschland, 15,5% auf Belgien-Luxemburg und 10,7% auf Frankreich.

Japan, das als drittgrößtes Welthandelsland 1978 noch einen Ausfuhrüberschuß von 18,2 Mrd. $ aufzuweisen hatte, geriet 1979 mit 7,6 Mrd. $ ins

Defizit. Ursache waren auch hier vor allem die stark gestiegenen Energie-Einfuhrpreise, mit denen die Steigerung der Ausfuhr um nur rd. 5,5 % nicht Schritt halten konnte. In einigen Industriezweigen wurden jedoch erheblich größere Ausfuhrsteigerungen erreicht, insbes. bei Autos und elektronischen Geräten. Hierauf geht auch der starke Exportüberschuß mit den USA zurück, der rd. 8,7 Mrd. $ betrug und zu Forderungen amerikanischer Gewerkschaften und Unternehmer nach Einfuhrrestriktionen führte.

In den **RGW-Ländern** verstärkte sich 1979 die Tendenz zur Abkoppelung vom Weltmarkt nicht mehr, d. h. der Intrablockhandel wuchs kaum noch stärker als der Handel mit Ländern anderer Wirtschafts- und Gesellschaftssysteme. Einer noch stärkeren Ausweitung des sog. **»Ost-West-Handels«** stand vor allem (auf der Lieferseite) die mangelnde Leistungsfähigkeit, auf der Empfängerseite die Devisenknappheit und bereits außerordentlich hohe *Verschuldung* entgegen. Trotz einer Reduzierung des Ostblock-Defizits im Handel mit den westlichen Industrieländern auf 3 Mrd. US-$ (1979) stieg die Gesamtverschuldung der RGW-Länder bei den westlichen Staaten auf über 110 Mrd. DM an. Besonders *Polen* ist hoch verschuldet, während die *Sowjetunion* einen Teil ihrer Schulden mit Goldverkäufen zurückzahlte. – Der Außenhandel der *Sowjetunion* wuchs 1979 wertmäßig um 14 % auf 80,3 Mrd. Rbl., davon Exporte 42,4 und Importe 37,9 Mrd. Rbl. Der Handel mit dem Westen nahm (laut »TASS«) auf 25,8 Mrd. Rbl. zu, vor allem durch Preissteigerungen bei den Hauptausfuhrgütern Erdöl, Erdgas, Gold und Bergbauprodukte. Die Importe aus dem Westen (insbes. Maschinen, Eisen- und Stahlerzeugnisse, Lebensmittel) stagnierten, um das Defizit zu verringern. Insgesamt bezog die Sowjetunion 1979 rd. 35 % ihrer Importe aus den OECD-Ländern. – Der *Anteil der Sowjetunion* an den Exporten westlicher Industriestaaten ist weiterhin relativ unbedeutend; er beträgt (in % der Ausfuhr) z. B. für Japan 2,4 – BR Deutschland und Frankreich je 2,1 – USA 2,0 – Italien 1,7 – Kanada 1,2 – Großbritannien 1,0.

Die **VR China** weitete ihren Außenhandel 1979 wertmäßig um 28 % aus. Die Exporte stiegen auf 21,2 Mrd. Yuan (+ 26,3 %), die Importe auf 24,3 Mrd. Yuan (+ 29,6 %). Es ergab sich also ein Defizit von 3,1 Mrd. Yuan (= 1,79 Mrd. US-$). *Hauptausfuhrgüter* waren 1979: Textilien und sonst. Leichtindustrieerzeugnisse 45 % – Mineralien und Schwerindustrieerzeugnisse 31,9 % – Agrarprodukte 23,1 % – Wichtigste *Handelspartner* waren wiederum Japan, Hongkong sowie – etwa gleichauf – BR Deutschland und USA. – Die deutschen Einfuhren aus der VR China stiegen 1979 um 33 % auf 974 Mill. DM, die Ausfuhren um 37,5 % auf 2,7 Mrd. DM.

Bei einer Betrachtung des Handels der nichtkommunistischen **Entwicklungsländer** muß deutlich zwischen ölexportierenden (OPEC) und ölimportierenden Ländern unterschieden werden. Aufgrund der enormen Ölpreissteigerungen stiegen die Ausfuhrerlöse der *OPEC-Staaten* bei etwa gleichem Exportvolumen wie 1978 sehr stark an. Nach Schätzungen erhöhten sich die Öleinnahmen um 83,2 Mrd. $ auf rd. 199 Mrd. $. Der Anteil der OPEC-Länder an den Weltexporten erhöhte sich von 11,4 auf 12,9 %. Da in einigen Ländern deutlich weniger importiert wurde (z. B. Iran, Nigerien), stieg der Leistungsbilanzüberschuß der OPEC-Staaten auf rd. 68 Mrd. $. Als ein Hauptproblem des Welthandels der nächsten Jahre wird das *»Recycling« der OPEC-Überschüsse* bezeichnet, d. h. das Zurückführen in den Weltwirtschaftskreislauf. – Für die *rohstoffarmen Entwicklungsländer* verschärften sich die wirtschaftlichen Probleme 1979 sehr stark. Ihr Anteil am Weltexport ging auf 12 % zurück; ihr Leistungsbilanzdefizit stieg auf 25 Mrd. $ an. Trotz erneuter Versuche konnte auch 1979/80 keine Lösung der Welthandelsprobleme bzw. der Frage einer »gerechten« Beteiligung der »armen« Entwicklungsländer am Welthandel gefunden werden. Die 5. UN-Welthandelskonferenz im Mai 1979 in Manila (UNCTAD V) endete in dieser Beziehung ergebnislos.

Verkehr

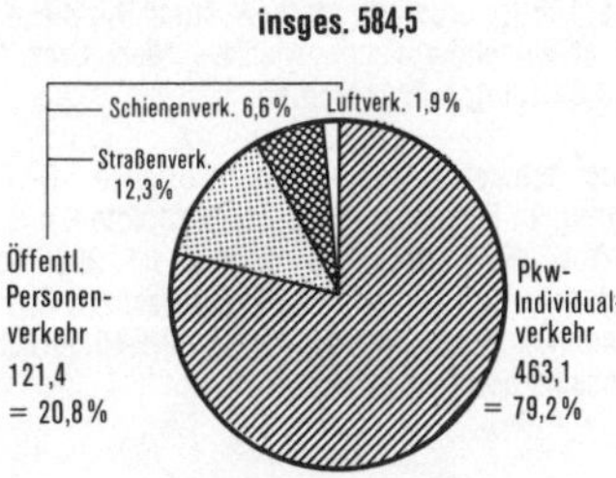

Personenverkehr in Mrd. Personenkilometern

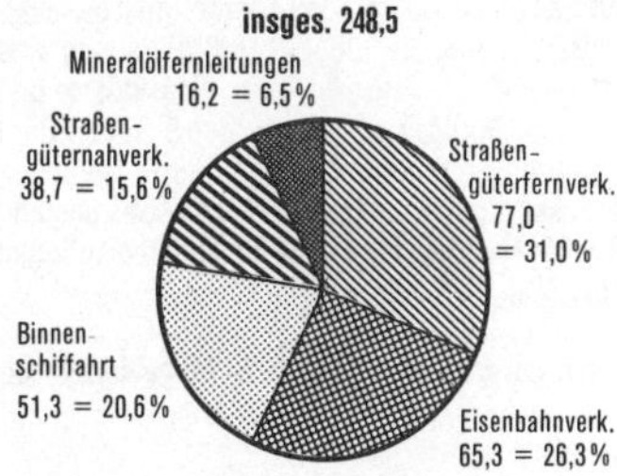

Güterverkehr in Mrd. Tonnenkilometern (ohne Seeschiffahrt)

Personen- und Güterverkehr in der BR Deutschland 1979 nach Verkehrsträgern
(Nach »ifo-schnelldienst« 1980/3)

LUFTVERKEHR

Der *Weltluftverkehr* erlebte 1979 eine ähnlich kräftige Steigerung wie 1978. Aufgrund des konjunkturellen Aufschwungs in wichtigen Industrieländern und einer flexibler gewordenen Preis- und Angebotspolitik – besonders in den USA – ergab sich ein Zuwachs bei den beförderten Passagieren von rd. 10% auf rd. 737 (1978: 670) Mill. (nur Mitglieder der *ICAO*/Internat. Civil Aviation Organisation, d.h. ohne Sowjetunion). Die Verkehrsleistungen in Passagierkilometern stiegen sogar um 10,5%, jedoch nur durch Zuwachs beim Linienverkehr. Der Charterverkehr nahm um 6,6% ab, vor allem wegen der Niedrigtarife von Liniengesellschaften. Bei der Luftfracht war eine Steigerung von 7% auf 27,7 Mrd. t/km zu verzeichnen. Wegen des scharfen Konkurrenzkampfes und der starken Treibstoffverteuerung – die nicht voll auf die Preise umgelegt werden konnte – sanken die Erlöse der Luftfahrtgesellschaften stark, z.B. halbierten sich 1979 die Gewinne der US-amerikanischen Gesellschaften gegenüber 1978. – Der *Nordatlantikflugverkehr* wuchs 1979 um rd. 16% (Personenverkehr) und blieb damit die aufkommensstärkste interkontinentale Route. – Die *wichtigsten Fluggesellschaften der Welt* waren (nach Verkehrsaufkommen in Mrd. t/km 1976): 1. Aeroflot (Sowjetunion) 14446 – 2. United Airlines 5763 – 3. PAA 4617 – 4. American Airlines 4567 – 5. TWA (alle USA) 4461 – 6. British Airways (Großbrit.) 3434 – 7. Eastern Airlines (USA) 3247 – 8. Delta (USA) 3018 – 9. Japan Airlines 2888 – 10. Air France 2771 – 11. Deutsche Lufthansa 2560

1980 wird in der weiteren *Treibstoffverteuerung* das Hauptproblem des Luftverkehrs gesehen. Viele Fluggesellschaften stellen ihren Betrieb beschleunigt auf benzinsparende Maschinen um. – Die DDR-Linie *»Interflug«* stellte im Apr. 1980 ihren gesamten Inlandsflugverkehr ein. – Die *Lufthansa* rechnet 1980 mit Treibstoffkosten von 1,2 Mrd. DM (= 20% der Gesamtkosten).

Der größte *Verkehrsflugzeughersteller* war auch 1979 die Firma *Boeing* in Seattle (USA) mit rd. 3530 ausgelieferten Maschinen. Das französisch-deutsch-englische Gemeinschaftsunternehmen *»Airbus«* erwies sich 1979/80 als sehr erfolgreich, vor allem wegen seiner Sparsamkeit. Bis Ende 1983 sollen 360 Maschinen ausgeliefert werden; der Auftragsbestand betrug Anf. 1980 404.

In der **BR Deutschland** erhöhte sich die Zahl der *Fluggäste* (An, Ab, Transit) 1979 (1978) um 9,1% (6,5%) auf 48,534 (44,504) Mill. (11 Verkehrsflughäfen). Insgesamt wurden auf den Verkehrsflughäfen 1,01 Mill. Starts und Landungen durchgeführt, davon 0,66 Mill. im gewerblichen Verkehr; hiervon entfielen 0,49 Mill. (= 74,2%) auf den Linienverkehr. An *Luftfracht* wurden 1979 887007 t (+3,9%) abgefertigt; im Luftpostverkehr 142249 t (+23,2%). – Die Zahl der in der BR Deutschland zugelassenen Flugzeuge betrug 1979 (1978) 7341 (6985), davon 6080 (5792) einmotorige Flugzeuge bis 2t und 147 (147) Maschinen über 20t. Insgesamt 121 Unternehmen hatten die Genehmigung, gewerblichen Luftverkehr zu betreiben, davon allein die Deutsche Lufthansa im Linienverkehr.

Die *Deutsche Lufthansa* erhöhte 1979 erneut Leistungen und Umsatz. Das Unternehmen beschäftigte 1979 (1978) 29838 (29400) Personen und beförderte 13,74 (12,58) Mill. Passagiere und 399300 (351500) t Fracht. Es wurden 5,357 (5,055) Mrd. Tonnenkilometer angeboten, der Nutzladefaktor verbesserte sich auf 65 (61) %; die Flotte bestand aus 95 (96) Flugzeugen. Für 1980 sind Investitionen von 690 Mill. DM vorgesehen.

In **Österreich** wurden 1979 (1978) im gewerblichen Luftverkehr der 6 Verkehrsflughäfen 3,635 (3,368) Mill. Passagiere befördert (+ 7,9%; einschl. Transit); die Luftfracht stieg um 6,7% auf 39255 (36776) t, die Luftpost um 9,9% auf 4861 (4424) t. Auf die einzelnen Flughäfen entfielen 1979 an Fluggästen in 1000: Wien 2927 – Salzburg 353 – Graz 137 – Linz 124 – Klagenfurt 83 – Innsbruck 11. – Am 1. 4. 1980 wurde von der »Austrian Airlines« ein neuer Binnenflugdienst zwischen Wien, Graz, Linz und Salzburg aufgenommen.

In der **Schweiz** waren wiederum Zürich und Genf die führenden Flughäfen (s. Liste). Es folgte Basel mit 1979 27152 Flugzeugbewegungen, 857053 Passagieren (+ 12,4%) und 21400 t Luftfracht (+ 7,8%). – Die *Swissair* erhöhte 1979 die Zahl der beförderten Passagiere auf rd. 7 Mill.

Verkehrsleistungen der Verkehrsflughäfen der BR Deutschland 1979
(nach ADV; einschl. nichtgewerbl. Verkehr und Transit)

Flughafen	*Fluggäste insges.*	*Veränderung geg. 1978 in %*	*Luftfracht in t*	*Luftpost in t*
Frankfurt/Rhein-Main	17449604	+11	637454	81924
Düsseldorf	6954941	+10	40298	5098
München	6044418	+ 8	39365	10244
Berlin (West)	4519254	+12	11694	10564
Hamburg	4515018	+ 9	42926	10969
Stuttgart	2856368	+ 4	20912	5807
Hannover	2248380	+ 7	10531	4153
Köln/Bonn	2220625	+ 5	74477	7705
Nürnberg	834892	+ 3	5839	3951
Bremen	715617	+ 7	4337	1834
Saarbrücken	174594	+ 8	174	–
Veränderung gegenüber 1978	*insges.*	+ 9,1%	*+3,9%*	*+23,2%*

Flugleistungen (nur Gesellschaften der ICAO-Mitglieder und ohne UdSSR; nach »Monthly Bulletin of Statistics« der UNO, 1980/6)

	1965	1976	1977	1978	1979
Geflogene km in Mill.	4100	7830	8090	8490	9000
Fluggast/km in Mill.	198000	632000	691000	796000	900000
Fracht-t/km in Mill.	4960	19230	21340	23600	25410
Luftpost-t/km	1100	2540	2660	2740	2860

Flugleistungen im Zivilluftverkehr (Verkehr mit Fluglinien des betr. Landes; national u. international) Fluggast/km in Mill./Fracht-t/km in Mill. 1978 u. a.: USA 359628/10080 – Großbritannien 40416/1162 – Frankreich 30216/1809 – Kanada 26964/675 – Japan 25656/1316 – Australien 20988/501 – BR Deutschland 17568/1410 – Spanien 14604/386 – Niederlande 12384/823 – Italien 12156/511 – u. a. Österreich 1034/12 – Schweiz 10152/430 – Singapur 9756/420 – Sowjetunion (nur international) 8364/270

Verkehrsleistungen führender internationaler Flughäfen 1979
(Nach »Arbeitsgemeinschaft der deutschen Verkehrsflughäfen«/ADV 1979)

Flughafen *Ankünfte und Abflüge*	*Fluggäste in 1000*	*Veränderung gegen Vorjahr in %*	*Luftfracht in 1000 kg*	*Veränderung gegen Vorjahr in %*
Chicago/O'Hare	47316	– 2,6	777978	– 7,7
Atlanta	41665	+14,0	333780	+ 8,1
Los Angeles	34923	+ 6,1	675814	– 6,1
London/Heathrow	27977	+ 5,6	498300	+ 7,7
New York/Kennedy	26977	+ 8,6	1088580	– 0,8
San Francisco Int.	23053	+ 7,3	346753	– 7,3
Dallas-Fort Worth	22579	+14,0	421045	–
Tokio Int. (1978)	20623	–	278500	–
Denver	20543	+ 8,5	109716	–11,0
Miami	19628	+19,0	483671	+ 3,9
New York/La Guardia	18391	+ 7,6	39116	–15,1
Osaka	16824	+10,4	178091	+16,6
Frankfurt/Rhein-Main	16565	+11,5	595513	+ 6,9
Boston	15196	+12,2	181472	+ 5,4
Paris/Orly	14546	+ 6,2	169191	+ 1,9
Honolulu	14535	+ 4,9	148208	+ 2,8
Washington/National	14278	+ 6,1	34115	– 9,7
Toronto (1978)	12423	–	200137	–
Houston	10901	+11,8	35606	+ 8,8
Detroit/Metro	10832	+13,3	164575	– 9,0
Las Vegas/Int.	10574	+16,1	16751	+11,5
Rom/Fiumicino	10497	+ 3,5	156567	– 1,2
Mexico City	10445	+13,7	112698	+ 9,1
Philadelphia	10434	+ 9,3	121198	– 4,1
Minneapolis	10399	+19,2	84234	+20,0
Madrid	10117	+ 0,9	145166	– 5,1
Seattle-Tacoma	9820	+17,4	171038	+ 1,9
Paris/Ch. de Gaulle	9763	+ 2,8	383719	–12,5
Amsterdam	9703	+ 6,5	300365	+11,3
Pittsburgh (1978)	9632	–	–	–
Kopenhagen	9316	+ 7,4	159537	– 0,8
New York/Newark	9297	+ 9,7	106584	– 4,6
Lambert-St. Louis	9099	+ 9,7	41599	–17,8
London/Gatwick	8701	+12,1	117300	+ 5,7
Athen (1978)	8379	–	53000	–
Tampa	8199	+17,4	29125	+ 4,2
Palma (1978)	7889	–	30453	–
Zürich/Kloten	7520	+ 2,0	156711	+ 2,1
Sydney (1978)	7320	–	126531	–
Tokio/Narita	7254	+85,0	425000	+77,1
Cleveland (1978)	7055	–	87305	–
Düsseldorf	6832	+10,2	37951	+12,2
Vancouver	6660	+14,5	66491	+ 4,8
New Orleans	6562	+ 8,5	41766	–13,6
San Diego	6542	+ 5,8	17646	+ 1,6
Hongkong	6252	+11,2	257407	+12,4
Barcelona (1978)	6092	–	60686	–
Fort Lauderdale	5985	+ 8,7	15436	–33,6
Kansas City Int.	5979	+10,9	30719	–28,6
San Juan	5973	+ 7,5	135109	– 2,9
Phoenix (1978)	5932	–	–	–
Montreal/Dorval (1978)	5815	–	43319	–

Fortsetzung nächste Seite

Flughafen Ankünfte und Abflüge	Fluggäste in 1000	Veränderung gegen Vorjahr in %	Luftfracht in 1000 kg	Veränderung gegen Vorjahr in %
Melbourne	5802	+ 8,1	96267	+11,5
München	5732	+ 8,5	28482	−14,6
Dschidda (Jeddah) (1978)	5624	–	35691	–
Caracas	5432	+15,0	92357	− 8,1
Calgary	5406	+78,6	–	–
Memphis	5260	+10,9	61296	+ 3,6
Orlando (1978)	5182	–	16698	–
São Paulo	5144	+ 5,1	44179	− 9,7
Brüssel	5036	+ 6,4	147559	+12,6
Mailand/Linate	4947	+ 2,1	70726	+ 4,6
Singapur (1978)	4763	–	121010	–
Stockholm/Arlanda	4667	+ 6,7	49421	+24,1
Las Palmas (1978)	4549	–	45199	–
Portland	4529	+ 8,1	59558	− 0,3
Berlin/Tegel	4519	+12,4	11694	+ 2,1
Rio de Janeiro	4509	+ 5,0	107759	+ 9,0
Kairo	4305	+ 8,4	42040	+14,3
Hamburg	4302	+ 8,4	26481	+ 6,2
Bombay	4223	+11,0	101577	+12,3
Salt Lake City (1978)	4222	–	23842	–
Bangkok	4057	+14,9	92942	+27,0
Manila (1978)	4034	–	89200	–
Taipeh	4021	−35,9	115328	+ 5,0
Genf	4010	+ 2,5	36433	+ 0,7
Johannesburg	3886	+13,6	64734	− 6,4
Baltimore/Washington	3868	+ 6,2	61151	− 9,3
Teheran (1978)	3743	–	50445	–
Moskau/Tscheremetjewo (1978)	3671	–	58951	–

KRAFTFAHRZEUGBESTAND UND -PRODUKTION STRASSENVERKEHR UND STRASSENBAU

Weltbestand an Kraftfahrzeugen (ohne VR China und VR Korea und ohne motor. Zweiräder u. landwirtschaftl. Zugmaschinen) 1977 (1976) 362,070 (341,33) Mill. Stück, davon 285,66 (271,62) Mill. PKW (einschl. Kombi) und 76,41 (69,71) Mill. LKW und Busse.

Kraftfahrzeugbestand nach Kontinenten und wichtigen Ländern 1977 (meist nach UNO-Angaben, z. T. Zahlen gerundet u. provis.) in 1000 Stück PKW u. Kombi/LKW u. Busse: **Afrika** 5290/2480 (u. a. Südafrika 2164/821 – Marokko [1976] 347/146 – Algerien [1975] 286/155 – Libyen [1975] 263/131 – Ägypten 283/64 – Simbabwe [1974] 180/70 – Nigerien [1973] 150/82 – Kenia 114/84 – Sambia [1976] 94/78 – Tunesien [1975] 103/67 – Angola [1973] 127/36 – Zaïre [1974] 85/76 – Ghana 72/49 – Kamerun [1976] 60/51) – **Amerika** a) *Nord- u. Mittelamerika* 127220/34020 (u. a. USA [1976] 109003/26152 – Kanada [1976] 9016/2317 – Mexiko 2682/1078 – Puerto Rico [1974] 608/125 – Trinidad und Tobago 118/32 – Guatemala 83/50 – Cuba [1976] 80/40) – b) *Südamerika* 11480/3610 (u. a. Brasilien [1976] 5916/1397 – Argentinien [1974] 2028/880 – Venezuela [1975] 955/369 – Kolumbien 454/105 – Chile 297/182 – Perú 300/166 – Uruguay [1976] 127/104) – **Asien** (ohne VR China u. Volksdem. Rep. Korea) 26030/14880 (u. a. Japan 19826/11553 – Indien 805/690 – Iran 933/204 – Indonesien 479/327 – Malaysia 572/196 – VR China [S 1975] 400/350 – Türkei 472/231 – Philippinen [1976] 386/281 – Thailand [1975] 266/267 – Israel 313/108 – Kuweit 286/95 – Pakistan [1975] 196/92 – Rep. Korea [Süd-K.] 126/145 – Irak 150/75 – Singapur 142/55 – Hongkong 130/52) – **Australien/Ozeanien** 6930/1630 (u. a. Australien 5550/1330 – Neuseeland [1976] 1181/222 – Neukaledonien 56/21) – **Europa** (ohne UdSSR) 102010/13590 (u. a. BR Deutschland 20020/1390 – Frankreich 16700/2640 – Italien [1976] 15925/1682 – Großbritannien [1976] 14562/1898 – Spanien 5945/1158 – Niederlande 3851/355 – Belgien 2871/297 – Schweden [1976] 2881/162 – DDR 2237/570 – Österreich 1865/472 – Jugoslawien 1924/199 – Tschechoslowakei 1828/290 – Polen 1547/569 – Schweiz 1933/154 – Dänemark 1381/275 – Portugal 1034/288 – Norwegen 1107/162 – Finnland 1075/145 – Ungarn 745/229 – Griechenland 619/276 – Irland 578/58) – **Sowjetunion** [1973] 1815/5060 – Der **Weltbestand an Kraftfahrzeugen** erhöhte sich von 1968 (215 Mill.) bis 1977 um ca. 68%, wobei die höchsten Zuwachsraten auf die erdölexportierenden Staaten und die industrialisierten RGW-Länder entfielen.

In der **BR Deutschland** erhöhte sich der Bestand an zugelassenen Kraftfahrzeugen am 1.1.1980 (1979) auf 26,220 (25,066) Mill., davon (in Tsd.) PKW 20910 – Kombi 1703 – Traktoren 1627 – LKW 1247 – Motorräder 489 – Omnibusse 69 – sonst. 174 – außerdem Anhänger 1264 – Mopeds u.ä. 2014 (nach Kraftfahrt-Bundesamt) – In der **Schweiz** gab es 1978 2,342 Mill. Kraftfahrzeuge, darunter (in Tsd.) PKW 2055 – Motorzweiräder 797 – Lieferwagen 105 – Lastwagen 44 – Der **PKW-Bestand** je 1000 Einwohner betrug Ende 1978 u. a.: USA 522 – Kanada 420 – Australien 394 – BR Deutschland 352 – Schweden 345 – Frankreich 332 – Schweiz 324 – Dänemark 275 – DDR 143 – Tschechoslowakei 129 – Ungarn 79 – Polen 52 – Sowjetunion 19.

Nach Angaben des Kraftfahrt-Bundesamtes in Flensburg wurden in der *BR Deutschland* 1979 2950500 fabrikneue Kraftfahrzeuge neu zugelassen, darunter (in Tsd.) PKW u. Kombi 2623 – LKW 142 – Motorräder 101. Gegenüber 1978 betrug der Rückgang rd. 0,5%. Von den neu zugelassenen PKW kamen 24% aus dem Ausland (Frankreich 10% – Japan 5,6% – Italien 4,2%).

Neuzulassungen von Personenkraftwagen und Kombis in der BR Deutschland (nach »Kraftfahrt-Bundesamt«)

Hersteller	*1979* (in 1000)	*1978* (in 1000)	*Anteil 1979 in %*
VW/Audi	827	807	31,5
Opel	483	524	18,4
Ford	312	370	11,9
Daimler-Benz	243	221	9,3
BMW	154	155	5,9
Renault	130	123	5,0
Fiat	98	110	3,7
Citroën	51	58	1,9
Chrysler	45	55	1,7
Peugeot	41	50	1,6
Toyota	33	32	1,3
Sonstige	205	158	7,9
Insgesamt	*2622*	*2663*	

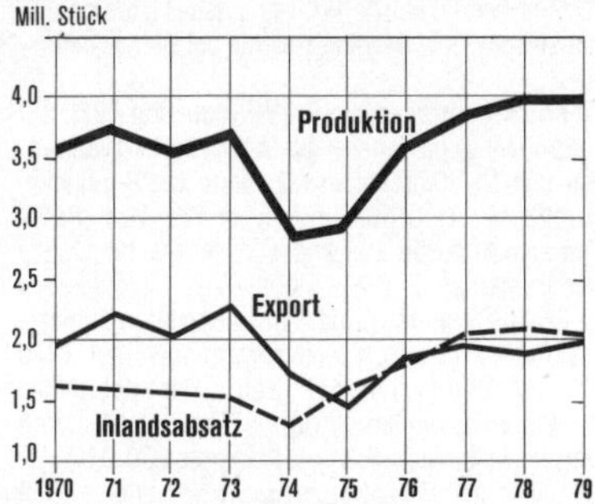

Die PKW-Industrie der BR Deutschland 1970–1979
(Nach »Handelsblatt«)

Die beliebtesten Typen waren 1979 (in 1000 Stck.) VW-Golf (253), Audi 80 (157), Opel-Kadett (143,5) und Opel-Rekord (127).

Die **Weltproduktion an Kraftwagen** belief sich (nach UNO-Angaben, ohne China) 1979 (1978; 1977) auf 31,34 (32,38; 30,43) Mill. Personenwagen und 10,25 (11,20; 10,43) Mill. Lastwagen und Nutzfahrzeuge. Die **größten Automobilhersteller** waren (nach UNO) 1979 in Mill. Stück PKW/Nutzfahrzeuge: USA 8,32/2,98 – Japan 6,18/3,47 – BR Deutschland 3,94/0,32 – Frankreich 3,73/0,46 – Sowjetunion 1,31/0,78 – Kanada (1978) 1,14/0,61 – Italien (1978) 1,51/0,15 – Großbritannien 1,07/0,41 – Spanien 0,97/0,17 – Brasilien (einschl. Montage; 1978) 0,54/0,53 – Polen 0,35/0,06 – Mexiko (einschl. Montage; 1978) 0,25/0,11 – Schweden (1978) 0,26/0,04 – Jugoslawien 0,21/0,06 – Tschechoslowakei 0,18/0,09 – DDR (1978) 0,17/0,04 – u. a. Österreich 0,0028/0,0065

In der **BR Deutschland** wurde 1979 mit 4,25 Mill. *Kraftfahrzeugen* ein neuer *Produktionsrekord* aufgestellt. Die Produktion betrug 1979 (1978) 3,933 (3,890) Mill. Personenwagen und 0,317 (0,296) Mill. Nutzfahrzeuge. Bei den Personenwagen (mit Kombi) stieg die *Exportquote* auf 50,8%; es wurden 1979 (1978) 1,997 (1,904) Mill. PKW exportiert. Die Auslandsproduktion deutscher Firmen stieg auf 1,142 (0,978) Mill. Stück. – Für 1980 wird mit einem Rückgang von Produktion und Zulassungszahlen um rd. 5% gerechnet. Die Nachfrage verlagert sich deutlich in den Bereich der Kleinwagen und der benzinsparenden Modelle. Bemerkenswert ist 1980 die starke Zunahme der japanischen Importe. – Der größte deutsche Automobilkonzern ist das *VW-Werk,* dessen Umsatz 1979 (1978) auf 30,707 (26,724) Mrd. DM stieg; die Produktion betrug 2,542 (2,384) Mill. Stück, davon 0,984 im Ausland. Nach dem Werk in Westmoreland

(Pennsylvania) wurde 1980 ein zweites US-amerikanisches Werk in Sterling Heights bei Detroit genehmigt.
In **Frankreich** stieg die PKW-Produktion 1979 auf 3,220 Mill., von denen 1,68 Mill. exportiert wurden. Bei den Nutzfahrzeugen stagnierte die Produktion (0,393 Mill.). Größtes Werk ist *Renault* (PKW-Produktion 1,899 Mill.), das in der EG mit 12,8% Marktanteil an 1. Stelle steht.
In **Großbritannien** wurde – vor allem durch Streiks – die PKW-Produktion weiter vermindert auf 1979 (1978) 1,070 (1,223) Mill. Stück. Der Importanteil an den Zulassungen betrug 1979 rd. 48,5% (zum Vergleich: Italien 36,3% – Frankreich 20,9%).
Den stärksten *Produktionsrückgang* erlebte 1979 die Autoindustrie der **USA;** die PKW-Produktion sank von (1978) 9,176 auf 8,434 Mill., die Nutzfahrzeugproduktion von 3,716 auf 3,047 Mill. Stück. Die Hauptursache ist der starke Absatzrückgang bei großen Personenwagen mit hohem Benzinverbrauch, während gleichzeitig die Nachfrage nach importierten Kleinwagen stark zunahm. Die großen Werke erlitten folgende Einbußen: General Motors –9% auf 4,9 Mill., Ford –17,4% auf 2,1 Mill., Chrysler – 17,4% auf 0,950 Mill. Stück. Die Einfuhren stiegen auf 2,3 Mill. (21,5% des Absatzes), hauptsächlich aus Japan. Das VW-Werk war ausgelastet und setzte 292000 Wagen ab; dagegen mußten alle einheimischen Firmen ihre Kapazitäten durch Massenentlassungen und Werksschließungen verringern. Im April 1980 waren 500000 Autoarbeiter arbeitslos. Chrysler kam 1979 auf 1,2 Mrd. $ Verlust und wird 1980 mit Staatskrediten vor dem Konkurs bewahrt. – Die amerikanische Umweltschutzbehörde stellte fest, daß die 10 wirtschaftlichsten Automodelle des Jahrgangs 1980 ausnahmslos ausländische Marken sind, an 1. Stelle VW-»Rabbit« (Diesel).
In **Japan** erreichte die Autoproduktion 1979 eine **Rekordhöhe.** Die Produktion von PKW stieg auf (in Mill.) 6,424 (+11,3%), von LKW auf 3,571 (+14,5%), von Omnibussen auf 0,070 (+25,8%). Der Exportanteil betrug 47,4%; von den exportierten 4,5 Mill. Kfz. gingen rd. 2 Mill. in die USA.
Der **Individualverkehr** mit PKW war 1979 in der **BR Deutschland** durch stark verlangsamtes Wachstum gekennzeichnet. Während der PKW-Bestand um 4,6% zunahm, erhöhte sich die Fahrleistung nur um 3,0% auf 291,782 Mrd. Fahrzeugkilometer und der Benzinverbrauch um 1,5% auf 23,367 Mill. t. Die durchschn. Jahresfahrleistung pro Auto sank von 13358 (1978) auf 13152 km (nach »ifo«), der durchschn. Benzinverbrauch pro 100 km sank auf 11,1 l. – Die Konzentration bei den **Tankstellen** ging in der **BR Deutschland** auch 1979 weiter. Ihre Zahl sank um 1517 auf 27026 (Anfang 1980), darunter Aral 6281 – Shell 3159 – Esso 3054 – Texaco 2746 – BP 2720 – Avia 1337 – Freie Tankstellen 1176. 1969 gab es noch 46900 Tankstellen.

Die Länge der **Autobahnen** betrug Ende 1979 in km: BR Deutschland 7380 – Italien 5810 – Frankreich 4800 – Großbritannien 2500 – Niederlande 1600 – Spanien 1250 – Belgien 1150 – Schweiz 1150 – Österreich 830. – In der **BR Deutschland** wurde 1979/80 das Autobahn-Bauprogramm aus Einsparungs- und Umweltschutzgründen drastisch reduziert. Das Autobahnnetz soll bis 2000 lediglich noch auf rd. 10500 km wachsen. – In **Österreich** wurde Anf. 1980 das letzte Teilstück der 147 km langen Tauernautobahn eröffnet. Für die Finanzierung weiterer Nord-Süd-Verbindungen, die größtenteils dem Transit dienen, erwartet Österreich finanzielle Hilfe der EG. – Zwischen der BR Deutschland und der **DDR** wurde in einem Verkehrsabkommen im April 1980 der Neubau des Autobahn-Grenzübergangs Wartha/Herleshausen mit Anschlußstrecken vereinbart. – In der **Sowjetunion** wurde 1980 ein umfangreiches Programm zum Bau neuer Autofernstraßen verkündet, das die weitgehend unzulängliche Verkehrssituation verbessern soll. – In den **Entwicklungsländern** werden größere Straßenbauprojekte vor allem in China, Brasilien und Afrika verfolgt.

EISENBAHNVERKEHR

Das *Streckennetz der Eisenbahn* hat weltweit eine Länge von rd. 1,28 Mill. km, davon etwa 430000 in Nordamerika und rd. 390000 in Europa. Größere Erweiterungen werden z.Z. nur im asiatischen Teil der Sowjetunion und in der VR China vorgenommen; kleinere Ausbauten erfolgen in verschiedenen Entwicklungsländern, besonders in Südamerika und Afrika. In den westlichen Industrieländern, vor allem in den USA und in West- und Mitteleuropa, kam es bis in die Gegenwart zu *Strecken-Stillegungen* (z.T. nur für den Personenverkehr bei Beibehaltung des Güterverkehrs). Weitere Stillegungen waren für die 80er Jahre geplant, u.a. auch in der BR Deutschland, werden jedoch jetzt, angesichts der Energieverteuerung, neu überdacht, da der Eisenbahntransport besonders energiesparend ist.
Die **Streckenlänge** der staatlichen Bahnen betrug 1977 in km u.a. (befahrene Strecken, nach »Eurostat«): USA 320178 (auch priv.) – Sowjetunion 139800 – Kanada 62307 – Frankreich 34150 – BR Deutschland 28563 – Großbritannien 17980 – Italien 16130 – Spanien 13540 – Schweden 11382 – Österreich 5857 – Belgien 4003 – Schweiz 2921 – Niederlande 2850 – Dänemark 2004. – Der Anteil der *elektrifizierten Strecken* beträgt in der EG 32%, darunter (in %): Niederlande 60 – Italien 50 –

Frankreich 27 – Großbritannien 20 – Die *Deutsche Bundesbahn* hat rd. 37% elektrifizierte Strecken, auf die rd. 83% der Beförderungsleistungen entfallen.

Die **Welttransportleistung der Eisenbahn** belief sich (nach UNO-Angaben) 1977 (1976) auf 6209 (6081) Mrd. Netto-t/km. – 1977 betrug die Transportleistung im Personen-/Güterverkehr (ohne Stadt- und Industriebahnen, Seilbahnen; ohne Militärtransporte, Post- und Gepäckbeförderung) in Mill. Pers. pro km/Netto-t pro km in ausgewählten Ländern:
Afrika: Südafrika (einschl. Namibia/Südwestafrika) –/69330 – Ägypten (1976) 8748/2201 – Marokko 835/3474 – Algerien 1506/1940 – Simbabwe –/5048 – Tunesien 709/1331
Nord- u. Mittelamerika: USA 16565/1206366 – Kanada 2966/212416 – Mexiko 5040/36232 – Cuba (1976) 767/1848
Südamerika: Brasilien 11699/60721 – Argentinien 12011/11567 – Chile 2383/2207 – Kolumbien (1976) 511/1157 – Perú (1976) 528/635 – Bolivien 395/579 – Uruguay 389/307
Asien: Japan 311859/41317 – VR China (S 1971) –/301000 – Indien (1976) 163836/144030 – Rep. Korea (Süd-K.) (1976) 14305/9728 – Pakistan (1976) 12957/8677 – Türkei 5087/6353 – Thailand (1976) 5628/2505 – Iran (1976) 3511/4627 – Indonesien 3809/853 – Birma 2764/434 – Sri Lanka 2792/214
Europa: Polen 44312/135406 – Frankreich 51804/66228 – BR Deutschland 36543/35712 – Tschechoslowakei 19172/71550 – Rumänien 23206/70035 – DDR 22350/58228 – Großbritannien (ohne Nordirland) 29290/22728 – Italien 38361/17100 – Ungarn 13024/23557 – Jugoslawien 10459/22225 – Spanien (1976) 16686/9842 – Bulgarien 7343/17080 – Schweden 5563/14782 – Österreich (1976) 6712/10685 – Schweiz 9240/6324 – Belgien 7667/6468 – Niederlande 8013/2805
Sowjetunion: 322205/3330902
In der **BR Deutschland** (Betriebsstrecke 1979 31711 km, davon Bundesbahn 28564 km) wurden 1979 (1978) folgende Leistungen auf den dem öffentlichen Verkehr dienenden Eisenbahnen erzielt (nach »Wirtschaft und Statistik«): beförderte Personen 1,088 (1,049) Mrd., geleistete Personenkilometer 38,344 (36,798) Mrd., beförderte Güter 378,8 (337,1) Mill. t, geleistete Tonnenkilometer 81,450 (70,863) Mrd. – Die **Deutsche Bundesbahn** beförderte 1979 im Schienenfernverkehr 7,6% mehr, im Nahverkehr 5,6% mehr Fahrgäste als 1978. Im gesamten Linienverkehr ohne Schüler war erstmals seit 1973 wieder ein Zuwachs zu verzeichnen. Die relativ starken Erhöhungen der Transportleistungen im Personen- und Güterverkehr werden auf die konjunkturelle Lage der Wirtschaft, die Steigerung der Benzinpreise und das verbesserte Angebot zurückgeführt. – Der *Personalbestand* der Bundesbahn verringerte sich 1979 auf 339000; das *Defizit* verringerte sich um 700 Mill. DM auf 3,95 Mrd. DM. – Das 1979 eingeführte verbesserte *Intercity-System* (1-Stunden-Takt auf den Hauptstrecken) erwies sich als sehr erfolgreich und erbrachte eine Nachfragesteigerung von 17,3%. 1980 plant die DB *Investitionen* von 4,5 Mrd. DM, davon 295 Mill. DM für den Neu- und Ausbau von Strecken. Die Arbeit an den Neubaustrecken Hannover–Würzburg und Mannheim–Stuttgart wird jedoch durch Widerstände von Bürgerinitiativen und Gemeinden stark behindert.
Das Schienennetz der **DDR** umfaßt z.Z. rd. 14500 km, davon nur 13% elektrifiziert und nur 20% zwei- und mehrgleisig. Zur Energieeinsparung und Transportverbesserung soll ein Elektrifizierungs- und Ausbauprogramm begonnen werden, zunächst auf den Transitstrecken nach Berlin. Von der Bundesregierung wird die Übernahme von 80% der Kosten erwartet. Über Verbesserungen am Grenzübergang DDR–Berlin (West) wurde im Apr. 1980 eine Übereinkunft erzielt.
In der **Sowjetunion** wurden weitere Teilstrecken der BAM (»Baikal-Amur-Magistrale«) als Parallelstrecke zur Transsibirischen Eisenbahn eröffnet, außerdem eine 220 km lange Stichstrecke ins südjakutische Kohlerevier. Der Containertransport per Eisenbahn von Moskau an den Pazifik als Konkurrenz zum Schiffstransport nahm weiter zu und erreichte 1979 rd. 10% des Transportvolumens Europa-Fernost. – In **Mexiko** ist eine »Containerbrücke« über den Isthmus von Tehuantepec im kombinierten Straßen-/Bahntransport als Alternative zum Panamakanal in der Planung.

BINNEN- UND SEESCHIFFAHRT

Die befahrbaren **Binnenwasserstraßen** der **BR Deutschland** hatten 1979 eine Länge von 4395 km; die Zahl der Güterschiffe belief sich Mitte 1979 auf 3505 mit einer Tragfähigkeit von rd. 3,54 Mill. t, die der Schubboote und Schlepper auf 176; Fahrgastschiffe gab es 455 mit 146500 Plätzen. Beschäftigt waren in der Binnenschiffahrt 1979 12092 Personen. – Der *Güterverkehr* auf den bundesdeutschen *Binnenwasserstraßen* betrug 1979 (1978) 246,487 (246,313) Mill. t. Die Transportleistung ging leicht zurück auf 51,0 Mrd. Tonnenkilometer. Der Verkehr innerhalb des Bundesgebietes stieg um

5,0% auf 83,705 Mill. t (= 34% des Gesamtverkehrs); im grenzüberschreitenden Verkehr stieg die Empfangsmenge um 1,2% auf 94,093 Mill. t, die Versandmenge nahm um 8,5% ab auf 51,316 Mill. t; der Transit betrug 13,046 Mill. t. Das Hauptbeförderungsaufkommen entfiel auf (in %): Sand, Kies u. ä. 22 – Kraftstoffe u. Heizöl 18 – Eisenerz 15 – Steinkohle 8. – Der gesamte *Güterumschlag* (geladene und gelöschte Güter) in den *Binnenhäfen* des Bundesgebietes erreichte 1979 (1978) 313,485 (311,777) Mill. t, davon 221,962 (215,818) Mill. t im Rheingebiet. – Die nach ihrem Umschlag größten *Binnenhäfen* waren 1979 in Mill. t: Duisburg 46,110 – Köln 13,805 – Hamburg 10,335 – Mannheim 8,487 – Ludwigshafen 8,467 – Karlsruhe 8,462 – Berlin (West) 6,905 – Frankfurt 6,606 – Dortmund 6,201 – Rheinhausen 6,069 – Heilbronn 5,482 – Walsum 4,818 – Bremen 4,740 – Gelsenkirchen 4,720 – u. a. ges. Donaugebiet 3,210 – Der *Rhein-Main-Donau-Kanal* wird, trotz weiterer Zweifel an seiner Zweckmäßigkeit, im Abschnitt Nürnberg – Altmühlmündung weitergebaut; mit der Eröffnung der restlichen 99 km Strecke ist nicht vor 1986 zu rechnen. – Nach einer Vereinbarung zwischen der *BR Deutschland* und der *DDR* soll bis 1983 ein 27 km langes Teilstück des Mittellandkanals bei Magdeburg zur Verbesserung des Berlinverkehrs ausgebaut werden.

Der **Welt-Seegüterverkehr** (geladene Güter) belief sich (nach UNO-Angaben) 1978 (1977) auf 3,461 (3,453) Mrd. t, davon 1,840 (1,868) Tankgut und 1,621 (1,585) Trockengut. – Der Ende 1978 spürbare Aufschwung der Schiffahrt setzte sich (nach vorläufigen Zahlen) 1979 verstärkt fort. Vor allem durch den wirtschaftlichen Aufschwung in wichtigen Industrieländern nahm der Güterverkehr über See stark zu, insbesondere der Massenguttransport (Rohstoffe). Der Seegüterverkehr stieg 1979 auf ca. 3,595 Mrd. t.

Der Umschlag in allen etwa 10000 Seehäfen der Welt betrug 1978 ca. 7,2 Mrd. t; davon entfielen allein 3,4 Mrd. t auf die 95 Häfen mit mehr als 10 Mill. t Jahresumschlag (davon 50 europäische, 17 nordamerikanische, 13 asiatische).

Die gesamte *Handels- und Fischereitonnage* der Welt (Seeverkehr) wuchs 1979 auf 413 Mill. BRT; davon entfallen 31,2 Mill. BRT auf die RGW-Länder. Anteile der einzelnen Schiffstypen an der Tonnage in %: Öltanker 42,2 – Erz- und Massengutschiffe 19,8 – Stückgutfrachter 6,5 – Fischereifahrzeuge 3 – Vollcontainerschiffe 2,5.

Handelsflotte

Bestand am 1.3.1980; einschl. Tanker für zivile Zwecke und US-»Reserveflotte« von etwa 2,0 Mill.t. Einheiten von 300 BRT und darüber, Zahlen gerundet
(Nach »Statistik der Schiffahrt«, hg. v. »Institut für Seeverkehrswirtschaft« in Bremen)

Nr.	*Land*	*Mill. BRT*	*Nr.*	*Land*	*Mill. BRT*
1.	Liberia[1]	76,93	24.	Finnland	2,31
2.	Japan	37,76	25.	Argentinien	2,25
3.	Griechenland	35,85	26.	Cypern[1]	1,98
4.	Großbritannien	25,49	27.	Bermudas[1]	1,79
5.	Norwegen	21,80	28.	Rep. China (Taiwan)	1,63
6.	Panama[1]	21,62	29.	Belgien	1,62
7.	Sowjetunion	17,05	30.	Rumänien	1,61
8.	USA	15,61	31.	Hongkong	1,55
9.	Frankreich	11,64	32.	Philippinen	1,50
10.	Italien	10,92	33.	Australien	1,50
11.	BR Deutschland	8,02	34.	DDR	1,37
12.	Spanien	7,61	35.	Türkei	1,36
13.	Singapur[1]	7,17	36.	Saudi-Arabien	1,24
14.	VR China	6,10	37.	Irak	1,23
15.	Indien	5,61	38.	Algerien	1,21
16.	Niederlande[2]	5,36	39.	Portugal	1,20
17.	Dänemark	5,12	40.	Bulgarien	1,14
18.	Schweden	4,53	41.	Indonesien	1,14
19.	Brasilien	4,02	42.	Iran	0,98
20.	Rep. Korea (Süd-K.)	3,65	43.	Kanada	0,96
21.	Polen	3,18	44.	Libyen	0,86
22.	Kuweit	2,50	59.	Schweiz	0,27
23.	Jugoslawien	2,35	80.	Österreich	0,08

[1] = überwiegd. sog. »Fluchttonnage« [2] = einschl. Niederl. Antillen

Insgesamt besitzen 139 Länder eigene **Handelsflotten.** Die *größte Flotte* unter den *Binnenstaaten* hat die *Schweiz* (29 Schiffe mit 266877 BRT); *Österreich* hat eine Handelsflotte von 13 Schiffen mit 80193 BRT. – **Welthandelsflotte** am 1.3.1980 (1979) insges.: 33563 (32809) Schiffe mit 382,11 (374,34) Mill. BRT bzw. 258,62 (253,10) Mill. NRT und 655,02 (643,00) Mill. dwt, davon 316,40 (308,69) Mill. dwt Trockenfrachter und 338,62 (334,31) Mill. dwt Tanker.

Welttankerflotte Bestand am 1.3.1980 (1979) insges. 7259 (7073) Tanker in 97 (94) Ländern, u. a. in Mill. BRT/dwt 1980: 1. Liberia 49,23/101,91 – 2. Japan 17,47/32,63 – 3. Großbritannien 13,65/24,81 – 4. Norwegen 13,31/25,97 – 5. Griechenland 10,38/19,86 – 6. Frankreich 8,28/15,76 – 7. USA 8,23/14,94 – 8. Panamá 7,08/13,25 – 9. Italien 5,19/9,45 – 10. Sowjetunion 5,13/7,62 – 11. Spanien 5,09/9,44 – 12. BR Deutschland 2,88/5,64 – 13. Dänemark 2,86/5,45 – 14. Singapur 2,65/5,08 – 15. Niederlande 2,49/4,71 – 16. Schweden 2,33/4,52 – 17. Kuweit 1,46/2,71 – 18. Rep. Korea (Süd-K.) 1,44/2,76 – 19. Brasilien 1,28/2,30 – 20. Finnland 1,18/2,19 – 41. DDR 0,27/0,48. – Durch die Besserung der Weltwirtschaftslage und die verstärkte Nachfrage ging die Zahl der **aufgelegten Schiffe** vom 1.4.1979 (526 Schiffe mit 15,0 Mill. BRT) zum 1.4.1980 auf 268 (5,5 Mill. BRT) zurück, darunter 55 (1978: 342) Öltanker mit 3,4 Mill. BRT. – **Abgewrackt** wurden 1979 904 Schiffe mit rd. 7 Mill. BRT, davon mehr als 50 % durch Abwrackfirmen der Rep. China/Taiwan.

Der **Seeschiffsbestand der BR Deutschland** belief sich am 28.2.1980 (1979) auf 2122 (2203) Einheiten mit 8,30 (8,81) Mill. BRT, davon 1269 Trockenfrachter (5,11 Mill. BRT), 143 Fahrgastschiffe (101000 BRT), 132 Tanker (2,68 Mill. BRT), 117 Seefischereifahrzeuge (108000 BRT), 31 Jachten (5500 BRT) und 430 sonstige, nicht Handelszwekken dienende Schiffe (296000 BRT).

Güterverkehr in führenden Seehäfen 1978

(wenn kein anderes Jahr angegeben; Gesamtumschlag in Häfen mit 20 Mill. t und darüber im Jahr. Meist nach UNO-Angaben, Zahlen z. T. gerundet. Ö = haupts. Ölumschlag; E = haupts. Erzumschlag; o. K. = ohne Küstenverkehr; Gr. S. = Große Seen in Nordamerika)

Ras Tanura/Saudi-Arab. (1975)	377,1	Ö
Rotterdam/Ndl.	264,0	
Charg (Kharg)/Iran (1976)	190,3	Ö
Kobe/Japan	138,0	
Chiba/Japan	134,4	
New York/USA (1977)	132,0	
Jokohama/Japan	118,4	
Nagoja/Japan	99,4	
New Orleans/USA (1977)	97,9	
Marseille-Gruppe/Frankr.	93,4	
Houston/USA (1977)	90,0	
Kawasaki/Japan	88,0	
Aruba/Curaçao/Ndl. Ant. (1974)	87,0	Ö
Le Havre/Frankreich	74,9	Ö
Osaka/Japan	74,8	
Baton Rouge/USA (1977)	74,7	
Singapur	74,5	
Antwerpen/Belgien	68,5	o. K.
London m. Medway-H./Großbrit.	62,0	
Tokio/Japan	59,7	
Bonny/Nigerien (1971)	54,9	Ö
Vitória u. Tuberão/Brasilien	54,3	o. K.
Kaohsiung/Rep. China (Taiwan)	54,1	
Hamburg/BR Deutschland	53,3	
Philadelphia/USA (1977)	48,9	
Corpus Christi/USA (1977)	48,2	Ö
Genua/Italien	47,6	
Beaumont/USA (1977)	44,0	Ö
Tampa Harbour/USA (1977)	41,3	
Dumai/Indonesien	41,0	Ö
Milford Haven/Großbrit.	40,0	Ö
Vancouver/Kanada	39,9	
Bahía de Amuay/Venez. (1973)	39,5	Ö
Baltimore-Harb. Channels/USA (1977)	39,1	
Norfolk/USA (1977)	38,4	
Port Nedland/Australien	38,3	
Triest/Italien	37,1	
Dünkirchen/Frankr.	35,6	
La Salina/Venezuela (1973)	34,9	Ö
Puerto Miranda/Venez. (1973)	34,1	Ö
Es Sidrah/Libyen (1976)	33,5	Ö
Hakodate/Japan	31,8	
Mobile Harbour/USA (1977)	31,3	
Wilhelmshaven (BR Deutschland)	31,1	Ö
Tees (Middlebrough u. Hartlepool)/Großbrit.	30,7	
Texas City/USA (1977)	30,4	
Duluth-Superior (Gr. S.)/USA (1973)	30,3	
Long Beach Har./USA (1977)	29,6	
Augusta/Italien	29,1	Ö
Punta Cardón/Venez. (1973)	28,6	Ö
Port Arthur/USA (1977)	27,9	Ö
Bangkok/Thailand (1977)	27,8	
Hongkong	27,8	o. K.
Tarent/Italien	27,6	
Pusan/Rep. Korea (Süd-K.)	27,2	
Los Angeles Harb./USA (1977)	27,1	
Danzig/Polen	27,0	o. K.
São Sebastião/Brasil. (1977)	26,5	
Marcus Hook-Gruppe/USA (1977)	26,1	Ö
Venedig/Italien	25,7	
Stettin/Polen	25,1	o. K.
Immingham u. Grimsby/Großbrit.	25,1	

Weitere wichtige Häfen (meist 1977 oder 1978) in Mill. t:
Europa: Odessa/Sowjetunion (S) 20 oder mehr – Leningrad/Sowjetunion (S) 18–20 – Bilbao/Span. 19,8 – Göteborg/Schwed. 19,1 – Rouen/Frankr. 18,3 – Milazzo/Ital. 18,0 (Ö) – Amsterdam/Niederl. 17,1 – Barcelona/Span. 17,0 – Eleusis/Griechenl. 16,5 (Ö) – Nantes – St. Nazaire/Frankr. 16,1 (Ö) – Gent/Belgien 14,9 – Liverpool/Großbrit. 14,8 – Rijeka/Jugosl. 14,7 – Cartagena/Span. 14,0 – La Spezia/Ital. 13,8 – Santa Cruz de Teneriffa/Span. 13,6 – Manchester/Großbrit. 13,0 – Skoldvik/Finnl. 12,8 (Ö) – Bordeaux/Frankr. 12,1 – Ijmuiden/Niederl. 11,7 – Lissabon/Portugal 11,4 – Neapel/Italien 9,8 – Kopenhagen/Dänem. 9,7 – Clyde (Glasgow)/Großbrit. 9,3 – Saloniki/Griechenl. 9,2 – Piräus/Griechenl. 8,9 – Emden/BR Deutschland 8,3 – Helsingborg/Schwed. 7,7 – La Coruña/Span. 7,4 – Lübeck/BR Deutschland 6,2 – Helsinki/Finnl. 5,8 – Stockholm/Schweden 5,4 – Volos/Griechenl. 4,8 – Las Palmas/Span. 4,8 – Nordenham/BR Deutschland 4,7 – Arhus/Dänem. 3,9
Afrika: Alexandria/Ägypten 17,7 – Durban/Südafrika 17,5 – Casablanca/Marokko 17,4 – La Skhirra/Tunesien 14,6 (Ö) – Monrovia/Liberia 12,0 – Maputo/Mosambik 9,8 – Abidjan/Elfenbeinküste 7,9 – Port Elizabeth/Südafrika 7,0 – Mombasa/Kenia 3,5 – Kapstadt/Südafrika 5,7 – Dar-es-Salaam/Tansania 3,5
Asien: Bombay/Ind. 16,5 – Ryosu/Rep. Korea (Süd-K.) 14,5 – Manila u. Bataan/Philipp. 13,2 – Karatschi/Pakistan 11,8 – Tandjung Priok/Indones. 11,4 – Vishakhapatnam/Ind. 10,0 – Mormugao/Ind. 10,0 – Madras/Ind. 9,7 – Palembang/Indones. 9,0 (Ö) – Kalkutta/Ind. 8,0 – Mersin/Türkei 7,0 – Khomeini (Shapur)/Iran 6,3 – Masan/Rep. Korea (Süd-K.) 5,6 – Colombo/Sri Lanka 5,5 – Haifa/Israel 5,4 – Akaba/Jordan. 3,7 – Istanbul/Türkei 3,5 – keine Angaben über Häfen der VR China
Amerika: Thunder Bay (Gr. S.)/Kanada 19,8 – Portland/USA 18,1 – Santos/Brasil. 17,3 – Portland Harbour/USA 16,5 (Ö) – Montreal/Kanada 16,2 – Rio de Janeiro/Brasil. 15,6 – Chicago (Gr. S.)/USA 15,5 – Cleveland (Gr. S.)/USA 14,6 – Seattle/USA 14,3 – Hamilton/Kanada 13,0 – Quebec/Kan. 12,7 – Indiana Harbour (Gr. S.)/USA 12,7 – Newport News 12,6 – Halifax/Kan. 11,0 – Honolulu/USA 10,6 – Tampico/Mex. 9,3 – Buenos Aires/Argent. 9,1 – Galveston/USA 8,7 – Balao/Ekuador 7,9 (Ö) – Callao/Perú 4,8 – Recife/Bras. 4,2 – Veracruz/Mex. 4,1
Ozeanien: Newcastle/Austral. 17,4 – Kembla/Austral. 16,4 – Fremantle/Austral. 14,9 – Sydney/Austral. 13,8 – Melbourne/Austral. 8,6 – Brisbane/Austral. 7,5 – Auckland/Neuseel. 5,4
Rotterdam blieb auch 1979 der größte europäische Hafen mit einer Steigerung des Umschlags auf 293,1 Mill. t, davon 139 Erdöl, 39,6 Erze.

In den 10 **Seehäfen der BR Deutschland** wurden 1978 (1977) 140,61 (146,5) Mill. t Güter umgeschlagen, darunter (in Mill. t) Massengüter 102,01 (u. a. Mineralöl 57,28 – Erze 12,81 – Kohle 9,58 – Getreide 5,23), Sack- und Stückgüter 38,60; der Umschlag der Häfen betrug 1979 in Mill. t: Hamburg 63,00 – Wilhelmshaven 34,76 – Bremische Häfen 28,10 – Emden 9,36 – Lübeck 10,40 – Brunsbüttel (1978) 5,34 – Nordenham 5,27 – Brake 4,07 – Kiel 2,50 – Flensburg (1978) 0,79.

Welt-Schiffbau 1978 (fertiggestellte Handelsschiffe, nach UNO-Angaben) in Mill. BRT: Japan 4,80 (1975 noch 17,74) – Schweden 1,31 – USA 0,91 – Großbritannien 0,81 – Polen 0,68 – Spanien 0,64 – Frankreich 0,64 – BR Deutschland 0,60 – Rep. Korea (Süd-K.) 0,40 – Dänemark 0,40 – Norwegen 0,35 – Finnland 0,29 – Belgien 0,27 – Jugoslawien 0,24 – Niederlande 0,20 – Italien 0,18 – Portugal 0,18 – Der Welt-Schiffbau betrug 1978 (1977) in Mill. BRT (Fahrzeuge ab 100 BRT, ohne UdSSR und China, für die keine Angaben vorliegen) 14,54 (24,39). Der **bisherige Höchststand** war **1975** erreicht worden (35,67). 1979 sank der Schiffbau noch einmal auf die seit 12 Jahren niedrigste Produktion von (vorl.) knapp 14 Mill. BRT, jedoch war ab Ende 1979 eine Steigerung festzustellen; insges. gingen 1979 Aufträge über 17 Mill. BRT ein (u. a. in Japan 9,33). Im Bau sind vor allem Spezialschiffe und mittelgroße Tanker. – Die Werften der *BR Deutschland* lieferten 1979 142 Schiffe mit 432 000 BRT im Wert von 2,3 Mrd. DM ab (davon rd. 90 % Spezialschiffe). Die Werften mußten wegen ungenügender Auslastung der Kapazitäten weiterhin staatlich subventioniert werden. Die Belegschaft der Seeschiffswerften wurde von 71 000 (1975) auf rd. 50 000 (1980) reduziert.

POST- UND FERNMELDEWESEN

Die **Deutsche Bundespost** erweiterte auch 1978 und 1979 ihre Dienstleistungen und ihren Umsatz erheblich. 1978 (1977) wurde bei einem Umsatz von 33,8 (31,8) Mrd. DM ein Gewinn von rd. 2,1 (2,0) Mrd. DM erzielt. Auch 1979 wurde wieder ein Gewinn erwirtschaftet und an den Bundeshaushalt abgeführt. Die wichtigsten Postleistungen 1979 (1978): beförderte Briefsendungen 12,07 (11,99) Mrd., Paketsendungen 264 (264) Mill., Telegramme 7,87 (8,21) Mill., Telefon-Sprechstellen (Haupt- und Nebenanschlüsse und öffentliche Sprechstellen) 25,80 (24,74) Mill., abgehende Ferngespräche 7,07 (6,40)

Mrd., Telexanschlüsse rd. 130000 (größtes Netz der Welt), Einzahlungen auf Zahlkarten und Postanweisungen 297,78 (284,4) Mrd. DM, Guthaben auf Postscheckkonten im Monatsdurchschnitt 9,471 (8,762) Mrd. DM, gebührenpflichtige Teilnehmer am Hörfunk 21,023 (20,643) Mill., am Fernsehen 19,312 (18,946) Mill. (jeweils Jahresende). – Während im *Fernmeldebereich* wieder größere Überschüsse erwirtschaftet wurden (1978: 6,3 Mrd. DM), blieben der Brief- und Paketdienst trotz Gebührenerhöhungen defizitär. – Am 1.1.1980 wurde damit begonnen, im Telefonverkehr den Zeittakt auch bei Ortsgesprächen einzuführen, verbunden mit der Einrichtung von Nahbereichen für den Ortstarif. – Das *Autotelefonnetz* erreichte die Zahl von über 13000 Anschlüssen und steht damit kurz vor der Grenze der Aufnahmefähigkeit. – Am 2.6.1980 wurde ein neues Nachtbahnpostnetz eingerichtet.

Fernsprecher Zahl der Sprechstellen (ohne Nebenstellen) insges. in 1000/pro 100 Einw. 1977 u.a.: USA 162072/74 – Japan 48646/42 – Großbritannien 23182/42 – BR Deutschland 22932/37 – Sowjetunion 19600/7,5 – Frankreich 17519/33 – Italien 16125/29 – Kanada 14488/62 – Spanien 9528/26 – Schweden 5930/72 – Niederlande 5846/42 – Australien 5685/40 – Brasilien 4836/4 – Schweiz 4145/66 – Mexiko 3712/6 – Belgien 3100/32 – Polen 2925/8 – Tschechoslowakei 2863/19 – DDR 2860/17 – Dänemark 2718/53 – Österreich 2443/33 – Argentinien 2342/9 – Griechenland 2320/25 – Südafrika 2191/8 – Indien 2096/0,3 – Finnland 2032/43 – Rep. Korea (Süd-K.) 1976/5 – Neuseeland 1674/53 – Norwegen 1563/39 – Jugoslawien 1556/7 – Kolumbien 1396/6 – Portugal 1175/12 – Hongkong (1976) 1132/25 – Türkei (1976) 1131/2,8 – Ungarn 1104/10 (nach »Statistical Yearbook«, UNO)

Nach der Welttelefonstatistik der amerikanischen Gesellschaft ITT gab es auf der Erde Anfang 1980 rd. 423 Mill. **Telefonanschlüsse,** davon 41,6% in Nordamerika und 36,6% in Europa. Die Verteilung ist sehr ungleichmäßig, so besitzt z.B. die Schweiz mit 4,14 Mill. fast so viel Telefonanschlüsse wie ganz Afrika. – In der BR Deutschland ist die Telefondichte am größten in Berlin (48,6 Anschlüsse pro 100 Einwohner) vor Hamburg und München (je 45).

VERKEHRSUNFÄLLE UND -SCHÄDEN

Eine genauere Statistik über **Unfälle im Straßenverkehr** auf internationaler Basis existiert nicht, doch wird von der »Weltgesundheitsorganisation« (WHO) angenommen, daß jährlich in der ganzen Welt etwa 250000 Menschen im Verkehr getötet und mehr als 7 Millionen verletzt werden; allein in Europa sind es jährlich fast 100000 Todesopfer und über 2 Mill. Verletzte. Der Zahl nach steht die BR Deutschland mit rd. 13000 (1979) an erster Stelle, gefolgt von Frankreich mit 12137 (1978), Italien mit 8221 (1977), Großbritannien mit 6614 (1977), Polen über 5000, Jugoslawien 5369 (1978; höchste Rate Europas). – Eine besonders hohe Verkehrssicherheit kann *Japan* verzeichnen (1979 8461 Verkehrstote), das die wenigsten Unfälle aller Industrieländer hat. – In den USA stieg 1978 die Zahl der Verkehrstoten auf 50145.

In der **BR Deutschland** sind (nach »Wirtschaft und Statistik«, 1980/3) **von Anfang 1953 bis Ende 1979 mehr als 406000 Menschen bei Straßenverkehrsunfällen getötet** und rund 12 Mill. verletzt worden. 1953 belief sich die Zahl der Getöteten auf 11449; sie stieg dann fast jährlich an und erreichte im Jahre 1970 mit 19193 ihren Höhepunkt, blieb in den beiden folgenden Jahren bei jeweils über 18000, sank 1973 auf 16302 und blieb seitdem unter 15000 jährlich. 1979 wurde – begünstigt durch die extremen Wintermonate zu Jahresbeginn – mit einem starken Rückgang auf 13090 die geringste Verkehrsopferzahl seit 1958 registriert. Der Kraftfahrzeugbestand erhöhte sich 1953–1979 um rd. 550%, die Zahl der Verletzten im Straßenverkehr um 54%, die der Getöteten um 14,3%. Ein genauer internationaler Vergleich ist nicht möglich, da man z.B. in manchen Ländern die nach einem Unfall im Krankenhaus Gestorbenen gar nicht oder nur bis zu gewissen Zeitabständen hinzurechnet.

Die *Schadensunfälle* insges. stiegen in der BR Deutschland **1979** (1978) auf 1,659 (1,618) Mill., die Unfälle mit Sachschaden auf 1,292 (1,238) Mill., während jene mit Personenschaden auf 0,367 (0,380) Mill. sanken. Die Zahl der Verletzten betrug 486164 (508644). Auf je 100 Mill. Fahr-km kamen 1979 (1978) 389 (391) Sachschadensunfälle und 111 (120) Unfälle mit Personenschäden (davon 3,9 [4,6] Tote und 146 [161] Verletzte). Die unterschiedliche *Gefährdungshäufigkeit* zeigt die Getöteten-/Verletztenrate (Fälle pro 100 Mill. gefahrene km); sie schwankt zwischen 1,15/31,9 auf Autobahnen und 4,94/302,4 im Innerortsverkehr (1979).

Schwere **Eisenbahnunfälle** ereigneten sich 1979 in Bangladesch (84 Tote) und in der Türkei (48 Tote), 1980 in Schweden (12 Tote und über 60 Verletzte bei Falun).

Die **Welthandelsflotte** war 1979 vom Totalverlust von 280 Schiffen mit 2,28 Mill. BRT betroffen. Die größten Menschenverluste auf See traten in Südostasien ein. Im Südchinesischen Meer kamen auch 1979 wieder Tausende von Flüchtlingen aus Vietnam auf See um; im Apr. 1980 verloren vor der philippinischen Insel Mindoro über 100 Menschen das Leben, als eine Fähre von einem Tanker gerammt wurde. – Die »Deutsche Gesellschaft zur Rettung Schiffbrüchiger« rettete 1979 in der Nord- und Ostsee 445 Menschen aus Seenot. – In Florida kamen im Mai 1980 34 Menschen ums Leben, als ein Frachtschiff eine Brücke rammte und zum Einsturz brachte. – Die größten materiellen Schäden wurden auch 1979/80 wieder durch mehrere Öltanker-Unglücke verursacht.

Im **Flugverkehr** war die Sicherheit wieder sehr hoch. Nach dem Unfallbericht 1979 der »ICAO« (Internat. Zivilluftfahrt-Organisation) ereigneten sich im *Welt-Linienverkehr* 1979 (1978) 31 (25) schwere Unfälle mit 871 (755) Todesopfern. Die Zahl der Todesfälle stieg somit gegenüber 1978 leicht auf 0,1 pro Mill. Passagier/km. Die Unfallrate der Strahlverkehrsflugzeuge lag wieder erheblich unter der für Propellermaschinen. Im *Charterverkehr* ereigneten sich 1979 (1978) 27 (29) Unfälle mit 352 (348) Toten; der schwerste Unfall mit 257 Todesopfern geschah in der Antarktis, wo eine neuseeländische Maschine bei einem Rundflug gegen einen Berg stieß. – Weitere schwere *Flugzeugunfälle:* 273 Tote beim bisher schwersten Unfall in den USA (Absturz nach dem Start in Chicago im Mai 1979); Absturz beim Anflug auf Teheran im Jan. 1980 (128 Tote); 146 Tote im Apr. 1980, als eine britische Urlaubermaschine beim Anflug auf Los Rodeos/Teneriffa an einem Berg zerschellte; 87 Tote beim Absturz einer Verkehrsmaschine im März 1980 vor der Landung in Warschau. – Nach mehreren Unfällen mit Maschinen des Typs »DC-10« wurde 1979 zeitweise ein Startverbot über diese Flugzeuge verhängt. – Der *Terrorismus* war auch 1979 eine Gefahr für die Luftfahrt. Insgesamt wurden in der Welt 85 »verbrecherische Anschläge« gegen die Zivilluftfahrt verübt, die 62 Tote und 80 Verletzte forderten. – Nach Angaben des Luftfahrt-Bundesamts ereigneten sich 1979 in der *BR Deutschland* 582 Flugbetriebsunfälle mit 113 Toten und 197 Verletzten. 117 Luftfahrzeuge wurden zerstört, 418 schwer beschädigt. Allein 278 Unfälle mit 15 Toten betrafen Segelflieger und Motorsegler.

FREMDENVERKEHR

Internationaler Touristenreiseverkehr Zahl der einreisenden Touristen (in 1 000)/Einnahmen aus dem internat. Tourismus (in Mill. US-$) 1977 u. a.: Spanien 34 267/4 003 – Frankreich 26 265/4 377 – USA (ohne kanad. Tagesausflügler) 18 610/6 164 – Italien (Ankünfte in Beherbergungsbetr.) 14 836/4 762 – Kanada 12 703/1 616 – Österreich 11 748/3 322 – Großbritannien 11 490/3 805 – Polen (Grenzübertritte 1976) 9 623/157 – Schweiz 8 341/1 943 – BR Deutschland (Ankünfte in Beherbergungsbetr.) 7 832/3 827 – Belgien-Lux. (Gästeübernachtungen) 7 623/993 – Ungarn (Grenzübertritte) 7 194/320 – Tschechoslowakei (Grenzübertritte) 6 983/184 – Jugoslawien 5 625/841 – Bulgarien 4 570/(1975) 230 – Sowjetunion 4 400/– – Griechenland 3 961/980 – Rumänien 3 685/(1976) 112 – Mexiko 3 338/781 – Niederlande (Hotelankünfte) 2 939/1 110 – San Marino 2 565/– – Hongkong 1 756/786 – Türkei 1 661/205 – Singapur 1 507/300 – Puerto Rico 1 474/492 – Marokko 1 428/375 – Portugal 1 410/404 – Argentinien 1 350/213 – Malaysia 1 289/38 – Thailand 1 221/211 – DDR (Ankünfte in Beherbergungsbetr.) 1 101/– – Tunesien 1 016/323 – Ägypten 1 004/658 – Rep. Korea (Süd-K.) 950/370 – Bahamas 943/372 – Jordanien 937/180 – Israel 894/461 – Japan 891/425 – Südafrika –/321 – Philippinen 730/311 – Irak 722/– – Iran 691/153 – Syrien 681/110 – Venezuela 652/261 – Indien 640/350 – Daten n. »World Tourism Organisation«, Madrid, und »International Monetary Fund«, Washington D. C. (für verschiedene Länder, z. B. Schweden, Dänemark, Norwegen, liegen bisher keine Daten vor). – Unter den Begriff »Touristen« werden im allgemeinen alle Ausländer gezählt, die die Grenze überschreiten und sich mindestens 24 Stunden im Land aufhalten (ausgen. Gastarbeiter, Transitreisende u. ä.); z. T. werden auch nur die Ankünfte in Hotels gezählt. Die Daten sind daher nur bedingt miteinander vergleichbar. Die Angaben über die Einnahmen sind meist Schätzwerte oder erfassen nur den offiziellen Geldumtausch.

Die **Zunahme des Welt-Tourismus** hielt – trotz starker Treibstoffpreis-Erhöhungen – auch 1979 an. Nach internationalen Schätzungen lag die Zahl der Auslandstouristen (internat. touristische Ankünfte) 1979 (1978) bei rd. 280 (265) Mill. Der innerstaatliche Tourismus, dessen Ausmaß nur geschätzt werden kann, liegt bei etwa 1,2 Mrd. reisender Menschen jährlich. Die Einnahmen aus dem internationalen Tourismus wurden für 1978 auf rd. 68,5 Mrd. US-$ geschätzt (nach »Deutsches Institut für Wirtschaftsforschung«). 82 % der weltweiten Tourismusausgaben und 80 % der Einnahmen entfallen auf die OECD-Länder (westliche Industrieländer). Die

höchsten *Einnahmen* aus dem internationalen Fremdenverkehr haben USA, Italien, Frankreich, Spanien, BR Deutschland, Großbritannien, Österreich und Schweiz; die Reihenfolge der Länder nach den Ausgaben lautet: BR Deutschland, USA, Frankreich, Japan, Kanada, Niederlande, Großbritannien, Österreich, Belgien, Schweiz.
Rd. 70% aller *Touristenankünfte* im internationalen Reiseverkehr entfallen auf Europa (davon 85% innereuropäische Reisen). – Der Tourismus wird nach allen Prognosen auch in Zukunft noch wachsen. Nach dem Ergebnis von Umfragen (z. B. des Starnberger »Studienkreis für Tourismus«) und ersten Ergebnissen der Zählungen von 1980 wird trotz starker Benzinpreiserhöhungen das Reisen kaum verringert oder eingestellt. Eher wird in anderen Bereichen gespart (z. B. Ausgaben für Essen, Kleidung usw.).
Für viele Länder ist der Fremdenverkehr ein wichtiger *Devisenbringer* und bedeutender Faktor zum Ausgleich der Zahlungsbilanz. Ausländische Touristen tragen folgende %-Anteile zu den Deviseneinnahmen bei: Mexiko 32 – Tunesien 28 – Österreich 24 – Griechenland 21 – Spanien 20 – Malta 15 – Schweiz 9. – Die *Entwicklungsländer* ohne Öleinnahmen erzielten 1978 11,4 Mrd. $ Einnahmen aus dem Tourismus (bei 6,6 Mrd. $ Ausgaben), die OPEC-Länder hatten dagegen ein Defizit im Tourismus (Einnahmen 2,4 – Ausgaben 5,7 Mrd. $). – Zunehmend werden jedoch auch die Nachteile des Tourismus für Entwicklungsländer gesehen: neben negativen sozio-kulturellen Auswirkungen vor allem hohe Infrastrukturausgaben und Importe von Nahrungs- und Genußmitteln für die Touristen, die die Deviseneinnahmen fast aufzehren können. Empfohlen wird dagegen Förderung des Tourismus, der auf heimischen Ressourcen aufbaut.

In der **Reise-Intensität** stehen bezüglich der Auslandsreisen die Bewohner der BR Deutschland an erster Stelle. Der Prozentsatz der erwachsenen Einwohner, die überhaupt eine Urlaubsreise machen, liegt jedoch bei den Franzosen, Niederländern, Schweizern, Briten und Schweden noch höher, bei den beiden letztgenannten ungefähr bei 65–70%.
Die Zahl der **Gäste-Übernachtungen** in der *BR Deutschland* betrug im Winterhalbjahr 1978/79 72,60 Mill. – Im Sommerhalbjahr 1979 (April–Sept.) wurden in der BR Deutschland (nach »Wirtschaft und Statistik« 2/80) insges. 168,3 Mill. Gäste-Übernachtungen gezählt (1978: 163,6), davon 154,2 von Inländern (+3%) und 14,1 Mill. von Ausländern (+4%); die durchschnittliche Aufenthaltsdauer belief sich auf 5,2 (Ausländer 2,3) Tage, die Ausnutzung der vorhandenen Bettenkapazität stieg im Durchschnitt auf 46,2 (1978: 45,7)%. Von den

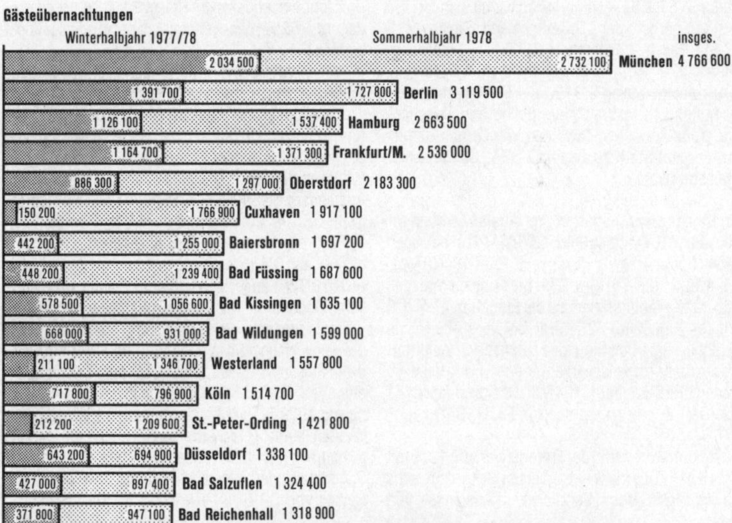

Die bedeutendsten Fremdenverkehrsgemeinden der BR Deutschland 1978
(nach »Statistisches Bundesamt«)

Ausländerübernachtungen entfielen (nach der Herkunft) in Mill.: auf Europa 11,03 (darunter Niederlande 4,05 – Großbritannien 1,19 – Belgien-Lux. 0,98 – Frankreich 0,81 – Dänemark 0,74), auf Amerika 1,86 (darunter USA 1,47), auf Asien 0,81 (darunter Japan 0,34). – Von den Gästeübernachtungen insgesamt entfielen auf Bundesländer u.a. (in Mill.): Bayern 49,48 – Baden-Württemberg 30,30 – Niedersachsen 19,98 – Schleswig-Holstein 19,10 – Nordrhein-Westfalen 17,98 – Hessen 17,08 – Rheinland-Pfalz 9,76. – Nach Gemeindegruppen gliederten sich die Gäste-Übernachtungen folgendermaßen: Heilbäder 30% – Luftkurorte 17% – Erholungsorte 16% – Seebäder und sonstige Gemeinden je 13% – Großstädte 10%.

Nach der »Reiseanalyse 79« des »Studienkreises für Tourismus« erreichte die **Reiseintensität der Deutschen** 1979 einen neuen Höhepunkt. 57% (1978: 56,2%) der Bundesbürger machten eine oder mehrere **Urlaubsreisen** (d.h. 26,5 Mill. Einw.), darunter 9,6% zwei oder mehrere. Als *Verkehrsmittel* wurde gewählt 1979 (1978) in %: PKW 59,4 (60,2) – Flugzeug 16,7 (14,3) – Eisenbahn 14,7 (16,8) – Bus 7,5 (7,1) – Schiff 0,6 (0,8). – Die beliebtesten *Reiseziele* waren 1979 (1978) in %: BR Deutschland 36,3 (39,1) – DDR 2,1 (1,5) – Ausland 61,5 (59,4) – darunter u.a. Österreich 12,7 (12,7) – Italien 11,3 (10,1) – Spanien 10,2 (10,5) – Frankreich 4,4 (5,3) – Jugoslawien 3,6 (4,1) – Griechenland 2,5 (2,2) – Niederlande 2,2 (2,3) – Großbritannien, Dänemark, Schweiz je 1,7 – osteuropäische Länder 2,5 (1,9) – außereuropäische Länder 4,3 (2,6) – innerhalb der BR Deutschland: Bayern 10,9 (12,8) – Baden-Württemberg 6,7 (7,1) – Schleswig-Holstein 6,2 (6,7) – Niedersachsen 4,9 (4,7) – Nordrhein-Westfalen 2,9 (2,5). – Bei den Auslandsreisen konnten insbesondere Italien und Griechenland große Zuwächse gewinnen; der Ferntourismus nahm erneut stark zu (insbes. USA, Südostasien, Lateinamerika).

Die **Einnahmen/Ausgaben im Auslandsreiseverkehr der BR Deutschland** 1979 (1978) betrugen (nach »Commerzbank«) insges. **E** 10,20 (9,70) Mrd. DM, **A** 32,91 (28,75) Mrd. DM. Die Ausgaben stiegen auch 1979 wieder stärker als die Einnahmen, so daß sich das **Defizit** auf 22,7 Mrd. DM vergrößerte und wesentlich zum Leistungsbilanzdefizit 1979 beitrug. Überschüsse im Reiseverkehr ergaben sich lediglich mit den OPEC-Ländern (194 Mill. DM), mit Japan (61 Mill. DM) und mit Australien (49 Mill. DM).

In **Österreich** erreichte der Fremdenverkehr 1979 mit rd. 119 Mill. Übernachtungen einen Rekordzuwachs von etwa 10%. Über ¾ entfielen auf Ausländer, von denen wiederum rd. ¾ Deutsche waren. Die Deviseneinnahmen im Tourismus stiegen auf rd. 75 Mrd. öS (bei Devisenausgaben von rd. 40 Mrd. öS). Aus den Devisenüberschüssen im Reiseverkehr konnten wieder rd. 55% des Handelsbilanzdefizits gedeckt werden.

Deutsche Ausgaben im Auslands-Reiseverkehr mit den wichtigsten Urlaubsländern
(in Mill. DM)

	Ausgaben 1978	Ausgaben 1979	Veränderung in %
Insgesamt . . .	*28*	*32906*	*+14,4*
darunter			
Italien	5718	7398	+29,4
Österreich	5651	6232	+10,3
Schweiz	3116	3111	– 0,2
Frankreich	2349	2800	+19,2
Spanien	2240	2328	+ 3,9
Niederlande . . .	1728	1804	+ 4,4
USA	1225	1506	+22,9
Jugoslawien . . .	1198	1204	+ 0,5
Großbritannien . .	888	1071	+20,6
Griechenland . . .	558	806	+44,4
Dänemark	654	687	+ 5,0
Belgien-Lux. . . .	540	590	+ 9,3
Portugal	190	260	+36,8
Polen	227	253	+11,5
Tunesien	157	200	+27,4

In der **Schweiz** schrumpfte der Fremdenverkehr 1979 um rd. 1,7%, vor allem wegen des hohen Wechselkurses des Franken. Die Zahl der Übernachtungen betrug 1979 (1978) 67,3 (68,6) Mill., davon 37,1 (36,1) Inländer.

Während **Italien** 1979 eine starke Zunahme des Auslandsreiseverkehrs verzeichnen konnte, verringerte sich in **Spanien** die Zahl der Touristen um 2,7%; trotzdem stiegen die Deviseneinnahmen 1979 (1978) auf 6,4 (5,4) Mrd. $.

In den **RGW-Ländern** (»Ostblock«) ist die wirtschaftliche Bedeutung des Tourismus weiterhin relativ gering. Einer stärkeren Ausweitung stehen vor allem devisenwirtschaftliche Maßnahmen, Infrastrukturprobleme und Beschränkungen der Freizügigkeit entgegen. Die Zahl der Einreisen in die RGW-Länder betrug 1978 77,8 Mill., davon ca. 16 Mill. aus dem Westen (einschl. Transitreisende). RGW-Bürger unternahmen 44,4 Mill. Reisen ins Ausland, davon nur 5,7 Mill. in den Westen (darunter über die Hälfte Reisen von DDR-Bürgern in die BR Deutschland).

Olympische Spiele 1980

XIII. OLYMPISCHE WINTERSPIELE vom 13.2.–24.2. 1980 in LAKE PLACID (USA)

An den XIII. Olympischen Winterspielen nahmen insgesamt 1 286 Sportler (1976: 1 380) aus 37 Ländern teil (1976: 37).
Die Spiele waren durch die sowjetische Invasion in Afghanistan (Dez. 1979) belastet und wurden deshalb lediglich **durch** den **US-Vizepräsidenten Mondale eröffnet.** Der **olympische Eid** wurde vom überragenden Athleten der Wettkämpfe, dem amerikanischen Eisschnelläufer **Eric Heiden,** gesprochen, der mit 5 Goldmedaillen alle Eisschnellaufkonkurrenzen (Herren) gewann. – Die Hauptkritik an der XIII. Winterolympiade konzentrierte sich auf mangelnde Unterbringungsmöglichkeiten sowie Infrastruktur- und Organisationsleistungen der gastgebenden Gemeinde, die nur ca. 2 700 Einwohner zählt. Die **XIV. Olympischen Winterspiele** finden **1984 in Sarajewo** (Jugoslawien) statt.

Ergebnistabelle nach Ländern

Die Zahlen in Klammern geben die Vergleichsergebnisse der Olympischen Winterspiele von 1976 an

Staat	*Gold*	*Silber*	*Bronze*	*Gesamt*	*Abweichung*	*Plätze* 4.	5.	6.
UdSSR	10 (13)	6 (6)	6 (8)	22 (27)	−5	4 (9)	5 (2)	5 (4)
DDR	9 (7)	7 (5)	7 (7)	23 (19)	+4	7 (7)	2 (5)	4 (2)
USA	6 (3)	4 (3)	2 (4)	12 (10)	+2	3 (1)	8 (5)	2 (8)
Österreich	3 (2)	2 (2)	2 (2)	7 (6)	−1	3 (2)	3 (4)	5 (6)
Schweden	3 (0)	0 (0)	1 (0)	4 (0)	+4	2 (0)	2 (1)	2 (0)
Liechtenstein	2 (1)	2 (2)	0 (1)	4 (4)	0	0 (2)	0 (0)	0 (2)
Finnland	1 (2)	5 (4)	3 (1)	9 (7)	+2	2 (4)	3 (0)	1 (1)
Norwegen	1 (3)	3 (3)	6 (1)	10 (7)	+3	6 (1)	4 (3)	3 (2)
Niederlande	1 (0)	2 (0)	1 (2)	4 (2)	+2	1 (0)	0 (0)	4 (0)
Schweiz	1 (1)	1 (3)	3 (1)	5 (5)	0	3 (3)	1 (3)	2 (1)
Großbritannien	1 (0)	0 (0)	0 (2)	1 (2)	−1	0 (3)	0 (3)	0 (1)
BR Deutschland	0 (2)	2 (5)	3 (3)	5 (10)	−5	2 (2)	2 (6)	1 (2)
Italien	0 (1)	2 (0)	0 (0)	2 (1)	+1	1 (0)	2 (0)	3 (0)
Kanada	0 (0)	1 (0)	1 (0)	2 (0)	+2	0 (0)	1 (0)	2 (1)
Japan	0 (0)	1 (0)	0 (0)	1 (0)	+1	1 (0)	1 (0)	1 (0)
Ungarn	0 (1)	1 (1)	0 (1)	1 (3)	−2	0 (1)	0 (1)	0 (2)
Bulgarien	0 (0)	0 (0)	1 (0)	1 (0)	+1	0 (0)	0 (0)	1 (0)
ČSSR	0 (0)	0 (0)	1 (0)	1 (0)	+1	1 (0)	1 (0)	1 (1)
Frankreich	0 (1)	0 (2)	1 (3)	1 (6)	−5	1 (0)	1 (1)	1 (2)

Insgesamt verteilten sich die **114 Medaillen** (1976: 111) **auf 19 Teilnehmerstaaten** (1976: 19). Die UdSSR und die DDR bestätigten ihre Vormachtstellung in den olympischen Wintersportdisziplinen (gemeinsam 45 Medaillen; 1976: 46). Der Anteil von Medaillen, die auf Sportler aus EG-Staaten entfielen, ging auf 13 zurück (21), zugunsten der skandinavischen Länder, deren Anteil auf 23 stieg (14), und der beiden nordamerikan. Staaten (1980: 14; 1976: 10).

XXII. OLYMPISCHE SOMMERSPIELE vom 20.7.–2.8.1980 in MOSKAU (UdSSR)

Die Moskauer Sommerspiele standen im Schatten der sowjetischen Invasion in Afghanistan und der daraus resultierenden **Boykottpolitik** des amerikanischen Präsidenten Carter, der alle Länder dazu aufgerufen hatte, nicht an den Spielen teilzunehmen. Entsprechend appellierten nahezu alle nationalen Regierungen und Parlamente der amerikanischen Bündnispartner an ihre NOKs, keine Sportler nach Moskau zu schicken. Nach langen Debatten in vielen Ländern entschlossen sich jedoch die meisten NOKs zu einer Teilnahme. Dennoch reduzierte sich das Feld der teilnehmenden Staaten erheblich, indem **nur 81 der 146 eingeladenen NOKs Athleten nach Moskau sandten;** 58 wiesen die Einladung aus o. a. Gründen

zurück, 7 antworteten nicht. Somit nahmen in Moskau weniger Mannschaften teil als bei den vorausgegangenen Sommerspielen (München 1972: 122 teilnehmende Staaten; Montreal 1976: 94 teilnehmende Staaten). Mit der Anwesenheit von 28 Mannschaften und dem Fernbleiben von nur 6 Ländern wurde der Boykottaufruf am wenigsten von den europäischen Staaten befolgt (vgl. Afrika 22/18, Asien 15/15, Ozeanien 2/2, Gesamtamerika 14/17). Die **BR Deutschland war der einzige EG-Mitgliedstaat, der nicht** durch Sportler bei den Moskauer Spielen **vertreten war.** Die Vertretungen der übrigen EG-Staaten sowie 8 anderer Länder verzichteten als Zeichen der Kritik gegen die Afghanistan-Invasion bei Eröffnungsfeier und Siegerehrungen auf das Vorzeigen nationaler Symbole wie Flagge, Namensschild mit Länderbezeichnung und Nationalhymne, so daß **im Endeffekt die Anzahl der Staaten, die auf diese Weise oder durch direkten Teilnahmeboykott eine Protesthaltung demonstrierten, mit 74 höher lag als die der teilnehmenden Nationen (65), ohne Protest** gegen die Kampfhandlungen des gastgebenden Landes in Afghanistan.
Trotz der Abwesenheit von Athleten aus 4 bedeutenden Sportnationen (USA, BR Deutschland, Japan, Kanada) war die sportliche Bilanz der Moskauer Spiele positiv, denn **in über 40 Disziplinen wurden neue Weltbestleistungen** aufgestellt (Montreal: 35) und in der Mehrheit der Disziplinen (241) die vorher bestehenden olympischen Rekorde übertroffen. – Die **IOC-Vorstandswahlen** brachten eine Mehrheit für den vorherigen ersten Vizepräsidenten **J. A. Samaranch,** der den ausscheidenden irischen **IOC-Präsidenten Lord Killanin ersetzt.** – Die nächsten Olympischen **Sommerspiele sollen 1984 in Los Angeles (USA)** stattfinden.

Die **630** (612) **Medaillen,** die **in 204** (198) **Disziplinen** vergeben wurden, verteilten sich insgesamt auf **36** (41) **Teilnehmerstaaten.** Mehr als die Hälfte aller Medaillen (ca. 51 %) entfielen dabei auf Sportler aus der UdSSR und der DDR (1976: ca. 35 %); nahezu ¾ aller Medaillen (ca. 74 %) konzentrierten sich auf die 7 Warschauer-Pakt-Staaten (1976: ca. 52 %). Westeuropäische Sportler wurden mit ca. 18 % aller Medaillen ausgezeichnet (EG-Staaten ca. 10 %). Auf asiatische, lateinamerikanische, afrikanische und australische Sportler entfielen in einer annähernden Gleichverteilung insgesamt ca. 8 % der Medaillen. Die Analyse der Medaillenverteilung bestätigt somit den Entwicklungsvorsprung im Leistungssport der Industrienationen gegenüber Staaten der Dritten und Vierten Welt. Der Vergleich olympischer Erfolge zwischen marktwirtschaftlichen und planwirtschaftlichen Gesellschaftssystemen gibt jedoch ein **verzerrtes Bild** wieder, **da die westlichen Demokratien USA, BR Deutschland, Japan und Kanada, die 1976 ca. 28 % (169) aller Medaillen gewonnen hatten, den Wettbewerben der Moskauer Olympischen Spiele aus o. a. Gründen fernblieben.**

Ergebnistabelle nach Ländern

Die Zahlen in Klammern geben die Vergleichsergebnisse der Olympischen Sommerspiele von 1976 an

Staat	*Gold*	*Silber*	*Bronze*	*Gesamt*	*Abweichung*	*Staat*	*Gold*	*Silber*	*Bronze*
1. UdSSR . . .	80 (47)	69 (43)	46 (35)	195 (125)	+70	19. Schweiz . .	2 (1)	0 (1)	0 (2)
2. DDR	47 (40)	37 (25)	42 (25)	126 (90)	+36	20. Spanien . .	2 (1)	0 (1)	0 (2)
3. Bulgarien . .	8 (7)	16 (8)	17 (9)	41 (24)	+17	21. Österreich .	1 (0)	2 (0)	1 (1)
4. Cuba	8 (6)	7 (4)	5 (3)	20 (13)	+ 7	22. Griechenl. .	1 (0)	0 (0)	2 (0)
5. Italien . . .	8 (2)	3 (7)	4 (4)	15 (13)	+ 2	23. Indien . . .	1 (0)	0 (0)	0 (0)
6. Ungarn . . .	7 (4)	10 (5)	15 (12)	32 (21)	+11	24. Belgien . . .	1 (0)	0 (3)	0 (3)
7. Rumänien .	6 (4)	6 (9)	13 (14)	25 (27)	– 2	25. Simbabwe .	1 (–)	0 (–)	0 (–)
8. Frankreich .	6 (2)	5 (2)	3 (5)	14 (9)	+ 5	26. Nordkorea .	0 (1)	3 (1)	2 (0)
9. Großbrit. . .	5 (3)	7 (5)	9 (5)	21 (13)	+ 8	27. Mongolei . .	0 (0)	2 (1)	2 (0)
10. Polen	3 (8)	14 (6)	15 (11)	32 (25)	+ 7	28. Tansania . .	0 (–)	2 (–)	0 (–)
11. Schweden .	3 (4)	3 (1)	6 (0)	12 (5)	+ 7	29. Mexiko . . .	0 (1)	1 (0)	3 (1)
12. Finnland . .	3 (4)	1 (2)	4 (0)	8 (6)	+ 2	30. Niederld. . .	0 (0)	1 (2)	2 (3)
13. ČSSR	2 (2)	3 (2)	9 (4)	14 (8)	+ 6	31. Irland	0 (0)	1 (0)	1 (0)
14. Jugosl. . . .	2 (2)	3 (3)	4 (3)	9 (8)	+ 1	32. Venezuela . .	0 (0)	1 (1)	0 (0)
15. Australien . .	2 (1)	2 (4)	5 (5)	9 (10)	– 1	33. Uganda . . .	0 (–)	1 (–)	0 (–)
16. Dänemark .	2 (1)	1 (0)	2 (2)	5 (3)	+ 2	34. Jamaika . .	0 (1)	0 (1)	3 (0)
17. Brasilien . .	2 (0)	0 (0)	2 (2)	4 (2)	+ 2	35. Libanon . .	0 (0)	0 (0)	1 (0)
18. Äthiopien . .	2 (–)	0 (–)	2 (–)	4 (–)	–	36. Guyana . . .	0 (0)	0 (0)	1 (0)

Quelle: Sportdokumentation Thomas Grunert/Patrizia Diliotti, Europa-Universität Florenz

Verstorbene Persönlichkeiten

1979

1. 9. der Politologe *Peter Christian Ludz* (48) bei Traubing (Freitod)
3. 9. der Venezolaner *Juan Pablo Pérez Alfonzo* (75), einer der Gründer der OPEC, in Washington
4. 9. die Schriftstellerin *Marianne Langewiesche* (70) in Ebenhausen u. der Filmproduzent *Walter Traut* (71) in München
5. 9. der brit. Journalist *Sefton Delmer* (75) in England u. der Geograph u. Asienforscher *H. v. Wissmann* in Tübingen (84)
7. 9. der brit. Literaturhistoriker *Ivor Armstrong Richards* (86) in Cambridge
10. 9. der Ayatollah *Maḥmud Taleghani* (68) in Teheran, der angol. Staatspräs. *Agostinho Neto* (56) in Moskau u. der Buch- u. Kunstantiquar *Georg Karl* (87) in München
12. 9. der Mitbegründer der CSU u. ehem. bayer. Justizminister *Josef Müller* (81) in München
14. 9. die span. Flamenco-Tänzerin *Pastora Rojas Monge* (*»Pastora Imperio«*; 90) in Madrid
16. 9. der Schweizer Schriftsteller *Manuel Gasser* (70) in Zürich, der Bischof von Münster *Heinrich Tenhumberg* (64) in Münster u. der ital. Architekt *Giovanni Ponti* (87) in Mailand
17. 9. der Schweizer Bassist *Peter Lagger* (49) in Berlin
20. 9. der ehem. tschechoslow. Staatspräsident *Ludvík Svoboda* (83) in Prag
21. 9. die ehem. Primaballerina u. Malerin *Natascha Trofimova* (56) in München (Freitod)
25. 9. *Hysni Kapo* (64), Mitglied des alban. Politbüros, in Paris
26. 9. *Alexandra Tolstoi* (95), Tochter von Leo Tolstoi, in New York
27. 9. die brit. Sängerin u. Schauspielerin *Gracie Fields* (81) auf Capri
28. 9. der nordamerik. Filmregisseur u. Schauspieler *John Cromwell* (91) in Santa Barbara (Cal./USA) u. der sowjet. Komponist *Ivan Wyschnegradsky* (86) in Paris
29. 9. der ehem. Präsident v. Äquat.-Guinea *Francisco Macías Nguema* (57) in Malabo (hingerichtet), der Schriftsteller u. Feuilletonist *Hellmut von Cube* (71) in München u. *Gert von Gontard* (73), Förderer des deutschsprach. Theaters in den USA, in Zürich
(Im September starb auch der Atomphysiker *Otto Robert Frisch* [74] in Großbritannien.)
1. 10. der österr. Kunstkritiker *Johann Muschik* (68) in Wien
3. 10. der nordamerik. Zeichner *Charles Wilbert White* (61) in Los Angeles
6. 10. die Schauspielerin *Tatjana Iwanow* (54) in Hamburg
8. 10. der ind. Politiker *Dschaja Prakasch Narajan* (76) in Patna u. der ehem. afghan. Staatspräsident *Nur Mohammed Taraki* (67) in Kabul (ermordet)
9. 10. der franz. Dirigent u. Komponist *Paul Paray* (93) in Monte Carlo
10. 10. Bruder *Xaver Ruckstuhl* (67), Schweizer Bildhauer, in Kloster Engelberg
11. 10. der Komponist u. Interpret *José Fernández* (71) in La Habana u. der franz. Plakatentwerfer *René Brantonne* (74) in Paris
13. 10. der Schweizer Filmproduzent *Heinrich Fueter* (68) in Zürich
14. 10. der nordamerik. Musikforscher u. Dirigent *Arthur Mendel* (74) in Princeton (USA)
17. 10. der nordamerik. Humorist u. Schriftsteller *Sidney Perelman* (75) in New York u. der franz. Bariton *Pierre Bernac* (80) in Villeneuve-les-Avignon
19. 10. der deutsch-brit. Schriftsteller u. Biograph *Richard Friedenthal* (83) in Kiel
21. 10. der Gründer des Kulturkreises im BDI, *Gustav Eugen Stein* (76), in Lüneburg
22. 10. die franz. Musikpädagogin *Nadia Boulanger* (92) in Paris
24. 10. die Schweizer Schriftstellerin *Corinna Bille* (67) in Siders (Wallis) u. die Schweizer Bildhauerin *Esther Matossi* (73) in Winterthur
26. 10. der brit. Drehbuchautor *Alexander Jacobs* (52) in Los Angeles u. der südkorean. Staatspräsident *Park Tschung-Hi (Park Chung-Hee)* in Seoul (ermordet)
28. 10. die franz. Opernsängerin *Germaine Lubin* (89) in Paris
30. 10. der franz. Arbeitsminister *M. Robert Boulin* (59) bei Paris (Freitod), *Rachele Mussolini* (89), die Witwe des »Duce«, in Carpena di Forli u. d. ehem. Generalsekr. des brit. Gewerkschaftskongr. (TUC), *George Woodcock* (75), in Epsom
31. 10. der Wiener Autor u. Kabarettist *Carl Merz* (73) in Kirchbg. (Ndösterr.; Freitod)
(Im Okt. starben auch der norw. Schriftsteller *Johan Borgen* [77], die belg. Schriftstellerin *Maud Frère* [56], der Musikverleger *Hellmuth von Hase* [89] in Wiesbaden, der ungar. Regisseur *Endre Marton* [62] in Budapest u. die sowj. Choreographin *Nadieschdina* [71].)

1. 11. der Schweizer Jazzmusiker *Pierre Oguey* (50) in Lausanne, der franz. Filmschauspieler *Albert Préjean* (85) in Paris, die Choreographin *Gise Furtwängler* (62) in Hannover u. *Geneva (»Mamie«) Eisenhower* (82), Witwe des ehem. US-Präsidenten D. D. E., in Washington
3. 11. der Kameramann u. Produzent *Gerd von Bonin* (68) in München
5. 11. der ital. Filmschauspieler *Amedeo Nazzari* (71) in Rom
6. 11. der Maler *Rolf Cavael* (80) in München u. der Feuilletonist *Rudolf Goldschmit* (56) in München
8. 11. *Yvonne de Gaulle* (79), Witwe des ehem. franz. Staatspräsidenten Ch. de G., in Paris
10. 11. der österr. Schriftsteller *Friedrich Torberg* (*»Kantor-Berg«*; 71) in Wien
11. 11. die Schriftstellerin *Rosa Meyer-Leviné* (89) in London u. der in Rußland geborene amerik. Filmkomponist *Dimitri Tiomkin* (85) in London
17. 11. der belg. Pianist *Naum Sluszny* (65) in Brüssel
18. 11. der franz. Verleger u. Schriftsteller *Eric Losfeld* (57) in Paris
19. 11. der Bayerische Kammersänger *Max Proebstl* (66) in München
21. 11. der Vizepräsident des Europa-Parlaments *Anne Vondeling* nach einem Autounfall in Mecheln u. die lettische Regisseurin *Asja Lacis* (88) in Riga
23. 11. die nordamerik. Filmschauspielerin *Merle Oberon* (68) in Los Angeles
24. 11. der Genetiker *Hans Nachtsheim* (89) in Boppard u. der Maler *Hubert Berke* (71) in Köln
26. 11. der franz. Filmregisseur *Marcel L'Herbier* (91) in Paris
28. 11. der Schweizer Schriftsteller *Walter Matthias Diggelmann* (52) in Zürich
29. 11. der Geograph u. Äthiopienforscher *Josef Werdecker* (72) in Jugenheim (Rheinhessen)
30. 11. der Schauspieler u. Regisseur *Arno Assmann* (71) in Breitbrunn a. A. (Freitod) u. der nordamerik. Filmkomiker *Zeppo Marx* (78) in Palm Springs (Cal./USA)
(Im Nov. starben auch die Altistin *Lotte Wolf-Matthäus* [71] bei Hannover, der Kunsthistoriker *Erich Wiese* [88] in München u. der ital. Volksschauspieler *Saro Urzi* [66] in Neapel.)
1. 12. der deutsch-russ. Kulturhistoriker *Nik. v. Sementowsky-Kurilo* (78) in Heidelberg
3. 12. der ehem. Vors. der tschechoslow. »Nationalen Front« *František Kriegel* (71) in Prag u. *Tschang Kuo-tao* (82), Gegner Mao Tsetungs, in Toronto
4. 12. der Stellvert. Vors. des Staatsrates der DDR u. SED-Politbüro-Mitgl. *Friedrich Ebert* (85) in Berlin (Ost) u. der Erfinder u. Tonfilmpionier *Hans Vogt* (89) in Passau
5. 12. die franz. Malerin u. Designerin *Sonia Delaunay* (94) in Paris
6. 12. der Historiker *Fritz T. Epstein* (82) in Rehlingen bei Lüneburg
7. 12. der Schriftsteller *Nicolas Born* (41) in Hamburg
9. 12. der nordamerik. Erzbischof *Fulton Sheen* (84) in New York
11. 12. der ehem. Vizepräsident des Dt. Bundestages *Carlo Schmid* (83) in Bonn
13. 12. der kath. Bischof von Berlin, Erzbischof *Alfred Kardinal Bengsch* (58) in Berlin (Ost) u. die span. Pianistin *Pilar Bayona* (80) in Saragossa
14. 12. der Präs. des Verb. der Film- u. Fernsehschaff. der DDR *A. Thorndike* (70) in Berlin (Ost)
15. 12. der Komponist *Georg Trexler* (76) in Leipzig
18. 12. der Ayatollah *Mohammad Moffatah,* enger Vertrauter v. Chomeini, in Teheran (ermordet)
19. 12. der ehem. Bremer Bürgermeister *Wilhelm Kaisen* (92) in Bremen u. der Schweizer Volksmusiker *Otto Held* (103) in Montreux
21. 12. der bayer. Volksschauspieler *Michl Lang* (80) in Pullach bei München
22. 12. der nordamerik. Filmproduzent *Darryl F. Zanuck* (77) in Palm Springs (Cal./USA)
23. 12. die nordamerik. Philanthropistin u. Kunstsammlerin *Peggy Guggenheim* (81) bei Venedig
24. 12. der ehem. Studentenführer *Rudi Dutschke* (39) in Århus u. der ehem. NATO-Generalsekr. *M. Dirk Uipko Stikker* (82) in Wassenaar
25. 12. der ital. Tenor *Mario Filippeschi* (76) in Florenz, die nordamerik. Filmschauspielerin *Joan Blondell* (73) in Santa Monica (Cal./USA)
26. 12. der Zeichner u. Graphiker *Karl Hubbuch* (88) in Karlsruhe
27. 12. der Journalist *Karl-Günther Renz* (52) in Köln, der nordamerik. Filmschauspieler *Lee Bowman* (64) in Los Angeles, der afghan. Staatspräs. *Chafisulla Amin* (50) in Kabul (erschossen)
30. 12. der nordamerik. Komponist *Richard Rodgers* (77) in New York

1980

1. 1. der ehem. Führer der ital. Sozialisten *Pietro Nenni* (88) in Rom
2. 1. der nordamerik. Filmkomponist *Adolph Deutsch* (82) in Palm Desert (Cal./USA)
3. 1. *Axel Springer* jr. (38) in Hamburg (Freitod) u. die aus Österreich stammende Schriftstellerin *Joy Adamson* (69) im Meru-Nationalpark von Kenia (ermordet)
7. 1. die ehem. Primaballerina an der Bayer. Staatsoper *Anny Leis-Gerzer* (76) in München

8. 1. der norw. Polarforscher u. Flugpionier *Tryggve Gran* (90) in Grimstad (Norwegen)
10. 1. der ehem. Präs. des US-Gewerkschaftsbundes AFL/CIO *George Meany* (85) in Washington
12. 1. der nordamerik. Geograph u. Polarforscher *Finn Ronne* (80) in Washington
13. 1. der nordamerik. Dirigent *André Kostelanetz* (78) auf Haïti
16. 1. der span. Maler *Benjamin Palencia* (85) in Madrid, die Tänzerin *Edith Türckheim* (70) in Berlin (West) u. der Physiker *Otto Mailänder* (85) in Cupertino b. San Francisco
18. 1. der brit. Fotograf u. Bühnenbildner *Cecil Beaton* (76) in Broadchalke (Großbrit.)
19. 1. der Orthopäde *Friedrich Pauwels* (94) in Aachen
21. 1. die span. Sopranistin *Elvira de Hidalgo* (87) in Mailand
23. 1. die Schauspielerin *Lil Dagover* (92) in München
26. 1. der ehem. Vizepräs. von Sambia *Simon Kapwepwe* (57) in Lusaka, der Publizist *Hans Joachim Lange* (61) in Wien u. der Maler *Erich Glette* (83) in Marquartstein
27. 1. der ital. Schauspieler *Peppino De Filippo* (76) in Rom, der Kunsthistoriker *Walther Bernt* (80) in München u. der Schweizer Bildhauer *Hans Aeschbacher* (74) in Zürich
28. 1. der ehem. Generalsekr. der span. Soz. Arbeiter-Partei *Andrés Saborit* (89) in Madrid u. der ital. Komponist *Franco Evangelisti* (54) in Rom
29. 1. der nordamerik. Sänger u. Komiker *Jimmy Durante* (86) in Santa Monica (Cal./USA) u. der Bühnenbildner *Rolf Borzik* (35) in Wuppertal
1. 2. der ital. Schauspieler *Romolo Valli* (54) in Rom
2. 2. der nordamerik. Biochemiker u. Nobelpreisträger *William Howard Stein* (68) in New York, die israel. Schauspielerin *Hanna Rovina* (90) in Raanana (Israel) u. der Dirigent *Bela Sanders* (75) in Braunschweig
4. 2. die Labour-Politikerin *Edith Baroneß Summerskill* (78) in London
5. 2. der Schauspieler *Franz Schafheitlin* (84) in Pullach bei München u. der österr. Kunsthändler u. Verleger *Friedrich Maximilian Welz* (76) in Salzburg
6. 2. der Komponist *Bernhard Eichhorn* (75) in Miesbach u. der Schweizer Journalist *Albert Müller* (80) in Zürich
7. 2. die Schauspielerin *Gisela Mattishent* (60) in Berlin (West)
10. 2. der ev. Theologe u. Bach-Forscher *Friedrich Smend* (86) in Berlin (West)
11. 2. der stellvertr. Außenminister der UdSSR *Jakob Malik* (73) in Moskau u. der Pianist *Hubert Giesen* (83) in Leonberg
13. 2. der nordamerik. Schauspieler *David Janssen* (49) in Santa Monica (Cal./USA)
14. 2. *Franz Strauss* (83), der Sohn des Komponisten Richard Strauss, in Garmisch-Partenkirchen
15. 2. der franz. Schriftsteller *Albert Simonin* (74) in Paris, der sowj. Literaturhist. *Wassili A. Katanjan* (77) in Moskau u. die Kostümbildnerin *Ronny Reiter* (40) in Graz
16. 2. der Physikochemiker *Erich Hückel* (83) in Marburg
17. 2. der brit. Maler *Graham Sutherland* (76) in London u. der franz. Schriftsteller *Jean Sulivan* (66) in Paris
18. 2. *Nathan Yalin-Mohr* (66), Anführer der »Stern«-Widerstandsorg. in Palästina während der brit. Mandatsverw., in Tel Aviv
20. 2. der Schriftsteller *Hans-Joachim Flechtner* (78) in Marburg u. der nordamerik. Parapsychologe *Joseph Banks Rhine* (84) in Hillsborough (N.C./USA)
21. 2. der Schriftsteller *Alfred Andersch* (66) in Berzona b. Locarno, der österr. Architekt *Victor Gruen* (76) in Wien u. der Schweizer Maler *Camille Graeser* (88) in Zürich
22. 2. der österr. Maler u. Schriftsteller *Oskar Kokoschka* (93) in Villeneuve am Genfer See
25. 2. der walisische Schriftsteller *C. Prichard* (75) in London, der ital. Filmregisseur *Mario Mattoli* (82) in Rom u. der Wirtschaftswissensch. *Hans Staudinger* (90) in New York
26. 2. der ehem. Präs. des Exekutivkomitees der PLO *Ahmed El Schukeiri* (72) in Amman
28. 2. der Journalist *George Salmony* (77) in München
29. 2. der ehem. israel. Außenminister *Jigal Allon* (61) in Afula u. der Schriftsteller *Werner Keller* (70) in Ascona
(Im Februar starben auch d. Schriftsteller *Walter E. Richartz* [52] bei Klingenberg a. M. [Freitod] u. der Dokumentarfilmer *Gerhard Henschel* [52] bei Memmingen [Freitod].)
1. 3. der ital. Komponist *Nino Oliviero* (62) in Rom
2. 3. der poln. Schriftsteller *Jaroslaw Iwaszkiewicz* (86) bei Warschau
5. 3. *Winifred Wagner* (82), Schwiegertochter Richard Wagners, in Überlingen a. B. u. der SPD-Politiker u. ehem. bayer. Ministerpräsident *Wilhelm Hoegner* (92) in München
9. 3. die Filmschauspielerin *Olga Tschechowa* (82) in München
11. 3. der Schauspieler *Karl-Maria Schley* (71) in Berlin (West) u. der argent. Komponist u. Geiger *Julio de Caro* (80) in Mar del Plata

12. 3. der ehem. Generalsekr. der ungar. KPD *Ernö Gerö* (*Ernö Singer;* 81) in Budapest
14. 3. der ehem. NATO-Generalsekretär *Manlio Brosio* (82) in Turin
15. 3. der ev. Theologe u. Musikwissenschaftler *Christhard Mahrenholz* (79) in Hannover u. der span. Filmemacher *Félix Rodríguez de la Fuente* (52) in Alaska (Flugzeugabsturz)
17. 3. der ehem. finn. Ministerpräs. *Rafael Paasio* (76) in Turku u. der ehem. laotische Ministerpräs. Prinz *Boun Oum* (68) in Paris
18. 3. der Psychoanalytiker u. Philosoph *Erich Fromm* (79) in Muralto bei Locarno
22. 3. der Schweizer Graphiker *Hans Thöni* (74) in Bern
24. 3. der Erzbischof v. San Salvador *Oscar Arnulfo Romero* (63) in San Salvador (ermordet)
25. 3. der aus Prag stammende nordamerik. Dirigent *Walter Susskind* (66) in Berkeley (USA)
26. 3. die poln. Musikwissenschaftlerin *Zofia Lissa* (72) in Warschau u. der franz. Philosoph u. Sprachwissenschaftler *Roland Barthes* (64) in Paris
28. 3. der Kammersänger *Hans Hermann Nissen* (86) in München
30. 3. der ital. Dirigent *Annunzio Paolo Mantovani* (74) in Tunbridge Wells (Großbrit.), der Maler u. Graphiker *Walter Hergenhahn* (75) in Frankfurt a. M., der vietnam. Staatspräs. *Ton Duc Thang* (91) in Hanoi u. der franz. Maler *Léon Zack* (87) bei Paris
31. 3. *Jesse Owens* (66), vierfacher Olympiasieger von 1936, in Tucson (Arizona/USA)
(Im März starben auch der franz. Schriftsteller *François Fosca* [98] in Genf, der Schauspieler u. Regisseur *Konrad Materna* [35] in Heidelberg [Freitod], der Neurologe *Ludwig Guttmann* (80) in England u. der nordamerik. Schlagersänger *Dick Haymes* [61] in Los Angeles.)
1. 4. der Feuilletonist *Ernst Johann* (70) in Darmstadt, der dpa-Korrespondent *Ernst Siegfried Hansen* (62) in Kopenhagen u. der Schauspieler *Joachim Ansorge* (40) in Berlin (Freitod)
4. 4. der nordamerik. Bildhauer *Henry Weber Mitchell* (64) in Charleston (S.C./USA), der nordamerik. Geophysiker *Edward Crisp Bullard* (72) in La Jolla (Cal./USA), der DDR-Schriftsteller *Gerhard W. Menzel* (58) in Leipzig, der Diplomat *Hans-Joachim Eick* (54) in Kapstadt u. der Staatssekr. a. D. *Wilhelm Claussen* (79) in Niederaula-Kerspenhausen
7. 4. der nordamerik. Kunsthistoriker *Jakob Rosenberg* (87) in Boston
9. 4. der Altabt von Ettal *Karl Groß* OSB (72) in Garmisch-Partenkirchen
10. 4. der österr. Völkerrechtswissenschaftler *Alfred Verdroß* (90) in Innsbruck
12. 4. der Staatspräs. von Liberia *William Richard Tolbert* (66) in Monrovia (erschossen) u. der brasil. Folkloremusiker *Abel Ferreira* (65) in Rio de Janeiro
15. 4. der franz. Philosoph u. Schriftsteller *Jean-Paul Sartre* (74) in Paris
16. 4. der schwed. Filmregisseur *Alf Sjöberg* (76) in Stockholm u. der Führer der Exil-Serben *Dušan Sedlar* (71) in Düsseldorf (ermordet)
20. 4. die österr. Sopranistin *Hilde Konetzni* (75) in Wien, der Filmregisseur *Helmut Käutner* (72) in Castellina (Toscana) u. der CDU-Politiker *Heinrich Köppler* (54) in Düsseldorf
22. 4. der Bankier *August von Finck* (81) in Möschenfeld bei München u. der Kernchemiker *Fritz Wilhelm Straßmann* (78) in Mainz
23. 4. der sowj. Biochemiker *Alexander I. Oparin* (86)
25. 4. der cubanische Schriftsteller *Alejo Carpentier* (75) in Paris u. *Katia Mann-Pringsheim* (96), Witwe des Schriftstellers Thomas Mann, in Kilchberg am Zürichsee
27. 4. die Schauspielerin *Anni Mewes* (84) in München
28. 4. der FAZ-Korrespondent *Hans Jürgen Krüger* (62) in Düsseldorf u. der Strafrechtler *Rudolf Sieverts* (76) in Heidelberg
29. 4. der brit. Filmregisseur *Alfred Hitchcock* (80) in Bel Air bei Hollywood (Cal./USA)
(Im April starben auch der Maler *Ernst Oberhoff* [73] in Wuppertal, die österr. Schauspielerin *Franziska Kinz* [73] in Meran, die Geigerin *Marie-Louise Graef-Moench* [70], der Autor u. Kabarettist *Werner Oehlschlaeger* [75] in Berlin, der Regisseur u. ehem. Theateroffizier *Benno D. Frank* [75] in Jerusalem, der Schweizer Filmproduzent *Charles Zbinden* [70] u. der Schweizer Politiker u. Journalist *Walter Allgöwer* [68] in Basel [Freitod].)
1. 5. der aus Österreich stammende Schweizer Musikhistoriker u. Publizist *Willi Reich* (81) in Zürich
2. 5. der Schriftsteller *Eugen Gürster* (84) in München und der aus Ungarn stammende nordamerik. Filmregisseur u. Produzent *George Pal* (72) in Los Angeles
3. 5. der brit. Komponist u. Pianist *Joe Henderson* (60) in London
4. 5. der jugosl. Staats- u. Parteichef *Josip Broz Tito* (87) in Ljubljana
5. 5. der DDR-Finanzminister *Siegfried Böhm* (51) in Berlin (Ost) an den Folgen eines Unglücksfalles
6. 5. die Opernsängerin *Adele Kern* (78) in München
9. 5. der Schriftsteller *Joseph Breitbach* (76) in München
13. 5. der Fotograf *Otto Umbehr (»UMBO«)* (78)

14. 5. der Schauspieler, Regisseur u. Theaterleiter *Carl Ebert* (93) in Santa Monica (Cal./USA) und der brit. Schauspieler *Hugh Griffith* (67)
16. 5. der Journalist *Walther Schmieding* (51) in Berlin
17. 5. der Bassist *Ernst Wiemann* (60) in Hamburg
18. 5. der österr. Schauspieler *Walter Kohut* (52) in Innsbruck
21. 5. die poln. Schauspielerin *Ida Kaminska* (80) in New York und der jap. Filmregisseur *Hiroshi Inagaki* (74) in Tokio
24. 5. der Schriftsteller u. Übersetzer *N. O. Scarpi (Fritz Bondy)* (92) in Zürich
25. 5. der DDR-Schriftsteller *Herbert Nachbar* (50) in Berlin (Ost)
27. 5. der Maler *Richard Oelze* (79) in Posteholz bei Hameln
(Im Mai starben auch der rumän. Schriftsteller *Marin Preda* [58], die Maler *Irmgart Wessel-Zumloh* [72] in Iserlohn, *Ludwig Neu* [82] in Buenos Aires und *Miroslav Sasek* [64] bei Zürich, der ital. Filmregisseur *Mario Bava* in Rom und der DDR-Völkerrechtler *Peter-Alfons Steiniger* [75] in Berlin [Ost].)
1. 6. der Maler *Helmar Becker-Berke* (73) in Stuttgart
2. 6. der nigerianische Außenminister *Abubakar Usman* (bei einem Flugzeugabsturz)
5. 6. der Bundesminister a. D. *Lauritz Lauritzen* (70) in Bad Honnef, der ehem. Minister u. Präsident des österr. Nationalrats *Karl Waldbrunner* (73) in Wien, der kommunistische ital. Politiker *Giorgio Amendola* (72) in Rom und die Fernseh-Journalistin *Margret Dünser* (53) in Basel
7. 6. der amerik. Schriftsteller *Henry Miller* (88) in Pacific Palisades (Cal./USA) u. der ehem. poln. Verteidigungsminister *Marian Spychalski* (73) in Warschau
8. 6. der Schauspieler u. Sänger *Ernst Busch* (80) in Berlin (Ost)
11. 6. der jap. Ministerpräsident *Masajoschi [Masayoshi] Ohira* (70) in Tokio
12. 6. der Verleger *Josef Knecht* (82) in Freiburg im Breisgau
13. 6. der Schriftsteller *Walter Rodney* in Georgetown (Guyana; ermordet), der Rechtswissenschaftler *Ludwig Raiser* (75) in Tübingen
15. 6. der Kurienkardinal *Sergio Pignedoli* (70) in Reggio Emilia
16. 6. der aus Polen stammende Historiker *Jacob Talmon* (64) in Jerusalem
20. 6. der schwed. Komponist *Allan Petterson* (69) in Stockholm
21. 6. der Bildhauer u. Maler *Hans Georg Höft* (56) bei Carrara (ertrunken)
22. 6. der Komponist u. Orchesterleiter *Bert Kaempfert* (56) auf Mallorca
23. 6. *Sandschai [Sanjay] Gandhi* (33), Sohn der ind. Ministerpräsidentin Indira Gandhi (bei einem Flugzeugabsturz in Neu-Delhi) u. der amerik. Maler *Clyfford Still* (75) in Baltimore
24. 6. der ehem. ind. Staatspräs. *Varahagiri Venkata Giri* (85) in Madras
25. 6. der Prähistoriker *Herbert Kühn* (85) in Mainz
28. 6. der Pionier der deutschen Raketenentwicklung *Walter Dornberger* (84) in Obersasbach
(Im Juni starben auch der span. Politiker *Fernández Miranda* [65] in Madrid, der Schlager-Komponist *Marc Fontenoy* [70] in Kentucky [USA], der amerik. Pianist *José Iturbi* [84] in Hollywood, der amerik. Jazz-Klarinettist *Barney Bigard* [74] in Los Angeles u. der Patriarch der Syrisch-Orthodoxen Kirche *Ignatius Yakoub III.* [68] in Damaskus.)
1. 7. der Theologe *Aug. Bernhard Hasler* (43) in München, der brit. Schriftsteller *Ch. Percy Snow* (74) in London u. d. Flugpionier *Wulf-Diether Graf zu Castell-Rüdenhausen* (74) in München
3. 7. der österr. Schauspieler *Walter Ladengast* (80) in München, der Schriftsteller *Johannes Hendrich* (61) in Berlin u. d. jord. Ministerpräs. *Scharif Abdel-Hamid Scharaf* (41) in Amman
6. 7. der Schriftsteller *Thaddäus Troll (Hans Bayer)* (66) in Stuttgart (Freitod)
7. 7. der Journalist *Heinz Lathe* (57) in Düsseldorf
8. 7. der österr. Komponist *Erich Marckhl* (78)
9. 7. der brasil. Dichter u. Komponist *Vinicius de Morais* (66) in Rio de Janeiro
10. 7. der Historiker *Hans-Joachim Schoeps* (71)
12. 7. der Schriftsteller *Wolfgang Pfeiffer-Belli* (80) in Laubach
13. 7. die Kammersängerin *Irmgard Barth von Schweinitz* (67) u. der Präs. v. Botswana *Seretse Khama* (59) in Gaborone
16. 7. der Kirchenhistoriker *Hubert Jedin* (80) in Bonn
18. 7. der Schweizer Kunstmaler *Willy Fries* (73) in Wattwil
19. 7. der ehem. türkische Ministerpräs. *Nihat Erim* (68) in Dragos (ermordet)
20. 7. der Galerist *Alfred Schmela* (61) in Düsseldorf u. der Verleger *Bernhard Hagemeier* (71)
21. 7. der syrische Politiker *Salah al-Bitar* (68) in Paris (ermordet)
22. 7. der Chef der exil-iran. »Freiheitsstiftung« *Ali Tabatabai* (49) in Washington (ermordet)
23. 7. der span. Schriftsteller *Alfonso Carlos Comín* (46) in Barcelona

24. 7. der brit. Schauspieler *Peter Sellers* (54)
25. 7. der russ. Sänger u. Liedermacher *Wladimir Wyssozki* (48) in Moskau
26. 7. der brit. Autor u. Regisseur *Kenneth Tynan* (53) in Santa Monica (Cal./USA)
28. 7. der ehem. Schah des Iran *Mohammed Resa Pählewi* (Reza Pahlavi) (60) in Kairo u. der Führer der span. Liberalen *Joaquín Garrigues Walker* (46) in Madrid
30. 7. der franz. Drehbuchautor *Pascal Jardin* (46) in Paris u. der ehem. Chefredakteur *Rudolf Michael* (90)
31. 7. der Physiker *Pascual Jordan* (77) in Hamburg
(Im Juli starben auch der Schweizer Bildhauer *Arnold d'Altri* [76] in Genf, der Regisseur u. Maler *Sigfrid Burmann* [89] in Madrid, der Sammler u. Mäzen *Gerhard von Pruschen* [86] in Comano b. Lugano, der Journalist *Werner von Lojewski* [73], der Musikschriftsteller *Karl Grebe* [79], der Opernsänger *Otakar Kraus* [70] in London.)
2. 8. der amerik. Bühnenschriftsteller u. Drehbuchautor *Donald Ogden Stewart* (85) in London
6. 8. der ital. Bildhauer, Maler u. Graphiker *Marino Marini* (79) in Viareggio
8. 8. der ehem. pakistan. Staatspräsident *Jahja Chan* (63) in Rawalpindi
9. 8. die amerik. Rekordfliegerin *Jacqueline Cochran* (74) in Kalifornien
11. 8. der österr. Schauspieler u. Regisseur *Willi Forst* (77) in Wien u. der amerik. Dirigent *Jacques Singer* (63) in New York
12. 8. der Geiger *Siegfried Borries* (68) in Berlin
14. 8. der ital. Schriftsteller *Diego Fabbri* (69) in Riccione
18. 8. der ehem. Intendant des Bayer. Rundfunks, *Christian Wallenreiter,* (80) in München
20. 8. der Lyriker u. Jazzkritiker *Wilhelm E. Liefland* (41) bei Nordstrand (ertrunken) u. die Schriftstellerin Eva Müthel (54)
21. 8. der amerik. Schlagersänger *Joe Dassin* (41) in Papéete
25. 8. die Museumsdirektorin *Martha Dreesbach* (50) in Kreuth
26. 8. die österr. Schauspielerin *Rosa Albach-Retty* (105) in Baden bei Wien.
(Im August starben auch der sowj. Regisseur Lew Michailow [53], u. der sowjet. Flugpionier *Michail W. Wodopjanow* [80] in Moskau, der ehem, chilen. Staatspräs. *Gabriel Gonzales Videla* [81], der franz. Schriftsteller u. Publizist *Max-Poll Fouchet* [67] in Vézelay, der amerik. Regisseur und Chroreograph *Gower Champion* in New York und der franz. Archäologe *André Parrot* [79].)

Berichtigung: Am 21. 12. 1978 starb in Wien der österr. Geiger *Walter Schneiderhan* (77)

Nachtrag: Am 24. 12. 1978 starb der Existentialtheologe *Wilhelm Knevels* (81) in Berlin, am 4. 1. 1979 der Fernseh-Conférencier *Peter Frankenfeld* (65) in Hamburg, am 16. 8. 1979 der brit. Kontratenor *Alfred Deller* (67) in Bologna, am 22. 8. 1979 der ital. Filmproduzent *Gianni Buffardi* (49) in Rom, am 29. 8. 1979 der brit. Landschaftsmaler *Ivon Hitchens* (86) in London, am 30. 8. 1979 die nordamerik. Filmschauspielerin *Jean Seberg* (40) in Paris (Freitod), am 31. 8. der galiz. Schriftsteller *Celso Emilio Ferreiro* (67) in Vigio.

Anhang

MASSE UND GEWICHTE

(In den USA und in Großbritannien ist z. T. die Umstellung auf metrische Maße eingeleitet.)

VERGLEICH METRISCHER UND ANGELSÄCHSISCHER LÄNGENMASSE

1 inch (in.) = 25,400 mm — 1 mm = 0,0393701 inch
1 foot (ft) = 12 inches = 30,479 cm — 1 m = 3,280840 feet
1 yard (yd) = 3 feet = 91,44 cm
1 pole = 5½ yards = 5,03 m
1 chain = 4 poles = 20,12 m
1 furlong = 10 chains = 201,17 m
1 mile (mi) = 1,609344 km — 1 km = 0,62137 mile
1 brit. oder statute mile = 8 furlong = 1,609344 km
1 geogr. Meile = 7,42044 km

Nautische Längenmaße

1 sm = internationale nautische Meile = 1,852 km
1 Kabellänge ist der zehnte Teil einer Seemeile
1 fathom = 6 feet = 1,829 m
1 cable length = 100 fathoms = 182,9 m
1 engl. nautical mile = 1,853 km

VERGLEICH METRISCHER UND ANGELSÄCHSISCHER FLÄCHENMASSE

1 Quadratmeter (m^2) = 100 dm^2 = 10000 cm^2 = 10,765 sq. ft
1 square foot (sq. ft) = 0,09290 m^2
1 square inch (sq. in.) = 6,45 cm^2
1 square yard (sq. yd) = 9 sq. ft = 0,836 m^2
1 rod, pole, perch = 30¼ sq. yd = 25,289 m^2
1 square foot (sq. ft) = 144 sq. in. = 9,288 dm^2
1 rood = 40 rod = 10,12 a
1 acre = 4 rood = 0,40467 ha — 1 ha = 2,4711 acres
1 Ar (a) = 100 m^2 = 119,599 sq. yd
1 Hektar (ha) = 100 a = 2,4711 acres
1 square mile = 2,5889 km^2 — 1 km^2 = 0,3861 square miles
1 Quadratkilometer (km^2) = 100 ha = 1000000 m^2 = 247,11 acres

VERGLEICH METRISCHER UND ANGELSÄCHSISCHER RAUM- UND HOHLMASSE

1 cubic inch (cu. in.) = 16,386 cm^3/1 cm^3 = 0,06103 cubic inch
1 cubic foot (cu. ft) = 1728 cubic inches = 28,32 dm^3
1 cubic yard (cu. yd) = 27 cubic feet = 0,7646 m^3
1 cubic foot = 0,02832 m^3 — 1 m^3 = 35,317 cubic feet
1 Kubikmeter (m^3) = 1000 Kubikdezimeter (dm^3) = 1000000 Kubikzentimeter (cm^3) = 1000000000 Kubikmillimeter (mm^3)
1 imperial bushel = 0,36349 hl — 1 hl = 2,7511 imperial bushels
1 Liter (l) = 1 dm^3 = 1,760 engl. Pints = 2,144 US-pints
1 Hektoliter (hl) = 100 l = 21,997 engl. gallons (gal) = 26,41 US-gallons

Flüssigkeitsmaße

1 engl. gill = 0,142 l	1 US-gill = 0,118 l
1 engl. pint (pt) = 4 gills = 0,568 l	1 US-pint (liq pt) = 4 gills = 0,473 l
1 engl. quart (qt) = 2 pints = 1,136 l	1 US-quart (liq qt) = 2 pints = 0,946 l
1 engl. gallon (gal) = 4 quarts = 4,546 l	1 US-gallon = 4 quarts = 3,785 l
1 engl. petroleum gallon = 4,53593932 dm^3	1 US-petroleum gallon = 3,77994943 dm^3
1 engl. petroleum barrel = 35 petroleum gallons = 158,7584 dm^3	1 US-petroleum barrel = 42 petroleum gallons = 158,757 dm^3
	1 barrel (bbl) = 158,984 l

VERGLEICH METRISCHER UND ANGELSÄCHSISCHER GEWICHTE

Allgemeine Handelsgewichte

1 avoirdupois pound = 0,45359 kg — 1 kg = 2,2046 avoirdupois pounds
1 dram (dr) = 27,34 grains = 1,772 g
1 ounce (oz) = 16 dr = 28,350 g
1 pound (lb) = 16 oz = 453,59 g
1 stone (st) = 14 lb = 6,35 kg
1 brit. quarter (qr) = 2 st = 12,70 kg; in USA: 1 quarter = 11,339 kg
1 brit. hundredweight (cwt) = 4 qr = 50,802 kg; 1 US-hundredweight = 45,359 kg
1 long ton = 1,0160 t — 1 t = 0,98421 long ton
1 long ton = 20 cwt = 1016,05 kg
1 cental oder short cwt bzw. US-cwt = 100 lb = 45,359 kg
1 short ton = 0,90718 t — 1 t = 1,10231 short ton
1 short ton = 20 short cwt = 907,185 kg

Edelmetallgewichte (Troy-System)

1 grain (gr) = 0,065 g — 1 pennyweight (dwt) = 24 gr = 1,555 g
1 ounce (oz) = 20 dwt = 31,104 g — 1 pound (lb) = 12 oz = 373,24 g

MASSEINHEITEN FÜR ENERGIE/WÄRME/ARBEIT LEISTUNG – DRUCK – KRAFT – WINKELNEIGUNG

Energie/Wärme/Arbeit: 1 cal (Kalorie) = 4,1868 J (Joule) – 1 kcal (Kilokalorie) = 1000 cal = 4186,8 J – 1 J = 1 Ws (Wattsekunde) = 1 Nm (Newtonmeter) – 1 kWh = 3600000 J

Leistung: 1 kW (Kilowatt) = 1000 W (Watt) – 1 W = 1 J/s (Joule durch Sekunde) – 1 PS (Pferdestärke) = 0,736 kW – 1 kcal/s = 4,14 kW – 1 kcal/h = 1,15 W

Druck: 1 Pa (Pascal) = 1 N/m^2 (Newton durch Quadratmeter) – 1 bar = 10^5 Pa = 1000 mb (Millibar) – 1 mb = 100 Pa = 1 N/dm^2 – 1 at (techn. Atmosphäre) = 1 kp (Kilopond)/cm^2 = 980,665 mb = 0,981 bar – 1 atm (phys. Atmosphäre) = 760 Torr = 1013,25 mb = 1,013 bar – 1 mm Hg (mm Quecksilbersäule) = 1 Torr = 1,333 mb

Kraft: 1 kp = 1000 p (Pond) = 9,81 N – 1 N = 102 p = 0,102 kp

Winkelneigung: 1 Gon = der hundertste Teil des rechten Winkels (90°)

SCHALLPEGEL gemessen in dB (Dezibel)

dB (A)	Typische Geräusche
0– 10	= Hörschwelle
10– 20	= Blätterrascheln
20– 30	= Grillenzirpen (10 m)
30– 40	= Flüstern (1 m)
40– 50	= Trittgeräusche
50– 60	= Leise Unterhaltung
60– 70	= Schreibmaschine
70– 80	= Verkehrsreiche Straße
80– 90	= D-Zug (10 m)
90–100	= Autohupe (4 m)
100–110	= Diskothek
110–120	= Düsenflugzeug (200 m)
120–130	= Preßlufthammer
130–140	= Schmerzschwelle

(Nach DIN 1318, Lautstärkepegel, Begriffe und Meßverfahren)

TEMPERATUR-UMRECHNUNGSFORMELN

	°Celsius	*°Réaumur*	*°Fahrenheit*
°C	—	$\frac{4}{5} \cdot C$	$\frac{9}{5} \cdot C + 32$
°R	$\frac{5}{4} \cdot R$	—	$\frac{9}{4} \cdot R + 32$
°F	$(F - 32) \cdot \frac{5}{9}$	$(F - 32) \cdot \frac{4}{9}$	–

Die Temperaturspanne zwischen dem Gefrierpunkt und dem Siedepunkt des Wassers (je bei 760 mm Druck) ist bei Réaumur (R) in 80, bei Celsius (C) in 100 und bei Fahrenheit (F) in 180 Grad eingeteilt. Die Kelvin-(K)Skala zählt vom absoluten Nullpunkt der Temperatur (– 273,1° C).

Der Gefrierpunkt liegt bei	0 °C	0 °R	32 °F	273 K
Der Siedepunkt liegt bei	100 °C	80 °R	212°F	373 K
Die Körperwärme beträgt	37 °C	etwa 30 °R	etwa 100 °F	310 K

0 °F = $-17\frac{7}{9}$ °C = $-14\frac{2}{9}$ °R
Das Verhältnis je eines Grades von C : R : F = wie 5 : 4 : 9

WINDSTÄRKEN

Beaufort-Skala (Windstärke)	Bezeichnung	Windgeschwindigkeit m/sec	Windgeschwindigkeit Knoten
0	Windstille	0,0– 0,2	< 1
1	Leichter Windzug	0,3– 1,5	1– 3
2	Leichte Brise	1,6– 3,3	4– 7
3	Schwache Brise	3,4– 5,4	8–11
4	Mäßige Brise	5,5– 7,9	12–15
5	Frische Brise	8,0–10,7	16–21
6	Starker Wind	10,8–13,8	22–27
7	Steifer Wind	13,9–17,1	28–33
8	Stürmischer Wind	17,2–20,7	34–40
9	Sturm	20,8–24,4	41–47
10	Schwerer Sturm	24,5–28,4	48–55
11	Orkanartiger Sturm	28,5–32,6	56–63
12	Orkan	32,7–36,9	64–71
13–17	–	37,0–> 56,1	72–> 109

ERDBEBENSTÄRKE

(Auswirkungen an der Erdoberfläche)

I = Vom Menschen nicht wahrnehmbar – II = Von Personen im Ruhezustand wahrgenommen, bes. i. oberen Stockwerken – III = Schwingung von hängenden Gegenständen – IV = Starkes Schwingen von hängenden Gegenständen, Bewegung von Fenstern und Türen – V = Außerhalb des Hauses merkbar, Wecken von Schlafenden, Bewegungen auf der Oberfläche von Flüssigkeiten – VI = Bruch von Fenstern und Geschirr, Herabfallen von Bildern und Büchern; Flucht aus dem Hause – VII = Schwierig, sich auf den Beinen zu halten, Bruch von Möbeln, Glockenläuten; spürbar beim Autolenken – VIII = Herabfallen von Baumästen und Kaminen, Umsturz von Monumenten – IX = Panik; Einsturz von Mauern, Bruch von unterirdischen Rohren, tiefe Erdrisse – X = Schwere Gebäudeschäden, Zerstörung von Brücken, Erdrutsche – XI = Umfangreiche Zerstörungen aller Art – XII = Totalzerstörung von Ortschaften, umfangreicher Felssturz, Emporschleudern schwerer Gegenstände – Nach der sogen. »Richter-Skala« gelten Beben bis Stärke 4 als Klein-, von 4–5,5 als Mittel- und ab Stärke 7 als Weltbeben. – Nach der Ursache sind rund 90 % der Erdbeben durch sich lösende Spannungen in der Erdkruste bedingt (tektonische Beben). Die Auswirkungen hängen nicht nur von der Stärke, sondern auch von der Tiefe des Erdbebenherdes (Hypozentrum) – rund 3 km bis etwa 700 km – und von der Struktur der Erdkruste ab. (H. Berckhemer u. G. Pucaru haben eine neue Magnitudenskala nach der Gesamtenergie eingeführt.)

ZEITZONENKARTE

Wenn es in Mitteleuropa **12.00** ist, ist es in . . .

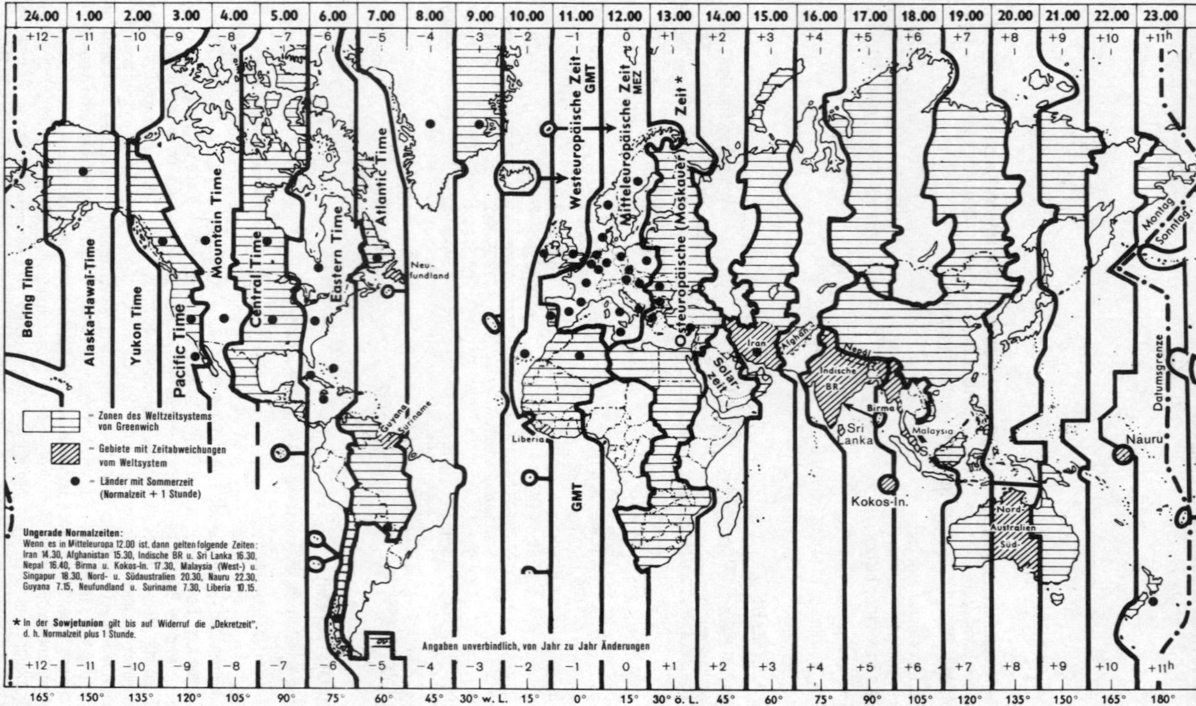

Nachtrag

kurz vor oder nach Redaktionsschluß eingetretener wichtiger Ereignisse

AFGHANISTAN Anfang September unternehmen Regierungstruppen – angeblich ohne sowjetische Unterstützung – eine großangelegte Offensive gegen Widerstandsgruppen.

AUSTRALIEN Die Parlamentswahlen werden auf den 18.10.1980 festgesetzt.

CHILE Am 11.9. stimmen bei einer Wahlbeteiligung von 86,5% (Nichtwähler werden mit Strafen belegt) 67,06% für den **Verfassungsentwurf der Militär-Junta;** die Fortsetzung der Präsidentschaft von *Pinochet* in der am 11.3. beginnenden achtjährigen »Übergangszeit« ist vorgesehen; die neue Verfassung wird frühestens 1990 voll in Kraft treten. Die Parteien bleiben verboten, der Ausnahmezustand bis März 1981 aufrechterhalten. Nach dem Referendum wird die Regierung neu gebildet.

CHINESISCHE VOLKSREPUBLIK Auf dem **VI. Nationalen Volkskongreß** (Beginn 30.8.) werden mehrere **Verfassungsänderungen** beschlossen: Auslandschinesen, die von sich aus eine andere Staatsangehörigkeit angenommen haben, verlieren die chinesische; das Heiratsalter wird f. Frauen auf 20, f. Männer auf 22 Jahre heraufgesetzt (Ausnahmen für Minderheiten); Streik und Demonstrationsrecht, Rede- und Versammlungsfreiheit bleiben erhalten, Wandzeitungen werden jedoch untersagt. **»Arbeiterkonferenzen«** erhalten eine Art Mitbestimmung in den Betrieben. – Beschlossen werden höhere Löhne in Landwirtschaft und Industrie, gekürzt die Verteidigungsausgaben (um rd. 10%). – **Reg.-Chef** (Vors. d. »Staatsrates«) **Hua Guofeng erklärt am 7.9. seinen Rücktritt,** bleibt jedoch Vors. d. KPCH. **Deng Xiaoping tritt** – wie mehrere andere stellv. Staatsratsvorsitzende – **ebenfalls zurück,** behält jedoch – wie u.a. *Li Xiannian* und *Chen Yun* – seine Parteiämter. Zu den neuen stellv. Staatsratsvors. gehört Außenminister *Huang Hua. Hua Guofeng* betont die Auffassung, daß die Trennung von Regierungs- u. Parteiämtern eine effektivere Arbeit als bisher erlauben werde. Dies sei notwendig, weil die Ziele des laufenden und nun abgesetzten Zehnjahresplanes zu hoch gesteckt gewesen seien. Ein **neuer Plan** werde für **1981–1990** ausgearbeitet. **Zum neuen Vors. d. Staatsrates wird Zhao Ziyang** *(Tschao Tsi-yang)* **gewählt** (geb. 1918, Berichtigung zur »Kurzbiogr.«), der vielseitige Erfahrungen in der volkreichsten Provinz, Sichuan [Szetschuan], gewonnen hat und als **Vertreter einer Art »sozialistischen Marktwirtschaft«** gilt. (Bestätigungen der Änderungen in d. Regierung durch den Kongreß am 10.9.). – Die **Sowjetunion wird** als eine **»Bedrohung des Friedens** und der Sicherheit« in der Welt, die Vereinigung Taiwans mit d. Volksrepublik als »wichtiges Ziel« bezeichnet.

GROSSBRITANNIEN Auf dem am 1.9. in Brighton eröffneten 112. **Jahreskongreß der britischen Gewerkschaften**/TUC wird mit großer Mehrheit das von der konservativen Regierung erlassene neue **Gewerkschaftsgesetz** abgelehnt, das u.a. Maßnahmen zur Eindämmung von Streiks vorsieht. Verworfen wird auch die auf die Sanierung von Wirtschaft und Finanzen abgestellte Regierungspolitik, die nach Auffassung des TUC das Anwachsen der Arbeitslosen auf mehr als 2 Millionen (Quote über 10%) hervorgerufen hat.

IRAN Die am 1.9. bekanntgegebene Liste der **neuen Regierung** stößt auf Vorbehalte von Staatspräsident *Bani-Sadr,* da es sich bei den Ministern ganz überwiegend um ausgesprochene islamische Fundamentalisten und Mitglieder der IRP handelt. Der neue Ministerpräsident *Radschai [Rajai]* behält das Amt des Erziehungsministers; **Außenminister** *Ghotbsadeh* wird **durch** den bish. Chefredakteur des IRP-Organs »Dschumhurie Islami«, **Hussein Mussavi** *[Hossein Mossavi] Khamenei,* **abgelöst** (geb. 1941, Architekturstudium in Teheran, Begründer der Schah-feindlichen »Bewegung der iranischen Muslimen«, zeitweise verhaftet; mehrere Jahre lang Lehrtätigkeit an der Universität Teheran; 1979 Mitglied des »Revolutionsrates«; außenpolitisch nicht hervorgetreten). Bis Mitte September vom Präs. noch nicht bestätigt. – Die »Kommission für Auswärtiges« des Parlamentes befaßt sich am 1.9. erstmals mit den **amerikanischen Geiseln.** – **Die Spannungen gegenüber dem Irak** verschärfen sich u. **führen** in umstrittenen Grenzgebieten ab 10.9. zu größeren **Gefechten.**

REPUBLIK KOREA Staatspräsident *Tschön Du Hwan [Choon Doo Hwan]* **ernennt** am 2.9. als Nachfolger von *Park Tschung Hun (Park Choong Hoon)* zum **neuen Reg.-Chef** den bish. Planungsminister *Nam Dök Wu [Nam Duck Woo]* (geb. 1924, Studium d. Wirtschaftswissenschaften, Promotion an d. Univ. v. Oklahoma/USA, Professor an d. Jesuiten-Universität Sogang in Ssóul; 1969 Finanz-, sodann Vizepremierminister). **Neuer Außenminister** wird *Loh Schin Jong [Lho Sin Young]* (bisher Botschafter in Genf und Spezialist für die korean.-amerikan. Beziehungen). – Ein Großteil der im August Verhafteten wird freigelassen. Das Kriegsrecht soll zunächst beibehalten, freie akademische Tätigkeit bei Abstinenz von Umsturzplänen gewährt, die **Verfassungsreform** umgehend in Angriff genommen und die **Parlamentsneuwahl im 1. Hj. 1981** abgehalten werden. Der Oppositionspolitiker u. ehem. Präsidentschaftskandidat **Kim Dä Dschung** *[Kim Dae Jung]* wird von einem Militärgericht am 17.9. wegen angeblicher Planung eines gewaltsamen Sturzes d. Regierung und »Anstiftung der Unruhen von Kwangdschu« (s. Sp. 79) zum Tode durch den Strang verurteilt. In weltweiten Protesten wird eine Revision des Urteils gefordert.

LYBIEN/SYRIEN Zum 11. Jahrestag der »lybischen Revolution« erklärt sich *Gaddafi* für einen Zusammenschluß mit Syrien; der syrische Staatspräsident *Assad* äußert sich zustimmend. **Die beiden Präsidenten proklamieren am 10.9. die Vereinigung ihrer Länder** u. künden die baldige Gründung einer neuen Regierung und eines gemeinsamen »Revolut. Kongresses« an.

NAMIBIA Zum Nachfolger von *Gerrit Viljoen* als Generaladministrator wird Anfang September der südafrikanische Rechtsanwalt *Danie Hough* ernannt.

ÖSTERREICH Im Zusammenhang mit der sog. **»AKH-**

Affäre« (s. Sp. 99), deren Bestechungsvorgänge durch einen Untersuchungsausschuß zu klären versucht werden, fordert **Bundeskanzler Bruno Kreisky** am 3.9. in einem Zehn-Punkte-Programm Maßnahmen, die künftig derartige Affären verhindern sollen.

PARAGUAY Der ehem. Diktator Nicaraguas, *Anastasio Somoza* jun. (s. WA '80, Sp. 417) erliegt am 17.9. in Asuncion einem Anschlag.

POLEN Die Verhandlungen über die **Beilegung der Streiks** (s. Sp. 102ff.) führen am 30.8. in Stettin, am 31.8. in Danzig zu einer Einigung zwischen der Regierungskommission und den überbetrieblichen Streik-Komitees; die Arbeit wird überwiegend am 1.9. wieder aufgenommen. Die Regierung sagt **Lohn- und Rentenerhöhungen** sowie u.a. **Verbesserung der Gesundheitsfürsorge und der Wohnverhältnisse** zu. Der Wortlaut von Danzig spricht von der **Bildung neuer, sich selbst verwaltender Gewerkschaften** bei Anerkennung der bestehenden staatlichen Gewerkschaften und der führenden Rolle der KP (PZPR). In der Stettiner Vereinbarung heißt es u.a., daß sich im »Rahmen des Bedarfs« durch geheime Wahlen Gewerkschaften sozialistischen Charakters bilden könnten. – In **Oberschlesien** dauert der Bergarbeiterstreik noch Anfang September an. **Parteichef Edward Gierek,** der nach einem Herzanfall in eine Klinik eingewiesen worden ist und aus dem Politbüro ausscheidet, wird (Bekanntgabe am 6.9. morgens) auf einstimmigen Beschluß des ZK der PZPR **als Erster Sekretär durch Stanisław Kania abgelöst** (geb. 1927 als Kleinbauernsohn, Schmiedelehre, Mitglied der PZPR seit 1945, Absolvierung von Parteischulen, Partei-Karriere; Mitglied des ZK seit 1968; Tätigkeit in der regionalen Parteiorganisation, u.a. zuständig für Landwirtschaft, sodann in der Verwaltungsabteilung im ZK, schließlich zuständig für Organisation und Innere Sicherheit; während der Streiks offenbar Verfechter von Zurückhaltung und Gegner von Polizeiaktionen). – Im Westen wird der erzielte Kompromiß als Erfolg der Arbeiterschaft angesehen und wirtschaftliche Hilfe für Polen befürwortet. – In den RGW-Ländern wird nur lückenhaft über die Ereignisse berichtet und – besonders in der Sowjetunion – vor »Subversion antisozialistischer Kräfte« gewarnt. In der Partei beginnt ein Überprüfungsverfahren.

SCHWEIZ Am 5.9. wird der **St.-Gotthard-Straßen-Tunnel** zwischen Göschenen und Airolo offiziell **dem Verkehr übergeben;** er ist mit 16322 m der **längste Straßentunnel der Welt.**

SIMBABWE Am 3.9. wird der **Abbruch der diplomatischen Beziehungen zur Rep. Südafrika** bekanntgegeben; **Handelsmissionen** zur Abwicklung und Förderung der wirtschaftl. Beziehungen **bleiben** jedoch bestehen.

SPANIEN Ministerpräsident *Suárez* nimmt am 8.9. eine Regierungsumbildung vor, die Schlüsselpositionen (Wirtschaft, Finanzen, Auswärtiges) betrifft. Als Nachfolger von *Marcelino Oreja* wird *José Pedro Pérez Llorca* **Außenminister.**

SWASILAND Premierminister *Dlamini* wird Anfang Sept. in Transvaal bei einem Verkehrsunfall **getötet.**

TÜRKEI Nach mehrfacher Warnung an die Regierung und die Parteien, dem innenpolitischen Chaos und dem Terror (Todesopfer in den letzten zwei Jahren bis auf 5000 geschätzt) ein Ende zu setzen und effektive Maßnahmen zur Behebung der bedrohlichen Wirtschaftskrise und der Arbeitslosigkeit durchzuführen, **übernimmt** am 12.9. das **Militär** unter Generalstabschef *Kenan Evren* (geb. 1918, Absolvent der militärischen Akademie; milit. Laufbahn, im Korea-Krieg Offizier im türk. UNO-Kontingent, Vors. d. »Nation. Rates«) in einem unblutigen **Staatsstreich die Macht.** Das Parlament wird aufgelöst und die Verfassung aufgehoben, die Tätigkeit der Parteien und die gewerkschaftliche Aktivität werden zunächst verboten. Zahlreiche Politiker (u.a. Reg.-Chef *Demirel,* Oppositionsführer *Ecevit,* ferner u.a. MHP-Führer *Türkeş)* werden in »Schutzhaft« genommen. Der Ausnahmezustand wird auf das ganze Land ausgedehnt. Oberstes Organ wird der **»Nation. Sicherheitsrat«. Evren** tritt am 13.9. als **Präsident** an die Spitze des Staates. Die demokratischen Verhältnisse sollen sobald wie möglich wieder hergestellt werden. Die Wahrnehmung der Amtsgeschäfte eines Min.-Präsidenten wird *Turgut Özal* übertragen; eine völlig neue Zivil-Regierung, die dem Sicherheitsrat untersteht, wird noch im September gebildet. – Die BR Deutschland und die anderen EG- und NATO-Partner sagen dem Nordatlantikpaktmitglied die Aufrechterhaltung wirtschaftlicher Hilfe zu.

VANUATU Aktionen papuanischer Soldaten und einheimischer Polizisten setzen Ende August/Anf. September der **Rebellion auf Espiritu Santo** und einigen kleineren Inseln zumindest vorläufig ein **Ende.** Der Führer der Sezessionisten, *Jimmy Stevens,* wird gefangengenommen, einer seiner Söhne in einem Feuergefecht getötet.

ANDENPARLAMENT (»Parlamento Andino«) Am 31.8.1980 tritt das Parlament in Bogotá zu seiner konstituierenden Sitzung zusammen; die Vertreter von Ecuador, Kolumbien und Venezuela tagen ohne eine offiz. Delegation aus Perú und Bolivien. Der bolivianische Militärputsch vom 17.7. wird verurteilt; Bolivien erklärt am 2.9. seinen Austritt aus dem »Andenpakt«.

KONFERENZ ZUR NICHTVERBREITUNG DER ATOMWAFFEN Die am 11.8. begonnene Konferenz endet am 7.9. ohne Ergebnis, abschließendes Dokument und Beschluß über eine Wiederaufnahme.

UNO Am 16.9. beginnt die 35. Vollversammlung; zum Präs. wird Botschafter *Rüdiger Frh. von Wechmar* (BR Dtld.) gewählt. Als neues Mitglied wird St. Vincent/Gren. aufgenommen (Berichtigung zur Tabelle auf Sp. 589); nun insgesamt 154 Mitglieder. Die Sonder-Vollversammlung über den Nord-Süd-Dialog endet am 15./16.9. ohne konkrete Ergebnisse für den geplanten »Global-Dialog«, da die Industrie-Länder das UNO-Forum für die Kompetenz-Verteilung ablehnen.

WELTENERGIEKONFERENZ In München findet vom 8.–12.9. die 11. Internat. Energiekonferenz (1. Konf. 1924 in London) statt, an der rund 4800 Fachleute aus 64 Mitgliedstaaten teilnehmen.

HIMALAJA Wie Anfang September bekannt wird, hat der Südtiroler *Reinhold Messner* zum zweitenmal und als zweiter Bergsteiger am 20.8. den Mt. Everest (»Tschomolungma«, 8848 m) bestiegen, und zwar von der tibetischen Nordseite aus (1978 über die nepalesische Südflanke). Außer dem Japaner *Jasuo Kato* ist *Messner* der einzige Bergsteiger, der den höchsten Berg der Erde sowohl über die Süd- als auch über die Nordroute bezwungen hat.

WAHL IN DEN DEUTSCHEN BUNDESTAG VOM 5.10.1980
(9. Wahlperiode 1980–1984)

Vorläufiges Ergebnis nach Angaben des »Statistischen Bundesamtes«
(Stand v. 6. 10. 1980 Fachserie 1, H. 4)

1. Die Wahlergebnisse nach Parteien 1980 (1976) (Bundesgebiet ohne Berlin)

Parteien	*Zweitstimmen in 1000*	*Anteil in %*		*Zahl der Mandate*	
SPD	16262	42,9	(42,6)	218	(214)
CDU	12992	34,2	(38,0)	174	(190)
CSU	3908	10,3	(10,6)	52	(53)
F.D.P.	4030	10,6	(7,9)	53	(39)
Sonstige	751	1,9	(0,9)	0	(–)
darunter:					
Bürgerpartei	11	0,0	(–)	0	(–)
CBV (Christl. Bayer. Volkspartei)	4	0,0	(0,0)	0	(–)
DFP (Deutsche Freiheitspartei)	< 1	0,0	(–)	0	(–)
DKP (Deutsche Kommun. Partei)	72	0,2	(0,3)	0	(0)
DU (Deutsche Union)	< 1	0,0	(–)	0	(–)
EAP (Europ. Arbeiterpartei)	7	0,0	(0,0)	0	(0)
Die Grünen	568	1,5	(–)	0	(–)
KBW (Kommunist. Bund Westdeutschland)	8	0,0	(0,1)	0	(0)
NPD (Nationaldemokr. Partei Deutschlands)	67	0,2	(0,3)	0	(0)
UAP (Unabhängige Arbeiterpartei)	< 1	0,0	(0,0)	0	(0)
V (Volksfront)	9	0,0	(–)	0	(–)
Wählergruppen	3	0,0	(0,0)	0	(0)

CDU und CSU bildeten bisher eine gemeinsame Bundestagsfraktion CDU/CSU, SPD und F.D.P. in der 8. Wahlperiode (bzw. seit 1969) eine Regierungskoalition – **Gesamtzahl der Mandate** 1976: 496, 1980: 497 (davon 1 Überhangmandat) – Zu den Mandaten kommen noch die der *beschränkt stimmberechtigten Berliner* (West-B.) *Abgeordneten* (1980 wie 1976: 11 CDU, 10 SPD und 1 F.D.P.) – **Wahlberechtigt** waren 1980 rund 43,2 (1976 41,9) Mill. Bürger, davon 23,2 Mill. Frauen – Die **Altersgruppe** von 18–21 Jahren war 1980 mit 2,7 Mill., die der Wahlberechtigten im Alter von über 60 Jahren mit 11,1 Mill. vertreten – Die **Wahlbeteiligung** erreichte 1980 (1976): 88,7 % (90,7 %) – An der **Durchführung der Wahl** wirkten 1980 etwa 450000 Personen mit; die Zahl der Wahllokale belief sich auf rund 60000. Die **Kosten der Wahl** werden auf ungefähr 40 Mill. DM geschätzt – Um die Bundestagsmandate bewarben sich 1980 (1976) **2961** (3244) **Kandidaten**, davon **594** (450) **Frauen** – SPD, CDU/CSU (CSU nur in Bayern), F.D.P., DKP, EAP, NPD und V stellten in allen Bundesländern Landeslisten auf.

2. Wahlergebnisse nach Bundesländern 1980 (1976) *Ausgewählte Parteien – Prozentanteil/Mandate*

Bundesland	SPD		CDU (Bay. = CSU)		F.D.P.		DKP		NPD		Die Grünen	
Bad.-Württ.	37,2/27	(36,6/26)	48,5/36	(53,3/38)	12,0/9	(9,1/7)	0,1/0	(0,2/0)	0,2/0	(0,4/0)	1,8/0	(–/–)
Bayern	32,7/30	(32,8/29)	57,6/52	(60,0/53)	7,8/7	(6,2/6)	0,1/0	(0,2/0)	0,2/0	(0,4/0)	1,1/0	(–/–)
Bremen	52,4/3	(54,0/3)	28,7/1	(32,5/2)	15,0/0	(11,8/0)	0,5/0	(0,8/0)	0,1/0	(0,3/0)	2,7/0	(–/–)
Hamburg	51,7/7	(52,6/8)	31,2/4	(35,9/5)	14,1/2	(10,2/1)	0,5/0	(0,8/0)	0,2/0	(0,2/0)	2,3/0	(–/–)
Hessen	46,4/22	(45,7/22)	40,6/19	(44,8/21)	10,6/5	(8,5/4)	0,3/0	(0,4/0)	0,2/0	(0,3/0)	1,8/0	(–/–)
Nieders.	46,9/30	(45,7/29)	39,8/26	(45,7/28)	11,3/7	(7,9/5)	0,1/0	(0,2/0)	0,1/0	(0,3/0)	1,6/0	(–/–)
Nordrh.-W.	46,8/70	(46,9/70)	40,6/60	(44,5/66)	10,9/17	(7,8/12)	0,2/0	(0,3/0)	0,1/0	(0,2/0)	1,2/0	(–/–)
Rhl.-Pfalz	42,8/14	(41,7/13)	45,6/15	(49,9/16)	9,8/3	(7,6/2)	0,2/0	(0,3/0)	0,2/0	(0,4/0)	1,4/0	(–/–)
Saarland	48,3/4	(46,1/4)	42,3/4	(46,2/4)	7,8/0	(6,6/0)	0,3/0	(0,5/0)	0,2/0	(0,4/0)	1,1/0	(–/–)
Schl.-Holst.	46,7/11	(46,4/10)	38,9/9	(44,1/10)	12,7/3	(8,8/2)	0,1/0	(0,2/0)	0,1/0	(0,3/0)	1,4/0	(–/–)

Letzte Nachträge

Irak/Iran Die Grenzstreitigkeiten am Schatt el Arab führen seit Ende Sept. zum irakischen Einmarsch in die beanspruchten Gebiete (s. WA '76, S. 371). Der UNO-Sicherheitsrat ruft zum Waffenstillstand auf. – **Italien** Nach dem Rücktritt von Cossiga wird am 2.10. Arnaldo Forlani/DC mit der Regierungsbildung beauftragt. – **Portugal** Bei den Wahlen vom 5.10. entfällt die absolute Mehrheit d. Mandate an die Reg.-Koalition AD von Sá Carneiro. – **Belgien** Anf. Okt. tritt Min.-Präs. Martens zurück, wird jedoch erneut mit der Regierungsbildung beauftragt. – **BR Deutschland** Die am 25.7. in Italien entführten deutschen Kinder werden nach Zahlung eines Lösegeldes von über 4 Mill. DM am 1.10. freigelassen.

Literaturverzeichnis

Ein Teil der benutzten Literatur ist bereits bei den einzelnen Kapiteln des Almanachs genannt.
Archiv der Gegenwart, Frankfurt a. M. – africa spectrum, Hamburg – Arbeit und Soziales, hg. v. Bayer. St.-Min. f. Arb. u. Soziales – atw (Atomwirtschaft)-Jahrbuch, Düsseldorf – Auslandskurier, Schwäbisch Hall – Außenhandelsblätter der Commerzbank – Außenhandelsdienst der BfG, Hamburg – Bayer. Vereinsbank/B.V.-Informationen – Berichte d. Inst. f. Internat. Politik u. Wirtschaft, Berlin (Ost) – Börsen- und Wirtschaftshandbuch, hg. v. d. Frankf. Allg. Zeitung – Börsenblatt für den Deutschen Buchhandel, Frankfurt a. M. – Brockhaus-Lexikon – Calendario Atlante de Agostini, Novara – Capital, Hamburg – ceres, FAO-Publ., Rom – Demogr. Yearbook, UNO, New York – Deutsches Bühnenjahrbuch, Hamburg – Economic Review, hg. v. Nat. Inst. of Econ. and Social Research, London – Estudio Económico de América Latina, UNO-Publ., New York – European Yearbook, London – The Europe-Year-Book, London – Finanzierung und Entwicklung, hg. v. IWF, Weltbank u. HWWA-Inst. Hamburg – Fochler-Hauke, G. (Hg.), »Länder, Völker, Kontinente« I–III, in »Lexikothek«, Gütersloh – Fortune, Chicago – New York – Frankfurter Allgemeine Zeitung, Frankfurt a. M. – Frankfurter Rundschau, Frankfurt a. M. – Haefs, H., M. von Baratta u. H. von Siegler: Politische, wirtschaftliche, militärische Zusammenschlüsse und Pakte der Welt, Bonn – Handbuch der Auslandspresse, hg. v. Inst. f. Publizistik der Freien Universität Berlin – Handelsblatt, Düsseldorf – Herder-Lexikon, Freiburg i. Br. – Information Please Almanac, New York – Intern. Monatszahlen, hg. v. Statistischen Bundesamt, Stuttgart – Intern. Afrika-Forum, hg. v. Eur. Inst. f. Pol., Wirtsch. und soz. Fragen, München – Intern. Handbuch, hg. v. L. Munzinger, Ravensburg – Internat. Herald Tribune (p. w. New York Times and Washington Post) – Jahrbuch der DDR, Berlin (Ost) – Jüttner, A. u. H.-J. Liese: Taschenbuch d. europ. Parteien und Wahlen, München – Kulturpolitische Korrespondenz, hg. v. G. von Glinski – Le Monde, Paris – Liste der Diplomatischen Missionen usw., Bonn – Media Perspektiven, Frankfurt a. M. – Merkblätter für den Außenhandel d. Dresdner Bank – Metallstatistik, hg. v. d. Metallgesellschaft AG, Frankfurt a. M. – Mitt. d. Inst. f. Asienkunde, Hamburg – Monthly Bulletin of (Food and Agricultural) Statistics (FAO-Publ.), Rom – Monthly Bulletin of Statistics, UNO-Publ., New York – Die Neue Gesellschaft, hg. v. W. Brandt u. a., Bonn – Neue Zürcher Zeitung – The New York Times – Österreich-Bericht, zusammengest. v. Bundespressedienst d. Bundeskanzleramtes, Wien – Osteuropa, Mithg. K. Mehnert, Stuttgart – Political Handbook of the World, New York – Polit. Studien, hg. v. d. »Hanns-Seidel-Stiftung«, München – »Press Release« d. Chines. C. C. for North Amer. Affairs, New York – Soldat und Technik, red. v. K. Neher, Frankfurt a. M. – Der Spiegel, Hamburg – The State of Food and Agriculture, Rom – The Statesman's Year-Book, London – Statistical Yearbook, UNO-Publ., New York – Statistisches Jahrbuch für die Bundesrepublik Deutschland, hg. v. Statist. Bundesamt, Wiesbaden/Stuttgart/Mainz – Statistisches Handbuch für die Republik Österreich, hg. v. Österr. Statist. Zentralamt, Wien – Statistisches Jahrbuch der Schweiz, hg. v. Eidg. Statistischen Amt, Bern – Statistisches Jahrbuch der Deutschen Demokratischen Republik, hg. v. d. Staatl. Zentralverwaltung für Statistik, Berlin (Ost) – Statistisches Taschenbuch, hg. v. d. Staatl. Zentralverwaltung f. Statistik, Berlin (Ost) – Statistical Yearbook d. UNESCO, Paris – Stein, W.: Kulturfahrplan, Berlin – stern, Hamburg – Süddeutsche Zeitung, München – Taschenbuch für Atomfragen, Bonn – Taschenbuch für den Gemeinsamen Markt, Frankfurt a. M. – Taschenbuch für Wehrfragen, Bonn – The Times, London – Unser, G.: Die UNO, 2. A., München 1978 – Vertretungen der Bundesrepublik Deutschland im Ausland (Sonderdr. a. d. »Bundesanzeiger«), Köln – Die Währungen der Welt, hg. v. d. Dt. Bundesbank – Die Welt, Hamburg – Weltgeschichte in einem Griff, hg. v. K. M. Jung u. F., M. u. R. Jaspert – Die Weltwirtschaft, Kiel – Westermanns Monatshefte, Braunschweig – Wirtschaft u. Statistik, hg. v. Statistischen Bundesamt, Stuttgart – Wirtschaftsbericht Lateinamerika, Deutsche Bank; hg. v. Deutsche Überseeische Bank, Hamburg – Wiss. Dienst Südosteuropa, München – Witthauer, K.: Demographische Beiträge in Peterm. Geogr. Mitt., Gotha – Wochenbericht d. Dt. Inst. f. Wirtschaftsforschung, Berlin (West) – The World Almanac and Book of Facts, New York – World Christian Handbook, London – Year Book of Int. Organizations, Brüssel – Die Zeit, Hamburg – Entwicklungspolitik im Umbruch, Hg.: NZZ, Zürich 1980 – Hédi Eckert u. Erich Röper Vermittlung, spez. Daten.

Register

Die im **Fettdruck** erscheinenden Seitenzahlen verweisen auf Anfänge eines eigenen Kapitels oder Artikels. Aus Platzgründen konnten leider nur die wichtigsten geographischen Namen aufgenommen werden. Folgende Kapitel sind nur durch die Stichworte der Oberabschnitte im Register berücksichtigt worden: »Jahrestage 1981« (siehe Spalte 23ff.), »Abkürzungen« (s. Sp. 33ff.) und »Ausgewählte Kulturstatistik« (s. Sp. 649ff.).